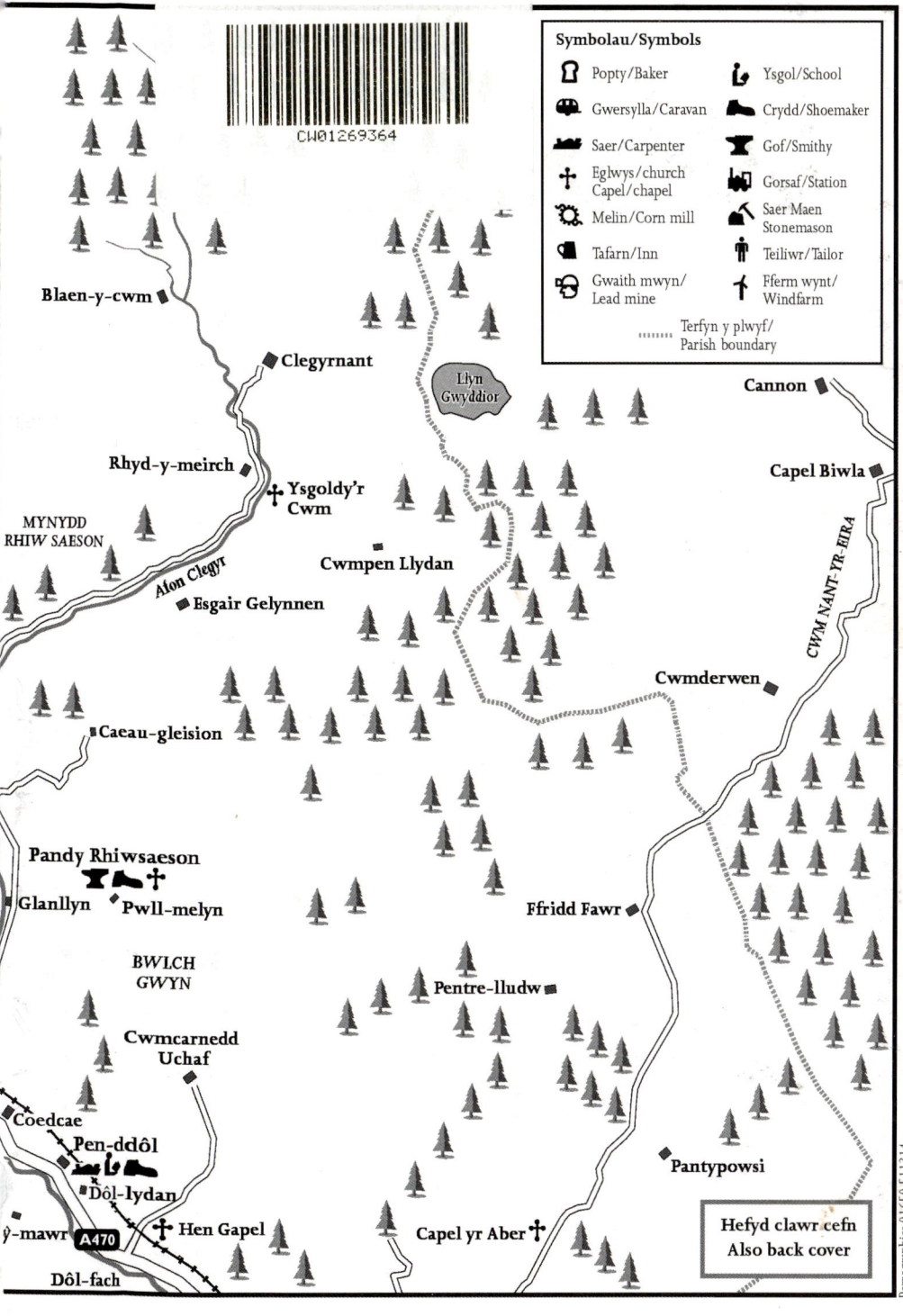

LLANBRYNMAIR
YR UGEINFED GANRIF

Argraffiad cyntaf: Gorffennaf 2005
First impression: July 2005

℗ Hawlfraint : Cymdeithas Hanes Lleol Llanbrynmair
© Copyright : Llanbrynmair Local History Society

Cedwir pob hawlfraint
All copyrights reserved

Dyluniad y clawr/Cover design: Ceri Jones
Teiposod/Typesetting: Alan Thomas

ISBN: 0 95506 840 1

Argraffwyd gan/Printed by Y Lolfa Cyf. (01970) 832304

LLANBRYNMAIR YR UGEINFED GANRIF
LLANBRYNMAIR IN THE TWENTIETH CENTURY

Golygydd/Editor : Marian Rees
Cyfieithydd/Translator : Alun D W Owen

Cyhoeddir gan Gymdeithas Hanes Lleol Llanbrynmair
Published by Llanbrynmair Local History Society

CYFLWYNIAD

Mae'n fraint gen i ar ran Pwyllgor Hanes Lleol Llanbrynmair gael cyflwyno'r gyfrol yma i'w hynt. Gobeithio y caiff y darllennydd hi'n ddifyr a darllenadwy. Nid ymddiheuaf am y pwysau, oherwydd yn fy marn i mae'n gyfwerth ag "aur coeth lawer"! Ac y mae'n ddwy-ieithog fel y gall pawb fanteisio arni –ac yn tynnu at fil o dudalennau fel na all neb gwyno nad ydynt yn cael bargen!

Yn ogystal â bod yn ddifyrrwch i deuluoedd yn y presennol, ein gobaith am y gyfrol yw y bydd hi'n ffynhonnell i dynnu ohoni am flynyddoedd i ddod, pan fydd y cof am y "gwreiddiau" a'r "oes o'r blaen" mewn perygl o ddiflannu'n llwyr dan bwysau dylanwadau cyfoes. Dyna, o bosib, pryd y daw y gyfrol i'w llawn botensial, fel defnydd crai mewn ysgol, capel a chymdeithasau lleol, ac i ysbrydoli'r rhai sy'n dilyn i ddal eu gafael yn eu treftadaeth. "Pwy fydd yma 'mhen can mlynedd?" medd yr hen gân, yntê; siawns na fydd yna gopi neu ddau o'r llyfr yma'n dal i gael eu byseddu o dro i dro.

Diolch i bwyllgor y Gymdeithas Hanes am eu dyfalbarhad a'u ffyddlondeb, yn cefnogi ac yn codi arian. Cawsom golled fawr iawn pan fu farw Arthur Plume, aelod galluog a sylfaenol o'n pwyllgor. Roedd Arthur wedi ymddiddori'n llwyr ym mywyd yr ardal ac wedi treulio oes yn ei gwasanaethu; roedd ei farn a'i brofiad yn werthfawr ac yn ennyn parch ei gyd-ardalwyr. Diolch ei fod wedi gadael cyfraniadau diddorol iawn i'w cynnwys yn y llyfr.

Wrth gwrs, rydym fel pwyllgor yn cydnabod yn arbennig ein diolch i Marian Rees am ei gwaith mawr yn golygu a chydlynu'r gwaith. Arni hi y digynnodd y baich o roi trefn ar y cyfan, trefnu'r cyfieithu a mynd a'r gyfrol trwy'r wasg, gwaith a olygodd rai blynyddoedd o waith di-arbed.

Dyma ni, felly, yn rhoi y gyfrol yma ar eich silff lyfrau gan obeithio y caiff groeso cynnes yn yr ardal a thu hwnt, ble bynnag y disgynnodd llinynnau trigolion yr hen blwyf. Ac wrth ollwng yr awenau ymunwn ninnau, y rhai fu wrthi, efo'r bardd Iorwerth Peate pan ganodd i Fro Ddyfi, a diolch y rhoddwyd i ninnau ychydig o'r "ddawn sy' ddrud, i anwylo bro hen lwybrau hud".

John M. Davies
Cadeirydd

RHAGAIR

Pan gytunais i â chais y pwyllgor i'w helpu i ddod â'r gyfrol yma i olau dydd, mi wnes hynny heb oedi rhyw lawer. Pe bawn i wedi aros i feddwl ychydig efallai mai fel arall fyddai'r ateb wedi bod - oherwydd mi anghofiais fod canrif yn amser hir a bod Llanbrynmair yn un o blwyfi mwyaf Cymru, ac ynddo ddeg o bentrefi! Yn ychwanegol at hynny, wrth gwrs, roedden ni'n delio efo'r ganrif, meddir, a welodd fwyaf o newid erioed, pan ystyriwn ein bod wedi symud o oes sgrifennu ar lechen i oes y cyfrifiadur, o oes y postmon ar droed i oes y tecstio ac o oes y fasged wyau i oes y troli mewn archfarchnad. Er hynny rhaid i mi ddweud fod gwneud y gwaith wedi bod yn fraint ac yn agoriad llygad. Ac roedd gen i'r fantais ychwanegol o fod wedi byw yn nau begwn y plwyf, yng Ngwm Pennant a Chwm Pandy.

Wrth ystyried y newid mawr a fu, a'r newid hwnnw fel pe'n cyflymu o hyd, daeth yn amlwg fod llawer o bethau'n debyg o fynd yn angof os na wneid rhywbeth ynglyn â'u cofnodi. Daeth dathlu'r mileniwm yn ysgogiad i weithredu, ac yn fuan wedyn fe aeth pwyllgor o'r gymuned leol ati i gynllunio'r cofnodi. Canlyniad y cofnodi hwnnw yw'r llyfr yma a fydd, gobeithio, yn ffenest i ddod ag atgofion yn ôl i'r rhai a fu byw trwy lawer o'r newid, ac yn ddrws y gall y genhedlaeth iau, a'r rhai sydd i ddod, fynd trwyddo i gyffwrdd â'u gwreiddiau.

Rhaid pwysleisio nad "llyfr hanes" mo hwn. Nid haneswyr proffesiynol fu'n ei roi at ei gilydd ond yn hytrach criw o bobl leol oedd â digon o frwdfrydedd a chonsarn i roi o'u hamser i ddod i bwyllgora, i chwilota a chyfrannu o'u gwybodaeth. Fel dechreuad i'r gwaith mi aed ati i gofnodi atgofion ar dâp – dros 30 i gyd – ond, yn anorfod, roeddem eisoes wedi colli rhai fyddai wedi rhoi cyfraniad mawr, ac fel y gwelir wrth fynd trwy'r llyfr, mae amrwy o'r rhai a gyfrannodd wedi ein gadael ers gwneud y tapiau. Diolch am a gafwyd, a choffa da amdanyn nhw. (Mae'n siwr y bydd y tapiau yma'n werthfawr i'r dyfodol mewn cyfeiriad arall hefyd, sef o safbwynt y dafodiaith.) Aeth eraill ati i gofnodi eu hatgofion ar bapur, a chyhoeddir y rhain yn eu crynswth. Am weddill y deunydd, bu'r Golygydd yn lloffa mewn cofnodion cymdeithasau a chapeli ac ysgolion, mewn llyfrgell ac archifdy, a chafwyd benthyg rhai dogfennau personol.

Wrth drafod hynt a helynt yr ugeinfed ganrif yn Llanbrynmair ceisiwyd cwmpasu amrywiaeth o agweddau ar fywyd yr ardal – amaethyddiaeth, wrth gwrs, crefftwyr a masnachwyr, effaith y ddau Ryfel Byd, a chyfraniad y neuadd bentref a'r rhai fu'n arweinwyr ym myd diwylliant ac adloniant, cyfraniad côr a drama a Chyfarfod Bach. Ni bu newid mwy nag a welwyd yn hanes capeli ac ysgolion y plwyf. Gwir, maen nhw "yma o hyd" ond yn llawer llai o ran nifer – un ysgol lle bu pump ddechrau'r ganrif (o gofio am rai y Stae a Dylife) ac o safbwynt lleoedd o addoliad, wel, roedd yma 14 o gapeli ac ysgoldai a thair eglwys, tra heddiw does yma ond yr Hen Gapel, Capel Bethel, Bont, Capel y Graig a Chapel Bedyddwyr Stae ac Eglwys y Llan. Lleihad yn y boblogaeth fu'n gyfrifol i raddau am hyn – colli hen ddiwydiannau, mecaneiddio ym myd amaethyddiaeth, a phobl ifanc yn gadael i chwilio am waith (yn 1901 y boblogaeth oedd 1,151, yn 1951, 891 ac yn 2001, 958) Mi gofiwn hefyd fod difrawder cyffredinol tuag at faterion crefyddol yn nodwedd gynyddol yn ail hanner y ganrif. Rhywbeth arall a ddechreuodd yn raddol yn y 70au ac a gynyddodd ar ôl hynny oedd bod poblogaeth newydd a gwahanol yn symud i mewn i feddiannu llawer o anheddau hen a newydd, gan newid cryn dipyn ar natur y gymdeithas a gwneud y Saesneg yn llawer mwy amlwg.

Gan na chyhoeddwyd dim byd oedd yn cwmpasu ystod eang o hanes y plwyf ers llyfr Richard Williams, "The History of Llanbrynmair", yn 1889, meddyliais mai da o beth fyddai cynnwys tipyn o gefndir hanesyddol yma a thaw. Dyna pam y ceir tro i fyd yr hen faledwyr a'r carolwyr, ofergoelion ac arferion. Awn yn ôl hefyd i weld beth oedd yn digwydd ym myd addysg y werin cyn i gamau breision gymryd lle yn yr ugeinfed ganrif, a cheir hanes cynnar ysgolion, capeli ac eglwysi'r plwyf, hyn er mwyn rhoi ein canrif yn ei chyd-destun, fel petai. Yn yr un modd, y mae rhai o'r enwogion a'r cymwynaswyr y sonnir amdanynt â'u gwreiddiau'n ddwfn yn y bedwaredd ganrif ar bymtheg ond â'u dylanwad yn gryf yn yr ugeinfed.

Wedi cyrraedd pen y daith, rwyf am ddiolch o galon i'r cnewyllyn bach cadarn o bwyllgor a fu tu cefn i'r gwaith trwy'r adeg ac a fu mor barod bob amser i ymateb i'm mynych ofynion ac ymholiadau. Ac yn y fan yma rwyf am gyfeirio'n arbennig at ein Cadeirydd, John.M.Davies, "John Dôlgoch", un ô chof fel cyfrifiadur ganddo a diddordeb ysol yn nheftadaeth ei blwyf genedigol, un y bu ei wybodaeth a'i gefnogaeth yn hanfodol i ddwyn y maen yma i'r wal. Rhywbeth oedd yn gwneud y gwaith yn bleserus iawn i mi hefyd oedd y croeso ar aelwydydd, a'r cydweithrediad parod oedd i'w gael yn y gymuned trwyddi draw wrth baratoi'r llyfr - a'u cyfraniad nhw iddo yw'r pwysicaf o ddigon. Nhw hefyd sydd wedi rhoi benthyg y lluniau i gyd. Rhaid i minnau ysgwyddo'r bai am unrhyw gamgymeriadau, ac ymddiheuraf ymlaen llaw am rheiny.

Cafodd y cyfieithydd, Alun Owen, fu'n athro Saesneg, lond plât o waith ond, chwarae teg iddo, daliodd ei amynedd i'r diwedd, er iddo ofyn i mi fwy nag unwaith, "Faint rhagor...?" Dywed iddo fwynhau'r gwaith ac iddo'i gael yn eithaf rhwydd, gan ei fod yntau hefyd yn frodor o Lanbrynmair. Yn wir, roeddym ein dau yn gyd-ddisgyblion yn yr Yysgol Gynradd ar un adeg ac, yn naturiol, yn ystod y cyfieithu cawsom ein dau aml drafodaeth ddifyr ar y ffôn ar union ystyr ambell i air tafodieithol. Gobeithio y bydd llawer o ddarllen ar y llyfr yn y ddwy iaith.

Wrth lansio'r llyfr, ni honnir i ni ddweud stori'r ugeinfed ganrif yn gyflawn o bell ffordd, ond yn hytrach, gobeithio i ni lwyddo i fraenaru'r tir ar gyfer mwy eto o ymddiddori ac ymchwilio yn y dyfodol, ac y bydd hynny yn ei dro yn arwain at ddiogelu llawer rhagor eto o dreftadaeth gyfoethog Llanbrynmair.

Marian Rees
Golygydd

CYNNWYS

1 - Pentrefi a Chymoedd	**13**
Llanbrynmair	13
Llan	42
Cwm Pandy	47
Talerddig	80
Dôl Fach	99
Pen-ddôl a'r Winllan	110
Tafolwern	113
Bont Dolgadfan	118
Wern Gerhynt	145
Cwm Pennant	164
Dylife	179
2 - Y Tir	**193**
3 - Yr Eira Mawr	**217**
4 - Gofal Iechyd	**225**
5 - Y Ddau Rhyfel Byd	**237**
6 - Addysg	**257**
7 - Eglwys a Chapel	**305**
8 - Hen Arferion ac Ofergoelion	**359**
9 - Crefftau	**369**
10 - Enwogion a Chymwynaswyr	**377**
11 - Clybiau a Chymdeithasau	**435**

1 - PENTREFI A CHYMOEDD

LLANBRYNMAIR

"Llanbrynmair" ydy prif bentref plwyf Llanbrynmair, ond "Wynnstay" neu'r "Gwaelod" y byddai llawer yn ei alw ers talwm. Yma mae tafarn y Wynnstay, a'r orsaf sydd bellach wedi cau ers 1965. Ac yma roedd y prif siopau, sef Wynnstay Stores lle roedd y Swyddfa Bost (yr unig un sydd ar agor rŵan), yr Emporium neu Siop y Bryn, a Siop y Bont neu SiopTomi. A pha gwell lle na siop i gael tipyn o hanes? Dyma DYFI LEWIS (Jones gynt) merch ieuengaf Siop Tomi, i hel atgofion am y siop ac i'n tywys o gwmpas y pentref fel y mae heddiw.

SIOP TOMI

"Mi ges fy ngeni yn 1938 yn Nôl-y-bont, tai cyngor cyntaf Llanbrynmair ar safiad braf yng nghanol y pentref a digon o ardd o'u cwmpas. Roedd fy nhad wedi codi'r siop yn 1920, siop bren, ar ochr y ffordd union gyferbyn â neuadd y pentref, yr hen "Hall"; codwyd y ddau adeilad tua'r un pryd. Adeiladau pren yn cael eu gwerthu ar ôl y rhyfel oedden nhw. Yma dechreuodd fy nhad fasnachu ar raddfa fach – gwerthu pop, llestri, papurau newydd, sigarets a da-da. Un o Dafolwern oedd fy nhad, ac roedd fy nhaid yn bostmon ac yn mynd cyn belled â Dylife. Bu 'nhad yn gweithio ar y lein cyn mynd i'r Rhyfel Byd Cyntaf yr un pryd â Richard Bebb, Dôl Fawr ac Idwal Lloyd. Roedd sôn eu bod wedi gwasanaethu efo Laurence of Arabia, ond p'un bynnag, bu nhad ac Idwal yn "*missing presumed dead*" am dipyn a doedden nhw ddim wedi cyrraedd adre mewn pryd i dderbyn eu medalau efo'r lleill. Bu 'nhad farw yn 52 oed yn 1946 pan oeddwn i'n saith oed.

"Mi gymerodd fy mam at redeg y siop wedyn, a phedair o ferched ganddi i'w magu, Nel, Bet, Myra a finne. Agorodd Mama'r busnes allan a dechrau gwerthu tipyn o bopeth, welingtons, bwydydd, paraffin, llestri... Roedd yr Ail Ryfel Byd newydd orffen a'r wlad yn dal ar ddogni a phawb yn barod i warchod eu *ration books* am eu bywyd gan mor werthfawr oedd y "points". Rhaid oedd cofrestru efo siop o'ch dewis i wario'r points, ac roedd gan Mama lawer o gwsmeriaid fel hyn. Golygai lawer o waith i'r siopwr oherwydd rhaid oedd torri'r points, sef sgwarau bach papur, allan o'r llyfrau a'u cadw at ddiwedd y mis. Deuai swyddog heibio i'w cyfri a'u casglu ac yn ôl hynny yr oedd yr awdurdodau yn penderfynu faint o stoc a gaech at y mis nesaf o gig moch, menyn, te, siwgwr ac ati. Ein siop ni gafodd y cyfrifoldeb o gadw'r stôr bwyd babis ar gyfer yr ardal. Roedd hwn ar boints ond am ddim i'r mamau - tuniau o laeth powdwr, sudd oren mewn poteli fflat a chorcyn sgriw, codlifer-oil yr un fath, a thabledi fitamin i rai. Yn y siop yma hefyd yr oedd Dr Davies, Cemaes Road yn gadael moddion i bobol, mewn basged a lle i bedair potel ffisig, a lle i dabledi yn y pen arall.

"Er fod drws y siop i gau am chwech yn swyddogol, doedd dim y fath beth a chau! Cnoc ar ddrws y tŷ: "Mrs Jones, oes gennoch chi ddim dreid milc, yn y tŷ …menyn…torth…baco…?" I lawr i'r siop â hi, a hynny fwy nag unwaith mewn noson. Doedd dim goleuadau yn y pentre, ac mi fyddai'n cario arian yr wythnos i fyny i'r tŷ ar nos Sadwrn mewn hen waled ddu heb feddwl ddwywaith. Ond mi dorrodd rhywun i mewn i'r siop yn 1960 a dwyn sigarets. Drôr o dan y cownter oedd y til bob amser, ac roedd ynddi "tric tun" a phisyn grôt arian ynddo ers oesoedd. Mi dygwyd o gan y lleidr. Siop go fach oedd hi a thair ffenest, ond gan fod cymaint o nwyddau yn cael eu storio ychydig o olau a ddeuai i mewn trwyddyn nhw. Roedd pethau yn hongian ar fachau ym mhobman – poteli dŵr poeth (roedd y rhai tsieni yn y seler), bwcedi, mops, brwsus cains; sebon golchi mewn bocs pren, cosyn caws i'w dorri efo weiren ar y cownter. Byddai fy mam yn tynnu'r asgwrn o'r hamiau ei hunan ac yn ei sleisio yn ôl y gofyn – wedi ei dorri'n dew efo cyllell yr oedd pobol am ei gael. Byddai'n rhoi'r goesgen am ddim, ac amser Gwylie byddai ei chwsmeriaid gorau yn cael potel o sieri neu dun o ffrwythau, pethau nas gwelid yn aml mewn cartrefi bryd hynny.

"Talu bob mis oedd y drefn arferol a'r nwyddau yn cael eu cofrestru mewn llyfr – ac mi dystiai fy mam weithiau ei fod yn deneuach, a llai o dudalennau ynddo nag a ddylai fod! (Oes rhywbeth yn newid?) Ar y bil misol y rhoed y rhan fwyaf o'r papurau hefyd – *Daily Herald*, *News Chronicle*, *Picture Post*, *Y Tyst*, *Y Cymro*, *Y Faner*, *Dandy*, *School Friend*, *Eagle*, *Woman's Own*, *Home Chat*…Codai Mama am bump ar fore Sadwrn i moen y papurau wythnosol a rhoi enwau arnyn nhw cyn amser agor. Roedd rhaid moen y rhai dyddiol bob dydd.

"Cwmniau fel Aber Carriers, Morris & Jones, Caernarfon a Morgan Edwards, Amwythig fyddai'n dod â'r nwyddau mewn loriau. Galwai pob math o drafeiliwrs yn gwerthu bisgedi, sigarets a baco Ringers, A1 a Twist. Mi ddoi'r baco efo'r trên a byddem yn mynd i'w moen yn y gert fach "*Lyons cakes*". Byddai cwmniau fel *Palethorpes Sausages* a *Cadbury's Chocolate* yn cynnig tripiau ar y trên am ddim i'r siopwyr i ymweld â'u ffatrioedd. Mi fuodd fy mam doeon, a Bet hefyd oedd yn helpu llawer arni yn y siop cyn iddi briodi.

"Un o Gemaes Road oedd fy mam ac wedi ei hyfforddi'n wniadwraig yn siop Glasgow House, Machynlleth. Gwnaeth ei dillad ei hun ar hyd ei hoes ac i ninnau'r merched am flynyddoedd, gan addasu ac ail-wneud hen ddillad lawer gwaith drosodd, a'r cwbwl wedi ei wnio â llaw. Gan mai fi oedd yr ieuengaf, doeddwn i byth yn cael dim byd cwbwl newydd, ond byddwn wedi ei weld o'r blaen ar gefnau un o'r tair arall! Ond roedd un peth yn siwr, byddai popeth wedi'i wneud i'r safon uchaf gan ei llaw fedrus.

"Gwasanaeth oedd cadw siop yn ei golwg. Plesio cwsmeriaid oedd ei phleser mwyaf a doedd dim yn ormod ganddi ei wneud. A sôn am drystio! Roedd y tanc oil lamp i fyny'r ffordd a phan ddeuai rhywun i moen galwyn mewn can pum galwyn rhoddai hi y goriadau iddyn nhw i'w nôl eu hunain! Yn yr un cwt y cadwai hi'r bareli seidir yr oedd rhai o'r ffarmwrs yn ei archebu erbyn cneifio neu'r cynhaeaf, rhai yn dod i'w moen nhw wedi nos rhag ofn i neb eu gweld! O ie, yn ein siop ni y byddai Glyn y bwtsiwr o Garno yn gadael cig i'w gwsmeriaid at y Sul, Mama yn talu amdano o'r til a Myra a finne, pan oedden ni yn yr ysgol, yn cerdded â fo i ben ei siwrne ar nos Sadwrn – i'r Esgair, a Mwyars a'r ddau Frynaere. Ym Mrynaere Uchaf y caem yr unig wobr am ein gwaith, sleisen yn iawn o *sponge* gan Mrs Dora Jones, ac yn falch o'i gael erbyn cyrraedd yno. Dim rhyfedd bod yn rhaid mynd â'n sgidie i'r Bont at Joni Lewis i'w trwsio yn o aml. Peth arall oedd yn cael eu gadael yn y siop neu yn y tŷ oedd torthau mawr Talerddig, wedi i grasu bara cartre fynd allan o'r ffasiwn. Ar nos Sadwrn mi fydden yn dod â'u basgedi mawr sgwâr i'w moen – Bryncoch, Nant-hir, Nantycarfan, Coed, Tŷ Pella, Cwmpen – ar ôl dod allan o gyngerdd neu ddrama yn y neuadd, a rhai ohonyn nhw eisiau seiclo adre wedyn a'r bara ar y cariar. Mi fyddai Elston Jones, Clegyrnant yn dod i lawr ar gefn y ferlen ar nos Sadwrn i moen bara a neges. Chydig iawn o foethau fyddai'n mynd i fasgedi neb, ond yn hytrach reis, macaroni a tabioca fflêc i wneud pwdin, pŷs melyn a *pearl barley* i'w rhoi yn y potes, blimonj at y Sul weithiau ond tun ffrwythau'n anaml iawn. Oedd, roedd hi'n cadw siop i helpu pobol, gwneud cymwynas. Gadawodd i lawer o hen ddyledion fynd dros gof. Roedd hi'n 82 pan adawodd y siop. Cyn hynny, roedd hi yno bob dydd bron ers 1947, heb wybod beth oedd rhy fore na rhy hwyr.

"Lle cymdeithasol iawn oedd y siop. Mae'r hanes am syrjeri Niclas y deintydd yn y stafell gefn yn nes ymlaen. Yn y siop y byddai'r rhai â'r ddannodd yn ciwio…! Roedd stand laeth Penybont yn ymyl hefyd, a dyna reiat fyddai yn y siop yn aml wedi i Bryncoch, Pentre Mawr a Brynaere a'r lleill gyrraedd efo'u llaeth a bechgyn y War Ag. – George Anwyl and Co. yn galw yr un pryd. Blynyddoedd hapus iawn oedd rheiny yn y siop a phob diwrnod yn dod â rhyw newydd i'w drafod neu rhyw jôc i'w rhannu. Os oedd o'n waith caled a di-ben-draw dyddiau da oedden nhw i'w cofio gyda chynhesrwydd a gwên.

"Roeddwn i wedi bod yn helpu Mama yn y siop ers i mi adael yr ysgol, ac mi gadwais y siop i fynd am rai blynyddoedd ar ei hôl hi nes i mi gael y syniad, gan ein bod ar fin yr A470, o droi'r siop yn gaffi. Mi ges lawer o fwynhad yn y caffi wedyn, yn cwrdd â phob math o bobol, a llawer o enwogion Cymru'n galw heibio am baned. Fel fy mam o fy mlaen, roeddwn i'n hoff o roi gwasanaeth. Caeodd y caffi yn 1990 ac mi gododd Emyr y gŵr a finne dŷ ar y safle, uwch murmur afon Clegyr, lle bues i erioed.

PENTREF WYNNSTAY

"Dyma fel yr ydw i'n cofio'r pentref yn y 40au a'r 50au pan oeddwn i'n tyfu i fyny yma, ac yn ôl y sôn doedd o ddim wedi newid llawer y pryd hynny ers dechrau'r ganrif.

"Mae pedair ffordd yn cwrdd yn y pentref. Ar ffordd Pandy roedd yna dri gweithdy, dau ohonyn nhw'n perthyn i'r brodyr Edwin ac Evan Evans, cryddion. Cabanau pren oedd y rhain a stepiau iddyn nhw. Gorchuddid waliau gweithdy Edwin Evans â thoriadau o bapurau newydd: roedd o'n dipyn o lenor a chanddo ddiddordeb mewn hanes lleol, llenyddiaeth a gwleidyddiaeth. Nesaf, roedd iard stad Syr Watkin, lle cedwid yr holl offer a defnyddiau at gynnal a chadw eiddo'r stad yn yr ardal. Wedyn, ceid tŷ'r plismon, Glyndŵr, tŷ uchel tri llawr a chelloedd ar y llawr isaf. Fuase waeth cadw tatws ynddyn nhw ddim o ran faint o ddefnydd gawson nhw yn fy amser i. Chlywais i erioed sôn am neb yn treulio noson ynddyn nhw. Codwyd "tŷ plîs" newydd yn 1952. Bu Glyndŵr ar werth droeon ac am ddeng mlynedd bu teulu'n byw yno a gyrhaeddodd un noson mewn stoc lori ac ugain o gŵn, chwe cath a phump gafr (neu nanigots, fel y galwodd Hywel Anwyl nhw – ac fe ddylai o wybod achos mae o'n byw drws nesa!) Mae'r tŷ wedi cael ei adnewyddu ers hynny– a Hywel yn gweddio nad oes gafr eto! Fe ddown wedyn at bont y rêlwê, fel y galwem hi, pont lydan iawn, hardd a chadarn o gerrig Talerddig a'r trên stêm yn taranu trosti ers talwm – ond un llai swniog heddiw. Tu draw iddi hi roedd capel Soar y Wesleaid, capel bach twt o frics coch, a thŷ capel wrth ei ochr. Mrs Foulkes oedd yn byw yma. Am y sietyn â hi roedd Pendeintir, bwthyn gwyngalchog, nodweddiadol a gardd o'i flaen. Yma roedd John Jones a Bet ei wraig yn byw, hi yn ysgrifenyddes Cymdeithas y Merched am flynyddoedd a llaw ysgrifen wych ganddi. Yn anffodus, mae'n debyg i'r hen lyfr cofnodion gael ei daflu wrth glirio'r tŷ ar ôl yr hen gwpwl. Byddai llifogydd yn plagio ffordd Pandy hyd nes gwnaed i ffwrdd â'r argae yn uwch i fyny a dyfnhau yr afon. Mae gen i gof gweld rhai o Soar yn gorfod dod allan trwy ffenest y llofft, ac roedd marc llwyd ar y pulpud yn dangos uchder y dŵr yn y capel. Roeddwn i yn y siop bryd hynny, yn 14 oed a newydd adael yr ysgol.

"Dyma ni'n ôl yng nghanol y pentref rŵan ac yn cychwyn i fyny am y stesion. Mae ein siop ni ar y chwith ar ôl dod dros y bont. Pont garreg, hardd oedd hi a chanllawiau uchel o gerrig nadd, man cyfarfod dynion a chogie'r ardal. Wrth ledu'r bont tua 1990 trueni na ddefnyddiwyd y cerrig gwreiddiol yn y canllawiau. Byddai hynny wedi gwneud llawer at gadw cymeriad canol y pentref, dwi'n meddwl.

"Nesaf dyma ni'n dod at ffarm Penybont lle roedd Edfryn ac Alford Owen yn ffarmio efo'u mam a'u chwiorydd, a gweithdy cyntaf David Wigley, y saer. Gyferbyn â'n siop ni roedd yr hen Hall a'r cae, ac yn edrych i lawr arno roedd y pedwar tŷ cyngor cyntaf godwyd yn y pentref, sef Dôl-y-bont, a'u gerddi helaeth. Ar ôl pasio'r tai yma dwi'n cofio roedd gweithdy George Thomas y saer, a garej Tom Humphreys y marsiandwr glo yn sownd wrtho. Roedd siop bwtsiwr fach Glyn Lewis, Carno wedyn (ar agor yn achlysurol) ac yna gweithdy Mr Owen, tad Mrs Williams, Brynmeini, lle roedd o'n gwneud llidiardau pren. Busnes Roli Evans y glo, wedyn a'r glo yn cael ei gadw yn iard y stesion yn ymyl. Yr ochr arall i'r ffordd roedd busnes beddfeini a cherfio cerrig Idris Baldwyn Williams, a'i gartref, Brynmeini a godwyd yn 1940. Rydyn ni wedi cyrraedd top y mymryn rhiw erbyn hyn, mynedfa'r orsaf ar y dde a garej Stanley Jones gyferbyn, a Llysun, cartref teulu'r garej, yw'r tŷ olaf cyn gadael y pentref ar y dde. Yn y garej yr oedd trydan y pentref yn cael ei gynhyrchu nes daeth Manweb ddechrau'r 60au. Roedd yma bympiau petrol yn cael eu gweithio â llaw, caech adnewyddu'r batri gwlyb i'r radio a thrwsio'ch car neu brynu un. Yma y prynwyd aml Hillman Minx. Lle bywiog oedd y garej bob amser, Stanley Jones, "Stanle Garej" yn gymeriad direidus a galw amdano fel M.C. mewn gyrfâu chwist. Roedd ei wraig, Gwyneth, yn bianydd gwych a bu'n gaffaeliad mawr i ddatblygu doniau cerddorol yr ardal am flynyddoedd lawer, a llawer o fynd a dod i Llysun o'r herwydd.

"Roedd seidings bob ochr i'r stesion a phrysurdeb mawr yno, rhai ar ochr Brynolwern yn mynd ymlaen at y sied blwm, sied a ddefnyddid ers talwm i storio mwyn plwm o Ddylife a Tŷ Isaf i'w roi ar y trên. Yma y byddai anifeiliaid yn cael eu llwytho i'r tryciau. Yn raddol ar ôl y Rhyfel y daeth loriau i gario anifeiliaid. Cyn hynny y trên oedd popeth. Diwrnod arbennig iawn oedd Ebrill 5ed (fel y clywais gan W.J Davies). Hwn oedd y diwrnod y byddai'r holl ddefaid wintrin yn dod adre, a byddai trên hir a thair injan wrtho yn dod o Bwllheli i Gemaes Road. Yno byddai tryciau defaid Dinas Mawddwy yn cael eu dadfachu ac un injan yn mynd â nhw i ben eu siwrne. Byddai'r ddwy injan arall, un tu blaen ac un y tu ôl, yn dod â'r gweddill i Lanbrynmair a'u gollwng fesul tryciaid o'r seidings i'r ffordd fawr. Doedd fawr ddim traffic, ond os digwyddai rhyw gerbyd ddod roedd yn rhaid iddo aros oherwydd ar y ffordd yr oedd y diadelloedd yn cael eu didoli gan y bugeiliaid i fynd i'r gwahanol ffermydd. A ninnau'n cwyno heddiw pan fydd golau coch yn hir yn newid! Be ydw i'n gofio yn y seidings ydy coed yn cael eu llwytho. Roedd Cwmni Jasper Barker yn torri derw mawr yng nghoed Plas Pennant a llefydd eraill, a'r gweithwyr yn cysgu mewn coetsus ar y seidings. Ar y seiding yr ochr arall i'r stesion roedd warws a chraen i godi pethau trymion.

"I lawr yng nghanol y pentref, gyferbyn â thafarn Wynnstay roedd coetshws a stablau. Yma roedd y milfeddyg Mr Edwards yn cynnal syrjeri, a bu Dan Evans y ffariar yn gwneud yr fath o'i flaen. Fe'u trowyd nhw'n garej ar ôl hynny. Cyrhaeddai Dôl Wynnstay at y fan lle mae'r maes parcio heddiw, dôl 12 cyfer (acer) yn ymestyn i'r pellter at y tro yn afon Iaen. Aeth darn mawr ohoni yn y 70au i godi stad gyngor Glan Clegyr. Adeiladwyd yr ysgol a'r Ganolfan yno yn 1976. Collodd yr hen gae mawr dipyn o'i urddas ond mae digon ohono ar ôl i gynnal y Sioe flynyddol.

"Wrth fynd heibio Glynteg a'r Swyddfa Bost i lawr am yr Efail, doedd dim ond dau dŷ, sef byngalo Y Glyn a bwthyn traddodiadol Glanrhyd, a dim ond yr efail ei hun a thŷ yr Efail wrth droiad yr Hendre. Heddiw, mae yna bedair stad o dai ar y pwt ffordd yna, sef dwsin o dai tu ôl i'r efail, saith byngalo ar ffordd yr Hendre, saith byngalo gyferbyn â'r Swyddfa Bost a 36 o dai ar stad gyngor Glan Clegyr. Dyna 62 o dai newydd ym mhentref Wynnstay, wedi eu codi gan fwyaf yn yr ugain mlynedd diwethaf, llawer ohonyn nhw'n ddiweddar iawn. Mae hyn, yn naturiol, wedi newid llawer ar gymeriad y pentref oedd yn arfer bod mor fach a phawb yn nabod pawb. Mae'r Emporium, y siop fawr ar y gornel a'r feranda a'r stepiau carreg, llydan o'i blaen, wedi cau ers 1993 ac wedi ei throi yn fflatiau, a drws nesaf iddi, lle bu eglwys Sant Ioan, mae byngalo newydd. Byngalo lle bu eglwys – arwydd arall o'r amserau.

"Wrth fynd i fyny rhiw Bryncoch mae bwthyn Penygeulan yn aros yr un fath, y tŷ bach lleiaf welsoch chi erioed yn sefyll fel pe ar ddim uwchben dibyn! Yma roedd Mari Rhys a'i charolwyr enwog yn byw yn y ddeunawfed ganrif (o leiaf, Penygeulan oedd enw'u cartref). Bu Nyrs Vera Jones yn byw yma am flynyddoedd, ac mae rhywun yn dal i fwynhau byw yma heddiw. Mae ffarm Bryncoch hefyd yn aros mwy neu lai fel yr oedd. Gyferbyn, mae Llys Awel, tŷ braf a godwyd gan David Wigley'r saer i'w deulu yn 1952. Ers hynny, mae saith byngalo wedi eu codi ar yr ochr yna i'r ffordd. A sôn am ffyrdd, dyna beth arall sydd wedi newid yn fawr iawn. Gan fod yna ddau gwrt tenis wrth yr Hall yn yr hen amser, doedd chwarae tenis ddim yn beth diarth i mi pan oeddwn yn fy arddegau, a rydw i'n cofio fel y byddem yn chwarae ar y ffordd gan stopio wrth glywed car yn dod o bell. Dyna pa mor anaml yr oedd cerbydau bryd hynny. Gwaeth fyth, mi fyddem yn chwarae "stilts" ar y ffordd trwy roi cortyn trwy dwll mewn tun ffrwythau gwag a sefyll ar ddau o'r rheiny i gamu am y cyntaf ar hyd y ffordd. Doedd hi ddim yn hawdd mynd allan o ffordd dim byd ar hast ar rhain! Roedd plismon, wrth gwrs, yn byw yn y pentref, a chadwem ein llygad arno fo. Byddem yn edrych i fyny at y gorsaf feistr, y plismon, yr athrawon ysgol, gweinidogion, ficer a siopwyr. Woodfine, Evans, Enoc Davies, Idwal Jones a Steve Lewis ydy'r plismyn fu yma yn fy oes i. Idwal oedd y cyntaf i fyw yn y tŷ newydd a godwyd iddo ger Glyndŵr. Chymerai o ddim nonsens gan y to ifanc. Os byddai'n gweld dau ag osgo cychwyn ffeit arnyn nhw neu godi twrw byddai'n cydio yn eu gwarau a chnocio'u pennau yn ei gilydd yn llythrennol. Rhoddai hynny stop go sydyn ar eu cynlluniau. Heddiw, does yr un plismon i'w weld ar gyfyl y pentref, dim ond eu gweld yn rhuthro heibio yn eu ceir. Mae llawer mwy o sŵn heddiw nag yn yr hen amser, yn enwedig yn y nos, radios ceir yn sgrechian o'r maes parcio, ac yn y blaen.

"Er cymaint o sôn sydd am gerdded yng nghefn gwlad, ac agor y mynyddoedd a'r ffriddoedd rŵan i bob Tom, Dic a Harri, aeth mynd am dro syml yn beth anghyffredin yn y pentref. Ers talwm, mi fyddem ni blant y Gwaelod yma wrth ein bodd yn mynd draw at Frynolwern a throi i lawr trwy'r caeau at Ysgwydd Dre a dod allan wrth yr afon ger Glanyrafon ym mhentref Tafolwern, lle roedd digon o friallu a blodau gwylltion. Mae maes carafannau statig enfawr yn rhwystro hyn heddiw. Wedi cyrraedd Tafolwern, roedd dewis gennym: gallem droi i'r chwith gan ddilyn afon Iaen a dringo allan wrth Penygeulan, neu fynd ymlaen ar hyd y ffordd gul i fyny Wtra Brook a dod allan i fordd Llan. Roedd y cloddiau o gwmpas Tafolwern, ac y maen nhw o hyd, diolch byth, yn llwythog o flodau gwylltion a gallem eu casglu'n gofleidiau heb boeni dim. Llwybr poblogaidd arall, un ddefnyddiai plant y Pandy i fynd i'r ysgol, oedd hwnnw i fyny heibio Brynllys (gan edmygu'r geifr a'u pennau allan dros ddrysau'r cutiau), dros bont bren y rheilffordd, ar draws y caeau ac allan dros gamfa Ddôl-dywyll yn ymyl argae Clegyrddwr. Mae'r llwybr hwnnw yno o hyd, ond d'yw cerdded trwy laswellt trwchus wedi ei wrteithio ddim hanner cymaint o hwyl â cherdded a rowlio dros y byrwellt gyda'i bansis gwylltion. A doedd unman gwell am bicnic yn yr haf na Hafod-y-bant, uwchlaw yr Hendre ar ochr Newydd Fynyddog, safle hen dyddyn teulu Richard Tibbott, un o'r Ymneilltuwyr enwog y ceir ei hanes mewn pennod arall. Mae'r bwthyn wedi diflannu ers dros ganrif, a llyn bach wedi cronni yno heddiw. Byddem yn cael trip Ysgol Sul i fyny yno weithiau o ysgoldy Tafolwern, ac ar ôl cyrraedd byddem wedi blino digon i eistedd i lawr yn dawel i fwyta'n brechdanau a mwynhau yr olygfa dros ehangder y plwyf, gweld ein cartrefi fel tai doli, gweld y trên yn dod ar ras o Dalerddig neu'n pwffian ei fwg du wrth ddringo... ambell i gar....a gwartheg Penybont yn cael eu hel i odro...."

TYNNU DANNEDD

Yng nghefn Siop Tomi roedd storws a droai unwaith yr wythnos yn faes y gad! Yma y tynnai Niclas ddannedd y plwyf. 'Dewch chi ddim i lawer o lefydd yng nghefn gwlad Ceredigion, gorllewin Maldwyn a de Meirionnydd na fu y gwron T.E.Nicholas a'i binsus yno o'ch blaen. Fo oedd deintydd y werin yng nghanolbarth Cymru a fo yn sicr oedd tynnwr dannedd Llanbrynmair o 20au'r ganrif hyd at tua 1960. Ni chyfeiriai neb at ddeintydd ond yn nhermau "mynd at Niclas" a golygai hynny un peth – tynnu dant, ac weithiau'r cwbwl efo'i gilydd a chael set o ddannedd gosod. Dannedd sâl oedd gan bobol Llanbrynmair at ei gilydd a doedd dim yn eich aros ond llond ceg o ddannedd Niclas, a dannedd da oedd rheiny, naturiol yr olwg ac yn ffitio, wel, fel eich dannedd eich hun. Ac os na, wel, gallech fynd â nhw'n ôl i Niclas roi'r ffeil arnyn nhw!

Ond roedd yn fwy na deintydd, roedd yn Gomiwnydd, yn Gristion ac yn fardd a chanddo ddawn fawr i siarad ac areithio. Wedi ei eni yn Sir Benfro aeth i'r Weinidogaeth efo'r Annibynwyr a'i eglwys gyntaf oedd y Glais, Cwm Tawe a dyna gael yr enw "Niclas y Glais". Daeth yn gyfaill mawr i Keir Hardy, yr aelod seneddol Llafur cyntaf, ym Merthyr Tudful, a chafodd y fraint o draddodi araith angladdol y dyn mawr yn 1915. Erbyn amser y Rhyfel Mawr roedd yn weinidog yng Ngheredigion, yn pregethu yn erbyn y rhyfel ac yn annog gweithwyr plwm a gweision ffermydd i ymuno ag undebau llafur. Pregethodd yn yr Hen Gapel tua'r adeg yma. Daeth i gysylltiad ag Ithel Davies o gwm Tafolog, Llanbrynmair yr adeg yma. Roedd Ithel yn wrthwynebwr cydwybodol a phan fartsiwyd ef i garchar yn fachgen ifanc am fod yn "conshi" bu Niclas yn gefn i'r teulu gofidus yng Nglanyrafon. Erthyglau Niclas yn Y Genhinen oedd wedi argyhoeddi Ithel Davies o oferedd rhyfel a'i droi i lwybrau Sosialaeth. Bu Niclas yn darlithio yn Llanbrynmair yn ogystal â thynnu dannedd.

Gadawodd y Weinidogaeth, meddai'r Parch Gwilym Tilsley, am fod pobol yn fwy parod i ddioddef tynnu eu dannedd na derbyn y gwirionedd a gynigiai. Ac yr oedd y "gwirionedd" hwnnw, meddai'r Dr, Iorwerth Peate a'i hadnabu'n dda, yn deillio o'r ffaith i Niclas gael ei godi, yn ôl ei addefiad ei hun, yn yr un traddodiad â "Thraddodiad Llanbrynmair" sef traddodiad radicalaidd, Anghydffurfiol a olygai fod Cristionogaeth yn sail i ryddid unigolyn mewn cymdeithas rydd. Bu Niclas a'i fab, Islwyn, yn y carchar yn ystod yr Ail Ryfel Byd dan amodau "amddiffyn y deyrnas", pryd yr ysgrifennodd sonedau ar bapur tŷ bach y carchar a gyhoeddwyd wedyn yn ei gyfrol *Llygad y Drws*. Erbyn hyn roedd Ithel Davies yn far gyfreithiwr ac yn cynrychioli Niclas a'i debyg yn y tribiwnlysoedd. Y rhod wedi troi! Llofnododd Niclas ar ei gyfrol olaf *Rwyn Gweld o Bell*: "I'm cyfaill, Ithel, i gofio'n annwyl am Benj a Mrs Davies a chroeso cynnes aelwyd Glanyrafon". Bu Niclas byw dros ei ddeg a phedwar ugain.

Ond yn ôl at y dannedd. Mrs T.E.Nicholas oedd y deintydd swyddogol a hunan-addysgedig oedd ef ei hun yn y gwaith o dynnu dannedd – doedd dim sôn am lenwi y pryd hynny. Yn y "mwlsyn bach", y car, teithiai y wlad i'w goeddiadau deintyddol, a dyna sut y glaniodd yn storwm Siop Tomi. Ei unig anghenion oedd cadair a bwced. Gadawn i Dyfi ddweud y stori, merch ieuengaf y siop ac wedi ei chodi yn sŵn parabl Niclas. Hi oedd ei forwyn fach.

"Mi ddoi Niclas bob dydd Iau a'i gês brown yn ei law. Hwnnw'n blith drafflith a llwch o holder ei sigaret yn disgyn i ganol y pinsuse a'r nodwydde a Niclas yn chwthu arnyn nhw. Roedd cadair ricleiner ddu yn disgwyl y dioddefwyr, bwced i boeri dant iddi a dŵr oer i olchi ceg. Byddai rhai wedi gofyn ymlaen llaw ond eraill yn dod wrth fagu plwc sydyn munud ola neu i'r ddannodd fynd yn annioddefol. Byddai Niclas yn parablu bob munud wrth dynnu dannedd, hynny'n help i arall-gyfeirio meddyliau, efallai. "Dant i mas heddi?" fyddai ei gyfarchiad cynta... yna, cyn iddo hanner ei dynnu, "Ma fe'n dod John Jones... ma fe'n dod... ma fe wedi dod!" Hanner y gwir oedd hynny.

"Fel y prysurodd pethe yn y siop symudwyd Niclas i fyny i'r tŷ, i'r stafell ffrynt a'r ciw yn y gegin gefn. Roedd pethe'n haws rŵan. Roedd hi'n bosib berwi dŵr a rhoi stwff pinc i feddalu cyn ei roi mewn ceg i wneud mowld o'r gŵms ar gyfer dannedd gosod. Anamal y deuai pobol yn ôl i gwyno fod y "gŵms top" neu'r "gŵms gwaelod" yn brifo. Yr arferiad oedd diodde nes bydden nhw'n sincio i'w lle. Ond barn pawb oedd mai un da oedd Niclas am ddannedd ac mai prin oedd y trafferthion ar ei ôl.

"Mi fues yn ei helpu ar ôl dod adre o'r ysgol, tendio arno fo a chysuro rhai eraill oedd wedi bod yn gweiddi mwrdwr, a gofalu fod sgarff am eu cegau rhag cael gwynt yn y dant wrth fynd adre, ond ches i rioed yr un ddime ganddo fo. Mi dynnai Niclas ddant ar ochr y ffordd, mi wnaeth lawer gwaith mewn adwy llidiart yng nghwm Pandy. Roedd gan bawb ffydd ynddo fo a pharch ato fel dyn a deintydd. Ond tynnu dant oedd tynnu dant, wedi'r cwbwl!"

Byddai Niclas yn tynnu danedd Carno hefyd, yn Swyddfa'r Post, ar alwad, a Miss Swancott yn gyrru amdano pan fyddai cwsmeriaid. Bu Anneura Davies (Pennant Isaf gynt) yn gweithio yn y Post efo Miss Swancott am flynyddoedd, ac mae'n ei gofio'n dda. "Dyn leirus, *good looking* dwi'n siŵr pan oedd o'n ifanc," meddai hi. "Yn ddyn smart fel rydw i'n ei gofio yn y pum-degau. Wyneb crwn, dau lygad glas, tamaid o fwstash, bow tei a sgarff silc, neu wlân yn y gaeaf. Cap fflat fel plat ar ei ben.... Ond os oedd o'n drefnus yr olwg roedd ei fag yn gwldigawl! Bwrdd, cadair, bwced a dŵr o flaen y ffenest yn y storws oedd ei anghenion. Mi gymerai baned o de yn y gegin a'i yfed yn sefyll a'i gefn at y tân. Fydde fo byth yn eistedd ond mynd ar ryw drot yn ôl a blaen. Mi fydde'n rhoi bar o siocled i mi bob tro, a Miss Swancott yn ei fwyta!"

Tybed pam roedd o'n rhoi siocled i Anneura a dim i Dyfi? Achos ei bod hi'n gwasanaethu yn y Post ac yntau'n ddyn mawr y Proletariat, a Dyfi'n ferch y siop? Fodd bynnag, cyn hir mi ddaeth Anneura, a Hywel y gŵr, yn berchen ar y Post lle buont yn rhedeg busnes llwyddiannus iawn am dros ddeugain mlynedd.

Mae Anneura'n cofio deintydd arall yn dod i dynnu dannedd i'w chartref yn Pennant Isaf pan oedd hi'n un go fach. Mae'n debyg iddo ddewis y fan honno ym mlaen Cwm Pennant am ei fod yn nes i bobl y Waun a Hirnant a Dylife. Ernest Williams oedd enw hwn, eto'n dod o Aberystwyth ac yn dod â nyrs, Miss Rees efo fo, dynes wynepgoch, iach yr olwg, yn siarad Saesneg. Gweithredai hwn yn yr un modd â Niclas – "dant i mas" a dim ond eisiau pinsus, bwced a joch o ddŵr oer o'r pistyll (y "Pistyll Gwyn" o ddŵr bendigedig wrth dalcen y tŷ a roddodd yr hen enw i'r ffarm). Dod ar alwad y byddai Ernest Williams, a Laura Jones, mam Anneura yn gyrru amdano fel byddai'r angen. Ar ddydd Sul y deuai bob amser. Mae Anneura'n chwerthin wrth gofio un digwyddiad. "Dwi'n cofio Elfed y Waun yn llabwst mawr yn ei ugeiniau yn dod i lawr dros ffridd Pennant Isa o'i gartre yn Waun Fawr lle roedd o'n byw efo'i fam a'i ewyrth – nhw oedd yr olaf i fyw yno. Roedd ganddo lond ceg o ddannedd cryfion fel dannedd og, ond roedd un i ddod oddi yno. Wedi methu ar y cynigion cyntaf, torchodd Ernest Williams ei lewys a chan roi ei benglin yn ei frest tynnodd fel llew, a Miss Rees yn dal sownd yn y pen. Anferth o blwc a dyna'r dant allan gan adael gagendor ar ei ôl, a chan sychu chwys meddai Williams, "Pwy oedd dy dad di, Arab?" Does ond gobeithio i Elfed ddringo'r ffridd serth yn ôl i'r Waun yn ddyn hapusach nag y daeth."

ATGOFION "PEGGY SIOP EVANS"

Treuliodd MRS PEGGY MORRIS, Peggy Evans gynt, lawer o flynyddoedd yn athrawes yn y Drenewydd. Dyma'i theyrnged i Lanbrynmair a'r bobol a ddylanwadodd arni ar ei phrifiant:

"Mi symudodd ein teulu ni yma o Stoke-on-Trent yn Ionawr 1931, pan oeddwn i'n flwydd oed. Un o f'atgofion cynharaf ydy rhedeg yn ôl a blaen i Glynteg, drws nesa, lle y cawn i groeso cynnes gan "Nain", fel y galwn i hi, a'i merched, Ceridwen ac Olwen Lloyd. Er mai Cymro o Pennant oedd fy nhad, yno y dysgais i Gymraeg a chanu hwiangerddi.

"Bu Ysgoldy Tafolwern yn bwysig iawn i mi yn fy nyddiau cynnar. Fy athro Ysgol Sul cyntaf oedd John Owen Jones, Y Gelli. Gwnai ei orau i'n trwytho mewn sol-ffa ar y modiwletor, ac iddo fo mae'r diolch am ddysgu'r wyddor Gymraeg i mi. Un dydd Sul bythgofiadwy, roedd wedi bygwth pinsio trwyn Glynmor Coed os na fyddai wedi dysgu ei a,b,c, yn llawn, a gallwch ddychmygu beth ddigwyddodd, do, fe binsiodd ei drwyn gan achosi llifeiriant o waed. A dyna helynt wedyn! Gyrrwyd am Miss Varina Williams o'r 'stafell nesa ac anfonwyd y gweddill ohonon ni i'r nant ar wîb i socio'n hancesi poced mewn dŵr oer. Hon, yn sicr, oedd yr Ysgol Sul fwyaf cyffrous a gafwyd erioed.

"Dalla i ddim gadael pwnc yr Ysgoldy heb sôn am y Cyfarfod Bach. Roedd yr ystafell bob amser yn llawn i'w hymylon a'r welydd yn rhedeg o chwys wrth i bawb gystadlu yn eu tro. Anghofia i byth Tom Coedcae a Defi Tomi yn canu deuawdau bendigedig i gyfeiliant Miss Varina Williams ar yr harmonium fach. Dyna i chi dalent.

"Fy "ffrindie gore" yr adeg yma oedd Betty Duncan a Mary Bryncoch. Mi gawson ni gymaint o hwyl yn y dyddiau di-ofal hynny, a'r hafau'n hir a thesog. Fe dreuliem oriau'n chwarae yn y caeau neu'n dringo i Hafod-y-bant tu ôl i'r Hendre. Roedd arnon ni ychydig bach o ofn mynd trwy ffald yr Hendre o achos y gwyddau milain oedd yno, ond fe ddeuai Miss Mary Williams i'n hachub fel arfer trwy chwifio brws llawr. Ni fu brechdanau gwell erioed na'r rheiny a fwytaem ar ôl dringo *Everest*, debygem ni! Tua'r adeg yma y dechreuodd Miss Dorothy Lloyd, Wynnstay, Glwb *Brownies* yn y pentref. Mor falch oedden ni o'n siwtiau brown ac aur. Roedd ganddi gramaphone-troi-handl a dysgai ddawnsio gwerin i ni yn y rent-rŵm. Roedden ni'n meddwl ein hunain yn rhywun!

"Tu ôl i Glyndŵr, tŷ'r plismon, roedd ystafell yr aed iddi dros bont o ryw fath. Yma, roedd gan Mr T.R.Jones, stiward y stad, Glwb *Rechabites*. Mi gawson ni lawer o hwyl yn fan'ma a dysgu llawer o ganeuon ac adroddiadau a blethwyd ganddo i lunio sioe lwyfan, a olygai adeiladu eglwys allan o "frics", sef blociau o bren. Y canlyniad oedd model digon deniadol o eglwys a lanwai'r llwyfan. I ni, roedd hyn cystal â bod mewn sioe yn y *West End*.

"Yn ystod y blynyddoedd yma cyn y rhyfel doedd Llanbrynmair ddim yn brin o ddifyrrwch. Yn y neuadd bentref fe gaem ffilmiau weithiau, a bob blwyddyn roedd Gŵyl Ddrama Gymraeg yn para wythnos, gyda gwahanol gwmniau bob nos. Edrychwn ymlaen yn fawr hefyd at yr wythnos pan ddeuai cwmni Saesneg i berfformio amrywiaeth o ddramâu. Roedden nhw'n wirioneddol broffesiynol, ac un flwyddyn gallwch ddychmygu pa mor gyffrous oeddwn i o gael rhan yn *Uncle Tom's Cabin*. Cwmni teuluol oedd hwn ac enw eu dwy ferch oedd Fern a Pearl, enwau mor hyfryd o'u cymharu â Peggy, meddyliais! Roedden nhw'n aros, dwi'n meddwl, efo Mrs James, Yr Erw. Yn yr neuadd hefyd y cynhelid eisteddfodau a chyngherddau, lle'r eisteddai plant yn y tu blaen ar feinciau hirion. Fel hyn gallem weld a chlywed y cwbwl ond, yn bwysicach mi debygaf, gallai pawb ein gweld ni a rhaid oedd bihafio. Fy uchelgais yn y dyddiau hynny oedd gallu chwarae'r piano fel Mrs Jones, Llysun, a chyfeilio i'r unawdwyr i gyd. Fe ddaeth hi'n athrawes piano i mi cyn hir a rydw i'n ddiolchgar hyd heddiw am ei hamynedd. Un adeg, pan oedd yr Hen Gapel yn cael ei adnewyddu, cynhelid y cyfarfodydd yn y neuadd ac mi gofiaf orfod sefyll yn swil ar y llwyfan mawr i ddweud fy adnod. Mi afaelais yn hem fy ffrog a dechrau ei lapio'n dynn am fy mys. Yn anffodus, roedd yna linell hir o blant ac erbyn i nhro i ddod roedd y ffrog bron am fy ngwddw ac yn dangos llawer mwy o ddillad isaf nag oedd yn weddus i ferch ifanc!

"Un o ddyddiau bythgofiadwy fy mywyd oedd hwnnw pan ddaeth syrcas i'r cae o flaen Glyndŵr. Roedd yn anfarwol! Roedd yno eliffantod a merlod, clowns ac artistiaid *trapeze*, Meistr-y-Cylch ysblennydd a merched hanner noeth mewn sequins, morloi yn dal peli mawr lliwgar ar flaenau eu trwynau, ac yn y cefndir seiniau hudolus yr organ stêm. Ond fy hoff act o ddigon oedd honno gan y mwncis bach. Mor gyffrous i blentyn ifanc oedd gweld yr anifeiliad bach clyfar yma'n cadw'u balans ar weiren dynn, a gyda pharasol bach twt yn un llaw yn cerdded ar ei hyd. Roedden nhw'n gwisgo dillad ffriliog, a hyd yn oed yn reidio beic ar hyd y weir o un pen i'r llall.

"Yn ein siop ni gwerthem bopeth dan haul, o sgadarn coch i lestri te, o fwyd i 'sgidie cryfion, o ffrogiau a chotiau merched i ddodrefn modern yn ogystal â nwyddau fferm. Efo ceffyl a chert byddem yn mynd â sachau o fflŵr, blawd ceirch, Indian corn a bwydydd anifeiliaid i'r ffermydd. Cymeriad a hanner oedd ein certmon rhan-amser, Morris y Brook, a'i gi, Bonso. Cobden oedd enw'r ceffyl a meddyliai Betty, Diana a finne y byd ohono. Trêt o'r mwyaf oedd cael mynd ar ei rownd efo Morris. Byddai Cobden a'r llwyth yn cael eu paratoi, yna byddai'r un lwcus yn cael ei chodi i eistedd yn gyfforddus ar drwch o sach. Pwy ddwedodd mai peth newydd ydy bag ffa? Bob haf mi gawn i y fraint o deithio fel hyn bob cam i Hendre Pennant i aros efo fy Modryb Mary a'm cefndryd, Hywel, Buddug, Menna ac Elwyn. Nefoedd o le! Pam mai fi oedd yr un lwcus, wn i ddim, os nad fi oedd yr un yr oedden nhw am gael ei lle am ychydig! Mi gredwn i bryd hynny mai Pennant oedd un o'r llefydd harddaf yn y byd, a dydw i ddim wedi newid fy meddwl hyd heddiw.

"Lle hapus oedd yr ysgol, a'r athrawon yn rhai eithriadol. Roedd y plant a aeth i'r Ysgol Ramadeg o Ysgol Pen-ddôl wedi cael eu paratoi fel y gallent ddal eu tir yn hawdd yn erbyn disgyblion eraill. Cai'r merched ddysgu gwnio a choginio hefyd, a'r bechgyn waith coed a garddio. Doedd Miss Lloyd ddim yn meddwl llawer o ngwnio i achos mi ddwedodd unwaith amdana i pe gallwn i wnio ar yr un rât ag oeddwn i'n siarad y byddwn i'n wniadwraig gampus tu hwnt! Unwaith y flwyddyn deuai ymweliad brawychus y deintydd â'r ysgol. Mor braf oedd hi ar y plant y methodd eu rhieni ddychwelyd y ffurflenni caniatâd! Tynnid llenni gwynion ar draws ystafell Miss Lloyd, a galwai Miss Jones, nyrs y deintydd, ni i mewn bob yn un. Dwi'n meddwl fod arnon ni fwy o'i hofn hi na'r deintydd, ac eisteddem fel llygod o ddistaw yn ceisio clywed beth oedd yn digwydd y tu hwnt i'r llen.

"Yr adeg yma, fel ym mhob cymuned wledig, doedd ganddon ni ddim dŵr tap, a rhaid oedd cario pob tropyn. I ddechrau, cariem ddŵr o bistyll ger afon Clegyr gyferbyn â Glyndŵr. Cariai dwy ohonom y dŵr mewn bath sinc rhyngom tra'n cario bwcedaid yn y llaw arall. Nid ar chwarae bach yr oedd gwneud hyn o gofio fod gennym bum neu chwe chan llath i fynd ar hyd y ffordd fawr. Yn ddiweddarach cafwyd tap yn y pentref gan leihau'r siwrne o ddwy ran o dair. Rhyfeddem at glyfrwch Alun yr Efail a wnaeth iau i ffitio'i ysgwyddau, a gan herio disgyrchiant seiclai tuag adre â dwy fwced yn hongian un bob ochr.

"Daeth blynyddoedd y rhyfel â llawer o broblemau, bechgyn a merched lleol yn cael eu galw i wasanaethu eu gwlad a rhai yn colli eu bywydau. Cyrhaeddodd yr *evacuees* ac er i rai doddi i mewn i'r gymuned roedd eraill yn ei chael hi'n anodd iawn i addasu i gymuned ac iaith mor wahanol. Dyma hefyd gyfnod y carcharorion rhyfel o'r Eidal, a daethom yn gyfarwydd â'u gweld yn pasio yn eu loriau wrth fynd yn ôl o'r ffermydd i'w gwersyll yn y Drenewydd, yn chwibanu a chodi llaw. Gwelsom gonfois hir o gerbydau'r fyddin yn llawn milwyr yn teithio'n rheolaidd i'r gwersyll hyfforddi yn Nhonfannau ger Tywyn.

"Rywbryd tua 1946, digwyddodd rhywbeth bendigedig. Prynodd Dad beiriant petrol bychan i gynhyrchu trydan. Tan hynny, roedden ni wedi ymdopi efo lampau oil drewllyd a digon peryglus. Un o'n cas bethau oedd gorfod trin y lampau bob bore Sadwrn. Golygai hyn eu llenwi efo oil lamp, trimio'r wig a'u rhwbio efo brasso nes gweld ein llun ynddyn nhw. Ond y gwaith gwaethaf o ddigon oedd glanhau'r gwydrau. I gyrraedd y tu mewn byddem yn lapio clwtyn meddal am goes llwy bren. Roedd y gwydr yn denau iawn a gwae yr un fyddai'n torri gwydr oherwydd roedd hi bron yn amhosib cael rhai newydd yn ystod y rhyfel. Cymerai'r gwaith yma lawer o'n hamser gan fod gennym dair lamp grog yn y tŷ, pedair yn y siop, un arall yn y swyddfa bost a phump lamp fach mewn llaw ar gyfer y llofftydd. Hyd yn oed rŵan, drigain mlynedd yn ddiweddarach, rydw i'n mawrygu'r wyrth o drydan ac yn trio peidio â'i gymryd yn ganiataol.

"Roedd y blynyddoedd yn mynd heibio ac, yn fy arddegau, daeth yn amser i mi deithio bob dydd ar y trên i Ysgol Ramadeg Drenewydd. Fin nos roedd peth wmbredd o waith cartref i'w wneud, ond er hynny roeddwn yn gwneud amser i fynd i'r dosbarthiadau W.E.A. yn y neuadd, lle dysgais am Ymerodraeth Ottoman a Mustapha Kemal. Roedd ganddon ni diwtor gwych yn Mr Alwyn Rees o Goleg Prifysgol Aberystwyth. Ddwywaith yr wythnos cynhaliai'r Parch. Robert Evans Aelwyd yr Urdd, lle gwych i wneud ffrindiau a dysgu pethau newydd. (Yma hefyd y cwrddodd amryw ohonon ni â'n cymar oes – a finne hefyd!) Yn yr Aelwyd cawsom wersi Cymorth Cyntaf gan Dr Ll. ap Ifan Davies, chwarae tennis bwrdd a chardiau, dysgu elfennau cerdd dant gan Mr Ted Richards, Carno a dringo Cader Idris o leiaf ddwywaith, i enwi rhai o'r gweithgareddau. Ond yn bwysicaf oll i mi oedd cael dod yn aelod o gôr, diddordeb arhosodd efo fi weddill fy mywyd. Wil Tŷ Pella, neu W.E fel mae'n adnabyddus, gymerodd arno'r dasg anodd o'n mowldio ni'n gôr, neu'n wir yn ddau gôr, merched a chymysg. Yn ddiweddarach fe symudon ni ymlaen i ymuno â'i gor oedolion a chael llwyddiant mewn aml eisteddfod. Rwy'n cofio'n arbennig am eisteddfod Llanrhaeadr-ym-Mochnant pryd yr oedd hi'n dri o'r gloch y bore arnon ni'n canu ac yn hanner awr wedi pump arnon ni'n cyrraedd adre.

"Fy ffrind mawr y pryd yma oedd Lilian (ddaeth wedyn yn wraig i W.E.); mae gen i atgofion melys iawn o'r amser hapus dreuliais i efo hi yn Coed, a'r croeso a gawn gan ei theulu. Mae gen i lawer rhagor i'w ddweud, ond rydw i'n gorffen trwy ddiolch fy mod wedi fy magu mewn ardal mor ddiwylliedig gyda chymdogion a chyfeillion mor garedig. Diolch am gael eich nabod."

SIOP WYNNSTAY A SWYDDFA'R POST
Mae swyddfa bost Llanbrynmair wedi bod yn Siop Wynnstay ers dros ganrif. Bu'n cael ei galw yn Siop Daniels a Siop Jac Evans, a dyma MARY JOHNSON (Pitcher cyn hynny) i adrodd beth ddaeth wedyn:

"Yn 1946 daeth Thomas Reginal Pitcher i Lanbrynmair, wedi priodi geneth leol, Gwyneth Vaughan Williams yn nyddiau cynnar yr Ail Ryfel Byd. Daeth yma i ymuno â'i wraig ar ôl gorffen ei wasanaeth efo'r Llu Awyr. Roedden nhw'n byw yn Nôl-fach a chawsant ddwy ferch, Mary

Pentrefi a Chymoedd

a Susan. Rhentiodd Tomi 'stafell gan John Evans yn Siop Wynnstay a chymryd gwaith Post-feistr. Yn ogystal â rhedeg y swyddfa mi roedd o'n mynd â thelegramau allan ar ei feic cyn belled â Penffordd-las a Blaentafolog. Yn ystod eira mawr 1947 bu raid iddo fynd i Gilcwm Fach bum gwaith mewn un diwrnod: un o'r negesau oedd fod cŵn saethu yn cael eu hafon o Swydd Efrog i gyrraedd y stesion y diwrnod hwnnw, a rhaid oedd eu casglu.

"Yr adeg yma roedd pump is-swyddfa bost yn yr ardal –Talerddig, Bont, Pennant, Pandy Rhiwsaeson a Wynnstay. Dim ond un sydd ar ôl rwan, a'r ddiwethaf o'r lleill i gau oedd Talerddig yn 1998. Roedd hefyd naw siop yma, tair wrth Wynnstay, dwy yn Bont, ac un yn Pennant, Talerddig, Dôl-fach a Pandy. Un yn unig sydd ar ôl rŵan. Yn 1948 aeth Tomi Pitcher i weithio yn y siop i John Evans a symudodd y swyddfa bost i'r Emporium ar draws y ffordd. Yn 1952 ymddeolodd John Evans a phrynwyd y siop gan Mr a Mrs Evan Edwards oedd â busnes llaeth yn Llundain. Roedd ganddyn nhw un ferch, Delyth, a ddaeth i Ysgol Pen-ddôl yn siarad Cymraeg o Lundain.

"Symudodd y swyddfa bost yn ôl i Siop Wynnstay yn 1954. Erbyn hyn, roedd Edwards yn gwerthu dillad, offer amaethyddol, offer gardd, dip defaid, hylif marcio, glo ac oil lamp, yn ogystal â bwydydd, llysiau a ffrwythau, nwyddau cegin, papurau newydd a.y.b. Daliodd Tomi Pitcher i weithio yn y siop am bum mlynedd arall cyn gadael i fod yn bobydd yn Nhalerddig. Dyma'r adeg y daeth dŵr tap a thrydan Manweb i Lanbrynmair.

"Lle prysur iawn oedd y swyddfa bost gan eu bod yn didoli'r post yno hefyd. Dechreuai'r postmyn ar eu gwaith am 4 a.m. a 6 a.m.er mwyn cwrdd â'r trên a dod â'r post ar gert llaw i'w ddidoli i ardaloedd Wynnstay/Tafolwern, Pandy/Blaentafolog, Talerddig/Cwmcalch, a Bont lle cai ei ail-ddidoli i Llan, Pennant a Stae. Ar y cychwyn, ar droed neu ar feic y cariwyd y post, yna daeth un fan i fynd cyn belled â'r Stae, wedyn tair fan, yn cael eu cadw yng nghefn y siop. Roedd bywyd y postmyn dipyn yn haws rŵan, ond roedd yn rhaid cychwyn tua 5 a.m. yr un fath.

"Bu Mr a Mrs Edwards yn y siop tan 1985 ac yna ymddeol i Glan Twymyn. Fy ngŵr, Barry a minnau oedd y perchnogion newydd, gan symud i lawr o swyddfa bost y Bont. Roedd gennym ddau fab, Paul a Stephen. Merch Tomi a Gwyneth Pitcher, wrth gwrs, oeddwn i, a'm rhieni'n dal i fyw yn y pentref bryd hynny. Yr adeg yma newidiwyd cyfeiriad y siop gennym ac aeth yn fwy o siop hunan-wasanaeth, a chanolbwyntiodd ar bapurau newydd, sigarets, da-da, ffrwythau a llysiau, glo, oil lamp ac, yn ddiweddarach, cafwyd trwydded i werthu gwinoedd. Darparodd y Swyddfa Bost larwm a sgriniau diogelwch, ac yn y flwyddyn 2000 cyflwynwyd y system gyfrifiadur Horizon, oedd yn help mawr efo'r gwahanol weithrediadau a chael cyfrifon yn gywir.

"Yn y flwyddyn 2000 fe ymddeolais i ac ers hynny mae'r siop wedi newid dwylo ddwywaith, ond yn dal i roi gwasanaeth da i'r ardal".

GWESTY'R WYNNSTAY
Daw yr adroddiad yma gan MRS PAULINE TAYLOR cyd-berchennog presennol y dafarn:

"Mae'n ymddangos nad oes neb yn gwybod yn iawn beth ydy oed y dafarn yma. Mae ein dogfennau ni yn cofnodi mai eiddo Syr Watkin Williams Wynn ydoedd yn 1744 ac mai Mrs Ailes Jones oedd y tenant, a'r gwerth trethiannol yn £7 y flwyddyn. "Y Cock" oedd hen enw'r dafarn, oherwydd poblogrwydd ymladd ceiliogod yn yr ardal, mae'n debyg. Ym meddiant stad Syr Watkin y bu'r dafarn wedyn am genedlaethau nes ei gwerthu yn 1957. Edward Morgan oedd yma yn 1900 ar rent o £110. Fe wyddom pwy oedd yn dal y drwydded yn ôl at 1935, pan oedd Mrs Davies, nee Cotton yn denant yma. Bu tua 12 o wahanol rai yn dal y drwydded wedyn nes i ni ddod yma yn 1987."

Ychwanega MRS ANN LLOYD JONES, Machynlleth, at y stori:

"Daeth fy Nhaid a Nain, Mr a Mrs W.E.Lloyd yma o Groesoswallt tua 1935. Ann Edwards oedd ei henw morwynol. Dyna lle y byddai hi bob amser yn ei ffedog fawr wen yn y gegin fawr hen-ffasiwn yn y cefn, y lle wedi'i sgwrio'n wyn, a hithe'n falch iawn o safon ei choginio. Roedd fy nhaid yn ddyn ceffylau ac yn ffarmio'r tir oedd efo'r Wynnstay bryd hynny. Priododd eu mab, James (Jim) lodes leol, sef Bessie, merch Coedcae, a chawsom ni eu pedwar plentyn ein dwyn i fyny yn Llanbrynmair. Gadawodd y Lloydiaid yn 1947 a daeth Mr a Mrs Goldbourne i gymryd eu lle ac yna P.Marchington yn 1952."

Meddai Pauline eto:

"Rydyn ni yma rŵan ers 17 o flynyddoedd, mae ein plant wedi toddi i'r gymdeithas ac mae ein ŵyrion yn siarad Cymraeg rhygl. Am yr adeilad ei hun, dyddia rhan ohono o 1512, ac mae'n debyg fod y gweddill wedi ei godi mewn pedwar neu bump darn. Yn wreiddiol, anifeiliaid ffarm oedd yn un darn o far y lolfa, deunydd gwres canolog da! ac roedd lle byw ar bob ochr iddo ac uwchben. Yn y "simdde fawr" yn y bar yma mae llafnau pladuriau'n sownd rhwng y cerrig i rwystro mynediad i ymwelwyr annerbyniol (roedd ymweliadau o'r fath, mae'n debyg, yn rhemp yn adeg Gwylliaid Cochion Mawddwy yn yr unfed ganrif ar bymtheg). Roedd stablau gyferbyn â'r gwesty lle gallai gwesteion adael eu ceffylau dros nos, ac rwy'n meddwl fod y Goets Fawr yn newid ceffylau yma hefyd. Yng nghefn y gwesty mae 'stafell fawr a ddefnyddir ers blynyddoedd i gynnal partion a dawnsfeydd, achlysuron sy'n dwyn atgofion a gwên chwareus i wynebau rhai o'r hynaf yn y gymuned. Yn wreiddiol adeiladwyd hon fel 'stafell lle casglai Syr Watkin, neu'n hytrach ei asiant, y rhent blynyddol gan ei denantiaid. "Rentrŵm" y gelwir hi o hyd.

"Yn yr adeiladau allanol yn y cefn roedd geifr a moch – ac ambell gwsmer gymerodd lety rhad! Tra bo gwedd allanol y gwesty wedi aros, mwy neu lai, yr un fath – mae'n adeilad rhestredig Gradd 2, bu llawer o newid tu fewn. Er hyn, rydyn ni'n teimlo fod y cymeriad a'r awyrgylch hanesyddol wedi parhau, ac er ei fod ar fin yr A470 ac yn gyfleus iawn felly i deithwyr ac ymwelwyr, eto i gyd yn sicr iawn hon ydy'r "dafarn leol".

Y NEUADD BENTREF, 1920 - 1977, "YR HALL"
Yn ganolbwynt i fywyd cymdeithasol Llanbrynmair heddiw mae'r "Ganolfan", sef y ganolfan gymdeithasol sy'n rhan o'r ysgol newydd. Yno y cynhelir ffair a chyngerdd, eisteddfod, bingo, chwist a dosbarth nos, ac yno y bydd y cyngor cymuned a phwyllgorau'n cwrdd i drefnu gweithgareddau megis y Sioe flynyddol. Ydy, mae'n sefydliad pwysig a phopeth a gynhelir yno ar y cyfan yn cael cefnogaeth eitha da .... "ond dim byd tebyg i 'stalwm!" fyddai rhai yn barod i ychwanegu. O? beth felly oedd yna 'stalwm? Wel, yr "Hall" siŵr iawn, yr hen adeilad pren yng nghanol y pentref fu'n curo fel calon am dros hanner canrif. Fe dynnai'r hen adeilad dyrfaoedd fel pry at gannwyll, adeilad y siglwyd ei asennau i'w seiliau gan ganu corau ac unawdwyr, gan adroddwyr, areithwyr ac actorion a chan y gymeradwyaeth wrth i gynulleidfaoedd gael eu cipio o orfoledd i ddagrau gan berfformiadau ar ei lwyfan; bu'n fagned i bobol ifanc, a'i ehangder yn eu sugno i mewn i gyffro chwyslyd

twmpathau dawns y chwech a'r saith-degau, o Sir Aberteifi i Lanfair Caereinion. Dyma gartre'r Aelwyd hefyd a chartref corau W.E.

Sanctwm a barodd trwy oes yr hen Hall oedd y stafell biliards a neilltuwyd i fodau cyfrifol (!)yng ngefn y neuadd; bu yng ngofal John Duckett am flynyddoedd ac amddiffynnai'r lliain gwyrdd â'i fywyd. Yn slimen hir efo un ochr i'r neuadd roedd yr antirwm, teyrnas y gwragedd, lle y gwneid te a phopeth arall gan gynnwys newid ar gyfer y llwyfan. Roedd y boiler a'r glo mewn cut ar wahân, a rywle ar y llwybr cul rhyngddynt, a'r afon islaw, mi gwrddech â Mrs Duckett a bwced yn ei llaw yn gwarchod ei theyrnas– hi a'i gŵr oedd y gofalwyr cydwybodol am hir iawn. Yma y cwrddai'r meddyg a'r nyrs â'u cleifion hefyd, a babanod y clinic wedi'u lapio mewn siolau'n dynn rhag drafftiau oerion afon Clegyr, yn cael eu pwyso a'u mesur.

Ie, yr Hall oedd y lle i bawb yn hen ac ifanc. Fe'u caech nhw ar derfyn diwrnod gwaith hir a chaled yn tyrru o bob cwr o'r plwyf i giwio ar y sindars rhwng y pyllau dŵr yn y glaw yn aml i aros i'r ddau ddrws agor. Roedd pob haen o gymdeithas yn mynd yno, pobl y cotiau ffwr, os gallent, wedi cael eu tocynnau ymlaen llaw. Ond cofier, pobl y cotiau ffwr yn aml oedd yn cadw olwynion cymdeithas i droi ers talwm.

Er mai pren oedd yr hen neuadd, thyfodd hi ddim yma! O ble, felly, y daeth hi? Yn ôl yr hyn a ddarllenwn yn llyfr ardderchog Alun Owen, *A Montgomeryshire Youth*, ciwrat ifanc, y Parch Daniel Francis Hughes, yn synhwyro fod angen am ganolbwynt i weithgarwch cymdeithasol ar ôl y Rhyfel Mawr aeth ati i gychwyn cangen o'r *Montgomeryshire Recreational Society*. Ar y pryd, roedd y Swyddfa Ryfel yn gwerthu eu hen adeiladau ar hyd a lled y wlad ac, felly, benthycwyd arian gan y Gymdeithas yma i brynu hen gaban mawr pren o Churchstoke i'w godi yng nghanol y pentref ar gae bychan wedi ei roi gan Syr Watkin Williams Wynn. Agorwyd y neuadd bentref "newydd" yn swyddogol ar Ddydd Nadolig 1920 gyda chyngerdd, a'r lle yn llawn dop – yn groes i ddarogan aml i Jeremiah ar y pryd, coelio. Wedi'r cyfan, fu yma erioed neuadd gyffredin i bawb cyn hynny, dim ond festrioedd capeli.

Talwyd y benthyciad yn fuan a chodwyd arian i wneud gwelliannau: cafwyd cwrtiau tennis lawnt, bowlio a chwoits. Bu twrnameint tennis mawreddog yn 1921 a ddenodd rai o cyn belled â Lerpwl i chwarae. Meddyliwch! Ac yn wir, enillodd y neuadd hithau ei lle fel yr orau yn y sir gyda'i acwstics gwych a'i llawr pren yn rhedeg yn raddol tua'r blaen. Roedd "stepen" enwog yn y tu ôl yn dal rhai rhesi o feinciau. Yma y tyrrai'r bobl ifanc yn heidiau waeth beth fyddai ymlaen, ac y cadwai'r plismon gytŵ trwy gydied mewn gwar os byddai angen. Yn y tu blaen yr oedd y plant a digon ohonyn nhw i lenwi pedair rhes o feinciau hirion, di-gefn. Roedd y rhes gyntaf mor agos i'r llwyfan fel mai gormod o demptasiwn oedd peidio codi cwr y llen pan fyddai cwmni drama wrthi'n paratoi a braidd yn hir yn cychwyn. Dwrn wedyn yn dal y llenni'n dynn o'r tu mewn!

Roedd yno le i tua 400 yn yr hen neuadd a hynny ddim yn ddigon yn aml. Bu trydan gynhyrchai Stanley Jones y Garej yn ei goleuo am flynyddoedd. Ymwelai sinema deithiol â'r neuadd yn ei dyddiau cynnar. Tyfodd clybiau llewyrchus yma hefyd; perthynai 94 i'r Gymdeithas Lên a Thrafod (*Lit. and Deb.*) yn 1922, hyn yn denu enwogion y genedl yma i rannu eu doniau, pobol megis yr Athro T.Gwynn Jones i ddarlithio ar Twm o'r Nant, a neb llai na Llew Tegid i arwain eisteddfod ym Mai 1922. Meddai wedyn, "Cynulleidfa ddeallus, deilwng o draddodiad gwych yr hen blwyf."

O bwyllgor y neuadd, a chofier fod ei wraidd yn y *Recreational Society*, y cododd y syniad o gynnal Chwaraeon – neu "Sborts" fel y'i gelwid – ar Ddôl Wynnstay yn y 50au. Ei bwrpas pennaf oedd codi arian at y neuadd. Dengys rhaglen 1959 fod grŵp "Hogiau Llandegai" yma yn y cyngerdd nos. (Roedd un o'r "Hogiau" yma'n cynnal cyngerdd at Eisteddfod Meifod 2003, a'r llyfr bach coch yn ei boced yn dangos yr union ddyddiad, a'r ffi a gafwyd, £10.) O dipyn i beth tyfodd i fod yn Sborts a Sioe gan gyrraedd ei hanterth yn yr 80au. Cynhelid gyrfâu chwist enfawr yma, a thros 100 o fyrddau. Gwelwn felly, gyda phwyllgor egniol y tu ôl iddi, i'r hen neuadd fod yn gartref croesawgar i bob math o weithgareddau. Daeth y 70au a chyfleoedd am adeiladau newydd, a hithau erbyn hyn yn dangos ei hoed, ac yn 1976 fe'i gwerthwyd am £5000. Ond mae hi yma o hyd, a braf i lawer yw hynny pe ond er mwyn yr atgofion amdani, fel rhyw oriawr werthfawr yn tician yn gynnes ym mhoced gwasgod y gymuned. Bellach, mae wedi'i haddasu'n weithdy modelau pren symudol, ac mae ynddi arddangosfa ohonynt, a chaffi, a draig goch adeiniog yn latsio wrth y giât yn gwahodd ymwelwyr.

COFNODION

Cymerwn gip ar Bwyllgor y neuadd ar Fai 27ain 1958 pryd y cynhaliwyd y cyfarfod blynyddol. Yn y banc roedd £42.14s.10d a'r swyddogion oedd: Cadeirydd J.T Jones, Cringoed, Is-gadeirydd Arthur Williams, Hendre, Ysgrifennydd Mrs Edwards, Wynnstay Stores a D.P.Jones, Swyddfa Bost Talerddig, Trysorydd John P Williams, Tŷ Pella. Rhennid y plwyf yn wyth ardal ac roedd un o bob ardal ar y pwyllgor rheoli ac ar y pwyllgor cyffredinol efo'r swyddogion. Roedd pwyllgor ar wahân i'r ŵyl Ddrama ac arno 11 o aelodau. At hyn, roedd pump aelod anrhydeddus oedd wedi gweithio yn ystod y deng mlynedd ar hugain aeth heibio. Y cymdeithasau a gwrddai yn y neuadd oedd Cymdeithas y Merched, Yr Aelwyd, y *Royal Ordnance Corps,* Y Lleng Brydeinig, y Cyngor Plwyf, y Côr, y Clinic Plant, yr Undeb Corawl ac Undeb Cenedlaethol y Ffermwyr.

Yn y pwyllgor yn dilyn y cyfarfod pasiwyd fod hen feinciau'r neuadd i'w gwerthu yn y ffair – disgwylid 7s6d yr un . Darllenwyd llythyr oddi wrth y gofalwr yn gofyn am ei gyflog yn fisol. Y trysorydd yn egluro mai'r achos am yr oedi oedd dim arian yn y banc (Gwelwn mewn pwyllgor ar ôl pwyllgor yr ymdrech fawr oedd yn cael ei gwneud o hyd i gadw pen uwchlaw'r dŵr yn ariannol.) Ym mhwyllgor mis Medi daeth cynrychiolydd o'r pwyllgor drama i ofyn a ellid cynnwys drama Saesneg o'r Drenewydd yn yr Ŵyl Ddrama. Pasiwyd. Y tocynnau i fod yn bedwar swllt a dim i'w gwerthu ymlaen llaw. Hefyd, pob stiward i dalu am ei docyn a'r gwragedd oedd yn gwneud y bwyd hefyd! Byddai angen chwech stiward bob nos a gofynnid felly i bob Ysgoldy fod yn gyfrifol am un noson o stiwardio.

Yn 1959, pasiwyd i wneud drws o gefn y neuadd i'r ystafell biliards. Roedd hyn yn gam mawr oherwydd bu'r ddwy bob amser ar wahân – er fod tyllau wedi eu gwneud rhwng y planciau i sbecian ar y "dancing classes"! Cododd yr angen am y drws oherwydd problem sy'n dal yno heddiw i raddau.... Roedd system garthffosiaeth wedi ei gwneud ym mhentref Wynnstay efo peipen yn cysylltu'r pentref a'r gwaith carthffosiaeth yn Nhafolwern. Wrth wneud cynllun i gysylltu tai y pentref mi anghofiwyd cynnwys y neuadd, sydd mewn pant. Felly, i gael y beipen i weithio bu raid ei gosod uwchlaw'r tir ar wely o goncrit. Hyd yn oed wedyn, gwan oedd y rhediad. Ond canlyniad gosod y beipen a'r concrit oedd fod dŵr glaw yn casglu rwan o flaen drysau'r neuadd, sy'n egluro pam y bu rhaid torri drws o'r ystafell biliards i'r neuadd – i arbed i bobl ddod i gyfarfodydd yn eu welintons! Cafwyd gwellhad i'r broblem adeg codi stad Glanclegyr, pan osodwyd draen newydd a rwbel yn y pantle lle casglai'r dŵr. Dyna'r eglurhad a gafwyd gan W.J. Davies.

Cyhoeddwyd fod yr elw o'r Wyl Ddrama yn £125.9s. Erbyn hyn, roedd pwyllgor Cŵn Hela wedi dechrau cwrdd yma. Llawer o gonsarn am gynnal a chadw, wedi'r cyfan, roedd y neuadd yma ers bron i ddeugain mlynedd. Bu rhaid rhoi ffenestri metal i mewn am £13.10s yr un a phrynu netin am £4.1s.7d y bwndel i wneud ffens 25 llath efo'r afon, ac roedd y gofalwr eisiau pladur a chryman newydd! I goroni'r cyfan, methwyd â chael digon o ddramâu i gynnal yr ŵyl... ond roedd achubiaeth ar y gorwel ar ffurf Al Roberts y consuriwr a'r taflwr llais a'i byped. Roedd ei wraig, Dorothy, yn rhan o'r act hefyd gyda'i minlliw llachar a'i gwallt melyn a'i dillad moethus – roedd hi fel pe'n dod â Hollywood yn ei grynswth efo hi. Byddai'n helpu Al efo'i driciau. Cafodd ei "llifio" yn ei hanner lawer gwaith a phawb yn dal eu gwynt ac yn disgwyl am sgrech. Roedd y pyped, y "bachgen ysgol" yn ei gôt streipiog a'i het wellt a'i lygaid mawr dan drwch o wallt yn hynod o argoeddiadol yn ei "sgwrs" efo Al. Oedden, yr oedden nhw'n gallu denu tyrfa a hynny'n cael ei adlewyrchu yn eu ffi o £9.9s am y noson. Gwnaed elw o £10.18s.

Pwyllgor Chwefror 1960. Pasiwyd i wneud llieiniau sychu llestri i'r gofalwr allan o ddwy sach fflŵr. (Gwneid llawer crys nos, ffedog a lliain bwrdd o sach fflŵr yn y cyfnod, stwff ardderchog oedd o am bara i olchi ac yn dod yn wyn fel y carlwm.) Rhaid oedd eu cael at yr yrfa chwist nesaf pryd y byddai'r mynediad yn hanner coron yn cynnwys bwyd. Y gwobrau fyddai £1, 15/- a chweugain.

Pwyllgor Gorffennaf 1960. Byddid yn ffarwelio â'r injan diesel ac yn derbyn trydan o'r grid ar gost o £5. Rhaid ail weirio. Adroddwyd fod y Mabolgampau wedi gwneud elw o £75 a phasiwyd ar unwaith i gael un eto. Erbyn Medi 1961 roedd y Mabolgampau wedi tyfu'n beth pwysig iawn gyda ocsiwniar o'r Trallwng yn Llywydd a phump o is-lywyddion yn cynnwys Syr Wintringham Stable a Mr Marchington, Tŷ Hir (fu'n rhedeg tafarn y Wynnstay cyn hynny), John Bebb Davies, yr Efail yn feistr y cae, Gwynfryn Lewis yn gofnodydd, Alun Price, Dôl-fach a Tom Davies, Coedcae yn cyhoeddi a Stanley Jones, Llysun yn startar. Cafwyd mabolgampau i blant ac oedolion, cneifio, merlod, cŵn, carnifal, saethu colomennod clai, ras balŵns, bacio tractor, sioe lysiau a blodau – a thafarn laeth i dorri syched (go brin y byddai'n ddigon heddiw). Cyngerdd y nos gan Gantorion Gwalia. Elw £152.

Edrychid ymlaen bob Nadolig at y Chwist Bluog. Y gwobrau yn 1962 oedd dau dwrci, dwy ŵydd, dwy hwyaden, dau geiliog. Pâr o ffesantod, a chig eidion a phwdin 'Dolig i'r Knockout. (Noder fel yr oedd twrci'n cael blaenoriaeth ar ŵydd bryd hynny, nid felly heddiw a gŵydd yn ddanteithfwyd drud a thwrcis yn rhad yn yr archfarchnadoedd, lle gallwch gael andros o greadur am lai na decpunt ar noswyl Nadolig tra bo gwydd tua £30). Roedd gwobrau'r raffl yn nodweddiadol o'r cyfnod hefyd: radio transistor, cantîn o gyllyll a ffyrc – deg gwobr i gyd, a'r mynediad, tri swllt a chwecheiniog.

1963 Codi cwpwrdd yn y neuadd i gadw'r tlysau oedd wedi eu hennill gan Aelwyd yr Urdd. Roedd honno'n amlwg wedi cael cyfnod ar ei huchelfannau.

1965 Glyn a Cranogwen Evans yn rhoi fyny bod yn ofalwyr ar ôl 14 mlynedd.

Doedd neb ond y Pwyllgor yn y Cyfarfod Cyffredinol (siom) . £723 yn y banc. Cyflog y gofalwr i godi i goron yr wythnos ond deuswllt yn yr haf.

1966 Pasio i wario £60 i godi safon un o'r ddau fwrdd biliards, a chodi'r tâl am ddefnyddio hwnnw o'r wyth ceiniog presennol i swllt y gêm. Enghreifftiau o waith gwirfoddol gan y pwyllgor bryd hyn oedd draenio'r cae a rhoi concrit ar lawr y sied lo ar gyfer peiriant gwres canolog.

1968 J.P. Williams wedi bod yn drysorydd am 16 mlynedd, a W.J. yn ymddiswyddo o'r ysgrifenyddiaeth ar ôl wyth mlynedd o waith caled. Y ddau yn cael eu gwneud yn aelodau anrhydeddus o Bwyllgor y Neuadd, fel yr oedd Arthur Plume a Mrs Rowlands, Bryncoch, Mrs Davies, Y Garth a Miss Ceridwen Lloyd, Glynteg.

1969 Dail tafol yn tyfu trwy goncrit y maes parcio (oedd yna gowbois yn yr oes honno, felly?) Y pwyllgor ffyddlon yn dal ati ar waethaf diffyg diddordeb y cyhoedd yn eu gwaith o ddydd i ddydd (oes rhywbeth yn newid?) Y pwyllgor yn rhentu Dôl Wynnstay er mwyn neilltuo darn ohoni i'r ieuengtid gicio pêl. Codi cyflog y gofalwr i deirpunt y mis a dwy yn yr haf (dyna beth oedd codiad!) Elw Sioe y flwyddyn honno oedd £546 ond llawer o hwnnw'n dod o roddion gan mai £234 gaed wrth y giât. Cynlas Lewis o Fecws Talerddig yn hael fel arfer, yn rhoi bwyd am ddim i'r stiwardiaid a'r beirniaid a £5 ychwanegol.

1970 Sŵn ym mrig y morwydd am neuadd bentref newydd! Roedd y pwyllgor wedi clywed fod tri-chwarter y gost i'w gael mewn grantiau. Beth amdani? A hwythau wedi gwario llawer ar yr hen neuadd ac angen gwario llawer mwy penderfynwyd gwahodd pobol yr ardal i gyd i gyfarfod cyhoeddus i drafod y mater. Adroddwyd fod £1551 yn y banc.... Mae'n rhaid fod y cyfarfod hwnnw wedi ffafrio cael neuadd newydd oherwydd pan ddwedodd David Wigley'r saer mewn pwyllgor y mis Chwefror dilynnol, a Hedd Bleddyn yn y gadair, fod ysgol newydd i'w chodi ar Ddôl Wynnstay, cynnigiodd William Jones, Cilcwm ar unwaith eu bod yn holi'r Pwyllgor Addysg a fyddai'n bosib cael neuadd efo'r ysgol.

Tachwedd 1971. Y Cyfarwyddwr Addysg, T.A.V.Evans, a G.G.Evans mewn pwyllgor yn Llanbrynmair yn dweud y byddai neuadd tua'r un faint ag un Arddlîn yn cael ei chodi heb unrhyw gyfraniad lleol. Byddai pwyllgor lleol, ac un neu ddau o'r Awdurdod Addysg yn ei rhedeg, a byddai £100 neu £200 yn flwyddyn yn cael ei roi at ei chynnal. Pawb yn cytuno. Codwyd mater y bwrdd biliards: a fyddai lle iddo? Dim ateb parod. Un peth da iawn, byddai'r ysgol yn defnyddio'r cae pêl-droed ar y Ddôl, felly'r Pwyllgor Addysg yn mynd yn gyfrifol amdano.

Ym mis Rhagfyr, cyhoeddwyd hyn mewn cyfarfod cyhoeddus, a'i dderbyn. Enwebwyd ymddiriedolwyr newydd: J.Meirion Jones y prifathro, John Williams, David Wigley, Hedd Bleddyn ac Arthur Plume. Adroddwyd wrth Stad Syr Watcyn.

Ionawr 1976. Amser symud i'r Ganolfan yn agosau. Trafodwyd mater yr hen neuadd bentref. Penderfynwyd mynd am gais cynllunio ar gyfer datblygiad diwydiannol, i greu gwaith. Cadarnhawyd fod tir ger y Ganolfan wedi ei glustnodi ar gyfer ystafell biliards (er rhyddhad mawr i'r ffyddloniaid, yn siwr). Darluniau o Morfydd Llwyn Owen, Mynyddog a Band 1911 i'w trosglwyddo i'r Ganolfan. Rhoddir yr hen "Hall" ar y farchnad.

Tachwedd 1976. Dau gynnig am yr hen neuadd. Ei gwerthu i W. Jones, Hafoty, Llan am £5,500. Yr hen bwyllgor neuadd yn newid i fod yn Bwyllgor y Cae Chwarae, a W.J.Davies yn gadeirydd, Anne Jones yn ysgrifennydd ac Arthur Plume yn drysorydd. Yr arian o'r hen bwyllgor neuadd i'w wario ar offer i'r cae chwarae.

Chwefror 2il 1977. Agoriad swyddogol yr Ysgol a'r Ganolfan Gymdeithasol gan y Cynghorydd Sir, J.M.Humphreys, Y.H.

Ebrill 1977. Cyfarfod Blynyddol cyntaf y Ganolfan, 29 yn bresennol. Penodi Hedd Bleddyn yn gadeirydd, J.M. Jones yn ysgrifennydd a warden, ac Islwyn Price yn drysorydd. Cost hurio: y neuadd £5, ystafell bwyllgor £1.50, cyfarfodydd politicaidd £5.

Hydref 24. JP.Williams yn agor yr ystafell biliards newydd. Cynhelir Chwist Nadolig, a ffair fawr ym mis Tachwedd.

1981. Y tâl i'r Awdurod Addysg wedi codi i £700.

1982. Ennill gwobr am addasrwydd i'r anabl.

1983 £2,480 mewn llaw.

1984. Tâl mynediad i'r Chwist, £1. Tâl i'r Awdurdod Addysg £939. Cwyno!

1988 Adroddodd y Warden fod 434 o gyfarfodydd wedi eu cynnal yn y Ganolfan; yr uchafbwynt oedd cyngerdd gan Stuart Burrows a'i fab.

1990. Trafod prynu piano ail law da am £1,500.

1992. Cegin a goleuadau llwyfan newydd yn barod erbyn dramâu Eisteddfod Powys yn yr hydref.

1993. Y ddau gôr a ffurfiwyd at Eisteddfod Powys, yn cael eu harwain gan W.E ac Elwyn yr Hendre, yn dal i gwrdd yma, £2 y tro.

Ionawr 1995. Trafod bwriad yr Awdurdod Addysg i dalu llai at gynnal y Ganolfan. Pryder: wedi'r cyfan, y gymuned leol oedd wedi talu am godi'r ystafell biliards a'i throsglwyddo wedyn yn eiddo i'r Awdurdod. Yn y diwedd, ildio i delerau'r Awdurdod cyn belled â bod system wresogi lai costus yn cael ei gosod. Cofrestru'r Ganolfan yn Elusen.

1996. Y mudiadau a ddefnyddiodd y Ganolfan eleni oedd: Cyngor Bro, Merched y Wawr, Sefydliad y Merched, Clwb Snwcer, Y Band, Ffermwyr Ifanc, Yr Aelwyd, Rheolwyr yr Ysgol, Cyfeillion yr Ysgol, Clwb Pysgota, Côr W.E, Côr Cyfeiliog (Elwyn), Pwyllgor y Soe, Clwb Badminton, Pwyllgor Cwn Hela, Clwb y Ddôl, Dosbarth Addysg y Gweithwyr, Dosbarth Gwnio.

1998. Yn diolch i Islwyn Price am ei waith fel ysgrifennydd o'r dechrau yn 1977. Gosod teliffon i mewn. Gosod clo digidol ar y drws allan, sydd hefyd yn ddrws i'r ysgol (arwydd o'r amserau – poeni am ddiogelwch plant).

Trafodaeth ynglŷn â gosod bar yn y Ganolfan. Elwyn Davies, Hendre yn bendant yn erbyn tra bydd o'n gadeirydd. Gwrthodwyd y syniad. Ym mis Medi, cytunwyd i gael trwydded achlysurol.

Tachwedd 1999. Trafod ymdrech y pwyllgor i gael mudiadau lleol i weithio ar fosaic i'w roi ar wal y Ganolfan i ddathlu'r milflwyddiant. (Llwyddwyd i wneud hyn).

ATGOFION GWYNEIRA LEWIS AM ŴYL DDRAMA LLANBRYNMAIR, 1951 – 1958

"Dydw i ddim yn cofio dim a fu mor boblogaidd yn Llanbrynmair a'r Ŵyl Ddrama a gynhaliwyd yn ystod y 50au. Aeth pwyllgor (o dan bwyllgor y neuadd) ati i drefnu wythnos o ddramau hirion i gystadlu yn erbyn ei gilydd. Cynhaliwyd y gystadleuaeth rhwng chwech o gwmniau o bob cwr o Gymru yn yr hydref, gan ddechrau ar nos Sadwrn ac ymlaen tan y nos Sadwrn canlynol gan adael nos Fercher yn rhydd.

"Bu H.A Hughes, George Thomas, Y Parch. Robert Evans, Elwyn Davies, Islwyn Lewis a Jos Jones, Cringoed yn Gadeiryddion y pwyllgor yn eu tro, Islwyn a finne'n Ysgrifenyddion, a Mair Jones a John Williams, Tŷ Pella yn Drysoryddion. Y Beirniaid a ddewiswyd yn ystod y saith mlynedd oedd John Ellis Williams, Blaenau Ffestiniog, Wilbert Lloyd Roberts, Bangor, E.J.Thomas, Pontrhydyfen ac Olwen Mears. Roedd yn rhaid dewis Llywydd ar gyfer pob noson o blith pobol amlwg yr ardal ac roedd yn gyfle i wahodd rhai o hen blant yr ardal yn ôl. Byddai pob Ysgoldy yn ei dro yn gofalu am luniaeth ar ddiwedd pob noson, ac roedd tipyn o gystadleuaeth! Y Gweinidogion a Rheithor y Plwyf fyddai'n arwain y gweithgareddau bob nos, sef y Parchedigion Robert Evans, J.Price Wynne, G.I Dean ac Erasmus Jones.

"Yn yr Ŵyl gyntaf pris y tocynnau oedd: Blaenseddau cadw 3/6 neu £1 am wythnos; ailseddau cadw 3/- neu 17/6 am wythnos; ôlseddau 2/6 y noson.

"Bu'r fenter yn llwyddiannus iawn. Yn wir, roedd mor boblogaidd nes i ni ddechrau cyhoeddi dyddiad yr Ŵyl nesaf flwyddyn ymlaen llaw, a byddai pobol yn heidio i logi ar unwaith. Y gwobrau oedd:

1af: £40 a Chwpan i'r Cynhyrchydd; 2il: £25. Roedd £12 i bob cwmni aflwyddiannus.

"Trefnwyd bws o Drefeglwys i gludo pobol Stae, Pennant, Bont Dolgadfan a'r Llan i lawr i'r Neuadd bob nos. Roedd hwn yn drefniant hwylus iawn ac yn fodd i lawer fedru dod i fwynhau'r perfformiadau.

"Roedd gennon ni bennill neu gwpled ar wyneb-ddalen y rhaglen bob blwyddyn, gwaith Dan Davies, Dôlgoch (Ap Shon) a George Thomas, Y Bont (Glantwymyn):

Llanbryn-mair llawn bryniau mwyn – ac enwog
    Ei hanes ym Maldwyn;
Man ein serch, mae yno swyn
Yn agwedd pob rhyw glogwyn. (Ap Shon)

Trowch eich cam i'r Ŵyl Ddrama
Os am wledd ar diwedd ha'. (Ap Shon)

Trowch Bandy, Tafolwern a Phennant,
Talerddig a'r Bont yn un gair;
Cymysger eu harddwch a'u rhamant
Ac yna ceir gwyrth – Llanbryn-mair. (Glantwymyn)

Bro Cyfeiliog, Bro Mynyddog,
Cartre'r gân a noddfa'r Gair;
Bro S.R. a'i frodyr enwog –
Mawr yw bri hen Lanbryn-mair. (Glantwymyn)

"Ambell flwyddyn byddai'n anodd cael digon o gwmniau i lenwi'r wythnos – pawb eisiau dod ar y penwythnos yn hytrach nag ar noson waith. Dro arall byddai cwmni'n tynnu'n ôl ar y funud ola'. Rwy'n cofio i gwmni Aberangell dynnu'n ôl un tro oherwydd profedigaeth oedd yn effeithio ar amryw o aelodau'r cwmni. Bum ar y ffôn am oriau'r noson honno. Dechrau trwy ffônio cwmni drama John Evans, Llanegryn. Y nhw'n methu dod. Ffônio ugeiniau o gwmniau ar draws y gogledd a'r de, a dyma rywun yn deud,"Pam na ofynnwch chi i Fryncrug?" A dyna wnes i, a chwarae teg iddyn nhw, fe ddaethon. Wyddwn i ddim ar y pryd fod yno gwmni – ac mor agos i Lanegryn!

"Dro arall byddai Islwyn a finne'n mynd rownd y wlad ar ôl cwmniau er mwyn ceisio'u perswadio i ddod i gystadlu. Roedden nhw'n fwy tebygol o lawer o ddod wrth i ni ofyn iddyn nhw'n bersonol. Rhai o'r cwmniau gorau yr ydyn ni'n eu cofio oedd Cwmni Beulah, Castell Newydd Emlyn yn perffomio "Dan nawdd y nos", Cwmni Glan-y-môr, Pwllheli yn perffomio "Fy machgen gwyn i" a Chwmni Machynlleth yn performio "Yr Inspector".

"Am ryw ddwy neu dair blynedd yn ystod yr un cyfnod fe ddaru ni atgyfodi Cystadleuaeth Drama Un Act yn gyfyngedig i blwy' Llanbrynmair. Roedd yna saith cwmni i gyd yn cystadlu, pedwar ar nos Wener a thri ynghyd â'r feirniadaeth ar nos Sadwrn. Roedd yna gwmni yn y Pandy, Tafolwern, Dôl-fach, Talerddig, Bont Dolgadfan, Pennant a'r Wynnstay. Roedd pawb o ddifri ac mi roedd yna lawer o hwyl i'w gael. Roedd hefyd yn golygu fod nifer dda o bobol o bob oed yn cael y cyfle i gymryd rhan a mwynhau'r profiad."

CHWIST FAWR NADOLIG
"Cychwynnwyd gyrfaon chwist Nadolig Llanbrynmair yn y 50au i sicrhau ffynhonnell flynyddol o arian i goffrau'r neuadd bentref", meddai ELEANOR JONES, sydd wedi bod ynglŷn â hi ers blynyddoedd, fel ei thad J.P.Williams o'i blaen, ac yn parhau felly. "Daeth yn chwist boblogaidd iawn dros y blynyddoedd gan ddenu rhai o bell ac agos – mor bell â Glyn Ceiriog ac Abergwaun! Bu ambell i fws yn cario pobol o Geredigion. Yn naturiol, byddai dofednod yn amlwg yng ngwobrau'r chwist a'r raffl.

"Dros y cyfnod, mae chwech Meistr y Ddefod (*M.C.*) wedi bod wrth y llyw: Richard Williams, Dolhafren, Dic Hughes, Llanidloes, Eric Andrews, Tregynon, Emrys Jones, Llanerfyl, Gwyn Morgan, Llanbister a Tom Breese, Comins Coch. Yn ffodus iawn dros y blynyddoedd bu digon o wirfoddolwyr yn yr ardal i sicrhau llwyddiant mawr y nosweithiau yma.

"Yn 1975 y bu'r chwist fwyaf pan gafwyd 119¼ o fyrddau a bu'n rhaid cynnal y Chwist yn y neuadd, yn ysgol Pen-ddôl ac yn *rent room* y Wynnstay. Bu cryn waith trefnu ar y noson honno. Gellir cofio am rai yn cyrraedd yn hwyr er mwyn cael chwarae yn y Wynnstay – yn agos i'r bar, gan gyrraedd yn ôl i'r neuadd ar ddiwedd y noson wedi cael tropyn bach yn ormod!

"Chwist fach gafodd ei chynnal yn 1967 oherwydd fod clwy y traed a'r genau wedi torri allan yn ardal Croesoswallt yn yr hydref. Penderfynwyd cynnal y chwist fach er mwyn tynnu'r Raffl Fawr, a'r tocynnau eisoes wedi eu dosbarthu. Mae'r Chwist yn dal i gael ei chynnal yn flynyddol, yr un olaf cyn y Nadolig. Tra'n gwerthu tocyn raffl yn ddiweddar i berson o Craven Arms dwedodd: 'O! dwi'n cofio dod i'r Chwist yna efo 'nhad pan oeddwn i'n ifanc, a gweld rhes o dwrciod tew ar y byrddau wrth y fynedfa'.

Dyma roi syniad o apêl y Chwist dros y blynyddoedd:

Dyddiad	Nifer o fyrddau	
1966	93 ½	
1967	20	
1969	118	
1972	72	
1975	119 ¼	
1977	105	*yn y Ganolfan Newydd*
1981	52	
1988	71	
1992	44	
1998	39	*elw £1,043.00*
2000	37	

"Roedd hi'n amlwg wrth astudio'r rhestr lawn am bob blwyddyn mai hyd at ddiwedd yr 80au yr oedd y niferoedd yn eu hanterth. Fel efo popeth arall, mae llai yn mynychu rŵan ond mae'r Chwist yn dal i ddod ag elw da i'r Ganolfan ac yn dal i blesio'r ffyddloniaid."

LLAN

Brodor o'r Llan ydy BERNARD DAVIES, wedi ei eni a'i fagu yn Siop y Llan, lle mae'n dal i fyw. Aeth i ysgol y Bont ac i Fachynlleth wedyn cyn dilyn gyrfa yn swyddfa hen Gyngor Sir Maldwyn o 1953 hyd 1974, ac yna i Awdurdod Iechyd Powys hyd ei ymddeoliad yn 1994. Mae'n gymwynaswr i'w ardal, yn ymddiddori yn ei hanes, yn ddiacon yn yr Hen Gapel, ac ysgoldy'r Bont cyn hynny, ac yn aelod o'r Cyngor Bro. Mae o am ein tywys o amgylch pentref Llan i weld pwy a fu'n byw yma.

"Ar ddechrau'r ganrif, doedd Llan ddim llawer mwy na chlwstwr o dai o gwmpas yr eglwys, ond mi dyfodd ychydig wedyn, fel y cawn weld. Gan gychwyn yn y Rheithordy, yr offeiriad cyntaf a gofiaf oedd y Parch George Idwal Dean. Symudodd ef a'i deulu, gwraig mab a merch, yma o Lanberis lle bu'n giwrad. Roedd yn bregethwr grymus, a galw mawr amdano i bregethu mewn cyfarfodydd diolchgarwch, er enghraifft. Fo hefyd oedd capten y Gwarchodlu Cartref yn ystod yr Ail Ryfel. Gadawodd Lanbrynmair yn 1953. Nyrs oedd y ferch, Dulcie, felly ni threuliodd lawer o amser yma. Billy oedd y mab, ac ar ôl mynychu ysgol y Bont ac Ysgol Ramadeg Drenewydd a Choleg Llanymddyfri, dilynodd yrfa yn y Llynges. Dilynwyd nhw gan y Parch a Mrs Erasmus Jones a'u mab, Gareth. Daethant o Sir Fôn, gan ddychwelyd yno ymhen rhai blynyddoedd. Mae Gareth, sy'n athro, yn gerddor gwych, fel yr oedd ei fam, a bu am gyfnod yn arweinydd Côr Meibion Caernarfon.

"Yr offeiriad olaf i fyw yn y Rheithordy oedd y Parch Owen Morgan a ddaeth yma o gylch Ffestiniog. 'Doedd o na Mrs Morgan yn mwynhau iechyd rhy dda, ac oddeutu 1963 symudodd i fod yn rheithor Penisarwaun. Bellach, adwaenir y rheithordy fel Hafod-y-Llan, ac mae'n gartref i Mr Terence Lambert, artist bywyd gwyllt o fri rhyngwladol, a'i wraig, Glenys, a'u pedair merch.

"Roedd tair tafarn yn y Llan un adeg, Red Lion, Cross Foxes a Tŷ Mawr. Bu Tŷ Mawr, sydd ar dop Rhiw Llan, yn dafarn hyd at 20au cynnar y ganrif, ac mae llu o straeon yn dal i gael eu hadrodd am driciau'r tafarnwr, Gwilym Williams, "Gwilym Llan" (tad Sister Doris Williams a'r Capten Gwilym Watcyn Williams). Roedd tŷ yn y Bont (lle mae'r carthffosiaeth heddiw) yn ymyl yr afon a tho isel iddo, a dyna lle roedd y gŵr a'r wraig yn gwneud cyfleth un noson mewn crochan ar y tân. Gollyngodd Gwilym geiliog i lawr y simdde…Roedd gŵr a gwraig yn torri bedd o dan yr ywen yn y fynwent un noswaith, liw nos, hithau'n dal y gannwyll. Aeth Gwilym i fyny'r goeden a diferu dŵr i'r gannwyll i'w diffodd… dihangodd y ddau am eu bywyd. Ond Mr a Mrs Pugh gofiaf fi gyntaf yn Tŷ Mawr, ac wedyn Mr Joshua Wigley a fu'n ffarmio Esgair Ifan ar y cyd efo Tŷ Mawr, cyn symud wedyn i Bentre Mawr. Yn ei ddilyn o daeth Mr a Mrs Davies a'u mab, Tommy – "Tomi Llan" i bawb. Daethant yma o Sir Aberteifi, ond o ardal Llanidloes yn wreiddiol. Roedd Owen Davies yn ŵr galluog ac amryddawn a buan yr etholwyd o'n flaenor ac ar y cynghorau plwyf a dosbarth. Roedd Tomi'n ffefryn gennym ni'r plant, ac fe'i dilynem o gwmpas y caeau, yn cael reid ar y ceffylau ac yna ar y tractor. Bu Tomi yntau'n flaenor a thrysorydd yng nghapel M.C. y Bont, a hefyd yn gynghorwr plwyf.

"Byddem ninnau'n byw yn Siop y Llan gyferbyn, yn cadw siop erioed, a hefyd wely a brecwast a chaffe yn ystod blynyddoedd y rhyfel ac am ychydig wedyn. Roedd arwyddlun y Clwb Seiclo Cenedlaethol yn hongian y tu allan yn gwahodd cwsmeriaid i'r caffi. Cadwem ddwy fuwch, gan werthu llaeth yn Llan, y Bont a'r Wern. Caeodd fy mam y siop yn 1981.

"Ein cymdogion yn ysgoldy'r Eglwys (Tŷ'r 'Sgoldy) oedd Mrs Elizabeth Jones a'i thri mab, Ifor, Sidney ac Islwyn. Daethant o Ddylife yn 1926 i fod yn ofalwyr yr Eglwys. Roedd ei gŵr, John Jones, yn gweithio ym mhwll glo Aberfan, ond bu raid iddo ymddeol yn gynnar oherwydd llwch y frest ac anaf i'w goes. Bu farw yn 1948.

"Fe ddown nesaf tu isaf i'r eglwys at adeilad bach carreg adwaenem fel Siop Gwilym James. Roedd o'n flaenor yn y Bont ac yn deiliwr medrus, a'i wraig yn wniadwraig, a gwnaent siwtiau i ddynion a merched, altro dillad wrth gwrs, a thrwsio. Gwerthent bethau fel sanau a defnyddiau, ac, yn annisgwyl, oil lamp! Ond mae'n debyg y byddai ar deiliwr angen cryn dipyn o'r hylif hwnnw ar adegau prysur! Tu ôl i'r gweithdy –neu "Taylor's Cottage", fel y'i gelwid, roedd gweithdy Billy Lewis, y crydd. Sied bren oedd hon wedi'i rhannu'n ddwy, y crydd wrth ei waith yn gwneud 'sgidiau lledr a thrwsio yn un pen, a syrjeri'r doctor yn y pen arall ddwywaith yr wythnos, gyda'i amryliw boteli ffisig a thap tu allan. Cafwyd tapiau dŵr i rai tai yn Llan ac ar ochr y ffordd yn y 20au wedi ei beipio o secston yn Tawelan.

"Yn Rock Terrace, gerllaw roedd yna bedwar tŷ. Yn y cyntaf, Mr a Mrs Billy Lewis a'r mab, Jonathan, neu Jack Lewis. Crydd oedd Billy Lewis, un hynod o brysur a galw mawr am ei waith, a bu Jack hefyd yn grydd ar ôl cyfnod o salwch. Yn y tŷ nesaf, Johnny a Ruth Owen a'u plant, Arwyn, Myra, Ronwy, Eryl, Meirion (Jack Mei), Hefina a Heather. Ar ôl adeiladu tai cyngor Tawelfan, symudasant yno. Lengthman, yn gyfrifol am y ffordd o'r Pennant i Lanbrynmair oedd Johnny Owen ac ni welwyd ei well am gadw'r ffordd yn ddeche. Roedd yn weithiwr caled, a phob glaswelltyn wedi ei dorri â'r cryman a phob ffos wedi ei hagor â'i raw. Gwelwn heddiw golled fawr ar ôl y gwroniaid yma a ofalai mor dda am ddraeniad y ffyrdd, ac a wyddai mor dda am bob trwnc a ffos a chlawdd.

"Yn rhif 3 byddai Mr a Mrs Trefor Lloyd yn byw, a'u merched, Beryl, Betty a Carol. Mae Carol wedi byw yn y Swistir er blynyddoedd lawer, a'i phlant a'i gŵr yn siarad Ffrangeg ond ei Chymraeg hi fel pe na bu oddi yma erioed. Gweithiai Trefor ym Mhlas Pennant efo'i frawd, Evan Lloyd, lle y ganwyd ac y magwyd y ddau, ac ar ôl hynny gweithiai yng Nghilcwm, gan orffen yn y Comisiwn Coedwigaeth. Cymeriad hynaws a ffeind iawn oedd Trefor. Red Lion ydy'r tŷ olaf yn y rhes, lle y cartrefai Mrs Elizabeth Lewis– neu Lisi Pugh, fel y gelwid hi yn enwedig gan bobol y Pennant lle ganwyd hi. Gwraig weddw oedd hi, wedi dod i fyw i'r Llan efo'i rhieni ar ôl ymddeol o ffarmio Pennant Isaf. Hi oedd perchennog y rhes tai a hefyd ychydig o dir. Ond dynes brudd yr olwg oedd hi, heb wên ar ei hwyneb. Rhyw ddiwrnod, "Hwyl!" cyfarchodd rhywun hi wrth fynd heibio. "Hwyl?" medde hithe, "Pwy hwyl sydd yna!" Dro arall, wedi gwadd dyn a oedd yn byw yn ymyl heibio i'w gweld, "Beth petai pobol yn dechre siarad?" medde yntau'n chwareus. Aeth Lisi Pugh o'i cho wrtho, na fu rotsiwn beth!

"Gyferbyn roedd beudy a helm Red Lion ar fin y ffordd, bellach wedi ei droi yn dŷ a'i enw *Red Lion Stables*.

"Down rwan at Aelybryn, tŷ prifathro ysgol Bont, wedi'i godi yn amser J.E.Jones. Mr a Mrs Glanffrwd Davies a'u mab, Glyn, ydw i'n gofio yma, teulu o Sir Aberteifi. Roedd Mr Davies yn ŵr galluog ac amryddawn, ac er yn ddisgyblwr tra llym lles y plant oedd ei brif gonsyrn, a cheisiai'r gorau iddyn nhw bob amser. Roedd yn bregethwr cynorthwyol cymeradwy iawn ac yn aelod o Orsedd y Beirdd. Bu'r mab, Glyn, yn astudio yn Ysbyty Guy's ac Ysbyty St. Mary's Llundain, a hefyd yn Ysbyty Tywysog Cymru, lle y cymhwysodd fel bacteriolegydd, a bu'n gweithio wedyn yn Llundain ac Ysbyty Sully, De Cymru. Bu farw yn 2001. Yn dilyn ymddeoliad Glanffrwd Davies, apwyntiwyd Mrs Dora Thomas yn brifathrawes a daeth hi a Harri Thomas yma o Lwyn Glas, ac yna ymddeol i Tŷ Mawr, Bont. Prifathrawes olaf y Bont oedd Mrs Nellie Roberts, oedd yn hannu o'r ardal. Daeth hi a'i phriod, John Roberts, yma o Gaersws. Brodor o Pwll Glas, Rhuthun oedd John Roberts, ac wedi bod yn brifathro ym Manceinion. Roedd y ddau yn hynod weithgar yn yr ardal, John Roberts yn gerddor gwych, ac fe'i etholwyd yn ddiacon ac organydd yn yr Hen Gapel.

"Yn Llys Teg, tŷ helaeth wedi ei godi yn 1902, cofiaf y Parch a Mrs

T.W Thomas, gweinidog y Bont a'r Pennant. Byddem ni'r plant, yn Annibynwyr a Methodistiaid yn mynd ato i'r Band of Hope ar nos Wener. Tua 1946, fe symudodd i Sir Fôn a daeth y Parch Emrys Thomas a'i wraig Menna yno. Roedd o'n bregethwr da iawn a chymerai ddiddordeb yn y ddrama, a hithau'n gantores. Bellach, maen nhw'n byw yng Nghaernarfon, wedi ymddeol o ofalu am flynyddoedd am Gartref Bontnewydd. Y Parch John Price Wynne a Mrs Wynne a'u plant, Eleri, Nia, Eurig a Mari ddaeth nesaf, yna symud i Landdeiniolen, Yna Glyn Jones, Emrys J.Morgan ac E. J. Poolman, hyd Mehefin 1977. Gwerthwyd Llysteg gan y Cyfundeb, a'r teulu Daniels fu'n byw yma byth oddi ar hynny.

"Dyma ni'n dod rwân at ddau dŷ Esgair Cottage, yn y cyntaf roedd Mrs Pugh a'i merch Gwladys – sy'n dal i fyw yn ochrau Tywyn. Roedd ganddyn nhw ychydig o dir ac yn cadw rhai buchod ac yn gwerthu llaeth yn y Llan a'r Bont. Drws nesaf roedd Mrs Hamer, a'i merch a'i mab-yng-nghyfraith, Maud a Gwynfryn Lewis, a'u meibion, Geraint, Eilian a Peredur. Mab John Lewis, y Diosg, oedd Gwynfryn a galw mawr amdano fel pregethwr cynorthwyol, ac roedd yn gerddor da iawn hefyd ac yn rhoi gwersi piano i blant.

"Codwyd dau dŷ cyngor yn Llan ar ôl y Rhyfel Cyntaf, a chofiaf Mr Evan Richard James a'i chwaer, Miss Sarah James, prifathrawes y Pennant, yn byw yno. Crydd oedd o yn y Bont a bob dydd, fore a phrynhawn, mi âi â Miss James i'r ysgol a'i moen hi adre, ar fotor beic a seidcar i ddechrau ac wedyn yn y car. Drws nesaf, yn Brynsiriol, roedd eu brawd a'u chwaer-yng-nghyfraith, sef Mr a Mrs Gwilym James oedd yn cadw'r siop teiliwr.

"Gyda gwell cyflenwad dŵr, yn lle yr hen gyflenwad o ffynnon ger Tawelan, ac wedi cael system garthffosiaeth a thrydan yn ystod y 50au, gwelwyd codi wyth tŷ cyngor, a hefyd dai preifat yn ddiweddarach. Codwyd Haf-gân gan yr adeiladwr, y diweddar Islwyn Pryce, ac mae ei wraig, Edith yn dal i fyw yno. Yr un modd, codwyd Llys Gwynant gan y diweddar Gwynant Roberts (Gwyn Rhiwgan, i'w ffrindiau) a Valerie ei wraig ar eu hymddeoliad o'r Rhiwgan, ac mae hithau'n dal i fyw yno.

"Gomer a Dilys Lewis sy'n byw yn Awelon, tŷ unllawr, pren a godwyd gan Mr Ludeck o'u blaen. Ac ar ffordd Tawelan mae yna dŷ unllawr helaeth o'r enw Bryn Hyfryd, wedi ei godi gan John Roberts sy'n cadw garej ym mhentref Wynnstay. Mae yna rai addasiadau hefyd yn y Llan: trowyd siop Gwilym James, a beudy Red Lion gyferbyn, yn ddai gwyliau, a sgubor Tŷ Mawr yn gartref parhaol. Mae Tŷ'r Ysgoldy ac ysgoldy'r eglwys yn un tŷ erbyn hyn, a'r wraig, sy'n athrawes, yn teithio i'r Trallwng bob dydd.

"Tra bu poblogaeth y Llan yn weddol sefydlog yn y cyfnod i fyny at y 50au, mae llawer o symud wedi digwydd ers hynny, ond er hyn i gyd mae mwyafrif trigolion y Llan yn Gymry Gymraeg ar ddechrau yr 21ain ganrif".

CWM PANDY

PANDY RHIWSAESON

Mae'n anodd gwybod a ddylid siarad am Pandy Rhiwsaeson yn y presennol fel pentref oherwydd does yno bellach ond pump o dai digyswllt, sef Cwmgwyn, dau dŷ lle bu'r Post, Yr Efail, a'r Ysgoldy a wnaed yn dŷ. Ond yn sicr fe fu ar un adeg yn lle bach bywiog iawn, a thai y Ffatri a'r Felin, Plas Rhiwsaeson a'r Lodge, Llwyngwern, Bodhyfryd, Pencaedu, Tŷ-newydd a Glanllyn fel rhyw fath o atodiadau nid nepell i ffwrdd. Roedd 33 o blant yn dod o'r patsyn yma i ysgol Pen-ddôl yn y 40au. Heddiw does yma ddim plant o gwbwl yn y pentref, a dim ond tri o'r cwm cyfan sy'n mynd i'r ysgol gynradd (yr efeilliaid, Arwyn ac Ifan, plant Gwyndaf a Catherine Davies, Gilwern, ac Emlyn Jones, Clegyrnant) a thri yn mynd i ysgol uwchradd. Mynnai Edwin Evans, crydd a chwilotwr lleol, fod llys barn o fath lle mae'r ysgoldy heddiw, lle rhoid rhai o'r Gwylliaid Cochion ar brawf. A pham lai? Mae'r cwm yn agor heibio Blaentafolog i Ddugoed Mawddwy, eu cartref, ac roedd plwyf Llanbrynmair yn cael ei boeni ddigon ganddyn nhw i warantu rhoi pladuriau mewn simneiau, megis ym Mlaentafolog a thafarn Wynnstay.

Gan fod ffordd Pandy yn mynd allan i Fawddwy, a changen ohoni yn troi wrth bont y Plas ac yn cysylltu â ffordd gert i Gwm Nant-yr-eira, nid rhyfedd fod pentref Pandy yn lle bach prysur iawn, o leiaf tan y 50au. Cafodd ei enw, mae'n rhaid, oddi wrth y pandy ar y nant – er nad oes olion ohono. Roedd yn gwasanaethu'r ffatri wlân hanner milltir i ffwrdd. Filltir i lawr y ffordd mae Pendeintir yn ein hatgoffa am yr angen i roi'r wlannen allan i'w hymestyn ar y deintir a'i sychu ar ôl bod trwy'r pandy. Ond er fod y gwaith yna wedi darfod union cyn dechrau'r ugeinfed ganrif, roedd pentre'r Pandy yn dal yn gymuned brysur a hunangynhaliol, yn gwasanaethu'r ddwy gangen o'r cwm. Roedd yma ysgoldy gan yr Annibynwyr, siop a phost, crydd – yr olaf yn y plwyf i wneud "sgidie crydd"- dyn lladd moch, saer ac ymgymerwr angladdau, melin falu a dau gipar yn Tŷ-newydd (un yn Ffatri'n ddiweddarach).

Ym mlynyddoedd cynnar y ganrif (yn 1927 bu farw yn 70 oed)) roedd Martha Hughes, Tanyffordd a'i chert a mul yn olygfa gyffredin yn cario'r post ac unrhyw beth arall o safon mul. Benthycodd Iorwerth Peate, yn hen larp, y drafnidiaeth yma i gario brics pan oedd ei dad yn adeiladu tipyn at Glanllyn, a brifo'i goes pan drodd y gert! Un garw oedd y mul, yn ôl Rosie Rowlands, wyres i Martha. Porai ar ochr y ffordd, a phan fyddai rhai yn cerdded i siop Pandy wedi nos byddai'n rhaid iddynt fod am eu bywyd rhag dod i wrthdrawiad efo'r mul gan y byddai'n debyg o anelu cic go fudur! Yn 1900 y dechreuwyd dosbarthu'r post yn siop Pandy ar gyfer y ddau gwm. Cariai Martha Hughes y post ar ei chefn filltiroedd lawer. Gan gychwyn ym Mhwllmelyn fe âi cyn belled â Blaenycwm, wedi gadael llythyrau Cwmpen wrth Ysgoldy'r Cwm, yna fe âi cyn belled â Nant-hir yn y cwm arall. Magodd 11 o blant ym mwthyn unllawr Tan-y-ffordd yn mhentre'r Pandy. Daeth ei mab, Morris, i bostio ar ei hôl, yntau a'i wraig, Ethel, yn magu wyth o blant yn Llwyngwern, un o'r ddau dŷ cyngor a godwyd wrth y Felin yn 1921. Mae Harri, un o'r bechgyn, yn dal i fyw yn un o'r tai ac wedi ei foderneiddio'n hardd. Y diweddar Mrs Hannah Hughes (un o ferched Efail Bryncoch) oedd yr olaf i gadw'r post yn y Pandy, tan 1976.

Ar wahân i'r ffaith fod bwthyn Tan-y-ffordd wedi ei dynnu i lawr, mae cnewyllyn y pentref yn dal yr un fath, heb yr un adeilad newydd – sy'n beth anghyffredin mewn pentrefi y dyddiau hyn a'r pwyslais rhyfedd sydd ar "ddatblygu" pobman. Mae Cwmgwyn ar ei foncyn yn edrych i lawr ond y llwybr pren bocs oedd o'i flaen wedi mynd, a'r llwybr troed heibio'i dalcen i gyfeiriad Caeau Gleision wedi hen gau o ddiffyg iws. Mae'r nant yn llifo dan y bont garreg gadarn i lawr heibio tŷ'r Efail - fu'n adfael am sbel ond sydd wedi ei adnewyddu'n chwaethus. Ddechrau'r ganrif roedd rhes o dai rhwng yr Efail a'r ysgoldy ond does dim golwg ohonynt bellach, er fod lluniau ar gael. Fe lifa'r nant heibio i gefn yr ysgoldy, sydd bellach yn dŷ, ond mae'r llwybr arferai fynd ymlaen i'r Gro wedi mynd yn rhan o libart y tŷ. Fuase gan blant y Band-of-Hope fawr o siawns mynd i'r Gro i chwarae rwân. Trown yn ôl at y ffordd ac oddi tani yn llythrennol mae'r rhes arferai fod yn siop, gweithdy crydd yn y canol a chartref Marged Jones a'i brodyr- Isaac Jones (Sec Mawr) y crydd (roedd yno Sec Bech hefyd) a John Jones, "Joni Pandy", lladdwr moch. Maen nhw'n ddau dŷ heddiw, ond erys y stepiau serth o gerrig gleision a'r fflags y gallech fwyta oddi arnyn nhw yn amser Marged Jones.

Dwy chwaer a anwyd yn y Pandy oedd GWYNETH DAVIES (g.1913) gwraig Coedcae cyn hyn, a'r diweddar GWLADYS BURTON (g.1916) gwraig Gerddi Gleision gynt, sef dwy ferch Tom a Maggie Hughes, wedi eu geni a'u magu yn yr Efail. Cawn gip ganddynt ar fywyd plant mewn pentref yn nyddiau cynnar y ganrif. Lle bach yn cadw dwy fuwch oedd yr Efail erbyn hynny a'r gwaith gof wedi peidio cyn eu dyddiau nhw. Meddai Gwladys:

"Roedden ni'n dri o blant, Gwyneth, Caradog a finne. Cerddem y tair milltir i'r ysgol mewn sgidie cryfion, rhai â hoelion, yn cau efo carau ac yn dod i fyny dros y bigwrn. Byddai'r Ysgoldy, oedd yn ymyl yr Efail, yn mynd â chryn dipyn o'n hamser yn blant. Band-of-Hope, cyfarfod gweddi ar nos Lun cynta'r mis, pregeth unwaith y mis, Ysgol Sul a Mrs George Peate yn athrawes arnon ni a bob amser yn gofyn beth oedd testun y bregeth y bore hwnnw yn yr Hen Gapel. Roedd George Peate yn flaenor yn y ddau le, yn saer ac yn athro gwaith coed yn Ysgol Machynlleth lle yr âi ar ei fotorbeic a seidcar bob bore Llun. Cafodd ei dri phlentyn, Iorwerth, David a Morfydd, aelodau o'n Hysgol Sul, fynd i'r coleg ac felly collwyd eu dylanwad ar yr ardal. Fe gaem ein paratoi at y C'warfod Bech yn y Band-of-Hope a'r Ysgol Sul ond roedden ni tua 13 oed cyn cael ein hystyried yn ddigon hen i fynd i lawr i'r "Hall" ym mhentre Wynnstay i ddrama neu gyngerdd.

"Roedd bob amser rhyw orchwyl i'w wneud mewn amser hamdden, casglu coed tân, hel mwyar duon a chnau, moen dŵr o'r pistyll – un pellach pan fyddai'n sychu. Ond pan fydde hi'n boeth yn yr haf caem wisgo hen sgidie a mynd i badlo yn y Clegyr o'r Felin at y Gerddi, tipyn dros filltir. Ar fore Sadwrn, moen menyn o'r Plas a bwyd ieir o'r felin ac, wrth gwrs, glanhau'r tŷ at y Sul fel y gallech weld eich llun ym mhopeth. Rhaid oedd rhedeg i'r siop yn o aml gan mai yno y prynem bopeth bron iawn. Chaech chi ddim dros ben gan Miss Roberts, ond mae'n siwr na fyddai hi'n brin chwaith a hithe'n selog yn Soar. Roedd ganddi'r arferiad o brofi pethau wrth eu pwyso - tynnu ei bys trwy'r menyn a chymryd joi o furum – y burum oedd yn cadw'i chroen mor raenus, meddai rhai. Gwerthai fara o Fachynlleth cyn fod becws yn Nhalerddig. Mae gen i gof hefyd am bobl yn gwneud dillad o frethyn cartre, er mai nid o ffatri Rhiwsaeson y deuai'r stwff gan fod honno wedi cau ychydig cyn ein geni ni. Byddai ffermwyr yn mynd â gwlân yr adeg yma i ffatri Abercegir i'w nyddu'n edafedd sane llwydlas, neu'n edafedd gwyn i weu dilledyn– a hwnnw'n crafu! neu i'w wneud yn garthenni lliwiog neu'n wrthbannau gwynion…. Be' ydw i'n gofio am y Nadolig ydy'r nosweithie cymdeithasol oedd ynglŷn â phluo gwydde. Byddai gan ffermydd hyd at 30 o wyddau a llawer o waith "gwneud i fyny" arnyn nhw rhwng y pluo a'r tynnu dowl, swinjo, agor a thrin y penne a'r traed, a thynnu unrhyw gonion duon i roi leir arnyn nhw cyn eu rhoi yn y fasged i fynd i Farchnad Wylie Machynlleth i'w gwerthu. Am y Gwylie ei hun, doedd yna fawr o foethau – oren a chnau – ond mi fydde yna ddisgwyl mawr am Martha Hughes neu Morris Howells y Trip a gariai'r post i gwm Pandy.

"Huw Jones oedd y gof olaf i weithio yn yr Efail cyn i 'nhad a mam gymryd y lle. Roedd gan Huw a Mary Jones fab, David, a briododd â chantores enwog, Megan Telini neu Madam Megan Telini, fel yr oedd hi'n cael ei hysbysebu. Achlysur mawr oedd hwnnw yn Pandy pan ddaeth hi i ganu mewn cyfarfod coffa i'w thad yng nghyfraith. Roedden ni'n dwy yn yr ysgol pryd hynny ac mi wnaeth hi argraff fawr arnon ni. Anghofia i byth mohoni'n canu "Hiraeth" yn sgwar y 'sgoldy bach.

"Bu raid i minne adael mur amddiffynnol y Pandy a mynd i Loegr cyn yr Ail Ryfel Byd, i Warrington i weithio mewn ffatri arfau, fel llawer iawn o ferched. Aeth amryw o ferched o Lanbrynmair i wneud y math yma o waith. Ar ôl dod yn ôl mi briodais fachgen o gwm Pandy ac aros yma i ffarmio yn Gerddi Gleision, lle magais i ddau o fechgyn, Derwydd a Meurig, dau a ffarmio yn eu gwaed. Ymddeolais inne wedyn i fyw i lawr i'r Gwaelod."

(Ychwanegir nodyn trist iawn fan hyn gan y Golygydd: collodd Derwydd, un o "fechgyn y Gerddi", ei fywyd mewn damwain ar y ffarm yn 2004, er tristwch enbyd i'r holl gymuned.)

MEGAN TELINI
Bu David Jones, yr Efail, yn Gadeirydd yng Nghyngerdd

Canmlwyddiant Geni Mynyddog, Awst 24, 1933 yn Llanbrynmair. Y datgeiniaid oedd Megan Telini, Ioan, Gwenllian ac Eleanor Dwyryd, R.Pugh Williams, Aberangell, tenor a Miss Gwyneth Williams, Cilcwm (bryd hynny) yn cyfeilio; William Hughes, Aberangell yn adrodd a Iorwerth Peate yn rhoi anerchiad ar fywyd Mynyddog. Mae'n rhaid ei fod yn gyfarfod ardderchog.

Dyma wybodaeth bellach am Megan Telini (1878-1940) a gafwyd trwy law y Bnr. Rhidian Griffiths, o'r Llyfrgell Genedlaethol, sy'n llyfrgellydd a cherddor ac yn un o bileri Cymdeithas Alawon Gwerin Cymru; cafodd y wybodaeth mewn erthygl gan John Davies mewn rhifyn o'r cylchgrawn "Welsh Music/Cerddoriaeth Cymru":

"Mae'r enw Madam Megan Telini yn swnio'n Eidalaidd iawn ond ei henw iawn oedd Maggie Jane Parry, wedi ei geni ym Methesda, Sir Gaernarfon. Bu ei theulu yn gysylltiedig â'r diwydiant llechi ers cenedlaethau a'i thad wedi cymryd yr enw "Trebor Llechid". Dewisodd Maggie ei galw ei hun yn "Megan Llechid", gan ddechrau canu'n gyhoeddus yn ddeunaw oed. Chwarelwr oedd ei hathro cyntaf, J.S.Williams, Bethesda. Bu'n ddisgybl i Dr. Rowland Rogers, organydd Eglwys Gadeiriol Bangor, R.S.Hughes, y cyfansoddwr, Mrs Marks, Llandudno a Jenny Foulkes. Cyn bod yn ugain oed roedd wedi ennill 352 o wobrau, a chyrraedd yr uchafbwynt o ennill ar yr Unawd Soprano yn Eisteddfod Genedlaethol Blaenau Ffestiniog 1898. Yr un flwyddyn canai yn Neuadd Albert yn Llundain. Gweithiodd trwy gydol ei hoes er budd achosion da. Trwy gydol Streic Fawr y Penrhyn 1898-1902 bu'n ysbrydoliaeth i'r gymuned trwy ei chanu gogoneddus fel unawdydd ac efo'r côr lleol mewn cyngherddau di-ri.

"Yn 1918 aeth i'r Eidal i astudio dan Ernest Caronna, a ddwedodd wrthi y gallai fod yn soprano "bel canto". Daeth yn ôl i Gymru fel "Megan Telini". Yn Llundain cafodd fwy eto o hyfforddiant gan Arthur Fagge, a chanodd mewn operâu. A dyma'r cysylltiad efo Llanbrynmair yn dod i mewn: priododd David Hugh Jones, gŵr busnes yn Llundain, mab yr Efail, Pandy Rhiwsaeson. Cawsant dri mab a thair merch. Canodd Megan Telini yn Neuaddau Steinway ac Aeolian ac mewn llawer o neuaddau trefol megis y Winter Gardens, Bournmouth. Yn Rhagfyr 1926 cychwynnodd gronfa les i'r glowyr a'u teuluoedd gan roi llawer o gyngherddau i'r achos." (Mae'n amlwg ei bod yn frwd dros waith dyngarol, oherwydd dyma wybodaeth a ddaeth gan Mrs Blanche Evans, Corris: "Rwy'n amgau copi o wahoddiad i briodas a ddaeth oddi wrth Megan Telini a'i gŵr i briodas eu merch, Kitty May, i fy hen nain a fy hen daid yng Nghorris. Roedd fy hen fodryb Liz wedi bod yn gweithio yn Llundain, a phan yn eneth ifanc bu raid torri ei choes i ffwrdd. Daeth Madam Telini i ganu i gyngerdd yng nghapel Salem, Corris, i godi arian i dalu am wneud coes iddi.")

"Fe gofir am Megan Telini fel cantores fawr a wefreiddiodd gynulleidfaoedd am flynyddoedd lawer. Roedd hi'n enwog hefyd am ei chyngherddau o ganeuon gwerin Cymraeg ac mae recordiau ar gael, ond camp yw dod o hyd, mae'n debyg, i recordiau ohoni'n canu yn Saesneg. Yng Nghapel Carmel, Pembre, yn Awst 1939 yr ymddangosodd mwy neu lai am y tro olaf. Bu farw yn Llundain yn y blits ar Ionawr 25ain 1940 ac fe'i claddwyd ym mynwent Maeshyfryd, Caergybi. Cynnigiodd ei gŵr dalu am gerflun naw troedfedd i'w godi ym Methesda er cof amdani, ond mae'n debyg na wnaed hynny yn y diwedd."

DÔL FAWR

Y person hynaf sy'n byw yng Ngwm Pandy heddiw ydy Miss Pegi Bebb, Dôl Fawr anwyd yn 1923 a hi ydy'r olaf yn y plwyf i ddwyn yr enw Bebb, sydd yr un mor adnabyddus yn Ohio, America ag ydyw yng Nghymru. Roedd Edward Bebb, Tawelan yn un o'r fintai fechan a ymfudodd efo Eseciel Hughes yn 1798, ac yr oedd ei fab, William Bebb, i ddod yn Llywodraethwr talaith Ohio. Disgynyddion i deulu'r Edward Bebb hwnnw ydy Bebbiaid Dôl Fawr.

Ar ddechrau'r ganrif, roedd John Bebb yn ffarmio Dôl Fawr ac aeth ei frawd, Robert Bebb i ffarmio Pwllmelyn. Richard Bebb oedd y genhedlaeth nesaf yn Nôl Fawr a phriododd â merch Caeau Gleision a chael pedwar o blant, Pegi (Margaret), Dorothy, John a Mary, (fu farw'n eneth ysgol). Ffarmio yma y bu Pegi ar hyd ei hoes, efo'i rhieni a John ei brawd. Wedi gosod y tir bellach, mae hi'n dal i fwynhau clydwch ei chegin draddodiadol gyda'i lloriau cerrig a'i "thân ar lawr" – ychydig iawn o'r rheiny sydd ar ôl yn y plwyf. Croesawodd Richard Bebb lawer o deuluoedd o America yn ei ddydd, fel y tystia'r ohebiaeth a'r lluniau sydd yn Nôl Fawr, ond mae Pegi'n cyfaddef na chymerodd hi lawer o ddiddordeb ynddyn nhw ar y pryd.

Dileit mawr ei thad oedd ceffylau a rhan bwysig o incwm y ffarm oedd y ceffylau a fagai neu a brynai i'w gwerthu. Golygfa wych oedd honno, cynffon a mwng y ceffyl wedi eu plethu efo cardwn coch, melyn, gwyrdd a glas, y bacsiau wedi'u golchi'n wynion, ei gôt yn sgleinio a'i bedolau newydd yn clecian ar ffordd Pandy wrth i'r ceffyl gael ei arwain tua'r stesion i fynd am Ffair Drenewydd neu i gwrdd â chwsmer oedd wedi ei brynu gartref. Prynai geffylau yn y Drenewydd, Wrecsam ac Amwythig i'w torri i mewn, a'i lygad profiadol yn gofalu fod ganddo greadur gwerth ei droi allan ar y diwedd. Roedd ei ewythr, Robert Bebb ym Mhwllmelyn yntau yn ddyn ceffylau ac o'r un anian. Yn ystod y genhedlaeth nesaf, er hynny, er iddynt ddechrau gweithio efo ceffylau daeth y tractor i fri ddechrau'r 50au, gan roi diwedd ar y dileit mewn ceffyl a'i gêr.

Mae Dôl Fawr bedair milltir dda o'r Hen Gapel a bron ddwy o ysgoldy Pandy. Felly roedd poni a thrap ei thaid a'i nain mewn iws cyson. Cafodd Pegi reid lawer gwaith ar y gert at Wynnstay hefyd gan Ned James, gwas y Plas, a gorfod disgyn cyn mynd dan bont y lein rhag ofn i drên fynd trosodd ac i'r ceffyl wylltio. Ar ddechrau'r ysgol cafodd lojin ym Mhen-ddôl ond cyn gadael cafodd feic i fynd a dod bob dydd a'r Awdurdod Addysg yn talu cyfran at y gost. Cafodd Bronwen Davies, Blaentafolog feic hefyd gan ei bod hi yn bellach fyth.

Dôl Fawr brynodd un o'r ceir cyntaf o garej Dôlgoch, Austin 10, ond er i Pegi feistroli'r tractor wnaeth hi ddim byd â'r car – ei thad heb gefnogi'r syniad efallai! Mae ganddi gof cynnar iawn o ddiwrnod cneifio, hi'n eistedd ar y setl yn dal ei gafael mewn bowlen siwgwr am mai ei bowlen botes hi oedd hi! Rhyw ddwsin fyddai'n dod i gneifio a byddai'r bwyd yn cael ei osod allan yn y gegin orau lle roedd y derw a'r pres yn sgleinio, y llieiniau fel y carlwm a'r lloriau cerrig yn derbyn pob triniaeth heb falio dim. Gallai enwi un ffarm lle roedden nhw'n bwyta tu allan am fod carpedi yn y ffrynt! Aeth ymlaen, "Mi fuon ni'n gwerthu llaeth am tua 10 mlynedd. Gorfod mynd â'r churns i'r stesion i ddechre, yna mi ddechreuodd y lori ddod i'w moen at dop yr wtra a mynd â fo bob cam i Minsterly. Roedd o'n talu'n iawn ac yn arian rheolaidd bob mis – peth newydd iawn i ffarmwrs. Mi fydden ni'n codi llawer iawn o borthiant ein hunain – roedd gwell tywydd ers talwm. Daeth sybseidi ar ddefaid ac mi fyddwn i'n helpu Dada i lenwi'r ffurflenni ac weithie'n mynd am help i offis Wili Anwyl ym Machynlleth ar ddydd Mercher. Wedyn mi ddaeth grantiau at droi ac mi ddaru ni fanteisio ar rheiny i wella darnau mawr o'r ddwy ffridd sydd yma yn ystod yr 80au. Trwy grant mi wnaethom ffordd hefyd i fynd at waelod y mynydd, handi iawn i'r beic pedair olwyn ddaeth yma wedyn. Un da oedd John fy mrawd am godi wal gerrig ac mae yna wal wrth yr Hen Gapel wedi iddo fo a Dewi Pentrecelyn godi, y ddau yn ifanc yn selog am y capel ac yn barod iawn i wneud y gwaith.

"Cofio Siop Pandy? Ydw, wrth gwrs. Miss Mary Jane Roberts a gadwai'r siop. Yno y byddem ni'n siopa lawer iawn ac yn gwerthu menyn. Pwyso popeth ar glorian felen a'u rhoi mewn bagiau papur glas a'u clymu â chortyn main. Roedd burum wrth yr owns a byddai Miss Roberts yn siwr o roi joi yn ei cheg wrth ei bwyso - dyna oedd yn ei chadw mor groenlan meddai rhai. Roedd yna glorian mawr fflat ar y cownter i bwyso pethau'r post. Yr hen greadures, roedd hi wrthi trwy'r dydd ond yn gallu mynd trwy'r drws i'r tŷ pan na fyddai neb yn y siop. Roedd ganddi frawd yn weinidog Wesle, ac fe ddeuai ei chwaer i aros weithie. Yma y bu ei chwaer farw, roedd fy mam yn cofio ei chlywed hi'n gruddfan o'r siop, yn marw o ganser yn ei cheg, druan, yn 1924. I'r kiosk y tu allan i'r siop y daeth y ffôn cyntaf i gwm Pandy a dyna lle byddai Miss Roberts yn ail-adrodd y rhif yn uchel bob cam o'r siop i'r kiosk pan fyddai eisiau gwneud galwad. Ystyriai fod gweiddi lawr y ffôn yn help hefyd! Lladdai fochyn neu ddau a gwerthu'r cig yn y siop lle yr hongiai dan y llofft. Roedd un ddynes yn byw yn ymyl fyddai'n aros bob amser nes y deuai hi at ran gore'r ysgwydd neu'r ham cyn dechre prynu. Roedd Modlen, cath Miss Roberts, yn cael y bai am lawer o bethe, ac nid ar gam chwaith. Roedd hi bob amser yn y siop ac yn aml ar y cownter. Mae sôn am Sec y crydd drws nesa yn ei chau hi dan glawr y cosyn caws. Wel, mae'r nesa yma'n stori wir beth bynnag... Roedd gwraig o Gwmgwyn, Pandy yn forwyn efo ni yn Nôl Fawr pan oedden ni'n blant, ac medde hi rhyw ddiwrnod, "Diwedd annwyl! Wyddoch chi be, Mrs Bebb, dwi'n clywed rhyw ogle rhyfedd ar y pwdin reis yma". Dyma hi'n plygu'n nes ato, "Ac mi ddweda i wrthoch chi be ydy o hefyd. Cath Miss Roberts sydd wedi piso am ben y sach reis! Cymrwch ofal â'i roi o i'r plant..."

"Roedd Dorothy a fi'n casau diwrnod lladd mochyn a phan ddo'en ni o'r ysgol mi fydden ni'n mynd ar ein hunion i'r llofft ore a ddim yn mynd ar gyfyl y gegin nes bydde fo wedi'i dorri i fyny. Ond byddem i gyd yn awff am darten gwaed gwydde adeg y Nadolig, rhywbeth oedd yn boblogaidd ar lawer o'r ffermydd yn yr ardal, a beth oedd o ond gwaed gwydde wedi ei ferwi a'i oeri nes iddo fynd yn glap. Ei friwsioni wedyn a'i gymysgu â siwgwr, sbeis, siwet a chyrens nes ei fod yn edrych fel math o *mincemeat*, yn barod i'w roi mewn tarten. Mae'n debyg fod y ffaith nad oedd ar gael ond amser y Gwylie yn ychwanegu at ei apêl.

"Peth arall yr edrychem ymlaen ato oedd torri'r ham amser tatws newydd. Dyna'r pryd gore trwy'r flwyddyn, ac mi alla i ogleuo'r ham yn ffrio ar y badell a blasu'r tatws melys y funud yma. Does dim byd tebyg i'w gael heddiw. Mi fydden ni'n codi llawer o datws, a byddai llawer o'r pentai yn plannu yn Nôl Fawr gan gynnwys y ddau gipar a'r plismon. Caem ninne help wedyn i godi tatws. Byddai Dada'n gwneud mownt i'r tatws: gwneud twll heb fod yn ddwfn iawn a'i leinio efo rhedyn sych, rhoi'r tatws i mewn a rhagor o redyn trostyn nhw, yna toi y cwbwl efo brwyn nes ei fod yn edrych fel tŷ bach. Mi âi llond trwmbel iddo, digon am flwyddyn. Rhaid oedd moen y tatws o'r ochor a gofalu peidio andwyo'r to.

"£38 oedd rhent Dôl Fawr yn 1940 ar stad Syr Watkin, y rhent yn cael ei dalu yn yr offis yn iard y stad; wedyn, ers talwm, mi fydde yna "ginio rhent" i'r tenantiaid yn y Wynnstay. Rydw i'n cofio Dada yn mynd i ginio mawr yn Llangedwyn pan oedd yr etifedd yn dod i oed. Dyna fel yr oedd hi, y stad yn holl bwysig a phawb yn ceisio cadw yn eu llyfrau. Trwy gymeradwyaeth y caech chi ffarm pan ddeuai un ar osod, a llawer o gystadleuaeth amdanyn nhw. Caech saethu cwningod faint a fynnech ar dir y stad ond fyw i chi edrych ar ffesant neu growsyn. Saethodd Morris y Post, a chanddo deulu mawr o blant, filoedd o gwningod cwm Pandy a rydw i'n cofio Dr. Davies yn dweud na chaech chi ddim byd iachach i'w fwyta na chwningen.

"Roedd Miss Roberts a Mrs Davies, Plas Rhiwsaeson yn gryn ffrindie ac yn aelode yn Soar. Byddai Dada yn eu codi nhw weithie yn y car hyd at Soar, Mrs Davies a rhyw hen ffyr mawr dros ei gwar. Roedd hi wedi cael tipyn o addysg a doedd gwaith caled ddim yn apelio llawer ati. Roedd ganddi rhyw ddywediade bachog fel, "Pobi a golchi a lladd yr ŵydd, mi steddaf dipyn bach eto!" yn cyfeirio at rywun yn ymarhous iawn i ddechre ar waith, a "Gobeithio'r Tad mai yn y ne' mae'r ddynes gynta yfodd de!" Dyn ffeind, whiti oedd ei gŵr, Davies Plas. Roedd coeden blwmwns yn hongian o'r ardd i'r ffordd a doedd dim peryg i Davies ein dwrdio ni blant am eu hel oddi ar ein beics wrth basio. Dwi'n cofio mynd i fyny'r staer ddiwrnod yr ocsiwn ac agor drws wardrob a beth oedd ynddi ond cnu o wlân du. Un fel yna oedd hi. Mae'n chwith am yr hen gymeriade".

"GLADSTONE" (1833-1916)

Clywodd llawer o'r genhedlaeth bresennol sôn am ryw "Gladstone" oedd yn mynd trwy ei bethau ar un adeg i fyny tua'r Pandy yna. Ond pwy ar y ddaear oedd o a pham fod ei enw wedi para? Wel, dim byd mawr, rhaid cyfaddef, ond mae'n profi peth mor arhosol yw cof gwlad.

Nathaniel Rowland oedd ei enw ac fe'i ganed yn 1833 yng Nglandŵr, ei dad yn dod o Gomins Coch, ond fe'i rhoddwyd yng ngofal hanner chwaer i Sam Tŷ Canol a'i gŵr i'w fagu. Cafodd ychydig o addysg yn Pandy ac yn ysgol S.R. yn yr Hen Gapel. Mae'n rhaid fod dylanwad y gŵr hwnnw'n drwm arno oherwydd roedd o yn un o'r fintai a aeth ar y llong "*Circassian*" i America efo S.R. Mae'n rhaid ei fod wedi dysgu gwaith gof yn efail Pandy cyn mynd oherwydd bu'n of yn Paddy's Run, Ohio. Ond doedd bywyd America ddim yn apelio ato ac ar ôl dwy flynedd daeth adre'n ôl ac ail-gydio yn ei waith gof yn Pandy – yn yr efail lle cawsai Hywel Harris bedoli ei geffyl ar ei daith gyntaf i'r gogledd, mae'n debyg.

Roedd yn eithaf symudol ei anian; bu'n of yng Ngharno am ddwy flynedd ac yn efail Bryncoch dan David Parry, a mannau eraill. Ond ei hoff le oedd pont Pandy Rhiwsaeson lle y ffansiai ei hun fel tipyn o bregethwr ac areithiwr, er na phregethodd mewn capel erioed. Dyna sut y cafodd ei lys-enw ar ôl y Prif Weinidog, William Gladstone, ar y pryd. Fel disgybl i S.R., yn naturiol ddigon roedd anghyfiawnder a thrais yn gas bethau ganddo ac areithiai'n danllyd oddi ar y bont yn eu herbyn. Roedd ganddo un bregeth enwog, pregeth y Lli Mawr. Y pen cyntaf – Lli mawr Pandy (rhed nant fach ddigon diniwed dan y bont). Ail ben – Gladstone at ei ganol yn y dŵr. Trydydd pen – Gladstone yn achub y ddinas! Ac yna, yn Awst 1880, fe ddaeth lli mawr iawn a gwelid Gladstone yn cario pobol ar ei gefn o afael y dŵr. Does dim rhyfedd i'w enw barhau mewn cof wedi'r broffwydoliaeth a'r gwrhydri.

Fo oedd y cyntaf i dynnu ei bensiwn yn 1908, sef hyd at goron yr wythnos i rai dros 70 oed, "Pensiwn Lloyd Geoorge" fel y'i gelwid, ac mae sôn amdano'n dawnsio a chwifio'i ffon tu allan i'r Swyddfa Bost wrth y Wynnstay yn gweiddi "Lloyd George, y nesaf at Iesu Grist!" Bu farw ym mis Medi 1916 yn 83 oed a'r Rhyfel Mawr, mae'n siwr, yn pwyso'n drwm ar ei feddwl. Fe'i claddwyd ym mynwent y Llan lle yr arferai ganu carolau ar fore Nadolig. Gweinyddai'r rheithor, y Parch Gwilym Rees, a soniodd am ei wreiddioldeb, ei onestrwydd a'i unplygrwydd. Dan arweiniad Edwin Evans y crydd gwnaed casgliad i roi carreg ar ei fedd, a dyma ddau englyn gan Atha, crydd Pen-ddôl, iddo:

Hen frodor difyr ydoedd – dyn gonest
   Yn gweini i'w gylchoedd;
Llym ei raith a'i araith oedd
Dan gwynion, a'i hen alawon a swynai luoedd.

Gwiw fu, a glew, fel gof gwlad – a didwyll
   Fel ei dadau'n wastad.
A thrwy ei oes rhoes sarhad
I amhuredd cymeriad.

EVAN MORRIS JONES, CWMPEN LLYDAN (Bu farw 1925)
Un o bobl flaenllaw cwm Pandy ddechrau'r ganrif oedd Evan Jones, Cwmpen Llydan. Roedd yn un o'r ychydig ffermwyr gafodd addysg uwchradd. Ond doedd o fawr o ffarmwr ei hun chwaith. Mae sôn amdano'n torri gwair efo deuben o geffylau gan ddarllen rhyw bamffled, ac yn mynd yn syth am y ceunant! Daeth yn gynghorydd plwyf a sirol, a chafodd swydd dan y Weinyddiaeth Amaeth yn ystod y Rhyfel Byd Cyntaf, sef arolygu a chofnodi cynnyrch ffermydd yn ôl y cwotâu a osodwyd arnynt i gynyddu'r cynnyrch. Gwnai hyn i ardal y Foel a Llangadfan yn ogystal â Llanbrynmair. Fe ymddengys ei fod yn drugarog wrth y ffermwyr gan gredu fod y cwotâu yn rhy drwm ar lawer. Golygai hyn iddo deithio llawer ar ei feic. Roedd yn newyddiadurwr hefyd, bob amser yn chwilio am hanesion i'w hanfon i'r *Express*. Mae sôn amdano un noson yn hwyr yn dod yn ôl o Fachynlleth, ac yng Nghemaes Road yn clywed fod Plas Dinas Mawddwy ar dân, a dyma fo'n troi i'r chwith ar ei union ac am y Dinas i gael y sgŵp.

Dyn chwilfrydig, felly, byw ei feddwl. Dysgodd law fer iddo'i hun yn ifanc a'i defnyddio ar hyd ei oes. Mae pentwr o'i lyfrau nodiadau ar gael, pregethau ac areithiau wedi iddo eu cofnodi. Mae prawf da o hyn mewn llythyr yn yr *Express* 17/3/1925 yn fuan ar ôl ei farw. Yma mae un yn dwyn y ffug-enw "Lledcroenyrych" yn gresynu am farwolaeth cyfaill maboed iddo, sef "Alderman E.M.Jones, Cwmpen". Meddai, "Roedd yn arfer ganddo sgwennu mewn llaw-fer bob pregeth a glywai a hynny am hanner canrif. Dangosodd i mi bentwr o lyfrau nodiadau mewn llaw-fer gain Gymraeg. Roedd sêr y pulpudau yn y cyfnod wedi eu cofnodi ganddo. Pan oedd Dr. Pan Jones yn paratoi ei Gofiant i'r diweddar Barch. Michael D. Jones, y Bala ni allai gael gafael ar un o'i bregethau na'i areithiau gan y siaradai bob amser heb nodiadau. Awgrymodd rhywun fynd at Evan Jones. Dim trafferth o gwbwl! Er i 30 mlynedd fynd heibio ers eu cofnodi gallai eu darllen yn rhwydd, ac fe'u cynhwyswyd yn y Cofiant."

(Gyda llaw, merch Cwmcarnedd oedd mam Michael D.Jones.) Mae llawer o lyfrau sgrifennu llaw fer Evan Jones ym meddiant Mrs Ceri Evans, Llanfair (Cwmpen gynt) gan y bu ei rhieni yn cyd-fyw efo fo yng Nghwmpen Llydan. Mae hi'n cofio hefyd fel y rhoddodd o yr enw "Damarus" ar ferch i Mr a Mrs John Jervis, Rhyd-y-meirch, wedi iddo addo ffeindio "enw anghyffredin" iddi!

CAPEL CWM
Y lleiaf o saith ysgoldy'r Hen Gapel a godwyd ganol y 19eg ganrif oedd ysgoldy'r Cwm – wedi'r cyfan, cymuned fach iawn yr oedd yn ei gwasanaethu, cnewyllyn o chwech o ffermydd, dyweder, ond eraill yn hoffi troi i mewn yn enwedig yn yr haf; adeilad bach cadarn ar fin y Clegyr a phompren yn mynd ato, bron gyferbyn â Rhyd-y-meirch. Roedd i fod i'w godi yn nes i'r ffordd mewn man mwy cyfleus ond gwrthodai'r stad roi tir, felly derbyniwyd cynnig Evan Jones, Cwmpen o lain o dir o'i eiddo fo yr ochr arall i'r afon. Er yn fychan, roedd yno bulpud a sêt fawr a thua phedair rhes o feinciau led y capel a lle i gerdded ar hyd un ochr. Fel yn yr ysgoldai eraill, bu yno Ysgol Sul a chyfarfodydd gweddi a phregeth, ond yn y diwedd dim ond y bregeth unwaith y mis. Y Parch Robert Evans oedd yr olaf i wasanaethu yma, Evan Evans, Blaencwm yn mynd i'w moen o yn yr Austin 8 brown.... Doedd unlle tebyg i "Gapel Cwm" ar bnawn Sul o haf, bwrlwm ysgafn Clegyr wrth fynd heibio, arogl melys gwair rhos trwy'r drws agored, ffrindiau'n cwrdd mewn tangnefedd.

Ar ôl ei gau yn 1958 fe'i llogwyd i Awdurdod Addysg o Loegr am nifer o flynyddoedd ond mae'n wag rwân ac yn dal yn eiddo i'r Hen Gapel.

DIC RHYD-Y-MEIRCH

Ni ellir sôn am gwm Pandy heb sôn am Richard Jervis, Dic Rhyd-y-meirch. Un o bedwar o blant y dywedir i'w mam gael llawdriniaeth ar fwrdd y gegin. Llanc di-briod, main, bochgoch, heb fod yn dal iawn, siwff o wallt du cyrliog a dau lygad siriol, a bugail. Soniodd lawer am gynnal "swper bugeiliaid" – ddigwyddodd hynny ddim ond roedd yr awch gymdeithasol yn gryf ynddo. Roedd wrth ei fodd ar ddiwrnod hel defaid yng ngwahanol ffermydd y cwm. Roedd yn selog yng Ngapel Cwm lle bu ei dad yn flaenor, ond Dic yn cael ei ystyried braidd yn ysgafn i'r swydd honno. Ond dilynodd ei dad fel codwr canu, efo pitch fforc. Doedd ei draed ddim bob amser ar y ddaear ond roedd yn feistr ar yr ateb parod ac yn gymeriad diniwed, annwyl a phoblogaidd. Mae llawer stori amdano. Y Parch. Robert Evans ar bregeth yn ledio emyn, Dic yn methu â'i tharo hi, "Na hidiwch, Richard, mi rown ni gynnig ar emyn arall." "Na, Mr Evans, driwn ni'r ail bennill!" Roedd o'n un drwg am chwerthin yn y capel hefyd; dyna lle byddai'n chwerthin wrtho'i hun yng nghornel y cwîr a neb arall wedi gweld dim byd i chwerthin yn ei gylch.

Roedd ei dad, John Jervis, yn dipyn o hen ben a dim byd yn well ganddo nag eistedd yn y cornel wrth y tân efo llyfr. Ar un gaeaf caled, meddai Dic wrtho, "Choelia i byth na fyddwch chi'n wybodus ar ôl yr eira 'ma!" Clywed wedyn bod rhaid casglu arian "at blant Ewrop". Dic ddim yn cydweld, "Dryched Iwrop ar ôl ei blant ei hun!" Wedi 'swylio, i lawr yn Pandy ar ei feic yr hoffai fod yn dal pen col, neu wrth y Wynnstay er nad yfai ddiferyn bryd hynny. Mae sôn amdano'n cael prawf gyrru ar dractor a'r arholwr yn gofyn iddo, "Wrth yrru, be' fyddech chi'n ei wneud, Mr Jervis, pe gwelech chi ffrind ar y stryd yn y Drenewydd?" "Does gen i 'run ffrind yn Drenewydd!" meddai Dic.

EVAN JONES ("IFAN FFATRI"), Y CIPAR

Un arall o gymeriadau'r cwm oedd Evan Jones, y cipar, wedi priodi Saesnes o'r Drenewydd ac yn byw yn un o dai y Ffatri, oedd wedi ei neilltuo i'r cipar. Roedd ei hynafiaid yn hannu o Fryn-gwyn, Nant-yr-eira, ond ei dad, John Jones, yn ffarmio Borthlwyd – neu Berthlwyd, fel y cyfeirir ato weithiau. Roedd Evan yn gerddorol – chwaraeai'r biwgl, megis wrth gadeirio'r bardd yn eisteddfod Cwmllwyd, Carno. Roedd yn olau iawn yn ei Feibl. Ac roedd yn dipyn o fardd gwlad, yn cystadlu yn y Cyfarfodydd Bach, gan droedio weithiau tua Seiat y Beirdd i Dalerddig i geisio diwylliant mwy aruchel. Clebrwr mawr, ffraeth ei stori, yn gallu ychwanegu pwt fel bo'r galw. Roedd yn gipar yr un pryd â Duncan, Sgotyn cysact, a'r ddau yn aml ddim yn cael digon o le! Un o'i ddywediadau oedd, "Tarw 'dy tarw a plîs 'dy plîs!" Gallai'n hawdd fod wedi ychwanegu, "A chipar 'dy cipar!" Ond roedd llai o ofn Evan ar bobol na Duncan. Yn drist, cafodd ei ladd ar ei fotor beic yn 1949.

YSGOLDY PANDY
Roedd ysgoldy Pandy yn un sylweddol ei faint, ei seddau wedi'u paentio'n frown ac ar oledd yn wynebu'r pulpud, a dau ddrws i fynd iddo. Eisteddai'r dynion gan fwyaf yn y seddau ôl. Ger y pulpud a'r sêt fawr roedd seddau croes. Pregeth y nos unwaith y mis fyddai yn Pandy, ac Ysgol Sul a Band of Hope llewyrchus a chyfarfodydd gweddi a Chyfarfod Bach, wrth gwrs. Deuai Miss Ceridwen Lloyd i fyny i chwarae'r organ ar bregeth, ond roedd Mrs Sidney Foulkes, Cwmgwyn a Tommy Rowlands, Bodhyfryd yn ei medru hi hefyd ar y sol ffa. Robert Rowlands, Clegyrddwr oedd y codwr canu am flynyddoedd lawer. Bu George Peate, Glanllyn yn athro ar y dynion, gallwch fentro. Cwynai rhai yn yr ardal ei fod yn hawlio llawn gormod o awdurdod trwy fynnu fod y pregethwr bob amser yn mynd i de i Glanllyn, a neb arall yn cael cyfle i fanteisio ar gwmni'r cenad. (Go brin y ceid yr un gwyn heddiw!). Athro arall oedd John Davies, Efail Bryncoch. Un tro, yn absenoldeb yr athrawes arferol, gofynnwyd iddo gymryd dosbarth y plant dan ddeg oed, peth go ddiarth iddo, ac i brofi dyfnder eu gwybodaeth dyma fo'n gofyn y cwestiwn, "Beth ydy enaid?" Distawrwydd – nes i Mai Caeau Gleision gael fflach o ysbrydoliaeth, "Perfedd!" meddai Mai. Rhyfeddodd y dosbarth at ei gwybodaeth – ac roedd yntau'n ddigon call i dewi!

Caewyd y drws am y tro olaf yn 1970 a chwith oedd meddwl na fyddai yna loetran ar y bont wedi'r oedfa ar ôl hyn cyn troi am Gaeau Gleision, Cwm Ffynnon a Phencaedu. Y diaconiaid olaf oedd R.R.Owen, Caeau Gleision a Dewi Rowlands, Pentre-celyn. Gwerthwyd yr adeilad i gorff crefyddol arall i ddechrau, a bu gwasanaethau yno am gyfnod yn Saesneg, ond mae wedi ei werthu eto a'i droi yn dŷ erbyn hyn.

Y FFATRI A'R TEULU

Un a anwyd ac a fagwyd yn un o dai y Ffatri ydy MARY (MRS DEWI ROWLANDS erbyn hyn ac yn byw ym Mhentre-celyn) merch i Sam ac Elsie Davies (Tŷ Gwyn wedi hynny). Pan anwyd Mary yn 1934, ac am flynyddoedd ar ôl hynny, roedd y Ffatri yn dri thŷ. Ffatri wlân oedd yno cyn hynny a thaid Mary, William Thomas oedd yr olaf i weithio'r ffatri a'i fab hynaf yn ei gynorthwyo. Caeodd y ffatri cyn troad y ganrif. Roedd y stad eisiau'r adeiladau i'w troi'n dai i giperiaid a chenels i'r cŵn hela. Hon oedd y ffatri wlân olaf i'w chau yn Llanbrynmair ac aeth yr offer i ffatri Abercegir. £9 gafodd William Thomas gan y stad am roi ei waith heibio. Roedd rhes fach o dai yn ymyl, lle codwyd y garejis a'r cenel ar ôl hynny, ac yn un o'r rhain y magwyd Dafydd Roberts, Cwmpen, cefnder Elsie. Cofia hi ei mam, Marged Thomas, yn adrodd am bobl dlawd iawn yn byw yn y tai rheiny, yn berwi tymplen mewn tecell ac yn methu â'i chael hi allan! Roedd Marged yn un dda am fagu mochyn – rhy dda gan y byddai yn ei dilyn i bobman, hyd yn oed pan âi i edrych am ei ffrindiau i Bencaedu byddai'n trotian ar ei hôl. Fyddai dim rhaid rhoi cortyn am goes y mochyn yna i fynd â fo i ffair Llanbrynmair!

Yn 1900 y ganwyd Elsie ac ar ôl gadael yr ysgol aeth yn forwyn i Blas Rhiwsaeson pan oedd Davies yno. Pugh oedd yno cyn hynny, ac roedd Mrs Pugh mor gryf, coelio, fel y gallodd stopio olwyn y rhod ddŵr un tro trwy ddal ei gafael yn un o'r estyll, (gan achub bywyd rhywun oedd wedi syrthio i mewn, efallai?). Gweithio yn y tŷ a rhoi bwyd i'r moch oedd gwaith Elsie. Roedd gwaith golchi lloriau di-ben-draw, roedd hithau newydd orffen rhyw ben bore pan ddaeth Iorwerth Peate heglog (oedd yr un oed â hi) i moen llaeth. Llithrodd, a lawr a fo ar ei hyd a'r caniau a'u caeadon a'i goesau yntau yn mynd i bob cyfeiriad.... Adroddai hefyd am un Twm Smith yn gowmon yn Plas ac yn rhyw garu efo Polly, merch y Felin. Roedd yr hen Polly yn dipyn o lodes a weithiau'n meddwi'n gaib. Doedd yntau fawr gwell. Pan âi i gnocio i'r Felin a Pol ddim yn ateb, bygythiai "chwythu dy blydi tŷ di i lawr!" os nad agorai hi'r drws...Ond druan o Polly, fe'i cafwyd yn farw ar ochr y ffordd wedi cwympo i lyn bach o ddŵr a boddi. Roedd hyn tua 1919. Ar ôl ei fynych ymweliadau yntau â'r Wynnstay arferai Twm adrodd ar y ffordd adre:

"O, leuad wen, rwyt ti'n un dlos,
 Rwyt ti'n llawn bob mis a finne bob nos!"

Mae gan Mary lawer o atgofion am gwm Clegyrnant. Byddai'n mynd yn aml i Gwmpen, lle roedd perthnasau ganddi, ac i Ryd-y-meirch. Ei chyfnither, Ceri yn dod heibio ar ei beic o Frynmeini lle gweithiai: "Ddoi di efo fi i Gapel Cwm ac adre i Gwmpen i de?"Tad Mary, Sam Davies yn grac am y gwyddai na fyddai hi ddim yn ôl mewn pryd i fynd i'r bregeth yn Pandy am chwech ac yntau'n flaenor! Ond profiad gwahanol oedd cael te yn Rhyd-y-meirch, te a leicecs fel arfer, a Lena, chwaer Dic yn llawn croeso ac yn cymryd pethe fel y doe'n nhw heb boeni fawr am steil. Yn brin o laeth, âi Lena a jwg allan i'r ffald i odro'r fuwch. Ond waeth yn y byd be', roedd blas ar y te a'r leicecs. Doedd gan Lena yr un beic ond cerddai bob amser, ac ar bob awr o'r nos wrth olau lantar gannwyll i fyny ffordd Cwm heb ofn yn y byd. Roedd hi'n hoff o ddillad a 'sgidiau ffasiynol i fynd i rodio, a gadawai ei 'sgidiau *size two*, sodlau uchel yng nghartref Mary yn Ffatri, a difyrai hithau'r amser wedyn trwy gerdded o gwmpas ynddyn nhw – yn union fel cartŵn "Jane" yn y Daily Mirror!

Yn Ysgol Sul y Pandy pan arferai mam Mary fynd yno wedi troad y ganrif, Edwin Evans y crydd oedd ei hathro, a phan fyddai pethau yn dechrau mynd yn ddiflas doedd ond eisiau crybwyll "America " ac yn America y byddai o wedyn weddill yr amser am fod ganddo amryw o berthnasau yno! Cofia Mary hithau sefyll ar un goes yn ei weithdy tra'n aros am styds yn ei 'sgidiau a darllen y toriadau di-ri o bapurau newydd ar y wal. Mae'n cofio amryw o hen dramps yn dod heibio'r Ffatri adeg yr Ail Ryfel Byd, Jew Bach oedd un a phan oedd ei mam wedi dychryn unwaith ar ôl i fom tân ddisgyn yn ymyl, "*Don't worry, Misus the Germans will never come here!*"oedd ei eiriau o gysur pur bendant. Hithau'n gofyn iddo oedd ganddo nodwydd sanau – pethau felny'n brin iawn amser rhyfel. Oedd, roedd ganddo un, ond "*Don't you give it to that one next door because she tells me she can get things cheaper in Woolworth, so let her go there!*" Byddai Jew Bach yn cael 'sgidiau wedi eu gwneud gan Sec y crydd yn Pandy a thalu amdanyn nhw hefyd. Cerddai fel llawer o dramps rhwng wyrcws Caesws a'r Dolau yn Llanfyllin. Gwthiai ei drugareddau mewn

hen bram, a byddai fo a'i wraig yn cysgu yn sgubor Nantycarfan – os byddai'r ddau ar delerau go lew â'i gilydd, a doedd hynny ddim bob amser! "Pins and Needles" oedd ei henw ar dramp arall am ei fod yn dod dan siantio: *"Pins and needles, Combs in cases, Laces tie pins!"* Pan oedd ei mam yn fach gwersyllai sipsiwn wrth Graig Fach ar dop rhiw Plas yn aml, ac roedd hi'n arfer chwarae efo nhw ac arferai ganu un o ganeuon plant y sipsiwn, rhywbeth fel hyn, meddai Mary, sy'n cofio'r diwn hefyd:
Coiminero, Cildicero, Coiminero, Coimi,
Pim strim strama
Didl a ra bw ma ring ting
Aricna bwli di ma coimi.

Mae'r hen frawdoliaeth liwgar yna wedi hen gilio o'r parthau yma, fel llawer o bethau difyr eraill. Ond y mae yma fywyd o hyd, a theuluoedd yn byw ym mhob tŷ, er mai dim ond ar y ffermydd y cewch chi'r Cymry bellach. Ac aeth y ffermydd yn llai o rif, wrth gwrs, wrth gydio ffarm wrth ffarm. O'r Wynnstay i Flaencwm ac at Flaentafolog, wyth o ffermydd sydd yna heddiw tra hanner canrif yn ôl roedd yna o leiaf ddeunaw.

Y BYWYD GWLEDIG
I gael naws y bywyd gwledig o ugeiniau'r ganrif ymlaen ni ellir gwell na gwrando ar MRS CERI EVANS (Roberts gynt o Gwmpen Llydan) yn sôn am ei bywyd yno'n blentyn.

Fferm fynyddig yng Nghwm Clegyrnant oedd Cwmpen a dwy ffordd gert yn arwain tuag yno, un yn croesi'r afon wrth Ryd-y-meirch ac yn dilyn y nant i Gwmpen a'r llall yn dod o gyfeiriad Pandy, heibio i Gaeau Gleision a thros ffridd Esgair Gelynnen a ffridd Cwmpen. Fe âi ffordd gert ymlaen wedyn ar draws mynydd agored, heibio llyn Gwyddior i Gannon yng Ngwm Nant-yr-eira. Gwlyb a lleidiog iawn oedd y ffyrdd yma y rhan fwyaf o'r flwyddyn. I dorri'r siwrne'n fyrrach o Gwmpen roedd llwybr troed ar draws tair rhos at Gapel y Cwm (yr ysgoldy) lle roedd pompren i groesi'r Clegyr i gyrraedd sadrwydd ffordd dar. Ffordd gul a throellog iawn ydy ffordd Cwm wedi'i thario o bont Plas at Ryd-y-meirch rhwng y ddau ryfel, ond heb ei gorffen at Flaencwm. Pan gafodd Evan Evans gar Austin 8 yn y 40au fe'i gadawai wrth Hendre-fach, ar derfyn Rhyd-y-meirch. a cherdded y filltir olaf i Flaencwm!

Wrth Rhyd-y-meirch yr oedd cut beics Cwmpen a drodd yn ddiweddarach yn garej sinc. Roedd tri llidiart i'w hagor ar ffordd Cwm, sef rhos yr Allt, terfyn Rhyd-y-meirch a therfyn Clegyrnant. Rhwng y ddau le olaf yna roedd murddun Hendre-fach a dim ar ôl yno ond cerrig a chlwstwr o goed plwmwns – lle ardderchog i fynd yno am dro i hel basgedaid o blwmwns bach ers talwm. Hyd at ddechrau'r 50au roedd yno gaeau pori bach taclus, ond mae'r lle wedi gwylltio ers hynny.

Meddai Ceri, "Fe'm ganed yn 1924 yn un o saith o blant Dei a Bessi Roberts. Roedd Cwmpen yn dŷ reit sylweddol a phedair llofft. Rhedai nant o flaen y drws, a chodai mynydd grug wrth ei gefn. Un o'm hatgofion cynharaf oedd cerdded dros y rhosydd at Ysgoldy'r Cwm lle cynhelid cyfarfodydd a phregeth unwaith y mis. Doedd dim man tawelach na hwn i'w gael i gynnal oedfa a dim ond bwrlwm yr afon i'w glywed trwy'r llwyni coed.

"Doedd dim byd gwell na gwylie'r haf i ni blant a chael mynd i chware i'r ffridd, ond efo siars bob amser i beidio â mynd at lyn Gwyddior. Roedd y llyn yn eiddo i'r stad ac arno gwch a hwnnw'n gollwng dŵr! Ond roedd tragwyddol heol i ni ddal pilcs yn y nant – y rheiny fyddai'n gofalu fod afon Clegyr yn gyforiog o bysgod. Bum i fyny yng Nghwmpen rai blynyddoedd yn ôl a gweld y gwahaniaeth wrth gerdded y rhos: doedd yno ddim bywyd gwyllt fel cynt. Yn yr haf byddai cri'r gylfinir yn atseinio dros bob man ac os byddem yn nesu at ei nyth dyna i chi ddrama! Byddai'n gwichian a fflapian fel peth gwirion i dynnu ein sylw. Byddem yn arfer bwyta wyau gylfinir, roedd cymaint ohonyn nhw, a'u plisgyn yn galed fel fflint. Roedd yr ehedydd ddigonedd yng nghloddiau'r ffosydd, a moch daear yn how am fwyta wyau'r chwîd gwylltion wrth iddyn nhw ddeor, a'r taclau wedi gofalu aros nes iddyn nhw fynd yn llond y plysg.

"Cofio'r gegin yng Nghwmpen, y dreser yn wynebu'r tân a hwnnw, yn anarferol iawn, â ffwrn fach tu ôl iddo. Bwrdd hir a meinciau o dan y ffenest. Y peth olaf fyddai Mam yn ei wneud bob nos fyddai huddo'r tân mawn i'w gadw i mewn trwy'r nos. Ar y dyddiau oeraf mi huddai'r tân i fyny i' r simdde a hwnnw'n mynd yn eirias goch. Rhaid oedd cael llond cut o fawn a thas ar y mynydd bob blwyddyn. Roedden ni blant wrth ein bodd yn mynd i'r mynydd ym mis Mai adeg torri mawn, dim ond cân ddibaid yr ehedydd i'w glywed a blas arbennig ar y bwyd, bara menyn a jam cartre a chacen gyrens neu darten blât. Byddem yn helpu i osod y mawn i sychu ar ôl ei dorri'n dafelli hirion â haearn torri mawn. Byddai wedyn yn cael ei gario i lawr i'r ffald ar sled ac mi fydden ninne'n helpu i'w roi'n gryno yn y cut er mwyn cael faint ellid i mewn dan do. Roedd dau fan ar fynydd Cwmpen ble bydden ni'n torri mawn, pwll Waun Sarn a pwll Tomi. Ar y mynydd y byddai'r das yn cael ei gwneud a'i thoi efo brwyn. Ceffyl fyddai'n tynnu'r sled, ond ym Mlaencwm, lle roedd y mynydd yn serth, ei gollwng hi fydden nhw o grib y mynydd i'r gwaelod. Onibai am y coed duon sydd wedi'u plannu yno gallech weld yr ôl heddiw.

"Mi fydden ni'n helpu efo'r gwair hefyd, gwair rhos. Mae gwair rhos yn wyllt a braidd yn denau ac mi sychith fel y boi, a da hynny'n amal. Ar ddiwrnod poeth gellid torri gwair yn y bore a'i gario i'r das cyn nos, wedi ysgwyd tipyn arno yn ystod y dydd efo'r gribyn fach. Cribyn geffyl oedd gennon ni i'w rencio, yna ei fydylu â phicwarch a chrafu'n lân efo cribyn fach. Roedd eisiau digon o wair i gadw pump o wartheg godro a'u lloi ac eidion neu ddau dros y gaeaf. Wn i ddim be fydde Dada yn ei feddwl o'r oes yma, doedd fyw i ni ollwng papur da-da - un o bacedi tri-chornel siop Pandy efallai - ar lwybr y rhos. Roedd yna rhyw barch ofnadwy yn yr oes yna at y ddaear dan eu traed, mwy o lawer nag sydd heddiw.

"Er fod Cwmpen bum milltir o bentref Wynnstay eto doedden ni ddim yn ei gyfri ymhell. Cyn belled â bod y beics mewn trim wrth 'Sgoldy'r Cwm fe wnaem ni'n burion. Roedd fy mam mor heini â neb ar ei beic, yn cario menyn a wye i siop Pandy a chwsmeriaid eraill ar y cariar a dod â negeson adre'n ôl. Dwi'n cofio i gi hela'r Plas unwaith fwyta'r menyn oddi ar y cariar! Ffordd droellog ydy ffordd y Cwm ac ambell i hen riw bach sydyn i herio'r beic. Roedd yn rhy bell i ni gerdded i'r ysgol, wrth gwrs, a byddem yn aros yn Nôl-lydan efo Taid a Nain yn ystod yr wythnos ac felly dafliad carreg o ysgol Pen-ddôl. Roeddwn i wrth fy modd yno ond doedd Taid ac Ifor, fy mrawd iau, yn amal ddim yn cael digon o le wrth i'r hen greadur geisio'i gadw mewn trefn ac yntau ar ei ddwy ffon fagal. Wedi cael crudcymalau wrth wlychu wrth lusgo coed, mae'n debyg.

"Gan fod Dôl-lydan ar fin y ffordd fawr rhwng Machynlleth a'r Drenewydd galwai llawer o dramps yno. Buan yr âi'r gair o gwmpas ymysg y frawdoliaeth honno ym mhle roedd croeso i'w gael, neu o leiaf lle nad oedd drws yn cael ei gau'n glep neu'r cŵn yn cael eu gollwng.

Ond roedd telerau pendant os oedden nhw am gysgu yn y sgubor: dim annibendod i'w adael o gwmpas y lle a dim smocio. Daliai Taid ei law allan am y bocs matsus a'i roi'n ôl yn y bore. A phan ddeuai'r bore, "Dein! Chydig o laeth sy gen y fuwch yma bore 'ma, Catherine..." Rhywun wedi bod yn y beudy'n godro o'i flaen!

"Roedd Cwmpen, hyd yn oed, ar gefn mynydd yn gyrchfan i dramps. Roedd yna un nad oedd gennym lawer o olwg arno, "Hen foi Canoffis" y galwem o wrth ei weld yn dod a'i focs du ar ei gefn yn gwerthu pethe gwnio gan fwyaf. Pethe ysgafn i'w cario, mae'n debyg. Sais di-wên, ac ar ôl cael paned ei ddywediad bob amser oedd, *"I'm going to Canoffis"*. Yn ei flaen yr âi wedyn dros y mynydd am Gwm Nant. "Joci Bach" oedd un arall: Cymro'n cerdded y ffordd oedd hwn, dyn boneddigaidd yn gwerthu dim byd ond mi holltai dwr o sgyrion am bryd o fwyd. Doeddwn i ddim yn hoff o "Bobi Burns" – nid dyna'i enw iawn, am wn i. Deuai hwn heibio i Frynmeini pan oeddwn i'n gweithio yno. Unwaith pan gyrhaeddon ni adre'n hwyr o rywle, clywed sŵn yn y sied: Bobi Burns yno'n bwyta winiwns! Deuai Jo Baron a'i wraig i Gwmpen i brynu gwlân tocio, neu wlân rhonion, hithau a'i basged o remnants a rîls. Gadael y gert a'r ceffyl ar ffordd Cwm a chario'r sachaid gwlân budur ar ei gefn. "Y Bachgen Coch" y galwai nhad o am fod ganddo hances coch am ei wddw bob amser. Sais oedd ynte hefyd, neu Sgotyn efallai. Ac am y sipsiwn, wel, mi fydde ganddon ni blant eu hofn nhw, ac yn rhedeg heibio iddyn nhw os digwyddai i ni eu cwrdd ar y ffordd yn mynd â'u basgedaid o begiau o dŷ i dŷ. Ond yn ôl a glywais, gan y sipsiwn y prynodd fy nhaid, John Rees, geffyl a thwbyn. Roedd y sipsi wedi galw â'r twb yn Nôl-lydan ac wedi methu bargeinio. Sefyll wedyn wrth "y goeden fawr" oedd rhwng Dôl-lydan a Bron Iaen ac aros. Taid yn gyrru Wil fy mrawd oedd yn lojio yno, ac un da am siarad! draw yno i fargeinio. Prynwyd am deirpunt. Dywedai fy ngŵr, Bob, iddo fo gael tipyn i'w wneud â'r sipsiwn yn ardal Llanfair Caereinion pan oedd o'n ifanc ac, ac iddo fwyta draenog a iâr ddŵr fwy nag unwaith efo nhw, wedi'u crasu mewn clai. Roedd ganddo fo gryn feddwl o'r sipsiwn a'u harferion.

"Mi adewais yr ysgol yn bedair ar ddeg oed a bum adre am dipyn. Roedd fy chwaer, Nans, yn gweithio ym Machynlleth, ac mi fynnais inne fynd yn forwyn i ffarm Cannon. Roeddwn i'n nabod y teulu'n dda gan fod Huw Tudor yn galw'n amal wrth fynd heibio Cwmpen i Lanbrynmair ar ei ferlyn. Ac ar ferlen yr es inne i Gannon. Erbyn hyn roedd Nans wedi symud i Northampton, ac ar ôl i newydd-deb Cannon a Chwm Nant-yr-eira ddechre pylu mi ofynnais iddi ffeindio lle i minne draw yno. Ac mi wnaeth, yn 1940, lle mewn tŷ doctor. Bwthyn oedd eu cartre yng nghanol y wlad ac roedd ganddyn nhw un bachgen bach. Roedd Nans a Nan Newell o'r Pennant yn gweithio yn y Rheithordy. Symudodd y doctor i fod yn Swyddog Iechyd yng ngogledd Lloegr wedyn a chafodd y bachgen ei yrru i America i osgoi effeithiau'r rhyfel. Mi ddeuthum inne'n ôl i Lanbrynmair yn 1942 yn forwyn i Brynmeini at Idris ap Harri a Mrs Laura Williams a'u mab bach, Hedd Bleddyn. Roeddwn i'n ddeunaw oed.

"Mae tŷ Brynmeini ym mhentre canolog Llanbrynmair, y Gwaelog, fel y'i gelwid, neu Wynnstay ar ôl y dafarn, ond er fy mod i felly yng nghanol pethe fel petai eto roeddwn i'n falch o droi trwyn y beic *(back-peddler £9)* yn newydd o garej Cemaes Road i fyny ffordd Pandy at bont y Plas a throi yno i fyny ffordd Cwm at Ryd-y-meirch, tros y bompren heibio i'r 'sgoldy bach a thros y rhosydd i Gwmpen mor amal ag y gallwn. Eto, roedd pethe digon cyffrous yn digwydd i lawr yn y pentre: majic lantar yn yr Hall yn dangos ffilmiau, a dosbarth gwnio a chôr. Fum i erioed i mewn yn y Wynnstay; fydde merched y wlad ddim yn mynd i dafarnau yr adeg honno a fydde'r rhan fwyaf o ddynion Llanbrynmair byth yn twllu'r lle chwaith. Rhyw glic arbennig oedd yn mynd i'r Wynnstay. Dwi'n cofio, mi ddechreuwyd dosbarthiadau dawnsio yn yr Hall pan oeddwn i yn yr ysgol, tua 1937. Rhyw Saesnes smart yn gysylltiedig â Dolyronnen, os ydw i'n cofio'n iawn, oedd yr athrawes. Wel! gallech feddwl fod sarff Eden wedi'i gollwng yn rhydd! *Disgrace!* Cywilydd! Doedd peth felna ddim ffit! Ond roedd Mr Hughes y sgŵl a'i wraig, pobol barchus iawn, yn mynd i ddawnsio, a'r rhai nad oedd yn malio dim am y cuwchie. Roedd y 'stafell biliards yng ngefn yr Hall yn werthfawr iawn i'r rhai nad oedd yn mynychu'r Wynnstay. Roedd y bont yng nghanol y pentre hefyd yn fan cyfarfod pwysig a llond dau ganllaw yn pwyso arni fin nos i roi'r byd yn ei le.

"Mi briodais â Bob a mynd i ffarmio i Fryn Glas, Llanfair Caereinion a chael un mab, Dafydd. Fo sy'n ffarmio yno rwân a chanddo yntau ddau o blant. Ond chân' nhw mo'r pleser o fod ar y mynydd ym mis Mai adeg torri mawn a'r ehedydd yn byrlymu ei gân o'r awyr las. Ond mi gân' bleserau eraill, fel gyrru cerbydau 4x4 a theledu a chyfrifiaduron. Fel y dywedodd y bardd, "'Dyw pawb ddim yn gwirioni 'run fath!"

"Heddiw, mae ffordd y gellir mynd â cherbyd modern ar hyd-ddi wedi ei gwneud o gyfeiriad Caeau Gleision i Gwmpen. Mae rhywun yn byw yn y tŷ ac mae'r tir yn cael ei ffarmio efo Cwm Ffynnon."

GAIR Y GOLYGYDD AM Y SIPSIWN
Mae cysylltiad agos wedi bod rhwng y sipsiwn a Sir Drefdwyn; wedi'r cyfan, oni threuliodd Telynores Maldwyn lawer o'i hieuengtid yn eu cwmni pan ddechreuodd ymddiddori yn y delyn? A beth am John Roberts a'i feibion o'r Drenewydd a chwaraeodd i'r Frenhines Fictoria ar ei hymweliad â Phlas Pale, Llandderfel, yn 1889? Roedd ganddyn nhw gôr o naw o delynau, pump glasurol a phedair teires. Roedd yn achlysur mawr iawn iddyn nhw, a chawson nhw a'u telynau eu cludo yno ar y trên o Langollen. Roedd John Roberts yn ŵyr i'r sipsi enwog, Abram Wood. Cododd John deulu o 13 o blant, cerddorion i gyd. Ar ei farwolaeth rhoddodd ei hoff delyn deires i Nicholas Bennett, Glan-yr-afon, Trefeglwys, y casglwr alawon gwerin, am ei gefnogaeth a'i gyfeillgarwch ar hyd ei oes. Mae John Roberts wedi'i gladdu yn y Drenewydd.

"BYDDIGIONS"
Un arall o blant Cwmpen, yr ieuengaf, ydy IFOR ROBERTS, anwyd yn 1934. Yn Nôl-lydan efo'i daid a'i nain, John a Catherine Rees, yr oedd yntau'n aros pan yn ysgol Pen-ddôl – ac yn cael hynny'n dipyn o straen gan eu bod, yn ei eiriau o, yn "hen ffasiwn gynddeiriog". Oedden, pobol y capel a'r twbyn a'r ferlen oedden nhw, reit siwr. Dyma Ifor rwân i barhau efo tipyn o'i hanes ei hun yng nghwm Pandy:
"Un o'r pethe sydd wedi aros yn fy nghof fel pictiwr ydy sefyll wrth lidiart Pwllmelyn ar fy ffordd i'r ysgol ar fore Llun neu Fawrth, efallai, a gweld John Dôl-fawr yn fachgen ifanc iawn yn dod i lawr y ffordd mewn britches a legins melyn, yn tywys un o'u ceffylau gwedd ar eu ffordd i'r stesion, a hwnnw wedi ei droi allan yn ei lifrau gorau ar gyfer y ffair. Dyna un o'r golygfeydd harddaf weles i erioed. Mae'n amlwg fod gen i ddileit mawr mewn ceffyl bryd hynny ac mae o wedi para ynddo i hyd heddiw.
"Byddai Huw Tudor, Cannon, ffarmwr a phorthmon adnabyddus, yn mynd heibio Cwmpen yn amal ar ei ferlyn ar hyd y ffordd fynydd i Gwm Nant-yr eira. Pan oeddwn i'n cerdded ar draws y rhos wrth ddod o'r ysgol rhyw ddiwrnod ac yn o fach, dyma fi'n gweld dau geffyl mawr yn

dod i fyny'r ffordd gert o gyfeiriad Esgair Gelynnen a dyn ar ferlyn tu ôl iddyn nhw, a dyma fo'n gweiddi arna i, "Ffor wyt ti Ifor?" Pan gyrhaeddais i'r tŷ roedd ceffyl mawr wedi ei glymu wrth gliced y tŷ mawn a gwas Cannon yn y tŷ yn cael te. Gofynnais iddo pwy oedd y dyn yna ar y ferlen. "Mr Huw Tudor," medde fo. "Ond mi galwodd fi wrth fy enw!" meddwn inne. Roedd hyn yn amlwg wedi gwneud argraff fawr arna i, dyn diarth pwysig yr olwg yn fy nghyfarch fel pe bawn i'n oedolyn. Ond un fel yna oedd Huw Tudor, hoff o blant ac yn cymryd diddordeb ynddyn nhw ble bynnag yr âi. Roedd ganddo deulu mawr ei hunan gartre. Wedi bod yn llusgo coed yr oedd y ddau geffyl mawr, o Esgair Gelynnen lle roedd y stad wedi bod yn torri coed, i Gannon at ryw waith atgyweirio. Roedden nhw'n llusgo'r coed trwy roi un pen yng nghorff y trwmbel. Mi gymerai awr dda i gerdded o Gwmpen i Gannon a'r ffordd yn gallu troi'n wlyb tua'r diwedd. Mi gymerai lawer mwy i lusgo'r coed. Mae Cannon yn ffarm organig rwân ers blynyddoedd lawer. Yng Nghwmpen fe gadwem ni 400 o ddefaid rhwng y moged a'r blwyddi a 5 neu 6 o fuchod. Byth yn prynu yr un ddyrnaid iddyn nhw, dim ond gwair rhos oedd eu porthiant.

"Roedd Awst 12fed yn ddiwrnod mawr iawn, dechre'r tymor saethu grugieir – neu "grows", fel y dywedem ni. Roedd ein teulu ni yn ymwneud llawer â hyn yn naturiol gan ein bod yn byw yng nghesail y mynydd, fy nhad yn cario bwyd i fyny o'r Lodge i'r mynydd ganol dydd, dau hamper bob ochr i'r gaseg, a ninne'r bechgyn yn *beaters*, yn codi'r grows. Ddiwedd y 40au a'r 50au y bues i wrthi. Mr Gregory Duncan yn byw yn Berthlas ac Ifan Jones yn byw yn y Ffatri oedd y ddau gipar, dau hollol wahanol i'w gilydd, un yn wyllt a'r llall ddim. Dyma'r adeg pwysicaf iddyn nhw pryd y disgwylid gweld ffrwyth eu gwaith efo'r adar. Roedd Mr Brinton, perchennog cwmni gwneud carpedi o Kidderminster, wedi cymryd y *shoot* gan y stad a byddai ei deulu o a'u ffrindie yn dod i fyny i saethu ac yn aros yn y Lodge a'r Wynnstay. Gwelais Syr Herbert Smith, ffarmwr tatws a Bridgenorth a pherchennog *Smiths' Crisps* yn dod i fyny i saethu, hefyd perchennog *Palethorpes Sausages* o Market Drayton – roedd digon o sosej yn y picnic bryd hynny! Teulu arall oedd Manders, pobol y paent; 'dw i'n cofio'u dau fab nhw'n dod yn fechgyn ifanc efo'u tad a'u mam… Ond arnon ni, y *beaters* a'r *flankers* roedden nhw'n dibynnu am lwyddiant y dydd.

"Ar y *shoot* mi fydde yna saith o ynnau a saith *butt*. Math o bulpud bach oedd hwn wedi'i wneud o dywyrch. Safai'r saethwr ynddo yn disgwyl yr adar, a'i wn yn gorffwys ar y *butt*. Roedd y *flanker* yno i gario'r gynnau a'r catris. – dim ond y gynnau a'r catris gore fydde gan y bobol yma. Roedd Bryn yr Emporium a Sec Bach yn *flankers* yn amal. Mi saethwyd Morris fy mrawd unwaith gan Herbert Smith – roedd o wedi dilyn y deryn efo'i wn, peth na ddylid ei wneud wrth saethu, ac fe ymddiheurodd yn fawr iawn am hyn. Roedd y *shoot* yn ymestyn o ffridd Cwmffynnon i Gae'r Lloi. Byddem yn cychwyn ar y diwrnod cyntaf ar dop ffridd Cwmffynnon, y *beaters* yn rhes yn cario pastwn a baner wen arni bob un, yna cerdded ymlaen yn rhes trwy'r grug gan wneud whish! whish! efo'r pastwn i godi'r adar a'u gyrru at y *butts*. Doedd wiw i neb fynd o flaen y lleill i ganol yr adar. Roedd un ddynes fawr, gref, Mrs Clyst, chwaer Brinton, efo'r *beaters* yn mynnu brasgamu mlaen a Duncan yn mynd yn lloerig ac yn gweiddi arni, waeth pwy oedd hi, "Mrs Clyst! By Christ...!" Roedd y Sgotyn wedi gwylltio 'sdim dowt. Gwelais ni'n cerdded trwy'r dydd a chael dim byd. Dwi'n cofio unwaith, roeddwn i'n *flanker* i Colonel Green oedd wedi dod efo Syr Herbert am y tro cyntaf, a chafodd o ddim un growsyn mewn tri diwrnod. Roedden ni'n cerdded adre o'r dreif ola a *beater* rhwng pob gwn pan gododd yna 'dderyn, a thaniodd Green a'i gael. Dyna'r tip gore ges i erioed! Dwi'n cofio'r hen Mrs Manders a'i merched ar y mynydd yn cerdded mewn glaw dychrynllyd. Yr ail ddiwrnod oedd hi, a'r ail *drive* ger Rhaeadr Ddu ar y terfyn rhwng Gesail Ddu a Cannon, a dyma Duncan yn gwneud pethe'n fwy damp fyth trwy ddeud, "*We've got a very long walk now, Mrs Manders*". Doedd o ddim yn credu mewn arbed dim ar neb.

"Yn y gaeaf mi fydde Duncan ac Ifan yn llosgi, yn agor ffosydd a ffynhonne a rhoi grit i'r grugieir, ac yn lladd llwynogod ac adar ysglyfaethus. Roedden nhw'n ofalus iawn o'r mynydd. Rhwng Cae'r Lloi a Nant-y-Dugoed yr oedd y dreif ola. Doedd dim pall ar gerdded Duncan, mi lladde chi. Hen waith digon blinedig oedd chwifio'r fflag trwy'r dydd ac mi fydde Ifan yn ei lapio hi ar ôl mynd o olwg Duncan pan fydde'r dydd yn tynnu tua'i derfyn. Roedd cerbyd Trojan diesel gan Smith i'n cario ni adre o Gae'r Lloi, a rhwng y diesel a'r cŵn Labrador yn chwysu roedd yn ddigon i'ch gyrru'n sâl swp – siwrne ofnadwy oedd hi. *Shooting-breakes* oedd gan lawer o'r byddigions, a'r rhan fwya yn dod â'u chauffers i'w canlyn.

"Cafodd Ifan Jones druan ei ladd mewn damwain fotor –beic mewn rhai blynyddoedd. Symudodd Duncan i fyw o Berthlas i'r Lodge yn y 50au a chodwyd llawer o gewyll yno i fagu ffesantod. Heddiw does dim byd ar ôl ond y mynydd, ac mae hwnnw hefyd wedi newid llawer".

PLAS RHIWSAESON
Yn rhyfedd iawn, ychydig iawn o sôn a fu erioed yn y plwyf am hynafiaeth Plas Rhiwsaeson. Pawb yn rhyw gymryd mai rhyw ffermdy go helaeth a adeiladwyd yn y ddeunawfed ganrif oedd o a dim mwy. Ni allai dim fod ymhellach o'r gwir. Mae'n wir na fu iddo hanes arbennig yn yr ugeinfed ganrif, dim llawer mwy nag i unrhyw ffarm arall ar stad Syr Watkin. Plas oedd y ffarm fwyaf ar y stad, a'i thenantiaeth ar droad y ganrif gan deulu Pugh tan 1914, yna'r Davisiaid hyd at 1937. William Rees (Gelli Dywyll cyn hynny) a'i deulu fu yma ar ôl hynny hyd at 1949, yna, tan ddiwedd y ganrif y teulu Watkins a ddaethai yma o Landinam.

Dyma LYN REES i ddisgrifio'r ffarm fel yr oedd yn 1949:

"Mae Plas yn ffarm o fil o gyfeiriau yn cynnwys y nodweddion arferol a geir yn yr ardal – mynydd, ffriddoedd, coedydd, corsdir, porfeydd llechweddog a thipyn o dir gwastad rhwng y Gerddi a'r Pandy ac o gwmpas Pencaedu. Rhosydd llaith a choedwig "Yr Allt" sydd ar y llaw chwith wrth fynd i fyny cwm Clegyrnant hyd at y terfyn efo Rhyd-y-meirich, ac roedd 'sgubor gadarn ar dir Yr Allt i wartheg fynd iddi i gysgodi wrth bori'r haf, a'r dylluan wen yn nythu yno. Dygodd het fy nhad unwaith wrth iddo sbecian ar y nyth o ben ysgol.

"Ar ochr y ffordd gyferbyn â'r Plas roedd y stabal a lle i 5 o geffylau, a sied yn y cefn lle byddai fy nhad yn gwneud gwaith coed. Yma roedd y dyrn. Gwneud pethau celfydd o bren oedd ei hobi, pethau at iws pob dydd oedd llawer ohonyn nhw, ond wedi eu gwneud i'r safon uchaf posib ganddo. Ganddo fo y dysgais i bopeth am waith coed. Yn nhalcen y stabal roedd cowlas rhedyn, a chut yn y pen arall lle cedwid y pac cŵn llwynog pan deuent i'r cwm. I fyny'r wtra o'r stabal roedd sgubor Pencaedu a lle i rwymo 22, cwpwl i ddal gwair a 'sgubau i borthi, a thaflod yn y pen arall. Roedd dau dwll carthu allan i Gae Du. I'r cyfeiriad arall, a llwybr serth yn mynd yno o'r Graig Fach roedd 'sgubor arall, Fronorffwys (neu Froniffrwys, fel y dwedem ni. Clywais mai "gorffwysfa" oedd yma wrth wneud ffordd trwy Gwm-y-delyn ac allan trwy Dafolog i Fawddwy ganrifoedd yn ôl.) Yn y sgubor yma, lle i rwymo o leiaf 22 eto, efo beudy dwbwl a sengl, cwpwl a thaflod.

Byddai'r beudai i gyd yn llawn o wartheg bob gaeaf a llawer o waith porthi a charthu yno'n ddyddiol. Gwilym fy mrawd hynaf oedd y cowmon. I lawr ar ffald y Plas roedd loc fawr a thwb dipio ynddi, a helm 5 cwpwl, a dwy res o adeiladau. Yn y gyntaf roedd y beudy buchod yn rhwymo 12, bing o'u blaenau, taflod uwch eu pennau a chut i'r lloi bach yn y pen. Yn y pen arall, cut tarw a iard a wal uchel iddi. Cadwem "darw Society" Henffordd. Rwy'n ei gofio'n dengyd unwaith i fyny Ffordd Cwm…Yn y rhes arall roedd cut i'r lloi mawr, cwpwl, llawr dyrnu, loose box a stabal fach yn y pen isa. Rhwng y beudy a'r tŷ roedd cutiau moch, 4 mewn rhes. Roedd cut ieir carreg hefyd yn ymyl. Roedd stepiau yn arwain i lawr o ddrws cefn y Plas i'r tŷ golchi lle roedd boiler mawr a ffwrn wal a lle ynddi i bymtheg o fara. Yng ngefn y cutiau moch roedd beth alwem ni yn "dŷ coed", ac iddo sylfaen garreg a ffram bren ac ochrau agored. Tybed a fu yma hen dŷ ers talwm yn oes yr Uchelwyr?

"Rhwng y Plas a phentre Pandy roedd melin a thŷ yn sownd wrthi. Bu Rufus Owen, Tafolwern yma'n felinydd yn amser Davies. Rydw i'n cofio mai gwaith trwm a chrefftus iawn oedd trwsio cerrig y felin. Rhaid oedd codi'r garreg uchaf i ddechrau a'i gosod ar ei hochor, ac roedd eisiau dynion cryf i'r gwaith. Wedyn, gallai rhywun fynd ati i lyfnhau wyneb y garreg isaf – rhaid cael wyneb llyfn ar honno er mwyn malu'n fân. I lyfnhau'r garreg isaf rhoid nod coch ar ddarn o bren a elwid yn *flatwood*. Byddai hwn yn cael ei droi wedyn fel pebai'n fys cloc er mwyn cyffwrdd â phob rhan o wyneb y garreg fel y byddai unrhyw glapiau ar honno wedyn yn ymddangos yn goch. Byddai'r rheiny'n cael eu naddu i ffwrdd â chŷn dur dauben, un arbennig at y gwaith. Rhoid y cerrig yn ôl ar ei gilydd wedyn, ac fe ddylai'r blawd redeg yn fân ar hyd y rhigolau a disgyn i'r hopran. Fy nhad fyddai'n gwneud y gwaith manwl o lyfnhau'r cerrig a ninnau'r bechgyn yn codi'r pwysau.

"Adeilad arall hanfodol i'r felin oedd y cilin, 500 llath o'r felin ar ffordd Caeau Gleision, lle i sychu'r grawn ar hafau gwlyb. Mae hwn yno o hyd ac mewn cyflwr gweddol dda pe bai'r to yn cael ei drwsio. Mae i'r cilin ddau lawr, un i'r tân yn isaf yna'r llawr uwchben o fetal gwastad â thyllau mân ynddo i wasgar yr ŷd arno. Ar y diwrnod cyntaf rhoid tân eirias oddi tano ac ni ellid ei adael trwy'r dydd rhag iddo losgi, ond yn hytrach ei gribinio'n rheolaidd â rhacar bren, fflat yn rhenciau bach – job iawn i losgi 'sgidiau! Yr ail ddiwrnod gadewid i'r tân losgi lawr ac i'r grawn orffen sychu'n araf. Cymerai ŷd tua dau ddiwrnod i sychu fel hyn.

Câi yr ŷd ei gribinio i lawr trwy hopran i sachau wedyn. Gwelwyd ŷd wedi llwydo'n gacen yn cyrraedd y cilin weithiau ac yn sefyll yn gog ar ôl ei dynnu o'r sach, ond rhaid oedd trio sychu hwn hefyd a'i falu wedyn yn y felin. Roedd o'n dywyllach blawd ond dim llawer gwaeth ei gyflwr. Doedd y cilin byth yn oeri ar hafau gwlyb ac roedd yn fendith ei gael. Daeth ei oes yntau i ben pan beidiodd olwyn y felin â throi yn 1947 a ffermydd bryd hynny yn cynhyrchu llawer llai o ŷd ar ôl y rhyfel. Parhaodd John a Katie Evans a'u tyâid o blant i fyw yn nhŷ'r Felin am flynyddoedd wedyn. Erbyn heddiw mae'r tŷ a'r felin yn un tŷ, wedi ei adnewyddu gan newydd-ddyfodiaid i'r ardal.

"Melinydd olaf melin Rhiwsaeson oedd fy mrawd Arfor. Mi gafodd o ei ryddhau o'r Llynges i ddod yn ôl adre i weithio yn y felin yn ystod y rhyfel. Roedd y felin yn brysur iawn bryd hynny a'r holl ŷd ychwanegol yn cael ei dyfu ar orchymyn y Llywodraeth. Roedd Arfor yn fachgen cryf iawn. Dywedodd iddo gario 300 pwys ar ei gefn o'r cilin i'r felin – i arbed dwy siwrne, mae'n debyg! Ffansiai ei hun fel tipyn o fardd hefyd ac enillodd unwaith ar gân yng Nghyfarfod Bach Pandy. Mae'n debyg iddo'i sgrifennu ar ôl dod adre, a'r rhyfel yn dal i ruo:

BORE O WANWYN

Ar fore braf o wanwyn a'r blodau'n frith hyd lawr,
Fe ddringais gopa'r clogwyn i weled toriad gwawr.
Sisialai nant y mynydd wrth dreiglo i lawr i'r cwm;
A minnau mewn unigrwydd ar grib y clogwyn llwm.

Fe gofiais am ddinistrio sydd ar y gwledydd pell,
Ond natur sydd yn deffro i addo amser gwell.
Y grug a'r eithin melyn brydfertha is y nen,
A seiniau tlws aderyn yn canu uwch fy mhen.

Clodforaf fore o wanwyn ar gopa'r clogwyn llwm,
A natur gân ei thelyn – a'r byd yn wylo'n drwm.

"Roedd y felin hanner milltir oddi wrth y Plas ac roedd gan y dŵr ffordd bellach na hynny cyn cyrraedd ffos y felin. Cychwynnai wrth fflodiart ar yr afon wrth y Lodge oedd yn troi dŵr i ffos a redai tu cefn i dai y Ffatri gan groesi'r afon ar hyd cafn pren uwchben llyn tro i Gae Stabal y Plas. Rhedai'r ffos yn ei blaen wedyn ar hyd gwaelod y cae at y ffordd a chroesi honno mewn trwnc i ffald y Plas lle cronai'n llyn. Roedd fflodiart ar hwn hefyd a phan fyddai angen dŵr gellid ei droi o'r llyn i ffos y felin a redai ar hyd y Gro at y felin.

"Wrth dalcen y Plas yn llygad yr haul mae gardd wedi ei walio a chloset bach solet o garreg yn y cornel, ac un twll yn y sêt bren – clywais sôn am rai â mwy nag un, ond roedd hwn yn "lle i enaid gael llonydd"! O dan ffenest y gegin gefn roedd esgynfaen o lechen a stepiau iddi. Pan oedd hi'n byw yma'n blentyn, arferai Marian gasglu cerrig lliwiog meddal ar lan yr afon a threulio oriau yn sgwennu a thynnu lluniau ar y llechen wastad.

"Gan fod y ffarm yn fwy na'r cyffredin, roedd y cwotâu o ŷd a thatws yr oeddem i'w cynhyrchu yn ystod y rhyfel yn uchel, tua 70 o erwau, os ydw i'n cofio'n iawn, a dim ond ceffylau at y gwaith. Ond dechreuodd peiriannau ddod a chawsom dractor Fordson tua 1944, wnaeth dipyn o wahaniaeth. Ond doedd o ddim heb ei helyntion! Dwi'n cofio troi un ffordd efo arad ddwy-gwys ar gae llechweddog Fronorffwys, wrth waelod y mynydd. Tipyn o job oedd hi ar lechwedd, gorfod dal y cortyn i godi a gostwng yr arad ar gorneli, a rheoli'r tractor. Mi lithrodd hwnnw ar wlith y dalar a mynd ar ei ben i bant a chlawdd, ac oni bai am foncyff onnen buasai wedi mynd trwodd a'r arad efo fo. Symudai o ddim, a bu raid i mi fynd adre i moen wyallt i wneud y boncyff yn yfflon cyn gallu gyrru'r tractor yn ei flaen. Gwaith dau brynhawn mewn un! Dro arall, roeddwn i'n dod â'r tractor adre o Cae Pôl, sydd rhwng Pencaedu a Chaeau Gleision, tir go wlyb, ac mi suddodd olwyn i ffos fwd. Aeth Emrys adre i moen "Madam", y gaseg ddu, ac ar ôl un *"Come up!"* fuodd y Fordson fawr o dro yn newid ei feddwl!

"Dwi'n cofio un gaeaf oer hefyd roeddwn i'n troi Rhos-fawr, sy'n 30 acer. Wanwyl! roedd hi'n oer, dim cab, wrth gwrs, a'r rhewynt yn mynd i fyny fy llewys. Mi benderfynais wneud pâr o fenyg allan o groen dafad oedd yn hongian yn y llawr. Fe'u torrais allan i siâp maneg efo dim ond bawd, gwneud tyllau efo myniawyd a'u gwnio efo nodwydd sachau. Yna, eu troi tu chwith allan fel bod y gwlân tu fewn a dim pwythau i'w gweld. Menyg *champion*, i fyny at benelin, ac fe'u gwisgais am lawer tymor."

Roedd William Rees a'i feibion, Emrys, Arfor a Lyn yn grefftwyr, yn enwedig mewn turnio a cherfio coed, phlygu sietyn a gwneud ffyn. Anodd oedd eu curo mewn Cyfarfod Bach am goes wyallt, cambren mochyn, stôl neu ganhwyllbren. (Ond roedd Dafydd Williams, Pen-y-graig yn gystadleuydd peryglus ar wneud basged borthi. Fe'i plethai mor fân fel y daliai ddŵr.) Olwyn yn cael ei throi â llaw oedd yn gweithio'r dyrn a gwaith caled oedd troi pan fyddai'r turniwr yn dal y pren yn erbyn y llafn. Enillodd William Rees am waith coed yn yr Eisteddfod Genedlaethol efo dwy ffon yr un ffunud â'i gilydd wedi eu cerfio drostynt â mes a dail derw a'r geiriau "Caria di fi mi helpa i di".(Maen nhw gan or-wyrion iddo heddiw). Gwnaeth bâr o ganhwyllbrennau unigryw hefyd yn gyfangwbwl o ddwsinau o "gwlwm cnau" wedi eu hasio i'w gilydd (yn awr ym meddiant wyres arall). Yn y grefft o blygu sietyn roedd o a'i feibion yn bencampwyr – a da hynny oherwydd roedd mwy na digon o waith cau yn Plas gan fod tir y ffarm yn ymestyn bron ddwy filltir o'r Pandy at y Gerddi bob ochr i'r ffordd, a hynny cyn dyfodiad y ffasiwn o ffensio ac yn sicr cyn yr arfer presennol o fflangellu'r sietyn â pheiriant.

CYMERIADAU
Cymeriadau y mae rhai yn dal i sôn amdanyn nhw a ffarmiai Plas o tua 1914 hyd 1937 oedd Mr a Mrs Davies, neu "Nhed" a "Mem" fel y'u gelwid gan y gweision a'r cymdogion agos, ond nid i'w hwyneb, wrth gwrs, gan mai rhyw fath o lysenw o anwyldeb oedd o. Hannai'r ddau o ochrau Llangedwyn, y fo yn fab Banhadla a hithau'n fodryb i Driawd Bronheulog, y cantorion Plygain enwog. Roedd rhyw urddas naturiol yn perthyn i'r hen gwpwl a ymdrechai i gadw rhyw safonau a ddisgwylid gan denantiaid ffarm fwya'r ardal. Ond doedd hynny ddim yn golygu eu bod nhw'n gwastraffu, fel y cawn ni weld, toc. Cadwent at yr arferiad o fwyta ar wahân i'r gweision, yn wir, mewn ystafell arall. Doedd hi ddim yn un i roi label "rhy hen" ar unrhyw greadur a droediai'r buarth, ac os byddai hen iâr ar y ffald yn edrych braidd yn gwla, i'r crochan potes â hi – a hwnnw byth yn cael ei olchi, yn ôl y diweddar Elsi Davies (Thomas, bryd hynny) oedd yno'n forwyn. (Caed yr hanesion yma gan ei merch, Mary) Ar ddiwrnod ei phenblwydd byddai Mrs Davies yn sibrwd wrthi, "Mae gen i rywbeth da i ti," a beth oedd o ond basned o fara llaeth enwyn. Ar fore Sul weithiau, a Mrs Davies wedi mynd am Soar, byddai'r gwas yn dod â hanner dwsin o wyau i'r tŷ, "Berwa rhain i mi, da lodes!"

Un rhadlon oedd Davies Plas, a'i sylw ar ddechrau pob traethiad fyddai "Giami, lad!" Ei hobi oedd darllen *novelettes*, ond wnaeth o ddim llawer o hynny un bore yn y closet....Roedd o'n mynd i'r tŷ bach ym mhen draw'r ardd yn ddefodol bob bore ond dyma fo oddi yno reit handi, "Pwy ohonoch chi sydd wedi bod yn y closet?!" Mae'n debyg fod y ci wedi dod i fyny trwy'r twll... Roedd hi Mrs Davies yn ddynes ddiwyd a galluog, yn ceisio cynnal steil ond yn dynn efo'r pwrs. Mae gan Mary stori dda arall amdani. Fel y clywsom, bu Elsi, ei mam, yn forwyn yn Plas am flynyddoedd cyn priodi. Roedd hi'n byw yn y Ffatri gerllaw a bellach wedi gadael. Ond ar y diwrnod yr oedd Nhed a Mem Plas yn gadael y lle am y tro olaf – mewn hen gar mawr Ford T – aeth Elsi draw i ffarwelio a Mary'n bedair oed yn ei llaw, ac meddai Mrs Davies wrth eu gweld,"Wel, dyma'r un fach. Rhoswch chi, dydw i ddim wedi rhoi dim byd iddi hi....a does gen i ddim byd yn 'y mhwrs...".Ffowla yn y bag, yna, fel pe wedi cael fflach o ysbrydoliaeth dyma hi'n mynd i'w cheg ac yn estyn da-da iddi, "Hwde bach, cymer hon...." Allodd Mary ddim edrych ar *glacier mint* byth wedyn!

Fel Miss Roberts siop Pandy, Wesle oedd Mrs Davies y Plas a doniol iawn oedd gweld y ddwy yn cerdded tua Soar, Miss Roberts yn ei du ac yn ei chrwb a Mrs Davies dal wrth ei hochor mewn côt ffwr a het addurnol. Gwnâi'r hetiau ei hunan o blu yr amrywiol ffowls a gadwai – twrcis, go-bacs a ieir a cheiliogod o bob math. Ciwrio crwyn oedd rhywbeth arall a wnai hi efo halen ac alwm, ac os byddai rhywbeth yn trigo ar y ffarm, neu rhyw greadur gwyllt, a chanddo groen go dda byddai hi'n ei drin. Roedd llawr pren y parlwr mawr wedi'i orchuddio â chrwyn lloi, ambell ddafad a llwynog – er mai dros ei hysgwydd y byddai hwnnw fel arfer. O wneud y job yn iawn mae'n debyg nad oedd drewdod yn eu canlyn ac roeddynt yn olygus a diddos dan draed, yn rhad ac yn gofnod da o aml i Seren a Blacen nes iddyn nhw golli eu blew. Roedd gwneud diodydd a meddyginiaethau hefyd, fel y gellir disgwyl, yn un o'i thalentau yn ogystal â rhoi gair o gyngor – yr ysfa i addysgu pawb oedd y rheswm, digon tebyg, am y llysenwau. Ar waethaf aml ddiffyg mae'n rhaid fod yr hen gwpwl yn eithaf annwyl yng ngolwg cymuned glos Cwm Pandy yn eu dydd ac y gellid troi atynt mewn cyfyngder. Dibynnai'r oes honno gymaint ar elusen a chymdogaeth dda cyn dyfodiad y Wladwriaeth Lês. Er yn ddi-blant roedd i "Nhed a Mem" eu gofalaeth.

Daeth y teulu Watkins yn denantiaid yn 1949 ac yno y buont tan ddiwedd y ganrif, ac erbyn hynny wedi prynu'r lle. Prif nodwedd eu harhosiad - a'u cymwynas, gallech ddweud, o safbwynt cadwraeth, oedd caniatau i'r lle - y tir a'r adeiladau, i aros mwy neu lai fel yr oeddynt am hanner canrif tra roedd llefydd eraill o'u cwmpas yn newid yn gyflym, gyda'r canlyniad nad oedd y lle yn y flwyddyn 2000 yn wahanol iawn i'r hyn oedd yn 1900. Ym marn Golygydd y gyfrol yma byddai wedi bod yn wych pebai'r tŷ, yr adeiladau hynafol a'r tir naturiol wedi cael eu cadw fel yr oeddynt yn dreftadaeth hanesyddol i'r ardal.

Yn anffodus, erbyn hyn daeth tro ar fyd. Bu'r perchnogion newydd yn ddigon anffodus i orfod llosgi'r defaid oherwydd eu cysylltiad posib ag ardal Bannau Brycheiniog lle roedd clwy y traed a'r genau yn rhemp. Hwn oedd yr unig losgi a ddigwyddodd yn y rhan yma o Faldwyn. Yn anorfod, dan y rheolau a fodolai yn 2001 difrodwyd cryn dipyn ar hynafiaeth yr adeiladau hefyd wrth iddynt gael eu glanhau â chemegau a chwistrellau ar ôl y llosgi. Fel ar lawer iawn o ffermydd eraill trwy Gymru gwnaed hyn er nad oedd y clwy yno. Bu dadlau hallt am y dulliau gwastrafflyd a thorcalonnus a chostus yma o reoli'r haint, a chafwyd y Llywodraeth i gyfaddef yn rhy hwyr fod llawer o gamgymeriadau wedi eu gwneud ac i addo nad dyma fydd eu tactegau os digwydd i glwy y traed a'r genau daro eto. Yn ffodus, mae'r perchnogion newydd yn adnewyddu hynafiaeth y tŷ.

Bu ond y dim i ffarm wynt o 17 o dwrbinau 75 metr o uchder gael ei chodi ar fynydd Plas Rhiwsaeson a mynydd Nantycarfan yn y flwyddyn 2000. Cymeradwywyd gwrthod y cais gan yr Archwiliwr mewn ymchwiliad cyhoeddus, a derbyniwyd ei ddyfarniad gan y Cynulliad Cenedlaethol. Y prif reswm dros wrthod oedd fod gormod o dwrbinau yn y rhan yma o Faldwyn eisoes. Wrth fynd i fyny cwm Pandy gwelir bron dwsin o dwrbinau gwynt Mynydd Cemaes yn blaen iawn ar y chwith. Pe bai rhai wedi eu codi ar fynydd Nantycarfan a'r Plas byddai'r cwm mewn twnel rhyngddynt a byddent i'w gweld yn eang dros blwyf Llanbrynmair.

HYNAFIAETH PLAS RHIWSAESON
Ond i droi i gael cip ar hynafiaeth y Plas. Fel y dywedwyd, mae'r ffermdy o ddechrau'r ddeunawfed ganrif ond fel sefydliad mae'n llawer hŷn na hynny. Ar y wal mae plac ac arno *"This house was walled around in 1710 by Athelstan Owen, Esq."* Dyna pryd y codwyd yr adeilad presennol fel y mae. Sut felly yr oedd y bardd Lewis Glyn Cothi yn canu clodydd y lle yn 1500? Beth oedd yma i'w glodfori, a chlodfori pwy oedd o? Wel,

Owain Fychan ab Gruffydd ab Ieuan Llwyd o Riwsaeson a'i dri mab, telynorion, beirdd a gwŷr gafodd addysg i gyd, a noddwyr beirdd oedd yn byw yma. Rheiny oedd yn cael eu canmol, oherwydd dyna oedd swyddogaeth y beirdd crwydrol fel Lewsyn, canmol yr uchelwyr. Dyna pam y'u gelwid yn "Feirdd yr Uchelwyr". Ar ôl cwymp Tywysogion Cymru yn y drydedd ganrif ar ddeg, mân uchelwyr o dras a gododd i gymryd eu lle fel arweinwyr cymdeithas. Un o'r teuluoedd ucheldras yma oedd Oweniaid Rhiwsaeson a'u hachau yn tarddu o Elystan Glodrudd, brenin yn teyrnasu ar y Gororau ac a briododd ag aeres o Geredigion. Nhw a sylfaenodd yr Oweniaid yn "Bumed Llwyth Brenhinol Cymru". Priododd un o'u disgynyddion o'r enw Ithel Aurgledde ag Annes, merch Owain Cyfeiliog gan ychwanegu at diroedd y teulu, a dyfodd yn y diwedd i gynnwys y rhan fwyaf o blwyf Llanbrynmair. Roedd y teulu, fel y rhan fwyaf o'u bath, yn frenhinwyr rhonc ac yn aml yn dal swyddi dan y Goron ym mhob cenhedlaeth, megis Siryfion Sirol, er enghraifft. Yn nyddiau teyrnasiad Cromwell parhaodd eu teyrngarwch i Siarl yr Ail a chawsant eu gwobrwyo â statws ychwanegol am hynny.

Gwelir yr enw Athelston (Elustan) yn aml yn y teulu, ac un Athelston Owen a oedd yn byw yn y Plas yn yr ail ganrif ar bymtheg a briododd ferch i William Vaughan, Corsygedol, Meirionnydd. Cawsant fab, Athelston eto, a phriododd ef ag Anne Vincent Corbet, aeres Ynys Maengwyn ger Tywyn. Y ddau yma yn 1710 adeiladodd y Plas fel y mae heddiw, ac Anne adeiladodd y stabal yn 1745. Gadawsant ddwy ferch, un ohonynt, Anne, yn ôl ewyllys ei mam i etifeddu Ynysmaengwyn. Gwerthwyd Plas Rhiwsaeson yn 1758 i Syr Watkin Williams Wynn. Ymhen dwy flynedd bu'r fam, Mrs Anne Owen, farw yn 76 oed. Roedd ei merch, Anne wedi priodi Pryce Morris o Lloran ger Llansilyn a chawsant fab, Edward Maurice ond bu raid iddo newid ei enw i Edward Corbet i etifeddu stad Ynysmaengwyn ar ochr ei fam. Yno y bu'r teulu wedi hynny tan tua 1880 pan fu farw Athelston John Soden Corbet heb etifedd. Gwerthwyd yr ystad. Yn rhyfedd iawn, un o'r enw Corbett a'i prynodd, sef John Corbett aelod seneddol Droitwich, yn dal dim perthynas yn y byd â hen deulu Corbet Ynysmaengwyn.

Yn ystod yr Ail Ryfel Byd lletywyd Marines Americanaidd yn Ynysmaengwyn a difrodwyd llawer ar y plasty hardd. Bu raid ei dynnu i lawr wedi hynny a bellach does yna ddim o'i ôl, dim ond parc carafannau'r werin lle bu gwehelyth dau hen deulu.

YSBRYD Y PLAS

Ganwaith gofynnwyd y cwestiwn "Oes yna ysbryd yn y Plas?" Oes, meddai'r diweddar Mrs Glenys Bebb – Glenys y Plas, gynt. Arferai adrodd y stori yma - yn enwedig wrth berthnasau arferai ddod i aros ac i gysgu yn y "llofft ore"! Dyma'i stori:

"Oddeutu'r gwylie 1936 oedd hi a 'nhad a mam newydd gymryd y Plas ar osod. Roeddwn i a 'mrawd hynaf, Gwilym, yng ngofal y lle nes y doise gweddill y teulu o Gelli Dywyll yn nes ymlaen.

"Wel, un noswaith yn hwyr roeddwn i yno wrthof fy hunan ac yn eistedd wrth dân y gegin ffrynt yn gweu. Yn sydyn, dyma fi'n clywed drws y llofft ore uwchben yn agor, llofft fawr â phaneli a llawr derw, a sŵn traed yn cerdded ar draws i'r cornel pella' lle roedd alcof a llenni drosti, yna'n cerdded yn ôl a chlep ar y drws. Mi roeddwn i wedi rhoi fy ngweu i lawr ac yn meddwl be' yn y byd oedd yna. Mi wyddwn nad oedd neb i fod yn y tŷ. Yna, dyma fi'n clywed llestri'n mynd yn deilchion draw yn y gegin gefen....Wel, roedd yn rhaid mynd i edrych rwân, a dyma oleuo cannwyll a mynd yno ar hyd yr hen basej tywyll. Dim byd! Y lle'n dawel fel y bedd, a'r llestri'n gyfan yn y fasged lestri. Dyna pryd y dechreuais i feddwl beth oeddwn i wedi'i glywed, achos roeddwn i'n hollol sicr fy mod i wedi clywed y sŵn traed a sŵn y llestri'n torri...

"Mi fydde Iorwerth Peate yn dod â phobol ddiarth i weld hen dŷ y Plas weithie ac yn mynd â nhw i'r garet "i weld y gwaed lle lladdwyd rhywun rywdro..." Ond mi allwn i fod wedi deud wrtho fo mai gwaed gwydde adeg Mrs Davies y Plas oedd o, achos fan'ny roedden nhw'n pluo! Ond mae'r hen dŷ mor llawn o gorneli a staeriau, mae'n hawdd credu unrhyw beth. Wedi'r cwbwl, pwt o landin dywyll, dywyll sydd yna rhwng llofft y gwlân – llofft allan lle bydde gweision yn arfer cysgu ers talwm– a'r garet lle cysgai'r morynion...Oes, mae yna lawer o gyfrinachau rhwng ei barwydydd"....A rhywun yn ceisio dweud rhywbeth... weithiau... efallai?

TALERDDIG

Fel pentref Tafolwern, os awn yn ôl ymhell mewn hanes fe welwn fod cysylltiad rhwng Talerddig â'r Tywysog Owain Cyfeiliog. Yn ei hen ddyddiau roedd y tywysog wedi rhoi tir i'r mynaich Sistersaidd i sefydlu mynachlog yn Ystrad Marchell, heb fod ymhell o'i brif gastell yn y Trallwng.Yn y fynachlog yn 1197 y bu farw Owain a chafodd ei gladdu ger yr allor. Cyn hyn, roedd wedi rhoi darn mawr o ran ddwyreiniol ardal Llanbrynmair, a gynhwysai ardal Talerddig, i'r fynachlog, a gelwir y darn ar fapiau hyd heddiw yn "Tir Mynach".

Bu ardal Talerddig bob amser yn eithaf ffyniannus a blaengar. Mae'n debyg fod y ffaith ei fod ar y briffordd a fod yma orsaf trên yn rhannol gyfrifol am hynny. Ond p'un ddaeth gyntaf, y cyw neu'r wy? Oherwydd trwy eu hymdrechion eu hunain y cawson nhw'r orsaf yn Nhalerddig. Fel y gwelwn yn y bennod ar deulu Davisiaid Dôlgoch, roedd presenoldeb eu hysbryd blaengar hwythau wedi cyfrannu'n fawr i ffyniant Talerddig, yn gyntaf efo'r ffatri wlân ac yna efo'r gwaith peirianyddol, y gwaith saer, y gwaith trydan a'r garej. Roedd agor popty Tom Lewis yn 1922 yn hwb mawr i'r gymuned hefyd; fe agorwyd Swyddfa Bost yma yn 1939 a daeth teleffon i Ddôlgoch yn 1932 a'r rhif oedd Llanbrynmair 24. Bu siop hyd at 1924 ar safle garej Dôlgoch. Mari Evans a gadwai'r siop a'i gŵr yn gweithio yng ngorsaf Talerddig, teulu a dau incwm ac felly'n gefnog! Dyma bwt o bennill iddynt gan T.R Evans, Ystrad Fach, oedd yn gefnder i Mynyddog:

> Yma y gorwedd John o'r Top
> A Mari'r wraig fu'n cadw siop.
> Bu farw bron yn werth dwy fil,
> A'r mab-yng-nghyfraith yn cnoi cil.

YR YSGOLDY

Adeiladwyd ysgoldai yr hen Gapel ganol y 19fed ganrif a buont yn weithredol am dros gan mlynedd. Yn ddigon naturiol, canolbwynt holl fywyd cymdeithasol Talerddig oedd yr ysgoldy lle y ceid aelodaeth gyson o tua 80 yn ystod hanner cyntaf yr ugeinfed ganrif. Cafodd dipyn go lew o faldod hefyd gan rai oedd am ddangos eu gwerthfawrogiad ohono. Rhoddwyd yr organ gyntaf yn 1914 gan Tom Jones, o'r Drenewydd, un o feibion Llwyn-celyn. Cafwyd cloc yn anrheg yn 1932 gan Mrs Nora

Inglis, Johannesburgh, De Affrica, un o ferched Dôlgoch: mae o rwân ym meddiant ei nai, John Davies. Rhoddwyd y golau trydan yn 1932 er cof am John ac Annie Davies, Dôlgoch gan eu plant. Bu John Davies a T.R.Evans yn ddiaconiaid yma o 1899 hyd eu marwolaeth yn 1924 a 1927.

Cofir am sosials a Chyfarfodydd Bach hwyliog tu hwnt yn Nhalerddig, D.C.Davies a'i gôr yn flaenllaw yn y gweithgareddau, ac adloniant pellach gan rai fel Emlyn Burton, Francis Roberts, Evan Jones, Herbert Benbow, Edfryn Breese a Francis Thomas. Mantais arall oedd agosrwydd y popty a'i berchnogion hael, Mrs Tom Lewis (Jones wedyn) a'i meibion, Cynlas a Dyfrig, bob amser yn barod i gefnogi efo danteithion i hilio'r byrddau. *Cawodydd Geirwon*, yn cael ei chynhyrchu gan Evan Jones, Llwyn-celyn oedd drama Taleddig mewn cystadleuaeth ddrama yn Llanbrynmair yn 1955. Yma hefyd yr oedd "Seiat y Beirdd" yn cwrdd cyn hynny, yn adlewyrchu diddordeb mawr rhai fel D.C.Davies, "Dan Dôlgoch", mewn diwylliant Cymraeg, a chawn fwy o hanes hynny eto. Bu ef a Mrs Ceinwen Humphreys yn chwarae'r organ o 1914 hyd 1930 pryd y daeth Gwenda Jones i'w cynorthwyo. Ar ôl 1942 daeth llu o rai ifanc i chwarae ac ni fu prinder erioed o rai i "gymryd at yr offeryn". Roedd hi felly yn Nhafolwern hefyd, lle roedd cnwd o gerddorion bob amser.

Cofir hefyd am ddamweiniau i aelodau ffyddlon: damwain angeuol Richard Brown Evans efo ciblar yn Clawddachoed yn 1918 a damwain fotor-beic Islwyn Phillips, diacon a chefnogwr brwd i holl weithgaredd yr Ysgoldy, yn 1960. Bryd hynny roedd yma 60 o aelodau ond erbyn 1985, o ganlyniad i'r newid mewn cymdeithas, y teuluoedd yn llai a llai yn gweithio ar y tir, disgynnodd yr aelodoeth i 35 a thri diacon. Aed i gynnal llai a llai o wasanaethau yma a chaeodd y drws yn derfynol yn 1990. Chwith oedd gweld yr adeilad bach cadarn yn wag am rai blynyddoedd wedi hynny nes ei brynu a'i droi'n gartref i Rhys Bleddyn a'i deulu ifanc. Erbyn hyn mae wedi ei werthu ymlaen.

YR ORSAF
Rhywbeth a roddodd hwb i'r economi lleol, fel y cyfeiriwyd, ac a roddodd Dalerddig ar y map oedd yr orsaf. Pan oedd David Davies yn adeiladu rheilffordd o'r Drenewydd i Aberystwyth ganol y 19eg ganrif roedd rhwystr mawr ar y ffordd, sef craig Talerddig. Rhaid oedd mynd trwyddi. Ond doedd dim a safai yn ffordd peiriannwyr dewr Oes Fictoria.

Penderfynwyd gwneud toriad, neu *cutting*, trwy'r graig yn hytrach na gwneud twnel er mwyn cael cyflenwad o gerrig da i adeiladu pontydd a gorsafoedd ar hyd y lein. Enwyd Pont Bell, yn is i lawr, ar ôl un o beiriannwyr David Davies. Torrwyd y dywarchen gyntaf gan Iarlles Vane o Blas Machynlleth yn Nhachwedd 1858. Dechreuodd 300 o weithwyr – lleol gan fwyaf – efo caib a rhaw a ffrwydron i dorri i ddyfnder o 115 o droedfeddi trwy'r graig. Dywedir ei fod y toriad dyfnaf trwy graig yn y byd ar y pryd. Cai'r dynion eu talu bob pythefnos yn y gweithle, ac nid yn agos i unrhyw dafarn – cofiwn mai'r anghydffurfiwr, David Davies oedd piau'r rheilffordd! Daeth y llwyth glo cyntaf trwodd i'r Wynnstay yn Rhagfyr 1861 ac fe agorwyd gwasanaeth i deithwyr i Fachynlleth yn 1862. Bu dathlu mawr yn y dre am dri diwrnod, yr Iarlles yn agor a'r Rheithor yn bendithio, a 1,500 o deithwyr yn cyrraedd mewn 22 o gerbydau yn cael eu tynnu gan ddwy injan, y "Talerddig" a'r "Countess Vane". Roedd 33 o gerbydau wrthynt ar y ffordd yn ôl a bu'n fain arnyn nhw i'w gwneud hi dros Dalerddig! Yn yr agoriad swyddogol, atgoffodd David Davies bawb eu bod wedi cyflawni'r gwaith yn y tair blynedd wlypaf y gallai eu cofio a fod y cyfan wedi costio £10,000 yn chwanegol oherwydd hynny. Am rai blynyddoedd eto, cerbydau a cheffyl fu'n cysylltu ymlaen o Fachynlleth i Aberystwyth, Abermaw a Mallwyd. Gellid mynd i Lundain o Lanbynmair yr adeg yma efo'r trên mewn rhyw chwe awr. Yn 1864 y dechreuwyd cario'r post efo'r trên yn lle'r goets fawr, o'r Amwythig i'r Borth, gan gyrraedd Machynlleth am 9 a.m. a gadael am 6 p.m., "Y Mail;" fel y'i gelwid, nes i gludiant gan faniau ei ddisodli yn 1977. Ceir yr hanes yn llawn yn llyfr ardderchog Gwyn Briwnant Jones, *Railway Through Talerddig*.

Yn 1896 yr agorwyd gorsaf Talerddig ar gais tenantiaid y ffermydd lleol oedd ar stad Syr Watkin, gan gynnwys rhai o Gwm Nant-yr-eira, a nhw dalodd amdani. Roedden nhw wedi gofyn am orsaf yn 1862 ond fe'u gwrthodwyd am fod "y boblogaeth yn rhy denau". Aethant ati i godi'r £80 angenrheidiol a gwireddwyd eu breuddwyd. Bu'n gaffaeliad mawr i ardalwyr bro Talerddig am bron dri chwarter canrif hyd nes daeth Beeching a'i fwyell yn 1965, pryd y caewyd gorsafoedd Moat Lane, Pont-dôl-goch, Carno, Talerddig, Llanbrynmair, Comins Coch a Cemaes Road, a llawer mwy, wrth gwrs. Yna, yn 1967 gwelwyd trênau diesel yn rhedeg ar y lein yn lle'r hen gewri ager . Ond 'dyw gorsaf Talerddig heddiw ddim yn gwbl ddiwerth gan fod yno lein ddwbwl a'r trênau'n defnyddio'r cyfleusterau i aros a phasio pan fo angen. (Fuase waeth iddyn nhw ail-agor gwasanaeth yno ddim). Bu'r orsaf yn gaffaeliad mawr yn eira mawr 1947 i gario bara i orsafoedd ar hyd y lein.

YSGOLDY'R ABER

Tua thair milltir i fyny ffordd Cwm Nant-yr-eira o Dalerddig mae Ysgoldy'r Aber, hwn fel y lleill wedi ei godi tua hanner y 19eg ganrif. O'r ysgoldai i gyd, roedd hwn (fel ysgoldy Cwm Clegyrnant) yn bellennig ac yn gwasanaethu cymuned anghysbell, fynyddig a hynny ymhell cyn gwneud ffordd daclus trwy'r cwm. Cawn gip ar y gymuned honno yn y bennod ar Bentrelludw, ac enwi rhai o'r ffyddloniaid fu wrth y llyw yn cadw achos bach llewyrchus iawn i fynd yma am dros dri chwarter canrif, hyd nes ei gau yn 1931. Cynhalwyd oedfa i'w gau yn swyddogol yn 1939. T.H.Evans, Pentrelludw a John Lewis, Ty'ngors oedd y ddau ddiacon olaf. Ym Mryn Gwyn yn nalgylch yr Aber y magwyd John Jones, Borthlwyd, tad Ifan y Cipar y clywn sôn amdano mewn man arall. Ni ellir gwell i gyfleu naws yr ysgoldy arbennig yma na dyfynnu soned a gynhwysir yn "Awen Maldwyn":

YSGOLDY'R ABER

Fel Rhufain gynt ar antur lawer tro
Yn codi gorsaf ar ddiarffordd dir,
I feithrin yno wareiddiedig fro,
Y'th godwyd dithau yn gadarnle'r Gwir.
Ni roddodd dy hen Fam yn Llanbryn-mair
Addurn ffenestri lliw ac uchel dŵr
I ti ar dy anghysbell ffridd, a bair
Ddeffro edmygedd pan edrycho gŵr.
Er hyn, gorfoledd a fu ynot gynt
Yn nydd d'ogoniant, pan oedd sêl y Tŷ
Yn ysu'r hen ffyddloniaid ar eu hynt
I gadw'r oed â'r Gŵr a garent fry.
Nid castell castell heb ei wylwyr brwd,
Nac aber aber heb y fywiol ffrwd.

Francis Owen Brown
Clawdd-a-choed.

Ceir y geiriau "Capel a gaewyd oherwydd y diboblogi" uwchben y soned yn y llyfr. Dyma enwau rhai o'r tyddynnod y darfu amdanynt yng nghyffiniau Ysgoldy'r Aber: Ffridd Fach, Bryn Gwyn, Ty'ngors, Ty'nywaun, Pant-y-Waun, Cwm-ffridd, Aber Uchaf, Aber Isaf, Aber Trinant, Rhos Boeth, Penborfa, Prisgwyngyll, Pentrelludw.

TRO O GWMPAS Y PENTREF

Awn o gwmpas y pentref rwân yng ngwmni NYRS PAT EDWARDS a anwyd yng Nglandŵr ddiwedd y 30au ac sydd wedi treulio'i hoes yma, i weld pa newid a fu.

Gan gychwyn wrth Bont Bell, trown yn siarp i'r chwith a dilyn y ffordd gul i fyny'r ceunant at Ty'nddôl, lle bach deniadol ag ychydig o dir. Daeth cymeriad lliwgar ac anarferol i fyw yma yn 1936, sef Major Gamwell, a'i wraig. Roedd o'n ŵr methedig, wedi cael damwain awyren tra'n beilot efo'r Corfflu Awyr yn y cyfnod rhwng y ddau Ryfel Byd. Yn gymeriad gwybodus ond diamynedd a phenderfynol, roedd ganddo gysylltiadau uchel a 'sgrifennai at Churchill bob wythnos a chael llythyrau yn ôl. Bu rhieni Pat, Non a Lali Williams, Glandŵr yn gofalu amdano am 19 o flynyddoedd ac yn ei gael yn ddyn hael ac yn meddwl y byd ohono. Ond nid felly bawb: ar un adeg roedd ganddo chwech o weision ond yn methu cadw 'run oherwydd cweryla efo nhw beunydd am rywbeth. Roedd ganddo gar mawr, Alvis, cannwyll ei lygad ac i'w yrru gwisgai helmed, gogls a menyg – yn union fel pebai mewn awyren! Wrth fynd i Drenewydd rhaid oedd i Non fynd efo fo i warchod y car tra byddai o'n siopa yn Boots a Smiths: ni fyddai byth yn mynd i weld doctor ond yn hytrach yn prynu ei feddyginiaeth ei hun, a phrynai stoc o bapur 'sgrifennu. Tra roedd y car ar y stryd rhaid oedd tynnu'r *rotor arm* rhag i neb ei ddwyn.... ac ar y ffordd adre rhaid stopio wrth Penstrywod i roi dŵr yn y car. Dyn ar y naw oedd o! Daeth Arthur a Bronwen Evans i fyw yma ar ei ôl, ond dieithriaid i'r ardal sydd wedi byw yma yn y blynyddoedd diwethaf. Wrth fynd ymlaen, codwn yn gyson nes cyrraedd Hafod-y-Foel yng nghanol caeau a llechweddau breision sy'n amlwg wedi eu gwella, a mwynhau golygfeydd ardderchog dros Dalerddig a chwm yr Aber. Mae'n braf ar y topiau yma, a thŷ Hafod-y-Foel yn hen iawn. Edward a Sue Evans sy'n ffarmio yma.

Yn ôl i lawr i'r pentref a chan gychwyn yn y gwaelod, Dôlgoch ydy'r tŷ cyntaf a Dôlafon drws nesaf iddo. Perthynai'r ddau dŷ i deulu

Pentrefi a Chymoedd

Dôlgoch. Cartref Robert Davies oedd yr uchaf o'r ddau ac yno y mae ei nai, John Davies yn byw heddiw. Drws nesaf mae garej Dôlgoch, hithau bellach ar gau ond mewn cyflwr da a gobaith am ryw fusnes yma i'r dyfodol, efallai? Ar y chwith mae tŷ hardd, Islwyn a adeiladwyd yn 1927 i D.C. Davies a'i wraig, Meirwen. Yma y ganwyd ac y magwyd eu mab, John Davies. Ei gefnder, Huw a'i wraig Jean sy'n byw yma rwân. Gyferbyn ar y boncyn mae Bryntirion, lle yr arferai Elwyn a Bertha Richards fyw ganol y ganrif a thyâid o blant, yntau'n gweithio yn Nôlgoch. Daeth Robin Morris a'i deulu o'r Wern yma ar eu hôl. Roedd yna dri thŷ ar safle Bryntirion ers talwm. I'r chwith mi welwn ffordd gul yn troi i Gwm Nant-yr eira (y cawn sôn fwy amdani eto) ond os awn ar hyd-ddi am ychydig mi welwn ffordd yn troi i'r dde at fyngalo newydd Tŷ'r Cwm a godwyd gan, Gwyn ac Elisabeth Jones; ymhellach i fyny roedd hen ffermdy Tŷ'r Cwm, bellach yn wag. Yn fuan wedyn down at droiad ffarm Llwyncelyn lle mae Heulwen ac Oswald Jones yn ffarmio ac yn rhieni i chwech o fechgyn, un adre'n ffarmio. Dyma gartref Evan Jones, Llwyncelyn gynt fu'n ddiacon, yn arweinydd diwylliannol a chynhyrchydd dramâu yn ysgoldy Talerddig. Llosgodd y tŷ bron i'r llawr rai blynyddoedd yn ôl ond mae wedi ei ail-wneud yn ôl fel yr oedd. Y ffarm nesaf ydy Pant-glas ond y tir efo Hafod-y-Foel rwân a phobl ddiarth yn berchen y tŷ ac wedi troi yr adeiladau allanol yn lety gwyliau i'r anabl.

Trown yn ôl i'r pentref, a gyferbyn mae'r Ysgoldy a drowyd yn dŷ, yna gwelwn gefn y popty presennol ac wedyn Brynhyfryd ar ei newydd wedd. Tŷ sinc oedd hwn ond mae wedi ei drawsnewid gan bobl ddaeth yma i fyw yn ddiweddar.... Ond fydd yma ddim tramwy fel yr oedd yma cynt, oherwydd yma yr oedd tŷ, siop a swyddfa bost Mrs Margaret Lewis, "Mam Siop" fel y'i gelwid gan blant yr ysgoldy am fod ganddi bob amser stôr o dda-da yn ei phoced. Roedd ei gŵr, Tom Lewis, ac yna ei hail ŵr, David Jones, a'i meibion, yn rhedeg yr hen bopty yn y cefn. Ar y gornel ar dop y rhiw mae'r Tyrpeg (ei enw, wrth gwrs yn dweud fod yma giatiau ar draws y ffordd ddwy ganrif yn ôl, ac roedd y giatiau nesaf wrth y Trip). Teulu Islwyn Phillips oedd y Cymry olaf i fyw yn y Tyrpeg.

Trown rwân i ffordd Cwm Cerhynt sy'n mynd trwodd i Bont Dolgadfan. Gyferbyn â ni mae byngalo Graham Jones, sy'n gweithio yng Ngharno. Codwyd y byngalo gan ei dad, Gwyn, fu'n byw yma o'i flaen.

Dafliad carreg oddi wrtho mae tŷ newydd a godwyd gan Evan Defi Jones ar ôl symud yma o Garno (Esgair Gelynnen ers talwm, wrth gwrs). Bu o a'i wraig yn cadw'r post yma tan 1998. Bu farw yn 2004 yn 89 oed. Pobl ddiarth sydd wedi prynu'r tŷ. Yr ochr arall i'r ffordd, yr adeilad ger y Tyrpeg ydy'r hen bobty sinc ac yna down at y popty newydd. Mae prysurdeb mawr yn parhau yma, saith yn gweithio llawn amser ac yn mynd â bara, byns a chacennau cyn belled â Llangurig, Borth a Llwydiarth ac yn galw mewn llawer o bentrefi gan fod cytundeb i gyflenwi ysgolion rhan helaeth o Faldwyn ganddyn nhw. Cynhyrchir 3000 o dorthau bob wythnos. Alan a Jennifer ydy perchnogion y popty, hi'n ferch i Hans a Muriel Jacobs (y ceir eu hanes mewn man arall) a oedd wedi prynu'r popty gan y teulu Lewis. Mae'n rhaid ei fod yn lle da i weithio, oherwydd mae Anna Jones, er enghraifft, yma ers 21 o flynyddoedd ac Elfyn Jones fwy na hynny. (Pan alwodd y Golygydd i brynu torth roedd hi newydd orffen rhoi siocled ar filltiroedd o *eclaires* – dim rhyfedd ei fod yn lle da i weithio!) Brynawel ydy'r tŷ nesaf y down ato, a'r hen enw arno oedd Hen Efail. Roedd yn ddau dŷ ers talwm a Dan y Ffariar yn byw yn yr un a elwid yn Tŷ Pêt ar y pen. Un tŷ ydy o heddiw a Sian, wyres i Glanmor Lewis, un o fechgyn y becws gynt, yn byw yma. Draw yn y pant ar ôl mynd dros *cutting* y rheilffordd mae ffarm Talerddig, ac aelodau o'r un hen deulu yn dal i fyw yma, Iona Jones (chwaer i Evan Defi) dros ei 80 yn braf. Yn edrych i lawr o'r llechwedd tu cefn mae ffarm y Fron a byngalo Frongau. Yma eto mae hen deulu yn dal i fyw ers cenedlaethau –teulu y diweddar Richard Owen y Fron, Derwenna ei wraig yma o hyd, a rwân Gareth a Beti Owen a'u mab, Dylan yn ffarmio yma. Bu Dylan yn chwaraewr sesiwn efo grŵpiau dros y ffin yn Lloegr (talentau cerddorol Talerddig yn mynnu dod i'r wyneb ym mhob cenhedlaeth!) Roedd hen felin y Fron ar lan yr Iaen bron gyferbyn â stabal ffarm Talerddig.

 Rydyn ni'n cymryd y ffordd rwân am Garno, ac ar ôl rhyw ganllath neu ddwy yn troi i'r dde ac ar draws y cae at yr orsaf. Fe â'r ffordd yn ei blaen at Ystrad Fawr lle mae'r drydedd genhedlaeth, Pennant Jones yn ffarmio efo'i rieni, Tom a Margaret Jones, ac yna ymlaen at Ystrad Fach lle mae Meirion Jones yn dal i ffarmio. Ond ar safle'r orsaf rwân does ond Tŷ y Gorsaf Feistr lle bu gynt gryn nifer o adeiladau. Pan gaeodd yr orsaf yn 1965 roedd yma ddau blatfform ac ystafell aros ar y ddwy ochr a swyddfa docynnau ar blatfform ochr Talerddig. Bu tŷ yr orsaf, adeiladwyd yn 1920, yn wag am flynyddoedd, ond mae wedi ei brynu gan newydd-ddyfodiad i'r ardal a'i adnewyddu'n helaeth. Ar y platfform yr ochr arall i'r lein ger y ffordd sy'n croesi roedd y bocs signal. Taid Pat, Ted Williams fu'r signalman am flynyddoedd ac oherwydd hyn, ar ôl cau yr orsaf datgymalodd Dafydd, gŵr Pat, yr adeilad a'i symud i'w cartref yn Llawrcoed Uchaf. Dyna lle mae o heddiw a'r signal wrth ei ochr, a dim gwahaniaeth bellach pa un a ydy hwnnw i fyny neu lawr! Mae'r offer i newid y *points* a symud y signal yn dal ynddo, ond cafodd yr adeilad bach waith newydd – mae'n lle da i wneud gwin cartre – nid gwaith fyddai'n mynd yn dda iawn efo dyletswyddau dyn signal! Draw i'r chwith lle gwelir llain glir o dir roedd Western Villa. Byngalo pren oedd hwn ac yma y magwyd tad Pat, Non Williams ar ôl i'w rieni symud allan o goets trên gerllaw lle roedden nhw'n byw pan ganwyd o. Roedd hynny tua 1906. Pan anwyd ei frawd ieuengaf bu farw ei fam, ac yn chwech wythnos oed anfonwyd y babi yng ngofal y giard ar y trên bob cam i Dreorci, gan newid trên chwech o weithiau. Pwy ddwedodd nad oedd dynion yn gallu bwydo babis a newid clytiau yn yr oes honno?! Mae Western Villa, fel y'i gelwid, wedi ei ddadwreiddio a'i gario oddi yma'n llythrennol i'w ail godi ymhell o Lanbrynmair. Mae rhyw sôn fod y llain o dir o'i gwmpas wedi ei brynu fel rhan o "job lot" pan breifateiddiwyd y rheilffyrdd yn yr 80au a pryd y gwerthwyd miloedd o ddarnau o diroedd fel hwn oedd yn ymylu â'r rheilffordd i ryw ŵr busnes go lygadog o gyffiniau Llundain.

A dyna ni wedi bod o gwmpas Talerddig a chael, at ei gilydd, nad ydy'r ardal wedi newid llawer iawn yn nhermau'r teuluoedd sy'n byw yma – llai nag mewn rhannau eraill o Lanbrynmair, ond fod y boblogaeth wedi lleihau, wrth gwrs, a llawer llai o blant yma, a'r prysurdeb, ar wahân i'r popty a'r ffermydd, wedi peidio â bod - ac eithrio prysurdeb tragwyddol yr A470.

TEULU DÔLGOCH
Mae llawer o'r wybodaeth a geir yn y llyfr yma wedi dod yn bytiau blasus oddi wrth "JOHN DÔLGOCH", yn enwedig hanes am Dalerddig ac am yr Hen Gapel. A pha ryfedd, oherwydd bu teulu John Davies o Ddôlgoch yn amlwg ym mywyd Llanbrynmair am o leiaf ddwy ganrif ac mae John yn parhau y traddodiad trwy weithio dros bopeth dyrchafol yn y plwyf, ac er budd y gymuned leol. Fe'i breintiwyd â chof aruthrol ac

mae bob amser yn barod i rannu ei wybodaeth. Bu'n flaenor ers 1961yn ysgoldy Talerddig ac wedyn yn yr Hen Gapel, yn organydd yn y ddau le, yn athro Ysgol Sul ac yn flaenllaw yn y Gymdeithas Lenyddol yn Nhalerddig. Yn y flwyddyn 2000 roedd yn ddiacon yn yr Hen Gapel, yn organydd, yn bregethwr cynorthywol, yn gynghorydd plwyf, yn ohebydd papur bro y Blewyn Glas, ar bwyllgor y Sioe ac, wrth gwrs, yn gadeirydd pwyllgor Cymdeithas Hanes Llanbrynmair sy'n gyfrifol am y llyfr yma. Wedi cyrraedd oed yr addewid, fel llawer aelod o'i deulu mae'n dal yn un o bileri'r achos ac yn gawr yn y gymdeithas. Ond awn yn ôl ddwy ganrif i weld o ble y tarddodd y ffrwd.

Y John Davies cyntaf y ceir sôn amdano yw "Peiriannydd Gwynedd" (1783-1855) Symudodd o Hafod-y-Foel i Ddôlgoch yn 1820 a sefydlu gwaith metel a ddaeth i amlygrwydd cenedlaethol. Roedd hyn yn y cyfnod pan oedd y diwydiant gwlân yn ei anterth, a dyfeisiodd beiriant gwehyddu y gellid ei ddefnyddio yn y ffatrioedd bychain led-led y wlad. (Yn y canrifoedd cyn hynny diwydiant yn y cartref oedd nyddu a gwehyddu yn Llanbrynmair fel ym mhobman arall.) Dengys y llyfrau cownt sydd ym meddiant John fod ganddo gwsmeriaid dros Gymru gyfan. Mae un o'i beiriannau i'w gweld heddiw yn Sain Ffagan ac un arall yn amgueddfa Drefach Felindre. Dywed Iorwerth Peate yn ei lyfr *North Cardiganshire Woollen Factories* fod rhai o'r peiriannau yn werth £80 bryd hynny, pris mawr iawn pan gofiwn mai pris trwsio ambarel oedd tair ceiniog, a dwy geiniog am sodro can yn Nôlgoch, sy'n ein hatgoffa fod John Davies hefyd yn of, yn saer, yn glociwr, yn drefnydd angladdau, yn werthwr nwyddau metal, ac at hynny yn gerddor – yn codi canu yn yr Hen Gapel am 30 mlynedd ac yn fardd. Brawd iddo oedd y Parch Evan Davies "Eta Delta" fu'n amlwg yn y mudiad dirwest. Roedd y teulu wedi gwneud llam fawr mewn un genhedlaeth o fyd amaeth i fyd diwydiant a busnes ar raddfa bur fawr.

Mab iddo oedd Robert Davies (1813-1885) a'i dilynodd yn y gwaith. Aeth brawd arall, John, i sefydlu gwaith tebyg yn Nolgellau a Chaerfyrddin. Cyn 1850 roedd oddeutu 500 yn gweithio yn y diwydiant gwlân yn Llanbrynmair yn unig, felly gellir dychmygu y galw mawr oedd yna ar weithdy Dôlgoch. Tua 1840 oedd yr uchafbwynt pan oedd deg yn gweithio yn Nôlgoch. Chwe swllt a chwe cheiniog yr wythnos oedd cyflog y gofaint bryd hynny tra cawsai un Rachel Breese deirpunt y flwyddyn – morwyn fach, efallai? Roedd peiriant cardio yn cael ei werthu am £52 yn 1837 ac injan yn cael ei thrwsio am £22, y taliadau yn cael eu gwneud dros gyfnod yn hytrach nag un taliad (fel heddiw!) ac mae sôn am un taliad olaf yn cael ei wneud mewn cig.

John Davies, taid y John presennol, ddaeth nesaf, wedi ei eni yn 1856 ac yn gweithio yma rhwng 1871 a 1924. Fo, felly, ddaeth â'r busnes i mewn i'r ganrif bresennol ac nid mater bach oedd hynny. Erbyn hyn roedd natur y gwaith yn newid yn gyflym fel y mecaneiddiwyd y diwydiant gwlân gyda dyfodiad peiriannau ager, a'i ganoli yn nhrefi gogledd Lloegr. Fel y dirywiodd y busnes a ddeuai yn sgil y diwydiant gwlân, daeth gwaith coed yn fwy amlwg yn Nôlgoch. Roedd yma felin lifio a honno'n cael ei gyrru, fel popeth arall yn y gweithdy, gan olwyn ddŵr fawr a ddaeth, erbyn y 30au, i gynhyrchu trydan hefyd. Parhawyd gyda'r gwaith metel a hefyd trefnu angladdau, ond daeth cyfle newydd sbon – gwerthu beics, rhai cyffredin a rhai *penny-farthing*. Roedd gan John Davies ei hun un o'r peiriannau rhyfedd yna ac aeth ef ac Edwin Evans y crydd bob cam i Aberystwyth ar eu beics. Hysbyseb da i'r siop feics, ond doedd wynebu rhiw Talerddig ar y diwedd ddim yn waith hawdd! Mae cofnod amdano'n trwsio beic *penny-farthing de lux Stuart Heath* yn perthyn i deulu Plas Esgair Ifan, a beic modur Dr. Edwards, Abertwymyn yn 1900. Cafodd John Davies ei hun feic modur yn 1906, EP 65 a dyna ddechrau gwerthu rheiny wedyn. Gwerthu trwy esiampl, beth gwell? Flwyddyn cyn ei ymddeoliad caeodd siop groser Mary Ifans oedd yn ymyl gweithdy Dôlgoch. Fe'i prynwyd a chodi garej newydd Dôlgoch ar ei sylfaen.

Yng nghanol ei holl brysurdeb roedd ganddo amser i lenydda ac roedd yn un o sylfaenwyr y Gymdeithas Lenyddol yn 1895, a bu'n gadeirydd ac ysgrifennydd iddi. Roedd mynd mawr ar ysgoldy Talerddig ac roedd yn selog yno ac yn yr Hen Gapel.

Roedd gan John Davies bedwar mab, Robert, Daniel, Arthur a John Francis ac roedd cyfle iddyn nhw yn Nôlgoch i ddatblygu eu doniau a datblygu'r busnes, a hynny wnaed. Arbenigodd pob un mewn agweddau gwahanol o'r gwaith. Robert Davies oedd y peiriannydd a'r mecanic. Agorwyd y garej ganddo yn 1924 ac yn fuan dechreuodd werthu ceir Austin. Roedd yntau'n ddiacon yn yr Hen Gapel o 1929 – 1961 ac yn athro Ysgol Sul yn Nhalerddig.

Arthur oedd y saer a'r garddwr, crefftwr arall trefnus yn ei gôt wen yn siafins y gweithdy clyd o dan y garej. Roedd yma goed wedi'u torri'n lleol yn sychu ar gyfer gwneud llidiardau, palaseij (math ar ffens isel bren o flaen tai ac fel arfer yn cael ei phaentio'n wyn), siafftiau a phob math o bethau at iws. Roedd ystafell fach yn ymyl lle rhoid nerth yn ôl am swllt yn y batris gwlyb oedd yn angenrheidiol efo'r batri sych i redeg radio yn yr oes honno. Roedd yn rhaid bod yn ofalus iawn wrth gario'r barti gwlyb, math o botel wydr sgwar, gan ei bod yn llawn o asid

Bu John Francis Davies yn Ne Affrica, ond daeth ef a'i briod yn ôl i fyw i'r Garth ac ef wedyn oedd y clerc yn Nôlgoch ar ôl 1931. Bu yntau'n ysgrifennydd yr Ysgoldy o 1936 i 1956 ac yn llywodraethwr ysgol Pen-ddôl.

Daniel C.Davies, tad John oedd y trydanwr. Fo oedd yr ieuengaf o wyth o blant a fo'n unig o'r bechgyn gafodd addysg uwchradd, ym Machynlleth, ac yna mynd i Fanceinion i astudio peirianneg trydan. Goleuo Talerddig oedd ei dasg pan ddaeth yn ôl. Dechreuwyd cynhyrchu trydan efo'r rhod ddŵr yn Nôlgoch yn 1920, ond oherwydd prinder dŵr yn yr haf a rhew yn y gaeaf cafwyd peiriant Lister yn cynhyrchu 110 folt, yn cychwyn ar betrol ac yna'n mynd ar T.V.O. ar ôl cynhesu. Ers 1920, felly, roedd golau trydan yn y garej, yn nhai Dôlgoch, Dolafon ac Islwyn, ac yn yr Ysgoldy o 1931. Goleuwyd yr Hen Gapel â pheiriant yn 1935. Ar y ffermydd arloesodd Dan gyda thwrbinau dŵr, megis yn y Diosg ac yn Hirnant yn 1934. Roedd y beic modur, EP 1781 a brynodd yn 1918 yn handi i rowndio'r gwaith mewn ardal wasgaredig fel Llanbrynmair, yn ogystal â hysbysebu rhinweddau motorbeics! Roedd o a'i frawd, Arthur, yn saethwrs a physgotwyr brwdfrydig hefyd.

Ond os mai trydan oedd ei waith roedd trydan yn ei bersonoliaeth hefyd. Treuliodd yntau oes mewn gwasanaeth i'w fro. Bu'n gynghorydd Plwyf, Dosbarth a Sirol. Perthynai i'r *Royal Ordnance Corps* adeg y Rhyfel a dyna lle bydden nhw'n gwylio awyrennau yn y nos ar gae Dafarn -newydd ger y Wynnstay, ei frawd John Francis, Richard Evans y glo, Evan Jones y cipar, Emlyn Hughes, Arthur Peate, Sec Jones y crydd, Emrys Owen, Tafolwern, Bryn Jones, Emporium, John Ducket, y Winllan, yr oll dan y capten H.B.Williams y syrfewr ffyrdd. Roedd D.C.Davies yn gerddor wrth reddf hefyd a bu'n organydd yn ysgoldy Talerddig o 1914 hyd ei farw yn 1958. Arweiniai'r côr yno am flynyddoedd ac roedd yn flaenllaw gyda'r Cyfarfod Bach. Roedd hefyd yn fardd ac yn aelod sylfaenol o Seiat y Beirdd dan yr enw Ap Siôn.

Mae'n werth dyfynnu peth o'i waith oedd yn nodweddiadol o waith y Seiadwyr eraill a ganai'n syml i bethau a phrofiadau yn ymwneud â'r byd o'u cwmpas. Dyma'i englyn gwych i'r "Twmp Tatws":

Arch o bridd i gynnyrch bro – a rhedyn
   I'r hadyd yn amdo;
Yn y man ceir dan ei do
Datws am gyfnod eto.

Mae'r penillon yma i "Felin y Fron" yn coffau'r ffaith i Fynyddog weithio yma'n fachgen ifanc a bod ei ganeuon yn fytholwyrdd er i'r hen felin ddadfeilio:

Pwy sydd heddiw'n cofio'r felin,
Prysur fan ar finion Iaen,
Gyda'i llyn a'i thŷ a'i chilyn,
Olwyn ddŵr yn troi y maen?

Grawn melynwawr bro Dalerddig
Falwyd gan y meini crwn;
Uwch yr hopran bu Mynyddog
Wrth ei waith yn arllwys pwn.

Nid oes heddiw ond adfeilion
O'r hen felin ger y lli,
Ond caneuon y melinydd
Sydd trwy Gymru'n fawr eu bri.

Roedd eu chwiorydd hefyd yn ymroddgar mewn cymdeithas, yn enwedig Frances Ann Davies 1879 – 1964. Bu'n athrawes Ysgol Sul am dros hanner can mlynedd; roedd ar bwyllgorau y Neuadd a'r Gymdeithas Nyrsio. Yn y Rhyfel Byd Cyntaf a'r Ail roedd yn weithgar ynglŷn â Merched y Tir, y fyddin honno o ferched o'r trefi a yrrwyd i'r wlad i dorchi llewys yn yr ymdrech i godi bwyd. Hi oedd yn cysylltu'r merched â'r ffermydd ble roedd eu hangen. Daeth tua deg i weithio i Lanbrynmair.

Yn fab i D.C.Davies, mae John Davies heddiw yn ddisgynnydd teilwng o'r teulu dawnus yma. Wedi gadael ysgol Pen-ddôl aeth i Ysgol Uwchradd y Drenewydd ac wedyn, wrth gwrs, doedd dim rhaid iddo chwilio ymhell am waith oherwydd roedd digon ar ei gyfer yn Nôlgoch. Bu'n cadw cyfrifon yn y swyddfa, yn rhedeg tacsi a chario plant i'r ysgol ers pan ddechreuodd y gwasanaeth hwnnw yn 1945. Mae diddordeb John fel ei deulu yn ddwfn yn y "pethe" ac mae'n cydnabod mai gweithgareddau a chymeriadau Ysgoldy Talerddig fu'r dylanwad mawr arno. Roedd yn un o'r rhai cyntaf i ymuno â'r Aelwyd pan sefydlwyd hi gan y Parch Robert Evans yn 1940. Daeth yn drysorydd yr Aelwyd a'r Pwyllgor Cylch. Perthynai hefyd i'r *Recabites*, mudiad ieuengtid dan nawdd yr Eglwys Wladol yn cael ei arwain bryd hynny gan T.R.Jones, dyn oedd wedi graddio mewn sol-ffa, yn saer maen, ac a ddaeth wedyn yn asiant i stad Syr Watkin.

Ymddeolodd John o'r garej yn y flwyddyn 2000. Roedd Hugh Davies, mab Robert Davies, wedi cymryd y busnes trosodd ers 1966 gan barhau hyd at 2001 pryd yn anffodus y bu raid iddo roi'r gorau i'r gwaith oherwydd afiechyd. Ers talwm roedd yn fanteisiol fod y gweithdy a'r garej yn y fan lle mae ar fin y ffordd ar riw Talerddig, ac yn lle cyfleus iawn i gwsmeriaid alw, ond heddiw mae traffig trwm yr A470 yn mynd heibio ar wîb. Felly, a'r garej wedi cau daeth dyddiau Dôlgoch fel y bu i ben. Caewyd pennod o bwys.

Ond dydyn ni ddim wedi gorffen efo John oherwydd mae ei gynhysgaeth ar ochr ei fam hefyd yn un gref yn gerddorol, yn llenyddol ac yn fasnachol, sef teulu Siop-y -Bryn neu'r Emporium. Er ei bod bellach wedi cau a'i throi yn fflatiau, yr Emporium gyda'i feranda a'i stepiau llechen llydan, urddasol oedd y siop fawr hynaf yn Llanbrynmair, wedi'i chodi yn 1853. Daeth John Edwards o Benegoes yn siopwr yma yn 1880 a bu yno hyd 1905 pan drosglwyddwyd y busnes i'w frawd-yng nghyfraith, J.Huw Williams. Daethai chwaer J.H. i gadw tŷ i John Edwards flynyddoedd yng nghynt ac er ei fod o gryn dipyn yn hŷn na hi fe briodd y ddau. Bu Huw Williams yntau farw yn 1927 a chadwodd ei weddw, Jane (Hughes yn wreiddiol, o Frynllwyd, Corris) y siop i fynd efo'i mab Iori a'i merch Bronwen tan 1948. Roedd chwaer arall, Meirwen, wedi priodi D.C. Davies, Dôlgoch a dyna rieni John.

Fel y gwelwyd, John Davies, Dôlgoch oedd sylfaenydd Cymdeithas Lenyddol Llanbrynmair yn 1895 a daeth J.H.Williams, Emporium yn drysorydd ar y Gymdeithas yn 1925 pan oedd J.E.Jones, y canwr penillion a phrifathro ysgol y Bont, yn gadeirydd ac R.W Parry, prifathro ysgol Pen-ddôl yn ysgrifennydd. Dyna ddau daid John felly wedi bod yn hoelion wyth y Gymdeithas Lenyddol yn eu dydd.

Siop helaeth yn gwerthu tipyn o bopeth oedd "Siop Williams", fel y'i gelwid, popeth o flawdiach i ambarels, o gortyn i edafedd sanau, yn gwerthu bwyd, wrth gwrs ac offer tŷ a byddai fan yn cario allan i Pennant, cwm Pandy a Thalerddig yn wythnosol. Roedd merched yn cael eu hyfforddi yma mewn gwnio a gwneud hetiau. Priododd Bronwen efo Gwilym Watkin Williams, capten llong a mab i "Gwilym Llan", tafarnwr a chymeriad gwreiddiol a thynnwr coes o'r Llan. Bu Iori Williams yn henwr heini am flynyddoedd wedi ymgartrefu yn Llandrillo-yn-Rhos ers 1973, yntau fel John wedi ymddiddori mewn chwarae'r organ, a bu'n organydd yng nghapel M.C. Bont am flynyddoedd. Rhoddodd organ drydan i'r capel yn 1993. Er yn byw ymhell roedd yn dal i ymddiddori'n fawr yn ei hen blwyf. Bu farw yn 2004.

Dyna olrhain hanes un teulu dylanwadol. Wedi'r cyfan, beth ydy hanes ond hanes pobol, ynte?

PENTRELLUDW
Un nos Sul ddiwedd haf bendigedig 2003 aeth y Golygydd am dro yn y car efo BRONWEN JERVIS (Evans gynt) i weld y cwm lle magwyd hi, Cwm Nant-yr-eira a'i hen gartref, Pentrelludw. Un o chwech o blant Thomas Evans a'i wraig, Elizabeth Mary Evans, ydy Bronwen, wedi ei geni yn 1929. Yma y ganwyd ac y magwyd hi nes iddi fynd i weini i Ddyffryn Dyfi ar ôl gadael ysgol. Ond mae'r cof am Bentrelludw, a'r oll a gynrychiolai, yn agos iawn, iawn at ei chalon. Dyma droi trwyn y car i'r chwith ar dop Talerddig, a dyma Bronwen yn dechrau ar ei stori:

"Mae'r cwm wedi newid yn ofnadwy, y boblogaeth wedi mynd i lawr. Mi alla i feddwl am o leiaf bymtheg o dyddynnod a ffermydd sydd wedi mynd i law oddi yma i gapel Biwla. Mae'r tir oedd yn perthyn iddyn nhw wedi'i gymryd gan ffermydd gryn bellter i ffwrdd, felly does yna 'run tŷ ffarm o Bantglas i Gwmderwen. Coedigaeth, dyna beth arall sydd wedi dieithrio'r cwm. Pan oeddem ni'n blant gallem ddringo i ben bryn yn ymyl Pentrelludw a gweld teisi mawn cyn belled â Chwmpen, a Chwmcarnedd i'r cyfeiriad arall. Heddiw o'r un man welwch chi fawr o ddim byd ond coed.

"Ond un peth da sydd wedi digwydd, wrth gwrs, ydy'r ffordd. Pan oedden ni'n blant doedd dim ffordd wedi'i tharo ymhellach na chapel yr Aber – ffordd gert oedd yna wedyn am chwe milltir nes cyrraedd Cwmderwen. Yn 1966 y tariwyd y ffordd, agorwyd ym mis Mai y flwyddyn honno gan yr Aelod Seneddol, Emlyn Hooson, ond roedden ni wedi symud erbyn hynny, felly ei throedio hi ar hyd llwybrau fydden ni i Ysglody'r Aber ac i'r ysgol ym Mhen-ddôl.

"Dyma ni'n dwad rwân at Nant-yr-esgair. Oddi yma mae ffordd breifat wedi ei gwneud yn gymharol ddiweddar at Bantypowsi, draw fan acw. Yno roedd Andrew James, y gwneuthurwr bobins, yn byw. Roedd hefyd yn gwneud clociau pren, ie, y mecanwaith a'r cas i gyd o bren! Tybed i ble yr aethon nhw? (Clywodd y Golygydd fod cloc pren yn Nhrannon ers talwm a'u bod yn arfer ei ferwi unwaith y flwyddyn i'w lanhau a'i gadw'n ystwyth.) Yn Chwefror 1934 digwyddodd trychineb fawr. Roedd Siwsana, merch Andrew yn hen wraig erbyn hynny, a ddim yn gwbwl gyfrifol, ac yn byw ei hunan yn Ty'nywaun, gyferbyn. â Phantypowsi. Y bore hwnnw, pan oedd Annie Griffiths, Pantywaun, yn mynd yn fore at ei gwaith i Lwyncelyn, gwelodd fŵg yn codi o'r pant, a meddyliodd am funud mai Siwsana oedd wedi codi'n fore, ond yn fuan deallodd fod y tŷ wedi llosgi i'r llawr. Galwyd yr heddlu o Lanbrynmair a Machynlleth, ond doedd yna ddim allai neb wneud, doedd yno ddim byd ond lludw.

"Rydyn ni wedi teithio rhyw dair milltir o Dalerddig erbyn hyn, a dacw Gastell-y-gwynt ar y boncyn, Saeson sy'n byw yma fel ym mhobman arall". (Daeth dwy ferlen fach i sbio dros y llidiart a chlywyd sŵn gwyddau- arwydd reit sicr yn aml fod y bobl sy'n byw yma wedi dod yma i chwilio am "fywyd y wlad"). "Welwch chi'r coed masarn? Yr hen Price oedd yn byw yma ac yn gweithio ar y lein yng Nghemaes Road, fo ddaeth â'r egin o Gomins Coch gan mai prin iawn oedd coed yma ers talwm. Mi plannodd nhw braidd rhy agos i'r tŷ heb gofio y bydden nhw'n mynd yn goed mawr.... Dyma drofa Pentrelludw ar y chwith fan hyn, a Thy'ngors lle ganwyd John Lewis y Diosg, dyn gole iawn yn ei Feibl ac athro Ysgol Sul gwych iawn yn Ysgoldy'r Aber a'r Hen Gapel wedyn. Draw acw i'r un cyfeiriad mae Prisgwyngyll – neu Prysgenwir, ar lafar, yn adfail, a thu cefn iddo Bryn-gwyn heb ddim ohono ar ol."

Rydyn ni'n teithio mlaen wedyn am rhyw filltir nes dod at dro siarp yn y ffordd. "Dyma Ffridd Fawr lle ganwyd y Parch Glyn D.Lewis fu'n weinidog yn Llanwddyn am flynyddoedd. Cafodd y llys-enw "Glyn y

Bardd" pan oedd yn gweini ar ffermydd yn Llanbrynmair ac yn dechrau ymhel â barddoni. "Glyn o Faldwyn" oedd ei enw barddol. Enillodd gadeiriau eisteddfodol a chyhoeddwyd cyfrol o'i waith, *Cerddi Glyn o Faldwyn*. Roedd yn briod â chwaer y Prifardd Tilsley."(Mae Ted Jones, "Ned Maesgwion", yn adrodd stori am yr amser pan oedden nhw'n weision yng Nghlegyrddwr –roedd yno ddeg o rai'n gweithio yno bryd hynny, efo'r injan ddyrnu ac yn y blaen. Roedd Glyn yn destun tipyn o dynnu coes ac yntau'n fardd. Pan ddechreuodd garu efo chwaer Tilsley a mynd i'r tŷ atyn nhw yng Nghomins Coch, cipiwyd ei feic un noson a'i adael ar ben coeden yng Nghoed Ffriddfawr, Comins...)

Sylwn fod tŷ Ffridd Fawr yn edrych yn llewyrchus, a phobol ddwad yn byw yma. Ffridd Fach a Bwlch-y-ffridd, dyna ddau le arall yn ymyl sydd wedi mynd i lawr. Clywodd llawer am y lle nesaf y down ato. Anfarwolwyd Dôl-y-garreg-wen gan Iorwerth Peate yn ei gerdd i "Nant-yr-Eira" lle mae'n cofio am yr hen gymdeithas oedd yma gynt, ond, meddai "Mae tylluanod heno yn Nôl-y-garreg-wen, mae'r glaswellt dros y buarth a'r muriau oll dan gen, a thros ei gardd, plu'r gweunydd a daenodd yno'u llen..." Adfeilion ydy o heddiw ar ochr y ffordd, er fod yna rhyw enw o sgubor yn dal ar ei thraed a hen goed "plwmwns bach" cnotiog yn ceisio adrodd eu stori am y croeso oedd yma gynt.

Ymlaen, gwelwn ffarm a'i siediau modern yn dod i'r golwg. Dyma Gwmderwen, lle enwog arall, cartref y bardd Derwennog a'r aelwyd lle cai Iorwerth Peate a'i dad y fath groeso nad anghofient. Mae'r un teulu yma o hyd a'r ffarm yn llewyrchus. Gwelwn y peiriannau mawr yn cywain y silwair a thystia'r mynyddoedd tail fod yma borthi mawr yn y gaeaf. Rowndio'r gornel a dyma ni'n dod at ben draw ein taith, Neint-hirion a chapel Biwla. Sgrech! "Llygod mawr!" Llygod, dyna i chi lygod! Yn rhedeg o gwmpas fel petai nhw piau'r lle. Dyma fentro'n ofalus o'r car a'u gweld yn neidio'r nant ac yn chwarae yn y stodiau gwair. Ond rhaid oedd aros, llygod neu beidio, a thynnu llun y capel enwog a darllen "Adeiladwyd 1876"a chofio mai taid Iorwerth Peate, a'i dad George Peate, o Glanllyn, Pandy Rhiwsaeson a'i cododd gan ddod â'u hoffer mewn cert dros Fwlch Gwyn. Ym mis Awst yn unig y cynhelir oedfaon yma bellach, rhai poblogaidd iawn, ac un o'r pregethwyr selog ers blynyddoedd ydy'r Parch. Dr. R. Alun Evans, gynt o Fron Iaen.

Wedi pwyntio at Cannon, y fferm fynydd organig gyntaf yn y Sir, troisom a dilyn yr Afon Gam tuag yn ôl. Sylwi arni'n troelli. "Dyna sut y cafodd hi ei henw," meddai Bronwen, "ond mae hithe wedi newid hefyd. Roedd hi'n fyw o frithyll ers talwm. Arferai Caradog Peate, y Winllan, ddod i fyny a dal sachaid o frithyll ar y tro. Does yna ddim ynddi heddiw. Effaith gor-wrteithio'r tir, a'r goedwigaeth, mae'n debyg......Mae Pentrelludw yr ochr draw i'r coed acw." Roedden ni wedi cyrraedd yn ôl. Dyma fentro i lawr yn y car ar hyd ffordd gert nes dod i bantle cysgodol. Roedd gen i lun yn fy meddwl o Bentrelludw, llun a ddangosodd Bronwen i mi cyn cychwyn, llun o dŷ ac adeiladau taclus ar siâp L, gwaith carreg gwych, yn enwedig ar y tŷ, ffald lân, lle ac arno ôl ymgeledd a chariad. Roedd y sioc felly'n fwy. Doedd ond swp o gerrig, miaren a bysedd cŵn lle bu'r ty, y beudy a'r cutiau moch, a doedd y llawr dyrnu a'r sgubor yr ochr arall ond fel pe'n aros eu tro hwythau.

Ar ôl munud o fyfyrdod, dyma fi'n cymell Bronwen i sôn am ei bywyd yma ers talwm.

"Lle hapus iawn oedd o, cartre hapus ar gefn mynydd, ac er ei fod ymhell o bobman doedd hynny'n poeni dim arnon ni. I blant, y chwech ohonom, roedd popeth yma, cartre clyd, rhieni da a rhyddid yr awyr agored. Roedd fy nhad yn drydedd genhedlaeth i fyw yma, buasem ninnau wedi dymuno aros yma ond gwrthododd Syr Watkin werthu a bu raid i ni symud. Edward Hughes oedd fy hen daid, Evan Evans oedd Taid, a Thomas Hughes Evans oedd Dada. Roedd mam yn dod o Dalerddig, merch y stesion a chwaer i Non Glandŵr, tad Nyrs Pat. Roedd hi'n gyfnither i "Joni Pandy", y lladdwr moch, a'i chwaer Marged, ac i Isaac Jones, "Sec Mawr" y crydd, y tri yn byw yn Pandy Rhiwsaeson. Mi fydde rhai ohonon ni blant yn cael mynd yno ar ein gwylie – bob yn un! Roedd Pandy fel tre i ni, a chael byw drws nesa i siop, wel! Ond heb fwynhau rhyw lawer chwaith oherwydd rhaid bod fel saint rhag baeddu'r tŷ. Mi fyddai Marged wedi corddi a gwneud menyn cyn brecwast fel bod gweddill y dydd ganddi i lanhau!

"Dau dân ar lawr oedd ym Mhentrelludw, yn y cefn a'r gegin, a phicret i ddal y lludw. Llosgi mawn, wrth gwrs. Roedd y pyllau mawn yn ymyl a byddem wrth ein bodd yn helpu i'w gael at y tŷ lle byddai nhad yn codi teisi a'u toi â brwyn. Dwi'n cofio un adeg anodd iawn, er hynny. Roedd haf 1946 wedi bod yn un gwlyb iawn a neb wedi gallu cynaeafu fawr o ddim byd. Ac, wrth gwrs, mi ddilynnodd y gaeaf caled.

Pentrefi a Chymoedd

Yn fuan iawn, doedd dim mawn ar ôl ac roedd gormod o eira i allu moen glo. Roedd yn rhaid cael tân i gynhesu ac i bobi bara, felly doedd dim amdani ond torri dwy fasarnen fawr yn y nyrs gerllaw, a chaech chi ddim torri coed y stad onibai ei bod hi'n wironeddol raid. Gwaith caled iawn oedd o yn yr eira, a pheth diarth a braf iawn i ni oedd gweld coed yn ffaglu.

"Yn y gwanwyn a'r haf roedd cri'r gylfinir, y cornchwiglod a'r ehedydd yn ein clustiau trwy'r dydd, a chyrhaeddai neb y tŷ heb i ni gael digon o rybudd gan y gylfinir a godai mewn ffrwst gan alw'n uchel. Roedd y lle'n baradwys i fywyd gwyllt. Nythai'r adar ym mhobman ar y gweundir. Doedd arnyn nhw ddim o'n hofn ni o gwbwl – mi ddo'en aton ni a'n pigo. Rydw i'n cofio unwaith i ni gael ein dychryn gan wiber ar ein ffordd i'r Ysgol Sul. Roedd hi'n dorch ar ganol y llwybr ac wrth i ni nesu mi godod ei phen a chwythu'n fygythiol arnon ni. Gallem weld y marc V yn blaen ar ei phen. Aeth fy chwaer Doris i grio, ond fe aeth y neidr o'n ffordd heb i ni orfod gwneud dim, ac roedd ganddon ni stori dda i'w hadrodd yn yr Ysgol Sul.

"Roedd y ffald o flaen y ty â'r sgubor yn un lân iawn, fy nhaid yn ei ddydd wedi ei phafio i gyd â cherrig mân, gwaith cywrain iawn. Gyferbyn â'r tŷ roedd yr ardd lle tyfai fy nhad winiwns a letus a thatws ac yno roedd y "closet bwced". Roedd y gadlas yr ochr arall i'r ffordd wrth ddod at y tŷ, ac yno roedd y teisi gwair. Byddem yn codi ceirch hefyd a rhoi'r sgubau trwy'r peiriant torri gwellt i'r ceffyl. Mae'n siwr yn oes Taid eu bod nhw'n arfer dyrnu â ffust yn y llawr. Byddech yn pasio'r cutiau moch wrth ddod at y tŷ a byddai gan Mam bob amser hocsied fochyn lle rhoddai bob pîl tatws a gwastraff o'r gegin, a dalarn poethion a llaeth enwyn. Dyna'r ffordd orau i lanhau sosban wedi llosgi, ei gadael dros ei phen yn yr hocsied ac fe ddoi'n loyw fel swllt. Un dda oedd Mam am feddyginiaeth hefyd. Un rydw i'n gofio ydy trwyth a wnâi efo llysiau pengaled at wella pennau-ddynnod. Yn yr haf mi fyddem yn casglu plu'r gweunydd i wneud clustogau: roedd eisiau tomennydd i wneud un glustog ac mi fyddai'n rhaid eu hadnewyddu'n reit amal. Gwniai ddillad i ni hefyd. Daeth Almaenwr i lawr mewn parashŵt ar y mynydd – welodd neb mohono fo ond cafodd Mam bleser mawr yn gwneud dillad i ni allan o'r defnydd sidanaidd.

"Roedd fy nhad yn gerddorol iawn. Gallai chwarae hen nodiant a sol-ffa ar yr organ; gyrrodd i ffwrdd am lyfrau i'w ddysgu ei hun. Fo oedd organnydd Ysgoldy'r Aber am flynyddoedd. Gallai newid cyweirnod wrth y glust. Roedd ganddo barti canu hefyd, "Parti'r Bryniau", yn cystadlu mewn C'warfodydd Bach ac yn mynd o gwmpas i ddiddori. Canent benillion hefyd. Roedd merched Hafod-y-Foel yn y parti, cantorion da iawn. Mae llawer yn sôn am "Blant Pentrelludw yn cerdded i'r ysgol", ond doedden ni'n gweld dim byd yn y peth. Cychwyn am wyth ac awr o gerdded di-lol. Byddai ein llwybr yn mynd â ni am hanner awr ar draws y mynydd gan ddisgyn i Gwmcarnedd Isaf lle byddem yn newid o'n welingtons ar dywydd gwlyb, yna dilyn y ffordd galed heibio'r Hen Gapel a Dôl -fach. Yn yr haf, gallem dorri ar draws caeau o Gwmcarnedd heibio Dôl-lydan.

"Er ei fod ar ganol mynydd – neu efallai oherwydd hynny – roedd Pentrelludw yn lle am bobol ddiarth. Deuai John Dôlgoch i fyny i chwarae bron bob dydd Sadwrn. Yn fab y garej, deuai â'i geir bach efo fo. Er fod pob cysur a moeth yn ôl ein safonau ni ganddo yn Nôlgoch, pam roedd yn well ganddo ddod i Bentrelludw? Rhyddid, croeso a chwmni criw o blant, mae'n siwr. A leicecs Mam, efallai? Roedd chwarae mop yn ffefryn mawr, a digon o le i guddio yn y sgubor a thu ôl i'r teisi. Mi ddeuai dau gefnder o Lundain aton ni bob haf hefyd. Roedd yn fwy fyth o newid iddyn nhw, ond dod yr oedden nhw.

"Fel y dywedais, chawson ni ddim aros yma ac yn fuan ar ôl i ni fynd fe dynnwyd y tŷ i lawr a chariwyd y cerrig i ffwrdd. Roedd hynny'n bechod, oherwydd roedd o'n dŷ bach hardd iawn a chysurus, a'r gwaith carreg ynddo'n arbennig o grefftus, ac mae'n bosib fod rhywun yn rhywle â'i lygad arnyn nhw ac am eu cael. Piti garw na fuase fo'n gartre clyd i rywun heddiw fel y buodd i ni.... ond mae'n debyg na fydden nhw cystal cantorion â Pharti'r Bryniau!"

Uwchben paned yn nhŷ Bronwen ym Mhenegoes, edrychasom eto ar y llun a baentiwyd o Bentrelludw fel yr oedd hi'n ei gofio. Roedd harddwch syml y lle a'i awyrgylch yn drawiadol, ac yn dangos yr aur oedd yng ngodreon gwisg oes a aeth heibio, dim ond ddoe.

DÔL FACH

Yr adeilad enwocaf yn Nôl-fach ydy'r Hen Gapel, yn sefyll yn amlwg, "Unwedd â'th lechwedd lom uwch afon Iaen..." chwedl y bardd, Iorwerth Cyfeiliog Peate. Ond gan mai hwn oedd calon yr achos Annibynnol yn y plwyf, a'r pentref ar y briffordd trwy Lanbrynmair, bu'n bentref pwysig yn hanes yr ardal ac yn fagwrfa i gymeriadau cryfion a'u teyrngarwch i'r Hen Gapel yn eithriadol. Bu gwarchod croesiad y rheilffordd wrth Tŷ-lein yn ddyletswydd bwysig yma ar hyd y blynyddoedd. Roedd yma fasiynnod a chryddion a phostmyn, a bu yma dair siop yn ystod y ganrif. Does yna ddim o'r rhain heddiw, ac yn yr unfed-ganrif-ar-hugain mae cynllun mawr i wneud ffordd newydd a phont dros y rheilffordd fydd yn gweddnewid ardal yr Hen Gapel.

Bu cynllun i ehangu'r pentref gan y Cyngor Sir ond ni weithredwyd ar hwnnw ac o ganlyniad mae Dôl-fach wedi aros mwy neu lai fel yr oedd ganol y ganrif: codwyd dau dŷ-cyswllt ar ffordd y capel yn yr 80au a thŷ arall yno'n ddiweddar, ac mae dau neu dri byngalo o gyfnod llawer iawn cynt ar ymyl y ffordd fawr, dyna'r unig dai "newydd". Codwyd rhai tai urddasol gan fasiwn lleol yn ystod chwarter cyntaf y ganrif; y rhai yma, a'r ddwy res o dai traddodiadol o bobtu'r ffordd, sy'n rhoi cymeriad adeiladol diddorol i'r pentref. Gweddnewidiwyd Pengraig, arferai fod yn fwthyn bach, bach, mewn ffordd sy'n gweddu'n braf i'r amgylchedd, uwchben pwll dwfn ar yr Iaen. Mae'r hen garreg filltir arferai fod yno ar ochr y ffordd ers dyddiau'r goets fawr, yn cyhoeddi fod 12 milltir i Fachynlleth ac 17 i'r Drenewydd, wedi cael ergyd gan lori ers rhai blynyddoedd. Dywed y Cyngor Sir ei bod hi'n amhosib ei thrwsio ond maen nhw wedi addo un newydd yn ei lle. Uwchlaw mae Braichodnant, ffermdy oedd o, ac heb newid fawr ddim yn allanol; yno'n byw ers talwm roedd Asa Roberts, marsiandwr glo Dôl-fach.

Dyma JOHN DAVIES, DÔLGOCH i sôn am rai o dai y pentref a'r cymeriadau oedd yn byw ynddyn nhw:

"Mi gychwynaf ar dop y rhiw serth sy'n arwain i'r Hen Gapel, wrth Tŷ-lein lle roedd gardd o flodau hardd iawn bob amser gan Mrs Eleanor Pugh, oedd yn agor a chau llidiardau'r rheilffordd bob tro y byddai tren yn pasio, ac yno'n fwy diweddar, Mr a Mrs Edward Davies. Llwynderw yn is i lawr oedd cartref W.A.Peate a'i wraig – hi yn chwaer i'r cryddion Edwin ac Evan Evans oedd a'u gweithdy ar ffordd Pandy. Masiwn oedd

Willie Peate, a fo a gododd Llwynderw, Isfryn, Maesteg a Brynmair. Yn Isfryn y bu'r prifathro R.W Parry yn byw 1906-1928, a bu Cynlas Lewis y pobydd a'i wraig, Ceinwen, yn byw yn Llwynderw am lawer o amser. Roedd Willie Peate yn godwr canu yn yr Hen Gapel 1907-1955 ac yn ddiacon a chyhoeddwr o 1914-1955. Bu'n un o golofnau'r pentref ar hyd ei oes, felly hefyd Richard Morgan, y Faenol fu farw'n 96 oed, crydd a phostmon ac athro Ysgol Sul - ac enillydd Medal Gee ynghŷd â Mrs Bronwen Evans, Tremafon.

"Deuwn i lawr at y ddwy res o bobtu'r ffordd. Miss Rowlands, a'i thad yn gapten llong, peth diarth iawn i Lanbrynmair, oedd yn byw yn Tegfan. Yn y rhes flaen, Gwynfa ydy'r tŷ cyntaf ac yma yr oedd Phyllis (Griffiths gynt) a'i rhieni yn byw. Enillodd hi y Fedal Lenyddiaeth yn Eisteddfod yr Urdd yn 1979. Yna Bronhaul, lle cadwai Miss Rosa Davies gynt siop yn y stafell ffrynt. Drws nesaf iddi hi roedd Eric Evans a'i rieni'n byw, Eric yn ddiacon o 1953-2003, a chyhoeddwr a phostmon. Gyferbyn mae Brynderwen lle roedd Nyrs Martha Price yn byw, y nyrs ardal gyntaf fu yn Llanbrynmair 1919-1939. Roedd hi'n chwaer i Rosa Davies ac roedd chwaer arall, Mary Emma, yn athrawes plant bach yn ysgol Pen-ddôl. Bu hi farw yn 1933 yn 56 oed. Ar ôl marwolaeth ei gŵr ym Merthyr Tydfil daethai Nyrs Price yn ôl yma, lle magwyd ei phlant, Alun, athro Ffrangeg ac is-brifathro yn Ysgol Machynlleth, Hubert a Glyn, rheolwyr banc, a Mona, orffennodd ei gyrfa mewn addysg yn darlithio yn y Coleg Normal ym Mangor. Cyn hynny John Breese, teiliwr, oedd yn byw yno. Drws nesa, bu Price Owen, gynt o Hafod Owen yn byw am flynyddoedd ac ar ei ôl Mr a Mrs Norman Owen (Dôl-lydan gynt), a'u merch, Caroline, sy'n dal yno. Ceinfan, gyferbyn, oedd cartref Mr a Mrs Huw Ellis Francis, fo yn ysgrifennydd y capel 1936 – 1957, wedi ymddeol o ffarmio. Cadwyd siop yma tan 1924 gan Nathan Evans. Ond yn Dôlalaw yr oedd y siop fwyaf, gan William a Sarah Jones, yntau'n fasiwn. Cadwodd eu merch, Mrs Annie Pugh, y siop ar agor tan ganol yr 80au. Ni bu cyfle ar ôl hynny i wario yr un geiniog yn Nôl-fach – ag eithrio yng ngarej Isfryn. Arthur Peate fu'n cadw hon, yn gwerthu petrol ac yn rhedeg tacsi. Bu'n cario plant i'r ysgol hefyd. Idwal Davies ac Iris (gynt o Bengraig) fu'n cadw'r garej ar ôl 1967, a'u mab Gareth wedyn. Mae'r garej wedi cau bellach ers y flwyddyn 2000 ac ni ellir prynu petrol o gwbwl yn Llanbrynmair bellach gan fod pympiau'r Efail a rhai garej Llysun wedi cau ers blynyddoedd.

Machynlleth, 11 milltir i ffwrdd, ydy'r lle agosaf i gael petrol rwân.
"Awn ymlaen ar hyd y ffordd. Cartrefle oedd cartref "William Jones Machine", gafodd yr enw am ei fod yn un o'r rhai cyntaf i gael peiriant dyrnu. Maesteg ydy cartref Miss Annie Matilda Peate, sy'n 97 sionc iawn; yma efo hi ers talwm yr oedd ei rhieni, ei dau frawd a'i chwiorydd – ond cawn fwy o'u hanes eto. Drws nesaf yn Brynmair roedd Hugh ac Alice Williams a'u mab, David. Roedd Hugh yn syrfewr ffyrdd, a'i wraig yn hannu o Ddolwyddelan, y ddau yn gerddorol ac yn gefnogol iawn i'r côr a phopeth diwylliannol yn yr ardal, ond cwpwl â thipyn o *glamour* anarferol yn perthyn iddyn nhw hefyd. Erbyn meddwl, roedd pob merch oedd yn mwynhau sigaret ac yn gwisgo minlliw yn dueddol o ddod i mewn i'r categori hwnnw yn nyddiau'r Ail Ryfel Byd ac wedyn am dipyn! Adnabyddid y ddau fel "Williams y Ffordd a Gwraig Williams y Ffordd"! Yn Dolerw roedd John ac Elsie James, fo yn gweithio ar ffermydd ac yn weithiwr ffordd. Mae ei wŷr, Melfyn James yn byw yno heddiw – a'i waith? Wel, gwnewch yn siwr fod gennych drwydded deledu! Soniwyd am siop Dolalaw, wel, drws nesaf iddi roedd Abraham Jones yn arfer byw, yr olaf i dorri cerrig ar y ffordd yn Nôl-fach cyn dyfodiad *chippings* a thar a'r rhowliwr stêm. Bu farw yn 1948 a bu ei ferch Sarah Jones yn byw yno am flynyddoedd wedyn. Gwaith caled oedd torri cerrig. Byddai tyrrau o gerrig yn cael eu gadael ar ochr y ffordd – wedi eu halio gan ffermwyr o'r caeau neu o'r afon – i aros am y torrwr cerrig a'i forthwyl. Y cerrig mân yma roid ar wyneb y ffordd. Gwaith llwchog oedd o. Cofia Miss Tilly Peate pan oedd hi yn yr ysgol tua 1915 i dorrwr cerrig gael y diciâu a chodwyd tŷ bach iddo ger Glandŵr er mwyn iddo gael digon o awyr iach. Ychydig y tu hwnt i'r pentref i fyny'r lein mae ffarm Caetwpa, lle mae John Morgan, disgynnydd i'r ymfudwr, Eseciel Hughes, yn byw - ei dad, Edward Morgan wedi byw i weld ei 91, yn gapelwr selod, a John yntau wedi bod yn ysgrifennydd yr Hen Gapel am ddeng mlynedd. Roedd Miss Edith Hughes, Tŷ'rwtra ychydig pellach i fyny'r lein yn athrawes Ysgol Sul, hithau'n marw yn 96. Gwelwn felly fod record hirhoedledd y pentref yn un da iawn – dan swŷn yr Hen Gapel, efallai?"

MISS MATILDA "TILLY" PEATE
Ganwyd yn 1908, yr hynaf o drigolion y pentref heddiw. Mae hi'n un o chwech o blant, eu mam wedi ei geni yn Pant-y-cwarel, Stae yn un o

14 o blant. Aeth Margaret, un o chwiorydd ei mam, a bachgen ifanc o'r ardal i America i briodi ac meddai ei chwaer (mamTilly) mewn dagrau wrth chwifio'i ffedog mewn ffarwel,"Wela i mo'no ti ragor, fuase waeth i mi dy gladdu di...!" Ddaeth hi ddim yn ôl chwaith ond sgrifennodd yn gyson trwy'r blynyddoedd o Gomer, Ohio ac mae ei merch yn dal i sgwennu bob Nadolig at ei chyfnither yn Nôl-fach. Yn un o'i llythyron yn 1952 mae Margaret yn llawenhau ei bod hi wedi cael peiriant golchi o'r diwedd (flynyddoedd cyn i'r cyntaf ddod i Lanbrynmair reit siwr). Masiwn efo'i frodyr yn y Winllan oedd tad Tilly, a brawd i Willie Peate. Roedd bywyd yn fain iawn i deulu cyffredin; 18/- yr wythnos oedd cyflog ei thad fel crefftwr. Ei mam fyddai'n glanhau'r tŷ a phluo ffowls i Nyrs Price. Dyma Tilly i sôn tipyn am ei bywyd:

"I ysgol Pen-ddôl yr oeddwn i'n mynd, wrth gwrs, a doedd gen i fawr o ffordd o'i gymharu â llawer o blant . Clocs fyddai'r rhan fwyaf yn wisgo ac wrth ddod o'r ysgol byddem yn rhedeg i edrych dros y drws dau hanner ar Vaughan Evans, crydd Pen-ddôl, yn gwneud y gwadnau pren a gosod y pedolau arnyn nhw a'r cefnau o ledr; weithiau byddai'n gwneud y cefnau allan o hen sgidiau. Bydde'r Iaen yn rhewi'n amal yn y gaeaf a dyna lle byddem ni'n sglefrio mewn hen sgidiau. Yn siop Rosa Davies roedd stôr o dda-da, bwlseis a mints a gyms, ond nid i mi – roedden ni hyd yn oed yn rhoi ein harian calennig i Mam, cymaint â phedwar swllt weithiau. Byddem yn cychwyn am saith ar fore Calan i hel calennig, y pedwar ohonom. Gwlyb a thywyll neu beidio, rhaid oedd mynd, a'r bagiau bach yn barod ers y noson cynt. I lawr i'r Wynnstay a Thafolwern yn gynta yna rhuthro'n ôl a rownd Dôl-fach er mwyn gorffen erbyn canol dydd. Dime neu fins pei fydden ni'n ei gael fel arfer ond gan ŵr y Wynnstay fe gaem geiniogau. "Chewch chi ddim annwyd wrth gerdded yn y glaw!" medde fo. Ar ôl cyrraedd adre, rhoi'r arian mewn gwydrau bach a'u cyfri bob nos, gan ddisgwyl iddyn nhw fynd yn fwy, am wn i! Yn y diwedd byddai Mam yn mynd iddyn nhw i brynu bwyd i ni i fynd i'r ysgol. Sarah Evans, mam Alice May Duckett, yn byw yn y Winllan, oedd y fydwraig yn ardal Dôl-fach pan oeddem ni blant yn cael ein geni. Doedd dim nyrs yn yr ardal. Fe âi'r fydwraig adre ar ôl yr enedigaeth a rhaid oedd dibynnu ar gymdoges neu berthynas i dendio wedyn. Rydw i'n cofio mam yn galw o'r llofft pan ddaethon ni adre o'r ysgol ac eisiau bwyd, "Fydda i ddim yn hir cyn dod i lawr atoch chi."

"A ninne'n byw yn Nôl-fach mi allwch feddwl fod yr Hen Gapel yn bwysig iawn i ni. Roedden ni blant yn mynd i'r capel bedair gwaith ar y Sul, i'r Cwrdd am 10 am, Ysgol Sul am 2 pm, Band of Hope am 5 pm lle byddai Willie Peate a Mr Parry y Prifathro yn rhoi'r modiwlator solffa i ni, a Chwrdd Nos am 6 pm. Caem hetiau newydd at y Cwrdd Diolchgarwch. Cyn priodi bu fy mam yn forwyn yn Dôlgoch, lle cwrddodd hi â nhad. Byddai Miss Davies, Dôlgoch yn gwneud hetiau gaeaf i ni a byddent yn cyrraedd mewn bocsus, wedi eu trimio'n barod i ni eu gwisgo i'r Cwrdd Diolch. Mrs Evans Tŷ -capel oedd athrawes plant bach yr Ysgol Sul a gan nad oedd digon o le yn y 'sgoldy roedden ni'n mynd i lawr i'r tŷ. Roedd y trip Ysgol Sul yn beth mawr. Mynd i Aberystwyth efo "special train" hir a dwy injan wrtho fyddai'n aros yn Llanbrynmair i'n codi a ddim yn stropio wedyn nes cyrraedd pen y daith. Roedd y rhieni a phawb yn mynd. Cael chwe-cheiniog yr un gan Willie Peate ar y platfform. Mynd â'n bwyd efo ni. Prynu rhywbeth bach, fel pêl, efallai, a mynd i badlo i'r môr ac i lawr i'r *amusements* o dan Neuadd y Brenin, ond heb fawr i wario yno!

"Annie Mary oedd yr hynaf ohonon ni blant. Aeth hi i Ysgol Machynlleth a Choleg Harlech, a bu'n athrawes yn Yr Adfa, Stae a Llanbrynmair. Cafodd fodrwy fach aur wrth adael yr Adfa ac mae hi gen i o hyd. Jane oedd yr ail ferch a hi fydde'n edrych ar ôl plant iau y teulu. Bu'n gweithio ar ffarm cyn troi am Fanceinion yn 16 oed. Fy nilyn i wnaeth hi, deud y gwir. Roeddwn i wedi meddwl mynd yn wniadwraig ond yn methu talu'r trên i brentisio yn Pryce Jones yn Drenewydd, a doedd yna ddim lle yn yr Emporium ar y pryd. Wrth adael yr ysgol yn 14 oed cefais y marciau uchaf am wnio a hefyd farciau da am sgrifennu a *composition*, ond un sâl iawn oeddwn i mewn syms bob amser.

"Roedd pobol o Fanceinion yn dod i aros i Ceinfan ac arferwn i gario dŵr iddyn nhw. Fe'm perswadiwyd i fynd atyn' nhw'n forwyn. Yn fuan ar ôl i mi gyrraedd Manceinion aeth Meistres yn sâl ac anfonwyd fi allan i nôl neges, efo rhestr o enwau'r strydoedd yr oeddwn i'w pasio. Mynd. Cyrhaeddais at groesffordd fawr a strydoedd yn mynd i bob cyfeiriad, ac am y tro cyntaf yn fy mywyd mi ges brofiad o beth oedd traffic! Stopiais i edrych mewn syndod ar y cerbydau o bob math yn gwau trwy 'i gilydd. Daeth plismon ataf yn gweld fy mhenbleth, *"Where are you going, my pretty maid?"* gofynnodd. *"Shopping,"* meddwn inne. Cydiodd yn fy llaw a mynd â fi ar draws y stryd gan ddweud y byddai'n aros amdanaf ar fy ffordd yn ôl. Does wybod am faint y bu'n aros....achos, a'r amser yn mynd heibio, roedd Meistres wedi codi o'i gwely ac wedi gwisgo ei *grey squirrel* côt a mynd i Harley College lle roedd ei gŵr yn athro i ddweud fy mod i ar goll. Wrth lwc, fe'u cwrddais nhw wrth giatiau'r coleg; roeddwn wedi bod i ffwrdd am dair awr, y rhan fwyaf o'r amser yn gwylio'r traffic!

"Dri mis yn ddiweddarach daeth fy chwaer Jane i Fanceinion. Mi fuon ni'n dwy yn mynd i Ysgol Sul Saesneg am dri mis cyn dod o hyd i gapel Cymraeg. Er i ni gael Saesneg yn yr ysgol doedden ni ddim yn gallu darllen ar y dechrau ac yn dibynnu ar y merched yn y dosbarth i'n helpu pan ddeuai ein tro i ddarllen adnod. Roedd ganddon ni ddigon o lyfrau'r Genhadaeth adre yn Gymraeg ac yn gallu eu darllen yn iawn. Yn y capel Cymraeg roedd yna ddosbarth Ysgol Sul mawr a byddem yn mynd yno yn y prynhawn ar y tramcar. Dwedai'r gweinidog ifanc na chlywodd neb tebyg i fy chwaer am ddarllen pennod. Yn y Cyfarfodydd Cymdeithasol byddem ein dwy yn cyfansoddi a pherfformio sgetsus – –sgwrs rhwng dwy ferch, Saesnes a Chymraes, yn amal – ac yn cymryd rhan mewn "dadl". Er hyn, roedd hiraeth mawr arnon ni o hyd am gartre.

"Bach iawn oedd y cyflog, 7/6 yr wythnos, pris par o 'sgidie, yna 9/- ac yna chweugain. Tra buom yno, yn y 20au, anfonem chweugain rhyngom adre i Mam bob wythnos a chaem 3/- yn ôl ganddi adeg y Nadolig. Roedd tocyn i fynd adre ar y trên bryd hynny yn 13/- Cawn i ddod i Ddôl-fach am bythefnos yn yr haf pan ddeuai'r teulu i Ceinfan, John Duckett, Winllan yn cwrdd â ni yn y stesion efo poni a thrap. (Dwy arall o Ddôl-fach aeth i Fanceinion tua'r un adeg oedd Frances James, Dolerw sydd heddiw'n byw ym Machynlleth ac wedi cael ei 93, a Menna Lloyd (Peate gynt) o Lwynderw, sydd yn 92 ac yn byw yn Drenewydd.)

"Pan oeddwn i'n 25 oed mi ddois yn ôl i nghynefin a mynd i weithio i Aberystwyth, ac aeth fy chwaer Jane yn Nyrs i blant Syr Ifan ab Owen Edwards, hi a Winnie o Abergynolwyn, a bu'r ddwy yn ffrindie mawr weddill eu hoes. Gwisgent wisg yr Urdd fel efeilliaid a chaent ddigon o amser rhydd i fynd i'r Ysgol Sul. Roeddwn i'n gweithio yn y Deva, cartre hen bobol. Piti na fuase yna lefydd fel'ny pan oeddwn i'n gadael yr ysgol, fuaswn i byth wedi mynd i Fanceinion. Daeth fy chwaer ieuengaf, Hannah Lewena, i Aberystwyth hefyd, i weini yng nghaffe'r orsaf, a dyna lle y byddem ni'n tair ar y Sul ar ffrynt y galeri yng nghapel Baker Street. Roedd gan Lewena ddiddordeb mawr yng ngwaith y

Groes Goch, ac ar ôl gwaith y dydd yn mynychu dosbarthiadau, ac enillodd dystysgrifau a medal.

"Pan ddaeth yr Ail Rhyfel Byd roedd yn rhaid i bawb fynd i wneud rhywbeth defnyddiol er lles y wlad ac mi ges i fynd i weithio ar focsus signalau'r rheilffordd o Groesoswallt i Lanbrynmair. Glanhau offer a dringo'r ysgol yn y tywyllwch i edrych y weiars, a phethau fel'ny oedd y gwaith, cario pethe trwm fel bariau haearn ar hyd y trac hefyd, a phan fyddwn i'n trafaelio ar y trên doedd yna ddim lle i roi bocsus trymion i lawr gan gymaint o trŵps oedd yn llenwi'r coridorau. Fu dim rhaid i fy mrodyr fynd i ymladd gan eu bod yn gweithio ar ffermydd. Ar ôl hynny fe aethon nhw'n bostmyn, ac am 17 mlynedd yn codi'n gynnar i fod yn y stesion erbyn chwech y bore efo cert siop Daniels i moen y post i'w sortio. Byddai Delwyn yn mynd ar ei feic wedyn i Dalerddig lle cwrddai â dau bostmon arall, un i fynd i Gwm Nant-yr-eira a'r llall i Gwm Cerhynt.

"Roeddwn i a 'mrodyr a'm chwiorydd a Mam, fu farw yn 1956, yn deulu clos iawn ac mae arna i hiraeth mawr amdanyn nhw o hyd ac am yr hen amser caled ond hapus. Mor hyfryd oedd bod yng nghwmni'r hen bobol".

Mae Tilly heddiw yn 97 oed, yn byw yn yr hen gartref, yn sionc a heini, yn mynd i ffair Drenewydd ar y bws ar ddydd Mawrth ac i Ganolfan Ddyddiol deirgwaith yr wythnos ar fws bach, ac yn mwynhau. Yn enwedig gan fod y cyfan am ddim, chwedl hithau! Mae'n gwylio'r teledu – dim ond Cymraeg – ac yn darllen llawer. "Mae'r henoed yn cael llawer o ofal heddiw," meddai, " ond mae'n nhw'n llawer mwy unig. Ac mae Dôl-fach yma wedi newid, welwch chi fawr o neb o gwmpas y lle – ond mae yma ormodedd o draffic!"

ARANWEN HUMPHREYS YN COFIO'R AMSER DA
Yn 1944, adeg y rhyfel, y symudodd Maldwyn, y gŵr a finne i Gwmcarnedd Isaf. Magwyd fi yn y Greiglan, Melinbyrhedyn, ac roedd Maldwyn yn fab ffarm Rhosywir yn Nhal-y-wern. Roeddwn yn ei gweld yn reit anodd ac yn dawel ac unig iawn yma ar y dechrau gan fy mod wedi bod yn gweithio yn siop Birmingham House ym Machynlleth. Credai rhai ym mhentre Dôl-fach na sticiwn i byth mohoni mewn lle mor anghysbell "ar ol bod ym Machynlleth yng nghanol pobol"! Ond mi wnes, ac roedd llawer mwy o lawenydd mewn bywyd na thristwch, a phob atgof yn felys.

"Roedden ni'n gorfod croesi lein y rheilffordd i fynd i Gwmcarnedd. Rhaid oedd aros, hyd yn oed os oeddech ar hast, i Ted Davies, Ty Lein agor y giatiau, ac roedd yn beth digon poenus yn aml. Roeddem ofn creu anghyfleustra yn y nos, a phan fyddai rhywun yn dod i fyny acw am dro neu i swper byddai'n rhaid gofalu eu bod yn mynd adre'n gynnar! Roedd gennym gymdogion da, teulu Caetwpa ar y naill ochr a theulu Cwmcarnedd Uchaf ar y llall. Fu yna erioed unrhyw ffwdan – Caetwpa a'u ffensus yn eu lle bob amser. Tomi a Dan Jarman, Cwmcarnedd yn gymdogion arbennig o gymwynasgar wedyn .Pebai angen help llaw arnom byddent yn synhwyro hynny ac yn dod heb eu gofyn. Roedd Price Owen, Hafod Owen yn byw ar dop y ffridd. Byddwn yn rhoi paned iddo am droi'r maen llifo ar ei ffordd o'r siop. Doeddwn i ddim yn hoff iawn o droi'r maen i hogi, ac fe fyddai Price yn falch o baned am ei gymwynas.

"Ar y dechrau, byddai plant Pentrelludw yn pasio ar eu ffordd i'r ysgol, yn lân, yn gryno ac yn dawel bob amser. Fyddai'r cŵn byth yn cyfarth pan fydden nhw'n mynd heibio. Mi fyddai yna chwyrnu go lew pan fyddai gwraig Price Owen yn mynd heibio ac mi fyddai'r cŵn yn barod iawn i'w rhuthro, ond roedd hi'n stori wahanol efo plant Pentrelludw – Bronwen, Eddie, Doris, Megan ac Emyr (doedd Llinos ddim wedi'i genu yr adeg honno). Roedd ganddyn nhw siwrne hir i'r ysgol, dros y mynydd i Gwmcarnedd Isaf ac i lawr wedyn i Ddol-fach ac ymlaen i Ben-ddôl. Ond yn ddiweddarach roedden nhw'n cael eu cario ac mi welson nhw wahaniaeth mawr, rwy'n siwr.

"Perthyn i E.R.Hughes, Mathafarn yr oedd Cwmcarnedd Isaf. Pan aethon ni yno yn 1944 a Maldwyn yn gweithio fel beili £11 y mis oedd y cyflog. Cawsem gadw dwy fuwch, moch ac ieir. Ennill a cholli oedd hanes y rheiny. Rwy'n cofio pedwar o foch ar y ffalt yn aros am y fan i'w cludo i'r lladd-dy. Y tro hwnnw llyncodd un ohonyn nhw hoelen ac mi drigodd yn y fan a'r lle. Dro arall, rhwygodd yr ast deth buwch, a does gan neb ddiddordeb mewn buwch a thair teth! Roedden ni'n lladd dau fochyn y flwyddyn. Tua 1961 y cawson ni drydan, ac fe wnaeth hynny wahaniaeth mawr i ni. Roedd cael rhewgell yn un o'r manteision mawr.

"Doedd Maldwyn erioed wedi arfer plygu neu gau sietin tan i ni fynd i Gwmcarnedd gan mai canlyn ceffylau y buodd o cyn hynny am tua ugain mlynedd, ond dysgu fu raid. Doedd o ddim llawer o gauwr ar y dechre, ond fe fuodd yn lwcus o Johnny James, Dolerw oedd yn gweithio ar y ffordd. Bu hwnnw yn ei ddysgu a bu Johnny yn barchus iawn ganddo byth wedyn. Doedd yna ddim tractor chwaith ar y dechre, ac mi roedd y gwaith yn ddigon caled. Ymhlith pethau eraill, mi fyddwn yn helpu cryn dipyn y tu allan, yn bwydo'r gwartheg, y moch a'r ieir, yn godro ac, wrth gwrs, yn rhoi help llaw amser ŵyna. Roeddwn yn helpu i hela rhedyn i'w roi o dan y moch hefyd. Doedden ni ddim eisie cymryd mantais o'r gaffer mewn unrhyw ffordd - doedd dim iws gofyn am bethau o hyd ond yn hytrach gwneud pethau ein hunain. Roedd yr hen fashîn gwneud trydan wedi mynd i dipyn o oed a'r tanc yn llawn o dyllau, ac yn lle gofyn am un newydd roedd Maldwyn yn lapio hen sachau amdano. Dwi'n cofio i Harri Hughes, trydanwr o Abercegir ddod i fyny ar ryw berwyl neu'i gilydd a gofyn i Maldwyn, "Neno'r tad, be' sy'n bod fan hyn?" Ar ôl gweld cyflwr yr hen danc dyma Harri'n rhoi cnoc iddo yn ei ganol!

"Fe fydden ni'n prynu cywion bach diwrnod oed fesul hanner cant, a'r rheiny'n dod efo'r trên i orsaf Llanbrynmair. Roeddwn i'n edrych ymlaen am eu cael, ond dwi'n cofio un waith i un cyw bach ddechre cloffi. Row'n i'n meddwl ei fod o wedi brifo, ond wir, dyna un arall yn mynd yr un fath. Fe aeth yna rhyw glwy trwyddyn nhw i gyd ac fe drigodd pob un.

"Byddem yn plannu rhyw gyfer o datws, roedd yn orfodol ar y dechrau, ond fe gadwon ni ymlaen i'w tyfu ar hyd yr adeg a minnau'n helpu i'w tynnu. Un arall o'm gorchwylion oedd eu berwi i'r moch yn ddyddiol. Roedd ganddon ni ardd lysiau – pŷs, moron, letys, wyniwns ac ati. Cyrens duon, ffebrins, mwyar duon a llawer mwy a finne'n gwneud jam ac yn botlo, fel y bydden ni cyn dyddiau'r rhewgell.

"Ym mhentre Dôl-fach y byddwn i'n siopa. Roeddwn yn gofalu fy mod yn gorffen fy ngwaith cyn cinio bob dydd Llun a dydd Gwener er mwyn mynd i lawr i'r pentref yn y prynhawn. Byddai'r golchi a'r corddi wedi eu cwblhau'n gynnar, yna cinio am un-ar-ddeg fel pob dydd arall ac yn ôl erbyn te am dri. Roedd yna ddwy siop yn Nôl-fach, sef Siop Dolalaw a Siop Miss Davies. Yn Nolalaw efo Mrs Jones y byddwn i'n prynu y rhan fwyaf. Arferwn werthu menyn a wyau o gwmpas y pentref , er yn gwerthu'r rhan fwyaf o'r wyau i Jos Howells, Comins Coch a ddeuai o gwmpas y ffermydd i'w casglu yn ei lori. Ambell waith, er mwyn prynu ychydig o bethau ychwanegol yn y fasged, mi fyddwn i'n lladd hen iâr a mynd a hi i'w gwerthu am chweugain, ac mi fyddai yna rywun yn siwr o fod yn falch o'i phrynu. Roedd Miss Rosa Davis y siop arall yn fodryb i Alun Price, athro Ffrangeg yn Ysgol Machynlleth, yn chwaer i'w fam, Nyrs Price. Doedd Miss Davies ddim yn cadw llawer o bethau yn y siop, ond roedd bob amser yn falch o'ch gweld yn dod i moen cwpwl o bethe a chael sgwrs.

"Fin nos byddai Maldwyn yn mwynhau naddu pren ar ôl i waith y dydd ddod i ben, coes morthwyl neu gaib neu gambren mochyn. Yno y bydde fo wrth y tân a siafins o'i gwmpas. Byddwn inne wrth fy modd yn gwnio ac yn gwau nes i ngolwg i ddechrau gwaethygu. Roedden ni'n mwynhau cael ffrindiau draw i swper, ac yn amal iawn fe fydden ninnau allan yn swpera – yn Hafod-y-Foel efo Peggy a Meirion Morris, yn yr Hendre efo Arthur, Mary a Varina, yn y Coed efo John a Meiriona, efo Jini a Tomi Rowlands, Bodhyfryd, Jac a Bet yn y Brook neu Mary a John Wigley yn Tŷ Mawr. Draw wedyn at Dafydd a Morfudd yn Nhal-y-wern. Roedd Morfudd yn gyfnither i mi a Dafydd yn frawd i Maldwyn. Roedden ni'n mynd atyn' nhw lawer iawn. A dyna Esgair Hir, Llanwrin, wedyn. Roedden ni'n ffond iawn o fynd at bobol Esgair Hir. Weithiau, ar ryw hen ddiwrnod reit fudr a dim posib gwneud llawer mi fyddwn i'n deud wrth Maldwyn, "Beth am yrru am i bobol Esgair Hir ddod i fyny heno?" Allan wedyn i ddal iâr a'i lladd hi! Doedd yna ddim son am ryw "starters" yr amser hynny – cinio, pwdin a rhyw baned a chacen wedyn cyn mynd adre oedd hi 'stalwm. Roedd ffrindiau da a chymdeithasu yn rhan bwysig iawn o'n bywyd ni. Mi gawson ni lawer o fwynhad yn mynd i ddramaâu a chyngherddau yn neuadd Llanbrynmair. Mi gerddon ni grin lawer ond daeth newid mawr ar fyd pan gawson ni'n car cyntaf tua 1953, Austin 7.

"Roedd Maldwyn a fi'n dal i fynychu'r Capel Bedyddwyr yn Nhal-y-wern. Yno roedd y teulu ac roedd y tyniad yn un naturiol. Mynd i oedfa ac aros i swper efo ewyrth a modryb Maldwyn yn Rhosywir, Ifan a Maggie Humphreys, neu efo Morfudd a Defi yn Rhiwgriafol. O edrych yn ôl, efallai ei fod wedi bod yn gamgymeriad a ninnau erbyn hyn yn rhan o gymdeithas arall yn Llanbrynmair.

"Trwy drugaredd, pan ddaeth yr eira mawr yn 1947 roedden ni newydd gael dwy dunell o lo. Dyna'r peth pwysica' i ni, bod a digon i'w roi ar y tân. Doedd gennon ni 'run car, wedyn doedd petrol ddim yn ein poeni ni. Roedd Tom Jarman, Cwmcarnedd yn mynd i Dalerddig ar gefen y gaseg i moen bara. Dwi'n cofio'r noson y dechreuodd y meiriol. Roeddwn i wedi mynd i moen dŵr o'r ffynnon ac fel arfer mi fyddwn yn clywed y traen yn dod i lawr o Dalerddig, ond y noson yma roedd y gwynt wedi troi ac mi allwn i glywed sŵn traen yn dod i fyny o gyfeiriad Llanbrynmair. Roedd genon ni gar erbyn 1963 pan gawson ni aea' caled arall, ond fedren ni ddim mynd â fo allan am naw wythnos.

"Pan oeddwn i'n gweithio yn y siop ym Machynlleth ers talwm row'n i'n gweithio i fam Myra'r Garej, Cemaes Road. Roedd Myra yn un fach ar y pryd. Mae'r cysylltiad rhyngddon ni wedi bod yn un agos iawn ar hyd y blynyddoedd ac mi fydde wedi bod yn chwith iawn i mi hebddyn nhw. Wel, beth bynnag, mi roedd Myra'n disgwyl Martin yn 1963, a finne eisie gwau *matinee coats* bach. Mi fyddai Alun Price yn dod a 'dafedd i mi o'r dre, a Moira, ei wraig yn dwad a fo i fyny i mi i Gwmcarnedd. Roedd hi wrth ei bodd yn cerdded trwy'r eira.

"Roedd Glyn y Bwtsiwr o Garno yn dwad i fyny i werthu cig. Roedd gen Glyn ddigon i'w ddeud ac mi fyddwn i'n falch o'i weld o. Roedd hi'n glên iawn cael cig ffres. Hanner *shoulder* fyddwn i'n ei brynu a hynny am swllt a chwech. Dwi ddim yn gwbod os oedd o werth y siwrne i Glyn ddod yr holl ffordd!

"Roeddwn i'n cael blas ar fynd i lawr i bentre' Dôl-fach. Pan symudon ni i lawr yno i fyw yn ddiweddarach rown i'n nabod y bobol yn well o lawer na Maldwyn. Roedd yno dipyn o gymeriade ac mi roedden nhw'n bobol diddorol a chlên. Dyna William Jones, Cartrefle a Mary Jones, modryb i Dan Peate yn cadw tŷ iddo. Cawn ddau afal ganddi hi bob wythnos – a dyna ffordd y dechreuodd Maldwyn fwyta afal i frecwast. Roedd William Jones wrth ei fodd yn cael llaeth enwyn ganddon ninne. William Jones fagodd Idris briododd Mary Anna, Tegfan, a dwi'n cofio'i mam hi yn ei naw-degau yn trwsio a golchi a smwddio a'i merch yn gogyddes yn yr ysgol. Choelia i byth nad oedd yna dipyn mwy o *guts* yn yr hen bobol yr adeg honno.

"Cae'm lawer o hwyl efo Mrs Davies, chwaer Evan Morris, Hafod-y-Foel oedd yn byw lle'r arferai siop Miss Davies fod yn y rhes. Fyddai hi byth yn cwyno am ddim byd ond roedd Mrs Francis, Ceinfan yn cwyno am bopeth, yn ôl y son. Doeddwn i ddim yn ei 'nabod hi'n dda iawn. Rhyw ddiwrnod dyma Mrs Davies yn gweiddi ar draws y nant, "Ffor 'dech chi heddiw, Mrs Francis?" Honno'n ateb trwy restru rhes o gwynion ac yna'n holi Mrs Davies sut oedd hi. "O, dwi'n iawn, diolch", atebodd hthau. "O'r hen sgriw!" medde Mrs Francis wrth Mona Price, "mae'r cloc bob amser yn taro deuddeg iddi hi!"

"Dyna Miss Jones, merch Abraham Jones, wedyn, hen ferch yn byw efo'i thad yn Nolalaw. Dywedodd hithau fel hyn wrth Moira rhyw dro – "If I knew what I know now I'd have had anybody rather than nobody!"

"Roedd Arthur Peate yn dipyn o gymeriad ac yn hoff iawn o gellwair a thynnu coes. Rhedai dacsi a chario plant i'r ysgol. Aeth i dŷ William Jones rhyw ddiwrnod a dweud wrth Mary, "Mae Morgans, Y Faenol wedi mynd." I ffwrdd â Mary rownd y tai i ddweud fod Morgans wedi marw. Deallodd cyn hir nad oedd hyn yn wir a dyma hi'n dweud wrth Arthur, "I be' oeddet ti eisie deud c'lwydde wrtho i?" "'Nes i dim," medde Arthur, "deud 'i fod o wedi mynd 'nes i…!" Ond roedd yr hen wag yn gwybod yn iawn beth oedd o'n 'neud.

"Buom yn byw yng Nghwmcarnedd Isaf am wyth mlynedd ar hugain, a chael amser dedwydd iawn yno cyn symud i lawr i Gartrefle yn Nôl-fach, a gweld tipyn o wahaniaeth. Doedd dim dŵr yn y tŷ yng Nghwmcarnedd tan i ni gael tap dŵr oer, felly roedd yn dipyn o newid i ni gael dŵr poeth a stafell 'molchi. Yno y buon ni am ddwy flynedd ar hugain wedyn nes y bu Maldwyn farw yn Ionawr 1992. Ar ôl hynny fe symudais i yma i'r Graig Fach ym Mchynlleth. Roedd yr hanner can mlynedd dreulion ni yn Llanbrynmair yn rhai hapus. Fe wnaethon ni ffrindiau oes ac roedd gennon ni gymndogion da".

PEN-DDÔL A'R WINLLAN

WINLLAN

Rhwng pentref Wynnstay a Dôl-fach mae dau glwstwr bach o dai. Deuwn at y Winllan i ddechrau, rhes o dri thŷ yn wreiddiol ond dau heddiw. Perthynai ychydig o dir i'r tai, a chadwai John Duckett ferlen a thrap un adeg i redeg tacsi, ac amrywiaeth o dda pluog. Yn y tŷ canol roedd mam Mrs Duckett yn byw – Sarah Evans, neu "Meme Winllan" i lawer. Bydwraig oedd hi yn ei dydd ac un yr oedd ei hwyresau yn hoff iawn o fynd i aros ati er mai tŷ un llofft oedd ganddi. Bu farw yn 1953 yn 94 oed. Yn y tŷ pellaf o'r ffordd roedd Annie ac Albert Peate, masiwn, brawd arall i Willie Peate, Dôl-fach. Eu meibion oedd Caradog, Dan a Iori, rheiny hefyd yn seiri.

Gyferbyn, mewn pant wrth yr afon, mae Dôl-yr-onnen oedd yn ddau dŷ ers talwm. Roedd ychydig o gaeau efo un ac yno roedd Mrs Catherine Griffiths yn byw am gyfnod – nain i Dafydd Iwan a'i frodyr. Roedd hi'n gymeriad. Llyncai wy o'r plisgyn cyn cychwyn i'r capel ar fore Sul – peth da iawn i'r llais, efallai, oherwydd fe dreiddiai ei llais hi i bob rhan o'r capel. Nid ar chwarae bach y cafodd hi'r llys-enw "Gracie Fields" – enw y gallai fod yn ddigon balch ohono, wir. Mae Caroline Owen, arferai fyw yn Dôl-lydan, yn ei chofio'n dda: "Arferiad arall ganddi oedd cerdded i'r capel heb edrych i ble roedd hi'n mynd. Cerddai â'i phen i lawr yn darllen Beibl neu lyfr emynau bob cam, rhywbeth na fedrai hi ei wneud heddiw, reit siwr, ar yr A470". Bu farw yn Nantyfyda yn 1951 Cigydd oedd yn byw naill ben, Bob Hughes, a chanddo ladd-dŷ yno, ac yno y byddai pobl yn dod i brynu cig cyn i Glyn Lewis ddechrau dod â chig o Garno. Roedd Bob yn gymeriad adnabyddus yn mynd o amgylch ffermydd y fro i brynu wŷn i'w lladd, mewn oes pan nad oedd creaduriaid yn cael eu cludo gannoedd o filltiroedd i ladd-dai fel sy'n digwydd heddiw.

PEN-DDÔL

Ym Mhen-ddôl roedd dwy res o dai, un tu ôl i'r llall, tri y tu blaen a dau tu ôl, yna'r ysgol a Bron Iaen, tŷ'r Gweinidog. Cymerwn y cyfnod o'r 30au ymlaen. Jim Morris, gweithiwr ar stad Syr Watkin a'i wraig a'i ferch Annie Mary a'i feibion Gruffydd John a Bob, pregethwr lleyg fu farw'n ifanc, oedd yn y tŷ agosaf i'r ysgol. Mrs Morris, fu farw yn 43 oed, oedd yr olaf i gael ei chario yn yr hen hers geffyl (yr un sydd yn Sain Ffagan) i fynwent yr Hen Gapel yn y 40au. Torrodd yr acstro wrth Llwynderw a chariwyd yr arch i'r capel. Annie Mary, yn gyfleus iawn, fu'n glanhau'r ysgol am flynyddoedd. Yn y pen arall roedd Gwilym Jones, anwyd yn Esgair Llafurun, Bont, saer wedi ei hyfforddi yn Nôlgoch, a Dorothy "Dos" ei wraig a'u dwy ferch, Lili a Mair, y ddwy wedi gadael yr ardal ers talwm. Ni bu erioed y fath sgwrsio â hwnnw a gaed rhwng Annie Mary, Dos a Mrs Foulkes (Soar gynt) ben bore ar ffald Pen-ddôl, gwell nag unrhyw bennod o opera sebon "Pobol y Cwm" ein dyddiau ni! Yn ymyl yr ysgol ac ar fin y ffordd doedden nhw'n colli dim. Tair dda oedden nhw yn cael yr hwyl ryfedda' yng nghwmni ei gilydd.

Ddechrau'r ganrif roedd dau grydd ym Mhen-ddôl a'r ddau yn feirdd, sef Vaughan Evans ac Abraham Thomas, oedd 25 mlynedd yn iau na fo. Enw barddol Vaughan Evans oedd "Atha". Bu farw yn 1936 yn 79 oed. Roedd Abraham Thomas yn fardd addawol iawn, wedi ennill cadair Eisteddfod Cyfeiliog, Comins Coch yn 1901 cyn bod yn ugain oed, a chadair eisteddfod Ffestiniog yn 1906. Yn drist iawn, bu farw mewn ysbyty o effeithiau'r Rhyfel Mawr yn 1916. Cyflwynwyd y ddwy gadair i'r Hen Gapel yn 1958 gan Tom Rowlands, Tylorstown, ac maen nhw i'w gweld, un yr ysgoldy a'r llall yn y sgwar. Yn y rhes gefn roedd dau dŷ a gweithdy saer. Bu Defi Tomi a'i wraig, Gwen a'u plant, Gwyndaf, Norah a Geraint yn byw yma, y tri yn dal i fyw yn Llanbrynmair. Yn y pen arall roedd Miss Hughes ers talwm, a'r plant yn mynd yno i fwyta eu tocyn amser cinio. Heddiw tri thŷ sydd yn Penddôl – a dim cleber fel y bu!

Erbyn heddiw, pobol ddaeth i'r ardal yn ddiweddar sy'n byw yn y Winllan a Phen-ddôl, ond mae Bron Iaen yn dal yn dŷ i weinidog yr Hen Gapel, ac Arwyn ac Eleanor Jones, dau genedigol o'r ardal, sy'n byw yn Y Garth gerllaw. Rhwng Pen-ddôl a Dôl-fach mae ffarm Dôl-lydan, a phlac ar wal y tŷ yn dangos fod y bardd a'r diddanwr, Mynyddog, wedi ei eni yma. Tŷ haf ydy o heddiw, a'r tir efo ffarm arall. Cododd Geraint Jones a'i wraig, Elisabeth, merch Thomas a Sarah Jarman, Cwmcarnedd Uchaf gynt, dŷ ar foncyn ger Dôl-lydan, lle â golygfa braf. Mae teulu mawr Dafydd a Mair Williams wedi hen gilio o Benygraig, ond eu mab, Iori, fu'n adroddwr gwych, tan yn ddiweddar wedi byw ar stad Glan Clegyr nes oedd dros ei 80 oed, a'i lais adrodd yn dal yn gryf. Rhai o'r darnau y bu'n eu hadrodd, meddai, oedd "Mab y Bwthyn", "Cŵyn y Di-waith", "Y Crwydryn", "Ymweliad yr Ysbeiliwr", "Ellis Edwards", gan Crwys (yn adrodd fel y bu i'r Parch Ellis Edwards gwrdd ag Iddew ar y trên a'i wahodd i alw heibio i'w weld os byth y deuai i'r Bala. Fe ddaeth, ond "yn ei fedd ers tair wythnos….rhy hwyr, frawd, rhy hwyr!") Hefyd "Cadair Ddu Birkenhead", "Y Celwydd Gole", "Rhoi'r Meddwon ar Werth", "Y Pulpud ar Werth" ("a'i estyll cysegredig ar werth yn ddeunydd tân…"), "Dei Penddôl" (darn dirdynnol yn disgrifio troedigaeth un drygionus), "Wil Bryan a'r Cloc", a darnau allan o "O Law i Law" ("Y Llestri" yn ffefryn). Ond ni waeth i Iori heb na chynnig ar "Araith Danllyd Capelulo", meddai, gan fod Ifor Rowlands, Clatter yn siwr o ennill. Roedd hwnnw wedi adrodd y darn hyd syrffed nes i Olwen Jenkins, beirniad o Fachynlleth, droi arno a'i rybuddio i beidio byth â dod â'r darn hwnnw o'i blaen hi eto!

Meddai Iori, "Doedd dim byd tebyg i fod ar lwyfan yr hen Hall yn Llanbrynmair a theimlo'r gynulleidfa yng nghledr eich law. Doedd dim cwpanau yn cael eu rhoi bryd hynny yn wobrau, a wir roedd 'chydig o arian yn llawer mwy o werth i ni." Bu'n barddoni'n bur llwyddiannus, hefyd, ar ôl bod mewn dosbarth W.E.A yn dysgu'r cynganeddion. Dyma'i englyn i'r "Ffynnon":

Cefais ers pan rwy'n cofio – ohoni
   Gwpanaid i'm boddio,
A'i hylif yn dylifo
O win a frag gwaun y fro.

TAFOLWERN

Os trown i lawr wrth bont y rheilffordd, y "bont frics", a heibio i faes carafannau statig a sefydlwyd ychydig flynyddoedd yn ôl, fe ddeuwn i bentref bach diddorol iawn, Tafolwern. Pentref bach iawn ydy o, mewn pant wrth yr afon ac yn guddiedig o olwg y byd. Lle bach tawel, bendigedig, allan o sŵn y ffordd fawr. Gadewch i ni roi tro o gwmpas yng nghwmni un a anwyd ac a fagwyd yma yn y 40au a'r 50au, sef MONA JONES, merch Mr a Mrs Emrys Owen ac wyres i Rufus Owen (brawd Demetrius) i weld pa newid a fu. Mae ganddi atgofion cynnes iawn am fywyd yn y llecyn tawel ond bywiog yma ers talwm.
Meddai hi,
"Er nad oes yma ddim ond un adeilad newydd yn y pentref – byngalo deniadol yn eiddo i Aled Peate, bachgen lleol sy'n adeiladwr– eto mae'r pentre'n edrych yn ddiarth iawn i mi heddiw o'i gymharu â phan oeddwn i'n blentyn. Mae hynny'n wir, mae'n debyg, oherwydd y newid a fu yn y defnydd a wneir o'r adeiladau. Ac mae o'n llawer tawelach, er, y mae yma un teulu â phlant ifanc. Mi gychwynnwn ni'n taith wrth y byngalo newydd, lle mae'r llwybr cyhoeddus yn cychwyn ar draws caeau Pen-y-bont at Wynnstay. Hwn oedd ein llwybr ni i'r ysgol. Roedd tua chwech o blant ysgol yn y pentre a theulu mawr yn ffarm Tŷ Canol yn ymyl bryd hynny. Rydyn ni'n dod rwân at ddau fwthyn yn sownd yn ei gilydd, sef Yr Erw a Glan Aber. Ffarm fach oedd Yr Erw a dau neu dri o gaeau, a Ned a Gwladys James a'u meibion, Len a John, yn byw yno, yntau'n gweithio

ar y ffordd. Yn uwch i fyny na'r tai roedd ffynnon: dwy ffynnon oedd yn cyflenwi'r pentref a doedd gan neb dap dŵr, na thrydan chwaith tan y 60au. Yr ochr arall i'r ffordd mae beudy a sgubor Yr Erw wedi eu troi yn weithdy dodrefn, The Old Barn Workshop, gan fachgen o Lerpwl ddaeth yma tua pum mlynedd yn ôl. Dyna newid nodweddiadol o'r oes ynte?

"Mi ddown nesaf at ddau fwthyn arall yn sownd yn ei gilydd, Minllyn a Hafod. Ym Minllyn y ganwyd Llew a Bryn Jones; bu Llew yn rhedeg lori stoc yn yr ardal am flynyddoedd, "lyri Llew Bech", a Bryn yn gweithio yn yr Emporium am flynyddoedd ac yn torri gwallt i lawer yn y cefn. Ricky, mab Llew, a'i deulu sy'n byw yma heddiw a'i fab yntau a'i deulu drws nesa. Ddechrau'r ganrif a chyn hynny roedd siop yn yr Hafod. Gyferbyn â'r tai roedd derwen fawr ers talwm – rwy'n ei chofio – ac o dan hon yn ôl y sôn roedd Anghydffurfwyr cynnar yn cynnal cyfarfodydd cyn codi'r capeli. Yn y fan yma hefyd yr oedd melin Tafolwern, a llyn y felin yn ei hymyl, y dŵr yn cael ei arwain o afon Iaen a basiai heibio islaw. Rufus Owen oedd y melinydd olaf. Roedd y felin wedi ei dymchwel ym mlynyddoedd cynnar y ganrif a does dim o'i hôl heddiw na'r llyn, a does neb yn ei chofio'n gweithio.

"Dyma ni rwân wrth ysgoldy'r Annibynwyr yng nghanol y pentref, wedi ei godi ganol y bedwaredd ganrif ar bymtheg, ac yn un pen iddo yr Ysgoldy Bach ar gyfer Ysgol Sul y plant lleiaf, a stabal fechan. Y 'Sgoldy oedd canolbwynt holl fywyd y pentre a'r ffermydd o gwmpas, ac roedd llewyrch mawr ar y Côr, a'r Cyfarfodydd Bach a'r Sosials. Mae wedi cau ers tua 1988 ac wedi ei brynu gan Ricky Jones ers rhai blynyddoedd a'i droi yn weithdy dodrefn gardd. Mae'r ieir sy'n crafu o gwmpas yma'n rhoi golwg fach hen ffasiwn a chartrefol i'r lle – ond gwahanol iawn i'r amser pan oedd o'n gapel ac yn gyrchfan bwysig i'r gymuned".

Un o'r cymeriadau arferai gymryd rhan yng nghyfarfodydd cystadleuol a sosials Tafolwern oedd Evan Edwards, neu "Ifan Clown", fel y'i gelwid, yn wreiddiol o Aberangell ond wedi ei fagu yn Wyrcws yr Union ym Machynlleth. Cafodd Feibl yn anrheg gan John a Jane Jones, y Goruchwylwyr, a dyna'r trysor pennaf, meddai, fu ganddo ar hyd ei fywyd. Roedd yn ddyn mawr, cyhyrog, ond braidd yn syml, fel yr awgryma'i enw. Ond roedd yn olau yn ei Feibl, a chymerai ran mewn cyfarfodydd gweddi yn yr ysgoldai, ac roedd llawer yn arfer cofio gyda gwên am un o'i weddiau: "Diolch i Ti Arglwydd am y nos, O! diolch am y nos. Oni bai am y nos mi fyse'r diawled ffarmwrs yma wedi'n lladd ni!"

Labro yr oedd o o ffarm i ffarm ble bynnag yr oedd angen rhywun i wneud gwaith caib a rhaw fel agor ffosydd, neu ddilio polion. Cysgai yn yr ysguboriau, oedd yn well ganddo na gwely. Gweithiai mwy neu lai am ei fwyd – ac roedd o'n fytwr! Aeth y dywediad "Byta fel Ifan Clown" yn rhan o'r ffordd o siarad wrth ddisgrifio rhywun yn bochio mwy na'r cyffredin. Byddai'n mynd â'i fwyd am y dydd allan efo fo yn y bore. Unwaith, aeth â thymplen a chuddiodd hi mewn twll cwningen, ond bu raid iddo glemio'r diwrnod hwnnw achos ffeindiodd o byth mohoni!

Ond yn ôl at Mona: "Rydyn ni'n troi'r gornel rŵan wrth waelod Rhiw Cilyn sy'n arwain i fyny i'r A470. Draw acw ar y chwith mae tŷ traddodiadol a gardd a gweithdy. Dyma Glanyrafon, cartre Demetrius, y saer a'r hanesydd, a dyna'i weithdy wrth gefn y tŷ. Ychydig yn uwch i fyny ar yr un ochr i'r ffordd roedd y cilyn a berthynai i'r felin. Rydw i'n cofio hwnnw'n iawn ond dydy o ddim yno bellach. Gyferbyn â'r cilyn, mwy neu lai, yn y clawdd ar ochr y ffordd roedd ffynnon arall y pentre – mae'r twll i'w weld yn blaen ond wedi sychu erbyn hyn. Roedd ffynnon hefyd yn seler Glanyrafon.

"Yng ngwaelod y rhiw yn ymyl y 'Sgoldy roedd bwthyn ers talwm lle roedd Armstrong y postmon un fraich yn byw, a sied fach gan Demetrius wrth ei ochr lle y darllenai a chadw papurau. Llosgodd y sied yn ulw, a does dim ond ychydig o gerrig lle bu'r bwthyn. Yn ymyl roedd carreg fawr ar ochr y ffordd lle yr arferai Demetrius eistedd llawer. Dydy hi ddim yma rŵan – y Cyngor Sir wedi ei symud efallai?

"Yn ôl â ni a chroesi'r bont dros afon Iaen a chyrraedd LlysYwen – neu'r Felin fel yr oedd ers talwm. Hwn oedd fy hen gartre, a Mam newidiodd yr enw! Mae dwy o'r coed yw yn dal yma a dwy wedi mynd. Mae o'n dŷ cadarn ac mewn cyflwr da. Roedd yn ffarm fach ers talwm, a beudy a sgubor tu cefn. Maen nhw wedi mynd ond mae welydd y cutiau moch wrth y tŷ yn dal yma – ond y tŷ-bach uwchben yr afon wedi mynd! Tri cae oedd gennon ni a'r "Domen Fawr" yn un o'r rheiny, yn codi'n serth o flaen y tŷ. Y Domen, wrth gwrs, ydy'r peth mwyaf hynafol a hanesyddol yn y pentre, ac mae cyfeiriad ati ym mhob llyfr ar hanes Tywysogion Cymru. Owain Cyfeiliog, Tywysog Powys, a'i cododd hi yn 12fed ganrif gan adeiladu caer neu gastell pren ar y copa. Un o'i gestyll oedd hwn, ond mae'n rhaid ei fod yn un pwysig oherwydd roedd ei Fardd Teulu, Cynddelw Brydydd Mawr, yn cartrefu ym Mhentre Mawr, rhyw filltir i ffwrdd. Mae'n anodd i ni ddirnad y miri oedd yma naw canrif yn ôl, a hyd yma ni ddaeth neb i ymyrryd â heddwch presennol yr hen le. Fy nhad blannodd y cannoedd cennin Pedr sy'n tyfu trosti a phan oedd defaid yn pori yma doedd yma ddim mieri chwaith. Dwi'n cofio pan fydden ni blant, Iolo a fi, wedi mynd ymhell i chware ac yn amser pryd bwyd mi fydde fy Nhad yn mynd i ben yn Domen Fawr ac yn chwythu ei gorn hela! Fydden ni fawr o dro yn dod i ateb yr alwad. Mae'r ffordd fach gul sy'n mynd dros bont afon Twymyn yn dringo i gyfeiriad Tŷ Ucha, Tŷ Canol a Tŷ Pella, Cymry'n ffarmio yn y ddau olaf o hyd, a chofiwn am eu cysylltiad â cherddoriaeth, W.E. y canwr a'r arweinydd côr a David Cullen, Tŷ Canol, enillodd y Rhuban Glas yn 1977.

"Pentre'r afonydd ydy Tafolwern, a'r Iaen a'r Twymyn yn dolennu o'i gwmpas, yn ymuno yma ac yn carlamu ymlaen efo'i gilydd dan Goed Ffridd Fawr. Mae ei "briffordd" fach gul, serth yn dod i lawr o'r A470 ac yn mynd trwy'r pentre ac i fyny Wtra Brook ac allan i ffordd Llan, a'r cloddiau'n llawn o flodau gwylltion. Roedd Tafolwern ers talwm, ac mae'n siwr ei fod o'n dal fel'ny, yn lle bach braf iawn i fyw ynddo"

Dyma gân i OWAIN CYFEILIOG gan D.C.Davies (Ap Siôn)

Man yr una Clegr a Thwymyn
Erys olion hyd yn awr
O hen gastell enwog bennaeth,
Dyna ydyw'r Domen Fawr.
Owain, Arglwydd bro Cyfeiliog
Yno gododd yr hen glawdd,
Rhag cynllwynion llawer gelyn
Bu Tafolwern iddo'n nawdd.

Milwyr ffyrnig Tarw Talgarth
Ymosododd lawer gwaith,
Ac o Dalgarth yn Nhrefeglwys
Deuai'r rhain ar reibus daith.
Roedd Cyfeiliog ac Arwystli
Yn gymdogion o ran tir,
Rhwng y ddwy roedd hen elyniaeth,
Ymladd fu am amser hir.

Gelyn brwd fu Arglwydd Gwynedd,
Ac yng Ngheredigion, Rhys;
Er y ddau yn feib-yng-nghyfraith,
Ni faidd Owain fynd i'w llys.
Cadwodd fardd i ganu'i glodydd,
'Nôl ei arfer, ar ei lawr,
Nid oedd yn un rhan o Gymru
Fardd o fri Cynddelw Mawr.

Dewis gwŷr y byddai Owain
I'w ddwy ferch, yn ôl y drefn,
Rhoddodd un ym Mhlas Rhiwsaeson
Fel y byddai iddo'n gefn;
I'w ferch arall rhodd Mathafarn,
A Goronwy iddi'n ŵr;
Cadw roedd ei deulu'n agos,
Bu eu cymorth iddo'n dŵr.

Etifeddodd ran o Bowys,
Aeth i fyw i'r Trallwng, draw,
Doethor oedd yn llywodraethu,
Ffynnodd masnach dan ei law.
Owain gododd Ystrad Marchell,
Rhoddodd dir i'r myneich mad;
Y mae enw Tir y Mynach
Fyth yn aros yn ein gwlad.

Ef rodd diroedd yn Nhalerddig
I'r Mynachdy bychan, gwan;
Gwelir heddiw yr hen feinciau
Yn yr eglwys yn y Llan.
Rhodd ei stad i'w fab Gwenwynwyn,
Wedi'i einioes stormus, hir,
I Ystrad Marchell aeth yn fynach,
Huna yno yn ei dir.

BONT DOLGADFAN

Datblygodd pentre'r Bont yn y pant o gwmpas afon Twymyn, y dŵr yn rhoi cyfle i ddatblygu melin falu a phandy a ffatri wlân yn y bedwaredd ganrif ar bymtheg a chyn hynny. Yr emynydd a'r englynwr, William Williams, Gwilym Cyfeiliog, (1801-1876) oedd piau'r ffatri yn ei dydd. Roedd o'n gefnder i S.R ac wedi ei addysgu yn ysgol ei ewythr, y Parch John Roberts ac yn y Trallwng. Wedi ei eni yn y Winllan ac wedi byw yn y Wîg, daeth i'r Bont yn 1822 pan etifeddodd y ffatri wlân ac ychydig o dai yno. Yn y Bont y bu farw ac mae wedi ei gladdu ym mynwent y Llan. Roedd y felin, "melin Gellidywyll" fel y'i gelwid, nepell o'r pentre yn Pandy Isaf, ac fel y dywed yr enw, yno roedd y pandy hefyd. Mae'r cilyn a berthynai i'r felin i'w weld heddiw ar ochr y ffordd ar y tro ar ôl pasio Llwyn Owen. Eiddo'r stad honno oedd y felin a'r cilyn a throwyd y felin gyda phwer ei holwyn ddŵr yn weithdy i saer y stad. Yno y gweithiai Harri Thomas, saer, blaenor a gŵr Dora fu'n Ysgolfeistres yn Pennant a'r Bont. Cadwodd y pentref ei dawelwch gan nad yw'r briffordd yn mynd trwyddo ond yn hytrach y ffordd gul sy'n rhedeg o Dalerddig i Ddolgadfan trwy Gwm Cerhynt. Oherwydd y newid a fu ym mherchnogaeth y tai mae golwg llai gwerinol o dipyn ar y pentref heddiw nag a fu ond yn sicr mae'n dal i fod yn un o bentrefi bach tlysaf Cymru.

Mae ISLWYN LEWIS am fynd â ni o gwmpas i'n hatgoffa o'r hen gymdeithas oedd yma yn ôl yn y 20au:

"Mi ges i fy ngheni yn y Bragdy, Bont yn 1921 yn un o 13 o blant Morris a Mari Lewis. Bryd hynny roedd yna deuluoedd Cymraeg ym mhob tŷ a llond y lle o blant – dau sydd yma heddiw. Dyna'r newid mawr sydd wedi bod. Yn wir, dim ond dau beth sy'n ddigyfnewid yn y Bont – crawcian y brain a'r bont ei hun! Mae'r brain mor swnllyd a niferus ag erioed yn y coed tal wrth y fynwent ac mae bwa'r bont garreg yn dal yn gadarn dros afon Twymyn wrth i honno gordeddu'n osgeiddig trwy'r pentref, a'r rhan fwyaf o'r tai yn edrych i lawr arni. Roedd o'n lle bach bywiog iawn ers talwm.

"Mi gychwynnwn ni i lawr y rhiw o Ddolgadfan a phasio byngalo godwyd ddeugain mlynedd yn ôl gan y crefftwr John Price, gynt o Brynunty. Yna, down at y capel ar y chwith a'r ysgol ar y dde y cawn eu hanes mewn pennod arall. Roedd Tan-y-capel yn ddau dŷ, hen ewyrth i mi, Dafydd Evans anwyd yn Llwyn-glas ac a fu mewn busnes dillad yn Llundain, yn un. Daeth gweddw a'i merch i fyw i un o'r tai yn y fan hyn un tro a phriododd y fam â ffarmwr lleol, hen lanc enwog am ei gynildeb. Deallodd yn fuan iawn ei fod wedi newid byd. "Mi warian 'y mhres i i gyd!" oedd ei gri parhaus. Un dydd Sul pan welodd fod coes y ceiliog ar blât y lodes fach ni allodd ymatal rhag ebychu, "Fy ngheiliog i oedd hwnna!"

"Dyma ni'n dod i waelod y rhiw, ac Isfryn ar y dde lle cadwai Mrs Evans siop. Mae'r storws sinc gyferbyn lle cedwid oil lamp yn dal yno. Naill ben ac yn sownd mae Tŷ Mawr. Yma y treuliodd Harri a Dora Thomas ddyddiau eu hymddeoliad. Heibio'r talcen mi welwn ffordd fach gul yn arwain i gyfeiriad Pandy Isaf, tŷ anedd yn unig heddiw heb na gweithdy saer na melin. Gyferbyn mae Pen-y-bont, ffarm fach bryd hynny ac iddi ychydig o gaeau, a'i sgubor a'i beudy draw dros yr afon wrth Hen Efail. Ted Griffiths, gweithiwr ffordd ydw i'n gofio yma a fo, a'i fab Eddie wedyn, oedd yr olaf i ffarmio yma. Oedwn am funud ar y bont sydd union yng nghanol y penref, y canolbwynt naturiol, i feddwl am y mynd a'r dod ar droed oedd drosti gynt ar siwrneion pob dydd i siop a chapel ac ysgol neu i daro heibio i dŷ cyfaill, ac i feddwl am y gwirioneddau mawr a'r tynnu coes a glywyd rhwng y canllawiau yma. Tawel bellach. Dim ond ambell i gar ac ambell bwdl yn cael mynd am dro.

"Edrychwn i'r dde ar dŷ gwyngalchog claerwyn yn ymyl y dŵr. Y pellaf o'r ddau dŷ oedd adeiladau ffarm Pen-y-bont brynwyd am £40. Mae eu cyffelyb heddiw yn nes i £80,000. Hen Dafarn ydy'r llall, ac ers talwm roedd tŷ bach, bach ar y pen, tŷ Mary Jane Roli (y gŵr oedd Roli) a'u mab Trefor Roli. (Roedd o'n hen arferiad i roi enw'r gŵr neu'r wraig wrth gwt y llall e.e Sarah Esra, Mari Edwin, Mari Morris.) Roedd gan Mary Jane Roli arferiad o olchi wedi nos yn yr afon, mor agos oedd honno, ac yn wir fe ddeuai i'r tŷ yn amal. Mae wyres iddi heddiw yn offeiriad yn Birmingham ac wŷr iddi'n adeiladwr lleol adnabyddus. Yn edrych i lawr ar y ddau dŷ mae Glan Twymyn, cartref Jane ac Edward Edwards a'u plant Clifford, Tom ac Edward. Daeth bri a ffortiwn i ran mab i Edward trwy ennill y gamp lawn yn y gêm deledu *Who wants to be a millionnaire?* Mae hefyd wedi ennill y *Brain of Britain*. Ysgolfeistr ydy o wedi ei ddwyn i fyny yn Lloegr ond wrthi'n dysgu Cymraeg, o barch i'w wreiddiau yn y Bont, efallai. Gwaith hawdd i un â chystal cof ganddo!

"Ar waelod y rhiw yn y pant o flaen y garejis roedd gweithdy'r crydd, Evan Richard James, brawd i Miss James, ysgolfeistres y Pennant, a chanddo fotorbeic a seidcar i'w chario i'r ysgol. Fel mae ei enw'n awgrymu, y tŷ ar y brig yn edrych i lawr ar y gweithdy ydy Pen-clap. John a Siân Fach ydw i'n gofio yma, fo'n was yng Nghwm-y-rhin. Daeth Richie a Gwyneth Jones (hi'n ferch i Lloyd Jones, Pen-filltir) yma wedyn, y ddau bellach wedi mudo i'r De i fyw yn nes i'r plant. O, na fyddai yna waith i blant yn nes adre, ynte?...Down rŵan at dri thŷ efo'i gilydd ar y dde, Tegfryn y cyntaf lle roedd rhieni Evan Richard y crydd yn byw nes symud i dŷ newydd yn Llan yn y 30au cynnar (y tŷ agosaf i'r tai cyngor) Daeth Siân Watkin i Isfryn wedyn, a galwai *watch-maker*, doctor watsus, o Garno yma unwaith yr wythnos i'r stafell ffrynt i dderbyn ffaeledigion y daeth eu tician i ben a dychwelyd rhai a adferwyd i'w cyfrifoldeb o gadw'r amser. Gallwn ddychmygu ei fod yn ddyn pur boblogaidd oherwydd trysor pennaf y dynion yn y dyddiau hynny oedd eu wats boced, ac yn falch o'i disgrifio fel "chwaer yr haul". Sylweddolwn fod yr holl wasanaethau angenrheidiol ar gael yma yn y Bont a fawr o angen mynd oddi yma i unlle.

"Mae enw rhyfedd i'r tŷ nesaf, Wylecop. Hen dafarn oedd yma ond nid o fewn cof neb. John Rolant a'i wraig ydw i'n gofio yma, hi'n Saesnes. Deuai'r gweinidog o Garno i edrych am yr hen ŵr o dro i dro a thra y byddai yno dyna lle byddai hi'n ffanio'i gŵr efo papur newydd i sicrhau'r gweinidog ei fod yn ddyn sâl. Cai hanner coron am ei thrafferth! Dan Whiting ddaeth ar eu holau, yn byw ei hun ac yn ffansio'i hun yn dipyn o ganwr, ond yn methu dweud "r". Mae gen i gof amdano'n canu "Y Nefoedd" yn Eisteddfod y Groglith yma, a "Cawn och-ch-ch-ffwys yn y Nefoedd!" yn digwydd lawer gwaith trosodd. Ivy Cottage ydy'r nesaf yn y rhes, cartref Edward Jones y torrwr cerrig. Ac yn olaf tŷ bach iawn Lisi Rolant. Roedd hi'n fydwraig a hefyd yn mynd o gwmpas i bapuro a helpu'n gyffredinol, gwraig Lloyd Jones, Penfilltir yn ferch iddi. Yn y pant tu cefn i'r tai byrlyma nant y Wern lle yr arferem ddal brithyll â'n dwylo.

"Wedi diflannu'n llwyr mae rhes o dai oedd gyferbyn, sef Tan-y-ffordd. Yma roedd gweithdy'r crydd Tomi Lewis, ac yma hefyd, fel y clywais fy mam yn dweud, roedd hen wraig yn byw ers talwm a gymerai dramps i gysgu'r nos am geiniog. Tybed nad oedd hi'n haeddu mwy na hynny am ladd y chwaun trannoeth…?! Wel, dyma'r Bragdy rwân ar y chwith, fy hen gartre, rhes o bump tŷ dwy lofft. A, do, mi fu yma fragdy unwaith (mae'r stori honno mewn pennod arall). Tai ydy'r Bragdy yn yr ugeinfed ganrif. Roedden ni'n byw yn y pen uchaf, tŷ â dwy lofft a seler lle cadwem datws a glo, a lle y magwyd 13 ohonon ni, y tŷ cyn laned â'r lamp gan fy mam. Cofio Jini fy chwaer yn sychu ôl traed y Gweinidog wrth i'r creadur gerdded ar draws y gegin…. Teiliwr oedd fy nhad, Morris Lewis, dyn bach o gorffolaeth tra roedd fy mam yn llond cegin o ddynes." (Medd y Golygydd: Soniai fy mam yn aml am yr olygfa ar fore Sul yn y Bont, Morris a Mari Lewis yn troi allan yn eu gogoniant o'r bwthyn bach ar dop y rhiw, hi'n ddynes fawr fonetog yn ei du ac yntau dipyn llai yn dwt wrth ei hochr a'u plant yn eu dilyn yn un gynffon hir tua'r capel yn drefnus, yn fechgyn a merched, pob un fel pin mewn papur. Ble y caech chi olygfa fel yna heddiw?)

"Drws nesaf i lawr roedd fy nhaid a'm nain ar ochr fy nhad yn byw, a'u mab Tom Lewis, crydd ac englynwr. Roedd nain arall i mi, Harriet Evans, yn y ty nesaf i lawr eto. Dyna i chi fraint cael dwy nain wrth law. Marjorie Foulkes a'i thad oedd wedyn. Bu hi farw'n gymharol ddiweddar yn gant oed. Gweithio yn Llwyn Owen yr oedd hi. Y tŷ isaf yn y rhes oedd cartref y saer George Thomas a'i wraig Elen a'u plant Emrys a Dorothy. Cafodd Emrys losgiadau difrifol wrth achub cydymaith pan ddisgynnodd eu hawyren yn yr Ail Ryfel Byd. Fe symudon nhw wedyn i ddilyn ei rieni i Hen Dafarn ac yna i dai cyngor Dôl-y-bont yn y Gwaelod. Dyna un nodwedd ers talwm, symudai pobol yn rhwydd o dŷ i dŷ o fewn eu cymuned. Heddiw, mor anodd ydy cael tŷ o gwbwl, ac mor ddrud.

"Y lle nesaf ar y dde ydy Penfilltir. Ffarm fach tua 12 acer, yn dal i gael ei ffarmio gan Mrs Janet Hughes, merch y Cawg, Pennant gynt, efo help un o'r meibion. Mae'r lle yn sioe o flodau gan Janet bob haf ac yn werth ei weld. Magodd Janet a'i gŵr, Peris, saith o blant a'r newydd da ydy fod un ohonyn nhw, Linda a'i gŵr Glyn a'u plant Bryn a Siân Elin, wedi penderfynu mai y Bont ydy eu cartref hwythau i fod ac wedi prynu darn o'r Bragdy a'i adnewyddu. Oni fuasai'n braf gallu dweud fod mwy o hyn yn digwydd yn ein pentrefi gwledig? Ysywaith, colli'r hen gartrefi yr ydym i rai sy'n gweld mwy o werth ynddyn nhw na ni. Ond dangosodd Linda a Glyn eu teyrngarwch i Gymru a'r Gymraeg cyn hyn: Yn Ne Affrica y ganwyd eu plant ond pan ddaethon nhw yn ôl i Gymru ychydig flynyddoedd yn ôl roedd y plant yn siarad Saesneg, Swahili, Afrikans – a Chymraeg gwell na llawer a dreuliodd eu hoes yma. Gofalai Linda fod y ddau yn cael gwersi dyddiol ganddi mewn darllen a sgrifennu Cymraeg a gofalai Anti Nesta a Nain fod ganddyn nhw lyfrgell Gymraeg cystal â Llyfrgell y Sir! Nhw ydy'r unig blant sy'n byw yn y Bont heddiw.

"Fe â'r ffordd yn ei blaen wedyn am Gwm Cerhynt a'r Wern, ond stori arall ydy honno i'w dilyn eto. Trown ninnau'n ôl i waelod y rhiw a throi i'r chwith lle mae yna glwstwr arall o dai. Verdon Cottage ydy'r cyntaf. Roedd yn ddau dŷ ers talwm. Oscar Jones a'i wraig, Mari Oscar oedd yn y cyntaf ac yn gweithio yn Llwyn Owen. Sais o'r enw Soley oedd yn y llall, ei wraig yn chwaer i "Shwc" y Fodwen (Fransis oedd ei enw iawn ond cafodd yr enw Shwc yn yr ysgol, a glynodd wrtho). Yma y deuai rhai i gael atgyfnerthu batris radio. Gwnaed y ddau dŷ nesaf yn un hefyd dan yr enw Gwernant. Yn y cyntaf roedd Hannah a Frank Miller a'u merch dlos, Florie, hi'n gweithio yn siop fawr grand Pryce Jones yn y Drenewydd. Teiliwr oedd Frank ac yn dipyn o arbrofwr efo radio a "theliffon". Y "Castle" oedd ei weithdy, fawr mwy na sied yr ochr arall i'r ffordd, a gan ei fod yn hoff o chwarae triciau be' wnaeth o ond rhedeg cêbl o'r Castle i gornel y gegin a rhoi tun yn sownd wrtho a math o feicroffon y pen arall, a dyna lle bydde fo'n dolefain yn isel, "Hannah! Hannah!" a hithe'n clywed yr alwad yn dod o gornel y gegin a neb yno, ac yn dychryn am ei bywyd! Mae'n debyg mai tŷ oedd y Castle yn wreiddiol. Bu John Rolant yn byw yno a phriododd Saesnes o Durham – dynes a gafodd siom fawr pan ddeallodd nad oedd o'n byw mewn "castell" ac yn sicr ddim yn gefnog! Drws nesa' roedd Evan Griffiths yn byw, yn gweithio ar y ffordd ond ar y Sul ar ei fotor-beic yn dosbarthu papurau newydd – felly'r enw arno, Ifan Papur.

"Mae'r ddau dŷ nesaf, Tremafon a Brynawel, yn gwbwl wahanol i bob tŷ arall yn y Bont ac maen nhw wedi eu rhestru fel adeiladau o ddiddordeb pensaerniol. Adeiladwyd nhw o frics coch yn bennaf ar sylfaen garreg gyda llawer o bren wedi ei baentio'n ddu yn eu hwynebau. Tai godwyd gan stad Llwyn Owen ydyn nhw i'w gweithwyr, ar batrwm tebyg i Lodge Llwyn Owen. Ar y wal mae arfbais y teulu a'r pedair mesen yn amlwg a D.W.S.a'r dyddiad MC MX 11. Roedd y teulu'n hoff o arddangos eu pwysigrwydd: i fyny yn Abercreigiau ym Mwlch Dolgadfan roedd y llythrennau D.W.S. (Daniel Wintringham Stable) wedi eu plannu mewn coed o liw arbennig. Tom Bach a'i wraig Emily oedd yn Nhremafon a Mr a Mrs Grey, cipar a chogyddes y Plas yn y llall. Saeson oedden nhw a phedwar o blant, un yn dew a thrwsgwl – "Bwli Grey" i ni blant yr ysgol ac mae'n ddrwg gen i ddeud i ni weiddi lawer gwaith:

"Bwli ffata beli, neidiodd dros y gwely,
Mrs Grey yn galw.... Bwli wedi marw!"

(Tybed ai parodi ar "Un, dau, tri, Mam yn dal pry. Pry wedi marw, Mam yn crio'n arw."?)

Mae'r ddau dŷ wedi eu huno ers rhai blynyddoedd gan adeiladwr lleol (gyda'r posibilrwydd o'i droi yn ôl yn ddau dŷ), ac roedd ar werth yn 2004 am £375,000 sy'n adlewyrchiad dilys o fel y llamodd prisiau tai i fyny'n aruthrol ers troad y mileniwm.

"Ysgoldy'r Annibynwyr yn dyddio o 40au'r ganrif cynt ydy'r adeilad olaf cyn mynd i ffordd Tŷ Gwyn lle mae 5 o dai unigol newydd a byngalo wedi eu codi. Caeodd yr ysgoldy yn 1992.

"Trown ninnau i lawr i'r chwith i Williams Street sy'n rhedeg efo'r afon. Yma gynt roedd ffatri wlân Gwilym Cyfeiliog a rhes o dai, ac mae olion yr hen ffatri o hyd yn y pen isaf. Siop a phost oedd y tŷ cyntaf yn y rhes, a Myfanwy James a'u cadwai pan oeddwn i'n ifanc. Bu teulu Anwyl, Dolgadfan yn cadw'r siop un adeg wedyn ac yna Joseph a Rhiannon Williams (merch y Gelli) a chanddyn nhw ddwy o ferched, Miriam a Bethan. Gwyneth Pitcher ac yna ei merch, Mary, oedd yr olaf i gadw'r swyddfa bost yma. Caeodd yn 1985 ac aeth Mary i gadw'r Post yn y Gwaelod ar ôl hynny. Bu'r tŷ yn lety i ymwelwyr wedyn am flynyddoedd dan yr enw "Cyfeiliog" a rwân mae o'n dŷ preifat.

"Drws nesa i lawr dwi'n cofio Miss Bowen yn byw, cyn-brifathrawes yr ysgol, yn mynd o gwmpas y pentref yn ei dillad llaes bob amser. Yn rhif 3, Sais, Mr Payne a'i fab. Mari Cadwaladr a'i mab, Tom Bach, yn rhif 4, ac yn y tŷ olaf Mr Plume, pen-garddwr Plas Llwyn Owen a'i wraig a'u plant, Arthur a Margaret. Treuliodd Arthur ei oes yn y tŷ yma gan brynu'r drws nesa a'u gwneud yn un dan yr enw "Y Bwthyn". Camp i neb oedd curo cynnyrch ei ardd i lawr wrth yr afon ac roedd ei weithdy a'r amgylchedd o gwmpas ei gartref yn gryno iawn bob amser. Y tu cefn i'r rhes dai mae dôl fach gron a'r afon a'r coed fel braich amdani. Welsoch chi ddim lle tlysach erioed. Gobeithio y bydd hi yr un fath mewn canrif arall".

GWILYM CYFEILOG A'I FAB

Ni allwn adael y Bont heb sôn ymhellach am ddau o'i henwogion pennaf, WILLIAM WILLIAMS (Gwilym Cyfeiliog) (1801-1876) a'i fab RICHARD WILLIAMS (1835-1906). Mi gofiwn i John Roberts (tad S.R.) ddod yn weinidog i'r Hen Gapel ar ôl Richard Tibbott. Wel, roedd gan John Roberts chwaer, Mary. Priododd hi Richard Williams y Wîg a magu tyâid o blant, a'r hynaf oedd Gwilym Cyfeiliog. (Mae disgynyddion iddo yn yr ardal heddiw ac yn falch o'u cysylltiad: priododd ei chwaer, Mary â Richard Morris, Bronderwgoed ac mae Delyth Rees ac Eryl Evans, Machynlleth yn or-or-wyresau iddyn nhw; priododd Anne, chwaer arall, â'r Parch Isaac Williams, gweinidog cyntaf y Bont a'r Pennant, ac mae Ann Fychan a Donald Lewis yn or-or-wyrion iddyn nhw; priododd nith Gwilym Cyfeiliog, Dorothy, â Gruffydd Williams, Tafarn y Llan, a mab iddyn nhw oedd "Gwilym Llan", a phlant iddo yntau oedd y Capten Gwilym Williams, Gruffydd Alun a Doris.)

Mynychodd Gwilym Cyfeiliog ysgol ei ewythr yn yr Hen Gapel (hen sowldiwr oedd yn athrawiaethu yn ysgol y Llan, rheswm da dros beidio â mynd yno). Magodd ddiddordeb mawr mewn llenyddiaeth ac ysgrifennai lawer i gylchgronau; ei waith enwocaf ydy'r emyn *Caed trefn i faddau pechod yn yr Iawn*. Yn gapelwr selog daliai swyddi efo'r Methodistiaid yn y Bont a bu ganddo ran flaenllaw yn y gwaith o adnewyddu'r capel yn 1820 a'i ail-adeiladu yn 1879. Sefydlodd Gymdeithas Ddirwest Llanbrynmair a bu'n ddylanwadol ynglŷn â chau y Bragdy.

Yn 1823 etifeddodd y rhes o dai a'r ffatri wlân yn Williams Street ar ôl ei ewythr cefnog, John Williams, a chwarae teg i Gwilym daliodd ati i gynhyrchu gwlanen yno am 40 mlynedd wedyn, hyd at 1863, a'r diwydiant gwlân erbyn hynny yn colli tir. Ni weithiodd neb y ffatri ar ei ôl.

Daeth ei fab, Richard Williams, yn gymwynaswr mawr i'w sir enedigol. Addysgwyd yntau yn lleol ac yna yn y Drenewydd a'r Bala ac mewn swyddfeydd cyfreithwyr. Yn hynafiaethydd, hanesydd a chyfreithiwr bu fyw y rhan fwyaf o'i oes yn y Drenewydd, ymchwiliodd yn ddwfn i hanes ei fro a'i sir a chyhoeddodd ddwy gyfrol bwysig, *Montgomeryshire Worthies* ac *A History of the Parish of Llanbrynmair* (1889) a llawer o erthyglau a thraethodau pellach. Yn un o sylfaenwyr y *Powysland Club*, casglodd lyfrgell bersonol eang a brynwyd wedyn gan yr Arglwydd Davies, Llandinam a'i throsglwyddo i'r Llyfrgell Genedlaethol dan yr enw *Celynog Collection*. Fo oedd asiant yr ymgeisydd Rhyddfrydol, Stewart Rendel a etholwyd yn Aelod Seneddol yn 1880 gan dorri gafael hir-hoedlog y teulu Wynnstay ar y swydd. Yn y Senedd bu Rendel yn flaenllaw mewn deddfu dros sefydlu ysgolion uwchradd, a fo roddodd y tir lle saif y Llyfrgell Genedlaethol heddiw.

Trwy'r dynion yma gall pentref bach y Bont hawlio'i siâr o anfarwoldeb.

YSGOLDY ANNIBYNWYR Y BONT
Yn gynnar yn y bedwaredd ganrif ar bymtheg daeth Edward Edwards o Sir Aberteifi yn of i Ddôlgoch, a phriododd y ferch, Jane Davies, a symud i'r Bont. Roedd yn chwith ganddynt nad oedd achos gan yr Annibynwyr yn y lle a dyna nhw'n gofyn i'r Parch John Roberts, Hen Gapel am ganiatâd i gynnal cyfarfodydd yn eu cartref. Nhw, felly, a theulu William Jones, Tawelan, oedd y chwech cyntaf i gychwyn cwrdd mewn tai cyn codi'r ysgoldy yn 1840. Bu'r achos yn un llwyddiannus iawn am bron ganrif a hanner. Yn yr ugeinfed ganrif ceid yma ddwy bregeth y mis, cymun achlysurol, cwrdd Diolchgarwch, Ysgol Sul, Band of Hope a chyfarfodydd gweddi, yn ogystal â Chyfarfod Bach nodedig. Roedd sôn am ganu da y Bont, a Joseph Williams, Fronlwyd (Cleiriau, Aberhosan gynt) yn godwr canu am flynyddoedd lawer. Doedd dim prinder organyddion chwaith – merched y Gelli, Tryphena, Claudia a Rhiannon, ac Enid Davies, Siop y Llan, Mrs Miriam Hulme (Williams gynt) a John Davies, Dôlgoch ar dro.

Erbyn hanner olaf yr ugeinfed ganrif gwelwyd lleihad yn nifer y mynychwyr: roedd trafnidiaeth i'r Hen Gapel yn haws, llai o blant, dirywiodd cyflwr y capel – ac er gofid i'r cynulliad bach bu raid cau y drws. Cynhaliodd y Parch Ifan Wyn Evans yr oedfa olaf yma ar Fedi 13eg, 1992. Mae'r ysgoldy bellach wedi ei werthu a'i droi yn dŷ

Y diaconiaid pan gaeodd y capel oedd W. Penri Williams, Lluast, a Bernard Davies, Siop y Llan. Yn ysgrifennydd a thrysorydd roedd Mrs Gwyneth Davies, Tŷ Gwyn. Mae'n werth dweud gair fan hyn am Penri Williams, (Peni), oedd yn sicr yn un o gymeriadau anwylaf a mwyaf gwreiddiol y Bont, a'r siaradwr o'r frest mwyaf naturiol a doniol a glywyd erioed. Mae gan Bernard Davies atgofion byw iawn ohono:

"Brodor o gylch Cwm Llwyd, Carno, oedd Penry Williams, ac ar ôl bod yn gweithio yng nghylch Tywyn daeth o a'i deulu i fyw i Lluast,

Bont yn y 40au cynnar. Yn ogystal â ffarmio y Lluast, bu'n gweithio ar ffermydd eraill ac yna i adran priffyrdd y Cyngor Sir. Bu'n hynod o ffyddlon a gweithgar yn yr Hen Gapel ac yn enwedig yn Ysgoldy'r Bont.

"Roedd yn ŵr bywiog, llawn hiwmor, gyda dywediadau bachog, a'i ffraethineb yn haentus – 'dallech chi ddim peidio â chwerthin yn ei gwmni. Pan ddeuai tro ysgoldy'r Bont i drefnu'r Cyfarfod Bach, Peni fyddai bob amser yn cynnig y diolchiadau. Gallai droi peth mor ddiflas â hynny yn eitem o hwyl a difyrrwch, ac ni fyddai neb yn meddwl gadael cyn clywed perorasiwn Peni, a hynny i gyd o'r frest heb unrhyw baratoi. Colled i'r ardal fu ei farwolaeth yn Awst 2001 yn 88 mlwydd oed".

ATGOFION IOAN PRICE (GYNT O GWMCALCH UCHAF)

"Un o Ddolgellau oedd fy nhad ac yno y ces innau fe ngeni yn 1924 Roeddwn i'n saith oed pan symudon ni i fyw i Gwmcalch Ucha'. Ymhlith f'atgofion cynta' mae'r cof am fynd i fyny i Drannon ar y gert efo fy Nain a thad Mona Lewis i moen mawn. Roedd yn rhy gorsiog i ni allu mynd â'r gert at y pwll mawr, felly roedd yn rhaid ei gario mewn berfa.

"Rwy'n cofio Nhad a finne wedi mynd i Gapel Bethel y Bont i wasanaeth arbennig i gysegru'r fynwent. Roedd y capel yn orlawn ac yn ystod y bregeth dyma'r gweinidog yn gweiddi, "Oes yna rywun eisiau 'i achub? Coded ar ei draed!" Meddylies yn siwr y bydde amryw yn awyddus, gan fod llawer yno a llawer ohonyn nhw byth i'w gweld ond mewn Cyfarfod Diolchgarwch. Dyna lle roeddwn i'n fusnes i gyd yn edrych rownd gan ddisgwyl gweld rhywun yn codi, ond chododd 'na neb, er mawr siom i mi!

"Ond mae'n debyg mai'r peth cyntaf yr ydw i'n ei gofio ydy mynd i Ysgol y Bont. Roeddwn yn cerdded i lawr efo Alun, Esgair Llafurun, Dafydd, Brian a Maglona, Cwmcalch Isa' a phlant y Waun, Harri, Menna, Richard a Brenda. Roedd 'na griw go lew ohonon ni ac roedd y daith yn un hir. Fel roedden ni'n mynd i lawr roedd mwy yn ymuno efo ni, Eddie'r Lluast, yna plant y Wern a'r Fronlwyd yn cwrdd â ni wrth Llwynglas. Heibio Penfilltir, ac yna criw mawr y Lewisiaid wrth y Bragdy. Ond ar y diwrnod cyntaf fe ddaeth Emlyn Griffiths (Emlyn Llaeth yn ddiweddarach) i fyny dipyn go lew i gwrdd â fi am fy mod i'n newydd a phopeth yn ddiarth i mi. Fo oedd y bachgen hynaf yn yr ysgol ar y pryd.

"Oedd, roedd hi'n dipyn o siwrne i'r ysgol, tua thair milltir, a hynny ym mhob tywydd, a thipyn go lew o dynnu fyny ar y ffordd adre. Sychu wrth y tân agored yn yr ysgol. Am ein bod ni'n byw mor bell roedden ni, blant y topiach, yn mynd â'n cinio efo ni, a phawb yn cael Horlicks am ddime amser cinio. Pan oeddwn yn hŷn mi awn i'r ysgol erbyn tua 8.30 er mwyn cael chwarae pêl-droed cyn i'r gloch ganu am naw.

"Mae gen i atgofion melys iawn o'r ysgol yn y Bont. Miss Annie Mary Peate, Dôl-fach oedd athrawes y plant lleia'. Roedd hi'n ffeind eithriadol wrth bawb. A dweud y gwir, roedd hi'n *rhy* ffeind i fod yn athrawes dda! Weithie, mi fydde'r sgwlyn, Mr Glanffrwd Davies yn cnocio'r ffenest efo'i ddyrne os bydde 'na sŵn. Roedd o'n athro arbennig o dda ac yn gwneud ei ore i'n cael ni i ddysgu. Defnyddiai ddau air yn amal iawn – *Idiotic duffers!* Cardi oedd o. Gofynnodd rhyw ddiwrnod, "Be' wi'n galw rhai bach draw fynna?" A dyma Myra Owen (Aberdyfi heddiw) yn ateb "Idiots!" Alle fo ddeud dim rhagor!

"Saesneg oedd iaith yr addysg yn yr ysgol, er ei fod yn siarad Cymraeg â'r plant hefyd. Roedd amserlen ar y wal bob amser, ond dim Cymraeg arni. Roedd dylanwad hyn yn fawr arna i gan iddi fod yn well gen i ddarllen Saesneg ar hyd y blynyddoedd. Hanes a Daearyddiaeth oedd fy hoff byncie – Hanes yn enwedig, ond chawson ni nemor ddim o hanes Cymru – fel'ny roedd hi bryd hynny. Mae pethe wedi newid erbyn heddiw, diolch byth.

"Rhyw ddiwrnod fe ddaeth yna Arolygwr i'r ysgol. Fi oedd yr hynaf ar y pryd, a dyma fo'n troi a gofyn i mi enwi tri o arweinwyr mwya' blaenllaw Cymru, a dyma fi'n enwi Ceiriog, Tom Ellis a Lloyd George am fod y tri yna'n digwydd bod ar y wal! Roedden ni'n cael llawer o addysg grefyddol, a Glanffrwd Davies yn un hynod am ddeud stori. Fel arfer, fe fyddem yn gorfod sgwennu traethawd ar ôl cael stori. Dwi'n cofio un tro i ni gael stori Samson. Pe bai rhywun wedi sgwennu rhywbeth gwahanol i'r lleill, neu wneud gormod o gamgymeriade mi fydde'r sgwlyn yn darllen y gwaith allan. Doeddwn i ddim yn hoffi hyn gan y byddai'n gwneud sbort am ein pennau. Ond y syniad oedd ein dysgu i beidio llithro yr eilwaith. Wel, y tro yma roedd Olwen Lewis, y Bragdy wedi sgwennu, "*Samson got hold of the lion and flung him to Halifax!*" "Doedd yna ddim sôn am Halifax y pryd hynny, *you duffer!*" medde Davies Bach.

"Roedd llawer iawn o weithwyr yn Llwyn Owen yn gweithio i Stable. Dwi'n cofio un o'r plant yn mynd adre i ginio ac yn cael gafael ar stori oedd yn ddifyr iawn i ni'r plant. Roedd un o'r gweithwyr wedi dal twrch ac wedi'i gadw'n fyw. Yna, dyma fo'n rhoi rhywbeth am ei wddw a chlymu saith twrch marw y tu ôl iddo fo, a dyna lle roedd yr hen dwrch yn tynnu'r tyrchod ar hyd y lawnt yn Llwyn Owen! Roedden ni'n meddwl mai dyna'r unig greadur fyddai'n gallu tynnu saith o'i rywogaeth ei hunan.

"Ond yr arwr ymhlith y plant oedd Eddie Griffiths, Penybont. Roedd yn ddyn pwysig iawn gennon ni blant ac yn llawn direidi yn yr ysgol fel ym mhobman arall. "Bunt" oedden ni'n ei alw. 'Dwn i ddim beth oedd ystyr yr enw, ond mi fydde Bunt yn rhoi llysenw ar bawb, gan gynnwys fo'i hun. Ffarmio Penybont a gweithio ar y ffordd roedd ei dad, Ted Griffiths. Unwaith, pan oedd o wedi bod yn gweithio ar Fwlch Cerhynt, rhwng Talerddig a'r Bont ac wedi gadael ei ferfa i fyny ar y top, dyma fo'n gofyn i Bunt fynd i fyny i'w moen hi. Wel, yn lle cerdded fel y bydde pawb arall yn ei wneud dyma Bunt i fyny ar ei feic, clymu'r ferfa tu ôl iddo a lawr yn ôl â fo. Hen ferfa bren oedd hi a haearn am yr olwyn. Roedd y ffordd yn arw, ac mi roedd yna dipyn o sŵn! Roedd Mrs Oscar Jones wedi mynd i fyny at droad Brynunty am dro fel y bydde hi'n amal. Mi chwithodd am ei bywyd wrth glywed y sŵn yma'n dod yn nes, gan feddwl yn siwr fod ceffyl wedi rhedeg gan rhywun.

"Dro arall roedden nhw'n brysur efo'r gwair ym Mhenybont, a'r glaw yn bygwth, nhwythe'n trio dal y ceffyl er mwyn cael cario'r gwair reit handi. Ond roedd Bunt wedi rhoi *turps* dan ei gynffon a dyna lle roedd o'n rhedeg yn wyllt rownd y cae a dim posib ei ddal! Byddai Mrs Davies, gwraig yr ysgolfeistr yn dwad i lawr i'r Bont ambell brynhawn ac yn dod i'r ysgol i aros am ei gŵr. Fan'ny roedd hi'n eistedd wrth y tân ac yn amneidio ar Mr Davies fod rhywun yn gwneud stumie tu ôl iddo fo. "Pwy yw e?" meddai'r sgwlyn gan droi ar ei sawdl. Dim ond un alle fo fod – Bunt. Ffwrdd a fo a Bunt yn ei ganlyn i lawr yn syth i Benybont at ei fam. Dyma nhw'n ôl mewn tipyn a golwg tipyn mwy llipa ar y sgwlyn nag ar Bunt. Dynes garedig iawn oedd Mrs Griffiths ond mam ydy mam! Eddie oedd ei hunig blentyn a'i heilun. Ond weithie fydde hi ddim yn dda ar Bunt gartre, a phan fydde'i dad ar ei ôl mi fydde Bunt yn carlamu i fyny i'r garet ac yn rhoi'i ben allan trwy'r ffenest a gweiddi fod pendics arno fo! Cymeriad!

"Roedd yna atebion parod i'w cael gan rai hefyd. Flynyddoedd yn ôl, William oedd enw offeiriad Eglwys y Llan – y Parchedig William Kirkman. Roedd yn arferiad yn y cyfnod yna i bobol fowio neu ymgrymu i'r person, i'r ysgolfeistr neu unrhyw un o ryw statws mewn cymdeithas. Ond doedd Wil Llwynglas ddim yn bowio i'r 'ffeiriad a rhyw ddiwrnod fe ofynnodd hwnnw iddo pam nad oedd o'n bowio. "William y'ch bedyddiwyd chi fel finne", oedd ateb Wil. Rhyw dro mewn cyfarfod llywodraethwyr ysgol y Bont, a Thomas Davies, Dolgadfan a Morris Evans, Fronlwyd ddim yn cael digon o le, "Cau dy geg!" medde Thomas wrth Morris. "Yn 'gored ges i hi!" oedd yr ateb, a dyna fel y dechreuodd y ffraeo.

"Cymeriad ofnadwy oedd Gwilym Williams, Tafarn y Llan, llawn direidi a llawn tricie. Byddai'n canu cloch yr eglwys yn y nos, yn gwisgo cynfas a chodi allan o fedd agored. Roedd gan Harriet Evans, nain plant y Bragdy ar ochr eu mam, ardd yn llawn o datws wrth Tŷ Pero, rhyw gut bach ochor isa' i'r Bragdy a dyma Gwilym a rhywrai efo fo yn codi bwgan brain yng nghanol y tatws. Yn y llwyd dywyll gwaeddodd Gwilym ar Harriet fod yna ddyn yn tynnu tatws. Harriet yn gweiddi arno a'r dyn yn symud dim, hithe'n gwylltio'n gacwn - a Gwilym yn mwynhau'r ddrama. Dro arall roedd Gwilym wedi mynd i'r tŷ at Tom Lewis ac yn eistedd yn y fan'ny yn chware efo catrisen. "Paid â chellwair efo honna", medde Tom, a dyma Gwilym yn ei lluchio hi i'r tân. Rhedodd Tom allan am ei fywyd gan weiddi, "Fy mywyd i mi!" Doedd yna ddim byd yn y gatrisen, wrth gwrs, ond roedd o'n llawn o dricie fel yna. Roedd Gwilym a Tom yn ffrindie mawr a byddai'r ddau yn mynd i fyny i lynnoedd Tŷ Isa i bysgota. Roedd yno bysgod yr adeg honno ond rhaid oedd agor y fflodiart i'w gollwng trwodd. "Mi â i fewn gynta", medde Gwilym wrth Tom gan dynnu 'i ddillad i gyd, "ac mi gei dithe fynd wedyn." Daeth Gwilym allan ac aeth Tom i fewn yn noethlymun. Pan ddaeth o allan doedd dim golwg o Gwilym. Roedd wedi diflannu gan fynd â dillad Tom efo fo – popeth ond ei ddrôns!

"Roedd Tom Lewis yn arwr mawr gan f'ewyrth Stanley (a ymfudodd i Ganada yn ddiweddarach). Crydd oedd Tom wrth ei alwedigaeth, y gore yn y teulu, a bydde Stanley yn cicio'i sgidie er mwyn cael esgus i fynd i weithdy Tom. Roedd rhyw atyniad eithriadol i'r gweithdy. Roedd Tom a hen weithwyr tebyg iddo yn dipyn o seicolegwyr.

Enghraifft o hyn – doedd Tom ddim yn fodlon i neb smocio yn y gweithdy, a chlywodd ogle mwg un tro. John Jones, yr Esgair oedd yn smocio, ac fe wyddai hynny'n iawn. Ond pwy oedd yno ond Eddie Lewis, nai i Tom. "Ti sy'n smocio, Eddie?" gofynnodd yn siarp. Gallai ddweud hynny wrth Eddie, ond roedd John Jones yn gwsmer! Roedd f'ewyrth Stanley a'i fryd ar fynd yn blismon, a daeth Woodfine, plismon Llanbrynmair i fyny i Gwmcalch i'w moen, a phan oedd o'n cychwyn i Wrecsam i ymuno â'r heddlu cyngor Tom iddo fo'r diwrnod hwnnw oedd "Cadw dy hun yn lân," ac roedd yn gyngor da ym mhob ffordd.

"Roedd gan Bili Penwern, cefnder Tom bedwar o geffyle a charej i gario pobol i'r stesion ac yn ôl. Torrodd y carej ar Rhiw capel unwaith a bu raid i bawb fynd allan i gerdded. Mae sôn am hen gymeriad arall o'r Wern wedi mynd i weithio i'r pylle glo ac yn byw yn Nhrealaw, ond un diwrnod mi ddygodd ferfa a cherddodd adre bob cam o'r Rhondda i'r Wern!

"Un o'r bobol mwya' dylanwadol yn ardal y Bont oedd y Barnwr Stable, Llwyn Owen, perchennog y stad. Un tro roedd ei fam wedi torri'i bigwrn wrth hela ar ochre Esgair Ifan. Roedd gan Gwilym Williams stori amdano'n mynd ag Ifan Owen o'r Llan i lawr i'r stesion a phwy oedd yno ond Wintringham Stable, tad y Barnwr, a'i wraig oedd wedi brifo. Doedd Ifan Owen ddim llawer o Sais a dyma fo'n dechre holi'r hen Stable, *"How is Mrs Stable leg?"* Dywedodd Stable ei bod yn well, ond yn lle bodloni ar hynny dyma Ifan Owen yn mynd ymlaen i holi mwy am sut y cafodd hi'r ddamwain, ond doedd gan Stable ddim amcan beth oedd o'n drio'i ddeud. Medde fo wrth Gwilym Williams, *"What is he saying?"* Trodd Gwilym i ofyn i Ifan be' oedd o wedi'i ddeud. "Wn i ddim be' dd'edes i wrth y diawl!" medde Ifan Owen.

"Roedd 'na lawer o grefftwyr yn yr ardal – Tom a Bili Lewis yn gryddion a Morus Lewis, eu brawd, tad plant y Bragdy, yn deiliwr a wnaeth ei brentisiaeth efo'r Jamesiaid oedd â siop yn y Llan. Rwy'n cofio Mrs James yn dweud wrth fy mam am Gwilym James yn gwneud dillad i'r Parch Llewelyn Jerman, y 'ffeiriad, clompyn o ddyn mawr. Dyma Mrs Jerman yn cwyno fod ei gŵr yn colli botyme oddi ar ei wasgod o hyd a'i bod hi wedi gorfod eu gwnio nhw'n ôl gryn hanner dwsin o weithie. "Dim ond un waith ddaru mi'u gwnio nhw!" medde Gwilym James. Y 'ffeiriad oedd yn magu gormod o fol. Roedd gan y Parch. a Mrs Jerman ferch o'r enw Vera. Roedd hi'n eithriadol o brydferth, neu felly yr oeddwn i'n credu pan oeddwn yn yr ysgol. Flynyddoedd wedyn, roedd Blodwen y Bragdy ar ei gwylie yn Ffrainc a digwyddodd glywed rhywun yn siarad Cymraeg, a phwy oedd yno ond Vera. Doedd y ddwy ddim wedi gweld ei gilydd ers dyddie ysgol ac roedd y ddwy ar eu pensiwn erbyn hyn.

"Roedd fy nain yn cofio talu'r Degwm, hyn a hyn o wyddau ac ysgubau o ŷd neu unrhyw gynnyrch. Yr adeg honno roedd yna ddwy 'Sgubor y Degwm yn y Llan, ac un gaeaf oer roedd gŵr o'r Bont yn gweithio yno. Roedd o'n cerdded o un 'sgubor i'r llall a'r 'ffeiriad yn ei weld o yn llewys ei grys. "*Oh, I've got a good man there!*" medde hwnnw wrth rywun. Ond roedd gan y gŵr gôt ym mhob 'sgubor ac yn ei gwisgo ar ôl mynd o'r golwg.

"Roedd fy nhaid, John Evans wedi bod yn ysgol y Wern ac wedi cael y Welsh Not am ei wddw. Bu hen hen ewyrth i mi, Edward Evans, yn ysgolfeistr yn Eglwys y Llan. Hen filwr oedd o, fel llawer o'r ysgolfeistri yr adeg honno, am eu bod nhw â gafael go lew ar y Saesneg, mae'n debyg. Bu'r hanesydd, Cyril Jones yn cynnal dosbarthiade yma ar hanes lleol ac yn sôn amdano'n fflangellu'r plant ac yn mynd yn ôl a mlaen i dafarn Tŷ Mawr yn ymyl. Pe bydde'r plant yn afreolus bydde'n rhoi un ar gefen y llall ac yn eu chwipio.

"Treuliais lawer o amser ym more oes yng nghwmni Evan Jones, Esgair Llafurun, tad Gwilym Pen-ddôl a Jac yr Esgair. Saer coed a whilrit oedd o wrth ei alwedigaeth ac yn grefftwr heb ei ail. Byddai'n gwneud olwynion ac yn mynd o gwmpas y ffermydd i drwsio offer. Roedd yn arbenigwr ar drwsio olwyn ddŵr, ac roedd yna lawer ar ffermydd ers talwm. Gwaith oer iawn oedd hwn gan y byddai'n gorfod mynd i lawr i'r dŵr yn amal iawn i wneud y gwaith. Dysgais lawer am fywyd yng nghwmni Evan Jones a rhoddodd lawer cyngor doeth i mi. "Gwranda ar bawb, meddai, "wyddest ti ddim be' ddysgi di gan y ffŵl dyla". Ac un arall, "Cymer bobol fel y maen nhw a phaid â thrio'u gwneud nhw fel yr wyt ti eisie iddyn nhw fod."

"Roedd Evan Jones wrth ei fodd yn adrodd storiau ysbrydion. Mi alle fod wrthi am orie lawer, ac mi fydde'n codi arswyd arna i nes y byddwn i ofn mynd adre'n amal iawn. Hyd y dydd heddiw, pe bai rhywun yn cynnig mil o bunnoedd i mi awn i ddim fewn i Eglwys y Llan yn y nos!

Roedd o'n credu'r storie bob un - fel y bydde'r rhan fwyaf bryd hynny. Cofiaf am fy nhaid, John Evans, Cwmcalch yn sôn fel y bu iddo alw ym Mhenfilltir efo Bili Owen. Pan ddaeth yn amser mynd adre aeth Bili i'w hebrwng yn ôl yr arfer yn bell i fyny'r ffordd heibio i lidiart Brynunty. Trodd y ddau yn ôl a be' welen nhw ond cannwyll gorff yn dwad o ffordd Brynunty ac yn mynd ymlaen i lawr i gyfeiriad y Bont. Mewn ychydig iawn o dro roedd angladd yng Nghae Madog.

"Tori oedd fy hen daid, Owen Humphreys oedd yn byw yn Fronlwyd. Arferai weithio ar lein fach Dinas Mawddwy, ond yn ôl y sôn fe drodd yn Dori pan ddaeth i ffarmio Fronlwyd. Gorfod troi, mae'n debyg – go brin y byddai wedi cael y denantiaeth fel arall. Cofiaf fy nain (merch Owen Humphreys) yn adrodd fel y byddai gwraig y meistr tir yn cerdded i mewn i Gwmcalch heb gnocio na dim, ac yna'n mynd trwy'r tŷ i gyd i weld os oedd yn cael ei gadw'n lân. Mi fyddech allan ar eich pen os na fyddai'n cyrraedd y safon. Rhyddfrydwyr oedd y teulu bryd hynny fel pawb arall. Hen dai oedd yn y Wern a'r rhan fwyaf o'r teuluoedd yn berchen ar eu tai er nad oedd ganddyn nhw ddim ar glawr. Deuai asiant y stad heibio a gweld slatsen wedi mynd oddi ar do tŷ ac yna anfon un o weithwyr y stad i roi slatsen yn ôl. Y flwyddyn wedyn byddai'r perchnogion yn gorfod talu rhent!

"I mi, roedd y tyniad i'r Bont yn fwy nag i Dalerddig am mai yno roedd yr ysgol a fy ffrindie. Roeddwn yn mynychu dau gapel, sef Bethel y Methodistiaid yn y Bont (capel fy nain) a 'Sgoldy'r Annibynwyr yn Nhalerddig (capel fy rhieni). Byddwn yn mynd i'r Ysgol Sul yn Nhalerddig, ac ar ôl hynny i Ysgol Sul y Wern nes iddi gau. Roedden ni'n cael hwyl garw yno a John Jarman, Brynolwern yn cerdded i fyny bob cam o Dafolwern i'n dysgu. Bydde llond sêt fawr ohonon ni blant yn deud adnod mewn gwasanaeth yng nhapel Bont. Roedd y gweinidog, y Parch H. Evans Thomas yn ddyn dylanwadol iawn ac yn un o'r pregethwyr gore glywais i erioed. Daeth y Parch. T.W.Thomas ar ei ôl, ynte'n weinidog cydwybodol. Gwnaeth dau bregethwr yn arbennig argraff fawr arna i, sef Dr. Vernon Lewis, Machynlleth a W.D.Davies, Pont-ar-Ddyfi. Mewn cyfnod diweddarach, yn ystod y 60au pan oedd Dr. Vernon Lewis yn byw yn Nolguog efo'i fab, Dr. Cyril Lewis mi es i lawr yn y car i'w moen o i bregethu yn yr Hen Gapel. Galwodd fi i'r tŷ i weld beth yr oedd o yn ei wneud – roedd o'n cyfieithu'r Salmau o'r Hebraeg i'r Gymraeg.

"Clywais ddeud fod llawer mwy o gynnwrf yn y Bont nag yn Nhalerddig adeg Diwygiad 1904-5, yno roedd o'n cael ei gymryd yn fwy ysgafn. Roedd llawer o bethe rhyfedd yn cael eu dweud ar weddiau yr adeg honno. Roedd tair oedfa ar y Sul, a chyfarfod gweddi a Seiat yn yr wythnos yn bodoli eisoes ond mwy fyth o gyfarfodydd yn cael eu cynnal adeg y Diwygiad. Disgrifiodd y Dr. Iorwerth Peate y Diwygiad fel rhywbeth tebyg i falŵn yn cael ei chwythu ac yna'n byrstio a dim mwy o sôn amdani, ac roedd yn reit agos i'w le, debyga' i. Roeddwn yn dipyn o sosialydd pan oeddwn yn ifanc, ac yn cydymdeimlo â daliadau comiwnyddol pan oeddwn yn fy arddegau. Nid y Blaid Lafur fel y mae heddiw, ond yr hen, hen Lafur. Roedd Glanffrwd Davies, yr ysgolfeistr yn sosialydd ac yn bregethwr cynorthwyol, ac roedd ei ddylanwad ef a'r Parch. Robert Evans, gweinidog yr Hen Gapel yn fawr arna i. Un arall wnaeth argraff ddofn arna i oedd T.E.Nicholas. Rwy'n cofio'r Parch Dewi Eurig Davies yn dweud ar bregeth mai *"primitive Christianity"* oedd Comiwnyddiaeth, ac i mi dyna beth oedd o. Un o ochre Dolgellau oedd fy nhad, ardal y Crynwyr, wrth gwrs, ac fel dwi'n mynd yn hŷn dwi'n teimlo fod yna gryn dipyn o ddylanwad y Crynwyr rywsut arna inne, a fod gen i lawer o gydymdeimlad â'u dull nhw o addoli.

"Fe adewais yr ysgol y bedair-ar-ddeg oed. Roedd fy nhad yn colli'i olwg ac mi es inne adre i weithio ar y ffarm yng Ngwmcalch Ucha lle roedd y teulu wedi byw am rai cannoedd o flynyddoedd. Roeddwn wedi ystyried mynd ymlaen, a bod yn weinidog, hwyrach, ond doedd gen i ddim uchelgais fawr. Roeddwn yn cymryd pethau fel roedden nhw'n dod ac yn mwynhau ffarmio'n iawn. Fe fu yna newidiadau mawr yn ystod fy nghenhedlaeth i, mwy nag mewn unrhyw genhedlaeth am wn i, yn enwedig ym myd amaethyddiaeth. Dwi wedi bod yn ddarllennwr brwd ar hyd y blynyddoedd, a chael llawer o fwyniant. Yr awdur mawr i mi oedd George Elliot. Dwi'n cofio darllen rhyw hen lyfryn bach o'i waith, dwi'n meddwl, *Nothing ever really matters*. Gwelwn hwn yn osodiad digon gwirion pan oeddwn i'n ifanc, ond rwân fel dwi'n mynd yn hŷn dwi'n meddwl fod llawer o wirionedd ynddo, ac mae o'n gwneud mwy o synnwyr, rywsut.

"Roedd Cwmcalch yn bell o bob man ond roeddwn yn hoff o fynd i gymdeithasu pan oedd gwaith adre ar y ffarm yn caniatau. Roedd cymdeithas felys Evan Jones i'w chael bob amser ond hoffwn fynd i lawr i'r Llan yn achlysurol i gyfarfodydd y Ffermwyr Ifainc, o dan arweiniad W.G.Anwyl, Dolgadfan".

DR EDDIE LEWIS

Mae pob ysgol yn hoffi brolio'i hysgolheigion mwyaf nodedig, ac mae'n siwr y gall ysgol y Bont fod yn falch iawn o Dr W.E Lewis (Eddie). Meddyg teulu wedi ymddeol ydy o, fu'n weithgar iawn yn y byd meddygol-politicaidd hefyd, ddaeth yn aelod am oes o'r Gymdeithas Feddygol Brydeinig (B.M.A.) ac yn Aelod o Goleg Brenhinol Meddygon Teulu (bu'n Brofost Cangen Gogledd Cymru); bu hefyd yn aelod o Bwyllgor Meddygol Gogledd Cymru, yn aelod o'r Rotary, yn rheolwr ysgol ac yn Ymddiriedolwr Hosbis Dewi Sant, Llandudno. Yn wir, rhywun sydd wedi rhoi gwasanaeth mawr i'w aldwedigaeth.

Ganwyd Eddie yn unig blentyn i Thomas a Sarah Lewis, Ty'nllwyn, tyddyn uwchlaw'r Bont. Ffermwyr oedd teulu ei fam, ac ar ochr ei dad cryddion a theilwriaid gan fwyaf (ei daid oedd Billy Lewis, crydd y Llan. Roedd o'n gwneud esgidiau hoelion am £5 y pâr hyd at yr ail ryfel byd, oedd yn llawer o arian i'w hel bryd hynny, ond byddent yn para am o leiaf bum mlynedd.) Symudodd y teulu i Lluast, tyddyn arall gerllaw, pan oedd o tua dwyflwydd oed, ac mae ganddo frith-gof am ei nain yn Ty'nllwyn, a fu farw'n ddiweddarach yn Siop y Llan lle roedd perthnasau eraill iddi.

Roedd yn bum mlwydd oed eisoes pan ddechreuodd fynd i'r ysgol, at Miss Peate, ac yna Miss Dilys Owen a Miss Beatrice Jones, yn 'stafell y plant bach, ac yna at Mr Glanffrwd Davies, athro dylanwadol iawn, yn y dosbarth uwch. Fe wyddom am ddaearyddiaeth yr ysgol yn barod – y ddwy ystafell a thanau glo ynddynt, y ddau gyntedd efo tap dŵr oer a basn ymolchi, y tai bach allanol efo bwcedi, a sied chwarae yn sownd wrthynt, un bob un i'r bechgyn a'r merched; a gwyddom fod piano yn yr ysgol a bwrdd biliards, a radio'n ddiweddarach. Roedd tua 30 ar y cofrestr yr adeg yma yn nechrau'r 30au. Ymwelai'r meddyg ysgol bob blwyddyn a'r nyrs yn amlach. Bob blwyddyn hefyd deuai'r deintydd, a chai y plant eu hannog yn yr ysgol i lanhau eu dannedd efo pâst-dannedd Gibbs, y tuniau y gellid eu hail-lenwi oedd ar werth yn yr ysgol.

Medd Dr. Eddie: "Ychydig iawn o lyfrau oedd ar gael hyd yn oed yn yr ysgol, y rhan fwyaf wedi eu darllen lawer gwaith drosodd. Fy hoff lyfr i gartre oedd *The Modern Family Doctor*, gyhoeddwyd yn 1914 ac yn dair modfedd o drwch, mewn print mân, a ddarllennais ddwywaith drosodd – rhai penodau droeon – wrth olau lamp olew neu gannwyll cyn bod yn 11 oed. Mae'n bur debyg fod â fynno'r llyfr yma â'm dewis i o yrfa wedi hynny.

"Er fod cyfathrebu â'r byd mawr tu allan yn wan bryd hynny, eto'i gyd, rywsut roedden ni'n gwybod beth oedd yn mynd ymlaen yn genedlaethol ac yn rhyng-genedlaethol, trwy dafod leferydd a thrwy bapurau newydd fel y *News of the World* a'r *People*, y *County Times* a'r *Cymro*, oedd yn cael eu rhannu â phobl oedd yn gallu fforddio eu prynu. Roedd y radio'n ddefnyddiol, ond rhaglenni Cymraeg i ysgolion yn brin iawn. Digwyddiadau mawr yr ydw i'n eu cofio pan oeddwn yn yr ysgol oedd Jiwbili Arian Siôr Ved, marwolaeth y brenin, ymddiswyddiad o'r Goron gan Edward V111fed a choroni Siôr V1ed, a chafwyd partion a chof-gwpanau adeg y jiwbili a'r coroni. Trwy ysgogiad prifathro brwd, mae'n siwr, enynnwyd ein diddordeb mewn pethau fel torri record cyflymdra ar dir gan Sir Malcolm Campbell, Capten Euston, a John Cobb; ym mordaith gyntaf y Queen Mary, a'r ras ar draws Môr Iwerydd yn erbyn y *Normandie*, llong bleser Ffrengig, am y Rhuban Glas; hedfan solo Amy Johnson, Amelia Erhart a Jean Batten, a ras y *Grand National* a'r ceffylau enillodd, megis Golden Miller, a Reynoldstown enillodd ddwywaith. Dilynem ffawd y paffwyr Prydeinig, Peter Kane, Benny Lynch, Len Harvey, Jack Petersen, Tommy Farr ac, wrth gwrs, yr "American Brown Bomber", Joe Louis; hefyd sêr peldroed Arsenal: Ted Drake, Clifford Bastin ac Eddie Hapgood. Pynciau mwy difrifol i'w trafod oedd yr argyfyngau rhyngwladol yn 1938 a goresgyniad Czechoslovakia gan yr Almaen yn 1939. Dwi'n cofio hefyd cyrraedd yr ysgol un bore a phawb yn siarad am y goleuadau lliwiog yn yr awyr y noson gynt. Roedden nhw wedi gweld yr *Aurora Borealis*, Goleuadau'r Gogledd, sydd i'w gweld yn anaml iawn ym Mhrydain.

"Roedd i grefydd le pwysig ym mywydau pobol, a dau gapel yn y Bont, un yn y Wern ac eglwys yn Llan. Diwrnod o orffwys yn wir oedd y Sul; deuai'r cwbwl i ben, ac roedd hi'n Ysgol Sul yn y p'nawn a phregeth yn y nos, Band-of Hope ar nos Lun a seiat ar nos Wener. Roedd chwarae ar y Sul yn ennyn gwg, a'r unig lyfrau y caem eu darllen, bron iawn, oedd y Beibl a'r Llyfr Emynau. Roeddem yn cael ein hannog i gystadlu ar ganu ac adrodd yn y cyfarfodydd cystadleuol blynyddol yn y capeli. Un nos Sul yn y capel dechreuais adrodd "Y Gath Ddu" yn lle adnod, er mawr ddigrifwch i'r gynuleidfa ac embaras i'm rhieni! Yn 1937 peth cyffrous iawn i ni blant yr ysgol bron i gyd oedd cael canu yng Nghôr Plant yr Eisteddfod Genedlaethol ym Machynlleth, a chael yn ddiweddarach gwpanau arian wedi eu harysgrifo, rhodd y cymwynaswr hael, David James, Pantyfedwen.

"O Fedi 1939 i Orffennaf 1945, blynyddoedd y rhyfel, roeddwn yn Ysgol Sir Machynlleth, profiad addysgol ardderchog arall. Ar ôl gadael, mi es i Goleg Meddygol Lerpwl a graddio yno yn 1956. Fy mhrofiad cyntaf fel *locum* oedd i Dr. Davies, Cemaes Road. Yn fuan wedyn mi ges fynd yn Feddyg Mewnol i Ysbyty Clatterbridge yng Nghilgwri, lle yr arhosais mewn gwahanol swyddi am ddwy flynedd a hanner. Tra yma, eisteddais arholiad eto a chael Diploma mewn Obstetreg, gan fy mod i'n ystyried gyrfa fel ymgynghorydd mewn obstetreg a geinacoleg. Yr adeg honno, roedd yna lawer o ddoctoriaid gyda chymwysterau uchel yn aros am gyfle i fynd yn ymgynghorwyr a doedd dim swyddi gwag ar gyfer eu hyfforddi yn ardal Lerpwl, felly mi ddewisais yrfa fel meddyg teulu. Ond roedd mynd i'r cyfeiriad yma'n anodd hefyd gan fod dwsinau ar ôl pob swydd wag. Mi roddais hysbyseb yn y *British Medical Journal* gan nodi fy nghymwysterau a.y.b, a chefais un atebiad o bractis lle roedd tri o feddygon, un ar fin ymddeol, yn yr Wyddgrug, tref farchnad yn Sir Fflint.

"Tra roeddwn yn Clatterbridge, bu farw fy nhad o dyfiant ar yr ymennydd, yn ei gartref yn Nhŷ Cerrig, Comins Coch. Ddeng mlynedd yn ddiweddarach, bu fy mam farw yn 60 oed. Wedi byw trwy flynyddoedd anodd, mae'n rhaid bod y ddau wedi aberthu llawer er mwyn fy addysg, ac rydw i'n ddiolchgar iddyn nhw ac yn parchu eu coffadwriaeth.

"Ymunais â'r bartneriaeth yn yr Wyddgrug yn 1954. Roedd y practis yn apelio ataf – practis mawr, prysur, yn gymysg o'r trefol a'r gwledig, Ysbyty Fach a Chartref Mamolaeth ychydig filltiroedd i ffwrdd. Tua 6000 oedd poblogaeth y dref, ac yno rai diwydiannau ysgafn, a phentrefi a chymuned amaethyddol yn ei hamgylchynu. Un bore yn fuan ar ôl i mi gyrraedd, dyma bartner hynaf y practis yn dweud, "Mi gawson ni gyfarfod o'r B.M.A. neithiwr. Mi ymddiheurais drosoch chi, ac fe wnaethon ni chi'n gyd-ysgrifennydd y rhanbarth efo fi." A dyma oedd dechrau gyrfa arall – mewn Gwleidyddiaeth Feddygol. Cyn bo hir, cefais fy ethol yn aelod o'r Pwyllgor Meddygol Lleol, sy'n cynrychioli meddygon teulu: bum wedyn yn ysgrifennydd am 21 o flynyddoedd, gan gynrychioli fy mhroffesiwn yn lleol ac yn genedlaethol. Dilynnodd llawer o apwyntiadau, o fod yn ddarlithydd ac arholwr Urdd Sant Ioan i fod yn Aelod o'r Awdurdod Iechyd Lleol.

"Dros y blynyddoedd, tyfodd y practis; fe symudon ni i syrjeri newydd, bwrpasol yn 1966, ac fe agorwyd Ysbyty Gymuned newydd efo 40 o wlâu yn 1984. Pan ymddeolais, ar ôl bron 40 mlynedd, roedd nifer y partneriaid wedi cynyddu i bump, a chanddom fyddin fechan o ysgrifenyddesau, croesawyddion, nyrsus ac ymwelwyr iechyd. Ar ôl ymddeol, 14 mlynedd yn ôl, mi arhosais ym maes gwleidyddiaeth feddygol gan gadw diddordeb ymarferol yn y rhan fwyaf o'r gweithgareddau blaenorol.

"Roedd fy ngwraig, Betty, a minnau wedi priodi yn 1956 a chael tri o blant, ond oherwydd fy nghyrfa ddwbwl ychydig iawn o amser fu gen i i mi fy hun na'm teulu! Fodd bynnag, rydyn ni ein dau wedi mwynhau ein hymddeoliad ac wedi dal ar y cyfle i deithio'n eang – o North Cape hyd at Seland Newydd. Rydyn ni a'n plant yn hoff o ddod i aros i'n bwthyn gwyliau yn nyffryn Dyfi. Fe ofynnir i mi'n aml a fuaswn i'n dewis yr un yrfa eto, ac a fuaswn i'n dewis bod mor brysur ym myd gwleidyddiaeth feddygol. Fy ateb syml i'r ddau gwestiwn ydy, "Buaswn, oherwydd mae'r ddau yn symbylu rhywun, maen nhw'n ddiddorol ac yn rhoi bodlonrwydd mawr."

PLAS LLWYN OWEN
Yr unig stad sy'n bodoli heddiw yn y plwyf ydy stad Llwyn Owen, stad fechan iawn erbyn hyn ond un na fu erioed yn fawr. Gellidywyll, Bronderwgoed, Cae Madog a Cawg oedd prif ffermydd y stad wreiddiol gyda hawl saethu ar Newydd Fynyddog, a "Stad Gellidywyll" y gelwid hi bryd hynny. Heddiw, Bronderwgoed yn unig sy'n eiddo i'r stad a'r perchennog presennol ydy James Owen, wedi etifeddu oddi wrth ei dad Philip Owen a fu farw yn 2001.

HANES CYNNAR
Gadewch i ni fynd yn ôl rai canrifoedd. Owen oedd enw'r perchnogion bryd hynny, yr un Owen â theulu Plas Rhiwsaeson gan mai nhw oedd wedi creu y stad fechan hon ar gyfer cangen o'r teulu. Unwyd y ddwy

gangen unwaith eto pan briododd Rondle Owen, mab Maurice Owen, Rhiwsaeson ag Elen Wen, aeres Humphrey Wynne, Gellidywyll oedd yn ddisgynnydd o deulu Rhiwsaeson. Wedi hyn disgynnodd yr olyniaeth i Andrew Owen (m. 1670), Rondle Owen (m. 1730), Andrew Owen (m. 1764), Anne Owen (gollodd ran o'r stad oherwydd cweryl efo'i thad), yna'i merch Anne Browne Crosse (g. 1751). Bu hi farw'n ddi-blant ac etifeddwyd gan Miss Anne Russell (g.1789) un o ferched ei gŵr o'i briodas gyntaf. Dyna'r stad felly wedi mynd o afael y teulu Owen. Ewyllysiodd hi'r stad i Miss Catherine Loscombe, merch hynaf ei chwaer a Major Wintringham Loscombe, oedd yn arwain catrawd Wyddelig. Priododd Catherine â Robert Scott Stable yn 1850. Mab iddyn nhw oedd Daniel Wintringham Stable a briododd Gertrude Mary yn 1899 a nhw eu dau a gododd y Plas ym mlwyddyn eu priodas, yn brif gartref yng Nghymru.

Y stori ydy fod D.W Stable yn brif gyfarwyddwr ar gwmni yswiriant Prudential ac yn gweithio yn Llundain, a bob amser yn dannod i landlordiaid yn y fan honno pam ar y ddaear na fydden nhw'n codi tai a byw ar eu stadau i ofalu amdanyn nhw. Ar farwolaeth gynnar ei frawd disgynnodd yr etifeddiaeth i Daniel Wintringham. Doedd ganddo yntau ddim dewis ond dilyn ei bregeth ei hun a dod i fyw i'r Bont! Adeiladodd Blas Llwyn a sefydlu ei gerddi hardd a'i pherllannau. Creodd em. Ond heddiw, "Chwilio gem a chael gwmon", ysywaith ydy'r hanes o'i gymharu â'r hyn a fu.

Collodd eu mab hynaf, Loscombe, ei fywyd yn y Rhyfel Mawr yn 1914. Etifeddwyd yr ystad, felly, gan yr ail fab, Wintringham Norton Stable, a ddaeth yn Farnwr yn yr Uchel Lys a chael ei urddo'n farchog, gan ymddeol yn 1968 ar ôl 30 mlynedd o wasanaeth. Cafodd ef a'i wraig, Lucy Haden Murphy (nee Freeman) ddau fab, Philip ac Owen. Etifeddodd Philip yn 1977, wedi newid ei enw teuluol erbyn hynny i Owen am resymau personol. Bu farw Philip Owen yn 2001 gan adael y stad i James, yr hynaf o'i bump o blant.

STORI ARTHUR PLUME
Gadawn i Arthur Plume, ddygwyd i fyny ar y stad yn fab i'r pen garddwr, adrodd am y gogoniant a fu yn ôl ei brofiad ei hun. Bu Arthur, anwyd yn 1927 fyw yn y Bont ar hyd ei oes a chyfrannodd yn helaeth iawn i fywyd cymdeithasol y plwyf, ar y Cyngor Plwyf a phwyllgor y Sioe a

phwyllgor y Ganolfan yn arbennig. Roedd yn aelod sylfaenol o Gymdeithas Hanes Lleol Llanbrynmair a roddodd fod i'r llyfr yma ond, yn affwysol drist, bu farw cyn gweld y gwaith wedi ei orffen. Dyma'i atgofion am Lwyn Owen:

"Yn ei ddydd roedd y Plas yn rhoi gwaith i lawer yn y gymdogaeth, ar adeg pan oedd llafur yn rhad iawn, a chedwid y gerddi'n ddifrycheuyn gan fyddin fechan o arddwyr a gweithwyr stad. Yn y tŷ ei hun cyflogid amrywiaeth o staff, yn nanis, cogyddion a morynion a gweision bach, a llawer yn awyddus i gael eu cyflogi yma. Gellir dweud fod y teulu Stable yn bwysig i'r economi wledig mewn cyflogaeth yn ogystal ag mewn darpariaeth o dai da ar gyfer eu staff, ac o ganlyniad yn cael parch mawr.

"Yn union tu mewn i'r giatiau haearn hardd ar eu pileri carreg a'u capiau wedi'u naddu ar ffurf mês (rhan o arbais y teulu) mae dau dŷ a elwir y Lodge a'r Bwthyn, ac mae tŷ arall gydag adeiladau ffarm o'r enw Bryn Awel ddau ganllath i'r de-orllewin. Yn gynnar yn y 1900au codwyd amryw o adeiladau atodol yn agos i'r Plas, yn cynnwys llaethdy, ystafell gynnau, ystafell esgidiau ac ystordai ac yn 1925 ychwanegwyd adain at y tŷ ei hun.

"Yn fy amser i, cynhesid y tŷ gan ddau foiler mawr yn union o dan y Plas yn llosgi côc, yn ogystal ag amryw o danau agored yn llosgi coed. Llifai dŵr glân at y tŷ o gronfa bwrpasol tra roedd dŵr at anghenion eraill yn dod ar hyd ffos o nant Eli i danc sinc ac oddi yno i storfa yn nho'r tŷ trwy nerth pwmp yn cael ei yrru gan beiriant petrol. Cynhyrchid trydan gan dwrbin dŵr wedi ei leoli mewn adeilad pwrpasol yn ymyl melin Pandy Isaf, a'i lawr uchaf yn llawn o fatris mawr (*large capacity lead-acid accumulators*) oedd yn storio trydan ar gyfer amser pan na fyddai'r twrbin yn rhedeg. Dewiswyd safle'r hen felin falu gan fod afon Twymyn wedi'i chronni nepell i ffwrdd a ffos y felin wedi'i chreu i droi'r olwyn ddŵr. Er nad oedd y felin yn gweithio yn fy amser i roedd yr olwyn ddŵr yn dal mewn iws yn gweithio mainc lifio saer y stad. Yn awr cafwyd swydd newydd i'r dŵr wrth ei yrru trwy bibellau haearn at y peiriant ffasiwn newydd allai gynhyrchu ar ei anterth yr hyn oedd yn gyfwerth â phum marchnerth, hwnnw'n cael ei drawsnewid i drydan gan ddeinamo cryf.

"Yn ein byd cyfoes lle mae'n hawdd mynd i archfarchnadoedd trwy gyfleustra'r car, nid yw bod yn hunan gynhaliol yn cyfri yn ein bywyd bob dydd ond roedd yn rhywbeth hanfodol yn nyddiau cynnar Plas

Llwyn Owen. Felly, o fewn ei libart ceid gerddi llysiau, perllannau, cawell ffrwythau a thŷ gwydr, pob un yn cyfrannu at gyflenwad rheolaidd o ffrwythau a llysiau. Fe gâi tatws, betys a moron eu cadw trwy'r gaeaf mewn rhaniadau ar wahân mewn tŷ tatws di-ffenest a godwyd i'r pwrpas tra rhoid afalau a gellyg mewn droriau wedi eu leinio â gwellt mewn rhan arall o'r un adeilad. Roedd ffrwythau meddal yn cael eu gwarchod dan gawell rhag adar, a'r dasg o'u rhoi mewn poteli yn cael ei ystyried yn rhan o waith gwraig y pen garddwr. Boiler côc oedd yn cynhesu'r tŷ gwydr mawr ddefnyddid yn bennaf ar gyfer tyfu planhigion egsotig i addurno parlwr y Plas a dyblu yn yr haf yn dŷ tomatos. Yr adeg honno roedd ychydig o lysiau mwy anarferol yn cael eu tyfu yma, fel artichokes Tsineaidd a Chaersalem, gwelyau o asparagus a pherlysiau, ac yn y berllan ceid gwrych byr o gnau ffilbert.

"Tu draw i'r gerddi roedd amryw o gaeau bychain yng ngofal cwpwl gweithgar iawn oedd yn byw yn y Lodge, a'r caeau'n cynhyrchu digon o borfa'r haf a gwair i gadw dwy fuwch. Roedd y beudy'n sownd wrth dŷ Bryn Awel ac yno y caent eu godro a'u cadw'r gaeaf. Rhaid oedd cario'r llaeth mewn bwcedi rai cannoedd o lathenni i lawr i'r llaethdy i gyflenwi'r tŷ â hufen, llaeth a menyn; cadwai'r cwpwl fochyn hefyd yn cael ei fwydo â swil o'r tŷ ac unrhyw lysiau dros ben. Am ryw reswm, y pen garddwr oedd yn gyfrifol am yr ieir a hel wyau, ac yma eto cedwid wyau dros ben mewn bwced fawr llawn *Keepegg*, hylif tew tebyg i bâst papuro.

"Yn y stablau ger Bryn Awel roedd dwy stâl ac ystafell gyfrwyau. Ceffylau at adloniant yn unig oedd yno i ddechrau ond yn ddiweddarach, yn ystod y rhyfel, yn gorfod gwneud gwaith mwy ystrydebol megis darparu cludiant yn ôl a blaen i'r stesion pan oedd diffyg cŵpons petrol yn llesteirio yr hen *Rolls-Royce* sychedig. I fyny wrth Bryn Awel hefyd yr oedd cenels y cŵn: y prif frîd oedd *Springer Spaniel* Seisnig, ac yr oedd eu lletty a'u triniaeth yn wir yn foethus yn ôl safonau'r dywededig frawdoliaeth flewog.

"Yn y blynyddoedd cyn yr Ail Ryfel Byd roedd graen amgylchedd y Plas yn bwysig dros ben: ceid nifer fawr o welâu blodau, pergola rhosod, llyn lili ac, wrth gwrs, lawnt dennis. Cedwid y cyfan fel pin mewn papur, y llwybrau a'r rhodfeydd i gyd wedi eu chwynnu a'u cynnal yn ofalus. Rhaid oedd glanhau'r cloc haul addurnol yn rheolaidd a rhaid i bob adeilad a sied fod yn dwt a thaclus. Roedd yna lawer iawn o dwyni blodeuog wedi eu plannu ymysg y conwydd a'r coed collddail ac yn y gwanwyn myrddiynnau o gennin Pedr a narcissi a minteuoedd o lili'r dyffrynnoedd yn cyfuno i greu awyrgylch arallfydol.

"Wrth reswm, cafodd rhyfel 1939-45 effaith andwyol ar fywyd pob dydd stad fel Llwyn Owen, a chyfuniad o gostau uwch a phrinder gweithwyr pwrpasol yn arwain at ostwng y safonau uchel a gedwid gynt, sefyllfa a waethygodd fwy fyth ar ôl y rhyfel. Felly, yn 1946 cychwynnodd cyfnod o newid llwyr yn y Plas a'r pwyslais yn awr wedi ei droi i gyfeiriad newydd; daeth amaethyddiaeth yn flaenoriaeth, dinistriwyd perllannau, aeth yr aradr trwy rannau o'r ardd oedd gynt yn ffrwythlon, diflannodd borderi blodau a drysorwyd ac yn eu lle daeth porfeydd i gadw buches a tharw *Shorthorn*. Disodlwyd y moch, disgynyddion o genedlaethau o dras anhysbys, a meddiannwyd eu cut gan hwch fagu bedigri *Large White* a'i hepil. Proses yn anelu at fuddioldeb yn hytrach nag addurn oedd hon – roedd cyfnod newydd wedi dechrau.

"Chwyddwyd ychydig ar weithlu'r stad gan ddyfodiad carcharorion rhyfel o'r gwersylloedd; rhoddwyd dau Eidalwr i letya yn y bythynnod ac Almaenwr i aros yn Glantwymyn yn y Bont. Roedd o yma yn ystod gaeaf caled iawn 1947 gyda'i luwchiau mawr, a gan ei fod yn sgiwr tan gamp fe ddowd o hyd i bar o hen sgis hen ffasiwn yn Llwyn Owen o eiddo'r teulu a'u rhoi iddo. Chwarae plant iddo oedd sgio i lawr dros y lluwchiau i'r stesion lle roedd cyflenwad o gig a bara ar gael, er mawr syndod i weithwyr y Cyngor oedd yn slafio i glirio'r ffordd â rhaw. Daeth y gŵr yn ôl i Lanbrynmair mewn blynyddoedd, erbyn hyn yn athro nodedig ac yn enwog yn rhyngwladol ym myd milfeddygaeth, a gofynnwyd iddo fod yn Llywydd ein Sioe flynyddol.

"Gwelodd y chwarter canrif a ddilynodd y rhyfel newid dramatig ym mywyd cymunedau gwledig; roedd gweithwyr fwyfwy yn teithio'n rhwydd o le i le i chwilio am waith a dalai'n well, a llawer yn cael eu denu i'r trefi cyfagos. Doedd pobl ddim yn dibynnu bellach ar ewyllys da y sgweier lleol am eu bywoliaeth ac o ganlyniad lleihaodd pwysigrwydd y plas yn y gymuned wledig. Mae'n siwr fod cadw stad i fynd yn anodd iawn i'r perchnogion nid yn unig yn ariannol ond hefyd oherwydd lleihad y rheolaeth oedd ganddyn nhw dros ddigwyddiadau yn eu bro.

"Heddiw, ar drothwy canrif newydd bu raid i'r hen drefn ildio i bwysau'r gymdeithas fodern ac mae'n drist ar lawer cyfri i orfod derbyn chwalfa yr hen Lwyn Owen a'i ysblander gynt, ond beth bynnag fydd ei ddyfodol gobeithio y cedwir coffadwriaeth gynnes amdano ac y caiff y parch y mae'n siwr yn ei haeddu."

PLAS LLWYN OWEN - Y TŶ

Rydym wedi sôn am y teulu a'r stad a'r gerddi ond beth am y tŷ ei hun, pwy oedd yn rhedeg hwnnw? Oherwydd roedd yma deulu wedi arfer â chryn dipyn o steil ac wedi trawsblannu hwnnw o Lundain i'r Bont, a'u harferion yn golygu cryn dipyn o waith tŷ i rywun. Mae dwy yn dal i fyw yn y Lodge a'r Bwthyn ar dir y Plas, dwy fu'n gweithio yno ers blynyddoedd lawer, un ers 30au'r ganrif, sef Mrs Mair Lewis a Mrs Edna Hamer. Cawn glywed fel y rhoddodd y ddwy oes o wasanaeth i'r teulu.

STORI MAIR LEWIS:

"Wedi fy ngeni yn 1913 a'm magu yn Nhŷ Capel Pennant mi adewais yr ysgol yn bedair ar ddeg oed a mynd i wasanaethu i Aberystwyth, i berthynas i berchennog siop Howells oedd yn hannu o Pennant. Bum yno am bedair blynedd yna dod adre i dendio fy mam oedd wedi cael *rheumatic fever,* a dechreuais weithio peth amser yn Llwyn Owen pan fyddai'r teulu yno ar wyliau. Daniel Wintringham Stable a Gertrude Mary oedd yma pan ddes i gyntaf, ond cefais ddod yma dridiau'r wythnos ar ôl i'r Barnwr Wintringham Norton Stable a Lady Stable gymryd trosodd am nad oedd ganddi neb i sgwrio'r lloriau. Yn y sgyleri y dechreuais i fy nghyrfa, felly, ac ar fy ngliniau! Y staff yn y tŷ oedd Mrs Grey, y gogyddes, a'i gŵr yn arddwr, a Marjorie Foulkes yn *housekeeper.* (Roedd hi o'r Bont a bu farw ychydig flynyddoedd yn ôl dros ei chant oed.) Roedd dyn hefyd yn dod i'r adeilad allan yn y cefn i hogi a glanhau cyllyll a ffyrc bob wythnos. Pawb a'i ddyletswydd oedd hi. Doeddwn i ar y dechrau ddim i roi fy mhig y tu allan i'r gegin gefn ond ar ddiwedd fy ngyrfa fi oedd yng ngofal y gegin a'r bwyd i gyd, ac mi barheais i wneud hynny tan yr 80au.

"Ar wahân i gwyro'r dodrefn derw trwm a'r staer a golchi'r lloriau a golchi, roedd yn rhaid cynnau tanau trwy'r tŷ, ac yn y chwe llofft hefyd erbyn y byddai'r teulu'n ymbaratoi at ddod i lawr i ginio'r nos. Rhaid oedd mynd â the i'r gwely i bawb hefyd yn gynnar yn y bore cyn iddyn nhw godi. Roedd yma ddwy 'stafell ymolchi fawr, un â bath hynod iawn ynddi efo canopi dros ei hanner a jets o ddŵr yn tasgu o hwnnw ac o'r ochrau – y *jacuzzi* gwreiddiol! Bu'n dal mewn iws am flynyddoedd ar ôl y rhyfel: William John Davies (W.J.) a'i tynnodd o allan a gosod un newydd. Tybed beth ddaeth o'r hen fath? Byddai'n beth hynod iawn heddiw pebai ar gael. Un hen grair hynod sy'n dal yn y gegin gefn hyd heddiw ydy'r ffrij baraffin ond bu ond y dim iddi hithau gael ffling onibai i Edna a fi gael perswâd arnyn nhw i'w gadael lle roedd. Dros y blynyddoedd, ni foderneiddiwyd fawr ddim ar y lle a gadawyd bron popeth fel yr oedd yn yr oes o'r blaen, yr hen sincs, yr hen offer, yr hen ddodrefn. Roedd Lady Stable yn byw yno'n gyson a dyma gartre parhaol Philip Owen hefyd.

"Roedd yna lawer iawn o waith paratoi bwyd yn enwedig yn yr haf pan ddeuai'r teuluoedd i lawr, a'r saethwrs, ac adeg y Nadolig. Rhaid oedd cael brecwast llawn, cinio canol dydd a chinio nos. Ar gyfer y partion saethu roedd eisiau paratoi fflasgiau mawr o de a choffi, a sosbaneidiau o *Irish stew* a stwmp tatws a'u rhoi mewn p*aniards* – math ar fasgedi mawr – ar gefnau'r ceffylau i'w cludo i Newydd Fynyddog neu i Drannon. Roedd y cyfan yn cael ei goginio ar hen *range* fawr yn rhedeg ar lo. Golau yn unig a geid o'r twrbin trydan a hwnnw'n mynd i fyny ac i lawr yn dibynnu ar y dŵr a chyflwr y batris.

"Doedd dim byd yn cael ei brynu yn y siopau lleol, a heblaw am gynnyrch y gerddi fe brynid y gweddill mewn bylc. Deuai llawer o stwff ar y trên, bocsus mawr o de, er enghraifft, yn cael ei gadw mewn stordy ond staff y gegin â hawl i gael peth ohono fel y mynnent. Yr un modd deuai fflŵr a chyrens a siwgwr a reis efo'r trên, a basgedi o sgadarn cochion, a phennau a chynffonnau pysgod o Sgotland ar gyfer y cŵn. Roedd boiler yn y cenels. Ceid pennau defaid hefyd gan Glyn y bwtsier o Garno a chai cwningod eu berwi yn eu crwyn. Wedi'r cyfan, onid oedd yno saith neu wyth o sbaniels a thua ugain o gŵn bach a Labradors i'w bwydo? Mi fues i'n dal i fynd i goginio i'r Plas nes oeddwn i ymhell dros fy 70 oed, ac er fy mod i'n cysgu yn nhŷ'r mab, Gomer, yn y Llan rwân rydw i'n dal i fynd yn ôl bob dydd i dreulio rhai oriau yn y Bwthyn. Yno mae f'atgofion i".

STORI EDNA HAMER

"Roeddwn i wedi fy ngeni yn yr Efail Fach, Pennant yn 1923 a dechreuais weithio yn Llwyn Owen yn syth o'r ysgol gan ddod i lawr fel

Mair ar fy meic bob bore. Roedd y rhan fwyaf o ngwaith i y tu allan yr adeg yma, yn y llaethdy ac efo'r cŵn. Bu'r hen Daniel Wintringham yn daer ar i bawb fynd i'r rhyfel, a'r un modd ei fab ar ei ôl. Roedd y Barnwr am i bawb "roi gwasanaeth dros eu gwlad". Bu raid i minnau, felly, adael Llwyn Owen dros dro a mynd i wneud rhyw waith buddiol. Es i weithio ar rownd laeth Tŷ Uchaf, Llanwrin am rai blynyddoedd ond cefais fy ngalw'n ôl gan Lady Stable yn union wedi i'r rhyfel orffen yn 1945. A dyna lle y bum i wedyn heb symud – ac yr ydw i yma o hyd ac yn byw yn y Lodge.

"Nid aeth Lady Stable yn ôl i Lundain ar ôl y rhyfel ond arhosodd yn barhaol yn Llwyn Owen a gwneud llawer o waith gwirfoddol yn yr ardal, efo'r Groes Goch a'r Gymdeithas Nyrsio'n arbennig. Cynhaliai ffeiriau a chyngherddau a ffêts yn y gerddi i godi arian. Treuliai ei gŵr y rhan fwyaf o'i amser yn Llundain neu ar deithiau barnwrol a deuai i lawr i Lwyn Owen o dro i dro yn yr hen *Rolls*. Deuai ymwelwyr pwysig i aros yn sgîl y Barnwr, megis Anthony Eden a'r Arglwydd Goddard. I ysgafnhau trymder y tŷ a'i ddodrefn derw tywyll roedd y tŷ yn cael ei addurno â blodau – gallai olygu hanner diwrnod o waith i Mair, ond wrth gwrs roedd digon o flodau yn cael eu darparu gan y garddwr. Llwyn Owen bob amser ofalai am flodau ar allor Eglwys y Llan.

"Bu Mair a finne'n gweithio i Philip Owen, a etifeddodd ar ôl ei dad, y Barnwr, am flynyddoedd ar ôl hynny, finne hyd ei farw yn 2001. Roedd mwy na digon i'w wneud pan ddeuai plant a ffrindiau i aros yn y gwyliau, ac o gofio mai ychydig iawn o gyfleusterau modern oedd wedi eu mabwysiadu! Doedd dim iws sôn am rywbeth fel peiriant golchi llestri na hyd yn oed beiriant golchi. I bob pwrpas yr oedd, ac y mae, Llwyn Owen yn union fel y codwyd o dros ganrif yn ôl. A pham lai? Mae rhyw awyrgylch hudolus yn perthyn i'r lle a rydw i'n meddwl y byd ohono. Mae'r genhedlaeth bresennol a'u plant yn dod yma rwân ar adeg gwyliau a finne'n dal i fynd i'r Plas i baratoi ychydig ar eu cyfer a chlirio tipyn ar eu holau, ac yn mwynhau eu cwmni'n fawr iawn, yn enwedig ymuno â nhw am sgwrs a phryd min nos - a dwi'n meddwl eu bod nhwythau'n falch fy mod inne "yma o hyd" ac yn dal i edrych ar ôl y Labrador du a'r terrier gwyn! Fu Llwyn Owen erioed heb gŵn. Mae un o'r plant a chwaraeai yma gynt, sef y ferch, Tia a briododd John Athelstan Jones, Clegyrnant, Llanbrynmair, wedi magu ei phlant yn

Gymry Gymraeg ar aelwyd ffarm Pwlliwrch, Darowen. Hi sgrifennodd y ddrama deledu Gymraeg ddiweddar, "*Llety Piod*".

WERN GERHYNT

Pe bae chi'n gofyn i rywun yn Llanbrynmair heddiw "Ble mae'r Wern?" go 'chydig allai ateb yn gywir. Hynny'n bennaf am ei fod mewn lle diarffordd ac am nad oes pobol leol wedi byw yno ers y 60au. Rhimyn o dai a thyddynnod yn ymestyn am tua milltir o Lwynglas at Pen-y-Wern, yn dilyn ceunant Nant y Wern uwchlaw pentref Bont Dolgadfan, ac allan o olwg y byd, dyna'r Wern. Roedd yn lle poblog ganrif yn ôl, a chyn hynny roedd pawb yn gwybod amdano oherwydd ei fod ar y "briffordd", sef yr hen ffordd a arweiniai o Dalerddig trwy Fwlch Cerhynt i Ben-y-bwlch ac i lawr trwy'r Wern a'r Bont ac ymlaen trwy Fwlch Glyn Mynydd i gyfeiriad Machynlleth. Roedd yn bendant ar y map. Yn wir, roedd pedwar mynediad i'r Wern bryd hynny, sef y ffordd a nodwyd o Ben-y-bwlch, hefyd ffordd arall o Ben-y-bwlch yn dod o dan y Lluast ac allan wrth Fryntirion; roedd mynediad arall o gyfeiriad Fronlwyd ac, wrth gwrs, ffordd i fyny o'r Bont. Ar hyd y ddwy ffordd o'r top y byddent yn cario mawn o Drannon a cherrig o chwareli'r Foel a Phen-y-bwlch ers talwm. Bellach, does ond y ffordd i fyny o'r Bont gan droi i'r Wern wrth Lwynglas, ac mae'r ffordd yn darfod wrth y tŷ a elwir heddiw'n Pen-y-Wern. Mae wedi tagu o hynny ymlaen, ond yn parhau gyda hawl tramwy arni. Crewyd "ffordd osgoi" i'r Wern , sef y ffordd bresennol i fyny i'r Bwlch, oedd yn llawer iawn haws i gert a cheffyl - ond go brin y gwelir un o'r rheiny arni heddiw!

Mwynwyr Tŷ Isaf a nyddwyr a gwehyddwyr, llawer yn gweithio yn eu tai, oedd yn byw yma'n bennaf i mewn i hanner cyntaf y bedwaredd ganrif ar bymtheg, ond yr oedd y diwydiant gwlân eisoes wedi dechrau symud i ffatrioedd ac yr oedd ffatri Bont Dolgadfan wedi ei chodi yn 1800. Yn ôl cyfrifiad 1841 roedd 40 o dai yn y Wern a thua 20 o bobol yn dal yn y diwydiant gwehyddu bryd hynny. Gŵr yn byw yn y Wern oedd yr olaf i wehyddu "linsi", cymysgedd o wlân a sidan, cyn iddo fudo i America ganol y ganrif. (Clywid llawer o sôn am "bais linsi" yn yr hen amser.) Roedd y Methodistiaid wedi adeiladu Ysgol Sul yma, fel cangen o'r Bont. Yna, yn 1871 codwyd ysgol ddyddiol, hynny'n dangos lle mor bwysig oedd y Wern. Bu'r ddau sefydliad yn llwyddiannus iawn a'r bobol yn meddwl y byd ohonynt. Ond cyfnod o dlodi a welodd y Wern yn yr adeg yn arwain i fyny at yr ugeinfed ganrif ac ar ôl hynny, efo diflaniad y diwydiant gwlân a mwyngloddio a'r dynion yn gorfod gadael am y de neu'r trefi i chwilio am waith, y teuluoedd yn darfod a'r bythynnod yn dymchwel.

Yn ystod yr ugeinfed ganrif, felly, a chyn hynny i raddau, a neb yn byw bellach mewn llawer o'r tai, dadfeilio fu eu hanes a diflannodd llawer yn gyfangwbwl. Erbyn tua 1960 dim ond tri o dai oedd â rhywun yn byw ynddyn nhw, sef Llwynglas, ffarm Fronlwyd a Bangalô. Roedd y Wern, mwy neu lai, wedi mynd oddi ar y map. Ond erbyn heddiw mae'n stori wahanol. Gwelodd pobol ddiarth werth yn y nefoedd fach yma ar y ddaear ac mae'r tai oedd ar ôl i gyd wedi eu hadfer ganddynt, a'r perchnogion naill ai'n byw yno'n barhaol neu'n dod yno ar wyliau.

O DŶ I DŶ

Gadewch i ni roi tro trwy'r Wern i weld beth sydd yma heddiw, a phwy o'r Cymry a fu yma y mae pobol yn eu cofio heddiw, gan gychwyn yn y gwaelod wrth:

Llwynglas

Mae dau dŷ yma, gefn yng nghefn. Yn yr un a wynebai'r ffordd newydd yr oedd Harri Thomas y saer a'i wraig Dora, athrawes, a'u mab Emyr yn byw am flynyddoedd cyn symud i lawr i'r Bont. Ceir hanes Dora a Harri mewn mannau eraill yn y llyfr. Mae pobol yn dal i fyw yn y ddau dŷ heddiw.

T'ynllwyn

Ar y ffordd newydd mae hwn. Mae sôn am hen wreigan o'r enw Marged arferai fyw yma ddechrau'r ganrif yn gwisgo dwy sbectol i ddarllen ei llyfr emynau yn y capel. Bu yma un Dico Evans hefyd. Roedd yn gweithio yn Cwm-yr-hin ac yn singlo swêds ben bore ar ei goleuad cyn cychwyn i'w waith, sy'n rhoi cip i ni ar eu bywyd o lafur. Bu amryw yma wedyn, wrth gwrs, ond bu'n wag hefyd am gyfnod. Mae wedi ei foderneiddio a phobl yn byw yma rwân.

Fronlwyd

Ar ôl pasio Llwynglas mae ffordd yn troi am Fronlwyd lle bu Joseff Williams yn ffarmio tan 1990. Rhiannon, merch Y Gelli oedd ei wraig a chanddynt ddwy ferch, Miriam a Bethan. Bu'r teulu'n cadw'r swyddfa bost yn y Bont am flynyddoedd. Gwerthwyd Fronlwyd a pheth tir ar ôl 1990 ac aeth y gweddill efo ffarm gyfagos. Mae yno sgubor wedi ei throi'n dŷ gwyliau.

Gwaelod-y-Wern

Yn ôl y diweddar Stanley Evans (Cwmcalch Uchaf a Chanada) yn fuan ar ôl pasio troiad Fronlwyd roedd yma ribyn o 5 o dai ers talwm, ond does yma ddim o'u hôl heddiw. Ym mlynyddoedd cynnar y ganrif, meddai, yn y tŷ isaf roedd hen wraig o'r enw Ann Jones, hoff iawn o'i chetyn clai. Un o'r rhigymau adroddai wrth y plant oedd:

> "Hen ddylluan gau yn dodwy dim ond dau, a'r rheiny'n grach ac yn llai;
> Dryw bach yn dodwy tri-ar-ddeg, a'r rheiny'n lân ac yn deg."

Wrth i'r tai ddirywio mae prawf fod amryw wedi symud oddi yma i dai gwell yn y Wern e.e. Jane Evans a Martha Hughes.

Brynffynnon

Dyma'r ddau dŷ nesaf. Yma y bu Jane Evans yn byw y rhan fwyaf o'i hoes, ac yn postio – Siân Post oedd hi i lawer. Hannah oedd enw ei merch ac mae ei merch hithau, Mrs Olga Evans yn byw yng Nghroesoswallt heddiw. Bu Siân yn cario'r post i'r Bont, i fyny trwy'r Wern ac allan i'r Bwlch gan fynd cyn belled â Waun Cwm Calch a'r Foel nes oedd hi'n 70 oed, pryd y gorfododd ei hiechyd iddi roi'r gorau iddi. Adferwyd un o'r tai yn daclus iawn yn y 70au cynnar, ond heddiw mae golwg wedi eu hesgeuluso ar y ddau dŷ. Y teulu lleol olaf i fyw yma cyn symud yn 1972 oedd Robin Morris a'i wraig Myfanwy o'r Foel, a'u meibion – roedd John, yr hynaf, yn adroddwr ac yn byw yn y Foel efo'i nain

Bangalô

Heb os, dyma'r tŷ enwocaf yn y Wern, a'r tŷ olaf y bu rhywun o'r hen oes yn byw ynddo, sef "Lina Bangalô". Merch y Foel oedd hi, Mrs John Jones ar ôl priodi, ei gŵr yn frawd i Evan Jones, y whilrit o Esgair Llafurun. Mae

Mary, ei merch, wedi cyfrannu pennod i'r hanes yma. Crwydrai Lina lawer o gwmpas a daeth llawer i'w hadnabod. Dychrynnodd rhywun hi unwaith trwy wisgo fel ysbryd, a dyna lle roedd hi'n gweiddi, "*To Bangalô I want to go!*" Saesneg oedd iaith ysbrydion y Wern, felly! Ymysg ei dywediadau roedd, "Mi fydd dyn yn siwr o fynd i'r lleuad rhyw ddiwrnod, gewch chi weld!" a fuasai raid iddi ond byw rhai degawdau wedyn i weld hynny'n digwydd. Gadawodd hi'r Wern yn 1962.

Hen ysgol y Wern oedd Bangalô, godwyd dan nawdd y Gymdeithas Frutanaidd a Thramor yn fuan ar ôl pasio Deddf Addysg 1870 a fynnai fod yn rhaid i blant gael ysgol hyd at 12 oed. Caewyd yr ysgol yn 1912 ar ôl agor ysgol newydd yn y Bont, a symudodd dros 40 o blant i lawr yno, ond bu bron dwbwl hynny yn ysgol y Wern yn ei hanterth. Prynodd Mr Stable, Llwyn Owen yr adeilad yn 1914 a'i osod fel tŷ –roedd tŷ bychan yn sownd yn yr ysgol. Fel y soniwyd, bu Lina'n byw yma am flynyddoedd, a chyfeiriai hi, er digrifwch mawr i bawb, at yr ystafelloedd wrth eu rhifau: Standard Wan oedd y lle molchi, roedd hi'n byw yn Standard Tŵ, ac roedd Standard Ffeif yn lle go bwysig ganddi hefyd, a chysgai yn y "Classrŵm", sef ystafell y plant bach. Gyda'i nenfwd uchel gallwn ddychmygu mai lle oer a drafftiog iawn oedd o. Bu'n wag am dipyn ar ei hôl hi nes y daeth athrawes wedi ymddeol yma o'r Canoldir, Mrs Martin, ond ni wnaeth hi rhyw lawer i'r lle chwaith a gadawodd y marciau ar y muriau lle bu'r desgiau a'r meinciau'n sownd. Daeth cwpwl o'r Canoldir yno yn y 70au, a datblygu tyddyn o'i gwmpas a chreu llyn a gwella tipyn ar y tŷ. Fe'i gwellwyd eto gan y perchnogion nesaf, ac fe'i rhoddwyd ar y farchnad eto yn 2002 am £155,000. Mae pobol newydd yma erbyn hyn yn dal i weithio ar y lle. Yn 1970, dau dŷ yn y Wern oedd â rhywun yn byw ynddyn nhw, Fronlwyd a Bangalô.

Bryntirion
Roedd hwn yn ddau dŷ ers talwm. Yma ar ôl y Rhyfel Mawr roedd John Hughes a'i wraig, Martha, yn byw. Ail ŵr iddi oedd John Hughes. Mab iddo oedd John Stephen Owen, (Pandy Isaf wedyn); priododd ei merch, Elisabeth Ann, efo Edward Jones, Pantycrwyni (Cae Madog wedyn). Sonnir am "John Hughes y Wern" fel hen ŵr ffeind yn gweithio yma a thraw ar ffermydd cyfagos yn cario da-da yn ei boced i'r plant. Mae'n debyg fod Martha'n ddynes eithriadol o gryf. Broliai iddi gario pwn 280 pwys i fyny grisiau Pantycrwyni... "Mae Martha'n gre!" oedd ei

dywediad wrth luchio baich o goed dros gamfa fel lluchio bocs o fatsus. Aeth Bryntirion yn un tŷ mewn cyfnod diweddarach a bu'n dŷ gwyliau gan Annie (Anwyl gynt) Dolgadfan, a'i galwodd yn "Mynyddog". Mae rhywun yn byw yn barhaol yma heddiw. Roedd gardd Bryntirion yr ochr arall i'r ffordd ac yno roedd olion amryw o hen dai. Yma hefyd yr oedd y ffordd o'r Lluast yn ymuno â ffordd y Wern.

Harefield
Tŷ unllawr newydd ydy hwn, yr unig dŷ newydd yn y Wern. Fe'i codwyd ar ôl 1970 gan Alan Cox, darlithydd coleg fu'n byw yma wedyn tra'n atgyweirio Ty'nllwyn ac adeilad yr Ysgol Sul. Cyn dod at y safle yr oedd yna res o hen dai, ond mae eu holion yn cuddio mewn pren bocs heddiw.

Ysgoldy neu yr "Ysgol Sul"
Dyma adeilad bach nodedig arall a welodd ddyddiau llewyrchus. Fe'i hadeiladwyd gan y Methodistiaid yn 1813 i gynnal Ysgol Sul pan aeth capel Bont yn rhy fach. Fe'i defnyddiwyd hefyd fel ysgol ddyddiol a bu ei godi yn fendith i boblogaeth y Wern, cael capel, ysgol a neuadd fach gymunedol yng nghanol y gymuned. Cynhelid cyfarfodydd amrywiol yno, megis cyfarfodydd cystadleuol a chyngherddau. Caeodd yn y 40au. Yr athro Ysgol Sul olaf oedd John Jarman, Brynolwern a gerddai i fyny yma bob Sul o Dafolwern. Gadawyd yr ysgoldy yn union fel yr oedd am ddeugain mlynedd ar ôl ei gau, efo'i bulpud a'i gloc ar y wal, nes ei werthu yn yr 80au i Alan Cox i'w droi yn dŷ. Yn 1997 newidiodd ddwylo eto a gwnaed mwy iddo, a'i ehangu. "*Sunday School*" ydy'r enw arno

Penucha
Gerllaw yr Ysgoldy roedd Penucha, cartref tad Morfydd Owen (y ceir ei hanes yn y llyfr yma). Mae rhai yn ei chofio hi a'i mam yn dod i fyny yma i weld yr hen dŷ. Heddiw, does yma ddim o'i ôl. Dyma ddywed Siôn Myrfyn o'r Bragdy, Bont:

"Cofiaf ofyn i fy mam pan oeddwn yn ifanc beth a gofiai hi am hanes Morfydd. Ychydig a wyddai ag eithrio'r ffaith yr hoffai ddod i fyny i'r Pennant a'r Bont at aelodau o'i theulu ac i weld beddau ei hynafiaid ym mynwent y Llan. Dywedodd fy mam, "Pam na ofynnwn ni i Elisabeth Ann Owen, Bryntirion rhag ofn bod ei mam, Martha Hughes wedi

dweud rhywbeth". Wedi ei holi, dyma beth ddwedodd y wraig honno:
"Roeddwn yn lodes fach efo Mam ym Mryntirion pan ddaeth cnoc ar y drws un prynhawn. Aeth fy mam at y drws a minne'n ei dilyn, ac yn sefyll ar y rhiniog roedd mam a merch. Gwelaf y ferch yn fy meddwl rwân fel pe gwelswn i hi ddoe ddiwethaf. Roedd hi'n eithriadol o ddeniadol a thlws, gwallt du fel y frân ac mewn côt goch lachar. Gofynnodd y wraig i fy mam a fedrai ei chyfeirio at fwthyn o'r enw Penucha. Meddyliodd hithau eu bod yn chwilio am rywle i fyw ynddo a dywedodd wrth y wraig nad oedd y bwthyn yn werth ei weld, fod y drws a'r ffenestri wedi mynd a rhan o'r to wedi cwympo i mewn. Dywedodd y wraig nad oedd yn poeni am hynny ond yr hoffai hi a'i merch gael ei weld fel yr oedd. Cerddasom ein pedair i fyny'r ffordd y deucan llath neu debyg at Penucha, a thra roeddym yn siarad y tu allan aeth y ferch i mewn. Ymhen rhyw ddwy funud daeth allan a dwedodd, "Dyna, mi fyddaf yn hapus nawr. Y cyfan roeddwn ei eisiau oedd cael sefyll ar garreg yr aelwyd lle magwyd fy nhad." Morfydd Llwyn Owen oedd y ferch. Roedd Penucha ar y tro wrth droi i lawr at Tu-hwnt i'r-nant."

Tu-hwnt-i'r-nant
Bron gyferbyn â'r Ysgol Sul mae Tu-hwnt-i'r- nant. Roedd yma nifer fawr o dai o gwmpas y llecyn ers talwm, a ffordd yn mynd oddi yma heibio tyddyn Perth-y-bî ac allan i'r ffordd newydd gyferbyn â'r tŷ unllawr newydd sydd yno rwân. Heddiw, dau dŷ wedi eu gwneud yn un sydd yma a'r dyddiadau 1721 a 1785 i'w gweld y tu mewn, ac mae yna dŷ golchi wedi ei droi yn dŷ gwyliau. Yn byw yn un o'r tai yma ers talwm, wedi dod yma o bosib cyn y Rhyfel Mawr, roedd Johnny Toss, neu Tôs, ond "Joni Bocs" ar lafar gwlad am y cerddai filltiroedd o gwmpas y tai a'r ffermydd yn gwerthu nwyddau i wraig y tŷ o focs du ar ei gefn. Credai rhai mai Almaenwr oedd o, dyn digon parchus a diwylliedig. Meddai, "*I pity the women of Waun and Tŷ Sais living so far*". Roedden nhw'n siwr o fod yn falch o'i weld o'n dod a'i bwt o stori. Yn byw naill ben â fo, yn y tŷ isaf o'r ddau, roedd Sidney Craig a'i wraig, Martha a'u plant, Walter, Peter a Nellie. Arferai'r plant ddringo i'r nenfwd a sbio i lawr ar Joni trwy'r rhigolau ac arferai Walter ddianc trwy ffenest y to pan oedd i fod yn ei wely! Daethai Sidney Craig o'r Alban yn gipar i Lwyn Owen. Cafodd ei ladd yn nyddiau olaf rhyfel 1914–18. Bu'n fain iawn ar y teulu ar ôl hynny ac adroddai Walter fel y bu Johnnie

Toss yn garedig iawn. Gyda'i ychydig geiniogau gallai fforddio tamaid o gig rhost ar ddydd Sul, peth na fedren nhw, ac yn ddiffael gwahoddai un o'r bechgyn i'w rannu efo fo. Yn ei thro bu Martha'n garedig wrtho yntau, yn tendio arno pan fu'n wael. Gydag ymdrech a help ariannol gan bobol leol llwyddodd Nellie i fynd i'r coleg a phasio'n athrawes, ac yn rhyfeddol iawn gorffennodd ei gyrfa yn brifathrawes am ychydig yn ysgol y Bont.

Ar ôl gweithio'n lleol am beth amser aethai Walter a Peter i Loegr, Peter i Lerpwl (priododd gyfnither i blant Llwyncelyn, Talerddig) a Walter i ffarmio at ei fodryb Jemima yn Barnard Castle.

Mae sôn amdano'n cwrdd ar hap â'r Tywysog Siarl. Wedi mynd i hela'r llwynog yr oedd o yn ôl ei arfer yng nghyffiniau Barnard Castle (heb gôt goch na cheffyl ei hunan, wrth gwrs!) ac yn pwyso ar lidiart yn edrych i gyfeiriad rhyw gerbyd 4X4 oedd wedi parcio yn ymyl. Daeth dyn ohono a cherdded tuag ato a'i gyfarch. Deallodd pwy oedd, wrth gwrs, a deallodd y Tywysog ar unwaith ei fod yn siarad efo Cymro. Aeth yn sgwrs rhyngddynt. Roedd hi'n fore rhewllyd a chynnigiodd lymaid o chwisgi i Walter o'i fflasg. Bu'n siarad â fo deirgwaith wedi hyn ar achlysuron hela. Trawyd Walter yn wael un gaeaf a beth ddaeth i'r ysbyty ond llythyr yn ei lawysgrifen ei hunan oddi wrth y Tywysog Siarl yn dymuno gwellhâd buan iddo ac yn gobeithio ei weld yn ôl yn yr helfa'n fuan. Un fel yna oedd Walter, yn creu argraff annileadwy ar bawb a'i cyfarfyddai.

Ond roedd ei galon yn y Wern a Bont, a bob blwyddyn fe ddeuai o a'i wraig, Nan i lawr yn y Morris Minor (cannwyll ei lygad, yn cael ei drin fel babi!) i ymweld â'i hen ardal ac i ddilyn y cŵn llwynog. Parhaodd yn adnabyddus i lawer yn Llanbrynmair, yn sgwrsiwr diddan, ei gof yn aruthrol a'i Gymraeg mor loyw ag erioed. Mae ei lwch wedi'i wasgaru ar y Bwlch, ble arall!

Wern Hall?
Rywle ym mhen ucha'r Wern roedd tŷ Mari Lewis a'i mab, Tymi neu "Tymi Bach". (*Wern Hall*, yn ôl Stanley Evans gynt). Mae'n debyg mai un o'r bythynod aeth i lawr oedd o a'i enw'n debycach i lys-enw. Go brin ei fod yn ddisgrifiad cywir! Roedd rhyw hynodion yn perthyn i Tymi. Cymerai ddiddordeb mewn faint o lwythi o ddail oedd mewn tomen, neu faint o wair mewn helm yn y gaeaf. Ac roedd ganddo ei eirfa ei hun – haten am ast, a'r ebychiad "Desgyn!" os byddai rhywbeth yn

mynd o'i le. Llusgai ei draed yn afrosgo mewn sgidiau hoelion mawr oherwydd rhyw ddiffyg arno, a hawdd ei glywed yn dod i mewn i'r capel. Gofalodd Siôn Myrfyn yn garedig am garreg fedd iddo yn y Bont, a'i enw arni, "Tymi Bach".

Drws nesaf iddo, eto yn ôl Stanley Evans, trigai brawd Mari, sef Wil Breese, neu "Wil Goch". Gan mor fregus oedd y tai erbyn hynny, mi gwympodd hanner y tŷ unwaith. Adroddai Bili Owen, Penfilltir, stori am Wil Goch mewn ocsiwn efo James, ei nai. Roedd Wil am brynu buwch, a phob un a ddeuai i'r cylch, *"Leven pound!"* meddai Wil. Ond chafodd o 'run nes daeth hen fuwch i mewn, a *"Leven pound!"* meddai Wil eto, a thrawyd hi i lawr iddo. Wil yn dweud wrth James am fynd adre i moen y pres. Meddai James, "Faint ddo' i lawr, William?" "Tyrd a'r blydi drôr lawr!" oedd yr ateb.

Pen-y-Wern
Dyma'r tŷ uchaf ar ffordd y Wern heddiw, o hynny ymlaen mae wedi tagu gan dyfiant. Adnewyddwyd y tŷ ac O! am olygfa sydd oddi yma drosodd am Fwlch Glyn Mynydd ac ochrau Bron-derwgoed, ond gan mai tŷ haf ydyw does neb yma'n amal i fwynhau'r olygfa wych. Bu'n dri o dai unwaith. Yr olaf o'r brodorion i fyw yma oedd Matilda Davies, neu "Tilda Pen-Wern", fel y'i gelwid, ac yn byw efo hi roedd ei chefnder, Thomas Morris Jones, neu "Tomi Pen Wern". Bu'n gweithio yn y pyllau glo ac ar ôl hynny bu yn y Rhyfel Mawr lle yr effeithiwyd ar ei ysgyfaint gan nwy a'i gwnaeth yn fyr ei wynt. Daeth yn ôl i'r Wern, ac fel yn hanes llawer a anafwyd cafodd swydd postmon. Roedd ei rownd bostio'n un faith, yn cynnwys Waun Cwmcalch, lle eithriadol o anghysbell. Doedd dim ffordd at y tŷ bryd hynny ac roedd y filltir olaf ar hyd gweundir gwlyb a chorsiog. Byddai plant y Waun (y Lewisiaid, yn ôl Siôn Myrfyn) yn hel cnau wrth gerdded adref o ysgol y Bont ac yn eu danfon i ffwrdd i rhyw gwmni i gael ychydig o geiniogau. Wel, roedd Tomi'r postmon braidd yn hoff o'r gair *"bloody"* ond wedi ei wareiddio i "bydi", ac am ryw reswm siaradai Saesneg efo Myfanwy, post-feistres y Bont. Un bore, cydiodd mewn cerdyn post wedi ei gyfeirio i'r Waun ac arno, *"Received nuts on so-and-so date. Payment for same will be forwarded soon"*. Ac meddai Tomi, "Bydi el! *I've got to go to* bydi *Waun because of few* bydi *nuts!"* Pan ddaeth Matilda i lawr yma i fyw o ffarm Pen-y-Wern, cartref ei theulu, daeth â'r enw efo hi.

Ffarm Pen-y-Wern

Mae'r ffarm oedd yn dwyn yr enw yma yn uwch i fyny yn y coed, ac wedi dadfeilio. Roedd hi ar y "briffordd", wrth gwrs, a chredir fod yno efail ers talwm: wedi'r cyfan, pasiai llawer o geffylau pwn a cherti y ffordd honno. Mae'n amhosib bron mynd yno heddiw gan dyfiant. Yno roedd Mari Jones yn byw yn gynnar yn y ganrif, a'i mab Bili fu'n trio'i law ar dipyn o bopeth at fyw, yn lladd moch, yn gweithio ar ffermydd, yn gwneud ychydig o waith efail ac yn rhedeg gwasanaeth tacsi efo merlen a thrap, ie, o ben ucha'r Wern! Diffygiai'r ceffyl druan, weithiau, fel bod rhaid i rai gerdded i fyny rhiw capel yn aml. Roedd gan Mari Jones neiaint, Tomi, a Matilda ac Idris a anwyd yn Llundain ond yn mynd a dod llawer i'r Wern. Bili oedd yr olaf i fyw i fyny yma.

"Hen adwy'r gwynt"

Codai'r hen ffordd yn serth i Ben-y-bwlch, lle roedd "hen adwy'r gwynt", chwedl Jac Newlands o'r Bont, pan chwythai gwynt cryf o'r dwyrain heibio Hafodwen. Mae amryw o ffermydd bychain a llwybr neu wtra yn arwain atynt o'r ffordd o gwmpas Pen-y-bwlch, er enghraifft:.

Cilhaul

Yma roedd dau dŷ. Yn nyddiau cynnar y ganrif yma roedd Abraham Jones a'i wraig a dau fab, Jac a Dico yn byw. Symudodd Abraham i Llawrcoed i weithio ar y ffordd. Yma hefyd roedd Richard Owen a'i deulu. Roedd ganddo ful i wneud gwaith y tyddyn, ac un tro roedd yn dod â llwyth go fawr i fyny rhiw Llan pan ddaeth Mr Rees, y Rheithor heibio a dweud, "Gaf i helpu trwy wthio tipyn?" Atebodd Richard yn araf, "Wel, roedd yn ormod o lwyth i un mul!" Bu am flynyddoedd yn cael ei ddefnyddio fel beudy neu sgubor, ond mae rhywun yn byw yma heddiw.

Bryn Bach

Yma cartrefai Thomas a Jane Jones a'u tri o blant, Tomos, Mary Jane ac Ifan. Aeth Ifan i'r pyllau glo, i Nant-y-moel rhwng y ddau Ryfel Byd, yn goediwr, mae'n debyg. Yn ôl y daeth at ei deulu ymhen rhai blynyddoedd ac ym Mryn Bach y bu'r tri tan eu dyddiau olaf yn y 60au. Ni welwyd dau mwy anhebyg erioed na Tomos ac Ifan, Tomos yn araf deg fel malwoden ac Ifan yn wyllt fel matsen. Cyrhaeddodd Elwyn yr

Hendre yno un bore ar y tractor i wneud rhyw orchwyl, gyda'r cyfarchiad, "Ffor ydech chi bore 'ma i gyd?" "Mae'n fore ofnadwy yma!" oedd yr ateb gan Ifan. "Rydw i'n mynd i anfon Tomos i'r seilam a Mary Jane i "home" a rydw inne'n mynd i briodi!" Ddigwyddodd hynny ddim, ond roedd ganddo fo gariad i lawr yn y pentref. Yn ôl Siôn Myrfyn, roedd iddo ochr ddiwylliedig a gallai ddyfynnu barddoniaeth, megis awdl "Iesu o Nasareth", yn rhaffau ar ei gof. Bu farw yn 1960, Tomos yn 1964 a Mary Jane yn 1968. Aelod o'r un teulu, sef Erddig Richards sy'n ffarmio yma heddiw, yr unig deulu Cymraeg ar y top yma bellach.

Esgair Llafurun
Meddai Siôn Myrfyn eto, "Clywais ddweud pan oeddwn yn ifanc mai "Esgair-llafur-un" ydy'r ystyr, hynny ydy, tyddyn a'i lafur a'i fywoliaeth yn ddigon i un. Tŷ un-nos oedd o i ddechrau, un o'r tai rheiny a godwyd ddwy ganrif yn ôl rhwng cyfnos a gwawr, o gerrig a chlai ac iddo do tywyrch, ac os byddai mwg yn y corn erbyn toriad gwawr yna gellid hawlio'r tŷ ac ychydig o dir o'i gwmpas, ond mae wedi ei ail-godi ers hynny, wrth gwrs. Y teulu a gofir yma yn yr ugeinfed ganrif oedd teulu Evan Jones, y whilrit, arbenigwr ar wneud olwynion rhod a'u trwsio, a chanddo ferch, Sali, a phedwar mab (un oedd Gwilym Pen-ddôl, y saer).

"Cwmniwr difyr oedd Evan Jones. Clywais ddweud ei fod yn hoff o daro draw ar y ferlen fin nos i Drannon. Roedd y mynyddoedd i gyd yn agored bryd hynny a hen ffordd yn mynd tuag yno. Ni feddyliai Evan am adael Trannon tan ddau neu dri y bore. Roedd eisie athrylith i gerdded corsydd y topie yn y nos, ond dim ond rhoi awen rydd i'r ferlen ac mi âi adre'n ddigon saff. Roedd yn hoff iawn o geffylau, yn enwedig rhai wedi castio, a byddai'n siŵr o ddod â nhw at eu coed a hynny trwy deg. Yn sgwrsiwr a phlagiwr di-ail hefyd, a'r cyntaf i wybod os byddai rhywun yn dechrau canlyn! Adroddai straeon ysbryd i godi gwallt pen….Roedd yn dod adre wrth lidiart Tawelan, meddai, yn ymyl y Llan ar noson dywyll a'r ferlen yn tynnu tua'r clawdd er ei waethaf. Cyrraedd y Bragdy, a Tom Lewis yn dweud, 'Mae'r ferlen yma'n furum o chwys. Rwyt ti wedi cwrdd â ch'ligeth'. Bu angladd yn y Llan yn fuan."

Waun Cwmcalch
Mae'r Waun ddwy filltir dda o ffordd cwm Cerhynt. Doedd yna 'run

ffordd i fynd yno ers talwm nes y gwellwyd un gan y Comisiwn Coedwigaeth o ffordd Cwm Calch Uchaf, ond ffordd arw ydy hi hyd yn oed heddiw. O'r Waun gellid dringo i gysylltu â'r hen ffordd fynydd oedd yn mynd ymlaen am Gwm Mawr a Thrannon. Dros y caeau heibio Bryn Bach y byddai plant o Gwmcalch a'r Waun yn arfer mynd i ysgol y Wern a'r Bont. Roedd y diweddar Stanley Evans yn adrodd am un Mrs Jones arferai fyw yma ers talwm, gweddw, llygaid gleision, gwallt gwyn wedi ei gribo'n ôl yn gocyn. Fyddai hi byth yn mynd oddi yma. Bryan y mab yn byw efo hi ond yn marw o'r ffliw adeg y Rhyfel Mawr, a gallwn dychmygu'r fath golled oedd honno. Roedd gan y diweddar John Jarman, Tŷ Isaf hanesyn am ryw gymeriad a elwid yn Robin y Waun a fu'n byw yma. Roedd wedi neilltuo un cae i dyfu moron a byddai'n mynd o amgylch y pentrefi efo cert a mul i'w gwerthu (siawns na fu moron mwy organig erioed!) Y Cymry olaf i fyw yn y Waun oedd Penri ac Eunice Jones tua 1945, Eunice wedi ei geni a'i magu yma. Aeth bron hanner canrif heibio nes y daeth rhywun arall yma i fyw.

HEDDIW
Mae pobol yn dal i fyw yn y rhan fwyaf o'r tai, y tyddynnod a'r ffermydd y buom yn sôn amdanynt, ond nid pobl wedi eu geni'n lleol. Fel y gwelsom, yn y Wern tai gweigion oedd yma bron i gyd erbyn y 60au. Yna, yn y 70au dechreuodd pethau newid pan ddaeth pobl oddi allan i gymryd diddordeb yn yr adeiladau a gweld gwerth ynddyn nhw, a'u prynu a'u hadfer. Mae pob un yn eiddo i rywun erbyn hyn a'r perchnogion gan fwyaf yn byw yma, ac ychydig yn eu defnyddio fel tai haf. Ond er y newid dwylo a'r newid steil, erys un peth yn ddigyfnewid – y ffordd i'r Wern. Mae wyneb honno cynddrwg ag y bu erioed!

ADNEWYDDWR TAI
Un sydd wedi gadael ei ôl ar adeiladau'r Wern a mannau eraill yn y plwyf mewn blynyddoedd diweddar ydy ERIC WILLIAMSON, perchennog y busnes modelau symudol yn hen neuadd bentref Llanbrynmair. Meddai:
　"I Bantypowsi, Cwm Nant-yr-eira y deuthum i a ngwraig, Alison i ddechrau, dros ddeugain mlynedd yn ôl. Roedd y tŷ mewn cyflwr gwael iawn, dim ond wal neu ddwy yn sefyll a dim ffordd ato. Roedd tua hanner dwsin o dyddynnod o'r fath wedi eu codi o gwmpas y fan honno oddeutu 1890, adeg weddol lewyrchus ar amaethyddiaeth. Ond

adeiladwr sâl iawn a'u cododd heb roi digon o gerrig hirion - cerrig trwodd - yn y talcenni, fel y gwelais ym Mhantypowsi. Yn lle cerrig hirion defnyddiai ddwy garreg fyrrach yn aml, a hynny'n da i ddim i gloi'r wal, wrth gwrs.

"Ym Mhantypowsi y bu Andrew Jones, y gwneuthurwr bobinau pren yn byw, a'i ferch Siwsana, oedd dipyn bach yn wan ei meddwl. Yn ôl a glywais, roedd yr hen ŵr ei thad wedi marw yn eistedd ar y grisiau ac am bum niwrnod bu Sana'n gwthio heibio iddo gan ddisgwyl iddo symud! Mi glywais hefyd am wraig a'i merch oedd yn byw yn un o'r ffermydd cyfagos yn cerdded â menyn a wyau bob cam i farchnad Llanfair Caereinion heibio i Garreg-y-bîg a'r Adfa, gan aros y nos efo perthnasau. Tyddynnwyr tlawd oedd yn byw yn y bythynnod yma o gwmpas Pantypowsi, yn cael ambell oen llywaith i'w fagu o'r ffermydd, oedd yn help at fyw. Wedi eu magu fel plant, a heb arfer efo cŵn, pan eid â'r wŷn yma i lawr yr hen ffordd, ddeuai allan wrth Bont Bell, i gwrdd â phrynwr dychrynnai'r wŷn a dianc i'r coed. Ond â'r arian yn saff, dychwelai'r tyddynnwyr adre a thoc iawn dilynnai'r wŷn! A sôn am yr hen ffordd, roedd hi mor gul a throellog fel mai'r arferiad oedd anfon cog o fachgen ymlaen i rybuddio rhag i ddwy gert gwrdd mewn lle cul. Ond weithiau fe âi'r demptasiwn yn ormod a gadawai'r cogiau i'r certi gwrdd – er mwyn clywed yr eirfa!

"Fi hefyd fu'n troi Ysgoldy'r Aber yn dŷ i ryw ŵr oedd a'i wraig yn wael ac am ddod i le tawel, ond fuon nhw ddim yno'n hir.

"Roeddwn i wedi teithio lawer gwaith ar hyd y ffordd o Dalerddig i'r Bont, ac o Ben-y-bwlch wedi gweld Tu-hwnt-i'r-nant i lawr yn y Wern ac wedi dotio at y lle. Bu raid i mi ei brynu. Ond anifeiliaid oedd wedi bod yn defnyddio'r lle ers blynyddoedd a'r gwaith cyntaf oedd carthu. Er mwyn cael lle i fyw prynais Frynffynnon i lawr y ffordd – ond roedd gwaith i'w wneud yno hefyd! (Prynais Bantypowsi am £600, Brynffynnon am £1,500 a Tu-hwnt-i'r-nant am £4,000. Cymharer prisiau heddiw!) Roedd yma ddau dŷ ym Mrynffynnon wedi bod yn wag yn hir, ac fe euthum ati i adnewyddu un ohonyn nhw, i'w ail-godi yn wir. Lle tywyll iawn oedd y gegin gefn oedd a'i thalcen yn y ddaear, a'r llawr a'r welydd a'r nenfwd wedi eu peintio'n goch tywyll mewn rhyw oes efo côt o wyngalch wedi'i gymysgu efo gwaed tarw, stwff oedd yn sychu'n gaenen galed, sgleiniog. Roedd y "paent" yma'n beth digon cyffredin yn yr hen amser. Doniol iawn oedd fod cardfwrdd wedi ei hoelio i'r nenfwd efo hoelion dwy fodfedd a hanner o hyd. Roedd Brynffynnon yn hen dŷ, yn dŷ unnos yn wreiddiol, wedi'i godi ar fin y ffordd o gerrig a chlai ond wedi ei ehangu'n ddau dŷ mewn cyfnod diweddarach. Yn un o'r welydd mi ddarganfum un darn o hen hwd y simdde wreiddiol (mi fyddai yno ddau wedi bod), sef darn o bren fflat a thyllau ynddo i wthio pennau'r gwiail iddyn nhw. Y gwiail yma wedi'u plethu fyddai cantal yr hwd a hwnnw wedyn wedi ei orchuddio â chlai. Gyferbyn â'r tŷ, yn mynd i fyny efo ochr y nant roedd olion hen farics y mwynwyr a weithiai yn Tŷ Isaf.

"O dan y baw gwartheg, dau dŷ fu Tu-hwnt-i'r-nant hefyd. Yr isaf oedd y tŷ gwreiddiol yn dyddio o'r ail ganrif ar bymtheg, tra'r llall efo dau lawr wedi'i godi'n ddiweddarach. Wrth ei adfer yn un tŷ mi geisiais gadw'r nodweddion gwreiddiol cystal ag y gallwn, ac ail-greu ei wyneb pren a phlastr. Yn ei ymyl, roedd adeilad arall yn cynnwys cut mochyn, tŷ golchi a thŷ ffwrn – a dyna ydoedd yn amser Walter Craig oherwydd fe gofiai grafu cefn y mochyn! Mi wnes hwn yn dŷ hefyd, ac wrth dyllu mi ddarganfum wal yn rhedeg i gyfeiriad Tu-hwnt-i'r-nant ac wrth ei hochr y gladdfa fwyaf erioed o degins – neu lestri wedi torri'n deilchion. Miloedd o ddarnau. Tybed beth oedd yr esboniad? Peidiwch â dweud fod pobol y Wern yn meddwi ac yn taflu llestri at ei gilydd! Mae'n dangos, fodd bynnag, fod cymuned go lewyrchus wedi bod yma.

"Welsoch chi'r llyfryn *Welsh Workingmen's Houses*? Mae lluniau ynddo o hen fythynnod gwehyddion o'r Wern. Roedd nifer o'r rhain ar yr hen ffordd sy'n mynd trwy'r coed uwchlaw Tu-hwnt-i'r-nant i gyfeiriad y Lluast. Mae'n debyg mai'r teulu Davies, Dôlgoch, Talerddig oedd wedi eu codi i'w gweithwyr. Mae eu holion yno o hyd.

"Ar ôl rhai blynyddoedd yn Nhu-hwnt-i'r-nant roeddwn i'n awyddus i ehangu'r busnes gwneud modelau pren symudol yr oeddwn i wedi ei gychwyn – roeddwn i'n cyflogi 11, ond methais â chael caniatâd cynllunio am y byddai'r gwaith yn gwneud sŵn yng ngolwg rhai pobol. Felly, bu raid i mi werthu Tu-hwnt-i'r-nant a symud i Gae Madog ble roedd sgubor addas i'r gwaith. Mae tŷ Cae Madog yn ddiddorol eto. Mae rhan ohonno o'r ail ganrif ar bymtheg ond mae tŷ hŷn na hynny y tu mewn iddo! Rhed cyntedd trwy'r tŷ efo drws yn y ddau ben, sef gweddillion hen neuadd ganolog. Tŷ platfform ydyw, a'r ddaear wedi ei chodi i'w gynnal yn un pen gan fod ei dalcen i'r llechwedd. Bu llawer o newid yno yn y ddeunawfed ganrif, ac yr ydw i wedi sylwi wrth adfer yr hen dai yma fel y mae cyfnodau o ffyniant ariannol yn cael ei adlewyrchu yn y newidiadau a wneir i'r tai. Tua 1890 y crewyd y ffenestri pigfain yn y to a chodi ports o flaen y drws.

"Dyna i chi dŷ diddorol arall ydy Gellidywyll. Yma eto mae hen dŷ o fewn tŷ newydd a godwyd tua 1900. Roedd yr hen dŷ yn un du a gwyn, ei waliau allanol yn hanner plastr a phren, ond mae'r tŷ presennol a welir o gerrig a brics cochion. Mae'r hen dŷ i'w weld yn blaen mewn un man yn arbennig yn y tŷ, lle mae cyntedd, *passage*, eithaf llydan yn rhedeg rhwng yr hen wal a'r newydd; mae'r hen waith pren a welir y tu mewn yn y waliau a'r to yn wych iawn. Adeiladwyd sgubor yma yn 1914 yn y dull *herringbone brick,* sef briciau cochion wedi eu gosod mewn patrwm ar ogwydd. Gwnaethai perchennog stad Llwyn Owen arian mawr yn Llundain cyn troad y ganrif trwy ei gysylltiadau â chwmni yswiriant enwog, ac fe aeth at gwmni penseiri nodedig Waterhouse – gynlluniodd yr Old Bailey yn Llundain – i gael cynlluniau ar gyfer tai newyddion ar y stad. Dewiswyd y patrwm oedd yn defnyddio pren wedi ei liwio'n ddu a brics coch, fel a welir yn amlwg yn Tremafon a Brynawel ym mhentref Bont ac yn Lodge Llwyn Owen. Felly y daeth ffasiwn bensaerniol Surrey i Lanbrynmair erbyn dechrau'r ugeinfed ganrif."

MORFYDD LLWYN OWEN (1891-1918)

Cerddor ifanc, enwog gymerodd ei henw proffesiynnol o Lanbrynmair oedd Morfydd Owen. Pwy oedd hi?

Mae Rhian Davies, cerddor proffesiynnol yn wreiddiol o'r Drenewydd, wedi gwneud astudiaeth o fywyd yr eneth ryfeddol yma, Morfydd Owen, a dyma ddyfyniad agoriadol o'i llyfr, *Yr Eneth Ddisglair Annwyl*: "Dyfarniad unfrydol ei chyfoedion oedd mai hi oedd y cerddor mwyaf athrylithgar ac amryddawn a gynhyrchodd Cymru erioed...."("*It was the unanimous verdict of her generation that Morfydd Owen was the most supremely gifted and diversely talented musician Wales had yet produced...*")

Yn hardd, yn ifanc, yn bianydd, yn gantores ac yn gyfansoddwraig – yn ffefryn gyda Chymry enwog ei dydd yn Llundain, megis Lloyd George, roedd y byd wrth ei thraed.... Ond beth oedd ei chysylltiad â Llanbrynmair? Roedd ei thaid, Dafydd Owen, yn ffarmio'r Gnipell, Pennant, lle bach ar y top rhwng y Belan a'r Hendre. Ffeiriwyd cae efo'r

Hendre ac fe'i gelwir hyd heddiw yn "gae Dafydd Owen". Does ond y ffynnon ar ôl yn y Gnipell heddiw. ("Ac un ddofn ydy hi hefyd", meddai Alun Wigley'r Belan, arferai ollwng cerrig iddi ar ei ffordd o'r ysgol ar waethaf siars ei rieni) Mae'n amlwg i daid Morfydd symud o'r Gnipell oherwydd ganwyd ei thad, William Owen, mewn bwthyn o'r enw Penucha yn y Wern, ac ar ôl hynny hyd nes ei fod yn wyth oed bu'n byw yn un o fythynnod y gweithwyr ym Mhlas Llwyn Owen lle y gweithiai ei dad, cyn i'r teulu symud o'r Bont i Drefforest ym Morgannwg. Yn fachgen ifanc bu William yn ffodus o briodi merch i deulu eithaf cefnog o adeiladwyr a chafodd eu hunig ferch, Morfydd, felly bob mantais.

Roedd ei thad a'i mam yn gerddorol, fo yn arweinydd côr a chodwr canu yn ei gapel, a chafodd Morfydd ei dwyn i fyny yn y ffordd draddodiadol eisteddfodol, gapelaidd. Anfonwyd hi'n fuan i gael gwersi ac roedd wedi cyhoeddi ei hemyn-dôn gyntaf, *Morfydd,* pan yn 17 oed. Bagloriaeth mewn cerddoriaeth ym Mhrifysgol Cymru, Caerdydd, yna'i derbyn i'r Academi Frenhinol yn 1912. Dechreuodd yrfa ddisglair fel cyfansoddwraig gweithiau cerddorfaol, siambr, piano, corawl a chaneuon unigol. Pwy na chlywodd am *Gweddi Pechadur?* Cai groeso mawr ar aelwyd Syr Herbert Lewis, A.S. Fflint, a'i wraig gerddorol, y Fonesig Ruth Lewis a gasglai ganeuon gwerin. Byddai Dora Herbert Jones a Morfydd yn mynd efo hi i'w darlithoedd i ganu esiamplau o ganeuon gwerin. Tyfodd ymwybyddiaeth Morfydd ohoni ei hun fel Cymraes ac urddwyd hi i'r orsedd fel "Morfydd Llwyn Owen" yn Wrecsam yn 1912. Tua'r amser yma aeth i fyw i Hampstead Heath i ganol artistiaid llachar a bohemaidd ei dydd, pobl fel yr awdur D.H.Laurence. Yna'n sydyn ac annisgwyl, yn 1917, priododd â dyn llawer hŷn na hi, Ernest Jones, seiciatrydd enwog a chyfaill i Freud. Yn 25 oed, felly, daeth tro ar ei byd a chollodd ei hasbri a'i dawn greadigol. Teimlodd ormes "bod yn wraig tŷ", rhywbeth nad oedd yn dygymod â'i hanian o gwbwl. Bu farw y flwyddyn ddilynnol dan lawdriniaeth i godi'r coluddyn bach (*appendix*) dan law ei meddyg o ŵr mewn bwthyn unig ym Mro Gwŷr, a chladdwyd hi â galar cenedlaethol yn Ystumllwynarth, ger Abetawe ym Medi 1918.

Ond pam ei chysylltu â Llanbrynmair? Wedi'r cyfan, fu hi erioed yn byw yma. Naddo, ond hi ei hun fynnai wneud y cysylltiad. Cofiwn ei bod hi'n berson artistig a sensitif ac roedd y Bont a'i amgylchedd wedi gwneud argraff fawr arni, mewn gwrthgyferbyniad mae'n siwr i ardal lofaol Trefforest yng nghwm Tâf. Mynnai ymweld â'r lle y ganwyd ei thad. Dyma ddarn o lythyr ganddi yn 1914 : *"I had thought of going to Llanbrynmair today or tomorrow – it is a sweet little country place in Montgomeryshire, and has additional interest because my father was born there...for the sake of tradition, I spend some part of my holiday there every year."* Fe âi i gapel Bethel, y Bont lle yr ymunai yn y canu. Medd Edwin Evans mewn llythyr i'r *Drych* Americanaidd, Mawrth 1928, *"...she joined in the singing with her sweet voice"*. Yn ôl Sion Myrfyn yn y Blewyn Glas 30/10/1980 fe aeth Morfydd i fyny i'r Wern i chwilio am Penucha lle ganwyd ei thad ac, wrth gwrs, rhoddodd yr enw *Penucha* ar un o'i hemyn-donau, yn ogystal â mabwysiadu enw Llwyn Owen.

Cyflwynodd ei thad, William Owen, bortread o'i ferch i drigolion Llanbrynmair 16 mlynedd ar ôl ei marwolaeth. Bu'n hongian am flynyddoedd ar wal yr antirwm yn yr hen neuadd bentref ac yn awr mae yn y Ganolfan, lle y caiff barch am lawer o flynyddoedd i ddod, gobeithio, am iddi garu ac anrhydeddu bro ei thadau. Cyflwynodd ei thad lun hefyd i gapel y Bont, ac mae hwnnw ar wal y festri yno.

ATGOFION MARY EVANS AM Y WERN

"Mi ganwyd fi yn 1920. Roedden ni'n byw yn hen ysgol y Wern oedd wedi ei throi'n dŷ a chael yr enw "Bangalô". Teulu o'r enw Thomas oedd yno o'n blaenau. Roedden ninnau'n bump o blant, Dafydd Morgan, Owen, Gwladys, Sal a finne. Un o ferched y Foel oedd fy mam, Lina, neu Mary Helena Roberts. Roedd fy nhad, John Jones yn un o fechgyn Esgair Llafurun ac yn gweithio ym Manceinion ar ôl y Rhyfel Mawr, yn gwneud darnau i awyrennau. Rwy'n cofio tua dwsin o dai yn y Wern a rhai'n byw mewn naw ohonyn nhw, rhai fel Tomi Pen-wern a Matilda, Johnny Toss, teulu Sidney Craig, a Tymi Bach neu "Twm Cristion", simpil braidd, yn byw ar ei ben ei hun. Mae eu hanes nhw mewn man arall, felly wna i ddim sôn rhagor am hynny.

"Byddwn yn mynd i'r Band of Hope yn rheolaidd. Roedd y gweinidog, y Parch. T.W.Thomas yn eithriadol o dda efo plant. Byddai Nain y Foel ar ein pac o hyd yn gwneud yn siwr ein bod yn mynd i'r Seiat hefyd. Pan nad oedd ond y fi'n blentyn yn y Wern mi ges fynd i Ysgol Sul y Bont – yno roedd llawer o'm ffrindie ysgol ac roedden nhw'n cael Trip Ysgol Sul, i Aberystwyth fel rheol. Ond ar ôl peth amser roedd Nain eisiau i mi fynd yn ôl i Ysgoldy'r Wern, ac felly y bu. Mi fydda i'n meddwl am Nain Foel yn amal. Roedd y Foel i fyny'n uchel a thua milltir a hanner o'r Bont, ond roedd hi'n selog yn y capel, yr Ysgol Sul a'r Seiat. Byddai'n dod i'r Seiat yng ngolau lantern ac yn ei chuddio ym mhren bocs Ivy Cottage. Wrth iddi fynd adre un noson fe'i clywsom hi'n gweiddi dros y lle - y lamp wedi diffodd a hithe ar goll! Aethom i chwilio amdani, roedd bron a chyrraedd adre ond fedrai hi ddim symud o'r fan. Dim ond llwybr igam-ogam oedd yn arwain i'r Foel a hwnnw'n ddigon serth. Roedd hi'n fywiog ei meddwl ac yn teyrnasu o'i stôl drithroed o flaen y tân yn y Foel, ei pheisiau trwchus o'i chwmpas, yn awyddus i gael gwybod pob hanes. Roedd Dafydd ei mab adre'n ffarmio a byddai ei gymydog, Gwilym Rees, Gellidywyll, weithie'n mynd efo fo i saethu sgwarnogod i ochr y Foel a Fronlwyd. Ar noson arw fe âi Dafydd allan i farnu'r tywydd i gornel Cae Tŷ Ffwrn. Deuai'n ôl dan ysgwyd ei ben, "Mae Duw o'r north heno!" A noson wrth y tân fyddai hi.

"Roedd Gwladys fy chwaer chwe mlynedd yn hŷn na fi, a phan oeddwn i'n saith oed bu Sal, fy chwaer arall, farw'n un-ar-ddeg oed, chwe mis ar ôl marwolaeth fy nhad – y pendics wedi byrstio. Roedd Sal i fod i ganu mewn cyngerdd neu 'steddfod o gwmpas y Pasg, a'r gweinidog, H.Evans Thomas wedi dweud na chai hi ddim te parti os na fyddai hi'n canu, ond bu Sal druan farw cyn y diwrnod hwnnw. Pan oeddwn yn bump oed bum inne'n adrodd mewn cyngherdd yn y Wern. Adeg y Nadolig oedd hi a finne'n adrodd am Santa Clos. Gan fod fy nhad yn gweithio ym Manceinion, methodd â chyrraedd adre mewn pryd, a dyna lle roedd o'n clustfeinio wrth dwll y clo! Arferem gael eisteddfod flynyddol yn y Bont, Eisteddfod y Groglith, yn cael ei chynnal yn y capel. Roedd y lle'n orlawn, a'r bechgyn yn eistedd ar siliau'r ffenestri. Ond aethpwyd ati i beintio'r capel ac ar ôl hynny doedd dim rhagor o eistedd ar y ffenestri i fod. Yn fuan wedyn symudwyd y 'steddfod i lawr i'r Gwaelod. 'Falle mai dyna pam! Rwy'n cofio un tro i gyfnither Dr. Eddie Lewis, Lluast, ddod yno i adrodd "Cadair Ddu Birkenhead" – cadair Hedd Wyn, wrth gwrs – a dyna lle roedd Islwyn (Lewis) yn yr ysgol trannoeth yn ei dynwared.

"Cefais amser hapus yn yr ysgol yn y Bont. Doedden ni ddim yn hir yn cerdded i lawr o'r Wern ond roedd yn cymryd tipyn mwy o amser i ddringo'r rhiw yn ôl i'n cartrefi. Dorothy Thomas, merch y saer, George Thomas ac Ellen Thomas, Hen Dafarn, oedd fy ffrind pennaf a rydyn ni wedi para'n ffrindie trwy'n hoes. Byddem yn talu am Horlicks, ac yn ymladd am gael ei baratoi. Roedd y plant a ddeuai o bell yn dod â'u cinio i'w canlyn, ond byddai plant y Wern yn mynd adre i ginio. Yn aml iawn byddai fy mam yn rhoi rhestr i mi fynd heibio'r siop yn y bore fel y byddai'r nwyddau'n barod i mi fynd â nhw efo fi amser cinio. Ond yn amlach na pheidio fyddai'r neges ddim yn barod, ac fe fyddai plant y Bont ar eu ffordd yn ôl i'r ysgol pan fyddwn i'n dringo rhiw'r Bragdy ar fy ffordd adre!

"Myfanwy James oedd yn cadw'r siop. Cafodd ei mabwysiadu gan John a Sarah Roberts, merch i Gwilym Cyfeiliog, a'i rhieni maeth gadwai'r siop o'i blaen hi yn Stryd Cyfeiliog ger yr afon. Bu fy mam yn gweithio fel morwyn iddyn nhw am gyfnod. Cofiaf iddi ddweud fel y bydden nhw'n lletya gweinidogion a myfyrwyr diwinyddol dros y Sul. Un tro roedd yna stiwdent bach wedi cyrraedd, a dyma John Roberts yn gweiddi,"Mae o'n dene iawn! Rhowch ddigon o fwyd iddo fo!" Y Parch Madryn Jones oedd y myfyriwr bach. Bu'r Parch W.M.Evans, Llansanffraid yn aros yno nifer o weithiau. Roedd o'n bregethwr Cyrddau Mawr. Mae gen i gof plentyn ohono'n ail-adrodd ei hun lawer gwaith drosodd gan ddweud, "Mae'r byd yn gwella, mae'r byd yn gwella!"

"Ond i fynd yn ôl i'r ysgol. Mr J.E.Jones, Maentwrog, oedd y Prifathro yn Ysgol y Bont pan ddechreuais i. Ei ddiddordeb mawr oedd cerdd dant a daeth yn enwog trwy Gymru yn y maes hwnnw. Byddai hyd yn oed ni, y plant lleiaf yn dysgu darnau o awdlau ar ein cof, fel "Y Gof" *(Chwythu ei dân dan chwibanu / Ei fyw dôn wna'r gof du)*, a "Dinistr Jeriwsalem" *(Ys anwar filwyr sy' yn rhyfela./ Enillant, taniant gastell Antonia)*. Roedd yn dipyn o dasg i ni gael ein tafodau o amgylch y geiriau. Roedd Doris Williams, y Llan ac Annie Williams, Cilcwm yn athrawesau yn nosbarth y plant ieuengaf. Yn ddiweddarach daeth Mr Glanffrwd Davies yn Brifathro i'r ysgol. Roedd ynte wrth ei fodd yn cyfansoddi geiriau i ganeuon actol ar ein cyfer a ninnau'n eu perfformio yng nghyngherddau'r ysgol. Roedd un ohonyn nhw'n cynnwys y geiriau:

If I had a donkey and he wouldn't go,
Do you think I would beat him? No! No! No!
I'd give him some hay and say "Cheer up Ned",
And if he was ill I'd put him to bed.
Cheer up Neddy! Cheer up Neddy!
Cheer up Neddy! Cheer up Ned!

Byddai Wil, Tŷ Pella yn cael codi canu ac arwain y plant yn y bore ambell waith – mae'n rhaid fod Glanffrwd Davies wedi gweld potensial yr adeg honno! Weithiau, pan fyddai'r Prifathro'n brysur byddem ni'r plant yn cael cynnal ein Cyfarfod Bach ein hunain. Roedden ni'n cael dewis llywydd, ac un tro fi oedd yn cael y fraint o eistedd yng nghadair y llywydd. Roedd Emrys Thomas, brawd Dorothy, yn canu "Mae gen i iâr a cheiliog" a bob tro roedd o'n dod at y geiriau "Weli di, weli di, Mari fach", roedd yn troi i edrych arna i!

Fe ddysgon ni lawer o benillion ac englynion yn yr ysgol, ac mae rhai ohonyn nhw'n dal ar fy nghof i byth. Dyma'r englyn i'r Asyn:

Defnyddiol, dof aniddyn, - hir ei glust,
   Garw ei glog, yw'r asyn,
Ac er edrych yn grwydryn
Ar ei gefn bu'r Prynwr gwyn.

A hwnnw i'r Pren Crin:

Pren crin, pren wedi blino – ar ei draed,
   Ei rwysg wedi gwywo,
Di-raen gyff, druan ag o,
Mwy pa gamp yw ei gwympo?

"Wedi i mi adael yr ysgol euthum yn forwyn i fferm Llwyn-y-gog, Stae. Roeddwn yn hapus dros ben yno, ac Ifan Richard Owen a'i chwaer yn bobol ffeind ofnadwy. Ar ôl hynny symudais i Ddôlhafren yng Nghaersws. Dim ond am flwyddyn y bum i yno. Roedd y gwaith yn galed, ond y gwaith caleta' i mi oedd siarad Saesneg! Roedd yno dri o blant a'r rheiny'n rhai digon drygionus hefyd. Byddwn yn teithio ar fy meic rhwng y Wern a Dôlhafren –dros bymtheg milltir o daith. Unwaith y mis roeddwn yn cael dod adre o nos Wener tan nos Sul, ac yn cael hanner diwrnod bob pythefnos. Un tro roeddwn yn cychwyn yn ôl ac roedd yn pistyllio'r glaw. Galwais efo 'mrawd yn y Cringoed ac fe'm perswadiodd i aros yno dros nos ac yntau'n addo fy neffro i mi gael cychwyn yn gynnar iawn yn y bore. Ond cysgu'n hwyr fu'r hanes ac aeth yn hwyr arna' i'n cychwyn ar fy siwrne. Doedd hi ddim yn dda arna' i pan gyrhaeddais Ddôlhafren achos mi roedd y feistres wedi dechrau ar y gwaith golchi hebddo i. Ymhen y flwyddyn symudais i weithio fel *housekeeper* yn Morben Mawr, Derwen-las. Dyna sut y cwrddais â'r gŵr a setlo yma yn y Glaspwll".

CWM PENNANT

Mae tair o afonydd bychain yn cwrdd ym mhentref Pennant, y Twymyn, nant Crugnant ac afon Ceulan, wedi torri hafnau dyfnion iddynt eu hunain wrth ymdywallt o'r ucheldir. Mae Ffrwd Fawr, wrth gwrs, yn enwog lle llama afon Twymyn 130 o droedfeddi wrth ddianc o Ddylife. Safodd miloedd ar ochr y ffordd uwchben y Ffrwd yn edrych i lawr Cwm Pennant hyd at waelod y plwyf, golygfa fythgofiadwy gyda Chreigiau Pennant yn fur diadlam ar y chwith ac amryw liwiau'r Graig Slatie ar y dde. Mae pentref Pennant wedi ei rannu'n ddau gan afon Twymyn, sef Pentre Capel a Phentre Felin. Ar afon Ceulan, a lifa i'r Twymyn wrth Pandy, yr oedd y felin falu, ac Evan Lloyd, fel tenant Plas Pennant oedd y melinydd pan gauodd rhwng y ddau Ryfel Byd. Does dim ond y cilin ar ôl heddiw ac mae tŷ pren newydd lle roedd y felin.

Ganllath i ffwrdd yn defnyddio dŵr afon Twymyn roedd ffatri wlân yn y bedwaredd ganrif ar bymtheg a chyn hynny, arferai berthyn i William ac Elinor Howel. Pan edwinodd y diwydiant yn gynnar yn y bedwaredd ganrif ar bymtheg, trowyd y ffatri yn dri thŷ, a'r olaf i fyw yn un ohonynt, tan ddiwedd y 1950au, oedd cymeriad o'r enw Hannah Morgan, neu "Hanna'r Gro". Roedd y Gro, lle bu'n byw, ym Mhentre Cilcwm, filltir i fyny'r Twymyn, ond yng Nghilcwm Fach y ganed hi. Roedd gan Hannah obsesiwn am gario coed a golygfa gyffredin oedd ei gweld yn llusgo llond ffordd. Pechod mawr Hannah fyddai tynnu polion o sietyn, a'r llall oedd rhegi! Cyfoeth Hannah oedd llond y tŷ o goed sych, a fuasai larwm tân fawr o werth pe dechreuai ffaglu!

Tyfodd Pentre Cilcwm mae'n debyg fel clwstwr o dai i wehyddion a mwynwyr a drowyd wedyn yn adeiladau ffarm. Wrth fynd ymlaen i fyny'r cwm wedyn roedd rhyd i groesi'r afon nes codi pont ganol y 20au, y Cyngor lleol yn gofalu am grefftwyr a thyddynwyr a ffermwyr y gymdogaeth yn cario cerrig y pentanau a gwneud y gwaith caib a rhaw. Codwyd pont newydd yno yn 1960 pan aeth yr hen bont yn rhy wan i gario cerbydau'r oes newydd. Meddai Alun y Belan, "Enillodd fy nhad ar benillion i'r hen bont mewn cyfarfod cystadleuol dan y ffugenw "Dic Dyrtun". Barnai Richard Bennett, y beiriad, y byddai Pont Dyrtun wedi bod yn enw da arni." Ond Pont yr Afon y gelwir hi.

Oddi yma i flaen y cwm mae tri lle, Hendre, Pennant Isaf a Pennant Uchaf. Yr Hendre oedd cartref Richard Bennett, ysgolor a hanesydd o ffarmwr y cawn ddarllen eto amdano. Ar ei ôl o, William a Mary Davies oedd yn ffarmio yma. Roedd Mrs Mary Davies yn gymeriad cryf a chanddi ddiddordebau eang a chof da. Nid rhyfedd iddi ddod i sylw Sain Ffagan a bu yno'n arddangos dulliau traddodiadol o ymdrin â bwyd, megis "tynnu cyfleth". Recordiodd gryn ddwsin o dapiau iddynt ar henebion a hen feddyginiaethau. Un o'r rhai hyddysg yn hynny, meddai, oedd Mari Huws arferai fyw yn y Gro pan oedd hi'n eneth fach yn Tŷ Mawr yn ymyl. Cofiai rai o'i risetiau: Berwi dail mwyar duon mewn llaeth at ddolur rhydd… golchi llygaid dolurus efo dŵr ac *epsom salts*… at gataract, chwythu llwch mân llechen las i'r llygad trwy gwilsyn, neu siwgwr neu bowdwr pren hen… Cofiai ei mam yn cael ei gwaedu gan Mari â gelod oedd ar werth yn y cemist… Pwys o *salts* i anifail â dŵr du, ac i fuwch a gollodd ei chil pwys o gabinet soda. Llosgi plu o flaen buwch wedi llyncu llyffantws. (Roedd Pennant Isaf, meddid, yn lle drwg am lyffantws un adeg.) Gwyddai hefyd am ffynnon rinweddol rywle tua Crugnant. Os byddai anifail wedi bwrw'r fam rhaid ei chadw'n gynnes mewn llaeth nes deuai rhywun profiadol i'w rhoi yn ôl. Rhoi malwoden fyw i lawr gwddw anifail â'r ffliwc. Powltis maip a bran wrth droed ceffyl cloff. Ffordd arall o wella anhwylder oedd mynd at y cynjar i Langurig…Ond cerdded o'r Hendre trwy Goed Dyrtun i gapel Pennant oedd ei hoff daith hi, lle roedd hi'n athrawes Ysgol Sul, a hefyd ar fwrdd rheolwyr yr ysgol.

ATGOFION BUDDUG YR HENDRE
Oedwn wrth yr Hendre am funud i glywed rhai o atgofion Buddug, merch hynaf yr Hendre, anwyd yn 1919 a sydd, fel ei mam o'i blaen, â chof da ganddi. Mae hi a'i gŵr, Bill Thomas, wedi ymddeol i

Lanfihangel Genau'r Glyn ers tro rŵan. Mae'n adrodd ei hanes mewn ysgol a choleg mewn man arall, ond dyma bytiau am Pennant ganddi:

"Fues i fawr pellach na Pennant nes oeddwn i'n ddeg oed ac yn mynd i ysgol y dre, ond roedd digon i'w wneud –ysgol a chapel, helpu o gwmpas y tŷ, glanhau cyllyll a ffyrc! Chwarae cuddio pan ddoi ffrindiau neu berthynas i aros, ac ymdrochi yn yr afon yn y llyn golchi defaid. Dyna rywbeth a wnâi Richard Bennett pan ddoi i aros atom yn yr Haf oedd mynd â gaff i fachu cerrig gwynion o'r afon er mwyn cadw cwrs yr afon yn ddwfn a syth. Mae'n amlwg ei fod o wedi arfer gwneud hynny erioed pan oedd o'n ffarmio yma. Mi fyddai'n dod i'r Hendre aton ni pan fyddai ei chwiorydd ar eu gwyliau. Cadwai Mam lofft ar ei gyfer, yr un uwchben y gegin, lle roedd ei ddesg a'i wely – mae'r ddesg gan fy nai, Geoffrey, ac mae fy merch, Haf, yn meddwl y byd o hen fwrdd yr Hendre a wnaed gan ewyrth i Bennett.

"Ar ôl codi Pont yr Afon yn y 20au gallai Annie Vaughan, Llanidloes ddod â lori i fyny'r cwm wedyn i fasnachu. Cyn hynny, ei mab Billy Vaughan a'i gert a mul oedd yn dod a chysgu efo'r mul yn y sgubor. Roedd dyfodiad Annie Vaughan cystal â diwrnod ffair. Roedd ganddi fasged wellt fawr a gwerthai bopeth o ddrôns gwlanen i binnau gwallt. Tynnai bopeth allan i'ch temptio. Prynai'r Vaughaniaid unrhyw beth oedd ar gael, o gynnwys y cwd rhacs i wlân tocio. Trwyddyn nhw y prynodd fy nhad y motor beic KC16 i fynd â fi i ddal y trên i fynd i'r ysgol uwchradd.

"Doedd Pennant Uchaf ddim ymhell o'r Hendre ac yno, ond cyn fy nyddiau i, roedd cymeriad diddorol arall, Richard Hughes, yn ffarmio ac yn hyddysg mewn meddyginiaeth gwlad, neu feddyginiaeth amgen, fel y dywedir heddiw. Dibynnai'r werin gymaint ar feddyginiaeth o'r fath mewn oes pan oedd rhaid talu am ddoctor, a hwnnw'n gorfod dod o bell. Roedd ganddo fab a merch, Dafydd a Lizzie. Pan ddeuai rhywun yno'n dioddef o'r eryr – neu'r 'ryri, fel y dywedir yn lleol – byddai'n rhaid i Lizzie fynd i chwilio am y gath, a honno wedi sgrialu o'r golwg i rywle fel pebai hi'n gwybod beth oedd o'i blaen. Y feddyginiaeth oedd gwaed o glust cath! Tyfai Richard Hughes ei lysiau arbennig yng nghae gwaelod Pennant Uchaf a phan ddaeth Dafydd Hughes i gymryd trosodd mi droiodd y cae er mwyn rhoi terfyn ar y cwbwl.

"Dwi'n cofio Iorwerth, mab Lizzie, bachgen clyfar ac yn fardd. Daeth morwyn o'r Stae i weithio yno ac mi syrthiodd mewn cariad efo hi, ond fynnai hi mohono. Mi dorrodd yntau'i galon ac fe aed â fo i ysbyty'r meddwl i Dalgarth – neu i'r "seilam" fel y gelwid lle o'r fath bryd hynny. Dihangodd oddi yno un Sul ar ei ffordd o'r capel ac aeth i orwedd i guddio i gae o ŷd ifanc ar ei brifiant. Pwy ond rhywun a wyddai rywbeth am dir a wnâi hynny, yntê? Ni ddowd o hyd i'w gorff tan adeg y cynhaeaf.

"Mae yna stori am enwi dau gae: "Cae Dafydd Owen" yn yr Hendre ydy un. Roedd taid Morfydd Llwyn Owen, sef Dafydd Owen yn byw yn y Gnipell a chanddo geffyl a chert yn cario o'r stesion. Roedd y cae lle cadwai'r ceffyl ar dop cae ucha'r Hendre ac yn cael ei alw yn Gae Bach Dafydd Owen. Ar ôl ei ddydd o, daeth Cilcwm yn berchen ar y cae ond torrai'r creaduriaid trwodd i'r Hendre i bori. T'rawyd bargen un haf: yr Hendre i dorri ŷd Cilcwm ac i gael y cae bach yn gyfnewid. Roedd yn llawer mwy synhwyrol iddo fod yn rhan o'r Hendre. Y cae arall ydy "Cae Harri Lewis". Mae hwn yn perthyn i'r Wîg. Pan oedd Richard Bennett yn mynd i ysgol Machynlleth (dim ond un chwarter y buodd o yno) talai am ei lojin efo sachaid o datws ac arhosai efo tad "Harri Lewis y bara". Pregethai Harri Lewis, a phan ddeuai i Pennant gadawai ei geffyl yn y Wîg – dyna "Gae Harri Lewis". Roedd gan yr Hendre Gae-bach-tu-hwnt-i'r -afon hefyd, a'r hen reol oedd, mae'n debyg, fod gan rywun hawl i gadw ci ychwanegol os oedd ganddo dir dros yr afon"

Soniwyd eisoes am Richard Hughes, Pennant Uchaf, y meddyg gwlad, neu'r meddyg amgen. Roedd yna boblogaeth fawr yn Nylife adeg y gweithfeydd mwyn, ac yn naturiol dibynai y rhain lawer ar Richard Hughes, llawer ohonyn nhw wedi dioddef anhwylderau oherwydd caledi'r gwaith ac amgylchiadau bywyd. Fel arwydd o'u gwerthfawrogiad cafodd Richard Hughes wats boced aur yn anrheg ganddyn nhw. Roedd perthynas rhwng teulu Cilcwm Fawr a Richard Hughes, ac mae'r wats heddiw ym meddiant disgynnydd i deulu Cilcwm, sef Mrs Shirley Jones, Bae Colwyn (gynt o Llysun, Llanbrynmair). Mae Siôn Myrfyn wedi cymryd diddordeb mawr yn hanes Richard Hughes, a dyma fo i ddweud y stori bwysicaf oll amdano:

"PUM GINI AM YSGWYD PEN"

"Roedd yna lodes ifanc 21 oed yn glaf iawn yn Nylife, a phob ymdrech i'w gwella wedi methu. Roedd Dr. Edwards, Cemaes Road (mab

Rhydygwiail), yn cyfaddef ei fod wedi gwneud popeth o fewn ei allu drosti ond nad oedd dim mwy y gallai gynnig. Ond yr oedd yna arbenigwr, meddai, yn Amwythig allai ddod i'w gweld – os oedd y teulu yn teimlo y gallent dalu am yr ymweliad. Wrth gwrs, roeddynt yn barod i aberthu eu ceiniog olaf. Cyrhaeddodd yr arbenigwr, ac wedi ei harchwilio ysgydwodd ei ben, cymerodd y pum gini a mynd.

"Â'r sefyllfa erbyn hyn yn anobeithiol, meddai rhywun, yn chwilio am lygedyn o obaith o rywle, 'Beth am ofyn i Richard Hughes, Pennant Ucha i ddod i'w gweld?' Galwyd amdano.... Cerddodd yntau bob dydd wedyn am hanner blwyddyn i fyny Llwybr Sgeirw â meddyginiaeth ddyddiol i'r eneth. Ac fe wellodd! Roedd y teulu'n daer am dalu iddo, ond gwrthod wnaeth o. Yn y diwedd, fe gymerodd chweugain."

Mae Richard Hughes wedi'i gladdu yn Llan a'i garreg fedd i'w gweld yn hawdd o'r ffordd, yn eich wynebu ar dop rhiw Llan. A dyma sydd arni: "Er serchus gof am Dafydd Hughes, Pennant Uchaf, Llanbrynmair. Bu farw Mai 9, 1906 yn 78 mlwydd oed", ac yna ddau bennill gan fardd anhysbys:

Ar dywarchen las dy feddrod
Wylo'n hallt fyn dagrau pur,
Meddyg gwerin orwedd yma
Un fu byw i wella cur.

Âi yn ffyddlon heb ei dalu
At y teulu cyfyng, trist,
Roedd gan dlawd y fro ddau feddyg,
Richard Hughes a Iesu Grist.

Bu Siôn Myrfyn yn peintio'r llythrennau fel eu bod nhw'n hawdd eu darllen unwaith eto. Gobeithio y bydd plant Llanbrynmair i'r dyfodol yn dal i'w cadw'n lân, yntê?

BUSNESAU
Dychwelwn i bentref Pennant, at y Pandy. Peidiodd y pandy a gweithio yn y 19 eg ganrif, ac yn yr 20fed ganrif aeth yn siop, yn cael ei chadw gan John a George Morris y Wîg, efo ychydig aceri o dir. Wedi hynny, pan briododd John Jarman, Tŷ Isaf ac Alice Evans, Tŷ Mawr, aeth

Annie, merch Tŷ Isaf efo'i thad i fyw i'r Pandy. Ffansiodd ail agor y siop. Mae ei nith, Beryl, yn cofio hynny'n dda: "Dwy botel dda-da oedd ganddi i ddechre, pethe lliw oren ar siap hanner lleuad!" Priododd â'i chefnder, Richard Jarman, Ystradhynod, Y Fan, a dechreuodd ddatblygu'r siop a ddaeth wedyn yn swyddfa bost, a chyrhaeddodd y teliffon, ac Annie Jarman yn ateb, *"Rural double one attended!"*. Roedd hi'n wniadwraig fedrus a chadwai bethau at wnio, ond siop oer a llaith oedd hi ar ymyl y dŵr ac aeth afon Ceulan trwyddi fwy nag unwaith, ond gwellodd pethau pan ddaeth calor gas a chael tân yn y siop – ond dim ond pan ddeuai cwsmer yr oedd o ymlaen. Un rhadlon braf oedd Richard Jarman, a fuasai waeth ganddo roi taffis i chi ddim na'u gwerthu. Allan efo'r ddwy fuwch roedd o'n hoffi bod a'i sach dros ei war.

Perchnogion nesaf y siop oedd Menna a Dafydd Jones, Menna'n ferch yr Hendre a Dafydd o Frynaerau Isaf, ac yma y magwyd eu mab, Geoffrey. Roedd Menna hithau'n wych am waith llaw, a chadw mlaen yn nhraddodiad y siop wledig yn gwerthu tipyn o bopeth a wnaed. Gwerthwyd y siop a symudwyd y busnes i'r Hafod, byngalo newydd godwyd ganddynt gerllaw ar dir Pandy. Ni fu siop a phost ym Mhennant ar ôl 1994.

Bu siop yn nhŷ yr Efail hefyd tan y 30au, a chofia Buddug yr Hendre fynd i lawr yno at Sybil (Davies, bryd hynny), i wneud cyfleth cyn mynd ar feics i blygain y Llan. I gyrraedd y rhan yma o bentref Pennant rhaid croesi pompren dros hafn ddofn a wnaed gan afon Twymyn. Yma, ym Mhentre Capel, yr oedd y capel Methodist, yr ysgol a'r efail yn glwstwr clos, a'u ffald yn rhan o'r hen ffordd tua'r Cefn a'r Gnipell. Roedd yr ysgol a'r efail wyneb yn wyneb ar draws y ffordd a gwnai Miss Sarah James yr athrawes yn ei dydd ddefnydd seicolegol o hyn trwy roi bechgyn anystywallt i eistedd yn y ffenest â chap efo D am *Dunce* ar eu pen fel y gallai'r dynion yn yr efail eu gweld, neu, yn waeth fyth, gyrru'r bechgyn i gerdded rownd Efail Fach ac yn ôl trwy ffald yr efail yn dal doli racs wedi ei stwffio â reis. Clywyd sôn am rai yn gollwng y reis allan i wneud llai o ddoli... Gofyn am fwy o drwbwl! Ond clywyd rhai eraill yn dweud nad oedd cael dianc o'r ysgol i roi tro yn yr awyr iach yn fawr o gosb.

Brawd John Davies, Efail Bryncoch, oedd gof Pennant sef Dafydd Davies – Dei'r Efail, gafodd y llys-enw "Bethma" am ei ddefnydd cyson o'r gair defnyddiol hwnnw! Saesnes oedd ei wraig a gadwai'r siop, cyfleus iawn i blant yr ysgol i brynu da-da a "tichinitia", *tincture of nitrate*, at y ddannodd. Cyn hon, yn Sawmills, tŷ'r saer, yr oedd yna siop a gweithdy saer yn un pen iddi yn llawn o eirch. Hefyd, gwerthai Lisa Evans, Tŷ Capel furum gwlyb am ddwy geiniog y botel. I'r efail y deuai llawer i dorri eu gwalltau ac roedd yn gyrchfan naturiol ar noson o aeaf i gynhesu trwy chwythu'r marwor ar y pentan. Caeodd yr efail tua diwedd y 50au a'r hen brysurdeb wedi hen lacio, a'r gorchwyl olaf a wnaed yno oedd pedoli mul Rhoswydol. Caeodd yr ysgol yn 1957. Ond daliodd y felin lifio i weithio am ddeng mlynedd arall. Roedd hon ar waelod ffordd Cefn yn cael ei gyrru gan olwyn ddŵr, y dŵr yn cael ei arwain mewn cafn o nant Crugnant. Tomi Jones y saer oedd tenant y felin lifio ddechrau'r ganrif, yn cael ei ddilyn gan ei fab Edward – Ned Capel – a'i ddau fab yntau, Glyn ac Elfyn. Gwasanaethu stad Conroy oedd prif swyddogaeth y felin lifio ac yma y byddai pren y stad yn cael ei drin ar gyfer cynnal a chadw tai ac adeiladau yn ogystal â gwneud offer ffarm, a'r efail yn gyfleus iawn i gylchu olwynion certi. Yma hefyd yr oedd eirch yn cael eu gwneud. Archebodd Mrs Evans, Plas Pennant (Tŷ Mawr, gynt) arch ganddo flynyddoedd cyn pryd gan orchymyn iddo gwympo coeden a rhoi'r planciau i sychu! Heddiw, cut pren sydd ar y safle yn dwyn yr enw anelwig "*Studio*".

TAI
Mae pentref Bont Dolgadfan wedi newid llawer o ran y bobl sy'n byw yno, a'r nifer sy'n siarad Cymraeg, ond yn ychwanegol at hynny mae Pennant wedi newid yn bensaerniol a gweledol. Codwyd 18 o dai newydd ym mhentref Pennant gan fwy na dyblu'r nifer o dai – roedd yno 11 cynt - a hynny yn ystod yr ugain mlynedd diwethaf, llawer yn y degawd diwethaf. Mae chwech ar ffordd Cefn, saith yn Pentre Capel a phump yn Pentre Felin. Diweddarwyd llawer o dai yma hefyd – aeth tŷ'r Efail a'r ysgol yn un, aeth y festri'n rhan o Dŷ Capel, ac mae un bwlch sgwar amlwg iawn lle safai'r capel tan 1998. Aeth tri bwthyn Mill Cottages (hen safle'r ffatri) yn un, ac mae i dŷ'r Felin edrychiad cylchgronaidd, modern. Plas, Pandy, Efail Fach, Tŷ Capel a Sawmills yw'r unig lefydd sy'n debyg i fel yr oedden nhw ers talwm. Mewn 7 o'r tai y siaredir Cymraeg heddiw. Yr oedd tŷ gwreiddiol Plas Pennant, fe ddywedir, tu ôl i'r un presennol ac mae ei olion yno, ond mae'r tŷ

presennol yn tynnu at 200 oed. Fe ddwedir i'r Frenhines Fictoria yn ei harddegau aros ym Mhlas Pennant, yn y cyfnod pan oedd Syr John Conroy yn *equery* i'r teulu brenhinol ac yn mynd â phartion saethu i Drannon. Neilltuid llofft a pharlwr iddo yn Plas. Mae'r *warming pan* a ddefnyddwyd i gynhesu gwely plu i'r dywysoges ifanc yn dal ym meddiant teulu Mrs Gwyneira Lewis!

Yn Plas hefyd mae'r hen adeiladau ffarm yn dal yno'n un rhes efo ochr y ffald ac yn dwyn i gof stori garu y mae Lynfa, y ferch, yn ei hadrodd….Rywdro ar ddechrau'r 50au, roedd Lynfa wedi moni wrth Glynmor (y cariad bryd hynny, bellach yn ŵr) am ei fod wastad yn hwyr, felly roedd hi a'i chwaer, Eirian wedi dod adre o rywle ar y motorbeics efo Iolo a "Ducks" (Idwal Brynaere). Roedd hi'n Bwyllgor Cŵn Llwynog yn Plas, felly methu mynd i'r tŷ. Mynd i'r llawr dyrnu i basio'r amser… Ond pan ddaeth y pwyllgor allan deallodd rhain fod rhywbeth yn y gwynt (wedi clywed sŵn y beics, tybed?) a dechreuwyd chwilio'r beudâi. Ffodd Eirian, Iolo ac Idwal i ben y das redyn a thynnu'r ysgol ar eu hôl gan adael Lynfa dros ei phen mewn peiswyn yn y bing mewn côt nefiblŵ…Mi fyddai yna dipyn o waith brwsio ac egluro trannoeth! Yr adeg yma roedd yr arferiad o fynd i "gnocio" yn dal yn fyw ac yn iach yn Pennant, y bechgyn ifanc yn mynd yn hwyr y nos i gnocio ar ffenest llofft lodes yr oedden nhw'n ei ffansio, ond yn fwy fel hwyl na dim arall erbyn hynny. Mi âi dau efo'i gilydd yn gwmni fel arfer - a chael ras gan ddyn neu gi oddi yno weithiau!

Roedd sôn fod ysbryd o dan Bont Sych ar y ffordd rhwng Bronderwgoed a Minffordd, hen goel gwlad wedi aros ers cenedlaethau, mae'n debyg. Wel, yn ôl Janet y Cawg, roedd ei thad, John Hughes, wedi bod yn moen porchell o Fryn Bach ac yn croesi'r caeau gan anelu am ddod allan i'r ffordd rywle wrth Bont Sych. Roedd y porchell mewn sach ar ei gefn. Dyma fo'n clywed rhywun yn dod yn fân ac yn fuan ar hyd y ffordd. Roedd o'n siwr braidd o'r sŵn troed, a dyma wasgu trwyn y mochyn bach. Rhoddodd hwnnw sgrech annaearol gan yrru Magi Roberts, Rhiwgan am ei hoedl tuag adre gan gredu fod ysbryd Bont Sych ar ei hôl.

DYLIFE

Yn naturiol ddigon gan ei fod ym mlaen deheuol y plwyf, roedd cysylltiad agos rhwng Pennant a Dylife ac roedd tri llwybr yn eu cysylltu:

Llwybr Sgeirw a ddefnyddiai'r postmon a gweithwyr mwyn Dylife, sef llwybr a godai'n serth o gaeau gwaelod Pennant Uchaf, llwybr Graig Slatie a godai bron o ffald Pennant Uchaf, a ffordd y Gnipell o bentref Pennant at Hirnant heibio Waun Fawr. Mae tir ffrwythlon yn Pennant ac yn adeg y mwyngloddio a phoblogaeth Dylife weithiau'n agos at fil dibynnent lawer ar ffermydd Pennant am fwyd, llysiau a menyn a llaeth enwyn, er enghraifft, ac roedd llawer o fynd a dod rhwng y ddau le. Parhaodd y cysylltiad yma ar ôl cau'r gweithiau a theuluoedd yn dal i ymweld â'i gilydd o ran pleser.

Sonia Anneura Davies, Pennant Isaf gynt, mai un o bleserau mawr ei phlentyndod oedd cael mynd efo'i mam i ymweld â Sarah Ann a Richard Brynmoel, hen gwpwl nodweddiadol, mawr eu croeso ar eu ffarm fach gryno yn ymyl y pentref. Roedd y tŷ a phob man tu allan wedi ei wyngalchu. Lle tawel a phell iawn o sŵn y byd oedd Dylife'r 40au ac meddai hen gymeriad yno am fabi bach oddi ffwrdd a fabwysiadwyd gan rywun lleol: "Piti na fydd o'n deall Cymraeg!" .Mae gan Anneura stori anhygoel arall amdani hi a'i mam yn mynd droeon ar b'nawn o haf dros Graig Slatie ar y beic i Lawr-y-glyn! Gwthio beic ei mam o Bennant Uchaf i fyny ar hyd llwybr Graig Slatie at Hirnant. Cael pwt o ffordd fawr wedyn a phedlo at Stae. Rhiw serth yno a gwthio'r beic y rhan fwyaf o'r ffordd nes dod at Jac-y-mawn, fu'n dafarn unwaith. Te a chroeso yno cyn rhoi straen diarhebol ar y brêcs wedyn wrth ddisgyn yn serth i Lawr-y-glyn. Roedd eisiau wynebu'r rhiw-at-gorn-gwddwg hwnnw wedyn ar y ffordd adre… Ond dyna fo, un o'r pleserau mwyaf ers talwm oedd ymweld, a chollwyd llawer pan gollwyd hyn er iddo barhau am dipyn ar ôl dyfodiad y car.

POSTIO
Wrth sôn am bostio yn Pennant ers talwm rydych chi'n sôn am daith gerdded o ddiwrnod bron iawn. Yn fuan ar ôl 1918 dechreuodd un o'r enw Armstrong, o Dafolwern, gario post Pennant. Dyma Buddug yr Hendre gynt yn hel atgofion amdano:

"Armstrong oedd y postmon pan oeddwn i yn yr ysgol. Un fraich oedd ganddo. *"I'm lucky this happened in 1917 otherwise I would have been shot"*, medde fo'n llawen. Bu ganddo feic i gario pethe, ond cerddai bob amser. Wedi bod yn y stesion yn gyntaf yn moen y post, a'i ddidoli wedyn yn siop Daniels, mi gariai'r bag ar ei gefn i Pennant ac yna ymlaen i

Ddylife. Ar ôl gwneud Pentre Cilcwm galwai yn yr Hendre lle y cai laeth ac ŵy gan Mam. Weithiau torrai'r ŵy i'r llaeth neu dro arall ei yfed o'r plisgyn. Roedd ganddo nerth wedyn i wynebu Llwybr Sgeirw (Llwybr Esgair Arw, yn ôl Bennett, nid Llwybr y Ceirw). Cyn Cyrddau Mawr Stae byddai pobol wedi archebu dillad newydd o lyfrau J.D.Williams ac Oxendale, nes byddai Armstrong yn hongian o barseli fel coeden Nadolig ar gerdded! Ac os na fydden nhw'n gwneud y tro byddai'n rhaid eu cario nhw'n ôl. Wrth fynd yn ôl am Pandy yn y prynhawn chwibanai ar Gro Cilcwm a rhedai rhai ato efo llythyr neu i archebu stamp neu archeb bost at trannoeth. Byddai ganddo lawer i'w gofio ond fydde fo byth yn methu. Yn y gaeaf, a hithe'n eira mawr, gosodai bolion ar gorneli troellog Llwybr Sgeirw i ddangos y ffordd. Leisa Evans, Tŷ Capel, ac wedyn Olwen Jones y Felin a dderbyniai becyn post pentref Pennant ganddo i'w ddosbarthu yno ac o gwmpas y ffermydd agosaf. Tegwen Richards oedd yr olaf i gadw swyddfa'r post ar agor yn Nylife."

Y nesaf i gario'r post yn Pennant oedd Edward Lewis, Plas Pennant, "Ted Post", a fu wrthi am 37 o flynyddoedd. Erbyn ei amser o roedd y drefn wedi newid. Roedd y fan bost wedi cyrraedd ac nid oedd angen cerdded i Ddylife bellach, felly newidiodd llwybr y postmon Er yn llai serth roedd yn hirach! Byddai Ted a Mrs Jarmon yn didoli'r llythyrau'n becynnau yn Pandy a'u rhoi yn y bag mawr i'w gario ar ysgwydd. Y daith fyddai Ceulan, Pentre Capel, Cefn, Tŷ Mawr, Cilcwm, Hendre, Pennant Isaf ac Uchaf, Belan, Craig-yr-henffordd, Crugnant, Cwm Mawr a Thrannon, a dychwelyd wedyn i agor y bocs llythyrau wrth y Gro. Byddai post dydd Gwener a Sadwrn (diwrnod y County Times) yn drymach fel arfer ac weithiau defnyddiai'r ferlen. Ar ddau achlysur yn unig y methodd gyrraedd Trannon yn 1947 adeg yr eira mawr. Byddai un o'r plant, Tegryd, Iori neu Lynfa yn postio pan fyddai eu tad yn cymryd gwyliau, ac mae gan Lynfa stori amdani ei hun yn mynd ar goll yn y niwl ar Drannon, yn mynd rownd a rownd mewn cylchoedd gan ddod yn ôl o hyd at Goeden Twlc, a chyrraedd yn ôl adre wedi tri o'r gloch. Heddiw, mae'r fan bost yn mynd i bob tŷ.

"HYNT" GYNNAU.
Peth unigryw a ddigwyddai ar Greigiau Pennant oedd yr "Hynt Gynne", sef hela'r llwynog trwy weiddi a saethu....Gadawn i ALUN WIGLEY (BELAN gynt) ddweud yr hanes:

"Saif Creigiau Pennant ar ochr orllewinol Cwm Cilcwm, fel y gelwir y cwm lle rhed afon Twymyn. Rhed y creigiau'n ddi-dor o gwm Ceulan i Ffrwd Fawr Pennant – neu Ffrwd Fawr Dylife – dibynnu ble rydych chi'n byw! Wyneba Craig-yr-hwch gwm Ceulan, yna, tu ôl i'r ddau Gilcwm saif y Graig Ddu. Yn y canol mae Craig y Gath –neu Gieth. Ym mhen ucha'r cwm mae Craig Pennant Uchaf, a Llwybr y Maes ar ei thraws (mae'r Maes yn Nylife). Mae hon, ynghŷd â Chraig y Gieth, yn llefydd peryglus. Yn ei hwynebu mae'r Graig Slatie sydd o lechi rhyddion, nid mor serth na pheryglus â'r lleill. Mae'n beth rhyfedd nad oes mwy o ddringwyr wedi cyrraedd i'r ardal, ond mae'n debyg y byddai Creigiau Pennant fel clapie o siwgwr i'r rheiny!

"Cynhelid yr Hynt Gynnau lawer iawn o flynyddoedd cyn bod sôn am bac cŵn hela Llanbrynmair. Ŵyr neb pryd y dechreuodd, ond roedd yn draddodiad i'w chynnal drannoeth y Nadolig yn ddiffael. Doedd dim pwyllgor na chyhoeddiad, dim ond pawb yn dod ac un o ddau beth hanfodol, llais gweiddi neu wn. Roedd rheol neu ddwy: neb i glebran ar y job a neb i smocio. Dim cŵn hela, ond caniateid ambell ddaeargi dan reolaeth. Ymgasglai gynnau Pennant a'r Bont ar hyd gwaelod y graig, tra bod gynnau Dylife ac Aberhosan yn gwylio'r grib. Nid oedd saethwyr Stae yn sicr lle dylent fod (ac mae hi felna o hyd!) Ar y grimell uwchben Cilcwm Fach y byddai'r hynt yn cychwyn, curo i gyfeiriad Talywern, yna dychwelyd a churo i'r gwrthwyneb. Bu bron i mi anghofio dweud mai'r bobl bwysicaf oedd y *beaters*, a gerddai trwy'r creigiau dan weiddi. Ymysg y rhai gorau am gerdded roedd Idris Gwernyffridd, Elwyn yr Hendre a Ted y Plas. Cerddai fy nhad hefyd, ond heb fentro i'r llefydd peryg fel y lleill. Ei gyfraniad mawr o oedd ei lais, tipyn mwy o desibels na neb arall, rhywbeth rhwng yodl a bloedd, a charreg ateb yn eu treblu. Er yr holl dwrw byddai ambell i hen lwynog yn dal ei dir ac yn llithro i ffwrdd pan fyddai'r perygl drosodd. Byddai ambell un arall yn cymryd y goes cyn i'r gynnau fod yn eu lle. Gwelwyd aml un yn dringo ffald Pennant Isaf gyferbyn a'i groen yn iach, ac fe dyngech fod gwên ar ei wyneb! Deuai'r Hynt i ben ar ganol Llwybr Sgeirw, ac os byddai ambell gynffon yn y bag byddai pawb mewn hwyliau da, ond os na, byddai'n rhaid cael hwyl o ryw fath. Cofiaf fy nhad yn cyrraedd adre unwaith a'i gap yn yfflon, wedi'i daflu i'r awyr a neb wedi methu'r targed. Mae stori fach dda am Dic Lycett, Crugnant, yn dychwelyd o'r hynt, ac wrth fynd heibio clois y Belan – llechwedd serth dan tŷ – gwelodd lwynog ym môn y sietyn, a thaniodd. Ond beth oedd o ond llwynog wedi'i stwffio, un saethodd fy nhaid, Joshua Wigley, hanner canrif yng nghynt. Bu mewn câs gwydr yn y llofft ore yn Belan a'i bawen yn gorffwys ar betrisen byth ers hynny. Hoffodd fy mam erioed mo'r caets, a phan ddisgynnodd yn deilchion roedd hi'n hapus a chawson ni'r plant lawer o hwyl yn chwara efo llwynog go iawn.

"Mae llawer stori epig am hela'r llwynog. Mae hon am Goed Dyrtun. Wili Cilcwm oedd yn ffarmio'r llechwedd coediog yma ac roedd a'i fryd ar gael gwared â'r coed er mwyn cael troi, a hynny a wnâi trwy adael i rai fynd yno i nôl coeden. Roedd hyn yn bosib am ei bod allan o olwg Miss Hanmer, perchennog y stad, oedd yn byw yng nghwm Crugnant. Daeth y War Ag yno i droi efo *prairie buster*. Tra roedd hyn yn digwydd, rhedodd y cŵn lwynog i'r ddaear yng nghoed Cae Gilbert, tua canol y p'nawn ar ddiwrnod byr yn y gaeaf. Ymunodd gyrrwr y "buster" â'r giang oedd yn tyllu, gan anghofio popeth am y peiriant oedd yn dal i redeg. Aeth y dasg o gael y llwynog yn un enfawr a bu rhaid mynd i moen sawl lamp stabal. Dadwreiddiwyd derwen sylweddol wrth dyllu gan adael twll oedd o faintioli digonol i godi garej i gar. Bu injan y *crawler* yn mynd am saith awr, ond dyna fo, y Llywodraeth oedd yn talu!

"Sôn am Gae Gilbert, cymeriad annwyl oedd Tomi Jones oedd yn ffarmio yno pan oeddwn i'n hen gog. Tyddyn go gyfyng oedd o a bywyd wedi bod yn galed, a dim cyfle i arall-gyfeirio. Dim ond porthmon prynu mamogiaid fyddai'n cael cwpaned o de. Clywais fy nhad yn dweud fod pedwar o blant Cae Gilbert yn mynychu'r ysgol efo'i gilydd, heb yr un got uchaf rhyngddynt; defnyddient sachau blawd trostynt a'u gadael yng ngweithdy'r saer – ac nid nhw oedd yr unig rai. Methai Tomi gredu fod gan y porthmon "dir yn Sir Fôn allai wella defaid y Wîg"! Bu bron iddo dorri ei galon pan gollodd ei ddefaid hyd at bymtheg yn eira mawr 1947. Un oen trilliw gafodd o y flwyddyn honno, a hwnnw yn Will-Jill. Bu farw y flwyddyn ddilynol. Mi glywais Anneura Davies, gynt o Bennant Isa, yn dyfynnu un o ddywediadau treiddgar Tomi: "*Man on the road, lamb on the tree!*" Hynny ydy, ffarmwr ar grwydr yn da i ddim, oherwydd pan ddaw adre mae'n cael oen wedi trigo a dim i'w wneud ond ei daro ar dwyn drain. Mae gan Siôn Myrfyn o'r Bont ddwy stori dda am yr hen deulu yma. Tomi'n pwyso ar lidiart y ffald rhyw ddiwrnod a phwy ddaeth i fyny'r ffordd efo cert a cheffyl ond Wil Bryneglwys, Dylife. Dyma aros am sgwrs, a sylwodd Tomi fod yr hen gaseg yn ddiarhebol o denau, ac meddai, "Wel Wil, mae'n well i ti roi mwy o fwyd i'r gaseg yma neu'n wir mi gerddith trwy'i choler!" Ac un arall o adeg y Rhyfel Mawr. Morris a Tomi adre efo'u tad yng Nghae Gilbert, ac o'r ddau, Morris wedi gorfod mynd i'r Rhyfel, ar y gynnau mawr. Doedd dim papur newydd na radio'n agos, a'r hen ŵr eu tad yn mynd i lawr i Pennant i edrych a welai o rywun allai roi rhyw wybodaeth iddo am y rhyfel, sut oedd pethau'n mynd. O'r diwedd dyma fo'n taro ar rywun a hwnnw'n dweud, "Newydd da! Maen nhw'n deud fod y Germans wedi troi'n ôl." Wyneb yr hen ŵr yn gloywi: "Mi 'ffeia'i Morris ni!"

"Un arall oedd â hela'r llwynog yn ei waed oedd John Pugh, Cwm Mawr pan oedd o yn ei breim. Roedd yn gyd-heliwr gyda taid y Belan ac yn gyd-lymeitiwr gyda Davies, Faedre Fach, fy nhaid o Lawr-y-glyn. Daeth i Gwm Mawr o Lawr-y-glyn yn 1920 a phriododd Sarah Roberts, Efail Fach. Doedd ganddyn nhw ddim plant. Gweithiodd yn galed – mynydd a rhostir oedd ganddo – ond byddai'n mwynhau hamdden hyd yr eithaf. Mynnai ef fod gwrando ar ddwy bregeth yng Nghyrddau Mawr Bedyddwyr Stae yn ddigon am un flwyddyn. Diweddai'r diwrnod trwy droi ar y chwith wrth droiad Hirnant am y Star cyn mynd adre. Roedd yn ddyn mawr yn y Sied yn Nylife hefyd.

"Mawn oedd y tannwyd yng Nghwm Mawr a gofalai fod ganddo gyflenwad blwyddyn wrth gefn. Yr un oedd y polisi pan newidiwyd i losgi glo. Byddai anferth o danllwyth o dân yno bob amser, a doedd dim byd yn well ganddo na gweld ffrindiau'n symud yn ôl rhag y gwres. Byddai'n cynhyrfu trwyddo tra'n eistedd wrth y tân os digwyddai'r sgwrs droi at lwynogod. Roedd hela yn ei waed. Ddiwrnod angladd Richard Jones, Cae Gilbert digwyddodd y cŵn redeg llwynog i'r ddaear yn y coed bach gerllaw. Gyda bod y Parchedig Dean wedi cyhoeddi'r fendith, gwelwyd John Pugh yn troi ar ei sawdl, a dweud wrth chwifio llaw, "Gwd-bei i ti Dic, rydw i am fynd i angladd cochyn arall rŵan!" Byddai llygaid Mistres Pugh fel soseri tu ôl i'w sbectol pan welai hi stâd y siwt pin steip".

STAD CONROY
Mae gan ALUN WIGLEY dipyn o wybodaeth am Stad Conroy lle bu ei hynafiaid yn denantiaid am genedlaethau:

"Perthynnai bron pob un o ffermydd Pennant i stad Conroy, a phob tŷ a gweithdy hefyd – yr efail, y felin falu y felin lifio a'r siop. Yr eithriadau oedd yr Hendre, oedd yn eiddo i Richard Bennett, a Ceulan a berthynnai i Williams Wynn, a Cawg a berthynnai i stad Llwyn Owen. Teulu Trannon oedd piau Lluast, tyddyn rhwng Belan a Chrugnant, a Richard Jones oedd piau Minffordd. Roedd Hendre Gwaelod a Lluast, y Bont, yn perthyn i Conroy hefyd.

"Mi gofiwn mai'r perchennog, Syr John Conroy, gododd ysgol Pennant yn 1841. Tua canol y 1930au, etifeddwyd y stad gan Miss Frances Margarite Hanmer, merch i ffrind iddo, a daeth hi i fyw i'r ardal. Addasodd sgubor wair yn perthyn i Wern-y-ffridd yn dŷ a'i alw'n "Tŷ-hir", ac yn wir tŷ hir, gwyngalchog ydy o hyd heddiw ar lechwedd yn edrych dros gwm Crugnant. Mae'n siwr mai dyma'r sgubor gyntaf i'w throi'n dŷ yn y plwyf – os nad yn y sir, rhywbeth yr ydyn ni'n gyfarwydd iawn â fo heddiw a chymaint o ysguboriau wedi eu troi'n gartrefi neu'n dai gwyliau. Cododd felin wynt fach wrth y tŷ i gynhyrchu trydan, ond roedd mwy o dwrw nag o daro yn perthyn i honno hefyd, ac, medden nhw, byddai Miss yn adrodd un linell o emyn Cymraeg, "O, Arglwydd, dyro awel, a honno'n awel gref"!

"Yn 1951 y dechreuodd y chwalfa fawr, rhoi'r stad ar werth a chyfle i'r tenantiaid brynu eu llefydd. Cafodd pawb gyfle i fynd i'r Wynnstay i gyfarfod yr asiant yr un pryd. Deallaf fod Richard Jarman, Pandy, wedi mynd ag arian efo fo ac wedi prynu'r lle cyn dychwelyd adre! Prynodd y rhan fwyaf eu llefydd yn ystod y pum mlynedd nesaf, ond doedd fy nhad ddim am brynu'r Belan, neu "Belan-y-maengwyn" yn ôl ei hen enw. Doedd dim siap o ffordd i fynd ato, a'r tŷ a'r adeiladau mewn cyflwr gwael, a'r lle wedi ei oddiweddyd gan gwningod. Daethai fy nhaid, Josuah Wigley, i'r Belan yn 1893 o Wern-y-ffridd ac aeth ei frawd, Dafydd, i Esgairgoch. Mae llawysgrifen fy nhaid ar bared y weinws gerti yn Belan: "Dilifro y defaid Mawrth 25ain 1893". Cymerodd fy nhad, Dafydd Wigley, y lle drosodd ar ôl marw fy nhaid ac mae'r cytundebau arwyddwyd ganddynt yn 1893 a 1936 gen i o hyd. Adeiladodd Miss Hanmer dŷ newydd mwy cyfleus ar gae Esgairgoch, a'i alw'n Bryn Conroy. Hwn a'r Wîg oedd yr unig dai newydd i gael eu codi yn Pennant ers codi Cwm Mawr yn 1920. Gwahanol iawn ydy'r stori erbyn heddiw, lle mae yna 18 o dai newydd o gwmpas pentref

Pennant, rhai â phedair ystafell wely a dau faddon yn null tai crand y dref, gan weddnewid y lle yn llwyr.

"Oherwydd mai tenantiaid oedd ar y ffermydd roedd tipyn o newid dwylo. Dwi'n gallu cyfri 14 o sêli ffarm fu yng nghwm Pennant rhwng 1937 a 1959, ond pedair yn unig yn y Stae am fod y teuluoedd yno wedi cael prynu eu ffermydd lawer yng nghynt. Y peth cyntaf a gofiaf yw eistedd ar y wal o flaen y tŷ ym Mhennant Uchaf ddiwrnod yr ocsiwn yn 1940, yn gwylio ceffylau gwedd yn rhedeg yn ôl a blaen wrth gael eu dangos. Dafydd Hughes oedd yn gwerthu fyny. Bum yn ocsiwn Pennant Isaf yn 1946 ac Wmffre Evans yn ymddeol, yn ocsiwn y Wîg a John a George Morris yn ymddeol. Bu ocsiwn Cilcwm yn 1937 a Huw Williams yn gwerthu fyny. Ocsiwn ym Mhlas Pennant ac Evan Lloyd yn rhoi fyny, dwy ocsiwn yn Cawg yn y 50au, ocsiwn Elfed Evans yn Esgairgoch yn 1959 a thair ocsiwn yng Ngwern-y-ffridd rhwng 1937 a 1958, pan fu Morgan Jervis farw, ac ocsiwn Cefn yn 1959 pan riteiriodd Morris Jones, ac efallai i un fod yno pan adawodd Thomas George Hughes ddechrau'r 40au. Yn 1940 bu ocsiwn yn Trannon cyn i Edward Evans symud yn ôl yno i'w hen gartref. Wrth gwrs, dydw i ddim yn cofio ocsiwn Cwm Mawr yn 1920, Dafydd Ifans, taid Falmai Pugh o'r Stae, oedd yn gwerthu fyny pryd hynny, prisiau uchel iawn, mae'n debyg, prinder stoc yn y wlad yn dilyn y Rhyfel Mawr.

"Roedd ffermydd yn newid dwylo fel unedau bryd hynny, ac nid yn cael eu torri i fyny, a doedd hi ddim yn rhy anodd i gwpwl ifanc gael ffarm ar rent. Fel arall mae hi heddiw, a dim dichon i rai ifanc gychwyn ffarmio gan nad oes fawr ddim ar rent bellach a phris tir yn grocbris. Gwahaniaeth mawr arall oedd fod dilyniant ar y ffermydd, nid gan yr un teulu o angenrheidrwydd, ond roedd tenant newydd yn cymryd y ffarm a'r defaid a phethau'n cario mlaen fel cynt. Heddiw, pan fydd ffarm yn cael ei gwerthu yr hyn sy'n digwydd yn rhy aml ydy cael ei llyncu gan ffarm arall a'r tŷ ffarm yn cael ei werthu, yn aml i fewnfudwyr. Cydio maes wrth faes a'r boblogaeth yn newid ei chymeriad, dyna sydd wedi bod yn digwydd, ac yn cyflymu ers yr 80au. Mae'n parhau fel hyn ar gydiad y ddwy ganrif. Wedi dweud hynny, Cymry Cymraeg sy'n ffarmio Pennant i gyd, o Faesmedrisiol i Fronderwgoed, a thrwy eu sgiliau arbennig a'u hymdrech ddi-flino maen nhw i gyd yn llwyddo".

DYLIFE

Pan sonnir am fwyngloddiau Sir Drefaldwyn, y cyntaf a ddaw i'r meddwl ydy Dylife. Mae'r fangre uchel, foel yma ar gyrion Llanbrynmair â hanes hir o fwyngloddio yn perthyn iddi, ac mae hanes, wrth gwrs, yn gadael ei ôl. Dim ond yr olion yma, yn siafftiau a thwmpathau gwastraff, sgri, hen lefelau, pyllau olwynion dŵr, hen lwybrau a hen fyrddynnod a geir yno bellach. Mae llawer ar goll mewn grug a choedwig erbyn hyn ac amser wedi gwneud ei orau i'w cuddio; dim ond y cybyddus sy'n gwybod am y lleoliadau bellach, ffermwyr lleol, a haneswyr arbenigol fel David Bick a wnaeth astudiaeth fanwl o Ddylife a chloddfeydd eraill yn y gymdogaeth ac a gyhoeddodd lyfrau amdanynt, a chael llawer o wybodaeth gan y diweddar Wil Richards, un a anwyd yn Nylife ac a fu'n gweithio yma. Mae'r hanesydd Cyril Jones wedi cyhoeddi llyfr mwy diweddar am hanes Dylife a'r cyffiniau, "Calon Blwm".

Y GWEITHIAU MWYN

Ymestynnai'r maes cloddio am fwynau yn y rhan yma yn fras o Gwm Llyfnant i'r Fan, i lawr at Tŷ Isaf ac yn ôl at Roswydol, ond y rhai pwysicaf o gwmpas Dylife oedd Dyfngwm, Llechwedd Ddu, Esgair-galed a Phen Dylife. I olrhain dechreuad y diwydiant rhaid mynd yn ôl 2000 o flynyddoedd i oes y Rhufeiniaid, oedd yn cael arian a chopr yma hefyd. Neidiwn wedyn i'r ddeunawfed ganrif pryd y dechreuodd gweithgaredd gynyddu yma unwaith eto. Ond roedd dulliau cludiant yn wael – gorfod cario'r mwyn plwm mewn cert a cheffyl dros y Grafie i'r porthladd yn Nerwen-las. Er hynny, erbyn 1851 roedd pethau'n mynd yn dda i'r cwmni oedd yn gweithio yma, gyda 300 o ddynion, merched a phlant yn gweithio yn Esgair-galed, Llechwedd Ddu a Phen Dylife. Un arwydd o'r gwaith caled a wnaed yma oedd fod rhai lefelau yn ddigon o faint i arwain ceffyl i mewn i lusgo dramiau. Codwyd "Martha Fawr", neu'r "Olwyn Goch", efallai yr olwyn ddŵr fwyaf a godwyd yng Nghymru erioed, yn 63 o droedfeddi o ddiamedr (*diameter*). Ei gwaith oedd pwmpio dŵr o siafft Llechwedd Ddu, a chodi'r mwyn i'r wyneb. Yr adeg yma gwnaed amryw o gronfeydd dŵr hefyd i'r gweithiau. Mae'r pwll lle roedd Martha'n troi i'w weld yn ddigon plaen heddiw ond yn anffodus yn llawn sbwriel. Dechreuodd y drwg hwnnw adeg yr Ail Ryfel Byd pan ddaeth carcharorion i weithio ar ffermydd. Rhoddwyd y gwaith iddyn nhw o gasglu hen weiar ffensio oedd wedi rhydu ar hyd y mynyddoedd – ac fe'i taflwyd i bwll yr olwyn, ac erbyn heddiw ychwanegwyd llawer mwy o sothach. Buasai'n dda eu gweld yn cael eu clirio o barch i'r peiriannwyr disglair gynt a'r gweithwyr a'i tyllodd.

Ym meddiant perchennog o'r enw Cobden daeth Dylife i fod y gwaith gorau o ran offer ym Mhrydain, a chaetsus yn mynd i fyny ac i lawr mewn rhai siafftiau pwysig. Cyn hynny, mewn rhai llefydd byddai angen hyd at 30 o ysgolion i ddringo o'r lefelau isaf i'r wyneb! Meddyliwch am orfod gwneud hynny ar ôl diwrnod o waith trwm, yn y tywyllwch ac mewn dillad gwlybion yn amlach na pheidio. Roedd rhai o'r gorchestion peirianyddol a gyflawnwyd yn anhygoel: roedd un o siafftiau Dylife yn cael ei gweithio gan gêbl a drwm oedd yn cysylltu efo olwyn ddŵr filltir i ffwrdd! Hefyd, yn y Dyfngwm, er enghraifft, roedd yno siafft wedi ei suddo i 100 ffaddom (600 troedfedd) o ddyfnder, a lefel hir yn mynd trwodd bob cam i gysylltu Dyfngwm a gwaith Dylife ei hun.

1863 oedd uchafbwynt gwaith Dylife o ran cynnyrch: 2,571 o dunelli o blwm yn gwneud elw o £1000 y mis i'r perchnogion, a 250 o fwynwyr yn gweithio dan ddaear. Yn fuan ar ôl hynny daeth y rheilffordd i Lanbrynmair a Machynlleth gan wneud cludo'r mwyn plwm i ffwrdd, a theithio, yn haws. Yn y cyfamser roedd Dylife'n tyfu'n bentref mawr gyda nifer o dafarnau, eglwys, capeli, ysgol, siopau a swyddfa bost. Gwerthwyd y gweithiau eto yn 1871 am £73,000, pris da iawn er fod y gwaith yn mynd ar i lawr. Gwariodd y cwmni newydd lawer, gan gynnwys sincio'r siafft ddyfnaf yn y Canolbarth. Ond ni thyciai dim a themptiwyd cwmni arall i wario eto yn 1879. Ond daeth y gwaith i ben i bob pwrpas ar Ddylife yn 1884 a dim ond rhidyllu yr hen domenni rwbel i gael rhywbeth ohonynt a ddigwyddodd wedyn am ychydig flynyddoedd.

Yn niwedd 20au yr ugeinfed ganrif ffurfiwyd cwmni i ail-agor gwaith y Dyfngwm. Unwaith eto gwariwyd llawer ar offer pwmpio a thrafod y mwyn plwm. Ond rhoi'r gorau iddi a wnaed yn 1935, wedi llwyddo i weithio un lefel yn unig, a hyd yn oed i ddisgyn i honno, meddai Wil Richards, roedd yn rhaid cael 22 o ysgolion. Dyna'r rhai olaf i wynebu'r fath dreialon ar Ddylife, er nad oedd eu hamodau gwaith nhw yn ddim o'i gymharu â'r rhai sy'n llenwi'r fynwent, y rhan fwyaf dan 50 oed.

TŶ ISAF A LLANNERCH-YR-AUR

Yr un yw'r stori yma ond ar raddfa llawer llai, hen weithiau mwyn yn mynd yn ôl i oes y Rhufeiniaid – darganfuwyd darn bach o blwm o'r oes honno wrth godi efail gof yng ngwaith Tŷ Isaf. Teulu Syr John Conroy, y tirfeddiannwr ers 1829, oedd perchennog y ddau waith, a'r rheiny'n talu'n eithaf, yn cynhyrchu 150 tunell y flwyddyn. Cyrhaeddodd y gweithiau anterth eu llwyddiant i Conroy yn 1867 pan wnaeth £10,000 o elw. Roedd y mwyn yn haws mynd ato yma nag yn Nylife ac felly roedd llai o angen buddsoddiad trwm mewn gwaith ac offer. Mae'r teulu Jarman sy'n ffarmio Tŷ Isaf yn ddisgynyddion i'r Capten William Owen ddaeth yma i redeg y gwaith i Conroy – roedd merch y Capten yn nain i Beryl a Tom Jarman, ac yn hen nain i Aled Jarman sydd yma heddiw.

Yn 1870 rhoddodd Conroy y ddau waith ar y farchnad, a'r hysbyseb yn brolio dwy olwyn ddŵr. Roedd un o'r rhain, y fwyaf, yn 50 troedfedd o ddiamedr, i lawr wrth ffarm Tŷ Isaf. Roedd hi rhwng y nant a'r ffordd fawr ar ôl dod dros bont Tŷ Isaf o gyfeiriad Pennant. Roedd yr olwyn yma'n gweithio pympiau yn siafft yr injan i fyny yng ngwaith Tŷ Isaf trwy ddefnyddio 300 llath o rodiau, ac yn ddiweddarach roedd hi'n pwmpio dŵr o lefelau Llannerch-yr-aur trwy gyfrwng ¾ milltir o raff weiar. Anhygoel! Fe ddywedir na fyddai peiriannwyr heddiw yn mentro ar y fath gynllun. 'Dallwn ni ddim ond edmygu dyfeisgarwch anhygoel peiriannwyr yr oes honno. Gwerthwyd y ddau waith am £50,000, a cheisiwyd ail-werthu wedyn am fwy, ond erbyn hyn roedd cwmniau yn sylweddoli fod y lle wedi hen ildio y gorau oedd ganddo, ac nad oedd dyfodol. Daeth gwaith Llannerch-yr-aur i ben yn 1881, ac yntau yn ei ddydd wedi cael ei gyfri yn un o'r gweithiau mwyn gorau yn y wlad. Ond unwaith eto - ac mae hyn yn nodweddiadol o gwmniau cloddio – daeth peiriannydd yma yn 1951 i geisio adennill plwm o'r tomenni rwbel. Defnyddiai beiriant diesel 45 march nerth, a rhedodd yr afon yn goch unwaith eto o gwm Tŷ Isaf. Ond doedd y gwaith ddim yn gost-effeithiol, a dyna ddiwedd.

Heddiw, dau lyn, hen dyllau a thomenni o gerrig sydd yma, yn brwydro efo natur rhag mynd i blith "hen bethau anghofiedig teulu dyn", chwedl Waldo yn ei gerdd "Cofio". Ac ni allwn beidio â chofio geiriau T.H.Parry Williams, pan ddwedodd fod rhyw swyn rhyfedd iddo yntau yn Llyn y Gadair er nad oedd yno ond "dau glogwyn a dwy chwarel wedi cau". A, wir, yn ystod yr ugeinfed ganrif bu digon o ramant yn Llannerch-yr-aur, hefyd, pan oedd rhoi tro at "Lyniau Tŷ Isa" yn atyniad i lawer cwpwl rhamantus ar noson o haf.

Mae "cofio" yn gallu bod yn ddiwydiant ynddo'i hun heddiw, law yn llaw â'r diwydiant ymwelwyr a'r chwildro mewn dulliau addysgu. Mae ail-greu hanes yn boblogaidd, a phwy wŷr na welir y llefydd yma'n manteisio ar hynny ddydd a ddaw? Buasai'n gyffrous gweld rhyw "Syr Conroy" yn ei het silc yn disgyn o'r trên ar blatfform Llanbrynmair unwaith eto i ail-ymweld â llannerch ei ffortiwn!

WIL RICHARDS

Un sy'n gwybod llawer am hen weithiau Dylife, ac am Wil Richards fu'n gweithio yno, ydy GWILYM WILSON, Blaentwymyn, Dylife. Gofynnwyd iddo am dipyn o'r hanes diweddar:

"Roedd Wil Richards wedi ei eni a'i fagu yn Nylife a bu'n byw mewn gwahanol dai yma tan 1969 pryd y symudodd i Aberhosan. Mwynwr oedd ei dad fu'n gweithio yng ngwaith Nant Iago, sydd yng Nghoed Hafren heddiw, ac roedd Wil yn ifanc iawn yn mynd yno efo fo. Cerddent i'r barics ac aros yno gan ddod adre dros y Sul. Mae llawer yn cofio ei lys-enw, "Wil Stwmp". Wrth gerdded adre o Nant Iago un noswaith, taith o rai oriau, dyma'i dad yn gofyn i Wil, "Be wyt ti eisie i'w fwyta ar ôl cyrraedd adre, Wil bach?" "Stwmp, Dada!" Yn amlwg roedd wedi hen ddiflasu ar fwyd y barics, a "Wil Stwmp" fuodd o wedyn.

"Pan ail-agorwyd gwaith Dylife tua 1928 aeth Wil Richards yn llawn brwdfrydedd yn ôl i weithio efo'r cwmni newydd. Y cynllun i ddechrau oedd ceisio ail-agor y lefel o Ddyfngwm i Ddylife, ond bu'n amhosib gan fod rwbel o'r to yn disgyn o hyd. Felly, symudwyd yr offer i Ddyfngwm a cheisiwyd pwmpio'r dŵr o'r siafft ddofn oedd yno, a defnyddio ysgolion i fynd i lawr. Dechreuwyd ail-gylchu mwyn o'r tomenni rwbel hefyd. Ond bu perchennog y cwmni farw a dyna ddiwedd ar y gwaith, tua 1935. Ar ôl hynny aeth Wil Richards i weithio fel masiwn ar stad Syr Watkin Williams Wynn gan fynd i lawr i'r Gwaelod ar ei fotorbeic bob dydd. Bu'n gweithio ychydig yng ngwaith Tŷ Isaf hefyd pan ail-agorodd hwnnw. Ni allai gadw draw!

"Roedd mwyngloddio yn ei waed, a hen hanesion Dylife hefyd, a dyna wnaeth iddo fynd i olrhain stori Siôn y Gof. Roedd yr hanes ar lafar gwlad ers y ddeunawfed ganrif fod mwynwr o Geredigion, gof yng ngwaith Dylife, wedi taflu ei wraig a'i ddau blentyn i lawr hen siafft, oherwydd carwriaeth oedd rhyngddo â merch leol, mae'n debyg. Fe'i daliwyd, a'i grogi am y drosedd a'i roi i hongian ar bolyn gerfydd penwisg haearn o'i wneuthuriad ei hun ar foncyn a elwid Pen Dylife. Yno y gadawyd o ac nid aeth neb ar ei gyfyl byth… Felly, roedd yn rhaid bod ei gorff yn dal yno! Ac un p'nawn Sadwrn, i fyny yno efo caib a rhaw yr aeth Wil Richards a f'ewyrth, brawd fy mam, Evan Gwilym Davies. Mae boncyn Pen Dylife uwchben Llechwedd Ddu ac mae yno siafft ddofn iawn o'r top; os taflwch chi garreg mi clywch hi'n neidio i lawr ac i lawr i berfeddion. Wel, fu dim rhaid iddyn nhw dyllu ond rhyw droedfedd a hanner cyn dod ar draws y benglog yn ei fframm haearn a'r dannedd a chwbwl yn gyfan. Yn sicr, mi gafodd y ddau dipyn o sioc, ond dyma'i chodi'n ofalus a heddiw mae hi yn Sain Ffagan. Roedd hyn yn 1938.

"Yma yn Nylife y ganwyd finne hefyd, yn 1928, a rydw i wedi gweld llawer o newid ond, wrth gwrs, roedd y newid mawr wedi bod cyn fy amser i, pan gaewyd y gweithiau mawr olaf tua 1880. Ffarmio 160 acer yma ym Mlaentwymyn yr ydw i, fy nhad wedi prynu'r lle yn ei ddydd ac yn cario efo ceffyl a chert yng ngweithiau Dylife a Dyfngwm. Roedd yna amryw o dai ar ein tir ni, er enghraifft, Rhanc-y-mynydd sydd yn ymyl fan hyn. Roedd yno 23 o dai yn wreiddiol a rydw i'n cofio chwech o deuluoedd lleol yn byw yno pan oeddwn i'n ifanc, a llawer o adfeilion. Ar ôl hynny fe adawyd iddyn nhw fynd i lawr am nad oedd fy nhad yn fodlon gwerthu tai i Saeson! Ond yn y 70au mi roedd yna lawer yn holi amdanyn nhw ac mi werthais i faint oedd ar ôl. Erbyn hyn mae un tŷ wedi ei ei adfer a dau dŷ newydd un-llawr wedi eu codi yno. Aeth safle wyth bwthyn i wneud un o'r tai yna! Dyna syniad o beth oedd eu maint, ynte.

"Roedd yna glwstwr o dai hefyd, ond cyn fy amser i, lle mae maes parcio tafarn y Star heddiw. Dwi'n cofio'u gweddillion nhw. Rhyw ugain mlynedd yn ôl mi godwyd tŷ un-llawr newydd yn ymyl ac mi gwerthwyd o yn o fuan wedyn a phum acer o dir efo fo am £17,000! Pur wahanol fuasai'r stori heddiw, ynte, a'r hen Ficerdy fan hyn wedi bod ar y farchnad yn ddiweddar am dros £300,000. Ar y Fflowrin (sef rhan o'r gwaith plwm ar y wyneb lle roedd y mwyn yn cael ei drin, ei falu a'i olchi, er mwyn gwahanu'r plwm oddi wrth y gweddill) roedd rhes o dai, a swyddfa bost yn cael ei chadw gan Mr a Mrs Richard Jones, ac roedd yno gapel Annibynwyr, un pren. Pan gaewyd y capel mi ddygwyd y coed i gyd dros nos! Pobol leol, fy mam yn un ohonyn nhw yn lodes ifanc adre yn Rhydwen, wedi gwneud â'i gilydd i fynd â'r cwbwl! Mi guddiodd hi rai o'r planciau dan y gwair yn y sgubor. Wedi'r cyfan, roedd coed yn brin ar Ddylife, ddoe fel heddiw. Roedd yn Nylife gapel Methodist a Bedyddwyr hefyd, y Capel Ucha a'r Capel Isa, fel y'u gelwid, yr isaf wedi cau dros ddeng mlynedd o flaen y llall. Caewyd Capel Rhydwen y Methodistiaid Calfinaidd yn 1964 a Chapel Seion y Bedyddwyr yn 1950. Dwi'n cofio'r eglwys hefyd ar ei thraed.".

Trown am funud i glywed beth sydd gan Mrs Mari Ellis, Aberystwyth i'w ddweud: "Bu fy nhad, y Parch Richard Hedley, yma'n ficer o 1904 i 1920 pryd y symudodd i Lanfrothen. Roeddwn i yr ieuengaf o bedwar o blant yn cael ein magu yn Ficerdy Dylife. Pan oedd ewyrth fy nhad yn ficer o'i flaen roedd hi'n gyfnod llewyrchus iawn ar yr eglwys, ond yng nghyfnod fy nhad merched oedd yma'n bennaf, llawer yn weddwon a llawer a'u gwyr i ffwrdd yn gweithio, yn cynaeafu, er enghraifft, ar ffermydd yn yr haf. Fe ddaeth yma ficer ar ôl fy nhad, ond unwyd Dylife ag eglwys y Llan yn niwedd y 20au."

Mae Gwilym yn parhau'r sgwrs am yr eglwys a godwyd yn 1856: "Byddwn yn mynd i gwrdd Diolchgarwch yr eglwys, a Mr Dean yn dod i fyny o'r Llan i bregethu. Dyw'r eglwys ddim yno heddiw. Tynnwyd y clochdy i ddechrau a rhoddwyd y gloch fawr i'w chadw yn yr eglwys, ond yn wir, aeth rhywun â hi. Rhywun cryf, mae'n rhaid! Ymhen tipyn, daeth y BBC i wneud rhaglen ar Ddylife a daeth yr Esgob neu un o bwysigon yr eglwys i lawr o Fangor a gwelodd fod wal yr eglwys yn bolio'n beryglus. Penderfynwyd ei thynnu i lawr, a daeth loriau David Williams y Skin i gario popeth o werth i ffwrdd. Roedd hyn tua 1962. Bu yma ysgol tan 1924. Gwen Williams, yn byw yn y Rhyl rwan, dwi'n meddwl ydy'r olaf sy'n cofio mynd i ysgol Dylife. Agorwyd ysgol Stae yn 1872 ac ynddi yn tynnu at 100 o blant, ac mi caewyd hi yn 1972 a'r nifer wedi digyn i 13.

"Un dafarn sydd yma heddiw, y Star, wedi rhoi lloches i lawer ar dywydd garw ar y topiau yma, lle da am lasiaid ar y slei! ac yn dal yn boblogaidd gan gerddwyr heddiw. Ond yr oedd yma ddwy dafarn arall hŷn o lawer na'r Star, sef y Dropins a Camder Ffordd. Y *Drop Inn* mae'n debyg oedd yr enw iawn arni. Roedd hon ar ochr y ffordd ar y cornel cyn dod i lawr at droiad Rhyd-y-porthmyn. Roedd Camder Ffordd ar hen ffodd y porthmyn ychydig ymhellach na Bron Llys. Dwy dafarn ddefnyddiol iawn i'r hen borthmyn a'r mwynwyr cynnar. Dydw i ddim yn cofio 'run o'r ddwy, wrth gwrs.

"Caeodd swyddfa bost Dylife yn y 60au. Roedd wedi symud o'r Fflowrin i Ranc-y-mynydd lle roedd yng ngofal Mrs Sarah Jane Richards ac yna ei merch, Tegwen Richards a symudodd wedyn i Gwynfryn tu hwnt i'r Star, ac yno yr oedd y post pan gaeodd. Pwy ydw i'n gofio yn byw yn Nylife? Miss Owen yn y Star, wedi dod yn ôl i'w hen fro ar ôl gyrfa fel *Matron*. Wil ac Eirwen Williams ym Mryneglwys, tyddyn bach, yntau'n gweithio yng ngwaith Dylife ac yn postio. Cwrddai â'r fan bost wrth Hirnant a mynd ar ei feic o gwmpas y tai. Sarah Ann a'i hewyrth, Richard Williams, "Dic Brynmoel", yn ffarmio ar raddfa fach yn Brynmoel, Bronwen (chwaer Wil Richards) a'i gŵr Evan John Owen (brawd Miss Owen) yn ffarmio Rhydwen. Aeth Wil Richards o'r Ficerdy, lle buodd o olaf, i Aberhosan yn 1969. Doedd yna ddim ond ein teulu ni ym Mlaentwymyn ar ôl wedyn, a ni ydy'r unig Gymry sydd yma heddiw, ond diolch byth mae ein merch, Marian a'i gŵr wedi codi tŷ newydd yn ein hymyl.

"Y tai sydd wedi eu prynu a'u hadfer neu eu gwella gan bobol o'r tu allan ddaeth yma mewn blynyddoedd diweddar ydy Bryneglwys, Brynmoel, Top-y-cae, Rhanc-y-mynydd (3), Bron Llys, Rhyd-y-porthmyn, y Ficerdy (Esgair Galed), Rhydwen, Gwynfryn, y ddau gapel a Tŷ Newydd. Ambell dŷ yma a thraw sydd yn Nylife heddiw, gwahanol iawn i'r hen gymuned fywiog fu yma unwaith. Ond yn y byd sydd ohoni mae rhywbeth braf iawn mewn cael lle tawel i fyw. Dwi'n falch iawn fy mod i wedi aros yma."

LLYN CLYWEDOG

'Does gan gronfa ddŵr Clywedog, wrth gwrs, ddim byd i'w wneud â'r gweithiau mwyn. Yn 1963 y dechreuwyd ar y gwaith o foddi Cwm Clywedog, ger y Stae. Roedd y gwaith o godi'r ddwy argae fawr yn mynd i gostio £3,500,000. Cronfa ddŵr i reoli afon Hafren oedd hon, - i leihau effeithiau llifogydd ac i sicrhau y byddai cyflenwad o ddŵr wrth law i'r trefi a dynnai ddŵr o'r Hafren ar ei hynt trwy Loegr tua'r môr. Byddai'r llyn yn boddi 5 o ffermydd ac yn effeithio ar 18, ond ni effeithiodd ar Y Crowlwm, y ffermdy lle y credir y cychwynnwyd yr Ysgol Sul gyntaf yng Nghymru. Yr oedd tipyn o wrthwynebiad i'r boddi yn lleol ac yn genedlaethol. Roedd yna un teulu na symudodd o'u cartef nes tynnwyd y llechi oddi ar y to. Mewn ymosodiad un canol nos, chwythwyd gyda ffrwydron y cêblau oedd yn cario concrit i'r argae gan achosi llawer o ddifrod, ond y cyfan a ddarganfuwyd oedd cap ac arno'r llythrennau F.W.A (*Free Wales Army*). Dechreuwyd gorlifo'r cwm yn 1965 ond ni bu "agoriad swyddogol" ar ôl ei orffen, mae'n debyg oherwydd yr helynt mawr a fu yn Nhryweryn ar ddiwrnod yr agoriad yno. Ceir yr hanes, ac yn arbennig am deimladau'r trigolion, yn llyfr diddorol Maldwyn Rees, *Two Valleys*. Heddiw, ystyrir Llyn Clywedog yn safle o harddwch arbennig – er nad yn naturiol.

SIED DYLIFE
Sgwrs rhwng SIÔN MYRFYN a DAFYDD LLOYD, Y GRONWEN, ganol yr 80au.

Un noson tua chanol yr 80au daeth dau gymeriad diddorol at ei gilydd am sgwrs ac roedd tâp recordio gan un. Siôn Myrfyn oedd hwnnw, wedi ei eni yn Bont Dolgadfan yn fab ieuengaf teulu mawr Morris a Mari Lewis, y Bragdy. Pan adawodd yr ysgol bu'n gweithio ar ffermydd am ychydig cyn cael ei demptio i gyflog uwch y Comisiwn Coedwigaeth lle yr arhosodd tan ei ymddeoliad. Mi blannodd rhyw fil o goed, medde fo. Ond tyfodd cainc arall. O dipyn i beth datblygodd yn fardd gwlad adnabyddus a pheryg mewn eisteddfodau ac yn chwilotwr dygn i hanes lleol. Y feri un, felly, i fynd i odro tipyn ar gof dihysbydd y diweddar Dafydd Lloyd, Y Gronwen, Cwm Biga oedd erbyn hynny wedi ymddeol ac yn byw ger Penffordd-las. Ac yn tyfu riwbob cynhara'r fro, medde fo! Aeth Siôn yno i holi am sied Dylife, ond mi gafodd lawer mwy.

Meddai i danio'r ffiws:

"Mae'ch teulu chi yma ers talwm iawn, Dei Lloyd. Mi ddarllennais yn rhywle am ryw Dafydd Lloyd yn dod i fyny o Sir Aberteifi i weithio i waith mwyn Dylife a setlo yn y Gronwen.

Dei Lloyd: Digon tebyg, fachgen. Mi ddwedodd fy ewyrth wrtho i pan gymerais i'r Gronwen ganddo am beidio codi'r "pitshin" gan mai llawr yr hen dŷ oedd hwnnw. Pan oedd fy nhad yn un bach mi aeth y tŷ to gwellt ar dân a llosgi'n ulw – a'u sgidie hefyd. Roedd colli'r rheiny'n golled fawr iawn, sgidie cryfion lledr o waith crydd wedi eu mesur ac yn addas at bob tywydd. Rydw i'n cofio fy hen nain, Ann Lloyd. Roedden ni'n bump o frodyr. Bu Tom fy mrawd farw ar y mynydd yn yr eira wrth ddod adre o Ddylife. Fe'i caed yn y bore wedi rhewi ond yn fyw ac aed â fo i Dyfngwm Uchaf yn ymyl y gwaith mwyn, ond bu farw – wedi'i roi o'n rhy agos i'r tân, coelio.

S.M.: Faint ydy'ch oed chi, Dei Lloyd?

D.L.: Pedwar ugain ddiwedd y flwyddyn, fachgen. Rydw i'n dal i fugeilio chydig o ddefaid ac wŷn a phlygu sietyn. Mi laddais saith o foch y gaeaf diwethaf ac ambell ddafad â'r bendro neu wedi torri'i choes.

S.M.: Beth oedd y "sied" yma oedd yn cael ei chynnal yn Nylife? Oedden nhw'n codi rhyw adeilad?

D.L.: Wel, nag oedden fachgen, dim ond rhoi eils at ei gilydd i wneud penie tu allan i dafarn y Star. Dod o hyd i berchnogion defaid crwydrol oedd y pwrpas, a'r bugeiliaid yn dod â nhw i'r sied. Cynhelid pedair mewn blwyddyn, y gyntaf ar y 3ydd dydd Gwener ym Mehefin ar ôl codi'r wyn, un wedyn ar y 3ydd dydd Mawrth yng Ngorffennaf, ar yr 2il ddydd Gwener yn yr Hydref a'r 2il ddydd Gwener yn Nhachwedd. Dwi'n misio deall o ble daeth y gair sied os nad o'r Saesneg *"shepherds' court"*. Roedd yn arbed llawer o gerdded i gyrchu defaid o bell. A'r mynyddoedd yn agored fel yr oedden nhw bryd hynny gallai dafad grwydro o Facheiddon yn Aberhosan i Aberhonddu. Capten Bennett Evans oedd y cyntaf i ffensio ar Bumlumon yn y pum-degau. Yn 1916 mi gafwyd dafad yn Llwyn-y-gog wedi dod o ffarm tu draw i Nannau Ffrwd yn Rhaeadr Gwy ac fe ddowd i'w moen hi adre efo poni a thrap. Dim ond dwy ddafad ydw i'n gofio erioed heb eu onio. Byddai'r rheiny'n cael eu gwerthu at gostau'r corlannau. Weithiau mi fydde yna gasgliad at hynny. Roedd yna Gadeirydd ar y sied; Edward Jervis, Fronhaul oedd y cyntaf i mi gofio ac Owen Hughes, Bugeilyn wedyn. Rhai yn anonest? Na, roedd pawb yn bur iawn pryd hynny. Charles Evans, Cwmcefnrhiw, Cwm Rhaeadr tu draw i Fachynlleth oedd yr un mwyaf craff welais i erioed a chanddo fo gof fel stîl. Dwi'n cofio mynd â hwrdd i'r sied o Gwmbiga ac roeddwn i'n weddol sicr mai nôd clust Tŷ Isa, Pennant oedd arno ond doedd Jac y Gorn na neb yn gallu dweud i sicrwydd nôd lle oedd o. Misio'n lân! Roedd Charles yn sefyll wrth y wiced. "Pwy pia'r hwrdd yna, Charles?" Edrychodd y clustiau...yna, "Oes yna le o'r enw Ty'nymaes yn Llangurig?" Cofiodd

Jac y Glyn yn syth weld Ty'nymaes yn gwerthu'r hwrdd i Tŷ Isa! "Wyddoch chi be," meddai Charles, "dydw i ddim wedi gweld y ddiadell yna ers saith mlynedd ar hugain pan fues i a nhad yn bugeila yn ochr Llangurig."

Dyna i chi gof, yntê! Mi ddaeth wedyn yn fugail i Llwyngwyne, Glaspwll cyn cael ei le ei hun, Cwmcefnrhiw. Medde fo unwaith wrth Dei Aberbiga a fi, "Dydw i ddim wedi bod yn hen gyb ond rydw i wedi byw yn safin. Mi gychwynnais efo dafad ac oen ac mae gen i ddeuddeg cant heddiw heb erioed gael ceiniog gan neb." Roedd craffter, diddordeb a gonestrwydd wedi talu iddo ar ei ganfed, on'd oedd?

Roedd yna gymaint â chwech ar hugain nôd clust yn sied Dylife.

S.M.: Roedd cynnal y sied wrth dafarn y Star yn beth go boblogaidd, siwr o fod, ac yn sicr o dynnu pobol?

D.L.: Siwr iawn, roedd yna fwyd a diod a chroeso i'w gael yno a thanllwyth o dân ar dywydd oer. Rydw i'n cofio hen wraig yn cadw'r dafarn, Jane Richards, Siân Star. Ydych chi'n cofio Wil Richards ffeindiodd benglog Siôn y Go'? Roedd ei dad o a gŵr Siân yn ddau frawd ac roedd hi'n fodryb i Matron Owen, un o ferched Ffrwdwen ddaeth yn dafarnwraig ar ei hôl. Arferai Tom Humphreys y glo o Lanbrynmair ddod â chasgen o gwrw i fyny erbyn y sied ond un tro mi fethodd a dod mewn pryd a doedd dim diferyn yn y Star. Daeth Siân â jygiaid o ddŵr i'r bugeiliaid sychedig. Wel, dyna destun siarad! Roedd yno arch-dynnwr coes o'r enw Dic Thomas ac mi glepiodd o wrth frawd Siân, oedd wedi bod yn dafarnwr yma ei hun, ac mi cafodd yr hen Siân hi ganddo, druan. Wel, yn y sied nesa dyma Siân yn pitsio i mewn i Dic ac yn dweud yn bigog, "Mi roedd yma ddigon o de yma!" "Nenw Duw, Siân fach," medde Dic, " roedd gen i ddigon o hwnnw adre!" Swllt y cwart oedd y cwrw pan ddechreuais i ddod i'r sied. Mi fydde'r ffarmwrs mwyaf, fel y Capten, yn rhoi hanner coron ar y bwrdd a Siân yn cario cwrw bob yn gwart nes bydde fo wedi mynd, yna mi roise rhywun arall arian i lawr ac felny mlaen. Rhai mên iawn oedd ffarmwrs Pennant – Cilcwm, Plas a'r ddau Bennant Ucha ac Isa. Ddoen nhw ddim yn agos. Dwi'n cofio Edwin Efail Fach oedd yn was yng Nghilcwm yn dod i mewn i moen y ci oedd wedi sleifio dan y fainc. "*Well done*, y ci!" medde Siân, "Mi ddoth o i edrych amdana i ond ddoisoch chi ddim." Rhai da oedd bechgyn Aberhosan am droi fewn.

S.M.: (yn trio achub eu cam) Dylanwad y capel, siwr o fod, dyna oedd yn eu cadw o'r dafarn. (Ni chododd Dei Lloyd at yr abwyd ond ei gadael hi fan yna)

D.L.: Mi ddechreuais fugeila yn 1925 yn Hafod Cadwgan a gorffen yn y Gronwen yn 1967. Ces fedal am hirwasanaeth i amaethyddiaeth gan y Sioe Frenhinol, Llanelwedd… doedd hi fawr o beth chwaith! Tase hi wedi'i gwneud o arian mi fase'n rhw'beth. *"David Lloyd, 52 years, 1977"* sydd arni. Roeddwn i'n dechre cneifio efo gwelle yn 1917 ac mi ddiweddais efo mashîn yn 1977. Yn 1915 yr es i i wasanaethu gyntaf yn Llwyn-y-gog, gweithio o bump y bore tan saith y nos am £7.10 y flwyddyn. Mi gododd i £14.10 y flwyddyn wedyn ac i £35.00 cyn i mi adael. Yn 1941 y dysgais i yrru tractor a motor beic a gorfod cael prawf yn nes ymlaen pan ges i fan. Mi fuodd yna rhyw elfen gwn hefyd ynddo i erioed ac mi brynais un yn 1916, un newydd sbon am £5.2.6. Tom Lewis (ewyrth i chi S.M.) oedd yn cario'r post o Lanbrynmair a ddaeth a fo i fyny ar ei feic bach. Dyma'r unig wn fuodd gen i erioed ac mae o gen i o hyd. Un gwych iawn ydy o gan W.N.T.Davies, Birmingham a stoc mahogani wedi'i wneud yn llai i ffitio f'ysgwydd.

S.M.: Rydych chi'n ddyn neilltuol o gymwynasgar a gonest. Beth ydych chi'n ei gasâu fwyaf mewn cymeriad?

D.L.: Dydw i rioed wedi trio gwneud drwg i neb ond dydw i ddim yn licio dyn slei, dydw i ddim yn credu ei fod o'n Gristion.

S.M.: Beth ydych chi'n gofio am ffeirie?

D.L.: Ffeirie? Dwi'n cofio rhai sâl iawn yn enwedig yn y tri-degau. Yn 1931 mynd ag wŷn tewion o Gwmbiga i Lanidloes, cael cynnig yr un swllt arnyn nhw a dod â nhw adre'n ôl. Cerdded, wrth gwrs ac mi drigodd yna un ar y ffordd. Mynd â nhw wedyn i Hen Ffair Ddefaid Llanidloes ar y Sadwrn cynta o Hydref. Dim byd. Trio nhw wedyn yn Ffair Hydref Llanidloes mewn tair wythnos. Cael un cynnig, saith a chwech yr oen, wŷn gwryw da. Ffarm yn ymyl yn cael dim ond pedwar swllt a thair gan ŵr Penrhosmawr. Roedd mamogiaid yn mynd am chweugain yn sêl Pontarfynach yr un flwyddyn. Dyna'r flwyddyn waetha ydw i'n gofio.

S.M.: Cerdded oedd pawb i'r ffeirie o'r top yma?

D.L.: Cerdded, ie, dynion a merched. Roedd hen wraig y Lluast yn chwaer i fy mam ac yn cychwyn yn forwyn i'r Glyn, Llanidloes ar Galan Mai - ond eisie gweld *Devil's Bridge* cyn mynd! Wedi clywed llawer o sôn amdano ond rioed wedi bod yno. Mi gerddodd y ddwy yno heibio Blaen Hafren a thros Bumlumon a 'Steddfa ymlaen i Bont-ar Fynach ac yn ôl yr un diwrnod. Trannoeth roedd Ffair G'lame Machynlleth. Mi gerddodd fy mam a hithe dros Ddylife ac i lawr Rhiwfawr i'r dre, a beth wnaeth y ddwy ond prynu llestri ar y stryd i'w mam. Ond sut i'w cario adre? dyna'r cwestiwn. Prynwyd basged ddillad â dwy glust a'i chario rhyngddynt bob cam! Roedd eu mam yn byw yn Waunclydere, yn ymyl Llyn Clywedog heddiw, ac yno y cyrhaeddodd y fasgedaid lestri rywbryd cyn hanner nos. Bore trannoeth roedd yn rhaid codi i gychwyn am y lle newydd. Na, doedd cerdded yn ddim byd ganddyn nhw ers talwm.

Dwi'n cofio f'ewyrth a minne'n cerdded o'r Gronwen i Bontrhydfendigaid i fynd i "Ffair Rhos", dyna enw'r ffair a gynhelid yn y Bont. Cael lojin nos Wener cyn y ffair efo hen wraig yn y Bont. Trannoeth mi brynson boles flwydd a hanner a heffer gyflo mewn ffarm yn ymyl ac yna ei throi hi am adre. Cyrraedd Ysbyty Ystwyth am bump fin nos. Roedden ni yn Nyffryn Castell am un-ar-ddeg y noswaith honno – mae'r dafarn ar ochr y ffordd fawr rhwng Llangurig a Phonterwyd. Aros i gael stowt a bara chaws yn y fan'ny a photel fach o rywbeth cryfach i'w chario efo ni. Troi allan wrth 'Steddfa dros y mynydd heibio i Nantygwrdy ac i lawr heibio Maesnant – mae hwnnw o'r golwg yng nghanol y Goedwigaeth heddiw ond bryd hynny roedd o ar gefn mynydd, ac ymlaen wedyn at Glyn-hafren. I fyny ac i lawr a chroesi nentydd oedd hi ar hyd y daith. Doedd gennon ni ddim gole ond doedd hi ddim yn anferth o dywyll, pumed ar hugain o Fedi ac yn "naw nos ole", o bosib.

Wel, roedden ni'n dod rwân i olwg Maesnant, i olwg afon Hafren, ac mi orweddodd y fuwch. Mi adawson iddi orffwys ac mi gymson ninne'n dau dipyn o whisgi a dŵr o'r nant ac eistedd yn y fan'ny yng ngole'r lleuad. Mi gododd yr heffer toc, wedi blino roedd hi ar ôl dringo ar le dipyn bach yn feddal. Mi gyrhaeddon adre i'r Gronwen am bedwar fore Sul. *Short Horn* oedd yr heffer, un wen. "Myn diaw", medde Richard Thomas, Nantmelin, "rwyt ti wedi dwad a gole lleuad adre efo ti!" Un glân oedd Richard Thomas. Mae yna stori dda amdano fo.... Roedd o a'r wraig yn mynd adre yn y poni a'r trap o Lanidloes i Gefn-brwyn un diwrnod ac ar riw Pendeintir tua Cwmbelan dyma fo'n disgyn i wneud dŵr, wedi cael tropyn bach yn y dre, a dyma'r wraig yn cydied yn y reins. Ond roedd y ferlen yn eger am fynd, ac mi aeth olwyn y trap drosto fo. "Wei!" medde hithe a thynnu'n ôl, ac mi baciodd yn ôl drosto fo…. Ac ymlaen wedyn! Mi aeth drosto fo deirgwaith. Rhyw hen spring-cart fach oedd hi a fuodd Richard ddim gwaeth. (Roedd Dei Lloyd yn ei ddyblau yn dweud y stori yma).

S.M.: Sut deimlad oedd o pan oedd y Gronwen yn cael ei foddi? (dan Lyn Clywedog)

D.L.: Tase fo ganllath yn uwch i fyny fyse fo ddim wedi cael ei foddi.

S.M.: Ac mi aeth y llawr pitshin o dan y dŵr.

D.L.: Do, a phopeth arall efo fo!".

★ ★ ★ ★

Nodyn ganddo am Ddylife: Gwen Williams, Carneddau, Corris oedd yr olaf i'w chladdu yn Nylife, teulu ei mam yn hannu oddi yno. Llawer o Merthyr Vale wedi eu claddu yma, pobl leol oedden nhw wedi mudo i lawr i'r pyllau glo. Y garreg fedd hynaf ym mynwent Dylife yw un i Dafos Hughes, Penffordd-gerrig wrth ymyl Rhyd-y-porthmyn. Mi allwch fynd at hen waith mwyn y Dyfngwm o Ryd-y-porthmyn neu'n fyrrach ar hyd hen ffordd o Riwdefeity.

2 - Y TIR

Ffarmio oedd, ac ydy, prif ddiwydiant Llanbrynmair, a dyna fydd o i'r dyfodol fe obeithir, am lawer rheswm. Trin y tir sy'n cynhyrchu bwyd, ac o'i gynhyrchu'n lleol fe wyddom ei ansawdd. Trin y tir a byw arno yw'r ffordd orau i gadw traddodiadau'r ardal a'i harferion; wrth ddisgyn o genhedlaeth i genhedlaeth a dilyn yr un patrwm o fyw mae'n cadw'r iaith lafar ac enwau llecynnau, caeau a ffermydd. Bydd gwerth ar drin y tir am byth am yr hyn y gall ei roi mewn cynnyrch a phleser a diwylliant. Ac os gogwyddodd y pwyslais yn ormodol i ochor "pleser" neu "adloniant" ar ddiwedd yr ugeinfed ganrif, mi gofiwn mai pendilio o'r naill begwn i'r llall y bu amaethyddiaeth yn yr ucheldiroedd yma am y tair canrif ddiwethaf, weithiau'n llewyrchus, weithiau ddim. Ar hyn o bryd, ar ddechrau'r unfed ganrif ar hugain, mae prisiau cynnyrch amaethyddol wedi gwella ar ôl cyfnod main ddiwedd y ganrif yn dilyn effeithiau'r clefyd BSE dorrodd allan yn 1996 a Chlwy y Traed a'r Genau a ddaeth yn 2001. Wedi cefnu ar y ddau aflwydd yna, y cwestiwn sy'n wynebu'r diwydiant rwân ydy pa effaith a gaiff deg gwlad arall yn ymuno â'r Gymuned Ewropeaidd? Does ond gobeithio y gall amaethu yn ucheldir Maldwyn ddal ei dir yn wyneb y gystadleuaeth gan fod craidd ein cenedl yn y gymdeithas wledig fel y nodweddir hi yn Llanbrynmair a lleoedd tebyg.

Y STADAU
Y gwahaniaeth mwyaf yn strwythur amaethu yn y plwyf yma rhwng dechrau'r ugeinfed ganrif a heddiw ydy diflaniad y stadau. Dechreuodd rheiny deneuo'n raddol o'r 20au ymlaen a diflannu'n llwyr erbyn diwedd y 60au. Roedd yma bedair stad. Y fwyaf o ddigon oedd stad Syr Watkin Williams Wynn efo tua 102 o ffermydd a thyddynnod, gan fwyaf o gwmpas y Gwaelod a Thalerddig a Rhiwsaeson. Yn Bont roedd stad Llwyn Owen a naw o ffermydd, a stad Dolgadfan ag 11. Ym Mhennant roedd stad Conroy a 24 o ffermydd. Cyfanswm ffermydd y plwyf bryd hynny oedd tua 171 ac allan o'r rhain dim ond rhyw 22 oedd mewn perchnogaeth breifat. Rhent ffarm deuluol weddol o faint ddechrau'r ganrif oedd tua £22. Rhent Dôl Fawr e.e. yn 1940 oedd £38. (Trowch i'r Atodiad ar dudalen 213 am restr o'r ffermydd ddechrau'r ganrif a heddiw).

Roedd gafael y tirfeddiannwyr yn dynn ar yr ardal am hanner cyntaf y ganrif, ond bu ffermydd Talerddig, yr Aber a Dôl-fach yn lwcus i allu prynu eu ffermydd yn 1921, ag eithrio Llwyncelyn, ffarm Talerddig a'r ddau Gwmcalch ddilynnodd ar ôl 1949. Talu'r rhent a fawr iawn dros ben oedd hi yn achos y rhan fwyaf, a'r teuluoedd yn fawr. Roedd diwrnod rhent yn ddiwrnod mawr, diwrnod trosglwyddo holl gynilion y flwyddyn yn achos llawer, a rhai, yn y bedwaredd ganrif ar bymtheg yn arbennig, yn methu cael y ddau benllinyn ynghyd ac yn gorfod gadael eu llefydd, yn aml ar ôl llafurio'n galed i wella'r lle. Dyna un o gwynion S.R.ynte? ac fe'i darluniodd yn ei stori am "*Farmer Careful*" o ffarm "Cilhaul" (a fodelwyd ar Y Diosg) y bu raid iddo a'i deulu fudo i America ar ôl cael eu troi allan am fethu talu'r crogbris o rent.

Roedd ystafell rent – "rentrwm" – yn y Wynnstay gan Syr Watkin, a bwyd a diod i'r tenantiaid y diwrnod hwnnw. Clywn Demetrius yn dweud tipyn o'r hanes: "…Y stiward, Lewis Evans, am unwaith mewn hwyliau da, a'r rheithor, Kirkham, na fedrai air o Gymraeg, am unwaith allan o'i ddyfnder. Eisteddai Sam Tŷcanol yn y gornel yn canu nerth ei ben "Diwn Syr Watkin", yn canmol hwnnw i'r cymylau. Canai hefyd gân a gyfansoddwyd gan Mari Rhys o Benygeulan yn y ganrif cyn hynny, (nid yw'n eglur os mai yr un yw'r ddwy gân). Safai John Bill, y cipar, yn y gornel efo gwn rhag i neb ddwyn y rhent." …Yn nes i'n cyfnod ni, telid y rhent mewn swyddfa yn iard y stad tu ôl i'r Wynnstay cyn mynd am y bwyd, ond roedd yr arfer o roi cinio hefyd wedi dod i ben cyn y diwedd.

Er prined oedd yr arian, roedd hi'n gymdeithas fywiog, gymwynasgar, gynnes a chymdogol iawn ei natur ac fe ddywed llawer sy'n cofio'r hen ddyddiau hyd at ddiwedd yr Ail Ryfel Byd ei bod hi'n "glendiach o lawer byw 'stalwm". Oes oedd hi pan oedd rhaid gwneud popeth â llaw, o chwalu tail i doi tas, a dibynnent lawer ar ei gilydd am help, megis pan oedd angen wyth neu ddeg o geffylau i symud y dyrnwr a'r boiler ymlaen i'r lle nesaf. Sgrifennodd Gwilym Llan ar ddrws y closet yn Belan – lle anodd mynd ato os bu un erioed oedd y Belan - "Trwy ddŵr a baw, y gwynt a'r glaw, Pwy ddiawl a ddaw 'ma i ddyrnu!" Ond mynd yr oedden nhw, a mynd yr oedd pawb i bob man yn ddigwestiwn lle roedd angen help. Yn ein dyddiau ni ychydig iawn o hyn sydd ar ôl.

Mae'n arwyddocaol mai dim ond 49 o'r ffermydd a restrwyd yn yr

Atodiad sy'n weithredol fel unedau heddiw oherwydd cydio maes wrth faes, ond down at hynny'n nes ymlaen. Gadewch i ni glywed beth sydd gan IOAN PRICE, Cwmcalch Uchaf gynt, i'w ddweud am:

AMAETHU YN ARDAL TALERDDIG 1900-2000

"Yn ystod yr ugeinfed ganrif y bu'r newid mwyaf mewn ffarmio ers llawer o amser. Darfu am y bladur a'r cryman a daeth y Deering a'r Bentall i wneud y gwaith yn rhwyddach, er fod llawer yn dweud nad oedd yr adlodd yn tyfu cystal ar eu hôl! Cyn hynny, byddai amryw o'r bechgyn ifanc yn mynd i fedi i Sir Amwythig – mae yma hen gryman o eiddo un o'm hynafiaid arferai fynd i ardal Bridgenorth i dorri ŷd. Byddid yn dyrnu gyda'r ffust a nithio gyda'r ffan oedd â dau bentan tebyg i rai buddai gorddi, a phren rhyw bum troedfedd ar draws a chwech o sachau ar hwnnw. Byddai un person yn troi a'r llall yn arllwys y grawn o'r gogor, a'r gwynt oddi wrth y ffan yn chwalu'r peiswyn i ffwrdd. Wrth gwrs, roedd dyrnwr mawr John Pugh yr injan wedi dod cyn dechrau'r ganrif, wedi hynny Rowlands Clegyrddwr, Davies yr Hendre a Jones Caeauduon.

"Daeth y ddau ryfel mawr a galw am ragor o gynhyrchu bwyd. Yn ystod y rhyfel cyntaf byddai'r Llywodraeth yn hawlio'r ceffylau gorau i helpu'r fyddin. Erbyn yr ail ryfel daeth mwy fyth o alw am gynhyrchu bwyd, felly cafodd llawer o dir mynydd ei droi a thir gwlyb ei ddraenio, a gwireddwyd geiriau Thomas Evans, Ystrad Fach:

> "Daw, fe ddaw hen ros Talerddig
> Yn baradwys deg rhyw ddydd."

Roedd y peiriant petrol wedi dod erbyn diwedd y 30au, y Fordson yn gyntaf a'r Ferguson ac eraill wedyn. Daeth llawer o hadau newydd o blanhigfa Gogerddan, a thyfwyd gwenith, haidd, rhug, had llin a cheirch, o'r *black supreme* i flewgeirch. Plannwyd cyfeiriau o datws ym mhob ffarm o faint. Ail-hadwyd llawer o diroedd felly bu cynnydd mawr yn nifer y creaduriaid a gedwid. Roedd y stadau yn gosod y nifer o ddefaid i'w cadw ar y daliad. Ddechrau'r ganrif daeth tai gwair yn ffasiynnol gan leihau codi teisi, er rwy'n cofio Thomas Jones, Bryn Bach wedi gwneud mwdwl maes a'i doi â brwyn ac roedd yn sych gorcyn ddiwrnod dyrnu.

"Byddai'r hen rai o'r farn fod y gwair yn dal yn hwy wrth ddefnyddio bach gwair yn hytrach na'i dorri'n glenciau o'r cowlas. Roedd cynaeafu'n anodd yn aml oherwydd y tywydd, a bendith oedd y pwll silwair pan ddaeth; un o'r rhai cyntaf oedd Ystrad Fawr a Ffarm Talerddig. Erbyn heddiw mae adeiladau mawr hwylus i aeafu'r gwartheg a rhoi'r defaid i wyna, sydd mor wahanol i pan oeddem yn gorfod gwthio rhwng y gwartheg i'w rhwymo. Hen arferiad hefyd oedd i'r ffermydd llai ddilyn y rhai mwyaf – os byddai'r Ystrad yn dechrau teilo neu dorri gwair rhaid oedd eu dilyn! Caech help cymdogion hefyd ar y cae gwair a'r ŷd.

"Morris Evans oedd y ffariar am flynyddoedd. Daeth o Garno i fyw i hen Efail Talerddig, a chodi teulu mawr yno. Bu farw yn 1939. Fe'i dilynwyd gan ei fab, Daniel oedd yn byw yn Tŷ-Pêt. Bu yntau farw yn 1956. Roedd y ddau yn enwog am eu cryfder a doedd neb tebyg am dynnu llo. Chafodd yr un o'r ddau ddiwrnod o goleg ond roedd gan yr ardal barch mawr i'w gallu a'u gwybodaeth a'u dawn gydag anifeiliaid. Nodweddid Dan gan y stwmp sigaret oedd bob amser yn llosgi dan ei drwyn pur goch, a'i fotor beic a âi ag ef i bobman. Cafodd ddamwain go fawr unwaith a thorri ei fraich – dim tynnu llo wedyn am sbel! Roedd Cranogwen Evans, a fu'n gofalu am yr hen neuadd bentref ar un adeg, yn ferch i Morris Evans.

"Byddid yn torri mawn ar y mynyddoedd a defnyddio'r ferfa fawn, sef ffrâm a phedair braich iddi i ddau ei chario os byddai'n rhy gorsiog i fynd â chert a cheffyl at y pwll. Yng Nghwmcalch byddem ni'n gorfod mynd ymhell i'r mynydd i dorri mawn.

"Gwelodd gwraig y tŷ altrad mawr o wneud menyn a godro, cario llaeth i'r lloi a bwydo'r ieir. Daeth yr arfer o adael i'r lloi sugno (blaenllaeth y gelwid y llaeth cyntaf ddoi o bwrs y fuwch, ac armel oedd y llaeth olaf; roedd hwnnw'n hufennog a byddai'n arferiad i odro, neu dincian, ar ôl y lloi er mwyn cael hwn.). Daeth cadw llawer o ieir yn beth cyffredin: daeth y *deep litter*, sef eu cadw dan do mewn digon o wellt neu dorion, yn boblogaidd yn y 50au, a deuai Townsend o Ddolgellau neu Jos Howells o Gomins Coch i'w casglu a thalu tua 3/- y dwsin.

"Bu stormydd mawr o eira yn enwedig yn y 30au a'r 40au pryd y collwyd llawer iawn o ddefaid. Cofio Edward Owen y Fron yn dweud fod wŷn bach yn rhewi'n gorn cyn i'r fam eu llyfu ar ambell i aeaf. Gwelwyd amser pan oedd arian yn brin iawn, ond daeth breuddwyd yr amaethwyr yn wir wrth iddynt ddod yn berchen ar eu ffermydd eu hunain. Roedd y broses honno wedi ei chwblhau bron yn llwyr erbyn 1960.

"Do, bu newid mawr yn Nhalerddig: caewyd y stesion fach yr oedd yr hen ardalwyr wedi talu i'w chodi. Felly hefyd yr Ysgoldy annwyl a fu mor bwysig i'r holl ardal. Daeth peiriannau newydd efo pob cenhedlaeth, o'r *self delivery* i'r beindar i'r byrnwr mawr, a'r JCB, a'r beic pedair olwyn sydd mor ddefnyddiol heddiw ar y ffarm. Cofio Francis Roberts, Hafodwen yn cael trafferth wrth fynd â thractor a chert ac offer ynddi i'r Home Guard i ben Newydd Fynyddog, ond heddiw mae yno gryn ddwsin o ffyrdd llydan o wahanol gyfeiriadau a gwelir gwartheg yn pori'n braf ar y brig. Hefyd daeth coedwigaeth i'r fro i newid tyfiant y bryniau a'r ffriddoedd.

"Erbyn diwedd y ganrif, a'r Wladwriaeth wedi newid cwrs eto tuag at gynhyrchu llai a rhoi mwy o bwys ar yr amgylchedd, eu gobaith yw gweld eto y gylfinir a'r gornchwiglen ar y gweunydd a'r hen growsyn yn cogran yn y niwl ar y topiau. Tybed a welir hyn?"

Sir drwyadl amaethyddol ydy Sir Drefaldwyn, ac ar wahân i Dylife a'r Fan ger Llanidloes, does yna fawr ddim "staen na chraith" diwydiannol. Dim ond yn y deugain mlynedd diwethaf y datblygodd stadau diwydiannol yn y trefi marchnad, megis y Drenewydd, ac yr agorwyd ambell ffatri, megis Laura Ashley yng Ngharno (bu bron iawn iddi sefydlu yn Llanbrynmair), gan roi cyfle i feibion a merched ennill cyflog, lawer ohonyn nhw am y tro cyntaf, gan mai gweithio gartref "am ddim" oedd yr hen drefn nes priodi a mynd ar eu liwt eu hunain.

TREM I'R 19EG GANRIF
Gwneud y gorau o'r ffarm fu'r uchelgais erioed, a chyn belled yn ôl â 1796 sefydlwyd Cymdeithas Amaethyddol Sir Drefaldwyn, yn adlewyrchu'r diddordeb mewn gwella dulliau o ffarmio. Erbyn 1800, deuai calch ar longau i Dderwenlas i'w gludo oddi yno ar gerti i'r ffermydd, ac roedd eraill yn ei gludo mewn certi o Borth-y-waun. Gwaith llafurus a'r ffyrdd yn ddrwg, a tholl i'w thalu hefyd ar rai. Ond dyna a wneid oherwydd roedd pwyslais mawr ar dyfu Ŷd yn hanner cyntaf y ganrif honno, nes diddymu'r Deddfau Ŷd yn 1846. Cyn hynny roedd y deddfau hynny wedi cadw pris ŷd yn uchel trwy wahardd mewnforio ŷd i Brydain. Ond nawr, daeth yr ŷd rhad i mewn, yn bennaf o America, a rhaid fu troi i ganolbwyntio ar fagu stoc ac arbrofi trwy groesi'r bridiau cynhenid efo Byrgorn a Henffordd. Ni ddaeth pwyslais ar godi ŷd yn fasnachol yn ôl tan y ddau Ryfel Byd yn yr ugeinfed ganrif, a'r *U boats* yn suddo llongau grawn ar eu taith yma.

Bu 1857 –77 yn gyfnod llewyrchus ar ffarmio, a mynd ar fagu stoc a'u gwerthu yn y ffeiriau am brisiau derbyniol. Cynhelid ffair wythnosol yn Llanbrynmair, ar ddydd Llun cynta'r mis. Byddai'r perchnogion yn dod â'u hanifeiliaid at y Wynnstay i gwrdd â'r prynwyr neu'r porthmyn, a gwerthu trwy fargeinio a tharo cleder llaw, a rhoi "lwc" yn ôl. Rhoid yr anifeiliaid wedyn ar y trên oedd â seidin cyfleus i'w llwytho. Cai'r stoc eu dangos ar y ffordd – rhai cwm Pandy ar ffordd Pandy, ac yn y blaen. Daeth y ffair i ben pan ddechreuwyd cynnal marchnadoedd yng Nghemaes Road, Machynlleth, y Drenewydd a Llanidloes ond gyda'r anfantais o orfod cerdded yr anifeiliaid dipyn pellach wedyn.

Wrth gwrs, roedd ffeiriau yn y trefi hynny ers canrifoedd, Ffair Calan Mai ym Machynlleth ar Fai 15fed, er enghraifft, wedi ei sefydlu trwy siartr brenhinol. Bu'n "ffair gyflogi" am ganrifoedd, ac roedd gweision yn dal i gynnig eu hunain yn y ffair ym Machylleth tan y 30au. Y drefn oedd troi allan mewn clos penglin a legins a hances a chap stabal, pâr o sgidiau cryfion a sefyll ar ochr y stryd efo un neu ddau arall a thrio edrych mor gyhyrog ac awyddus â phosib, nes deuai rhyw gyflogwr heibio'n chwilio am was – hwsmon, wagenar, bugail, gwas bach, neu gyfuniad, ac os derbynnid ernes o swllt (hanner coron yn ddiweddarach) byddai'r gwas yn dechrau yn ei le newydd ymhen yr wythnos. Tipyn o gambl, weithiau, a mynd o'r badell ffrio i'r tân – y bwyd yn ddrwg a'r meistr yn ddrwg ei hwyl! Ond fyddai dim gobaith newid tan bentymor y flwyddyn wedyn. Arhosodd Calan Mai fel dyddiad cyflogi am flynyddoedd wedi i'r arfer yma ddod i ben.

Mae tipyn o sôn am "arall-gyfeirio" yn ein dyddiau ni, ond does dim byd yn newydd yn y syniad. Bu'r gweithiau mwyn plwm yn Nylife a Tŷ Isaf yn gaffaeliad i ffarmio, yn enwedig yn rhannau deheuol y plwyf, yn enwedig o 1857-77. Roedd hi'n bosib cael gwaith yno pan fyddai hi'n llac ar y ffarm a digon o waith halio yno i geffylau ffarm. Oedd, roedd hi'n bosib gwneud ceiniog neu ddwy yn Pennant bryd hynny a chryn dramwy ar hyd Llwybr Sgeirw. Ysywaith, ni pharodd yn hir. Caeodd y gweithfeydd erbyn 1900 diolch i Ymerodraeth yr hen Frenhines Fictoria oedd wedi sicrhau mewnforion rhad o bedwar ban byd. Mwyach, nid oedd angen i afon Twymyn droi yr Olwyn Goch enwog, un o'r mwyaf yng Nghymru, oedd yn ddigon pwerus i droi holl beiriannau gwaith Dylife. Mudodd llawer i America neu i'r De. Tlodwyd ardal, ond hen ddiwydiant cas a brwnt fuodd o, fel y tysta'r cerrig beddau.

YR UGEINFED GANRIF

Erbyn dechrau'r ugeinfed ganrif, roedd hi'n gyfnod anodd eto ar ffarmio. Roedd ŷd rhad yn dod o America, fel y gwelwyd, a gwlân y ddafad Merino yn Awstralia wedi concro'r byd ac wedi gostwng pris gwlân yn y wlad yma. Yr unig ffordd i gael dau ben-llinyn ynghyd oedd trwy ymroi ati i wella tir mynydd, blingo'r gweundir a'i droi a'i wrteithio a'i ddraenio er mwyn cael mwy o gynnyrch ohono. Bwriwyd ati i'r caledwaith efo offer llaw gan fwyaf, caib a rhaw a haearn blingo. A chofier trwy'r cwbwl mai pobol gapelgar, hunan-ddiwylliedig, letygar, gymwynasgar oedd yma, hefyd yn llawn ffraethineb a hiwmor ac yn tynnu nerth o'u cyd-ymdrech.

Adeg yr Ail Ryfel Byd welodd y newid mawr nesaf ym myd ffarmio. Dyma pryd y dechreuodd mecaneiddio o ddifri ac mae o wedi para hyd heddiw, offer newydd cryfach a mwy hylaw yn disodli ei ragflaenydd o hyd. Ni welir hyn yn fwy nag ym myd y tractorau, o'r Ffyrgi bach i dractorau moethus heddiw efo cab a gwres a cherddoriaeth. Cyn hynny, pladur a chryman a lli drawst, caib a rhaw, haearn torri mawn a gwellaif a heyrns sbaddu oedd y prif offer llaw, ac aradr ac og i drin y tir a ffidl i hau, yn enwedig hadau mân y llin. Dibynnai llwyddiant ar y tywydd. Codwyd helm sychu ŷd gan Stable yng Ngellidywyll, a gwifrau ar ei thraws yn dal ysgubau fel y gallai'r gwynt fynd trwyddynt, ac roedd cilin i sychu grawn gwlyb wrth felinau. Tas redyn yn bwysig iawn, hwnnw wedi ei dorri â phladur a'i gario â sled yn yr hydref, i'w roi dan y ceffylau a'r lloi. Roedd gorffwys canol dydd yng nghlenc y das redyn yn beth cyffredin. Esmwyth cwsg ar brynhawnddydd poeth. Torrid rhedyn gwyrdd ym Mehefin i'w roi o dan y defaid wrth eu pitsio ar y llawr cneifio. Y ceffylau a weithiai mor galed a gai'r gwair gorau bob amser a nhw a gai'r ceirch – ond gofalu peidio â rhoi gormod rhag i geffyl "boethi". Rhaid oedd codi cyn chwech i ffidio'r ceffylau a charthu'r stabal a gêrio'n barod i gychwyn allan am wyth. Golygai'r gêrio yn olaf glymu cynffon y ceffyl allan o'r ffordd trwy ei blethu a'i glymu'n gocyn taclus efo cardwn lliwiog. Pan fyddai'r ceffylau'n troi a gweithio'r tir caent orffwys o 11.30 tan 2.30, yna gweithio tan 5.30 ac efo lwc byddai'r wagenar yn cael swper am saith. Yn y gaeaf, deuai'r bilwg a'r menyg cau allan a mawr fyddai'r barnu ar waith ei gilydd gan y goreuon yn y grefft o blygu stingoedd. Anfaddeuol fyddai "lladd" sietyn trwy dorri'r pletsus yn rhy ddwfn, neu gau allan o dymor.

Gwaith y merched oedd gofalu am y moch, yr ieir a'r gwyddau a'r llaeth – gan wneud llawer o'r godro – a phobi a golchi a blacledio a chodi lludw a pharatoi bwyd a magu plant - gwaith diddarfod, ac eto, gwneid amser i eistedd i lawr i groesawu cymdoges a mwynhau te a leicecs neu fara maen. Dywed Mary Davies (Pwllmelyn gynt) fel y byddai hi a'i mam, Mary Bebb, yn edrych ymlaen gymaint at ymweliadau eu cymdoges, Mrs Ann Jones, Berthlwyd, a ddoi ar draws y caeau, a'i sgwrs bob amser yn ddifyr a llawn o wybodaeth a chynghorion da. Felly y rhennid ysgol brofiad, lle bydd gwragedd ifainc heddiw'n darllen cylchgronau i'r un pwrpas. Roedd ymweld, a galw heibio, yn rhan mor bwysig o fywyd pob dydd. Aeth hyn ar goll a rhaid fod achos da dros alw heibio, bellach. Mae'n debyg fod y teliffon yn gyfrifol am lawer o'r golled yma, a cholled ydy hi.

Ar y ffald ers talwm ceid ieir o bob lliw a llun, a'r hen frîd *low neck* yn eu plith yn hawdd eu nabod heb blu ar eu gwar. Roedd cael iâr yn cyrraedd y ffald ddechrau haf wedi "eistedd allan" a'r llu cywion bach amryliw yn ei dilyn yn fonws braf, a mawr fyddai'r chwilio am gut bach addas iddi a hithau wedi byw hyd yma yn y gwyllt a'i chywion oddi tani a dim ond ambell i ben bach yn y golwg. Rhaid fod llai o lwynogod bryd hynny – effaith ciperiaid y stadau? – oherwydd gellid gadael gwyddau allan ar waun neu ros nes deuai'n amser eu pesgi ar wenith fel yr agosau'r Gwylie. Dim gobaith heddiw!

Gwaith gofalus oedd halltu'r mochyn ac ni ellid gwneud hynny ond ar fisoedd ag R yn y Saesneg. Cyrhaeddai'r halen yn gerrig mawr hirsgwar o'r siop leol. Rhaid oedd ei falu â rholbren a gwneud gwely ohono ar fwrdd neu lawr carreg, yna rhoi'r hamiau, yr ysgwyddau a'r horobau i orwedd ynddo, rhwbio *saltpetre* yn dda o gwmpas yr esgyrn, yna gorchuddio'r cyfan â halen. Byddai'r horob yn yr heli am bythefnos, yr ysgwydd am fis a'r ham am chwech wythnos. Roedd y jicsen hefyd wedi bod yn yr heli ac yn goblyn o hallt wrth ei ffrio. Lapio'r darnau'n ofalus mewn lliain sach fflŵr gwyn a'u hongian dan llofft, a diwrnod mawr fyddai diwrnod torri'r ham – fel arfer pan fyddai rhywun diarth go arbennig wedi cyrraedd. Sonia Pegi Bebb, Dôl Fawr am y trêt o dorri'r ham wrth dynnu'r tatws newydd cyntaf. Dyna bryd oedd hwnnw! Gallai ei aroglu a'i flasu ar ei thafod y funud honno. Y peth nad oedd rhywun am ei weld oedd cynthron yn neidio ar lawr y gegin – y cig ddim wedi halltu'n iawn neu hen wybedyn cynthron wedi cael ei ffordd i mewn o dan y lliain. Wrth gwrs, byddai'r cig mân, sef yr asen fras a'r blaen cefn, neu'r "tsieimin", wedi ei rannu i gymdogion adeg lladd mochyn, a pha gwell ffordd na hon o sicrhau cig ffres trwy'r gymdogaeth yn nhymor gaeaf? Pe digwyddech fod yn Cwm Mawr, Pennant ar nos Sul o aeaf, yr hyn a gaech i swper fyddai sleisus o "tsieimin", chwedl Sarah Pugh, ac arnynt bedair modfedd o gig gwyn (roedden nhw'n credu mewn pesgu mochyn!) a phicls wedi duo gan oesoedd yn y botel, paned wedi'i gwneud â dŵr o'r ffynnon wrth y drws a bara J.R. Llanidloes, wedi dod i fyny ar gert Trannon. Caech eich anfon i'r fuddai i moen Welshcecs, gan anwybyddu'r ambell bry clust oedd hefyd yn ffond ohonyn nhw...Roedd bwyta cig gwyn yn ffordd o fyw ac roedd gwaith corfforol a bwyd iach, naturiol wedi cadw *cholesterol* draw tan flynyddoedd diwedd yr ugeinfed ganrif.

Gwaith merched oedd gofalu am y llaeth; caent help i odro efallai os byddai mwy na hanner dwsin o fuchod ac weithiau help i gorddi. Mewn rhai llefydd roedd y fuddai'n troi efo rhod ddŵr a braf oedd hynny rhagor corddi â braich am awr. Wedi i'r hufen droi'n fenyn ac iddo hel yn ronynnau breision, dŵr oer a halen oedd eisiau wedyn i gweirio'r menyn yn y mit nes byddai'r awgrym olaf o laeth enwyn wedi diflannu ohono. Cadw'r llaeth enwyn mewn cunnog i'w yfed, a rhoi tipyn ohono i'r moch. Ar ôl wythnos magai flas crafog arbennig o dda at dorri syched. Yn yr haf, eid â glasdwrn allan i'r caeau i dorri syched, sef dŵr am ben llaeth enwyn. Roedd uwd a llaeth enwyn, neu fara ceirch a llaeth enwyn yn fwyd cyffredin iawn trwy Gymru, ond bara llaeth a photes fu'r ffefrynnau fel bwyd llwy ar ffermydd Llanbrynmair: lladd llwdwn yn y gaeaf a berwi'r esgyrn cigog efo swêds a chennin a phŷs melyn fel bo haen o'r rheiny ar wyneb y bara yn y fowlen. Daeth *oxo* a *bovril* i'w herio fel bwyd llwy hwylus ond daliodd potes ei dir ac roedd hwn, a bara llaeth, yn dal mewn bri fel brecwast neu swper o leiaf i mewn i'r 60au. Erbyn heddiw mae dewis dihysbydd o rawnfwyd yn y siopau, tostiwr trydan i arbed amser, cig moch (o fath) yn y rhewgell, a wyau nad edwyn neb yr ieir.

Ond yn ôl at y menyn am funud. Ar ôl ei wneud, rhaid oedd ei werthu cyn yr wythnos ddilynnol trwy fynd â fo i ambell gwsmer lleol neu fynd â fo i siop y pentre neu i'r dref i siopau a chwsmeriaid rheolaidd yn y fan honno. Mynd â'u basgedi ar y trên i Fachynlleth yr oedd amryw. Arferai nain y Golygydd, Mrs Anne Jane Rees, Gellidywyll, dynes fach eiddil ond gwydn fel lath, gerdded dros gaeau a dwy fasgedaid ar ei braich, allan i'r ffordd wrth Minffordd yna'r tair milltir dda i'r stesion. Dal y trên un-ar-ddeg. Un o'i chwsmeriaid oedd y "Teiliwr Bach" a gadwai siop ddillad ym mhen uchaf Stryd Penrallt, yn agos i Richie Roberts y sgidie, dau yr oedd hi'n hoff iawn ohonynt am eu boneddigeiddrwydd. Efallai y prynai ddarn o ddefnydd i wneud dilledyn am swllt y llath os byddai pres y menyn yn cyrraedd. Costiai ffrog gotwm 7/6 a ffrog linen 21/-, honno'n bendant allan o'i chyrraedd a saith o blant adref. Âi ymlaen ar ôl gorffen i gael paned yn Stryd y Doll efo cyfnither iddi, mam Iorwerth Rowlands y garej. Os na fyddai wedi colli gormod o amser yno, disgynnai yng ngorsaf Cemaes Road lle roedd ei chwaer, Mary Parry yn wraig i'r gorsaf feistr, a lle roedd ei brawd, Tom Evans, yn cadw garej a siop, a dau frawd arall yn adeiladwyr. Roedd digon i'w chadw yno am oriau ond dal y tren chwech oedd raid. Soniai fel y byddai gwraig y Dyrn yn taflu bocs neu fag allan trwy'r ffenest i arbed ei gario'n ôl o Lanbrynmair! Erbyn iddi gyrraedd Minffordd eto byddai'n nosi a da fyddai gweld un o'r bechgyn yn dod i'w chwrdd i gario neges – gan obeithio fod yno rywbeth da i'w gnoi. A dyna fel y byddai gwragedd ffermydd yn edrych ymlaen at ambell ddiwrnod allan, nid bob wythnos, mae'n siwr, ond yn sicr yn ddigon aml i gyfrannu at ddedwyddwch bywyd.

Mae'n beth anodd i'w ddweud ond yr adeg orau am brisiau cynnyrch ffarm yn hanner cyntaf y ganrif oedd adeg y ddau Ryfel Byd a hynny am ei bod hi'n anodd cael bwyd i mewn i'r wlad. Roedd hi'n amser da hefyd i fagu a gwerthu ceffylau am fod galw amdanynt. Yn y rhyfel cyntaf, roedd galw am geffylau gwedd i lusgo'r gynnau mawr, ac i'r cafalri. Roedd eu hangen yn y trefi i halio certi nwyddau, megis cwrw a glo, ac i wasanaethu'r siopau a'r trenau, a dan ddaear yn y pyllau glo oedd ar eu gorau yn ceisio diwallu angen ager-longau a threnau a diwydiant yn gyffredinol. Roedd eu hangen i lusgo coed ar gyfer props i'r pyllau ac roedd eu hangen ar y tir, wrth gwrs, gan fod cwotâu cynhyrchu uchel wedi eu gosod ar y ffermydd a rhaid oedd eu cyrraedd. Evan Jones, Cwmpen, oedd y swyddog dros Lanbrynmair a Llangadfan yn ystod y Rhyfel Mawr, yn gyfrifol am warantu fod y cwota yn cael ei gyrraedd.

Dyma enghraifft allan o'i Lyfr Cofrestr Amaethu 1917-1920 Llanerfyl a Llangadfan:

"Abernodwydd – fferm 54. 85 acer. Gwenith 2 acer, ceirch 4 acer, barlys 2 acer, rhug 2 acer".

Gallwn gymryd yn ganiataol mai tebyg oedd hi yn Llanbrynmair. Cwynai Evan Jones fod y cwotâu yn rhy uchel ac yn gwneud bywyd yn anodd iawn i'r rhai oedd yn ceisio cyflawni. Ond fuase waeth iddo heb a chwyno, doedd neb yn gwrando.

COEDWIGAETH

Pan ddaeth coedwigaeth i mewn ddechrau'r 20au, swllt y dydd oedd y tâl am blannu coed, ar lethrau serth iawn yn aml, ym mhob tywydd, ond roedd yn well na chyflog gwas ffarm, oedd gyn lleied a £7.10s y flwyddyn yn 1915. Sefydlwyd y Comisiwn Coedwigaeth yn 1921 i blannu coed bythwyrdd ar ôl torri cymaint o goed derw adeg y Rhyfel Mawr. Roedd Corfforaeth Lerpwl eisoes wedi plannu 900 erw o gwmpas Llyn Llanwddyn cyn 1912, y clwt mawr cyntaf. Yna, cyn 1930, roedd llawer o Fforest Dyfi wedi ei phlannu. Er i lawer o goed gael eu torri adeg yr ail ryfel, eto i gyd roedd mwy o arwynebedd Maldwyn dan goed na phob sir ond Mynwy, y rhan fwyaf ar yr ucheldir. Rhwng 1950 a 1960 plannwyd dros 4,000 o erwau Fforest Hafren a Dyfnant; ffriddoedd a thir pori mynyddig oedd yn cael eu plannu, a lle bu coedwigoedd naturiol ail-blannwyd â fforestydd tywyll, bythwyrdd. Codwyd pentref Llwyn-y-gog yn 1965 ar gyfer y coedwigwyr. Bryd hynny, roedd 300 yn gweithio i'r goedwigaeth ym Maldwyn ac ôl eu gwaith i'w weld ar orwelion Llanbrynmair, megis cwm Ceulan, a'r tiroedd oedd yn ffinio â Nant-yr-eira, a blaenau Hafren. O'r 50au ymlaen, daeth cwmniau preifat i gystadlu am diroedd i'w plannu, ond erbyn diwedd y ganrif roedd y rhod wedi troi eto, a'r Llywodraeth yn begio ar ffermwyr i ffensio hen goedlannau naturiol oedd wedi goroesi er mwyn eu cadw i'r dyfodol, ac i blannu rhagor o goed coll-ddail. Enghraifft arall o'r pendylu sydd yna yn agwedd Llywodraeth at reoli tir.

HAMDDEN

Ar waethaf y gwaith caled a'r oriau hir, yr oedd ychydig o amser hamdden gan weithwyr a gweision a meibion ffermydd fin nos, ac roedd rhyw egni rhyfedd ynddyn nhw a gallu i wneud ar ychydig iawn o gwsg!

Casglent ar bont neu groesffordd i chwedleua yn hwyr i'r nos, fel bo'r tywydd. Cwoitio oedd un o'r chwaraeon, a Choed y Plas ger Penffordd-newydd yn Pennant, er enghraifft, yn gyrchfan nodedig, a'r efail yn ymyl i gael cwoits neu bedolau i'w taflu. Roedd y tir yn llaith a chlaeog a'r cwoits yn sefyll ar eu pennau. Doedd yr un ty ŷn agos iawn a gellid gwneud faint a fynner o sŵn (nid yw felly yno heddiw, oherwydd codwyd rhes o dai moethus yn ymyl - a chae gwyrddlas ydy Coed y Plas erbyn hyn.) Cystadleuaeth arall oedd codi pwysau. Y gamp lawn oedd codi dwy blymen 56 pwys yn uwch na'ch pen. Chwarae plant oedd codi dwy blymen 28 pwys a'u clencian fry. Roedd gwaith ffarm ers talwm yn gwneud dynion cryfion iawn. Mae sôn am Richard Roberts, Rhiwgan, (taid Emyr sydd yno heddiw) dyn rhadlon, mawr cyhyrog, yn herio'i fam y pwysai fwy na hi – ac yn rhoi dau hetar yn ei bocedi, rhag ofn!

Mae sôn hyd heddiw am y dirwasgiad mawr a fu ym myd amaethyddiaeth rhwng y ddau Ryfel Byd, yn y 20au a'r 30au, a'r tlodi a ddilynnodd hynny. Dyma'r prisiau a geid yn ôl y *County Times*, Hydref 1932:

Wyau 1/-(swllt) y dwsin, menyn 1/- y pwys, cwningod 1/6 y cwpwl, gwartheg £13, lloi 30/-, gwlân 5d a ffyrling, sef 50% i lawr ar beth oedd o cyn y Rhyfel Mawr. Roedd hi'n amlwg fod pobl yn gorfod byw ar lawer llai na chynt, ac mae'r Golygydd wedi sylwi wrth edrych ar hen luniau ysgol fod golwg lewyrchus a destlus ar y rhesi plant yn yr Oes Edwardaidd cyn y rhyfel cyntaf, a'r dynion a'r merched hefyd, ond ar ôl hynny golwg dlodaidd welir yn y lluniau. Sgimpiog fu dillad merched a phlant hyd at ddiwedd y 40au ond daeth y *New Look* yn y 50au. Roedd y rhain yn ddillad llaes, cwmpasog ac yn arwydd fod mwy o ddefnydd ar gael rwân i'w afradu ar ddillad. Cychwynnwyd dringo ysgol "ffasiwn" unwaith eto trwy'r 60au a'r 70au ac ni ddaeth, ac ni ddaw, i ben!

TŶ PELLA

Mae Tŷ Pella, cartref W.E.Williams a'r teulu, yn hen le. Roedd y tŷ yn hen iawn a bu raid codi un newydd i gymryd ei le yn 1952. Roedd grantiau da i'w cael bryd hynny, a'r saer lleol, David Wigley gymerodd y gwaith. Fe'i codwyd ar safle'r hen dŷ, ac aeth darn o'r hen dŷ yn garej, a gellir gweld rhai o'r hen nodweddion yno. Roedd yma deulu nodedig yn byw yn y 18fed a'r19eg ganrif, yn rhedeg busnes hunan-gynhaliol allan o adnoddau'r ffarm. Yn 1798 roedd yma un David Jervis, oedd yn flaenor efo'r Methodistiaid yn y Bont, yr ysgrifennodd rhywun amdano, "fod Dei Tŷ Pella'n waeth na'r Diafol... mis heb gymun" (yn y Llan, hynny ydy!) Mae'n debyg ei fod yn cynnal Ysgol Sul rywle yn Nhafolwern neu yn Tŷ Pella. Roedd ganddo nifer o feibion dawnus aeth ati i ddatblygu uned aml-ochrog, hunan-gynhaliol ar y ffarm, fel bod yno nyddu, gwaith gof, gwneud menyg cau, gwaith saer a thurnio. James Jervis oedd yr ieuengaf o'r brodyr, yn of "du a gwyn", hynny ydy, yn pedoli a gwneud gwaith haearn. Roedd o yn aelod yn y Llan ond yn mynd i'r Ysgol Sul yn Nhafolwern. Sgrifennodd bennill i fachgen yn yr Ysgol Sul ar y testun "Uffern":

"Y mwyaf o dân a'r lleiaf o goed
A welais erioed yn unlle...."

Mae'n debyg fod sgubor fawr ganddyn nhw yn Tŷ Pella, yn cynnwys efail a gwartheg ar y llawr isaf a thaflodydd uwchben. Codwyd tŷ Glan-yr-afon yn y pentref i'r brawd arall, Joseph Jervis, gwneuthurwr menyg cau o "ledr gwyn", sef croen trwchus y fuwch. Yn addas iawn, "Gloferdy" oedd enw'r tŷ bryd hynny, yn adlewyrchu'r busnes gwneud menyg. Lladdwyd Joseph wrth gael ei daflu o wagen pan oedd pont Tŷ Pella yn cael ei hadeiladu yn 1861. Roedd y teulu wedi bod yn egniol ynglŷn â chodi Ysgoldy Tafolwern hefyd,

Wyddom ni ddim faint o gerddorion oedd y teulu Jervis ers talwm, ond gwyddom am y teulu cerddorol sy'n byw yn Tŷ Pella heddiw. Ganwyd W.E. yma yn 1921, ac er ei fod yn ddisgybl talentog yn ysgol y Bont, adre y daeth i ffarmio, fo a'i frawd, John P. Williams. Fel llawer o fechgyn ffermydd, roedd yn canlyn y wedd yn 16 oed. Cadwent bump o geffylau, ac ar ôl 1939 rhaid oedd cynhyrchu mwy o'r tir, y ddwy wedd allan bob dydd yn troi ac yn hau. Aed â'r ŷd i'w falu i felin Plas Rhiwsaeson gan fod melin Tafolwern wedi cau ers cyn cof iddo. Torri ŷd efo ceffylau a pheiriant torri gwair a chlymu â llaw ar eu hôl oedd y drefn, gwaith araf. "Mi fuase ar ben arnon ni gael cynhaeaf efo'r tywydd yr ydyn ni yn ei gael rwân", meddai, " ond, cofiwch, roedden ni'n cael tywydd drwg ers talwm hefyd, a'r gwair a'r ŷd yn cael eu hel efo'i gilydd ym Medi a Hydref weithiau. Rydw i'n cofio Eisteddfod wlyb Ystradgynlais, 1956 dwi'n meddwl, pan fu gwair Tŷ Pella allan am fis. Ond er gwaethaf popeth, fuon ni erioed yn gweithio ar y Sul. Arferai cymdogion helpu llawer ar ei gilydd adeg cynhaeaf. Fyddai rhywun byth yn 'swylio os byddai cymydog yn dal yn y cae gwair, ond yn hytrach mynd â cert a cheffyl draw.

"Roedd yna gyfnewid dwylo lawer iawn i ddyrnu a chneifio – roedden nhw'n arfer dweud mai gwaith i ddynion ifanc oedd dyrnu a chneifio i'r hen rai. Dyma pryd y gwelech chi wahanol gymeriad gwahanol ffermydd, yn adlewyrchu'r tenant neu'r perchennog. Roedd yna un ffarm yr oedd hi'n hwyl fawr gen i fynd yno pan oeddwn i'n ifanc gan fod yr hen wraig yn ffasiwn gymeriad. A chynnil, peidiwch a sôn! Ninnau'n gwybod hynny'n iawn. Ddiwrnod dyrnu, defnyddid dwy ystafell i fwyta, y ffrynt a'r cefn. Dyna lle bydde hi'n sefyll wrth y drws ac yn ein didoli ni, chi i'r ffrynt, chi i'r bac, y "geifr oddi wrth y defaid", – roeddwn i ymhlith etholedigion y ffrynt am ryw reswm. Wn i ddim oedd yna wahaniaeth yn y bwyd p'un ai dim ond yn y cyllyll a'r ffyrc, ond doedd y jwg llaeth amser te ddim tamaid mwy! Mi gynigiodd ddull newydd o arlwyo bait unwaith, dod â fo allan a'i osod ar fainc ar y ffald i arbed i ni fynd i'r tŷ a gwastraffu amser. Mi droiodd y fainc a thorrodd y llestri!

"Cwynai beunydd am y dreth incwm – ei ffordd hi o ddweud fod ganddi ddigon o fodd, efallai! Meddai hi wrth William Rees, y Plas (un oedd yn digwydd bod "yn ei lyfrau" ac yn gallu bod reit hy' arni) "Mi ges i anferth o fil incwm tacs bore 'ma, William. Bil mawr iawn, a does gen i ddim pres i'w dalu o, nag oes wir..." "Mi glywais rai'n deud hynny!" meddai yntau'n sobor fel sant. "Pwy sy'n deud?" meddai hithau fel ergyd o wn. Yr un tynnwr coes aeth dros ben Morris y Brook un diwrnod. Lle bach oedd y Brook a Morris ddim eisiau gormod i'w wneud ar y tir, a chas beth ganddo oedd chwalu tail. Morris yn pwyso ar y llidiart wrth iddo basio. "Dein, Morris, geiswn i ddim hatsied o wye gennoch chi?" "Wye, cewch debyg iawn, William. Be sy mater, yr ieir wedi stopio dodwy acw?" "Na, gweld rhain yn rhai da gynddeiriog am chwalu tail!"

"Roeddwn i wedi arfer codi'n fore i odro i gael llaeth i fynd i'r ysgol. Mi gollais gryn dipyn o ysgol hefyd adre'n helpu ar adegau prysur cyn dyfod peiriannau modern. Ond yn y 50au dechreuwyd tipyn o arbrofi ar y ffermydd. Roedd yna Sais, Sheridan, o Croydon, yn byw yn yr Esgair ac yn gwerthu llaeth. Fo wnaeth y pit silwair cyntaf yn yr ardal. Cario'r gwair ffres efo *buckrake* i'r pit yn ôl a blaen, job fudr iawn ar haf gwlyb. Dwi'n cofio arddangosiad o dractor heidrolic yn Pentre Mawr, aradr wrth gwt Ffyrgi bach, a llawer eisiau sefyll ar yr aradr i deimlo'r wyrth o gael eu codi. Arddangosiad arall yn y Goedol neu Bryn Goronwy, Llanwrin o *drum mower*, ffordd newydd o dorri gwair. Ffwrdd â fo rownd y cae a thorri fel aser, ond yr ail dro dyma 'na glec! Aeth i mewn i'r tsiaen harrow oedd wedi ei gadael yno ers blwyddyn, ac o'r golwg yn y gwair. Aeth y cwbwl yn rhacs yfflon, a'r gwreichion yn hedeg! Ond am flynyddoedd wedyn defnyddio'r hen injan wair a wnaed, efo polyn hir i'r tractor yn lle siafftiau.

"Ers ugain mlynedd a mwy rwân rydyn ninnau, fel pawb, yn torri efo'r llafn troellog a rhoi'r gwair mewn byrnau mawr mewn cotiau plastig du, a dydy cael amser i fynd i'r 'Steddfod ddim yn gymaint o broblem. Cael y cymalau'n ddigon ystwyth ydy'r job rwân!"

J.L. JOHN
Roedd ymgyrch y Llywodraeth i godi swm a safon cynnyrch amaethyddol wedi cyrraedd Llanbrynmair yn gynnar yn y 30au, pryd y daeth J.L.John yn Gynghorydd Amaeth i Sir Drefaldwyn. Dechreuodd gynnal dosbarthiadau nos yn ysgol Pennant ac ar aelwydydd ffermydd – *fireside classes*, fel y'u gelwid. Roedd Tŷ Isaf yn un o'r rhain, ac mae Beryl, y ferch (BERYL JAMES, GELLIGOCH rwân) yn cofio'n dda:

"Cystadleuaeth magu lloi oedd un o'r geithgareddau, a phob ffarm oedd am gystadlu yn dewis llo a'i fagu yn ôl y cyfarwyddiadau ar y siart fwyd. Yn llyfr Elwyn yr Hendre, *Newid Ddaeth*, mae llun o'r lloi yn cael eu barnu. Er mwyn hybu'r achos ar y slei, roedd morwyn Tŷ Isaf yn rhoi wŷ mewn ambell ffîd! Fe roddai wŷ sglein ar gôt unrhyw greadur. Roedd pwyslais mawr ar wella stoc ac anogid y rhai a gadwai darw i fynd am "darw *Society*", sef tarw Henffordd wedi ei basio gan y Gymdeithas honno. Roedd un o'r rhain gartre a rhaid oedd ei newid bob tair blynedd. Dwi'n cofio gweld un yn cael ei gerdded i'r stesion a dwy droed wedi'u clymu'n llac yn ei gilydd rhag iddo gael syniadau am fynd dros ben sietyn. Ar y ffordd, roedd cystadleuaeth dyfalu ei bwysau a'r arian yn mynd i'r Gymeithas. Roedd pwyslais J.L. John ar wella cnydau hefyd ac fe âi o gwmpas yn cymryd samplau o'r ddaear a chynghori ar hadau a gwrtaith. Cefnogai dyfu had llin a gwahanol fathau o datws, ac arbrofi efo hadau newydd yr oedd Syr George Stapleton wedi eu datblygu yn y fridfa blanhigion yn Aberystwyth – roedd hynny cyn iddyn nhw symud i Gogerddan lle mae'r fridfa heddiw. Roedd J.L.J. am arbrofi gwneud silair mewn cylchoedd weiar neting wedi'u toi â phridd. Gwyddonydd oedd o ac yn awyddus i ddod â gwyddoniaeth i ddylanwadu ar amaethyddiaeth yn y dull mwyaf cartrefol posib. Cafodd gryn ddylanwad yn ardal Pennant a'r Stae.

"Rhywbeth na fuasech yn meddwl fod ei angen ar ferched ffermydd oedd dosbarthiadau trin llaeth, y *Dairy Classes*, gychwynnwyd yn y neuadd bentref yn y Gwaelod cyn yr Ail Ryfel Byd. Deuai wyth neu naw ohonom ar ein beiciau i gwrdd â Miss Williams o'r Drenewydd i gael ein dysgu sut i wneud menyn a chaws. A'n mamau a'n neiniau wedi bod wrthi ers cyn co'! Ond roedd rhywbeth i'w ddysgu o hyd. Dyna lle y byddem ni, "oll yn ein gynnau gwynion" yn corddi, pob un â buddai fechan ar ben bwrdd. Parhaodd y cwrs am tua chwech wythnos. Mi es i ymlaen wedyn i ddilyn cwrs uwch yn y Coleg Llaeth yn Aberystwyth, lle roedd y pwyslais ar wneud caws. Tra roeddwn i yno, torrodd y rhyfel allan a mynnai rhai fod Gemau'r Goron wedi cael eu cludo i Aberystwyth i'w cuddio mewn ogof yn y graig yn ymyl y coleg ar Ffordd Llanbadarn. Sgwn i? Byddai llawn cystal bod wedi eu rhoi mewn cosyn mawr o gaws!

"Dwy bunt y cyfer am droi a phwyslais mawr ar gynhychu bwyd oedd yr hanes adeg y rhyfel. Roedd "help" i'w gael i dynnu'r toreth tatws gan breswylwyr gwersyll yng Ngheinws i fechgyn anystywallt oddi ffwrdd, a rydw i'n cofio cael fy mhledu efo tatws ganddyn nhw wrth i mi yrru'r tractor, y cnafon. Doedd dim cab bryd hynny. Rydw i'n cofio Nhad yn dweud y drefn wrth fechgyn Pennant hefyd pan ddaeth y carcharorion o'r Almaen ac ychydig o ddrwg deimlad wedi codi yn rhai cogie lleol yn eu herbyn, "Tretiwch nhw fel y buasech chi'n hoffi cael eich tretio dan yr un amgylchiadau," medde fo. Roedd fy nhad yn gymeriad cadarn a llawer â pharch i'w farn ar bethau. Mi ges i anrheg ar ddydd fy mhriodas gan yr Almaenwr oedd efo ni, basged wnio fach wedi ei gwneud o edau sach wedi ei blethu a darn o hen gyrten yn leinin. Mae hi gen i o hyd yn dal rîls. Doedd y rhan fwyaf o'r bechgyn yna ddim yn gyfarwydd o gwbwl â gwaith ffarm. Eu hoffter mawr oedd casglu wrth siop Pandy i fwynhau sigaret a photel o seidir.

"Rydw i'n dal i ffarmio heddiw, ac ar ôl y pwyslais mawr a fu ar gynhyrchu bwyd yn yr 80au, mi welaf fod y rhod wedi troi unwaith eto erbyn heddiw a bod gofalu am frogaid a phryfed yn bwysicach na thyfu bwyd. Gorbwyslais ffôl yn fy marn i, fel un a fu ar y tir erioed."

GWERTHU LLAETH
Byr-hoedlog fu hanes gwerthu llaeth yn fasnachol yn Llanbrynmair. Dydy'r tir yn sicr ddim yn ddigon da yn ôl safonau heddiw. Yn y 30au y dechreuodd y busnes, yn nwyrain y sir yn bennaf i ddechrau, ar y tiroedd breision. Ar ôl y rhyfel y daeth i ardal Llanbrynmair, i ryw ugain o ffermydd, rhai agos i'r orsaf ar y dechrau gan fod rhaid dal y trên deg. Dyfeisiodd Coedcae a Dôl-lydan gerbyd bach i'w lusgo tu ôl i'r beic – tipyn o bwl yp ar rhiw stesion! Daeth lori i mofyn y *churns* yn ddiweddarach a rhaid oedd codi stand laeth wedyn ar waelod wtra - mae rhai yn dal yno heddiw. Âi lori cyn belled â Dôl-fawr a Maesmedrisiol. Ar ôl mynd i'r gost o roi bowlenni o flaen y gwartheg a choncritio llawr y beudy a gosod oerwr llaeth mewn llaethdy, daeth y gwerthu llaeth i ben tua diwedd y 60au. Ond does dim dwywaith nad oedd yn fusnes oedd yn talu'n iawn tra parodd, os dipyn yn drafferthus, a siec bob mis yn beth newydd iawn. Ac am yr hen *churns* mi gewch hanner canpunt heddiw am un wag!

MECANEIDDIO
Pawb at y peth y bo ac yr oedd hi'n naturiol i beiriannau apelio mwy at rai na'i gilydd tra glynnai eraill yn ffyddlon i'r wedd. O'r 30au y dechreuodd pethau newid, ond yn ara deg. Un brwd a medrus efo peiriannau mecanyddol o bob math oedd Elwyn yr Hendre. Sonia yn ei lyfr gyda brwdfrydedd am brynu'r Fordson Bach yn 1934 i dynnu'r peiriant dyrni, y trydydd tractor i gyrraedd Llanbrynmair ar ôl Massey Harris Rowlands Clegyrddwr a Rock Evans Pentre Mawr, yna gyda balchder mwy fyth sonia am y Field Marshall a gafodd yn 1953 "allai dynnu'r peiriant dyrnu, y byrnwr a'r peiriant torri gwellt efo'i gilydd yn un cargo i fyny rhiw Rhiwgoch!" Daeth y Ffordson Bach yn boblogaidd iawn yn y 40au - gallai wneud gwaith tri cheffyl heb ddyrnaid o geirch!

Erbyn y 50au cynnar, a'r cyfnod go lewyrchus ar ffarmio a ddaeth dan y Llywodraeth Lafur ar ôl y rhyfel, roedd bron pob ffarm yn y plwyf â thractor a char, nid rhai pwerus ond rhai defnyddiol a gyfrannodd tuag at newid bywyd cymdeithasol gan ei bod hi gymaint haws symud o gwmpas. O dipyn i beth, torrwyd siafftiau'r hen beiriannau, y peiriant torri gwair, y gribyn, y chwalwr a'r certi, hongiwyd gêr y ceffylau ar y wal am y tro olaf a gwerthwyd y ceffylau'n rhad. Ar ôl 1955 prin y gwelech chi geffyl gwedd yn gweithio yn yr ardal.

Dyma'r adeg hefyd yr oedd y peiriant Lister Startomatic efo deinamo a batri yn dod yn boblogaidd i gynhyrchu trydan ar y ffermydd oedd allan o gyrraedd y pentrefi lle roedd trydan eisoes yn cael ei gyflenwi gan gynhychwyr lleol. (Mae rhai yn dal i gael eu defnyddio).Erbyn diwedd y 50au roedd peiriannau cneifio yn dod i mewn hefyd a'r bechgyn yn arbrofi efo dull o gneifio ar feinciau isel cyn i ddull Godfrey Bowen ddod i mewn yn y 60au. Ond aeth deng mlynedd heibio cyn i'r peiriant gwbwl ddisodli hwyl y llawr cneifio, ond llai difyr oedd hi pan oedd y ddau ddull yn cydoesi a'r sŵn yn byddaru'r hen gneifwyr ar y meinciau. Erbyn heddiw, wrth gwrs, mae'r bechgyn ifanc wedi hen ddod yn feistri ar y grefft, yn cneifio dafad y funud ac yn gallu gwneud bywoliaeth ohonni trwy fynd o amgylch i gneifio – hyd yn oed cyn belled â Seland Newydd.

Pasiwyd Deddf Amaeth 1947 i hybu adferiad Prydain ar ôl y rhyfel, i gael sicrwydd bwyd, i hybu technoleg newydd ac effeithiolrwydd ffarmio. A dyna roddodd ddechrau i'r hanner canrif o newid di-dor sydd wedi digwydd ers hynny. Roedd cyflogau gweision ffermydd eisoes wedi codi o 15/- i £3 yr wythnos erbyn 1946. Roedd grantiau i'w cael i adnewyddu tai ffermydd neu godi rhai newydd, cyfnod prysur iawn i David Wigley y saer ac unrhyw adeiladwr. Cafwyd ffermdy newydd yn y Wîg, Tŷ Pella, Belan (Talerddig), Hirnant, Rhosgoch, Blaencwm a'r Mwyars. Tynnwyd hen gratiau o'r ceginau a'r parlyrau a gosod rhai "modern" yn eu lle. Cael ffwrn Triplex yn lle y tân-ar-lawr a'r grât efail oedd y ffasiwn– neu Aga, hyd yn oed, ac roedd cael grât teils yn y parlwr yn lle'r hen le tân haearn Fictorianaidd yn freuddwyd i lawer gwraig. Aeth hen offer pren, y stympar tatws, y myndl a'r noe i gynnau'r tân. Sychodd aml fit menyn o ddiffyg iws a daeth yn rhydd o'i gylchau a chwalu ac i'r tân y cafodd yntau fynd. Roedd y fuddai hithau'n segur ac ers y 60au yn dechrau cael eu gwerthu fel addurn i ardd neu batio. Heddiw, ar ocsiwn, allwch chi ddim prynu noe dan ganpunt a chlywyd llawer ochenaid wrth eu gweld yn mynd dan y mwrthwl a rhywun yn siwr o ddweud, "Mi luchies i un yr un fath â honna!" Rhy hwyr.

1960 – 1980 oedd y cyfnod "gorau" a welwyd ar ffarmio yn yr

ucheldir erioed, mae'n debyg. Roedd pwyslais y Llywodraeth ar wella tir a chynyddu stoc, a darlithwyr colegau ac arbenigwyr amaethyddol yn annog pawb i roi mwy a mwy o nitrogen i'r tir. Roedd grantiau i ddraenio, troi, calchio a hadu, llosgi, disgio a slagio'r ffriddoedd a'r mynyddoedd. Yr adeg yma y gwnaed cryn ddwsin o ffyrdd i ben Newydd Fynyddog, pob ffarm yn cael grant i wneud ei ffordd unigol ei hun. Treblwyd cynnyrch ffermydd. Doedd dim i sefyll yn ffordd ffarmio, os nad oedd eich ffarm o fewn terfynau rhyw gyfundrefn gadwriaethol. Yn ardal Llanbrynmair doedd dim dynodiad cadwriaethol, er fod yr ardal gyda'r harddaf ac yn gyfoethog mewn bywyd gwyllt a llys-tyfiant naturiol ac amrywiol. Collwyd llawer o hwn yn y cyfnod yma. Yn nechrau'r 70au pan oedd sôn am greu Parc Cenedlaethol y Cambrian yng nghanolbarth Cymru mae'n bur debyg y byddai rhan os nad y cyfan o Lanbrynmair wedi ei gynnwys. Ddigwyddodd hynny ddim – "Diolch byth!" yn ôl y farn leol. Rhwng 1960 a 1985 gweddnewidiwyd yr ardal. Aeth llawer iawn o'r llechweddau'n borfa fras a diflannodd llawer ffridd a llain o fynydd. Ychydig iawn o ffermydd megis Plas Pennant a fabwysiadodd gynllun E.S.A (*environmentally sensitive area*) oedd yn cynnig tâl am gadw cynefinoedd naturiol. Mae'r Golygydd yn cofio'r rhedyn, y drain duon a'r eithin ar ffridd Pennant Isaf, y cwningod a'r adar di-rifedu – heddiw mae'n gefnen werdd ddi-gyffro. Wrth gwrs, yr ochr olau i hyn ydy'r ffaith i ffermwyr brwd yr adeg yma ddod yn fwy cefnog, ac roedd yn hen bryd.

CYDIO FFARM WRTH FFARM
Un o nodweddion 30 mlynedd olaf y ganrif fu cydio ffarm wrth ffarm, neu "faes wrth faes". Bu'n digwydd i raddau cyn hynny hefyd. Ffermydd bach a thyddynnod yn cael eu llyncu gyntaf, trwy gael eu prynu gan ffermydd mwy, a'r tai yn cael eu gwerthu i fewn-fudwyr yn aml iawn, yna ffermydd teuluol o dros 200 acer a mwy yn mynd yr un ffordd. Ar y dechrau, tir yn ymylu â'r ffarm fyddai'n cael ei brynu ond erbyn heddiw, gyda cherbydau pwerus, cyflym, nid yw pellter rhwng unedau yn cyfri dim ac mae rhai yn ffarmio mewn mwy nag un sir. Canlyniad hyn yw nad oes ffermydd bach ar gael i ffermwyr ifanc gychwyn (hyd yn oed os gallant fforddio hynny a thir heddiw mewn ardaloedd fel Llanbrynmair yn £2000 y cyfer, a dim llawer o dai ffermydd y gellir eu prynu dan £200,000 a mwy). Peth arall sy'n digwydd ydy bod ffermydd

yn cael eu gwerthu'n ddarnau yn lle fel uned gyfan, er mwyn cael mwy o bris, wrth gwrs. Effaith hyn i gyd ydy fod ffermydd wedi mynd yn llawer mwy o faint ond heb gynyddu nifer y bobl sy'n gweithio yno, ac mae hyn wedi bod yn ffactor mewn diboblogi cefn gwlad. Ond wedi dweud hynny, a phrisiau stoc yn anwadal a chostau ffarmio wedi cynyddu'n aruthrol, heb ehangu ni fuasai amaethwyr wedi llwyddo i oroesi a moderneiddio. Diolch byth eu bod nhw wedi gallu gwneud hynny a'u bod nhw "yma o hyd", ond mae'n ddiddorol cymharu nifer y ffermydd sydd heddiw yn y plwyf efo nifer dechrau'r ganrif.

Mae'r Wîg yn enghraifft berffaith o'r hyn sydd wedi digwydd ym myd ffarmio yn hanner olaf y ganrif, ac mae John Jones a'i nai, Arwyn Jones, wedi bod yn garedig yn rhoi i ni syniad o sut y digwyddodd y newid:

- 1947 Mr a Mrs Llew Jones yn cymryd y Wîg, 190 acer, ar rent gan stad Conroy. Rhent £80. Tri o blant yn gweithio adre, John, Maldwyn a Mair.
- 1953 Prynu'r Wîg. Dechrau gwella'r tir – troi ac ail-hadu'r ffridd a.y.b.
- 1960 Prynu Esgairgoch (wrth ochr) – troi ac ail-hadu llawer.
- 1961 Prynu Gwern-y-ffridd (wrth ochr) –troi ac ail-hadu llawer eto yma.
- 1982 Gwneud ffordd i'r mynydd. Gwella'r mynydd wedyn.

"Does dim ŷd wedi ei dyfu yma ers tua 20 mlynedd, yn bennaf oherwydd y tywydd ac anhawster sychu'r ysgubau. (Roedd eisiau pythefnos o dywydd go da i gynaeafu cae o ŷd ers talwm, ac i'r bychod sychu'n iawn.). Erbyn heddiw, rydyn ni wedi cynyddu'r stoc, a'r defaid wedi dyblu yn eu rhif ers 1950. Y ffordd newydd wnaed i'r mynydd sy'n bennaf gyfrifol am y gwelliant yma gan fod loriau yn cario calch a gwrtaith yn gallu mynd yno. Mae'r tri mynydd wedi eu troi a'u ail hadu – mae fel ffarm arall, wastad, ond yn uwch i fyny! Mae'r defaid wedi gwella'u cyflwr hefyd (cadwn ddefaid Mynydd Cymraeg a defaid Penfrith). Rydyn ni'n rhoi cêc i'r defaid a chynhyrcha hyn fwy o laeth, a thrwy hyn, a dewis da o hyrddod, mae'r stoc yn gwella o hyd. Cawn lawer iawn mwy o efeilliaid rwân. Rydyn ni'n mwynhau dangos tipyn ar y defaid yn y sioeau lleol a chefnogi'r Gymdeithas Defaid Penfrith. Mae'r Beibl yn sôn am "dynnu i lawr hen ysguboriau ac adeiladu rhai newydd"; yma, tynnwyd yr hen dŷ i lawr, ac adeiladwyd siediau newydd at yr hen sguboriau ar gyfer cadw gwartheg i mewn yn rhydd yn y gaeaf. Mae'r siediau yma'n hwylus i'r tractors fynd i mewn i garthu. Mi wnawn rhyw 400 o fyrnau mawr, a hela gwair hefyd os gallwn, a phrynu tipyn o wair. Rydyn ni'n llwyddo i wneud y gwaith i gyd ein hunain ar wahân i ychydig o help cymdogol adeg y c'neua a chneifio. Yr unig gontractwyr a ddefnyddiwn ni ydy rhai i docio sietin a chwalu calch."

Diolch i John ac Arwyn am y darlun yna. Mae'n adlewyrchu brwdfrydedd, gwaith caled a balchder mewn llwyddiant - rhywbeth y mae ffarmwr yn naturiol yn gyndyn o'i ildio i gadwraeth bur. Cydbwysedd, mae'n debyg, ydy'r ateb perffaith, ond i gael cydbwysedd rhwng cynhyrchu a chadwraeth mae'n rhaid i bris y farchnad ganiatau hynny – tybed yn yr unfed-ganrif-ar-hugain?

FFERMYDD A THYDDYNNOD

Dyma'r ffermydd a'r tyddynnod oedd yn bodoli tua dechrau'r ugeinfed ganrif yn ôl y rhestr a geir yn llyfr Richard Williams. Mae ★ yn dynodi'r ffermdai lle roedd perchennog yn dal i fyw a ffarmio yn y flwyddyn 2000. Mae hyn yn dangos faint o osod a chyfuno ffermydd a fu yn ystod y ganrif.

PERCHNOGAETH YN 1900/ *OWNERSHIP IN 1900*

Sir Watkin Williams Wynn (W)   Sir John Conroy (C)
Plas Llwyn Owen (LL)   Mrs Seymour Davies (D)

DYLIFE

★ Hirnant (W)   Hirnant Fach (W)
Rhydwen   ★ Blaen Twymyn
Brynmoel   Bryneglwys

PENNANT

★ Tŷ Isaf (Cae Conroy) (C)   ★ Rhiwgan (C)
Pandy (C)   ★ Plas Pennant (C)
Y Felin (C)   ★ Cilcwm Fawr (C)
Cilcwm Fach (C)   ★ Pennant Isaf (Pistyll Gwyn) (C)
Pennant Uchaf (Derwen Lwyd) (C)   Cefn(trafaelgoed) (C)
Saw Mills (C)   ★ Wîg (C)
Gwern-y-ffridd (C)   Esgair-goch (C)
Cae Gilbert (C)   Belan (C)

* Trannon (C)
Cwm Mawr (C)
Waun (C)
Ceulan (W)
* Maesmedrisiol (W)
Tŷ Mawr a Lluast (Abraham Jervis)
Craig-yr-henffordd (Lewis Davies)

Trannon Fach (C)
Crugnant (C)
Cawg (LL)
Crugnant Isaf (W)
Y Gnipell (W)
* Hendre (Edward Bennett)

BONT DOLGADFAN
* Bron-derwgoed (LL)
Plas Llwyn Owen (LL)
Pandy Isaf (LL)
Foel (LL)
* Dolgadfan (D)
Cyfeiliog (D)
* Brynunty (D)
* Tŷ Gwyn (W)
Fron-lwyd (W)
Ty'reithin (W)
Graig (W)
* Lluast (C)
Pen-y-Wern (Edward Vaughan)

Minffordd (LL)
Gellidywyll (LL)
Cae Madog (LL)
Waun Cwmcalch (LL)
Pen-y-bont (D)
Tyn'llwyn (D)
Pantycrwyni (D)
* Gelli (W)
Penbwlch (W)
Cilhaul (W)
* Bryn Bach (C)
* Penfilltir
Esgairllafurun

LLAN
Plas Esgair Ifan (D)
Esgair Cottages a'r Fedw (D)
* Siop y Llan (W)
Y Rheithordy (W)
Cwmyrhin (C)

Esgair Ifan (D)
Tŷ Mawr (W)
Red Lion (W)
Cringoed (W)
Tawelan (Edward Hughes)

ABER
Cwmffridd (W)
Pantywaun (W)
Ty'ngors (W)
Ffridd-fawr (W)
Pant-glas (W)
* Hafod-y-foel (W)
Foel-fach (W)
Pen-borfa (W)
Aber-uchaf (W)
Prys-gwyn-gyll (W)

Pantypowsi (W)
Nant-yr-esgair (W)
Pentrelludw (W)
Cwm-bach (W)
* Llwyn-celyn (W)
Cefn (W)
Hafod Owen (W)
* Tŷ'r Cwm (W)
Aber-trinant (W)
Bryn-gwyn (W)

TALERDDIG
* Ystrad Fach (W)
  Clawdd-a-choed (W)
* Y Fron (W)
  Hafodwen (W)
  Cwmcalch Uchaf (W)
  Hen Efail (W)
  Pandy-bach (W)
  Plas Newydd (W)
  Coed-glyn-Iaen (W)
* Caetwpa (W)
  Faenol (W)
  Cwmcarnedd Isaf (Edward Hughes)

* Ystrad Fawr (W)
* Talerddig (W)
  Belan (W)
  Cwmcalch Isaf (W)
* Cwmcarnedd Uchaf (W)
  Dôlgoch (W)
  Ty'nddôl (W)
* Llawrcoed Uchaf (W)
  Ty'yrwtra (W)
* Y Diosg (W)
  Braich-odnant (W)

PANDY RHIWSAESON a THAFOLOG
  Lluest-y-fedw (W)
* Clegyrddwr (W)
  Pwllmelyn (W)
  Caeau-gleision (W)
  Rhyd-y-meirch (W)
* Clegyrnant (W)
* Gerddi-gleision (W)
* Nantycarfan (W)
* Rallt (W)
  Nant Saeson (W)
* Pentre-celyn (Arglwydd Harlech)
  Blaen Tafolog

  Esgair-gelynen (W)
  Borthlwyd (Berthlwyd)(W)
* Cwmffynnon (W)
* Plas Rhiwsaeson (W)
  Hendre fach (W)
  Blaencwm (W)
* Dôl Fawr (W)
  Groesheol (W)
  Tal-glannau (W)
  Cwmpen-llydan (Evan Morris Jones)
  Nant-hir
* Tŷ Mawr

TAFOLWERN a'r GWAELOD
  Llwyn-ffynnon (W)
* Tŷ Mawr (W)
  Berthlas (W)
* Brynaerau Uuchaf (W)
* Brynheulog (W)
  Mwyars (W)
  Tŷ Ucha (w)
  New Gate (W)
  Glan-yr-afon (Gloferdy) (W)
  Brook (W)
* Cringoed (W)

  Dôl-lydan (W)
  Brynllys (W)
  Wynnstay (W)
* Pentre Mawr (W)
  Ty'nycoed (W)
* Tŷ Pella (W)
* Tŷ Canol (W)
* Pen-y-bont (W)
* Bryncoch (W)
* Coed-prifydau (W)
  Yr Erw (W)

Y Tir

- ★ Maesgwian (W)
- ★ Coedcae (D)
- ★ Hendre (C)
-   Dôl-yr-onnen
- ★ Brynaerau Isaf (Robert Francis)
-   Yr Esgair (John Williams)
-   Hafod-y-bant.

  Y Felin, Tafolwern (W)
  Glanrhyd (D)
  Winllan
  Gwern-y-bwlch
- ★ Llwynaerau (Robert Francis)
  Swyddfa Bost Wynnstay (Mrs Thomas)

3 - EIRA MAWR 1947

Mae pawb yn dal i sôn amdano, eira mawr 1947, yr eira mwyaf a welwyd yng Nghymru o fewn cof neb. A'r hyn a'i nodweddai oedd hyd ei barhad o Ionawr i fis Mai, a'r lluwchfeydd rhewllyd. Dioddefodd Llanbrynmair a'i gymoedd culion, serth gymaint â neb ac mae'r storiau sydd gan bobol i'w hadrodd yn dweud y cyfan.

Un stori go fawr ydy honno gan BERWYN LEWIS ac yn ffodus iawn mae Berwyn yn un o'r bobol brin yna gadwodd ddyddiadur ers yn ifanc iawn a'i gadw trwy'r Eira Mawr. Ganwyd Berwyn yn un o bedwar o fechgyn Tom a Margaret Lewis oedd yn cadw siop a phopty yn Nhalerddig. Wedi gadael yr ysgol yn bedair ar ddeg oed aeth i weithio ar ffermydd yr ardal ac yn ddwy ar bymtheg fe'i cyflogwyd gan Miss Dora Morgan, Nantycarfan yng nghwm Tafolog. Mae Nantycarfan bedair milltir dda o waelod Llanbrynmair i fyny heibio'r Pandy o'r Wynnstay. Roedd dau was yn gwylio buddiannau Miss Morgan, sef Berwyn a Haydn Evans o'r Dafarn Newydd. A dyna i chi ddau o rai "bore" efo'i gilydd! yn ifanc ac yn gêm i unrhyw beth. Ac er mawr lawenydd i'r ddau roedd gan Miss Morgan gar, un o'r rhai cyntaf yn yr ardal, Austin 7 *Ruby Saloon*. Dau hen gymeriad annwyl oedd ei thad a'i mam o'i blaen ac mae sôn am Morgans yn dod â buwch at y tarw i'r Plas yn het wellt flodeuog y wraig. Fuase honno fawr o les iddo yn Ionawr 1947 pan agorwn ddyddiadur Berwyn y gwas ar ddechrau'r heth.

Ionawr 1af: glaw ac eira.

Ionawr 2: claddu Miss Roberts, Siop Pandy (yn 72 oed). Defaid yn dechrau crwydro'n ôl; defaid yma o Gaeau Gleision.

Ionawr 6ed: tair modfedd o eira. Moen defaid o Brynaere Isa a Wynnstay. Talu bil Miss Roberts. Meirioli ac orllan llwynog.

Ionawr13: moen defaid o'r Gerddi a Plas. Cwympo coeden yng Nghoed Ffriddfawr.

Ionawr 14: bwrw eira. Colli bustach yn sgubor isa.

Ionawr 16: diwrnod clên, mynd i gau.

Ionawr 17: diwrnod clên eto. Mynd i Goed Ffriddfawr i hollti polion.

Mynd â'r goeden i Ddôlgoch i'w llifio – y stad wedi marcio pa goeden oedd i'w thorri.

Ionawr 26-27: eira mawr.

Ionawr 28: Ffermdy Talyrnau ar dân.

Ionawr 29: eira mawr.

Ionawr 30: marw Miss Jones, Nant-hir gerllaw.

Ionawr 31: eira mawr. I lawr at Stanley Jones, Llysun i moen blawd.

Chwefror 3: bwrw eira trwy'r dydd. Bron gormod o eira i ddod adre o gladdu Miss Jones.

Chwefror 4: lluwchio'n ofnadwy.

Chwefror 5: i lawr i gwrdd â Llew Jones y Tripp i moen gwair. Bu haf 1946 yn un sâl ofnadwy. Bu raid rhoi'r gorau i gneifio yn Nant-hir oherwydd storm yn niwedd Mehefin. Dyna ddiwedd ar yr haf. Ym mis Hydref y cafwyd cymaint o wair ag a gawd, gwair rhos, ei dorri yn y bore ar ôl i'r llwydrew godi a'i gario cyn nos. Prynwyd gwair o Chirbury gan Llew, a claytrac Clegyrddwr yn dod â fo i fyny at y Gerddi, dros filltir oddi yma. Ei roi ar y slêd wedyn. Cael noson dda yn y Wynnstay. Lluwchio trwy'r nos. Daeth yr hwch â 13 o foch.

Chwefror 11: Haydn a fi yn mynd i'r mynydd i chwilio am ddefaid. Dim un i'w gweld, ond llwynog ar y graig. Claddu R.O.Owen, Caeau Gleision, "Taid" fel y galwai pawb o a'i farf wen laes. Dyna dri hen gymeriad yn y cwm wedi mynd ers y Gwylie.

Chwefror 14: agorwyd y ffordd yma dair gwaith ond mae'n lluwchio'n ôl yn syth. Roedd un lluwch anferth a gofynnwyd i fechgyn y ffordd ei glirio i ni gael mynd i gladdu Luther. Ddoison nhw ddim, felly dim amdani ond bachu'r ceffylau wrth yr Austin bach a'i dynnu dros y lluwch, Haydn ym mhen y ceffylau a fi wrth y llyw. Roedden ni'n pasio bois y ffordd wrth Clegyrddwr a'u cegau ar agor.

Chwefror 17: cario gwair eto efo claytrac o Plas, y ffordd wedi ei chlirio'n eitha. Cael llwyth o gêc i'r defaid – dim ond y rhai cryfa sy'n gallu ei fwyta. Mi grafais i fyny i'r grib tu ôl i'r tŷ i weld oedd yna ddefaid. Colli ngafael ar fy ffon a llithrodd bob cam i'r gwaelod. Yr eira wedi rhewi. Torri trwy'r eira i gyrraedd y top a gweld dau lwynog tenau. Cerdded ymlaen i gyfeiriad Blaentafolog a chael fy hun yn sefyll ar luwch oedd wedi cyrlio dros yr ymyl. Bacio'n ôl! Mae yna un tebyg uwchben Nantycarfan.

Mawrth 4: Miss a fi a Davies Blaentafolog yn mynd i sêl Machynlleth. Bwrw eira ar ôl te, lluwchio'n ofnadwy. Llwyddo i gyrraedd adre.

Mawrth 5: Haydn a fi'n mynd i lawr at y Wynnstay, cwrdd wal o eira wrth y Gerddi ar y ffordd yn ôl. Cymrodd ddwy awr i ni gerdded y ddwy filltir adre, wrth i ni sincio o'r golwg, rhew ar ein hwynebau.

Mawrth 6: diwrnod ofnadwy iawn oedd hwn. Cwymp eira! Lluwch mawr o dop mynydd Nantycarfan wedi llithro a'n claddu cyn i ni ddeffro! Y tŷ-ffwrn, oedd o fewn llathen neu ddwy i'r drws cefn, wedi mynd i ebargofiant- dim ond y fflags ar y llawr oedd ar ôl, y fuddai wedi mynd i'r cwm. Y cutiau moch wedi mynd a'r moch bach a'r trwmbel, ac roedd y sgubor wrth y tŷ a'r stabal wedi cael andros o glec.

Am saith o'r gloch y bore y digwyddodd hyn. Wrth lwc roedd y tŷ a'i dalcen i'r mynydd ac felly mi rowliodd y llwyth eira trosto fo ac yn ei flaen i lawr gan ddifa tair coeden fawr dan tŷ. Neidiodd y gwely oddi tanaf ar yr ergyd ac roedd sŵn fel rhuo mawr yn fy nghlustiau. Rhedais i lofft Haydn. Roedd tair slatsen o fewn modfeddi i'w wyneb wedi dod trwy'r ffenest. Dyma Miss yn gweiddi, "Be sy wedi digwydd?" "Wn i ddim ond dwi'n gweld yr hwch ac un mochyn bach allan." "Ble mae Blaci?" Roedd y ci i fod yn un o'r cutiau moch. Roedden ni'n dau wedi bod allan y noson cynt yn moen bara a llaeth a'u gadael ar fwrdd y gegin ond roedd honno rwân yn llawn o eira. Tyllu am y bwyd. Mynd i'r parlwr ein tri a gweddio, meddwl yn siwr fod y diwedd wedi dod. Daeth y lleuad i'r golwg o'r tu ôl i'r cymylau ac aeth Haydn a fi allan trwy ffenest y llofft ac i'r stabal. Roedd y wal wedi bolio i mewn a'r ceffylau wedi bacio'n ôl hyd eu tsiaeniau. Tu allan roedd talpiau mawr o eira run faint â byngalo.

Trannoeth llwyddwyd i fynd i Ddôl Fawr i ddweud beth oedd wedi digwydd a neb prin yn coelio'r fath beth. Ymladdais fy ffordd i lawr at Plas i fenthyg merlyn i fynd at Wynnstay i ffonio fy mam yn y popty yn Nhalerddig. Cerddodd fy mrawd iau, Glanmor, â bara bob cam i Nantycarfan, cerdded ar y lluwchiau nid ar y ffordd. Gallai ceffylau gwedd gerdded ar y lluwchiau gan mor galed oedden nhw erbyn hyn. Doedd dim sôn am nant na phistyll, rhaid oedd toddi eira i gael dŵr i bopeth.

Aeth y tri ohonom i gysgu i Ddôl Fawr am wythnos rhag ofn rhagor o gwymp eira ac aeth y ddau geffyl, un i'r Gerddi a'r llall i Ddôl Fawr. Daethom ein tri adre'n ôl ar nos Sul. Roedd hi'n dechrau meirioli, peth peryg iawn, a daeth rhagor o eira i lawr yn y nos ac anferth o sŵn i'w ganllyn unwaith eto. Roedd y defaid, faint oedd ar ôl, wedi crwydro i bobman, yn marw ar hyd y lle a miloedd dan luwchfeydd yn bwyta'u gwlân ac yn marw o syched. Pwysicach oedd edrych ar ôl pobol, cael tanwydd a chael porthiant i anifeiliaid y buarth cyn mynd i chwilio am ddefaid. Doedd dim llawer y gallech ei wneud ynglŷn â'r trueiniaid hynny.

Roedd hi'n ddechrau mis Mai cyn i'r eira glirio ac roedd lluwchiau'n dal yn yr hafnau ym mis Gorffennaf, er iddi fod yn haf poeth. Daeth llifogydd mawr i'r nentydd a'r afonydd ar y meiriol gan sgubo defaid byw a marw efo'r lli. Dyna pryd y collwyd llawer, roedden nhw'n mynd am y dŵr ac yn rhy wan i gilio o'i afael. Mi fuodd Blaci byw. Roedden ni wedi'i dyllu o allan o'r eira ymhell o'r cut mochyn a charreg wedi mynd i mewn rhwng dwy asen iddo, ond mi wellodd. Daeth bechgyn y stad i archwilio'r difrod. Cafwyd ffenestri newydd i'r tŷ a mendio wal y stabal ond chafwyd dim cutiau moch. Hen bethe sâl!

Rydyn ni wedi colli 800 o ddefaid. Roedd yna 1,200 ar y llyfrau, llawer gormod i'r ffarm eu cario, wir. Roedd sybseidi i'w gael ar bob dafad ar ôl y Rhyfel. Agorodd Haydn a fi fedd anferth i lawr, coesau'r defaid fel gweyll gwau. Chwe swllt ar hugain oedd pris mogaid flwyddyn cyn yr eira mawr: cafwyd punt y ddafad am y rhai a gollwyd a cholli'r sybseidi y flwyddyn honno. Llwyddon ni i godi cant o wŷn yn 1947 ond roedd yna ffermydd mawr yn Llanbrynmair, fel Cwmcarnedd, na chodson nhw fawr ddim ŵyn. Gaeaf nad anghofith neb a'i profodd oedd o."

Diolch, Berwyn am y dyddiadur yn rhoi hanes Cwm Pandy. Ceir nodyn fel hyn yng nghofnodion capel Bontdolgadfan: "Chwefror 28ain: Eira a lluwchfeydd mawr na welwyd eu tebyg ers blynyddoedd. Ni bu gwasanaeth yn yr un capel yn y plwyf y Sul hwn. Cynhaliodd y Rheithor wasanaeth byr yn Eglwys y Llan ond dim ond y fo ei hun oedd yno. Sul eithriadol trwy'r holl wlad". Cliriodd dynion y ffordd yr eira â rhaw o

Yr Eira Mawr

bont Plas i Glegyrnant er mwyn i Mrs Elisabeth Jones, oedd ar fin rhoi genedigaeth i'w thrydydd plentyn, gael mynd i'r ysbyty. Ie, ras oedd hi.

Yn ystod saith wythnos o ganol Ionawr bu farw hanner y diadelloedd, tri chwarter mewn rhai llefydd. Llu Awyr America'n gollwng gwair. Ceir yn gyrru ar draws Llyn Tegid. Bachgen wedi rhewi gerfydd ei dafod yn sownd wrth bont Hafren yn y Drenewydd a defnyddio dŵr cynnes i'w ryddhau. Mae winthrew ar ddwylo'n ddigon drwg heb son am dafod!

Roedd Arthur Plume, y Bont yn un arall sy'n adrodd hanes yr eira mawr:

"Digwyddodd yr eira mawr yma'n fuan iawn ar ôl y Rhyfel a dim ond rhawiau oedd gan bobol i glirio eira bryd hynny, dim byd tebyg i'r peiriannau gwthio a chwythu eira sydd ar gael heddiw. Mae'r ffordd o'r Stae i waelod Llanbrynmair yn rhedeg o'r de i'r gogledd ac am fod yr eira'n chwythu o'r dwyrain, o gyfeiriad Talerddig, roedd y ffordd yma'n lluwchio'n ofnadwy. Mi agorech lwybr heddiw ac mi fyddai wedi cau erbyn trannoeth a hynny bob dydd am wythnosau. Cafodd pawb o'r Goedwigaeth ble roeddwn i'n gweithio eu rhoi i weithio ar y ffyrdd. Roedd yna garcharor rhyfel o'r Almaen yn aros efo fi yng Nglantwymyn yn y Bont. Ffeindiwyd pâr o sgîs ym Mhlas Llwyn Owen a'u rhoi iddo i weld beth allai wneud efo nhw, a wir, a bag ar ei gefn roedd yn gallu mynd i lawr i'r stesion i moen bara a chig. Roedd gen inne slêd y gallwn roi pedwar tun dau alwyn arni i gario oil lamp a phetrol ac eisteddwn arni a mynd i lawr y rhiwiau'n braf o'r Llan i'r Gwaelod. Roedd tipyn o waith llusgo arni'n ôl ond buodd y slêd ar iws am ddeufis. Y felltith oedd ei bod hi'n meirioli yn y dydd ac yn rhewi'n ôl yn galetach fyth yn y nos. Roedd Plas Llwyn Owen yn cael trydan o dwrbin ger Pandy Isaf, a ffos y felin yn cario dŵr iddo am hanner milltir. Mi rewodd y ffos, felly dim trydan. Daeth Dan Davies, Dôlgoch, tad John i roi deinamo mawr yn sownd ar bolyn. Byddai tractor yn cael ei ddefnyddio i droi'r deinamo am rai oriau yn ystod y dydd i roi *charge* yn y batri, y tractor yn cael ei ddiffodd am hanner awr wedi saith. Byddai twr o ddefaid yn hel bob nos i'r gwres o dan y tractor, a dyna lle bydden nhw yn y bore, rhai yn aml wedi trigo. Pan ddaeth y meiriol daeth cymaint o ddefaid i lawr efo'r lli nes blocio ffos y felin a dyna lle byddwn i â fforch-dail ddwybig yn codi dwsinau o gyrff o'r ffos. Mi droiodd gymaint arna i nes methais i fwyta cig dafad byth wedyn."

Mae gan Lynfa Williams yr Hendre hefyd gof da am yr eira mawr ac meddai hi,. "Roeddwn i adre pryd hynny yn bymtheg oed ym Mhlas Pennant efo fy rhieni, Edward ac Eirwen Lewis a'r plant eraill, Tegryd, Iori, Eirian a John. Roedden ni'n llond yr aelwyd – ond roedd lle i ragor! A da hynny gan iddo ddod yn bencadlys i bobol Dylife i ddod i gasglu bara a nwyddau angenrheidiol oedd yn cael eu cludo i fyny o'r Gwaelod gan Tegryd, Iori a nghefnder Elwyn yr Hendre. Mae tipyn o hanes yr eira mawr yn llyfr Elwyn, *Newid Ddaeth* ac amdano'n ceisio mynd ar y ferlen i Ddylife ond yn gorfod rhoi'r gorau iddi wrth Hirnant. Roedd Price's a J.R. Llanidloes, y siopau arferai werthu bwyd mewn faniau ym Mhennant bob wythnos, yn anfon bwyd ar y trên i Lanbrynmair a gwnâi popty Talerddig yr un peth. Mae Plas Pennant tua hanner ffordd rhwng Dylife a'r Gwaelod a cherddai dynion Dylife i lawr deirgwaith yr wythnos a chael bolied o gawl yn Plas cyn cychwyn yn ôl. Tân ar lawr oedd yn Plas a rhoid trwch o sachau ar y fflags gleision i ddal yr eira o'u sgidiau wrth iddyn nhw glosio ato. Sychodd y sachau ddim am dair wythnos! Pan ddaeth hi'n chydig o feiriol roedd hi'n bosib mynd â'r ferlen at Hirnant er mai llwybr cul iawn oedd wedi'i agor a hwnnw'n amal yn cau'n ôl. Ond mi ddaeth pawb trwyddi wrth i bawb helpu'i gilydd a rhannu beth oedd ar gael. Roedd yna rhyw deimlad o agosatrwydd neilltuol trwy'r holl ardal. Tybed welir rhywbeth tebyg byth eto?"

Roedd ffermwyr yn gydwybodol iawn yn chwilio am ddefaid dan eira a rhai a chanddyn nhw gŵn arbennig o dda at y gwaith. Sonia Anneura Davies (Jones gynt) oedd yn byw ym Mhennant Isaf bryd hynny am ei thaid, Wmffre Evans a chanddo gi o'r enw "Help", y ddau yn bartnars diguro am ddod o hyd i ddefaid dan luwchiau ac yn ddi-ildio yn y gwaith. Ei mam wedyn, y diweddar Laura Jones, yn cerdded dros y lluwchiau i lawr i Pandy Pennant i moen pynnaid o flawd i'r creaduriaid a'i gario adre ar ei chefn. Ond er yr ymdrech fawr i gadw defaid yn fyw, y piti mawr oedd i gymaint yn eu gwendid gael eu curo i'r ddaear gan ryferthwy y storm feiriol pan ddaeth ac iddyn nhw gael eu sgubo i ffwrdd efo'r lli.

Unig iawn fu hi ar Llew Jones Y Wîg yng ngaeaf 1946-7. Roedd y teulu o Fwlch-y-gle, Stae wedi cymryd y Wîg ac roedden nhw i fod i ymuno â fo ym mis Mawrth ond methu dwad tan fis Mai, a hyd yn oed pryd hynny a'r ffyrdd heb glirio'n iawn anodd oedd symud y cwbwl bob cam efo cert a cheffyl. Meddyliwch am bobol heddiw yn trio symud tŷ a chelfi ffarm efo dim ond cert a cheffyl, ond felna roedd hi lai na thrigain mlynedd yn ôl.

Mae sôn am aeaf caled hefyd yn 1937, ac yn 1963 pan ddechreuodd fwrw eira ar Ragfyr 26 a dal yn galed tan Chwefror 3ydd. Rhew eithriadol oedd yn nodweddu 1963 a phibau dŵr a llynnoedd a'r ddaear wedi rhewi'n gorn. Anodd iawn oedd teithio. Pregethwyd yn y Bont gan y Gweinidog am chwe Sul yn olynnol: peth anghyffredin iawn efo'r Methodistiaid, a pheth diarth oedd gorfod gwneud pregeth newydd at bob Sul. Gaeaf caled ar fwy nag un ystyr! Cafwyd eira mawr yn 1982 hefyd.

4 – GOFAL IECHYD

Y GYMDEITHAS NYRSIO

Un o'r cyrff gwirfoddol pwysicaf o safbwynt lles y gymuned a fu'n gweithredu yn Llanbrynmair yn ystod hanner cyntaf y ganrif oedd y Gymdeithas Nyrsio. Ffurfiwyd hi dan arweiniad gwragedd blaengar lleol yn cael eu cefnogi gan weinidogion yr Efengyl a Rheithor y Plwy. Enwau rhai sy'n rhedeg trwy'r Llyfr Cofnodion i lawr y blynyddoedd yw y Fonesig Stable, Llwyn Owen, Miss Jones, Dolgadfan, Miss Frances Davies, Dolgôch, Mrs John Francis Davies, Garth, Mrs Stanley Jones, Llysun, Parch a Mrs Dean, Rheithordy, Parch Robert Evans, Broniaen, Parch T.W.Thomas, Llysteg, Mrs Emrys Owen, Felin Tafolwern, Mrs Hughes, Llwynffynnon, Mrs R.R.Owen, Caeau Gleision, Mrs Sarah Jarman, Cwmcarnedd, Mrs Moira Price, Brynderwen ac eraill, wrth gwrs, a'u gwasanaeth yn ddiwyro.

Pwrpas y Gymdeithas oedd llenwi'r gwagle oedd yn bodoli cyn sefydlu'r Gwasanaeth Iechyd Cenedlaethol yn 1947, cyfnod pan oedd yn rhaid talu'n bersonol am wasanaeth meddyg neu nyrs a thalu am driniaeth mewn ysbyty. Yn 1935 codwyd Ysbyty Gymunedol Corris a'r Cylch ym Machynlleth trwy danysgrifiadau pobl o bob gradd, ond doedd y driniaeth yno ddim i'w chael yn ddi-dâl. Peth costus iawn oedd colli iechyd neu gael damwain cyn 1947 a'r cyflogau'n isel: roedd £3 yr wythnos yn 1939 yn "gyflog da". Gwelir felly fod yna wirioneddol angen am ryw gorff i helpu gyda chostau iechyd a threfnu fod cymorth ar gael i'r tlotaf. Dim ond llyfr cofnodion o 1942 ymlaen ddaeth i law ac felly ni ellir rhoi gwybodaeth yma am beth a ddigwyddodd cyn hynny na chwaith wybod pa flwyddyn yn union y sefydlwyd y Gymdeithas. Roedd hi'n siwr o fod yn bodoli o'r amser y daeth Nyrs Price yma yn 1919.

Codi arian yn arbennig at gostau cadw Nyrs gymunedol, pwrcasu a rhedeg car iddi, talu am ddillad nyrs, offer a ffôn ac yn y blaen (fel y deuai'r pethau yma i'r ardal) oedd prif waith y Gymdeithas a bod yn gefn i'r nyrs yn ei gwaith. Cyfarfyddai'r pwyllgor bob mis a'r aelodau'n ffyddlon iawn. Roedd hi'n amlwg oddi wrth y cofnodion eu bod nhw'n cymryd eu gwaith o ddifri, yn gydwybodol yn eu presenoldeb ac yn rhoi yn hael o'u harian eu hunain yn aml. Cynhaliwyd y pwyllgor cyntaf a

Gofal Iechyd

gofnodir yn y llyfr ar Awst 25ain, 1941 yn Ysgoldy'r Llan. Llywydd: Y Fonesig Stable. Yn bresennol: Miss James, Bont, Miss Jones, Dolgadfan, Mrs Davies, Garth, Mrs Stanley Jones, Llysun a'r Rheithor, Mr Dean. Darllenwyd llythyr oddi wrth Mrs Richard Edwards, Lerpwl ynglŷn â £600 a adawyd gan y diweddar Dr. Edwards i lunio gwaddol (*endowment*). Pasiwyd hefyd fod Mrs Dean, yr ysgrifennydd a Mrs T.W.Thoms, y trysorydd i gynrychioli'r Gymdeithas mewn cyfarfod sirol o'r Cymdeithasau Nyrsio.

Yng nghyfarfodydd blynyddol y Gymdeithas rhoed adroddiad am waith y nyrs am y flwyddyn. Yn ôl adroddiad Mehefin 1942 roedd y nyrs wedi trin 223 o gleifion, hynny'n gyfystyr â 2,057 o ymweliadau, y rhai i lefydd anghysbell ar droed. Y nyrs yr adeg yma oedd Vera Jones. Roedd car wedi ei brynu i'r nyrs yn 1939, Austin 8 o garej Dolgôch, £128, EP 7685. Adroddodd y trysorydd fod £47/1/11 mewn llaw. Diolchwyd i'r Parch. Robert Evans, a oedd yn aelod brwd o'r pwyllgor, am drefnu sports a chyngerdd a chwyddodd y coffrau'n sylweddol. (Mae cofnod amdano'n gwneud hyn yn flynyddol).

Pasiodd y pwyllgor ym mis Mehefin i dalu £5 o fonws rhyfel i'r nyrs a £5 ychwanegol at ei dillad. Penderfynwyd gofyn i gapeli'r Stae a Dylife am wneud casgliad arbennig at gostau rhedeg car y nyrs (wedi'r cyfan, nhw oedd bellaf!). Cafwyd £11 o'r Stae. Yn Saesneg y mae'r cofnodion i gyd – dyna oedd arferiad y dydd, a hefyd o barch i'r Fonesig Stable, yr unig Saesnes ar y pwyllgor.

Daeth cais o flaen y pwyllgor yn Rhagfyr 1943 oddi wrth Gymdeithas Nyrsio Cemaes a'r Cylch, eisiau benthyg Nyrs Jones mewn achosion geni a gofal babanod nes cael nyrs eu hunain. Cytunwyd hyn tan ddiwedd Mai ond eu bod nhw i wasanaethu Llanbrynmair wedyn tra byddai Nyrs Jones ar wyliau – hyn yn dangos fod y pwyllgor yn eithriadol o ofalus ym mhopeth yr oedden nhw yn ei wneud. Doedd dim byd i'w gael am ddim. Rhaid cyfri pob ceiniog.

Cyfarfod Blynyddol 1943, £103.18.0 mewn llaw. Mrs Emrys Owen yn cymryd yr ysgrifenyddiaeth (yr hyn a wnaeth gyda'i holl egni tan ei marwolaeth sydyn yn Nhachwedd 1966, wedi dangos ymroddiad eithriadol i'r achos.) Diolchwyd i Robert Evans am drefnu cyngerdd ac i Mrs Stanley Jones am roi llety i'r artistiaid. Rhoi honorariwm o £10 i'r nyrs am ei gwasanaeth clodwiw. Gofyn i'r Aelwyd ac Undeb

Cenedlaethol y Ffermwyr am drefnu rhywbeth at gronfa'r Gymdeithas. Y nyrs yn symud o'i chanolfan yn Brynmeini i Penygeulan, felly angen symud y ffôn.

Cyfarfod Cyffredinol Mehefin 1944. Nifer y cleifion a welwyd yn ystod y flwyddyn 276, ymweliadau 1,573, ymweliadau ysgol 63, ymweliadau cartre 91. Mewn llaw £187.12.10. Yr ysgrifennydd i sgwennu llythyr i Ddylife, a hwnnw i'w ddarllen o'r pulpudau, ynglŷn â'r rheolau a'r cyfraniadau i'r Gymdeithas Nyrsio. (Mae'n debyg fod mwy o gostau oherwydd fod y Rushcliffe Scale of Salaries yn dod i rym). Awgrymwyd fod Dylife wedi bod yn byw ar haelioni eraill!

Pwyllgor Cyffredinol Mehefin 1944. Cyhoeddi newid yn y ffioedd am wasanaeth y nyrs: hanner coron am ddiweddu corff; ymweliadau gan y nyrs am ddim am fis ond chwecheiniog pob ymweliad ar ôl hynny; y nyrs ddim i gario cleifion i'r ysbyty yn ei char ag eithrio mewn achosion brys. Yr ysgrifennydd i holi Swyddog Iechyd y sir ynglŷn â rheolau a ffioedd trin *evacuees*. (Maen debyg fod cryn waith efo'r rheiny-clefydau'r croen, ac ati.)

Pwyllgor Hydref 1944. Anrheg o bin sgrifennu inc i Miss Frances Davies, Dolgôch am ei gwasanaeth diflino fel trysorydd.

Ionawr 1945 Diolch i Lady Stable am roi Cyngerdd Nadolig yn Llwyn Owen.

Cyfarfod Cyffredinol 1945. Adroddiad Rushcliffe yn dweud y dylid talu £300 y flwyddyn i'r nyrs a £15 ychanegol at ddillad a golchi dillad. Cytunwyd.

Cyfarfod Cyffredinol Medi 1945. Cais gan y W.V.S i ymuno â nhw mewn Ffair Nadolig at gronfa Croeso Adre i'r bechgyn. Derbyn.

Cyfarfod Cyffredinol Gorffennaf 1946. Ymweliadau: genedigaeth 64, gofal babanod 105, meddygol 1,339, triniaethol, 260; ymweliadau iechyd 248, ymweliadau ysgolion 48 (byddai'r nyrs yn ymweld unwaith y mis â'r pedair ysgol dan ei gofal), ymweliadau â chartrefi 87. Arian mewn llaw £245.6.0

Anfon gwahoddiad i Dr. Ivor Jones, Swyddog Iechyd y Sir i ddod i annerch ar y Mesur Iechyd Newydd - a fyddai cyn bo hir yn cynnig gwasanaeth rhad ac am ddim i bawb ac felly'n dileu yr angen am y Gymdeithas Nyrsio?

Pwyllgor Hydref 1946. Ystyfnig! Gwrthod rhoi benthyg paneli

golygfeydd o eiddo'r Gymdeithas i Gymdeithas Ddrama Machynlleth. Gwrthod gwasanaeth y nyrs i ysbyty Machynlleth am na fyddai genedigaethau o Lanbrynmair yno cyn diwedd y flwyddyn!

Pwyllgor Ionawr 1947 (mor ffyddiog ag erioed) Y Rheithor yn cynnig a Mrs Williams, Emporium yn eilio fod y Gymdeithas yn codi tŷ i'r nyrs! Nid oes sôn yn y cofnodion am y fath uchelgais ar ôl hyn. (Rhywun wedi bod yn o drwm ar y sieri?)

Cyfarfod Cyffredinol 1947. Nodwyd pymtheg claf o'r diciâu. Diolch i Mr Goldbourne (oedd newydd gymryd trosodd yn y Wynnstay) am barhau i ganiatau cadw car y nyrs yn y garej fel y gwnaethai Mr Lloyd o'i flaen, a gofyn beth fyddai'r rhent. Llythyr yn ôl yn dweud, "Croeso i chi ddefnyddio'r garej yn ddi-dâl". Ethol Mrs Goldbourne ar y pwyllgor rhagblaen.

Pwyllgor Mehefin 1948. Dr Ivor Jones wedi ei wahodd i egluro'r drefn dan y Gwasaneth Iechyd newydd. Meddai, "Byddai'r Gymdeithas Nysio o'r 5ed o Orffennaf yn dod o dan oruchwyliaeth y Cyngor Sir. Byddai'r Gwasanaeth Iechyd yn falch pebai'r Gymdeithas Nysio yn dal ymlaen i wneud Gwaith Lles yn lleol, sef: 1. Edrych ar ôl yr offer nyrsio. 2. Trefnu gwasanaeth cludiant mewn ceir (6d y filltir yn daladwy). 3. Trefnu cymorth dyddiol (1/9 a 2/- yr awr yn daladwy). 4. Rhedeg Canolfan er Budd Babanod a Phlant".

Neuadd y Pentref, Gorffennaf 5ed, 1948 – Cyfarfod olaf y Gymdeithas Nyrsio.

Penderfynwyd ffurfio Pwyllgor Lles, sef yr un rhai ag oedd ar y Pwyllgor Nyrsio

Trosglwyddo'r arian i'r pwyllgor newydd.

Neilltuo £25 ar gyfer garej i'r nyrs (gan ei bod yn ei chael hi'n anodd cychwyn y car ar foreau oer).

Y car a'r offer nyrsio i gael eu rhoi i'r nyrs fel eiddo personol fel gwerthfawrogiad o'i gwasanaeth am naw mlynedd.

£600 (Dr. Edwards) a'r llog i'w drosglwyddo i'r Pwyllgor Lles os yn bosib.

Arian mewn llaw £194 7.0.

Cynhaliwyd cyfarfod cyhoeddus yn y neuadd ym Medi 1948 gyda 'r Parch Robert Evans yn y gadair. Derbyniwyd fod yr hen Bwyllgor Nyrsio i newid i fod yn Bwyllgor Lles a bod £100 o'u harian i fynd at brynu cadeiriau i'r neuadd. Swyddogion y Pwyllgor Lles newydd fyddai: Llywydd, Y Fonesig Stable, Cadeirydd, Mrs Hughes, Llwynffynnon, Ysgrifennydd, Mrs Emrys Owen, Trysorydd, Mr J.Francis Davies.

Pwyllgor Ebrill. ('sgrifennwyd y cofnodion yn Gymraeg am y tro cyntaf) Roedd Nyrs Jones, yr Ymwelydd Iechyd, yn bresennol ac esboniodd eu dyletswyddau fel Pwyllgor Lles Babanod. Clinic i'w gynnal unwaith y mis 1.30pm hyd 4.00pm. Rhaid cael clorian i bwyso babis a lle diogel i gadw hwnnw a'r cyflenwad o fwyd babi.

Cynhaliwyd y clinic cyntaf ym Mai 1951 ac fe'i agorwyd gan y Fonesig Stable. Te i bawb (roedd yn rhaid cael trwydded i brynu te, siwgwr a menyn oherwydd fod y dogni yn parhau). Daeth llawer o famau a babanod i'r agoriad, Dr. Ivor Jones, Dr.Llewelyn Davies, Dr. Vaughan Price, Miss Breeze, Miss Jones yr Ymwelydd Iechyd a Nyrs Jones oedd wedi priodi erbyn hyn ac yn cael ei hadnabod fel Sister Evans, hi'n pwyso'r babanod.

Mehefin 13, 1951, 20 o fabis yno, te i'r mamau – tair ceiniog am de a bynsen.

Rhagfyr, Parti Nadolig, balŵn a hances i'r plant... Daliwyd ymlaen am flynyddoedd i roi parti ac anrheg o arian ac orennau i'r plantos. Prynwyd dodrefn a llieiniau ac ati yn gyson i wneud y clinic yn ddeniadol.

Tachwedd 1957. Cydymdeimlo a Mrs Ada Evans o golli ei phriod, y Parch Robert Evans. Roedd y ddau wedi gweithio'n ddiflino er lles iechyd yr ardal trwy'r blynyddoedd.

Dechreuwyd rhoi deg swllt i'r claf a'r annalluog adeg Nadolig.

Cofnodwyd tristwch o golli'r ysgrifennydd, Mrs Emrys Owen yn Nhachwedd 1966 ac yn yr un modd Mrs R.R.Owen yn 1974.

Yn y cyfnod rhwng 1987 a 1990 collwyd Mrs Moira Price a Mrs Sarah Jarman. Rhoddwyd heibio cynnal parti Nadolig ond yn hytrach cwrdd dros baned a mins pei a rhoi cyfle i'r plant chwarae. Peidiwyd â gwneud te yn y clinic – doedd dim llawer yn aros i'w gael – baich arall wedi mynd oddi ar ysgwyddau'r pwyllgor.

Cyfarfod Blynyddol 1993. Aelodau'r pwyllgor yn bresennol: Mrs Ann Edwards, Mrs Lilian Williams, Miss Gwendora Davies, Mrs Glenys Lambert a Mrs Mary Johnson. Penderfynwyd nad oedd angen bellach am y Pwyllgor Lles Babanod i'r pwrpas y sefydlwyd ef yn 1948. Wedi trafodaeth gyda chyfreithiwr penderfynwyd trosglwyddo cyllid y pwyllgor i Glwb y Ddôl (y Clwb Henoed lleol) i brynu anrhegion Nadolig i'r henoed a'r rhai yn yr ysbytai. Y drefn o hynny ymlaen fu rhoi tuniau o ffrwythau a bisgedi ac arian i gleifion a henoed a'r cyfan yn cael ei gofnodi'n fanwl yny llyfr cofnodion…. Yn y flwyddyn 2000 rhoddwyd bisgedi i 30, £5 i dri, ac anrheg i chwech o bobl yr ardal oedd mewn ysbytai. Mae'r drefn yma'n parhau a Chlwb y Ddôl yn boblogaidd iawn ac yn cael ei werthfawrogi gan yr ardalwyr hŷn.

Oes, mae tipyn o wahaniaeth mewn cyfrifoldeb gan y pwyllgor erbyn hyn, tipyn o wahaniaeth rhwng prynu car i'r Nyrs a thalu ei chyflog rhagor dosbarthu bisgedi, er mor dderbyniol ydy'r rheiny. Mae lle i ddiolch fod pethau wedi newid ond ein braint ydy cofio gyda pharch am yr ymdrech a'r gofal a fu.hangach Bro Ddyfi, a daeth Nyrs Enid Edwards, Nyrs Harper a Nyrs Jane Jones (Clegyrnant gynt) i mewn i'r tîm. Mae'r drefn wedi newid eto erbyn heddiw. Does dim Nyrs Ardal gan Lanbrynmair bellach ond tîm o nyrsus i ardal eu hen ddyddiau.

"Ymhen tipyn mi ddechreuais weithio'n llawn amser o Ganolfan Iechyd Cemaes Road a chael y fraint o weithio efo Dr. Wali (Cadwaladr Jones). Colled fawr i'r ardal oedd ei farw'n ddyn ifanc – roedd pawb yn teimlo'n well dim ond iddyn nhw weld Dr Wali! Rydw i wedi bod yn gweithio yn y gymuned am 40 mlynedd ac wedi bod yn hapus eithriadol. Bum yn Stiward i Goleg Nyrsio Brenhinol Cymru am 30 mlynedd ac mi ges fedal am fy ngwaith efo'r Coleg Nyrsio Brenhinol - a chael mynd i de parti yn y"tŷ mawr" yn Llundain. Rydw i wedi ymddeol rŵan ond yn hepu'r anabl, yn enwedig y rhai sy'n dioddef o *spina biffida* a *hydrocephalus*. Mae John yn byw gartre ac yn cael gofal gan Dafydd a minne ond alla i ddim dweud fod ei anabledd wedi ei lethu o gwbwl. Mae'n gyrru car, yn brysur yn y tŷ gwydr ac yn dda iawn am siopa a choginio, a'r bwyd ar y bwrdd bob amser pan ddo' i adre o ngwaith. Mae wedi treulio misoedd mewn ysbyty yn ei oes ond mae bob amser yn hapus ac yn hawdd byw efo fo. Rydw i'n falch iawn hefyd fod fy merch, Christine wedi dod yn ôl i Lanbrynmair ar ôl bod yn nyrsio yn Birmingham, Awstralia, America a Saudi Arabia. Mae hithe'n nyrs yn ysbyty Bronglais, Aberystwyth a'i gŵr o Americanwr wrth ei fodd yn ffarmio Cringoed, Llanbrynmair."

DOCTORIAID

Dr David Edwards oedd meddyg yr ardal ddechrau'r ganrif. Daethai yma yn 1880 i wasanaethu cylch eang o Lanwrin i Dalerddig. Beic oedd ganddo i ddechrau, ac yn 1900 cafodd ei fotor beic cyntaf. Yna, cafodd ei daro'n wael, a chafodd anrheg: "Aeth pobl dda Bro Cyfeiliog ati i gasglu'n agos i £600 a phrynu cerbyd modur Renault newydd sbon iddo. Yn Ebrill 1911, daeth 800 o bobl ynghyd o flaen y Wynnstay i weld cyflwyno'r anrheg iddo". Mae llun o Dr. Edwards a'r car y tu allan i'r Wynnstay ar gael, wedi'i dynu gan George Peate. Dyma bennill iddo gan J.J. Ty'nbraich, Dinas Mawddwy, yn canmol cyflymder y doctor yn mynd i'w alwadau:

Dacw fotor ar ei orau – clywch ei drwst,
Ciliwch draw i'r ochrau;
At lesiant plant yr oesau, dreifia'r doctor,
A'i enwog gyngor yn gynt nag angau.

Dr. Edwards gododd dŷ Abertwymyn, Cemaes Road, fu'n dŷ doctor am dri chwarter canrif, ac yno y cynhelid y syrjeri. O'r un cyfnod, mae gan Mair Lewis, Lodge, Llwyn Owen, dystysgrif dyddiedig 1905 oedd yn perthyn i'w mam, Leisa Evans, Tŷ Capel, Pennant, am iddi fod yn gweithio felly cyn pasio Deddf Iechyd 1902. Bydwraig arall y cyfnod oedd Mrs Sarah Evans y Winllan. Yn 1922, daeth Dr Llewelyn ap Ifan Davies o Landrillo yn feddyg ifanc i Cemaes Road a rhoddodd wasanaeth gwych am ddeugain mlynedd i'w ddalgylch. Yn ei gyfnod, gwelodd y newid trosodd i'r Wladwriaeth Les o'r hen amser pan oedd pawb yn talu am feddyginiaeth. Byddai hynny wedi rhoi boddhad mawr iddo o weld y werin yn cael chwarae teg. Cynhaliai syrjeri mewn nifer fawr o bentrefi. Beic modur oedd ganddo i ddechrau cyn cael car, ond cerddai neu farchogaeth yn aml i gartrefi diarffordd at ei gleifion, ac ar ôl dyfodiad y teliffon yn 1935 galwai yn yr Emporium ac yn Nôlgoch rhag ofn y byddai neges o Abertwymyn– hyn yn arbed siwrne ofer yn aml, oherwydd nid ar chwarae bach yr oedd mynd i Ddylife ac yn ôl bryd hynny, neu i flaen cwm Tafolog. Roedd yn ddyn llengar, yn gyfaill, ac yn hynod o garedig.

Ar ei ôl yn 1965 daeth Dr Cadwaladr Jones o Langadfan, "Dr Wali", rhadlon a gwych iawn yn ei waith a'i ymdriniaeth o bobol. Bu farw'n ddyn pur ifanc er tristwch mawr i'r holl ardal. Roedd Dr. Whitnall yma yn yr un cyfnod, yn rhoi gwasanaeth nodedig, a bu Dr. Hywel Davies, mab Llewelyn ap Ifan, yntau yma am gyfnod. Y meddygon heddiw, yn gweithio allan o feddygfa fodern a chysurus ym mhentref Glantwymyn yw Dr. Tedders a Dr. Morpeth.

GWEINYDDESAU
Y gweinyddesau yn yr ardal fu Nyrs Martha Price, Brynderwen, 1919-1939, a Nyrs Vera Jones (Evans wedyn) 1939-1963. Geneth leol arall, Sister Pat Edwards, Glandŵr gynt, Llawrcoed Uchaf wedyn, ddaeth ar ei hôl, yn cyfuno efo Nyrs Peate i wasanaethu Carno a Llanbrynmair efo'i gilydd. Tua 1974 unwyd Llanbrynmair a Charno efo ardal ehangach Bro Ddyfi, a daeth Nyrs Enid Edwards, Nyrs Harper a Nyrs Jane Jones (Clegyrnant gynt) i mewn i'r tîm. Mae'r drefn wedi newid llawer erbyn heddiw. Does dim "nyrs ardal" gan Lanbrynmair bellach ond tîm o nyrsus i ardal Bro Ddyfi, felly mae'r claf yn gweld nyrs wahanol bron bob tro.

Ymddeolodd "Nyrs Pat", fel y'i gelwir, yn 2004 a rhoddwyd tysteb a theyrnged wych iddi gan bobl yr ardal, ac anrhydeddwyd hi ymhellach gyda'r M.B.E. am ei gwaith diflino dros yr anabl a'r proffesiwn. Yn berson brwdfrydig ac egniol, mae'n dal i weithio dros yr achosion yma, a thros ei chymuned a'i chapel.

"NYRS PAT"
Fel y dywedwyd, bu Sister Pat Edwards, Llawrcoed Uchaf yn Nyrs Ardal yn Llanbrynmair am y deugain mlynedd diwethaf, ac mae hanes ei gyrfa yn dweud llawer am y cyfnod:

"Nhad a mam oedd Non a Lali Williams, Glandŵr, Talerddig. Roedd Mam o Garno a 'Nhad o Dalerddig. Roedd ei dad yn signalman yno a phan briododd doedd ganddo 'run tŷ. Felly, fe gynigiwyd iddo fyw mewn cerbyd trên ar y seidin, ac yno y magodd o a fy nain wyth o blant. Wrth basio ein tŷ ni, Llawrcoed, mi welwch y signal-bocs wedi ei ail-godi yn yr ardd, oherwydd ar ôl cau gorsaf Talerddig mi ofynnais am gael ei brynu, a hynny a wnaed am £250, a chael cowled o waith! Roedd ynddo 5000 o frics a bu Dafydd, y gŵr, wrthi'n crafu'r mortar oddi ar pob un ohonyn nhw, a hwnnw fel *superglue!* Roedd pobol ers talwm yn adeiladu pethe i ddal am byth. Mae'n 'stafell ddefnyddiol a chlyd heddiw, ac mae'r gwin cartre'n hoffi ei le yno hefyd.

"Pan briododd 'Nhad a Mam fe aethon nhw i fyw i Glandŵr lle buon nhw weddill eu hoes. Roedden ni'n bedwar o blant, John, fi, Betty ac Aileen ac fe aethon ni i ysgol Pen-ddôl, ysgol gwbwl Gymraeg bryd hynny. Ond fe gawson ni gyfle i gael crap ar Saesneg trwy Major Gamwell, Ty'nyddôl oedd yn ymyl. Peilot anabl oedd o, wedi cael damwain awyren, dyn galluog, yn darllen y *Times* bob dydd ac yn gohebu efo Churchill. Roedd fy rhieni'n gweithio iddo a phan aem ni blant i fyny yno bob nos byddai'n rhoi'r *Times* i ni i'w ddarllen! Mi ges fy ngeni yn y flwyddyn y torrodd y Rhyfel allan ac oherwydd y Major roeddwn yn clywed llawer amdano, ac yn meddwl fod y Germans yr ochr draw i Dalerddig gan fod yr *Home Guard* yn cwrdd yn ymyl Ty'nyddôl! Roedd fy nhad yn y RAF yn ystod y rhyfel (yn gwneud bwyd) a phan ddeuai adre ar wylie, gan gyrraedd weithie ganol nos, byddai John a fi yn rhedeg i lawr y grisie ac yn rhoi'r wialen fedw iddo ac ynte yn ei rhoi ar y tân! Byddem yn mynd i'w ddanfon yn ôl i stesion Talerddig, ac ar y ffordd adre Mam yn torri gwialen fedw newydd.......

"Doedd dim dŵr na thrydan yn y tai yr adeg yma. Dwi'n meddwl mai yn 1962 y cafwyd trydan yn Llawrcoed. Ar nos Sadwrn byddai'n rhaid i bawb gael bath yn barod at y Sul. Golygai hyn gario dŵr i'r boiler a rhoi tân dano. Cyn bath byddai Mam yn edrych trwy ein gwalltau efo crib fân, ac ar ôl bath dôs o syrup o ffigs, a disgwyl i ni fynd i bob oedfa trannoeth. A gwae i ni gwyno dim. Roedd mam wrth ei bodd yn y capel, ysgoldy Talerddig a'r Hen Gapel fel ei gilydd, a gallai weddio ar ei gluniau'n rhwydd heb baratoi dim. Byddai bob amser yn siarad â rhywun diarth ac yn eu croesawu. Doedd Dad ddim yn mynd i'r capel fel Mam ond byddai'n mynd i'r c'warfod bach neu'r sosial yn yr ysgoldy. Dwi'n ein cofio ni'n cael *chips* ar ôl sosial unwaith yn y 'Sgoldy! Dad, Dan Davies, Dôlgoch ac Elwyn Richards, Bryntirion yn eu ffrio tu allan a'u pasio i mewn trwy'r ffenest, a dyna beth oedd hwyl. Ar ddydd Sul mi fydde Dad yn brysur iawn yn gofalu fod bwyd yn barod ar y bwrdd pan ddoe'n ni adre o'r capel, cinio, te a swper. Dwi'n cofio c'warfodydd bach y 'Sgoldy'n llawn a'r cystadlu'n mynd ymlaen tan yr oriau mân a ni blant yno tan y diwedd, achos roedd Anti Maggie, neu "Mam Siop" fel byddem ni yn ei galw (Mrs Jones y Becws) yn rhannu cacennau efo eisin arnyn nhw cyn i ni fynd adre. Byddai bob amser yn dod â da-da i ni i'r Ysgol Sul hefyd.

"Ar ôl gadael ysgol Pen-ddôl mi es i Ysgol Uwchradd Machynlleth lle roedd y gwersi i gyd yn Saesneg a thipyn o ryfel cartrefol yn torri allan weithie rhwng plant y wlad a phlant y dre oherwydd y gwahaniaeth iaith. Gadael ysgol yn 15 oed a mynd i weithio i westy Plas Llysun i Iori a Bronwen Williams (gynt o'r Emporium). Efo nhw y dysgais i sut i ddelio efo pobol a sut i weithio mewn Saesneg, ac roedd hyn yn help mawr i mi pan es i i nyrsio yn Amwythig yn 18 oed. Mi wnes ffrindie efo lodes o Lanrwst oedd hefyd wedi gadael ysgol yn 15 oed ac wedi gweithio ar ôl hynny. Roedden ni'n ei chael hi'n anodd setlo i awyrgylch dosbarth unwaith eto. Roeddem hefyd yn cael y Saesneg yn anodd a bob amser yn mynd i eistedd i'r cefn ond byddai'r tiwtor, Miss Darwin, yn ein hel ni i'r tu blaen gan ddweud mai *"Welsh scalliwags"* oedden ni ac mai ein problem ni oedd yr iaith Gymraeg, a'n bod ni wedi cael gormod o ryddid cyn dechrau nysio. Ond pan aethon ni i weithio ar y wardiau mi droiodd ei stori ac mi ddwedai wrth y lleill nad oedd gan ei *"Welsh scalliwags"* ddim problem wrth ddelio efo'r cleifion am nad plant ysgol oedden ni, ond rhai wedi bod allan yn y byd mawr. Roedden ni'n dwy yn ddiolchgar iawn i Miss Darwin oherwydd fuasen ni ddim wedi pasio 'run arholiad hebddi hi.

Ar ôl pasio fy arholiadau ymhen y tair blynedd, mi briodais â Dafydd, bachgen o Garno a mynd i fyw i Llawrcoed. Cefais waith yn Ysbyty'r Frest ym Machynlleth, yn gweithio gyda'r diweddar Dr. G.O.Thomas. Dwi'n cofio mynd i ofyn i'r Matron os oedd yna waith yno a hithe'n gofyn, "Fedrwch chi ddechre dydd Llun?" A dyna i gyd oedd y cyfweliad! Newydd basio fy SRN oeddwn i ac roeddwn i'n nerfus iawn ar y diwrnod cyntaf. Dyma gwrdd â Sister Owen a Dr. Thomas, a dyma fo'n deud, "Mae Sister Owen yn gadael i gael babi mewn mis a rydw i'n disgwyl i chi gymryd trosodd fel Sister. Roedd fy nghoese fel jeli a bu bron i mi â mynd adre'n syth! Ond dyma'r ysgol ore ges i erioed. Roedd y rhan fwyaf o'r cleifion yn dioddef o'r TB – y diciâu – ac yno am fisoedd. Bum i yno am dair blynedd. Pan ymddeolodd Nyrs Evans yn Llanbrynmair mi es i yno i gymryd ei lle. Ond rhan amser oeddwn i bryd hynny oherwydd fod John, y mab, anwyd efo *spina bifida*, angen llawer o ofal ac yn treulio llawer o amser yn yr ysbyty yn Lerpwl. Bu fy rhieni yn help eithriadol i mi yr adeg yma, yn enwedig ar ôl geni Christine. Roeddwn yn lwcus eu bod yn byw yn Llawrcoed, a diolch i mi allu talu'n ôl beth o'r ddyled trwy edrych ar eu hôl hwythau yn eu hen ddyddiau.

"Ymhen tipyn mi ddechreuais weithio'n llawn amser o Ganolfan Iechyd Cemaes Road a chael y fraint o weithio efo Dr. Wali (Cadwaladr Jones). Colled fawr i'r ardal oedd ei farw'n ddyn ifanc – roedd pawb yn teimlo'n well dim ond iddyn nhw weld Dr Wali! Rydw i wedi bod yn gweithio yn y gymuned am 40 mlynedd ac wedi bod yn hapus eithriadol. Bum yn Stiward i Goleg Nyrsio Brenhinol Cymru am 30 mlynedd ac mi ges fedal am fy ngwaith efo'r Coleg Nyrsio Brenhinol - a chael mynd i de parti yn y "tŷ mawr" yn Llundain. Rydw i wedi ymddeol rŵan ond yn hepu'r anabl, yn enwedig y rhai sy'n dioddef o *spina biffida* a *hydrocephalus*. Mae John yn byw gartre ac yn cael gofal gan Dafydd a minne ond alla i ddim dweud fod ei anabledd wedi ei lethu o gwbwl. Mae'n gyrru car, yn brysur yn y tŷ gwydr ac yn dda iawn am siopa a choginio, a'r bwyd ar y bwrdd bob amser pan ddo' i adre o ngwaith. Mae wedi treulio misoedd mewn ysbyty yn ei oes ond mae bob amser yn hapus ac yn hawdd byw efo fo. Rydw i'n falch iawn hefyd fod fy merch, Christine wedi dod yn ôl i Lanbrynmair ar ôl bod yn nyrsio yn Birmingham, Awstralia, America a Saudi Arabia. Mae hithe'n nyrs yn ysbyty Bronglais, Aberystwyth a'i gŵr o Americanwr wrth ei fodd yn ffarmio Cringoed, Llanbrynmair."

5 - Y DDAU RYFEL BYD

Y RHYFEL BYD CYNTAF

Mae'n anodd i ni heddiw ddirnad effaith y Rhyfel Byd Cyntaf – Y Rhyfel Mawr – ar fywyd mewn gwlad a thref fel ei gilydd o 1914 i 1918 ac am flynyddoedd ar ôl hynny. Lladdwyd 40,000 o Gymry, 18 o Lanbrynmair, a chlwyfwyd eraill. Mae'r enwau ar y Gofgolofn ger y Ganolfan Gymdeithasol yn dweud rhan o'r stori mewn ffordd enbyd iawn; dyma nhw: Capten L.L. Stable, Lieutenant J.Peate, Lieutenant R.G.Stable, Preifat: A. Ll.Hughes, A.Thomas, J.R.Evans, R.Howell, W.Hughes, W. Tudor, M.T.Watkin, D.Hughes, J.R.Thomas, J.E.Evans, J.P.Jones, D.W.Evans, J.W.Daniels, I.B.Hughes, S.Craig. Bechgyn ifanc atebodd yr alwad i frwydro rhag sawdl yr estron am fod Lloyd George a'r Parch. John Williams, Brynsiencyn a'u tebyg yn dweud bod rhaid. Gan gymaint oedd ei sêl, fe âi John Williams i'r pulpud mewn lifrau milwrol, a rhoddwyd i'r parchedig statws cyrnol er anrhydedd yn y Fyddin Gymreig. Sicrhawyd caplaniaid Cymraeg eu hiaith i'r fyddin.

Torrodd y rhyfel allan yn erbyn yr Almaen ar Awst 4ydd, 1914. Roedd Lloyd George yn Ganghellor y Trysorlys ac i fod yn heddychwr ac yn radical yn y traddodiad Ymneilltuol Cymreig, ond pan oresgynnodd yr Almaen Wlad Belg – cenedl fawr yn gormesu cenedl fach – trodd i gefnogi'r rhyfel â holl nerth ei huodledd anghyffredin, a pheiriant hysbysebu'r Llywodraeth y tu ôl iddo. Ymunodd John Williams, Brynsiencyn ac eraill yn helgri'r propaganda a chyn pen dim roedd 45,000 o Gymry wedi eu ricriwtio i ffurfio "Byddin Gymreig", llawer ohonyn nhw'n ifanc iawn; yn wir, bu raid troi llawer i ffwrdd am eu bod yn rhy ifanc, gymaint oedd dylanwad yr alwad i ryfel. Glowyr oedd llawer, eraill yn wladwyr heb erioed saethu dim byd amgenach na chwningod a brain.

Ond yr oedd arweinwyr yn erbyn y rhyfel hefyd, yn enwedig ymhlith yr Annibynwyr. Gresynai Thomas Rees, Prifathro Coleg yr Annibynwyr Bala-Bangor, ar dudalennau Y Tyst, weld crefyddwyr yn cael eu defnyddio i hyrwyddo rhyfel. Ond chawson nhw a'u tebyg ddim llawer o ddylanwad o'i gymharu â'r propagandwyr. Roedd brwydro ffyrnig yn y ffosydd yn Ffrainc yn 1916, a chonscripsiwn mewn grym hyd yn oed i wŷr priod erbyn hyn. Roedd rhai o Lanbrynmair yn ei chanol hi.

Lladdwyd 60,000 mewn diwrnod ym Mrwydr y Somme dan y Cadfridog Haige, yn cynnwys 4000 o'r 38ain Adain o'r Fyddin Gymreig. Lladdwyd mil arall o'r Ffiwsilwyr Brenhinol Cymreig wrth i'r Fyddin Gymreig dan y Cadfridog Phillips o Gastell Pictwn, Sir Benfro, fentro am y tro cyntaf i faes y gad a llwyddo i gipio Coedwig Mametz ar y 12fed o Orffennaf, 1916. Barnodd Lloyd George fod y ffordd yr oedd y rhyfel yn cael ei reoli gan Asquith yn fethiant a daeth ef ei hun yn Brif Weinidog, y tro cyntaf i Gymro ddringo i'r swydd. Fo fu'n llywio cwrs y rhyfel wedyn. Yn Eisteddfod Genedlaethol Penbedw yn 1917 gorchuddiwyd y "Gadair Ddu" am nad oedd y bardd Hedd Wyn yno i godi ar alwad y corn gwlad: roedd Elis Evans o'r Ysgwrn, Trawsfynydd yn gorwedd yng nghlai Ffrainc, wedi ei ladd rai dyddiau ynghynt tra'n ymladd efo'r Ffiwsilwyr Cymreig ym mrwydr Cefn Pilken. Y fo yn hytrach na'i frawd iau oedd wedi ateb yr alwad pan ddaeth Deddf Gorfodaeth Filwrol i rym ar Fai 7fed y flwyddyn cynt. Gwelodd dros flwyddyn o'r heldrin ac yno y gorffennodd ei awdl "Yr Arwr".

Ond yr oedd yna wrthwynebiad i ryfel yng Nghymru, a rhai yn fodlon wynebu carchar yn hytrach na chydymffurfio. Dyna fu hanes y bardd Gwenallt o Gwm Tawe, George M.LL. Davies, is-ysgrifennydd Cymdeithas y Cymod, a hefyd un o'n meibion ni ein hunain o Gwm Tafolog, Ithel Davies. Roedd Robert Evans, ddaeth yn weinidog ar yr Hen Gapel, yn wrthwynebwr cydwybodol trwy'r ddau Ryfel Byd.

Dau o blith y werin amaethyddol yn Llanbrynmair aeth i'r rhyfel oedd Richard a Robert Bebb. Roedd Robert eisoes yn briod a phlant ifanc iawn ganddo ac yn ffarmio Pwllmelyn gyda Mary ei wraig. Aeth ef i'r cafalri a llwyddo i ddod adre'n fyw, ond pwy wŷr pa effaith a gafodd y rhyfel a'r nwy a'r magnelau arno? Bu farw'n ddyn go ifanc a'r plant ar eu prifiant, a'r unig fab, John yn ddim ond 14 oed yn gorfod dilyn yr arad wedi i'w fam gerio'r ceffylau am nad oedd o eto'n ddigon tal i roi'r goler am eu gwar. Fel yna yr oedd hi ar lawer.

Un byrlymus oedd ei nai, Richard o Ddôl Fawr, a'i chwerthin, fel y cofia llawer heddiw, i'w glywed o bell. Un siaradus a pharod ei sgwrs oedd o a dywed ei ferch, Pegi, ei fod yn ddigon parod i hel atgofion am y rhyfel, yn enwedig troeon trwstan. Pan oedd criw ohonyn nhw efo'i gilydd yn gadael stesion Llanbrynmair y tro cyntaf cofiai rywun yn gweiddi, "*Berlin next stop!*" gan feddwl yn siwr fod bywyd diddorol a chyffrous o'u blaenau. Dro arall, a fo ac un o fechgyn Maesmedrisiol yn dychwelyd ar y trên i farics rhywle yng nghyffiniau Wrecsam ar ôl bod adre, mi benderfynnodd y ddau alw ar ryw ffrindiau oedd a chysylltiadau â Llanbrynmair oedd wedi eu gwadd i de ac yn byw ddim ymhell o un o'r gorsafoedd ar y daith. Mwynhawyd y te …a chollwyd y "connection" a chyrraedd y barics yn hwyr, a'r lle wedi cau. Bu cryn holi arnyn nhw ond mi ddoison trwyddi'n groeniach – diolch i arabedd Richard Bebb. Soniodd lawer amdano'i hun yng ngwlad Groeg hefyd. Gweld y merched yn cerdded milltiroedd yn y gwres i'r pentrefi i nôl neges, neu i'r perllannau olewydd i weithio, tra'r dynion yn cael reid ar y mulod. Hyn ddim yn plesio bechgyn Cymru o gwbwl, a byddent yn eu gorfodi i newid trosodd, ond y funud yr aent o'r golwg byddai'r merched yn disgyn a'r dynion yn ôl ar gefn y mulod! Dyna'u ffordd.

RHWNG Y DDAU RYFEL

Er i slogan y Rhyfel Mawr ddweud mai'r bwriad oedd creu gwlad fyddai'n "deilwng o arwyr" – *a land fit for heroes*, nid felly y bu. Mewn gwirionedd, gwaethygodd pethau, a chynni mawr welodd pobol yn y 20au a'r 30au. Prif ddiwydiant yr ardal wrth gwrs oedd ffarmio, a gwelwyd dirwasgiad yn y diwydiant a phrisiau'r farchnad yn ddieflig o isel. Byddech yn lwcus i gael chweugain am ddafad dda. Yn dechnolegol ni bu dim datblygiad yn y diwydiant chwaith a pharhaodd ceffylau i drin y tir, a'r llafur a'r amser a olygai hynny heb newid dim o'r canrifoedd cynt. Ni bu newid yn y drefn gymdeithasol chwaith, a bron y cyfan o ffermydd yr ardal yn perthyn i un o'r tair stad. Roedd y rhan fwyaf o anghenion yr ardal yn cael eu cyflenwi'n lleol gan ffermwyr a chrefftwyr, fel y saer a'r gof. Roedd pobl yn dlotach yn gyffredinol rhwng y ddau ryfel nag oeddynt ddechrau'r ganrif. Edrychwch ar luniau plant ysgol a phortreadau o bobol ac mi allwch ganfod oddi wrth eu gwedd a'u dillad eu bod nhw'n dlotach ar ôl 1914 na chynt. A byd tlawd fu hi ar bawb tan yr Ail Ryfel Byd. Y pryd hynny, yn eironig, y dechreuodd pethau wella.

ATGOFION EVAN DEFI

Un a fu byw y bywyd gwledig trwy'r cyfnod yma oedd y diweddar EVAN DEFI JONES, Bronygraig, Talerddig, a anwyd yn 1914. Fo oedd yr olaf i gadw'r Swyddfa Bost yn Nhalerddig tan ei ymddeoliad yn 1998. Caewyd y Post wedyn. Aeth MARGARET JONES, Ystradfawr, cymydog ac un a'i hadnabu'n dda, ato am sgwrs ac fel hyn yr aeth pethau:

"Mi ges fy ngeni yn y Foel, Bont ac mi fues yn byw yno wedyn efo Nain. Symudodd Nain i fyw wedyn i Ty'ntwll, Y Wern, naill ben â Joni Box. Roedd Joni'n byw ei hun, wyddai neb ddim o ble y daeth o– rhyw fath o *hawker* oedd o. Roedd rhyw dyfiant mawr tu ôl i'w glust. Gwnai ddigon i gadw corff ac enaid ynghyd trwy werthu manion o dŷ i dŷ, pethau i ferched yn bennaf fel nets a phinnau gwallt, cribau, botymau, ac ati. Cariai'r cwbwl mewn bocs du rhyw ddwy ddroedfedd sgwâr ar ei gefn. Doedd hi'n ddim ganddo gerdded i lawr i'r Gwaelod a cherdded yn ôl wedyn dros fynydd y Diosg, wedi galw mewn dwsinau o dai.

"Symudais wedyn at fy rhieni i Gilhaul ar ben Bwlch Cerhynt. Yno y ganed fy chwaer Hilda. Rydw i'n cofio clywed ei sgrech gyntaf o'r stafell fawr lawr staer a finne'n holi beth oedd, a'r ateb ges i oedd mai llygoden fawr oedd yn y pared! Symudodd fy rhieni wedyn i Esgair Gelynnen, lle a dim ond dwy ffordd gert yn arwain yno, un trwy'r rhyd ddim ymhell o Lodge Rhiwsaeson a'r llall o Gaeau Gleision. Roedd dros bedair milltir i'r ysgol, ac felly'n chwech oed mi symudais yn ôl at Nain i'r Wern a mynd i ysgol y Bont. Rhedwn i lawr bob cam nes oedd fy wyneb i'n goch fel tân a galwai'r plant fi'n Ifan Goch.

"Roeddwn i'n ffond iawn o chwarae yn yr ysgol, mae gen i ofn. Roedd Gêm Gapie'n ffefryn, gosod rhes o gapie a bowndio pêl yn eich tro. Os ai eich pêl i'ch cap byddai'n rhaid rhedeg a tharo rhywun efo'r bêl. Os llwyddo, rhaid rhoi carreg yn eich cap ac os caech dair carreg roeddech chi allan o'r gêm. Hwnnw heb yr un garreg yn ei gap oedd yn ennill. Gêm arall oedd Pinne Bach. Fe brynnech gant o binne ar ddarn o bapur pinc am geiniog yn siop Mrs Roberts yn y Bont. Pwrpas y gêm oedd casglu cymaint o binne ag y gallech. Mi welech lawer yn mynd o gwmpas a phennau pinnau yn rhesi yn llabedi eu cotiau. Rhoi pin ar gledr eich llaw a gosod bys drosto i'w guddio, yna, chwaraewr arall yn gosod pin wrth ei ochr. Tynnu'r bys yn ôl ac os na fyddai'r ddau yn wynebu'r un ffordd cai'r chwaraewr cyntaf gadw'r pin, os mai fel arall, yna cai'r ail chwaraewr gadw'r pin. Mi glywsoch i gyd yr hen rigwm, "Ifan bach a minne yn mynd i werthu pinne, Un rhes, dwy res, tair rhes am ddime", wel, mi gaent eu prynu wrth y rhesi yn Bont pan ddoi'r ysfa giamblo o gwmpas! Gêm arall oedd Chware Marbls. Tynnu cylch tua troedfedd ar ei draws ar lawr a rhoi pum marblen yn y cylch. Yna'r chwaraewr cyntaf yn fflicio'i farblen a cheisio'u cael allan o'r cylch heb symud ei hun. Os llwyddai yna cai gadw'r marbls, os na rhaid ildio'i farblen ei hun. Bu'r gêm Dal Llwynog yn boblogaidd am flynyddoedd ac roedd hi'n dal i gael ei chwarae tan y 40au yn ysgol Bont. Golygai adael libart yr ysgol a chrwydro reit bell, un o'r bechgyn yn llwynog a'r gweddill yn bac o gŵn yn chwilio amdano. Roedd yna drwnc hir yn y Bont o'r afon at yr ysgol. Aeth un "llwynog" i mewn yn y gwaelod a chyrraedd yn ôl i'r ysgol o flaen pawb! J.E.Jones oedd y prifathro yr adeg yma ac roedd o'n un da am adael i ni chwarae, cyn belled â'n bod ni'n ôl mewn pryd.

"Chydig iawn o Saesneg oedd gennon ni – roedden ni ofn am ein bywyd cwrdd â neb yn siarad Saesneg yn unlle rhag i ni orfod agor ein cegau. Roedd disgyblaeth yn llym yn yr ysgol ond mi ddois i allan reit dda ar y cyfan. Dwi'n cofio cael cên am dorri riwler a chletsien am beidio stopio curo amser efo nhroed wrth ganu. Mae'n rhaid fy mod i'n thympio'n o lew! Dim byd mwy na hynny, ond mi fydde Alffi Grey yn cael cletsus bob ochr yn aml, ac mi yrrwyd un i fyny o ysgol Pen-ddôl i geisio cael trefn arno. Tynnwyd ei drowsus i lawr ac mi gafodd gweir yn y ports. Mi fuo'n fachgen da wedyn tra bu o yn y Bont, ond heddiw y plant ydy'r meistradoedd mewn llawer ysgol ynte?

"Mi gafodd 'y nhad ei ddirwyo unwaith am fy nghadw i adre o'r ysgol at y gwair ac yn sicr roedd cael y gwair i mewn yn bwysicach na diwrnod neu ddau o ysgol i ni adre bryd hynny. Mi fues i'n byw yn Esgair Gelynnen o 1918 i 1939, yn ffarmio yno ar ôl gadael ysgol efo nhad a mam ac yn mynd i Gapel Cwm. Doedd neb yn gwneud yr un hoc ar ddydd Sul ond rydw i'n cofio Dei Roberts, Cwmpen a John y mab yn mynd i dorri gwellt un p'nawn Sul a chollodd John ei fys bach yn y gocsen. Chai o fawr o gwŷn am mai ar ddydd Sul y digwyddodd o! Clywodd y Gweinidog, y Parch R.G. Owen fod Dei Roberts yn gwneud y pyllau pêl droed weithiau – a gamblo oedd testun y bregeth nesaf yn y Cwm!

"Byddem yn cadw merlen bob amser. Pan ges i feic byddwn yn mynd ar y ferlen i lawr at Gut y Whîd ar ffordd Cwm, sied sinc yn perthyn i'r stad (mae hi yno o hyd ond ar ei gwely angau) yna ar y beic i lawr i'r Gwaelod i whare biliards, wedi bwcio ymlaen llaw neu bydde ar ben arnoch am gael tro. Twbyn neu drap fydde gan lawer i fynd i'r Hen Gapel. Dwi'n cofio trap yng Nghwmffynnon a Rhyd-y-meirch a thwbyn Nantycarfan a Phwllmelyn. Mi fyddwn inne'n cerdded i'r Hen Gapel ar fore Sul dros Fwlch Gwyn (mi soniodd Iorwerth Peate lawer am hwn gan mai'r ffordd honno y bydde fo a'i dad yn mynd i Gapel Biwla yng Nghwm Nant-yr-eira) yna mi awn ymlaen dros Gwmcarnedd. Awn at Taid a Nain i Dalerddig i ginio ac adre ar ôl c'warfod y nos. Tri char oedd yna yn y plwyf hyd y galla i gofio, gan Dôlgoch, Plas Rhiwsaeson a Rheithor y Llan, a dwi'n meddwl i Lewis Richards, Clegyrnant gael un yn o fuan wedyn.

"Byddem yn cadw hwch fagu a phan fydde hi'n dod â moch mi fydde nhad yn ei gwylied, a phan ddoi yna fochyn mi fydde'n rhoi brechdan i'r hwch ac yn rhoi'r mochyn bach i sugno. Tuedd rhai hychod ydy bwyta'r moch bach fel maen nhw'n dod ond roedd hon yn cael digon o fara menyn! Byddem yn tyfu ŷd a mynd â fo i lawr i felin y Plas ac ar gynhaeaf drwg yn ei sychu yn y cilin cyn ei falu. Mae'r cilin yn adeilad bach cadarn ac yno o hyd ar ffordd Pencaedu. Dwi'n cofio dyrnu â ffust am flynyddoedd cyn y daeth injan ddyrnu i Glegyrddwr ac angen wyth o geffylau i'w thynnu i fyny i Esgair Gelynnen. Gwaith costus oedd pedoli hefyd, a thipyn o waith hel ar wyth swllt i bedoli'r ferlen. Amser caled iawn oedd hwn yn y wlad. Roedd amal i fil heb ei dalu yn yr efail. Dyna gorddi wedyn. Doedd neb acw'n licio'r job a themtasiwn i mi oedd rhoi dŵr poeth am ben yr hufen yn y fuddai i gael y menyn i ddod yn gynt, ond fyw i mi wneud hynny neu menyn drwg fydde fo. Byddem yn mynd â'r menyn i siop Miss Roberts yn y Pandy, a setlo hyd y gallem beth oedd ar y llyfr – te, siwgwr, sigarets a baco Hermit; pan na allen ni fforddio baco mi fydde nhad a fi'n smocio te. Roedd Lewis Richards, Clegyrnant yn cael ei gyfri'n ffarmwr cefnog. Smociai Woodbines yn ddi-stop. Dwy a dime oedd paced o bump. Prynai baced pump gan Miss Roberts a tharo dwy geiniog ar y cownter a deud, "Mi gewch chi'r ddime eto." Yr hen gna. Welai hi byth mohoni. Roedd gan Miss Roberts gae bach efo'r siop lle cadwai fuwch ac rydw i'n cofio'r hen greadures yn cario gwair ar gynfas i'r sgubor.

"Dwi'n cofio buwch yn llyncu llyffantws adre acw. Rhyw edau lin o greadur bach yn y dŵr ydy llyffantws ac yn gallu mygu buwch. Dim ond mewn rhai llefydd yr oedd o yn y dŵr ond heddiw does dim sôn amdano. Llygredd wedi'i ladd, 'falle. John Jervis, Rhyd-y-meirch oedd yr un i glirio llyffantws – roedd yn ddarllennwr mawr ac yn cael ei gyfri'n dipyn o awdurdod ar bopeth, ac yn barod iawn ei gyngor. Ei feddyginiaeth oedd llosgi plu o flaen trwyn y fuwch i wneud iddi besychu; wedi'r cyfan, roedd digon o blu i'w cael bob amser a phawb yn cysgu mewn gwely plu. Dwi'n cofio, pan yn hen gog bach, meddwl eu bod nhw'n mynd i rostio'r fuwch! Ond y mwg oedd yn bwysig, wrth gwrs. (Dywedwyd wrthyf gan un profiadol mai'r arwydd fod buwch wedi llyncu llyffantws oedd bod ei llygaid wedi troi'n felyn a'i ffroen yn sych. Gol.)

"Doedd dim angen mynd â gwartheg a moch ymhellach na Llanbrynmair i'w gwerthu bryd hynny. Cynhelid ffair greaduriaid yn y Gwaelod ar ddydd Llun cynta'r mis, y perchnogion yn sefyll efo'u hanifeiliad ar ffordd Pandy, ffordd Talerddig a ffordd Llan, yn dibynnu ym mha gyfeiriad yr oedd y ffarm, yn disgwyl am y porthmyn a ddeuai yn eu swydd. Lle mae'r maes parcio heddiw roedd lle gwerthu moch a'r ffermwyr yn dod â chertiaid o foch ar y tro. Dwi'n cofio hen wraig o Bantypowsi, Cwm Nant-yr-eira, bum milltir dda o'r Gwaelod, yn prynu mochyn o'r gert wrth Wynnstay ac yn mynd â fo adre ar ei chefn mewn sach fran denau. Rydw inne'n cofio cario dau borchell adre o Nantycarfan, a nghefn i'n reit wlyb erbyn i mi gyrraedd adre! Ond roedd o'n werth y cwbwl pan ddoi hi'n ddiwrnod lladd mochyn. Byddem bob amser yn rhannu cig mân efo Cwm Ffynnon a Chwmpen, darn o tsieimin (blaen cefen, fel y galwai rhai o) a darn o asen fras. Doedd dim byd tebyg i'r toddion a gaem wrth eu rhostio i'w roi ar frechdan. Roedden ni'n awff am frôn neu gosyn pen hefyd. Rhoi cig y pen a'r traed a'r beliporc trwy'r *mincer* ar ôl ei ferwi, yna'i roi mewn pridden a phlât ar ei ben, a dau fflat smwddio ar hwnnw, a gadael iddo sadio am rai diwrnode – *champion* efo digon o fwstard. Ond yr ogle gore oedd ffagots yn rhostio yn y ffwrn fach wrth ochr y tân. Iafu, winiwns a briwsion bara oedd yn rhain wedi'u gwneud yn beli crwn a'u lapio mewn darnau o'r ffedog, neu'r "feil", oedd am y perfedd.

"Tân ar lawr oedd yn yr hen gartre a phicret o'i flaen, hynny ydy, twll a chaead haearn a thyllau crwn ynddo i dderbyn y lludw am wythnos. Byddai'n rhaid ei godi wedyn neu chychwynnai'r tân ddim – fydde fo ddim yn tynnu. Yn y cornel wrth y tân roedd ffwrn wal a chaead arni lle bydden ni'n crasu bara a chacen a phwdin, yn cael ei chadw'n llawn o goed sych, clên, yn barod at ddiwrnod pobi. Rhoid y toes i godi dros nos yn y bridden bobi ar y setl wrth y tân yna rhoi tân yn y ffwrn trannoeth ac aros iddi boethi cyn ei glanhau allan yn barod i dderbyn y tuniau. Daliai fy mam ei llaw yng ngheg y ffwrn a chyfri deg, ac os methai ddal ei llaw yno byddai'n rhaid aros i'r ffwrn oeri 'chydig.

"Fel y dywedais, mi adewais Esgair Gelynnen yn 1939, a'n teulu ni oedd yr olaf i fyw yno. Mae o'n adfail ers talwm iawn a'r tir yn cael ei ffarmio efo Caeau Gleision a rwân efo Cwm Ffynnon."

YR AIL RYFEL BYD

Ar y 3ydd o Fedi 1939 cyhoeddodd y Prif Weinidog, Neville Chamberlain fod y Deyrnas Unedig yn mynd i ryfel yn erbyn yr Almaen. Dyna ddechrau pum mlynedd eto o ryfela, ond y tro yma roedd hwn yn mynd i newid holl gwrs bywyd mewn gwlad a thref. O ganlyniad i'r rhyfel yma, daeth dulliau newydd i mewn i fyd amaeth a dylanwadau estron ar gymdeithas, a gwelwyd y ffordd o fyw yng nghefn gwlad yn newid yn gyflym iawn.

ARWYDDION RHYFEL

Galar a thlodi oedd gwaddol y Rhyfel Mawr i Lanbrynmair, teuluoedd wedi colli meibion bochgoch, iach a gwŷr priod syber yn llawnder eu hoed a'u hamser, a phryd yr oedd gweld y postmon yn dod yn gyrru iasau i lawr y meingefn. Blynyddoedd o dlodi ddilynnodd y rhyfel hwnnw, a chyflog crefftwr cyn ised â swllt y dydd. Ond ni ellid dweud, ar wahân i hyn, fod llawer o allanolion rhyfel i'w gweld yn y wlad. Roedd y rhyfel yn cael ei ymladd ar dir pell. Ond daeth yr Ail Ryfel Byd i'r ardal mewn ffordd mwy gweledol. Rowliai tanciau a loriau llawn milwyr ar hyd y ffordd gan ymddangos ar dop Talerddig a diflannu dan Goed Ffriddfawr wrth fynd am Donfannau, lle roedd gwersyll mawr gan yr Americanwyr. Peth arall a ddaeth â lliw caci'r fyddin i ganol y werin oedd y Gwarchodlu Cartref, yr *Home Guard,* a ffurfiwyd o blith y rhai nad aeth i ryfela. Daeth y noddedigion, yr *evacuees,* o'r trefi mawr i lochesu mewn cartrefi. Cafodd pawb ei lyfr rasions i reoli a dogni bwyd, a gosodwyd rheolau llym ynglŷn â faint o gynnyrch ffarm oedd i'w fwyta adre a faint yr oedd hi'n oblygedig i'w gynhyrchu i'w anfon i fwydo'r trefi. Roedd tywyllwch dudew gorfodol yn y nos a phob ffenest dan orchudd y *blackout* – rhoid papur du dros hanner lampau ceir a hyd yn oed bapur sidan wedi ei blygu tu mewn i wydr fflachlamp! Byddai'r

Gwarchodlu Cartref neu'r heddlu ar eich gwar mewn chwinciad os dangosech fymryn o olau. Roedd yr heddwas Woodfine yn flin wrth rai smociai sigarets wedi nos, ac roedd am droi pob cetyn pen chwith i lawr! Yr ofn oedd y caech eich gweld o'r awyr, ac yr oedd Llanbrynmair ar lwybr y "Jerries" wrth iddyn nhw gyrchu Lerpwl. Roedd gofyn i bawb ymarfer gwisgo masgiau nwy, hen bethau hirdrwyn, myglyd. Rhoid masg nwy i bawb bron ac mae sôn am wraig ffarm yn Llanbrynmair yn gwrthod masg os nad oedd y buchod yn cael rhai hefyd! (Mi gymerwn ni'r stori yna efo pinsied go lew o halen!) Cai'r plant eu hannog i hel egroes y rhosyn gwyllt o'r stingoedd i'w danfon i ffwrdd i wneud sirop fitamin C. Doedd cloch yr eglwys ddim i'w chanu ond pan fyddai perygl gwirioneddol. Tyllwyd ffos ddofn ar gae Tŷ Mawr, Llan, i wylio Pont y Green. Rhoddwyd blociau concrit bob ochr i'r ffordd mewn llawer man fel y gellid rhoi bar haearn ar draws y ffordd pe glaniai'r Almaenwyr, a gwnaed i ffwrdd â phob mynegbost i wneud yn siwr y bydden nhw'n colli'u ffordd! Oedd, roedd arwyddion y rhyfel yma'n glir ym mhellafoedd cefn gwlad.

Y GWARCHODLU CARTREF
Yr ofn mawr yma oedd y byddai'r Jerries yn glanio, hynny ydy, yn parasiwtio i mewn ar bennau'r mynyddoedd, a'r ofn arall oedd fod ysbiwyr y gelyn eisoes yn y wlad ac yn gweithredu'n ddiarwybod mewn llefydd annisgwyl – fel Llanbrynmair. Hawdd felly oedd creu drama allan o sefyllfa ddigon cyffredin. Mae'r Golygydd yn cofio su yn mynd o gwmpas cwm Pandy mai sbei oedd y ddynes yna oedd yn aros efo'i merch fach dan gronglwyd Tommy Rowlands a Jinni ym Modhyfryd. Roedd hon yn hoff o fynd i gerdded Mynydd Plas a llefydd eraill ar ei phen ei hun, a dyna mae'n debyg roddodd fod i'r stori. Doedd merched yr ardal ddim yn mynd i gerdded wrthi'u hunain yn ddi-bwrpas, felly roedd hon yn od – ac efallai'n sbei? Dychymig? Mae'n siwr fod dychymig yn help i wneud bywyd yr Home Guard yn fwy diddorol!

Am y ddau reswm uchod y ffurfiwyd y Gwarchodlu yn bennaf, y parasiwtio a'r ofn ysbiwyr, a disgwylid i fechgyn ifanc heini ac iach ymuno, bechgyn ffermydd lawer ohonyn nhw gan nad oedd raid iddyn nhw ymuno â'r fyddin os gallent brofi bod eu hangen nhw gartre i godi'r bwyd angenrheidiol ar gyfer y wlad. Gallai eu tadau ymuno hefyd yn enwedig os oedden nhw wedi bod yn y Rhyfel Mawr, a dyna sut y cafwyd yr enw *Dad's Army* yn y gyfres deledu boblogaidd honno yn wyth-degau'r ganrif. Roedd dwy gatrawd o'r Gwarchodlu yn Llanbrynmair (ac un yn y Stae) ac yn cwrdd mewn dau ganolfan, neuadd y Gwaelod ac Ysgoldy Llan. Y Capten oedd y Parch George Dean, rheithor y plwy, a'i ddirprwy oedd Evans y Post, postmon a fu yn y Rhyfel Mawr, dyn llym os byddai raid, yn byw yn y Bont. Trowsus, siaced a chôt fawr drom o ddefnydd trwchus lliw caci â botymau pres oedd y "dillad Home Guard" ac yn Llan fe'u cedwid yn yr ysgoldy dan ofal Glanffrwd Davies a John Penclap. Cedwid y gynnau a'r ffrwydron yn saff (!) mewn caban yng ngardd y Rheithordy. Deuai bws Crossville i fynd â'r bataliwn i ymafer saethu i gwrs golff Machynlleth weithiau, dro arall ceid ymafer saethu i fyny wrth lynnoedd Tŷ Isaf, ar safle yr hen waith mwyn. Ceid ffug-ymladdfa dro arall rhwng Prydain (neu Gymru?) a'r Almaen, siawns iawn i chwarae droi'n chwerw, ond ni chlywyd am 'run anghaffael. Roedd copaon rhai o'r mynyddoedd sy'n amgylchu'r plwyf wedi eu dynodi'n safleoedd gwyliadwraeth. Un o'r rhain oedd mynydd y Cawg, lle gyda'r garwaf ar noson stormus yn y gaeaf, a'r tân yng nghegin y Cawg dipyn yn fwy croesawgar – ac yno y bu aml "wyliadwraeth"! Roedd ymarfer martsio'n beth arall a wnaent, ac roedd catrawd y Stae yn arbenigwyr yn y grefft!

Gwyddai pawb y gwahaniaeth yn syth rhwng sŵn awyrennau Prydain a hwmian plyciog awyrennau'r gelyn wrth basio trosodd. Arferai Sybil yr Efail, Pennant ddweud fod grisiau'r tŷ yn crynu pan fyddai'r awyrennau hynny'n mynd trosodd. Daeth *Wellington bomber* (Brydeinig) i lawr ym Mehefin 1944 ar fynydd Dôlbachog o gyfeiriad Llawr-y-glyn, ond ni chollwyd neb o'r criw. Yr arferiad gan y gelyn oedd gollwng bomiau sbâr rywle yng nghefn gwlad wrth ddychwelyd o gyrch ar Lerpwl, sbaryn eu cludo adre'n ôl. Daeth amryw o'r rhain i lawr yma. Cofia Mary Rowlands, Pentrecelyn am ei thad Sam Davies a William Rees, dau a fu yn y Rhyfel Mawr, yn diffodd un o'r bomiau tân yna ar Ddôl Rugog ger bont y Plas efo tywyrch a phridd. Dro arall, pan ddaeth tyrfa allan o neuadd y pentre, wedi bod mewn rhyw gyfarfod, beth welson nhw ond un o gaeau Caeau Gleision ar dân, bom arall wedi disgyn, ond wrth lwc roedd y cynhaeaf ŷd newydd ei gario neu mi fuase yna dipyn mwy o dân. Roedd brys i roi'r tanau allan rhag tynnu sylw'r gelyn at y fan. Yn yr *Artillery* yr oedd William Rees yn y Rhyfel Cyntaf, wedi gorfod mynd gan ei fod yn ffarmio ar stad Llwyn Owen a chanddo fab yn gadael yr ysgol i weithio gartref. Ei waith oedd arwain y ceffylau a lusgai'r gynnau mawr ar faes y gad. Er na siaradai lawer am y rhyfel, roedd un peth rhyfedd wedi aros yn ei gof: ar *retreat* unwaith, a hwythau'n cael eu gyrru tuag yn ôl gan y gelyn, a'r ceffylau yn llusgo'r gynnau mawr ar garlam wyllt trwy'r pentrefi – gweld gwraig yn hamddenol braf yn rhoi bwyd i'r moch, fel pe na bai dim byd o'i le. Ac fel pe'n dweud, "Mi fyddwn ni yma ar ôl hyn…" Darn o shrapnel yn mynd i'w goes a'i hachubodd yntau, o bosib, gan iddo orfod treulio misoedd mewn ysbyty. Roedd y clwyfedig yn aml yn fwy ffodus na'r bywiol iach.

Er mwyn eu diogelwch, daeth 200,000 o noddedigion i Gymru yn ystod dwy flynedd gyntaf y rhyfel. Dyma'r "faciwîs", plant tlawd, llwydaidd yr olwg lawer ohonyn nhw, yn dioddef o fân anhwylderau a diffyg maeth. Gwellodd gwedd llawer ohonyn nhw ar ôl cael awyr iach a bwyd maethlon. Deuai mamau efo'r rhai ieuengaf yn aml, ac yn wahanol i ferched Llanbrynmair, yn aml yn smocio fel simdde. Mae gan y Golygydd gof am un o'r gwragedd yma'n aros yn Llwynaerau, ac yn cerdded ei phlant i'r ysgol fel y gweddill ohonon ni. Dau gog bach oedd ganddi, Georgie a Reggie, yn diodde'n aml o ddolur rhydd, y creaduriaid bach, ac yn rhannu 'stafell yr Infans efo ni – a Miss Varina Williams yn mynd trwy ddalennau di-ri o'r *County Times* wrth drio rheoli'r sefyllfa! Pan gynhaliwyd aduniad Ysgol Pen-ddôl, daeth un o'r evacuees yma'n ôl i ddathlu, Tony Rogers, oedd wedi bod yn aros am flynyddoedd efo Tom Humphreys y glo. Doedd dim llawer o ddealltwriaeth rhwng y newydd-ddyfodiaid a phlant yr ysgol, ond mewn gwirionedd roedd cyn lleied ohonyn nhw fel na wnaethon nhw ddim argraff o gwbwl ar fywyd yr ysgol na'r ardal yma. Trowyd y Lodge, tŷ haf ar gyfer saethu grugieir stad Syr Watkin yng nghwm Pandy, yn gartref dros dro i nifer ohonyn nhw, dan ofal Miss Ethel Breeze o Fachynlleth. Roedd y rhain yn cael eu gwersi yn y Lodge ac felly'n cymysgu dim. Rhyw ddwy neu dair yn unig o ferched y tir, *land girls* ddaeth i Lanbrynmair ac felly amddifadwyd y.plwyf o'r hwyl wrth wylio'u giamocs yn ceisio gwneud gwaith ffarm, ond mae'n debyg ei bod hi'n dda eu cael mewn lleoedd eraill oedd yn brin o ddwylo.

CARCHARORION RHYFEL

Fe ddaeth carcharorion rhyfel i lawer iawn o ffermydd, a chael lle da, mae'n rhaid, achos fe benderfynodd rhai aros yma'n barhaol. Yr Eidalwyr ddaeth gyntaf, bechgyn golygus, pryd tywyll, hoff o chwerthin a chanu, ond hawdd eu gwylltio, ac yn gwneud eu gorau glas i dynnu'r merched a hynny'n codi cynnen rhyngddyn nhw â'r bechgyn lleol. Roedd yna godi dyrnau wedyn. Roedd amryw o Eidalwyr yng nghwm Pandy – ym Mlaencwm, Clegyrnant a Rhyd-y-meirch, ac yn ennill ffafr y merched trwy wneud modrwyau wedi'u haddurno â siap calon neu â llythrennau enw'r perchennog. Fe'u gwnaent allan o bisyn chwech neu bisyn tair arian, neu'r un melyn onglog, neu hyd yn oed o ffyrling. I ddyn, gwnaent fodrwy allan o bisyn deuswllt. Doedden nhw ddim yn rhy ffond o waith, ac edrychent ymlaen yn annad dim at gwrdd â'i gilydd fin nos.

Yn Nantycarfan roedd yna ddau, un yn dod o'r barics mewn lori a'r llall yn byw fewn. Dyma Berwyn Lewis, y gwas bryd hynny, yn dweud tipyn o'u hanes:

"Dwi'n cofio amser tynnu tatws. Roedden ni fel pawb arall wedi gorfod plannu mwy nag arfer, dau gyfer o datws ac mi ddaeth yn amser i'w tynnu. Job fawr. Roedd o'n gae go lechweddog a dyma roi fforch i bob un o'r tri, a finne, a'i chychwyn hi o'r gwaelod. Roeddwn i'n ennill tir arnyn nhw a nhwythe'n llusgo ar ôl, a dyma fi'n rhoi blaen fy fforch mewn hen daten fawr ddrwg a ffling iddi ac mi landiodd ar gorun Francisco Vilieri. Wel! dyma'r tri yn dod amdana i. "Stop!" medde fi, a dal fy fforch o'u blaenau, ac medde Francisco, "*I dona mind a joke a face, a joke a hand I dona like!*" Dwi'n cofio tro arall, roedden ni'n pacio gwlân ac yn boeth yn yr haf. Doedden nhwythe ddim awydd i waith, ac roedd yn rhaid i rywun fynd i mewn i'r pacloth i fagio. Roedd Franciso'n greadur go drwm ac yn fwy o lawer na fi, ond doedd o ddim yn cynnig mynd. Dyma Griff a finne'n cydied ynddo fo a'i dywlyd i'r sach a'i chau â phegiau, a rhoi ambell i gic brofoclyd iddi, "*Are you going to listen now Frank?*" Roedd yn rhaid troi arno neu mi âi yn feistr corn mewn munud. Roedd o dipyn yn hŷn na ni. Chafodd o'r un llythyr tra bu o acw a ddysgodd o fawr iawn o Saesneg (efallai na chafodd o lawer o gyfle a ninne'n siarad Cymraeg o hyd) ond mi fytai dafelli o'r ham dan llofft heb eu ffrio. Fel'na roedden nhw'n ei fwyta fo gartre".

Stori wahanol iawn sydd gan Anneura Davies (Jones bryd hynny) am Aldo Puzzorella, yr Eidalwr o garcharor ddaeth i fyw atyn nhw i Bennant Isaf yng nghwm Pennant. Roedd hi'n chwech oed, a phan gyrhaeddodd hi adre o'r ysgol un diwrnod dyna lle roedd y dieithryn yma yn y tŷ yn cael te, a'i thad, Richard Jones a'i mam, Laura a'i thaid, Wmffre Evans yn methu gwneud dim byd ohono fo ac yntau heb yr un gair o Saesneg. Ond pan welodd o'r ddoli fach benfelen, lygatlas yma'n dod trwy'r drws dyma fo'n rhedeg ati, "Bambina! Bambina!" Roedd plentyn yn y tŷ, a thoddodd y rhew. Daeth yn un o'r teulu. Dyma Anneura'n codi'r stori:

"Roedd o'n un o ddwsin o blant o bentre gwledig a newydd briodi efo lodes smart, Lina, a chariai ei llun i bobman. Cai lythyron o gartre'n amal a sgrifennai'n ôl ar bapur *airmail* tenau. Doedd o ei hun ddim yn olygus iawn, ei wallt yn tyfu'n ôl, trwyn amlwg a chlamp o *Adam's apple*, ond canwr da ac mi clywech o'n canu lawr ar y caeau. Crydd oedd o wrth ei alwedigaeth. Mi wnaeth bâr o glocs cyfforddus iawn i mi; naddu'r gwadnau o wernen roedd o wedi'i rhoi i sychu yn y ffwrn fach, a chael lledr coch o'r tanws yn Llanidloes i wneud cefn, a rhoi strapen a bwcwl wedyn dros y droed. Roedd trwsio gêrs ceffylau yn ei lein o hefyd ac mi wnâi ei edau ei hun a'i stwytho efo llawer côt o gŵyr. Gwnaeth fodrwy fach i mi allan o bisyn tair ac ABJ arni. Gwnai rai i'w gwerthu hefyd, a bangls, brotsus a bandiau gwallt o blastic amryliw wedi'i blethu'n fân. Gwerthai'r rhain i gael pres sigarets. O'r depot y deuai'r plastic a sebon ac oil gwallt, brws dannedd a phâst a sanau. Y wisg swyddogol i fynd i ffwrdd oedd jercin a throwsus marŵn ond cai wisgo unrhyw beth adre ar y ffarm.

"Er nad oedd ganddo ddim profiad o waith ffarm mi ddoth i allu gweithio'r ceffylau, er iddo droi'r gert wair unwaith, ond wrth lwc roedd hi'n wag. Mae'n debyg mai ar Fox y ceffyl ifanc yr oedd y bai, wedi codi'i draed yn rhy uchel a tharo'r siafft a gwylltio gan adael Aldo a'r gambo yn y ffos. Roedd bob amser eisie cymryd pen tryma'r baich, "*Me, Boss, Me, Boss*", oedd hi bob amser pan fyddai Taid a fo yn gwneud rhyw orchwyl. Byddai'n cymryd benthyg beic Mam weithie i fynd i siopa at Wynnstay a finne ar y cariar. Doedd neb gwell na fo am fynd rownd i Tomi Jones i gael rhywbeth bach i mi gnoi ar y ffordd adre! Roedd Eidalwr yn Cefn hefyd, Antonio, ac ambell fore Sul fe ddeuai Morris â fo i fyny i Bennant Isa am dro i weld Aldo, ond byddai Morris yn ei siarsio cyn cychwyn adre o'i flaen, "*Antonio, dinner twelve, compri?*" Roedd hi'n hwyl fawr gennon ni glywed Morris yn ymarfer ei Eidaleg.

"Dad ddysgodd Saesneg i Aldo. Roedd fy nhad yn dioddef o anhwylder y galon ac yn cadw i'r tŷ. Bu Aldo yn gwmni ac yn gyfaill mawr iddo. Roedd llechen ddu, sgleiniog uwchben y lle tân yng nghegin Pennant Isa a hon oedd y bwrdd du. Byddai Dad yn sgrifennu gair Saesneg ac Aldo'n rhoi'r Eidaleg gyferbyn. Cai'r ddau yr hwyl ryfedda wrth y gwaith. Cymraeg siaradai Taid efo fo bob amser ac yr oedd y ddau yn deall ei gilydd i'r dim. Roedd ganddo grap go lew ar y ddwy iaith yn mynd oddi acw. Roedd bachgen o'r un pentre â fo, Lorenzo, yn gweithio yn Gyfanedd Fawr, Arthog ac mi briododd o efo'r ferch ac aros yn yr ardal. Fe gawson ni un cerdyn oddi wrth Aldo wedi iddo adael i ddweud ei fod wedi cyrraedd adre. Sgrifennodd Lorenzo i holi ei hanes, a'r peth olaf glywson ni oedd ei fod yn wael mewn ysbyty. Daeth rhyw hanes hefyd fod y wraig ifanc, dlos wedi cefnu arno cyn iddo gyrraedd yn ôl, ond wyddom ni ddim byd i sicrwydd. I ni, roedd o'n fachgen llawn calon ac roedd gennon ni hiraeth ar ei ôl".

Ar ôl yr Eidalwyr, daeth carcharorion Almaenaidd i'r ardal. Roedd y rhain eto'n aros mewn cartrefi a rhai yn mynd a dod o'r barics yn y Drenewydd, ond yn deall ychydig mwy o Saesneg na'r Eidalwyr. Mae natur Eidalwr ac Almaenwr yn wahanol yn eu hanfod, fel y mae Cymro a Sais, ac roedd hyn yn cael ei amlygu yn eu hymarweddiad. Roedd yr Almaenwyr yn llai parod i gyfeillachu – ac ymladd! – efo'r boblogaeth leol. Roedd ganddyn nhwythau drefniant i gwrdd â'i gilydd, ac yn y cyfarfodydd hynny byddent wrthi'n ddiwyd, a'r un fath yn y gwahanol gartrefi wrth y tân neu allan yn y wanws neu'r llawr, wrthi'n gwneud slipars. Tynnent sachau hemp oddi wrth ei gilydd yn gortynnau, lliwio'r rhain efo dei a'u plethu'n rheffynnau, y rhai mân ar gyfer y cefntroed a rhai bras at y gwadan, yna troelli'r plethau i siâp slipar a'u gwnio'n gadarn. Roedd galw mawr am y slipars lliwgar a diddos yma a gwerthent am chweugain y pâr, pres poced derbyniol iawn. Roeddent yn rhai am gadw at eu harferion hefyd. Cofia'r Golygydd am Herbert, yr Almaenwr a weithiai efo nhw ar y ffarm, yn cysgu ar fatres wellt o dan y gwely plu yn lle nythu ynddo fel ni'r Cymry! Mae'n siŵr ei fod o'n hynod o falch i weld fod y *duvet* wedi cyrraedd Cymru, diolch i'r gwyddau, flynyddoedd maith yn ôl! Roedden nhw'n bobol lanwedd iawn hefyd. Byddai Hebert yn mynd â'i bot allan yn ddefodol bob bore a'i olchi dan y pistyll ac yn dod yn ôl wedi molchi a chribo'i wallt. (Nodyn wrth basio: "Pistyll Gwyn" oedd yr hen enw ar Pennant Isaf, oddi wrth y pistyll cryf a lama fel cynffon buwch wrth dalcen y tŷ, yn gryfach ac yn oerach yn yr haf na'r gaeaf ac sy'n codi rhyw ganllath i fyny'r ffridd. "Derwen Lwyd" oedd yr hen enw ar Bennant Uchaf. Pam newidiwyd y ddau enw hardd, tybed, ai i'w gwneud hi'n haws i stiwardiaid Seisnig y stad rywdro?)

I'r Belan, Pennant y daeth Albert Schulz, Almaenwr arall, yn llefnyn main, heini i ganol tyâid o blant, saith ohonyn nhw i gyd dan ddeuddeg oed, ffarm heb yr un ffordd galed yn mynd ati a digon o slwj a baw ar dywydd gwlyb. Ond doedd Albert yn cwyno dim a bu yno am rai blynyddoedd ac yn help mawr efo'r plant. Yna, ar ddiwedd y rhyfel, yn lle mynd adre cafodd le mewn ffarm arall, Pentre Mawr, ac wedyn efo'r milfeddyg yn Newgate. Roedd yn adnabyddus iawn yn yr ardal ac yn barod ei gymwynas, a chanddo grap go dda ar y Gymraeg. Roedd yn ffotograffydd da iawn hefyd ac mae gan amryw brint a wnaeth o'r Ffrwd Fawr. Byddai'n mynd adre i'r Almaen unwaith y flwyddyn yn y blynyddoedd diwethaf ac yn dod ag anrhegion a chyfarchion oddi wrth ei deulu, oedd yn ffermwyr hefyd. Aeth yn ôl i'r Almaen cyn diwedd ei oes.

HANS JACOBS
Mae stori Hans Jacobs, carcharor o'r Almaen arhosodd yn Llanbrynmair, yn stori ramantus. Cafodd wraig yma, Muriel, un o ferched teulu Cullen, Tŷ Canol. Gadawn i Muriel Jacobs ddweud eu stori:

"Yn ffair Hydref, Drenewydd, y cwrddais i a Hans gyntaf. Roedd o mewn gwersyll yn ymyl Drenewydd ac yn gweithio ar ffermydd, gan gynnwys rhai yn Llanbrynmair. Mae'n amlwg ei fod o a'i ffrind wedi clywed fod ffair Drenewydd yn lle da i glicio! Roeddwn i a ffrind yn mwynhau ein hunain ar y ceffylau bach, a dyma fo'n wincio arna i ac eisiau gwybod sut yr oeddwn i'n mynd adre….Wel, welais i mohono wedyn am sbel go hir. Mi fuodd yn gweithio yn y Fron a Chwmcarnedd, ac yn y diwedd mi ddaeth i weithio aton ni i Tŷ Canol. Mi briodson a mynd i fyw i Bennal lle cafodd Hans waith ar ffarm. Ond pobydd oedd o wrth ei alwedigaeth ac yn hiraethu am fynd yn ôl at y bara. Ac yn wir, trwy lwc, mi gafodd le yn Arvonia ym Machynlleth, lle y buodd o am ddeuddeg mlynedd yn hapus iawn. Yna, yn 1966, symud i fecws Talerddig i weithio i Cynlas Lewis, lle roedd o eto wrth ei fodd – gymaint felly fel y bu iddo brynu'r busnes pan oedd Dyfrig, brawd Cynlas, yn rhoi fyny yn 1973. Mi gadwon ni yr un staff ymlaen, wrth gwrs, sef Elfyn Jones, Tomi Pitcher, Alwyn Jones, Gwenda Jones ac Anna Jones. Does dim byd tebyg i bobol sy'n deall eu gwaith! Mae Anna ac Elfyn yn dal i weithio yno.

"Pan brynwyd y lle gwyddem fod rhaid i ni adeiladu popty newydd er mwyn cyrraedd safonau gofynnol Iechyd yr Amgylchedd, ond parhawyd i weithio yn yr hen un tan Ragfyr 1979. Yn y cyfamser, roedd Hans wedi cael cynlluniau ar gyfer popty newydd, a dyma fynd ati i'w godi. Trwy ddefnyddio adeiladwyr lleol, Meic Evans, Darowen a Charles Jones, Llanbrynmair mi godwyd becws newydd sbon mewn chwe mis, y defnyddiau i gyd yn lleol: Gwyn Talerddig yn paratoi'r lle efo'i jac codi baw; y gwaith dur gan Griffiths ac Evans, Llanwnog; cerrig o H.B.Bowen, Cefn Coch, nwy a thrydan gan fasnachwyr lleol, gwydr o'r Drenewydd, faniau gan y Brodyr Davies, Dôlgoch a blawd o'r Bari! Dros un penwythnos, 15fed i'r 18fed o Ragfyr, 1979 dyma symud yr holl offer o'r hen bobty i'r newydd ac ar y bore Llun roedd y ffwrn yn boeth a phopeth yn gweithio. Daliai'r ffwrn newydd 300 o fara, ac roedden ni rŵan yn cynhyrchu 3,700 o dorthau mawr a 1,500 o rai bach bob wythnos, a'r rheiny'n *prime loaves* bob un. Cacennau hefyd a byns, a'r faniau yn cario i'r Drenewydd, Caersws, Llanidloes, Penffordd-las a Machynlleth. Byddai Hans yn cychwyn gweithio bob bore am hanner awr wedi tri a'r gweithiwr olaf yn gadael y becws am dri y prynhawn.

"Cymro i'r carn oedd Hans, yn meddwl y byd o'i deulu ac o Lanbrynmair. Siaradai Gymraeg yn rhygl. Un waith yn unig y buon ni ein dau yn yr Almaen a fuodd o byth eisiau mynd yn ôl wedyn. Yma roedd ei galon. Mi fuodd farw'n rhy ifanc o lawer, yn 59 oed, ac mae wedi'i gladdu yn y Bont ers 1984, a Chymraeg, wrth gwrs, sydd ar garreg ei fedd. Rydw i'n falch sobor fod ein merch, Jennifer a'i gŵr, Alan yn cario'r busnes ymlaen yn llwyddiannus iawn".

Meddai Jennifer, "Ar wahân i Alan a fi, rydyn ni rŵan yn cyflogi dau bobydd llawn amser, Mrs Anna Jones a dau yrrwr rhan amser. Mae hefyd bedwar o bobol rhan amser yn gofalu am ein siop yn Llanidloes. Mi wnawn rhyw 5000 o dorthau, a baguettes a chacennau bob wythnos. Mae ein faniau yn dal i fynd o amgylch y tai fel o'r blaen ac yn cyflenwi siopau ac ysgolion ym Maldwyn a Cheredigion. Gallwn ddal i ddweud, felly, fod bara Talerddig yn dal i "borthi'r pum mil!"

BWYD

Dogni bwyd, y *rations*, oedd y peth mawr arall a boenai bawb adeg y rhyfel, yn enwedig gwraig y tŷ oedd yn gorfod "gwneud rhywbeth allan o ddim". Am nad oedd llongau'n gallu cario bwyd i'r wlad fel o'r blaen rhaid cynilo a rhaid cynhyrchu cymaint â phosib gartre. I reoli faint gaech ei fwyta o rai pethau rhoddodd y Llywodraeth lyfr dogni, "rasionbwc" ar lafar gwlad, i bawb, rhai gwahanol liw ar gyfer oedolion a phlant, a phob tudalen wedi eu rhannu'n sgwarau bach, hyn a hyn o sgwarau'n unig i'w torri allan bob wythnos ar gyfer siwgwr, te, blawd, menyn, wŷ wedi sychu, reis, da-da a phethau felly. Roedd cael tun o ffrwythau neu jeli neu foethau o'r fath allan o'r cwestiwn. Roedd angen hyn a hyn o "boints", yn cael eu cynrychioli gan y sgwarau yna, i gael neges ac os nad oedd y points gennych, wel, ta-ta. Byddai'r siopwr yn cyfri'r points oedd wedi'u casglu ar ddiwedd pob mis ac yn ôl hyn y gallai archebu at y tro nesaf. Rhaid oedd i bob teulu gofrestru efo siop o'u dewis a phrynu yn y fan honno. Yn union fel y mae'n rhaid cadw manylion treth ar werth y dyddiau hyn roedd yn rhaid i'r siopwr gadw cyfri o'r points, a'r cwbwl yn ddi-dâl, wrth gwrs. Hen waith trafferthus a diflas.

Fel y soniwyd eisoes, roedd yn ofynnol i'r ffermwyr gynhyrchu mwy nag arfer yn enwedig o wenith a thatws. Roedd y gwenith i'w werthu i'r Llywodraeth – dim i fynd i fol yr ieir na'r moch. Yn wir, yr oedd i felinydd falu gwenith yn y felin yn drosedd. Roedd hynny'n wir hefyd adeg y Rhyfel Cyntaf. Mae Gwyneira Lewis yn adrodd stori am ei thad, Evan Lloyd, Plas Pennant oedd yng ngofal melin Pennant bryd hynny: roedd Evan ac Annie Lloyd, yn ôl hen arferiad clên yr ardal, wedi eu gwadd i swper at Hugh a Jane Williams, Cilcwm. Yno hefyd yr oedd gŵr llai adnabyddus iddyn nhw a ddaethai i fyw i Graigyrhenffordd. Yn ystod y sgwrsio, mae'n debyg fod Evan Lloyd wedi sôn iddo falu gwenith i rywun.... Cyn pen y mis roedd o flaen ei well ym Machynlleth, yn cael ei ddirwyo. Clywsom sôn am "Dixi'r Clustiau" a "Ciosc Tal-y-sarn" mewn caneuon poblogaidd mewn oes ddiweddarach, ond mae'n debyg na bu oes heb ei "chlustiau"!

Mochyn o dan y llofft, wrth gwrs, oedd prif sicrwydd bwyd pob ffarm a thyddyn, ond yn ystod yr Ail Ryfel Byd cwtogwyd ar y nifer o foch y gellid eu lladd gartref – hyn er mwyn i'r moch tew fynd i'r farchnad. Un mochyn ganiateid fel arfer, dau os oedd yna deulu mawr. Ond roedd y demtasiwn i gael mwy o gig moch yn ormod i'w ddal yn aml, felly gofyn am un permit a lladd dau arno wnaed yn bur aml. Anfaddeuol pe deuai'r Awdurdodau i wybod, ac roedd ganddyn nhw eu harchwilwyr. "Yr hen Blainey" o Fachynlleth oedd y tipyn trwyn a ddeuai o gwmpas

Llanbrynmair. Ym Mhlas Rhiwsaeson roedd teulu o naw ac felly hawl i ladd dau fochyn. Lladdwyd tri. Daeth Blainey. Gwelodd ddau yn yr heli yn y bwtri bellaf ond welodd o mo'r llall yn ddi-roch tu ôl i'r llenni ar y fflags gleision yn y cyntedd tu mewn i'r drws arweiniai allan o'r parlwr i gefn y tŷ. Mae'n debyg nad oedd ganddo'r awydd i chwilio'r tŷ gan fod yno un-ar-ddeg o ystafelloedd, pasejis, landings, amryw risiau, garets fel cyfandiroedd a seler – a gwybod na chai o ddim cymell paned o de ar y diwedd!

Fe barodd y rheolau am rai blynyddoedd ar ôl y rhyfel. Ar ddechrau 1947, mae Berwyn Lewis yn sôn am "dymplen bedwar-pwys-ar-ddeg-ar-hugain" Nantycarfan! Y rheol oedd nad oedd fflŵr, sef blawd gwyn, i'w roi i'r moch a'r lloi. Roedd Nantycarfan wedi prynu sachaid o fflŵr a phan ddaeth Blainey yno a'i phwyso ymhen rhai dyddiau roedd hi'n brin. Ei gwestiwn oedd, i ble'r aeth y fflŵr diflanedig? "Mi wnes dymplen!" meddai Miss Morgan. Mawr fu'r siarad am y gawres o dymplen yng nghwm Pandy – ac mewn cwrt ym Machynlleth hefyd, lle cafodd Miss Morgan ddirwy o chwephunt. Ond trannoeth, daeth y Barnwr Stable o Lwyn Owen i gymryd yr awenau yn y cwrt a throswyd y chwephunt yn swllt ac felly hefyd i nifer o ffermydd eraill, megis Penybont, Cwmcarnedd, Ystrad Fawr, Clegyrnant, a Brynaere Uchaf. Ni bu erlin am y drosedd honno wedyn.

Wrth sôn am gynnyrch gwlad, disgwylid i'r plant wneud eu rhan trwy gasglu egroes y rhosyn gwyllt ddiwedd haf. Âi'r plant â nhw i'r ysgol – aml i gŵd papur wedi hollti ar y ffordd! a chael tâl amdanynt. Byddai hanner canpwys a mwy wedi'i gasglu gan un ysgol weithiau. Y Fonesig Stable oedd yn casglu'r grawn o Bennant, Bont a'r Gwaelod ac yn gofalu ei fod yn mynd i ben ei siwrne i wneud sirop llawn fitamin C ar gyfer plant gwanllyd. Anfonai hithau sachaid o afalau o berllan Llwyn Owen i'r ysgol fel iawn am bigo bysedd a rhwygo dillad. Trwy Brydain, cesglid 450 o dunelli o egroes yn flynyddol. Buasai'n o anodd dod o hyd i gymaint heddiw â llawer o'r hen stingoedd lle tyfai'r rhosyn gwyllt wedi diflannu trwy Brydain benbaladr. Dyma risait y gellid ei ddefnyddio i wneud y sirop: 2 bwys o egroes, tri pheint o ddŵr. Malu'r egroes yn fras a'u rhoi mewn dŵr berwedig. Eu gadael am chwarter awr neu fwy yna draenio trwy haenau o fwslin. Rhoi'r sudd mewn sosban a'i ferwi i lawr i'r hanner. Ychwanegu ychydig dros bwys o siwgwr a'i ferwi am bum munud. Ei roi mewn poteli â chorcyn sgriw. (Heddiw os y'i gwneir fel hyn gellir ei rewi.)

Y GOLLED
Y bechgyn o Lanbrynmair aeth i'r lluoedd arfog adeg yr ail ryfel byd (ond efallai nad yw'r rhestr yn gyflawn) oedd: Arthur Evans, Talerddig; Edgar a Harold Evans, a John Williams, Glandŵr; Emlyn Griffiths, Belan; Iori, Dan a Caradog Peate, Winllan; Stanley Reynolds, Llwynaere; Douglas Jones, Minffordd; Alun Lewis, Bont; Sidney Jones, Llan; Edgar Jones, Llan; Sec (Bach) Jones, Pandy; Arfor Rees, Plas Rhiwsaeson; William Roberts, Cwmpen; Alun Price, Dôl-fach; Emrys Thomas, Dôl-y-bont; John Hughes, Llwyn-ffynnon.

Collodd dau o Lanbrynmair eu bywydau yn yr Ail Ryfel Byd. Y ddau oedd y Rhingyll Edgar Jones, Cwmyrhin, a saethwyd i lawr dros Dortmund, yr Almaen, a'r llongwr John Hughes, Llwyn-ffynnon, y suddwyd ei long, y "Fiji", ym Mrwydr Creta, oddi ar arfordir Groeg.

Y GOFEB
Cynhaliwyd cyfarfod i groesawu'r bechgyn yn ôl yn y neuadd bentref, dan arweiniad y Parch Robert Evans, a chyfarfodydd pellach yn Nhalerddig, y Bont a'r Pennant. Cafwyd coelcerth anferth ar dop Alltgau, Talerddig i ddathlu diwedd y rhyfel.

Comisiynwyd T.R.Jones, saer maen Llanbrynmair, i wneud cofeb ar ôl y Rhyfel Byd Cyntaf ac fe'i codwyd ar y groesffordd rhwng yr Emporium a Siop Daniels. Fe'i dadorchuddiwyd gan Mr Wintringham Stable ar Fai 12fed, 1921, ac enwau'r rhai a gwympodd arni. Ychwanegwyd dau enw yn 1945. Symudwyd y gofeb i le diogelach ger y Ganolfan Gymdeithasol yn yr 80au.

6 - ADDYSG

Yn Llanbrynmair heddiw y mae yna un ysgol gynradd yn unig ond fe gymerodd lwybr hir i gyrraedd at y sefyllfa yma. Rydyn ni'n cymryd addysg yn ganiataol heddiw - mae'n orfodol, yn rhad ac am ddim ac yn cael ei reoli gan gorff proffesiynnol o athrawon a swyddogion addysg, a'r cyfan yn cael ei ariannu gan y Cynulliad Cenedlaethol sy'n penderfynu faint o'r gacen gyllidol gaiff ei roi i'r Cynghorau Sir i'w wario ar addysg. Yn raddol y daeth y sefyllfa bresennol i fodolaeth, yn dilyn nifer o Ddeddfau Addysg, dwy bwysig, 1902 a 1944, yn yr ugeinfed ganrif. I lawn sylweddoli y newid a fu mi edrychwn ar esblygiad addysg hyd heddiw yn y plwyf.

Cyn 1870 yn Llanbrynmair, fel ym mhobman arall, gwirfoddol oedd y cwbwl ac roedd unrhyw ysgolion yn dibynnu ar noddwyr preifat neu elusennau. Er enghraifft, roedd un ysgol yn Llanbrynmair yn cael peth o'i nawdd o waddol Dr Williams (aeth y gwaddol hwn yn ddiweddarach i sefydlu Ysgol Dr Williams, Dolgellau) ac fe symudodd yr ysgol yma i mewn i ysgoldy yr Hen Gapel, a daeth y Parch John Roberts yn ysgolfeistr arni yn ddiweddarach. Roedd dwy gymdeithas elusennol Gristnogol yn sefydlu ysgolion yn Lloegr, sef y Gymdeithas Ysgolion Frytanaidd a Thramor *(1808)* a'r Gymdeithas Ysgolion Cenedlaethol *(1811)*, a dechreusant gymryd diddordeb yng Nghymru. Hefyd, erbyn diwedd y ddeunawfed ganrif roedd y Parch Gruffydd Jones, ficer Llanddowror wedi sefydlu llawer o "ysgolion cylchynnol" trwy Gymru, efo arian Madam Bevan, ei noddwraig. Ei gynllun oedd anfon athro i ardal am dri mis i gynnal dosbarthiadau i blant ac oedolion i ddysgu darllen y Beibl yn unig. Bu'r dobarthiadau yma'n llwyddiannus iawn ar draws Cymru: yn un o'r rhain, yn Abergynolwyn y dysgodd Mari Jones ddarllen cyn cerdded i'r Bala i moen Beibl gan Thomas Charles. O'r dosbarthiadau cylchynnol yma y dechreuodd Ysgolion Sul gan i Thomas Charles annog yr athrawon i gynnal dobarthiadau ar y Sul yn ogystal ag yn yr wythnos. Fe ddwedir mai yn nhyddyn y Crowlwm, ger Penffordd-las y cynhaliwyd yr Ysgol Sul gyntaf a hynny yn 1808. Mabwysiadwyd llawer o'r dosbarthiadau cylchynnol yma gan y ddwy gymdeithas elusennol uchod a oedd yn gallu dwyn dylanwad ar gyfoethogion i godi ysgolion. Enghraifft dda o hyn yw ysgol Pennant a godwyd tua 1840 ac a noddwyd gan Syr John Conroy, y tirfeddiannwr lleol, dan adain yr "Ysgolion Cenedlaethol" gyda'r amod fod gwasanaethau eglwysig i'w cynnal yno i eglwyswyr y cylch. Cofia Beryl James, (Jarman gynt o Tŷ Isaf) fel yr adroddai ei thad amdano ef a'i dad yn mynd i wasanaethau eglwysig ar fore Sul yn ysgol Pennant. (Mae'r llestri cymun a ddefnyddid yno i'w cael heddiw yng nghartref Mike a Mary Evans yng Nglan Twymyn.) Mabwysiadwyd ysgol Eglwys y Llan gan y mudiad "Cenedlaeth" hefyd, ac ysgol yr Hen Gapel a'r Wern gan y "Gymdeithas Frytanaidd".

Gwelwn felly fod addysg ar gerdded ymysg y werin yn y bedwaredd ganrif ar bymtheg ond, gwaetha'r modd, isel iawn oedd safon yr athrawon yn y rhan fwyaf o'r ysgolion elusennol a phreifat, addysg yr oedd y rhieni druain o'u tlodi yn ymdrechu i dalu rhywfaint tuag ato. Roedd yr athrawon, fel ag yr oedden nhw, yn cael eu talu y nesaf peth i ddim, ac heb eu hyfforddi gan fwyaf, ac roedd yr adeiladau yn aml yn llaith a thywyll. Roedd ysgol "Robin y Sowldiwr" yn nofel Daniel Owen, *Rhys Lewis* yn nodweddiadol o lawer o ysgolion y cyfnod. Ysgol o'r fath yna oedd yn Eglwys y Llan ble roedd 77 o ddisgyblion yng ngofal hen sowldiwr wedi eu pentyrru i gornel dywyll oedd a lle i 45.

Oherwydd yr amodau yma sefydlodd y Llywodraeth Gomisiwn i ymchwilio i safon addysg mewn ysgolion led-led Cymru, a chondemniol iawn oedd yr Adroddiad a ddaeth allan yn 1848. Roedd yn condemnio safon yr addysg, yr adeiladau, diffyg gwybodaeth y plant - a'r athrawon yn aml, o'r iaith Saesneg, a chondemniai hefyd safonau y gymdeithas Gymreig yn gyffredinol, a hynny, efallai, oedd yn brifo fwyaf. Cafodd yr Adroddiad y llys-enw "Brad y Llyfrau Gleision" yn ddioed. Roedd wedi ei argraffu rhwng cloriau gleision, ac fe'i hystyrid gan lawer yn gwbwl anheg. Wedi'r cyfan, pobol wedi eu haddysgu yn ysgolion bonedd Lloegr oedd wedi paratoi'r Adroddiad, a'r unig beth oedd yn cael tipyn o ganmoliaeth ganddynt yng Nghymru oedd gwaith yr Ysgolion Sul: *"The Sunday Schools, as the main instrument of civilisation in North Wales, have determined the character of the language, literature and intelligence of the inhabitants."*

Cafodd yr Adroddiad effaith ar y Llywodraeth, oherwydd gwnaeth iddyn nhw sylweddoli mai yn y capeli yr oedd y werin yn cael eu haddysg a fod hyn, yn eu tŷb nhw, a dylanwad y wasg Gymraeg hefyd, yn gyfrifol am dŵf radicaliaeth ymysg y werin ac anfodlonrwydd ynglŷn â'u hamodau byw. Nid oedd hyn wrth fodd y tirfeddianwyr yn y Senedd ac felly dyma symud ymlaen yn ddiymdroi i gael deddf addysg newydd. Pasiwyd Deddf Addysg 1870 gyda'r bwriad o ddarparu addysg well a rhad ac am ddim i'r rhan fwyaf o blant. Roedd y ddeddf newydd yn gorfodi pob plwyf a thref i wneud arolwg o'u anghenion addysgol. Roeddynt wedyn i sefydlu Byrddau Ysgol lleol gyda'r cyfrifoldeb o godi ysgolion pwrpasol, ac yr oedd yr arian i'w rhedeg i ddod o'r Llywodraeth ganolog yn seiliedig ar lwyddiant y plant mewn arholiadau. Dyma'r *Payment by results* enwog arweiniodd at y *Welsh Not*. Ysgol Stae oedd yr Ysgol Fwrdd gyntaf a godwyd yn Llanbrynmair, yn 1873.

Er fod ysgolion y Bwrdd yn ddi-dâl i'r tlodion anodd oedd cael plant i'w mynychu oherwydd diffyg dillad addas, neu orfod aros gartre i weithio ar y tir neu i warchod plant. Felly, pasiwyd deddf arall yn 1876 yn ei gwneud hi'n orfodol i blant fynd i'r ysgol, ac apwyntiwyd "plismyn plant" i sicrhau hynny. George Peate, Glanllyn, saer ac ymgymerwr angladdau, oedd hwnnw yn Llanbrynmair. Yn 1877 pasiwyd deddf arall yn gwahardd i blant dan ddeg oed weithio, ond bu aml blentyn yn cario babi mewn siôl am flynyddoedd wedyn, reit siwr.

Bu'r Ysgolion Bwrdd yn llwyddiant yn Sir Drefaldwyn – yn enwedig ar ôl pasio'r ddwy ddeddf uchod. Dyna oedd Ysgol Pen-ddôl. Yn 1874 dwedodd teithiwr ar lein y Cambrian trwy Sir Drefaldwyn iddo weld *"buildings which, if he be a friend of education, would do his heart good to look upon"* gan gymaint o ysgolion oedd yn cael eu codi. Ond bai mawr yr ysgolion yma, wrth gwrs, oedd y ddibyniaeth ar gael grant y Llywodraeth i'w cynnal, a'r unig ffordd i gael hwnnw oedd i'r plant lwyddo yn y Tair R, sef darllen, sgrifennu a rhifyddeg pan ddeuai'r Inspector i'w arholi, a hynny i gyd yn Saesneg. Doedd gallu darllen y Beibl Cymraeg a gwybod cannoedd o adnodau ar gof yn da i ddim o flaen hwn. Dyma gyfnod y *Welsh Not* pryd y cawsai plant eu cosbi am siarad Cymraeg yn yr ysgol wrth i ddarn o bren gael ei basio ymlaen o'r naill i'r llall am y "drosedd". Roedd cosfa'n aros yr olaf i wisgo'r pren ar ddiwedd y dydd, cosb yr oedd hi'n amhosib ei hosgoi gan Gymry uniaith.

Dyma ni rwân yn cyrraedd yr ugeinfed ganrif a'r byd addysg ar fin cymryd cam mawr ymlaen. Yn 1902 pasiwyd deddf yn dileu'r Byrddau Ysgol ac yn eu lle yn creu Awdurdodau Addysg Lleol o fewn y

Addysg

Cynghorau Sir ac yn eu gwneud nhw'n gyfrifol o hyn ymlaen am addysg plant. Gorfodwyd pob ysgol, gan gynnwys y rhai eglwysig, i ddod o dan yr Awdurdodau Lleol ac i'w hariannu ganddynt. Dim rhagor o ddethol athrawon yn ôl eu haddasrwydd crefyddol i wahanol ysgolion ; er hynny, caniatawyd i'r ysgolion eglwysig barhau i ddilyn dysgeidiaeth a gwasanaethau eglwysig yn yr ysgol ar ôl pump o'r gloch y p'nawn, neu ar y Sadwrn neu'r Sul - Ysgol Pennant yn esiampl o hyn.

Y cam nesaf oedd 1907 pryd y sefydlwyd Bwrdd Addysg i Gymru (o fewn Adran Addysg y Llywodraeth Ganolog yn Llundain). Roedd hyn yn cydnabod am y tro cyntaf fod anghenion addysgol arbennig yng Nghymru, ac apwyntiwyd O.M.Edwards yn Brif Arolygydd. Rhoddwyd ei lun wedi'i fframio ar fur y rhan fwyaf o ysgolion cynradd ar ôl hynny a phawb yn mawrygu'r athrylith o ŵr yma a ddaeth i waredu'r Gymraeg o'i hualau blaenorol yn yr ystafell ddosbarth. Roedd y Gymraeg, a gwybodaeth am Gymru i gael eu dysgu o hyn ymlaen yn agored mewn ysgolion trwy Gymru. Wrth gwrs, ar ôl i'r ysgolion ddod o dan y Cynghorau Sir roedd hi'n haws geithredu polisi dwyieithog, ond y broblem fawr rwân oedd cael digon o athrawon Cymraeg eu hiaith i wasanaethu Cymru gyfan, problem anodd oherwydd hanes addysg yn y gorffennol. Nodwyd fod safon Cymraeg y plant yn yr ysgolion hynny lle roedd addysg Feiblaidd yn cael lle blaenllaw yn well o lawer na'r gweddill, enghraifft arall o gyfraniad yr Esgob Morgan i ffyniant yr iaith.

Ym myd addysg, fel ym mhopeth arall, 'dyw stumog wag ddim yn helpu'r achos. Hyd at yr Ail Ryfel Byd, parhaodd plant y wlad i ddod â'u tocyn bwyd i'r ysgol efo nhw a byddai'r athrawon yn twymo rhywbeth poeth, te neu laeth, iddyn nhw i'w yfed amser cinio, y plant eu hunain yn dod â'r nwyddau oddi cartre, y llaeth wedi'i odro i botel cyn cychwyn. Soeglyd neu sych fyddai'r frechdan, yn dibynnu ar y tywydd. Ond yn 1940, wele dro ar fyd. Fe wnaed y Cynghorau Sir yn gyfrifol am ddarparu cinio ysgol, a dyna beth oedd chwildro. Y plant yn cael eistedd i lawr fel un teulu mawr i fwynhau pryd poeth o gwmpas y byrddau. Pwy anghofia arogl yr *oilcloth* newydd, y stiw, y cabaits a'r paraffîn, a'r "cwcs" yn gwneud eu gorau tu ôl i'r *hatch* yn eu tyrbans mwslin gwyn. Pwyllgor lleol a gwirfoddolwyr a ymgymerodd â'r gwaith i roi cychwyn iddo ond erbyn 1955 roedd 60% o blant y sir yn aros yn yr ysgol i ginio, tystiolaeth go dda i'r cogyddesau a'u trefnyddion ar adeg dogni bwyd. Ar waethaf storiau am daflu cogie o gig gwydn o dan y cypyrddau a gwneud pâst pinc o semolina a jam, edrychai'r rhan fwyaf ymlaen at amser cinio ac roedd yn fendith i lawer ei gael.

Canlyniad tlodi a theuluoedd mawr oedd llawer o afiechyd ymysg plant, a chollent lawer o ysgol o'r herwydd. Aent i lawr yn hawdd dan ffliw, y frech goch, clwy'r pennau, brech yr ieir, anwydau, doluriau, crach, esgyrn brau a llai yn y pen, i enwi rhai. Roedd yn rhaid talu am bob meddyginiaeth a doctor pryd hynny, a fyddai neb yn eu galw nes i bethau fynd i'r pen. Yn 1906, pasiwyd deddf yn gwneud yr Awdurdod Lleol yn gyfrifol am sicrhau archwiliad meddygol i bob plentyn wrth iddo gychwyn ysgol ac yn ysbeidiol wedyn. Roedd plant i gael triniaeth Clust, Trwyn a Gwddw am ddim. Yna, yn 1912, dechreuwyd gwasanaeth deintyddol a phwyswyd ar y rhieni i adael i'w plant gael archwiliad deintyddol yn yr ysgol. Chafodd y syniad yma ddim llawer o groeso gan y plant a wnai bob esgus yn aml, gan gynnwys "colli'r papurau" ar eu ffordd adre o'r ysgol, unrhyw beth i osgoi dringo i'r gadair a wynebu'r pinsus a'r dril droed. Rhoddai'r Awdurdod Addysg bwyslais mawr ar warchod a gwella iechyd plant a rhoddai Swyddog Iechyd y Sir adroddiad manwl bob blwyddyn o'r sefyllfa. Byddai'r nyrs leol yn ymweld yn fisol â'r ysgolion yn ei hardal. Bu Nyrs Price a Nyrs Vera Jones (Evans wedyn) wrth y gwaith am dros ddeugain mlynedd rhyngddynt yn Llanbrynmair.

Y flwyddyn 1944 yw'r garreg filltir bwysig nesaf yn hanes addysg pryd y pasiwyd un o'r deddfau pwysicaf. Rhoddodd hon gyfeiriad newydd i bwrpas neu nod addysg. "Cyfrannu at les ysbrydol, corfforol a meddyliol y gymuned" oedd nod addysg i fod o hyn ymlaen. Roedd mwy i addysg, meddid, na dysgu darllen a rhifo, a rhoid pwyslais newydd ar chwaraeon a gweithgareddau cymdeithasol i blant a phobl ifanc. Dadleuodd Clement Davies, Aelod Seneddol Rhyddfrydol Sir Drefaldwyn, yn gryf yn y Senedd dros neilltuo mwy o arian at addysg mewn siroedd gwledig a phrin eu poblogaeth os am gyrraedd nod uchelgeisiol Deddf 1944. Llwyddodd ei ddadleuon, ac erbyn 1967 roedd sefyllfa ariannol yr Awdurdodau Addysg wedi gwella llawer.

Roedd T.Glyn Davies wedi dod yn Gyfarwyddwr Addysg y sir ers 1945 a hyd yn oed yr adeg honno bu raid iddo wynebu problem sydd yn dal yr un mor ddadleuol yn ein dyddiau ni, sef cau ysgolion bach y wlad. Yn 1945 roedd lle i 9,752 o blant yn yr ysglion cynradd ond nifer y plant o oed ysgol wedi disgyn i 5,235. Penderfynwyd mai cadw'r ysgolion bach er lles y dyfodol fyddai orau ac ehangu eu defnydd fel canolfannau cymdeithasol, ond os nad oedd dewis ond cau mewn rhai achosion yna doedd y plant o gefndir Cymraeg ddim i fynd i ysgol Seisnigaidd – dyna a basiwyd bryd hynny.

Canlyniad Deddf Addysg 1944 hefyd oedd dod â'r Awdurdod Addysg i gysylltiad agosach efo mudiadau gwirfoddol fel yr Urdd a'r Ffermwyr Ifanc. Cyn hyn, y *County Recreational Associations,* a ysgogwyd gan David Davies, yr Aelod Seneddol yn 1919, fu'n bennaf gyfrifol am ddod â gweithgareddau adloniadol cyffredinol i afael cymunedau fel Llanbrynmair. Er enghraifft, dan y corff hwnnw yr aed ati i sicrhau neuadd bentref i Lanbrynmair, sef yr hen"Hall", ac wedi cael honno daeth pob math o weithgareddau megis biliards a drama i boblogrwydd mawr. Yn sgil Deddf 1944 cafwyd arian i benodi trefnyddion ieuengtid a help ariannol i fudiadau ieuengtid. Trwy arian o'r Cynghorau Sir y cafwyd trefnyddion sirol yr Urdd, er enghraifft.

Fyth oddi ar 1944 roedd pwysigrwydd ysgolion pentref wedi cael ei bwysleisio gan farnu eu bod yn gnewyllyn hanfodol i'r gymdeithas wledig. Fodd bynnag, gwelwyd yn 1968 fod y boblogaeth wledig wedi disgyn ac y byddai'n rhaid ail-edrych ar y polisi. Yn 1966 roedd 75 o ysgolion cynradd yn y sir, 39 ohonynt a llai na deugain o blant. Roedd ysgol Bont Dolgadfan yn un o'r rhain. Roedd 11 o ysgolion un athro ac ynddynt lai nag ugain o blant. Roedd ysgol Pennant yn y categori yma. Pasiwyd i gau pob ysgol un athro, ond gwneud hynny'n raddol gan edrych ar oed yr athro ac a fyddai'n bosib cymhathu'r plant i ysgol gyffelyb gyfagos. Caewyd ysgol Pennant ac anfon y plant i'r Bont yn 1957. Hefyd, dechreuwyd sôn am "ysgolion ardal", sef ysgol i wasanaethu ardal wledig weddol eang. Daeth un felly i fod yn Llanbrynmair yn 1976, yn casglu holl blant y plwyf o'r Bont ac o hen ysgol Pen-ddôl i'r ysgol newydd a leolwyd yn y Gwaelod ger y Wynnstay, ac a weithiai hefyd fel canolfan gymunedol i gymryd lle yr hen neuadd bentref. Roedd yn dro ar fyd.

ADDYSG UWCHRADD
I Fachynlleth y mae plant Llanbrynmair wedi mynd i gael addysg uwchradd ar hyd y blynyddoedd ac eithrio dyrnaid a âi efo'r trên i'r Drenewydd, rhai oedd yn byw o fewn cyrraedd y trên neu a ffafriai addysg mwy Seisnigaidd. Heddiw, a thrafnidiaeth wedi dod yn haws, a

mwy o hawl dewis gan rieni i ble i anfon plant am eu haddysg uwchradd a chynradd, fe â rhai i ysgolion uwchradd Llanidloes, y Drenewydd, Llanfair a hyd yn oed Aberystwyth, ond Machynlleth yw'r ffefryn o hyd gan ei fod yn agosach ac yn casglu'r rhan fwyaf o blant Bro Ddyfi. Wedi'r cyfan, "Ysgol Bro Ddyfi" yw ei henw erbyn hyn.

Cyn codi ysgol uwchradd ym Machynlleth yn 1897 bu Stuart Rendel, Aelod Seneddol Rhyddfrydol Sir Drefaldwyn ar y pryd, yn pwyso am flynyddoedd yn y Senedd yn Llundain am gael addysg uwchradd safonol trwy'r wlad. (Amwythig a Chroesoswallt oedd y ddwy ysgol uwchradd breifat agosaf cyn hynny) Llwyddodd ei ddyfalbarhad, cafodd glust ac yn 1889 pasiwyd Deddf Addysg Uwch (*The Welsh Intermediate Education Act*) yn rhoi anogaeth i gymunedau i fynd ati i godi ysgolion uwchradd. O ganlyniad i gyfarfodydd ym Machynlleth sefydlwyd pwyllgor i bwrcasu tir a chodi arian at gael ysgol. Llwyddwyd i gael adeilad fel man cychwyn, sef yr hen gapel Wesle yn y Graig Fach oedd yn wag wedi codi'r Tabernacl newydd crand (sydd bellach yn ganolfan i'r Celfyddydau) ac agorodd yr "ysgol uwchradd" ei drysau yn 1894 efo deuddeg o ddisgyblion a Mr Harri Meyler o Aberdaugleddau yn brifathro. Yn ôl y dystiolaeth, ni allent fod wedi cael neb gwell a bu canmol mawr arno hyd ei ymdeoliad yn 1935.

YSGOL A CHOLEG YN Y TRI-DEGAU

Mae gwrando ar BUDDUG YR HENDRE yn adrodd ei hanes trwy gyfnod ysgol a choleg ac fel athrawes wedi hynny yn gystal ffordd â dim i weld sut yr oedd hi ym myd addysg yn y tri-degau.

Ganwyd Buddug Davies (Thomas wedyn) yn yr Hendre, Pennant yn 1919 yn un o bedwar o blant William a Mary Davies, dau ddarbodus a gofalus ym mhob goruchwyliaeth. Y cof cyntaf sydd ganddi ydy cael ei chario i'r ysgol i dynnu ei llun a hynny cyn iddi gychwyn ysgol yn bedair oed. Un fach eiddil oedd hi, ac fel doli, a Laura Pennant Isa, oedd yn "lodes fawr" ac yn yr ysgol, yn ei chario i'r ysgol ar y diwrnod arbennig yna. Cerdded fel y lleill fu ei hanes wedyn trwy Goed Dyrtun. Dydy'r llwybr ddim yno heddiw gan i'r coed gael eu torri ac i'r tir gael ei droi a'i ail-hadu yn y chwe-degau yn gefnen werdd, gynhyrchiol mae'n siwr ond llawer llai diddorol. Trwy Goed Dyrtun oedd y ffordd fyrraf ers talwm i gapel ac ysgol o ben ucha'r cwm.

Addysg

I fynd i'r ysgol gwisgai Buddug sgidiau lledr cryfion yn cyrraedd dros y bigyrnau a sanau gwlân du dros y penglin, rhai o'r siop. Chafodd hi erioed bâr o welingtons. Pais werdd wedi'i chrosio, a'i mam yn crosio darn ati bob blwyddyn fel y tyfai. O dan honno math o fest a elwid yn "liberty bodice" a botymau ar ei waelod i fotymu blwmer yn sownd wrtho. Roedd angen tipyn o help, gan y merched mawr fel arfer, ar un bedair oed i fynd i'r tŷ bach oedd ar ganol yr iard. Jim slip o wneuthuriad ei mam, un fuddiol haf a gaeaf, dros flows neu jersi gynnes fel bo'r tywydd. Côt fawr dros y cwbwl ac ychwanegu het i fynd i Ysgol Sul ac oedfa a seiat, pryd y byddai'n rhaid newid sgidiau hefyd gan adael y rhai cryfion yng ngweithdy Tomi'r saer.

Yn ddeg oed gadawodd yr ysgol gynradd wedi pasio'r arholiad i Ysgol Sir Machynlleth. Golygai hynny y byddai'n rhaid iddi lojio yn y dref o ddydd Llun tan ddydd Gwener a dal y trên yn y stesion oedd bum milltir lawr y cwm... Ond sut yn y byd? Roedd yr ateb gan ei thad. Prynodd fotor beic, KC16, ac ar hwnnw y gosodai ei phac for Llun yn cynnwys cig moch, menyn a wyau, ei rasions am yr wythnos, ac ychydig o ddillad a llyfrau a swllt neu ddau yn ei phoced i brynu gweddill ei bwyd fel te a bara. Dynes tŷ lojin fyddai'n paratoi'r bwyd i'r plant fyddai dan ei chronglwyd.

Gallwn ddychmygu'r olygfa a'r motor beic yn cychwyn am y tro cyntaf. Welodd Richard Bennett 'rioed y fath beth, medde fo gan ysgwyd ei ben. (Roedd yr hen sgolor o ffarmwr yn dal i ddod i'r Hendre, ei hen gartre, i aros am gyfnodau a dyna pryd y gwelodd o Buddug ar y motor beic. Er cymaint o sgolor oedd o ei hun ni chredai mewn rhoi addysg i ferched: "Diar mi! chlywais i rioed ffasiwn beth, rhoi lodes ar gefn peth felna i fynd i ysgol Machynlleth. Cerdded yno trwy Fwlch Ceulan a sachaid o datws ar fy nghefn i dalu am fy lojin wnes i." Arferai aros efo tad Harri Lewis y bara, mae'n debyg).

Efo Mrs Edwards yn Stryd Pentrerhedyn yr oedd lojin Buddug a phedwar arall, Myfyr y Diosg, Peredur Peate, Annie Dôlalaw a Gruffydd John Morris. Mynd trwy'r gwaith cartre'n gyflym er mwyn cael chwarae whist. Doedd dim pictiwrs yn y dre bryd hynny a'r adloniant i Buddug oedd Band of Hope capel Maengwyn.... Bu yn ysgol uwchradd Machynlleth nes oedd hi'n ddwy ar bymtheg oed yna, fel paratoad i fynd i'r Coleg Normal, Bangor, bu'n ddisgybl-athrawes yn ysgol

Llanbrynmair o dan Mr Hughes, Ceridwen Lloyd a Varina Williams am hanner blwyddyn, lle dysgodd fwy nag a wnaeth yn y coleg, meddai hi, a mwynhad pur oedd bod yno. Roedd grant o bymtheg punt i'w gael am y flwyddyn gyntaf yn y coleg a decpunt am yr ail, ond i'w gael rhaid oedd arwyddo na fyddai'n priodi am o leiaf bum mlynedd ar ôl gadael y coleg gan na chai gwragedd priod fod yn athrawon. Wel, wrth gwrs, dyna'r peth olaf oedd ar ei meddwl?!

Llenwodd ffurflenni cais am bobman dan haul a chael gwybod mai i Newton Heath, Manceinion yr oedd i fynd i gychwyn yn athrawes ar ddosbarth o blant wyth oed. 1939 oedd hi, ac wedi bod adre trwy'r haf yn mwynhau rhyddid a haul ac awyr iach Cwm Pennant ar ôl taflu hualau coleg, a malio dim am na radio na phapur dyddiol, sioc oedd darganfod ar ôl cyrraedd Manceinion fod rhyfel ar dorri allan. Wedi'r cyfan, fu dim sôn amdano yn y County Times!... Cael ei danfon efo'r plant a'r mamau beichiog yn *evacueees* i ogledd Swydd Gaerhirfryn, lle glan môr. Rhoddwyd Buddug i lojio ar ei phen ei hun yn nhŷ rhyw ddynes nid rhy hapus, a'i chyfarchiad cyntaf, mewn acen y mae Buddug yn ei dynwared i'r dim, oedd, "*I don't want no evacuees!*" wrth ei chyfeirio i lofft ac ynddi wely fel bricsen o galed a stôl â thwll ynddi. "*And don't come down here. I'm not making no food for nobody!*" Mynd allan a phrynu paced o ryvita, menyn a thun o eirin gwlanog. Fu hi ddim yn hir nes taro ar ferch o Ferthyr Tydfil a adnabu yn y coleg a gynigiodd iddi well lojin os oedd hi'n fodlon rhannu gwely. Doedd y dewis ddim yn un anodd.

Roedd y plant, rhai efo'u mamau, wedi eu gwasgaru i wahanol dai. Mewn ystafell mewn Clwb yr oedd Buddug i gynnal dobarthiadau i'w phraidd, ar seti rhy uchel wrth fyrddau crwn a'r rheiny'n dal yn wlyb o gwrw'r noson cynt. Âi â'r plant i'r môr weithiau wedi benthyg math o siwt nofio gan wraig y tŷ lojin. Am tua chwe mis y parodd hyn. Erbyn hynny roedd llawer o'r mamau wedi deall cyn lleied o hwyl oedd gwyliau ar lan y môr yn y gaeaf ac wedi mynd adre'n ôl, a'r plant a'r athrawon i'w dilyn. Cafodd ddwy flynedd eto o ddysgu yn yr un ysgol, yna cael ei symud, ei dewis yn hytrach, i fynd i ddysgu mewn ysgol i fechgyn "caled", rhai na phasiodd arholiad o fath yn y byd a rhai a ddymunai fod yn unrhyw le ond yn 'rysgol. Ond fe'u henillwyd. "Ches i ddim trafferth efo disgyblaeth o gwbwl", meddai'r slipen fach eiddil a'r meddwl chwim a'r tafod i fatsio. "Roedden nhw'n blant hen o'u hoed ar lawer ystyr oherwydd amgylchiadau eu bywyd bob dydd. Er enghraifft, deuai un yn hwyr i'r ysgol wedi bod yn chwilio am borfa i'r ceffyl. Roedd yn ceisio cadw busnes raganbôn ei dad i fynd tra roedd yn y rhyfel. Pump ar hugain oedd ganddi yn y dosbarth i ddechrau, yna, fel y cai'r dynion o athrawon eu galw i fyny fe'i cafodd ei hun efo pum deg saith o fechgyn tair ar ddeg oed. Doedd dim iws cwyno na thuchan, waeth i chi heb, dim ond cadw 'mlaen, dal ati gan obeithio am amser gwell i ddod. Ac, wrth gwrs, fe ddaeth. Cwrddodd â Bill, o Sir Benfro, yn y Gymdeithas Gymraeg a bu glân briodas yng Nghapel y Pennant yn 1944 a'r neithior yn yr ysgol. Wedi cyfnod o ddysgu yng Nghaerdydd ac edrych ymlaen bob haf at wyliau hir yn Hendre, hi a Bill a Gwenno a Haf (yntau'n hoff o bysgota yn Llyn Nantddeiliog) mae'r ddau haeddiannol wedi hen ymddeol bellach ac yn byw yn ddedwydd iawn yn Llanfihangel-genau'r-Glyn.

Y BWS YSGOL –YN ÔL Y GOLYGYDD!

"Yn y pumdegau, roedd pedwar bws yn cario o'r ysgol, bws Abercegir, Aberllefenni, Aberangell a Llanbrynmair, gyrrwr a chondyctor ar bob bws. Roedd gan y plant eu ffefrynnau ymhlith y rhain. Llawenhau os mai Jac Talybont fyddai'n gyrru am ei fod yn ei symud hi, a hynny'n golygu cyrraedd adre'n gynt. Ond os mai Ifan fyddai yna, och a gwae! Llusgo fel malwoden. Roedd ganddo ryw arferiad od o roi ei droed ar y sbardun a'i thynnu'n ôl bob yn ail, a'r bws o ganlyniad yn rhyw hercian mynd. Peth rhyfedd na fydden ni i gyd yn sâl, ond yn rhy brysur yn ein pethau i hynny, mae'n siwr.

"Roedd yna ffefrynnau ac i'r gwrthwyneb ymhlith y condyctors hefyd. Druan o Richie Halt a'i wallt coch a'i amynedd byr, mi profwyd o i'r eithaf ganwaith. Ond dyna i chi Edgar wedyn, gallech wneud a fynnech a doedd dim a dynnai'r wên chwareus oddi ar ei wyneb; ymunai â ni yn ein hwyl a'i sylw wrtho i pan fyddwn i'n mynd dros ben llestri fyddai: "Pam na fyddi di'n *queenly* yr un fath a dy chwaer, Freda?!" Ar stepen y bws y byddai'r condyctors yn trafeilio, er mwyn llonydd yn fwy na dim. Anodd deall sut y parhaodd Alun Price, yr athro Ffrangeg, i deithio ar y bws am rai blynyddoedd oherwydd mae'n rhaid fod y sŵn yn fyddarol. Os oedd disgyblaeth yn yr ysgol – ac yr oedd – nid felly ar y bws. Nid fod yna ymladd na fandaleiddio, dim ond rhyw firi cyffredinol, a waeth heb dreio meddwl am wneud gwaith cartref.

Roedden ni'n eistedd hefyd dri ym mhob sêt a phletiau ein jimslips yn dioddef o'r herwydd.

"Yr ofn mawr yn nwfn calon pawb ohonon ni blant y wlad oedd colli'r bws. Sut yr aem ni adre? Roedd topiau Pennant, Tafolog, Aberangell a Darowen ymhell o unrhyw drên. Byddai rhai athrawon yn waeth na'i gilydd am rygnu ymlaen ar ôl i'r gloch ganu a ninnau'n gwyniasu eisiau mynd. Ffoi wedyn ar redeg tua'r maes parcio, y bag heb ei gau yn iawn ac un llaw ar dop y pen yn ceisio cadw'r beret yn ei le. Yn y dyddiau hynny, ac rydw i'n sôn am y pedwar a'r pum degau, roedd hi'n hanfodol gwisgo'r wisg ysgol yn llawn ar bob adeg ac arwyddair yr ysgol *Lumen nobis sit scientia* wedi'i sodro ar ein pennau a'n cotiau, y tei am ein gyddfau a'r gyrdl am ein canol hyd yn oed wrth redeg am y bws. Onid oedd Miss Mati Phillips yn gwylio â'i llygaid barcud o Rŵm Tŵ? Rydw i'n cofio ei chael hi'n hallt ganddi unwaith am feiddio gwisgo par o *Clarks' Klippers* marŵn i ddod i'r ysgol. Be goblyn ddaeth dros fy mhen i wneud y fath beth, 'dwn i ddim heblaw am y ffaith eu bod yn rhai newydd, ond fe'u cyfyngwyd yn effeithiol iawn wedyn i droedio i gapel Pennant ac ambell drip i Lanidloes ar ddydd Sadwrn.

"Oedd, roedd colli'r bws yn ofn beunyddiol a byth yn waeth na phan fyddai'r p'nawn yn gorffen efo gwers ddwbwl mewn coginio i fyny yn yr hen ysgol. Bryd hynny, roedd rhaid rhedeg a'r bag a balansio dysglaid o *macaroni cheese* a dal y cap ar y pen yr un pryd. Byddai golwg go bell ar gynnwys y *pyrex* cyn cyrraedd Pennant Isaf, ddeunaw milltir i ffwrdd wrth droed y Ffrŵd Fawr wedi i gariar y beic roi'r siglad olaf iddo, a chawod o wlaw efallai wedi ei wneud yn fwy fyth o slot. Dyddiau difyr! Ond wyddoch chi be' fuaswn y ddim eisiau eu newid nhw am y byd. Mae yna rhyw "facaroni cheese" yn rhan o gynhysgaeth pawb, on'd oes? Yr ydyn ni yr hyn a fwytawn, medden nhw, rydyn ni hefyd yn cario'r gorffennol efo ni."

YSGOL LLANBRYNMAIR

Mae ysgol gynradd bresennol Llanbrynmair yn rhan o'r Ganolfan Gymunedol newydd a godwyd yn 1976 Hi yw'r unig un ar ôl cau yn eu tro yn ystod y ganrif ysgol y Wern, ysgol Penffordd-las, ysgol Pennant ac ysgol Bont. Mae ynddi heddiw 43 o blant o bob cwr o'r plwyf, er fod ychydig o blant yn mynd tu allan i'r ardal i gael eu haddysg. Arwyddion yr amserau ydy hynny, gan fod hawl gan rieni rwân i ddewis ysgol i'w plant, a chan gofio hefyd fod llawer o bobol ddi-Gymraeg wedi symud i'r ardal. Mae llawer o'r rheiny, fodd bynnag, yn anfon eu plant i ysgol Llanbrynmair lle y cânt addysg trwy gyfrwng y Gymraeg. Y cyfartaledd o blant o gartrefi Cymraeg yn yr ysgol yn 2004 ydy 56%, a gobaith i hynny gynyddu gan fod y cyfartaledd yn rhan iau yr ysgol yn galonogol iawn ar hyn o bryd.

YSGOL J.R.

Ysgol yr Hen Gapel oedd gwreiddyn yr ysgol. Cynhelid hon yn y ddeunawfed ganrif yng nghapel yr Annibynwyr, a'r Parch John Roberts yn athro, 1795-1834. Ysgol wirfoddol oedd hi ac mae'n debyg fod y plant oedd yn gallu fforddio ceiniog neu ddwy yn cyfrannu rhywfaint tuag ati. Roedd yn tynnu hefyd oddi ar hen waddol a adawyd i addysgu plant tlawd. Yn yr ysgol yma y cafodd S.R. ei addysg gyntaf cyn mynd i astudio ymhellach i'r Amwythig a dod yn ôl wedyn i gynorthwyo'i dad a chymryd gofal o'r ysgol o 1834 hyd nes iddo ymfudo i America yn 1857. Erbyn hynny, roedd y *British Schools Society* wedi mabwysiadu'r ysgol ac yn ei helpu'n ariannol.

YSGOL PEN-DDÔL

Pasiwyd deddf yn 1870 i greu Byrddau Ysgol oedd i fod yn gyfrifol am godi arian at adeiladu ysgolion newydd a phwrpasol yn hytrach na bod plant yn cael eu dysgu mewn ystafelloedd anaddas, megis festrioedd. Aed ati yn Llanbrynmair, a chodwyd Ysgol Fwrdd ym mhentref Pen-ddôl ar dir a roddwyd gan Syr Watkin, ysgol gadarn, braf o gerrig lleol, a phopeth modern ynddi hyd y gellid meddwl ar y pryd, gan gynnwys tap dŵr! Roedd ynddi ddwy ystafell, un i'r plant lleiaf a'r gair *Infants* uwchben y drws, a'r llall wedi ei gwahanu'n ddwy gan bartisiwn gwydr a phren, a'r geiriau *Boys* a *Girls* uwchben ei dau gyntedd. Roedd reilings yn gwahanu'r iard yn ddwy, un ochr i'r bechgyn a'r llall i'r plant bach a'r merched, a'r ddwy ochr i wneud dim â'i gilydd. Roedd gan y ddwy ochr eu sied chwarae a'u tai bach (bwced) eu hunain. Costiodd y cyfan £499.10.0, y ffermwyr yn cario'r cerrig. Cafodd y Bwrdd lleol grant o £187.10.0 gan y Cyngor Sir a chodwyd y gweddill yn lleol a thu hwnt.

Cynhaliwyd yr agoriad swyddogol yn yr hen ysgol, sef ysgoldy'r Hen

Gapel ar Hydref 26ain, 1874, er na fuasai plant heddiw'n meddwl llawer o'r trefniadau – oherwydd cynhaliwyd arholiad yn y prynhawn mewn sillafu, symiau, daearyddiaeth a gramadeg. Rhoddwyd te a chacen wedyn i 200 o blant a thua'r un faint o oedolion cyn symud ymlaen at Gyngerdd Mawreddog yn yr hwyr yng nghwmni Richard Davies (Mynyddog) a'i wraig, a'r adloniant gan y *Glee Singers* (!) o'r Bont, Côr Llanbrynmair dan arweiniad Evan Jones, Llwyncelyn a Band Pres Llanbrynmair. Y prifathro ar y pryd oedd Evan Davies (taid Alun Price, Brynderwen) 1874 – 78. Ar ei ôl o daeth John Williams, 1878-82, Thomas Thomas 1882-89, Silvan Evans 1889-98, John Rees 1898-1906, R.W.Parry 1906-28, H.A.Hughes 1928-52, Elwyn Davies 1952-61, Harri Roberts 1961-66, J.Meirion Jones 1966-90, Edwin Hughes 1990-95 a Jen Evans o 1995-2001. Un o Lanbrynmair ydy'r brif-athrawes bresennol, Bethan Bleddyn, Brynmeini.

Symudwyd o Ben-ddôl i'r ysgol newydd ar ddôl Wynnstay yn 1976. Fe'i hagorwyd hi a'r Ganolfan Gymunedol yn swyddogol ar Chwefror yr ail gan y Cynghorydd Sirol, J.M.Humphreys, Y.H. Cadeirydd y Cyngor Sir ar y pryd oedd S.G.Pritchard, Y.H., a'r adeiladwyr oedd John Evans a'i Feibion, Glantwymyn. Gwerthwyd yr hen ysgol i Gyngor Ynys Wyth i'w defnyddio fel Canolfan Addysg Awyr Agored.

ADUNIAD

Ar Orffennaf 26ain 1997 cynhaliwyd Aduniad o gyn-ddisgyblion Ysgol Pen-ddôl yn y Ganolfan. Y pwyllgor oedd: John Davies, cadeirydd, Mary Johnson ac Eleanor Jones, ysgrifenyddion, Eleri Evans, trysorydd, ynghŷd â Gaynor Breese, Gwyneth Pitcher, Margaret Jones, Cerys Rees, Heddwyn Williams, Edward V.Jones a'r Parch. Ifan Wyn Evans. Eisteddodd 220 i lawr i bryd ardderchog a chafwyd amser da yn trafod yr hen amser. Daeth rhai o bellter, gan gynnwys Tony Rogers, un o'r noddedigion adeg y rhyfel. Cafwyd gair gan Mrs Maglona Evans, Bow Street, y cyn-ddisgybl hynaf, yn 97 oed, a'r siaradwyr eraill oedd y cyn-brifathrawon Elwyn Davies a J.Meirion Jones, a'r cyn-ddisgyblion y Cynghorydd Sir, Hedd Bleddyn a'r cadeirydd John Davies. Roedd yno arddangosfa o hen luniau, a chynhyrchwyd plât a chwpan a llun yr ysgol arnynt, a hefyd lyfryn wedi'i seilio ar lyfr cofnodion yr ysgol a hen luniau. Cafwyd cyfle i ymweld â'r hen ysgol, oedd yn edrych yn union yr un fath o'r tu allan ond wedi ei haddasu y tu mewn ar gyfer y defnydd newydd.

Addysg

LLYFR COFNODION

Gadewch i ni godi pigion o Lyfr Cofnodion yr ysgol o ddechrau'r ganrif, a John Rees yn brifathro:

1905

Hydref	Dim glo. Apelio i'r rhieni am arian.
Tachwedd	Mynd â'r plant am dro i gynhesu!
Rhagfyr	Pethau'n gwella. Medalau i amryw am bresenoldeb.

1906   R.W.Parry'n brifathro. David Davies, Llandinam wedi cynnig gwobr o 5/- i bob ysgol yn flynyddol am draethawd ar "*The British Empire*".

1907

Ionawr:	Inc wedi rhewi.
Mehefin:	Geneth o'r ysgol yn marw o diptheria a'i chladdu yr un diwrnod. Casglu 19/- i roi torch o wydr ar ei bedd. Ceridwen Lloyd yn cael ei chanmol am basio arholiad ysgoloriaeth i Fachynlleth.
	Demetrius yn yr ysgol yn cynghori ar gynnwys y cyngerdd Nadolig.
Rhagfyr 2:	O.M.Edwards yn yr ysgol, yn hynaws iawn. Holi'r dosbarth uchaf yn Gymraeg am ddaearyddiaeth a llên Cymru. Argymell sefydlu llyfrgell. (A yw hyn yn adlewyrchiad o'r atebion a gafodd?!)

1908

Mawrth 1af:	Gorymdeithio at y Wynnstay ac yn ôl efo baner. (Dylanwad O.M .tybed?) Canu wedyn yn yr ysgol i'r rheolwyr a'u cadeirydd, George Peate a'i westai. Daeth gwraig y ciwrat i rannu da-da. Codi tâl y lanhawraig o £7 i £9 (y flwyddyn). "Disgwyl gwell gwaith", medd y prifathro.

1912

Mai:	Cwyno fod baco wedi ei gnoi yn y potiau inc yn dilyn cyfarfod yn yr ysgol y noson cynt.
Gorffennaf 18fed:	Te a mabolgampau i nodi penblwydd aer Syr Watkin yn 21 oed.

Addysg

1914

Mawrth 12fed: Ychydig iawn yn yr ysgol. Sêl ym Mhlas Rhiwsaeson (y teulu Pugh yn gadael a'r teulu Davies yn cyrraedd, mae'n debyg).

28ain: Cyrhaeddodd berfa at waith y dosbarth garddio. Ymfalchio mai dyma'r ysgol gyntaf i gael berfa gan yr Awdurdod Addysg Lleol.

29ain: Piano newydd sbon yn cyrraedd – er gofyn am un ail law. Nodi ei fod yn ddiwrnod pwysig iawn yn hanes yr ysgol.

Daw cyfnod y Rhyfel Mawr rwân a gwelir cyfeirio at ei effeithiau gryn dipyn yn y Llyfr Log. Er enghraifft, sonnir am dderbyn baich o lenyddiaeth ffotograffig am y rhyfel gan gyn-ddisgybl; am saliwtio baner Jac yr Undeb ar yr iard ar *Empire Day* dan lywyddiaeth un o reolwyr brwdfrydig yr ysgol, J.W.Daniels. Cofnodir yn ddiweddarach, yn Hydref 1918 iddo farw yn Ffrainc o niwmonia, yr un diwrnod ag y lladdwyd y milwr Isaac B. Hughes.

1916

Medi: Ceir tri chofnod trist, sef fod A.Ll.Hughes, Dafarn Newydd ar goll ers deufis, fod Lieutenant J.Peate, Dôl-fach wedi ei ladd – bachgen fu'n ddisgybl athro yma ac yn un o'r ysgolheigion gorau aeth trwy yr ysgol erioed. Hefyd, Abraham Thomas, crydd, Pen-ddôl wedi marw mewn ysbyty yng Nghasnewydd, ei iechyd wedi ei ddifetha gan effeithiau'r rhyfel.

1917 J.E.Evans, Tŷ Uchaf yn marw mewn ysbyty yng Nghaer. Daniel Peate, Glanllyn yn dod â helmed nwy i'r ysgol ac yn egluro sut yr oedd yn gweithio. Deuai bechgyn lleol, ar *leave* neu egwyl o'r lluoedd arfog, i ymweld â'r ysgol a siarad â'r plant. Daeth Corporal I. Edwards â rhodd i amgueddfa'r ysgol – bwledi o Dwrci, Ffrainc a Phrydain, a darn o gynnwys bom (shrapnel).

Daeth taflen i'r ysgol yn amlinellu gwersi ar sut i osgoi ymlediad y diciâu.

Addysg

Deuai Mr T.R.Jones, Fronheulog, y saer maen, ag afalau i'r plant oedd yn eu gwerthfawrogi'n fawr. Roedd wedi rhoi amrywiaeth o esiamplau o gerrig hefyd i amgueddfa'r ysgol.

1918
Mehefin: Y plant yn dod ag 81 o wyau i'r ysgol ar gyfer ysbyty'r Groes Goch ym Machynlleth.
Nodwyd gyda thristwch farwolaeth John P. Jones, Llwyncelyn ar faes y gad, ar Awst 23, mewn ymosodiad nerthol gan gatrawd o Gymry'n bennaf.

1919
Mawrth 5ed: Te yn ystafell rent y Wynnstay i groesawu'r bechgyn adre o'r rhyfel; gollwng y plant o'r ysgol yn gynnar.

89 o blant oedd ar y cofrestr yr adeg yma. Ym mis Medi daeth Nyrs Price ar ei hymweliad cyntaf.

Un o'r cofnodion mwyaf anodd yn y llyfr ydy Mr Parry'r prifathro'n cofnodi marwolaeth ei ferch fach ei hun, Gwyneth, yn 10 oed, yn yr Infirmary yn y Drenewydd.

1921
Ionawr 19: Y plant yn gorymdeithio i Dalerddig i weld yr injan drên ar ei hochr yn y "*cutting*".
Ionawr 26: Clywed am ddamwain fawr y trên *Express* basiodd yr ysgol am 11.30 y bore, yn taro trên arall rhwng y Drenewydd ac Abermule.
Chwefror: Llun o O.M.Edwards yn cyrraedd, a chopi o'r cylchgrawn "Cymru".

1922
Tachwedd: Te poeth yn cael ei ddosbarthu.

1924 Trefniadau i roi cinio canol dydd i blant o bell.

1927 Mr Parry yn cael "Aladdin lamp" yn anrheg wrth adael ar ôl 23 mlynedd

1931 Miss Ceridwen Lloyd yn cychwyn yma fel athrawes. Y pâs a'r frech goch yn cau'r ysgol.

1933 Miss Varina Williams yn cychwyn yma fel athrawes plant bach.

Addysg

1938	Mae 61 o blant yn yr ysgol. Mae yma bibau dŵr poeth i gynhesu, a chawl yn cael ei ddarparu yn y gaeaf gan y merched hynaf a'r staff.
1943	Y pryd cyntaf o'r cantîn newydd
1944	Gwynant Williams, Pengraig y bachgen cyntaf o'r ardal i fynd i'r Coleg Technegol, Drenewydd.
Rhagfyr:	Twymyn Typhoid yn torri allan. 3 yn mynd i ysbyty yn Aberystwyth. Ysgol yn cau am bythefnos.
1945	
Ionawr:	Car yn cychwyn cario plant Talerddig (Dôlgoch) a chwm Pandy (Idris ap Harri).
Mai 2:	Cau am ddeuddydd i ddathlu Diwrnod V.E. (Buddugoliaeth yn Ewrop. Nid oes llawer o sôn am yr Ail Ryfel Byd yn y Llyfr Log)
1946	Plant dros 11 i gyd i fynd i ysgol uwchradd o hyn ymlaen heb eistedd arholiad. (Roedd Mary Davies, Ffatri, a Freda Rees, Plas, ymhlith y rhai cyntaf i fynd. Daethant â gêm newydd yn ôl i gwm Pandy – hoci! Pan oedd y ddwy yn "ymarfer" ar bont Plas – efo ffyn wedi'u gwneud gartre – aeth dau ddant blaen Mary yn aberth i'r gêm!)
1951	
Rhagfyr:	Te parti i ffarwelio â Mr Hughes ar ôl 24 mlynedd.
1952	Cyntaf yn Eisteddfod yr Urdd ar Gân Actol dan y prifathro newydd, Elwyn Davies.
1954	Tai bach efo dŵr o'r diwedd. Miss Lloyd yn gadael ar ôl 27 o flynyddoedd.
1959	Cantîn newydd.
1960	Harri Roberts yn cymryd lle Elwyn Davies.
1963	41 o blant yn yr ysgol.
1965	
Mawrth 4:	Dim ond y prifathro a'r gogyddes allodd gyrraedd heddiw. Eira mawr.
Medi:	Ysgol y Bont yn ymuno. Cludo desgiau i lawr.
1966	
Ionawr:	Prifathro newydd, John Meirion Jones.
Hydref:	Miss Ann Lloyd Lewis yn dechrau yma. 67 o blant.

Addysg

1967	Cyngerdd Nadolig – plant a rheolwyr yn unig oherwydd clwy y traed a'r genau.
1968	Llwyddiant (am nifer o flynyddoedd) mewn drama, canu ac adrodd yn Eisteddfod yr Urdd.
1969	
Gorffennaf:	Miss Varina Williams yn ymddeol ar ôl 36 o flynyddoedd. Cyngerdd plant yn y neuadd bentref ac anrhegion iddi.
Medi 3	Cofnodi marwolaeth sydyn Miss Varina Williams cyn gallu mwynhau na gwyliau nac ymddeoliad.
1971	Yr Awdurdod Addysg wedi cytuno i godi ysgol newydd yma.
1973	Aeth y plant hynaf i bwll nofio newydd Tywyn. (Tipyn o daith!)
Mehefin:	Plant o ysgol Cradeley Heath (a brynod Ysgoldy Cwm) yn perfformio pasiant.
Mehefin 26	Y plant hynaf yn perfformio drama "Llanbrynmair 100 Mlynedd yn ôl" yn yr Wŷl Ddrama yn Drenewydd.
1975/6	Y plant yn cymryd rhan mewn rhaglenni cystadleuol yn stiwdios y BBC yng Nghaerdydd (Taro Mlaen a Cant a Mil) ac ennill.
1976	
Rhagfyr:	"Caewyd yr hen ysgol am y tro olaf ac edrychwn ymlaen at fynd i'r adeilad newydd y tymor nesaf" J.M.J

ATGOFION ELWYN DAVIES, PRIFATHRO

"Deuthum yn brifathro ifanc i Lanbrynmair yn Ionawr 1952, a thipyn o beth oedd symud o Ysgol Banw ar ôl dros dair blynedd, ac wedi cael gwraig yno hefyd. Yn ffodus, roedd y pwyllgor addysg wedi prynu Llwynffynnon, cartref Mr Hughes, y cyn-brifathro, fel tŷ i ysgolfeistr ond gan nad oedd yn barod i mi am ryw fis, bum yn aros efo Mrs Peate yn y Winllan. Dyma gychwyn ardderchog, yng ngolwg yr annwyl ddiweddar Barch Robert Evans a'i wraig, ac yng nghanol hwyl merched Pen-ddôl, Mrs Nansi Morris, Mrs Gwen Jones, Mrs O. Jones, heb anghofio Mrs Duckett o'r Winllan ac eraill, a Dan Peate a minnau yn cael llawer o hwyl. Wedyn, bu Llwynffynnon yn gartref hapus dros ben i ni, digon o le i arddio a chadw ieir! Yno y ganwyd y tri phlentyn, a daeth Huw, fy mrawd yng nghyfraith atom hefyd.

Yr oedd Ysgol Llanbynmair yn ddelfrydol i brifathro ifanc di-brofiad – sylfaen addysg Gymraeg wedi'i sefydlu gan Mr Hughes, a dwy athrawes brofiadol, ddoeth, garedig yno, sef Miss Ceridwen Lloyd a Miss Varina Williams, dwy a fu'n gefn aruthrol imi. Roedd dawn gerddorol Miss Williams a gwybodaeth hynod Miss Lloyd o draddodiadau'r fro yn cyfrannu llawer at fywyd yr ysgol. Ymddeolodd Miss Lloyd ym Mawrth 1957 ar ôl dysgu yn yr ysgol ers 1930. Bum yn lwcus iawn i gael Cymraes o Sir Aberteifi yn ei lle, Miss Nansi James a ddaeth yn Mrs Davies, Brynuchel, Cwmlline cyn bo hir wedyn.

Doedd yr adeilad a'r iard ddim yn ddelfrydol yn ôl safonau heddiw, ond roedd y cinio dan ofal, i ddechrau, Miss M.A.Hughes a Gwenda Jones, bob amser yn ardderchog, a'r ysgol yn glyd a chynnes dan ofal Sid a Nansi Morris. Gofynnwyd am ystafell fwyta newydd, ond bu raid aros than 1959 cyn cael codi honno, ar gae Dôl-lydan, a'r hen gantîn yn cael ei addasu i fod yn ystafell athrawon. Trefnwyd hefyd i gael defnyddio un o gaeau Coedcae i gynnal chwaraeon a mabolgampau, lle roedd plant Tŷ-canol bob amser yn disgleirio.

Does gen i ddim ond atgofion hapus iawn o'r ysgol. 'Roedd yr arholiadau 11+ bondigrybwyll yn bod bryd hynny, wrth gwrs, ac yn dipyn o boen. Ond 'roedd lle i bob math o weithgareddau, gyda chyngerdd yn y neuadd bentref bob Nadolig. Roedd cystadlu brwd yn Eisteddfodau'r Urdd a chaem fynd i'r Genedlaethol efo rhyw gystadleuaeth bob blwyddyn. 'Roedd hyn yn brofiad i'r plant. Cofiaf yn arbennig un flwyddyn yn y De fynd i weld pwll glo, a sefyll yn gwylio'r coliars a'u hwynebau duon yn dod i fyny o'r pwll, a sylwi fod dau fachgen bach wedi closio ataf yn bur agos – Arthur Pengraig a Hywel Bryntirion. 'Roedd hyn yn dipyn o newid iddynt o ardal Llanbrynmair. Mae gennyf atgofion hapus am rai eraill – am Ricky Trip, David Duckett ac Emyr Berthlas wedi bod yn hel cnau ac yn canmol – llond bocs gan Ricky, llond sach gan David a llond bol gan Emyr! Co' da hefyd am John Clegyrnant yn rhoi'r prifathro newydd yn ei le mewn gwers arlunio, a'm gwendid i fel athro oedd arlunio. Wrthi'n tynnu llun ffarm yr oedd John pan ofynnodd i mi dynnu llun dafad, o bopeth, iddo. Gwnes fy ngorau glas, a chwarae teg i John ddangosodd o ddim dirmyg ond edrych i fyny'n garedig a dweud, "Mr Hughes, y prifathro cyn chi, Syr, oedd yn un da am dynnu llun!"

Un bore gaeafol, caled hefyd a'r eira'n droedfeddi mewn mannau, a deg plentyn yn unig wedi cyrraedd yr ysgol, cael neges oddi wrth yr Cyfarwyddwr Addysg am gau'r ysgol os nad oedd mwy na deg yno. Ond ar hynny, dyma sŵn curo eira oddi ar esgidiau trymion y tu allan i'r drws, a thri bachgen Clegyrnant yn cerdded i mewn, yn wên o glust i glust ac yn cyhoeddi'n fuddugoliaethus, "'Den ni wedi cerdded bob cam, Syr." Does ryfedd i ddau ohonynt mewn blynyddoedd i ddod fentro i wledydd pell! Atgofion hapus hefyd o gynhesrwydd a chyfeillgarwch y rhieni – ac am fedrusrwydd Mrs Foulkes, Cwmgwyn yn gwnio dillad y caneuon actol. Cofio'r cydweithio hwyliog hefyd efo'r "ceir ysgol", efo Arthur Peate ac Elwyn Richards. Yn wir, wrth edrych yn ôl roedd y naw mlynedd yn Ysgol Llanbrynmair yn llawn o hwyl a hapusrwydd. Nid rhamantu yw hyn, ond roedd y blynyddoedd hynny yn rhai hawdd a di-broblem. Tri phlentyn di-Gymraeg ddaeth i'r ysgol, Mary Ness, Anne a Harry Marchington. Cyn pen tri mis roedd y tri yn siarad Cymraeg, nid trwy allu athrawon ond am na allai plant Llanbrynmair chwarae yn Saesneg bryd hynny – gwneud syms yn Saesneg, efallai, ond nid chwarae! Felly, bron yn ddiarwybod, dysgai'r Saeson bach Gymraeg. Yn wir, oes aur! a 'falle blynyddoedd hapusa' fy mywyd! 'Roedd yn braf croesawu hen ddisgyblion yn ôl ar adegau hefyd i wneud ymarfer dysgu pan yn y coleg, fel Meira Jones ac Alun Phillips neu dod i ddysgu dros dro fel Peggy Morris, neu i helpu fel Gaynor Breeze a Tegwen, a phawb yn deulu hapus.

Mae'n rhaid ei bod yn oes aur i athrawon. Oedd, roedd yna inspectors yn galw weithiau, yn ddirybudd hefyd; oedd, roedd yna ffurflenni a chofnodion ond dim byd i wneud bywyd yn faich. A diolch am hynny yr adeg honno yn Llanbrynmair am fod y lle mor brysur.

Roedd llawer o weithgarwch dan adain yr Hen Gapel, a phwy all anghofio'r Cyfarfodydd Bach a phob Ysgoldy â'i gôr – Arthur Peate yn arwain côr Ysgoldy'r Capel, Defi Tomi yn gadarn yn y bas ac yn arwain y côr plant, a Tomos Davies, Coedae efo'r tenoriaid. Ac yna, dramâu un act yr Ysgoldai! Pwy all eu hanghofio? Mwy difyr o lawer na S4C! Ac yna, Wythnos Ŵyl Ddrama yn y neuadd bentref, a chwmniau gorau Cymru yn cystadlu. 'Roedd yma gôr cymysg a chôr meibion dan ddisgyblaeth

Wil Tŷ Pella, a Mrs Gwyneth Jones, Llysun yn cyfeilio. Cystadlu yma a thraw – Maldwyn, Meirion, Ceredigion a Maesyfed, hyd yn oed. Ennill llawer, colli weithiau, ond hwyl bob amser a chyrraedd adre'n aml a'r wawr yn torri a'r ceiliogod yn canu! A bron bawb yn ei le yn yr Hen Gapel bore wedyn, Rwy'n dal i drysori'r mwyniant a gefais yn y côr, yn yr ymarfer a'r cystadlu.

Ac yna'r Aelwyd. 'Roedd yn oes aur yr Aelwydydd ym Maldwyn, mae'n siwr, bryd hynny ac roedd un Llanbrynmair mor weithgar â'r un, ac mi gefais i a Nest, fy ngwraig, lawer iawn o bleser a llwyddiant, rhaid i mi ddweud, yng ngweithgareddau'r Aelwyd, lle roedd yna gymaint o dalent.

Bu ambell gwmwl du, wrth gwrs, yn enwedig pan fu farw'r Parch. Robert Evans, fore Sul cymundeb, Medi 1957. Gwelais ei golli'n fawr. Ond rhaid dal ymlaen, a thrwy ragluniaeth cawsom y Parch. Eirug Davies i'w olynu, yn llawn brwdfrydedd, a Mrs Emily Davies i roi tipyn mwy o raen ar actorion amatur Llanbrynmair, heb golli dim o'r hwyl!

Mae darlun ar ôl darlun yn mynnu gwibio trwy fy meddwl: Sioned, y ferch, a fi yn mynd i'r Hen Gapel fore Sul, eistedd yn yr un set â Ned a Margaret (Lewis Jones), galw ar y ffordd yn ôl yn Coedcae am sgwrs ddifyr. Yn y p'nawn, Defi Tomi a'i bedwar plentyn yn galw am Sioned a fi, a ni i gyd yn cyd-gerdded i'r Ysgol Sul. A'r Nadolig, coeden fawr gan James Morris neu Sid bob blwyddyn. A bore Nadolig, efo'm ffrind cywir, Cynlas. Byddai Cynlas yn rhostio twrciod a gwyddau yn y becws i lawer o gymdogion, ac wrth moen gwydd Llwynffynnon byddwn yn ei helpu i'w dosbarthu o dŷ i dŷ. Rhaid oedd yfed "Gwylie Llawen!" efo pawb ac erbyn y diwedd doedden ni ddim yn siwr oedd yr ŵydd iawn yn mynd i'r tŷ iawn. Os bu camgymeriad, dyma ymddiheuriad hwyr dros Cynlas a minnau!

Diolch i ardal gyfan am amser mor hapus, ac ar Ragfyr 16eg, 1960 daeth fy ngyrfa hapus yn Ysgol Llanbrynmair i ben."

SYLWADAU PRIF ATHRAWES

MRS JEN EVANS oedd y brif-athrawes pan ddaeth yr ugeinfed ganrif i ben. Fe symudodd wedyn o ddysgu i faes ymgynghorol y Blynyddoedd Cynnar. Mae'n dal i fyw yn Llanbrynmair, a dyma rai o'i sylwadau a'i hatgofion:

"Ymunais â staff yr ysgol, yn rhan amser i ddechrau, yng nghanol yr 80au. O'r cyfnod hwnnw ymlaen bu newid sylweddol yn natur gymdeithasol ac ieithyddol yr ardal – yn adlewyrchu tueddiadau cyffredinol yng Nghymru, mae'n siwr, sef y cynnydd yn nifer y bobl oedd yn symud i fyw i'r ardal a'r parhad mewn niferoedd o bobl ifanc yn gadael.

"Wrth gwrs, bu newid sylweddol yn natur yr ysgol. Erbyn 1998, dim ond 17% o'r plant oedd yn dod o gartrefi Cymraeg, ac roedd canran uwch na'r cyffredin o'r disgyblion wedi eu cofrestru â'r hawl i dderbyn prydau bwyd am ddim, a chanran uchel wedi eu cofrestru i dderbyn sylw ar gyfer anghenion addysgol arbennig.

"Cyn diwedd yr 80au, nodwyd yr ysgol yn un ddynodedig Gymraeg gan Adran Addysg Cyngor Sir Powys. Golyga hyn addysgu'r plant yn gyfangwbl drwy gyfrwng y Gymraeg hyd at 7 oed, ac anelu at ddwyieithrwydd llawn erbyn i'r plant adael yr ysgol yn 11 oed. Er nad oedd pawb yn croesawu'r newid hwn i gychwyn, bu'r penderfyniad yn fodd nid yn unig i sicrhau bod y plant i gyd yn datblygu'n amlieithog yn fuan iawn ond hefyd yn gyfrwng i gryfhau safonau addysgol yn gyffredinol. Roedd y plant yn dod yn rhugl yn naturiol, ond roedd hi'n fwy o ymdrech i gael y gymdeithas yn lleol i ddefnyddio'r Gymraeg efo'r plant. Y wefr fwyaf i mi oedd clywed plant mewnfudwyr yn datblygu'n ddwyieithog yn fuan iawn a rhai ohonyn nhw'n dewis addysg gyfrwng Cymraeg yn Ysgol Bro Ddyfi ac Ysgol Caereinion.

"Cafwyd cyfnod llewyrchus o ganol y 90au, gyda nifer y disgyblion yn cynyddu o 42 i 63 erbyn y flwyddyn 2000 a thîm arbennig o athrawon a staff yn cydweithio. Cafwyd cryn hwyl yn darparu nid yn unig yr ystod arferol o feysydd dysgu ond hefyd amrywiaeth o brosiectau cyswllt busnes, a chryfhau'r cyswllt â'r gymuned - yn cynnwys Caffi yn cael ei redeg gan y plant, dosbarth y babanod yn cyhoeddi Llyfr Stori (gyda chefnogaeth gan yr awdures, Angharad Tomos), cynhyrchu cardiau Nadolig a dathlu'r mileniwm newydd drwy gyhoeddi Llyfr Emynau yn cynnwys hoff emynau'r plant ac aelodau o'r gymuned. Bydd sawl cyngerdd Nadolig yn aros yn y cof, yn amrywio o Sioe Sam Tân a Sioe Rala Rwdins i Stori'r Geni ar drothwy'r unfed ganrif ar hugain sef "http:www.mab.a.aned". Cyfnod eithriadol o brysur oedd y 6 mlynedd y bum yn Bennaeth, yn dysgu dosbarth 4 i 7 oed, yn ymdopi â'r corwynt cynyddol o waith papur a'r newid parhaus ym myd addysg. Ond diolch i'r tîm ymroddedig a dawnus iawn, roedd yr ysgol yn cael ei chydnabod fel un hapus iawn. Bu'r profiad yn un y bydda' i'n ei drysori."

2004
Ysgol ddwy athrawes sydd yn Llanbrynmair heddiw, efo dwy yn cynorthwyo. Dywed y pennaeth presennol, Mrs Bethan Bleddyn, apwyntiwyd yn 2002, ei bod yn cael ei chalonogi'n fawr gan y gefnogaeth y mae'r gymuned yn ei roi i'r ysgol. Mae'r nifer ar y cofrestr wedi disgyn yn ddiweddar o dan y 40 ond mae'n galonogol iawn fod y nifer o blant o gartrefi lle mae'r Gymraeg yn iaith gyntaf wedi cynyddu i 56%. Mae'r cynydd yma i'w weld yn bennaf yng ngwaelod yr ysgol, sy'n argoeli'n dda i'r dyfodol.

YSGOL Y WERN A BONT DOLGADFAN

YSGOL Y WERN
Ysgol dan nawdd y Gymdeithas Frutanaidd a Thramor oedd ysgol y Wern, wedi ei lleoli mewn clwstwr o dai mewn ardal a elwid y Wern Gerhynt, prin filltir uwchlaw'r Bont. Agorwyd ysgol i ddechrau yn ysgoldy'r Methodistiaid yno, ond yn fuan fe godwyd yno ysgol newydd agorwyd yn 1871. Roedd arian wedi ei adael i noddi ysgol y Wern ac fe ystyrrid hi'n llwyddiant o'r dechrau, er mai anodd dirnad hynny oddi wrth y llyfr cofnodion sy'n nodi digon o drafferthion nodweddiadol o'r amserau. Roedd yno dros 50 o blant, plant i weithwyr oedd yn byw yn y rhesi tai ac yn y myrdd tyddynnod a'r ffermydd ar y llethrau serth o amgylch. Daeth Miss Annie Humphreys yno o'r Pennant (honno wedi cau dros dro) a chanmolai ei bod yn cael mwy o lwyddiant yn ysgol y Wern.

Hanner blwyddyn o *log* neu lyfr cofnodion y Wern sydd ar gael, sef ar ôl Ionawr 1912, gan i'r ysgol symud i'r ysgol newydd yn y Bont yn yr hydref. Miss Bowen (o Langamarch) oedd y brifathrawes ers tro a dyma bigion o'i chofnodion, y gwreiddiol yn Saesneg, wrth gwrs:

Ionawr 1912
Dechrau'r flwyddyn yn wlyb iawn; traed gwlyb, annwyd, llawer yn absennol, felly dim marcio'r cofrestr (caniateid hyn ar achlysuron arbennig rhag dod â'r cyfartaledd misol i lawr).

Addysg

Chwefror
Derbyn cyflenwad o ddefnyddiau i'r ysgol:

> 1doz. Brush drawing books; 3doz. Blank drawing books; 3doz. Writing blocks; 8doz. Exercise books; 4doz. Lead pencils; 6doz. Copy books; 1 box round chalk; 1 box coloured chalk; 1doz. English dictionaries; 100 sheets drawing paper; 200 Examination papers; 1 gall. Dry ink; 4doz. Notebooks; 6 Packets paper mats; 6 Packets embroidery cards; 1doz. Skeins embroidery cotton; 1½ doz. Paper prickers; 6yds. Calico; 4doz. Knitting pins; 3doz. Thimbles; 3doz. Loose pins; 1 Book drawing of objects; 3 Registers.

(Gwelwn oddi wrth hyn fod cryn amrywiaeth gwaith yn yr ysgol a gwahaniaeth oedran, wrth gwrs, o bump i 14).

19eg
Miss Humphreys, yr athrawes gynorthwyol, yn sâl a Dosbarth Un yn dod i'r ystafell fawr at y "top class", ac anfon rhai o'r plant hynaf i edrych ar ôl y rhai lleiaf.

23ain
"*Very fair*" oedd y cynnydd yng ngwaith y plant (hynny ydy, eitha gwael!)

Gwŷl Ddewi:
Dathlwyd gyda "sgrifennu ar destunau pwrpasol", canu caneuon Cymraeg ac adrodd. Cyflwynwyd gwobrau am fynychu'r ysgol yn ddifwlch am ddwy flynedd. (Roedd hyn yn gamp fawr yn y dyddiau hynny). Mynd adre'n gynnar.

Mawrth 5ed
Arolygwr ysgolion, Mrs Johnson, yma. 44 o blant yn yr ysgol, rhai o'r rhai hynaf yn absennol.

22ain
Absenoldeb yn uchel. Gwynt a glaw.

29ain
Plismon plant yma eto…merched adre'n gweithio a cholli ysgol.

Ebrill 3ydd
Mae o yma eto, llawer yn absennol. Cau am y Pasg.

19eg
Cymanfa Ysgolion Sul yn y Bont, ysgol ar gau.

Mai 5ed
Llawer o blant wedi mynd i'r ffair (Ffair Galan Mai Llanbrynmair, mae'n debyg, gan ei bod yn rhy fuan am "Ffair G'lame" Machynlleth, oedd ar y 15fed). Cosbi un o'r bechgyn yn drwm am *"rude and mischievous conduct"*. (Be wnaeth o tybed? Bu yr un un bachgen yn aml dan y lach ganddi!)

Mai 24ain
Dydd yr Ymerodraeth (*Empire day*). Rhaid dathlu. Rhaglen y dydd wedi ei danfon i'r Swyddfa Addysg ymlaen llaw i'w gwirio. P'nawn rhydd. Darllen Dosbarth Un ddim yn dda.

Mehefin 6ed
Dim ysgol. Cymanfa Ganu ym Machynlleth. Cwyno am y gwyliau byr yma, *"delays progress"*!

Mehefin 20fed
Cwyno am absenoldeb plant *"due to negligence"* (yn awgrymu mai'r rhieni sydd ar fai). Miss Humphreys yn colli cryn dipyn o ysgol.... y frech goch ar amryw.

Gorffennaf 21ain
Gwahoddiad gan Syr Watkin Williams Wynn i'r plant fynd i de a difyrion eraill yng ngwesty'r Wynnstay am dri o gloch ddydd Iau i ddathlu penblwydd aer y stad yn 21 oed.

19eg
Ymweliad y swyddog meddygol; archwilio dau o'r rhai lleiaf a naw o'r rhai dros 12 oed. Plant adre yn y gwair.

20fed
Yr ysgol yn cau am bum wythnos.

Medi 4ydd
Dodrefn i'r ysgol newydd yn cyrraedd:

> 1 Bwrdd gwnio; 3 Cadair; 1 Cwpwrdd papurau; 1 Ddesg i'r athrawes gynorthwyol; 1 Bwrdd gwybodaeth (*notice board*); 1 Bwrdd presenoldeb (*attendance*); 6 Pwyntiwr pren.

Miss Bowen yma ei hunan, Miss Humphreys yn sâl eto.

20fed
Plant yn absennol yn y cynhaeaf ŷd. (Ac i goroni popeth!) daeth yr arolygwr ysgolion, clerc y Pwyllgor Addysg, y plismon plant ac un o reolwyr yr ysgol i gyd yma efo'i gilydd.

27ain
Diwrnod olaf yn ysgol y Wern. Ar ôl cau arhosodd y brifathrawes a rhai o'r plant hynaf i bacio'r llyfrau yn barod i'w symud (efo cert a cheffyl).

(Roedd tŷ yn sownd yn yr ysgol, a gwnaed y ddau adeilad yn un tŷ ar ôl hyn, wedi eu prynu gan Mr Stable.)

YSGOL Y CYNGOR, BONT DOLGADFAN
Fe gofiwn fod Cynghorau Sir wedi cael y cyfrifoldeb am addysg gynradd gan y Llywodraeth yn 1902, ac un o'r ysgolion cyntaf a godwyd gan Gyngor Sir Drefaldwyn oedd Ysgol y Bont yn 1912, i gymryd lle Ysgol y Wern. Byddai ysgol yn y Bont yn nes i'r clyw, ac yno hefyd yr oedd trwch y boblogaeth erbyn hyn.

Awn ymlaen, felly, efo'r Llyfr Cofnodion a ddaeth i lawr efo Miss Bowen o'r Wern.... a chael mai digon tebyg oedd pethau yma eto, ysgol newydd neu beidio, oherwydd doedd hi fawr mwy na phedair wal foel ar y cychwyn.

Medi 30ain
Daeth y plant yn dorf i'r ysgol newydd y bore yma. Roedd yma 57 yn y bore a 53 yn y prynhawn. Gan fod chwech o'r desgiau newydd wedi torri bu raid defnyddio tair o'r hen rai a dwy fainc. Gan mai dim ond lle i bedwar sydd mewn desg mae'n wasgfa yma. Gan nad oes begiau na bachau wedi eu codi i hongian mapiau na byrddau gwybodaeth rhaid eu cadw yn y gornel ac felly'n anodd mynd atynt. Mae'n gwneud gwaith ysgol yn anodd.

Hydref 11eg
Clefydau'r croen, anwydau a phlant adre'n codi tatws. Un o'r bechgyn yn ddrwg eto, ei gosbi am anufudd-dod a chreulondeb at fechgyn bach. Cyrhaeddodd pedwar cwpan yfed a thoweli rowler i'r lobis.

Tachwedd 1af
Desgiau o'r diwedd.

22ain
Gwobrau am gadw ysgol i dri o'r disgyblion.

Rhagfyr 13eg
Plant yn colli ysgol yn dilyn y dyrnwr i'r ffermydd. Annie Lewis yn gadael i weini.

1913 Ionawr 10fed
Agoriad swyddogol yr ysgol heddiw gan Mrs Wintringham Stable. Ni chyrhaeddodd aelodau o'r Pwyllgor Addysg er hir ddisgwyl. Cadeirydd y rheolwyr yn dadorchuddio llun o Mr Daniel Howell a fu am flynyddoedd yn ysgrifennydd (*correspondent*) a phrif reolwr Ysgol y Wern. Te a thynnu cracers. Canu ac adrodd yn Saesneg a Chymraeg tra'n aros am y Cynghorwyr (na ddaeth). Canu'r anthem genedlaethol i gloi. (Pa un, tybed?)

Ionawr 31ain
Yr un un bachgen yn ei chael hi eto am "*mischievous conduct and dirty habits*".

Mawrth 31ain
Miss Humphreys wedi gadael ers 19eg a neb yma yn ei lle. (Bu Miss Bowen ei hunan efo 50 o blant tan Fai 26ain pryd y daeth Miss Susie Owen at y rhai lleiaf.) Yn y cyfamser bu pawb yn yr un ystafell, "*very difficult*". Catherine Watkin yn rhedeg o'r ysgol wedi gwrthod dal ei llaw allan am "*stroke of the cane*" (am be' tybed?)

Ebrill 22ain
Y plant yn canu yn y côr yn eglwys y Llan ar achlysur priodas Miss Stable. Te i'r cyhoedd ym Mhlas Llwyn Owen.

Mai 5ed
Teulu'n gadael am y South. Derbyn rhaglen waith am y flwyddyn o'r Swyddfa Addysg. Plant dan anwydau a rash ar wynebau. Rhai â drwynod. Llai a llai yn yr ysgol bob dydd. Cynghori rhai rhieni i alw'r doctor.... Cau yr ysgol am fis.

Hydref 31ain
Rhan o'r ysgol dan ddŵr o ffos a orlifodd o'r cae uwchlaw. Cosbi'n hallt rai am fynd ar ôl y cŵn llwynog amser cinio a hanner awr yn hwyr yn cyrraedd yn ôl.

Tachwedd 14eg
Medal a llyfr gan Mr Stable i rai am gadw'r ysgol yn ddifwlch am ddwy flynedd (tipyn o gamp dan yr amgylchiadau bryd hynny). Codi lamp yn yr ysgol at ddosbarthiadau nos.

Rhagfyr 2il
Arholi'r plant mewn rhifyddeg ysgrifenedig. Gwael.

1914 Ionawr 5ed
David Watkins a Jaci Lewis yn cael cosb am ysmygu yn y tŷ bach (*"in the offices"*).

Chwefror 6ed
Arholi darllen. Cymraeg yn well na'r Saesneg yn safon Un. (Dylanwad yr Ysgol Sul?)

Mai 1af
Plismon plant yn cymryd enwau'r bechgyn sydd adre'n plannu tatws.

Mehefin 5ed
Tad un o'r plant yn dod i'r ysgol i gwyno; cael clywed fod ei fab 12 oed yn waeth nag un 9oed. ("Twp a diog", meddai Miss Bowen, ond tybed beth fu ei hanes mewn blynyddoedd wedyn?)

Gorffennaf 17eg
Tair geneth newydd yn yr ysgol, Rona, Grace a Winnifred Hannion, plant o garafan sipsiwn sy'n gwersylla yn ymyl. Buont yn ysgol Carno am rai misoedd. Y tair ar ei hôl hi yn eu gwaith (*"backward"*).

Gorffennaf 14eg
Yr ysgol yn cau tan Fedi 1af.

Medi 30ain
Derbyn defnyddiau ysgol newydd e.e. *Clawdd Terfyn* yn werslyfr darllen.

Tachwedd 18fed
Yr ysgol newydd yn dioddef o simdde fyglyd, iard wlyb a drysau wedi chwyddo. Y nyrs yn edrych ar addasrwydd dillad a glendid y plant.

1915 Mawrth 8fed
Mr Rhodes, y deintydd, yma. Triniaeth i 16 yn y bore. Gwersi'r plant lleiaf felly yn lobi'r merched lle mae yna dân.

Addysg

Mawrth 9fed
Angladd cyn ddisgybl. Gwyliau hanner diwrnod.

Mawrth 12fed
Amryw yn absennol o ganlyniad i'r deintydd.

Ebrill 29ain
Mam y bachgen "twp"yn dod i'r ysgol ac yn gweiddi *"impertinencies"* ar yr athrawon (am iddo gael ei gosbi).

Tachwedd 28ain
Glo o'r diwedd fel y gallwn gynhesu diod amser cinio. Dim ond 24 yn yr ysgol heddiw.

1920 Awst 31ain
"I, Margaret Bowen, Certificated Teacher, resign charge of this school today". Tybed a wyddai'r hen greadures am y pennill a gyfansoddodd rhywun amdani rywdro, ac nid yw'n anodd dyfalu pwy!

> Hen Bowen fach Llangamarch,
> Hen bwten fach ddinam;
> Ei sodlau fel mynyddoedd
> A'i cheg fel trwnc y Llan!

(Haeddodd hi mohono, reit siwr, ond tipyn o frwydr fu bywyd iddi yma. Sonir amdani unwaith wedi cadw un o'r bechgyn i mewn ar ôl ysgol. Ei fêts yn dod i'w "achub" ac yn gafael yng nghwt ei gôt, hithau'n sownd yn y pen arall. Yna, gwelid y bechgyn yn tynnu, y naill wrth gwt y llall a Miss Bowen yn cael ei llusgo i lawr y goriwaered ac allan trwy giât yr ysgol. Pan oedd bechgyn mawr anystywallt yn yr ysgol nes eu bod yn bymtheg oed weithiau, anodd iawn oedd hi i ddynes gadw cytŵ.)

Medi 1af
J.E.Jones yn dod yma'n brifathro o ysgol Oakley Park, a dyna beth oedd chwildro – neu drawsgyweirnod, efallai, o gofio am ei ddawn gerddorol! Bu yma am wyth mlynedd. Tra bu Miss Bowen yn ffyddlon iawn i'r llyfr cofnodion, ychydig iawn sgrifennodd J.E yn ystod ei gyfnod o.

Medi 24ain
(Yn Saesneg fel o'r blaen) Presenoldeb 93%
(Ar ôl hyn mae'n gyson iawn dros 90%)

1921 Mai 12fed
Yr ysgol ar gau yn y prynhawn i seremoni dadorchuddio cofeb i'r bechgyn a syrthiodd yn y Rhyfel Mawr. Gosodwyd torch o flodau ar ran y plant.

1926 Ionawr 13eg
Adroddiad Arolygwr Ysgolion fu yma ym mis Rhagfyr ar Adran y Plant Lleiaf:

> "Mae'r adeilad cymharol newydd yma wedi cael ei adnewyddu'n gymharol ddiweddar fel bo'r amodau gwaith yn foddhaol iawn. Mae'r digyblion yn ymddwyn yn dda ac yn awyddus i waith. Ar wahân i'r ffaith nad oes llawer o ddarpariaeth ar gyfer dysgu pynciau ymarferol, mae'r ysgol yma'n esiampl dda o ysgol fach wledig yn cael ei rhedeg yn effeithiol. Cyrhaeddwyd safon foddhaol yn y pynciau cyffredin yn y grŵp uchaf. Trwy gael mynd allan am dro yn wythnosol mae'r plant yn cael eu dysgu am lysieueg lleol. Roedd yr arlunio'n arbennig o dda. Roedd y canu'n foddhaol, ond gobeithir cael piano'n fuan i hyrwyddo cerdd dant —rhywbeth y mae'r prifathro'n arbenigwr arno. Doedd y disgyblion yn y dosbarth isaf ddim wedi gwneud llawer o gynydd mewn darllen".

Chwefror 26ain
Y prifathro'n absennol mewn cyfarfod o Gomisiwn ar y Gymraeg (mewn addysg) yn Aberystwyth.

Mehefin 23ain
Y prifathro wedi cael caniatâd i fod yn absennol yn y prynhawn i gymryd rhan yn seremoni Cyhoeddi Eisteddfod Powys yn Llanfair Caereinion.

1927 Ebrill 1af
Rhoddwyd cyngerdd yn yr ysgol yn y nos at gronfa'r piano. Derbyniwyd £5.1.6 wrth y drws a 4/-arall.

Ebrill 8fed
Gwnaed £8.2.6. mewn cyngerdd yn Llanbrynmair. Talu £1 am y neuadd.

1928 Gorffennaf 28ain
"Rwyf i, J.E.Jones heddiw yn gorffen yn fy swydd fel Prifathro'r ysgol hon. Mae Miss C.Williams hefyd yn gorffen heddiw".

Addysg

Hydref 1af
Daeth D. Glanffrwd Davies, Athro Argyfwng y Sir, yma i gymryd gofal.

15fed
Derbyn 3 o blant dan bump oed. Mae 41 ar y cofrestr.

23ain
Mewn cyfarfod yr hwyr, cyflwynwyd anrheg o delescop a meicrosgop i'r cyn-brifathro.

Rhagfyr 7fed
D.Glanffrwd Davies yn cael cyfweliad ac yn cael ei apwyntio'n brifathro.

1929 Ionawr 14eg
Derbyn 3 plentyn o Waun Cwmcalch (pell o'r ysgol). 44 ar y llyfrau. Miss M.A.Peate yn cychwyn fel athrawes Plant Iau.

Chwefror 29ain
Bu'r tywydd ers pythefnos gyda'r gwaethaf mewn 30 mlynedd. Teuluoedd cyfan yn y gwely dan y ffliw.

Mawrth 1af
Y bore cyfan yn cael ei roi i gofio Dewi Sant ym mhresenoldeb y rheolwyr; Mr Davies, Y Gelli, a Mr Davies, Dolgadfan yn rhoi anerchiad, a'r plant yn canu caneuon gwerin, penillion ac adrodd, a chafwyd eitemau ar y mandolin gan y prifathro. Mr Davies, Y Gelli, yn rhoi ceiniog yr un i'r plant a Mr Davies, Dolgadfan yn addo *"treat"*.

Mawrth 19eg
Yr ysgol yn mynd i dop y rhiw i fynegu cydymdeimlad â Mrs Stable, Llwyn Owen. Bu'n rheolwr am flynyddoedd. Mr Stable yn cael ei gladdu bore yma yn y Llan.

Mawrth 29ain
Am 3.30 y staff, rheolwyr a phlant yn mynd i Ddolgadfan i de a champau; gwobrau yn cael eu rhoi gan Mr a Mrs Davies a Miss Jones.

Mai 21ain
Presenoldeb yn yr ysgol yn dal yn ddim ond 91.9% oherwydd y ffliw, *pharyngitis* a niwmonia.

Medi 9fed
Offer gwaith coed wedi cyrraedd heddiw. Bydd y pwnc yma yn cael ei ddysgu am y tro cyntaf y tymor yma.

1930 Chwefror 13eg
Deintydd ysgol yma yn tynnu dannedd 17 o blant.

Mis Mawrth
Tywydd oer a llawer o salwch. Hanner y plant ddim yma'n aml.

Gorffennaf 18fed
Deintydd yma eto. Tynnu dannedd 10 o blant.

Medi 8fed
Y prifathro yn dioddef o *phlebitis* ac yn gorfod gorffwys am fis. Ei wraig yn helpu yr athrawes anhrwyddedig i redeg yr ysgol. Cael help disgybl athro o Lanbrynmair.

1931 Mawrth 6ed
Enillwyd yr holl wobrau am waith coed yn Eisteddfod y Bobl Ifainc, Llanbrynmair gan yr ysgol hon, yn ogystal â gwobrau am ganu, adrodd a gwnio.

Ebrill 29ain
Bachgen bron yn chwech oed yn cychwyn ysgol o Waun Cwmcalch.

Awst 25ain
Prifathro yn mynychu cwrs mis mewn Rhwymo Llyfrau mewn ysgol haf yn Aberystwyth

1932 Ebrill 14eg
Dosbarthwyd 12 tystysgrif presenoldeb. Ni chollodd rhai ysgol am dair blynedd.

Mehefin 16eg
Glyn Lloyd wedi ennill ysgoloriaeth David Davies sy'n agored i'r Sir i gyd, ac mae'n ail o'r top ar y rhestr a basiodd i fynd i Ysgol Machynlleth.

Mehefin 23ain
Ymweliad gan y Cyfarwyddwr Addysg.

Hydref 20fed
Glyn Lloyd yn ail mewn cystadleuaeth ynglŷn â chanmlwyddiant Ceiriog, allan o 140 o draethodau.

1933 Chwefror 10fed
Llawer o frech yr ieir o gwmpas.

Mai 8fed
Penderfynu rhoi Dosbarth 2 dan ofal athrawes y plant bach am y tro cyntaf ers 4 blynedd. Bydd hyn yn gwella cydbwysedd gan fod gan y Prifathro 38 a hithau ddim nd 15.

Hydref 18fed
Cofrestru tri dwsin o blant yn y *Crusaders of the Ivory Castle League* (ymgyrch dannedd glân – ond braidd yn hwyr yn ôl y tynnu a fu!)

1934 Ionawr 12fed
Y plant yn mynd at groesffordd Dolgadfan i ddangos cydymdeimlad â theulu Llwyn Owen. Mrs Stable, sy'n cael ei chladdu heddiw, wedi bod yn rheolwr yr ysgol am flynyddoedd.

1935 Ebrill 3ydd
Tynnu dannedd 21 o blant (ar waetha addewidion yr *Ivory Towers*)

Ebrill 8fed
Yr ysgol ar gau am wythnos. Teuluoedd cyfan yn y gwely dan y ffliw.

Mai 6ed
Jiwbili y Brenin Siôr 5ed. Te i'r ysgol a'r cyhoedd yn Nolgadfan, a mabolgampau.

Mai 23ain
Ysgol ar gau. Plant yn cymryd rhan yn nathliadau Dau-can Mlwyddiant y capel.

Mehefin 22ain
Deg o blant wedi mynd i Fanceinion i Gan-mlwyddiant y *Rechabites*.

Awst 1af
Major a Mrs Jervoise yn rhannu mygiau Jiwbili hardd iawn a da-da i'r plant.

Tachwedd 20fed
Cafwyd chwaraeon newydd i'r ysgol: biliards i'r bechgyn a tennis bwrdd i'r merched. Codwyd arian trwy gyngherddau ysgol.

1937 Mehefin 9fed
Un arall o blant yr ysgol, Owen Lloyd Evans wedi ennill ysgoloriaeth David Davies ac yn gyntaf yn ardal Machynlleth yn yr arholiad mynediad i addysg uwchradd.

Awst 3ydd
15 o blant yr ysgol yng Nghôr Plant yr Eisteddfod Genedlaethol ym Machynlleth (750 i gyd).

Hydref 7fed
Bydd Mary Evans, sydd dros 14 oed, yn mynychu dosbarth coginio bob dydd Iau yn ysgol Pen-ddôl.

Rhagfyr 22ain
Cau heno tan Ionawr 4ydd. Gwyliau Nadolig.

Dyma'r cofnod olaf a geir yn y Llyfr Log yma a ddaeth i law y golygydd. Mae lle i ofni fod cryn dipyn o esgeulustod wedi bod wrth gau ysgol y Bont, oherwydd pan alwodd un o'r cyn-drigolion heibio ar ôl cryn dipyn o amser, cafodd y drws ar agor a phapurau ar hyd y lle ym mhobman, gan gynnwys llyfrau cofrestr, ac ati. Dyna sut mae hanes yn mynd ar goll. Ac am y Llyfr Log hwn, i Mrs Edna Hamer y mae'r diolch fod hwnnw ar gael heddiw: fe'i gwelodd ar ben sgip y tu allan i Ael-y-bryn (tŷ'r athro) pan oedd yn cael ei glirio ymhen rhai blynyddoedd ar ôl cau yr ysgol. O sylweddoli beth oedd, aeth â fo adre ac mae o'n ddiogel yn y Llyfrgell Genedlaethol heddiw.

ATHRAWON
Roedd J.E. wedi bod yn athro adnabyddus am ei ddiddordeb mewn diwylliant Cymraeg a'i allu arbennig mewn cerdd dant, rhywbeth yr oedd plant yr ysgol wedi cael cyfle i elwa arno. Roedd yr un ddaeth ar ei ôl, Glanffrwd Davies, yn ddyn cwbwl wahanol, yn ddisgyblwr llym a'i fryd ar roi addysg ym mhennau'r plant, doed a ddelo, a chafodd lawer o lwyddiant. Bydd amryw yn y llyfr yma'n sôn am eu dyled iddo. Dyma:

ATGOFION W.E. WILLIAMS O YSGOL Y BONT

"Rydw i wedi bod â diddordeb mewn cerddoriaeth erioed, ers pan oeddwn i'n ddisgybl yn ysgol y Bont lle roedd canu a dysgu sol-ffa yn cael lle blaenllaw gan y prifathro, Glanffrwd Davies. Roedd yn rhan o'r arholiad ar ddiwedd tymor. Mi sgwenai ddarn o sol-ffa ar y bwrdd du a rhaid oedd ei ganu. Pointio tiwn, dyna dasg arall. Doedd rhai ddim yn edrych ymlaen at hyn o gwbwl ond mi roeddwn i wrth fy modd. Mae'n biti na fyddai plant yr oes yma'n dysgu sol-ffa, mae o mor hawdd i'w ganu. A sôn am arholiad, roedd G. Davies yn cymryd diwrnod arholiad gymaint o ddifri â phetai ni'n eistedd i fynd i Oxford! Desg i bawb ymhell oddi wrth ei gilydd a dim smic.

"Dwi'n cofio un diwrnod arholiad arbennig ar y cyntaf o Ebrill. Roedd yna un cog yn y dosbarth, Islwyn Tŷ Sgoldy, oedd ddim yn gip iawn mewn ambell i bwnc a chanddo'r arferiad o ddweud os byddai wedi gwneud camgymeriad, "Wedi mishio, Syr!" yr hyn a yrrai Davies o'i go. Un byr iawn ei amynedd oedd o. Wel, fore'r arholiad dyma ni fechgyn yn rhoi her i Islwyn i godi'i law a dweud, "Wedi mishio, Syr!" ac yna "Ffŵl Ebrill!" Cyndyn oedd o i gymryd yr her ond, wir i chi, ar ganol yr arholiad dyma'r llaw i fyny, "Wedi mishio, Syr!" Dyma Glanffrwd yn dod amdano, *"What have you done, boy?"* A chyn i Islwyn gael dweud dim mi gafodd y gletsen gynhesa. "Ff-ffŵl Ebrill!" meddai pan ddaeth ato'i hun.

"Rhywbeth arall a'i gyrrai'n gandryll o'i go oedd ffeindio ein bod ni wedi bod yn ffidlan efo'r cloc. Pan âi o adre i'r Llan amser cinio mi fydden ni'n rhebelio, ac un tric oedd weindio pendil y cloc i fyny i'r top i wneud iddo fynd yn gyflymach ac felly ennill chwarter awr mewn prynhawn. Adre'n gynnar wedyn – efalle!

"Ond athro penigamp oedd Glanffrwd Davies, oedd yn dod o Gaerwedros, Sir Aberteifi. Roedd hanner cant yn yr ysgol pan oeddwn i yno a chymaint â phum dosbarth dan ei ofal, eto llwyddai yn rhyfeddol i'n cwmpasu ni i gyd, ond nad oedd ganddo lawer o amynedd efo'r rhai oedd ddim yn trio. Eisiau i ni ddod ymlaen, eisiau i ni ddysgu, eisiau i ni wneud y gorau o'n talentau, dyna oedd ei nod. Roedd o'n casáu gweld rhywun yn gwastraffu cyfleon addysg. Er enghraifft, roedd cogie Cwmcalch yn byw dros dair milltir o'r ysgol ac felly dim gorfodaeth arnyn nhw i wneud gwaith cartre, a Davies yn flin wrthyn nhw am gymryd mantais o hyn. Roedd o eisiau ehangu'n gorwelion. Cafodd fwrdd biliards i'r ysgol a thenis bwrdd. Roedd hyd yn oed yn dysgu'r grefft i ni o feindio llyfrau ac roedd ganddo beiriant gwnio i'r pwrpas, a'r cyfan yn broffesiynol iawn; rhoi dalen ar wyneb y dŵr i greu dyfrlliw ar gyfer tu mewn i'r clawr a defnyddio clwt ar y tu allan. Caem fynd â hen lyfr i'r ysgol i'w drwsio a chofiaf feindio hen lyfr emynau.

"Mi ddysgais fwy am y Beibl hefyd yn ysgol Bont na ddysgais i byth wedyn. Rhoddai hanner awr bob bore i hyn. Roedd ganddo ddawn dweud stori a chaem stori newydd bob dydd. 'Dallech chi ddim peidio â gwrando. Roedd rhai yn trin arno ac yn dweud ei fod yn rhy barod â'r wialen ond ches i ddim ond bendith dan ei ofal"

A dyma dystiolaeth BERNARD DAVIES, SIOP Y LLAN

"Mi ddechreuais i'r ysgol yn 1939, pryd yr oedd yno 36 o blant. Roedden ni'n treulio llawer o amser yn dysgu sgrifennu'n gywrain o'r cychwyn. Symudais i fyny at Glanffrwd Davies yn saith oed. Byddem yn sefyll am hydoedd yn rhes hir i fynd trwy'n tablau, yn Saesneg, a rhoddai lawer o amser i fathemateg. "*Composition*" Saesneg oedd ar fore Mawrth a rhaid oedd sgrifennu'n gywir, a bob penwythnos caem 20 o eiriau Cymraeg a Saesneg i'w dysgu. Roedd gwasanaeth crefyddol bob bore, a disgwylid i bawb ddweud adnod ar fore Llun. Roedd yn gallu gwneud hanes, a hanesion y Beibl, yn bethau diddorol dros ben oherwydd ei ddawn i ddweud stori. Roedd pethe mor bell â'r Croesgadau a'r Armada yn dod yn fyw iawn! Bu rhaid dysgu enwau'r afonydd i lawr trwy'r Alban, Lloegr a Chymru. Dysgai waith coed i ni, ac arlunio a gwneud patrymau, ond deuai ei wraig i lawr i'r ysgol i chwarae'r piano a dysgu caneuon i ni, rhai Saesneg yn aml fel *Heart of Oak*. Mi gefais sylfaen dda i'm haddysg ganddo cyn mynd i'r ysgol uwchradd yn 14 oed."

Yn dilyn Mr Glanffrwd Davies, daeth Mrs Dora Thomas yn brifathrawes. Roedd hi yno ers blynyddoedd efo'r plant iau. Yna, pan gaewyd ysgol Pennant yn 1957 ychwnaegwyd rhyw hanner dwsin at y nifer yn Bont. Miss Mary Pugh oedd cogyddes ysgol y Bont ers blynyddoedd, yna'n fuan ar ôl uniad y ddwy ysgol fe'i holynwyd gan Mrs L. C. Jones, cogyddes y Pennant, ac yn ôl tystiolaeth y plant oedd yno, bu drws y cantîn ar agor fyth wedyn a'r plant yn rhedeg yno am bob rhyw gysur. Ymddeolodd Mrs Dora Thomas yn 1964, wedi bod yn athrawes am dros ddeugain mlynedd. Un o blant Y Felin, Pennant oedd hi. Ni chafodd erioed fynd i ysgol uwchradd na choleg, ond trwy reddf a gallu naturiol daeth yn athrawes ac iddi barch mawr, wedi dechrau ei gyrfa fel disgybl athrawes efo Miss Sarah James yn Pennant. Dilynwyd Dora gan Mrs Nellie Roberts (Craig, gynt, wedi'i magu yn y Wern), ond ni fu hi yno ond rhyw flwyddyn, oherwydd afiechyd, a gyda'i hymadawiad hi a'r nifer ar y cofrestr wedi disgyn i ddeuddeg, caewyd yr ysgol yn 1965 a chafodd y plant eu cario i ysgol Pen-ddôl. Yr ysgol honno oedd yr unig un yn yr ardal wedyn. Y digwyddiad cyffrous olaf i blant y Bont oedd cael ymuno yng Nghôr Plant Eisteddfod Genedlaethol, Drenewydd, 1965, wedi cael eu hyfforddi gan John Roberts, gŵr Nellie, oedd yn gerddor da. Roedd yr Eisteddfod yn fwy cofiadwy fyth i'r ddau gyn-disgybl, yr efeilliaid Sidney a Maldwyn Hughes, Penfilltir, y ddau facwy yn yr Orsedd, a'i cafodd hi'n anodd iawn bodloni i wisgo trowsus byr!

"Plas cae-newydd" dyma enw newydd hen ysgol y Bont sydd wedi ei gwneud yn dŷ. Cawn yr hanes gan y ddau sy'n byw yno heddiw, gŵr a gwraig o Swydd Warwick:

"Ar ôl cau yr ysgol yn 1965 fe'i defnyddiwyd fel canolfan gymdeithasol am dipyn, ond ar ôl ad-drefnu Llywodraeth Leol yn 1974 fe'i prynwyd gan ŵr o Aberdyfi a ddechreuodd ar y gwaith o'i throi yn dŷ. Roedd carafan fawr y tu allan a thynnwyd y ffens o'i blaen i ffwrdd, a bu'r ffrynt yn faes parcio i'r pentref am dipyn. Rhoddodd yr enw Plas-cae-newydd ar y tŷ. Yn 1988 fe'i gwerthodd i ni, oedd newydd ymddeol o fusnes yn y Canoldir, a'n mab a'i wraig eisoes yn byw yng Nghae Gilbert yn uwch i fyny'r cwm".

YSGOL PENNANT

Dyma'r adeilad ysgol hynaf yn Llanbrynmair. Mae'n dyddio o 1842 pryd y'i codwyd gan Syr John Conroy, tirfeddiannwr lleol, dan gynllun elusen Y Gymdeithas Frutanaidd a oedd yn annog y cyfoethog i hybu addysg y werin. Ond yr oedd gwreiddyn yr ysgol yn mynd yn ôl i'r "ysgol gylchynnol" oedd wedi ei sefydlu yn llawr dyrnu y Pandy hanner canrif yn gynt. Ysgol syml, un ystafell oedd hi, yn wynebu ffald yr efail a'r capel Methodus. Talwyd y costau i gyd gan Conroy, gan gynnwys offer i'r ysgol a thŷ a gardd a chyflog i'r athro. Darllen, sgrifennu, rhifyddeg, ysgrythur, daearyddiaeth a hanes oedd y rhaglen waith uchelgeisiol.

Roedd plant ffermwyr i dalu o hanner coron i bedwar swllt a chwecheiniog y flwyddyn at y costau ond plant "gweithwyr" i gael ysgol am ddim (er y byddai mwynwyr plwm yr ardal yn debyg o ennill mwy na ffarmwr cyffredin ar y pryd.)

Pan ddaeth comisiynwyr y Llywodraeth i wneud eu hadroddiad yn 1847, roedd yma 47 o fechgyn ac 16 o ferched. *"Exceedingly ignorant .... Scarcely understood a word of English..."* oedd y dyfarniad llym. Siopwr o fath oedd yr athro a hwnnw'n anabl i gadw trefn ar y plant heb sôn am eu dysgu. Prin y siaradai Saesneg ei hunan ac ni chadwai gofrestr. Caeodd yr ysgol pan fu Syr John farw ymhen rhai blynyddoedd, wedi colli ei noddwr. Ail agor yn 1859, a chael ei mabwysiadu gan fudiad eglwysig yr Ysglion Cenedlaethol yn 1873. Caeodd eto yn 1889 a dim ond 25 yn yr ysgol erbyn hynny. Mae'r llyfr cofnodion sydd ar gael yn cychwyn yn Ionawr 1873 fel hyn:

"The children have returned in good number after the vacation. Expected a visit by the Reverend J.W.Kirkham to inspect the school for the prizes but was disappointed..." (y ficer a gwell pethau i'w gwneud y diwrnod hwnnw, mae'n debyg...) Ond fe ddaeth ymhen yr wythnos a chyflwyno 11 o wobrau rhwng y plant, rhoddedig gan Syr John a roddodd hefyd fap o Ewrop yn anrheg. Talai'r plant geiniog y dydd am eu hysgol yr adeg yma.

Mae'r adroddiadau yn eithaf da o hynny ymlaen. E.e. *"This little school is in excellent order and is taught with very great spirit and success. Singing unusually good. Needlework deserves praise"*. Yr athrawes newydd, Miss Humphreys, yn ei chael hi'n anodd dysgu'r testunau gosod i'r plant lleiaf (megis "Te", "Orenau", "Eliffantod", Coed") am nad oedd y plant yn deall Saesneg o gwbwl. Anfonodd y Swyddfa Addysg Saesnes yma yn 1887, un Margaret Marriott. Byr fu ei arhosiad, druan, a daeth Miss Jane Williams o'r Fan yn ei lle. Cafodd y plant ddysgu caneuon Cymraeg ganddi. Roedd canmoliaeth uchel i'r ysgol yn 1889 a grant o £36 i brofi hynny. (Cofiwn mai yn ôl eu canlyniadau yr oedd ysgolion yn cael eu hariannu erbyn hynny.)

Llawer o newid athrawon ar ôl 1891. Yn 1895 canlyniadau ddim yn dda a bygwth colli grant. Y plant "yn Gymreigaidd iawn". Disgwylid iddyn nhw ddysgu gramadeg Saesneg pan na wyddent, ar lyfr, elfennau gramadeg eu hiaith eu hunain. 20 ar y cofrestr.

Saesnes arall yn dod yn 1899, ond dim ond am ychydig. Ffeindiodd fod Standard Tŵ wedi anghofio popeth! Ni wyddent sut i adio i fyny na thynnu allan, a siaradent Gymraeg "yn fwriadol am na allai hi ddeall"!

1900
Adroddiad yr arolygwr ysgolion: "Athrawes newydd yma, Frances A Hughes. Bu'r ysgol dan dri athro gwahanol yn ystod y flwyddyn a dioddefodd oherwydd cau yr ysgol am ysbeidiau rhyngddynt. Dan yr amgylchiadau mae'r sefyllfa addysgol yn burion a chymeradwyir grant fel y llynedd. Yr athrawes newydd yn gweithio'n galed *"vigorously and intelligently"*. Byddai'n dda cael Moniter i'w helpu. Byddai stôf fwy o faint yn dderbyniol iawn. Mae 36 ar y cofrestr".

Daeth Miss Sarah James yma'n brifathrawes yn 1906 (wedi bod yn ysgol Dylife cyn hynny) a bu yma am 43 mlynedd, ond mae bwlch yn y cofnodion tan:

1919
pryd y cynhaliwyd te yn yr ysgol i groesawu'r milwyr yn ôl o'r rhyfel.... Nyrs Price yn trin "scabbies"...... 16 yn cael tynnu eu dannedd yn yr haf ... a'r plant yn cael tynnu eu llun yn yr Hydref.

1920
Deuddydd o wyliau i ddathlu canmlwyddiant y capel

1921
Cyngerdd i gael piano. (Mae cofnod lliwgar o Miss James a'r piano yn llyfr Elwyn yr Hendre, *Newid Ddaeth*, a'i gorchymyn wrth thympio'r offeryn a tharo'i throed, *"Shout it out!"* Mae'n debyg fod digon o sŵn yn golygu canu da).

1923
Picnic ger Ffrwd Fawr (peryglus iawn yn nhermau heddiw!)

1924
Cyngerdd i gael gramaphone – yr uchelgais gerddorol yn parhau.

1926
Ysgol ar gau, cynhadledd i'r athrawon ar yr iaith Gymraeg yn Aberystwyth (yn dangos y duedd newydd mewn addysg).

Mawrth 31

Miss Dora Jones, athrawes gynorthwyol, yn cael tebot arian a dysgl ffrwythau yn anrheg briodas gan y brifathrawes a'r plant .

Miss James yn mynd i gynhadledd ar wnio (roedd oes y gwnio samplau a sampleri wedi dod i ben, a'r oes pan roddai Miss James drôns ei brawd i'r rhai hynaf i'w trwsio! Cofiai Laura Jones, Pennant Isaf wneud hynny, ond canmolai Miss James am ei dysgu i droedio sanau, peth defnyddiol iawn pan oedd pawb yn gwisgo sanau wedi'u gweu.)

Annie Williams, Cilcwm yn dod yn ddisgybl athrawes. Bu ei mam yma'n athrawes o'r blaen.

1927

Trip ysgol i'r Bermo mewn siarabang trwy Gorris, Talyllyn a Dolgellau ac yn ôl trwy Ddinas Mawddwy. (Dyna beth oedd diwrnod i blant y Pennant. Gwelodd llawer y môr am y tro cyntaf, reit siwr.)

Plant wedi gwneud 22 o ddilladau at Ffair yr Ysbyty a'r bechgyn wedi gwneud "*rustic pots*".

1928

Un o fechgyn yr ysgol i gael peint o laeth y dydd gan y "*Guardians of the Machynlleth District*" am ei fod yn dioddef o ddiffyg maeth.

Cyngerdd i gael set radio.

Miss Williams yn mynd i'r Coleg Normal – cael dysgl ffrwythau arian yn anrheg.

Cyflenwad o horlicks yn cyrraedd.

1930

A.A. Conroy, Cadeirydd y rheolwyr yn marw yn Llundain. Buddug yr Hendre, Sybil yr Efail a Douglas Minffordd yn mynd i'r Ysgol Uwchradd. Buddug, yn ddeg oed, wedi dod yn ail o'r top trwy'r sir yn yr arholiad mynediad.

1933 Chwefror

Ysgol ar gau. Y storm eira waethaf yng ngyrfa 27 mlynedd Miss James. Yr ysgol yn llawn o eira.

Llyfr ar flodau gwylltion yn anrheg gan Mr E Stable ar ôl ymweliad.

1934

Cael anrheg o forlo bach wedi ei stwffio gan y Parch. a Mrs T.W.Thomas, wedi dod oddi wrth Captain Williams, Lerpwl.

Mai 1935
Diwrnod o wyliau. Jiwbili arian y teulu brenhinol. Te gan Mrs A.C.Williams, Cilcwm (cyn-athrawes), medalau a phenseli gan y rheolwyr, ffrwythau gan y staff.

Dathlu 200 mlwyddiant Methodistiaeth yn y Bont. Cau yn gynnar.

Tachwedd
Damwain gas iawn yn yr ysgol. Sbeic y reilings yn mynd trwy forddwyd Lyn Rees, Gellidywyll, 10 oed. Galw Dr. Davies a Nyrs Price. Adre ar gefn merlyn. (Bu naw wythnos cyn gwella a dychwelyd i'r ysgol. Mae'n debyg mai y ffordd y digwyddodd y ddamwain oedd fod y bechgyn wedi gosod styllen i orffwys ar y reilings a'r gamp oedd rhedeg i'r top a neidio trosodd! Chwarae'n troi'n chwerw. Mae'n debyg fod y sefyllfa'n rhy ddwys i feddwl am gosb....) Ond roedd cosb yn rhywbeth y gwyddai'r bechgyn yn dda amdano yn yr ysgol. Un cas beth gan y "troseddwyr" oedd gorfod mynd i sefyll i'r gornel am hydoedd a'u hwyneb tua'r wal; un arall oedd gorfod mynd allan i'r cut glo tywyll am sbel a chael y gansen yn o hallt yr un pryd. Roedd Miss James, mae'n debyg, yn enwedig yn ei dyddiau cynnar, yn eithaf llawdrwm ar y bechgyn drygionus, ac roedd ganddi dipyn o dymer – y llygaid mawr glas a'r gwallt hir yn chwifio yn gallu codi cryn dipyn o ofn. Mae sôn am y twngs yn aml yn cael ei daflu ganddi o un pen i'r ystafell i'r llall gan lanio ar ei big rhwng y planciau. Cosb arall – ond eithaf dymunol, yn ôl rhai sy'n dal i gofio hynny, oedd cael eich anfon i eistedd ar sil y ffenest a chap "D" am Dunce am eich pen. Yn groes i'r hyn a fwriadwyd, braf oedd cael eistedd yno'n gwylio gweithgareddau diddorol ffald yr efail! Cosb arall ar y bechgyn oedd cael eu danfon i gerdded dros bompren Cwm i Bentre Felin a heibio'r Efail Fach yn ôl at yr ysgol, yn cario doli racs. Clywyd am ambell i ddoli'n dychwelyd yn o llipa, y pŷs neu'r reis yn ei bol wedi eu gollwng ar hyd y ffordd.... Ond roedd gan Miss James, yn ôl tystiolaeth eraill, galon dyner trwy'r cwbwl, yn gofalu nad oedd y plant yn cael estedd mewn dillad gwlybion ac yn fawr ei chonsyrn am blant oedd mewn unrhyw drafferth neu golled.

1937 Rhagfyr 9
Cyngerdd Nadolig. Cwpanau rhoddedig gan David James, Pontrhydfendigaid a Llundain, yn cael eu rhoi i'r plant a ganodd yn y côr yn Eisteddfod Genedlaethol Machynlleth, sef Mary a Myfanwy Evans,

Trannon, Janet Hughes, Cawg, Eluned a Huw Tudor, Efail Fach, Hilda Newell, Mill Cottage, Emyr Thomas, Llwynglas, Elwyn Davies, Hendre a Tegryd Lewis, Tŷ Mawr. "Santa Clause" oedd yn rhannu'r cwpanau. (Dyma'r tro cyntaf y mae sôn am Siôn Corn yng nghofnodion yr ysgol).

1938
Adroddiad y Parch. T.W.Thomas ar ran y rheolwyr: *"I visited the school today and found the children attentive and alert and most happy. The atmosphere of school life is simply delightful"*.(Roedd Miss James yn gapelwraig fawr ac yn rhoi lle amlwg i astudiaeth Feiblaidd a'r Rhodd Mam yn yr ysgol. Tybed oedd a fynno hynny rywbeth â theimladau Mr Thomas? Ond wedyn, mae'r canlynol yn siarad cyfrolau:

Ysgol Pennant yn cael y cyfartaledd uchaf am bresenoldeb am y flwyddyn.

Tachwedd
Miss Hanmer yn anfon bwrdd bagatel a bocs o gêmau. (Tybed ai dyma ddechrau carwriaeth Miss James efo'r gêm liwdo? Roedd hi'n ffanatic ac yn chwarae efo'r plant bob cyfle, a bob amser ar y melyn.)

1939
Mynd i weld arddangosfa lyfrau yn ysgol uwchradd Machynlleth. Y prifathro, Haddon Roberts yn eu tywys o amgylch yr adeilad newydd. Mwynhad mawr.

Mai 4
Yr ysgol yn mynd i arddwest yn Llwyn Owen. Swfenîr a the. Canu a chwaraeon yn y neuadd.

Gorffennaf 25
Ymweliad olaf Nyrs Price. Bu'n dod yn fisol am ugain mlynedd.

Hydref
Adre'n gynnar. Dosbarth gwrth-nwy i'r athrawon yn y neuadd bentref (rhyfel wedi torri allan).

1940 Hydref 24
Dathlu canmlwyddiant geni Sankey (cyfaill Moody). Cyngerdd yn yr ysgol ac anerchiad gan y brifathrawes. Casgliad at y genhadaeth dramor.

Addysg

Rhagfyr
Dechrau cerdyn Cynilion Gwladol yn yr ysgol. Miss Hanmer yn rhoi deg swllt a Miss James yn rhoi pedwar swllt i roi stampiau chwecheiniog ar gardiau'r plant.

1941
Y plant yn mwynhau gwersi Myfanwy Howell ar y radio(a gafwyd gan yr Awdurdod Addysg).Gweu 10 pâr o fenyg di-fysedd i'r milwyr. Tair gwobr i Pennant i rai dan ddeg yn y Gymanfa Ysgolion (gwers faith gynta'r dydd gan Miss James yn dwyn ffrwyth er nad ar y cyricwlwm swyddogol!) Tegryd y Plas ac Elwyn yr Hendre yn gadael yr ysgol yn 14 oed.

1942
12 ar y cofrestr.

Mai
Llwyddiant eto yn y Gymanfa Ysgolion.

Hydref
Anfon 20 pwys o rawn rhosyn i Lwyn Owen. Cael llond bocs o afalau yn ôl.

Tachwedd 14
Y Parch T.W Thomas yn ei seithfed nef yng nghwmni Miss James:" *I called at the school this morning as usual and enjoyed every minute of my visit. The children were so happy and sweet and respond quickly to whatever approach I try to their little heads. They really and truly love their Headmistress and admire her*".(Gweinidog Miss James yn gwybod am y lle blaenllaw a gai yr Ysgrythur yn yr ysgol)

Rhagfyr 1af
Mae 14 ar y llyfrau. Dyma Adroddiad yr Arolygwraig enwog, Miss Cassie Davies fel y'i hysgrifennwyd ganddi:
"Pleasantly situated, low numbers, good impression of teacher influence. This present small group not capable of producing the interesting work as in the past. Effort is made to give them understanding of cultural heritage and encouraged to carry school interests home. Teacher tries to foster individual talent e.g. poetry writing. She writes herself. More up-to-date reading books needed and more Welsh books. No provision for mid-day meal except hot drink in winter. Bring

own milk. Very old one room school 1842. There are 2 open fire-places. Floor boards worn. Playground part shale and grass. Offices are of the pail type and in satisfactory condition."

1943 Medi
Dros 30 pwys o rawn rhosyn wedi eu casglu.

Tachwedd 5
Ymgyrch Casglu Llyfrau a Phapur (adeg rhyfel). Casglwyd 975 o lyfrau a sachaid enfawr o bapur gan: Lynfa, Awena, Jean, Donald, May, Eirian, Goronwy, Alun ac Anneura.(Mae rhywun yn gofyn o ble yn y byd y daeth cymaint o lyfrau?)

Tachwedd 19
Tystysgrif Anrhydedd (*Certificate of Honour*) i'r ysgol am eu hymdrech at Gynilion Rhyfel (*War Savings*).

Tachwedd 26
Cafwyd 9 pâr o welingtons i'r rhai yn cerdded dros 2 filltir gan Groes Goch America. Rhieni'n anfon £2.5d i'r Groes Goch.

1944
Teganau i'r ysgol gan Groes Goch America.

1945 Mai 8
Diwrnod Buddugoliaeth yn Ewrop (V.E.). Gwasanaeth a gwyliau.

Mai 14
Dechrau gwaith ar y cantîn. Llwch! Cau am y dydd… ysgol yn y festri wedyn.

Mai 18
Parti Heddwch gan Miss Hanmer.

Gorffennaf 17
Y cantîn wedi ei orffen. Miss Eirlys Jones, Sawmills, i ddechrau fel cogyddes.

Medi 17
Dathlu agoriad y cantîn efo cinio arbennig o gig eidion, llysiau, tarten jam a chwstard.

Tachwedd 2
Pwyso'r plant. Cael eu bod wedi trymhau tua 2 i 5 pwys ers agor y cantîn.

Parti Nadolig gan Miss Hanmer. 2 anrheg i bawb a da-da. Stampiau cynilo gan Miss James.

1946
Mae 17 ar y cofrestr. Pawb yn cael cinio ysgol.
Parti Nadolig gan Miss Hanmer sy'n Uchel Siryf y sir eleni.

1947
Ymddeoliad Miss James eleni. Bu yma ers 1906. Gofynnwyd iddi aros tan yr haf. Mae 11 o blant ar y cofrestr.

Mai 24
Cofnodi tristwch mawr ym marwolaeth brawychus o sydyn y gogyddes ifanc, Eirlys Jones, yn ysbyty Machynlleth. Ni fu yno ond diwrnod. "Un bob amser â gwên".

Gorffennaf 17
Cynrychiolydd y Cyfarwyddwr Addysg yn ymweld ynglŷn â chau yr ysgol ddiwedd y tymor. Y gofalwr a'r cwc wedi cael notis o derfyniad eu swyddi.

Gorffennaf 25
Te parti ffarwel i Miss James – a'r ysgol – gan Mrs G. Lloyd Lewis a Mrs L.C.Jones. Presennol: Miss James, rhieni, Lady Hanmer, Miss Hanmer, Lady Stable. Diwrnod gwlyb iawn. Canu yn yr ysgol. Cyfarfod y nos – cyflwyno tusw o *sweet peas* i Miss James (nid oes sôn am unrhyw anrheg arall). Orenau i'r plant gan Mrs Dora Thomas fu yma'n ddisgybl ac yn athrawes.

Medi 9
Miss Ceridwen Lloyd yn agor yr ysgol! Mae mewn gofal dros dro.

Medi 22
Mrs L. Williams yn cychwyn fel prifathrawes. Presenoldeb 99% trwy'r mis.

1948 Mawrth 5
Cawn Gymraeg yn y Llyfr Log am y tro cyntaf: "Dathlwyd Dydd Gŵyl

Dewi yn yr ysgol trwy ganu alawon Cymraeg, adrodd, dweud storiau a hanes enwogion ein cenedl, ac ysgrifennu amdanynt".

Gorffennaf
Trip yr ysgol i weld hen weithiau Dylife a'r eglwys. Picnic ac orenau.

Medi 3
Marw Miss James yn 65 oed. Bu yn ysgol Pennant am 41 o flynyddoedd. Ar y dorch flodau barhaol o'r ysgol roedd yr englyn gan y brifathrawes, Mrs L.A Williams:

> Hyfforddi a dysgu trwy'r dydd – a wnai hi
>   Yn ei hoes ysblennydd,
> A'i delw hyd farw fydd
> Yn tanio ein to newydd.

Cyd-adroddodd plant yr ysgol y 23ain Salm yn ei hangladd yn y Bont.

Hydref 8
Casglwyd 50 pwys o rawn rhosyn – rhaid ei bod yn flwyddyn dda i'r blodau.

Rhagfyr
"Scabies" yn yr ysgol.

1949 Gorffennaf
Adroddiad ar yr adeilad: *"Premises built in 1842. The building has served its turn and has been placed in category C in the Authority's Development Plan. The roof leaks, the interior walls are discoloured and the floor boards badly worn. Ventilation poor, general atmosphere thoroughly depressing. The playground is rough and the offices are of the primitive type"*.(Ond tystia'r plant oedd yno nad oedden nhw'n sylwi dim ar hyn ar y pryd.)

1950 Medi
Nifer 10.

1951 Mehefin
Wilfred Waters yn cael dwy slap ar ei law am ddianc i'r cae gwair (i'r Hendre at Elwyn!) yn lle dod i'r ysgol.

1953 Medi
Arbrofi efo tabledi horlicks yn lle llaeth.

1955 Nadolig
Cyflwyno *shooting stick* i Miss Hanmer ar ei hymadawiad â'r ardal, gan denantiaid a chyfeillion. Y tenant hynaf yn cyflwyno.

1956 Medi 4
Y tymor yn dechrau efo 8 o blant.

Hydref 31
Arwyn Jones yn absennol am gyfnod oherwydd cyflwr drwg ffordd Ceulan (cario coed o'r Goedwigaeth).

Tachwedd 30
"Cynhaliwyd cyfarfod cyffredinol yn yr ysgol nos Fercher ym mhresenoldeb Mr T.Glyn Davies, M.A. y Cyfarwyddwr Addysg, Sir George Hamer a'r Parch David James, Drenewydd, gyda golwg ar gau yr ysgol gan mai dim ond 8 o blant sydd yma. Roedd y rhieni, y rheolwyr a'r plwyfolion yn unfrydol dros geisio cadw'r ysgol ar agor. Daeth llawer i'r cyfarfod."

1957
Chwefror 1af i-12 Mehefin, y brifathrawes yn absennol trwy salwch. Cymerwyd ei lle dros dro gan Mrs R.Lloyd Jones.

Medi 3
"Yr wyf i, L.A. Williams, yn ôl cyfarwyddyd y Swyddfa, i gwrdd y plant yn Ysgol Pennant a dod â nhw i lawr i Ysgol y Bont, gan fod Ysgol Pennant i gau. Roedd rhieni efo'r plant, a gwrthodasant i'r plant ddod. Rwyf wedi rhoi gwybod i'r Swyddfa."

Rhwng Medi 5 a Hydref 8, yn raddol aeth y plant bob yn ychydig i lawr i ysgol Bont. Meddai'r Llyfr Log eto:"Cysylltais i, L.A.Williams, â'r Swyddfa ar Hydref 8, ac yn dilyn cyfarwyddyd gan y Cyfarwyddwr Addysg aeth Stanley Jones i symud papurau, llyfrau, desgiau, cypyrddau etc. i'r Bont ar y 10fed. Bydd Ysgol Pennant yn cael ei thrafod fel uned nes cael cyfarwyddiadau pellach."

Hydref 29
Caewyd Ysgol Pennant yn swyddogol gan y Weinyddiaeth Addysg (Cymru). Arwyddwyd gan M Cohen.

DEFNYDD O'R YSGOL
Defnyddid yr ysgol fin nos i lawer o weithgareddau. Y pris am logi oedd: 1931 5/-, 1949 6/6, 1951 10/- a dyma enghreifftiau o'r cyfarfodydd: 1942 Sosial, Pwyllgor y Groes Goch, Chwist y cŵn llwynog. 1944 Priodas. 1945 Sosial Croeso Adre o'r Rhyfel. 1947 Cyfarfod Toriaid – Owen Stable; Swper Côr. 1957 Cyfarfod Tenantiaid y stad.

Mae adeilad yr ysgol ers llawer blwyddyn bellach wedi cael ei droi'n dŷ a'i gyfuno â thŷ'r Efail.

ADUNIAD
1992, rhoddodd Eldrydd, Eirian a John (Lewis), Plas Pennant, gychwyn i'r syniad o gynnal Aduniad o gyn-ddisgyblion yr ysgol, a ffurfiwyd pwyllgor gydag Elwyn yr Hendre yn y gadair i ddod â'r maen i'r wal. Yn Awst, ar ôl llawer o gribo trwy'r hen gofrestrau daeth dros 100 ynghyd gyda chyfeillion yn y Ganolfan Gymdeithasol i gofio am y cyfraniad a wnaeth Ysgol Pennant i'r gymuned am dros ganrif. Y ddwy gyn-ddisgybl hynaf yno oedd Mrs Alice John, Tŷ Isaf gynt, a Mrs Marjory Foulkes, Tŷ Capel gynt, y ddwy yn eu 90au. Tynnwyd llun o bawb a chynhyrchwyd lliain ac arno lun yr ysgol.

7 - EGLWYS A CHAPEL

EGLWYS Y LLAN

Sefwch ar y bryn lle saif eglwys y Llan ac mi welwch gryn lawer o blwyf Llanbrynmair. Hi ar ei safle ddyrchafol roddodd ei henw i'r plwyf, Bryn Mair, ac ati hi y rhedai pob llwybr yn yr hen amser. Hi oedd canolbwynt ei theyrnas, yn wir, fe ddywedir fod ffordd, cyn bod sôn am ffyrdd deche, wedi ei phalmantu o Blas Rhiwsaeson i Eglwys y Llan fel y gallai'r byddigions ddod i addoli'n ddi-dramgwydd. Digon posib mai gwir yw hyn gan fod cysylltiad agos iawn rhwng y tirfeddianwyr a'r eglwys ers talwm, a'u cwiriau cauedig yn aros amdanyn nhw, a'r ficer yn dawnsio o'u cwmpas yn ei awydd i'w plesio - a chwarae teg, roedd ei fywoliaeth yn dibynnu ar eu cefnogaeth bryd hynny, ac ar daliadau degwm y plwyf, wrth gwrs. Rhedai'r werin i chwarae pêl ar ôl y gwasanaeth– neu dyna maen nhw'n ddweud, beth bynnag. Boed hynny fel y bo, ond mae rhyw urddas neilltuol wedi perthyn bob amser i eglwysi, ac mae felly yn Llanbrynmair, a lle cynnes i Eglwys y Llan yng nghalonnau'r bobl. Mae'n debyg iddi newid ei henw o Sant Cadfan i Eglwys Fair rywbryd ar ôl dyfodiad y Normaniaid i Gymru yn y drydedd ganrif ar ddeg. Do, gwelodd yr hen eglwys bob newid a fu, a heddiw gwahanol iawn yw pethau rhagor yr hyn oeddynt hyd yn oed ddechrau'r ugeinfed ganrif. Heddiw does yma ond tua deg o addolwyr cyson a'r rhan fwyaf o'r rheiny yn Saeson o ran iaith a diwylliant ond yn ymdrechu'n galed dros barhad yr eglwys.

Gall yr eglwys olrhain ei gwreiddiau yn ôl i'r chweched ganrif, i 560 O.C. pryd y sefydlwyd cell Gristnogol yma gan Sant Cadfan, cenhadwr Celtaidd ddaeth trosodd o Lydaw. Fe ddywed chwedl iddo ddechrau codi'r eglwys gyntefig honno ger Dolgadfan, ond i lais ei rybuddio "Gad y fan!" ac i'r hyn a godwyd yn y dydd gael ei chwalu yn y nos. Symudodd wedyn i'r codiad tir lle mae'r eglwys bresennol... Ond fe aeth wyth canrif heibio wedyn cyn i'r eglwys a welwn ni heddiw gael ei hadeiladu, ac yn ystod y canrifoedd hynny mae'n siwr i lawer math o adeilad fod yma, ond yn parhau ar yr un safle. Yn y bedwaredd ganrif ar ddeg y codwyd yr eglwys bresennol ac y mae elfennau o gorff gwreiddiol yr adeilad hwnnw yma o hyd, a hithau'n sefyll yng nghanol ei mynwent hirgron a'i choed yw. Y fynwent yma oedd unig gladdfa'r plwyf cyn i'r capeli Ymneilltuol lwyddo i gael eu mynwentydd eu hunain. Ymysg enwogion y fro a gladdwyd yma mae Richard Tibbott, John Roberts (J.R.), Gwilym Cyfeiliog, Richard Hughes, Iorwerth Hughes, Nathaniel Rowland "Gladstone", Gwilym Williams "Gwilym Llan".

Cofrestrwyd yr eglwys fel Heneb Gradd 2 yn 1962, oherwydd ei hoed ac am fod nodweddion o'i dechreuad i'w gweld, megis rhai o drawstiau'r to a phileri derw: gwnaed y pedwar piler sy'n ffrâm i'r tŵr allan o un brenhinbren, ac mae un piler pren mawr canolog, dros lathen o led, yn amlwg yn cynnal llawer o adeiladwaith yr eglwys. Un darn ydy'r gangell a chorff yr eglwys a'r festri a'r storws yn y pen; ychwanegwyd y porth a chapel croes, neu'r "transept gogleddol" fel y'i disgrifir yn swyddogol, yn ddiweddarach, ar ddechrau yr ail ganrif ar bymtheg. Yn y darn yma y cynhelid ysgol ddyddiol ers talwm. Ysgol Elusennol oedd hon yn cael ei noddi o ewyllys un Morgan Lloyd a wnaed yn 1702 ac a oedd yn talu £12.17s y flwyddyn i ysgolfeistr i ddysgu'r Tair R i blant y tlodion. Yn 1856 codwyd Ysgoldy gyferbyn â'r eglwys, ac erbyn 1882 roedd Elusen Catherine Jones o Landinam yn talu £44.10 ychwanegol tuag at gyflog y meistr yn yr ysgol honno a elwid erbyn hynny yn Ysgol Genedlaethol, *National School*. Codwyd clochdy'r eglwys tua'r un pryd â'r transept, clochdy pren ac ynddo dair cloch â'r dyddiad 1665 ar un ohonynt ac yn dwyn yr arysgrif "*Prosperity to this Parish*".

Ganol y bedwaredd ganrif ar bymtheg gwnaed tipyn o adnewyddu y tu mewn i'r eglwys: tynnwyd y palis i lawr oedd yn gwahanu'r transept a'r corff gan nad oedd galw am ystafell ysgol bellach, tynnwyd galeri'r côr oedd yng nghefn yr eglwys a rhoddwyd rhai ffenestri newydd a drws newydd. Mae darn o hen wydr o'r Canol Oesoedd i'w weld wedi goroesi o hyd yn un o ffenestri'r transept. Mae yna ddodrefn hen iawn hefyd yn perthyn i'r eglwys: mae bwrdd yr allor, sydd a'i ffyn yn rhedeg bron efo'r llawr, yn perthyn i'r unfed ganrif ar bymtheg, a'r bedyddfaen yn hŷn fyth, o bosib o'r drydedd ganrif ar ddeg ac yn dod o'r eglwys fu gynt yn Nolgadfan. Y tu allan mae deial haul ac arno blât pres gan "Samuel Roberts *of* Llanvair" 1754, a'i arbenigrwydd yw ei fod yn nodi lledred daearyddol y fan lle mae'n sefyll.

Eglwys y Llan, eglwys y plwyf, bu'n sefydliad cryf a dylanwadol ar hyd y canrifoedd. Perthynai i Esgobaeth Llanelwy hyd at tua 1850 pryd y'i symudwyd i Esgobaeth Bangor. Gwelwyd newid mawr yn yr ugeinfed ganrif yn arbennig. Tra yn 1756 yr oedd 60 o ffermydd yr ardal â'u cwîr eu hunain yn yr eglwys, erbyn diwedd yr ugeinfed ganrif doedd yma ond 23 o aelodau, a thua deg yn mynychu. Y rheithor yn pontio o'r bedwaredd ganrif ar bymtheg i'r ugeinfed oedd y Parch. D.O.Morgan. Yn 1916 y Parch. Gwilym Rees oedd yma, a Llewelyn Jerman 1929-38. Y Parch. George Dean yn ystod yr Ail Ryfel Byd a hyd at 1953, yna Y Parch. Erasmus Jones hyd at 1958 a'r Parch.Owen Morgan ar ôl hynny hyd at 1963. Gwerthwyd y Rheithordy yn fuan ar ôl hynny. Gwynn ap Gwilym, genedigol o Fachynlleth a Rheithor Mallwyd, Llanymawddwy a Darowen ddaeth i gymryd gofal wedyn yn 1986 a thra yr oedd yma enillodd gadair Eisteddfod Genedlaethol Abergwaun, 1986, ar y testun "Cwmwl". Datgelodd y Western Mail y gyfrinach ymlaen llaw – gweithred anfaddeuol – ond ni thynnodd hynny ddim oddi wrth orchest y bardd. Gadawodd yn 2002.

Tua diwedd y 20au roedd Ysgol Sul wedi ail ddechrau yn yr ysgoldy gyferbyn â'r eglwys a thros 20 o blant rhwng pedair a 15 oed yn mynychu'n rheolaidd. Yna, bu storm o eira a lluwchio difrifol yng ngaeaf 1981/82 a gwnaed difrod mawr i'r ysgoldy, gormod i'r eglwys allu ei drwsio. Cynhaliwyd yr Ysgol Sul am beth amser wedyn yn yr hen reithordy, Hafod y Llan, oedd wedi mynd yn dŷ preifat ac yn gartref i Terrence a Glenys Lambert erbyn hynny. Glenys a Mrs Marlis Jones oedd yn rhedeg yr Ysgol Sul am dipyn. Symudwyd wedyn i dransept gogleddol yr eglwys a gaewyd unwaith eto oddi wrth gorff yr eglwys i greu ystafell ar wahân. Ers canol yr 80au Marlis oedd yn gwneud y gwaith ei hunan, ond yn nechrau'r 90au disgynnodd nifer y plant wrth iddynt fynd yn hŷn neu symud i ardaloedd newydd a daeth yr Ysgol Sul, Gymraeg ei hiaith erbyn hynny, i ben.

Gwneir llawer o waith gwirfoddol gan yr aelodau i godi arian at y costau, er enghraifft, Tom Allday yn gwerthu gwerth £1,000 o goed tân yn flynyddol wedi eu torri a'u cludo i ben eu taith. Yn 1993 gwnaed gwaith adnewyddu sylweddol ar y Tŵr gan Gwmni Evans ac Owen, Caersws, ar gost o £26,000. Derbyniwyd grantiau at hyn gan CADW, gan amryw o Elusennau hefyd a chodwyd arian yn lleol: ar un diwrnod yn unig, a ddynodwyd yn Ddiwrnod Anrheg, caed £2,000 yn lleol. Ym 1995 rhoddwyd llawr newydd o gwmpas yr allor a gostiodd £9,306, yr arian eto yn Rhodd Elusennol. Tra'n gwneud y gwaith yma darganfuwyd pot pridd, ac amryw esgyrn a ail-gladdwyd o dan yr allor.

Yn y Flwyddyn 2000:
Rheithor: Y Parch Gwynn ap Gwilym
Darllenwyr Lleyg: Mr Tom Allday a Mrs Marlis Jones.
Aelodaeth 23. Yn mynychu, tua 10.

Gwasanaethau presennol: Gwasanaeth Boreol dwyieithog bob Sul; Cymun ar y 4ydd Sul o'r mis. Cynhelir Cyfarfod Diolchgarwch, a Chymun Noswyl Nadolig, y ddau wasanaeth yn boblogaidd ac yn denu cynulleidfa o'r capeli. Gwasanaethir gan y Parch Roland Barnes, Mawddwy.

Cenir clychau Eglwys y Llan bob amser ar hanner nos ar Nos Calan i groesawu'r Flwyddyn Newydd.

TŶ AC YSGOLDY EGLWYS Y LLAN

Codwyd yr Ysgoldy a thŷ yn sownd wrtho ar gyfer athro yn 1856 ar gost o £400, ar gyfer dysgu oedolion a phlant i weithwyr a thlodion eraill Llanbrynmair. Daeth ei dyddiau i ben fel ysgol yn 1892 a chafodd yr ysgoldy ei ddefnyddio fel man i gynnal cyfarfodydd plwyfol ar ôl hynny. Yn 1902 John Lewis oedd yn byw yn y tŷ ar rent o £13.10 y flwyddyn ac yn 1926 Mr a Mrs John Jones a'u meibion – bu Ifor byw yno ei hunan wedyn. Gadawn i JUDY ALLDAY, un o eglwyswyr selocaf y Llan heddiw, fynd ymlaen a'r stori:

"Defnyddiwyd llawer ar y 'Sgoldy yn ystod y ganrif. Roedd ward uchaf a ward isaf o fewn y Cyngor Plwyf a byddai'r Cyngor felly'n cwrdd yn y 'Sgoldy ac yn y Gwaelod bob yn ail. Cynhaliai Urdd Sant Ioan ddosbarthiadau Cymorth Cyntaf yma yn y 40au a'r 50au a'r meddyg Llewelyn ap Ifan Davies yn dod i roi prawf ar eu gwybodaeth. Yn ystod yr Ail Ryfel ac ar ôl hynny cwrddai Undeb y Mamau yma, a'r Clwb Ffermwyr Ifanc. Yma roedd pencadlys yr *Home Guard* dan eu capten, y Parch. George Dean. Unwaith, rhedodd y platŵn allan am eu bywyd ar ôl clywed anferth o glec gan feddwl fod bom wedi disgyn – ond darn o'r nenfwd ddaeth i lawr! Yma yr ymarferai corws lleol ar gyfer Gŵyl Gerdd y Sir. Dywed cofnodion y Festri am 1938 nad oedd 1/6d yn ddigon i dalu am wres a golau paraffin ac y byddai'n rhaid codi i 2/- o hynny ymlaen. Yn union ar ôl y rhyfel daeth Swyddfa Wybodaeth Ganolog y Llywodraeth â ffilmiau o gwmpas y wlad, nid i rannu rhamant y cowbois ond i roi gwybodaeth adeiladol. Doedd dim trydan yma ond deuai fan ac ynddi beiriant i'w gynhyrchu a pharciai ar y ffordd gan redeg cêbl trwy'r ffenest i'r taflunydd".

Nos Calan, "*Watch Night*", oedd uchafbwynt y flwyddyn reit siwr, pryd y cynhelid cyngerdd a bwyd ac yna pawb yn mynd dros y ffordd i'r hen eglwys ar y bryn, honno wedi ei goleuo, i gynnal plygain ganol nos. Roedd hi'n arferiad gwneud cyfleth mewn llawer cartref cyn mynd i'r blygain. Atseiniai clychau'r eglwys dros yr ardal o'i safle uchel yng nghanol ei phlwyf i groesawu'r flwyddyn newydd – ac mae hynny'n dal i ddigwydd hyd heddiw. Pan fyddai hi'n oer iawn cynhelid gwasanaethau'r eglwys yn yr ysgoldy yn ogystal â'r cyfarfodydd festri eglwysig a'r Ysgol Sul. Yma y ceid te ar angladdau hefyd yn cael eu darparu gan Siop Llan, a chyfarfodydd ynglŷn â threfniadaeth yr eglwys. Bu yma gangen o Urdd Gobaith Cymru hefyd.

Yn Llan roedd Gyrfa Chwist Fasged yn boblogaidd iawn, pob bwrdd yn gyfrifol am ei borthiant ei hun a chystadleuaeth yn codi, pwy oedd â'r fasgedaid orau o ddanteithion! Dywedir fod cogiau lleol yn sleifio i'r cyntedd lle cedwid y tuniau bwyd ac yn cael hwyl fawr wrth newid y cynnwys o'r naill dun i'r llall, jôc na chai ei gwerthfawrogi gan y chwaraewyr newynnog, ond does dim amheuaeth na lwyddent bob tro i "borthi'r pum mil". Gellid tybio ei bod hi'n dipyn o Dŵr Babel yno hefyd gan y defnyddiai Meistr y Seremoni gloch yn ogystal â galw "*all change!*"

Yn y 60au symudodd syrjeri'r doctor yma ar rent o 5/- yr wythnos. Medd Bernard Davies oedd yn byw gerllaw yn Siop Llan: "Mewn sied bren wedi'i rhannu'n ddwy, a'r crydd Bili Lewis yn gweithio yn y pen arall, y cynhelid y syrjeri cyn hynny. Roedd yn y sied ddwy res o boteli mawr yn cynnwys stwff mewn gwahanol liwiau – lliw at bob clwy, efallai! Sefyll wrth dalcen Rock Terrace oedd raid ym mhob tywydd a dal mwy fyth o annwyd wrth aros eich tro i weld y doctor. Deuai Dr. Davies i fyny ar bnawn Mawrth a phnawn Gwener. Roedd tap y tu allan a jwg gwyn i ddal dŵr. Rhoddai'r doctor beth o'r hylif lliwiog mewn potel fach a'i llenwi â dŵr - a hynny wrth eich gweld yn dod os byddai'n eich nabod yn o lew. Wedi iddo ymddeol ac i Dr Jones gymryd ei le symudwyd i'r 'Sgoldy a chael cynhesu wrth y tân, oedd dipyn gwell na rhynnu wrth wal Rock Terrace".

Dyma Judith eto: "Adfywiodd yr Ysgol Sul yn niwedd y 70au gan ddefnyddio'r ysgoldy, ond yn dilyn niwed a wnaed gan storm o eira mawr yn 1981 daeth yn amlwg na ellid gohirio atgyweirio a moderneiddio'r lle ddim chwaneg. Barnodd archwiliad swyddogol fod angen gwario £10,000 i ddod â'r adeilad i safon derbyniol a £10,000 arall ar y tŷ oedd erbyn hyn yn wag. Gyda thristwch mewn cyfarfod o Gyngor Eglwys y Plwyf ym Medi 1982 penderfynwyd cael gwared o'r adeilad a defnyddio'r adnoddau prin oedd ar gael i wella cyfleusterau yn yr eglwys, rhywbeth a gostiai dipyn llai. Gwerthwyd yr eiddo yn dŷ anedd i'r perchnogion presennol sydd wedi gwneud y tŷ a'r ysgoldy yn un".

EGLWYS SANT IOAN

Fel y cofiwn, bu chwyddiant ym mhoblogaeth Llanbrynmair yn y bedwaredd ganrif ar bymtheg ac ar yr un pryd roedd yr ardal dan ddylanwad twf y Methodistiaid a'r Annibynwyr, ac roedd bri mawr ar foddion gras. Cafodd hyn ei adlewyrchu yn yr eglwys wladol hefyd ac erbyn 1850 'doedd eglwys y Llan ddim digon o faint. Adeiladwyd eglwys Dylife yn 1856 oherwydd twf y diwydiant plwm i fyny yno. I lawr yn y Gwaelod roedd pethau mawr ar droed: roedd gorsaf y rheilffordd yn cael ei hadeiladu a'r trên yn dod â thwf ac yn canoli busnes i lawr yno o gwmpas y Wynnstay. Rhaid oedd codi eglwys newydd yno i ateb y galw.

Rhoddwyd tir ger Siop-y-bryn (yr Emporium) gan Syr Watkin. Cerrig Talerddig ddefnyddiwyd a'r rheiny wedi eu naddu fel yn yr orsaf a phontydd y rheilffordd, a cherrig o chwarel y Cefn gafwyd yn lintalau ffenestri. Roedd eisteddleoedd i 230 ynddi. Costiodd fil o bunnoedd, £200 wedi'u rhoi gan Syr Watkin a'r gweddill wedi ei godi'n lleol dan arweiniad y rheithor, Y Parch. W.Kirkham. Fe'i henwyd yn Eglwys Ioan Fedyddiwr a'i hagor yn swyddogol ar Fedi 15fed, 1868.

Arhosodd rhif yr aelodaeth yn sefydlog tan ddechrau 30au'r ugeinfed ganrif, a'r presenoldeb erbyn hynny'n gwanhau. Wrth fodio llyfr ardderchog Alun Owen, *A Montgomeryshire Youth*, gwelwn faint oedd cariad ac ymlyniad y praidd tuag at yr eglwys fach brydferth yma, a'u teyrngarwch iddi er nad oeddynt ond deg neu lai yn aml yn yr oedfa, os nad ar Ddiolchgarwch neu Basg, Mrs Duckett y Winllan yn tynnu rhaff y gloch, Rowland Evans y glo wrth yr organ a'r Parchedig George Dean yn y pulpud. Darlledwyd "Oedfa'r Bore" y BBC o Eglwys y Llan 1952 gyda help yr ardalwyr, a llais cyfoethog Mr Dean yn traddodi'r bregeth. Gogleddwr oedd o ac mae'n debyg ei fod yn bregethwr deallus a gwych iawn. Ymddeolodd a gadawodd yr ardal am Benrhyndeudraeth yn 1953.

Erbyn 1968, blwyddyn y canmlwyddiant, yn lle wynebu canrif arall gwegian yn llythrennol a wnaeth Eglwys Sant Ioan. Fe'i cafwyd yn beryglus ac oherwydd y gost penderfynwyd nad oedd dim i'w wneud ond ei thynnu i lawr, a hynny a wnaed yn 1979. Collwyd addurn pensaerniol o bentref Wynnstay. Codwyd byngalo yn ei lle - a drych o'r amserau, mae'n siwr, oedd hynny.

YR HEN GAPEL

Anodd sôn am yr Hen Gapel yn unig yn nhermau'r ugeinfed ganrif gan fod ei hanes yn estyn yn ôl am dros ddwy ganrif cyn hon. Mae'n un o'r eglwysi Annibynnol cyntaf a sefydlwyd yng Nghymru. Roedd cynulleidfa o Annibynwyr ar gael eisoes yn Llanbrynmair cyn 1739, sef dyddiad codi'r Hen Gapel. Daeth y capel yn enwog trwy Gymru wedi hynny, yn bennaf oherwydd y gweinidogion hynod a disglair a ddenwyd i wasanaethu yma ac am drefnusrwydd a sêl cynulleidfa a dynnwyd o bob cwr o'r plwyf eang.

Mewn sgubor ar fferm Tŷ Mawr y gellid dweud y dechreuodd yr achos, yn 1675, er fod gan y Parchedig Walter Cradoc gynulleidfa fechan yn Llanbrynmair o gylch y flwyddyn 1635. Yn Tŷ Mawr y bu'r ffyddloniaid yn cwrdd am 64 o flynyddoedd. Yn 1734 daeth deheuwr o'r enw Lewis Rees yma o'r coleg i'w harwain, a fo a ysbrydolodd y gynulleidfa i ymroi ati i godi capel. Fo hefyd a fu'n gyfrifol am ddechreuad achos y Methodistiaid yn yr ardal gan iddo wahodd ei ffrind, Hywel Harris, i Lanbrynmair i bregethu – ond cawn yr hanes hwnnw mewn pennod arall.

Richard Tibbott, anwyd yn Llanbrynmair yn 1719, ddaeth yn weinidog ar ôl Lewis Rees. Roedd llawer o gydweithio rhwng yr enwadau ymneilltuol yn y cyfnod cynnar yma a bu Tibbott yn gwasanaethu'r Methodistiaid am 25 mlynedd cyn cael ei ordeinio'n weinidog ar yr Hen Gapel lle bu hyd ei farw yn 1798. Roedd wedi ei eni yn un o 14 o blant ar dyddyn tlawd o'r enw Hafod-y-bant y tu ucha i'r Hendre ar ochr Newydd Fynyddog. Does dim carreg o'r hen fwthyn ar ôl heddiw ond roedd yn llecyn braf i osod hafoty. Roedd Tibbott yn gerddwr mawr a da hynny gan fod galw mawr am ei wasanaeth fel pregethwr led-led Cymru.

Ond odid na chlywodd pawb am deulu'r Parch.John Roberts a ddaeth wedyn i fri yn yr Hen Gapel, y fo a'i dri mab, George, Samuel a John. Yr enwocaf oedd Samuel Roberts, "S.R.". Ffarm y Diosg wrth droed Newydd Fynyddog ac union gyferbyn â'r Hen Gapel, dyna'u cartref, ffarm ar rent, fel y mwyafrif o ffermydd y plwyf, gan stad Syr Watkin Williams Wynn. Un o'r prif resymau pam y daeth y teulu yma i enwogrwydd, ar wahân i dŵf llwyddiannus yr eglwys dan eu dwylo, oedd eu condemniad hallt o'r ffordd ddiegwyddor a chaled yr ymdriniai landlordiaid y cyfnod â'r tenantiaid, yn codi rhenti a bygwth troiad allan i unrhyw un na chydymffurfiai â'u telerau, a'r telerau hynny'n gofyn am eu dychwelyd i'r Senedd yn ogystal â llenwi eu pocedi.

Un o'r rhai mwyaf huawdl ar y mater oedd "S.R", fel yr adnabyddid ef yng Nghymru ac America. Wedi ei eni yn 1800 ac wedi ei drwytho mewn Annibyniaeth yn eglwys ei dad yn yr Hen Gapel, rhyddid yr unigolyn a heddwch rhyngwladol oedd dwy thema fawr ei genadwri. Dilynodd ei dad fel gweinidog ac athro ysgol yn yr Hen Gapel, a dyma'i eiriau: "Dichon mai y lles mwyaf a fedrai dyn wneuthur i'w wlad ac i'r byd – y gwasanaeth pennaf a fedrai wneuthur i'w oes, ac i'r oesau a ddaw, fyddai cysegru ei ddawn a'i ddylanwad i bleidio egwyddorion heddwch". Neges y "tri brawd" o bulpud yr Hen Gapel, felly, oedd fod rhyfel yn farbaraidd. Enynnodd S.R. lid llawer o arweinwyr torsyth yr oes Fictoraidd trwy yr hyn a bregethai ac a ysgrifennai. Gadawodd S.R. yr Hen Gapel yn 1857 i fynd i'r Unol Daleithau i chwilio am diriogaeth a roddai fwy o gyfle mewn bywyd a rhyddid i'r unigolyn, a hwyliodd o Lerpwl ar y llong Francesca gyda 150 o ymfudwyr, llawer ohonynt o Lanbrynmair a'r cyffiniau (mae hanes y fordaith ar glawr gan John Davies, Dôlgoch). "Gadawodd S.R. ar ei ôl yn Llanbrynmair werinwyr llariaidd ond cryfion, di-ddysg ond diwylliedig – addurn i eglwys Crist", dyna farn George Peate (1869-1938), blaenor, amlwg yng ngweithgareddau'r capel a'r fro.

Yn 1861 daeth David Rowlands. B.A (Dewi Môn) yn weinidog, ac ar gyfer ei sefydlu adnewyddwyd y pulpud a'r nenfwd a chodwyd rheiliau haearn addurnol o amgylch y capel, ar gost o £300. Roedd mynwent eisoes wedi ei sefydlu wrth ochr y capel. Trwy ymdrech yr aelod enwog Richard Davies, "Mynyddog", yn bennaf, cafwyd harmoniwm. Adnewyddwyd yr holl seddau dan weinidogaeth y Dr. Owen Evans fu yma o 1867 – 1881. Yna, daeth y Parch. Stanley Davies yma 1884-1896, dyn egwan o gorff ond mawr a deniadol ei bregeth yn ôl y sôn. Ar y gofeb o farmor gwyn iddo yng Nghasnewydd y mae sôn am ei gysylltiad agos â Llanbrynmair. Yn ystod ei gyfnod o yma y codwyd Bron Iaen, tŷ'r gweinidog, am £550 ar dir, ie wir, a roddwyd gan Syr Watkin! Cododd y gweinidog ei hun £110 o'r arian y tu allan i'r eglwys a'r aelodau'n cyfrannu'r gweddill. A dyna gapel llewyrchus a thŷ gweinidog deniadol yn barod i wynebu'r ugeinfed ganrif yn hyderus. Dyna'r gwaddol a drosglwyddwyd i'r ganrif newydd, a'r ysgoldai, wrth gwrs. Oherwydd yn yr 1840au gan fod y boblogaeth mor wasgarog codwyd chwech o ysgoldai. Ysgoldy'r Cwm oedd y pellaf, yng nghwm Clegyrnant, ac roedd un yn Pandy Rhiwsaeson, y Bont, Tafolwern, yr Aber a Thalerddig. Roedd un eisoes uwchben y Tŷ Capel yn Nôl Fach. Pregethai'r gweinidog unwaith neu ddwy y mis ym mhob ysgoldy, tra'r Ysgol Sul, y cyfarfodydd gweddi a'r cyrddau canu yng ngofal y gymuned yn lleol, a'u ffyddlondeb hwythau i'w hysgoldai yn ddiarhebol. Yn wir, cymaint oedd eu llwyddiant fel y cwynai rhai o weinidogion yr Hen Gapel fod yr ysgoldai yn dwyn eu cynulleidfa.

Go brin fod hynny'n wir chwaith oherwydd un o draddodiadau mawr yr Hen Gapel ydy'r bregeth ddeg ar fore Sul. Mae'n para'n sefydliad di-dor hyd heddiw, er yn llawer gwannach – dim ond rhyw ugain heddiw ar Sul arferol o'i gymharu â'r dyddiau breision pan ddylifai'r teuluoedd o bob cwr i'r capel ar fore Sul ym mhob rhyw ddull a modd, y mwyafrif yn cerdded, eraill mewn twbyn neu boni a thrap, yr harnais yn sgleinio, a boneti'r merched yn graddol droi'n hetiau a'r sioliau'n groen llwynog wrth i'r ffasiwn newid! Mae'r stabal i ddeg yno o hyd (bu'n stablu'r peiriant trydan ar ôl hynny). Roedd stabal i ddau yn Brynderwen ar waelod y rhiw ar gyfer teuluoedd Talerddig, megis Clawddachoed, Ystrad Fawr a 'Rallt. Un anhawster oedd - a sydd –sef bod yn rhaid croesi'r rheilffordd i fynd at y capel (daethai'r tren yn 1865) ond hyd at 1956 roedd tenant Tŷ Lein yn gyfrifol am agor a chau'r giât. Heddiw mae gwyliwr mewn bŵth yn gwneud y gwaith, fyth ers pan fu damwain angeuol ar y croesiad wrth hen orsaf Llanbrynmair yn y flwyddyn 2000 pryd y trawyd car gŵr a gwraig o Ohio oedd ar ymweliad â'r ardal i olrhain eu teulu, a phryd y collodd Mrs Kathleen Yetman ei bywyd. Mae gan y Cwmni Rheilffordd gynllun i wneud ffordd newydd a phont dros y rheilffordd fydd yn gweddnewid amgylchedd yr Hen Gapel, cynllun cymhleth a thipyn o wrthwynebiad iddo'n lleol. Rhaid aros i weld a fydd er gwell neu er gwaeth, os y daw. Ond pa un bynnag, bydd y ffordd yn dal i fynd yn ei blaen fel erioed heibio'r capel, trwy'r coed derw a heibio i Gwmcarnedd Isaf at Gwmcarnedd Uchaf. Fe â llwybr oddi yno ymlaen dros y mynydd am Gwm Nant-yr-eira. Dyna lwybr plant Pentre Lludw i'r ysgol – y ceir eu hanes mewn pennod arall.

Collwyd cryn dipyn o'r rhamant ond hwyluswyd pethau'n ddi-os pan ddechreuodd ceir teuluol ymddangos yn Llanbrynmair o 30au'r ugeinfed ganrif ymlaen, yn cael eu prynu yn garej Dôlgoch neu Llysun. Mae rhiw serth yn arwain at yr Hen Gapel a'i ddringo'n dreth ar ambell i ysgyfaint fel ar ambell hen Austin ond yn gaffaeliad os byddai'r batri braidd yn fflat wrth gychwyn adre. Ac yn dreth yn sicr ar grudcymalau dybryd yr hen flaenor ffyddlon, John Rees, Dôl-lydan ymlwybrai tuag yno yn gwbwl ddibynnol ar ei ddwy ffon ond yn ddiffael. Heddiw, byddai ganddo gadair drydan i'w gario. Roedd teyrngarwch yr aelodau i fod yn bresennol rhwng cerrig a mortar yr Hen Gapel yn rhan bwysig o'u haddoliad, yn eu huno ac yn ffordd o ddweud, "Yma y safwn. Pan beidia'r bregeth ddeg fe beidia'r Iaen a llifo!" Mae'r "te c'ligeth", hynny ydy y te a ddarperir ar ddydd angladd, yn dal i gael ei wneud yn yr ysgoldy uwchben y Tŷ Capel a grisiau allanol yn arwain iddo. Daw tyrfa i gael te oherwydd pery'r arferiad da o dalu'r gymwynas olaf yn gryf o hyd yn yr ardal hyd heddiw. Yr un meinciau a byrddau sydd yno ers cyn cof ond fod cyfarpar cegin wedi ei osod yma erbyn hyn i hwyluso'r gwaith i ferched y capel sydd bob amser yn barod eu gwasanaeth gydag un yn gyfrifol am archebu'r bwyd – Mrs Freda Morgan, Caetwpa yn y blynyddoedd diwethaf. Gwariwyd £50,000 ar lawr a tho a chegin yr ysgoldy ac ar adnewyddu'r Tŷ Capel yn ddiweddar.

Roedd hers geffyl, un bren, yn eiddo i'r Hen Gapel ac iddi ddwy olwyn a siafftiau. Fe'i prynwyd o Bontypŵl yng Ngwent. John Davies, blaenor a gof yr ardal aeth i'w gweld a'i phrynu, meddai'r cyn-flaenor, Eric Evans, a fu farw yn 94 oed yn 2002. Digwyddodd hynny pan oedd o yn ysgol Pen-ddôl. Dyma ddywed:

"Hers dau geffyl oedd hi bryd hynny ond fe'i haddaswyd i un ceffyl yn ddiweddarach. Gan fod yr Hen Gapel ar lechwedd a thynnu i fyny go arw ato o'r ffordd fawr roedd yn rhaid bod yn ofalus iawn wrth drafod yr hers. Rhaid oedd gofalu fod dau ddyn y tu ôl iddi bob amser oherwydd byddai'r ceffyl yn sefyll yn aml ar y rhiw a rhaid oedd sgotsio'r olwynion. Roedd y Dr. Iorwerth Peate yn guradur yn Sain Ffagan pan ddaeth ei hoes i ben, a bu'n ei llygadu ers blynyddoedd. Daeth i geisio bargeinio amdani efo'r Ysgrifennydd, Hugh Ellis Francis, Ceinfan, gyda golwg ar ei chael yn grair i'r amgueddfa.

"Faint rowch chi amdani?" gofynnodd hwnnw.

"Wel, doeddwn i ddim yn meddwl cynnig dim......".

Doedd y gwerthwr ddim am ildio'n hawdd, ond ar ôl bargeinio fe'i cafwyd yn y diwedd am ddwy bunt ac yn Sain Ffagan y mae hi heddiw.

Cafwyd peth o hanes y capel gan Eric Evans oedd wedi ei eni yn 1909 yn y tŷ o'r enw Dôl Fach ym mhentre Dôl Fach lle y bu byw ar hyd ei oes. Y cyfnod hapusaf yn ei fywyd, meddai, oedd hwnnw ar ôl gadael yr ysgol a dechrau cymryd rhan ym mywyd y capel efo criw o bobol ifanc. Mae hynny'n dweud llawer am y bwrlwm oedd yma yn y 20au a ddenai'r bobl ifanc yn lluoedd. Ceid 250 yn y gynulleidfa ar fore Sul bryd hynny a mwy na hynny yn oedfa'r nos, amser mwy hwylus i rai'n gweithio ar y ffermydd. Cai'r gweinidog wyliau yn Awst ac ar ryw dri neu bedwar Sul arall yn y flwyddyn, pryd y ceid pregethwyr diarth – ac mae felly hyd heddiw. Byddai oedfaon Awst felly'n fwy atyniadol fyth a cheid capel gorlawn yn aml. Willie Peate masiwn lleol, oedd y cyhoeddwr a'r codwr canu, un a'i leferydd a'i ymadrodd mor glir ag unrhyw gyhoeddwr gan y BBC, mae'n debyg. Bu Demetrius yn godwr canu a J.E.Daniels wrth yr organ ddechrau'r ganrif. "Ar ôl cryn dipyn o berswâd" wrth ddilyn perffeithydd, cymerodd Eric at y gwaith cyhoeddi ar ôl Willie Peate a daliodd ati nes mynd i Gartref Dyfi ddiwedd y ganrif. Soniodd am John Lewis, y Diosg, blaenor golau yn ei Feibl ac athro arbennig iawn ar ddosbarth y bechgyn ifainc am flynyddoedd lawer. Roedd wedi dod i'r Diosg o D'yn Gors, Nant-yr-eira lle bu'n mynychu ysgoldy'r Aber. Yn codi canu yn yr Hen Gapel yn hanner olaf y ganrif bu Defi Tomi (D.T.Jones), W.E. a Gwyndaf Jones (mab D.T.)

Bu Cymanfa Bregethu flynyddol yr Hen Gapel yn ddigwyddiad pwysig yng nghalendr y fro ers yn gynnar yn y ganrif. Cai pabell gynfas yn dal dros 400 ei chodi ar Ddôl Wen, Coedcae am ddeuddydd ganol Mehefin. Cerddai rhai o bell iddi, deuai eraill ar y trên, a chaed hoelion wyth yr Annibynwyr i bregethu. Os byddai'r tywydd yn ddrwg cedwid yr ochrau i lawr a bygythiai clecian y gynfas foddi'r genadwri o'r pulpud, neu, os byddai tes fe agorid yr ochrau a bryd hynny gellid clywed y bregeth ar ffald yr Efail chwarter milltir i ffwrdd. Roedd y pregethu'n orfoleddus a'r rhethreg Feiblaidd fyrlymus yn codi'r gynulleidfa i'r entrychion. *"There's a man shouting like hell under canvas!"* meddai rhyw wraig estron oedd yn byw yn Cefnllys yn ymyl, ond 'chydig wyddai hi…

Ar wniad y ddwy ganrif roedd yr eglwys wedi bod yn ddi-weinidog am bum mlynedd wedi ymadawiad y Parch Stanley Davies yn 1896, ond roedd digon o weithgarwch. Atgyweiriwyd yr ysgoldai a chafwyd darn o dir Cwmcarnedd Isaf ar gyfer mynwent newydd, a'i threfnu, am £200. Bu'r angladd cyntaf yno yn 1899. Mae ar oledd yng ngwyneb haul, a rhodfa'n arwain iddi rhwng canllawiau o goed bythwyrdd – llawer wedi eu torri'n ddiweddar. Mae'r fynwent yn bur llawn erbyn hyn, gorffwysfa olaf rhai o'r goreuon a gerddodd yr hen blwyf yn ystod y ganrif, y direidus a'r duwiol, y craff, y gweithgar a'r cywrain ei law, oll wedi eu huno yn eu cariad at y fro a'i thraddodiadau, y pethau yma oedd wedi eu llunio a'u tywys nhw ar hyd y ffordd.

Yn 1902, daeth yr ail Samuel Roberts, o Benarth, plwyf Llanfair Caereinion, i weinidogaethu yma hyd at 1920. Fo oedd yma, felly, trwy gyfnod arteithiol y Rhyfel Mawr. Yn ystod ei gyfnod newidiwyd tipyn ar siâp y capel; codwyd y ffenestri yn bigau i'r to a chodwyd dau borth wrth y drysau ar gost o £300. Mynegodd Iorwerth Peate ei gasineb at y cynllun! Roedd yn well ganddo'r adeilad plaen fel yr oedd a 'dyw hynny'n syndod yn y byd o gofio'i swydd fel gwarchodwr pethau gwerinol. Dyma gyfnod y Diwygiad hefyd ac nid aeth heibio i Lanbrynmair heb adael ei ôl. Mewn oedfa ar Sul cyntaf Chwefror 1905 ychwanegwyd hanner cant at rif yr eglwys. Ni allwn ni ond dychmygu'r gorfoleddu oedd rhwng y muriau yma, muriau sydd heddiw'n edrych ar ei gilydd dros ormod o seddau gweigion, na'r dyblu oedd yna ar y gân a neb am droi adre. Amser rhyfedd oedd o na welwyd ei debyg wedyn a dynion cryfion yn cwympo ar eu gluniau ar y mynydd dan rym yr awydd i weddio.

Peth anarferol braidd mewn capeli anghydffurfiol ydy ffenestri lliw darluniadol, ond pwy na sylwodd ar y ddwy ffenest brydferth un o bobtu'r pulpud yn yr Hen Gapel? Mae un yn portreadu'r Bugail Da a'r llall Goleuni'r Byd, ac yn rhoddedig gan E.D.Williams, Awstralia, genedigol o Dalerddig, a gan J.Francis, Y Wallog, Ceredigion, yn 1906 a 1907. Ond yn ôl Iorwerth Peate yn y Y Dysgedydd, Hydref 1952, "dwy ffenest echrydus"! Tua'r un adeg, cafwyd anrheg o nifer o ddarluniau o gyn-weinidogion yr eglwys a llun o Dŷ Mawr a'u rhoi i hongian yn y festri ac yno y buon nhw tan yn ddiweddar pryd y cawson nhw eu hail fframio a'u symud i'r capel – yn ysbrydoliaeth i'r genhedlaeth bresennol a'r rhai ar eu hôl, fe obeithir. Ugain punt gostiodd llestri cymun newydd yn 1920.

Yn 1925 galwyd Richard Gruffydd Owen, B.A. brodor o Lanuwchllyn, yma'n weinidog ifanc egniol a chymdeithasol ei natur. Ymhyfrydai yng nghwmni pobol. Ond oddi yma yr aeth yn 1931 gan wneud lle i un a lanwai'r bwlch am 24 mlynedd, sef y Parch. Robert Evans, B.A. brodor o'r Ganllwyd. Roedd y Rhyfel Mawr wedi torri ar draws ei gynlluniau i ddilyn cwrs gradd yn y brifysgol, a gan ei fod yn wrthwynebydd cydwybodol a gwasanaeth milwrol yn orfodol, ymunodd â'r Corfflu Meddygol lle cafodd ei argyhoeddi fwy fyth fod pob math ar filitariaeth yn gwbwl groes i ysbryd yr Efengyl. O goleg Bala-Bangor wedi'r rhyfel fe'i galwyd yn weinidog i Gapel Newydd Yr Hendy, Pontarddulais lle bu am naw mlynedd cyn dod i Lanbrynmair. Roedd yn gredwr mawr mewn addysg a chefnogai gynnal dosbarthiadau a Guild, ac fe'i cofir gan lawer am ei bwyslais ar hyfforddi'r ifanc. Tra'r ymdaflai ei briod addfwyn, Mrs Ada Evans, i waith yr Ysgol Sul, fo oedd proffwyd crwydrol y Band of Hope ar ei feic yn ymweld â'r ysgoldai, a hynny trwy bob tywydd oherwydd, yng ngeiriau'r Golygydd, "Nid gwiw siomi'r hen blant oedd yn ei hanner addoli". (Darllenner ei hysgrif enillodd Goron yr Urdd yn 1958). Yn 1953, roedd ganddo bedwar Band of Hope llwyddiannus yn yr ysgoldai, ac yn ei flwyddyn olaf, 1957, adroddodd iddo gynnal dosbarthiadau i drafod "Problemau'r Byd" mewn pedwar ysgoldy y gaeaf blaenorol. Bu farw yn y tresi y flwyddyn honno a'i roi i orffwys ym mynwent Llanelltyd.

Robert Evans oedd y gweinidog yn ystod yr Ail Ryfel Byd, cyfnod anodd iawn a ddilynodd galedi y 20au a'r 30au, a pryd y daeth galwad unwaith eto ar i fechgyn a merched cefn gwlad ymdaflu i fyd cwbwl estron ac anghydnaws â'u natur. Ond roedd teimlad y wlad unwaith eto fel erioed yn gydymffurfiol ac yn gyffredinol yn ochri'r rhyfel gan mai dyna oedd yr argymhelliad o bob cyfeiriad. Doedd Llanbrynmair ddim yn wahanol i unman arall ac ymunodd llawer â'r fyddin, a sefydlwyd catrodau'r *Home Guard*. Daliodd Robert Evans i bregethu heddychiaeth gan rwyfo'n aml yn erbyn y lli a bu'n dyst ddeg-ar-hugain o weithiau mewn achosion tribiwnlys yn dadlau achos gwrthwynebwyr cydwybodol. Cododd ei safiad wrychyn rhai yn y gymuned ac o fewn ei eglwys ond ni fennodd ychydig o eiriau angharedig ddim ar ei ysbryd hawddgar, nac ar ei ymroddiad i waith. "Ceryddodd gyda graslonrwydd," meddai un o'i gofiannwyr amdano. Wedi'r cyfan, dilyn yr hyn adwaenid fel "traddodiad Llanbrynmair" yr oedd o, sef fod a fynno crefydd â phroblemau gwleidyddol a chymdeithasol, bod annibyniaeth ysbryd yn bwysig i'r unigolyn, a heddwch rhyngwladol yn nôd di-ysgog. Yng nghyfnod Robert Evans codwyd tri ymgeisydd i'r weinidogaeth yn yr Hen Gapel, dau ohonynt, Ifan Wyn a Robert Alun yn feibion iddo. Un arall oedd D.Glyn Lewis, "Glyn o Faldwyn", y bardd o was ffarm o Gwm Nant-yr-eira, fu'n weinidog yn Llanwddyn wedyn am flynyddoedd. Daeth R.Alun Evans yn ffigwr cenedlaethol ddaeth â chlod i'w ardal enedigol, a bob amser yn barod i'w chefnogi.

Ordeiniwyd Alun yn Seion Llandysul yn 1961. Ymunodd â'r BBC fel Cynhyrchydd Teledu yn 1964, yna, wedi gyrfa hir mewn radio a theledu daeth yn Bennaeth y BBC ym Mangor. Ymddeolodd yn 1995. Enillodd radd Doethur o Goleg Prifysgol Cymru, Bangor yn 1999 am waith ymchwil ar hanes "Dechrau a datblygu darlledu yng ngogledd Cymru". Cyhoeddodd nifer o gyfrolau nodedig: *Stand By!* (cofiant Sam Jones BBC Bangor); *Y Rhuban Glas* (portread o enillwyr un o brif gystadleuthau'r Eisteddfod Genedlaethol); *Bro a Bywyd: Iorwerth Cyfeiliog Peate*; golygodd gyfrolau *Rhwng Gŵyl a Gwaith 1-8* a *Sglein 1-4*. Mae'n Llywydd Llys yr Eisteddfod Genedlaethol yn ogystal â bod yn arweinydd ar ei lwyfan ac ar lwyfan Eisteddfod Ryngwladol Llangollen ers blynyddoedd. At hyn oll, mae Alun wedi dychwelyd i'r weinidogaeth gan wasanaethu ardal Caerffili.

Yn yr Hen Gapel, dechreuodd cyfnod newydd yn 1959 gyda dyfodiad y Dr. Dewi Eurig Davies, B.A., M.A., M.Th. a ddaeth yma gyda'i wraig ddawnus, Emily, o Lundain lle gwnaethai hi enw iddi'i hun ar lwyfan y ddrama. Gwyddom, wrth gwrs, iddi ddisgleirio ymhellach yn ystod ei hoes a dod yn bennaeth astudiaethau drama yng Ngholeg y Brifysgol, Aberystwyth. Ond yma yn Llanbrynmair, yn ogystal â magu dau fab bywiog a direidus, rhoddodd ei holl egni creadigol i hybu ymdrechion theatrig llwyddiannus yr Aelwyd a'r capel. Ond os coronwyd ei hymdrechion hi gallai ei gŵr hefyd frolio fod 125 yn yr oedfa ar fore Suliau, ac yn Adroddiad y capel yn 1960 nododd fod 100 yn mynychu'r Gymdeithas Ddiwylliannol oedd yn cwrdd yn neuadd y pentref. Arbrofwyd hefyd trwy symud y Band of Hope i'r neuadd ar fore Sadwrn, ond methiant fu hyn a gallwn ninnau ddamcaniaethu mai rhywbeth i blantos y gymuned fechan leol, glos oedd y Band-of-Hope, lle i gwrdd â ffrindiau ar ôl ysgol i fwynhau'r gymysgedd wyrthiol o chwarae a dysgu, lle i ddod iddo ar ddwy droed neu ar feic, nid rhywbeth i foduro iddo o bell ar fore Sadwrn.

Gwelwyd cau yr ysgoldai o un i un, yr Aber i gychwyn yn 1931, yna Cwm, Pandy, Tafolwern, Talerddig, a Bont yn olaf yn nechrau'r 90au. Y Parch Llewelyn Lloyd, B.A. a fu'n weinidog yma o 1966 – 1970 addefodd ei bod hi'n anodd iawn cadw'r ysgoldai i fynd yn wyneb y trai. Gwelodd diwedd y 60au gyflymu'r dirywiad mewn cynulleidfaoedd gwledig yng Nghymru'n gyffredinol. Ddiwedd 1966 roedd tua 340 o aelodau yn yr Hen Gapel ond llai na thraean ohonyn nhw'n addolwyr cyson, yn ôl adroddiad y gweinidog y flwyddyn honno. Daeth y Parch. Caradog Evans ifanc ag egni newydd yn enwedig i blith ieuengtid yr eglwys o 1971 i 1978. Derbyniodd 32 o aelodau newydd yn 1972 a daeth 21 o bobol ifanc hefyd yn gyflawn aelodau. Roedd yn eisteddfodwr ac yn adroddwr, ac yn naturiol ddigon blodeuodd Eisteddfod yr Hen Gapel yn ei amser. Roedd yr eisteddfod wedi dathlu ei phenblwydd yn 30 oed yn 1959. Mae hi'n dal i fynd ac fe'i cynhelir bob blwyddyn ym mis Mai yn y Ganolfan Gymdeithasol. Cynhelir "C'warfod Bech" hefyd bob mis Ionawr ac ardal pob un o'r hen ysgoldai yn gyfrifol amdano yn eu tro, a chystadleuthau fel darllen darn heb ei atalnodi, meimio, côr chwibanu a chorau capeli yn sicrhau ei fod yn gyfarfod go wahanol i'r eisteddfod arall.

Yn 1984 daeth bachgen ifanc arall yma'n weinidog, y Parch Dyfrig Rees, B.A, B.D., ei alwad cyntaf o'r coleg ac yma y cafodd ei ordeinio. Yn ddisglair a thawel gweithiodd yn ddiflino tan ei ymadawiad yn 1988. Yna, yn 1989 daeth y Parch.Ifan Wynn Evans, mab hynaf Robert Evans yn ôl i lenwi pulpud ei dad, i lonni'r ardal â'i bresenoldeb, i leisio tenor yng Nghôr Cyfeiliog a Chôr yr Hen Gapel, ac i chwyddo'r Clwb Pysgota (cawn ddarllen amdano yn y bennod honno). Vera, ei wraig, hefyd yn hynod ffyddlon i'r corau ac yn neilltuol o ymroddgar i'r Ysgol Sul. Wedi pasio oed ymddeol a thyniad tua'r de yn gryf, wedi bod yn weinidog yno am flynyddoedd yng nghynt, ffeiriodd Wyn Lanbrynmair am ardal Llangenech. Mae Alun yn dal i ateb yr alwad i bregethu bob haf yng nghapel Biwla, a'r ddau ar dro yn pregethu yn yr Hen Gapel. Yn 1991 daeth Llanerfyl i rannu gweinidog â'r Hen Gapel, ac yn 2003 ymadawodd capel Creigfryn, Carno. Yn 2001 croesawyd y Parch Marc Morgan yma'n weinidog o ofalaeth wledig yn ardal Dinbych, ynghyd â'i wraig, Margaret a'u mab Owain.

SWYDDOGION YN Y FLWYDDYN 2000
Gweinidog: Y PARCH Ifan Wyn Evans
Blaenoriaid: Eric Evans, Penri Williams, W.E.Williams, J.M.Davies, Bernard Davies, Dewi Rowlands, Ifor Owen, Hywel Evans, Tom Jones, Margaret Jones.
Ysgrifennydd: John Morgan
Trysorydd: Eleanor Jones
Codwyr Canu: W.E.Williams a Gwyndaf Jones.
Organyddion: Eleanor Jones, Nia Williams, Pat Edwards, John M. Davies.

AELODAETH YN YSTOD Y GANRIF

   1900 (357)   1966 (340)
   1907 (438)   2000 (240)

Cyfartaledd presenoldeb mewn oedfa ar fore Sul ddiwedd y ganrif: (tua 20)

DYSGEDYDD Y PLANT
Beth oedd plant yr Annibynnwyr yn ei ddarllen yn hanner cyntaf y ganrif (ar wahân i Gymru'r Plant, os gallent ei fforddio)? Wel, roedd cylchrediad eang i Dysgedydd y Plant, cylchgrawn misol a ddechreuwyd yn 80au'r ganrif cynt ac a gyrhaeddodd benllanw ei boblogrwydd dan olygyddiaeth y Parch E Curig Davies. Dosberthid tua 100 bob mis yn yr ardal, yn ogystal â'r Dysgedydd Mawr a'r Tyst. Roedd ei gynnwys yn amrywiol, yn apelio at blant a rhai hŷn hefyd. Cafodd y Golygydd

fenthyg cyfrol o rifynnau 1932 wedi eu rhwymo gan Mrs Mary Davies (Mary Bebb, Pwllmelyn, gynt). Roedd hi wedi ei gadw'n barchus gan ei fod yn cofnodi iddi ennill ar y Croesair y flwyddyn honno. Doedd dim gwobr i'w chael, ond roedd cael enw mewn print yn golygu llawer i blentyn ac yn dod â statws arbennig!

Roedd tipyn o bopeth yn y cylchgrawn, ond yn gogwyddo at y capelaidd, wrth gwrs. Er enghraifft, pregethau byrion ar themâu megis, "Wrth fynd dros y cerrig garwaf y mae'r dŵr yn canu". Barddoniaeth hefyd, a chwestiynau gan Siôn Holwr, megis, "A ŵyr yr iâr wrth eistedd fod cywion yn yr wyau?" (Ateb, Na, mae'n eistedd wrth reddf.) "A yw mam yn iawn pan ddywaid fod ei chlust-dlysau yn dda i'w llygaid?" (Ateb, Na, hen goel gwlad yw hyn.) Ceir pytiau am fyd natur, a gwyddoniaeth syml. Mae erthygl ar "Arwyr y Lofa" gan y Parch G Humphreys, yn adrodd hanes tanchwa dan ddaear yn y Gilfach Goch, a dynion yn ceibio trwy 35 llath o lo caled i gyrraedd y dynion. Mae apêl hefyd ar i blant Cymru helpu plant y Wladfa, Patagonia, ar ôl i lifogydd ddod â dinistr i Ddyffryn Camwy. Sonnir am y Maes Cenhadol – Madagascar yn arbennig – gan fod plant y Band of Hope yn selog iawn yn mynd â'u cardiau o gwmpas i gasglu tuag ato. Hysbysebir "Dosbarth Llenyddol" yn Llanbrynmair, dwy awr yr wythnos, pris hanner coron am dymor.

Un peth defnyddiol iawn yn y cylchgrawn oedd "Atodlen yr Hen Gapel", sef tudalen yn nodi trefn y gwasanaethau yn y capel a'r ysgoldai am y mis, a bu cwyno mawr pan beidiwyd â'i chynnwys, ac mae'n bosib fod y cylchrediad wedi disgyn hefyd. Nodwyd yn un lle mai 40 o aelodau yn unig oedd yn cyfrannu chwe-cheiniog y mis at yr Hen Gapel (hwn oedd y lleiafswm a ddisgwylid, mae'n debyg.). Gallwn ddyfalu fod y cyfraniadau wedi disgyn o ganlyniad i fyd tlawd y 30au, ond golygai hyn fod yr eglwys yn methu â symud ymlaen i alw gweinidog (roedd yn ddi-weinidog ers Tachwedd 1931).

Bu darllen mawr ar y Dysgedydd am o leiaf hanner canrif, a does dim dwywaith nad oedd ei gynnwys yn adeiladol a derbyniol dros ben yn ei ddydd.

YSGOL SUL

Yr unig Ysgol Sul yn Llanbrynmair ar ddechrau'r unfed-ganrif-ar-hugain yw Ysgol Sul Undebol yr Hen Gapel. Daw tua 18 blant ynghyd ar b'nawn Sul i'r ysgoldy dan arweiniad ymroddgar Mrs Awel Jones (ers blynyddoedd) a Mrs Marc Morgan. Mae'r plant yn ffodus fod Awel mor gerddorol, ac yn ychwanegol at waith arferol yr Ysgol Sul cânt ddigon o gyfle i baratoi eitemau ar gyfer gwasanaethau megis y Nadolig a Diolchgarwch, ac, wrth gwrs, at y Cyfarfod Bach ac Eisteddfod yr Hen Gapel, a chael trip blynyddol. Dyma'r dyfodol, a rhaid diolch i'r arweinwyr ymroddgar am eu gwaith di-flino.

CAPEL SOAR

MARGARET JONES, Ystrad Fawr, gynt o Glegyrnant, sy'n adrodd peth o hanes Capel Soar lle bu'r teulu'n aelodau:

"Bu Wesleaid cynnar Llanbrynmair yn cwrdd mewn tŷ yn ymyl y pentre cyn codi capel, sef yng Nglanrhyd. Adeiladwyd Capel Soar y Wesleaid wedi hynny yn ymyl pont y rheilffordd ar ffordd Pandy yn 1872. Capel bach deniadol iawn o frics coch ydoedd a lle i eistedd pedwar ugain, a thŷ capel bach cymen o'r un defnydd yn dynn yn ei ymyl. Yr un pryd, roedd y capel mawr crand, Tabernacl y Wesleaid ym Machynlleth, yn cael ei adeiladu a dyna i chi wahaniaeth rhwng dau adeilad! Ond ni fu llawer o Wesleaid yn Llanbrynmair erioed, rhyw ddeg i ddeunaw o aelodau ar y mwyaf yn fy amser i, ond amryw o enwadau eraill yn troi i mewn i wrando pregeth, hynny ddim yn syndod o gwbwl gan mai dyma'r unig gapel ym mhentref Wynnstay ac mor gyfleus ar fin y ffordd. Perthynai Soar i'r un ofalaeth â Cwmlline, Abercegir a Comins Coch, a'r gweinidog yn byw yn y Tŷ Capel yng Nghomins Coch. Perthynai i Gylchdaith Machynlleth, ac er yn fychan roedd Soar yn gystadleuydd brwd yn y Gylchwyl flynyddol.

"Ymysg yr aelodau yr ydw i yn eu cofio roedd teulu Cullen, Tŷ Canol, Miss Roberts, Swyddfa Bost y Pandy, teulu Athelstan Jones, Clegyrnant, Mrs Roberts, Glanllyn, Mr a Mrs Griff Pugh, Tŷ Capel, Mr a Mrs Gruffydd Alun Williams, Mr a Mrs Goronwy Tudor, Y Ffatri, W.J.Davies a'i deulu, a Tom Humphreys a'r teulu, Dôlybont, Beti a Stanley Reynolds, Llwynaerau, a'r teulu Williams o'r Esgair, dau frawd a chwaer. Byddai William Williams yn pregethu yma weithiau, ac un Sul dyma fo'n ledio emyn hirach nag arfer ac yn dweud, "Os na fydda i'n ôl mewn pryd canwch o eto, rydw i wedi cymryd *opening medicine!*" Dôs o salts, mewn geiriau eraill… ac allan â fo…. Cofiaf Mrs Roberts hefyd yng

Nglanllyn yn dda, yn byw drws nesaf i Mrs George Peate. Bu Mrs Roberts yn ffarmio yn Tŷ Pella flynyddoedd cyn hynny pan gafodd brofedigaeth fawr o golli ei gŵr yn ddyn ifanc (mab y Rhiwgan oedd o). Ar ddiwrnod cneifio, neidiodd gwellaif o law cneifiwr, wedi cael cic gan ddafad, a mynd yn syth i'w wddw. Roedd hi wedi ei geni yn Tŷ Sais ar ffiniau Darowen, ei mam wedi marw pan oedd hi'n fabi a hithau wedi ei magu ar fron cymdoges…. Yn un fach iawn, byddwn wrth fy modd yn cael te ar ddydd Sul efo Mrs Roberts, yng nghwmni'r Parch Gwilym Tilsley ac eraill yn aml, ac yn cael benthyg ffedog fach wen â ffrilen o 'mlaen.

"Bu'r prifardd y Parch.Gwilym R. Tilsley, brodor o Lanidloes yn weinidog yma, a'r Parch. Lloyd Turner fu hefyd yn y Drenewydd. Coffa da hefyd am y Parch. Albert Wynne Jones, y Parch. Dennis Griffiths a'r Parch Gordon MacDonald. Ar eu tro deuai Niclas y Glais a W.D.Davies, Pont-ar-Ddyfi a llawer cennad ymroddgar i'n gwasanaethu, megis yr annwyl Barch J.H.Griffiths, gweinidog Machynlleth. Bu'r capel bach yn ffodus iawn o wasanaeth Miss Ceridwen Lloyd, Glyn Teg wrth yr organ am lawer blwyddyn a'i brawd a'i chwaer, Idwal ac Olwen, aelodau yn yr Hen Gapel ond hefyd yn ffyddlon i Soar. Yn troi i mewn hefyd byddai Idris ap Harri a'i briod, Lowri a'u mab Hedd Bleddyn. Cynulleidfa fach gymysg a chroesawgar, felly, oedd yn Soar.

"Caewyd y capel yn 1970 a'i werthu, ac yn fuan fe'i gwnaed yn un â'r Tŷ Capel. Heddiw, mae teulu ifanc o Gymry'n byw yno."

CAPEL BETHEL, BONT DOLGADFAN

Mae dechreuad hanes y Methodistiaid Calfinaidd yn Llanbrynmair yn un dramatig iawn, ac yn un pwysig gan iddo effeithio ar ogledd Cymru gyfan. Trwy'r Bont y lledaenodd Methodistiaeth tua'r gogledd, ac y mae felly o bwysigrwydd mawr yn hanesyddol.

Awn yn ôl i 1738 a Hywel Harris, un o dri arloeswr mawr y Diwygiad Methodistaidd (Daniel Rowland a William Williams oedd y ddau arall) yn ymorol am ddod tua'r gogledd i bregethu am y tro cyntaf. Yng nghyfnod yr erlid, gwyddai Harris na fyddai croeso iddo mewn llawer lle ond roedd ganddo gyfaill yn Llanbrynmair, sef y Parch Lewis Rees, brodor o Glyn Nedd, oedd newydd ei urddo'n weinidog ar yr

Ymneilltuwyr yn yr Hen Gapel. Felly, fe ddaeth cyn belled â Llanbrynmair, i brofi'r dŵr â blaen ei droed, fel petai. Pregethodd am deirawr yng nghyffiniau'r Bont gan letya efo Abraham Wood yn Nolgadfan.

Fe ddaeth eto yn 1739, a'r tro yma disgynnodd hadau ei genhadaeth ar dir ffrwythlon iawn. Fel yr oedd hi yn y dyddiau di-bapur-newydd hynny, dibynnai pawb ar sôn a siarad ac yn ddi-os roedd y newydd wedi mynd allan y byddai Harris yn pregethu yn Llanbrynmair yn fuan. A phan ddaeth, y tro yma dewisodd bregethu y tu cefn i dafarn y Cock (Wynnstay heddiw). Ymgasglodd tyrfa i'w glywed, tyrfa swnllyd gallwch fentro gan fod yno dipyn o bawb – rhai'n busnesa, rhai yno i godi twrw ac eraill am gael rhagor o'r hyn a glywsent y tro diwethaf ganddo. Ond roedd yn y dorf dri o fechgyn ifanc, tri brawd, Richard, Edward a William Howell o'r Bont a chyfaill iddyn nhw, Richard Humphreys. Cychwyn yr oedden nhw i noson lawen a rhyw rialtwch i fyny tua Pandy Rhiwsaeson, y brodyr wedi eu gwadd am eu bod yn fedrus efo'r crwth a'r cardiau. Ac onid oedd yno gocyn ymladd ceiliogod nid anenwog yno, ar Rhos Fawr ger Pencaedu....? Dringodd y tri fodd bynnag i ben to sgubor i gael gwell golwg a chlywed pa neges bynnag oedd gan hwn. Ac nid yn ofer. Gymaint fu dylanwad Hywel Harris arnyn nhw a chymaint yr apeliodd ei bregethu atyn nhw fel y penderfynodd y tri mai hwn fyddai eu harweinydd o hyn ymlaen. Ac felly y bu, a'u teuluoedd nhw ar ôl hynny yn aros yn gewri'r achos i mewn i'r ugeinfed ganrif yn y Bont a'r Pennant.

(Mae'n werth nodi eu cysylltiadau teuluol yn y fan hyn. Huw ac Elisabeth Howell, Tawelan oedd rhieni'r tri brawd, Richard, Edward a William. Roedd Richard yn byw ym Mhendeintir, fo oedd gwydrwr eglwys y Llan, yn gofalu ar ôl y ffenestri; gallai 'sgrifennu a gofalai am lyfr festri yr eglwys. Mary Jervis, Cwm-ffynnon, oedd ei wraig, wnaeth lawer dros yr achos yn Bont a chanwyd marwnad ar ei hôl. Ffarmwr oedd Edward. Priododd â Mary Wood, merch Abraham Wood, Dolgadfan. Cadwent dafarn i lawr yn Bont (roedd dwy arall, Wyle Cop a Pen-y-bont). Roedd Mrs Roberts, Tŷ Gwyn yn ddisgynydd iddo. Cadwai William Howell ffatri wlân ym Mhennant ond roedd yn flaenor yn y Bont. Lletyâi bererinion Methodistaidd ar eu taith i'r gogledd. Roedd twmpath chwarae ger ei dŷ. Roedd Mr John Jarman, Brynolwern yn ddisgynnydd iddo. Teiliwr oedd eu cyfaill, Richard Humphreys. Priododd yntau Anne, merch Abraham Wood, Dolgadfan. Roedd Mrs Jarman, Brynolwern yn ddisgynnydd iddo.)

Canlyniad troedigaeth y pedwar oedd sefydlu Seiat ym Mhendeintir, cartref Richard Howell, sef tyddyn bach ger y Bont. Dyna'r drefn gan Harris, ar ôl ennill cefnogaeth trefnu Seiat, neu fan cyfarfod, lle gallai ei ddilynwyr wedyn gwrdd i gynnal cyfarfodydd gweddi a chael cymdeithas â'i gilydd, ac yn ddiweddarach i helpu ei gilydd i "gadw'r llwybr cul" yn ôl canllawiau a roddwyd iddynt. Datblygodd y Seiadau yn gyflym i fod yn bwysig yng nghyfundrefn y Methodistiaid. Roedd Cynghorwr (nid Cynghorydd!) ym mhob Seiat, ac Arolygwr yn mynd o gwmpas y Seiadau i adrodd yn ôl i'r Cyfarfod Chwarter am eu hynt a'u helynt, a hynny trwy Gymru benbaladr maes o law. Daeth Richard Tibbott, oedd hefyd yn y cyfarfod hwnnw wrth y dafarn, ac yntau'n bedair-ar-bymtheg oed, yn ei dro yn aelod o'r Seiat ac yn Arolygwr dros Gymru gyfan, cyn diweddu ei yrfa efo'r Annibynwyr yn weinidog ar yr Hen Gapel. Cawn sôn amdano eto.

Cyn cyrraedd cyfnod ffyniannus roedd gan Hywel Harris ffordd bell i fynd, ond yn ei ymdrech i dreiddio i'r gogledd roedd wedi cyrraedd carreg filltir dda yn y Bont, a sicrhau lle y cai ei ddilynwyr groeso. Ond os mai croeso a gafodd Hywel Harris yn Llanbrynmair, ac yn Llangurig a Threfeglwys a Chlatter, nid felly ym Machynlleth a'r Drenewydd a Llanidloes. Cofnododd hefyd mai "lle ofnadwy" oedd Dinas Mawddwy, lle teflid "tyweirch ar ei ôl a gwaeth", ac mai "dawnsio a chwarae tennis a rhegi" oedd yn gyrru ymlaen yno ar y Sul. Llanymawddwy fawr gwell... Ym Machynlleth ymosododd y dorf arno a'i sangu dan draed wrth iddo drio pregethu, a lwc iddo allu dianc ar geffyl mewn cawod o gerrig a thyweirch. Cafodd lety a thrwsio'i glwyfau yn Rhiwgriafol efo William Bebb, brodor o Lanbrynmair. Dywedir iddo bregethu ym Mhennant, ger y Belan, trannoeth. (Mae sôn amdano'n pregethu trwy ffenest y llofft yn y Belan unwaith. Tybed ai dyma'r tro y gwnaeth hynny?)

Er i Harris ddweud fod Sir Drefaldwyn dan felltith yr uchelwyr - cefnogwyr yr eglwys wladol oedd â chymaint o ddylanwad ar fywydau'r werin gyffredin, daeth yn ei ôl droeon ac ar ei bedwerydd ymweliad â'r sir aeth i weld yr Hen Gapel oedd newydd ei godi yn 1739. Pregethodd yng Nghwmcarnedd y tro hwnnw a lletya yn Tŷ Mawr. Cyn cyrraed ei ddeugain oed roedd Harris wedi treulio 17 mlynedd ar ei deithiau pregethu ac wedi teithio, meddir, 80,000 o filltiroedd. Roedd hefyd wedi sefydlu cymdeithas gymunedol gydweithredol o bobl o bob rhan o Gymru i gydfyw ar fferm Trefecca yn Sir Frycheiniog. Roedd yno gant o bobl yn 1753, amryw ohonynt o Faldwyn. Sarah a Hannah Bowen o Faldwyn a dalodd hanner cost codi'r tŷ ac Edward Oliver o'r Bont oedd prif saer Trefecca.

Symudwyd ymlaen i godi capel yn y Bont yn 1767. Eu problem fwyaf oedd dod o hyd i gerrig oherwydd fod ficer Eglwys y Llan yn gwbwl wrthwynebus i'r gwaith a chanddo ddylanwad mawr ar dirfeddiannwyr lleol a oedd piau bron pob carreg yn yr ardal a phob llathen o dir. Ar dir Pen-y-bont y codwyd y capel cyntaf – a'r cyntaf yn Sir Drefaldwyn, a'i alw'n gapel y Pen-y-Bont, ond cyn hir cafwyd gwell lle yn y pentref ar dir yn perthyn i Mrs Seymour Davies, Plas Dolgadfan (ail-adeiladwyd 1820 ac adnewyddwyd 1894) a phlannodd Richard Howell, Pendeintir gelynnen yng nghlawdd y capel yn arwydd o obaith am dŵf. Cofrestrwyd y capel yn 1795 a'r cyntaf i lofnodi'r cais oedd Richard Tibbott, gweinidog yr Hen Gapel, sy'n dyst fod cydweithio a rhannu'r cyfrifoldeb wedi nodweddu ymwneud yr Hen Gapel a Chapel y Bont o'r dechrau.

Erbyn 1799 mae'n amlwg fod tipyn o drefn yn bodoli yn Seiat y Bont yn y capel newydd oherwydd roedden nhw'n anfon £1.6s.2d i Thomas Charles, i'r Gymdeithas Genhadol yn Llundain, ac roedd yr achos yn y Bont wedi bod yn ddigon cryf yn Ebrill 1784 i ddenu Sasiwn y Methodistiaid pryd y codwyd £24 yn y "casgliad dimau" a ddefnyddid yn aml i leihau dyledion capeli oedd yn cael eu codi gan yr enwad.

YR YSGOL SUL

Mae'n wybyddus mai'r Parch Thomas Charles oedd sylfaenydd yr Ysgol Sul yng Nghymru ac fe ddywedir mai yn y Crowlwm, yng nghysgod Argae Clywedog heddiw, y bu'r gyntaf. Roedd Ysgol Sul y Bont yn un o'r rhai cyntaf i gael ei chofrestru yn 1795, ond efallai iddi fodoli cyn hynny. Yn llawr dyrnu Abraham Wood, Dolgadfan y cynhelid hi, nid yn y capel, am mai gwaith an-Sabothol yng ngolwg yr arweinwyr oedd dysgu darllen, ac felly nid teilwng o le yn y capel. Yn fuan, aeth y llawr dyrnu yn rhy fach, ac fe welwyd hefyd fod yr ysgolheigion, yn hynafgwyr, pobl ifanc a phlant, yn barchus iawn eu moesau ac fe ganiatawyd iddyn nhw ddefnyddio'r capel ar ôl hynny. Rhai o'r arweinwyr cyntaf oedd Abraham Wood, Dolgadfan, David Jervis, Tŷ Pella, William Bebb, Tawelan, Evan Roberts, Felin Dolgadfan (tad y Parch J.R. y Diosg), a John Evans, un o ysgolfeistri Thomas Charles, ei fam yn ferch i Evan Roberts. (Bu yn un o brif gynorthwywyr Ysgol Sul y Pennant hefyd, ond bu farw, a'i dri phlentyn, ar fordaith i America.) Richard Howell, mab Edward Howell o'r Tri Brawd, oedd arweinydd y gân. Ugain mlynedd ar ôl ei sefydlu roedd 200 o aelodau yn yr Ysgol Sul a pharhaodd hyn tan 1875, pryd y dangoswyd lleihad mawr yn y boblogaeth oherwydd ymfudo a dirwasgiad yn y diwydiant mwyngloddio plwm a gwehyddu. Erbyn 1896, 126 oedd y rhif, a rhywbeth tebyg oedd hi ar ddechrau'r ugeinfed ganrif.

YSGOL SUL Y WERN

Aethai capel Bethel y Bont yn rhy fach i'r holl ddosbarthiadau pan oedd pethau ar eu hanterth a dechreuwyd cangen yn y Wern, casgliad o dai i weithwyr yr oes hanner milltir uwchlaw'r Bont. Bu hyn yn llwyddiant mawr ac yn fendith neilltuol i dlodion yr ardal na allai fforddio talu am unrhyw fath o addysg. Yn un o dai y rhes a elwid Tu-hwnt-i'r nant y dechreuodd yr Ysgol Sul yma a chedwid trefn ar y plant gan hen ŵr o'r enw John Evans efo ffon fugail hir! Adeiladwyd ysgoldy pwrpasol yn 1813 a daliodd y rhif aelodaeth o tua 140 yn gadarn am flynyddoedd lawer. Roedd yma 68 ar ddechrau'r ugeinfed ganrif.

Yr Ysgol Sul oedd yr unig gyfrwng addysg i laweroedd cyn 1870 pryd y sefydlwyd ysgolion y Bwrdd i roi addysg am ddim i bawb – ond addysg salach ar lawer cyfri na'r hyn a geid yn yr Ysgol Sul. Dysgu moesau da a dysgu darllen trwy gyfrwng y Beibl oedd prif nodweddion Ysgolion Sul y cyfnod. Roedd tua deg ar hugain o reolau ysgrifenedig i'w cadw fel aelod o Ysgol Sul y Methodistiaid, rhai fyddai'n chwithig iawn i fynychwyr Ysgolion Sul heddiw, heb sôn am eraill. E.e. "Diarddel yn gyhoeddus am aros yn rhy hir mewn ffair", a hynny heb roi cyfle i'r cyhuddedig i amddiffyn ei hun, hefyd, "dysgu moesau da, parchu dynoliaeth, a galw pawb wrth eu henwau priodol ac nid llys-enwau…." Roedd dysgu penodau o'r Beibl a'r Hyfforddwr yn angenrheidiol ar gyfer Arholiad yr Ysgol Sul ac ymfalchiai y Wern, y Bont a'r Pennant mewn bod ar y brig yn hyn o beth o fewn y Cyfundeb. Un o'r rhai nodedig am ddysgu allan oedd William Howell, yr hynaf o'r deuddeg o blant oedd gan William ac Elinor Howell (bu farw yn1826 yn 22 oed). Gallai ddarllen yn rhugl yn chwech oed, roedd wedi dysgu'r Testament Newydd i gyd cyn bod yn bymtheg oed, ynghŷd â'r Salmau a phenodau o'r Hen Destament. Gadawodd yr ysgol ddyddiol yn ddeg oed a mynd i weithio at ei dad i'r ffatri wlân, ond roedd yn ysgolhaig wrth reddf ac astudiodd law fer er mwyn gallu cofnodi ac adrodd cynnwys Seiadau eraill wrth gynulleidfa'r Bont. Astudiodd rifyddeg a gramadeg Saesneg ac aeth i weithio i argraffydd yn Wrecsam. Daeth adre i'r Bont wedi colli ei iechyd. Ar ei farwolaeth canodd ei gyfaill, Richard Williams, o'r Wîg, farwnad iddo.

Un o hoelion wyth Capel y Bont oedd William Williams (Gwilym Cyfeiliog), awdur yr emyn "Caed trefn i faddau pechod yn yr Iawn". Bu'n arholwr ar Ysgolion Sul am flynyddoedd, felly hefyd y Parch Isaac Williams, ddaeth yn weinidog cyntaf Capeli y Pennant a'r Bont, arbenigwr ar arholi'r Hyfforddwr.

Bobol bach! Yr oedd yna ddiwydrwydd anhygoel mewn Ysgolion Sul led-led Cymru, a thrwyddyn nhw y goleuwyd gwerin gyfan. Y Beibl, a phobl ag ymroddiad i waith, oedd eu hadnoddau pennaf. Pob clod i'r rhai oedd yn arwain ac yn hyfforddi yn ôl angen y dydd, heb gyfri'r amser na'r gost. Dyna, o bosib, sydd ar goll yn ein cymdeithas heddiw – pobl i arwain.

YR UGEINFED GANRIF

Gwelwn i Fethodistiaeth yn Llanbrynmair gael cychwyn enwog a chlodwiw a rwân edrychwn ar ei hynt yn yr ugeinfed ganrif. Y gweinidog 1902-14 oedd y Parch. J.T. Jones, yn cael ei ddilyn gan H. Evans Thomas.

Ceir portread da o gyflwr y capel a'r gynulleidfa ar droad y ganrif mewn adroddiad i Gyfarfod Misol a gynhaliwyd yn y Bont, Hydref 18fed a'r 19eg, 1904. Yn y flwyddyn yma, roedd 124 o aelodau, pedwar aelod ar brawf (!) a 36 o blant, hyn yn gwneud cyfanswm o 164, ond y gynulleidfa yn rhifo 220. Cyfanswm yr Ysgol Sul, gan gynnwys y Wern, oedd 154. Roedd y casgliad ariannol am 1904 yn dangos cynnydd sylweddol yn y cyfraniadau misol at y weinidogaeth, pob un o'r aelodau yn cyfrannu – nid cyfraniadau pendant fel sydd heddiw ond pawb yn cyfrannu yn ôl ei allu a'i awydd. (Mae'r tâl aelodaeth bellach ers blynyddoedd wedi ei sefydlu, a heddiw mewn eglwys â gweinidog arni mae dros ganpunt yr aelod.) O safbwynt y cyfarfodydd, gan fod llawer o'r aelodau yn byw dros ddwy filltir i ffwrdd ceid gwell cynulleidfa i bregeth y nos na'r bore. Cynhelid cyfarfod gweddi yn wythnosol ar noson waith, y gwragedd yn lluosocach na'r gwŷr, a'r bobl ifanc yn swil o gymryd rhan a'r eglwys felly awydd dechrau cyfarfodydd arbennig iddyn nhw er mwyn "ymarfer eu dawn". Y gweinidog yn bresennol yn y seiat bob wythnos ac yn llawenhau " na ddiarddelwyd yr un aelod yn ystod y flwyddyn hon. Mae'n gysur i ddweud na flinir yr eglwys gan lawer o bechodau..." Y gweinidog yn bennaf gyfrifol am ddosbarthiadau Beiblaidd a chyfarfodydd plant yn y gaeaf. Arholiadau yn bwysig: 18 yn sefyll yr Arholiad Dosbarth ac 17 y Sirol ac yn dod yn uchel iawn. Caniadaeth y cysegr yn cael sylw trwy ymarfer yr emynau ar gyfer y Gymanfa Ganu a symudiad ar droed i gael organ "er cynorthwyo y rhan ardderchog hon o'r addoliad cyhoeddus". Mae'r adeiladau mewn cyflwr da, yn ddi-ddyled ac wedi eu hyswirio. Ac mae'n gorffen, "Mae eglwysi'r Bont a'r Pennant yn hapus iawn dan fugeiliaeth y Parch. J.T.Jones, B.A. B.D. sydd yma ers tair blynedd".

Gan nad oedd llawer o dai cymwys i weinidog yn yr ardal, rhaid oedd mynd ati i godi un pwrpasol. Codwyd Llys Teg ym mhentref Llan yn 1902. Costiodd y tir hanner can punt a'r tŷ i'w godi £550, a hynny ond ychydig amser ers pan atgyweiriwyd y capel yn helaeth ar gost o fil o bunnoedd, ac adeiladu ysgoldy. Nid rhyfedd felly fod £500 o ddyled yn aros ar y tŷ, ond "ni allwn gael yr un gweinidog o radd uchel i ddyfod atom oddieithr fod iddo dŷ da yn gartref... Bydd hyn trwy lafur ffyddlon ac egniol y frawdoliaeth yn Llanbrynmair yn ychwanegiad sylweddol at eiddo'r Cyfundeb Methodistaidd". Gwir y gair.

Mae yna bobl heddiw yn meddwl y byd o'u capel, ac yn wir mae'r duedd honno'n cael ei beirniadu'n aml gan ddweud na ddylid rhoi cymaint pwys ar frics a mortar. Ond meddyliwch am yr hen bobl, gymaint mwy oedd eu teyrngarwch nhw i'w lle o addoliad... Fore Sul, Chwefror 21ain, 1932 oedd hi pan ofynnodd Mrs Roberts, Coedprifydau (merch y diweddar Barch. Isacc Williams) i'r gweinidog, y Parch. T.W.Thomas, alw heibio i'w gweld yn ystod yr wythnos. Gwnaeth yntau hynny'n llawen gan y synhwyrai fod ganddi rywbeth pwysig i'w ddweud. A'r hyn a glywodd oedd fod cyflwr y capel "yn ddolur i'w llygad", a'i bod hi am wneud rhywbeth ar unwaith. Gadawodd yntau Coed y bore hwnnw â siec o ganpunt yn ei boced i baentio'r tu mewn a'r tu allan.

Aeth at y swyddogion i gyhoeddi'r newydd da ac i ofyn a oeddynt am i'r aelodau gael cyfle i gyfrannu er mwyn gwneud gwaith ychwanegol, megis cael gwell golau a thacluso'r mynediad lle roedd hen dŷ ar fin dymchwel. Pasiwyd i ofyn i Richard Jones, Minffordd, aelod o'r eglwys ac adeiladwr gyda ffyrm y Brodyr Evans, Cemaes Road, i gwrdd y swyddogion ar ôl y Gyfeillach nos Wener. Cafwyd amcangyfri o'r gost o £302.10s. Cytunodd yr eglwys ac aeth y swyddogion o amgylch i ofyn am addewidion ariannol erbyn yr Hydref. Cofier fod hyn yn y 30au, amser tlawd iawn ar gefn gwlad. Cawsant dderbyniad da er hynny, ac aeth y gwaith yn ei flaen. Roedd hen giatiau Plas Llwyn Owen yn gorwedd yn segur yn y gerddi ac yn llawer amgenach na'r rhai a welid mewn catalogau, a mawr oedd y llawenydd pan ddwedodd y Fonesig Stable y caent nhw am ddim gyda phleser.

Erbyn diwedd Awst roedd y gwaith bron ar ben a'r aelodau wedi cyfrannu £109, a chafwyd £50 gan Gymdeithas merched y capel a £35, sef elw Eisteddfod y Groglith. Oedd yna rywbeth arall yn eisiau? Oedd, tarmac. Siec arall o £30 i dalu amdano gan Mrs Roberts, a lliain hardd ar fwrdd y sêt fawr ac addurn dan y Beibl ar y pulpud i gwblhau'r darlun. Rhoddodd llawer ddyddiau o waith i gael y cyfan i fwcwl. Thomas Humphreys, blaenor, Caleb Jones, Maesgwion, Evan Evans, Fronlwyd, gweision Tŷ Gwyn, J. Stephen Owen, a thrwmbeli a cheffylau yn cario swnd a grafel yn wely i'r tarmac ac i greu llwybr y fynwent, Emrys Rees ac Eddie Lewis yn crynhoi o gwmpas y capel, John Jones, Tŷ Mawr ac Edward Jones, Cae Madog yn gweithio yn y fynwent. Ni allai'r gweinidog ganmol digon ar y saer a'r blaenor, George Thomas, a gynlluniodd y cyfan ac a farciodd leoedd beddau yn y fynwent yr oedd y capel newydd ei chael. Rhoddodd ddiolch arbennig hefyd i Richard Jones, Minffordd "am ei feddylgarwch, ffyddlondeb a gwasanaeth, gan chwilio a chwilio, llafurio a llafurio, mewn amser ac allan o amser… amser a llafur na chafodd gydnabyddiaeth amdanynt." Gwnaeth Dan Davies, Dôlgoch, y bu ei wraig, Meirwen Williams, yn aelod yma, waith mawr i ddod â thrydan i'r capel; plannodd y gweinidog a John Stephen Owen 500 o gennin Pedr yn y fynwent, rhoddodd cymwynaswr di-enw chwe choeden ywen. A dyna gloi campwaith o gydweithio i ddwyn y maen i'r wal.

Agorwyd y capel eto ar Hydref 19eg, 1932, ar ddydd Diolchgarwch, a'r lle dan ei sang i wrando ar y Parch. Ddr. W.Wynn Davies,

Rhosllannerchrugog yn pregethu – a dyna i chi ganu, mae'n siwr! Ond roedd rhagor i ddod!... Ganol Rhagfyr, 1932, ar ddychweliad Ifan Jones, Bryn Bach o'r Sowth, gofynnodd yn blwmp i'r gweinidog a oedd o yn ei oed a'i amser wedi gweld cyfarpar ar gyfer gwasanaeth y cymun oedd yn cyflwyno'r bara a'r gwin i'r gynulleidfa ar yr un pryd cyn y sacrament fel na byddai'n rhaid tarfu wedyn. Roedd o'n barod i wneud rhodd ohonyn nhw i'r capel – os na fydden nhw'n rhy ddrud! Anfonwyd am y pris. Roedd o'n uchel, ac felly'n ormod. Wel, dyna hi, doedd dim disgwyl iddo dalu. Ymhen llai na phythefnos, a heb wybod am ei gilydd, soniodd Mrs Roberts, y Foel am yr un peth wrth y gweinidog. Roedd hi wedi gweld y llestri cymun arbennig yma yng Nghwm Parc, yn y Rhondda. Galwyd Ifan i'r Foel i siarad, a phenderfynodd y ddau eu rhoi rhyngddynt. £30.7.10 oedd y pris gan Townshends o Birmingham. Gwnaeth William Rees, Gellidywyll, un celfydd iawn ei law, gelficyn pren diddorol a phwrpasol at dorri sgwarau bach o fara cymundeb, a gwnaeth y saer, George Thomas, ddwy stand hardd i ddal y llestri newydd, rhoddion i gyd.

MYNWENT MACHPELAH

Cafwyd tir i sefydlu mynwent y capel gan Mrs Jervis, stad Dolgadfan, yn 1931 a'i henwi'n swyddogol, "Mynwent Machpelah, perthynol i Bethel Bont a'r Pennant". Ystyr "Machpelah", lle beddau deublyg yn Effrom ger Hebron, lle claddwyd Abraham. Pasiwyd a ganlyn: fod swyddogion Pennant i dalu hanner y costau; fod yr un telerau i'r ddwy eglwys ynglŷn â defnydd o'r ysgoldy i wneud te; pan geid hers, ni ddisgwylid i Pennant dalu at ei chadw yn garej y Bont (!); rheolaeth y fynwent dan bwyllgor o aelodau o'r ddwy eglwys, swyddogion a dau ymddiriedolwr o'r tu allan. Tâl am le a thorri bedd, punt i aelodau a chynulleidfa, a neb i fynd â charreg fedd i'r fynwent a'i chodi heb bresenoldeb y torrwr beddau oedd i gael coron y dydd. George Thomas i begio'r fynwent allan a rhoi rhifau ar y pegiau yn ôl cynllun a baratodd, ac i'w dalu am y gwaith. Y gladdedigaeth gyntaf oedd un Miss Jane Rowland, Penclap, yn 54 oed.

TE PARTI A SPORTS

Roedd hi'n ddyddiau caled, fel yr adroddwyd lawer gwaith, yn 20au a 30au'r ganrif a'r plant yn dioddef cymaint â neb (er na fuasen nhw'n sylwi ar hynny ar y pryd, wrth gwrs); dim dillad newydd na theganau na moethau tebyg a brynid mewn siop ond pethau wedi eu gwneud o ailgylchu hen geriach (er enghraifft, clywodd y Golygydd lawer am degan a wnâi ei thaid i blant, mwnci'n neidio ar stîls ambarel). Ychydig iawn o bethau anarferol y gellid eu prynu mewn siop bryd hynny. Roedd banana ac oren fel aur, a'r olaf ddim ond yn tyfu yng ngardd Santa Clôs!

I liniaru peth ar y caledi arferai rhai yn y gynulleidfa oedd yn well eu byd na'i gilydd roi te parti i blant yr ysgol neu'r capel pan deimlent ar eu calon. Roedd Mr a Mrs Jarman, Brynolwern yn hael yn y cyfeiriad yma, a Mrs Davies, Dolgadfan. Enghraifft: cynhaliwyd parti a sports i blant y Band of Hope dan nawdd Brynolwern, ar brynhawn Gwener y Groglith, 1934, ar gae y Pandy. Roedd yno 56 o blant a 40 o oedolion yn mwynhau'r te a'r cacennau, a chafwyd cyngerdd wedyn gan y plant dan arweiniad y gweinidog a Mr Jarman, oedd yng ngofal y canu yn yr Ysgol Sul a'r Band of Hope, ac a roddodd oren yn llaw pob plentyn ar y diwedd a rhannu'r gweddill wedyn (roedd 86 mewn bocs). Gallwn ddychmygu peth mor braf gan y plant oedd cael cwrdd â'u ffrindiau y tu allan i oriau capel ac ysgol i gael hwyl a danteithion. Roedd cadw'r plant yn deyrngar i'r capel yn bwysig iawn a gwneid ymdrech fawr i'r cyfeiriad hwnnw trwy roi jam ar y frechdan, yn llythrennol.

Roedd ysgolion dyddiol y Bont a'r Pennant yn cydweithio'n agos iawn efo'r capeli i drwytho'r plant mewn addysg Feiblaidd ac yn helpu i'w paratoi at yr arholiad. Y penllanw fyddai derbyn tystysgrifau llwyddiant yn y Gymanfa Ysgolion. Yn y gylchdaith y perthynai y Bont a'r Pennant iddi cynhelid y Gymanfa yng nghapeli M.C. Cemaes, Aberangell, Dinas Mawddwy a'r Bont yn eu tro. Byddai dydd y Gymanfa hefyd yn ddydd o lawen chwedl a'r plant ar ôl canu o'r Detholiad a chael eu tystysgrifau (gobeithio) yn cael eu rhyddhau i fwynhau te ardderchog (roedd tipyn o gystadleuaeth yn y ddarpariaeth) a mynd wedyn yng nghwmni ffrindiau newydd, efallai, i chwilio dirgelion pentref dieithr iddyn nhw – nid y pentref distawaf y prynhawn hwnnw! Wrth gwrs, byddai pawb wedi cael dilledyn newydd o ryw fath a byddai'n rhaid parchu'r rheiny hyd yr oedd hi'n bosib. (Mae'r Golygydd yn cofio mynd i Gymanfa Ysgolion yn y Dinas tua 1949 mewn het fowler fach binc. Mi ddaeth adre'n ddi-dolc am iddi gael ei gadael yn dwt rhwng y ddau gyfarfod ar sêt yn y capel – y lle gorau iddi. Pebai Robin Penrhiwcul wedi cael gafael arni mae'n debyg mai ar benllanw afon Dyfi y gwelid hi olaf rywle tua Derwenlas!)

DATHLU DAUGAN-MLWYDDIANT

Ar ddechrau gaeaf 1934 aeth llythyr allan i bob teulu gan y gweinidog yn eu hannog i fynychu'r seiat, oherwydd roedd cyfres o seiadau i'w cynnal o fis Hydref hyd fis Mawrth i "baratoi pobl yn ysbrydol" ar gyfer dathlu daucan-mlwyddiant y capel. Hyd at y Nadolig caed presenoldeb o tua deugain. Mae rhaglen y seiadau hynny yn un gref ac yn dangos mor gydwybodol oedd y blaenoriaid a'r aelodau blaenllaw. Dyma flas o'r cynnwys:

"Pantycelyn, Emynydd Mwyaf Cymru", George Thomas.

"Hanes Cymru cyn y Diwygiad Methodistaidd", Edward Jones, Caemadog.

"Atgofion am Orffennol yr Achos yn y Bont", Thomas Humphreys.

"Cyfraniad y Pedwar Enwad Ymneilltuol i fywyd Cymru", William Lewis.

"Gwilym Cyfeiliog", Miss Myfanwy James.

"Y Cyfundeb a'r Ieuanc", Harri Thomas (gyda chymeradwyaeth fawr ar ei diwedd gan y plant oedd wedi dod i wrando. Roedd yn athro Ysgol Sul poblogaidd.)

Aeth llafur mawr i lunio'r anerchiadau yma fel y gallwn ddychmygu, wrth olau lamp olew neu gannwyll. Dyna drueni na fyddai copi ohonynt ar gael yntê? Gwaith gwerinwyr heb addysg uwchradd, ond diwylliedig bob un.

Ym mis Rhagfyr, pregethwyd gan Dr. Martin Lloyd Jones (arbenigwr yn Stryd Harley, Llundain a phregethwr efengylaidd mawr), a'i destun, "Y gwirioned a'ch rhyddha chwi". Oedd, yr oedd yna baratoi hir at y dathlu a phan ddaeth ceir adroddiad hir amdano yn y County Times, Mai 25,1935 dan y teitl *Calvinistic Methodism in North Wales. Interesting Meeting at Llanbrynmair*. Ni siomwyd neb yn y dathlu; cafwyd cynulleidfaoedd cryf yn y cyfarfodydd ac angerdd yn y canu a'r pregethu. Y prif siaradwyr oedd y Prifathro Hywel Harris Hughes, Aberystwyth, a ddywedodd fod Hywel Harris, Daniel Rowland a William Williams wedi gadael yr eglwys wladol i gael rhyddid i bregethu'n uniongyrchol i'r bobl. Yn dilyn, gorymdeithodd tyrfa o'r capel i Bendeintir, safle'r seiat gyntaf (1738-1767). Atgoffodd y gweinidog, y Parch. T. W. Thomas, y gynulleidfa fod y tri diwygiwr mawr wedi pregethu ym Mhendeintir yn y dyddiau cynnar. Yn ei araith yntau, dywedodd Richard Bennett, yr hanesydd, wrth ddiolch am y dynion da a roddwyd i'r ardal o ganlyniad i sefydlu'r achos yn y Bont, mai eglwys y Bont fu asgwrn cefn y mudiad yng ngogledd Cymru ac nac anghofied neb am gyfraniad yr ardal i Fethodistiaeth. Te ar ôl yr orymdaith a chyfarfod pregethu wedyn efo'r Parch. Llewelyn Lloyd, Amlwch a'r Prifathro yn y pulpud.

Meddai'r gweinidog wrth gloi, "Ni chollwyd ysbryd yr arloeswyr yn y Bont a'r Pennant.... Mae Bethel wedi ei adnewyddu, a golau trydan wedi ei roi ynddo, a'r gost wedi ei chlirio..." Ar ei chweched flwyddyn yma roedd yn ddyn hapus. Bu yma tan 1947.

TRO TRWSTAN

Mae hanesyn digri – ond nid digri ar y pryd! am yr hyn a ddigwyddodd ar Ionawr 24ain, 1935. Embaras, hwnna ydy o!....Roedd yr Hen Gapel yn cynnal cyngerdd at y gost yr oeddynt newydd ei roi ar y capel. Y Llywydd fyddai J.M. Howell, Aberdyfi, oedd yn hannu o Howeliaid y Bont a'r Pennant. Wel, roedd y Bonwr Howell yn hwyr iawn yn cyrraedd y cyngerdd oherwydd roedd wedi bod i fyny ym Methel, Bont mewn camgymeriad, gyda chanlyniadau anffodus....! Dyma'r stori fel yr adroddir hi gan y Parch. T.W.Thomas yn Llyfr Cofnodion y capel:

"Ar nos Iau, cynhaliai yr Annibynwyr gyngerdd at ddi-ddyledu'r gost roeddynt newydd ei roi ar y capel. Llywyddai Mr Howell. Yr oedd yn hwyr arno'n cyrraedd. Eglurodd mai wedi bod i gyfeiriad y capel yr ydoedd yn y Bont ond mai tywyllwch oedd yr amgylchiadau yno. Amlwg oddi wrth y geiriau hyn y credai mai llywyddu cyfarfod dan nawdd pobl ieuainc eglwys M.C. y Bont yr oedd.

Ni thrafferthodd neb i'w gywiro wedi iddo wneud y gosodiad hwn. Ar ôl hyn, am beth amser aed ymlaen â'r rhaglen. Yna, daethpwyd at Anerchiad y Llywydd. Darllenodd anerchiad gwych ar hanes cychwyn eglwys M.C. y Bont ac aeth ymlaen i ddangos fel yr hanai ef o rai o gychwynwyr yr achos, ac nad oedd neb yn haeddu cael llywyddu yn fwy nag ef y noswaith yma. Ei eiddo ef oedd y fraint.

Aeth ymlaen i lawenhau fod addurno y capel wedi bod. Yr oedd yn amlwg i bawb ei fod dan gamddealltwriaeth. Cyn gorffen ei araith dywedodd y rhoddai gan punt at dynnu y ddyled i lawr. Mawr oedd y gymeradwyaeth.

Yn syth wedi iddo eistedd neu alw yr eitem nesaf ar y llwyfan aeth y Parchedig Robert Evans, B.A. Gweinidog yr Hen Gapel ato i'w oleuo ar y mater. Aeth y ddau i ystafell arall. Galwyd arnaf i atynt gan ysgrifennydd y cyfarfod. Caed ymgom rhyngom ein tri am y camddealltwriaeth. Gofynnodd Mr Howell i mi, "Beth wnaf?" Atebais, "Chwi a neb arall sydd i benderfynu". Yna, pwysodd, "Beth gynghorwch chi i mi?" Atebais, "Fy marn yw mai gwell i chi gymryd dau ddiwrnod i ystyried y mater". "Dyna wnaf", ebai. Gofynnodd y Parch. Robert Evans a oedd ef i wneud cyfeiriad at y peth wrth ddiolch ar y diwedd. "Na, dim heno," atebai Mr Howell, "eithr gadael y cyfan heb grybwyll am y peth". Gofynnodd Mr Howell i mi a oedd capel y Bont wedi ei oleuo â thrydan. "Ydyw", atebais," ers tua dwy flynedd." "A roddais i rywbeth i chwi?" gofynnodd drachefn. "Do, os wyf yn cofio'n iawn, fe roddasoch ddeg punt." (Gwnes gamgymeriad yma. Gwelaf oddi wrth y nodiadau yn y llyfr hwn mai dwy gini a roddodd). Gadewais i y ddau ar hyn ac ni fu gofyn i mi siarad gair ar y mater wedi hyn yn y cyfarfod.

Llithrodd Mr Howell allan ar frys o'r cyfarfod pan oedd yn dibennu. Dydd Llun yn y Daily Post gwnaed cyfeiriad at anerchiad Mr Howell a hanes y gelynen etc. a'i fod wedi bod yn Llanbrynmair a'i fod yn rhoddi hanner can punt at Gapel M.C. y Bont a hanner can punt at yr Hen Gapel. Ni wyddai neb ffordd hyn pwy anfonodd hyn i'r papur ond dyfalai pawb o'r bron". Daeth y siec, a'r geiriau "tipyn o farnedigaeth Solomon"wrth ei chwt ac anfonodd T.W. Thomas ddiolch dyladwy i Mr Howell. Mae'r cofnod yn gorffen: "Dyna'r hanes yn berffaith gywir fel y daeth y rhodd hwn i Eglwys M.C. y Bont. Y mae wedi creu cryn dipyn o siarad yn yr ardal yn arbennig ymhlith yr Annibynwyr. Deallaf i'r Parch. Robert Evans egluro yr hyn fu rhwng Mr Howell ag ef o'r pulpud yn yr Hen Gapel fore Sul, Chwefror 3ydd a datgan nad oedd neb o eglwys M.C. y Bont wedi ymyrryd ynglŷn â'r mater. Dydd Llun Chwefror 4ydd caed llythyr eto oddi wrth Mr Howell yn gwrthod dod atom dros y dathliad ym mis Mai…"

EISTEDDFOD Y GROGLITH
Roedd Eisteddfod y Groglith, Capel Bont yn ddigwyddiad diwylliannol blynyddol o bwys ac urddas. Mae'n amlwg oddi wrth y rhaglenni sy'n dal o gwmpas fod gofal a llafur mawr tu ôl i lwyfanu'r digwyddiad. Rhoddai gyfle i dalentau lleol gael beirniadaeth adeiladol gan feirniaid o safon.

Mae'n werth edrych, er enghraifft, ar raglen Mawrth 25ain, 1932.

Diau y golygai ei llwyfanu gryn dipyn o gost, a heb noddwyr anodd fyddai cynnig gwobrau a ddenai gystadleuwyr da. Roedd yma noddwyr o Gaerdydd, Llundain, Bournmouth, Lerpwl, Llandinam, Gregynog, Machynlleth ac Aberdyfi, pobol dda eu byd â chysylltiadau â'r Bont. Mae'r pris mynediad hefyd yn dangos fod nod yr eisteddfod yn uchel: prynhawn 2/6, nos 3/6 am y seddau gorau (yn y neuadd bentref), plant 6d, a phris y rhaglen trwy'r post oedd dwy a dimau. Pan gofiwn mai tua deunaw swllt yr wythnos oedd cyflog yn y 30au, roedd y gwobrau'n uwch nag a gynigir mewn eisteddfodau lleol heddiw.E.e Côr Cymysg £12, a £1 i bob arweinydd côr anfuddugol. Unawd £1 (Ynys y Plant, Cymru Fach, Blodwen, Brad Dynrafon). Roedd cyfle i nofisiaid hefyd – 10/- i rai heb ennill o'r blaen am ganu "Cymru Annwyl". 4/- dan 16 oed, 2/6 dan 12 oed. Buasai'n ddiddorol cael gwylio'r gystadleuaeth "*Action Song*", cyn dyddiau dylanwad y teledu, gyda thipyn llai o "*action*" nag a geir heddiw yn Eisteddfod yr Urdd, o bosib! Byddai cynhyrchu dillad addas yn yr oes honno'n dipyn o straen hefyd, o bosib – ond roedd un fantais, roedd merched yr adeg honno i gyd bron yn gallu gwnio. Diddorol yw sylwi fod y prif adroddiad yn haeddu swllt yn fwy na'r unawd, sef gwobr o gini. Mae pedwar o'r adroddiadau gosod wedi eu hargraffu yn y rhaglen, yn cynnwys "Brad y Llanw", J.J.Williams, dan 25 oed.

Yn adran Llên, y brif gystadleuaeth oedd ymgom ddychmygol rhwng Joseph Thomas, Carno, ac S.R. ar y testun "Cymru Heddiw", testun amserol o gofio am heddychiaeth S.R. ai bod hi'n gyfnod rhwng y ddau Ryfel Byd. A thybed faint o waith beirniadu gafodd y Parch T.W Thomas, y Bont, yn yr adran barddoniaeth? "Molawd i Lanbrynmair" oedd y testun i rai heb ennill o'r blaen. Difyr fuasai darllen rhai o'r cynigion. Tybed a oedd yna wamalu ar y testun neu a oedden nhw'n rhai difrifol i gyd? Roedd 3/- i'w gael am y drafferth. Sut mae hwnna'n cymharu ag enillion tîm "Talwrn y Beirdd" Maldwyn am gerdd ar y radio yn y flwyddyn 2000 tybed? A faint o hiwmor oedd yn perthyn i Demetrius Owen, tybed? Fo oedd yn barnu'r limrig:

> Rhyw hogyn yn steddfod Rhyd Iolo
> A fynnai gystadlu ar solo;
> A'r beirniad yn syn
> Ddywedodd fel hyn,

Yn yr adran Celf a Chrefft, caech gini am lunio cannwyll frwyn dderw (Siôn segur, fel y'i gelwid) a hithau'n mynd yn eiddo i roddwr y wobr (enghraifft o roi ag un llaw…!) Byddai wedi cymryd llai o amser, o bosib, i roi sglein ar ddarn adrodd am gini – mae derw'n galed! Trown i'r Saesneg yn yr adran wnio lle eich gwahoddir i greu "*Handkerchief sachet, nightdress case a knitted cap and scarff*", gwobr 3/6.

COFNODION

Dyma bigion o'r Llyfr Cofnodion:

1937 Prynwyd organ newydd i'r capel am £56.10.0, yr arian wedi ei gasglu trwy ymdrechion D.Iori Williams, Emporium, yn bennaf trwy gynnal "test concerts". Trefnodd y bugail ddosbarthiadau W.E.A, Y Parch. W.D.Davies, M.A., B.D. Aberystwyth (Pont-ar-Ddyfi yn ddiweddarach) i'w cynnal. Dewisodd fel mater, "Plato a'r Ddelfrydiaeth". Ni fanteisiodd yr ardal fel y dylent ar y dosbarthiadau! (Y Golygydd piau'r ebychnod ac ychwanegaf, "oes ryfedd?")

Y trydydd te parti gan Mr a Mrs Jarman i holl blant yr ardal a llawer o'u rhieni.

1939 Prynu hers a harnais am chwephunt o Lanidloes, wedi i bwyllgor y ddwy eglwys gwrdd yn y Pennant i benderfynu. Mr E. Evan Lloyd i'w chyrchu o Gwartew, Penffordd-las, ac Evan Jones yr Esgair i'w phaentio.

Mai 29ain Trip Cymdeithas y Bobl Ifanc i Southport, "bus all the way". Diwrnod rhagorol. Clo ar dymor godidog gyda'r ieuengtid.

Hydref 9fed Casgliad diolchgarwch £23.8.5. Lleihad. Marw Mrs Ann Roberts, Coedprifydau, y gymwynaswraig hael, yn 86 oed.

Mawrth 19eg –20fed Cyfarfod Misol yn y Bont a'r bobl ifanc yn cymryd y draul i gyd. Cafwyd tair pregeth rymus, ond y gweinidog yn cwyno fod "gormod o wleidyddiaeth" gan J.W.Jones, Cricieth. Dau o bennau ei bregeth oedd "Cyfiawnder a heddwch", a "Gwirfoddolrwydd". (Tybed ai pregethu heddychiaeth a phleidio gwrthwynebiad cydwybodol yr oedd? Ni thyciai hynny gan lawer a'r Ail Ryfel Byd ar y gorwel?)

1944. Ceir cofnod nad effeithiodd y rhyfel fawr ar waith yr eglwys. Casgliad Diolchgarwch yn fwy nag erioed, £41.15.00. (Tybed ai byd gwell ar y ffermwyr oedd yn gyfrifol?)

Mai 8fed, 1945. Diwrnod V.E., cwymp yr Almaen. Tri cwrdd gweddi o ddiolchgarwch. Cynulliad mawr yn y tri, ond dau flaenor yn cadw draw trwy'r dydd.

Awst 15fed Cwymp Japan. Y Gweinidog yn derbyn dau ddarn o arian papur Japan yn y post oddi wrth Islwyn Lewis o'r Dwyrain Pell. Cyrddau gweddi nawn a hwyr; canu cynulleidfaol tan naw o'r gloch dan arweiniad George Thomas.

Cymdeithas y Chwiorydd yn llewyrchus, deugain o aelodau, yn cael darlithoedd a gwersi coginio a gwneud slipars.

Y Rhyfel, a'r hyn a olygodd i rai o fechgyn ifanc yr eglwys

Lladdwyd Sergeant Gwilym R.Evans, Cwmyrhin, mewn bomar uwchben Dortmund, yr Almaen, a'i gladdu yno.

Llosgwyd Sergeant Emrys Wyn Thomas (mab George ac Elen Thomas) yn enbyd yn ei wyneb a'i ddwylo, yn bennaf wrth achub ei beilot o'r awyren ar ôl iddi ddod i lawr rhywle yn y Balkans. "A very brave lad", oedd teyrnged y Squadron Leader.

Torpîdwyd A.B. Edward Edwards a Gwilym Watkin Williams (Capten wedi hynny) ar y môr ond heb eu hanafu.

Bu Douglas F. Jones, Minffordd, yn teleprinter gyda'r Llu Awyr yn Cairo am dair blynedd a bu Arfor Rees, Plas Rhiwsaeson yn y Llynges am dros ddwy flynedd.

Anafwyd Glyn Lloyd a Gruffydd Alun Williams yn Ffrainc. Daeth Goronwy Lewis trwy "retreat" Dunkirk yn ddianaf.

1946. Sul cyntaf Mehefin hysbysodd T.W. Thomas yr eglwys ei fod wedi derbyn galwad o Langristiolus, Sir Fôn a'i fod yn derbyn. Roedd swyddogion wedi pwyso arno sawl tro o'r blaen i beidio â symud ond mynd yr oedd y tro yma ar ôl 17 mlynedd yn y Bont a'r Pennant. Diolchodd am gefnogaeth unol, ar y cyfan, y swyddogion ac am sirioldeb aelodau'r ddwy eglwys bob amser: ni feddai elyn yn yr ardal hyd y gwyddai ac nid oedd cartref lle na chai groeso. Buont yn flynyddoedd heddychlon iawn. Ymysg y llyfrau a gyflwynodd i ofal y swyddogion yr oedd Llyfr Cofnodion yr Eglwys 1835-1908. Testunau ei dair pregeth ffarwel oedd, "Ymgedwch yng nghariad Duw", "Eglwys Ogoneddus" a "Nac esgeulusa waith dy ddwylaw, y gwaith a ddechreuaist".

CYFRES O WEINIDOGION

Y gweinidog a ddaeth nesaf i ofalu am y Bont a'r Pennant oedd y Parch. Emrys Thomas, a'i wraig Menna. Cwpwl ifanc deniadol a wnaeth lawer o ffrindiau. Buont yma o 1948-51. Dyma'r adeg yr ymddeolodd Gwilym James (teiliwr wrth ei alwedigaeth) wedi bod yn ysgrifennydd am 17 mlynedd. Yr adeg yma, aelodaeth y Band-of-Hope yn y Bont oedd 22 ac yn y Pennant 17.

Y Parch. John Price Wynne ddaeth nesaf, yn cael ei sefydlu ar Ebrill 12fed, 1950 gyda chefnogaeth o ddau lond bws o Wauncaegurwen a Glanaman. (Tybed beth feddylient o acen Llanbrynmair – a fel arall – cyn dyfodiad y cyfryngau torfol i stampio pawb yr un fath?)

Medi 1950, caniatâd i Mrs Gwyneira Lewis ddefnyddio'r festri i ddysgu drama i'r plant hynaf. Cyflwynodd y Gymdeithas Ddrama wedyn siec o hanner canpunt i'r capel, a oedd erbyn hyn yn gweld y coffrau'n gwacâu'n beryglus a'r costau'n cynyddu. Pris torri bedd dwbwl yn codi i dair punt a choron.

Mai 6ed 1957, mewn cyfarfod swyddogion, a thri yn unig yn bresennol, gwelir y Parch. John Price Wynne yn tynnu sylw at rai o gyfarfodydd yr eglwys yn Bethel, yn arbennig yr Ysgol Sul, cyfarfod gweddi cenhadol a'r seiat. Cwynodd am ddiffyg presenoldeb swyddogion (ac eithrio un) yn y cyfarfodydd yma ac apeliodd am fwy o'u cydweithrediad i roi arweiniad ysbrydol i'r eglwys e.e. cael dau ddosbarth o blith y bobl ifanc a'r canol oed yn yr Ysgol Sul. Pasiwyd fod cymhelliad cryf i'r perwyl i'w roi y nos Sul dilynol.

Mae'n siwr nad oedd y sefyllfa yn y Bont ddim ond yn adlewyrchu yr hyn oedd yn digwydd mewn ardaloedd gwledig tebyg ar hyd a lled y wlad. Pobl yn fwy symudol, ceir wedi dod yn bethau cyffredin, beiciau modur gan yr ifanc a phobl yn abl i deithio pryd a ble y mynnent. Yr oedd y gymuned, er hynny, yn drwyadl Gymreig a Chymraeg ei hiaith. Ganwyd dau o bedwar plentyn y Parch a Mrs J.Price Wynne yn yr wyth mlynedd y buont yma ac adroddant am yr amser hapus a gafwyd. Gadawodd y teulu am Ddeiniolen.

Un o'r plant a anwyd yma oedd Eirug Wyn, a ddatblygodd i fod yn un o awduron gorau'r ganrif, yn ennill y Fedal Ryddiaith a Gwobr Daniel Owen ddwywaith yn yr Eisteddfod Genedlaethol, ac wedi cyhoeddi o leiaf 15 o lyfrau darllenadwy ac o safon uchel. Bu hefyd yn gynhyrchydd i gwmni teledu Ffilmiau'r Bont sydd ag un o'i

Gyfarwyddwyr, Angharad Anwyl, â chanddi gysylltiadau teuluol agos â Bont Dolgadfan. Canmolai Eirug ei ddyddiau yn ysgol y Bont. Colled fawr oedd ei farw'n ddyn ifanc yn 2004.

Y gweinidog a'i dilynodd tan 1961 oedd y Parch Glyn Jones ddaeth yma o Abergynolwyn. Roedd yr hanes wedi cyrraedd o'i flaen, wrth gwrs, mai ei ferch oedd y "Miss Wales" gyntaf, Janet Jones, yn hysbysebu Cymru ar ran y Bwrdd Croeso. Pluen anarferol yn het gweinidog.

Tachwedd 1962, y Parch. Llewelyn Lloyd yn cyrraedd o Nercwys i'w sefydlu, gyda "nifer dda o'r hen ofalaeth" yn bresennol – ond nid llond dau fws! Cyn hyn, bu atgyweirio Llys Teg a thu allan i'r capel, a Harri Thomas a John Price, crefftwyr da, yn gwneud llawer o'r gwaith yn rhad iawn neu am ddim. Cafodd John Hughes, Cawg gynt, ddwy olwyn yr hen hers a'r hen lidiart pren – a thalodd yntau am reilings newydd o flaen y capel. Bu'r aelodau yn ferched a dynion yn ddiwyd iawn yn ystod ei weinidogaeth, y merched yn rhoi carped newydd yn y sgwâr a'r pulpud allan o elw eu dosbarthiadau gaeaf fu'n llewyrchus am lawer o flynyddoedd dan ysgrifenyddiaeth Mrs Edna Hamer. Rhywbeth a nodweddai'r cyfnod yma - doedd y gweinidog ddim yn fodlon derbyn neb yn gyflawn aelod os nad oeddynt yn mynychu'r oedfaon, felly, pan ymddeolodd o'r Bont ac o'r weinidogaeth yn 1966 nid rhyfedd i'w olynydd, y Parch Emrys J. Morgan dderbyn 13 yn ystod ei ddwy flynedd yma. (Teirpunt oedd tâl aelodaeth yr adeg yma, sef y cyfraniad at y weinidogaeth).

1972 a chododd hen dduw Celtaidd o'r dŵr yn llythrennol i hybu'r achos yn y Bont! Roedd Harri a Dora Thomas wedi symud i lawr o Lwyn-glas i'r pentref, i Gwelafon ar lan afon Twymyn. Wrth syllu i'r dŵr rhyw ddiwrnod gwelodd Harri garreg ac iddi siâp rhyfedd. Fe'i cododd, a gwelodd ei bod hi wedi ei llunio rywdro gan law rhywun i'r siâp yr oedd hi. Daeth arbenigwyr i'w weld a chafwyd mai cerflun Celtaidd oedd hwn o "hen dduw y dŵr", arferai gael ei roi wrth ffynnon arbennig, neu afon, i sicrhau parhad. Cafodd Harri ganpunt amdano gan yr Amgueddfa Genedlaethol. Lle o addoliad ddaeth i feddwl Harri hefyd a daeth y canpunt yn ddefnyddiol iawn gan fod bil o wyth cant am atgyweirio'r capel newydd ddod i law.

1973 a daeth y Parch. E.J.Poolman o Bort Talbot yn weinidog yma, a chwarae teg iddo, ar ôl cael Rayburn newydd yn Llys Teg dywedodd y byddai'n addurno tu mewn i'r tŷ ei hunan. Gwnaeth waith gwych.

Erbyn hyn, roedd eglwys Peniel, Carno wedi ymuno efo Bont, Pennant a'r Graig. Ar ôl ymadawiad Mr Poolman yn 1977, erbyn 1980 roedd Llys Teg wedi bod yn wag am dair blynedd a phenderfynwyd ei roi ar osod. Roedd Peniel a'r Graig wedi gadael erbyn hyn a dim golwg am weinidog. Methiant fu'r gosod a phenderfynwyd gwerthu. Cafwyd £24,000 amdano (yn y flwyddyn 2000 mae'n debyg y byddai'n werth tua chan mil ac erbyn 2003 dwbwl hynny eto gan fod prisiau tai wedi codi cymaint ar ddechrau'r unfed ganrif ar hugain.) Ni werthwyd y tir i gyd bryd hynny ond cadwyd digon i godi mans newydd.... O leiaf roedd ffydd mewn dyddiau gwell yn dal yn y tir, a llawer o ewyllys da ac ymroddiad hefyd, oherwydd yn 1982 talwyd £1,496 am baentio tu mewn y capel a £350 am garpedi newydd.

1986 a dyma ni'n ôl efo llafur cariad. John Price, Maesawel (Brynunty gynt), y crefftwr medrus, a'r ysgrifennydd, Trebor Davies a'i feibion, Clegyrddwr yn mynd i'r afael â tamprwydd, yn tynnu hanner llawr y festri, gosod pibell i'w sychu a phlastig a cherrig dan y concrit newydd, unedau cegin newydd, cyflenwad dŵr a boiler te trydan, a'r gost ariannol yn dod yn £550 heb gyfri'r chwys.

Dyma'r flwyddyn y daeth y Parch J.H. Walters i wasanaethu'r Bont a'r Pennant, a bu yma tan 1991. Roedd eisoes yn weinidog ar Cemaes. Yn y cyfarfod croeso rhoddwyd anrheg o ffon i Thomas Davies, Tŷ Mawr, Llan a fu'n drysorydd am 25 mlynedd a blodau i Mrs Olwen Jervis am ei gofal dros wneud bwyd yn y festri a'r llestri cymundeb.

1994 recordiwyd "Dechrau Canu, Dechrau Canmol", y darllediad teledu cyntaf o'r Bont, a'r arweinydd? pwy ond Elwyn yr Hendre, a'r organyddes yn nith i Mair, ei wraig, sef Delyth Lloyd Jones, y Wîg (Dolwen, Cwm Nant-yr-eira erbyn hyn). Daeth llythyr yn fuan oddi wrth Iori Williams, Rhos-on-Sea yn canmol y darllediad ac yn cynnig ei organ drydan i'r eglwys gan y teimlai fod yr hen un y bu ef yn casglu ati flynyddoedd yn ôl bellach yn dangos ei hoed.... Aeth yr ysgrifennydd i moen yr organ a bu'r ddwy yn rhannu'r gwaith am flynyddoedd (ond heb obaith canu deuawd!); cyrhaeddodd organ drydan arall erbyn hyn.

1992 ac roedd gwaith mawr ar sylfaen y wal dalcen wedi ei wneud yn ddi-dâl unwaith eto ond roedd rhaid wynebu'r gost o addasu'r toiledau, gosod basnau ymolchi, paentio'r festri, atgyweirio'r capel a phaentio'r tu allan. Dros fil a hanner o bunnoedd, a dyna'r taliad olaf a gofnodir am y ganrif. Fel yna mae hi ym mhob capel, ynte? Ond wedi'r cyfan, mae hwn dros ei ddau gant a hanner mlwydd oed. Pa olwg fydd ar yr adeiladau a godir heddiw pan fyddan nhw yr un oed tybed?... Rhai go wahanol i'r "Blychau", chwedl T.Rowland Hughes, fydd capeli'r dyfodol – os codir nhw.

SYMUD YMLAEN

1997 Bore Sul, Mawrth yr ail. Bore pwysig. Cymerwyd pleidlais a oedd y ddwy eglwys, y Bont a'r Pennant, am ymuno â'i gilydd. Roedd pawb yn unfrydol. Byddai cynulleidfa Pennant yn dod i addoli yn y Bont, a digwyddodd hynny ar Fai 11eg.

Roedd yr eglwys wedi bod yn ddi-weinidog ers ymadawiad Mr Walters yn 1991 a bellach roedd y ganrif newydd wedi gwawrio a bryd yr eglwys ar wneud rhywbeth cadarnhaol ynglŷn â'r sefyllfa. Felly, yn Nhachwedd 2000 pleidleisiwyd o blaid gofyn i'r Parch John Pinion Jones, gweinidog China Street yn Llanidloes, Y Graig, Manledd, Llangurig a Llawr-y-glyn a fyddai'n fodlon cymryd Bont hefyd at ei ofalaeth. Derbyniodd yn llawen, ac fe'i sefydlwyd mewn cyfarfod llewyrchus a swper ar Fehefin 20fed, 2001, y cyfarfod wedi ei ohirio am ychydig oherwydd fod clwy y traed a'r genau yn y tir.

Heddiw, mae'r capel yn cyrraedd gofynion canllawiau iechyd a diogelwch sy'n ofynnol yn ôl deddf gwlad, ac a fu'n gymaint treth ar lawer achos digon gwan. Wrth lwc, ni fu rhaid gwneud llawer yn y Bont oherwydd fod llawer o welliannau wedi eu gwneud dros y blynyddoedd a gofal cyson wedi bod dros y capel. Yn unig, gosodwyd rheilen bres o amgylch y galeri a tho newydd ar y festri.

SWYDDOGION YN Y FLWYDDYN 2000:

Gweinidog: Y Parch J.Pinion Jones
Blaenoriaid: Trebor Davies, Mary Johnson, John Anwyl
Ysgrifennydd: Trebor Davies
Trysorydd: John Anwyl
Cyfeilyddion: Edna Hamer, Ceinwen Jones, Hywel Anwyl

AELODAETH:

1900 (262)   1950 (111)   2000 (50) llawer ar wasgar
Cyfartaledd mewn oedfa fore Sul heddiw: tua 10

Fe â'r plant i'r Ysgol Sul Undebol yn yr Hen Gapel. Ceir pregeth fel arfer, neu gwrdd gweddi, bob Sul. Mae'r Oedfa Ofalaeth yn boblogaidd pryd y bydd y chwe eglwys yn ymuno unwaith y mis yn y gwahanol gapeli yn eu tro.

Beth ddwedwn ni wrth gloi'r hanes? Mae'r "teg orffennol" yn ddigon amlwg. Gobeithio ei fod yn ddigon cryf i chwarae rhan mewn ysbrydoli'r genhedlaeth nesaf, yntê.

CAPEL PENNANT

HANES CYNNAR

Os mai fel Seiat y cychwynodd achos y Methodistiaid yn y Bont, Ysgol Sul oedd y dechreuad yn Pennant. Anfonai Thomas Charles athrawon allan i sefydlu ysgolion nos ac Ysgolion Sul, ac anfonodd un John Evans i ddechrau ysgol yn llawr dyrnu'r Pandy, cartref Daniel Howell, ac i'r Hendre yn 1796. Wrth gwrs, roedd y tir wedi ei fraenaru cyn hynny. Bu Hywel Harris yn pregethu yma, mae sôn amdano'n pregethu ger y Belan, trwy ffenest y llofft, ac roedd William Howell y Felin (y ffatri wlân) yn un o'r pedwar a gafodd droedigaeth wrth dafarn y Cock. Roedd Bronderwgoed wedi sefydlu fel man gorffwys y pererinion Methodistaidd ar eu ffordd rhwng gogledd a de i bregethu a chynnal cyfarfodydd. Canodd Williams Pantycelyn gerddi am groeso Richard a Margaret Wood, Bronderwgoed. Mae'n debyg fod lliain gwyn yn cael ei roi allan rywle i fyny tua'r Gnipell i roi arwydd iddyn nhw fod pererinion ar y ffordd ac am iddyn nhw roi'r crochan uwd ar y tân!

Roedd Richard Humphreys, un arall o'r pedwar gafodd droedigaeth, yn byw yn Gellidywyll. Poenai'r Methodistiaid cynnar yma am yr hap-chwarae a'r ofergoeledd a nodweddai ffordd o fyw cefn gwlad yn y cyfnod, yn Llanbrynmair fel ym mhobman arall. Fe glywn ni'n aml heddiw y cyhuddiad mai Methodistiaeth a laddodd lawer o hen ddiwylliant gwerin Cymru, ac wrth gwrs y mae yna sail i lawer o'u dadleuon. Roedd yna dwmpath chwarae reit o dan drwyn William Howell y Felin, druan, a byddai ei fab yn arfer mynd i'w canol dan ddarllen ei Feibl. Roedd twmpath chwarae arall ar ddôl Ty Isaf, ger Efail Fach. Ond yn raddol fel y tyfai gwrthwynebiad ciliodd y chwarae i le llai cyhoeddus, i Lannerch-yr-aur yng nghwm Tŷ Isaf cyn darfod yn gyfangwbwl. Yn fferm y Cawg roedd yna ŵr hysbys enwog yn codi ysbrydion, a'r forwyn fawr yn bygwth gadael i le y cai "gwmni cig a gwaed"! Roedd sôn am ddyn ar geffyl glas yn dod i aflonyddu a mynnu dweud lle y gadawodd ei filwg a'i fenyg cau cyn cychwyn am ffair Llanidloes (beth ddigwyddodd yn y ffair, tybed, i beri na ddaeth y creadur adre'n fyw?). Glynnodd yr enw Cwm Bwgan Jac hyd heddiw wrth yr hen hafn dywyll yna rhwng Gellidywyll a'r Rhiwgan. A ddaw y "bwgan" tybed o'r un tarddiad â'r "wgan" sydd yn enw'r ffarm, Rhiwwgan? Pa un bynnag, mae'n ddigon o hen hafn i hawlio bwgan hyd yn oed heddiw!

Fel yna yr oedd hi pan sefydlwyd yr Ysgol Sul yn Pennant. Symudodd o'r Pandy i Ffatri'r Felin lle bu John, mab William Howell yn weithgar gyda hi nes ei farw'n ugain oed. Symudodd yr Ysgol wedyn i'r Efail Fach ac yno y bu nes codi capel. Roedd Ysgol Sul arall wedi ei chychwyn yn Hendre dan arweiniad Lewis Howell. Ododd y dyn duwiol-frydig hwnnw dŷ newydd yn yr Hendre tua'r adeg yma a'i nenfwd yn uwch na'r cyffredin er mwyn gallu cynnal cyfarfodydd pregethu yma. Roedd rhywun wedi taro'r horob oddi ar y bach tra'n cwrdd yn yr hen dŷ! Symudodd yr ysgol i Grugnant Isaf yn 1811 a bu yno nes codi'r capel, gan ddenu disgyblion o cyn belled â Chwm Mawr a Phennant Uchaf.

CODI CAPEL A THŶ CAPEL

Un o fynychwyr selog yr ysgol yn yr Efail Fach oedd Richard Williams, y Wîg, fu farw yn 1819 gan adael y ffarm i'w wraig, Mary, ond wedi ewyllysio darn o dir Gwernffridd Fach "i godi capel ac unrhyw adeiladau at wasanaeth a chysur y defnyddwyr". Wrth ufuddhau i'r ewyllys rhoddodd hithau y tir ar les o 999 o flynyddoedd *"for those persons of the Methodist Society who hold doctrinal articles of the Church of England as Calvinistically explained"*. Ychwanegodd fod capel i'w godi mor fuan â phosib. Agorwyd y capel yn 1820.

Capel llydan, sgwar, di-oriel oedd o, yn dal dau gant yn rhwydd, nenfwd uchel ac arno batrymau wedi'u mowldio mewn plastr. Roedd cyfarfod urddasol wedi bod i osod y garreg sylfaen a chafwyd cyfarfod agoriadol, wrth gwrs. Rydyn ni'n sôn am gyfnod pan oedd gweithiau mwyn plwm Dylife a Llannerch-yr-aur yn dod i'w hanterth, ac ardal Pennant mewn lle manteisiol i elwa ar y ddau safle am waith a hefyd chwyddiant mewn poblogaeth; roedd hefyd yn ardal gref mewn ffermwriaeth ac yn cynnal ffatri wlân. Codwyd y capel gyda hawl i gadw Ysgol ar y Sul neu unrhyw ddiwrnod arall (mi gofiwch yr helynt yn y Bont). Symudwyd y ddwy ysgol o'r Efail Fach a Chrugnant i'r capel ond, yn ôl y sôn, "fel dwy hatsied o gywion ar wahân" y bu'r ddwy am gyfnod ac yn ei chael hi'n anodd iawn dygymod â'r drefn newydd dan yr un-to. (Cymharer hyn â'r anhawster i uno capeli heddiw.) Hiraethent am glydwch ac agos-atrwydd eu cynulliadau cyfarwydd lle buont "fel teuluoedd i'w gilydd" am bum mlynedd ar hugain.

Gweinidog cyntaf capel Pennant oedd y Parch. Isaac Williams, bu farw 1886 (hen hen daid i Ann Fychan y mae sôn amdani hi a'i theulu mewn man arall). Bu'r gweinidog yn byw i ddechrau yn y tŷ naill ben â'r capel (a ddaeth yn yr ugeinfed ganrif yn gartref i'r teulu a weithiai'r felin lifio gerllaw). A'u cefnau ar ochr arall y capel, ochr yr efail, roedd dau neu dri o dai bychain yn swatio a daeth un ohonynt wedyn yn dŷ capel. (Mae'r bridden bobi oedd yn eiddo i hen wraig oedd yn byw yn un o'r tai yn dal ym meddiant Mrs Mair Lewis, Bwthyn Llwyn Owen, heddiw).

Yn 1900 aed ati i feddwl am godi tŷ capel mwy buddiol, a festri yn rhan ohono. W.Jones Meredydd, Hafren Builders, Llanidloes gafodd y contract a thalwyd iddo £269.11.3. Yn y telerau ynglŷn â gosod y tŷ yn 1913 roedd y geiriau: "Disgwylir i'r tenant gadw'r tŷ fel na bydd ynddo ddim yn anfantais i'r Moddion Sabothol ac wythnosol. Y mae lles ac anrhydedd yr achos i'w gadw mewn cof yn y tŷ. Rhoddir tair punt a deg ceiniog am lanhau a goleuo, cynhwysa hyn bob glanhau a goleuo gofynol (a rhoddi tân yn y festri pan fydd angen) fel na bydd dim extras. Caniateir deg swllt y flwyddyn at draul tân yn y festri gan y Pwyllgor". Arwyddwyd, R. Morris, Ymddiriedolwr.

Richard a Leisa Evans, Efail Fach gafodd y cyfrifoldeb o fod y rhai cyntaf i fyw yn nhŷ capel newydd Pennant ar rent o bum punt y flwyddyn, ac aethant hwy a'u merch, Mair, yno yn 1913. Uwchben y festri roedd 'stafell eistedd braf at wasanaeth pregethwyr yn arwain o lawr ucha'r tŷ. Swllt y pryd oedd i'w gael am gadw pregethwr. Mae Mair yn cofio'r amser. Dyma hi'n adrodd: "Y Parch. John Williams, Llanwrin oedd y cyntaf i ni letya yn Tŷ Capel. Mi ddaeth ar y trên ar nos Sadwrn ac aed i'w nôl mewn trap o'r stesion. Plentyn oeddwn i, wrth gwrs, ond mae gen i gof clir ohono'n gwisgo *muffatees* am ei arddyrnau i arbed ei lewys, a'i fod yn ffwdanus iawn ynglŷn â thamprwydd. Fodd bynnag, llwyddodd fy mam i'w ddarbwyllo nad oedd achos iddo boeni am wely tamp am fod cwmpwrs coed Cwm Du yn cysgu ynddo trwy'r wythnos! Roedd coed Cwm Du, Belan yn cael eu torri fel rhan o baratoadau rhyfel yr adeg honno a gallwn ddychmygu y byddai yna dipyn o waith i'r mangl yn y tŷ capel y dyddiau hynny rhwng pawb.

YSGOL SUL

Rhai da oedd yr hen bobl am gadw cofnodion manwl fel a geir, er enghraifft, yn llyfr cofnodion ysgrifennydd yr Ysgol Sul a gadwai gyfrif manwl o'r nifer o adnodau a adroddwyd gan bob unigolyn a'u cyhoeddi fel cyfanswm wedyn ar ddiwedd y mis. Gwyddom felly fod deuddeg dosbarth yn y flwyddyn 1900, a 98 o aelodau ac iddynt adrodd cymaint a 2,158 o adnodau mewn un mis. (Y lleihad yn yr aelodaeth yn ddrych o'r dirywiad yn y gweithiau mwyn a ffatrioedd gwlân, a'r mudo a fu i'r De a lleoedd eraill). Erbyn 1939, saith dosbarth oedd yna a 54 o aelodau – a neb yn cyfri'r adnodau. Hyd at ganol y 50au bu'r Ysgol Sul yn eithaf llwyddiannus gydag o leiaf bump dosbarth, sef oedolion yng ngofal Evan Lloyd, Emporium erbyn hyn, merched ifanc yng ngofal Mrs Mary Davies, Hendre, bechgyn ifanc yng ngofal John Hughes, Cawg, plant bach yng ngofal Mrs Laura Joes, Tŷ Capel a'r plant ychydig hŷn yng ngofal Idris Jones, Gwernyffridd. Roedd dosbarthiadau'r plant yn y festri a'r lleill yn y capel, y plant yn dod trwodd i leinio o flaen y sêt fawr ar y diwedd i ateb pennod o'r Rhodd Mam. Roedd hi ar flaenau eu bysedd o hir ymarfer, yr hen lyfrau bach melyn ar werth yn siop Alfred Jones, Machynlleth pan fydden nhw wedi cwympo'n ddarnau. Cerddai'r plant y ddwy filltir o Pennant Isaf a'r Belan yn gwbwl ddi-gwŷn. I'r gwrthwyneb, edrychai'r rhan fwyaf ymlaen at yr Ysgol Sul ac roedd y da-da ar ddiwedd y wers yn siŵr o fod yn helpu'r achos. Roedd yn gapel golau iawn a'r haul yn llifo i mewn trwy'r ffenestri hirion a'r ddau ddrws agored gan greu rhyw awyrgylch dangnefeddus iawn yn yr haf. Roedd helaethrwydd llawr y capel yn golygu na fyddai'r dosbarthiadau'n tarfu ar ei gilydd wrth eu gwaith, yna, a'r amser wedi dod i ben, clywid clep ar y Beibl o gyfeiriad yr arolygwr yn arwydd fod yr ysgol ar ben. Byddai'r plant wedyn yn cael eu galw o'r festri i gerdded dan lygad barcud Idris Jones i'r seddi cefn i aros nes cael eu galw i'r blaen i ateb y Rhodd Mam.

Erbyn 1963 roedd pethau wedi newid eto, er gwaeth. Cynhaliwyd Cyfarfod Ysgolion yn Pennant i geisio ennyn brwdfrydedd i ail godi'r

Ysgol Sul. Siomedig oedd y presenoldeb, dim ond pedwar o Pennant yno, a hynny'n anfon neges glir. Roedd dyddiau'r Ysgol Sul ar ben. Roedd yr ysgol ddyddiol wedi cau ers 1957.

LLYFRGELL

Edrychid ar y capel ers talwm fel canolfan grefyddol, gymdeithasol ac addysgiadol, a'r awch am ddysg yn amlwg ymhlith y rhai a fynychai'r Ysgol Sul a'r seiat. Yn 1905 penderfynwyd sefydlu Llyfrgell yn y capel a sefydlwyd pwyllgor o 16 (!) dan arweiniad y gweinidog. I godi arian cynhaliwyd "cyfarfod amrywiaethol" yn 1906 a daeth tyrfa dda i gefnogi. Manteisiwyd ar y ffaith "fod Mr Davies Buckley yn y gymdogaeth efo'r gramaphone. Cafwyd *selections* rhagorol..." Prynwyd rhai llyfrau a chafwyd eraill yn anrhegion: hanner coron am Cannwyll y Cymry, swllt ac wyth am Clawdd Terfyn, swllt a naw am Perorydd yr Ysgol Sul, heblaw am gyfrolau o bregethau ac esboniadau. Ceid yn y llyfrgell set gyfan o'r Gwyddoniadur Cymraeg, Yr Iaith Gymraeg (D.Tecwyn Lloyd), Anfarwoldeb yr Enaid (Dr. Moelwyn Hughes), *How to Read Music*, Gweithiau Ceiriog, Gweithiau Morgan Llwyd. Pregethau Henry Rees, *The Pickwick Papers* (Dickens), Egwyddorion Gwrteithio, Lampau'r Gair i'r Ieuanc, Cofiant Thomas Gee, John Elias a'i Oes, a llawer mwy. Roedd yr amrywiaeth yn dangos fod yma ymdrech i ddarparu ar gyfer gwahanol anghenion, hyd yn oed rai amaethyddol. Yn yr oes honno, dychmyger peth mor amhrisiadwy oedd cael llyfrgell wrth law wrth fynd ati i baratoi ar gyfer cyfarfodydd. Y rheol oedd y gellid cyfnewid llyfrau yn wythnosol ar ôl y moddion, un llyfr yn unig ar y tro. Gellid ei gadw am fis am ddim ond ceiniog yr wythnos i'w dalu wedyn. Colli llyfr, talu amdano. Dim hawl i fenthyg i'w gilydd. Swllt y flwyddyn oedd tâl aelodaeth o'r llyfrgell. Daeth John Jarman, Tŷ Isaf yn drysorydd yn 1916 ond erbyn hynny roedd y coffrau'n wag. Does dim cofnod am y llyfrgell ar ôl 1916 ond tebyg iddi ddal i fod ar gael. Roedd cypyrddaid hardd o lyfrau yn y capel pan caewyd o a chloc deniadol iawn ar y wal yn ei ymyl. Torrodd rhywun ffenest a dwyn y cloc wedi i'r gynulleidfa ildio i ddefnyddio'r festri yn lle'r capel yn y blynyddoedd diwethaf. Gwyddai rhywun fod prisiau da i'w cael am glociau capeli. Mae'n debyg i lawer o'r llyfrau fynd i lawr i'r Bont pan gaeodd y capel.

O'R LLYFR COFNODION

Roedd "Cyngerdd y Llungwyn" yn ddigwyddiad blynyddol pwysig ar un adeg. Mynnwn gip ar yr un a gynhaliwyd ym Mehefin 1919, y rhaglen argraffedig wedi ei chynllunio'n hardd:

Tocynnau 2/- yn cael eu gwerthu gan unigolion. Rhaid oedd sicrhau noddwyr i'r digwyddiad: Cafwyd cyfanswm o £15 o law 15 o noddwyr.

Derbyniadau	£49.14.8
Taliadau	£17.16.8
Elw Te	£ 6. 3.6
Elw	£38. 1.6

Cymerwyd rhan gan: Mrs Lewis, piano; Dennis Rowlands (Eos Lais); E. Humphreys, cân; W.Watkins, cân; Deiniol, adrodd; J.E.Jones, canu penillion, Madame E.Dakin, cân.

W.Watkins gafodd y tâl uchaf o 4 gini, y lleill yn cael tua £2.

Canwyd "God Save the King" ar y diwedd, ond o safbwynt y rhaglen mae'n debyg mai dim ond ambell i gân fuasai wedi bod yn Saesneg.

Mae Llyfr Cofnodion ar gael yn mynd yn ôl i 1924, i ddechrau gweinidogaeth y Parch.H Evans Thomas yn Pennant a'r Bont. Cynhaliwyd sosial i'w groesawu, a nifer dda yn bresennol yn ei seiat gyntaf, yn cynnwys 20 o blant a'r rheiny'n ateb yn dda iawn. Tua 60 oedd nifer yr aelodaeth, eglwys fechan yn ôl safonau'r cyfnod, ond pawb bron yn cyfrannu swllt y mis, rhai yn rhoi mwy. Ceid pregeth bob pnawn Sul, dwy ar ddeg Sul o'r flwyddyn, Ysgol Sul yn y bore yn y gaeaf, yr hwyr yn yr haf. Cyfarfod gweddi bob Sul a seiat bob nos Fawrth, a honno â graen arni. Y bobl ifanc yn ffyddlon i Ysgol Sul, seiat a Band of Hope ac yn ennill safle uchel yn yr Arholiad Sirol bob amser. Roedd â fynno'r ysgol ddyddiol rywbeth â hyn, oherwydd daethai Miss Sarah James yn brifathrawes i ysgol Pennant yn 1906 a'r hyn y cafodd hi fwyaf o lwyddiant ynddo oedd trwytho'r plant yn yr Ysgrythyrau. Treuliai tua awr bob bore ym maes llafur yr Ysgol Sul i sicrhau fod plant y Pennant ar y top. Dan amgylchiadau byd addysg heddiw a chyricwlwm haearnaidd yr Awdurdod Addysg buasai'r hen greadures wedi torri ei chalon – neu wedi taflu'r twngs a'r procar at rywun am feiddio ymyrryd, oherwydd roedd ganddi ddawn yn y cyfeiriad hwnnw hefyd! Roedd y capel, yr efail a'r ysgol yn agos iawn at ei gilydd, yn rhannu'r un ffald, a phwy a wŷr na chyfrannodd hynny at yr awyrgylch o undod a fodolai yn

Pennant. Cafwyd set o lestri cymun unigol yn rhodd gan Mrs Tom Jones, Aberystwyth er cof am rai o'i hynafiaid, yr hyn oedd yn profi "fod calon plant Pennant yn curo'n gynnes tuag at eu hen gartref".

Cynhelid Cyfarfodydd Misol yn para dau ddiwrnod, ac yn 1926 pregethwyd gan Philip Jones, Pontypridd, R.J.Owen, Manledd, Morris Thomas, Trefeglwys a W.R.Owen, Drenewydd. Roedd yr eglwys, meddid, er yn fechan yn wynebu'r dyfodol yn dawel a ffyddiog. Yn ystod y deuddydd, yn sydyn iawn bu farw gwraig Joshua Wigley, Belan, un o brif golofnau'r achos yn Pennant, a chynhaliwyd Seiat Goffa iddi. Defnyddid y seiat fel hyn weithiau i dynnu sylw at amgylchiad arbennig. Enghraifft arall o hyn oedd seiat a gynhaliwyd yn Nhachwedd 1927 i gyfarch yr aelod ifanc, Iorwerth Hughes, Pennant Uchaf pan enillodd gadair Eisteddfod Cymreigeiddion Dinbych am bryddest dan y teitl "Ar y Trothwy". Cadeiriwyd y bardd yn y seiat dan arweiniad J.E.Jones, prifathro'r Bont, "yn ôl defawd beirdd Ynys Prydain".

Rhoddwyd "cloc drudfawr" i'r Parch. H.E.Thomas ar ei ymddeoliad, a daeth y Parch.T.W Thomas yma o Gefncanol, Croesoswallt yn 1929. Roedd yn gyfnod llewyrchus, y capel yn llawn ar Ddiolchgarwch a'r gweinidog newydd yn tystio fod "naws hyfryd ym mhob un o'r cyfarfodydd wyf wedi eu cael yn y Pennant". Roedd T.W. yn ddyn llengar a gymerai ddiddordeb byw mewn pobl a'u hamgylchiadau. Tynnwyd ei sylw yn fuan at Iorwerth Hughes, ac meddai, "Tarawyd ni â syndod at y gŵr ieuanc hwn yng nghesail Cwm Pennant. Y mae wedi ennill cadair Eisteddfod Dinbych cyn bod yn un ar hugain oed. Y mae yn gerddor da ac yn ganwr da. Gall siarad ar bopeth bron. Rhaid i mi fyned o fy ffordd i geisio allan gyfrinach hwn gan obeithio y gallaf ei symbylu ymlaen". Mewn dadl yng Nghymdeithas y Bobl Ifanc yn nes ymlaen, cawn Iorwerth Hughes o blaid y dref mewn dadl "Pa un ai bywyd gwladol ai bywyd trefol yw y mwyaf manteisiol i ffurfio cymeriad da?" Ceisiwn ddirnad teimladau'r gweinidog a'r ardal i gyd chwe mlynedd yn ddiweddarach pan fu rhaid iddo gofnodi, "Claddwyd Iorwerth Hughes. Bu farw y cyfaill addawol yma. Ni wŷr neb pryd yn union y bu farw. Caed ei gorff. Yr oedd wedi bod ar goll ers wythnosau o'r mental hospital, Talgarth". Tybir fod y bardd ifanc wedi dianc o Dalgarth gyda'r bwriad o gerdded adref i Bennant Uchaf. Fe'i cafwyd yn farw ar dir mynyddig. Fel ei daid, Richard Hughes y meddyg amgen, mae wedi ei gladdu ym mynwent y Llan.

CYMDEITHAS Y BOBL IFANC

Roedd Y Gymdeithas Lenyddol dan nawdd Cymdeithas y Bobl Ifanc yn gryf iawn yr adeg yma a llawer o dalent ac ymroddiad ynddi, ac yn tynnu i mewn i'r gweithgareddau bobl o bob oed. Roedd ganddyn nhw daflen argraffedig am dymor y gaeaf, a phwyllgor y bobl ifanc fyddai'n trefnu gyrfaoedd chwist a sosials i godi arian i'r Gymdeithas. Yn 1930 noda'r gweinidog gael "Anerchiad eithriadol dda ar John Elias gan Miss Sarah Jones, Ceulan, wedi siarad am hanner awr mewn iaith goeth heb ail adrodd". Ac yn fuan wedyn, dadl, "A ellir cyfiawnhau ysmygu?" Y blaenor, E.Evan Lloyd, Plas, yn rhagorol a doniol ar yr ochr gadarnhaol, Joshua Wigley, Belan, yn nacaol. Y mwg a orfu, 18-11! Ym mis Mawrth 1933, sosial a chyngerdd i anrhydeddu'r meddyg Ifan Llewelyn Davies fu'n cynnal dosbarthiadau poblogaidd iawn trwy'r gaeaf ar y testun "Gwaith ambiwlans a'r Corff". Rhoddwyd awrlais bychan iddo a chafwyd anerchiadau barddonol amrywiol (rhywbeth a blesiai'r doctor yn fawr gan ei fod yntau yn dipyn o fardd). Noson lawen iawn, yn ôl y cofnod. Yn Nhachwedd 1934, agorwyd y tymor gyda darlith gan J.Breeze Davies, Dinas Mawddwy ar ganu gyda'r tannau. Daeth â Thelynor Mawddwy ddall a Dewi Mai efo fo. A ellid cael gwell cynrychiolaeth o'r grefft yn unman?

Dyma enghreifftiau pellach allan o raglenni 1930-36 y Gymdeithas Lenyddol oedd dan nawdd Urdd y Bobl Ifanc:

Dadl: A yw arfogaeth yn angenrheidiol? Dadl: Ai mantais yw dysgu plant y Pennant trwy gyfrwng yr iaith Gymraeg? Dadl: Ai mantais yw cysylltu Cymru a Lloegr? Dadl: Pa un ai gwell neu gwaeth mae'r byd yn mynd? Dadl: Mantais neu anfantais yw bod yn hen lanc? Papur gan Thomas George Hughes, Cefn, "Paham yr wyf yn Brotestant".Cyfarwyddyd i rai yn dymuno astudio barddoniaeth Gymraeg, gan Iorwerth Hughes, Pennant Uchaf. Darlithoedd ar Henry Richard, Helen Keller a John Penri.

Roedd drama yn cael lle pwysig yng nghalendr gweithgareddau'r ifanc, ac i brofi'r pwynt, mewn cystadleuaeth ddrama yn yr Institiwt, Machynlleth yn 1935 parti Pennant a orfu allan o bump a chafodd Miss Gwyneira Lloyd (Mrs Gwyneira Lewis wedi hynny) y clod uchaf fel gorau'r gystadleuaeth. Roedd "moc treial"bob amser yn un o gyfarfodydd mwyaf hwyliog y gaeaf. Cofnodir un am dorri amod priodasol, gyda John Jarman, Tŷ Isaf yn farnwr a Miss Sarah Jones,

Ceulan (a'r Felin wedyn) yn dyst. Gofynnodd y barnwr iddi am ddiffiniad o "garu". Atebodd hithau, "Cusanu a chofleidio a phethau eraill yn dilyn!" (Ni phriododd Sarah Jones. Bu'n forwyn yn Rhydaderyn am flynyddoedd wedi hyn a deuai'n ôl i'r Felin i fwrw'r Suliau a throedio'n ffyddlon dros Bompren Cwm tua'r capel.) Yn Awst 1937 cofnodir marwolaeth aelod enwocaf capel Pennant, o bosib, sef Richard Bennett, awdur a hanesydd y Methodistiaid. Roedd yn hen lanc ac fe'i claddwyd gyda'i rieni yn Llawryglyn. (Ceir hanes llawnach amdano yn nes ymlaen.)

ATGOFION MRS GWYNEIRA LLOYD LEWIS am GYMDEITHAS LENYDDOL Y PENNANT

"Pan oeddwn i'n ifanc yn y Pennant ers talwm (fe'm ganed yn 1910) roedd ein bywyd ni'r bobol ifanc yn troi o gwmpas y Gymdeithas Lenyddol, oedd wedi ei chanoli yn y capel. Roedd yn Gymdeithas gref a byddem yn trefnu pob math o weithgareddau ac yn gofalu fod yna ddigon o amrywiaeth i gynnal y diddordeb. Y bobol ifanc oedd yn ei rhedeg ond byddem yn cael help a chefnogaeth gan y rhai hŷn o bryd i'w gilydd.

"Yn ystod y gaeaf byddai gennym raglen amrywiol yn cynnwys dadleuon a darlithoedd. Caem hwyl fawr wrth drefnu *Mock Trials*. Unwaith, cofiaf i Tom Wigley'r Belan fod o flaen ei well yn y "llys" am dorri amod priodas. Roedd yr erlyniad yn ceisio profi ei fod wedi bod yn caru efo merch arall tra roedd wedi addo fy mhriodi i! Bu pawb yn paratoi yn fanwl iawn ar gyfer yr achos ffug. Y diwrnod cyn y cyfarfod roeddwn i ac Ann Roberts o Felinbyrhedyn, a arferai fod yn forwyn efo ni ym Mhlas Pennant, wedi mynd am dro i Esgair Ifan i weld Nain. Pan oedden ni'n cerdded adre, daeth Tom, Belan o rywle a chydgerdded efo ni, ac wrth lidiart y Plas mi welson ni John Roberts, Rhiwgan, a fan'ny fuon ni'n sgwrsio am dipyn cyn mynd i'r tŷ.

"Yn y cwrt y noson wedyn dyma fi'n defnyddio'r digwyddiad y noson cynt trwy ddeud fod Tom wedi dod ata i er mwyn ceisio fy nghael i ail gymodi. Fe ofynnwyd i mi a oedd gen i dyst, ac mi ddwedes fod gen i un, sef John Rhiwgan. Roedd Ann yn crynu yn ei sgidie rhag ofn i mi ei henwi hi a hithe ddim yn gwybod beth i'w ddeud. Roedd Sara Jones, Ceulan yn dyst ac fe'i holwyd ynglŷn â rhyw noson yr oeddwn i wedi bod yn Ceulan a hithe wedi fy hebrwng i adre. Fe gwrddon ni â rhyw fachgen o Felinbyrhedyn ac fe fuodd yna dipyn o blagio ar Sara yn y cyfarfod a hithe'n dipyn o gymeriad. Fe'i holwyd pa mor bell roedd hi wedi mynd ar hyd y ffordd. "Wel", medde Sara, efo pwyslais mawr ar y "wel", "des i ddim rhy bell na fedres i droi yn fy ôl!" A dyma'i holi hi wedyn beth oedd ei diffiniad hi o gariad. "Cusanu a chofleidio a phethau eraill yn dilyn!" oedd ei hateb. Fe gawson ni i gyd hwyl ofnadwy y noson honno.

"Bob Nos Calan roedd Sosial Pennant yn cael ei chynnal yn yr ysgol, ac fe barhaodd yr arferiad hyd nes i'r ysgol gau yn 50au. Roedd yno wledd i bawb a chyfle i ddatblygu talentau lleol. Cynhaliwyd Cyngerdd Mawreddog bob amser ar y Llungwyn a deuai artistiaid yno o bob cwr o Gymru. Cynhaliwyd Eisteddfod y Pennant tan tua 1948 ar Ddydd Gwener olaf Chwefror, neu pan fyddai'n lleuad llawn i alluogi pobol Aberhosan, Melinbyrhedyn a Dylife a'r ardaloedd cyfagos i gerdded adre. Cofiaf Howard a Joseph Williams, Cleirie Isa', George Pugh, Rhiwgam ac Idwal Vaughan, Abercegir yn dod yno i gystadlu, gyda J.E.Jones a Gwilym Williams, Llan yn arwain. Byddem ninnau yn ein tro yn mynd i 'Steddfodau Aberhosan a Melinbyrhedyn. Byddai twr mawr o bobol ifanc yn cerdded trwy Gwm Ceulan ac allan at Rhoswydol. Roedd yn dipyn o daith, ond byddai'r amser yn pasio cyn i ni ddeall, rywsut, am ein bod yn cael cymaint o sbort. Roedden ni'n mynd i lawr i 'Steddfod y Bont oedd yn cael ei chynnal yn y capel yno ar y Groglith, ac i'r Cyfarfod Bach yn Ysgoldy'r Annibynwyr.

"Roedd cwmni drama yn y Pennant yn perfformio dramâu un act y rhan amlaf. Weithiau byddem yn mynd i lawr i Lanbrynmair i gystadlu yn erbyn y pentrefi eraill – fe fydde yna ddrama o bob pentre fel rheol. Dwi'n cofio ni'n perfformio "Y Gwanwyn" a "Meistr y Tŷ". Roedd Eddie Lewis (fy ngŵr yn ddiweddarach) yn dod i fyny o'r Bont i gynhyrchu'r dramâu yn y 20au a'r 30au, ac fe fyddem yn ennill y rhan amlaf. Bu'n cynhyrchu dramâu hirion wedyn, dramâu fel "Y Fasged Frwyn" a "Maes y Meillion". Roedd o'n cael tipyn o hwyl arni.

"Byddem yn mynd i'r Gwaelod lawer iawn i wahanol weithgareddau, – drama, cyngerdd neu ffair. Dwi'n cofio rhyw gwmni teithiol Saesneg yn dod o gwmpas, roedden nhw'n aros am dair wythnos ac yn llwyfannu perfformiad gwahanol bob nos a phantomeim ar brynhawn Sadwrn. Dwi'n cofio dim beth oedd gennyn nhw ar wahân i "*Babes in the Wood*".

Byddai Laura, Pennant Isa', Maggie, Rhiwgan a finne'n rhuthro i orffen ein gwaith er mwyn cerdded i lawr bob nos os gallen ni!

"Rwy'n cofio'n dda i Gymdeithas y Pennant drefnu i gael rhyw gwmni o'r gogledd oedd yn perfformio Cantata, a hynny i lawr yn y Neuadd yn Llanbrynmair – roedd hyn tua 1945 a fi oedd yr Ysgrifennydd. Roedden nhw'n cyflwyno "Hywel a Blodwen", a Richie Thomas, Penmachno oedd yn cymryd rhan Hywel. Dydw i ddim yn cofio faint oedden nhw'n godi ond roedd o'n swm mawr yr adeg honno, ac awgrymwyd ein bod yn codi tâl mynediad o bum swllt! Bu trafod ofnadwy yn y pwyllgor, ofn na thalai'r noson byth ar ei hôl, a phawb ofn mentro. Mi roeddwn i ar dân eisiau iddyn nhw ddod, a mi ddwedais y byddwn i'n 'sgwyddo'r cyfrifoldeb a mentro ar fy mhen fy hun! Ond fe gydsyniwyd o'r diwedd. Bum yn brysur yn cysylltu efo pobol oedd wedi symud o'r ardal er mwyn cael cyfraniadau ariannol i helpu'r fenter. Aeth Mair Lewis, Tŷ Capel (fy chwaer yng nghyfraith, o Lwyn Owen wedyn) a finne lawr i'r Gwaelod i werthu tocynnau o gwmpas y tai. Roedd llawer yn eu gweld yn ddrud a thaerai Rowlands, Bryn-coch nad âi ar gyfyl y lle ac yntau yn dipyn o gerddor. Ond wir, dyna lle roedd o'n eistedd yn y tu blaen pan ddaeth y noson! Roedd y lle dan ei sang ac yn llwyddiant ysgubol. Roeddwn i'n falch ofnadwy ar ôl i mi bwyso cymaint ar y Pwyllgor i fentro!"

EISTEDDFOD

Yn 1940 aed ati i atgyweirio'r capel ar gost o £62, a digon o arian yn y coffrau heb fynd ar ofyn yr aelodau. Ail-ddechreuwyd cynnal Eisteddfod y Capel yn 1945 ar ôl cyfnod hesb yn ystod y rhyfel oherwydd y blacowt. Yr arferiad oedd ei chynnal ar noson olau leuad bob amser yn mis Chwefror er mwyn i bobl Melinbyrhedyn ac Aberhosan allu mynd adre'n ôl trwy Fwlch Ceulan heb fynd ar goll na chwympo i hen bwll gwaith. Oherwydd o'r cyffiniau hynny y deuai llawer o'r cystadleuwyr: Howard a Joseff Williams, Cleiriau, a George Pugh, Rhiwgam, cantorion; Dei Martin ac Idwal Vaughan, Abercegir, cerdd dant, Joni Rhoswydol yn adrodd. Fe ddeuai Anneurin Hughes a'i driawd yma o'r Dinas. Bu Richie o'r Cefnau, W.E. ac M.L.J. yn cystadlu yma cyn dyrchafu eu golygon, hynny'n dynodi safon dderbyniol y trefnu a'r beirniadu. Byddai'r capel yn orlawn a'r chwys yn rhedeg hyd y welydd oerion o'r nenfwd uchel. Roedd sêt fawr helaeth ym mlaen y capel a phlanciau pwrpasol wedi eu darparu yn y felin lifio gerllaw i godi llwyfan taclus yno. Fe'u cedwid yng nghilyn y felin a byddai'n rhaid cael criw cyhyrog i'w cario'r chwarter milltir dros Bompren Cwm. Roedd nyrs goed Tŷ Isaf yn cael ei thorri yn 1939 a ffurfiodd y bechgyn oedd yn gweithio yno wythawd i gystadlu yn 'steddfod y capel. (Buasai giangiau symudol heddiw yn debycach o gwyno eu bod yn colli eu hoff raglenni teledu).

Erbyn 1949 roedd yr eisteddfod wedi mynd yn fwy o gyfarfod cystadleuol yn wir nag eisteddfod, a'i sgôp yn fwy lleol a llai uchelgeisiol a'r gwobrau'n adlewyrchu hynny: unawd dan saith, dau swllt i'w rannu, pedwar swllt i'r unawd agored, chweswllt i'r wythawd a choron i barti. (Cofia Mair Lewis iddi hi pan yn blentyn cyn 1920 gael dau swllt iddi hi ei hun am adrodd, tipyn o wahaniaeth.) "Hen Ferch" oedd testun y gân ddigri (fyddai hynny ddim yn boliticaidd gywir heddiw, o bosib, heblaw am y ffaith hefyd eu bod nhw wedi mynd yn bethau prin ar y naw yn oes y "partneriaid"!) Try'r rhaglen i'r Saesneg i sôn am gystadleuthau *jumper, cushion cover, Welsh cakes a chocolate sponge*" ond yn ôl i'r Gymraeg i gymell cystadleuwyr ar goes bwyell, coes morthwyl a rac llythyrau. (Mi brynwch bethau feln'y heddiw am dreifflyn ar stryd Machynlleth ar ddydd Mercher ac felly does neb yn mynd i'r drafferth o'u gwneud mwyach). William Ashton, Llawryglyn oedd y beirniad cerdd, Evan Jones, Llwyncelyn ar yr adrodd, Ted Jones y felin lifio ar y gwaith coed a Mrs Annie Jarman, Pandy a Mrs Wynne, gwraig y gweinidog, ar y gwaith llaw.

Roedd gyrfaoedd chwist yn boblogaidd yn Pennant, yn cael eu cynnal at wahanol achosion megis y Groes Goch. Cynhelid nhw yn yr ysgol. Ffurf apeliai yn arbennig oedd y chwist fasged lle trefnid bwrdd o bedwar ymlaen llaw a'r rheiny ar hanner amser yn dod at ei gilydd i fwyta o'r un fasged. Roedd y gwledda yr un mor bwysig â'r gêm a threulid mwy nag arfer o amser yn cymdeithasu wrth fwynhau'r wledd. Gallech ailenwi'r amgylchiad yn de parti cardiau, a gyda thân yn y ddwy hen grât ddu bob pen i'r ysgol a'r gwmniaeth yn dda, a'r chwerthin a'r tynnu coes, ceid noswaith i'w chofio. Fel wrth borthi'r pum mil gorlifai'r basgedi llawnion i lenwi bwlch os byddai basged wedi gwaghau'n fuan ar y bwrdd nesaf. Stanley Jones y Garej fyddai'r M.C. yn aml. Roedd ganddo gysylltiadau agos â Pennant, ei wraig, Gwyneth, yn ferch y Cilcwm a byth yn anghofio hynny. Roedd ganddo hen dric i fyny ei lawes – edrych dros ysgwydd Gwyneth cyn galw trymps a gofalu galw'r siwt oedd ganddi hi leiaf ohonyn nhw, a'i gweld yn mynd yn fwy a mwy rhwystredig wrth ffeindio'i hunan yn methu symud i fyny pan ddeuai'r alwad *"Ladies move up, gents move down!"* Roedd eisiau gŵr a gwraig go sownd i oroesi tric o'r fath a dal o dan yr un to! Oedd, roedd rhyw hwyl ryfedd i'w gael a hwnnw'n frethyn cartre ac yn gwbwl ddi-wae.

Yn 1954 cynhyrchodd y Parch John Price Wynne y ddrama "Rhwng Te a Swper" ar gyfer cystadleuaeth drama un act pentrefi Llanbrynmair. Y cast oedd Elwyn Davies, John Price Wynne, Meurig James, Alun Wigley, Marian Waters, Eirian Lewis, Anneura Jones a Marian Rees. Yn lle gwobr cafwyd yr hwyl ryfeddaf yn ymarfer yn yr ysgol (cerdded trwy'r eira) ac yn perfformio ar lwyfan iawn yn yr hen neuadd bentref i lawr yn y Gwaelod.

SOSIAL CALAN

Penllanw yr hwyl yn ddi-os oedd "Sosial Calan" enwog trwy'r plwyf, gynhelid bob amser ar noson gynta'r flwyddyn newydd. Cymdeithas y Bobl Ifanc oedd yng ngofal trefnu'r Sosial ond pawb yn cael eu tynnu i mewn. Bu'n mynd yn siwr am hanner can mlynedd, o adeg y Rhyfel Cyntaf hyd at ddiwedd y 50au, hynny ydy, o'r amser y deuai bechgyn a merched ar feics bach o Lawryglyn i'r amser y deuai bechgyn y Gwaelod i fyny i arddagos nerth – a sŵn – eu motorbeics. Swper i ddechrau ac eitemau i ddilyn oedd y patrwm digon syml ac roedd yn rhaid i ddwy ochr y geiniog ddisgleirio fel ei gilydd. Nid rhyw hanner peth oedd Sosial Pennant. Rhaid oedd paratoi. Yn yr ysgol y'i cynhelid a gan fod traean o'r ysgol wedi mynd yn gantîn yn y 40au hwyr roedd hi'n dipyn o wasgfa wedyn a dweud y lleiaf gyda phob sil ffenest yn dal defnydd côr go lew.

Digon o fwyd i bawb dyna oedd arwyddair y Sosial, ac yn nyddiau'r caledi rhwng y ddau ryfel mae'n debyg mai hwn oedd y peth agosaf a welai llawer i de parti mewn blwyddyn. Anfonai Iori Williams o'r Emporium gacen gyrens a phâst cig i wneud brechdanau, ac roedd yno fara menyn a chaws a chacen felen. Roedd y potiau past yn bethau defnyddiol iawn i ddal inc yn y festri adeg arholiad yr Ysgol Sul – ond hawdd eu troi! Mewn oes ychydig yn ddiweddarach, Cynlas o'r popty yn Nhalerddig ofalai am gacen a mins peis, nad oedd eu tebyg. Desgiau o'r festri, y rhai yn troi'n fyrddau, gai eu benthyg i ddechrau, yna fe wnaed byrddau tresl allan o hen ddesgiau wedi'u troi heibio o'r ysgol, llieiniau gwyn trostynt, meinciau main bob ochr a'u gosod yn rhes ddwbwl hyd yr ystafell. Plant yn bwyta gynta am chwech o'r gloch. Swllt am fynd i mewn (yn y 50au), oedolion deuswllt. Oedolion at y byrddau wedyn a'u siarsio i fwyta yn lle siarad. Doedd dim angen cymell. Ddiflannodd bwyd ddim cyflymach erioed, a'r merched gweini yn eu ffedogau yn bwyta olaf a digon ar ôl. Anelid at glirio erbyn naw o'r gloch, wedi tynnu'r byrddau i lawr ac ail-drefnu'r meinciau a chadeiriau. Roedd hi dipyn yn haws ar ôl cael cantîn hyd yn oed os oedd yna lai o le oherwydd cyn hynny byddid yn berwi'r dŵr y tu allan ar dân agored, yn yr eira weithiau. Edwin Jervis, Efail Fach oedd yng ngofal berwi dŵr. Codai dreipod i ddal craen i ddal dryj o ddŵr uwchben y tân yn iard yr ysgol.

Y plant fyddai'n dechrau'r adloniant efo ail adroddiad mwy neu lai o eitemau o gyngerdd Nadolig yr ysgol neu yr Ysgol Sul. Byddai eitemau'r bobl ifanc a'r oedolion yn dilyn, yn dibynnu ar ba dalent fyddai wedi troi i fyny, cantorion gan fwyaf, a chaent eu cymysgu ag eitemau llenyddol. Yn gymysg â'r unawdau, deuawdau, pedwarawdau a'r adroddiadau ceid cystadleuaeth rhoi cynffon i fochyn ar y bwrdd du efo mwgwd, darllen darn heb ei atalnodi, odli llinellau ac ateb cwestiynau ar y pryd, y cystadleuwyr yn mynd allan i dduwch y cyntedd. Un anodd ei guro ar odli llinellau oedd Dafydd Wigley y Belan, os nad y fo fyddai'n gosod y dasg. Byddai'n rhaid dod â llinell yn odli'n ddioed os am bara yn y gystadleuaeth, dim amser i feddwl llawer a gorau pa mor ddigri. "I ba le yr aeth yr ysgyfarnog?" oedd un o'r llinellau osodwyd gan y Parch T.W Thomas unwaith; "Ar ei phen i'r rhedyn!" atebodd Eddie Cilcwm Fach. Ateb digon da i linell sâl! Math ar brawf gwybodaeth gyffredinol oedd yr "ateb cwestiynau". Mae gan y Golygydd gof am fynd am y gystadleuaeth yma pan tua 13 oed – wedi cael fy herio gan ffrind i roi atebion twp! A dyna wnaed, er cryn hwyl i'r gynulleidfa. Cwestiwn: "Pwy ydy'r Minister of Food?" Ar wahân i'r ffaith nad oedd gen i ddim clem dyma gael fflach o weledigaeth o weld y siopwr lleol yn y gynulleidfa a hwnnw'n dipyn o gymeriad a'i fol yn awgrymu y gallai fod yn ffond o'i fwyd…. Daeth yr ateb fel bwled: "Jarmon Pandy!" Bonllef. Cwestiwn: "Pwy ydy awdur Cofia'n gwlad Benllywydd tirion?" Gwyddwn mai Elfed oedd yr ateb ond gan mai Mex oedd ffugenw ffarmwr lleol an-emynaidd o'r enw Elfed, ac yntau yn y gynulleidfa, dyma gyhoeddi,

"Mex!" Tynnu'r to i lawr. Wrth lwc, roedd maddeuant am fynd dros y tresi yn Sosial Pennant.

Deuai yr un rhai mwy neu lai ag a ddeuai i'r eisteddfod o Aberhosan i ganu, ac o'r Bont deuai Joseph Williams, ac o'r Gwaelod deuai Defi Tomi (D.T.Jones) a Thomas (Davies) Coedcae. I Fyny Blant y Cedyrn, Bryniau Aur fy Ngwlad, Lle Treigla'r Caferi, Y Ddau Forwr, We'll run 'em in (wedi gwisgo helmed a chario pastwn) ac os byddai yna Flodwen o gwmpas, Hywel a Blodwen i'r fargen, dyna'r deiet cerddorol, mwy neu lai. Bu J.E yn canu penillion a chwarae'r ffidil. Cofia Gwyneira Lewis wisgo i fyny fel sipsi i ddweud ffortsiwn yn ystod amser bwyd i godi arian i Gymdeithas y Bobol Ifanc. Cafwyd "Araith Danllyd Capelulo" lawer gwaith gan John y Foel, a'r "Widw Fach Lân I Was See In The Train" Roedd gan y gwladwr John Morris, ysywaith fu farw'n rhy ifanc, dalent eithriadol fel adroddwr ac roedd yn enillydd cyson mewn eisteddfodau.

Cynhaliwyd y Sosial olaf yn 1957. Roedd yn arwydd fod Cymdeithas y Bobol Ifanc a phopeth cymdeithasol yn dechrau mynd ar y goriwaered a'r boblogaeth yn teneuo i'r graddau fod cynnal pethau'n mynd yn fwy o faich. Roedd ceir a beiciau modur wedi dod yn bethau cyffredin a'i gwnai hi'n bosib i deithio ymhellach i chwilio am adloniant. Roedd colli un teulu yn gwneud y gwahaniaeth. Roedd colli teulu niferus a diwylliedig fel teulu Dafydd Wigley'r Belan, a symudodd i Lawryglyn yn 1955, yn dweud ar ardal fechan fel Pennant ac yn gadael bwlch na ellid ei lenwi. Roedd teulu mawr o blant y Waters wedi gadael yr ardal hefyd. Roedd merched ifainc yn priodi ac yn gadael neu'n mynd i'r coleg.

UNO PENNANT A'R BONT
Roedd yr eglwys ers blynyddoedd yn cwrdd yn y festri yn y gaeaf lle y gwneid tân braf yn y grât a phawb fel teulu mewn parlwr. Ar b'nawn Sul, a'i gefn at y tanllwyth byddai'n fwy o dreth ar bregethwr i aros ar ddihun na'i gynulleidfa. Maint y capel ac anhawster ei gynhesu oedd y rheswm am y symud. Yna, o ddiffyg defnydd a gyda thraul y blynyddoedd dirywiodd cyflwr y capel i'r fath raddau fel nad oedd ei do na'i nenfwd gyda'i fowldiau plastr bellach yn saff a bu raid i'r gynulleidfa wynebu'r sefyllfa a dod i benderfyniad na fyddai heb ei loes i lawer. Roedd yr aelodaeth wedi disgyn i 22. Doedd dim ond un opsiwn ymarferol sef ymuno â'r Bont lle roedd adeilad clyd a chynulleidfa fechan

angen atgyfnerthiad dair milltir i lawr y cwm. Hynny a wnaed, ond gyda chalon drom ar ôl yr holl flynyddoedd o droedio tuag yma ym mhob tywydd ac i bob math o achlysur, y difri a'r digri, trwy Goed Dyrtun, dros y Gnipell, o Gwm Crugnant, Cwm Ceulan ac ochrau'r Wîg a'r Rhiwgan. Anodd oedd rhoi'r tro olaf yn nwrn y drws a gwybod na fyddai ôl troed esgidiau'r Sul eto ar y garreg las. Bu'r oedfa olaf yno ar Ebrill y 27ain, 1997 dan arweiniad y Parch.J Pinion Jones. Tynnwyd y capel i lawr yn 1998.

Dyma'r cofnod a geir yn llyfr cofnodion y Bont, Mai 11eg, 1997 gan yr ysgrifennydd, Mr Trebor Davies:"Eglwys y Pennant yn uno ag eglwys y Bont. 16 aelod o'r ddwy eglwys yn bresennol. Yn uno ar ran yr Henaduriaeth, Y Parch. J.Pinion Jones, Llanidloes, Tom Griffiths, y Graig ac Alun Wigley, Llawryglyn. Caewyd y capel gan fod yr adeilad mewn cyflwr drwg a pheryglus. Bu'r uniad yn un hapus iawn a gwelwyd mai da oedd. Roedd Elwyn Davies eisoes yn flaenor yn Pennant (ers 1967) a chafwyd perswâd arno i barhau yn y Bont. Hyn yn dderbyniol iawn, ac yn ddiolchgar iawn iddo".

Daeth 13 o aelodau Pennant yn aelodau o Eglwys Bresbyteraidd Undebol y Bont. Trosglwyddwyd arian Pennant ynghŷd ag elw gwerthu dodrefn y capel a'r festri. Gwerthwyd meinciau'r festri (amryw ohonynt a'u cefnau'n troi'n fyrddau) i aelodau a chyn-aelodau, a rhai am gadw eu cwîr. Yn 1999 addawodd Elwyn Davies gymryd swydd y trysorydd (ar ymadawiad Mrs Mary Johnson o hir wasanaeth) a throsglwyddwyd y llyfrau iddo. Mawrth y 19eg trosglwyddodd Elwyn y llyfrau'n ôl i'r ysgrifennydd gan nad oedd yn dda ei iechyd ac yn gorfod mynd i mewn i'r ysbyty i gael triniaeth, ond ni ddaeth adre'n ôl. Bu farw ar Orffennaf y 25ain yn 71 mlwydd oed, wedi rhoi ei dalentau a'i oes gyfan i bethau gorau Pennant a phlwy Llanbrynmair.

8 - HEN OFERGOELION AC ARFERION

Tŵf y capeli ac addysg roddodd y farwol i ofergoeliaeth. Cyn hynny, roedd yn rhemp trwy'r wlad, yn ffordd o fyw ac o ddehongli bywyd a digwyddiadau. Yn y llyfr yma mae tipyn o sôn am ddylanwad y capeli, ond teg i ni sôn hefyd am nodweddion cymdeithas cyn hynny er mwyn deall yn iawn gefndir ein cymuned. Mae'n hawdd iawn i ni golli golwg ar pa mor wahanol oedd bywyd ddoe, yn enwdig y genhedlaeth iau sydd wedi eu geni i fyd gwahanol iawn. Gadewch i ni edrych, felly, ar rai o hen arferion a chredoau'r ardal yma.

TOILI A CHYNJAR

Dyna i chi gannwyll corff, a thoili – ysbrydion pobol yn dilyn elor ar hyd y ffordd– arwyddion o farwolaeth yn y cyffiniau. Adroddai Mrs Mary Davies, Hendre, Pennant, iddi weld toili ar y ffordd trwy'r Weirglodd Wen yn ymyl ei chartref. Ni roddodd lawer o fanylion, dim ond fod yr elor a'r "bobol" i'w gweld yn blaen. Chwaraeai'r "cynjar" yntau ran bwysig mewn cymdeithas ofergoelus, yn medru rheibio, melltithio neu waredu yn ôl y gofyn, ac yn Sir Drefaldwyn roedd digon ohonyn nhw yn gwneud eu campau – a'u harian. Un o'r rhain oedd Siôn Gyfarwydd, neu John Roberts a rhoi iddo'i enw parch. Roedd yn hannu o deulu o felynyddion o'r Ganllwyd ond daeth i Lanbrynmair yn 1793. Mae'n debyg iddo gael addysg mewn Cymraeg, Saesneg, Lladin a Cherddoriaeth, a dysgodd y grefft o rwymo llyfr. Chwaraeai ffliwt, a fo oedd arweinydd y band cyntaf yn y plwyf. Daeth yn adnabyddus fel cerddor a chynjar a deallodd yr hen frawd yn fuan fod mwy o bres i'w wneud o'r alwedigaeth olaf yna. Gyferbyn â'r Wynnstay yr oedd ei gartref ac felly nid yn anodd cael gafael arno. Ei gamp enwog oedd rhoi ysbryd drwg mewn potel.

Wel, roedd llofft yn y dafarn yn cael ei phoeni gan ysbryd drwg. Galwyd am Siôn Gyfarwydd. Ar ôl bolied o gwrw, i fyny â fo i'r llofft a chau'r drws. A wedyn - ni chlywyd sŵn mo'r fath ymaflyd codwm erioed! Thympio a waldio a dodrefn yn cael eu taflu o gwmpas, na fu rotsiwn beth... Yna, cil y drws yn agor a Siôn yn galw am botel a chorcyn. Tawelwch. Pawb yn dal eu gwynt. Siôn yn dod allan â'r botel wedi'i chorcio, a darn o bapur wedi'i blygu ynddi. Hwn oedd yr abacadabra, y ddewiniaeth ysgrifenedig. Rhagor o gwrw, yna mynd a gosod y botel (a'r ysbryd), meddir, yn wal pont oedd yn cael ei chodi ar y pryd, tua hanner milltir i ffwrdd. (Un o bontydd y rheilffordd, efallai?) Dywedodd Demetrius fod ganddo ddau o "resipis" yr hen Siôn, a'r rheiny mewn copper-plate perffaith.

YMLADD CEILIOGOD

Dyma hap-chwarae yr oedd Llanbrynmair yn eithaf enwog amdano, ymladd ceiliogod. Defnyddia Ambrose Bebb olygfa o'r ymryson yma yn y bennod agoriadol i'w nofel hanesyddol, "Dial y Tir". Yn raddol y diflannodd yr arferiad gan na phasiwyd deddf gwlad unigol erioed yn gwahardd yr arfer arbennig yma, er y bu digon o drafod ar hynny ers 1800. Pasiwyd deddf yn erbyn creulondeb i anifeiliaid yn 1849, a honno ddaeth agosaf at wahardd yr arfer. Mae ymladd ceiliogod yn dal i ddigwydd hyd heddiw mewn rhannau o'r byd – ac ym Mhrydain hefyd, meddir, yn y dirgel. Ond nid ar ffermydd, oherwydd erbyn diwedd yr ugeinfed ganrif diflannodd yr arferiad o gadw ieir ar fuarth ffarm bron yn llwyr! Tipyn o dro ar fyd. Ond yn y ddeunawfed ganrif yn arbennig roedd plwyf Llanbrynmair yn enwog am ymryson ceiliogod. Onid oedd y brif dafarn, y Cock, wedi'i henwi am hyn, a chocyn Pandy Rhiwsaeson yn enwog trwy ran helaeth o'r wlad?

Mor boblogaidd oedd yr arfer yng nghanolbarth Cymru fel y cynhelid "cocyn teuluol" rywle yn y plwyfi yn wythnosol, ac un pentrefol bob mis, yna un blynyddol ar ddydd y Nawddsant lleol. Ar y Pasg ym Maldwyn, cynhelid ymryson y sir a hwnnw'n para wythnos. Roedd dadlau mawr pwy gai y cocyn sirol, ac yn 1795 tro Llanbrynmair fu hi. Roedd i ddechrau ar ddydd Llun y Pasg ac i orffen pan na fyddai ond y ceiliog buddugol ar ôl. Aed ati ar unwaith i gynnal rhagbrofion fel na ddeuai ond y goreuon i'r ornest fawr. Ar Rhos Fawr, Plas Rhiwsaeson yr oedd y talwrn, neu'r "pit". Rhoddwyd teulu Pencaedu gerllaw yng ngofal y trefniadau: roeddent i lanhau'r pit - cylch gwastad o wyth llath, ac wyth modfedd o ddyfnder - llenwi bareli â chwrw Amwythig a chlirio'r tŷ er mwyn gosod meinciau i'r dorf. Byddai gofaint wedi bod wrthi'n gwneud 'sbardunau dur i finiogi'r ymladd yn llythrennol – ac ambell geiliog yn cael addewid cynjar dan ei 'sbardun, er na waharddai hynny i ambell ffefryn gael ei ladd ar yr ergyd gyntaf wedi i'r mygydau gael eu tynnu ac i'r ddau fynd i yddfau'i gilydd yng nghanol banllefau'r cefnogwyr. Collodd aml un gwirion ei geiniog olaf. Pe gwneid papur "pools" yn y dyddiau hynny, byddai enw Llanbrynmair arno'n frith.

CAROLWYR HAF

Dyma arferiad braf oedd hwn. Yn y ddeunawfed ganrif, a chyn hynny ac ymlaen am ran o'r bedwaredd ganrif ar bymtheg, roedd canu Carolau Haf yn beth cyffredin yn yr ardal yma, "canu ha'" neu "canu tan bared", fel y'i gelwid. Dathlu dyfodiad yr haf oedd ei bwrpas, adlewyrchu cyfnod o londer disgwylgar, a hel ychydig o arian a rhywbeth i'w fwyta yr un pryd, mae'n siwr. Tua'r Calan Mai, fe âi grwpiau o gantorion a cherddorion o gwmpas i gyfarch pobol yn eu tai, gan ddewis y rhai mwyaf cefnog, fel arfer, gan y disgwylid bwyd ac arian. Roedd yr arferiad yn debyg o ran ei batrwm i'r Canu Gwasail, neu'r Fari Lwyd, yn y De.

Yn y ddeunawfed ganrif, roedd tri o garolwyr haf enwog yn Llanbrynmair yn mynd o amgylch fel parti, gan barhau i mewn i'r bedwaredd ganrif ar bymtheg, sef Dafydd, Tomos a Mari Rhys, Penygeulan. Mae'n debyg mai nhw oedd y cantorion crwydrol olaf o'u bath yn y pen yma i'r sir, os nad yng ngogledd Cymru. Buont farw, meddai Demetrius, 30 mlynedd cyn ei eni o (1859) ond roedd yn cofio'r sôn amdanynt. Plant oedden nhw i Tomos a Barbara Rhys. Saer, neu whilrit, yn gweithio ar felinau dŵr oedd eu tad. Saer oedd Dafydd, a cherddor da, wedi'i eni yn 1742. Arweiniai gôr eglwys y Llan a chyfansoddai ganeuon a charolau yn ogystal â'u canu. Bu farw ym Mhenygeulan yn 1824, yn 82 oed.

Saer coed oedd Tomos hefyd, anwyd yn 1850, a saer gwych oherwydd gwnaeth delyn a ffidil iddo'i hun i'w chwarae, a gwnaeth "box flute" i gael y nodyn iawn i godi canu yn y Llan. Roedd y teclyn diddorol yma'n dal yn yr eglwys yn amser Demetrius. Tybed ble'r aeth?

Rhan bwysig a diddorol o'r triawd oedd Mari, eu chwaer. Hi oedd eu harweinydd, yn gymeriad, ac o gyfansoddiad pwerus; gallai aredig a gwneud gwaith dyn, pysgota a gwneud basgedi. Roedd hithau'n barddoni, ond canu a dawnsio oedd ei chyfraniad pennaf hi, a hynny gydag afiaith, mewn ffeiriau'n arbennig, yn enwedig ffeiriau Calan Mai, ac roedd hi'n fawr ei bri mewn Gwyliau Mabsant - roedd Mabsant Llanbrynmair ganol Awst. Canai'r tri i gyfeiliant y delyn a'r ffidil. Bu farw Mari yn Rhagfyr 1842 yn 94 oed. Dyma enghraifft o "gân atebiad" ganddi, gan y teulu o fewn y tŷ, ar ymweliad y Carolwyr Haf:

> Beth glywa'i yma'n wir
> Yn canu i'm dychrynu,
> A phawb oddeutu'r tŷ
> 'N anniddig wedi r nos.
> Mi glywais ganu gwell
> Gan lawer mochyn (wrth y gegin)
> Porchellyn, dygn, dall;
> Dos ymaith angall ddyn,
> A meddwl di o hyd
> Rhaid i ti drin y byd
> Lle mynd rhy dene
> I ddweud rhigyme
> Canu gwylie yn nyddie C'lame.

A dyma'r ateb o'r tu allan:

> O, dewch chwi'r feinir wen
> A wela'n pincio'i phen
> I mi a chrewisied i dorri'm syched
> O'r cwrw pura cosa i'r pared,
> Rhowch ymwared i drueinied
> Rai gwaelion yn y gwynt.

A dyma bennill Ffolant o waith Mari:

> Derbynniwch flodau'r dyffryn,
> Liw ewyn dŵr y lli,
> 'R hyn sydd arferol ym mis Chwefrol
> Am flynyddoedd gyda ni.
> A Valentine rwy'n tynnu
> Y Lili heini hardd
> Y desog dw'sen liwys lawen,
> Lliw'r heulwen fain ei hael,
> Agweddol, foddol fun.
> Hawddgara llonna'i llun
> Does o fewn Gwynedd yr un mor fwynedd,
> O rinwedd ni wn yr un.
> Os caf eich gwisgo chwi lliw'r eira

Yr hardda fydda fi.
Bydd gennyf frigog ben coronog
O'ch enwog enw chwi.
Na ddigiwch, Gwen lliw'r wy
Holl loewedd flodau'i phlwy.

"Mae peth o waith y triawd ar gael – ar gof neu wedi'i argraffu," meddai Demetrius, a dyfynna mewn erthygl un o ganeuon Dafydd pan gafodd arian gan ffrind i gael siwt newydd. (Sylwer ar y rhythm carolaidd.)

Mi fynnaf deiliwr dewr o dorrwr
A fyddo'n siwr yn wniwr net.
Mi glywais amryw'n sôn mai un purion
Yw Wili Pêt.
Rhaid iddo hogi'i welte
A thorri'n ddeche ddoeth,
A chrafu'r aden, a chwyro'r ede
Rhag ofon pwythe poeth.

Fy nghalon chwardd os bydd y bardd
Yn henddyn hardd yn hon,
Ar ôl cyflawni'm cais
Mi gana'm llais yn llon.

CANU BALEDI

Fe wyddom fod canu baledi yn ffordd o ledaenu newyddion drwg a da ers talwm cyn dyddiau papurau newydd, ac yn fodd i faledwr poblogaidd wneud tipyn o arian hefyd. Gwerthai baledi am geiniog yn y ddeunawfed ganrif a byddent wedi mynd mewn chwinciad mewn ffair, yn enwedig os yn sôn am rhyw ddigwyddiad erchyll neu anghyffredin. Fe'u cenid wedyn ar ben ffordd neu mewn llofft stabal, ac ati.

Daeth Owen Gruffydd, neu "Owain Meirion", neu "Yswain Meirion", baledwr o'r Bala, i fyw i Lanbrynmair, i Glanrhyd, o 1859 hyd 1868. Canai lawer yn ffeiriau Machynlleth a gwnâi elw o wyth swllt ar bob cant o faledi a werthai. Gwnaeth gryn dipyn o arian ar sail ei faledi, ei gymeriad dengar a'i wit parod, ond collodd bopeth, mae'n debyg, trwy dric chwaraewyd arno. Ar ôl y poblogrwydd a'r sylw, trist oedd y diwedd, mynd o dŷ i dŷ i werthu mân deganau a byw ar y plwy. Gwadai mai fo oedd y baledwr enwog a fu. Bu farw yn 65 oed yn y Brook yng ngofal un Sarah Davies. Meddyliai Mynyddog yn uchel o'r "Yswain", ac roedd yn un o'r cludwyr ddydd ei angladd. Casglodd arian i roi carreg fedd arno a sgrifennodd englyn arni:

> Baledwr heb waelodion – i'w ddoniau
>   Oedd hwn; mae'i wlad dirion
> Yn weddw yn awr am y ddawn hon
> Ym marw Yswain Meirion.

Mae sôn am un Jack Newlins (neu Newlands?) anwyd yng Nghomins Coch yn 1808 ond a dreuliodd ei oes yn Llanbrynmair gan farw yn y Bragdy, Bont, yn 76 oed. Labrwr, bardd a baledwr; âi i'r capel, ond byth i eistedd. Dywedir iddo gadw ysgol am ryw hyd yng "Nhapel bach" y Bont. (Pa un oedd hwnnw tybed, ai ysgoldy'r Methodistiaid yn y Wern ynteu Ysgoldy'r Annibynwyr?)

Parhaodd yr arferiad o ganu baledi yn Llanbrynmair - rhyw "fardd" lleol yn sgrifennu rhes o benillion am ryw dro trwstan a'r cogie lleol yn hel, fel y bedden nhw, ar ryw bont neu groesffordd i'w canu – os yn bosib o fewn clyw y person dan sylw! Enghraifft go ddiweddar o hyn oedd cân sgrifennodd Dafydd y Belan ar ôl anffawd o golli ceiliog o'r Efail Fach.

MABSANT

Gwŷl Fair, Awst 15fed, oedd Gŵyl Mabsant Llanbrynmair, pryd y ceid gwasanaethau eglwysig, ffair a chwaraeon o bob math. Mae'n debyg fod yn rhaid mynd yn ôl i'r ddeunawfed ganrif i weld hon yn cael ei dathlu o ddifri. Gelwid hi hefyd yn "Wŷl y Pwdin", gan y byddai ffermwyr yn rhoi llaeth i'r tlodion i wneud pwdin ar Sul olaf Awst.

FFON WEN

Arferiad barhaodd tan tua 40au'r ganrif oedd anfon "ffon wen". Brigyn collen oedd hon wedi'i rhisglo nes ei bod hi'n wyn. Byddai ffon wen yn cael ei hanfon i fachgen ar fore priodas y ferch yr oedd o'n arfer ei chanlyn, a hithau'n mynd at yr allor ar fraich rhywun arall. Rhyw rwbio halen i'r briw! Pam ffon wen, tybed? Dyna destun diddorol i'w drafod. Am nad yw ffon wedi colli ei rhisgl fawr o werth, efallai?!

DAL CWINTEN

Dal "cwinten", dyna arferiad arall, ac mae hwn yn dal i ddigwydd, o dro i dro, yn ymyl addoldai'r ardal ar ddiwrnod priodas. Arferiad gan blant ydy hwn, a ffordd dda i wneud poced go lew! Rhaid i ddau blentyn, neu garfan o blant, sefyll o bobtu'r ffordd yn dal rhaff wedi'i thrimio â phedolau a rhubanau a blodau – a doli racs ac unrhyw beth arall y credir ei fod yn sumbol o lwc dda ac yn ychwanegu at yr hwyl. Y syniad ydy rhwystro'r priodfab a'r briodferch ar eu ffordd o'r eglwys a'u gorfodi i daflu pres allan trwy ffenest y cerbyd - ac yng nghanol y sgrialu sy'n dilyn mi gânt fynd ymlaen. Daw cwinten o'r gair *quintain*. Ers talwm, mewn teuluoedd gweddol gefnog yn arbennig, byddai'r priodfab a'i osgordd yn mynd i gyrchu'r briodferch ar gefn ceffylau. Byddai *quintain* yn cael ei godi ar ochr y ffordd, sef pwysau yn hongian wrth bolyn pren a hwnnw'n gallu cael ei droi yn sydyn. Os yn llwyddo i daro rhywun o'r osgordd oddi ar ei geffyl fel hyn, byddai'n rhaid iddyn nhw dalu fforffed. Rhan arall o'r hwyl fyddai i'r briodferch geisio dianc rhag cael ei dal – fel y portreadir yn stori adnabyddus "Meinir Nant Gwrtheyrn". Mae'n debyg fod stori fel honno yn yr ardal yma hefyd, am aeres Plas Rhiwsaeson mewn rhyw gyfnod, dan y teitl "Y Sbrigyn Uchelwydd" neu *The Mistletoe Bough*.

CANU CALENNIG

Un traddodiad oedd yn dal yn fyw yn y plwyf ar ddiwedd yr ugeinfed ganrif, ond dim ond gerfydd croen ei ddannedd, oedd hel calennig ar fore Calan. Mae'r arferiad o fynd o dŷ i dŷ ar fore cynta'r flwyddyn i ddymuno "Blwyddyn Newydd Dda" yn gyfnewid am galennig yn perthyn i Gymru gyfan, wrth gwrs, ac mae'n para i ddigwydd mewn rhai ardaloedd. Roedd yr arferiad yn gryf iawn yn Llanbrynmair hyd at tua canol yr ugeinfed ganrif. Prin iawn oedd arian parod yn hanner cyntaf y ganrif felly nid âi neb yn gyfoethog wrth hel calennig – ceiniog neu ddwy ar y mwyaf y gellid ei ddisgwyl, neu mewn llawer lle cog o gyfleth neu gacen fraith. Ond roedd ceiniog yn geiniog wedi'r cwbwl, a bu mynd adre efo llond pwrs yn help i lawer mam. Po fwyaf y ffarm neu'r tŷ, mwyaf a ddisgwylid ganddyn nhw – er nad oedd hynny'n dilyn bob tro. Roedd rhai llefydd yn enwocach am eu haelioni na'i gilydd, ac fel arall. Y cyfarchiad ar garreg y drws fyddai naill ai carol – "Draw mhell yn y preseb" yn ffefryn mawr – neu'r llafargan:

Clennig yn gyfan ar fore Dydd Calan,
Unwaith, dwywaith, tair.
ŵr y tŷ a'i deulu da
Os gwelwch chi'n dda ga i glennig?

yn cael ei ddilyn gyda'r ffrwydriad cyflym

"Blwyddyn newydd dda!"

Yn y Bont, cyn yr Ail Ryfel Byd, roedd Llwyn Owen yn lle da am galennig, yn enwedig i'r rhai cynnar yn y bore ar ôl Watch Night y Llan. Parhaoedd y traddodiad mai'r codwrs bore fyddai â'r pwrs trymaf ganol dydd pryd y byddai'n rhaid troi am adre oherwydd doedd dim croeso wedi hynny, a'r ceiniogau wedi troi'n ddimeiau ers meityn a'r mins peis wedi darfod! Ffordd o rannu efo'r anghennus oedd hel calennig yn y bôn, a ffordd i berthnasau a chyfeillion roi nawdd i blant: "Hwde, dyma dy g'lennig di!" "Diolch yn fawr. Blwyddyn newydd dda!" Ffordd o dderbyn bendith hefyd at y flwyddyn i ddod, a'r mynych "Blwyddyn newydd dda!" yn rhyw fath o ernes am ddyddiau gwell. Ond yr oedd rhyw stigma hefyd yn perthyn i ganu calennig – rhywbeth a wnai'r "tlodion" oedd o, ac roedd ambell deulu'n gwrthod yn deg â gadael i'w plant fynd "i hel cardod". Ond nid felly yr edrychai'r plant ar y peth. Roedd yn hwyl ryfedda, codi'n fore, cychwyn allan i'r llwyd-dywyll neu'r fagddu, wedi cynllunio'r gylchdaith yn ofalus yn ôl yr amser oedd ar gael a'r disgwyliadau, a chael mentro i fuarthau diarth am yr untro'n unig mewn blwyddyn... Mae'r Golygydd yn cofio mynd i hel calennig am rai blynyddoedd, rhwng y saith a'r naw oed, efo Ann Lloyd (Jones erbyn hyn) o'r Lodge Rhiwsaeson. Fel tipyn o gantores a chlebren, roedd fy nghael yn rhan o'r ddeuawd yn werthfawr! Cysgwn efo Ann y noson cynt, a Mrs Lloyd, garedig fel ag yr oedd hi, yn ein cychwyn ar ei glasiad hi, wel, tua'r wyth yma, ar ôl bolied o uwd, a siars i "orffen yn Newgate" a chofio bod yno cyn canol dydd.

Cychwynnai'r gylchdaith yn y Ffatri, y tai agosaf – tri thŷ bryd hynny – yna ymlaen i Plas Rhiwsaeson, y Felin, Llwyngwern, Bodhyfryd, Cwmgwyn, Tan-y-ffordd, yr Efail, tŷ Marged Jones, dau dŷ Glanllyn, Pendeintir, Soar a gwesty Wynnstay, oedd yn cael ei gadw bryd hynny gan Mr Lloyd, taid Ann. A rhaid oedd galw ar Miss Ceridwen Lloyd yng Nghlynteg, a chanu'n gore. Roedd dros hanner y daith wedi ei chwblhau. Troi i'r dde a thros y bont at Siop Tomi, yna Brynmeini a Llysun ac ymlaen wedyn i Frynolwern, lle roedd rhagor o deulu gan Ann – hyn bob amser yn help! Mae'n rhaid ein bod ni wedi galw mewn tua 20 o dai cyn gorffen, a'r pwrs yn trymhau a llawer pisyn tair melyn ac ambell un gwyn ym mysg y ceiniogau. Dringo i'r Esgair a lawr i Newgate a'r llais erbyn hyn yn grug. Yma roedd gan Ann ddwy hen fodryb, Bodo Rachel addfwyn a Bodo Betsi fel matsen, a hen ewyrth, D'ewyrth Tom (Jarman). Roedd digwyl mawr amdanom a chael ein gwadd i mewn i eistedd ar y setl, ond doedd fawr iawn o sgwrs oherwydd roedd rhyw brysurdeb mawr ymlaen. Gwneud ffagots efallai? Roedd rhyw ogle da iawn yn dod o'r ffwrn fach. Toc,

"Well i chi gael rh'wbeth i'w fyta eich dwy. Dydy'r cig ddim yn barod eto…" Tynnu'r crochan trithroed oddi ar y tân. "Dowch at y bwrdd". Bwrdd mawr gwag gydag oilcloth arno. Daeth dysglaid o datws yn stêmio i'r bwrdd, plat bob un a chyllell a ffrorc… a dysglaid o farmalêd! "Bytwch, da blant" Tatws a marmalêd! Chwerthin ar ein gilydd ar ôl cael cefn Bodo Rachel, ond pitsio iddi toc gydag arddeliad am fod arnon ni gymaint o eisiau bwyd. Chwarae teg hefyd, pwy roddai asen fras i blant wyth oed? Roedd jam dipyn haws i'w dreulio – ac roedden ni wedi cael bobi chwecheiniog beth bynnag! (Sôn am y cyfuniad yna o datws a jam, tybed oedd o'n beth cyffredin ers talwm pan fyddai cig yn brin? Doedd marmalêd ddim yn beth cyffredin iawn yn Llanbrynmair bryd hynny, chwaith, yn fuan ar ôl y rhyfel.)

Mae pobol yn dal i ddweud heddiw mewn hwyl, "Ble mae ngh'lennig i?" ond mewn gwirionedd mae'r arferiad o ganu calennig bron â darfod yn Llanbrynmair, ac fe ddaeth yr hen oes ryfedd yna i fod, ysywaith, pryd yr honnir ei bod "yn rhy beryg" i blant bach grwydro'r wlad ar eu pennau eu hunain. Colled fawr i blant heddiw, colli'r bore Calan rhewllyd, cynnar, llawn addewid, a'r daith a'i phobol yn gymaint gwobr â chynnwys y pwrs ar ddiwedd y dydd.

(O.N. Yn 2004 fe aeth Linda Jones â phlant y Bragdy a'u ffrindiau i ganu calennig o gwmpas tai cyfeillion - yn y car, fore Calan! A chael croeso mawr. Efallai eu bod wedi dechrau ffasiwn newydd…)

9 - CREFFTAU

ROBERT MORGAN, CAETWPA, Y SAER COED
Dirywiodd nifer y crefftwyr o hanner yr ugeinfed ganrif ymlaen. Does yma yr un gof na chrydd heddiw–dim digon o waith i'w cadw i fynd. Ond y mae yma saer o hyd y gellir dweud ei fod yn wir grefftwr, yn gallu troi ei law at y newydd yn ogystal â'r traddodiadol. Bachgen ifanc ydy hwnnw, ROBERT MORGAN, mab John a Freda Morgan, ffarm Caetwpa. Fo wnaeth gadair Eisteddfod Genedlaethol Maldwyn a'r Gororau 2003 a chadair Eisteddfod Powys, Machynlleth 2004.

Ar ôl gadael Ysgol Uwchradd Machynlleth bu yng Ngholeg Celf Amwythig am ddwy flynedd yn dilyn cwrs cynllunio a gwneud dodrefn gan ennill ei dystysgrif City and Guilds, a dod yn fyfyriwr gorau ei flwyddyn allan o 23 (roedd yno dri o Gymru). Daeth adre i Gaetwpa i gydio ynddi o ddifri. Roedd yn barod i gymryd unrhyw waith, bach neu fawr. Fu dim rhaid iddo hysbysebu, llifai'r archebion i mewn – ei archeb fawr gyntaf oedd dreser dderw i Mr a Mrs Edwards y Swyddfa Bost. Tyfodd mewn profiad a phrynodd y peiriannau gorau. Heddiw, mae'n gallu troi ei law at bob math o waith coed ond mae'n well ganddo weithio mewn derw na dim arall. Ble mae o'n cael pren? "Wel, dwi'n trio cael peth lleol, o Sir Drefaldwyn os yn bosib, gan fod mwy o gymeriad yng ngraen hwnnw. Pan fydda i'n prynu gan gwmni mi fydda i'n mynd i ddewis y coed fy hunan i siwtio'r archeb". Ydy, mae o'n grefftwr "particlar" iawn, yn rhoi safon o flaen popeth.

Efallai i ddarllenwyr weld Bobi yn saethu efo Gerallt Lloyd Owen ar "Shot Olau"ar y teledu, ac ennill, wrth gwrs. Dyna brawf arall o'i gymeriad – rhaid i bopeth fod "ar y marc"! Gall yr ardal fod yn falch iawn o'r crefftwr ifanc dawnus yma sydd wedi aros yn ei fro enedigol i'w chyfoethogi trwy berffeithio'i grefft. A wyddoch chi be? Mae o cystal ffarmwr ag ydy o o saer, a thaclusrwydd y lle a graen y defaid Penfrith yn profi hynny. Yn ddiweddar, mae wedi dangos ei ymroddiad i lwyddiant Llanbrynmair trwy gael ei ethol yn Gynghorydd Sir.

TIMBERKITS
Crefftwr arall mewn pren, ond Sais y tro yma sy'n byw yn Llanbrynmair ers dros 35 mlynedd, ydy ERIC WILLIAMSON, Cae Madog. Gwneud

modelau symudol y mae o a'u gwerthu'n becynnau. Syrthiodd o a'i wraig, Alison, mewn cariad efo canolbarth Cymru pan oedden nhw'n fyfyrwyr a chwilio wedyn am hen furddun i'w atgyweirio er mwyn dod yma i fyw. Dod o hyd i Bantypowsi, tair wal a hanner to a dim ffordd ato, heb fod ymhell o Ysgoldy'r Aber. Treulio deng mlynedd yn teithio yno o'r Canoldir, lle roedden nhw'n athrawon, i'w atgyweirio bob yn dipyn nes dod yno i fyw. Wedi cael blas arni, aethant ati i wella tri lle arall gan gynnwys troi Ysgoldy'r Aber yn dŷ. Prynwyd ffermdy Cae Madog ganddyn nhw am fod yno sgubor fawr addas ar gyfer gweithdy lle datblygodd Eric y busnes modelau "Timberkits".

Bellach, mae wedi bod wrthi ers dros ugain mlynedd yn gwneud modelau pren symudol, rhai'n symud efo trydan, eraill â llaw, megis wrth droi handlen neu gyffwrdd. Mae gan y Golygydd gof am "weithdy saer" eithriadol o gywrain a phob math o offer yn symud ynddo, yn cael ei arddangos gan Eric yn Eisteddfod Genedlaethol Machynlleth a'r Cylch yn 1981. £50 oedd ei bris, bargen os bu un erioed, ond werthwyd mohono.

Erbyn 1999, roedd yn bryd ehangu a phrynwyd yr hen neuadd bentref wrth y Wynnstay, ac erbyn 2002 roedd wedi agor gweithdy, ystafell arddangos a chaffi yno gan gyflogi tua deuddeg o fechgyn a merched lleol. Daw llawer i weld yr arddangosfa "Machinations" lle gallant roi ar fynd y cŵn sy'n cyfarth, y drwmwr, y gitarydd, y pibydd, y llong ar fôr, y crocodeil cegog a'r adar hedegog a llawer mwy, a phrynu'r pecynnau i wneud y modelau eu hunain. Gwerthir llawer iawn trwy'r post. Wrth y giât ar fin yr A470 yn gwahodd pawb i mewn mae draig goch yn ei hogof bersbex, yn codi a gostwng ei hadenydd. (Mi fuasai cael draig goch yn rhydd yn yr ardal yn beth reit iach hefyd!)

Trist braidd yw'r bennod nesaf o'r hanes, ond nodweddiadol o'r oes, ysywaeth. Fel llawer cwmni, maen nhw'n troi eu golygon dramor lle gellir cynhyrchu'n llawer rhatach na hyd yn oed yng nghanolbarth Cymru. "Yn y math yma o waith," meddai Eric, "mae'n anodd iawn cystadlu efo'r Dwyrain Pell, ac o 2004 ymlaen er mai ni fydd yn cynllunio, yn China y bydd y pren yn cael ei brynu a'i weithio a'i becynnu. Byddwn ninnau'n eu mewnforio ynghŷd â phethau eraill o'r rhan yna o'r byd i'w marchnata a'u dosbarthu oddi yma. Canolfan gynllunio a marchnata fydd yma, felly, a'r arddangosfa a'r caffi, wrth gwrs. Buasem yn hoffi ehangu i gyfeiriad twristiaeth a chyrsiau celf rhyw ddiwrnod hefyd."

Wel, beth ddaw o'r cynlluniau tybed? Llwyddiant, a gwaith i bobol leol, gobeithio.

TERENCE LAMBERT

D'yw rhywun ddim yn defnyddio'r gair "athrylith" yn ysgafn, ond yn y cyswllt yma does yr un gair arall yn addas i ddisgrifio'r arlunydd Terence Lambert. Fe'i cydnabyddir yn fyd-eang fel awdurdod ar baentio bywyd gwyllt, yn enwedig adar, ac fe'i disgrifiwyd fel "uniglyn allweddol yn natblygiad celf bywyd gwyllt yn ystod yr ugeinfed ganrif". Dewisodd fyw yn Llanbrynmair, ac mae hynny'n fraint ac yn anrhydedd i'r ardal. Mae'n byw ers 21 mlynedd yn Hafod-y-Llan, yr hen Reithordy, a hawdd deall ei fod wrth ei fodd yno a holl feio - amrywiaeth cwm Esgair Ifan o'i flaen a'r barcud coch yn hofran uwch ei ben. Mae'n briod â Glenys, a chanddynt bedair o ferched.

Yn wreiddiol o Swydd Hampshire, aeth i goleg celf Slade yn Llundain, ac wedi gweithio am rai blynyddoedd yn dylunio mewn diwydiant, trodd at fywyd gwyllt. O'i stiwdio fechan yn yr hen stabal mae'n hynod o gynhyrchiol. Mae'r silff lyfrau yn gwegian dan 40 o lyfrau sy'n cynnwys ei waith, tri o rai swmpus o'i waith ei hun yn unig, sef *Lambert's Birds of Garden and Woodland* (ar gael mewn chwe iaith), *Lambert's Birds of Shore and Estuary* a *Collins British Birds*, sy'n cynnwys dros 300 o luniau. Cynhaliwyd dros 40 o arddangosfeydd o'i waith, gan fwyaf yn Lloegr, ond fe ddywed yr hoffai ddangos llawer mwy o'i waith yng Nghanolbarth Cymru. "Yma yr ydw i'n cael fy ysbrydoliaeth," meddai, "yn y tirlun godidog sydd yma, ac sy'n gartref i gymaint o fywyd gwyllt. Mae'n drysor cenedaethol a dylid edrych ar ei ôl yn ofalus."

Mae ei gysylltiadau personol erbyn hyn yn fyd-eang ac yn y mannau uchaf. Daw comisiynau o bob cwr, gan unigolion a chwmniau a chorfforaethau a chyhoeddwyr, a diau y bydd yn paentio nes na fydd blew ar ôl ar y brws. Fel y dywed ei hun, "Mae pob dydd yn bleser pur!"

GWEITHDAI Y PENTREF

Cymerwyd cam defnyddiol iawn gan y cyngor lleol yn 1981 pan ddatblygwyd hanner dwsin o weithdai yn hen iard y stad ar ffordd Pandy. Addaswyd yr hen adeiladau i ddechrau ac ychwanegwyd unedau newydd yn 1987. Yn raddol, fe'u cymerwyd ac maen nhw'n llawn ers rhai blynyddoedd.

Mae'r busnes mwyaf sydd yma'n defnyddio mwy nag un o'r unedau newydd, a lledodd enwogrwydd eu cynnyrch tu hwnt i Gymru ac Ewrop. Cwmni bach llwyddiannus iawn ydy hwn o'r enw Anderson Apparel Cyf. a CHRISTINE ANDERSON yn gyfarwyddwr reolwr arno, wedi graddio mewn Dilladau a Defnyddiau ac wedi arbenigo mewn cynllunio a phatrymu. Dechreuodd yma ar ei phen ei hun yn 1993, ac ers hynny cofrestrwyd y cwmni, a chynyddodd y gweithlu i chwech o ferched. Gwnânt waith arbenigol iawn i'r diwydiant ffasiwn, gwaith crefftus a manwl o safon uchel, sef gwnio'r samplau cyntaf o ddilad a gynlluniwyd; gwisgir y samplau wedyn gan fodelau mewn arddangosfeydd ac ar y cat walks mewn sioeau ffasiwn. Gall llwyddiant cynllunydd ddibynnu llawer ar safon y gwaith, a phrydlondeb, gweithdai fel yr un sydd yma.

Mae'r defnyddiau sy'n cael eu gwnio at ei gilydd yma gan fwyaf yn ddrudfawr ac yn amrywio o gotwm a gwlân i'r sidanau a'r lasus meinaf, a defnyddir addurniadau cain megis brêd a phaneli gleiniau a wnaed â llaw. O gwmpas gwelir y dillad – ffrogiau, sgertiau, blowsus, dillad nofio a chwaraeon, a rhai dillad i ddynion, wedi eu gwneud o'r cyfuniadau mwyaf anghyffredin o ddefnyddiau a lliwiau, yn aros i gael eu cludo i Lundain, Paris ac arddangosleoedd aruchel eraill, lle y cymerir archebion gan unigolion, siopau a chatalogau. Daw'r archebion yma am gyflenwad o'r gwreiddiol, mewn gwahanol faintioli, yn ôl i'r gweithdy, a bydd y cylch yma o weithio yn eu cadw'n brysur am wyth mis o'r flwyddyn. Am y gweddill o'r amser bydd Christine yn mwynhau cynhyrchu gwaith creadigol gwreiddiol ei hunan, yn enwedig dillad priodas.

Gweithdy bach eithriadol o brysur ydy hwn, felly, yn gwneud gwaith arbenigol ac yn cyflogi pobl â sgiliau uchel, ac fe adlewyrchir eu llwyddiant yn y gwobrau y mae Christine wedi eu cael am fenter a newydd-deb – y diweddaraf oedd cael ei henwi yn Wraig Fusnes Gymreig y Flwyddyn gan HTV. Gall Llanbrynmair fod yn hynod o falch o'r caffaeliad yma o'r Alban!

Mewn gwrthgyferbyniad, yn un o'r hen weithdai ceir "Spiked Anvil" (Eingion Pigog?), sef gefail golosg lle gweithia'r gof fenywaidd SPIKE BLACKHURST, yn derbyn comisiynau i wneud giatiau, rheiliau balconi, clicedi hen ffasiwn ac amrwyiaeth o bethau haearn, a chanddi stondin ym marchnad Machynlleth. Mae hefyd yn rhoi gwersi yn ei chrefft. Yn yr unedau cyfagos mae rhai yn gwneud pypedau, hologramau, seinyddion a desgiau ar gyfer y diwydiant recordio. Pob un a'i waith unigryw.

Gellir dweud, felly, fod y gweithdai yma'n dangos fod Llanbrynmair yn gallu cwrdd ag anghenion cyfoes y byd cynhyrchu ar ddiwedd yr ugeinfed ganrif.

TRYDAN

Bu sawl ymdrech i ddod â thrydan i'r ardal cyn i Manweb gysylltu'r fro efo'r grid cenedlaethol yn y 60au. Yn y 20au a'r 30au yr oedd cyfnod yr arbrofi. Daeth Bainbridge o Swydd Efrog a'i felinau gwynt bychain. Am £45 fe gaech ddeinamo (car) a llafn chwe troedfedd wedi ei godi ar bolyn, efo cynffon er mwyn iddo wynebu'r gwynt. Roedd y polyn yn 50 troedfedd a phegiau i'w ddringo. Roedd weiar o'r deinamo i'r tŷ lle byddai batri chwe folt. Golau yn unig oedd i'w gael ond roedd yn well na golau lamp olew, ond nid mor ddibynnol. Chwe mlynedd barodd hyn, a rhyw hanner dwsin a godwyd. Cofier mai golau gwan ac anwadal oedd i'w gael o'r ymdrechion cynnar i greu trydan, nes daeth peiriannau diesel mwy nerthol ac yna Manweb.

Stanley Jones, o garej Llysun, ddarparod y golau trydan cyntaf ym mhentref Wynnstay o beiriant olew yn y garej, a hynny yn y 30au cynnar. Goleuwyd y neuadd bentref ganddo yn 1935. Mae Iori Rowlands yn cofio'r adeg am reswm arbennig. Roedd Cymdeithas y Merched yn cynnal cystadleuaeth Gwisg Ffansi bob blwyddyn yn y neuadd, a'i fam, Mrs Rowlands, Bryncoch, yn ddynes flaenllaw yn y mudiad a bob amser yn gwisgo rhai o'i phlant ar gyfer y sioe. A'r flwyddyn honno gwisgwyd Heulwen, oedd tua wyth oed, mewn gwisg â nifer o fflachlampau yn goleuo o'i chwmpas i ddathlu dyfodiad golau trydan i'r neuadd! Pur wan, fel y gellid disgwyl, oedd golau'r neuadd ar y gorau, ac fe ddiffoddodd gan adael pawb yn y tywyllwch fwy nag unwaith – a hynny nid bob amser oherwydd diffyg ar y peiriant ond yn hytrach rhai yn chwarae triciau efo'r swits! Golau lampau olew fu yn nhai y pentref am flynyddoedd ar ôl hynny. Lampau o'r math "Tilley", yn cael eu pwmpio i greu golau trwy fantell sidanwe, ac yn llosgi oil lamp, rhai y gallech eu cario o gwmpas y tu allan, oedd yn yr orsaf ers o leiaf y 20au. Daeth y lampau yma'n boblogaidd mewn cartrefi hefyd, yn enwedig yn y 40au a'r 50au.

I fyny yn Nhalerddig roedd y teulu Davies wedi bod wrthi cyn hynny yng ngweithdy Dôlgoch lle roedd olwyn ddŵr, a chafwyd golau oddi wrthi yn 1924 i'r garej newydd, a Dôlgoch a Dôlafon, ac yna i Islwyn yn 1928 a'r Ysgoldy 1931. Mewn rhai blynyddoedd bu rhaid cael peiriant olew i'w ddefnyddio pan fyddai cafn y rhod yn rhewi yn y gaeaf! Cyn diwedd y 30au daeth twrbinau dŵr i fri ac o hynny ymlaen bu D.C.Davies yn brysur iawn yn weirio ac yn helpu i godi twrbinau, a gosod peiriannau diesel mewn llefydd o Lanbrynmair i Lanwrin. Prynodd llawer o ffermydd beiriannau diesel *Startomatic* yn y 50au a'r 60au oherwydd er i bŵer Manweb ddod i'r ardal yn gynnar yn y 60au bu'n hir cyn cyrraedd pawb.

FFERMYDD GWYNT

Aeth Sir Drefaldwyn yn darged i gwmniau mawr a'u llygaid ar gynhyrchu trydan o wynt yn 80au'r ganrif. Roedd hyn oherwydd fod y Llywodraeth yn cynnig grantiau hael am gynhyrchu ynni adnewyddol di-ffosil, yn enwedig ynni gwynt. Aeth canolbarth Cymru'n fan ffafriol gan y cwmniau cynhyrchu am fod yma ucheldir gwyntog nad oedd dan warchodaeth gref – er fod byd natur a harddwch yma ar eu gorau, cystal ag unman yng Nghymru. Yn absenoldeb rheolau cadwriaethol, felly, targedodd y cwmniau hyn ganolbarth Cymru yn arbennig am ei bod hi'n ardal eithaf hawdd i gael caniatâd cynllunio. Ar ôl ymchwiliad cyhoeddus byr yn 1991 cafodd Wind Energy Group ganiatad i godi 24 o dwrbinau gwynt ar grib Mynydd Cemaes. Hon oedd y fferm wynt gyntaf ar fynydd yng Nghymru. Yn 1996 gwnaeth y cwmni gais am chwech o dwrbinau ychwanegol ac uwch, 41.5m. Caniatawyd pedair ar ôl ymchwiliad cyhoeddus yn 1999, a chodwyd y caniatad yn ôl i chwech trwy ymyrraeth llys barn, ond nis codwyd. Yn 2002 tynnwyd y twrbinau i lawr (gan gwmni newydd) a chodwyd 24 o dwrbinau 66m o uchder yn eu lle, sydd i'w gweld yn amlycach o Lanbrynmair. Yn dilyn ymchwiliad cyhoeddus, yn 1997 agorwyd fferm wynt Trannon ar y mynydd-dir agored rhwng cwm Pennant a Charno. Yma mae 56 o dwrbinau 53.5m i'w gweld yn glwstwr o ffordd Dylife'n arbennig. Ychydig yn nes ymlaen gwelir dros gant o dwrbinau fferm wynt Llandinam.

Fel yn hanes y diwydiant yma led-led Cymru, nid heb brotest y cawsant eu codi, ond yr oedd llawer o'u plaid hefyd. Ond erbyn diwedd y 90au roedd y cwmniau yn ei chael yn fwyfwy anodd cael caniatâd cynllunio, a gwrthodwyd caniatâd i fferm wynt o 17 o dwrbinau ar Fynydd Nantycarfan/Plas Rhiwsaeson yn dilyn ymchwiliad cyhoeddus yn 2001. Y rheswm a roddwyd dros wrthod y cais hwnnw oedd fod "gormod eisoes yn yr ardal a bod perygl i'r sefyllfa fynd yn fwrn". Gwrthodwyd dau gais yn yr ymchwiliad hwnnw, sef Nantycarfan, Llanbrynmair a Chwm Llwyd, Carno, a chytunodd y Cynulliad Cenedlaethol â'r dyfarniad. Rhaid ychwanegu fod y cynghorau lleol yn falch o rywfaint o arian y maent yn ei gael yn flynyddol gan y cwmniau ynni gwynt o fewn eu dalgylch, swm bach iawn o'i gymharu ag elw'r cwmniau, wrth gwrs, ond yn ddigon i ddenu ewyllys da. Pilsen siwgwr fuasai eraill yn ei alw. Pawb a'i safbwynt ydy hi, a phawb â hawl i'w farn. Mae perchnogion tir, yn naturiol, yn elwa o bresenoldeb twrbinau gwynt.

Fe bery brwydr y cwmniau am ganiatâd cynllunio am flynyddoedd i ddod gan fod y Llywodraeth yn rhoi llawer o hygrededd mewn ynni gwynt er mwyn cyrraedd eu targed o 10% o drydan o ddulliau adnewyddol erbyn 2010, a'r canran hwnnw'n debygol o godi'n uwch. Yn sicr, mae llefydd mynyddig fel Llanbrynmair yn darged, ond gobaith llawer o ymgyrchwyr yn y maes yw mai allan yn y môr y bydd y diwydiant yn cael ei leoli fwyaf yn y dyfodol. Gofid eraill yw fod gormod o bwyslais ar ynni gwynt ar draul dulliau adnewyddol eraill, megis ynni dŵr, coed a golau haul, ac y bydd y diwydiant ynni gwynt felly yn parhau i beryglu prif adnoddau naturiol cefn gwlad Cymru, sef ei harddwch a'i dawelwch. O safbwynt lleihau llygredd, nid yw'r pwyslais ar ffermydd gwynt mynyddig yn un buddiol iawn gan mai bach iawn yw eu gallu i gwrdd â'r galw cynyddol sydd ym Mhrydain am drydan. Yr ateb cychwynnol fyddai i bawb fod yn fwy ystyriol o adnoddau'r ddaear, ac arbed ynni. Ond yn yr oes hunanol hon breuddwyd bell yw honno, ac mae'n beryg mai parhau wna'r dadlau.

10 - ENWOGION A CHYMWYNASWYR

ESECIEL HUGHES

Ar un adeg, gelwid Cincinnati yn "ail Lanbrynmair", a bu dathliad o hyn yn yr Hen Gapel yn 1995 pryd y dathlwyd 200 mlwyddiant ymadawiad Eseciel Hughes a'i fintai am America yn 1795. Dyma ddechrau'r mudo arweiniodd yn y pen draw at golli mwy o Lanbrynmair a'r cylch nag o unrhyw ardal arall, medd rhai, rhwng 1795 ac 1865. Chwilio yr oedden nhw am well bywyd ond yn fwy na dim am ryddid i fyw yn ôl eu daliadau. Hyn sy'n gyfrifol fod cymaint o Americanwyr yn chwilio am eu gwreiddiau yn Llanbrynmair heddiw.

Mae John Morgan, Caetwpa yn ddisgynydd i arweinydd y fintai – roedd Eseciel yn hen hen hen hen ewyrth iddo, ac mae'n falch iawn o'r cysylltiad. Dyma fo i ddweud ychydig am y dathlu:

"Cynhaliwyd cyfarfod y dathlu yn yr Hen Gapel ar Ddydd Sul, Gorffennaf 9fed 1995. Llywyddwyd gan y gweinidog, y Parch Ifan Wynn Evans a thraddododdd y Dr. Ann Knowles ddarlith ar yr ymfudo a bywyd yr arweinydd, Eseciel Hughes. Dadorchuddiwyd plac yn y capel a dilynwyd hyn gan bererindod i Gwmcarnedd Uchaf a the yn yr ysgoldy. Roedd hi'n brynhawn braf iawn a chafwyd diwrnod cofiadwy a phleserus, a chofiwyd yn weddus iawn am ddewrder y rhai fentrodd adael bro eu mebyd i wynebu'r dyfodol mewn byd dieithr iawn gymaint o flynyddoedd yn ôl.

"Ail fab Richard a Mary Hughes, Cwmcarnedd Uchaf oedd Eseciel. Bu'r teulu yno ers 200 mlynedd cyn hynny, mae'n debyg, nid teulu tlawd o bell ffordd. Cafodd addysg yn Amwythig a'i brentisio'n glociwr efo John Tibbott yn y Drenewydd yn 18 oed. Sefydlodd ei fusnes ei hun ym Machynlleth wedyn yn 22 oed, ac mae cloc mawr o'i waith yma yng Nghaetwpa heddiw. Mae'n debyg fod pump ohonyn nhw yng Nghymru ac un yn America. Yn 28 oed roedd yn arwain mintai i America. Y rhai aeth efo fo oedd Edward Bebb, Richard Thomas, Owen Davies a'i wraig, John Roberts, David Francis, Ann Rowlands, Mary Rowlands, Ann Evans a'r Parch George Roberts (brawd J.R. gweinidog yr Hen Gapel). Cawsant helyntion mawr ar y daith. Cerdded i Gaerfyrddin i ddal llong, osgoi y Press Gang yno a'r dynion yn cerdded ymlaen i Fryste i chwilio am long addas. Honno'n hir yn dod i gyrchu'r merched –

nhwythau'n anesmwytho a mynd am Fryste i chwilio am y dynion! Colli ar ei gilydd... ond hwylio o'r diwedd ar long gargo, y "Maria" (yn cario llwyth o wlannen, meini llifo, crochenwaith, gwydr, catiau ysmygu, hoelion, hetiau ffelt a llyfrau). Buont 13 wythnos ar y daith. Ar ôl cyrraedd Philadelphia ddiwedd Medi, penderfynu aros yno dros y gaeaf. Yma yr arhosodd George Roberts, ond pan ddaeth y gwanwyn aeth y gweddill tua'r gorllewin ac i lawr yr afon Ohio nes cyrraedd y fan lle mae dinas fawr Cincinnati heddiw - ond a oedd bryd hynny'n dir gwyllt. Cawsant amser caled yn braenaru'r tir, ond pobol ifanc oedden nhw, yn llawn egni, a llwyddwyd yn y diwedd i greu cymuned ddigon llewyrchus a byw yn weddol gysurus eu byd. Ond, yn fwy na dim, wrth gwrs, roedden nhw'n gwerthfawrogi'r rhyddid oedd ganddyn nhw i fyw eu bywyd yn ôl eu hewyllys eu hunain.

"Dychwelodd Eseciel Hughes i Lanbrynmair yn 1801, gan ledaenu'r newydd fod tiroedd gwych yn America a digon ohono. Priododd â Margaret Bebb, Brynaerau Uchaf oedd wedi aros yn amyneddgar amdano am saith mlynedd. Ond dychmyger y galar ar aelwydydd Cwmcarnedd a Brynaerau pan ddaeth y newydd trist y flwyddyn ddilynol fod Margaret yn ei bedd.... Pa sawl gwaith y clywyd storiau dirdynnol o'r fath yn ystod cyfnod yr ymfudo mawr ynte? Ond stori ramantus sydd am Edward Bebb yn y cyfnod yma. Tra roedd yntau ar ei ffordd yn ôl i Lanbrynmair ar ymweliad yn 1801, a thra'n aros efo ffrindiau yn Philadelphia, pwy welodd o ond ei hen gariad, Margaret Roberts Owen! Roedd hi newydd ddod trosodd ac yn aros yn nhŷ ei brawd, y Parch George Roberts. Deallodd Edward ei bod wedi colli ei gŵr ar y fordaith.... Priodwyd y ddau y flwyddyn ddilynol a setlo yn Paddy's Run ger Cincinnati. Yno y ganwyd eu mab, William Bebb, a ddaeth yn ysgolfeistr, yn gyfreithiwr ac yna'n Llywodraethwr Ohio am gyfnod.

"Mudodd llawer o Lanbrynmair yn y blynyddoedd nesaf a chynyddodd trefi fel Ebensburg, yn Pennsylvania, a Cincinnati, sy'n ddinas o dros ddwy filiwn heddiw. Mae llythyrau y Parch George Roberts, gweinidog a barnwr yn y cyfnod yna, wedi eu cadw yn ein Llyfrgell Genedlaethol. Bu farw yn 1853, bedair blynedd cyn i'r fintai fawr nesaf gyrraedd o Gymru dan arweiniad ei nai, S.R. Ail-briododd Eseciel, yntau, a chael naw o blant. Roedd yn ddyn llwyddiannus ond yn llawn gofal dros y rhai a gyrhaeddai o Gymru. Prynai dir a'i rentu'n rhesymol iddynt. Roedd yn ddyn ymarferol, a rhoddai fwy o bwyslais ar ryddid a chymdogaeth dda nag ar gynnal iaith a chrefydd ei gyd-Gymry. Gwanhau wnaeth rheiny'n raddol. Daeth yn Ynad Heddwch yn ei ddydd ac fe'i hadwaenid fel ffrind y tlawd. Adeiladodd gapel ar ei dir yn Cincinnati. Roedd wedi bod yn weithgar ynglŷn â chodi capel Paddy's Run hefyd cyn hynny, a hwnnw, wedi ei adnewyddu, ydy'r capel a adweinir heddiw fel Shandon Congregational Church. Ystyria'r eglwys yma yr Hen Gapel fel "mam eglwys" o hyd, ac anfonodd y gynulleidfa gyfarchion a siec i'r dathliad yn Llanbrynmair yn 1995. Bu dathliad mawr yn Shandon hefyd yn ddiweddar, sef eu 200 mlwyddiant hwythau, pryd y gwahoddwyd cynrychiolaeth o'r Hen Gapel."

Mae'n drueni na lwyddodd John Morgan a'i deulu, disgynyddion i Eseciel Hughes, a wahoddwyd yn arbennig, i fynd draw i'r dathlu. Cynrychiolwyd yr Hen Gapel gan y gweinidog presennol, Y Parch. Marc Morgan a'i deulu.

DR. ABRAHAM REES (1734 – 1825)

Mae'n werth dweud gair yn y fan hyn am Abraham Rees, neu'r Parch. Abraham Rees, DD.FRS. gan mai fo yw'r unig un o Lanbrynmair a'i lun wedi'i beintio ac yn hongian gyda'r enwocaf o Brydeinwyr yn yr Oriel Bortreadau Genedlaethol yn Llundain. Fe'i ganed yn Tŷ-Capel, Yr Hen Gapel yn 1743, yn fab i'r gweinidog cyntaf, Lewis Rees. Fe'i haddysgwyd i ddechrau yn ysgol yr Hen Gapel gan ei dad ac yna aeth i Academi Caerfyrddin. Yn fuan, roedd yn diwtor mewn mathemateg yn Llundain. Fe'i hordeiniwyd yn weinidog gyda'r Methodistiaid yn 1766 a bu'n weinidog ar gapel Cymraeg yn Southwark am bymtheg mlynedd. Erbyn hyn, roedd ei gynulleidfa wedi cynyddu cymaint fel y codwyd capel newydd yn unswydd ar ei gyfer, Capel Jewin.

Yn 1777 fe'i gwahoddwyd i fod yn olygydd Chambers' Encyclopaedia, gwaith enfawr a manwl, a bu wrthi tan 1786, gan ymchwilio ac ysgrifennu llawer o'r deunydd ei hunan. Ond fel pe na chawsai ddigon ar y gwaith, aeth ati yn 1802 i gyhoeddi gwaith dan ei enw ei hun, y Rees Encyclopaedia oedd yn fwy fyth na'r cyntaf. Daeth yn ffrind i'r teulu brenhinol, mae'n debyg, wel, gyda'r fath wybodaeth roedd yn ffrind defnyddiol iawn, onid oedd? Bu farw yn 82 mlwydd oed yn 1825. Ar wahân i fod yn sgolor mawr, roedd yn ddyn hael gyda'i gyngor a'i wasanaeth, yn llywio elusennau ac yn estyn help i lawer. Nid annoeth fyddai dweud mai fo oedd y sgolor mwyaf gododd Llanbrynmair erioed a da gwybod iddo gael ei anrhydeddu yn ei ddydd a fod portread ohono ar gael.

GEORGE PEATE (1869 – 1938)

Tad y Dr. Iorwerth Peate, sylfaenydd Amgueddfa Sain Ffagan, dyna enwogrwydd George Peate, ond â hawl i fod yn destun edmygedd ei hunan yn sicr. Meddai ei fab enwog amdano: "Dysgais lawer am waith coed ac am adeiladu yn ei weithdy, a bu'r addysg honno'n werthfawrocach nag unrhyw addysg academaidd i mi pan gefais y dasg bleserus o ddatblygu ein Hamgueddfa Werin". Ni ellid teyrnged uwch na honno. Ond roedd yn llawer mwy na saer gan ei fod yn ymhel â llawer o bethau.

Fe'i ganwyd yng Nglanllyn, cwm Pandy, uwch dwndwr afon Clegyr ac yno y bu byw trwy ei oes. Mae'r tŷ heddiw yn bur wahanol i'r hyn oedd bryd hynny; mae Glanllyn yn ddau dŷ o hyd ond wedi eu helaethu a'u codi'n uwch. Diflannodd y "palasaits" o styllod byr wedi eu paentio'n wyn a wahanai'r tai a'u gerddi blodeuog oddi wrth y ffordd. Yn y tŷ agosaf i Glegyrddwr y trigai'r teulu Peate, George ac Elisabeth a'u plant, Dafydd, Iorwerth a Morfudd. Roedd gweithdy'r saer yn y pen arall.

Deuai o linach seiri ac adeiladwyr; ei dad, David Peate (1831-1896) adeiladodd gapel Biwla yng Nghwm Nant-yr-eira agorwyd yn 1877. Does dim rhyfedd, felly, fod George Peate a'i fab wedi ymhyfrydu cymaint yn y lle, yn cerdded yno i oedfaon dros Fwlch Gwyn, yn mwynhau croeso ac athrylith rhai o'i drigolion megis y bardd Derwennog (James Roberts), Cwmderwen. Wedi bwrw'i brentisiaeth efo'i dad, aeth George i Lundain i barhau â'i grefft ac i ddilyn cyrsiau mewn gwaith coed a phensaerniaeth yn y Polytechnic lle yr enillodd dystysgrif. Ymhen tair blynedd, oherwydd gwaeledd ei dad, daeth yn ôl adref i fod yn saer, ymgymerwr angladdau ac adeiladydd yn ei fro enedigol. Pentyrrodd lu o sgiliau gan drwytho ei hun mewn gwybodaeth o fedydd i fedd. Astudiodd law fer – techneg ddefnyddiol iawn i rywun fel fo a ymddidddorai mewn pregethau a newyddiaduraeth. Roedd hefyd yn ffotograffydd talentog fel y tystia ei luniau, sydd gan fwyaf yng ngofal y Llyfrgell Genedlaethol. Tynnai luniau pobol a digwyddiadau lleol – megis codi pont Rhiwsaeson. Roedd yn wenynnwr brwd. (Gwaetha'r modd, does yr un gwenynnwr heddiw o fewn ffiniau'r fro, er colled i ddyn a'r amgylchedd.)

George Peate hefyd oedd y plismon plant, yn gyfrifol am ddwyn plant i sylw'r awdurdodau os byddent yn colli'r ysgol, yn dilyn deddf gorfodaeth 1876, a chasglai drethi'r plwyf. Roedd beic, ac yn ddiweddarach fotor-beic a seidcar, yn gaffaeliad mawr i'w holl fynd a dod. Roedd yn frwdfrydig yn ei waith, ac efallai'n mynd dros y top weithiau, fel, er enghraifft, pan aeth Annie Thomas, Ffatri Rhiwsaeson i aros at berthnasau i Lerpwl am ychydig, cysylltodd George Peate â'r Awdurdod Addysg yno a bu raid iddi fynd i'r ysgol am dair wythnos yn Lerpwl, heb ddeall gair o Saesneg! Roedd yn gasglwr insiwrin hefyd ac yn frwd wrth warchod buddiannau'r cwmni! Pan aeth Elsi o'r Ffatri ato i ofyn am arian insiwrin pan oedd ei thad yn sâl, mi dalodd, do, ond, "Dwi'n gorfod gweithio pan fydda i'n sâl!" meddai.

Rhoddodd wasanaeth diflino i'w gapel. Annibynnwr oedd i'r carn. Mawrygai ryddid, sef rhyddid yr unigolyn a'i hawl i'w farn yn ôl "traddodiad Llanbrynmair", a chas beth ganddo oedd gormes o unrhyw fath. Bu'n flaenor yn yr Hen Gapel am dros 42 mlynedd ac yn ysgrifennydd y fynwent. Ysgoldy Pandy oedd yr addoldy agosaf at Glanllyn ac yno roedd yn athro Ysgol Sul. Gwnaeth hefyd amser i gynhyrchu cylchgrawn yr Hen Gapel, yr "Ymwelydd Misol". Un o Gwm Clywedog oedd Mrs Peate, Elisabeth Thomas cyn hynny, wedi ei geni yng Nghlatter a'i magu yng Nghoed-y-brain, Cwm Clywedog, ei thad yn fwynwr yng ngwaith plwm y Fan. Siaradai Gymraeg gwahanol, un gydag acen ochrau Llanidloes, mae'n debyg, a chyfeirid ati yng nghwm Pandy fel "Mama Pêt". Pam tybed? Ai am fod ei gŵr a Iorwerth yn cyfeirio ati fel "Mama" wrth sôn amdani, ynteu am fod iddi rinweddau mamol arbennig? Dynes dawel, rinweddol a lletygar, mae'n rhaid, gan mai yng Nglanllyn yr arhosai llawer o'r pregethwyr a'r darlithwyr a ddeuai i'r ardal. Pan oedd Iorwerth yn ysgol Pen-ddôl byddai Mrs Peate yn dod at wiced yr ardd i ddisgwyl y plant cyntaf i ddod i fyny'r ffordd a'i chwestiwn bob dydd fyddai, "Fuodd Iorwerth bach yn crio heddiw?" (Nid fod neb yn angharedig wrtho ond bod ganddo ryw arferiad o snwffian crio, mae'n debyg.) Roedd coeden afalau ardderchog yng Nglanllyn ac un flwyddyn, a hithau'n hongian o afalau, dyma Mary Davies, (y Ffatri bryd hynny) a Mary Bebb, Dôl Fawr ar eu ffordd o'r ysgol yn ildio i demtasiwn ac yn mentro i ofyn i Mama Peate am afal. A'r ateb gawson nhw yn ei llediaith, "Gwell i chi gofyn i rhywun â mwy o 'fale na fi!" I ddial arni ar ôl hynny am ychydig bu'r ddwy yn cnocio ar y drws ffrynt wrth basio ac yn rhedeg i ffwrdd nerth eu traed. Plant!

IORWERTH CYFEILIOG PEATE (1901-1982)

Er mai plwyf gwledig yn nyfnderoedd Maldwyn ydy Llanbrynmair, eto mae'n un o'r llefydd hynny y gŵyr llawer iawn o Gymry amdano. Mae'r ffaith ei fod ar yr A470 yn help, wrth gwrs. Ond d'yw hynny'n ddim o'i gymharu â'r ddau fynegbost sy'n pwyntio tuag yma: S.R a Iorwerth Peate! Roedd S.R. wedi cyhoeddi o bulpud yr Hen Gapel rinweddau sefyll dros heddwch a thros ryddid yr unigolyn. Mabwysiadodd Iorwerth Peate yr un egwyddorion yn yr ugeinfed ganrif, ac wedyn, yn rhinwedd ei ysgolheictod, ei ddyfalbarhad a'i weledigaeth, creodd sefydliad yng Nghymru nad oes ei well trwy'r byd. Creodd yr Amgueddfa Werin yn Sain Ffagan. Wrth wneud hynny, mabwysiadodd y diffiniad yma o amgueddfa werin, a ddaw o Sweden: "Ffynnon ddofn ydyw o ddŵr bywiol sy'n bywiocáu enaid cenedl". Credodd hynny'n angerddol, ac mewn cofnodi a chadw yr hyn a luniodd ac a ddiffiniodd ein cenedl.

Wedi ei eni efo'r ganrif aeth i Ysgol Pen-ddôl yn bump oed gan gyd-gerdded y ddwy filltir efo tyrfa o blant cwm Pandy. Y prifathro bryd hynny oedd Richard Williams Parry, brodor o Rostryfan, Sir Gaernarfon. Cymraeg a siaradai'r plant â'i gilydd ond Seisnig, yn ôl barn Iorwerth Peate, oedd naws yr ysgol gyda'r pwyslais ar basio'r Entrance Scholarship i gael mynediad i Ysgol Ganolraddol Machynlleth, oedd wedi ei hagor yn 1897. Yn yr ysgol honno, meddai, cafodd brifathro gwych yn Hugh Harris Meyler, a ddisgrifiodd fel "yr athro gorau yn y byd". Yma y cwrddodd â Nansi o Glandyfi, y ferch oedd i fod yn gyd-fyfyriwr ag ef yn Aberystwyth ac yna'n wraig iddo,.

Yn y Brifysgol yn Aberystwyth graddiodd mewn Astudiaethau Trefedigaethol, Daearyddiaeth ac Anthropoleg. Astudiodd dan yr Athro H.J. Fleure a roddai le mawr yn ei bwnc i "le iaith mewn cymdeithas", ac wrth gwrs, roedd hyn wrth fodd Iorwerth Peate. T.Gwynn Jones oedd ei athro Cymraeg; a dechreuodd farddoni gan ennill y gadair yn yr Eisteddfod Ryng-golegol gyntaf. Yn 1924 enillodd radd MA am ei astudiaeth o frodorion Bro Ddyfi, eu teipiau anthropolegol a'u tafodieithoedd a'u llên gwerin, a'r cyd-berthynas rhyngddynt. Roedd ganddo feic modur i deithio o gwmpas i wneud y gwaith a chariai "galiperau", a ddyfeisiwyd gan Fleure, ar gyfer mesur pennau'r brodorion, sef y rheiny allai olrhain eu hachau hyd at hendaid neu ymhellach. Un o'r rhai sy'n cofio cael mesur ei phen efo'r cylch haearn ydy Mrs Mair Lewis, Bwthyn Llwyn Owen, pan oedd hi yn ysgol Pennant.

Bu Eisteddfod Genedlaethol Machynlleth 1937 yn uchafbwynt go bwysig yn ei hanes. Roedd wedi ei wahodd i feirniadu "Astudiaeth feirniadol o fywyd a gwaith S.R." ond ymddiswyddodd o'r gwaith fel protest "yn erbyn y math o ddynion a ddewiswyd yn Llywyddion ar gyfer yr Eisteddfod Genedlaethol ....Saeson na faliant fotwm corn am na'r Eisteddfod na'r iaith Gymraeg....yn arbennig yr Arglwydd Londonderry...." Un digyfaddawd yn ei safiad oedd o ac yn fodlon herio'r sefydliad ar fater o egwyddor. Cafodd gefnogaeth pum beirniad arall ac fe honnwyd mai'r brotest yma yn 1937 a baratodd y ffordd at sefydlu'r Gymraeg yn unig iaith yr Eisteddfod.

Yn ogystal a bod â llaw yng nghadwraeth yr iaith, fe'i cyfoethogodd hefyd. Gwnaeth astudiaeth o'i thafodieithoedd, ei geirfa a'i llên a'i chanu gwerin yn rhan bwysig o gyfrifoldeb amgueddfa Sain Ffagan, gan anfon staff allan i gofnodi ar dâp. Roedd hefyd yn fardd a anfarwolodd leoedd o bwys iddo mewn sonedau a cherddi bythgofiadwy sy'n drysorau'r genedl, megis "Nant yr Eira", "Cegin yr Amgueddfa Genedlaethol" a "Ronsevalles". Gellid mynd ymlaen, ond ysgrifennwyd cyfrolau am Iorwerth Cyfeiliog Peate, y diweddaraf gan un o blant Llanbrynmair, y Parch. Ddr. R.Alun Evans. Ond, yn ei amlochredd athrylithgar, bydd yn destun astudiaeth am flynyddoedd i ddod.

MYNYDDOG (1833-1877)

Wrth sôn am ddiddanwyr yr oesau gynt, rhaid sôn am Richard Davies, "Mynyddog", gymerodd ei enw barddol, wrth gwrs, o'r mynydd amlwg ger ei gartref, Newydd Fynyddog. Gallai'n hawdd fod wedi goroesi i'r ugeinfed ganrif ond bu farw'n ifanc, yn 45 mlwydd oed, ym Mron-y-gân, Cemaes. Fe'i ganwyd yn Nôl-lydan, yn gefnder i Demetrius, y ddwy fam yn chwiorydd, a bu'n byw yn y Fron hefyd. Amaethyddol, felly, oedd ei gefndir ond ymddiddorai yn fawr mewn barddoniaeth gaeth a rhydd, ond sylweddolodd mai ym myd y canu gwerinol, canu i bethau o'i gwmpas gan roi ambell i foeswers, yr oedd ei gryfder, ac mewn canu ysgafn a doniol. Daeth galw mawr a di-dor arno i arwain eisteddfodau a chyngherddau o bob math, lle y canai ei ganeuon yn aml. Yn ddyn hardd a thal, cadwai drefn ar y dorf fwyaf anystywallt gyda'i wit parod, nes eu cael i fwyta o'i law – fel Pat O'Bryan o Lanfyllin yn yr ugeinfed ganrif. Roedd Mynyddog fel rhyw Max Boyce o'r bedwaredd ganrif ar bymtheg, a'i ganeuon ysgafn yn adlewyrchu digwyddiadau a theimladau cyfoes, megis "Dowch i'r Mericia!" "Gwnewch bopeth yn Gymraeg", ac onid cân o'i eiddo roddodd gychwyn i "Sosban Fach" a deithiodd wedyn trwy'r dref wyliau, Llanwrtyd, i gartrefi'r coliars a'r gweithwyr tun yn Llanelli lle mae wedi daearu am byth.

Yn 1933, wrth ddathlu canmlwyddiant ei eni gosodwyd plât ar wal Dôl-lydan, a thorch o ddail gwyrdd ar ei fedd yn yr Hen Gapel gan Mrs Ann Rowlands oedrannus a'i cofiai yn ei afiaith, a chafwyd darlith gan Iorwerth Peate a chyngerdd mawreddog.

DEMETRIUS OWEN (1859 – 1948)

Go brin fod neb yn ardal Llanbrynmair, ac eithrio'r plant, na chlywson nhw am Demetrius Owen, neu "Dymetris" fel y'i gelwid o, saer, cerddor, bardd, hanesydd, achyddwr, a thipyn o feudwy ecsentrig yn ei hen ddyddiau. Ond dyna fo, lle mae camp mae rhemp onidê, ac yn sicr roedd camp ar fywyd a gwaith Demetrius, y gwerinwr cyffredin anghyffredin, a wnaeth yn fawr o bob cyfle a gafodd i'w ddiwyllio'i hun a thrwy hynny ychwanegu llawer at gyfoeth diwylliannol ei blwyf.

Dyma IOLO OWEN, yn awr o Benegoes ond gynt o Lanbrynmair, un yr oedd Demetrius yn hen ewyrth iddo, i ddweud tipyn o'i hanes:

"Ganwyd Demetrius yr ieuengaf o wyth o blant John ac Ann Owen, Tŷ'r Felin, Tafolwern, yn Rhagfyr 1859. Aeth i'r ysgol ddyddiol a gynhelid yn ysgoldy'r Hen Gapel dan hyfforddiant Evan Davies. Pan yn ddeuddeg oed treuliodd wythnos o wyliau yng nghartref ei frawd, Thomas, a gadwai fusnes groser yn Blackfriars Road, Llundain. Roedd ewyrth iddo'n byw yno hefyd ac efo fo yr arhosai Demetrius ar ei fynych ymweliadau wedi hynny â'r brifddinas.

"Ar ôl gadael yr ysgol bu'n gweithio ym melin Tafolwern dan ddylanwad y melinydd diwylliedig Randall Jones. Ymhen rhai blynyddoedd, aeth eto i Lundain at frawd arall, Richard, yntau'n cadw busnes groser ac yn fardd o gryn deilyngdod ac yn englynnwr gwych. Yno cafodd ei drwytho yn y cynganeddion a magu blas at lenyddiaeth.

"Oherwydd amgylchiadau teuluol, gorfu iddo ddod adre yn un ar bymtheg oed a bu'n gweithio mewn busnes adeiladu ym Machynlleth, ac yno y dechreuodd ymddiddori mewn cerfio pren. Er i weinidog y Graig, y Parch. Josiah Jones, bwyso arno i fynd i'r weinidogaeth, gwaith saer aeth â'i fryd. Wedi chwe mlynedd o brentisiaeth daeth yn ôl i Dafolwern, a chymaint oedd ei ddawn fel y llifodd archebion o bob cwr am bob math o ddodrefn.

"Yn 1884 gwnaeth gadair farddol am y tro cyntaf, ar gyfer eisteddfod Machynlleth, ac ar ôl hynny gwnaeth rai i eisteddfod Cymdeithas Gymraeg Llundain a hyd yn oed eisteddfodau yn Awstralia, heb sôn am rai ym mhob cwr o Gymru. Deuai pobl o bell i'w weld yn ei weithdy a chafodd alwad i fynd at y Mri. T.H.Kendle yn Warwick i gerfio paneli derw. Tra yno, mynychodd ysgolion technegol a phasiodd amryw o arholiadau crefft. Bu'n cerfio paneli derw mewn plasty yn Ninbych, a gwahoddwyd ef i hyfforddi mewn ysgolion yno. Ond yn ôl y daeth i Lanbrynmair, lle, yn ogystal â gwneud eirch yr oedd galw mawr arno i wneud cypyrddau arbennig a roddid yn anrhegion priodas gan rieni i'w plant, ac y mae llawer ohonyn nhw'n drysorau gwerthfawr hyd heddiw yn ffermydd yr ardal

"Bu'n godwr canu, yn organydd a diacon am flynyddoedd yn yr Hen Gapel, ac yn ysgoldy Tafolwern lle roedd yn athro Ysgol Sul ar ddosbarth y dynion. Er iddo ysgrifennu llawer o draethodau a chyfansoddi llawer o farddoniaeth, hyd y gwyddom does dim o'i waith ar gael ond mewn rhifynnau o'r Cronicl Bach a'r Dysgedydd. Enillodd gadair ei hun yn eisteddfod Llangynnog yn 1904; mae'r gadair heddiw gan fy merch, Sioned Pugh, Tŷ Mawr, Penegoes."

Bu Demetrius farw yn 1948 ac mae wedi'i gladdu ym mynwent yr Hen Gapel.

Un a gofia Demetrius ydy W.E.Williams, Tŷ Pella. Mae'n ei gofio'n codi helm yno ac yn gwneud eirch a chypyrddau. Yn arbennig, mae'n cofio'i sied, caban Demetrius, oedd ar wahân i'w weithdy. Roedd y sied ar waelod rhiw Cilyn, dros y ffordd o Glanyrafon lle roedd yn byw,- roedd ger tŷ Armstrong y postmon oedd yn byw drws nesaf i'r ysgoldy. Yn llerpyn ifanc yn y 30au, tarawai W.E. ei feic ar wal y sied a mynd i mewn at Demetrius am sgwrs, a'r hyn a'i tynnai yno'n arbennig oedd cyfnewid cardiau sigarets. Smociai Demetrius fel simnai – a W.E faint allai fforddio - a chasglodd y ddau setiau lawer; roedd hanner cant mewn set lawn, o luniau cŵn, awyrennau, ieir, llongau, trênau, cardiau chwist a.y.b. ac mae llawer o'r rhain o hyd gan W.E. wedi'u gosod yn daclus mewn llyfrau. Arferai Demetrius anfon y set cardiau chwist i ffwrdd a chael pac hardd o gardiau chwarae yn ôl.

"Fel hanesydd amatur roedd Demetrius yn amlwg yn gasglwr, ond yr hyn a gasglai fwyaf oedd achau, neu "restrau llinach" fel y galwai nhw. Roedd welydd ei sied wedi eu gorchuddio â darnau o bapur, rhai yn hir iawn fel papur papuro, ac arnyn nhw achau llawer o deuluoedd Llanbrynmair yn mynd yn ôl dair canrif. Dechreusai ar y gwaith yma'n ifanc ac felly roedd wedi holi pobol oedd yn gallu cofio'n ôl i ddiwedd y ddeunawfed ganrif, a chan fod gan bobl yr oes honno gof hir cafodd ddechrau gwych i'w yrfa o chwilota. 'Sgrifennai lawer ac roedd darnau o'i farddoniaeth ar hyd y lle. Roedd yn hoff o'i beint, ac yn ei hen ddyddiau caech ei weld â'i gôt dywyll yn uchel dros ei war wedi bod yn cael peint canol dydd yn y Wynnstay. Byddai'n cerdded yn araf i lawr rhiw Tafolwern ar ganol y ffordd, mi glywai gloch y beic ac mi safai'n stond i chi fynd heibio iddo y naill ochr neu'r llall!"

Yn saer, cerddor, bardd a sgolor, does dim dowt nad oedd o'n ddyn o dalent, er nad oedd gan y Dr.Iorwerth Peate fawr o olwg arno. Meddai, "Un arall a ymhelai â'r grefft (o farddoni) oedd Demetrius Owen o Dafolwern ond heb fawr o lwyddiant. Saer ydoedd wrth ei grefft ond hyd yn oed yn y gwaith hwnnw, eilradd ydoedd." Ow! Tipyn o "gythraul y cŷn", efallai? Mi gofiwn mai saer oedd tad Iorwerth Peate hefyd ond na chlywodd neb amdano'n cerfio cadeiriau barddol na chypyrddau priodas! Yr anffawd fawr ydy fod y sied a phapurau Demetrius wedi llosgi'n ulw, a does dim dwywaith mai stwmp sigaret roddodd gychwyn i'r tân. Trwy drugaredd, doedd o'i hun ddim yno ond mi gollwyd y cwbwl o'i waith. "Meddyliwch", meddai W.E, " mor werthfawr fyddai'r stwff yna heddiw a'r holl bobol sy'n dod, yn enwedig o America, i Lanbrynmair i chwilio am eu gwreiddiau. Roedd y cyfan gan Dymetrius ar flaenau ei fysedd ac wedi'i gofnodi."

Mae un ffeil o bapurau Demetrius yn y Llyfrgell Genedlaethol ac aeth y Golygydd yno i gael golwg arnyn nhw. Siomedig oedd yr achyddiaeth gan ei fod yn anhrefnus a gormod yn cael ei wthio i un darn bach o bapur! Ond diau ei fod mor glir â golau dydd i'w awdur, wedi'r cyfan nodiadau iddo'i hun oedd y rhain ac nid i'w danfon at neb, er iddo fwriadu cyhoeddi ei ymchwil yn y Montgomeryshire Collections.

Roedd wedi gwneud ymchwil arbennig ar y Bebbiaid yn ôl i 1600 ac wedi darganfod, yn ei dŷb ef, mai yr un ydyw â "Bebba"a geir yn iaith y Swistir, sef ffurf ar yr enw "Eliza" o'r Hebraeg yn golygu "Llw Duw". Wel, pwy ydyn ni i ddadlau? Mae yma lythyr o 1926 oddi wrth Richard Bennett, oedd erbyn hyn wedi mynd o'r Hendre, Pennant i Gaersws i fyw, yn holi beth oedd y cysylltiad teuluol rhwng Rhoswydol, Rhiwgriafol a Chefnbyrhedyn.... ac yn dangos ei fod ar drywydd teuluoedd Clegyrddwr, yr Esgair a theulu Morris Jones, Dôl Fawr. Dau chwilotwr o frid yn tynnu ar athrylith ei gilydd.

Mae yn ei ffeil yn y Llyfrgell ddarnau o bapurau newydd o'r Unol Daleithau sy'n dangos ei ddiddordeb dwfn yn y wlad honno a'i chysylltiadau â Llanbrynmair. E.e. copi o "The Druid", Pittsburgh, Pennsylvania, Ebrill 1af 1935 ac ynddo hanes sefydlu Columbus, prifddinas Ohio, ac amryw o Gymry yn gysylltiedig â'r fenter. Mae yno hanes Edward Bebb o Lanbrynmair, setlwr cyntaf Paddy's Run ger Cincinnati, a'i fab enwog William Bebb ddaeth yn Llywodraethwr talaith Ohio 1846-48, y plentyn gwyn cyntaf i gael ei eni yn y parthau hynny, dyn tal, tywyll, cyfreithiwr da ac areithiwr gwych, mae'n debyg. Denodd lawer o Gymry i wladychu Scott County, Tennessee ond chwalwyd y gymuned gan y Rhyfel Cartref.

Mae Demetrius wedi marcio paragraff yn y papur sy'n dweud fod Bob Owen Croesor, achyddwr arall o fri, a'i fryd ar fynd ar ymweliad ag America.

Diddorol iawn ydy darn o gylchgrawn S.R. "Y Cronicl" Hydref 1856 sydd yma, yn adrodd hanes ymweliad un Gruffydd Rhisiart â sefydliad y Cymry yn Paddy's Run, Ohio. Meddai Rhisiart, "Mae'n un o'r sefydliadau hynaf a mwyaf blodeuog", yna mae'n gwneud sylw sy'n canu cloch efo ni heddiw ynglŷn â phrynu tai: "Mae pris uchel y llogau yma yn adlewyrchu blys rhai am ddod i fyw – dieithriaid yn bennaf – i gymdogaeth gynnes, lle mae ysgolion a chapeli a melinau a siopau, rhai sy'n edrych mwy ar fyw mewn cymdogaeth gysurus nag am gael llog da ar eu harian." Meddai eto, "Does neb yn gallu prynu tir gan ddisgwyl gwneud bywoliaeth yma oherwydd aeth y pris yn rhy uchel i gyfateb i bris y cynnyrch". Wel! Wel! Gallai fod yn siarad am Lanbrynmair heddiw ar ddechrau yr unfed ganrif ar hugain!

Roedd capel Annibynwyr wedi ei godi yn Paddy's Run yn 1825 a'r fynwent yn llawn o gof-feini marmor gwyn a "genedigol o Sir

Drefaldwyn" ar y rhan fwyaf ohonynt. Codwyd capel newydd yma yn 1854 ar gost o £1000, a chwedl S.R. "Nid bocs fel cut lloi ydy'r pulpud ond platfform efo cadeiriau esmwyth". Oes awgrym yna i ni yng Nghymru i'r dyfodol? A beth am hyn 'te, S.R. eto'n sôn am America: "Mae gwerth ffarm yn codi os oes capel da yn ymyl. Cododd ffermydd Paddy's Run 10% o ganlyniad i'r capel newydd hardd sydd yma. Peidied ffermwyr Llanbrynmair â rhyfeddu na welant ddisgyn 10% yng ngwerth eu ffermydd pebai'r Hen Gapel yn cau…. Mae dynion sy'n fodlon talu am dir yn agos i gapel yn well dynion."

Dyna enghraifft o S.R. yn traethu fel y gwnai bob amser yn ddi flewyn ar dafod, ac yn y rhifyn yna o'r Cronicl a gadwodd Dymetrius mae "Hanes Tair Fferm yn Llanbrynmair" sy'n dangos mor ddieflig oedd landlordiaeth Syr Watkin yn yr ardal yn y cyfnod. Mae'n adrodd hanes teulu Owen y Gelli a beth ddigwyddodd iddyn nhw:

"Roedd Richard Owen yn ffarmwr cydwybodol a thaclus a'i deulu wedi bod yn y Gelli ers cenedlaethau. Roedd ganddo fo a'i wraig amrwy o blant a chan nad oedd yna waith iddyn nhw i gyd adref adeiladodd y Bragdy ym mhentref Bont Dolgadfan tua 1800 i roi gwaith i un o'i feibion, John Owen. Fodd bynnag, aeth John Owen i'r weinidogaeth a phenderfynodd ei frawd, Athelstan, nad oedd bragu diod gadarn yn beth da – "fod bragu ŷd at ddarllaw diodydd meddwol yn alwedigaeth niweidiol i gymdeithas", a throdd ei dad y Bragdy yn dai i weithwyr.

"Yn 1838, daeth mab arall, Richard Owen i ffarmio'r Gelli ar adeg pan oedd y stad yn codi'r rhenti'n ddidrugaredd, yn enwedig os oedd y ffarmwr wedi gwella'i ffarm. Er fod gan Richard wraig dda, a'i fam, y ddwy yn ymdrechu'n galed i gael y ddau ben llinyn ynghyd, ar ôl pymtheg mlynedd o lafur caled methu talu'r rhent a wnaed a gorfod mudo i Loegr i ffarmio." Collodd y Gelli hen deulu, a'r ardal garreg o wal ei hen ddiwylliant. "Ni allodd neb ond a allo", medd hen air. Dyna fel y gwasgodd sawdl y tirfeddiannwyr, rhywbeth y cafodd S.R. brofiad ohono yn y Diosg ac y bu mor huawdl yn ei gondemnio.

Cadwodd Demetrius y rhifyn yna o'r Cronicl ac mae'n siwr fod hynny'n dweud llawer am ddaliadau Demetrius ei hun.

Stori arall ddifyr o'r ffeil… Cyd-ddigwyddiad ydyw mai "S.R". oedd llythrennau enw gweinidog yr Hen Gapel ar ddechrau'r ugeinfed ganrif, sef y Parch Samuel Roberts, aeth wedyn i Ddinbych ar ôl ugain mlynedd yn yr Hen Gapel. Tra ym Mron Iaen derbyniodd lythyr yr oedd S R.

wedi ei bostio o'r Diosg yn 1855! Roedd y llythyr yn cyfarwyddo rhywun sut i gyrraedd y Diosg. Dywedai'r llythyr ei fod ef, S.R. "yn brysur mewn llawer o gyfarfodydd..." a'i fod yn byw "mewn lle diarffordd a'r unig gysylltiad â'r byd ydy'r Goets Fawr..." Roedd y llythyr wedi bod ar goll yn y post, ond gan mai "S.R." oedd yn yr Hen Gapel o hyd fe ail-gyfeiriwyd y llythyr yn ôl i Lanbrynmair, wedi mynd oddi yno yn y Goets Fawr dros hanner can mlynedd cyn hynny!

Ffynhonnell ddiddorol arall o wybodaeth am hanes y plwyf ydy'r gyfres o erthyglau a sgrifennodd Demetrius i'r "Express" yn 1935-36. Allwn ni heddiw ddim ond diolch am gyfraniad Demetrius a gresynu colli cymaint o lafur ei oes.

RICHARD BENNETT M.A. (1860 – 1937)

"Yr ydym yn claddu heddiw un o'r dynion mwyaf athrylithgar a gododd Sir Drefaldwyn yn y ganrif ddiwethaf," meddai un a'i hadwaenai'n dda am Richard Bennett ar ddydd ei angladd. yn 1937.

Richard Bennett, hanesydd y Methodistiaid a anwyd ac a fu byw yn Hendre, Pennant am y rhan fwyaf o'i oes oedd y gŵr yma. Yn y gyfrol a gyhoeddwyd i'w goffáu ychwanegodd rhywun is-deitl i'r gyfrol : "Hanesydd, Llenor, Sant." Cafodd radd M.A. gan Brifysgol Cymru am ei waith ymchwil i hanes Methodistiaeth. Un o'r werin oedd a gododd i fod yn gymwynaswr cenedl trwy ei waith i Gymru gyfan, ac y mae amryw yn fyw heddiw a gofia'n barchus ac yn annwyl amdano.

Un o Lawryglyn oedd ei dad, a hoffai'r mab olrhain achau'r teulu'n ôl i abad Benedictaidd o'r bymthegfed ganrif. Hannai ei fam o deulu Dolcorslwyn, Mallwyd, dynes "gyflym ei deall a byw ei harabedd". Daeth ei gŵr i fyw ati i Hendre, Pennant ac o'r gynhysgaeth honno y deilliodd yr athrylith Richard Bennett. Fe'i ganed yn 1860 wrth droed Creigiau Pennant a chan fod amgylchedd, meddir, yn dylanwadu ar gymeriad pwy a wŷr na sugnodd yntau nerth a chadernid o'r mur creigiau urddasol a'i hwynebai bob bore wrth agor ei ddrws.

Byr fu dyddiau ysgol, tri mis yn yr ysgol uwchradd ym Machynlleth a rhywbeth tebyg wedyn yn Llanidloes yn dysgu Saesneg. Roedd yn Gristion o argyhoeddiad fyth ers pan iddo'n ifanc gael profiad o Grist fel Gwaredwr mewn cyfarfod pregethu yn Nylife. Ymhyfrydodd yn yr Ysgol Sul ar hyd ei oes; hon roddodd iddo'r cyfle cyntaf mewn hunan ddysg mewn oes pan oedd ysgolion yn bethau gwael iawn. Ond peidied neb a meddwl mai un sych-dduwiol ydoedd; roedd ynddo ddireidi bachgennaidd ac er na phriodod roedd yn hoff iawn o blant. Ysgrifennai benillion hefyd – cydoesai â Mynyddog a Derwennog. Ei hobi oedd olrhain achau a deuai ceisiadau o bell am ei gymorth. Ond wrth ei alwedigaeth ffarmwr ydoedd ac fel ym mhopeth a wnâi, un taclus a thrylwyr. Pryd, felly, y camodd trosodd i fyd llên a dysg? Wel, yng Nghyfarfod Misol Llawryglyn yn 1899 y cymerodd y cam cyntaf. Y pregethwr gwadd oedd Evan Jones, Caernarfon oedd hefyd yn olygydd Y Traethodydd. Gwasgodd hwnnw arno am erthygl i'r cylchgrawn, yntau'n credu nad oedd yn deilwng o'r fath anrhydedd ac yn swil o fentro. Fodd bynnag, cytunodd a dyna pam yr aeth i Drefecca i ymchwilio am y tro cyntaf. Gwnaeth ei erthygl argraff fawr ar y darllenwyr ac ar ôl hyn bu galw mawr arno i annerch cynulleidfaoedd ar Hanes Methodistiaeth Sir Drefaldwyn. Erbyn hyn roedd wedi croesi'r deugain oed.

Ei anerchiad yng Nghyfarfod Misol y Bont yn 1904 – "Llafur y Tadau fel symbyliad i lafur gyda'r Deyrnas" a symbylodd yr Henaduriaeth i'w annog i fynd i Drefecca am gyfnod i gasglu defnyddiau at ysgrifennu Hanes Methodistiaeth Trefaldwyn Uchaf, ac felly y dechreuodd ar waith mawr ei fywyd. Bu yno trwy aeaf 1905/06 ac yno bob gaeaf wedyn am gyfnodau yn copio llawysgrifau gan gynnwys cannoedd o lythyrau Hywel Harris, a threfnu eu cynnwys. Roedd ganddo'r amynedd a gwnaeth yntau'r amser; talai i ddyn weithio adre yn yr Hendre yn ei le. Yn 1909 cyhoeddodd ei gyfrol gyntaf, "Blynyddoedd Cyntaf Methodistiaeth", gyda chanmoliaeth uchel. Yn 1929 cyhoeddodd "Methodistiaeth Trefaldwyn Uchaf, Cyfrol 1". Gweithiodd ar yr ail gyfrol ond diywiodd ei iechyd a gwelodd na allai ei gorffen, a chyhoeddwyd darnau ohoni'n unig. Roedd galw mawr arno o hyd i anerch cyfarfodydd a bu 1935, blwyddyn dau can mlwyddiant Methodistiaeth, yn arbennig o brysur arno ac fe'i codwyd yn Llywydd yr Henaduriaeth.

Yn ddyn hael iawn o ran ei natur a hael gyda'i wybodaeth dywedai neb llai na'r hanesydd R.T.Jenkins fod arno ddyled fawr i Richard Bennett am y wybodaeth a gafodd ganddo, yn enwedig am y ddeunawfed ganrif. Er iddo ymddeol o'r Hendre yn 1914 a mynd i fyw at ei chwaer i Fangor deuai'n ôl i'r hen gartre yn yr haf, a pha ryfedd? Roedd ei "housekeeper" a'i theulu yn dal i fyw yno. Daethai Mary

Evans, fel yr oedd pryd hynny, merch Tŷ Mawr, fferm fach yn ymyl, i gadw tŷ i'r Hendre wedi iddo golli ei rieni. Bu yn ei gwmni am flynyddoedd Yna, priododd â William Davies o Felinbyrhedyn a chawsant bedwar o blant, Hywel, Buddug, Menna ac Elwyn a pharhau i ffarmio'r Hendre ar ôl Bennett. Ganwaith y dywedodd y diweddar Mrs Mary Davies fod bod yng nghwmni Richard Bennett yn ganmil gwell nag unrhyw goleg! Pwy gwell na hi felly i ddweud rhagor amdano. Dyma draethawd o'i heiddo am y gŵr mawr y cafodd hi'r fraint o'i adnabod mor dda.

RICHARD BENNETT, gan MARY DAVIES, HENDRE, PENNANT

"Cymeriad arbennig oedd y diweddar Richard Bennett, M.A. ac nis gallaf fi wneud cyfiawnder ag ef wrth gynnig ei bortreadu. Ysgrifennwyd a dywedwyd llawer amdano adeg ei farwolaeth ac wedi hynny mewn newyddiaduron a chylchgronau, am ei gamp fel hanesydd, llenor a darlithydd. "Ie, Gŵr Duw mewn gwirionedd", meddai un amdano. "Y dyn mwyaf a welais erioed", medd un arall. "Hanesydd, Llenor a Sant" sydd o dan ei lun yn ei gyfrol goffa.

"Ni cha'dd ond ychydig o addysg mewn ysgol, dim ond addysg brin ysgol y pentre, tri mis yn Llanidloes i ddysgu Saesneg a thri mis mewn ysgol ramadegol ym Machynlleth. Gwnaeth iawn ddefnydd o'i ysgol a gresynnai ar hyd ei oes na fuasai wedi cael rhagor ohonni. Yr oedd yn dra awyddus am lyfrau ac addysg er yn blentyn ieuanc iawn. Beibl oedd yr unig lyfr yn ei gartre y pryd hwnnw ac yr oedd wedi ei ddarllen lawer gwaith drwyodd. Gweddiai pan yn blentyn am gael llyfrau a cherddodd adre o ysgol Machynlleth, oddeutu deuddeg milltir, lawer tro pan fyddai wedi gwario ei "bres trên" ar lyfr.

"Yr oedd yn weddiwr neilltuol yn gyhoeddus ac yn ei gartref a thybiai ei fod yn cael arweiniad, weithiau, mewn canlyniad. Er enghraifft, pan oedd tua deunaw oed clywodd Syr John Conroy, Prif Athraw mewn coleg yn Rhydychen a pherchennog stad yr ardal, am Richard Bennett a'i ysgolheictod a'i ymchwil am addysg, a chynigiodd iddo fynd "o dan ei aden ef" i Rydychen. Ysgrifennodd Richard Bennett ar unwaith i dderbyn y cynnig eithriadol, ond pan ar hanner ffordd i bostio'r llythyr daeth rhyw "ddylanwad"? arno'n dweud, "Paid, nid dyna y llwybr sydd i ti". Trôdd yn ôl yn eitha swta a llosgi'r llythyr a gartre y bu'n ffarmio hyd nes oedd tua hanner cant a phump oed.

"Gweithiai yn fedrus a chyflym ar y fferm er mwyn gorffen y gorchwyl i gael darllen a myfyrio. Darllennai wrth ei bryd bwyd bob amser a gofynnodd am "second helping" o fara llaeth lawer tro er mwyn cael ychydig o funudau yn rhagor i orffen rhyw bennod. A'i bleser mwya' ar ddiwrnod glawog oedd dianc i ben y gwair i daflod y stabal a llyfr ganddo – a symud llechen fach yn y to i gael golau.

"Nid oedd gan ei fam lawer o gydymdeimlad ag ef a'i lyfrau gan fod cymaint o angen gweithio ar y fferm i gael dau ben llinyn ynghyd. Hen dŷ fferm cyfyng, heb gyfleusterau oedd yr Hendre ac nid oedd lle i Richard Bennett a'i bapurau yn y gegin, a gwn mai tra'n eistedd ar sedd ucha'r grisiau a'i bapurau ar ffenest fach gerllaw yr ysgrifennodd lawysgrif ei lyfr cyntaf, Blynyddoedd Cyntaf Methodistiaeth. Pan yn ifanc a chanol oed yr oedd galw mawr amdano i annerch Cyfarfodydd Ysgolion a Chymdeithasau ac ni feddyliai fawr o gerdded deg milltir a mwy i wneud hynny. Byddai ei anerchiadau wedi eu cyfansoddi wrth ganlyn y wedd neu fugeila. "Lle da oedd pen y mynydd i feddwl", meddai.

"Pan oedd tua pump a deugain oed, wedi iddo 'sgrifennu rhai erthyglau i'r Drysorfa Fawr a chylchgronau eraill gofynnwyd iddo ymgymryd â'r gwaith o chwilio hanes dechrau Methodistiaid yng Nghymru, ac wedi sicrhau dyn i ofalu am ei gartre a'i fferm aeth i Goleg Trefecca i ddarllen a chofnodi llythyrau ac ysgrifau Hywel Harris ac eraill, ac mae'r ffaith iddo lwyddo i'r fath raddau yn dangos rhyw nodweddion o ymrwymiad i waith neilltuol iawn, ei ddyfalbarhad, ei amynedd a'i fedrusrwydd. Byddai yr adnod, "Beth bynnag yr ymafael dy law ynddo i'w wneuthur, gwna â'th holl egni," yn arwyddair cywir iddo.

"Yr oedd angen gwroldeb mawr i ffermwr gwledig – mewn dillad brethyn cartre a "sgidie hoelion" i fynd i Goleg i ganol llu o fyfyrwyr ifanc direidus, ac yn sicr meddyliai rhai ohonynt eu bod am dipyn o hwyl, ond deallwyd yn fuan mai nid "country cousin" cyffredin oedd Richard Bennett a daethant yn gyfeillion mawr iddo, a bu amryw ohonynt yn gohebu ag ef tra bu byw. Bu yn Trefecca am ddau aeaf ac yna aeth adref i ysgrifennu ei lyfrau a ffermio.

"Credaf mai ei dduwioldeb diffuant oedd yr elfen amlycaf yn ei gymeriad ac mae'n eitha tebyg mai dyna oedd sylfaen ei rinweddau eraill. Yr oedd yn ŵr cadarn o gorff ond yn hawddgar a thyner ei ysbryd, ac ni chlywyd gair anweddus ganddo erioed. Yr oedd ganddo lawer iawn o gyfeillion ac yr oedd yn ohebydd ardderchog. Ysgrifennai lawer iawn o lythyrau ac mae rheiny yn drysorau gan amryw yn awr; arllwysai ei brofiad mewn rhai ac ysgrifennai'n gellweirus a doniol, ac yn aml ar gân, at eraill. Ni honnai fod yn fardd ond mae amryw o'i weithiau mewn argraff ac yn dyst o'i allu i brydyddu. Nid gŵr "sych dduwiol" oedd o gwbl, yr oedd ei atebion parod, ei wit a'i hiwmor yn rhyfeddol ac nid rhyfedd fod cymaint o bobl yn chwenych ei gwmni. Deuai pregethwyr ac athrawon colegau i'w gartre i gael sgwrs ag ef a theimlai pawb eu bod wedi ennill rhywbeth drwy gyfathrebu ag ef. Gallai wneud ei hun yn gwmni tra diddorol i bawb, o'r ysgolheigion gorau i chwarae dominoes â phlentyn pum mlwydd oed. Ei hobi oedd chwilio a thrafod achau a gwneud ach-restrau. Anfonai pobl o wahanol fannau (hyd yn oed o'r Amerig) ato am drywydd ar eu hachau, a cherddodd gannoedd o filltiroedd i weld hen gofrestri mewn eglwysi a cherrig beddau er mwyn cael dyddiadau cywir, a chai bleser mawr wrth wneud y rhestau.

"Cymro uniaith" yr hoffai alw ei hun, ac efallai mai braidd yn glogyrnaidd y siaradai yr "iaith fain", ond ysgrifennai golofnau i newyddiaduron Saesneg o dan yr enw "Septimus Green" yn ei hen ddyddiau, yn ddeheuig dros ben. Mae'n eitha tebyg pe bai byw yn awr y byddai rhai o'n ieuengtid presennol yn ei weld yn gul a phiwritanaidd, ond yr oedd ef yn ystwyth ei feddwl a gwnai ymdrech i weld y gorau ym mhawb

"Y British Weekly" oedd ei hoff newyddiadur a chofiaf fod llinell ohonno wedi glynu wrtho: "Peth mawr", meddai, "fyddai bod *In tune with the Infinite*". Ymdrechodd at hyn, ac os na lwyddodd – druan o'r gweddill ohonom".

Gair personol gan y Golygydd

Bu Mrs Mary Davies, "Anti Mary" i mi, yn athrawes Ysgol Sul arnaf ym Mhennant, ac fel cymdogion treuliais lawer o amser yn yr Hendre. Roedd dydd Sul yr Hendre fel rhyw flas bach ar Baradwys, y te a tharten blât a jam maro ar dafelli mawr o fara menyn cartre ar ôl cyrraedd yn ôl o'r Ysgol Sul neu oedfa'r pnawn... Mynd efo Elwyn wedyn yn hamddenol am dro i Gae'r Efail i hel wyau – Anti Mary wedi mynd i odro - yna'n ôl i'r tŷ i roi tro ar yr organ, sol-ffa wrth gwrs, a chanu nes y doi hi'n amser i fynd i'r cefn i olchi dwylo a chael ein hunain yn barod i fynd i oedfa'r nos. Ysgrifennai Anti Mary draethodau'n aml – rwy'n ei chofio'n fy helpu i 'sgrifennu traethawd ar "Y Tair Mair" ar gyfer y

Gymanfa Ysgolion. Dotiaf at y ffordd yr ysgrifennodd hi'r traethawd uchod ar Richard Bennett, mae'n batrwm yn fy marn i o ddawn naturiol i roi meddyliau ar bapur, a chofier na chafodd hithau ond ychydig flynyddoedd yn Ysgol Pennant. Na, capel, Beibl a'i blynyddoedd hir wrth draed y "Gamaliel," Richard Bennett, a hogodd yr haearn a'i galluogi i fyw bywyd llawn a diwylliedig.

"W.J."

Un o gymeriadau presennol mwyaf adnabyddus Llanbrynmair ydy W.J. neu William John Davies.

Mae'n adnabydus yn y cylch oherwydd ei weithgarwch efo'r Cyngor Bro, y Sioe, pwyllgor y Ganolfan a phopeth arall sy'n mynd ymlaen – a dydy o ddim yn anenwog am ei fara brith a'i bicl a'i jam, a'i lond dwy ardd o flodau a llysiau. Yn genedlaethol mae'n adnabyddus fel Rheolwr Llwyfan pafiliwn yr Eisteddfod Genedlaethol. Am hyn y cafodd o ei wisg wen yn yr Orsedd yn 2003, a'i enw barddol yn redi-mêd – "W.J", wrth gwrs!

Er iddo fyw yma ers dros hanner canrif nid yn Llanbrynmair y'i ganed ond ar y Waun, Comins Coch, ar ffarm Catel Haearn. Ond gadawn iddo fo ddweud ei stori:

"Mi es i weithio gyntaf at John Jones, Frongoch, ffarmwr ac athrylith o ddyfeisiwr offer at ei bwrpas ar y ffarm, a thipyn o arloeswr. Ond i Lanbrynmair yr oedd y tyniad fin nos am fod yma griw o fechgyn yr un oed â fi a chyfeillach dda i'w chael yma. Daeth yr Ail Ryfel Byd ac roedd yn rhaid i bobol ifanc nad oedd wedi mynd i'r lluoedd arfog berthyn i ryw fudiad yn lleol. A dyna sut y dechreuwyd Aelwyd yma dan arweiniad y Parch. Robert Evans, gan gwrdd yn y neuadd bentref. Doedd bechgyn ifanc ddim yn mynd i'r dafarn bryd hynny yn Llanbrynmair, dim ond rhai o'r genhedlaeth hŷn a fynychai'r Wynnstay. Bob nos Fawrth cynta'r mis cyfarfod gweddi fyddai yn yr Aelwyd a'r bobol ifanc yn barod iawn i gymryd rhan. Roedden ni'n meddwl y byd o Robert Evans ac roedd ynte'n barod iawn i ymuno efo ni yn yr hwyl. Byddem yn cystadlu ar y ddrama yng nghystadleuaeth yr Urdd yn neuadd y dre ym Machynlleth. Dwi'n cofio dwy ohonyn nhw: "Y Cab" efo W.E., Mary (Rowlands) Tŷ Mawr a fi (y cab oedd berfa yn cludo hen ewyrth a choes bren ganddo) a'r llall oedd "Pris y Glo" efo Dorothy

(Bebb) Dôl Fawr, Haydn, Penygeulan, Gwen (Morris) Gwern-y-bwlch a rhai eraill o'r Aelwyd.

"Mi briodais Margaret, lodes o Langrannog, ac mi weithiais wedyn yng Ngwern-y-bwlch a Ffridd Fawr, y ceffylau a finne'n gadael y fan honno yr un pryd yn 1950. Roeddwn i wedi bod yn hoff iawn o weithio efo ceffylau ar hyd y blynyddoedd tan hynny. Wel, mi newidiais fy ngyrfa. Mi es i weithio i adeiladwr yng Nghemaes Road, sef William Evans, ac yn 1953 mi ddaeth Margaret a finne i fyw i Ddôl-y-bont, y tŷ yr ydw i'n byw ynddo heddiw. Dyma ymroi ati rwân i gymryd diddordeb ym mywyd yr ardal. Un o'r pethe cyntaf oedd rhoi ailgychwyn i'r Sioe flynyddol. Cyn y rhyfel roedd mynd mawr wedi bod ar ddiwrnod Sborts, treialon cŵn defaid a rasus merlod. Wel, dyma bedwar ohonon ni, Arthur Plume, John, Tŷ Pella, Hedd Bleddyn a finne yn mentro at bwyllgor y neuadd i ofyn a gaen ni roi cynnig ar ail godi'r Sioe. Iawn, medden nhw, ond peidiwch â mynd i'r pwrs heb ein caniatâd ni!

Y SIOE

"Un o'n cynlluniau ni at y diwrnod oedd gornest saethu colomennod clai. Roedd y cetris a'r clai yn mynd i gostio £35 gan Ness y cipar. Swm anferth yr adeg honno. Be oedden ni'n mynd i'w wneud? Roedden ni'n bur siwr mai Na fyddai ateb y pwyllgor…. Dyma'i mentro hi ac archebu'r lot heb ddweud yr un gair. Wrth lwc, cafwyd Sioe dda iawn. Yn adran y defaid daeth 60 o hyrddod i gystadlu mewn tri dosbarth, Sam Davies, Banhadla, Llangedwyn yn beirniadu. Yn ychwanegol roedd cynnyrch gardd, merlod a'r colomennod clai. Rhaid oedd cael cyngerdd yn y nos, wrth gwrs, a dyma fentro eto a gwahodd Parti Sgiffl Llandegai am ffî o ddeg gini. Roedd y lle'n orlawn. Ond doedd sgiffl ddim yn plesio pawb ac fe gafodd Arthur Plume, ein cadeirydd, glywed hynny gan neb llai na brenhines gerdd Llanbrynmair, Mrs Gwyneth Jones, Llysun, ddwedodd wrtho, "Cofiwch, rydych chi wedi tynnu safon gerddorol Llanbrynmair i lawr heno!" Ac fe sangon ni ar draed Cymdeithas y Merched hefyd a hynny trwy geisio gwneud tro da â nhw wrth wahodd darparwyr bwyd proffesiynol er mwyn i'r Merched gael cyfle i fwynhau'r Sioe. Ond, "Ydy'n bwyd ni ddim yn ddigon da gennoch chi?" gafodd Arthur gan Mrs Rowlands, Bryncoch a'i chyfeillesau. On'd oedd hi'n hawdd pechu?

"Talodd y Sioe yn iawn ar ei hôl, ond cyfaddefodd y pedwar ohonom wrth ein gilydd wedyn i ni golli llawer o gwsg ar gownt y £35. Beth pebai...? Mae wedi ei chynnal yn ddi-fwlch ers hynny ac mae adran y defaid wedi adfer yn dda ar ôl Clwy y Traed a'r Genau, ac adran y merlod yn mynd o nerth i nerth.

"Bu adran y merlod yn gryf trwy'r blynyddoedd, sef dau ddosbarth o ferlod yn cael eu barnu, wedyn rasus, a phawb yn edrych ymlaen yn arbennig at y ras fawr agored ar y diwedd – y "gialawe", o amgylch dôl fawr Wynnstay, fel roedd hi bryd hynny. Enillydd poblogaidd oedd Norman, gwas Canon. Byddai'n siwr o fod wedi paratoi merlyn da bob tro a hwnnw wedi cael digon o ymarfer ar fynydd Canon. Byddai'n dod â'i ferlod dros y mynydd y noson gynt a'u stablu yn y Wynnstay. Byddai stop tap am naw ond fyddai yna ddim brys cychwyn adre ar ôl y Sioe gan fod y merlod yn gwybod am bob cam o'r ffordd a'r awen yn llac ar eu gwar. Eraill yn y ras yn aml fyddai Watkins o Bant-y-dŵr, John Aberbiga, John Hughes, Comins Coch ar Trixie, Gwyn Corfield, Coed-y-rhyd ar ferlen Ysguboriau, Tywyn a Bryn y Grofftydd, Carno.

Y PREIMIN
"Doedd dim dosbarth i geffylau gwedd yn y Sborts. Y Preimin oedd eu diwrnod mawr nhw, ar gae Pen-y-bont, Pentre Mawr neu Coedprifydau. Roedd angen cae go lew o faint i'w droi, a sietyn wedi tyfu ac yn barod i'w phlygu. Ail-ddechreuwyd cynnal Preimin ar ôl yr Ail Ryfel. Mi geid dau fath o gystadleuaeth sef troi efo deuben o geffylau a "turn out", sef y ceffyl gorau wedi ei wisgo i'w arddangos yn y dull traddodiadol efo cardwn lliwiog yn ei gynffon a'i fwng, pom-poms ar y gwar a medalau pres yn hongian ar dafodau lledr ar ei harnais, ei gôt a'i garnau yn sgleinio, a gorau oll os byddai ganddo facsau gwyn fel yr eira. Enillydd cyson ar y turn out oedd Evan Leonard, Ceilwyn, un o feibion Brynaere Uchaf, lle a roddodd fri ar geffylau da erioed. Deuai rhai o gryn bellter i gystadlu ar y troi – o Drefeglwys a Thregynon – ac weithiau yn benthyg gwedd leol, o Ben-y-bont, efallai. Rhai o'r selogion lleol fyddai Tomi (Jones) Brynaere, Evan Leonard (Jones) Ceilwyn, John (Williams) Coed, Evan Defi (Jones) Talerddig, Tomi (Jarman) Cwmcarnedd, Defi Edwin (Davies) Catel Haearn, Tomos (Jones) Caegilbert....a'r enillydd yn mynd ymlaen i'r gystadleuaeth agored.

"Ym mhen arall y cae byddai'r bilwg yn brysur a'r menyg cau yn plygu'r pletsus drain duon a chyll, celyn ac onnen a masarn, yn y gystadleuaeth plygu sietyn, pob un a'i rŵd (8 llath), a gwahanol ddosbarthiadau, ond byddai'r gwaith gorau ar ôl ei orffen mor llyfn a difwlch â hosan newydd ei gwau. Roedd, ac y mae, yn grefft wybyddus iawn yn Sir Drefaldwyn, ond erbyn hyn, yn anffodus, torri stingoedd efo peiriant ydy'r arfer ar y rhan fwyaf o ffermydd. Mae'r hen grefft yn gofyn am amser ac mae hwnnw wedi mynd yn beth prin.

"Fu dim Preimin ar ôl 1950. Erbyn hyn roedd y tractor Fordson wedi dod yn boblogaidd iawn ac yn llusgo arad ddwygwys. Fu yma erioed breimin i dractorau ond mae rheiny'n dal i gael eu cynnal yma a thraw.

"I'r capel Wesle yn Soar y bydden ni'n mynd fel teulu. Er mai bach oedd y gynulleidfa roedd yno Ysgol Sul dda a phregeth unwaith y mis, ond fe'i caewyd ddiwedd y 50au ac aeth rhai i'r Pandy a rhai i Dafolwern. Yn y fan honno mi ges i wybod yn o handi gan W.E. "Os na allu di ganu mewn tiwn paid â chanu o gwbwl!" A dydw i'n beio dim arno fo! Yn yr Hen Gapel yr ydw i'n aelod rwân ers blynyddoedd.

Y CYNGOR PLWYF
"Rydw i wedi cael llawer o foddhad trwy fod yn aelod o'r Cyngor Plwyf ers 30 mlynedd. Dwi'n cofio'n iawn, pedwar ohonon ni, Arthur Plume, Hedd Bleddyn, John Tŷ Pella a fi yn troi i fyny yn y cyfarfod blynyddol a'r aelodau, oedd arno ers blynyddoedd maith, yn cael ffit sych o'n gweld – a chwarae teg iddyn nhw, roedden nhw wedi rhoi rhan helaeth o'u hoes i'r gymuned a neb lawer wedi tarfu arnyn nhw - rhai fel Bebb Dôl-Fawr, Jones yr Ystrad, Wigley'r saer, Jones Llwyncelyn, Defi Bêcar, y clerc, ac yn y blaen, a doedden nhw erioed wedi meddwl am roi fyny. Ond mi benderfynodd Arthur a Hedd sefyll yn y lecsiwn nesaf....ac ennill, ac mi roddodd giang ohonon ni ein henwau i mewn y tro wedyn, a dyna pryd yr aeth John a finne i mewn.

"Un o'r pethe pwysicaf ddigwyddodd yn ystod fy nghyfnod i oedd ehangu ffiniau'r plwyf. Mae o erbyn hyn yn cynnwys Dylife (arferai fod efo Penegoes) yn mynd draw at Dy'nycoed (ond nid y Dyrn) ac i fyny Cwm Tafolog cyn belled â Chollfryn a Thalglannau, a daeth holl ffermydd ochr chwith nant Carfan i mewn. O ganlyniad, roedd gan y Cyngor fwy o arian rwân i wneud gwaith yr oedden nhw wedi ei wneud am ddim i rannau o'r ardal cyn hynny. Rydw inne'n ymddeol o'r Cyngor Bro yn 2004 ac edrych dros y ffens y bydda i bellach, ond mae hanes yn ei ail adrodd ei hun a chriw ifanc wedi rhoi eu henwau ymlaen unwaith eto. Pob lwc iddyn nhw.

YR EISTEDDFOD GENEDLAETHOL
"Fel y dwedais i ar y dechre, â'r Eisteddfod Genedlaethol y mae fy enw i'n cael ei gysylltu'n aml, ac yn 1965 y dechreuodd hynny. Roeddwn i wedi gwirfoddoli i fod yn stiward drws yn Eisteddfod y Drenewydd 1965 ac wedyn yn y Bala yn 1967, a mwynhau'n ofnadwy. Roeddwn i wedi dod i 'nabod Jonnah Morris oedd yn Rheolwr y Llwyfan – gwaith gwirfoddol arall, wrth gwrs, ac wedi taro deuddeg efo Jonnah a dod yn ffrindiau. Roedd o'n gwneud y gwaith yna o flwyddyn i flwyddyn ond doedd yna neb sefydlog efo fo. Wel, yn Eisteddfod y Barri, dyma fo'n gofyn i mi a wnawn i weithio efo fo ar y llwyfan am wythnos – ac yno y bues i tan 2003!

"Symud y dodrefn a'r offerynnau y bydd tîm y llwyfan a gofalu fod popeth yn ei le ar gyfer y seremoniau, y cystadleuthau a'r cyngherddau, a chlirio ar ddiwedd pob dydd – a gall hynny fod yn berfedd nos. Roedd llawer mwy o waith ers talwm; symud cadeiriau di-ddiwedd, a thynnu planciau'r llwyfan a'r coed oedd yn eu dal i greu llawr îs i'r gerddorfa yn y nos. Lladdfa oedd honno. Mi fuodd yna aml i chwysfa hefyd. Dwi'n cofio yn 1969, blwyddyn yr Arwisgo a Thywysog Cymru yn ymweld â'r Eisteddfod yn Fflint. Roedd o'n dod ar y dydd Mercher i wrando ar y gystadleuaeth Unawd Oratorio, Cerdd Dant a pharti Dawnsio Gwerin. Mi gawson ni y gorchymyn i roi dwy res o gadeiriau un ochr i'r llwyfan ac roedd yna garped coch yn arwain atyn nhw. Ond roedd y cadeiriau rwân lle roedd y piano i fod i'r unawdwyr, a'r offeryn wedi'i wthio i'r ochr arall. I B. Gruffydd oedd arweinydd y prynhawn a dyma fo'n galw Margaret Lewis Jones, "M.L.J." i'r llwyfan (hi enillodd, gyda llaw). Colin Jones, Rhos, oedd cyfeilydd y gystadleuaeth a dyma fo'n dod i ochr y llwyfan a gweld lle roedd y piano. A dyma fo'n ffrwydro: "Os ydw i'n cyfeilio i gystadleuaeth unawd rydw i eisiau'r piano ar y llaw dde i'r unawdwyr. Symudwch o'n ôl neu chwaraea i ddim!" Wel, doedd gan Jonnah, Morris Lane a finne ddim dewis, nag oedd? Doedd yna ddim amser i ddadlau na thrafod efo'r Cyfarwyddwr! Reit bois, symud! medden ni ac ar draws y llwyfan yr aeth y piano a'i blannu reit o flaen y Tywysog, a welodd hwnnw ddim byd ond cefn Colin trwy'r gystadleuaeth. Mi allwch chi fentro fod yna fflŷd o rai yn aros amdanon ni pan ddaethon ni oddi ar y llwyfan!

"Mae'n debyg fod y piano wedi peri mwy o helynt i ni na dim byd dros y blynyddoedd. Yng Nghaernarfon mi aeth ei goes flaen trwy fan gwan ar y llwyfan wrth ei symud i'r Côr Madrigal. Yng Nghasnewydd yn 1988, y tro cyntaf i'r pafiliwn presennol gael ei ddefnyddio, doedd y BBC ddim eisiau i'r piano fod yn y golwg yn ystod y seremoniau ar y llwyfan. Golygai hynny ein bod ni'n gorfod codi un goes i'r piano, oedd yn pwyso pymtheg can pwys, dros wagle yn ochr y llwyfan ac wrth wneud hynny dyma ryw ddarn o bren tua 4"x 4" ac 8" o hyd yn cwmpo allan ohono. Chymerson ninne ddim sylw ohono. Anghofiwyd am y peth a gwthiwyd y piano yn ôl a blaen weddill y diwrnod a thrannoeth. Dydd Iau roedd hi'n ddiwrnod poeth iawn ac wrth wthio'r piano o'r ffordd mi grychodd y *vinolay* o flaen yr olwyn. "Sgawna di'r olwyn ac mi ro inne wth iddo fo," meddwn i wrth Les. Ond methodd Les â'i godi a phan wthies i dyma'r goes yn rhydd o'i bôn a lawr â'r piano ar ei drwyn. Hyn i gyd yng ngwydd y gynulleidfa oedd yn gweld y peth fel jôc fawr, wrth gwrs. Wrth lwc daeth yr Egwyl a chaewyd y llenni ac aed i chwilio ar frys am Robin Siop Eifionnydd a dril a sgriws newydd. A'i gwestiwn cyntaf oedd, "Ble mae'r bloc, bois?" Wrth lwc, roedden ni wedi ei gadw'n ddigon gofalus ac fe'i rhoddwyd yn ôl yn ei le wrth fôn y goes - a doedden ni ddim yn debyg o anghofio wedyn fod darn bach mor ddinod yn rhan go bwysig o grand piano.

"Mae cael popeth yn ei le ar y llwyfan mewn pryd i'r llenni agor ar ddechrau seremoni yn rhan o'n gwaith ni fois y llwyfan – neu "fois y bac" fel y gelwid ni ar raglen deledu yn ddiweddar. Rydyn ninne'n cymryd y cwbwl o ddifri ac am ein bywyd i gael pethe'n iawn. Ond dydy ffawd ddim o'n plaid ni bob amser – fel ddigwyddodd efo "Tlws Malaya" un tro. Rhodd i'r Eisteddfod ydy hwn, ceflun arian yn cael ei gadw mewn câs gwydr, ac fe'i rhoir ar y llwyfan yn ystod y Seremoni Agoriadol a Seremoni Cymru a'r Byd i groesawu'r Cymry tramor. Fe'i cedwir yn Swyddfa'r Trefnydd yng nghefn y llwyfan. Wel, roedden ni'n paratoi ar gyfer Cymru a'r Byd a dyma fynd i moen Tlws Malaya o'r swyddfa. Roedd o yno ond dan glo yn ei gâs gwydr a'r 'goriad ym mhoced y Trefnydd, Idris Davies, a hwnnw allan yn rhywle! Dyma ddod o hyd i sgriw dreifar a dad-sgriwio'r bocs a thynnu'r Tlws allan, ond erbyn hyn roedd y seremoni wedi dechre, y cyfan ar y teledu a bwrdd ar ganol y llwyfan a dim byd arno....Yn sefyll yn ymyl y llwyfan roedd Siôr, mab Beti (Coleman) Tŷ-nant, Darowen ac mi fydde Siôr bob amser yn 'morol i wisgo côt- fach gryno a thei adeg seremoniau. Fo felly oedd yr unig un o'n tîm ni oedd yn ffit i fynd i'r llwyfan a dyma ddweud wrtho, "Rhaid i ti fynd â hwn i'r llwyfan pan fyddan nhw'n canu'r Emyn Gwladgarol". A dyma fo'n mynd, yn gosod y Tlws yn ddefodol ar y bwrdd ac yn bowio'n osgeiddig cyn gadael. Wel! Mi gredodd pawb fod hyn yn rhan o'r seremoni ac mi fuodd amryw yn ein llongyfarch ar y datblygiad newydd. Chredai neb pa mor fain fu hi arnon ni i'w gael i'r llwyfan.

"Mi ddechreuais yn Eisteddfod y Drenewydd a gorffen ym Meifod ym Maldwyn efo cryn dipyn o golli dagrau, mi alla i ddweud wrthoch chi. Rhyfedd oedd mynd i Eisteddfod Casnewydd yn 2004 fel ymwelydd a heb orfod poeni am goes y piano!".

W.E.WILLIAMS "W.E."
Un a aned ac a faged ac sy'n dal i fyw yn ffarm Tŷ Pella, nepell o Dafolwern, ydy W.E.Willaims, neu "W.E." fel yr adnabyddid ef ar lwyfannau'r genedl, lle bu'n canu neu'n arwain côr am dros 50 mlynedd. Dyma fo i ddweud tipyn o hanes ei yrfa gerddorol:

"Fel y cewch ddarllen mewn pennod arall am ysgol y Bont, yno y dechreuodd fy niddordeb mewn cerddoriaeth, dan y prifathro J.E.Jones ond yn arbennig dan Glanffrwd Davies. Roedd canu'n bwysig yn yr ysgol; dysgem sol-ffa trwy gyfrwng cardiau, ac amseriad, a deuai ei wraig i'r ysgol i helpu efo'r gwersi ac i gyfeilio. Gallaf ddweud i mi fod â diddordeb mewn cerddoriaeth byth oddi ar fy nyddiau yn ddisgybl yn ysgol y Bont.

"Mi ddechreuais gystadlu yn y Cyfarfodydd Bach pan oeddwn i'n blentyn. Roedd pob Ysgoldy yn cynnal Cyfarfod Bach yn y cyfnod hwnnw. Dwi'n cofio cystadlu yn Pandy ar ôl i'r llais dorri, fi a Glyn Evans, Tafolwern yn herio'n gilydd, Varina Williams yr Hendre'n cyfeilio, a Ted Richards a Stephen Richards, T'wnt-i'r-afon, Carno yn beirniadu. Roedd y ddau yn methu cydweld, un yn dweud y byddwn i'n fariton a'r llall yn dweud mai tenor fyddwn i! Eisteddfod Llanbrynmair, yn cael ei threfnu gan yr Aelwyd, oedd yn cloi y tymor cystadlu yn yr ardal. Rwy'n cofio Gwyn Erfyl, bardd, gweinidog a darlledwr adnabyddus erbyn hyn, yn ennill y Gadair yno un tro, ac yntau i ffwrdd yn y fyddin. Daeth ei frawd, Gwilym Gwalchmai yno i'w gadeirio ar ei ran.

"Roedd yna Aelwyd yr Urdd gref yn Llanbrynmair pan oeddwn i o fewn oed cystadlu, gyda'r Parch. Robert Evans yn arweinydd. Byddai Llewelyn Jenkins, Prifathro'r Ysgol Gynradd ym Machynlleth yn dod i fyny ar y trên o'r dre i gynnal cyfres o ddosbarthiadau canu a cherddoriaeth i ni'r bobol ifanc. Bum inne'n mynd i lawr ato i Fachynlleth i gael hyfforddiant fel unawdydd. Yna, euthum i Aberystwyth at arbenigwr lleisiol am gyfnod gan dalu deg swllt y wers. Wedi hynny dysgu fi fy hun fues i a threulio llawer o'm hamser efo Mrs Gwyneth Jones, Llysun, a fu'n gymaint o gymorth i blant a phobol ifainc yr ardal. Roedd hi bob amser yn barod iawn i helpu.

"Yr eisteddfod gyntaf y bum i'n cystadlu ynddi hi y tu allan i'r ardal oedd Eisteddfod Llanafan 1946. Roedd hi'n ddigon anodd cyrraedd y llefydd yma'r pryd hynny gan ei bod hi'n union ar ôl y Rhyfel, a doedd dim arwyddion ffordd o'r herwydd! Dewi 'mrawd oedd yn dreifio a finne'n ceisio dilyn y map. Fe gyrhaeddon ni'n ddiogel, beth bynnag, a dyma fynd i'r rhagbrawf yn y prynhawn. Roeddwn i'n cystadlu dan 25ain oed ac mi roedd yna 13 ohonon ni y diwrnod hwnnw, ac mi fues yn ddigon ffodus i ennill.

"Peth arall oedd yn gwneud teithio yn beth anodd yn y cyfnod hwnnw oedd y rations petrol, wrth gwrs. Weithie, fe fyddwn i'n cael cynnig cŵpons er mwyn sicrhau fy mod yn mynd i gystadlu. Dwi'n cofio'n dda i mi fynd i Eisteddfod Bronant, eto yn Sir Aberteifi, a'r ysgrifennydd yn dweud , "Galwch yn y garej ar ôl i chi gyrredd, mi fydd 'na ddau alwyn o betrol yn y'ch disgwyl chi!" Ond wir, pan gyrhaeddon ni doedd yna ddim petrol am eu bod nhw wedi cael tân yno'r noson cynt!

"Roedd 'na blismyn pentre'r adeg honno, ac mi fydde llawer ohonyn nhw yng nghlwm wrth weithgaredde'r ardal ac yn helpu gyda'r eisteddfode. Mi welais blismon cyn hyn yn fy nghynghori i "gadw'r car o'r golwg" yn y fan a'r fan rhag i neb ddechre holi cwestiyne, ac iddo ynte ddod i drwbwl trwy beidio gwneud ei ddyletswydd.

"Yn ystod y cyfnod hwnnw, byddwn yn heirio tacsi David Hugh o Fachynlleth, ac yng nghyfnod y dogni petrol roedd yn bell iddo ddod i fyny acw i gychwyn. Roedd Tom Maes Gwion yn rhedeg tacsi hefyd, ac un tro dwi'n cofio iddo fo fynd â llond car ohonon ni, Ned, Margaret

(MLJ), Deborah a finne i eisteddfod Lewis' Lerpwl. Scotyn o'r enw Syr Hugh Robertson oedd yn beirniadu yno bob tro ynghŷd â dau Gymro.

"Yn yr Eisteddfod olaf yno yn 1952 roeddwn yn cystadlu ar y Brif Unawd, un darn Saesneg ac un Cymraeg. Aeth y rhagbrawf ymlaen trwy brynhawn dydd Iau a chefais fy ngosod yn y 5ed safle, ac roedd chwech yn dod i'r llwyfan ar y bore Sadwrn. Neidiais i fyny i'r ail safle ar y llwyfan ac ennill y Fedal Arian. Roedden ni'n dysgu llawer ac yn gyffredinol roedd y beirniaid yn adeiladol iawn.

"Cyn bo hir, mentrais i'r Genedlaethol am y tro cynta'. Roedd yr Eisteddfod yn Nolgellau y flwyddyn honno, 1949 dwi'n meddwl. Yn anffodus, mi gollais fy llais a methais gystadlu ar yr Unawd Bariton, ond dyma roi cynnig ar y ddeuawd efo Erfyl Evans, Llanidloes, ond ddaeth yna ddim lwc i'n rhan y tro hwnnw. Fe gawson ni fwy o lwc yn y Rhyl, 1953 a llwyddo i gipio'r wobr gyntaf ar y ddeuawd. Llwyddais inne i ennill yr ail wobr ar yr Unawd Bariton, yn canu'r darn gosod "Caledfwlch", Dr. Vaughan Thomas. Roedd rhagbrawf yr unawd yn y prynhawn a daeth tri ohonon ni i'r llwyfan. Dyma rhyw ddynes ata i ar ôl y rhagbrawf a deud, "Llongyfarchiadau! Ond mae arna i ofn nad enillwch chi ddim fory, mae o (gan gyfeirio at un o'r cystadleuwyr) wedi bod yn cael gwersi efo'r beirniad!" Ac fel y digwyddodd hi, mi roedd hi'n iawn!

"Roeddwn yn cystadlu yn Abergynolwyn un tro, ac wedi dysgu'r darn gosod ar gyfer yr Eisteddfod Genedlaethol y flwyddyn honno, ac awydd rhoi cynnig arno fo – roedd yn ddarn diarth iawn. Eluned Douglas Williams o Ddolgellau oedd yn cyfeilio, ac roedd y darn yn hollol ddiarth iddi hithe hefyd, a bu'n edrych drosto cyn y gystadleuaeth. Doedd y beirniad ddim yn gyfarwydd â fo chwaith ac yn astudio'n o lew wrth i mi ganu'r rhannau dechreuol. Yn y canol roedd darn go hir o gyfeiliant yn unig, a dyna pryd y dechreuodd y beirniad sgrifennu. Fel y deuai'r amser i mi ddod i mewn mi ddeallais nad oedd gen i syniad beth oedd y geiriau, a dyma fi'n methu dod i mewn. Dyma Eluned yn ail chwarae bar yn slic reit er mwyn i mi gael cynnig arall arni. Mi gofiais y geiriau ond prin ddigon buan i allu taro fewn. Roedd y beirniad yn dal i sgwennu ac fe chwaraeodd Eluned y bar eto a finne'n canu fel pe na bai dim wedi digwydd. Ddeallodd y beirniad ddim byd, na neb arall chwaith, ac mi enillais y wobr gyntaf allan o naw o gystadleuwyr! Mi gafodd Eluned a fi lawer o sbort ar ôl y digwyddiad hwnnw!

"Mi ges i gryn dipyn o lwyddiant yn y Genedlaethol; cyrraedd y llwyfan tua dwsin o weithie a dod yn ail a thrydydd yno droeon. Ond yn Eisteddfod Aberteifi 1976 dyma ennill y wobr gyntaf yn canu'r darnau "Y Crwydryn", Schubert, a'r hen ffefryn "Aros Mae'r Mynyddau Mawr". Yn Eisteddfod Llangefni y cystadleuais i am y tro ola'. Er nad enillais i yng Ngwŷl Gerddorol Blackpool, roedd yn un o'r llefydd rown i'n mwynhau mynd iddo i gystadlu. Roedden nhw'n cael cantorion proffesiynol i feirniadu, ac mi roedd eu sylwadau'n rhai adeiladol iawn bob amser. A dyna 'Steddfod Butlins wedyn. Cofiaf fod David Glover, darlithydd yng Ngholeg Caergrawnt, yn beirniadu yno un tro. Roeddwn i'n canu "Prince Igor's Aria", cân Rwsiaidd. Y drydedd wobr ges i'r diwrnod hwnnw, ond roedd yn galondid mawr clywed y beirniad yn dweud, "*It has been a privilege to listen to your artistry*".

"Fy niddordeb mawr arall ym myd y gân oedd arwain côr. Mi ddechreuais arni'n 23 oed yn yr Aelwyd, a buom yn cystadlu efo'r Côr Merched a'r Côr Cymysg. Dwi'n cofio i'r ddau gôr fynd ymlaen i gystadlu yn Eisteddfod Llangefni ar ddechrau'r 50au. Yna, fel roedd 'Steddfod Llanbrynmair yn nesu ar ôl tymor y C'warfodydd Bach, dyma Dei Price, Brynaere Isa'n dweud, "Pam na godi di barti yn Nhafolwern?" A dyma finne'n ateb,"Piga di nhw ac mi dysga inne nhw," a'r peth nesa glywes i oedd fod yna bractis wedi'i drefnu ar y noson a'r noson. Roedden ni'n canu anthem W.Sterndale Bennett, "Duw sydd Ysbryd", ac yn wir, ni enillodd gan guro'r Ysgoldai eraill i gyd.

"Roedd Test Concerts yn boblogaidd iawn yn y cyfnod hwnnw ac fe drefnwyd un gan bobol Comins Coch a'i gynnal yn Llanbrynmair. Dyma benderfynu cystadlu a chanu "Disgwyl rwyf ar hyd yr hirnos", (Dan Jones). Mathews Williams, Bae Colwyn oedd y beirniad a phump o gorau eraill yn cystadlu, sef, Trefeglwys, Caersws, Y Foel (llond bws ohonyn nhw – tua 60 o aelodau), Côr Robert Rowlands, Clegyrddwr a ninne. Fe enillon ni, ac o hynny 'mlaen dyma ddechre cystadlu o ddifri efo'r côr.

"Buom yn cystadlu cryn dipyn mewn gwahanol eisteddfodau. Yn Llanrhaeadr -ym -Mochnant unwaith roedden ni ar y Côr Meibion a'r Côr Cymysg, ac roeddwn inne wedi rhoi f' enw i mewn ar yr unawd bariton, "Sant Gofan". Roedden ni wedi llogi bws, ond erbyn i ni gyrraedd roedd rhagbrawf yr unawd wedi bod yn y prynhawn, a finne wedi dysgu'r unawd yn arbennig am mai honno oedd wedi'i gosod. Gan mai arnyn nhw roedd y bai, dwedodd y cadeirydd y bydden nhw'n trefnu i gael y beirniad i'r Babell Lên i wrando arna i, ac mi ges i'r llwyfan. Roedd yna ddeg o Gôrau Cymysg, yna'r Unawd Bariton, a deg o Gôrau Meibion wedyn ac fe gawson ni noson lwyddiannus iawn, sef cyntaf ar y Côr Cymysg, cyntaf ar yr Unawd ac ail ar y Côr Meibion.

"Mewn Test Concert ym Mhenybontfawr yr oedden ni ac wedi dechre cystadlu efo'r Côr Meibion, a'r Dr. Oliver Edwards yn beirniadu. Pan gyrhaeddon ni yna roedd dau fws arall yn cyrraedd – dau lond bws o fyfyrwyr, y "Cestrian Singers", dwi'n meddwl, i gyd wedi'u troi allan fel stampiau! Wrth eu gweld nhw dyma Ned, Cwmffynnon yn deud, "Be ddiawl 'den ni'n neud fan hyn?" Dyma nhw i fyny i'r llwyfan fel soldiars i ganu, pob un â chopi caled yn ei law, ond y ni enillodd, a'r beirniad yn deud wrthyn nhw, *"I reckon this was a good rehearsal!"*

"Cofio mynd i Hoole yn ymyl Caer wedyn tua diwedd y 50au a chanu "Crossing the Plain". Roedd Côr Froncysyllte'n dechre arni'r adeg honno, ond y ni fu'n llwyddiannus y tro hwnnw hefyd. Doedd amryw o'r côr ddim yn fodlon teithio mor bell i gystadlu, doedd llawer ohonyn nhw ddim wedi arfer mynd yn bell o'u milltir sgwâr, ond roedden nhw'n fwy parod i fynd wrth brofi llwyddiant!

"Rwy'n cofio Dr. Henry Wood, Blackpool, yn beirniadu yn Llandrindod un tro a ninne'n canu "Clodforwn" gan Caradog Roberts. Roedd yna anferth o gôr mawr yna yn eu hiwnifform a ninne i gyd wedi gwisgo'n wahanol "yn ein dillad ein hunain". Roedd Dr. Wood yn beirniadu'n dawel ac yn canmol ein lleisiau'n fawr iawn, a dyma fo'n deud, *"I only wish my old friend, Caradog Roberts, were here to hear this performance – perhaps he did"*.

"Buom yn cystadlu lawer gwaith mewn Eisteddfodau Cenedlaethol gan ennill ail a thrydydd gwobr yn aml, ond yn y Drenewydd yn 1965 fe enillson ni'r wobr gyntaf. Roedden ni'n cael llawer o bleser wrth gystadlu am flynyddoedd, ac mi roeddwn i'n ffodus i gael cymaint o gantorion â lleisiau gwych yn canu yn y côr".

MARGARET LEWIS JONES "M.L.J."

Yr arferiad eisteddfodol ers llawer blwyddyn oedd galw cystadleuwyr wrth brif lythrennau eu henw. Trwy gydol y 50au ac i ganol y 70au, sawl gwaith y galwyd "M.L.J." i'r llwyfan ar yr unawd soprano, yr unawd

Gymraeg, yr her unawd, yr unawd operatig? Mwy na ellid eu cyfri. Ac ennill? Does ond eisiau cip ar y cwpwrdd gwydr ac ynddo gwpanau yn deillio o'r eisteddfodau mawr i gyd – Pantyfedwen, Butlins, Powys ac, wrth gwrs, yr Eisteddfod Genedlaethol lle yr enillodd y Rhuban Glas, yn Llandudno 1963.

Yn dilyn hyn cafodd ei hurddo yn Ofydd Cerdd yn yr Orsedd dan yr enw "Marged Cledan", ac mae'n aelod o Orsedd Powys dan yr un enw. Yn Eisteddfod Abertawe cafodd ddyrchafiad i'r wisg wen. Ond pam "Cledan"? Wel, lodes o Garno ydy Margaret, merch Ty'nyreithin, Cwm Cledan, lle roedd aelwyd eithriadol o gerddorol, ei thaid yn arwain tri chôr a'i mam yn soprano ddawnus. "Chlywais i ddim byd ond cerddoriaeth ar yr aelwyd," meddai am ei magwraeth

Dechreuodd gystadlu o ddifri yn ddeunaw oed, a bu gallu chwarae'r piano yn gaffaeliad mawr iddi wrth ddysgu darnau mawr clasurol. Ac nid rhyw enw o ddysgu a wnâi, ond yn hytrach roedd yn berffeithydd a rhaid oedd mynd ar ôl ystyr pob sill ac arwyddocad pob nodyn, gan ymchwilio i gefndir y caneuon. Roedd cerddoriaeth yn bopeth iddi. Ifan Maldwyn o Fachynlleth fu'n ei hyfforddi i ddechrau ac yna Redvers Llewelyn, Pennaeth Cerdd Coleg y Brifysgol, Aberystwyth, ac mae'n talu teyrnged uchel i Mrs Gwyneth Jones, Llysun gynt, am ei pharodrwydd i gyfeilio bob amser pan fyddai'n ymarfer, ac i'r diweddar Mrs Eluned Douglas Williams a gyfeiliodd iddi laweroedd o weithiau mewn eisteddfod a chyngerdd, a hynny gyda chydymdeimlad perffaith.

Yn 1947 y daeth Margaret i Lanbrynmair, ar ôl priodi Edward Jones, neu "Ned Maesgwion", fel mae'n cael ei adnabod gan bawb. Cartrefodd y ddau yng Nglanllyn (hen gartre Iorwerth Peate). Cymerodd Ned ddiddordeb enfawr yng ngyrfa gerddorol ei wraig, gan ei thywys i bob eisteddfod a chyngerdd yn "ddau enaid hoff cytûn". Canai'r ddau yng nghôr Llanbrynmair pan oedd hwnnw ar ei orau, ac mae Ned yn dal i ganu yng nghôr Meibion Dyfi dan faton Gwilym Bryniog.

Oherwydd ei llais soprano arbennig cafodd M.L.J. bob math o brofiadau diddorol ym myd y canu. Pan ganodd yn "Test Concert" y Y.W.C.A yn Aberystwyth yn 1953, a Maurice Jacobson a Topliss Green yn beirniadu, a hithau'n ennill tair gwobr gyntaf, fe'i cymeradwywyd ganddynt i Parry Jones, y tenor enwog a Gweinyddwr Tŷ Opera Covent Garden. Cafodd Margaret wahoddiad ganddo i fynd i Lundain i wrandawiad ar gyfer y Tŷ Opera. Fe aeth, a daeth llythyr yn fuan ar ôl hyn yn cynnig y cyfle mawr iddi, yn ei gwahodd i ganu yng nghorws y Tŷ Opera i ddechrau ac o bosib fel unawdydd wedyn. Gwrthod wnaeth hi oherwydd amgylchiadau ar y pryd, ond pwy wŷr beth fyddai ei hanes pebai wedi derbyn?

Yn 1955, colli ar y Rhuban Glas yn y Genedlaethol ym Mhwllheli, D. Llifon Hughes yn traddodi'r feirniadaeth, ar y radio bryd hynny, ac yn gorfod "hollti blewyn" rhyngddi hi a'r baswr Richard Rees. Pentyrrodd y profiadau cerddorol a chanodd mewn llefydd amrywiol iawn, megis, er enghraifft, mewn cyngerdd mawreddog yn Shepherd's Bush i Wilfred Pickles, cyflwynydd y sioe radio boblogaidd "Have a Go", ac Eddie Calvert yno ar ei "drwmped aur". Canodd i gyfeiliant cerddorfa Eric Robinson hefyd. Bu mewn nifer di-ri o gynherddau Gŵyl Ddewi yn ninasoedd Lloegr, wrth gwrs, ac yng nghyngerdd agor Capel Jewin newydd, Llundain efo Richard Rees, Richie Thomas ac Eleanor Dwyryd; cyngerdd teledu ym Manceinion efo cerddorfa Joe Loss, cyngherddau radio o Fangor i Sam Jones (ar ôl gwrandawiad!) a Ffrancon Thomas wrth y piano, ac roedd hi ac Eurfyl Coslett (tenor) ar raglen gyntaf Emrys Cleaver o Neuadd y Cory, Caerdydd yn y gyfres "Cenwch im yr Hen Ganiadau". Aeth ei chanu â hi hefyd i amrwy o wledydd tramor, yr Iseldiroedd, Canada, yr Eidal – a Nigeria ddwywaith, yr ail wahoddiad yn dweud llawer.

Trasiedi o'r mwyaf oedd i Margaret gael damwain yn ei chartref yng nghanol y 60au a'i gorfododd i dreulio saith mis yn Ysbyty St. Laurence, Casgwent. Ond roedd ergyd fwy fyth i ddod i'r ddau pan gollasant eu hunig fab, Wynne, yn fachgen ifanc ym mlodau'i ddyddiau.

Ond daeth Margaret yn ôl i ganu, ac ennill ar yr Unawd Operatig yn Eisteddfod Genedlaethol Fflint yn 1969 ac Aberteifi yn 1976. Mae hi a Ned yn byw ers rhai blynyddoedd bellach ym mhentref Glantwymyn, ac yn hynod falch fod record CD newydd ei chyhoeddi o ganeuon Cymraeg recordiwyd ganddi flynyddoedd yn ôl, a'r llais ar ei bereiddiaf. Do, cyfrannodd M.L.J. yn helaeth iawn at roi Llanbrynmair ar y map cerddorol.

ALED DAVIES

Rydym wedi sôn eisoes yn y llyfr yma am Pentre Mawr, trigfan honedig bardd llys y Tywysog Owain Cyfeiliog. Wel, mae talent yn dal i ffynnu yma ym mherson y tenor ifanc, Aled Davies. Wedi ei eni ym Mhentre Mawr yn 1974, ffarmwr ydy Aled, yn hannu o deulu cerddorol

Aberbiga, Cwm Clywedog – roedd ei ddwy fodryb, Ann a Martha (Davies bryd hynny) yn aml ar lwyfannau eisteddfodol y Sir a thu hwnt yn y 50au a'r 60au.

Cychwynodd gyrfa Aled trwy gyfrwng Mudiad y Ffermwyr Ifanc lle daeth i'r brig yng nghystadleuthau llwyfan y mudiad, ac mewn siarad cyhoeddus. – a chneifio. Yn 1998 roedd yn fuddugol allan o 56 o gneifwyr ifanc yn y Sioe Frenhinol yn Llanelwedd, a daeth yn rhan o dîm Cymru yn 1999 ac ennill yng nghystadleuaeth y Pum Gwlad. Chwarae pŵl? Ydy, a chefnogi tîm pêl-droed Lerpwl! ond canu ydy'r peth mawr yn ei fywyd.

Bwriodd ei brentisiaeth yn y 90au, yn bennaf mewn eisteddfodau, ond gellir dweud mai ers y flwyddyn 2000 y mae ei yrfa wedi blodeuo. Yn y cyfnod yma enillodd ar yr unawd Alaw Werin yn Eisteddfod Ryngwladol Llangollen, ac yn y Genedlaethol, lle hefyd yr enillodd wobr Unawdydd Ifanc y Flwyddyn yn 2001. Yn 2004, mae wedi ennill ar yr Unawd Gymraeg yng Ngŵyl Fawr Aberteifi a chael llwyfan ar yr Her Unawd Agored. Yn wir, bu 2004 yn flwyddyn gyffrous iawn : priododd â Karina yn yr haf ac ymhen pum niwrnod roedd yn ennill ar yr Unawd Tenor yn Eisteddfod Genedlaethol Casnewydd a chael cyfle, felly, i gystadlu am y Rhuban Glas – uchelgais pob canwr o Gymro neu Gymraes.

Mae'n aelod allweddol o Gwmni Theatr Maldwyn hefyd, y cwmni sydd wedi comisiynnu a pherfformio sioeau cerdd enwog fel "Y Mab Darogan", "Pum Diwrnod o Ryddid" ac yn 2003 "Ann", seiliedig ar fywyd yr emynyddes Ann Griffiths, ac Aled yn chwarae'r prif ddyn, sef John Huws, Pontrobert.

Wedi ei urddo yn aelod o Orsedd y Beirdd yn Eisteddfod Tŷ Ddewi 2002, mae Aled erbyn hyn yn ddyn prysur iawn a galw mawr am ei wasanaeth fel unawdydd mewn cyngherddau ymhell ac agos, megis Cyngerdd Gŵyl Ddewi Capel Cymraeg Los Angeles, ac fel unawdydd ar daith Côr Godre'r Aran i Awstralia a Seland Newydd. Mae'r llais ganddo, y brwdfrydedd a'r egni, ac mae Llanbrynmair yn gwylio datblygiad ei yrfa gerddorol gyda diddordeb a balchder.

GWYNETH JONES – BRENHINES CERDD (1907 – 1987)

Ardal ffodus ydy honno sydd â chyfeilydd piano o safon uchel yn byw yn lleol, a mwy ha hynny, cerddor a chyfeilydd sy'n fodlon rhoi o'i dawn, heb gyfri cost nag amser, er mwyn gweld cerddoriaeth yn blodeuo yn y gymuned. Mae gallu dibynnu ar wasanaeth a chefnogaeth person felly yn amhrisiadwy ac yn gallu cyfeirio gweithgaredd a diddordeb cymuned gyfan. Un â dylanwad fel yna ar ardal Llanbrynmair oedd Mrs Gwyneth Jones, Llysun, a hynny am dros drigain mlynedd. Hawdd y gallwn ei galw'n "Frenhines Cerdd Llanbrynmair". Gyda'i gwên addfwyn, ei gwallt du yn gocyn cryno a siôl fach ffwr am ei hysgwyddau bu'n ffigwr amlwg yn hen neuadd Llanbrynmair ac ar lawer llwyfan cerddorol.

Dyma MRS SHIRLEY JONES, ei merch, sydd bellach yn byw yn Hen Golwyn, i fanylu ar fywyd a chyfraniad ei mam:

"Merch Huw ac Ann Williams, Cilcwm Fawr, Pennant, oedd fy mam, anwyd yno yn 1907. Daethai ei mam (fy nain), Miss Frances A.Hughes, yn brifathrawes i ysgol Pennant tua throad y ganrif. Roedd yn seiclo bob cam o'r Van bob bore Llun ac yn aros yn ystod yr wythnos efo'i chefnder, Ifan Lloyd a Mrs Lloyd ym Mhlas Pennant. Yn ei horiau hamdden, mae'n debyg, y cwrddodd â fy nhaid, Huw Williams, Cilcwm, a phriododd y ddau ym Medi 1904. Mae'r tecell arian gawson nhw yn anrheg briodas gan blant yr ysgol gen i heddiw.

"Aeth un o'u merched, Annie Lloyd Williams, i'r Coleg Normal i Fangor, a daeth yn ôl yn athrawes i ysgol Pennant yn 1926, gan aros yno am beth amser. Cafodd fy mam, Gwyneth, ei dysgu i chwarae'r piano gan neb llai na Morgan Nicholas. Roedd o'n byw yng Nghroesoswallt ar y pryd, ac roedd hithau'n teithio yno yr holl ffordd ar y trên o Moat Lane (ger Caersws) bob dydd Sadwrn – diwrnod cyfan o deithio am un wers! Llwyddodd yn ei graddau i gyd, ac yn y cyfnod yma roedd yn cyfeilio i Gerddorfa Ieuengtid y Sir. Mae'n amlwg, hefyd, ei bod yn cystadlu mewn eisteddfodau lleol oherwydd y mae yma lu o gwpanau, i gyd wedi eu rhoi gan gwmni Rushworth & Draper, Lerpwl.

"Priododd fachgen lleol, Stanley Jones, Brynllys, ac adeiladwyd Llysun ganddynt a symudwyd yno i fyw ar fy mhenblwydd i yn ddwyflwydd oed yn 1937.

"Yn ystod ei bywyd, bu fy mam yn cyfeilio mewn pob math o achlysur a sefyllfa. Roedd wedi dechrau cyfeilio yn 11 oed yng nghapel Bethel y Bont a pharodd i wneud hynny hyd at 1985, bron 70 o flynyddoedd. Bu'n chwarae mewn priodasau ac angladdau ym mhob capel ac eglwys yn y plwyf; bu'n cyfeilio i'r Côr Meibion a'r Côr

Cymysg o'r 40au ymlaen. Hoffai'n fawr gymryd ymarferion y Gymdeithas Gorawl ar gyfer Gŵyl Gerdd Maldwyn yn flynyddol, a chafodd yr anrhydedd o ddod yn un o Is-lywyddion yr Wŷl.

"Roedd wrth y piano'n gyson yn eisteddfodau'r Urdd yn lleol ac yn sirol, a chyfeiliodd yn Eisteddfod Genedlaethol yr Urdd ym Machynlleth 1952 a Dolgellau 1960. Rhoddai wersi piano hefyd.

"Dysgu cantorion, dyna rywbeth arall oedd â rhan fawr yn ei bywyd, a drws parlwr Llysun bob amser ar agor iddyn nhw i ddod i ymarfer, rhai fel W.E, M.L.J. a David Cullen, cantorion lleol, y ddau olaf yna'n mynd ymlaen i ennill y Rhuban Glas. Byddai llawer eisiau ymarfer darnau ar gyfer cyngherddau hefyd – Dai Jones, Richard Rees, Richie Thomas – dwi'n eu cofio nhw'n dod lawer gwaith.

"Rhywbeth sy'n dweud llawer am fy mam yw mai un o'i hoff achlysuron oedd cyfeilio yng Ngŵyl Flynyddol Eglwysi M.C. Cylch Cemaes, sef Y Gylchŵyl, yng Nhwmlline, penllanw gweithgaredd eisteddfodol y capeli a'u ffrindiau. Gweithiai ar bob lefel, felly, heb dalu sylw i faint y llwyfan. Rhoi hyder a safon i berfformwyr a lledaenu mwynhad o gerddoriaeth oedd ei nôd bob amser a rhoddodd yn rhad ac yn hael o'i dawn a'i hamser i hybu plant ac oedolion yn gerddorol. Cydnabyddiaeth am ei gwaith – ac uchafbwynt ei bywyd – oedd cael ei derbyn yn aelod o Orsedd y Beirdd yn Eisteddfod Abertawe 1982 - a'r enw a ddewisodd, a hynny heb oedi na phendroni – "Gwyneth Pennant".

"Fe'i gwnaed yn Ynad Heddwch yn 1952, ac yn 1954 yn un o reolwyr Ysgol Gynradd Llanbrynmair. Roedd amrywiaeth yn ei bywyd, felly, a digon o hwyl hefyd (a fy nhad yn dipyn o dynnwr coes!) ond ei phennaf pleser, wrth gwrs, fu cerddoriaeth."

"ELWYN YR HENDRE" (1927 – 1999)

Heb amheuaeth, un o'r bobl mwyaf amryddawn a thalentog a gododd Llanbrynmair yn yr ugeinfed ganrif oedd Elwyn Davies, Hendre, Pennant, neu "Elwyn yr Hendre", fel yr adnabyddid o yn lleol ac fel aelod o Orsedd y Beirdd. Na, doedd ganddo ddim Ph.D. a fuodd o ddim pellach nag ysgol Pennant, ond bu ei gyfraniad i'w ardal ac i'w wlad yn un mawr iawn, a hynny trwy dalent ac ymdrech. Fe'i ganwyd yn Hendre, Pennant, lle roedd ei rieni, William a Mary Davies yn ffarmio (gan olynu Richard Bennett, yr hanesydd, y daeth Elwyn i'w nabod ar ei ymweliadau â'r Hendre). Gadawodd Elwyn yr ysgol yn 14 oed, a dyna fyddai diwedd y stori i lawer – ond nid i Elwyn. Blodeuodd ei dalentau i lawer cyfeiriad, a'r hyn a ddaeth â llwyddiant iddo, ar wahân i'w alluoedd naturiol, oedd ei weithgarwch, ei egni dihysbydd a'i ddyfalbarhad, ac ar ben y cwbwl, roedd yn un allai ymwneud â phawb, gan ennill eu cydweithrediad parod – a chafodd fwy na'i siâr o synnwr digrifwch!

Dyn y tir oedd o yn ei hanfod. Meddai, "Does gen i byth awydd mynd i dre o unrhyw fath, i mi mae rhywbeth cyfareddol i'w deimlo o ben mynydd". Aeth ati i wella'i dir a phrynodd ragor yn lleol. Cododd safon ei ddefaid Penfrith gan helpu i sefydlu Cymdeithas Defaid Penfrith Bryniau Cymru, sydd a'i sêl hyrddod flynyddol yn Llanidloes. Enillodd lawer efo'r defaid a chafodd yr anrhydedd o farnu yn y Sioe Frenhinol yn Llanelwedd. Yr hyn a'i helpodd yn fawr ym myd amaeth oedd ei ddiddordeb mawr a'i allu efo peiriannau – doedd dim llawer na wyddai am du mewn car na thractor na pheiriant dyrnu, y bu'n ei dilyn, fel ei dad, am flynyddoedd. Ym myd y tractorau a'r claytrac roedd wrth ei fodd ar y topiau yn gweithio'r tir, a daeth yn gontractwr yn y gwaith. Y car cyntaf gafodd ar ôl pasio'i brawf gyrru yn 17 oed oedd Austin 10, CMA 594 (hwn yn olynu'r Singer oedd wedi dod yno yn 1933 ar gost o £16!). Dilynodd pob math ar ôl hynny, gan orffen efo Nissan Pickup 4x4 ar ôl mynd i fyw i Hendre Aur, cerbyd a'i cludai, yn ei "ymddeoliad", dros unigeddau Pumlumon i'r llefydd anghysbell yr arferai fynd iddyn nhw i gneifio. A dyna un arall o'i dalentau, cneifio â pheiriant, yn un o'r rhai cyntaf yn yr ardal, a bu'n contractio yn y gwaith ac yn hogi gwelleifiau i gwsmeriaid i berfeddion nos. Adeiladu a gwaith coed? Roedd yn alluog yn y cyfeiriadau yma hefyd. Adeiladodd estyniad i'r Hendre – hyd yn oed yn gwneud y blociau concrit ei hunan – a gwnai gutiau ieir a barai i dragwyddoldeb. Mae gan lawer fainc neu stôl wedi iddo'u gwneud.

Roedd ganddo lais bas-bariton ardderchog, a meistrolodd sol-ffa yn fuan a dod i'w chwarae ar yr organ yn ei gartref, a bu ei feistrolaeth o'r sol ffa yn ddefnyddiol tu hwnt iddo wedyn. Canai fas yng nghôr W.E a chodai ganu yn nghapel Pennant. Ond digwyddiad yng nghanol y 50au a chwildrodd ei fywyd cerddorol ac a drodd yr allwedd i ddadorchuddio gwythien aur o dalent newydd ynddo. Daeth Ted Richards, Carno i

Pennant (ar gymhelliad y Parch. John Price Wynne) i gynnal dosbarthiadau Cymdeithas Addysg y Gweithwyr (W.E.A.) mewn Canu Penillion, rhywbeth diarth iawn i Lanbrynmair. Roedd Elwyn yn cyfaddef wedyn i'r digwyddiad yma "arall-gyfeirio ei fywyd", ac yntau'n 30 oed. Gwelodd a chlywodd Ted Richards ei ddawn naturiol, ei lais meddal, synhwyrus, ei glust gerddorol, ei allu i ddysgu geiriau a cheinciau'n rhwydd, a'i frwdfrydedd at y gwaith, a chymerodd ato fel personoliaeth. Gwyddai fod ganddo ddefnydd addawol iawn at gerdd dant a dechreuodd ei hyfforddi, a dros y blynyddoedd nesaf cystadlodd mewn dwsinau o eisteddfodau, gan ennill profiad a *fruit spoons* a *pastry forks* a llond cwpwrdd o gwpanau! Enillodd ar brif lwyfannau: Eisteddfod Powys 1962, Ponthrydfendigaid 1965 a 1968, Gŵyl Gerdd Dant 1965 a 1968, y Genedlaethol yn Aberafan yn 1966 ar ffyn-baglau a'i goes mewn plastar, a'r pennawd yn y Western Mail trannoeth, "*Farmer Sings on Crutches and Wins*". Ei drysor pennaf ymysg y gwobrau oedd Telyn Arian Caerwys, sef telyn 9" o arian pur a enillodd yn 1968 mewn eisteddfod arbennig yng Nghaerwys i ddathlu 400 mlwyddiant Eisteddfod y Beirdd 1568. Roedd y wobr yma'n plesio'n arbennig gan mai'r beirniaid oedd Dafydd Roberts, Tom Jones, a Haf Morris. Enillodd ar osod a chanu cerdd dant ar y pryd, camp ag angen llawer iawn o ddawn a phrofiad, hynny yn y Genedlaethol yn 1970. Yna, ar ôl cyflawni'r un gamp eto yn y Genedlaethol yn Rhuthun, gan ennill Gwobr Goffa Llew Dwyryd, penderfynodd, yn 43 oed, roi'r gorau i gystadlu.... Ond daeth yn ôl eto, ar wahoddiad, i gystadlu ar "ganu cylch", camp anodd iawn gan fod yn rhaid taro i mewn efo penillion addas ar ba gainc bynnag oedd yn cael ei chwarae ar y delyn. Roedd eisiau cof aruthrol a phrofiad helaeth i allu gwneud hyn. Ar ôl hyn, ymrodd i hyfforddi'r ifanc mewn cerdd dant ar gyfer eisteddfodau'r Urdd mewn cylch eang o gwmpas Llanbrynmair, a rhoddodd gychwyn i rai a ddaeth yn fuddugwyr cenedlaethol, gan gychwyn efo'i ddwy nith ei hun, Delyth a Nia y Wîg.

Roedd Eisteddfod Powys yn hen faes cystadleuol iddo ac ymddiddorodd yng ngweithredoedd ei Gorsedd, ac fe'i gwahoddwyd i fod yn Arwyddfardd (yng ngofal gorymdeithiau) ac yna'n Dderwydd Gweinyddol, sef y prif bersonoliaeth yn yr Orsedd, yn gweinyddu'r holl seremoniau. Roedd hyn yn nechrau'r 90au, ond cyn hynny, cyn belled yn ôl a 1969, roedd wedi eistedd arholiad datgeiniad Gorsedd y Beirdd, ac wedi cael ei wisg werdd, a phan eisteddodd arholiad y wisg las fe basiodd "gydag anrhydedd", yng ngeiriau'r beirniad, Aled Lloyd Davies. Fe'i hurddwyd yng Nghricieth yn 1975, achlysur arbennig iawn, gan fod Buddug, ei chwaer, hefyd yn derbyn y wisg las mewn llenyddiaeth. Dyna'r dwbwl i'r Hendre! Ond roedd uchafbwynt i ddod yn 1998 pan dderbyniodd lythyr oddi wrth y Cofiadur, Jâms Niclas, yn ei wahodd i "dderbyn anrhydedd urdd Derwydd"(y wisg wen) yn Eisteddfod Bro Ogwr y flwyddyn honno. Fe dderbyniodd gyda balchder.

Roedd 1993 wedi bod yn flwyddyn arbennig hefyd, pan ymwelodd Eisteddfod Powys â Llanbrynmair. Cododd W.E.ac Elwyn gôr yr un i gystadlu. Côr W.E.enillodd, ond daliodd côr Elwyn ati i ymarfer dan yr enw Côr Bro Cyfeiliog, am eu bod yn mwynhau'r gwmniaeth a'r profiad, a'u gobeithion a'u brwdfrydedd yn uchel. Yn y blynyddoedd nesaf buont yn cystadlu mewn 22 o eisteddfodau ac ennill 11 o weithiau. Roedd y côr yn dysgu dau ddarn newydd ar gyfer Powys bob blwyddyn, a darnau eraill ar gyfer cyngherddau. Buont yn cymryd rhan yn un o gyngherddau enwog yr Arglwydd Geraint yng nghapel Ponterwyd – Elwyn ac yntau yn ddynion defaid ac yn ddynion cneifio! Agorodd gagendor yn Llanbrynmair pan fu raid i Elwyn roi'r gorau i'r côr oherwydd afiechyd, a hiraethodd yr aelodau'n hir ar ei ôl. Ymysg ei lwyddiannau cerddorol eraill fu ffurfio "Triawd DEG", efo Derwyn Maesllwyni a Gwyndaf (baswr fel ei dad, Defi Tomi) a gwnaed caset y bydd ei chaneuon i'w clywed ar raglenni cais y BBC o dro i dro. Enillodd Elwyn ar gyfansoddi emyn hefyd yn Nhylchwyl yr Ysgol Sul – sefydliad agos iawn at ei galon – ac fe'i cynhwyswyd yn Netholiad y Methodistiaid yn 1992-3 dan y teitl "Carol y Bugeiliaid".

Mae rhestr y pwyllgorau yr oedd ynglŷn â nhw – ac wedi bod yn gadeirydd ar lawer ohonynt – yn siarad cyfrolau am ei allu a'i gefnogaeth: Cymrodoriaeth Talaith a Chadair Powys, Pwyllgor Gorsedd Powys, Pwyllgor Gwaith y Gymdeithas Cerdd Dant, Pwyllgor y Ganolfan Gymdeithasol, Sioe Llanbrynmair, Pwyllgorau'r Gymanfa Ganu a'r Gylchwyl. Hyn i gyd tra'n dal i ffarmio a chontractio a chystadlu… Ond roedd ganddo un fantais fawr – gwraig dda, Mair! Disgleiria ei hiwmor a'i dalentau yn yr hunan-gofiant difyr a gyhoeddodd dan y teitl "Newid Ddaeth".

Bu Elwyn yn gapelwr selog ar hyd ei oes, a fo oedd yr ysgrifennydd a'r unig flaenor yn Pennant pan gaeodd y capel yn 1997 oherwydd cyflwr y to a'r ffaith fod yr aelodaeth wedi mynd i lawr i 22. Roedd hi'n loes fawr bersonol iddo weld cau'r drws, ond yn unol â'r eangfrydedd a'r haelioni a berthynai i'w gymeriad, yng nhapel Bont wedyn mi ymdaflodd i'r gwaith yn union fel o'r blaen, yn flaenor, trysorydd a chodwr canu. Ond yn anffodus, nid am hir, dim ond prin ddwy flynedd. Yn dilyn anhwylder fu'n ei lethu'n raddol ers rhai blynyddoedd, fe'i rhoddwyd i orffwys ym mynwent y Bont ym mis Gorffennaf, 1999, yn dyst fod rhai o oreuon y ganrif i'w cael yma hefyd ar ei diwedd.

JOHN BEBB DAVIES (1890-1965)
Mae HELEN HUGHES yn cofio Efail ei Thaid:

"Roedd fy nhaid, John Bebb Davies yn of o'r drydedd genhedlaeth, ei daid John Davies yn of yn y Foel, a'i dad Richard Davies yn priodi Hannah Bebb o'r Lluast, Bont a chartrefu yn Efail Pandy Rhiwsaeson lle dechreuodd ei fusnes cyntaf. Trist fu gorfod claddu Hannah yn 33 oed gan adael tri mab bach ifanc iawn, John yr hynaf yn bump oed.

"Symudodd y teulu i Efail Bryncoch lle y gofalwyd am y plant gan eu Modryb Polly, tra gweithiai eu tad yn galed i adeiladu busnes llwyddiannus. Cyn gynted ag y daeth yn ddigon hen ymunodd John yn y gwaith ac yn fuan dangosodd rhyw ddawn fawr i bedoli; gweithiai'n galed a cheid weithiau gymaint â deg o geffylau'n rhes yn aros eu tro. Pan ddechreuodd gweithio efo ceffylau leihau ar y ffermydd trôdd John Davies ei law at gystadlu ar bedoli yn y sioeau amaethyddol mawr ledled Prydain. Fo ac un arall oedd yr unig Gymry i ennill y Bencampwriaeth Genedlaethol a Phencampwriaeth Ynysoedd Prydain, llwyddiant a barodd iddo gwrdd â'i Mawrhydi Elisabeth 11, rhywbeth yr oedd yn falch iawn ohono, yn enwedig gan iddi ysgwyd llaw efo fo er fod ei ddwylo fel y parddu ar y pryd! Ar ôl ennill y teitlau yma yn Blackpool yn 1953 a dychwelyd efo 14 o dlysau y penderfynodd roi'r gorau i gystadlu mewn sioeau.

"Yn blentyn, chawn i ddim mynd yn agos i'r efail pan oedd yno geffylau, ond cawn wylio o hirbell pan fyddai Taid yn gweithio ar waith haearn gyr, un arall o'i sgiliau, a fo gynlluniodd ac a weithiodd y giatiau sy'n arwain at fynwent yr Hen Gapel. Roeddwn wedi fy nghyfareddu gan y fegin fawr a wnâi i'r gwreichion hedfan wrth i Taid gael y tân yn ddigon poeth i gael yr haearn yn ddigon ystwyth i'w weithio, a rydw i'n cofio unwaith pan droiodd o'i gefn, druan, am ychydig o funudau yn unig, mi ddringais i ben y bocs twˆls i gyrraedd y fegin i wneud tipyn o wreichion fy hunan, a chredwch fi mi wnes – mewn mwy nag un ystyr! Mi allaf eich sicrhau na wnes i mo hynny yr ail waith. Atgofion gwahanol iawn sydd gan fy mrawd Hugh am yr efail: cofio Emlyn James yn dod i lawr o Llan ar fore Sadwrn i dorri gwalltau, a'r lle yn byrlymu o hwyl a chwerthin.

"Roedd gan John Bebb Davies ddau fab, John Edward a Richard Alun (adnabyddid y tad a'r mab fel "Jac Mawr" a "Jac Bach") ac fe ddilynnodd y ddau fab draddodiad y teulu gan ddysgu crefft y gof ac ennill mewn sioeau. Addasodd John i ddefnyddio technoleg fodern, ac roedd yn ail ym Mhencampwriaeth Weldio Oxy-acetylene Prydain Fawr yn Sioe Blackpool. Yn Sioe Frenhinol Sir Gaerhirfryn, fo oedd y Pencampwr Oxy-acetylene am dair blynedd yn olynnol.

"Dwi'n meddwl mai tinc yr eingion ydy un o'r seiniau hyfrytaf a glywais erioed, a thrist oedd ei golli pan fu farw John Bebb Davies yn 1965 yn 75 oed.

"Dri deg mlynedd yn ddiweddarach pan oedd ein merch ieuengaf, Karen, sy'n gynllunydd tecstilau, yn edrych trwy hen lyfrau cyfrifon Taid fe'i swynwyd gymaint gan ei lawysgrifen fendigedig fel y bu iddi wneud ffotocopi a'i integreiddio i mewn i un o'i phatrymau, a ddefnyddiwyd wedyn ar ddillad gwely a werthwyd ar draws y byd."

Bu'n ddiacon ac yn athro Ysgol Sul am flynyddoedd yn Ysgoldy'r Pandy.

DAVID WIGLEY (1907 – 1979)

Un o'r dynion prysuraf yn y plwyf, yn enwedig o'r 30au i'r 60au, oedd "Wigle'r Saer", sef David Wigley, crefftwr a gŵr busnes diwyd a diwylliedig, un a adawodd ei ôl yn sicr ar adeiladwaith yr ardal ac a gyfrannodd yn hael o'i allu a'i amser er lles y gymuned ar lawer pwyllgor. Bu'n saer ac adeiladwr yn yr ardal tan ei ymddeoliad yn 1966, ond parhaodd fel ymgymerwr angladdau tan y diwedd.

Meddai ei ferch ieuengaf, ELERI EVANS amdano:

"Fe'i ganwyd yn Llwynbedw, Comins Coch ond symudodd yn ifanc iawn i'r Pikins, Carno. Roedd ei dad, Richard Pugh Wigley yn fab y Fron, Talerddig a'i fam, Mary Jane (Davies gynt) yn ferch Gallteinion, Comins Coch. Aeth i ysgol gynradd Carno ac yna i Ysgol y Bechgyn, y Drenewydd. Ar ôl gadael ysgol aeth yn brentis whilrit (gwneuthurwr olwynion) at Edward Owen, Tŷ Coch, Pontdolgoch ac yna bu'n gweithio am amser byr i J. Evans, Buarthau, Llanwnog cyn agor ei fusnes ei hun ar dir Penybont ym mhentref Wynnstay.

"Yn 1934 prynodd ddarn o dir gan John Evans y Swyddfa Bost i godi cartref newydd iddo'i hun a'i briod, Eluned, sef Y Glyn, gyda gweithdy a iard yn ymyl. Tyfodd y busnes ac erbyn y 60au roedd tua 25 o ddynion yn gweithio iddo. Yn ogystal â gwneud gwaith coed roedd yn ymgymerwr angladdau. Cododd amryw o dai ffermydd newydd yn yr ardal, megis Tŷ Pella, Mwyars, Blaencwm, Belan-dêg, Y Wîg, Rhosgoch a thŷ i'r plismon lleol. Cododd gartre newydd eto iddo fo ac Eluned a'u tair merch, Gaynor, Adleis ac Eleri, tŷ ar safiad braf uwchlaw'r pentref a'i enw yn adlewyrchu hynny, Llys Awel.

"Yn ei amser hamdden bu'n aelod o'r Cyngor Bro (y Cyngor Plwyf, fel yr oedd) ac o'r Cyngor Dosbarth ym Machynlleth a'r Cyngor Sir. Roedd ar lawer pwyllgor yn y pentref ac yn aelod o gôr W.E am flynyddoedd. Darllenai sol ffa yn rhwydd iawn. Bu hefyd yn actio mewn dramâu lleol. Pan fyddai drama neu gyngerdd yn y Neuadd, fo ac Arthur Williams yr Hendre fyddai'n siwr o fod yn y bŵth tocynnau. Ysgoldy Tafolwern oedd ei hoff addoldy lle roedd yn selog yn yr Ysgol Sul a'r oedfaon; bu'n ygrifennydd mynwent yr Hen Gapel hefyd am flynyddoedd.

"Ar ôl ymddeol cafodd bleser mawr o gynnal dosbarthiadau gwneud modelau o wahanol fathau o hen gerti, a thurnio, a bu'n rhoi gwersi yn hen ysgol New Road, y Drenewydd. Gwnaeth hefyd amryw o glociau wyth niwrnod, cypyrddau cornel a throell nyddu. Derw oedd ei hoff bren.

"Rhoddai bwyslais mawr ar fod yn brydlon bob amser er nad oedd byth yn cario wats. Rhaid fod ganddo ryw synnwyr mewnol ynglŷn ag amser! Doedd ganddo ddim amser i wylio neb yn chwarae pêl – "cicio gwynt", medde fo, nag unrhyw chwaraeon eraill chwaith. A gwae unrhyw un feiddiai ysmygu yn ei ymyl…. roedd o flaen ei oes yn hynny o beth.

"Llys Awel oedd un o'r cartrefi cyntaf i gael teledu yn y fro ac o'r herwydd daeth yn gyrchfan min nos, nid yn unig i blant ond oedolion hefyd, wedi eu mesmereiddio gan y rhyfeddod newydd. Doedd dim lle i neb fynd at y tân yn Llys Awel y dyddiau hynny!"

IDRIS AP HARRI (1900-1973)
GWEITHDY BEDD-FEINI

Am flynyddoedd by angel wen adeiniog yn sefyll ar bedestal gyferbyn â gorsaf y trên yn Llanbrynmair. Nid ei swydd oedd argyhoeddi neb eu bod wedi cyrraedd y nefoedd (doedd dim angen!) ond yn hytrach angel farmor oedd hi yn hysbysebu i'r byd fod gwaith go gywrain ar gerrig yn cael ei wneud yno. Yma yr oedd, ac y mae o hyd, weithdy cerrig beddau sy'n eiddo i Gwmni I. Baldwin Williams a'i Fab, Brynmeini.

Dechreuwyd y math yma o waith am y tro cyntaf ar y safle yma yn 1918 gan Thomas Robert Jones, gŵr yn hannu o Bennal. Roedd yn gweithio i fusnes beddfeini yn Nhywyn, ond priododd Isabel Watson, Berthlas, merch cipar Llanbrynmair a daeth yma i sefydlu busnes, ar iard yr orsaf i ddechrau ond yna gallodd brynu darn o dir ffarm Penybont, a symudodd dros y ffordd. Agorodd garej hefyd naill ben â'i weithdy. (Gwerthodd hon yn ddiweddarach i'r brodyr Stanley a Vaughan Jones, Brynllys). Roedd T.R.Jones yn ddyn amryddawn ac yn gerddor, a daeth yn ei dro yn stiward ar Stad Syr Watkin Williams Wynn yn yr ardal. Roedd yn byw yn Brynheulog, (a godwyd yn wreiddiol gan y stad i'w dad yng nghyfraith, fu hefyd yn stiward ac yn gipar). Doedd "Jones Bach" fel y'i gelwid, ddim yn boblogaidd iawn gan denantiaid stad Syr Watkin – ddim mwy nag y bu unrhyw stiward erioed, mae'n debyg, er hynny gwnaeth waith cymunedol da yn yr ardal.

Yn 1938 gwerthodd y busnes beddfeini i Idris Baldwin Williams, un arall o Sir Feirionnydd, a chanddo flynyddoedd o brofiad o weithio yn chwarel lechi Bryneglwys yn Abergynolwyn. Cododd o dŷ Brynmeini gerllaw yn 1940 (£1,100 oedd y gost, cwmni William Evans, Cemaes Road yr adeiladwyr a Willie Peate, Dôl-fach yn brif fasiwn).

Adeg y rhyfel aeth yn anodd iawn cael digon o gerrig i weithio arnyn nhw oherwydd anhawster mewnforio o wledydd tramor a diffyg gweithwyr yn y chwareli yng Nghymru, felly, dechreuodd arall-gyfeirio yn 1944 trwy gario plant i'r ysgol yn yr Austin 12 EJ 4557.

BARDDONI

Gwnaeth y siwrne yn y car yn ddifyr i'r "hen blant", chwedl yntau, trwy gyfansoddi penillion i'w canu ar y daith. Un gân oedd honno'n enwi tai a ffermydd y gymdogaeth ar alaw Llwyn Onn. Ond roedd yn fardd tipyn mwy na hynny. Perthynnai i Seiat y Beirdd, y ceir sôn amdani mewn pennod arall, lle cai beirdd lleol gyfle i ymarfer y cynganeddion. Cystadlai mewn eisteddfodau mawr a mân gan ennill dros dri dwsin o gadeiriau, sydd wedi eu gwasgaru i neuaddau a chapeli ym Meirionnydd gan fwyaf, a pharau o'r un eisteddfod yn aml yn mynd i'r un gapel. Cadwodd Hedd Bleddyn, y mab, ddwy ac mae un bob un gan ei blant yntau, Rhys a Nia, ac un neu ddwy gan adroddwyr y bu'n eu hyfforddi. Daeth yn agos at ennill y goron yn y Genedlaethol ym Mhwllheli yn 1955 pan enillodd W.J.Gruffydd ar y testun "Ffenestri". Cyhoeddodd gyfrol o'i farddoniaeth, "Cerddi Idris ap Harri 1960", a dyma flas o'r cynnwys:

Clo'r Bwa
Clo'r garreg; nid clo'r goriad; - y culfaen
    Un celfydd ei naddiad,
Uwch adwy pont a'i chydiad
Geidw'r nerth â'i gadarnhad.

Tepot
O'r tepot fe geir tipyn – i'w yfed
    Efo'r bara menyn;
Siwgwr a llaeth, a sugyn
Ei de da, yw diod dyn.

Pedol ceffyl
Un geindeg ei phlyg undarn, - yn dwyn traul
    O dan y troed cadarn;
Ei hywaith lun o haearn
Wrth ei gwerth roes nerth i garn.

Golygai barddoniaeth a llên y Celtiaid lawer iddo: daeth yn aelod o Orsedd y Beirdd dan yr enw Idris ap Harri yn 1937, bu'n Arwyddfardd Eisteddfod Talaith Powys ac fe'i hurddwyd yng Ngorsedd Llydaw.

Y TEULU
Ond nid aredig cwys unig yr oedd. Roedd ganddo gymhares ddawnus, athrawes lengar a Chymraes i'r carn, Laura, neu Lowri, Williams, hithau hefyd o Sir Feirionnydd, ac felly ei henw barddol, Meinir

Meirion. Bu'n athrawes yn Stae ac yn ysgol Pennant gan orffen ei gyrfa yn y Bont.

"Gwnaeth wladgarwyr ohonom," meddai un o'i disgyblion yn Pennant, "gan ofalu ein bod yn darllen am y Brenin Arthur a Charadog ac Owain Glyndŵr a'r Mabinogi. Dwi'n cofio un stori ddarllennai i ni ar b'nawn Gwener, sef y nofel "Beryl", a dyna lle bu holl blant yr ysgol (dwsin!) yn actio'r stori bennod wrth bennod yn eu "tŷ" dychmygol ar yr iard am wythnosau, wedi eu llwyr lyncu gan y stori felodramatig... Roedd ganddi'r dasg anferth o ddysgu plant o bedair i un-ar-ddeg oed heb help o gwbwl. Am y pared, ac yn clywed y cwbwl, roedd y cantîn. Yno y byddai'r athrawes yn ffoi at "Lowri" arall, Mrs L.C.Jones, y cwc yn ei thyrban a'i oferol gwyn. Yno y cai rowlio chwerthin am rywbeth doniol oedd wedi digwydd yn y dosbarth, neu gael paned a chydymdeimlad pan gai boen pen o dan y bagad gofalon.... Byddai ogle cinio wedi bod yn treiddio ers meityn i'r dosbarth a'r llygaid yn gwylio bysedd y cloc yn tynnu at ganol dydd gan ddisgwyl am y foment fawr pan agorai'r hatsh ac y deuai'r cyllyll a'r ffyrc i'r bwrdd... Nid un na dau helpin o bwdin fyddai'n ddigon i Ifan Cilcwm! A pha ryfedd – nid rhywbeth eilradd a roid o'n blaenau. Roedd y dogni'n para ar fwydydd yn y siopau yn 1949 ond roedd cinio ysgol Pennant yn wyrth trwy'r cwbwl, diolch i ddyfeisgarwch a haelioni'r gogyddes"

Roedd gan Idris ap Harri a Lowri un mab, Hedd Bleddyn, ie, dyna chi, yr aelod limrigol yna o dîm Talwrn y Beirdd, Maldwyn. Mae'n addo cyfrol o'i waith yn y man ond dyma damaid i aros pryd:

Roedd gan Noa yn ei arch ffansi lêdi,
Yn cuddio yng nghompartment y mwnci;
   Pan oedd Noa'n mynd draw
   Tua chwarter i naw
Mi stopiodd y glaw – dyna biti!

Ar daith o Gaerfyrddin i Gricieth
Roedd merch eisiau lifft i Lanfachreth,
   Er mod i'n hynach na'i mam
   Mi gwelais hi â phram
Yn crwydro y styd ym Machynlleth.

Mae o hefyd wedi cynrychioli Llanbrynmair ar y Cyngor Sir o 1979 i 2004, ac ar y Cyngor Plwyf ers 1968. Trwy lwc, yr oedd gan Hedd yr un diddordeb crefftol â'i dad. Aeth i goleg technegol ac ymunodd yn y busnes beddfeini yn 1954, a'r dasg gyntaf a gafodd oedd gwneud maen llifo i Tŷ Isaf. Gyda'r blynyddoedd, moderneiddiodd y gwaith gan fabwysiadu dull cyfrifiadurol o lythrennu ar garreg; ehangwyd y busnes hefyd i gynnwys argraffu arwyddion ar blastig. Erbyn heddiw, daeth Rhys Bleddyn, ei fab, i gymryd gofal ac mae'r Cwmni Cyfyngedig yn rhoi gwaith i bump. Mewnforir cerrig beddfeini o bedwar ban byd, aeth y gwaith cerfio'n ddigidol, a'r cyfan yn rhoi llawer mwy o ddewis i'r cwsmer – a'r cwsmeriaid bellach nid yn ddeiliaid y filltir sgwâr yn unig ond yn dod o bob rhan o Gymru.

W.G. ANWYL A'I GYMUNED (1891-1953)

Mwynglawdd a ddaeth i ddwylo'r Golygydd trwy law George Anwyl oedd ffeil o ddefnyddiau yn perthyn i'w dad, William George Anwyl neu "Wili George" fel y gelwid ef gan lawer. Mae'n ffeil drwchus ac mae'n amrywiol am fod ei ddiddordebau'n eang, yn cwmpasu byd amaeth, barddoniaeth, balchder mewn teulu a brogarwch, ac yn adlewyrchu gwasanaeth a chymwynasau gwerinwr diwylliedig a theimladwy i gymuned yr oedd ganddo barch aruthrol iddi.

Ganwyd W. G. Anwyl yn y Mwyars yn 1891 yn fab i Sarah ac Edward Anwyl. Roedd ei dad wedi ei eni yn Mwyars ond Rhiwdyfeity, Stae oedd cartref ei fam ac ar ôl claddu ei gŵr yn ddyn cymharol ifanc aeth hi a'r plant yn ôl at ei brawd i Riwdyfeity. Cafodd William Anwyl ei addysg gynradd, felly, yn ysgol Stae ac wedyn yn Ysgol Sir Llanidloes gan gerdded yno ar fore Llun a'i fwyd am yr wythnos, ac adre ar nos Wener. Priododd â Dorothy Mary Wigley, Rhosgoch a symud i Hirnant yn 1918 lle magodd 14 o blant, yr hyn oedd yn anghyffredin hyd yn oed bryd hynny. Fel y dywedodd ef ei hun, roedd y teulu'n marw allan – ei unig frawd wedi marw'n ifanc– ac aeth yntau i mewn am "mass production"! I wneud llawn ddefnydd o'i asedau, prynodd Tŷ Gwyn, Aberhosan i'w ffarmio ar y cyd â Hirnant yn 1935 ac aeth y plant hynaf, Gwyn a Mary, yno i fyw, ac yn eu tro Myfanwy, Gwen a John hefyd. Yn 1942 symudodd y tad a'r fam gyda'r plant ieuengaf i lawr i'r Bont i'r tŷ a elwir heddiw yn Cyfeiliog, a'u merch, Annie, a buont yn cadw'r Swyddfa Bost yno. Yn 1946 y symudodd i Ddolgadfan.

Roedd gan Willie Anwyl allu naturiol a gallu i gyfathrebu ac roedd wedi dangos diddordeb hefyd mewn dulliau arloesol o ffarmio, felly, ar ddechrau'r rhyfel yn 1939 cafodd ddod yn Swyddog Rhanbarthol yn y Weinyddiaeth Amaeth, a swyddfa ganddo ym Mhlas Machynlleth. Bu yn y swydd honno hyd 1953 yn cynghori ffermwyr ynglŷn â'u cwotâu cynhyrchu a'u taliadau, yn llenwi miloedd o ffurflenni ac yn cynghori ar faterion amaethyddol yn ôl gofynion y gymdeithas wledig o'i gwmpas. Cafodd ei wasanaeth i amaethyddiaeth ei gydnabod yn swyddogol yn 1951 pan urddwyd ef â'r M.B.E.

Mae'n rhaid fod rhoi gwasanaeth yn ail natur iddo. Aeth yn aelod o'r Cyngor Plwyf yn y 30au yna'r Cyngor Sir 1942-53. Un o'i gyfraniadau yn ystod y cyfnod hwnnw oedd dwyn perswâd ar Syr Watkin i werthu Dôl Wynnstay i'r gymuned fel y gallent yn nes ymlaen adeiladu tai ac ysgol yno, a hefyd dod â chyflenwad dŵr i'r Gwaelod o fynydd Clegyrnant – oherwydd heb ddŵr heb dai! Bu'n flaenor yng Nghapel y Graig am 30 mlynedd. Bu'n flaenllaw gyda sefydlu Cymdeithas Ddefaid Mynydd Maldwyn (gynhaliai farchnadoedd ym Machynlleth) a bu'n ysgrifennydd iddi am flynyddoedd. Bu'n gadeirydd Undeb Cenedlaethol yr Amaethwyr ac yn arweinydd y Clwb Ffermwyr Ieuanc lleol. Gyda'i wybodaeth am anghenion y tir roedd ar banel y tribiwnlysoedd adeg y Rhyfel yn ymladd achos y bechgyn oedd am aros ar y tir yn hytrach na mynd i ryfela. Gelwid arno hefyd i wneud ewyllysiau.

Ond un ochr o'i ddiddordeb a'i weithgarwch oedd hyn. Fel bardd a storiwr ffraeth, gelwid arno'n aml i fod yn arweinydd neu feirniad mewn eisteddfodau megis y Fan, Caersws, Bont, Pennant ac Eisteddfod Powys. Digon da fod ganddo ysgrifenyddes mewn swyddfa ym Machynlleth! Yn y ffeil cawn hanes sefydlu "Seiat y Beirdd".

SEIAT Y BEIRDD
Sefydlwyd yn 1949 gyda'r bwriad o "hyrwyddo traddodiad barddol Llanbrynmair". Criw o feirdd lleol oedden nhw yn cwrdd yn rheolaidd i astudio barddoniaeth glasurol ac i gyfansoddi a gwrando ar waith ei gilydd. Ymfalchient fod traddodiad barddol Llanbrynmair yn dyddio'n ôl i'r ddeuddegfed ganrif i ddyddiau'r Tywysog Owain Cyfeiliog oedd â'i gastell yn Nhafolwern a'i fardd teulu, Cynddelw Brydydd Mawr, yn byw ym Mentre Mawr. Roedd y balchder yma mewn bro a Chymreictod yn gryf iawn yn William Anwyl ac roedd yn ymwybodol hyd yn oed drigain

mlynedd a mwy yn ôl mai "Llanbrynmair oedd y gwrthglawdd olaf i rwystro gorlif Seisnig Dyffryn Hafren rhag llifo fwyfwy tua'r Gorllewin".(Beth ddwedai heddiw?). Meddai mewn llythyr at y Parch David Jones, M.A. Drenewydd yn 1951, yn gofyn iddo gefnogi codi ysgol newydd yma, "Mae Llanbrynmair a'i thraddodiadau uchel yn cadw yr ysbryd a'r iaith Gymraeg yn loyw ac effro ac yn sefyll ar y ffin cydrhwng y diwylliant Cymreig a'r diwylliant Seisnig, a bydd yr ysgol newydd yn wrthglawdd grymus i gadw dylanwad yr estron rhag treiddio ymhellach i fyny trwy ddyffryn Hafren. Rhaid i ni wrth benderfyniad os ydym am gadw ein delfrydau cenedlaethol yn loyw, ac os collwn ein hiaith pa obaith sydd gennym? Cofiwch:

> "Drud enwau dewr di-anair
> Bryniau mwyn hen Lanbrynmair."

Ond yn ôl at y "Seiat". Erbyn 1951 roedd ynddi 35 o aelodau, ffermwyr a chrefftwyr gan fwyaf ond yn dod o cyn belled ag ugain milltir. Dyma rai o enwau barddol aelodau'r Seiat: Ap Siafins (Harri Thomas), Ap Sialc (H.A.Hughes), Ap Plaen neu Glantwymyn (George Thomas), Ap Siôn (D.C.Davies) Ap Ifan (Sylvanus Richards). H.A Hughes, y prifathro lleol oedd yr Ysgrifennydd cyntaf a Griffith Thomas, athro Carno, yn Llywydd. Doedd cadw cytŵ ar griw byrlymus o feirdd gwlad ddim yn waith hawdd, fel y gallwn ddychmygu, ac i'r pwrpas gwnaeth George Thomas stand a mwrthwl a chloch i hwyluso gwaith y Cadeirydd, a gwnaeth Ap Siôn bennill iddi:

> *The bell is most compelling,*
> *Wily bards must bow to its ruling,*
> *The Chairman, who, though charming*
> *Takes no sauce because he's king.*

(Ymhen blynyddoedd ar ôl darfod y Seiat roedd y cofnodion a'r stand yn nwylo'r Cadeirydd olaf, Sylvanus Richards, Clawddachoed, ac roedd yntau'n awyddus i'w rhoi i rywun gymerai ofal ohonyn nhw. Fe'u rhoddodd i Siôn Myrfyn, sy'n fardd lleol adnabyddus. Maen nhw heddiw gan nith iddo, Ann Fychan. ac mae sôn am eu hanfon i'r Llyfrgell Genedlaethol. Mae'n drueni nad oes amgueddfa o ryw fath yn Llanbrynmair i dderbyn llawer iawn o greiriau sydd o gwmpas yr ardal.)

Cwrddai'r Seiat unwaith y mis yn y gaeaf a hon, yn eu tyb hwy, oedd y Seiat gyntaf yng Nghymru o'i bath. Astudient y cynganeddion a barddoniaeth glasurol. Mae yma ddarnau o waith Dafydd ap Gwilym, William Llŷn a Siôn Cent ar y ffeil, a darlith ar y Cywydd a thraethiad deunaw ochr ffwlscap ar gerdd dant. Astudient gyfansoddiadau'r Eisteddfod Genedlaethol a chynhalient eu cystadleuthau mewnol eu hunain yn ogystal â chystadlu mewn gornestau eraill. Cawn hanes diddorol am fardd lleol o'r enw Abraham Thomas, crydd ym mhentre Pen-ddôl. Cafwyd yr hanes mewn darlith i'r Seiat gan un o'r aelodau, Edwin Evans y crydd. Roedd Abraham yn grydd ym Mhen-ddôl. Enillodd gadair Eisteddfod Ffestiniog yn 1906 gyda'i awdl "Dechrau Haf", Dyfnallt yn beirniadu (mae copi o'r gerdd ar y ffeil). Wel, pan ddaeth Dyfnallt i bregethu i'r Hen Gapel cafodd Edwin gyfle i'w holi ynglŷn â'r awdl a dyma a glywodd: "Awdl Abram oedd yr orau allan o bedair ar ddeg, ond daeth awdl arall i mewn yn hwyr a rhoddais nhw'n gyfartal. Doedd y Pwyllgor ddim yn fodlon i hynny gan fod y llall yn hwyr. R.Williams Parry oedd awdur honno! Yn 1910 roedd R.W.P. yn ennill cadair y Genedlaethol am awdl "Yr Haf". Mynnai Edwin Evans fod Dyfnallt yn awgrymu mai yr un awdl wedi ei chymenu oedd hi. Beth bynnag am hynny, roedd eisiau bardd go braff i ddod yn gydradd â Bardd yr Haf. Bu farw Abraham Thomas yn y Rhyfel Mawr, wedi marw o lid yr ysgyfaint. Dyma ddechrau ei awdl "Dechrau Haf":

Wedi gogoniant adeg y Gwanwyn
Daw Haf a'i ddeiliaid yn dorf i'w ddilyn;
Â'i riniau deffry bob bryn a dyffryn,
A chlyw y dolydd ei uchel delyn:
Rhydd ef dŵf i erddi dyn, - a thremiad
Bywiol ei gariad i bob blaguryn.

Dyma engrheifftiau o bytiau o gyfansoddiadau Seiat y Beirdd:

Triban "Gwahodd i'r Seiat"
Cawn fathu'r ddawn gyfoethog
Yn heddwch bro Mynyddog,
Rhwng bryniau mwyn hen Lanbrynmair
Di-anair wendud enwog.

Enwogion a Chymwynaswyr

Penillion Coffa W.G.A. i Gwilym Williams, "Gwilym Llan", a gadwai'r dafarn gynt yn Tŷ Mawr, Llan. Cymeriad llawn hwyl a hiwmor. Mae 11 o benillion:

> Tra'r Hydref wrthi'n euro'r coed
> Row'n i a'm grudd yn llaith,
> Yn un o'r dyrfa aeth trwy'r glwyd
> I'th hebrwng ar y daith……

> Gollyngwyd llawer deigryn hallt
> Uwchben dy feddrod llwyd,
> Daw'r llenni lawr hyd Doriad Dydd,
> Nos da – rhaid cau y glwyd.

Mae llawer o ddarnau ar bapur swyddfa'r "War Ag" sy'n dweud llawer am flaenoriaethau'r Swyddfa! E.e. Englyn i rywun mewn ysbyty:

> Ar bentir ing mewn hiraeth – am heulwen
>   Am aelwyd ddi-alaeth,
> O bryderi cyni caeth
> Daw awr dy iechydwriaeth.

Anfonent gyfarchion ar gân i'w gilydd ar gardiau trwy'r post:

> Dolgadfan 1946
> Boed diddig Nadolig helaeth, - a hwyl
>   Ar eich aelwyd odiaeth:
> Hyn yn fyr, cael gŵydd yn faeth,
> Llonydd i fwyta'r lluniaeth.
> Ap Siôn

M.B.E.
(Ar achlysur ei urddo yn Llundain gan y brenin Sior VI)
Bu George yn dyfal ddisgwyl
Am weld sgidie William Anwyl,
A'r Frenhines hithe
A dynnodd dd_ _ _l o swch
Pan welodd drwch ei wadne!

Dyma bennill olaf darn i"Mynwent y Stae", o Gyfarfod Cystadleuol yno yn 1910:

Man o sŵn y byd a'i gyni
Lle mae pawb o ddynol ryw
Yn dychwelyd i gartrefu
Ar Nos Sadwrn einioes yw.
Dwed y cerrig wylia'r beddau
Fel swyddogion angau'i hun
Nad yw'r gair cyfoethog, "sicrwydd"
Yng nghyfrolau hanes dyn.

Mae yma benillion yn cynnwys bron holl enwau aneddau'r plwyf, a chyfieithiad W.G.A., ar gais rhywun, o *My Little Welsh Home*. Rhestr hefyd o "stori whits", llinell yn unig, i'w atgoffa mae'n siwr pan ar lwyfan rhyw Noson Lawen neu Gyfarfod Bach. Roedd hiwmor a thynnu coes yn rhan o gymeriad Wili Anwyl. Yn wir, mae'r rhai fu'n rhannu llwyfan yng nghystadleuaeth Canu Emyn efo'i fab ieuengaf, Hywel Anwyl, yn gwybod yn dda am y tynnu coes sy'n nodweddiadol o'r teulu. D'yw cadw wyneb syth ddim yn hawdd os bydd Hywel wedi dweud un o'i stori whits wrthych jyst cyn i chi fynd i'r llwyfan!

Ceir ar y ffeil bethau pob dydd yn adlewyrchu'r oes, megis er enghraifft bil rhoi trydan yn Hirnant yn 1934: "peiriant 110 v 3KW dynamo, 20 o fylbiau golau a 3 plwg a weirio", £39, i John Davies, Dolgôch, Motor and Electrical Engineers (George yn dweud fod digon o drwbwl wedi bod efo fo!)

MWY O DDIDDORDEBAU
Un o ddiddordebau mawr arall Wili Anwyl oedd hel achau ei deulu, a

pha ryfedd ac yntau'n cael y fraint o olrhain ei deulu'n ôl i Owain Gwynedd. Deuai teulu ei fam o Gernyw yn wreiddiol, fe gredai, ac roedd ei theulu wedi byw yn Rhiwdyfeity ers pedwar can mlynedd. Cai help yn ei ymchwil gan ddisgynyddion o'r teulu yn America. Gohebai gryn dipyn efo nhw. Rhestrodd yn fanwl y rhai o'r teulu a gladdwyd yn Stae a Llawryglyn. Ceir yma gopi o "Galargan" gan ei dad, Edward Anwyl y Mwyars, oedd hefyd yn fardd, am Richard Jones, Rhiwdyfeity a foddodd yn Nylife yn Chwefror 1888 yn 49 oed a'i briod a fu farw o dor calon yn yr Hydref dilynol....Mae yma lythyr o Awstralia yn 1952 oddi wrth Gymry ymfudodd yno yn sôn am bris cneifio – £1.10 am gneifio cant. Llythyr oddi wrth Capten Bennett Evans ac eraill yn diolch am letygarwch ac un gan Iorwerth Peate yn holi am glociwr a fu'n byw yn Cawg, ac un gan J.A.Evans, Morben Isa yn diolch iddo fel "arweinydd a chyfaill i ffermwyr ar hyd y blynyddoedd anodd".

Dogfen arall ddadlennol yw rhestr ocsiwn Thomas Davies, Dolgadfan ar Ebrill 17eg, 1946, gan yr arwerthwyr Morris, Marshall and Poole. Gwerthwyd:

33 o wartheg Hereford, 4 ceffyl, 2 fochyn, (gwerthwyd y defaid, 262 ohonynt am £524 ym mis Medi). Mae'n peri syndod faint o offer ffarm oedd yno, 40 eitem, ac yn werth eu rhestru: "quantity farm tools in lots, cross-cut saw, carpenter's bench and vice, sundry ropes, 50 gallon paraffin drum, toitrees, 3 feeding tubs, 3 meal tubs, iron pig trough, circular ditto, 3 galvanized top sheep racks, root pulper, 3 iron harrows, chain harrow, 2 single ploughs, Ransome's plough, Ransome's one- way plough, Corbett's plough and potato digger, turnip scuffle, wood roller, spring-time cultivator, hay kicker, Nicholsons swath turner, Woodrofe horse rake, mowing machine, Deering binder, Osborne self deliverer, narrow wheel gambo on wood arms, N.W. tumbril on iron arms, light N.W. cart, ground cart on wheels, ground car, Tangye 5 h.p. paraffin engine, complete, Bentall's chaff cutter, Bentall's kibbler, winnowing machine, threshing drum, rack saw bench and saw, 12 ft, shafting and 4 pulleys, 4 driving belts." A dyma'r gêrs ceffylau : "set chain gears, set scotch gears, 2 cart saddles, 2 collars, 1 head collar, 2 pairs brass hames, 3 bridles, odd gears, odd harness".

Yn y tŷ roedd: hen dreser dderw, 8 hen gadair dderw, 2 gloc mawr, wardrob dderw Gymreig, setls derw, llestri china a lustre. (Byddai'n ddiddorol gwybod y prisiau oherwydd mae'r Golygydd wedi clywed ei mam yn dweud lawer gwaith iddi weld dreser yn mynd mewn ocsiwn yn y Bermo yn 1960 am chweugain. Heddiw mae dreser dda o £6,000 i fyny i £20,000)). Siop y Llan oedd yn darparu bwyd ddiwrnod yr ocsiwn yn Nolgadfan.

Oes, mae yma'r difri a'r digri wedi eu cofnodi gyda pharch gan werinwr teimladwy a dawnus.

Un o'r pethau mwyaf diddorol ar y ffeil ydy sgript rhaglen radio a wnaed yn 1951. Rhaglen Saesneg oedd hi o'r enw Country Magazine yn cael ei chynhyrchu i'r BBC gan Nan Davies. Mae llythyr oddi wrthi'n dweud y bydd rihyrsal yn y Wynnstay am hanner awr wedi pump ar nos Sadwrn ac y bydd y sgript yn ei law cyn hynny. Darlledwyd ar y p'nawn Sul. Er mai rhaglen sgwrsio oedd hi, y drefn bryd hynny oedd cadw at sgript wedi ei pharatoi ymlaen llaw rhag ofn i rywun fynd dros ben llestri, ac er mwyn cadw at yr amser, bid siwr.

Yr hyn sy'n rhoi gwerth arbennig ar y deunydd ydy'r casgliad o gymeriadau a gorlannwyd at y gorchwyl: Wili Anwyl, Edwin Evans, John (Jac) Evans y Siop, Wil Richards, Dylife, Miss Owen y Star ac Evan Jones y cipar. Er mai yn yr iaith fain yr oedd hi, pebai'r rhain wedi cael pen-rhyddid i'w dweud hi yn eu ffordd eu hunain mi fuasai hon wedi bod yn garreg filltir o raglen yn ogystal â marathon! Fel yr oedd hi, roedd Mr Aspen, y Cadeirydd, yn eu tynnu'n ôl rhag mynd dros ben llestri. E.e roedd Evan y cipar yn benderfynol o gael ei fidog i mewn i'r ffarmwrs (eu corddi'n fwriadol er mwyn cael tipyn o hwyl wedyn?) ac meddai wrth sôn am fagu grugieir: "Y pla mwya ar y mynyddoedd ydy cŵn. Mae'r ffarmwrs yn cadw gormod ohonyn nhw am eu bod yn cael dogn o India-mêl ar gyfer pob un ac yn ei roi i bethe eraill ar y ffarm a gadael i'r cŵn fynd i chwilio am eu bwyd.... Ac mae ganddyn nhw le i ddiolch i mi am ladd wenciod a ffwlbartiaid a nhwythe'n cael hanner coron yr un am gwningod!" Cawn gip ar ei waith, "Mae angen llosgi pymtheg mil o aceri o rug rhwng Nadolig a dechre Ebrill....gritio ym mis Mehefin am mai mawnogydd ydy'r hen fynyddoedd yma....ripario butts ym mis Gorffennaf ar gyfer y byddigions yn Awst.... Ac mae'n anodd iawn cael ciperiaid a beaters heddiw."

Roedd John Evans yn cymharu Llanbynmair y diwrnod hwnnw efo'r hyn a gofiai'n hogyn. Bu i ffwrdd am ddeg mlynedd ar hugain a newydd ddod yn ôl i gadw siop. Gweld newid mawr. Neb yma heddiw i'w cymharu â'r hen gymeriadau: "Rydw i'n cofio Richard Bennett yr

Hendre yn iawn. Roedd fy chwaer yn cadw tŷ iddo. Mi sgwennodd "Hanes Methodistiaeth" ar gefnau bagiau te – mi wn i achos mi ddarllenais i nhw. Mi fydde'n byta efo llwy yn lle cyllell a fforc er mwyn cael darllen wrth y bwrdd."

Dyna Edwin Evans, wedyn, yn 80 oed ac ar haeriad Wili Anwyl yn gwybod mwy am hanes Llanbrynmair na neb. Wrth sôn am grefftwyr, meddai, "Na, does dim 'sgidie crydd yn cael eu gwneud heddiw, dim ond trwsio. Ond dwi'n cofio teulu Thomas Jones, creffwyr arbennig, yn byw yn Pantypowsi. Arbenigedd y tad oedd gwneud bobinod pren ar gyfer ffatrioedd gwlân ac roedd y meibion yn seiri, yn mendio certi, ambarels, clociau, a gwneud cribiniau bach. Eu hobi oedd gwneud offerynnau cerdd – ffidlau, ffliwtiau, clarinetau, drymiau – ac ar nosau o haf yng Ngwm-Nant-yr-eira gellid eu clywed o bell yn chwarae o flaen y tŷ.

"Cofiaf gymdogion yn gwerthu mogiaid am 4/6 ond bu pethau yn waeth na hynny yn y ganrif o'r blaen dan y landlordiaid a'r rhenti a'r degwm yn gwasgu. Dyna pam y mudodd cymaint oddi yma i America. Mi fydda i'n sgwennu at rywun yn America bob wythnos. Rydw i'n cofio gweld S.R. yr ymladdwr dros gyfiawnder. Roedd o'n arloeswr mawr yn ei syniadau – pleidlais i rai dros un ar hugain oed, dileu crogi, dileu caethwasiaeth, postio am geiniog – fo roddodd y syniad o'r Penny Post i Rowland Hill ond y llall gafodd y clod."

Ymateb Mr Aspen i draethu'r dynion hyn oedd, "*There was a harshness here (in these hills) that bred an independence of spirit and a gentleness, sympathy and kindness of heart as manifested in S.R. himself.*"

Dau o'r Stae sydd ar ôl, Miss Owen a Wil Richards. Arferai hi ddod ar wyliau i fwthyn y teulu yn Nylife bob haf, meddai, ac ar ôl pum mlynedd ar hugain yn fetron mewn ysbyty yn y De dychwelodd i gymryd gofal o westy bach di-nod y "Star" yn Nylife, wyth milltir i'r mynyddoedd o waelod y plwyf. Iddi hi doedd dim profiad tebyg i sefyll uwchben cwymp 130 troedfedd Ffrwd Fawr a gweld y plwy cyfan yn ymagor rhwng y ddwy graig. Wnaeth hi ddim ymhelaethu ar faint syched bugeiliaid Sied (ddefaid) Dylife dim ond sôn am ei phleser yn darparu te iddyn nhw ar y diwrnod mawr.

Wil Richards oedd y cyfrannwr olaf. Soniai am 700 o ddynion a 100 o ferched yn gweithio yn y gwaith mwyn yn Nylife ac roedd yn ffyddiog fod yno ddigon o fwynau ar ôl ac y gwelid ail-agor y gwaith (bu ymdrech rhwng 1933-39) Anfonai samplau yn rheolaidd i ffyrm yng Nghaer ac roedden nhw'n hapus efo lefelau y sinc a'r copr. Cyfaddefai er hynny nad oedd llawer o ddynion dros ddeugain oed wedi eu claddu yn y fynwent. Wrth gwrs, bu raid iddo adrodd stori Siôn y Gof ddaeth i weithio i Ddylife o Sir Aberteifi gan adael ei wraig a'i ddau blentyn adre. Heb glywed gair oddi wrtho ers wythnosau daeth hi a'r plant i holi ei helynt tua Dylife… Wrth eu hebrwng yn ôl fe'u bwriodd nhw i waelod hen siafft. Pan ddaethpwyd o hyd iddyn nhw mewn hir a hwyr safodd Siôn o flaen ei well yn Amwythig a'i gael yn euog, a bu raid i'r gof wneud fframm o haearn i ffitio'i ben ei hun er mwyn ei hongian ar fryn yn ymyl yn rhybudd i bawb…. Gan wybod y stori ddeucan-mlwydd oed aethai Wil Richards a ffrind iddo, Evan Gwilym Davies i dyllu i'r fan yn 1938. Tyllu a thyllu a bron rhoi fyny ac yna'n sydyn dod i glau meddal ac yno'r oedd y benglog yn ei fframm. Mae hi heddiw yn Sain Ffagan yn mwynhau anfarwoldeb.

Cyffyrddiad bach nodweddiadol o Nan Davies i gloi y rhaglen, W.E yn canu cân werin "Blewyn glas ar afon Ddyfi".

George Anwyl, o'r un anian â'i dad, oedd wedi diogelu'r ffeil. Wedi ei eni yn Hirnant gadawodd ysgol Stae yn bedair-ar-ddeg oed ac aros adre i ffarmio. Roedd yn ei elfen yn troi a byddai'n contractio allan weithiau. Daeth yr Ail Ryfel Byd a'r pwyslais ar godi cnydau a chafodd yntau gyfle i oruchwylio gwaith troi ar ffermydd oedd yn cael eu cymryd i fyny gan y Weinyddiaeth am nad oeddynt yn cynhyrchu digon yn ôl eu maint – Cringoed, Esgair Ifan a Bacheiddon, i enwi tair. Roedd tractors a bechgyn y Weinyddiaeth yn cael eu danfon yno i weithio a chodwyd digon o datws ym Macheiddon i fwydo gwersyll Tonfannau.

Erbyn 1953 roedd y cynlluniau yma'n dod i ben a chafodd George gyfle i wneud gwaith arbrofol unwaith eto: daeth, yn ei eiriau ei hun, yn "gyflowr celfyddydol", yn ddyn A.I. neu darw potel, y cyntaf yn yr ardal. Ac roedd ei ardal yn eang, yn ymestyn o Fachynlleth bron i'r Amwythig, Sir Feirionnydd i gyd ac i lawr cyn belled ag Aberhonddu, gyda'r pencadlys yn y Trallwng. Yn ystod 27 mlynedd o wasanaeth ymwelodd a 4,460 o ffermydd. Ar ei brysuraf roedd yn ymweld â 34 y dydd! Ond ar y dechrau ychydig iawn o ffermwyr oedd â ffydd yn y fath beth. Talai ffarmwr swllt i fod yn aelod a phunt am y gwasanaeth ar y cychwyn, ond cododd hynny wedyn, y pris yn dibynnu ar ansawdd y stwff yn y botel. Bu yn y gwaith tan ei ymddeoliad yn 1981. Yn y cyfamser roedd ef a'i wraig, Glenys, wedi mynd i fyw i Efail Bryncoch yn 1965, nid i bedoli and i werthu petrol a chadw siop. Meddai, "5,000 o alwyni y flwyddyn oedd yr Efail yn ei werthu pan ddechreuson ni, yn costio pedwar swllt a chwecheiniog y galwyn i ni ei brynu i mewn - dwi'n meddwl mai pump ceiniog y litr fuasai hwnnw yn ein pres ni heddiw! Cododd yn fuan i 28,000 o alwyni ac erbyn 1988 roedden ni'n gwerthu 75,000. Roedd trafnidiaeth wedi cynyddu'n ddychrynllyd ac roedd y ffordd newydd heibio Llyn Clywedog yn atyniad mawr i rai o bell ac agos.

"Aelwyd agored fu yn fy nghartref, Hirnant a Dogadfan erioed, roedd hynny'n naturiol efallai a ninne'n deulu mor fawr. Roedd hi yr un fath yn yr Efail. Mi ddoi Wigley'r saer yma'n ddiffael bob nos, a rhai eraill fel Davies Pentre Mawr a Bebb Dôl Fawr ac Albert yr Almaenwr. Mi welais rai yma tan dri y bore, a digon gwir ydy'r dywediad "Ar ôl naw y daw y deg a diddan i aros deuddeg!" Mae gen i un peth yn fy meddiant sy'n cysylltu Dolgadfan â'r Efail. Pedol. Pedol wedi'i gwneud yn ddau ddarn a phin yn eu cysylltu yn y canol a hwnnw'n troi fel bod y bedol yn gallu mynd yn fwy ac yn llai yn ôl y galw. Sgwn i oes yna un debyg iddi rywle yng Nghymru – neu yn y byd? Mae wedi'i gwneud gan grefftwr profiadol iawn, Dic y Gof, Richard Davies, tad John Davies y gof enwog a'r olaf fu'n gweithio yma. Fe'i gwnaeth i gaseg yn Nolgadfan pan oedd Thomas Davies yno. Doedd dim posib cael y gaseg i gadw pedol ar un droed flaen, mi dynnai bedol newydd i ffwrdd yn syth. O'r diwedd deallwyd mai athreitis oedd ar y gaseg a hwnnw'n ei phoeni yn enwedig wrth i'r droed chwyddo ac i'r bedol dynhau. Gwnaeth Dic y Gof bedol a hinj ynddi, yn agor a chau, a thynnodd hi byth mo'i phedol wedyn."

Eitem arall fyddai honno i amgueddfa leol yn siwr.

LLOYDIAID LLANBRYNMAIR AC AMERICA

Dyma HYWEL LLOYD, Clevenger, Oxford, Ohio, mab y diweddar Peris Lloyd, Glynteg yn croniclo hanes y teulu yma oedd a'u gwreiddiau'n ddwfn yn Llanbrynmair ac a ganghennodd hefyd yn America.

"Ym mynwent newydd yr Hen Gapel mae carreg fedd go ddiweddar, os nad unigryw. Mae enwau holl deulu Lloydiaid Llanbrynmair arni, y rhieni a'u pedwar o blant, ac enwau eu dau gartref, Glyndŵr a Glynteg. Dyma groniclo yn yr ugeinfed ganrif, felly, hanes teulu ac iddo wreiddiau dwfn iawn yn yr ardal a llinynnau o bwys yn America.

"Ar ddechrau'r ugeinfed ganrif, roedd John a Fanny Evans Lloyd a'u pedwar plentyn ifanc yn byw yng Nghlyndŵr, ym mhentref Wynnstay. Pen saer stad Syr Watkin oedd John Lloyd, ac yng Nglyndŵr yr oedd y felin lifio a'r olwyn ddŵr a'r gweithdai. Hannai o ardal Cemaes/Cwmlline tra roedd Fanny Evans o D'yn-y-waun, Cwm Nant-yr-eira a'i theulu'n olrhain eu hachau i Siôn Dafydd, Hafod-y-foel yng nghanol y 17eg ganrif. Yn llinach y teulu mae personau o bwys, megis y Parch. Richard Tibbott, gweinidog yr Hen Gapel 1762-1798, un a gyfrannodd at enwogrwydd Llanbrynmair yn hanes anghydffurfiaeth. Hefyd y bardd o'r 19eg ganrif, Richard Davies, "Mynyddog", a'r teulu'n falch o'r cysylltiadau Yn ddi-os, roedd gwerthoedd a thraddodiadau eu cyn-deidiau wedi cael eu serio i gof eu disgynyddion.

"Trychineb oedd marwolaeth sydyn John Lloyd yn ddyn ifanc yn 1905 o ddiffyg ar yr arennau, pan oedd gwybodaeth feddygol yn gyntefig a gofal priodol heb fod ar gael. Gadawyd Fanny Evans Lloyd yn weddw â phedwar o blant, 12, 10, 8 a 5 oed. Ni allent aros bellach yng Nglyndŵr a chawsant fwthyn Glynteg gan y stad. Am rai blynyddoedd, felly, roedd hi'n byw ar bensiwn gweddw, a thipyn o help yn siwr gan ei theulu estynedig. Rhaid oedd bod yn ddarbodus, a hyn, a'r pwyslais ar werth addysg a'r diwylliant Cymraeg, a luniodd fywydau'r plant. Y Rhyfel Mawr fyddai'r ysgytwad nesaf i'r teulu, fel y bu i lawer o deuluoedd Llanbrynmair. Ymunodd y mab hynaf, Idwal, â'r Ffiwsilwyr Cymreig a gwasanaethodd yn y Dwyrain Canol. Ymhlith y pethau arswydus a welodd oedd croesi anialwch Seinau ar gamelod heb ddigon o ddŵr, brwydrau Gaza a rhyddhad Jeriwsalem. Yn ffodus, fe ddaeth trwyddi a dychwelyd i Lanbrynmair, ond wedi ei greithio, a'r caledi a ddioddefodd wedi effeithio ar ei dreuliad bwyd ac ar ei olwg ar fywyd. Amharod iawn oedd Idwal i siarad am ei brofiadau adeg y rhyfel weddill ei fywyd. Daeth yr ieuengaf, Ithel Peris i oed cofrestru ym mlwyddyn olaf y rhyfel ond daeth hwnnw i ben cyn cael ei alw i'r ffrynt.

"Llwybrau gwahanol iawn i'w gilydd ddilynnodd Olwen a Cheridwen, y ddwy ganol, ond y ddwy yn glynnu'n glos wrth eu gwreiddiau. I Olwen y disgynnodd y gorchwyl o gadw'r cartref yng Nghlynteg fel yr heneiddiai eu mam, ond roedd hefyd yn wniadwraig a gwnai hetiau a werthwyd trwy siopau Emporium a Siop Wynnstay yn ôl archebion. Ceridwen oedd yr un fwyaf uchelgeisiol a phenderfynol. Aeth yn athrawes gynradd ar ôl bod yng Ngholeg Harlech, gan ddechrau yn Clatter ar yrfa o ddeugain mlynedd. Symudodd yn fuan i Lanerfyl lle y bu tan 1929. Yna, o'r 30au ymlaen daeth Miss Ceridwen Lloyd yn un o wir golofnau'r gymuned yn Llanbrynmair lle roedd yn athrawes. Ond af yn ôl am ennyd rwan i ganol y 20au i adrodd hanesyn a fyddai'n newid cwrs y teulu.

"Tra'n dysgu yn Llanerfyl, lletyai Ceridwen yn Dolerfyl efo'r bostfeistres, Mrs Sidney Roberts, perthynas o bell. Yn 1925, daeth yno ddwy ymwelydd o blith Cymry America, dwy nith i Mrs Roberts, i aros. Roedd Gwendolen a Rena Clevenger yn ferched i Anna Roberts Clevenger (nee. Davies) a oedd wedi ei genu yn T'yn-y-gors ac wedi eu magu yn Dolau, Cwm Nant-yr-eira. Anna oedd yr hynaf o ddeg o blant, ac yn 1865, yn 16 oed ymfudodd i America ar ei phen ei hun. Cartrefodd toc ymhlith y mewnfudwyr o ffermwyr yn Gomer, Ohio lle y cwrddodd â Dr. Richard Clevenger, meddyg a mab i ffarm yn Gomer, a'i briodi. Felly, union hanner can mlynedd ar ôl i Anna adael Cymru dyma'i dwy ferch yn dychwelyd i gwrdd am y tro cyntaf â'u modrybedd, ewyrthod a chefndryd. Ffurfiwyd dolen ar draws yr Iwerydd nas torrwyd a sydd yn gryfach heddiw, efallai, nag erioed.

"Gan mai athrawes gynradd oedd Gwendolen Clevenger hefyd, daeth hi a Ceridwen yn ffrindiau ar unwaith. Un dydd Sul y flwyddyn honno, gwahoddodd Ceridwen y ddwy Americanes i Lanbrynmair a cherddodd y merched yn galonnog "dros y top" o Gwmderwen i Gwmcarnedd ac i lawr at Wynnstay. Sicrhaodd y diwrnod hwnnw y byddai llinach y Lloydiaid yn parhau! Cwrddodd Gwendolen â brawd iau Ceridwen, sef Ithel Peris, ac am y degawd nesaf, fe ymddengys, bu dyfal lythyrru rhwng Llanbrynmair ac Ohio! Yn 1929, cymerodd Ceridwen ysbaid o'i gwaith a hwyliodd i ymweld â'r Unol Daleithau lle yr arhosodd am yn agos i flwyddyn. (Yn ogystal â chael tipyn o antur a phrofiad, tybed nad oedd hi'n sbio tipyn ar ran ei brawd?)

"Ar ol dychwelyd yn 1930 daeth Ceridwen Lloyd yn athrawes i Lanbrynmair, lle y bu hyd nes iddi ymddeol yn 1957. Ildiodd Peris i demtasiwn a hwyliodd i'r Unol Daleithau ar fisa ymwelydd yn 1936. Fe ddeuai'n ôl i Lanbrynmair yn 1937 â gwraig ganddo, a phlentyn ar y ffordd. Roedd dychwelyd adre'n ofynnol er mwyn iddo allu cwblhau papurau angenrheidiol i'w alluogi i gael mynediad i'r Amerig fel mewnfudwr swyddogol. Ithel Peris Lloyd oedd yr olaf o nifer fawr o frodorion Llanbrynmair a ymfudodd i orllewin Ohio dros y 150 mlynedd blaenorol. Gwyddai pawb yng Nglynteg nad yn gwbwl o'i bodd y gwelodd Mrs Fanny Lloyd ei chyw melyn olaf yn gadael y nyth am byth, ac roedd y cymylau duon cynyddol dros Ewrop yn y 30au hwyr yn gwneud pethau'n waeth. Fodd bynnag, gwellodd pethau gryn dipyn ar ddyfodiad yr ŵyr cyntaf, ac yn 1940 wyres fach, er eu bod 4000 o filltiroedd i ffwrdd. Roedd y llwyfan wedi ei osod am yr hanner canrif dilynol. Yn ddiffael, sgrifennwyd y llythyrau Sul wythnosol, yn Gymraeg wrth gwrs, rhwng Llanbrynmair ac Ohio, trwy flynyddoedd blin y rhyfel a thu hwnt.

"Ar ôl y rhyfel, ac ar ôl dwy flynedd o geisio taer, llwyddodd Lloydiaid America i gael tocyn o Efrog Newydd i Southampton, ar long heb ei hadfer yn llawn o'i dyletswyddau o gario'r lluoedd adeg rhyfel. Roedd y genhedlaeth nesaf o Lloydiaid, Hywel a Rebecca, ar fin cwrdd â'u hunig nain, "Nain Glynteg", y modrybedd a'r ewythr yn Llanbrynmair, a theulu pellach yn Nant-yr-eira a thu hwnt. Fe erys yr haf hwnnw, 1948 yn fyw iawn yn fy nghof. Byddai'n dylanwadu'n sylweddol ar gwrs fy mywyd. Roedd llawer o fannau a phobol rywsut fel pe'n wybyddus iawn i mi trwy storiau fy nhad, Peris Lloyd. Rwan, daeth y cyfan yn fyw.

"Yn 1954 bu farw Fanny Evans Lloyd yn ei chartref yn Glynteg yn 91 oed, wedi cael y gofal a'r parch mwyaf gan ei phlant. Yna, pan ymddeolodd Ceridwen yn 1957, hwyliodd hi ac Olwen o Lerpwl ar daith gyntaf llong bleser Cunard, Sylvania, i fynd ar ymweliad hir ag Ohio. Yn aros amdanyn nhw ym Montreal yn y car roedd Hywel. Yn ystod yr haf hwnnw aethant i gyd efo'i gilydd ar daith yn y car i'r Gorllewin Gwyllt, lle dotiodd Ceridwen ac Olwen ar fawredd mynyddoedd Colorado a Mynyddoedd Duon De Dakota. Clymodd yr ymweliad yma y cwlwm teuluol yn dynnach fyth. Ar ôl ymddeol daliodd Ceridwen i gefnogi'r "pethe" yn Llanbrynmair, yn organyddes yn yr Hen Gapel ac yn aml yn Soar. Yn ddiweddarach, daeth yn aelod o Lys Llywodraethwyr Coleg Prifysgol Cymru, Aberystwyth am dros ddegawd, yn cynrychioli Dosbarth Machynlleth.

"Roedd Hywel wedi dal i ddyheu am ddychwelyd i Gymru fyth oddi ar yr ymweliad cyntaf yn 1948. Roedd o erbyn hyn, yn y 60au cynnar, yn astudio am ddoethuriaeth mewn daearyddiaeth, ac fe ddyfeisiodd ffordd i sicrhau y byddai'n cael dod yma! Cynnigiodd bwnc traethawd ymchwil yn seiliedig ar Sir Drefaldwyn a, do, mi landiodd yn Llanbrynmair yn 1962, fo a'i Volkswagon Beetle gwyn. Daeth llwyddiant academaidd o'r deg mis dilynnol a dreuliodd o dan gronglwyd y teulu Lloyd, ac o'r ymchwilo a'r teithio i'r Llyfrgell Genedlaethol yn Aberystwyth trwy gydol gaeaf trybeilig o oer 1962/63, ac o'r tramwyo a fu ar hyd ffyrdd bach croesion y sir. Ond dyma'r flwyddyn hefyd pryd y symudodd Idwal, Olwen a Ceridwen o'u pentref genedigol i fyw ym Machynlleth. Fel yr aent yn hŷn, daethant i sylweddoli mai doethach fyddai symud i le y ceid dŵr tap a thoiled yn y tŷ, trydan, a siopau a chapel o fewn tafliad carreg. Yn Rhagfyr 1963 y bu'r mudo. Ond wnaeth hyn ddim gwahaniaeth o gwbwl i'w cariad a'u ffyddlondeb dwfn at Lanbrynmair a'i phobl. Daethant yn gyfarwydd â byw ym Machynlleth yn fuan iawn, gan wneud ffrindiau a chymdogion newydd, ond gan gadw croeso arbennig i ymwelwyr o Lanbrynmair.

"Bu farw Idwal Lloyd yn 1968 yn 75, yna Olwen yn fuan yn y 1980au. Yn y cyfamser, priododd Hywel â Melani, merch o'r Iseldiroedd a daeth merch fach, Gwendolen i'r aelwyd yn 1979. Byth oddi ar 1963 mae Lloydiaid ifanc America wedi dychwelyd yn aml iawn i Gymru, a bob amser yn edrych ymlaen at fynd i Lanbrynmair. Rhaid i mi gyfaddef, bob tro y deuaf dros dop Talerddig a chychwyn i lawr y goriwared, dechreua'r adrenalin bwmpio, daw lwmp i'm gwddw a theimlaf fy mod "yn dod adre". Yn ystod ei deng mlynedd olaf, daeth Miss Ceridwen Lloyd yn "nain" hoff iawn yng ngolwg ei gor-nith, Gwendolen. Meithrinwyd y berthynas trwy lawer o ymweliadau, gan gynnwys penblwydd Ceridwen yn 90 yn Rhagfyr 1986. Daeth ei bywyd i ben yn dawel iawn chwech wythnos yn fyr o'i 94 yn 1990. Cefais innau'r fraint o fod efo hi. Yn dilyn ei hangladd – byr a syml yn ôl ei dymuniad – llanwyd yr Hen Gapel yn y gwasanaeth coffa. Cyfrannodd ffrindiau, gan gynnwys cyn-ddisgyblion, at yr achlysur trwy adrodd eu hanesion amdani – gyda chryn dipyn o hiwmor fuasai wedi plesio Ceridwen yn fawr iawn.

"Daw'r garreg fedd yn Hen Gapel a stori'r Lloydiaid yn Glyndŵr a Glynteg i ben. Mae'r arysgrif arni'n anghyffredin gan fod y plentyn ieuengaf, Peris, mewn gwirionedd yn gorffwys ymysg llawer iawn o frodorion Llanbrynmair ym mynwent Tawelfan, Gomer, Ohio. Gadawodd ran fawr o'i galon yn Llanbrynmair, ac felly mae'n addas ei fod yn cael ei goffau yma fel hyn. Wrth i ni gamu i'r unfed ganrif ar hugain, bydd y cwlwm cariad sydd rhyngom â chornel arbennig o Sir Drefaldwyn yn cael ei feithrin a'i drysori gan y genhedlaeth bresennol o Lloydiaid America".

11 - CLYBIAU A CHYMDEITHASAU

YR AELWYD
Dechreuwyd Aelwyd yr Urdd yn Llanbrynmair gan y Parch. Robert Evans tua 1941. Roedd hi'n adeg rhyfel a chyfyngdra ar bopeth ond fe lwyddwyd i gael amal i drip oedd yn ehangu gorwelion. Ond rhaid cofio mai dim ond plant y Gwaelod oedd yn gallu perthyn i'r Aelwyd mewn gwirionedd gan fod trafnidiaeth yn anodd i blant o'r cymoedd. Dyma atgofion JOHN DAVIES, Dôlgoch o'r dyddiau cynnar:
    "Un o gymwynasau'r Urdd oedd caniatau i blant cartrefol iawn weld tipyn ar eu gwlad. Buom ar aml i drip gan gynnwys cerdded i ben yr Wyddfa, wedi mynd i Lanberis mewn gwahanol geir, ac i Bont-ar-fynach a Clarach. Aeth côr yr Aelwyd i gystadlu i Langefni yn 1948 dan arweiniad W.E.Williams, Tŷ Pella oedd ar ei brentisiaeth bryd hynny. Mae gan Lynfa (Williams, bellach, Hendre) gof am y merched yn eu blowsus gwynion ar y bws a Haydn (Jones, Pantglas gynt) rywle tua Porthmadog, yn agor potel o bop Corona coch a hwnnw'n tasgu trostyn nhw i gyd! Bu rhaid golchi'r blosus i'w cael nhw'n barod i fynd i'r llwyfan trannoeth. Tipyn o dasg a dim peiriannau golchi na sychu bryd hynny…Y daith nesaf oedd i Faesteg yn 1953 pryd y daeth y parti cyd-adrodd dan hyfforddiant Idris ap Harri yn drydydd. Roedd prysurdeb mawr yn 1952 adeg Eisteddfod Machynlleth, a'r flwyddyn honno y daeth Elwyn Davies yma'n brifathro. Deinamo, os bu un erioed! Rhoddodd ef a'i wraig dalentog, Nest, eu holl egni i'r Aelwyd gan adeiladu ar y seiliau oedd yma, ac Islwyn a Gwyneira Lewis wrthi ers blynyddoedd efo'r ddrama. Y pinacl oedd ennill ar y Noson Lawen yn Eisteddfod Dolgellau yn 1960. Aethom â'r Noson Lawen i Lundain ar wahoddiad capel Annibynwyr Cymraeg Charring Cross, a dyna beth oedd trip – yn enwedig pan welwch pwy oedd yn rhan o'r parti: Tom Breese, Ffriddfawr (digrifwr cenedlaethol erbyn hyn a chymwynaswr ardal fel arweinydd ar lwyfan), Tecwyn Morris (yn dalp o hiwmor i flaen ei draed, ymgymerwr angladdau wedi hynny), Hedd Bleddyn (tynnwr coes a limrigwr enwog "Talwrn y Beirdd", a darparwr cerrig beddau wedi hynny), Margaret Jones (adroddwraig fedrus – diacones a ffermwraig wedyn), Dic Pugh o'r Tŷ Capel, tenor i dynnu dagrau, a Gaynor Wigley (Breese wedyn) yn cyfeilio. Byddai'r Aelwyd yn mynd o

gwmpas i gynnal nosweithiau mewn neuaddau pentref; cofio mynd i Benrhycoch a'r triawd Donald Lewis, John Glandŵr ac Alun Bron Iaen yn ei morio hi."

Dechreuodd oes aur Aelwydydd Maldwyn yn y 50au cynnar, ac yng ngeiriau Elwyn Davies, "Roedd hi felly yn Llanbrynmair, diolch i rai fel Idris ap Harri, Wil Tŷ Pella, Y Parch Robert Evans ac yn enwedig Islwyn a Gwyneira Lewis. Doedd dim diwedd ar yr hwyl! Cafwyd hwyl arbennig efo'r dramau, wedi'u hyfforddi gan Islwyn, a bechgyn fel Alun Bron Iaen yn disgleirio. Llwyddwyd efo cerdd dant hefyd dan ofal Ted Richards, Carno, pryd y deffrowyd diddordeb mewn bechgyn fel Elwyn yr Hendre. Enillwyd hefyd efo "Chwaraegerdd" yn yr Urdd, "Y Ferch o Gefnydfa" a hefyd "Ann o Ddolwar Fach", efo Ann Lewis (Fychan wedyn) yn chwarae'r prif rannau, a Dic Pugh, Tŷ Capel, yn "Wil Hopcyn", ac ar noson y gystadleuaeth yn torri calonnau efo'i "Bugeilio'r Gwenith Gwyn"! Cystadleuaeth newydd oedd y "Noson Lawen", a rhaid oedd trio, ac fel y dywedodd John Dôlgoch, trysorydd yr Aelwyd am flynyddoedd, cipiwyd y wobr, a'i pherfformio wedyn yn Llundain. Do, mi welodd yr hen neuadd bentref bethau rhyfedd dros y blynyddoedd yn yr ymarferion, pethau a wnaeth i lun Mynyddog wenu ar y wal! Melys a hyfryd yr atgofion – hyd yn oed am y tîm pêl-droed!"

Wedi i Elwyn Davies adael ar ôl 9 mlynedd lwyddiannus, daeth Harri Roberts i'w le a daliodd ati efo'r gwaith. Yna, o 1984 i 94 arweinyddion yr Aelwyd oedd Ceris Rees ac Eleri Morris, pryd y bu cryn weithgaredd unwaith eto ond y nifer wedi disgyn i tua 25. Cryfder arbennig yr adeg yma oedd chwaraeon a dawnsio gwerin. Daeth tîm pêl-rwyd yr Aelwyd yn gyntaf yn Chwaraeon Cenedlaethol yr Urdd yn 1993 a 94, daeth y tîm pêl-droed yn ail yn y Chwaraeon Cenedlaethol yn 1993, a daeth y tîm pŵl yn gyntaf ac ail hefyd yn genedlaethol – yn ymarfer yn y Wynnstay cyn oriau agor. Daeth y parti dawns werin yn drydydd yn Eisteddfod Dolgellau yn 1994. Mewn maes arall, enillwyd Tlws Celf a Chrefft yr Urdd yn 1990, ac yn 1994 a 95 enillwyd Cwis yr Urdd gan dîm Mair Jones, Llywela Rees, Carwyn Jones a Mererid Wigley.

Daeth yr Aelwyd i ben yn 1995.

DAL PYSGOD

Byd diddorol iawn yw byd y pysgod a bu yn Llanbrynmair ddiddordeb mawr erioed mewn brithyll ac eog. Mae yn yr ardal bedair afon fyrlymus, iach arferai fod ar hyd y canrifoedd yn gyforiog o bysgod, sef yr Iaen sy'n codi ar Newydd Fynyddog, Carfan sy'n codi ym mlaen Cwm Tafolog ac yn ymuno wrth y Plas efo'r Clegyr sy'n codi ar fynydd Clegyrnant, afonydd bywiog, llawn creigiau, rhaeadrau a phyllau. Mae pedwaredd afon y plwyf, y Twymyn sy'n codi ar Ddylife ac yn rhedeg i lawr trwy'r Pennant a'r Bont yn anaddas i bysgod oherwydd y plwm yn y dŵr.

Pan oedd y stadau yn berchen ar y tir, hyd at y ddechrau'r 60au, doedd dim hawl gan neb i bysgota a chedwid llygad barcud ar yr afonydd gan y ciperiaid, yn enwedig amser claddu yn yr Hydref. Ciperiaid Asiantaeth yr Amgylchedd sydd yma heddiw yn gofalu fod gan bawb drwydded.

Cipar neu beidio, roedd potsio yn ail natur i'r rhan fwyaf o fechgyn yr ardal ers talwm. Gall Golygydd y gyfrol yma adrodd stori neu ddwy am hynny.... "Ces fy ngeni a'm magu ym Mhlas Rhiwsaeson, ar gydiad y Clegyr a'r Carfan, canolfan botsio os bu un erioed a phencadlys i berthnasau o botsiars o hil gerdd ac un yn arbennig, Wil Cwmpen. Roedd Plas bryd hynny ar stad Syr Watkin ac roedd gan hwnnw asiant llygadog yn yr ardal a dau gipar, un ohonyn nhw, Ifan Jones, yn byw yn y Ffatri ergyd carreg o'r Plas. Pa ryfedd fod fy nhaid ar bigau'r drain yn yr Hydref a'i feibion a'u cyfeillion yn defnyddio'r lle fel ffair bysgod Billingsgate! Roedd rhes barhaol o bysgod mawr yn hongian gerfydd bachyn o ddant ar fachau yn y bwtri bellaf a'u cynffonnau'n llusgo'r llawr. Does gen i ddim cof bwyta dim ohonyn nhw – gwell gan bawb gig moch, am wn i. Yn eironig iawn, y moch neu'r ieir gan amlaf fyddai yn eu cael nhw wedi'u berwi a'u cymysgu am ben blawd. Meddyliwch mewn difri beth ydyn ni'n dalu heddiw am samon ar stryd Machynlleth a hwnnw'n aml wedi'i fagu mewn caets!

"Her oedd pysgota'r afon i'r bechgyn, antur wedi nos, sialens i weld pwy a orfu, yr eog dewr neu'r gwrthfach cas. Ond doedd hi fawr o sialens, a dweud y gwir, a chefnau'r pysgod allan o'r pyllau bas. Clywais ddweud y gallech groesi afon trwy gamu arnyn nhw heb wlychu eich traed! Mi roedd yr ysfa i ddal pysgod wedi ei throsglwyddo yng ngenynnau bechgyn cefn gwlad ers cyn co'. Un o'r rhain oedd Wil Cwmpen, a'r peth olaf wnaeth o cyn troi am Wrecsam i ymuno â'r fyddin oedd potsio afon Clegyr, fel y gwnaeth ganwaith, o bont Plas at Ryd-y-meirch ac i lawr yn ôl. Daeth i'r tŷ tua hanner nos ac arllwys llond sach o samons ar lawr teils y gegin fawr er mawr ddicter i fy mam. Roedd y llawr yn un slyfêr o wyau a gwaed a rhaid oedd clirio'r cwbwl, a'r ogle, cyn y deuai Ifan Ffatri i moen ei beint llaeth yn y bore, oherwydd mi ddeuai i'r tŷ ac eistedd ar y setl yn ddiffael i gael sgwrs efo nhaid (a finne'n amal yn eistedd ar ei lin). Wel, doedd hynny hyd yn oed ddim yn ddigon gan Wil. Ar ôl paned o de a ffarwelio aeth am Gwmpen gan botsio'r afon bob cam unwaith eto. 'Sdim dowt nad aeth o a'r hen gwm efo fo yn ei galon dros y dŵr, a'i fam yn anfon baco iddo wedi'i lapio mewn pellen o edafedd sane er mwyn iddo fod yn siwr o'i gael. Cafodd ddod adre'n saff, priodi â merch o'r Alban a chael tyaid o blant. Mae'n byw heddiw yn Aberteifi, wedi ffeirio murmur Clegyr am sŵn y môr."

Y CLWB PYSGOTA

Trown rwân at hanes Clwb Pysgota Llanbrynmair gan EMYR LEWIS sy'n enedigol o Aberllefenni. Priododd lodes leol sef Dyfi Jones, merch Siop Tomi. Maen nhw wedi adeiladu tŷ ar lan afon Clegyr ar safle'r hen siop. Dyma ofyn i Emyr,

"Beth ydy'ch cysylltiad chi efo'r afonydd yma, Emyr?"

"Wel, mi fues i'n feili dŵr i Ddŵr Cymru am flynyddoedd, yn gyfrifol am ddalgylch afon Dyfi ers 1967. Gwylio rhag potsiars oedd un o'm prif gyfrifoldebau pryd hynny a gwneud yn siwr mai dim ond rhai â thrwydded oedd yn cael pysgota, a dim pysgota allan o dymor. Mi rois ras i amal un wedi nos efo lamp!

"Erbyn hyn, Asiantaeth yr Amgylchedd sy'n gofalu am yr afonydd ac fe'm trosglwyddwyd i'r gwasanaeth hwnnw fel Swyddog Gorfodaeth, a maes fy ngofalaeth erbyn hyn yn ymestyn ar draws gogledd Cymru, o Gaer i Fôn ac i lawr i Faldwyn. Mi fydda i'n monitro ansawdd y dŵr, yn sicrhau nad ydy o'n cael ei lygru ac os ydy o, yn chwilio o ble y daw'r llygredd. Yn ogystal â bod yn feili afon rydw i'n gweithredu fel plismon amgylchedd rwân, yn cadw llygad ar be sy'n cael ei waredu fel gwastraff i afonydd. Cau llygaid yn aml ar ychydig lygredd o ffermydd, fel biswail yn rhedeg i afon weithiau. Ond ychydig iawn o drafferth sydd wedi bod yn yr ardal yma - mae'n debyg am fy mod i'n byw ar eu stepen drws ac yn debyg o glywed am unrhyw anghaffael. Mae pawb yn ymddwyn yn reit gyfrifol ffordd yma, a dweud y gwir.

"Mae yna chwech o swyddogion gorfodaeth yn gweithio yn y gogledd yma ac yn adrodd i mi beth sy'n gyrru ymlaen yn eu dalgylch. Tipyn yn wahanol i'r hen amser pan oedd 78 o feiliaid dŵr yn gweithio i'r Awdurdod Afonydd yn y 70au. Torrwyd rheiny i lawr i 36 a rwân does ond saith ohonon ni. Mae yna lawer o dorri'n ôl wedi bod. I'r amgylchedd nid i'r afonydd y mae'r Cynulliad yn rhoi arian mawr rwân, ond rhaid iddyn nhw beidio anghofio fod yr afonydd yn tynnu pobl ac yn dda i'r economi. Y Ddyfi ydy'r drydedd afon orau am sewin yng Nghymru ac mae'r arian a werir ar bysgota yn yr ardal yn sylweddol iawn. Er hynny, mae'r Llywodraeth yn disgwyl i'r Clybiau Pysgota edrych ar ôl yr afonydd ond Asiantaeth yr Amgylchedd sy'n cael arian y drwydded!

"Ydy'r Asiantaeth yn stocio'r afonydd efo pysgod bach? Wel, nag ydy. Mi fuodd y gwahanol Fyrddau Dŵr yn gwneud hynny pan oedden nhw mewn bodolaeth - roedd ganddyn nhw eu deorfeydd, ond dim mwyach. Mae'r gwybodusion yn dweud rwân ei bod hi'n well i'r pysgod gwyllt fagu'n naturiol yn yr afonydd. Wrth gwrs, er mwyn i hynny ddigwydd mae'n rhaid i'r dŵr fod yn lân iawn. Rhywbeth sydd wedi amharu'n fawr ar ansawdd y dŵr ydy lefel yr asid sydd ynddo heddiw. Mae amryw resymau am hynny: llygredd yn yr awyr yn achosi glaw asid a hynny'n cael ei wneud yn waeth gan y flanced goedwigaeth sydd wedi gorchuddio llawer o'r ucheldir, a hefyd diffyg calch yn y tir. Arferai ffarmwrs yn draddodiadol wasgaru llawer o galch ar eu tir i gynyddu ei gynnyrch, ond pan beidiodd y grantiau at hynny dros ugain mlynedd yn ôl ychydig iawn o galch welodd y tir wedyn.

"Ond i fynd at hanes Clwb Pysgota Llanbrynmair. Tua ugain o aelodau sydd ar hyn o bryd, yn talu £25 y flwyddyn o aelodaeth. Rydyn ni'n berchen ar afon Twymyn o Dafolwern i Glan Twymyn ac eithrio darn o dan Ffridd Fawr sydd wedi'i osod i rywun oddi ffwrdd. Rydyn ni'n talu £800 y flwyddyn i'r ffarmwrs am yr afon felly mi welwch ein bod ni wedi bod mewn peryg o redeg ar golled. Pan ddechreuson ni yn y 60au ac ar hyd y 70au roedd y Clwb yn dal ei ben uwchlaw'r dŵr trwy gynnal raffls ac ati. Ond yn yr 80au mi aeth pethau ar i lawr ac mi roedd yn rhaid chwilio am waredigaeth o rywle neu mi âi'r Clwb efo'r lli....

"Wel, mi roedden ni ers rhai blynyddoedd wedi bod yn trio cael gafael ar ddau lyn i fyny yn y topiau yna, Llyn Gwyddior a Llyn Coch-hwyad, uwchlaw Clegyrnant. Maen nhw'n perthyn i stad Syr Watkin Williams Wynn, rhan o'r ychydig eiddo sydd ganddyn nhw bellach yn Llanbrynmair. Roedd y Clwb wedi sgrifennu at yr asiant lawer gwaith yn gofyn am drafodaeth ar y pwnc. Dim ateb. Ond fel mae lwc yn gallu troi ynte! Roeddwn i'n digwydd bod ar lan afon Dyfi yn ymyl Dinas Mawddwy un diwrnod yn 1986 ac mi roedd yno ddyn yn pysgota. Fel beili dŵr, mi es ato a gofyn am gael gweld ei drwydded. Pwy oedd o ond y Gwir Anrhydeddus Neville Hill Trevor, brawd yr Arglwydd Trevor o'r Waun. Aethom i siarad am Syr Watkin a'r ddau lyn. "Wel! Wel!" medde fo, "mi fues i'n pysgota'r llynnoedd yna lawer gwaith ers talwm ac mi rydw i'n dal yn ffrindie mawr efo'r Syr Watkin presennol." Mi ddwedais inne wrtho fo fod y byd yma'n fach, bod fy ewyrth, Dr Lewis, Dolguog, wedi bod yn garcharor rhyfel am bedair blynedd efo yr hen Syr Watkin, yn gweithio ar y Burma Road efo'i gilydd. Roedd y ddau yn rhannu pabell, ac ar ôl y rhyfel pan ddeuai Syr Watkin i'r cyffiniau byddai'r Doctor bob amser yn mynd i'w weld. Mi gadwon gysylltiad i'r diwedd.

"Wel! Wel!" meddai'r gŵr, "Bydd yn rhaid i mi ddweud wrth ei fab". Ac yna mi fachais ar fy nghyfle i ddweud wrtho am y ddau lyn ac fel roedd y Clwb yn awyddus iawn i gael defnydd ohonyn nhw, ond erioed wedi llwyddo i gael ateb. "Shame they are empty and not managed," meddwn i. "Pa ddiwrnod sy gynnoch chi'n rhydd yr wythnos nesa?" medde fo. "Dowch draw i Langadfan i gwrdd â Syr Watkin". A hynny fu. Dwedais wrth hwnnw ein bod wedi bod yn gohebu â'i asiant ers pymtheg mlynedd heb ddim lwc. "Chlywais i rioed air am y peth," medde Syr Watkin. "Sgrifennwch ata i yn amlinellu eich cynlluniau ac mi ddown ni i gytundeb." Ac mi ddowd. Roedd hynny yn 1986. Erbyn hyn, y ddau lyn yma sy'n cadw'r Clwb i fynd. Mae'r arian gawn ni am y trwyddedau dydd yn talu rhent yr afon.

"Mae Llyn Gwyddior a Llyn Coch-hwyad tua pum acer ar hugain yr un a rhyw ddwy filltir oddi wrth ei gilydd. Mae ffordd galed yn mynd heibio'u hochrau, hen lwybr wedi ei wella. Mae yna ddau gwch ar bob llyn a chaiff pysgotwr gadw pedwar pysgodyn y dydd. Brithyll gwyllt ydyn nhw a'u cnawd yn binc iawn am eu bod yn bwydo ar gorgimychiaid dŵr ffres. Dydy Coch-hwyad ddim yn ddwfn – gallech gerdded ar ei draws mewn mannau ond byddai hynny'n beryglus onibai eich bod yn nabod y llyn yn dda. Mae yna dir corsiog o'i gwmpas. Mae Gwyddior yn wahanol iawn; mae ei lannau'n glir ac mae o'n ddyfnach o dipyn, o 30 i 40 troedfedd. Bydd pobol yn gofyn i mi weithie a oes yna pike yn y llyn, y pysgodyn cwrs anferth ac ysglyfaethus hwnnw. Wel, digon teg, mi roedd yna un adeg. Bwrdd Dŵr Hafren-Trent fu'n rheoli'r llyn un adeg a'r Cyngor Cefn Gwlad yn rheoli Coch-hwyad. Roedd Hafren-Trent wedi meddwl gwneud strôc ohoni trwy fagu miloedd o eogiaid bach yn llyn Gwyddior, ond yn anffodus llyn pysgod cwrs fu Gwyddior gan stad Syr Watkin ac felly roedd o'n dal i fod â nifer o pike ynddo o hyd. Fydde'r rheiny fawr o dro yn llowcio unrhyw bysgod bach, ac felly roedd yn rhaid cael gwared arnyn nhw. Rhoddwyd gwenwyn yn y dŵr i'w difa. Roedd y llyn, debygen nhw, yn barod rwân i'w stocio efo eogiaid. Rhoddwyd rhai bach i mewn, rhwng dwy a thair modfedd, a'r theori oedd y bydden nhw ar ôl tyfu tipyn yn ffeindio'u ffordd i'r nentydd ac yna i'r môr. Ond nid felly y bu. Roedden nhw'n rhy ffond o'u lle yn llyn Gwyddior - nid aen nhw ddim oddi yno – neu efallai eu bod nhw'n meddwl eu bod nhw eisoes yn y môr! Mi dyfson yn bysgod deubwys a dim mwy. "Pysgod clo" maen nhw'n galw pethe felly, "land-locked salmon", a'r rheswm oedd doedd dim digon o gerrynt yn y llyn i'w tynnu allan a'u cychwyn ar eu siwrne. Bu'r pysgod farw ymhen rhai blynyddoedd, a sut bynnag, doedd yna ddim graean iddyn nhw gladdu wyau hyd yn oed pebaen nhw'n ddigon o faint i ddodwy. Bu'r llyn yn dawel wedyn am flynyddoedd a dim byd yn digwydd yno nes i'r Clwb Pysgota gael hawl arno a'i stocio efo brithyll.

"Pysgota brithyll y bydd pysgotwyr y Twymyn ond mi ddaw yna ambell sewin i fyny o'r Ddyfi ar y lli yn yr haf. Mae gynnon ni syniad go lew faint o bysgod sydd yn afon Dyfi gan fod yna system rifo yn Derwenlas ychydig uwch na'r penllanw, efo pelydr ar draws yr afon a chamera fideo dan y dŵr. Daw tua deugain o eogiaid i fyny'r afon yn Ebrill, yna ym Mehefin tua pedwar cant, a thua dau gant a hanner yn Awst. Yn Awst a Medi y daw'r eogiaid sy'n bwriadu dodwy, gan aros yn y pyllau a phesgu'n braf tan yr Hydref. Bryd hynny, i fyny'r afon â nhw ac i'r nentydd pellaf i chwilio am grafel i gladdu. Mi gollan eu graen yn llwyr ac ar ôl claddu bydd 95% o'r pysgod yn trigo. Ar ôl deor mi fydd yr eogiaid bach yn aros yn y nentydd a'r afon am ddwy flynedd nes eu bod tua chwe modfedd o hyd. Ar ôl blwyddyn yn y môr mi fyddan hyd at chwe phwys, ar ôl dwy flynedd hyd at ddeg pwys ac ar ôl tair blynedd tua pymtheg pwys a mwy. Mae yna lawer o eogiaid na ddon nhw byth yn ôl i Ddyfi a Thwymyn, ond am y sewin mi ddaw hwnnw'n ôl flwyddyn ar ôl blwyddyn i'r un lle. Mae yna gownt am un fu i fyny yma'n claddu wyth o weithiau. Maen nhw'n haws i'w dal am eu bod nhw'n cadw'n nes i'r lan na'r eog.

"Mi allwn ni fod yn falch iawn o lwyddiant Clwb Pysgota Llanbrynmair yn y maes cystadleuol. Pedwar cant o Glybiau sydd yna yng Nghymru, rydyn ninnau wedi cystadlu llawer ac ennill. Pedwar neu wyth fydd yna mewn tîm ac ar lynnoedd Brennig, Llysyfrân a Llandegfedd y bydd y cystadlu. Fe enillson ni trwy Gymru bedair gwaith ac ennill trydydd a phedwerydd trwy Brydain. Aelodau'r tîm fel arfer fyddai Richard Evans, Penegoes, John Garside o Dafarn y Gwylliaid, Mallwyd, Shane Jones, Aberangell a Robert Plume a finne o Lanbrynmair, i gyd yn perthyn i'r Clwb yma, wrth gwrs. Os ca i fod yn hy' a dweud fy mod i wedi bod yn nhîm Cymru bymtheg o weithiau, yn gapten unwaith neu ddwy. Ar Rutland Water fydd y gystadleuaeth Brydeinig, neu weithiau yn yr Alban neu Iwerddon. Mi fydde rhywun yn clywed "Lambremêr! Where's Lambremêr?" yn dod dros yr uchelseinydd a rhyw don o falchder yn dod trosoch chi. Roedd yn golygu dau ddiwrnod o bysgota, a rhwng 360 a 400 yn pysgota o'r lan yn y ffeinal. Do, mi ddoth y Clwb a lot o lwyddiant i Lanbrynmair ond mae'r tîm bellach wedi "ymddeol" ac mae'n bryd i'r rhai ifanc gymryd eu lle. Mae'n drueni ei bod hi mor anodd eu cael i gymryd diddordeb a ninnau a'r fath adnoddau bendigedig yn yr ardal. Rydw i wedi cynnal dosbarthiadau yn y Ganolfan ond does neb wedi "cydio" rywsut. Mei y Gerddi'n dweud ei fod o'n "rhy brysur". Finne'n ei atgoffa o'r blaenoriaethau…. Gwilym Brynllys yn dweud "Mi ddo i leni", a leni byth yn dod!

"Mae'r Clwb wedi colli hen ffrind ac aelod ffyddlon sef ein cyn-Weinidog, y Parch Ifan Wyn Evans sydd wedi ymddeol a chymryd y goes tua'r De. I be, dwn i ddim ac ynte bob amser yn dweud mai'r lle agosaf at y Nefoedd oedd Llyn Gwyddior! Dyna lle bydden ni allan ar y llyn a'i gi bach, Cymro, yn eistedd rhyngddo ni. Fi'n dal a Wyn yn dal dim. "Rwyt ti'n gwybod Pwy sy'n watsio ni," meddwn i, "rhaid dy fod ti wedi gwneud rhywbeth na ddylet ti ddim." "Na, na, dangos i ti fy mod i'n gallu joio heb ddal dim ydw i!" Dro arall a'r ddau ohono ni'n dal, yr hen gi bach yn neidio ar bysgodyn Wyn bob tro a chymryd dim sylw o beth ddaliwn i. Roedd ei holl sylw ar wialen Wyn. Ffyddlondeb ac addoliaeth ci, ynte!

"Mi ddaliwn ni ymlaen efo'r Clwb, mae'r dŵr a'r llynnoedd gynnon ni. Mawr yw ein braint. Mae mor fendigedig i fyny ar y topie yna. Efallai y bydd darllen hwn yn ysgogiad i rai ddod aton ni. Mae'r permits a'r allwedd i'r giât sy'n arwain at y llynnoedd yn cael eu cadw yn tŷ ni yng nghanol y pentre ac felly rydyn ni'n gwybod faint sy'n pysgota, wyth a dim mwy ar y tro er mwyn gwarchod heddwch y lle a rhoi llonyddwch i'r bywyd gwyllt. Mi fu yna fygythiad i godi fferm wynt o ddwy ar bymtheg o beilonau 75 metr o uchder yng ngolwg y llynnoedd ond trwy lwc rhoddwyd y farwol i'r syniad hwnnw mewn ymchwiliad cyhoeddus, neu byddai'r twrbinau wedi difetha'r "lle agosaf i'r nefoedd", chwedl Wyn."

CLWB SAETHU
Cawn yr hanes gan EMYR LEWIS eto:

"Mae yma glwb saethu ffesantod yn Llanbrynmair, "Clwb Saethu Wynnstay", a finne'n dipyn o Gapten. arno i gadw'r rheolau – dim saethu isel, ac yn y blaen, a chadw trefn yn gyffredinol. Fel gallwch chi ddychmygu, mae hynny'n hanfodol yn enwedig efo clwb saethu. Mi gychwynnodd yn1986 ac mae yma tua 16 o aelodau heddiw. Criw ar y naw ydyn nhw hefyd, llawer o hwyl; a phawb â'u cŵn, wrth gwrs, i gario. Ar ochr Brynaere, Gro'r Pandy a Chwmcarnedd y byddwn ni'n saethu, ac yn rhoi rhyw 1,200 o ffesantod allan bob blwyddyn. Cawn tua'u hanner yn ôl ac mi sgiatrith y lleill i bobman. Mi landian yn ffwrn rhywun.

"Byddwn yn dechrau saethu ym mis Tachwedd, yn cwrdd bob yn ail ddydd Sadwrn hyd at y Gwylie a bob dydd Sadwrn ar ôl y Gwylie. Mi wahanwn yn ddau dîm, un yn codi a'r llall yn saethu yna newid trosodd, a rhannu'r adar ar y diwedd. Rydw i erbyn hyn yn cael mwy o bleser o'u magu nhw na'u saethu a wir mae'r hwyl a gawn ni efo'n gilydd yn fwy o werth na'r bag ar ddiwedd y dydd. Mae cewyll magu (pens) pwrpasol gennon ni ar ffordd Cwmcarnedd lle byddwn ni'n derbyn y cywion yn chwech wythnos oed. Pethau bach delicet iawn ydy cywion ffesantod a llawer o waith magu arnyn nhw. Cânt eu gollwng i'r gwyllt yn bedwar mis oed a byddwn yn dal i roi gwenith allan iddyn nhw tan ddiwedd Ionawr.

"Yn y 60au a'r 70au a chyn hynny roedd yr hawl i saethu ar y mynyddoedd yma yn dal yn nwylo'r stadau er eu bod wedi gwerthu'r ffermydd i'r tenantiaid. Hyd at y 70au roedd cipar gan Syr Watkin yn byw yn y Lodge Rhiwsaeson ac yn magu ffesantod a'u gollwng i goed Yr Allt yng Nghwm Clegyrnant. Roedd saethu grugieir gan y byddigions wedi dod i ben erbyn hynny yn niffyg adar. Heddiw welwch chi ddim ond ambell grugiar ddu o gwmpas y llynnoedd ac efallai y gwelwch un coch ar fynydd Cwmpen. Pan oedd Syr Watkin yn berchen ar y stad mi fyddai yno filoedd ac yntau yn cadw dau gipar i losgi grug, gritio a lladd llwynogod ac adar ysglyfaethus oedd yn bygwth eu bodolaeth. I wneud pethau'n waeth, daeth melltith y Goedwigaeth i'r ardal yma yn y 50au ac ymlaen wedyn, a'r Comisiwn yn cynnig crogbris (yn nhermau'r cyfnod) am fynyddoedd bendigedig- a chael eu gwerthu fu hanes llawer ohonyn nhw.

"Erbyn hyn ym marn llawer mae'r coed wedi difetha golygfeydd a chynefin bywyd gwyllt. O lyn Gwyddior ers talwm mi welech bob cam i Bumlumon Fawr. Dim heddiw. Mae lens y camera wedi sticio a'r cyfan gewch chi ydy duwch. Yn fy marn i mae'r Comisiwn Coedwigaeth wedi gwneud cam mawr â Chymru. Erbyn hyn, maen nhw wedi newid rhyw gymaint ar eu polisi, diolch am hynny. Mae yna gynllun i dorri'r coed duon uwchben llyn Coch-hwyad ac ail sefydlu grug. Gobeithio y caiff o ei wireddu. Dyna i chi fynydd arall sydd wedi ei ddifetha o safbwynt bywyd gwyllt ydy Newydd Fynyddog, nid gan goedwigaeth ond trwy gael ei droi a'i wella o safbwynt porfa. Gwnaed cryn ddwsin o ffyrdd i'w gopa er mwyn gallu troi a hadu. Blewyn glas i'r ddafad yn unig sydd yno heddiw ond ers talwm roedd y lle'n symud gan fywyd gwyllt. Mi welech gant o grugieir yn codi efo'i gilydd. Y Barnwr Stable oedd â'r hawl saethu ac mi ddoi o a'i gyfeillion yno ddwywaith neu dair y flwyddyn a chael trigain brace y dydd. Waeth i chi heb fod â hawl saethu yno bellach – chaech chi ddim ond ambell i freinen. Effaith arall troi'r mynyddoedd ydy fod dŵr yn rhedeg oddi arnyn nhw'n llawer cynt rwân ac yn achosi llifogydd... Ie, felna mae, ond cofiwch fy mod i'n siarad o safbwynt un sy'n cael ei dalu am warchod yr amgylchedd yn ogystal ag un sy'n caru natur. Stori arall fyddai gan rai sy'n gwneud eu bywoliaeth o'r tir, mae'n siwr. Ond o ddifri, bobol annwyl! Pebai'r hen fynyddoedd yma wedi parhau'n naturiol ac wedi cael edrych ar eu hôl i'r cyfeiriad hwnnw, mi fyddai yna werth mawr iddyn nhw heddiw a safbwynt adloniant cefn gwlad."

CŴN LLWYNOG

Dyma fraslun o hanes pac Cŵn Llwynog Llanbrynmair wedi ei ddarparu yn 2001 gan yr ysgrifennydd, IOLO OWEN, gynt o'r Mwyars. Mae'n bwrw golwg yn ôl dros gofnodion y Pwyllgor:

"Mae Cŵn Llanbrynmair yn dal i fynd yn gryf heddiw, y pac yn rhifo tua 30. Mae hwn yn hen sefydliad yn dyddio'n ol i 1939 ac mae iddo le cynnes ac anrhydeddus ym meddyliau pobol yr ardal. Mae cynnal y pac wedi bod yn ymdrech gymdeithasol, yn cael cefnogaeth lydan am ei fod o les i fywoliaeth pobol leol, y rhan fwyaf ohonyn nhw'n dibynnu ar y tir. Ni bu aelodau ffyddlonach nag aelodau Pwyllgor y Cŵn Llwynog. Mae gadael i'r llwynog fynd yn feistr yn beth colledus iawn gan mai ei hoff ysbail yn nhymor magu ydy wyn bach, ac mae'n angau i bob iâr. Does neb yn gwarafun iddo faint a fynn o gwningod ond does yna fawr iawn o'r rheiny ar ôl. Yr anffawd arall ydy ei fod o'n drychinebus i fywyd gwyllt yn enwedig adar sy'n nythu ar lawr, a'r rheiny fel arfer ydy'r rhai mwyaf prin – am yr union reswm, maen siwr.

"Yr arferiad ydy cyflogi helsmon am chwe mis, yna chwalu'r pac, y cŵn i fynd yn ôl i'r gwahanol ffermydd, yn aml i'r ffarm lle magwyd nhw. Yn nhymor y gaeaf pan fydd y cŵn efo'i gilydd fe'u cedwir yn y cenel a godwyd i'r pwrpas yng Nghwm Clegyrnant, lle gallan nhw wneud faint lician nhw o sŵn heb amharu ar neb! Telir y costau trwy roddion "at y cŵn" a thrwy gynnal gyrfaoedd chwist yn arbennig, rhai llwyddiannus iawn pryd y gwelwyd cymaint a 119 o fyrddau. Cyflog yr helsmon ar ddiwedd y ganrif oedd £150 yr wythnos ac mae bwyd cŵn am flwyddyn yn costio tua £2,600. Mae yna gostau eraill megis costau milfeddyg ac yswiriant. Rhaid cadw arian yn y coffrau ar bob adeg. Nid oes unrhyw fath o gymorthdal i'w gael er fod hela'r llwynog yn ein tŷb ni yn fendith i gefn gwlad ac yn hollol angenrheidiol. Mae'r Llywodraeth ganolog yn Llundain ers blynyddoedd wedi bygwth pasio deddf i wahardd hela'r llwynog, (a llwyddo) ond hyd yn hyn nid yw'n debyg y bydd eu hymdrechion yn newid llawer ar y ffordd yr ydyn ni'n hela y ffordd yma, sef efo cŵn a gynnau. Welodd neb ffordd yma undyn yn hela mewn côt goch ar gefn ceffyl, ond mae'r cerbydau pedwar gyrriant yn handi iawn i ddilyn y pac wrth iddyn nhw drywedda o gwm i gwm. Mae cŵn Llanbrynmair yn hela dros ehangder o dir, o Ceinws ymlaen i Garno. Yn y flwyddyn 2000 daliwyd 145 o lwynogod.

Y PWYLLGOR CYNTAF:
Cynhaliwyd yn Llan ar nos Sadwrn, Gorffennaf 22ain 1939. Cadeirydd, Y Parch G.I.Dean; Trysorydd, J.Jarman, Cwm Carnedd; Ysgrifennydd, Emrys Owen, Tafolwern. Syr Wintringham Stable i fod yn Master of the Pack. Cyflog yr helsmon, punt yr wythnos, hefyd deg swllt am bob hen lwynog a hanner coron yr un am genawon. Cafwyd 11 o gŵn i ddechrau yn rhodd gan yr Arglwydd Davies, Llandinam. Cyflogwyd William R. Jones, Dinas Mawddwy yn helsmon ac roedd y cenel cyntaf yn Llwyn Owen.

Tachwedd 1af: am wyth o'r gloch, aeth y cŵn allan i hela am y tro cyntaf i Gwm Cringoed ac Esgair Ifan.

Talu i W.D.Lewis, sadler, Machynlleth, deuddeg swllt am y cwplws a thri swllt am chwip.

1940 Ebrill 5ed: y cŵn heddiw yng nghoedwigaeth Sarn, Ceri, am y tro cyntaf a chael tair punt yr wythnos am eu gwasanaeth.

Cafwyd chwistdreif at y cŵn a'r elw yn £19. Diwedd hela Mai 18fed.

Taliadau'r flwyddyn gyntaf: Cyflog yr helsmon £18.1.8; am ladd llwynogod £11.10.0.

Derbyniwyd £111 .11. 2. Taliadau £82.7.5

Cael cŵn o Plas, Machynlleth a Rhiwabon.

1943: Helsmon newydd, Idwal Edwards.

1945 Tachwedd: Charles Burd yn helsmon.

1945: Pwyllgor Hydref. Pasiwyd yn unfrydol fod Arthur Williams, Hendre i fod yn drysorydd y pwyllgor hyd nes y caiff wraig!

1946 Tachwedd: William Jones yn helsmon unwaith eto.

1947 Ionawr: Mrs Evans, Efail Fach yn cyflwyno corn a chwip.

1947: Daeth yr eira mawr a bu'r cŵn yn gaeth yn Felin Pennant am fisoedd, a chymaint a allai William yr helsmon ei wneud oedd eu cadw'n fyw trwy ferwi cyrff defaid wedi trigo ar yr heth. Roedd yn lletya yn Plas Pennant ac yn cael help parod John, saith oed. (Beth ddwedai'r Awdurdodau a'u rheolau dibendraw heddiw?)

Pasiwyd i chwalu'r pac ar Fawrth 17eg am y rheswm fod cymaint o ddefaid wedi trigo ar y mynyddoedd.

1947 Tachwedd: Donald Williams, Pengraig, yn helsmon.

1949 Chwefror: R.J.Davies (Dic) Coedcae yn helsmon yn cael ei ddilyn gan Ifor Evans. Roedd anhawster cael y cŵn at ei gilydd ar ddechrau'r tymor am fod cerbydau i'w cario'n brin.

1951 Ionawr: Ardal Llanwrin yn ymuno â Chŵn Llwynog Llanbrynmair.

1952 Hydref: Joint Master of Hounds, G. Stanley Hughes, Comins Coch a P.A. Marchington, Wynnstay Arms.

1958 Mawrth 28: Helfa olaf Ifor Evans yr helsmon ar ôl naw tymor o wasanaeth ac wedi dal 1,021 o hen lwynogod a 241 o rai bach.

Iori Rowlands, Bryncoch yn helsmon hyd ddiwedd y tymor. £8 yr wythnos.

1959 Hydref: Emrys Owen yn rhoi fyny bod yn ysgrifennydd ar ôl 20 mlynedd. Bu yno o'r dechrau ac yn gwbwl ymroddedig ar hyd y blynyddoedd. Hugh Jones, Brynmelyn yn ysgrifennydd yn ei le. Sôn am godi'r cenel cyntaf i'r cŵn ar dir Bryncoch.

1960: Dei Price, Cemaes, yn helsmon. 1961, Tom Breese yn ysgrifennydd, wedyn Aled Jones yn 1964, yna Emrys, ei frawd.

1964 Medi: M.E.Davies, Tywyn, yn helsmon.

1965: Pwyllgor mawr. John Owen, Llan, yn fodlon cadw gast a chŵn bach dros yr haf, y pwyllgor i dalu am eu bwyd.

1965 Hydref: David Lloyd Jones yn helsmon, cyflog £10 yr wythnos.

1966: John Williams, Tŷ Pella yn ysgrifennydd.

1970 Chwefror: Ffair at y cŵn, Dan Butler yn agor a Wyn Davies, Brynclygo yn arwerthwr. Gwnaed elw o £228.2.9.

1971 Hydref: Cael fan am y tro cyntaf i gario'r cŵn a Ken Cwmlline yn whipper in.

1976 Tachwedd 7fed: Gohirio hela gan fod Clwy y Traed a'r Genau o gwmpas.

Clybiau a Chymdeithasau

1977 Ionawr 30ain: Cychwyn hela yn Llanwrin ar ôl dau fis o waharddiad

1977 Medi: Iolo Owen yn ysgrifennydd, mab Emrys Owen yr ysgrifennydd cyntaf.

1980 Medi: Cael fan arall am £200 o Penrhos, Cemaes.

1985: Prynu bleeper i'w roi ar y daeargwn.

1988: Safle newydd i'r cenel ar dir Westward Woodlands oddi ar y Lodge yng Nghwm Clegyrnant.

1989 Mawrth 3ydd: pasiwyd i roi £50 at Apêl y Sganar er cof am Ken Humphreys, Cwmlline, fu mor ffyddlon i'r helfa.

1990 Mawrth 19: Rhodd o £100 i David Isaac at gostau rhedeg car, Dei mor barod i redeg i bobman.

Medi 9fed: Cyflwyno siec o £100 a wats i Dei yr Helsmon am 25 mlynedd o wasanaeth efo'r cŵn.

1992 Mawrth 16: Rhoi £100 at Ymchwil yr Arennau.

1994 Mawrth 14: Newid trefn wrth dyllu llwynog: ei saethu yn y twll a'i gladdu.

1998 Mawrth 9: Ymuno â Ffederasiwn Cŵn Hela Cymru. Talu £5 am drwydded i'r rhai sydd â daeargi. (Mae perchnogion daeargwn da yn hanfodol i bac, a'r rheiny yn fodlon dod â nhw allan, wrth gwrs.)

1999 Mawrth 15: David Lloyd Jones yn diwedd fel helsmon ar ôl bron i 30 mlynedd. Rhoddwyd anrheg o £500 iddo sef £125 o bob ardal sy'n rhannu'r pac, sef Llanwrin, Ffriddfawr, Cwmcarnedd a Pennant.

Mehefin 21: Penodi helsmon newydd, Edward Edwards, Bryn Celyn, Dinas Mawddwy.

Medi 6ed: Ar ôl bron 20 mlynedd yn y gadair, Ifor Owen, Cwmffynnon yn ymddeol. Ar berswâd yr is-gadeirydd, Arfon Jones, bodlonodd yr ysgrifennydd a'r trysorydd i ail afael yn eu gwaith hwythau ar ôl dros 20 mlynedd o wasanaeth.

Meddai'r Ysgrifennydd, Iolo Owen, yn 2001: "Yr ydym ar hyn o bryd yn edrych ymlaen at ail gychwyn hela ar ôl Clwy y Traed a'r Genau. Teimlaf ei bod yn rhaid cadw ymlaen i hela er y gwrthwynebiad sydd yna, yn y trefi yn bennaf ac o du llawer o aelodau seneddol trefol a mudiadau. Mae'n bwysig cadw'r hen arferiad ymlaen yng nghefn gwlad am ei fod yn gweithio fel cyfundrefn i gadw poblogaeth y llwynogod dan reolaeth. Rydym wedi bod yn hela ers dros 60 mlynedd fel Cŵn Llwynog Llanbrynmair ac wedi difa tua 8,000 o hen lwynogod – ond mae Natur yn dal i edrych ar eu hôl".

Yn wyneb llawer o brotestiadau gan bobl cefn gwlad trwy Brydain, yn 2004 pasiodd y Llywodraeth yn Llundain ddeddf yn gwahardd hela'r llwynog efo cŵn, ond mae lle i gredu nad dyna fydd diwedd y stori....

MUDIAD FFERMWYR IFANC

Cawn hanes dechrau'r mudiad yn yr ardal gan un oedd yno, sef BERYL JARMAN, TŶ ISAF – Mrs Beryl James, Gelli Goch, heddiw:

"J.L.John gychwynnodd gangen o'r Ffermwyr Ifanc yn Llanbrynmair. Brodor o Sir Aberteifi oedd o. Wedi graddio mewn gwyddoniaeth yn Aberystwyth, roedd wedi bod yn ysgolfeistr gan orffen yn y Drenewydd cyn cael y swydd o Gynghorydd Amaethyddol Sir Drefaldwyn. Dechreuwyd cwrdd yn Ysgoldy'r Llan yn 1942, cwrdd yn rheolaidd a threfnus, a buan yr oedd dros gant o aelodau, W.E.Williams, Tŷ-Pella'n gadeirydd, Mair Jones, Glanrhyd yn drysorydd a finne'n ysgrifenyddes, ac yn gorfod gyrru nodyn i atgoffa pawb cyn pob cyfarfod! Ceid darlithoedd yn Saesneg, er mai Cymraeg, wrth gwrs, oedd iaith y Clwb, ond doedd dim dadlau ynglŷn â iaith bryd hynny, a deuai arholwr i'n profi. Cynhelid cyngherddau a gyrfâu chwist i godi arian i'r Clwb a'r mudiad. Codi safon cynnyrch amaethyddol oedd y nod a chael gwell graen ar fywyd yng nghefn gwlad. Nid oedd rhaid i chi weithio ar y tir i fod yn aelod ond rhaid bod o dan 25 oed, a chadw Rheolau'r Mudiad. Roedd deg i gyd, dyma rai:

> Rhaid i ffarmwr da fod yn fore-godwr.
> Rhaid ceisio tyfu dau welltyn lle roedd un o'r blaen.
> Gallu barnu stoc.
> Bod yn gymydog da.
> Cadw ffensus da.
> (A'r olaf ar y rhestr!)
> Cael gwraig dda.

Daeth dyddiau'r Clwb i ben erbyn ychydig ar ôl y Rhyfel, ond ffurfiwyd cangen Clywedog. Ail-godwyd diddordeb pan ddaeth Trefnydd newydd yn 1963.

CHARLES ARCH – FY NYDDIAU EFO'R CLYBIAU

"I Gardi, roedd symud ym mis Medi 1963 o ganol Cymreictod Ystrad Fflur i fyw i'r Drenewydd yn sioc i'r sustem, a dweud y lleiaf. Ffeindio, er fy mod yn dal yng Nghymru, fod y mwyafrif yn siarad Saesneg ac er mwyn cynnal Cymreictod yn gorfod ffurfio "Cymdeithasau Gymraeg". Dair blynedd neu lai yn ddiweddarach, drwy ymdrech cafwyd adran Gymraeg yn ysgol gynradd Penygloddfa, sydd erbyn heddiw wedi tyfu'n Ysgol Gymraeg gyflawn, Ysgol Dafydd Llwyd. Serch hynny, gallaf dystio i "fwynder Maldwyn" ar draws y sir, ac mae gen i atgofion am flynyddoedd hapus yma.

"Pan gefais y swydd o Drefnydd y Ffermwyr Ifanc fe ddwedwyd wrthyf os gallwn gadw'r carfannau ieithyddol gyda'i gilydd y byddwn yn llwyddiannus. Galwaf y sir hyd heddiw yn sir y tair rhan. Yn gyntaf, yr ardaloedd Cymraeg eu hiaith yn ymestyn o Benybontfawr i lawr trwy Lanfihangel i'r Adfa ac ar draws i Garno a Chlywedog ac i lawr at y Ddyfi. Yn ail, y darn Cymreig ei natur ond wedi colli'r iaith, o waelod Llanfair Caereinion trwy Dregynon ar draws i Ceri a Dolfor ac yn ôl trwy Lanidloes at Langurig. Pobl yn byw mewn ffordd Gymreig oedd y rhain, ond heb yr iaith, a lle mae termau fel "up with we" yn bodoli. Yna, yn drydydd, yr ardal sydd nid yn unig wedi colli'r iaith, ond yn byw fel Saeson, o Gegidfa at Lanymynech, yn ôl trwy'r dyffryn at y Trallwng ac ar draws Forden i Montgomery a'r Sarn ac yn ôl i Churchstoke (Y Ffordyn, Trefaldwyn a'r Ystôg, i roi iddyn nhw eu henwau Cymraeg).

"Felly, i weinyddu'r mudiad rhoes yr adrannau yma gryn benbleth ar brydiau. Credaf yn bendant erbyn heddiw ei bod yn hanfodol cael Cymro neu Gymraes i'r swydd. O edrych yn ôl dros y blynyddoedd byddai ethol swyddog uniaith Saesneg yn colli'r clybiau Cymraeg bob tro a'r bobl ifanc yn ymuno â mudiad yr Urdd. Dyna oedd y sefyllfa pan gyrhaeddais ym Medi 1963. Rhaid felly oedd edrych ar draws yr ardal Gymreig i wella'r sefyllfa. Tua'r un adeg daeth Dei Thomas yn swyddog sirol yr Urdd i Drefaldwyn, cyfnod pryd y bu'r ddau ohonom yn ffrindiau a phenderfynu cydweithio, y naill yn dweud wrth y llall beth oedd ar y gweill ac o'r herwydd yn hyrwyddo'r ddau fudiad, a llawer o'r Cymry Cymraeg yn perthyn i'r ddau.

"Ar y pryd, roedd Aelwyd gref yn Llanbrynmair a Phenllys, felly, pendefynais na fyddwn yn ffurfio clwb yno ond yn hytrach ail-ffurfio clybiau yng Nghemaes, Carno a Chlywedog, y rhain i beidio â chyfarfod ar noson Aelwyd Llanbrynmair. Felly hefyd y bu ym Mhenybontfawr a Llanfihangel - cwrdd ar noson wahanol i'r Urdd. Un adeg roedd clybiau mewn trefi fel Machynlleth a'r Drenewydd a'r Trallwng, ond symud ddaru rhain i gyd allan i'r pentrefi er yn dal i dynnu ychydig o aelodau o'r dref. Trwy'r cydweithrediad yma gan ddau drefnydd byddai llawer o'r Cymry yn gallu bod yn aelodau o'r ddau fudiad, ac o'r herwydd yn cael mwy fyth o gyfle i ddatblygu eu doniau

"Rhyfedd fel mae pethau'n newid dros gyfnod: diflannodd clwb Cemaes gan ail-sefydlu yng Nglantwymyn sydd bellach yn glwb cryf iawn. Gwanhau fu hanes yr Aelwyd yn Llanbrynmair a chafwyd clwb cryf trwy uno efo Carno. Oherwydd y gwendid mewn amaethyddiaeth diflannodd clwb Clywedog a'r aelodau yn mynd i Garno neu Dreflwys. Diflannu hefyd wnaeth clwb Llanfihangel-yng-Ngwynfa, a'r aelodau yn ôl eu tuedd ieithyddol yn ymuno â Phenybontfawr neu Lanfyllin.

"Tybed a welir byth eto y mudiad mewn pentrefi fel Adfa, Cefncoch, Clatter ac eraill lle mae'r mewnlifiad a'r cilio o ffermydd yn dal i dlodi cymaint ar gefn gwlad."

Y CLWB HEDDIW gan MENNA JONES, YSTRAD FAWR

"Ail gychwynwyd Clwb Llanbrynmair yn 1977, ac fe ymunodd efo Clwb Carno yn 1988 dan yr enw "Clwb Ffermwyr Ifanc Llanbrynmair a Charno" Erbyn heddiw, er yn un o'r clybiau lleiaf yn y wlad, efo prin 25 o aelodau, mae'n llwyddo i gymryd rhan yn y rhan fwyaf o weithgareddau'r sir gan ddod i'r brig yn aml, fel y gwelir mewn Rali, Eisteddfod, Diwrnod Agored a chystadleuthau sirol.

"Dros y blynyddoedd, newidiodd y mudiad; heddiw, nid meibion a merched ffermydd ydy mwyafrif yr aelodau ond pobol ifanc o drefi a phentrefi heb gysylltiad o gwbwl efo byd amaeth. Dydy ein clwb ninnau ddim yn wahanol. Hefyd, fel y gwelir mewn clybiau eraill yn y sir, disgynnodd yr oedran, yn bennaf am fod aelodau hŷn yn gadael i ddilyn galwedigaeth.

"Mae'r clwb bob amser yn ceisio rhoi cyfle cyfartal i bob aelod i gymryd rhan: er enghraifft, bob blwyddyn etholir swyddogion newydd i redeg y clwb ac i gynllunio a threfnu gweithgareddau'r flwyddyn. O ganlyniad bu amrwy o aelodau yn ddigon ffodus i gael eu dewis i gynrychioli'r mudiad ar lefel y sir, yn genedlaethol ac yn rhyng-genedlaethol. Mae'r clwb felly yn cynnig y cyfle i bobol ifanc

Llanbrynmair i ddatblygu eu talentau a'u sgiliau mewn gwahanol gyfeiriadau. Mae ar y mudiad ddyled fawr i'r arweinwyr dros y blynyddoedd am gynnal ffyddlondeb a brwdfrydedd yr aelodau. Arweinwyr da ydy'r allwedd i lwyddiant."

UNDEB FFERMWYR CYMRU

Cynhaliwyd cyfarfod cyntaf Cangen Llanbrynmair o Undeb Ffermwyr Cymru yn y neuadd bentref ar noson y 7fed o Dachwedd 1957. Yn bresennol roedd Edfryn Breeze, Yr Allt, Is-gadeirydd cangen Sir Drefaldwyn, W.I Jones, Cilcwm, T.E Morris, Gwernybwlch, Elfed Evans, Esgairgoch, Alfred Meddins, Pennant Isaf a J.W Rowlands, Tŷ Mawr. Yno hefyd roedd D.R.Jones, Cadeirydd U.FF.C. Sir Drefaldwyn ac Emrys Bennett Owen, Ysgrifennydd Gweithredol dros y Sir. Etholwyd W.I Jones yn gadeirydd y gangen a T.E.Morris yn is-gadeirydd.

Diolch i waith caled a chydwybodol yr aelodau sylfaenol yma fe dyfodd yr Undeb nid yn unig yn Llanbrynmair a Sir Drefaldwyn ond trwy Gymru gyfan a chafodd ei gydnabod gan y Llywodraeth yn 1978. Mae llawer sy'n perthyn i'r rhai a enwyd uchod yn dal i chwarae rhan amlwg a gweithgar heddiw yn y gangen ac ar lefel sirol. Yn 1993 cyflwynodd y gangen y Gadair i Eisteddfod Powys oedd yn cael ei chynnal yma y flwyddyn honno. Fe'i gwnaed gan ffarmwr a chrefftwr lleol, Robert Morgan, Caetwpa.

UNDEB CENEDLAETHOL Y FFERMWYR

Sefydlwyd Undeb Cenedlaethol y Ffermwyr dros Brydain yn Swydd Lincoln yn 1904. Yna, mewn cyfarfod yn Amwythig yn 1918 penderfynwyd ffurfio adran Gymreig, gyda'i swyddfa dros Faldwyn yn y Drenewydd a'r pwyllgor gwaith i gwrdd unwaith y mis naill ai yn y Trallwng neu'r Drenewydd. Roedd cangen Llanbrynmair yn un o'r rhai cyntaf a ffurfiwyd, ynghŷd â Threfaldwyn, Drenewydd a Llanidloes.

Yn ôl y cofnodion, Huw Ellis Francis, Coedprifydau oedd ysgrifennydd cyntaf y gangen. Penodwyd Dyfrig Jones, Dôldwymyn, Cemaes Road yn ysgrifennydd dros Lanbrynmair ac ardal Machynlleth yn y 40au. Dilynwyd ef gan Stephen Tudor, Llwyn, Cemaes, a'r ysgrifennydd presennol yw Aled Griffiths, Tynywern.

Roedd tua 100 o aelodau yn 1923, y tâl aelodaeth yn geiniog yr acer neu isafswm o goron.

Dyma'r cadeiryddion ers 1940: W.G.Anwyl, Dolgadfan; Caleb Jones,

Maesgwion; Joshua Jones, Cringoed; Thomas Jones, Ystrad Fawr; Gwilym Anwyl, Hirnant; John Morgan, Caetwpa; Aled Anwyl, Hirnant; Richard Owen, Y Fron; Bill Sheridan, Yr Esgair; John Anwyl, Maesmedrisiol, fu hefyd yn gadeirydd y Sir yn 1990.

Yng nghyfnod y dirwasgiad yn y 20au a'r 30au ac wedyn trwy gyfnod yr Ail Ryfel Byd bu'r Undeb yn weithgar ac yn gymorth i amaethwyr yn lleol a thrwy ddylanwadu ar bolisi cenedlaethol. Y cymorthdal cyntaf a wnaed i ffermwyr oedd yn 1939, sef dwy bunt y pen am borri gwartheg ar y mynydd-dir a phunt yr acer am dyfu ŷd. Roedd prinder bwyd i ddyn ac anifail oherwydd fod llongau cario bwyd yn cael eu suddo gan lynges yr Almaen. Aed ati i chwyddo cynnyrch cartre, felly.

Bu haf 1946 yn un o rai gwlypaf y ganrif; cynhaeaf gwael iawn a gafwyd a'r canlyniad oedd prinder bwyd i anifeiliaid yng ngaeaf caled 1947 pan oedd eira di-dor am dri mis. Collwyd 85% o'r defaid trwy'r wlad a sicrhaodd yr Undeb fod ffermwyr yn cael eu digolledi o gronfa arbennig gan y Llywodraeth. Y canlyniad fu i lawer arall-gyfeirio i gynhyrchu llaeth.

Tua 1948, a'r dogni ar fwyd yn parhau, cafodd nifer o ffermwyr Llanbrynmair eu herlyn am roi fflŵr i'r moch ond diolch i'r Undeb a'r Barnwr Stable, oedd yn y llys, cawsant ddirwy o swllt y pen!

Canlyniad uno maes wrth faes yw fod nifer ffermydd y plwyf wedi gostwng i'r hanner ers 1923 ond diddorol yw sylwi wrth edrych trwy'r llyfr aelodaeth fod yr un teuluoedd ar bedair-ar-ddeg o'r ffermydd ers y dyddiad hwnnw, a rhai cyn hynny, wrth gwrs. Dyma nhw: Bebb, Dôl Fawr; Jones, Maes Gwion; Owen, Fron; Roberts, Rhiwgan; Cullen, Tŷ Canol; Williams, Tŷ Pella; Owen, Penybont; Breese, Ffridd Fawr; Williams, Hendre; Jones, Brynaerau Uchaf; Jarman, Tŷ Isaf; Anwyl, Hirnant; Davies, Siop Llan; Evans, Trannon.

CYMDEITHAS Y MERCHED
Bu Cymdeithas y Merched yn sefydliad pwysig i ferched y fro am tua 40 mlynedd yn ystod y ganrif, o 1930 i 1976. Gwelodd rhai yr angen am ryw fath o glwb i ferched yr ardal trwy'r Gymraeg. Roedd Sefydliad y Merched, (W.I.) ar fynd eisoes, ond y teimlad oedd fod hwnnw'n sefydliad mwy ffurfiol ac yn fwy Seisnig o ran ei fframwaith. Felly, fe godwyd Cymdeithas y Merched i redeg ochr yn ochr – a'r un aelodau i raddau helaeth yn perthyn i'r ddau .

Dechreuodd y Gymdeithas yn 1930, meddai John Davies, Dôlgoch (sydd wedi cadw gwybodaeth am dipyn o bopeth, trwy ei deulu gweithgar). Mrs S. Hughes, Llwynffynnon, ddechreuodd y gymdeithas, a chyn bo hir roedd 17 o aelodau: Miss Katie Davies, Islwyn, Miss Mary a Miss Varina Williams, Hendre, Mrs Meiriona Williams, Coed, Mrs Rowlands, Bryncoch, Mrs Davies, Siop y Llan, Mrs Jones, Tŷ'r Ysgoldy, Mrs Jane Williams, Emporium, Mrs Bronwen Williams, Emporium, Miss Emily a Miss Frances Davies, Dôlgoch, Mrs Ann Davies, Garth, Miss Ceridwen Lloyd, Mrs Emrys Owen, Mrs Duckett, Winllan, Mrs M.E.Jones, Talerddig, Mrs E. Williams, Glandŵr, Mrs Breese, Llawcoed, Mrs Gwladys James, Tafolwern, Mrs Gwyneth Pitcher, Mrs Doss Jones, Pen-ddôl. Ymunodd rhagor dros y blynyddoedd, rhai'n mynd a rhai'n dod.

Tyfodd Cymdeithas y Merched i fod yn sefydliad pwysig yn y fro, ond i ferched y Gwaelod a Thalerddig a Thafolwern yn bennaf gan fod y llefydd eraill braidd yn bell pan nad oedd ond beic ar gael. Meddai John, "Byddai'r dynion yn gwneud Swper Nadolig bob pedair blynedd, a chafwyd amser hyfryd yn paratoi. Mi fûm i'n drysorydd y swper am rai blynyddoedd. Roedd hefyd drip blynyddol, a chofiaf fynd efo nhw i Lerpwl a llawer lle arall." Yn anffodus, collwyd cofnodion y Gymdeithas, oedd wedi eu cadw ar hyd y blynyddoedd gan Mrs Bet Jones, Pendeintir, mewn llawysgrifen copper-plate; fel sydd wedi digwydd i gymaint o ddogfennau o'r fath, fe'u llosgwyd yn y goelcerth wrth glirio'r tŷ pan fu hi farw.

Pan holwyd Mrs Lilian Williams, Tŷ Pella, y bu ei mam, Mrs Meiriona Williams yn aelod ffyddlon o'r Gymdeithas, a hithau wedyn, fe gofiai am ei mam yn mynychu dosbarth gwnio yn selog iawn ar brynhawniau yn y neuadd. bentref. Cymdeithas gwbwl ymarferol oedd hi i ferched yn ddi-wahân, i ddysgu sgiliau, i gymdeithasu a chael digon o hwyl, megis mewn cystadleuthau gwisg ffansi, er enghraifft, ac i helpu'r gymuned yn gyffredinol. Daeth i ben pan sefydlwyd cangen o Ferched y Wawr yn y 70au, a'r rhan fwyaf wedyn yn dod yn aelodau o'r mudiad hwnnw. Y gwahaniaeth wedyn oedd fod merched o bob rhan o'r plwyf yn gallu ymuno gan fod oes y ceir wedi hen wawrio.

MERCHED Y WAWR "BRO CYFEILIOG"
MARGARET JONES, YSTRAD FAWR, un o'r aelodau sylfaenol, yn adrodd hanes sefydlu'r mudiad yn y fro:

"Mudiad cymdeithasol i ferched ydy "Merched y Wawr", mudiad i ferched Cymru. Cymraeg ydy iaith y mudiad ac mae'r iaith yn ganolog i holl waith y canghennau. "Trwy ymuno â Merched y Wawr rydym yn dangos ein hochor dros Gymru. Gwelwn ein hunain fel gwarcheidwaid ein traddodiadau a safwn dros statws ac urddas iaith," medd dyfyniad o'r maniffesto. Mae'n dda wrth fudiad o'r fath yn y Gymru gyfoes ac mae Llanbrynmair yn falch fod y gangen yma'n un o'r rhai cyntaf a ffurfiwyd.

"Merched y Parc, ger y Bala, gafodd y weledigaeth o gychwyn mudiad i ferched Cymru a hynny yn 1967. Fe dyfodd y mudiad fel caseg eira dan ddylanwad yr Ysgrifennydd Cenedlaethol cyntaf, yr ymroddgar Zonia Bowen a'i thîm o ferched y Parc. Erbyn 1968 roedd canghennau ar hyd a lled Gymru, a doedd Llanbrynmair ddim ar ôl oherwydd yn y flwyddyn honno y ffurfiwyd y gangen ym Mhenfforddlas a'i galw'n gangen Penffordd-las a'r Cylch. Unwaith y mis teithiai Mrs Laura Williams, Brynmeini, Mrs Sarah Jarman, Cwmcarnedd Uchaf, Mrs Dora Thomas, Bont Dolgadfan, Mrs Megan Jones, Cringoed a Mrs Margaret Jones, Ystrad Fawr i fyny i ysgol Penfforddlas i gyfarfod â chyd-aelodau o'r ardal honno ac o dref Llanidloes. Ar y dechrau, roedd tua deunaw o aelodau o dan lywyddiaeth Mrs Ezra Jones o Lanidloes gyda Mrs Megan Roberts, Tŷ'r Ysgol yn ysgrifenyddes, Mrs Ella Morgan yn ysgrifenyddes y wasg a Mrs Laura Williams yn drysorydd.

"Erbyn 1973 roedd yr aelodaeth yn cynyddu a phenderfynwyd cyfarfod yn ysgol y Bont, aelodau Llanidloes yn ffurfio eu cangen eu hunain. Yn 1975 symudwyd i'r Ganolfan Gymdeithasol newydd yng ngwaelod Llanbrynmair. Dathlwyd penblwydd y gangen yn un-ar-hugain oed ar Fai 25ain yn 1989 pryd y mwynhawyd pryd ardderchog yng Ngwesty'r Bwcle, Dinas Mawddwy yng nghwmni'r Parch. Ddr. R.Alun Evans (Alun Bron Iaen) a'i briod. Mrs Jarman, Cwmcarnedd dorrodd y gacen ac fe'i hurddwyd hi'n llywydd anrhydeddus y noson honno. Dathlwyd pumed penblwydd ar hugain y gangen ar Fawrth 5ed 1993 yng Ngwesty'r Eryrod, Llanuwchllyn a Mrs Mair Lewis, Lodge Plas Llwyn Owen, hithau'n llywydd anrhydeddus, yn torri'r gacen. Y wraig wadd oedd Mrs Mererid James. Gwnaeth Hedd Bleddyn, Brynmeini benillion i'r dathliad:

Mae Cangen Bro Cyfeiliog yn bump ar hugain oed
A'r un yw y brwdfrydedd ag a welwyd yma 'rioed.
A heno dyma ddathlu mewn gwesty wrth y llyn,
A chofiwn am y fflam nid nepell o'r fan hyn.

Y fflam o'r Parc mor fychan yn troi yn goelcerth fawr
I danio eu Cymreictod ym Merched teg y Wawr.
Sylfaenwyr brwd ein cangen a daniwyd un ac oll
I gadw traddodiadau ein bro rhag mynd ar goll.

Adduned wnawn o'r newydd yn bump-ar-hugain oed;
Mae'r her i iaith ein hardal yn fwy na bu erioed.

"Da gallu dweud fod cangen Bro Cyfeiliog yn mynd o nerth i nerth a thua 30 o aelodau ffyddlon, ymroddgar yn cyfarfod ar y trydydd nos Iau o bob mis am chwarter wedi saith. Yn y flwyddyn 2000-2001 y swyddogion oedd: Llywydd Anrhydeddus, Mrs Mair Lewis, Lodge Llwyn Owen; Llywydd, Mrs Heulwen Jones, Adwy Deg; Is-lywydd, Mrs Jen Evans, Dolau; Ysgrifennydd, Moira Davies, Gerddi Gleision; Ysgrifenyddion Cynorthwyol, Ceinwen Jones, Y Wîg, Beryl Anwyl, Brynheulog; Catherine Davies, Gilwern; Trysorydd, Eleanor Jones, Y Garth; Dosbarthydd "Y Wawr", Margaret Davies, Pentre Mawr; Gohebydd y wasg, Gwyneth Davies, Tŷ Gwyn.

"Argraffir rhaglen amrywiol a chynhelir Gwasanaeth Nadolig er budd elusen.

Rhoddir tlws ar ddiwedd blwyddyn i'r un uchaf ei marciau yn y cystadleuthau misol. Cyflwynir tlws hefyd er cof am ddiweddar aelod annwyl iawn, Mrs Eunice Williams, Brynllys a fu farw yn 44 oed, y tlws i'w gadw am flwyddyn gan yr aelod ddyfernir yn fwyaf teilwng".

O'r merched gadd welediad– yn y Parc
   Ganwyd perl o fudiad.
A rhain sy'n rhoi arweiniad
   Yn glir dros ryddid ein gwlad.

Emrys Jones

SEFYDLIAD Y MERCHED "MYNYDDOG"

Cynhaliwyd y cyfarfod cyntaf i ffurfio Sefydliad y Merched yn Llanbrynmair yn Ysgoldy'r Llan ar Ionawr 3ydd, 1919 yn y prynhawn. Roedd hyn yn fuan ar ôl diwedd y Rhyfel Mawr a'r gymdeithas yn dal i wegian dan ei effeithiau.

Penodwyd swyddogion am y flwyddyn: Llywydd, Mrs D.W.Stable, Llwyn Owen; Is-lywydd, Mrs Jones, Brynllys; Trysorydd, Mrs R.W.Parry; Ysgrifennydd, Mrs Ynyr Hughes, Llysteg. Aelodau'r pwyllgor oedd: Mrs Lewis, Brynolwern, Miss Williams, Esgair, Mrs Howells, Newgate, Mrs Hughes, Llwyn-ffynnon, Mrs Samuel Roberts, Broniaen, Mrs Roberts, Post Office, Mrs Humphreys, Gellidywyll Mills, Mrs Owen, Llwyn Owen, Miss Davies, Dôlgoch, Mrs Williams, Cilcwm Fawr; Mrs Lloyd, Plas Pennant. Rhai eraill yn bresennol oedd: Miss Buckley Williams, Mrs Lloyd, Llanwrin, Miss Lewis, Brynolwern, Mrs Gray, Bont, Miss Rees, Rectory.

Gwelwn, felly, fod yma gynrychiolaeth o'r Eglwys Wladol a'r Anghydffurfwyr, ac ar wahân i Mrs Stable mae'n bur debyg mai Cymry Cymraeg oedd y lleill i gyd. Pasiwyd eu bod i gyfarfod unwaith y mis, sef ar y dydd Mercher o flaen yr ail ddydd Iau, hynny ydy, y diwrnod cyn sêl anifeiliaid Llanbrynmair. Te i gael ei weini ar ddiwedd pob cyfarfod. Tâl aelodaeth blwyddyn, dau swllt, y swllt cyntaf i'w dalu wrth ymaelodi a dwy geiniog am de ar ôl hynny.

Cynlluniwyd tri chyfarfod, sef Chwefror, Mawrth ac Ebrill a phasiwyd i Dr. Morris roi'r ddarlith gyntaf ac os na allai ddod yna Richard Bennett, yr Hendre i siarad ar "Enwau Lleoedd". Mis Mawrth, darlith ar "Arddwriaeth", ac yn Ebrill "Hen Ganeuon Gwerin", Dr Lloyd Williams (roedd o'n ddarlithydd mewn gwyddoniaeth yn y Brifysgol ym Mangor ac yn casglu alawon gwerin o gwmpas y wlad).

Yn 1923-24 roedd 62 o aelodau ar y llyfrau, ond mae'n debyg i'r mudiad chwythu ei blwc ar ôl y cyfnod llewyrchus cyntaf. Daeth Cymdeithas y Merched i gymryd ei le ymhen tipyn (a Merched y Wawr i ddisodli honno). Gwelwyd yr angen am ail-atgyfodi Sefydliad y Merched, a hynny a wnaed yn 1976. Ymunodd 24 o aelodau bryd hynny. Daliwyd ati wedyn yn ddi-dor a chafwyd blynyddoedd llewyrchus.

Heddiw yng nghangen "Mynyddog" mae yna tua 20 o aelodau. Pobl ddwad a'r Saesneg yn iaith gyntaf iddyn nhw ydy'r rhan fwyaf, ond llawer hefyd yn ceisio dysgu Cymraeg. Y swyddogion yn y flwyddyn 2000 oedd: Llywydd, Mrs Dorothy Bruchez, Plas Newydd; Is-lywydd, Nyrs Pat Edwards; Ysgrifennydd, Mrs Ann Jones, Drws-y-cwm; Trysorydd, Mrs Carol Brookfield, Penygraig, Ysgrifennydd Cofnodion, Mrs Sheila Ray, Tan-y-capel, Bont.

Dywed Pat (sy'n aelod ffyddlon fel ei mam, Mrs Lali Williams, Glandŵr o'i blaen) nad oes llawer o "Jam a Jerusalem" yn perthyn i'r gangen, ond yn hytrach darparu nosweithiau o adloniant (sgetsus a.y.b.) a wneir fwyaf, a chefnogi ymdrechion codi arian at achosion da trwy gynnal stondinau. Am bum mlynedd yn ystod yr 80au cynhaliwyd Penwythnos i'r Anabl yn y Ganolfan, pryd y deuai tua 20 o bobl anabl, a'u cynorthwywyr, i aros dwy noson gan gysgu ar eu gwlâu ar lawr y neuadd, a Sefydliad y Merched yn gofalu am y bwyd. Cafodd llawer o rai anabl fwyniant o'r ddarpariaeth yma ac o'r cymdeithasu, ac roedd yn brofiad newydd a chyffrous i lawer ohonyn nhw. Doniol yw cofio mai fel "Womens Stiw" y cyfeiriai merched Llanbrynmair at y mudiad ers talwm. Ond mae'r stiw, diolch am hynny, yn dal i ferwi!

CLWB Y DDÔL
Rhywbeth bendithiol iawn i lawer yn Llanbrynmair ydy Clwb y Ddôl, sef clwb yr henoed sy'n dod a'r hen, a rhai nid mor hen hefyd, at ei gilydd i gymdeithasu unwaith y mis.

Cychwynodd y clwb yn 1977, ar ôl agor y Ganolfan Gymdeithasol newydd, gan fod yna le cyfleus rwân ar gyfer y gweithgarwch. Dechreuwyd efo 26 o aelodau ond erbyn hyn mae yna 60, a'r gweithgareddau'n ddwyieithog. Pwyllgor o bobl iau, ymroddgar, sy'n rhedeg y clwb, yn darparu llond bwrdd o de prynhawn, siaradwr neu ddiddanydd, ac yn trefnu cludiant i bawb sydd ei angen. Un o'r aelodau fydd yn gadeirydd ym mhob cyfarfod. Mae yna drip blynyddol a chinio Nadolig, ond y gwmniaeth a geir yma yn well na'r cyfan. Does dim dwywaith nad ydy Clwb y Ddôl yn bwysig iawn ym mywydau llawer iawn yn y gymuned, yn rhywbeth i edrych ymlaen ato bob mis. Mawr yw'r diolch i'r rhai sydd wrth y llyw.

BADMINTON
Ffurfiwyd Clwb Badminton yn y 60au hwyr yn yr hen Neuadd, a denodd tua ugain o aelodau. Symudodd i'r Ganolfan newydd yn 1976,

ac yn llawn hyder ymunodd a chystadlodd yng Nghynghrair Badminton Gogledd Powys. Yn anffodus, mae'r adran iau a'r adran hŷn wedi hen ddarfod a hynny'n bennaf am nad oedd neb yn fodlon rhedeg y nosweithiau ac mae'n siwr fod agor canolfannau hamdden newydd, deniadol ym Machynlleth, Drenewydd a Llanidloes hefyd wedi effeithio ar y Clwb.

URDD SANT IOAN
Hanes Cangen Llanbrynmair gan y diweddar ARTHUR PLUME:
"Yn ysgoldy Eglwys y Llan y cynhaliwyd y dobarthiadau cyntaf mewn Cymorth Cyntaf ar ôl y rhyfel diwethaf, dan ofal y prifathro lleol, Mr Glanffrwd Davies. Roedd ganddo ddiddordeb mawr ym maes meddygaeth ac yn aml byddai'n rhoi gwybodaeth i ni blant am afiechydon a meddyginiaethau ac yn trafod syniadau megis y cysylltiad posibl rhwng smocio sigarets a chancr yr ysgyfaint. Roedd yn berson delfrydol, felly, i roi gwersi ar anatomi'r corff, gyda phwyslais ar sut i drin rhywun wedi'i anafu. Fe'n hysbrydolodd ni fechgyn ifanc i gymryd diddordeb yn y math yma o waith ac i ffurfio grŵp cymorth cyntaf yn Llanbrynmair. Buan iawn y gwnaed ni'n gangen swyddogol o Adran Urdd Sant Ioan, Machynlleth. Mr Bill Neale, gyrrwr trên o'r dref, oedd eu harolygwr, ac roedd llawer o swyddogion ac aelodau yn ddynion rheilffordd hefyd, amryw yn rhoi eu hamser yn wirfoddol i ddod i fyny i Llan i'n dysgu ni, Len Edwards, Griff Evans, Evan Lewis, a Bill, wrth gwrs, i enwi rhai ohonyn nhw.

"Trwy gydol yr amser yma roedd Mr Glanffrwd Davies yn amlwg yn y gweithgareddau, yn ymgyrchu i godi arian i brynu gwisgoedd swyddogol i ni eu gwisgo mewn gorymdeithiau ac ar achlysuron eraill pan fyddai galw am bresenoldeb Urdd Sant Ioan. Yn y dull militaraidd, apwyntiwyd swyddogion, Elgar Rowlands, Bryncoch yn sarjant a finne'n gorporal. Yn Hydref 1949 mi adewais i wneud cwrs dwy flynedd mewn Coedwigaeth mewn coleg yng ngogledd Cymru, ond pan ddeuthum yn ôl roedd y dosbarthiadau a'r gangen mwy neu lai wedi peidio â bod. Er hynny, roedd yr hyfforddiant gawson ni yno'n werthfawr tu hwnt ac mi fydda i'n ddiolchgar am byth i'r prifathro ac i Urdd Sant Ioan, Machynlleth am eu brwdfrydedd dros y blynyddoedd.

"Yna, yn 1966 ail-ffurfiwyd y gangen dan arweiniad Mr Oswald Davies, Glantwymyn, yn rhan o gangen Bro Ddyfi, gan gwrdd yn ysgol

Pen-ddôl. Daeth Nyrs Myra James i'w gynorthwyo. Bob nos Wener fe seiclai Oswald i fyny o Glantwymyn, ac unwaith y mis caed darlith ar Gymorth Cyntaf gan Dr.Ifan.Ll. Davies. Roedd tua 50 o aelodau yr adeg yma – cyfansoddwyd emyn arbennig ar eu cyfer gan Idris ap Harri – ac roedd cefnogaeth fawr gan yr holl gymuned. Ysbrydolwyd fy nwy ferch inne gan y dosbarthiadau yma, a daeth yr hynaf yn nyrs ac yna'n chwaer ymroddedig i'w gwaith yn uned y galon yn ysbyty Telford.

"Ni bu cangen o Urdd Sant Ioan yn Llanbynmair ers blynyddoedd bellach, ac mae hynny'n golled fawr".

DIOLCHIADAU

Diolch arbennig i: Gronfa Ymddiriedolaeth Cymunedau yn Gyntaf (ardal Bro Ddyfi) am eu nawdd ariannol hael at gyhoeddi'r llyfr.

Llyfrgell Genedlaethol Cymru am wybodaeth o ddogfennau.

Adrannau Cynllunio ac Archifau Cyngor Sir Powys am eu cymorth.

Alun D.W.Owen am y cyfieithiad.

David Perrott, Perro Graphics, Glantwymyn, am y map.

Ardalwyr Llanbrynmair am gael defnyddio'r lluniau am ddim, ac i Eleri Evans am lun y clawr.

Gwasg y Lolfa am eu gwaith gofalus a'u hynawsedd bob amser.

LLYFRYDDIAETH

Hen Gapel Llanbrynmair 1739-1989. Gol./*Ed*. I.C.Peate & D.Eirug Davies.

Hen Gapel Llanbrynmair. I goffadwriaeth/ *In memory of* George H.Peate.

Iorwerth C.Peate (Cyfres Bro a Bywyd) R.Alun Evans.

Rhwng Dau Fyd. Iorwerth Cyfeiliog Peate.

Blynyddoedd Cyntaf Methodistiaeth. Richard Bennett.

Methodistiaeth Trefaldwyn Uchaf 1. Richard Bennett.

Newid Ddaeth. Elwyn Yr Hendre.

Yr Eneth Ddisglair Annwyl. Rhian Davies.

Calon Blwm. Cyril Jones.

Maldwyn. Urdd Gobaith Cymru.

Cerddi Idris ap Harri. I. Baldwyn Williams.

Cerddi Glyn o Faldwyn. D.Glyn Lewis.

Dial y Tir. Ambrose Bebb.

The History of Llanbrynmair. Richard Williams.

Dylife, a Famous Welsh Lead Mine. David Bick.

The Old Metal Mines of Mid Wales. David Bick.

Two Valleys. Maldwyn Rees.

Railway Through Talerddig. G. Briwnant Jones.

A Montgomeryshire Youth. Alun D.W.Owen.

Aelodau/*members* R.O.C. (*Royal Observer Corps*) Llanbrynmair 1939-45.

Rhes ôl/*back row*: Richard Evans (masnachwr glo/*coal merchant*), Evan Jones, Ffatri Rhiwsaeson, cipar/*gamekeeper*; Arthur Peate, Dôl-fach; Isaac Jones (Sec Mawr), crydd/*shoemaker*, Pandy.
Rhes ganol/*middle row*: Emlyn Hughes, Glyn Teg; John Duckett, Winllan; John F. Davies, Y Garth; Emrys Owen, Tafolwern; Bryn Jones, Tafolwern.
Rhes flaen/*front row*: Huw B. Williams (arolygydd ffyrdd/*roads surveyor*); Daniel Davies, Dôlgoch.

Seremoni'r Cofio ger y gofeb ryfel yn y 1920au cynnar.
Remembrance Ceremony at the war memorial early in the 1920s.

Ysgol Pennant/*School* 1929

Rhes ôl/*Back row*:
Arfor Rees, Harold Newell, Tom Newell, Fred Morgan, Douglas Jones, Ifor Roberts.
3ydd rhes/*3ʳᵈ row*:
Morfudd Evans, Buddug Davies, Sybil Davies, Enid Wigley, Edna Jarvis, Beryl Jarman, Miss Sarah James.
Ail res/*2ⁿᵈ row*:
Catherine Wigley, Annie Evans, Dossie Tudor, Megan Griffiths, Gwyneth Evans, Arianwen Newell, Menna Davies, Mary Evans.
Rhes flaen/*front row*:
Wil Davies, Goronwy Tudor, Tom Jarman, Eddie Griffiths, Tom Roberts, Lyn Rees.

Ysgol Pennant/School 1940

Rhes ôl/back row: Iori Lewis, Elwyn J.Davies, Elfyn Jones.
3ydd rhes/3rd row: Huw Tudor, Hilda Newell, Janet Hughes, Eluned Tudor, Myfanwy Evans, Tegryd Lewis.
Ail res/2nd row: Eirlys Richards, Malcolm Newell, Lynfa Lewis, Jean Evans, Miss Sarah James, Gwyneth Owen, Eirian Lewis, Hilda Wigley.
Rhes flaen/front row: Gwyn Roberts, Donald Lewis.

Ysgol Bont/*School* 1939

Rhes ôl/*back row*:
Richard Morris, Eryl Owen, John P. Williams, Evans Evans, John Morris, William Evans, David J. Evans, John Merfyn Lewis (Siôn Myrfyn), Richard Lloyd Jones.

3ydd rhes/*3rd row*:
Margaret Hughes, Iona Lewis, Beryl Lloyd, Ida Owen, Eirwen Evans, Margaret Plume, Llinos Jones, Awena Jones.

Ail res/*2nd row*:
Bernard Davies, Gwyneth Lloyd Jones, Elisabeth Lloyd Jones, Edith Evans, Mr Glanffrwd Davies (prifathro/*headmaster*) Miss Dilys Owen, Hywel Hughes, William Morris, Idris Evans, Lemuel Jones.

Rhes flaen/*front row*:
Len James, Billy Dean, Albert Lewis, John Meirion Owen.

Ysgol Bont/*School* 1964, cyn ymddeoliad /*before the retirement of* Mrs Dora Thomas.
Rhes ôl/ *back row:* Dafydd Lewis, Geoffrey Jones, Shirley Hughes, Ruth Jones, Gaynor Thomas, Linda Hughes, Nerys Williams, Valerie Jones, Eleanor Jones, Awela Hughes.
Rhes flaen/ *front row:* Ifor Jones, Richard Hill, Martin Jones, Aled Jarman.

Ysgol Pen-ddôl 1939

Rhes 6l/back row: Miss Ceridwen Lloyd, Haydn Evans, Howard Davies, Iori Rowlands, Haydn Jones, Gordon Woodfine, Alec Duncan, David Boyer, Griff Evans.
5ed rhes/5th row: Miss Varina Williams, Lili Owen, Betty Evans, Dorothy Bebb, Esther Woodfine, Mr H.A Hughes (prifathro/*headmaster*).
4ydd rhes/4th row: Rosie Hughes, Sarah Margaret Owen, Bob Morris, Wynn Evans, Glanfor Lewis, Walter Woodfine, Berwyn Lewis, Merfyn Davies, Glyn Jones, John Hughes, Mona Breese, Mary Bebb.
3ydd res/3rd row: John Jervis, John Hibbot Jones, Tony Rogers, Mai Owen, Mary Davies, Phyllis?, Dilys Evans, Elmer Evans, Merfyn Jones.
Ail res/2nd row: Lilian Williams, Dilys Jones, Bronwen Evans, Beti Duncan, Elisabeth Morgan, Mary Rowlands, Hilda Owen, Alun Davies, John Bebb, Glyn Owen, Emrys Jones, Meirion Morris, Glynmor Williams.
Rhes flaen/front row: John Davies, Eddie Evans, John Morgan, Reg Hughes, Walter Evans, Leslie Woodfine, Gwynant Williams, Arwyn Griffiths.

Ysgol Llanbrynmair / *School* 1996

Yr athrawon o'r chwith/*the teachers from the left*: Jen Evans (prifathrawes/*headteacher*), Sandra Pughe (cynorthwy-ydd /*assistant*), Eleri Davies (cynorthwy-ydd /*assistant*), Gwenan Jones Evans (athrawes/*teacher*).

Aduniad/*Reunion* Ysgol
Pen-ddôl Gorffennaf
26ain 1997/*July 26th 1997*

Rhes flaen/*front row*:
Menna Lloyd, Dolen
Humphreys, Frances James,
Dorothy Jones, Maglona
Burton Evans, Meiriona
Williams, Archie Davies,
Bronwen Williams.

Aduniad/*Reunion* Ysgol Pennant Haf/*Summer* 1992

Rhes flaen/*front row*: Eunice Williams, Sarah Davies, Elsie Waters, Marjorie Foulkes, Alice John, Doreen Waters, Sybil Price, Maggie Richards, Gwen Jones.

Ysgoldy'r Wern, tua adeg ei gau yn swyddogol 1959.
The Wern Sunday School-room around the time of its official closure in 1959.

Chwith i'r dde o'r top/*left to right from top:* Y Parch./*Revd.* Glyn Jones; Edward Jones, Caemadog; Gomer Lewis, Llan; John Hughes, Fronlwyd; dwy berthynas i Matilda Davies/*two relatives of Matilda Davies*; Mrs Matilda Davies, Penwern; Mrs Edward Jones (Elisabeth Ann); Miss Alice Roberts, Y Foel; Evan Richard James a'i chwaer/*and sister* Hannah James, Llan.

Yr Hen Gapel, Gorffennaf 9fed 1995: Dathlu 200 mlwyddiant mudo Eseciel Hughes a'i fintai i'r Unol Daleithau.
At Yr Hen Gapel, July 9th 1995: Celebrating the 200th anniversary of the emigration of Ezeciel Hughes and his group to the United States.

O'r chwith/*from the left:* Cyril Jones, hanesydd/*historian*; John Morgan, Caetwpa, disgynnydd i /*descendant* of Eseciel Hughes; Dr. Anne Knowles, ymchwilydd a darlithydd/*researcher and lecturer;* Y Parch. Ifan Wyn Evans, gweinidog/*minister* Yr Hen Gapel; John Davies, diacon/*deacon.*

Capel Cwm, yng nghwm Clegyrnant, un o'r pellaf o ysgoldai yr Hen Gapel. Y gynulleidfa y tu allan yn 1937.
Cwm Schoolroom, one of the furthest of the Hen Gapel schoolrooms. The congregation in 1937.

O'r chwith/*from the left*: Evan Evans, Blaen-y-cwm; James Williams; John Jervis, Rhyd-y-meirch; Arthur Williams, Hendre; Maldwyn Hughes, Carno; Lewis Richards, Clegyrnant; Tomi Jones, Esgair Gelynnen; ?; John Roberts, Cwmpen; ?; Y Parch./ Revd. S.B.Jones; Jane Evans, Blaen-y-cwm; Elin Richards, Clegyrnant; Elisabeth Roberts, Cwmpen; Catherine Lewis Richards, Clegyrnant; Lena Jervis, Rhyd-y-meirch; Ceridwen Roberts, Cwmpen.

Eglwys fach ddeniadol Sant Ioan, ger yr Emporium. Adeiladwyd 1868. Tynnwyd i lawr 1979.
The attractive little church of St. John, near the Emporium. Built 1868. Demolished 1979.

Capel M.C.Pennant, y festri a'r tŷ capel. Adeiladwyd y capel yn 1820. Tynnwyd i lawr 1998.
Pennant C.M.Chapel, vestry and chapel house. The chapel was built in 1820 and demolished in 1998.

Gorsaf Llanbrynmair 1941. Gweithwyr y darn yma o'r rheilffordd yng Nghanolbarth Cymru ddyfarnwyd yn orau mewn safon cynnal a chadw.
Llanbrynmair Station 1941. Workers of the prize length of the Central Wales Division.

Rhes gefn/*back row***:** Alfred Morris, Glyn Hughes, Dick Jehu, Jos Morris, Ted Davies.
Rhes flaen/*front row***:** Evan C. Davies, A Hughes, Williams Evans, Inspector Harrison, Inspector George.

Yr hen neuadd bentref, "Yr Hall", adeilad pren a brynwyd trwy Gymdeithas Adloniant y Sir yn 1921. Calon y gymdeithas hyd at 1976. Mae'n weithdy a chaffe heddiw.
The old Village Hall, a wooden building bought through the Montgomeryshire Recreational Society in 1921. The community's heartbeat until 1976. Today, a workshop and café.

Anrhegu Nyrs Vera Jones (Evans wedyn) ar achlysur ei phriodas tua 1948.
Presentation to Nurse Vera Jones (later Evans) on her marriage circa 1948.

Y Cynghorydd/*Councillor* David Wigley, Llys Awel; Nyrs Vera Jones; Miss Ceridwen E. Lloyd, Glynteg; Miss Frances A. Davies, Dôlgoch; Mrs Emrys Owen, Tafolwern.

Cymdeithas y Merched   The Women's Club 1962

Rhes flaen/front row: Obel Jones, Trip; Bet Jones, Pendeintir; Lali Williams, Glandŵr; Mary Ann Rowlands, Bryncoch; Mary Williams, Hendre; Marged Jane Davies; Meiriona Williams, Coedpryfydau;
Ail res/2ⁿᵈ row: Buddug Phillips, Tyrpeg; Gwladys Ann James, Yr Erw; Varina Williams, Hendre; Margaret Davies, Dôlybont; Katy Evans, Melin Rhiwsaeson; Gwladys Breese, Llawrcoed Isaf; Sadie Davies, Dôlgoch; Doris Jenkins, Dafarn Newydd.
Rhes ôl/back row: Bertha Richards, Bryntirion; Cranogwen Evans, Tafolwern; Margaret Lewis, Cwmcalch Isaf; Ann Roberts, Ceinwen Lewis, Dôl-fach; Bet Jones, Brook; Mrs Fryer, Tŷ'r Orsaf.

Tîm Pêl-rwyd buddugol yn Chwaraeon Cenedlaethol yr Urdd 1994.
The winning Netball Team in the National Urdd Competition 1994.

Rhes gefn/back row:
Eurgain Roberts, Alison Tilcock, Nia Wyn Jones, Sioned Roberts, Rhian Evans.
Rhes flaen/front row:
Heulwen Evans, Rebecca Owen, Mair Jones, Mererid Wigley.

Aelwyd Llanbrynmair Ionawr 1961. Ffarwelio a diolch i Elwyn a Nest Davies, eu harweinwyr brwd a llwyddiannus ers 1952.
Llanbrynmair Welsh League of Youth 1961, bid farewell and thanks to Elwyn and Nest Davies who had been their enthusiastic and very successful leaders since 1952.
Rhes flaen o'r chwith/*Front row from the left***:** Cynghorydd John M. Humphreys, Cynghorydd Thomas Davies, Idris ap Harri, Hedd Bleddyn, Lowri Williams, Ceridwen Lloyd, R.E.Griffith (Cyfarwyddwr yr Urdd/*Urdd Director*), Elwyn Davies, Nest Davies, Tegwyn Morris, Tom Breese, Gwyneth Jones, John Davies, Glyn Evans.

Un o geffylau Dôl Fawr tua 1908-10, yn amlwg wedi ennill gwobr. Richard Bebb tua deunaw oed yn ei arddangos. Y llun wedi ei dynnu gan George Peate.
A prize-winning shire horse at Dôl Fawr circa 1908-10, shown by eighteen year old Richard Bebb. Photo taken by George Peate.

Ceffylau gwedd ar ffald Brynaearau Uchaf, tua 1934. O'r chwith, y meibion, Thomas ac Evan Leonard Jones.
Shire horses on the yard at Brynaerau Uchaf around 1934. From the left, two sons, Thomas and Evan Leonard Jones.

Pladuro a chlymu ysgubau o ŷd ar gae Dôl –lydan o dan Bron Iaen, Awst 1964. *Scything and tying sheaves of corn on Dôl-lydan field by Bron Iaen, August 1964.*

O'r chwith/*From the left*: Norman Owen, Morris Peate, Glyn Jones, Idris Jones, Delwyn Peate.

Torri ŷd efo beindar "self delivery" a Fordson ag olwynion sbeics tua 1940.
Corn cutting with a self delivery binder and a spike wheeled Fordson tractor circa 1940.
O'r chwith/From left: Stanley Jones, y Garej; Norman Owen, Dôl-lydan.

Sied Dylife yn y 1930au hwyr.
Dylife "shepherds' court" in the late 1930s.

O'r chwith/*from the left*:
John Pugh, Cwm Mawr; ?; Edfryn Breese, Carno; John Lloyd, Y Gorn; Gruff Jones, Esgair Fochnant; Charles Evans, Cwmcefnrhiw; John Rowlands, Esgairgoch; David Tomi Wigley, Gwernyffridd?; Edmund Pugh, Dolbachog.

Pac Cŵn Llwynog Llanbrynmair o flaen tafarn y Wynnstay, Dydd Calan 1954 efo cefnogwyr. *Llanbrynmair Fox Hounds in front of the Wynnstay Hotel, New Year's Day 1954 with supporters.*
Gwelir G.Stanley Hughes, Comins Coch a P.Marchington, Wynnstay, Cyd-feistri'r pac; Emrys Owen, ysgrifennydd; Ifor Evans, helsmon. *In the photo: G.Stanley Hughes, Comins Coch and P Marchington, Jointmasters; Emrys Owen, secretary; Ifor Evans, huntman.*

Pentrelludw, Cwm Nant-yr-eira, cartref diddos yn y mynydd hyd at 1948.
Pentrelludw, *a comfortable home in the mountain until 1948*.

Bronwen yn ymweld â'i hen gartref, Pentrelludw yn 2003.
Bronwen re-visits her old home, Pentrelludw in 2003.

Olwyn ddŵr fawr Gweithiau Tŷ Isaf, 50 troedfedd mewn diamedr, oedd ar fin y ffordd ger pont Tŷ Isaf ar ddechrau'r ganrif. Yn y llun, John Jarman Tŷ Isaf yn fachgen ifanc yn 1898.
Tŷ Isaf Lead Mines great water wheel, 50 feet in diameter, by Tŷ Isaf bridge at the beginning of the century. In the photo, John Jarman, Tŷ Isaf as a young lad in 1898.

Y pencampwr John Bebb Davies, Efail Bryncoch, enillodd rai o wobrau uchaf Prydain am bedoli cyn ymddeol o gystadlu yn 1953.
The champion blacksmith John Bebb Davies, Efail Bryncoch, who won some of Britain's highest awards before retiring from competing in 1953.

Cwpwrdd nodweddiadol o waith Demetrius Owen. Prynwyd gan Dafydd a Martha Evans yn fuan ar ôl cartrefu yn Tŷ Mawr, Pennant yn 1896. Mae amryw i'w gweld yn y plwyf heddiw.
A typical cupboard made by Demetrius Owen and purchased by Dafydd and Martha Evans soon after settling at Tŷ Mawr, Pennant in 1896. Several are to be seen in the parish to this day.

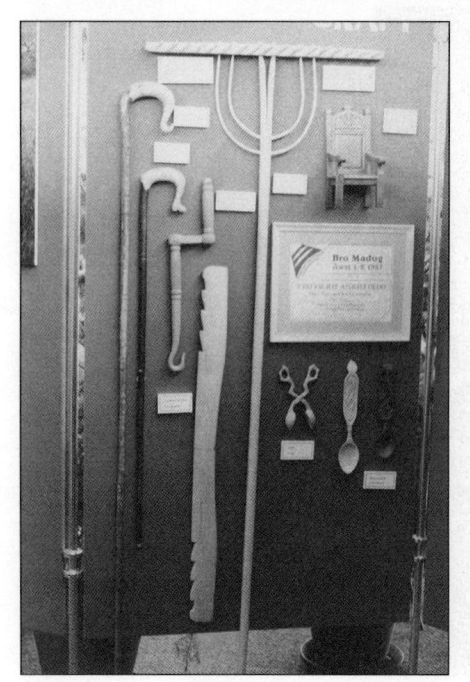

David Wigley a'i wraig, Eluned, yn dangos rhan o'i amrywiaeth fawr o waith coed.
David Wigley and his wife, Eluned, show part of the large and varied collection of his work.

Casgliad o waith y crefftwr gwledig, Lyn Rees, gynt o Plas Rhiwsaeson, enillodd Dystysgrif Anrhydedd yn Eisteddfod Genedlaethol Porthmadog, 1987. Enillodd ei wobr gyntaf yng Nghyfarfod Bach Talerddig, dan 18 oed.
A collection of the work of the rural craftsman, Lyn Rees, formerly of Plas Rhiwsaeson, which won a Certificate of Excellence at the Porthmadog National Eisteddfod 1987. He won his first prize at Talerddig Competitive Meeting, when under 18.

Robert Morgan, Caetwpa, y saer a wnaeth gadair Eisteddfod Genedlaethol Maldwyn yn 2003.
Robert Morgan, Caetwpa, who made the chair for the Maldwyn National Eisteddfod in 2003.

William Edward Williams, "W.E", sefydlydd ac arweinydd corau llwyddiannus iawn Llanbrynmair o'r 1940au ymlaen. Canwr unigol brwd ac enillydd cyson mewn eisteddfodau, gan gynnwys yr unawd bariton yn Eisteddfod Genedlaethol 1976. Codwr canu yn yr Hen Gapel.
William Edward Williams, "W.E.", originator and conductor of the very successful Llanbrynmair choirs from the 1940s onward. A keen soloist and constant winner at eisteddfodau, including the baritone solo at the 1976 National Eisteddfod. Precentor at Yr Hen Gapel.

Aled Davies, ganwyd 1974 ac yn cael llwyddiant mawr ym myd canu gwerin a chlasurol; mae wedi ennill yn Eisteddfod Ryngwladol Llangollen, ac ar yr unawd tenor agored yn yr Eisteddfod Genedlaethol, lle daethai hefyd yn gerddor ifanc y flwyddyn yn 2001. Bu'n amlwg hefyd mewn sioeau cerdd ym Maldwyn.

Aled Davies, born in 1974 continues to have great success in both folk and classical singing, having won at the International Music Eisteddfod at Llangollen, and also the open tenor solo at the National Eisteddfod, where in 2001 he was named young singer of the year. Has also appeared in Welsh musicals in Montgomeryshire.

Elwyn Davies "Elwyn yr Hendre" (1928-1999) unawdydd a hyfforddwr cerdd dant, ac arweinydd côr. Enillodd lawer o brif wobrau yr Wŷl Gerdd Dant a'r Eisteddfod Genedlaethol fel gosodwr a datgeiniad. Sefydlydd ac arweinydd Côr Cyfeiliog, Llanbrynmair, a pharti Triawd Deg. Codwr canu Capel Pennant.

Elwyn Davies "Elwyn yr Hendre" (1928-1999) cerdd dant soloist and teacher, and choir conductor. He won many of the chief prizes at the National Cerdd Dant Festival and at the National Eisteddfod as solo performer and arranger. Founder and conductor of Cyfeiliog Choir, and Triawd Deg trio. Precentor at Capel Pennant.

Margaret Lewis Jones, "M.L.J." Soprano lwyddiannus iawn ar y prif lwyfannau eisteddfodol, a chanodd lawer mewn cyngherddau mawreddog yng Nghymru a thu hwnt. Enillydd y Rhuban Glas yn Eisteddfod Genedlaethol 1963. Cyhoeddwyd crynoddisg ohoni.

Margaret Lewis Jones, "M.L.J." A very successful soprano soloist in main eisteddfodau, and has made frequent appearances in prestigious concerts both in and outside Wales. Winner of the Blue Ribbon at the National Eisteddfod 1963. Has made a CD.

Gwyneth Jones "Gwyneth Pennant" (1907-1987) Pianydd a chyfeilydd ac iddi dalent eithriadol. Deuai canatorion o gylch eang i'w chartref yn Llysun i gael ymarfer. Bu galw cyson am ei dawn ar lwyfan yr hen Neuadd Bentref trwy'r blynyddoedd, ac ymhellach i ffwrdd. Yn organydd Capel Bont, chwaraeodd yn holl gapeli ac eglwysi'r fro.

Gwyneth Jones, "Gwyneth Pennant" (1907-1987) A very gifted pianist and accompanist. Her home at Llysun was frequented by singers from all around who came for practice. Her talent was in constant demand at the old Village Hall and at events further afield. Organist at Capel Bont but also played for all other denominations.

Côr Cymysg Llanbrynmair, buddugol yn Eisteddfod Genedlaethol Y Drenewydd 1965.
Llanbrynmair Mixed Choir, first prize winners at the Newtown National Eisteddfod 1965.

Rhes flaen/*front row*: Lilian Williams, Beryl Morris, Mary Agnes Davies, Mair Davies, W. E. Williams (arweinydd/*conductor*), Gwyneth Jones (cyfeilydd/*accompanist*), Dorothy Howells, Laura Edwards, Alice Williams.
***Ail res*/2nd *row*:** Goronwy Davies, Enid Davies, Beti Pugh Jones, Ann Edwards, Margaret Davies, Freda Jones, Gwendora Davies, Gwen Jones, Megan Jones.
3ydd *rhes*/3rd *row*: Joshua (Jos) Jones, Elwyn Davies, John Davies, Idris Jones, Llew Richards, John Bebb, Defi Edwin Davies, Glyn Evans, Haydn Jones.
Rhes ôl/*back row*: Emrys Davies, Arthur Williams, Defi Tomi Jones, Gwyn Pugh, Thomas Davies, Elwyn Evans, Teddy James, Clement Richards.

Côr Meibion Llanbrynmair 1951 *Llanbrynmair Male Voice Choir 1951*

Rhes flaen/*front row*: Tegryd Lewis, John Davies, D.T Jones, Emrys Thomas, W.E. Williams, Gwyneth Jones, Dafydd Jones, Hugh Williams, George Anwyl, Teddy James.
Ail res/*2ⁿᵈ row*: Goronwy Davies, Richard Roland Owen, David Wigley, Dewi Rowlands, Ted Jones, Erddig Jones, John Williams, Defi Edwin Davies, John Anwyl, Glyn Evans.
3ydd rhes/*3ʳᵈ row*: Myfyr Lewis, Berwyn Lewis, Lesley Jones, Alun Davies, Glynmor Williams, Bryniog Lewis, Oswald Jones, Haydn Jones, Ned Davies, Dafydd M. Jones.
Rhes ôl/*back row*: Wili Davies, Tom Jones, Arthur Williams, Jack Ashton, Cynlas Lewis, Meirion Morris, Elwyn Davies, Joseph Williams, Thomas Davies, Edward Lewis.

Côr Cyfeiliog Choir 1997

Rhes flaen/*front row*: Ceinwen Jones, Mary Johnson, Glenys Jones, Jean Furlong, Elwyn Davies (arweinydd/*conductor*), Awel Jones (cyfeilydd/*accompanist*), Betty Owen, Anna Jones, Monica Atkins, Mair Davies.
Ail res/2ⁿᵈ *row*: Eunice Pughe, Betty Griffiths, Dorothy Pugh, Olwen Evans, Glenys Richards, Vera Evans, Tegwen Jones, Alwyna Jones, Margaret Lloyd, Anneura Davies, Marian Rees, Mai Richards, Nerys Williams.
3ydd rhes/3ʳᵈ *row*: Brythonig Price, Janet Hughes, Delyth Pugh, Dilys Lloyd, Audrey Morgan, Edna Hamer.
4ydd rhes/4ᵗʰ *row*: Hugh Pughe, Gwyndaf Jones, Alun Williams, John Davies, Elwyn Evans, Owen Jones, Parch. Wyn Evans, Edward V Jones, John Anwyl, Hywel Anwyl, Leslie Humphreys.

Aelodau Clwb Ffermwyr Ifanc Llanbrynmair a Charno enillodd Rali'r Sir yn 1997.
Members of the Carno and Llanbrynmair Young Farmers Club who won the County Rally 1997.

Rhes flaen/*front row*: David Lewis, Eifion Davies (Cadeirydd/*Chairman*), Sioned Rees, Janet Lewis.
Rhes ganol/*middle row*: Dewi Jones, Ann Lewis, Ann Rowlands, Sian Astley, (Ysgrifennydd/*Secretary*), Alwen Harding, Nia Jones, Eilir Jones.
Rhes gefn/*back row*: Rhys Jones, Dafydd Thomas, Llyr Thomas, Bryn Jones, Awel Jones (Llywydd/*President*), Richard Thomas (Arweinydd/*Leader*).

Aelodau Pwyllgor Cymdeithas Hanes Lleol Llanbrynmair fu'n gyfrifol am y Llyfr.
Members of the Local History Society Committee responsible for the Book.

Rhes flaen/*front row*: Bernard Davies (Cyd-ysgrifennydd/*Joint secretary*), Marian Rees (Golygydd/*Editor*), John M.Davies (Cadeirydd/*Chairman*), Eleri Evans (Ysgrifennydd/*Secretary*), Ioan Price.
Rhes gefn/*back row*: Eifion Davies (Cyd-drysorydd/*Joint treasurer*), Janet Hughes, Lynfa Williams, Pat Edwards, Margaret Jones, Gwyneth Davies. Yn absennol/*absent*: Judy Allday (Trysorydd/*Treasurer*), Geraint Evans.

LLANBRYNMAIR IN THE
TWENTIETH CENTURY

LLANBRYNMAIR YR UGEINFED GANRIF
LLANBRYNMAIR IN THE TWENTIETH CENTURY

Editor : Marian Rees
Translator : Alun D W Owen

Published by the Llanbrynmair Local History Society

INTRODUCTION

It is my privilege on behalf of the Llanbrynmair Local History Society to introduce this book to its public. I hope that you will find it interesting reading. I won't apologise for its weight, for I believe that it is worth its weight in gold! Being bilingual, everyone can benefit by it – and being nearly a thousand pages no-one can complain that it is not a bargain!

As well as being entertaining and of interest to our present population, our hope for the book is that it will be a fountainhead from which to draw in years to come, when the memory of "roots" and "bygone days" are in danger of disappearing completely under the pressure of modern influences. It is then, maybe, that the book will reach its full potential as source material in school, chapel and local society, and to inspire those that follow to hold fast to their heritage. "Who will be here in a hundred years' time?" asks the old song; hopefully, a copy or two of this volume will still be around.

I thank the Society Committee for their enduring faithfulness to the work, providing support throughout and raising money. It was a great loss to us all when Arthur Plume, a very able founder member of the committee, passed away. Arthur had steeped himself in the life of this parish and served it with enthusiasm throughout his life; his thoughts and experience being invaluable, he was held in high esteem by his fellow-parishoners. Thankfully, he left material which you will find in this book.

As a committee, we wish to express our special thanks to Marian Rees for her monumental work of researching, editing and co-ordinating the material. It was to her too that fell the responsibility of organising the content, over-seeing the translation and shepherding the volume through the press, work that entailed several years of unremitting work.

And so, as we release this volume on to your bookshelves, and bid it well, we hope that it will find appreciative readers both in Llanbrynmair and beyond, wherever indeed natives of the old parish have wandered and set roots. We as a committee can do no better than reiterate the words of our own poet, Iorwerth Peate, when in his ode to the Dyfi Valley he gave thanks that he had been blessed with "the rare gift of adulation for the precious land of those magical paths of long ago".

John M. Davies
Chairman

FOREWORD

When I agreed to the request of the Local History committee to help them produce this book, I consented without much ado. Had I taken time to consider, the answer might have been different – for I had forgotten that a century is a very long time and that Llanbrynmair is one of the largest parishes in Wales, having ten villages! In addition to this, of course, we were dealing with what may be termed the century that has witnessed the most changes, moving from writing on a slate to the age of the computer, from the postman on foot to the era when texting is the norm, and from when there were baskets of eggs to sell to the time of the supermarket trolley. Nevertheless, I will say that doing the work has been a privilege as well as an eye-opener. And, of course, I did have the advantage of having lived at both ends of the parish, in Cwm Pennant and Cwm Pandy.

Pondering on the changes that have taken place in the twentieth century, and those changes ever quickening, it became obvious that many things would inevitably be forgotten if nothing was done to record them. The millennium celebrations proved to be the catalyst, and soon afterwards a committee of local people got together to formulate a plan of action. This book is the result of that effort to record the main changes and, hopefully, it will serve both as a window to bring back memories to those who lived through the changes and a door through which the younger generation, and those to come, can enter and be in touch with their roots.

It must be emphasised that this is not a "history book". It was not put together by historians, but rather by a group of local enthusiasts who felt enough concern for the subject to commit themselves to attend committee, to carry out research and contribute knowledge. To start the ball rolling, about 30 tapes were made of people's memories, but, inevitably, as you will see, several of those who contributed have since passed away, and, of course, we had already lost many who would have made valuable contributions. We are thankful for those that we have secured, and revere the memory of those dear voices. (These tapes will probably be invaluable in the future for another reason, as true examples of the local dialect). Others have committed their memories to paper and those are reproduced intact. For the rest, the Editor foraged for material in school log books, committee minutes of chapels and societies, in library and archive, as well as some borrowed personal papers.

In dealing with the ins and outs of the twentieth century in Llanbrynmair we have tried to include varied aspects of local life – agriculture, of course, crafts and merchants, the effects of the two World Wars, and the contribution of the Village Hall and the leaders in culture and leisure activities, the contribution of choir and drama group and eisteddfod. No greater change has taken place than in the schools and chapels of the parish. Yes, they are still here, but fewer –one school where there were five (including Stae and Dylife) , and concerning places of worship, well, there used to be 14 chapels and schoolrooms and three churches, but now there remain only Yr Hen Gapel, Capel Bethel Bont, Capel Y Graig and Capel Baptist Stae, and the parish church at Llan.

This is due to some extent to the reduction in the population – the loss of old industries, the mechanisation of agriculture, and young people leaving to seek jobs elsewhere. (In 1901 the population was I,151, in 1951 it was 891 and in 2001, 958.) We also acknowledge that general apathy towards religious matters has crept in increasingly during the second half of the century.

Another phenomenon that began in the 1970s and increased thereafter was the arrival of a new and different population, who moved into many old dwellings as well as new ones, bringing about quite a change in the nature of society where the English language became much more prominent than before.

Since nothing which encompasses a wide tranche of the history of the parish has been published since "The History of Llanbrynmair", by Richard Williams in 1889 I thought that it might be a good idea to include some historical background here and there. That is why we have glimpses into the world of the old ballad singers and carollers, superstitions and customs. We go back in time to see what was happening for the education of the common folk before the great strides taken in the twentieth century, and we take a look at the early history of the schools, chapels and churches of the parish in order to put our century in context, as it were. For the same reason, many of the celebrities and benefactors mentioned in the book have their roots firmly in the nineteenth century but have a strong influence in the twentieth.

Having reached the end of the road, I should like to thank very sincerely the staunch little band of committee members who have been steadfastly behind the work throughout, and who have been always so ready to respond to my many queries and requests And at this point I should like to give special mention to out Chairman, John M. Davies, "John Dôlgoch", one who has the memory of a computer and who is imbued with a consuming interest in the heritage of his native parish, and one whose knowledge and support has been fundamental to the completion of this task. Something that made the work doubly enjoyable for me was the warm welcome on visiting the various families, and the ready co-operation that was to be had within the total community in the preparation of this book. Their contribution is the most important by far. They also gave all the photographs. I, in turn, take full responsibility for any misrepresentations in the text, and I apologise in advance.

The translator, Alun D.W.Owen, a career English master, was given a plateful of work but, in fairness, his patience never gave out – although he did ask me once or twice, "How much more…?" He assures us that he enjoyed the work and found it not in the least onerous since he too is a native of Llanbrynmair. Actually, we were pupils together at Llanbrynmair Primary School years ago, and naturally during the translation process had many a chat on the telephone on the precise meaning of some local saying or other. We hope that there will be much reading of the book in both languages.

In launching the book, we don't claim that we have exhausted the story of the twentieth century by a long way, but rather we hope that we have tilled the soil in preparation for further interest and research in the future, and that this in turn will result in the safeguarding of much more of the rich heritage of Llanbrynmair.

Marian Rees
Editor

CONTENTS

1 – Villages and Valleys	**505**
Llanbrynmair	505
Llan	536
Cwm Pandy	541
Talerddig	575
Dôl Fach	595
Winllan and Pen-ddôl	607
Tafolwern	610
Bont Dolgadfan	613
Wern Gerhynt	643
Cwm Pennant	662
Dylife	678
2 – The Land	**693**
3 – The Great Snow	**715**
4 – Health Care	**723**
5 – The Two World Wars	**735**
6 – Education	**755**
7 – Church and Chapel	**805**
8 – Old Customs and Superstitions	**863**
9 – Crafts	**871**
10 – Celebrities and Benefactors	**879**
11 – Clubs and Societies	**937**

1 - VILLAGES AND VALLEYS

LLANBRYNMAIR

The main village in the parish of Llanbrynmair is "Llanbrynmair", but in the old days many referred to it as "Wynnstay" or "Gwaelod". The Wynnstay Hotel is situated here, as was the railway station until it was closed in 1965. And this is where the main shops were, namely, Wynnstay Stores, including the Post Office (now the only one in the parish), the Emporium or Siop y Bryn, and Siop y Bont or Siop Tomi. And what better place than a shop to get a bit of history? Here is DYFI LEWIS (formerly Jones) reminiscing about the shop, and to guide us round the village as it is today.

SIOP TOMI

"I was born in 1938 in Dôl-y-bont, the first council houses in Llanbrynmair standing in a beautiful position in the middle of the village and surrounded by ample garden space. My father had built the shop in 1920, a wooden structure at the side of the road opposite the village hall, the old "Hall"; both buildings were erected at the same time. They were wooden huts being sold off after the war. My father began trading here on a small scale – selling pop, crockery, newspapers, cigarettes and sweets. He was a native of Tafolwern, and my grandfather was a postman delivering as far as Dylife. My father had worked on the railway before going off to the First World War at the same time as Richard Bebb, Dôl Fawr and Idwal Lloyd. There was talk that they had served with Lawrence of Arabia, but anyway, my father and Idwal had been "missing presumed dead" for a while, and hadn't arrived home in time to receive their medals with the others. My father died in 1946, aged 52, when I was seven years old.

"My mother took over the running of the shop afterwards, as well as bringing up four daughters, Nel, Bet, Myra, and me. Mama expanded the business and started selling a little of everything, Wellingtons, foodstuffs, paraffin, and crockery… The Second World War had just ended, with the country still on rations, and everyone prepared to guard their ration books with their lives, so valuable were the "points". To spend the points, one had to register with a shop of one's choice, and this way Mama had many customers. It meant a lot of work for the shopkeeper, because the points (small squares of paper) had to be cut out of the ration books and kept until the end of the month. An official would then call to count and collect them, whereby the authorities would determine what stock of bacon, butter, tea, sugar and so on you could have the following month. Our shop was given the responsibility of keeping stocks of baby food for the area. This was available on the points system, but was free to mothers – tins of powdered milk, orange juice and cod-liver oil in flat bottles with screw tops, and vitamin tablets for some. Our shop was also where Dr Davies, Cemaes Road left bottles of medicine for people, in a basket with room for four medicine bottles, and a place for tablets at the other end.

"Although the shop closed officially at six o'clock, there was no such thing as closing! A knock on the door: 'Mrs Jones, you haven't any dried milk, in the house… butter… a loaf… tobacco?' And off she'd go down to the shop more than once of an evening. There were no lights in the village, and she would carry the week's takings up to the house on a Saturday night in an old black wallet without a second thought. But in 1960, someone broke into the shop and stole cigarettes. The till had always been a drawer under the counter, with a "trick tin" inside, containing a silver 4d piece, which had been there for ages. The thief stole it. It was quite a small shop with three windows, and as there was so much stock stored all around, very little light came in through them. There were things hanging on hooks everywhere – hot water bottles (the china ones were in the cellar), buckets, mops, coarse brushes, washing soap in a wooden box, a cheese that was cut with a wire on the counter. My mother used to bone the hams herself, and slice them as required – most people wanted it cut thickly with a knife. She would give the hambone away, and at Christmastime she would give her best customers a bottle of sherry or a tin of fruit, things that weren't often seen in homes in those days.

"Most people paid monthly, the goods being listed in a book – and my mother could have sworn sometimes that it was thinner, and had fewer pages than there should have been! (Does anything change?) Most of the papers were also put on the monthly bill – Daily Herald, News

Chronicle, Picture Post, Y Tyst, Y Cymro, Y Faner, Dandy, School Friend, Eagle, Woman's Own, Home Chat... Mama used to get up at five o'clock on a Saturday morning to fetch the weekly papers and put the names on them before opening time. The daily papers had to be fetched every day.

"The stock was delivered in lorries by such companies as Aber Carriers, Morris & Jones, Caernarfon, and Morgan Edwards, Shrewsbury. All kinds of travellers called selling biscuits, cigarettes, and Ringers, A1 and Twist tobacco. The tobacco came by train and we used to fetch it on a little "Lyons Cakes" cart. Companies like Palethorpe's Sausages and Cadbury's Chocolate used to offer the shopkeepers free trips by train to visit their factories. My mother went many times, as did Bet, who helped her a lot in the shop before she got married.

"My mother came from Cemaes Road, and had trained as a seamstress in the Glasgow House shop in Machynlleth. She made her own clothes throughout her life, and for us girls for many years, adapting and re-making old clothes several times over, and everything hand-sewn. As I was the youngest, I never got anything new, but I had seen it before on one of the other three! But you could be sure of one thing, everything would have been made to the highest standard by her skilled hand.

"She regarded shop-keeping as a service. Her greatest pleasure was pleasing the customers, and nothing was too much trouble for her. And talk about trusting people! The paraffin tank was situated up the road, and when someone came to fetch a gallon in a five-gallon can, she would give him the keys to get it himself! In the same hut she kept barrels of cider, which some farmers used to order ready for shearing or harvest time, some coming to collect it after nightfall for fear of being seen! O, yes, it was in our shop that Glyn, the butcher from Carno, left meat for his customers' Sunday roast, Mama paying for it from the till, and Myra and I, when we were in school, delivering it on foot to the houses on a Saturday evening – Esgair and Mwyars, and the two Brynaeres. The only place to reward us for our work was Brynaere Uchaf, a good slice of sponge from Mrs Dora Jones, and we were very glad of it by the time we got up there. No wonder we had to take our shoes to Joni Lewis in Bont quite often to be repaired. Large loaves of bread from Talerddig were also left in the shop or in the house, after baking bread at home went out of fashion. On a Saturday night, they would come with their large square baskets to fetch them – Bryncoch, Nant-hir, Nantycarfan, Coed, Tŷ Pella, Cwmpen – after attending a concert or play in the Hall, and some of them had to cycle home afterwards with the bread on the carrier. Elstan Jones, Clegyrnant used to come down on a pony on a Saturday night to get the bread and some other things from the shop. There were very few luxuries in anybody's basket, but instead, rice, macaroni and tapioca flakes for making puddings, split peas and pearl barley to put in a stew, blancmange for Sunday sometimes, but very rarely tinned fruit. Yes, she kept a shop in order to help people, and do favours for people. She let many a long-standing debt be forgotten. She was 82 when she left the shop. Until then, she had been there almost every day since 1947, not knowing what the meaning of too early or too late.

"The shop was a very sociable place. An account of Niclas and his dentist's surgery is given later. Those suffering with toothache would queue in the shop! Penybont's milk-churn stand was also nearby, and what a riot there was when Bryncoch, Pentre Mawr, Brynaere and the others arrived with their milk, and the 'War Ag.' Boys – George Anwyl and Co. – happened to call at the same time! Those were very happy years in the shop with every day bringing some item of news to discuss or some joke to share. Despite all the hard and endless work, they were good days, to be remembered with warmth and a smile.

"I had been helping Mama in the shop ever since I left school, and I kept it going for some years after her, until I had the idea of converting it into a café, as we were right on the A470. I derived much satisfaction from the café afterwards, meeting all kinds of people, including many Welsh celebrities, calling in for a cuppa. Like my mother before me, I loved giving a service. The café closed in 1990, and my husband, Emyr, and I built a house on the same site, above the murmur of the river Clegr, where I have always been."

WYNNSTAY VILLAGE
"This is how I remember the village in the 1940s and 1950s, when I was growing up here, and from all reports it had not changed much at that

time since the beginning of the century.

"Four roads meet in the village. On the Pandy road there were three workshops, two of them belonging to the brothers, Edwin and Evan Evans, the shoe makers. These were wooden huts with steps up into them. The walls of Edwin Evans's workshop were covered with newspaper cuttings: he was quite a man of letters, and had an interest in local history, literature and politics. Next to these was a yard belonging to the Sir Williams Wynn estate, where all the tools and materials were kept for maintaining properties in the area belonging to the estate. Then, there was the policeman's house, Glyndŵr, a tall, three-storey house with cells in the basement. They might as well have stored potatoes in them for all the use they had during my time. I never heard of anyone spending a night in them. A new police house was built in 1952. Glyndŵr was put on the market many times, and for ten years it was occupied by a family that arrived one evening in a stock lorry with 20 dogs, six cats, and five goats (or nanny goats, as Hywel Anwyl called them – and he ought to know because he lives next door!) The house has been modernised since then – and Hywel praying that there will be no more goats! After that we come to the railway bridge, a very wide bridge, beautiful and solidly made from Talerddig stone, with the steam train thundering over it in the old days – but less noisy today. Beyond it stood the Wesleyan chapel, Soar, a neat, little chapel, in red brick, with the chapel house alongside where Mrs Foulkes lived. Beyond the chapel was Pendeintir, a typical lime-washed cottage, with a garden in front of it. This is where John Jones and his wife, Bet, lived; she had been the secretary of the Women's Association for many years and had excellent handwriting. Unfortunately, the old minutes book may very well have been thrown out when the house was cleared after the old couple. The Pandy road was prone to flooding, until they did away with the weir higher up and deepened the river. I remember seeing people having to come out through the bedroom widows in Soar, and there was a grey mark high on the pulpit in the chapel showing the height of the water. I was in the shop at that time, 14 years old, and had just left school.

"And now we're back in the village and walking up towards the station. Our shop is on the left after crossing the bridge. It was a stone bridge with high parapets of dressed stone, a meeting place for local men and young lads. It's a shame they did not use the original stones in the parapets when they widened the bridge about 1990. I think that would have gone a long way towards retaining the character of the village centre.

"Next, we come to Penybont farm, where Edfryn and Walford Owen farmed with their mother and sisters, and then David Wigley's first carpenter's workshop. Opposite our shop stood the old Hall and the field, and overlooking them the first four council houses to be built in the village, namely, Dôl-y-bont, with their extensive gardens. Higher up than these, I remember, was George Thomas's carpenter's workshop, and attached to it the garage belonging to Tom Humphreys, the coal-merchant. Then the butcher's hut belonging to Glyn Lewis, Carno (open occasionally), and then the workshop where Mr Owen, Mrs Williams Brynmeini's father, made wooden gates. Then after that was Roli Evans's coal business, the coal being stored in the station yard nearby. On the other side of the road was Idris Baldwin Williams's gravestones and stonemasonry business, and his home, Brynmeini, built in 1940. We have now reached the top of the slight incline, with the station entrance on the right, and Stanley Jones's garage opposite, and the last house on the right before leaving the village is Llysun, the home of the garage family. The garage generated the village's electricity supply until MANWEB arrived at the beginning of the 1960s. They also had hand-operated petrol pumps here, and you could have the wet battery for you radio recharged, and your car repaired, or buy one. Many a Hillman Minx was bought here. The garage was always a lively place, "Stanley Garage" being such a character, and in demand as an M.C. at whist drives. His wife, Gwyneth, was an excellent pianist, and was a great asset in developing musical talents in the area for a great many years, with much coming and going at Llysun as a result.

"There were sidings on both sides of the station, and a great deal of activity there. The ones on the Brynolwern side extended as far as the "lead shed", a shed that was used in the old days to store lead ore from Dylife and Tŷ Isaf ready to be loaded on the train. This is where animals were also loaded into trucks. Gradually, after the War, lorries were used more and more to carry animals. Before that, the train was everything. April 5th (so I was told by W.J. Davies) was a very special day. This was the day when all the wintering sheep were brought home, and a long train with three engines attached came from Pwllheli to Cemmaes Road. Here, the trucks with sheep destined for Dinas Mawddwy were unhooked and one of the engines would take them to journey's end. The other two engines, one at the front and one at the rear, would bring the remainder to Llanbrynmair. The sheep would be let out truck by truck from the sidings onto the main road. There was very little traffic, but if any vehicle came, it had to wait, because there were flocks of sheep on the road being sorted by shepherds for the various farms. And we complain today when a red light takes a long time to change! What I remember in the sidings is wood being loaded. The Jasper Barker Company were felling big oak trees in Plas Pennant woods and other places, and the workmen sleeping in railway coaches in the sidings. In the siding on the other side of the station there was a warehouse with a crane to lift heavy loads.

"Down in the middle of the village, opposite the Wynnstay Hotel there was a coach house and stables. Mr Edwards, the vet, used to hold his surgeries here, and Dan Evans, the farrier, did the same before him. They were converted into a garage afterwards. Wynnstay meadow reached as far as where the parking ground is today, a twelve-acre field extending into the distance as far as the bend in the river Iaen.

"A large piece of it was taken in the 1970s to build the council estate, Glan Clegr. The school and the Community Centre were built there in 1976. The old field lost much of its dignity, but there is enough of its left to hold the annual Show.

"As you went past Glynteg and the Post Office down to the Smithy, there were only two houses, namely, a bungalow called Y Glyn and a traditional cottage, Glanrhyd, the only other dwelling being the Smithy house by the turning for Hendre. Today, there are four estates of houses on this bit of road, that is, twelve houses behind the smithy, seven bungalows on the road to Hendre, seven bungalows opposite the Post Office, and 36 houses on the Glan Clegr council estate. That makes approximately 62 new houses in Wynnstay village, most of them built in the last twenty years, many of them very recently. Naturally, this has changed much of village's character: it used to be small with everybody knowing everybody. The Emporium, the large shop on the corner with its verandah and wide stone steps in front, has been closed since 1993 and turned into flats, and next door to it, where St John's Church used to be, there is a new bungalow. A bungalow where there used to be a church – another sign of the times.

"As you go up Bryncoch hill, Pengeulan cottage still remains the same, the smallest house you ever saw standing as if suspended above a precipice! This is where Mari Rhys and her famous summer songsters lived in the eighteenth century (at least their home was called Pengeulan). Nurse Vera Jones lived here for many years, and it still provides a pleasant little home for someone today. Bryncoch farm also remains more or less the same. Opposite, is Llys Awel, a beautiful house that David Wigley, the carpenter, built for his family in 1952. Since then, seven bungalows have been built on that side of the road. And talking about roads, that's another thing that has changed enormously. As there were two tennis courts by the Hall in the old days, I wasn't a stranger to playing tennis in my teens, and I remember how we used to play on the road, stopping every time we heard a car approaching in the distance. That's how infrequent vehicles were then. Worse still, we used to play "stilts" on the road by putting a piece of string through a hole in an empty fruit tin and while standing on two of them race along the road. It wasn't easy getting out of anything's way in a hurry on these! There was a policeman living in the village, of course, and we kept an eye on him. We had respect for the stationmaster, the policeman, schoolteachers, ministers of religion, the vicar, and shopkeepers. Woodfine, Evans, Enoc Davies, Idwal Jones and Steve Lewis are the policemen who served here during my life. Idwal was the first to live in the new house built for him near Glyndŵr. He would take no nonsense from young people. If he saw two looking as if they might start a fight or cause a disturbance, he would get hold of them both by the scruff of the neck and bang their heads together, literally. That soon put a stop to their little plans. Today, there is never a policeman to be seen in the vicinity of the village, only those rushing past in their cars. It is much noisier today than in the old days, especially at night, with car radios blaring from the parking ground, and so on.

"Despite all the talk of walking in the countryside, and now opening up the mountains and sheep-walks for any Tom, Dick or Harry, going for a simple walk has become a rarity in the village. In the old days, we children from the Wynnstay loved going across to Brynolwern, turning down through the fields to Ysgwydd Dre, and coming out by the river near Glanyrafon in the village of Tafolwern, where there were plenty of primroses and other wild flowers. An enormous static caravan park prevents this today. After reaching Tafolwern, we had a choice: we could either turn to the left, follow the river Iaen and climb out by Penygeulan, or continue along a narrow road up Brook Lane and come out on the Llan road. The roadside ditches around Tafolwern were plastered with wild flowers, (and they still are, thank goodness) and we could gather them by the armful without a care in the world. Another popular path, one that children from Pandy used to go to school, was the one that went past Brynllys (and admire the goats with their heads poking above the shed doors), over the wooden railway bridge, across the fields and out over Dôl-dywyll stile near Clegyrddwr weir. That path is still there, but walking through thick, well-manured grass as it is today, isn't half as much fun as rolling about on a carpet of greensward covered in wild pansies. And there was nowhere better for a picnic in summer than Hafod-y-bant, above Hendre, on the side of Newydd Fynyddog, the site of Richard Tibbott's family's small holding, two centuries ago. He was one of the famous Nonconformists whose history is given in another chapter. The cottage disappeared over a century ago, and there's only a little pond there today. We used to go up there sometimes on a Sunday School trip from Tafolwern Schoolroom, and after getting there, we would be sufficiently tired to sit down quietly and eat our sandwiches, and enjoy the view over the whole breadth of the parish, see our homes like doll's houses, see the train rushing headlong down from Talerddig or puffing its black smoke as it climbed... the odd car...and Penybont cows being brought in for milking."

PULLING TEETH

At the back of Siop Tomi there was a storeroom that was transformed once a week into something of a battlefield. It was here that Nicholas pulled out the teeth of the parish. You wouldn't find many places in the Cardiganshire hinterland, west Montgomeryshire or south Merionethshire where Nicholas and his pincers hadn't been there before you. He was the people's dentist in central Wales, and most certainly Llanbrynmair's tooth-puller from the 1920s until about 1960.

No one referred to a dentist except in terms of "going to Nicholas", and that meant one thing only, having a tooth out and sometimes the whole lot in order to make room for a full set of false teeth. Llanbrynmair people had poor teeth on the whole, and there was nothing for it except to have a mouthful of Nicholas's teeth, which were in fact very good, natural-looking and a good fit – just like your own. And if they didn't fit, you could always go back for Nicholas to put a file on them!

But T.E. Nicholas was far more than a dentist: he was a Communist, a Christian, a preacher, a poet and a public speaker. A native of Pembrokeshire, he was ordained minister with the Independents, his first church being the Glais in the Tawe Valley, which accounted for his nickname, "Niclas y Glais". He became a great friend of Keir Hardy, the first M.P. for Merthyr Tudfil, and had the honour of delivering the great man's funeral eulogy in 1915. By the time of the Great War he was a minister in Cardiganshire, preaching against the war and inciting lead-miners and farm labourers to join the trade unions. He also preached in Hen Gapel at about this time, and got to know Ithel Davies from Cwm Tafolog, Llanbrynmair. Ithel was a conscientious objector, and when he was marched off to prison for being a 'conchy', Nicholas became a tower of strength for his anxious family back at Glan-yr-afon. It was Nicholas's articles in *Y Genhinen* that had convinced Ithel Davies of the futility of war, and steered him towards the pathways of socialism. Nicholas had not only pulled teeth in Llanbrynmair, but also lectured there.

He left the Ministry, according to the Revd. Gwilym Tilsey, because people were more willing to part with their teeth than accept the truth that he offered them. And that 'truth', said Dr Iorwerth Peate, who knew him well, derived from the fact that Nicholas was raised, by his own admission, in the same tradition as the "Llanbrynmair Tradition", that radical, Nonconformist, Christian tradition, which professed the freedom of the individual within a free society. Both Nicholas and his son, Islwyn, were imprisoned during World War Two under conditions pertaining to "defence of the realm", when he wrote sonnets on prison toilet paper, which were later published in his volume, *Llygad y Drws*. By this time, Ithel had become a barrister, representing Nicholas and his ilk at the tribunals. How the wheel had turned! Inside his last volume, *Rwy'n Gweld o Bell*, he inscribed the words, "To my friend, Ithel, in loving memory of Benj and Mrs Davies and the warm welcome at Glan-yr afon". Nicholas lived into his nineties.

But to return to the teeth. The official dentist was Mrs T.E. Nicholas, whilst he himself was only self-taught – of course, there was no talk of fillings in those days. He travelled about in the "little mule", his car, keeping his dental appointments, and that's how he landed in Siop Tomi's storeroom. His only requirements were a chair and a bucket. Let's hear the story from Dyfi, the shop's youngest daughter, who grew up to the sound of Nicholas's chatter. She was his little maidservant.

"Nicholas came every Thursday, carrying his brown case, which was a complete shambles, with ash from his cigarette-holder dropping among the pincers and needles, and Nicholas blowing on them. A black reclining chair awaited his victims, a bucket to spit the tooth into, and cold water to wash the mouth. Some had made appointments but others had plucked up courage at the last minute, or couldn't bear the toothache any longer. Nicholas nattered on throughout the treatment, thereby, perhaps, helping to divert the mind. "A tooth out today?" was always his first greeting... then before the job was half done, "It's coming, John Jones... it's coming... it has come!" But that was only half the truth.

"As things got busier in the shop, Nicholas was moved up to our house, into the front room, with the queue waiting in the back kitchen. Things were much easier now. It was possible to boil water and put pink stuff to melt before putting it inside the mouth to make a mould of the gums ready for the false teeth. Rarely did anyone come back to complain that the upper or lower gums were hurting. It was customary to put up with any discomfort until the teeth "settled in"! But everyone held Nicholas in high esteem, and rarely did anyone complain about his handiwork.

"I used to help after coming home from school, tending on him and comforting others who had been screaming blue murder, and ensuring they had a scarf round their mouths for fear of getting a draught in the wound on the way home, but I never received a penny from him. Nicholas sometimes pulled teeth at the roadside, many a time in a gateway in Cwm Pandy. Everyone had faith in him and respected him, both as a man and a dentist. But pulling teeth was, after all, pulling teeth!"

Nicholas used to pull teeth, by request, in Carno too, in the Post Office. Miss Swancott used to send for him when there were customers. Anneura Davies (formerly of Pennant Isaf) worked for years in the Post Office with Miss Swancott, and she remembers him well. "A good-looking man, I'm sure, when he was young," she said. "A handsome man, as I remember him, even in the 1950s. He had a round face, blue eyes, a little moustache, a bow tie and a silk scarf, or a wool one in the winter. A flat cap like a plate on his head... But though he was tidy in appearance, his bag was a mess! All he needed was a table, a chair and a bucket of water in front of the window in the storeroom. He drank a cup of tea in the kitchen with his back to the fire. He never sat down but scurried constantly to and fro. He gave me a bar of chocolate every time, which Miss Swancott used to eat!" Why did he give chocolate to Anneura and nothing to Dyfi? Because she worked in the Post, and he a pillar of the Proletariat, and Dyfi was daughter of a shop? Anyway, before long, Anneura and her husband, Hywel, became the proprietors of the Post Office in Carno, where they ran a very successful business for over twenty years.

Anneura remembers, when she was quite little, another dentist coming to her home in Pennant Isaf to pull teeth. Presumably he chose that place at the head of Cwm Pennant because it was nearer for the inhabitants of Waun, Hirnant and Dylife. His name was Ernest Williams, and he also came from Aberystwyth. He used to bring a nurse with him, called Miss Rees, a fresh-faced, healthy-looking English speaking woman. This one operated in the same manner as Nicholas – "a tooth out", and all he needed were pincers, a bucket and a gulp of cold water from the spout (the "Pistyll Gwyn" of blessed water next to the gable-end of the house, which gave the farm its original name). Ernest Williams used to come by request, when Laura Jones, Anneura's mother, sent for him as needed. He always came on a Sunday. Anneura laughs as she recalls one incident. "I remember Elfed Y Waun, a big lubber of a lad in his twenties, coming down over Pennant Isaf's mountain pasture from his home in Waun Fawr, where he lived with his mother and uncle – they were the very last people to live there. He possessed a mouthful of strong teeth like harrow teeth, but one of them needed to come out. After failing with the first few attempts, Ernest Williams rolled up his sleeves, planted a knee firmly on Elfed's chest and pulled like a lion, with Miss Rees holding on to his head. One almighty tug and the tooth emerged leaving an enormous chasm in its wake. Wiping the sweat from his brow, Williams remarked, 'Who was your father, an Arab?'" It is to be hoped that Elfed climbed the steep slope home to Waun a happier man than he came down.

"PEGGY SIOP EVANS" REMEMBERS YESTERDAY

MRS PEGGY MORRIS, formerly Peggy Evans, a schoolteacher, has spent much of her working life in Newtown. This is her tribute to Llanbrynmair and its people and their influence on her during her formative years:

"We as a family moved to Llanbrynmair from Stoke-on-Trent in January 1931 when I was a year old. One of my earliest memories was of popping back and forth to Glynteg next door, where I was given a warm welcome by "Nain" and Miss Ceridwen Lloyd and her sister Olwen. Although my father spoke Welsh it was there that I first came to grips with the language and where I learned to sing my first Welsh nursery rhymes.

"Tafolwern chapel schoolroom, "Ysgoldy", played an important part in my early development. My first Sunday School teacher was John Jones, Y Gelli. He painstakingly tried to instil the principles of sol-fa by means of the modulator, and taught us the alphabet: a,b,c,ch,d,dd, etc. One unforgettable Sunday, he threatened to tweak Glynmor Coed's nose if he hadn't memorised his a.b.c. You can guess what happened, yes, he pinched his nose and caused a magnificent nosebleed. We were all sent poste haste down to the river to soak our handkerchiefs in the cold water. It was without doubt the most exciting Sunday School ever! It was here too that the Revd Robert Evans took the Band of Hope, a kind of extension of Sunday School, which started at 6pm, so it was always nearly dark when we left home and we needed to make sure that our torch batteries would last until we got home!

"I can't leave Ysgoldy Tafolwern without mentioning the annual "Cyfarfod Bach" or mini eisteddfod. The schoolroom was always full to overflowing and the painted walls would stream with condensation as everyone took part in the competitions. I'll never forget Tom Coedcae and Defi Tomi singing the most wonderful duets, valliantly accompanied on the little harmonium by Miss Varina Williams. What talent there was in our small corner.

"My best friends during these very happy years were Betty Duncan and Mary Bryncoch. I had so much fun in those carefree days. During those long, hot summers we spent hours playing in the fields or climbing up to Hafod-y-bant, the hill behind Hendre. We were a little afraid of passing through the farmyard owing to their rather ferocious geese but Miss Mary Williams would usually come to our rescue and chase the cackling geese with a big broom to give us safe passage. No sandwiches ever tasted better than those we devoured after climbing what seemed like Everest to us at that time. At about this time too, Miss Dorothy Lloyd from the Wynnstay Hotel founded a Brownie Pack. How proud we all were of our smart brown and gold uniforms. She had a wind-up gramophone and taught us folk dancing in the rent-room. We thought this was the height of sophistication!

"At the back of Glyndŵr, then known as the Police Station, there was a room which was reached by crossing over a "bridge". Here, Mr T.R.Jones, Bronheulog, (the local estate agent) ran a club called "The Rechabites". We had loads of fun here, and we learned many songs and recitations which he put together to produce a clever little show, which involved building a church out of "bricks" made of large blocks of wood. The result was a rather beautiful model of a church that filled the entire stage. To us, it was as good as a West End show.

"During these pre-war years there was no shortage of entertainment. In the Village Hall we had occasional film shows and every year we enjoyed a whole week of Welsh plays performed by visiting groups, one full-length play every night. I also looked forward immensely to the week when an English touring company came and performed several plays. They really were very professional. I was very excited one year to be chosen to play a small part in Uncle Tom's Cabin. Their troupe was a family affair and their two daughters were called Fern and Pearl, such glamorous names to a plain Peggy! I think they lodged with Mrs James, Yr Erw.

"The Hall was also the venue of eisteddfodau and numerous concerts, where the children all sat at the front on long benches. This meant that we could see and hear all that happened on stage, but more importantly,

I suspect, we could be seen by everyone and so had to behave! My ambition in those days was to be able to play the piano like Mrs Jones, Llysun, and be able to accompany all the soloists. She eventually became my music teacher and I am eternally grateful to her for her patience. It was in the village hall that the young men met to learn the intricacies of billiards under the eagle eye of Mr Duckett, the caretaker. During one period the hall became the temporary home of Hen Gapel while the chapel was being refurbished and I blushingly remember having to stand on the stage to recite my verse from the Bible. Nervously, I caught hold of the hem of my dress and began to wind it tightly around my finger. Unfortunately, the line of children was fairly long and by the time my turn had arrived my skirt had climbed somewhere in the region of my neck, displaying far more underwear than a modest young lady should!

"One of the red-letter days of my childhood was when the circus came to the field in front of Glyndŵr. I thought it was absolutely marvellous! There were elephants and horses, clowns and trapeze artistes, a splendid Ringmaster and sequinned ladies very scantily clad; sea-lions that balanced big, bright coloured balls on their noses, and in the background the thrilling music of the steam- organ. But my favourite act was that performed by the tiny monkeys. What a thrill for a young child to see these clever animals balancing on a tight -rope, holding a dainty parasol in one hand while walking across the wire. They were dressed in frilly costumes, and even rode miniature bicycles from post to post.

"As our shop was a general store we sold every item imaginable, from red herrings to china tea-sets, from groceries to boots and shoes, from ladies' dresses and coats to modern furniture, as well as everything a farmer needed. Sacks of flour, oatmeal, Indian corn and other animal feed would be delivered to our customers by horse and cart. Our part-time driver was a terrific character called Morris the Brook (I don't remember his surname, but he lived in Brook). He had a dog of doubtful parentage called Bonzo and the two were inseparable. We had a horse called Cobden, and Betty, Diana and I loved him dearly. It was a great treat to be allowed to accompany Morris on his rounds. Cobden and the cart would be made ready, and the lucky one would be hoisted up to sit snugly on a sack. Who ever thought that the bean bag was a modern invention? Every summer I was highly honoured to travel in this manner all the way to Hendre Pennant to stay with Aunty Mary and my cousins, Hywel, Buddug, Menna and Elwyn. Sheer bliss. Why I was the lucky one I shall never know, unless, maybe, I was the one they most wanted to get rid of! I thought that Pennant was one of the most beautiful places and I haven't changed my mind to this day.

"School in those days was a happy experience and I believe we were privileged to be taught by exceptional teachers. Those who went on to the Grammar School were well equipped to cope and to compete on equal terms with all the other pupils. At primary school we were given the opportunity to learn to cook and sew, while the boys had woodwork lessons and gardening. I don't think Miss Lloyd was very impressed with my needlework skills for she once told me that if I could sew half as fast as I could talk I should be a brilliant needlewoman!

"Once a year, the dreaded visit of the dentist. How we envied those children whose parents had failed to return the consent forms. The big white curtain was drawn across Miss Lloyd's room as a divider, and Miss Jones, the dental nurse, called us in one at a time. I think we were more afraid of her than the dentist as we all sat very quietly, trying to hear what was going on on the other side of the curtain.

"At this time, like all rural communities, we had no piped water and had to carry every drop. At first, we carried it from the "pistyll", a spout near the river Clegyr opposite Glyndŵr. Two of us would carry a galvanised bath between us while at the same time balancing a bucketful in the other hand. No mean feat when you consider that it was a five or six hundred yards' journey back home along the main road. Later, a communal tap was installed and this reduced the distance by two-thirds. We were most impressed by Alun yr Efail's ingenuity (from the skilled Smithy family) when he designed a yolk that fitted across his shoulders. From this he suspended two buckets of water and, managing to defy gravity, carried the water safely home on his bicycle.

"The war brought problems to many. Local men and women were called up to serve their country, and sadly some lost their lives. The evacuees arrived and although many were integrated quite happily into a hitherto alien way of life, many more found it too hard to adjust to a strange community and an even stranger language. This was the era of the Italian prisoners of war and we all got used to their waving and whistling as they got carried in their lorries back to their camp in Newtown after a day's work on the farms. We also saw long convoys of army vehicles, full of soldiers, regularly travelling to their training camp at Tonfannau near Tywyn.

"Somewhere around 1946 a wonderful thing happened. Dad bought a little petrol engine to generate electricity. Until then we had to make-do with oil lamps, which were both smelly and a fire hazard. One of our hated jobs was to see to the lamps each Saturday morning. This entailed filling them with paraffin, trimming their wicks and polishing them with brasso until we could see our reflections in them; but the worst job of all was cleaning the glass chimneys. To reach inside we wrapped a soft cloth around a wooden spoon. The glass was very thin, and woe betide the one that broke a glass as they became almost impossible to replace during the war. This was a time-consuming task as we had three hanging lamps in the house, four in the shop, another in the post office, as well as a hand held lamp for each of our five bedrooms. Even now, nearly sixty years later, I still appreciate the miracle of electricity and try not to take it for granted.

"The years were moving on and now, a teenager, I travelled to Newtown Grammar School by train each day. Evenings were spent doing vast amounts of homework, but we still found time to go to W.E.A. classes in the Hall where I learned about the Ottoman Empire and Mustapha Kemal. We had a brilliant tutor, Mr Alwyn Rees from Aberystwyth University, and he kept us enthralled week after week. Twice a week, the Reverend Robert Evans took the Aelwyd (the Welsh League of Youth Senior Club). It was a wonderful place to make new friends and to acquire new skills. (It was also where several of us found our future partners, myself included!) Here we had first aid classes with Dr.Ll ap Ifan Davies, we played table tennis and cards, we were taught the rudiments of *cerdd dant* (counterpoint singing to the harp) by Mr Ted Richards of Carno, and we climbed Cader Idris on at least two occasions – to name but a few activities. But far more important than all of these to me was becoming a member of a choir. Wil Tŷ Pella, "W.E." as he is known, took on the onerous task of moulding our youth choir - or in fact, two choirs, female and mixed. Later on we joined his adult choir in the village and we had a great many successes at various eisteddfodau. I particularly remember one occasion when we competed at Llanrhaeadr-ym-Mochnant. It was 3 a.m before we performed on stage and I think it was about 5.30 a.m when we arrived home!

"My dear friend at this time was Lilian (who later became W.E.'s wife) and I have very fond memories of the happy times I spent at the farm, Coed, and the kindness her family showed me.

"I could say much more, but I will end by paying tribute to all my friends and acquaintances in Llanbrynmair. I am so grateful to have been brought up in a place with such a rich cultural tradition, and among such kind friends and neighbours. I am deeply thankful to have known you all."

WYNNSTAY STORES AND POST OFFICE

The main Post Office at Llanbrynmair has been located at Wynnstay Stores for over a hundred years. It has been called "Shop Daniels" and "Shop Evans", and now MARY JOHNSON tells us what came afterwards:

"Thomas Reginald Pitcher, who married a local girl, Gwyneth Vaughan Williams, during the early years of the Second World War, moved to Llanbrynmair in 1946 to join his wife after completing his RAF service. They lived at Dôl-fach and subsequently had two daughters, Mary and Susan. He became the village Postmaster, renting a room from John Evans at the Stores. He not only ran the office but also delivered telegrams as far as Dylife and Blaen Tafolog on a bicycle. During the heavy snow of 1947, he had to take telegrams to Cilcwm Fach at the far end of Pennant valley no less than five times in one day. One of these messages was that some gundogs were being sent from Yorkshire and were due to arrive at the railway station that day, and had to be collected urgently.

"At this time there were five sub-post offices in the area – Talerddig, Bont Dolgadfan, Pennant, Pandy Rhiwsaeson and Wynnstay. All except the last named have closed, the most recent being Talerddig in 1998. There were also nine shops in the vicinity – three in Wynnstay village, two in Bont, and one each in Talerddig, Pennant, Dôl-fach, and Pandy. There is only one left now in Llanbrynmair. In 1948, Tom Pitcher decided to work for Mr Evans in the shop, and the post office was moved to the Emporium Stores across the road. Then in 1952, John Evans decided to retire, and Mr and Mrs Evan Edwards, who came from

London, where they had a milk business, bought the shop. They had a daughter, Delyth, who entered Pen-ddôl School from London speaking fluent Welsh.

"The post office moved back to Wynnstay Stores again in 1954. By now the Edwardses were selling drapery, agricultural implements, gardening tools, sheep dip, marking fluid, coal and paraffin, as well as groceries, green grocery, household goods, newspapers and so on. Tom Pitcher continued his employment at the shop for another five years before leaving to become a baker at Talerddig. It was at this time that piped water and Manweb electricity came to Llanbrynmair.

"The post office was a very busy place, as it was also a sorting office. The postmen started work at 4 am and 6 am in order to meet the train. The mail was then wheeled down to the post office to be sorted into different districts – Wynnstay/Tafolwern, Pandy/Blaen Tafolog, Talerddig/Cwmcalch, and Bont, where it was sorted again for Llan, Pennant and Staylittle. At first, the mail was delivered on foot or bicycle. Later, there was one van, which went as far as Staylittle. In later years, there were three vans, garaged behind the shop. Now, life became a little easier for the postmen, although they still had to start work at 5 a.m.

"Mr and Mrs Edwards remained at the shop until 1985 before retiring to live at nearby Cemaes Road. The new owners were ourselves, Barry and Mary Johnson, who moved down from Bont Dolgadfan post office. We had two sons, Paul and Stephen, I myself being the daughter of Tommy and Gwyneth Pitcher, who still lived in the village. During this time, the shop changed direction and became more of a self-service outlet, and concentrated on newspapers, cigarettes, confectionery, greengrocery, grocery, coal, paraffin, and in later years an off-licence. The Post Office installed security screens and alarms, and in 2000 the new Horizon computer system also, which helped enormously with all the different transactions and balancing procedures.

"In November 2000, I retired; the business has changed hands twice since, and still gives excellent service to the area".

WYNNSTAY ARMS HOTEL

This account comes from MRS PAULINE TAYLOR, the present co-owner of the Wynnstay Arms:

"No one seems to be able to put a date on the birth of the Wynnstay

Arms. Our records show that in 1744 the property was owned by Sir Watkin Williams Wynn, and occupied by Mrs Ailes Jones, and had a rateable value of £7 per annum. It was then known as the 'Cock Inn' (probably due to the prevalence of cock-fighting in the area). It seems to have passed down afterwards in Sir Watkin's family over the generations until it was sold by the Wynn estate in 1957. In 1900, it was occupied by Edward Morgan, rent £110. Our own knowledge of the licencees goes back as far back as 1935 when a Mrs Davies, née Cotton, was the tenant. From that date about 12 people had held the licence until we came here in 1987."

MRS ANN LLOYD JONES of Machynlleth takes up the story:

"My grandparents, Mr and Mrs W.E. Lloyd came here from Oswestry around 1935. My grandmother's maiden name was Ann Edwards. She was always to be found, white-aproned, in her large, well-scrubbed, old-fashioned kitchen at the back, and always very proud of her cooking. My grandfather was keen on horses and farmed the land that in those days went with the Wynnstay hotel. Their son, James, (Jim) married a local girl, Bessie, daughter of Coedcae, and the four of us children, Edward, myself, Tom and David were brought up in Llanbrynmair. My grandparents left in 1947, and the next licensees were Mr and Mrs Goldbourne followed by Mr P. Marchington in 1952".

Pauline takes up the story again:

"We've been here now for 17 years, our children have integrated locally, and we are proud that our grandchildren are fluent Welsh speakers. As regards the building, part of it has been dated to 1512, and must have been built in four or five sections. Originally, a part of the lounge bar housed animals, a good source of central heating! with separated living accommodation on either side and above. The chimney in the lounge bar, a large ingle-nook, has scythe blades embedded in the stone to prevent access by surprise intruders, (in the sixteenth century such intrusions were the norm, apparently, by the notorious Red Brigands of Mawddwy). Stabling was opposite the hotel, where travellers could leave their horses overnight, and I believe that it was also a staging post for the Mail Coach. At the rear of the property there is a large room, more recently used as a function room for parties and dances, and which holds fond memories, with varying degrees of hilarity, for some of the older generation. Originally, this room was built as a rent room by Sir Watkin, where his tenants came annually to pay their dues, an event usually presided over by an agent. It is still called the 'Rent Room'

"The outbuildings at the back housed goats and pigs – and the occasional non-paying visitor! Whilst the exterior of the hotel remains virtually unchanged – it being a Category 2 listed building – many alterations have been made inside. But we still feel sure that its historical atmosphere and character remain, and although it is very well situated on the A470 for passing trade and tourists, it is still very much the 'local pub'."

THE VILLAGE HALL 1920-1977

The focal point of community life in Llanbrynmair today is the Community Centre, or the "Ganolfan" as it is known. It forms part of the new school. This is where fairs and concerts are held, and eisteddfodau, bingo, whist drives, evening classes, Merched y Wawr, Women's Institute, nursery school, Community Council, and meetings for organizing various activities, such as the Show. Yes, it is an important establishment, and well supported…. "But nothing like what it was in the old days," some would willingly add. O, what was there here "in the old days", then? Well, it was the Hall, of course, an old, second-hand, wooden building that held hundreds of people, who came to it like moths to a candle; and whose framework was strained to its foundations by the best among soloists, choirs, reciters, public speakers, and actors, and by the applause as audiences were swept from jubilation to tears by the performances on the stage; a building that was a magnet for young people, its wide expanses sucking them in to enjoy the sweaty excitement of 1960s and 1970s youth folk dances or a play rehearsal, or to explode with laughter while preparing for the Aelwyd's Noson Lawen. A sanctum that lasted throughout the life of the old Hall was the billiards room, reserved at the back for responsible beings while at the side was the anteroom, the domain of the ladies and the table cloths, and you wouldn't go far in that direction without coming across Mrs Duckett dashing somewhere with a bucket in hand. She and her husband were the caretakers for many years, over half a century ago. This is where the doctor and the nurse held their surgeries, and where babies, wrapped in thick shawls against the cold draughts from the Clegr, were brought to the welfare clinic. Yes, the Hall was the place, and at the end of a long, hard day at work, you would often see them pouring towards the Hall and queuing on the cinder path in the rain. Every level of society came here, the fur coat brigade usually getting their tickets beforehand. Nothing ever changes! Oh, yes, it does, because at one time it was often the people with fur coats that kept the wheels of society turning.

Although the old Hall was made out of wood, it didn't grow here! Where did it come from, then? According to what we read in Alun Owen's book, "A Montgomeryshire Youth", a young curate, the Revd Daniel Francis Hughes, sensing that there was a need for a central place in which to hold social activities after the Great War, set about forming a branch of the Montgomeryshire Recreational Society. The War Office was selling off its old buildings here and there, and money was borrowed from the above society to purchase a large wooden hut from Churchstoke to be re-erected on a small field in the middle of the village, donated for this purpose by Sir Watkin Williams Wynn. The Hall opened on Christmas Day 1920 with a very successful concert, and, contrary to the Jeremiahs' predictions, was full to overflowing.

Apart from the chapels and the churches, this became the centre of all social life in the parish for over half a century afterwards. The loan was soon repaid, and further money was raised to make improvements: lawn tennis courts, a bowling green and a quoits pitch were laid. In 1921, a 'Grand Tennis Tournament' was held there, attracting competitors from as far away as Liverpool. The Hall earned its place as the best in the county at that time, with it excellent acoustics, raked wooden floor, and the famous "step" or platform at the back where the local policeman kept a beady eye on the crowds of young people that gathered there, whatever the occasion. Children sat on benches without backs at the front, and there were enough of them to fill four rows right across the Hall. The front row was so near to the stage that it was impossible to resist the temptation of lifting a corner of the curtain to take a peep, if the play was a long time starting. The Hall had seating accommodation for about 400 and electric lighting supplied by Stanley Jones's garage, which made it suitable for visits from the travelling cinema. In 1922, The Literary and Debating Society had 94 members, quite an achievement for a rural parish, and as a result some famous people came here to share their talents, people like Professor T. Gwynn Jones with lectures on

Twm o'r Nant, and no less a person than Llew Tegid to present the May Eisteddfod of 1922, when he described the audience as "intelligent and worthy of the excellent tradition of the old parish".

A play always attracted an audience. During the Second World War a week of English plays were put on, usually by a company from England, with a different play each night. Many remember The Murder in the Red Barn, and lines from the play are still quoted by some of the old ones, for example, "Which of these two ropes is mine?" from a play about some evil-doers, no doubt. Violence never ceases to appeal – look at our television programmes today. Later on, the Drama Festival was held, that is, a week of Welsh plays, and when that had finished a local competition, the One-act Drama Competition, six in all, one from each chapel or schoolroom in the parish, was put on.

It was the Hall, with its roots in the Recreational Society, that dreamed up the idea of holding a Sports day on Wynnstay meadow in the 1950s, and bit by bit this developed into a Show and Sports day, reaching its peak in the 1980s. Thus, over the years, with an energetic committee behind it, the old Hall was a welcoming meeting-place for concerts, plays, eisteddfodau, films, whist drives, Home Guard, various societies, the Aelwyd, child clinics and fairs. In 1976, it was sold for £5,500, but "it is still here", albeit very different, having been adapted into a workshop, an exhibition centre, and a very convenient café alongside the A470. You cannot drive past without noticing it, because at the gate, inside a perspex cage, there is an enormous red dragon, with its eyes sparkling and its wings moving, as if beckoning you into the foyer. In the old days, there was no need to ask twice!

COMMITTEE MINUTES
What about tracing its fortunes over the years, if only to see the effort it took to keep things going?

Let us glance at the minutes of the Hall's Annual Meeting, 27th May 1958. It was reported that there was £42.14.10 in the bank, and the officers were: Chairman, J.T. Jones, Cringoed; Vice-chairman, Arthur Williams, Hendre; Secretary, Mrs A. Edwards, Wynnstay Stores, and D.P. Jones, Talerddig Post Office; Treasurer, John P. Williams, Tŷ Pella. The parish was divided into eight districts, with one representative from each district on the Management Committee, and one from each one on the General Committee, as well as the officers. There was a separate committee of eleven members for the Drama Festival. In addition, there were five honorary members who had been active during the previous 30 years. The societies that met in the Hall that year were: Women's Institute, the Aelwyd, Royal Ordnance Corps, The British Legion, the Parish Council, the choir, the choral union, the children's clinic, and the National Farmers' Union.

At the next committee meeting, it was passed that the old benches in the Hall would be sold at the fair; they were expected to fetch 7/6d. A letter from the caretaker was read asking for his wages to be paid monthly. The Treasurer explained that the reason for the delay was the lack of cash in the bank. (In meeting after meeting we can see the great efforts being made to avoid going into debt.) In September, a representative of the drama committee asked if an English play from Newtown could be included in the Drama Festival. This was agreed to. The tickets were to be 4/- and none to be sold in advance (which shows its popularity). Furthermore, all stewards and ladies in charge of refreshments were to pay for their tickets! Six stewards would be required every night, and each chapel schoolroom was to be asked to be responsible for an evening's stewarding.

In 1959, it was passed for a door to be made from the rear of the main hall through to the billiard room. This was a big step because that place was separated off – even though peepholes had already been made in the partition in order to spy on the dancing classes! The need for a door came about because of a problem that persists to this day… A new sewerage system had been installed in Llanbrynmair with a pipe connecting the village with the sewage works in Tafolwern. In drawing up the plans to connect the houses up, they forgot about the Hall, which stands in a hollow, and so, to ensure an adequate flow, the effluent pipe had to be laid aboveground on a bed of concrete. Owing to the Hall's low-lying position, the flow through that pipe was always very weak. But another consequence of the pipe and the concrete was that rainwater collected by the doors into the Hall, which explains why a doorway had to be made from the billiard room to be used at such times, thereby obviating the need to come to the Hall in Wellingtons! That particular problem was resolved at the time of building the Glan Clegr houses, when a drain was put in and the rubble and soil was used to fill the hollow where the water used to collect. That is an account given by William John Davies.

It was announced that the profit from the Drama Festival was £125.9.0. By 1959 the Fox Hounds Committee were also meeting here. There was some concern about repairs and maintenance – after all, the Hall had been here for almost 40 years. Metal windows had to be installed, at £13.10.0 each, and wire netting, at £4.1.7 a bundle, bought to make a 25 ft. long fence alongside the river – and the caretaker needed a new scythe and sickle. And to crown it all, they failed to get enough plays to hold the Festival; but there was salvation on the horizon in the shape of Al Roberts, the conjurer and ventriloquist. His wife, Dorothy, was an attraction in herself: with her colourful make-up and her daring, fashionable clothes, she looked as if she had come from Hollywood to Llanbrynmair. She used to help Al with his tricks and was sawn in half many a time, with everyone holding his breath and expecting a scream. The ventriloquist's doll, the "little schoolboy", in his striped coat and straw hat, and his huge eyes beneath a mop of hair, was very convincing in his "conversation" with Al. O yes, the three attracted a good crowd, which was reflected in their fee, £9.9.0. A profit of £10.18.0 was made.

February 1960 Meeting. It was agreed that dish-drying cloths for the caretaker should be made from two flour sacks. (Many a nightshirt and tablecloth was made from flour sacks at that time; excellent material for washing, which came up as white as ermine). They would be needed for the next whist drive, for which admission would be half a crown, the food included. The prizes would be vouchers for £1, 15/- and 10/-.

July 1960 Meeting. It was decided to get electricity from the national grid at the cost of £5, necessitating re-wiring. It was reported that the Sports had made a profit of £75 and it was agreed there and then to arrange another one… By 1961, the Sports had grown into an event of importance, with an auctioneer from Welshpool as President, and five Vice-Presidents, including Sir Wintringham Stable and Mr Marchington, the previous landlord of the Wynnstay Hotel; John Bebb Davies, the Smithy as master of the field; Gwynfryn Lewis, recorder; Alun Price, Dôl-fach and Tom Davies, Coedcae, announcers; and Stanley Jones, Llysun, starter. There were athletic competitions for children and adults, sheep-shearing, ponies, dogs, a carnival, clay-pigeon shooting, reversing a tractor, a balloon race, a vegetable and flower show, and a milk bar to quench the thirst (in those days of temperance). Evening concert by the Gwalia Singers. Total profit, £152.

1963. A cupboard put up in the Hall to keep the trophies won by Aelwyd yr Urdd, which had clearly enjoyed a period of enormous success.

The Poultry Whist Drive held a few days before Christmas was looked forward to every year with prizes of 2 turkeys, 2 geese, 2 ducks, 2 cockerels, a brace of pheasants, and beef and plum pudding for the Knockout. (Notice how the turkey took precedence over the goose; it is the other way round today, with the goose regarded as an expensive delicacy, and turkeys cheap in the supermarkets, where you can get a gigantic creature for £10 on Christmas Eve, whereas a goose is about £30). The raffle prizes were characteristic of the age, for example, a transistor radio, a canteen of cutlery, 10 prizes in all, entry 3/6. In the largest whist drive ever held, there were 119 tables, more than could be accommodated in the Hall. Accordingly, 99 were set up there, whilst the remainder were distributed between the Wynnstay Hotel and the old school (almost a mile away!). John Tŷ Pella had arranged the Knockout carefully – so that in the final contest half a table was to come from the other two places and a table and a half from the Hall. It was no easy matter getting the three-legged race to run smoothly, but it did.

1965. Glyn and Cranogwen Evans give up being caretakers after 14 years. Only committee members were present at the General Meeting. £723 in the bank. It was passed that the caretaker's wages would be 5/- a week, 2/- in the summer.

1966. It was passed to spend £60 on raising the standard of the two billiard tables, and to increase the charge for using them from 8d to 1/- a game. Examples of voluntary work by the committee at this time were draining the field, and laying a concrete floor in the shed ready for the central heating equipment.

1968. John P. Williams has been a hard-working Treasurer for 16 years, and W.J. Davies resigns as Secretary after eight years of good work. Both are made honorary members of the Hall, as the following already were: Arthur Plume, Mrs Rowlands, Bryncoch, Mrs Davies, Garth, and Miss Ceridwen Lloyd.

1969. Dock leaves beginning to grow through the tarmac laid on the parking ground of the Hall (were there 'cowboys' about in that era, then?) The loyal committee still working hard despite the public's lack of interest in the work (an age-old complaint, is it not?) The committee rents the Wynnstay meadow in order to separate part of it off for youngsters to play football on. The Caretaker's wages raised to £3 a month and £2 in the summer. That's what was a rise! The Show's profit, £546, but much of it coming from donations, as £234 was taken at the gate. Cynlas Lewis, Talerddig Bakery, generous, as usual, giving food to the stewards and judges gratis, and adding a further £5. (He always contributed generously towards many a local cause.)

1970. Encouraging signs on the horizon about a new hall! The committee has heard that three quarters of the cost was to be had in grants. Since they had already spent a great deal on the old Hall, and needed to spend much more, they decided to invite everyone to a public meeting to discuss the matter. There was £1,551.7.9 in the bank. Clearly, that meeting had favoured getting a new hall, because when David Wigley, the builder, said in a meeting in February 1971, with Hedd Bleddyn in the chair, that a new school was to be built on Wynnstay meadow, William Jones, Cilcwm proposed at once that they should ask the Education Committee whether a hall could be built in conjunction with the school.

November 1971. The Director of Education, T.A.V. Evans, and G.G. Evans attended a meeting in Llanbrynmair, and said that a hall about the same size as the one in Arddleen would be built without any local contribution at all. A local committee, together with one or two representatives from the Education Committee, would run it, and £100-200 per annum would be allocated towards running costs. Everybody was in agreement. The matter of the billiards table was raised; would there be room for this? No immediate answer was given. However, one additional blessing would be that the new school would use the football field on Wynnstay meadow, so that the Education Committee would be responsible for its upkeep.

In December, the above information was announced at a public meeting, and was accepted. New trustees were nominated: J. Meirion Jones, the head teacher, John P.Williams, David Wigley, Hedd Bleddyn, and Arthur Plume. The Sir Watkin estate was informed of the plans.

January 1976. The time was fast approaching for moving to the new Centre. The future of the old Hall was discussed. It was decided to apply for planning permission to convert it into an industrial development, to create jobs. It was confirmed that land at the side of the new Centre had been set aside for building a billiards room, (no doubt, evoking a sigh of satisfaction from many of the faithful patrons). Pictures of Morfydd Llwyn Owen, Mynyddog and the 1911 Band transferred to the new Centre. The old Hall put up for sale.

November 1976. Two offers received. The Hall is sold to W. Jones, Hafoty, Llan for £5,500. The old Hall Committee changes its name to the Playing Field Committee, with W.J. Davies as Chairman, Anne Jones as Secretary, and Arthur Plume as Treasurer. The money left over from the old committee to be spent on new playing equipment. Development of the playing field continues.

February 2nd 1977. Official opening of the School and Community Centre by County Councillor, J.M. Humphreys, J.P.

April 1977. The first Annual Meeting of the Centre, 29 present. Hedd Bleddyn was appointed Chairman, J.M. Jones, Secretary and Warden, and Islwyn Price, Treasurer. Hiring rates: the hall, £5, the committee room, £1.50 and political meetings, £5.

October 24. J.P. Williams opened the new billiards room. A Christmas Whist Drive was to be held, and a grand fair in November.

1981. Payment to the Education Authority gone up to £700.

1982. Won an award for being suitable for disabled users.

1983. £2,480 in hand.

1984. Admission to the Whist Drive, £1. Payment to the Education Committee, £939.Grumbles!

1988. The Warden reported that 434 meetings had been held at the Centre, the highlight being when Stuart Burrows and his son held a concert here.

1990. Discussion about buying a good second-hand piano for £1,500.

1992. A new kitchen and new stage lights, ready for the Powys Eisteddfod plays in the autumn.

1993. The two choirs formed for the Eisteddfod, under the leadership of W.E. and Elwyn yr Hendre, continue meeting here at £2 a time.

January 1995. The committee discuss the Education Committee's intention of paying less towards maintaining the Centre. This causes some concern; after all, the local community had borne most of the costs of the new billiards room and had then transferred its ownership to the County Council. In the end, the committee gave in to the County Council's conditions, provided a less costly central heating system was installed. The Centre was registered as a charity.

1996. These are the organisations that used the Centre: Community Council, Merched y Wawr Cyfeiliog, Mynyddog Women's Institute, Snooker Club, the Band, Young Farmers, Aelwyd yr Urdd, School Governors, Friends of the School, Fishing Club, W.E.'s Choir, Cyfeiliog Choir (Elwyn's), Show Committee, Badminton Club, Fox Hounds Committee, Clwb y Ddôl, W.E.A. classes, Sewing classes.

1998. Islwyn Price is thanked for his services as Secretary from the beginning in 1977 until now. A public telephone is installed. A digital lock is fitted to the external door, which is also the door into the school (a sign of the times – a concern about the children's safety.)

A discussion about installing a bar in the Centre. Elwyn Davies, Hendre, adamantly against it, as long as he is Chairman. The idea is rejected. In September it was agreed to have an occasional alcohol licence.

November 1999. A discussion about the Community Council's attempt to get local organizations to work on a mosaic to be erected on the Centre's wall to celebrate the millennium. (Footnote: this was achieved.)

GWYNEIRA LLOYD LEWIS TELLS ABOUT THE LLANBRYNMAIR DRAMA FESTIVAL 1951 – 1958.

"I cannot recall anything being so popular in Llanbrynmair as the Drama Festivals of the 1950s. A sub-committee of the Hall Committee set about organising a week of competition for full-length plays. The event was held in the autumn with six companies from all over Wales taking part, beginning on a Saturday evening and continuing every evening until the following Saturday, leaving the Wednesday free.

"H.A. Hughes, George Thomas, the Revd Robert Evans, Elwyn Davies and Jos Jones, Cringoed were all committee Chairmen in their turn, Islwyn and I, Secretaries, and Mair Jones, Glanrhyd and John

Williams Tŷ Pella, Treasurers. The Adjudicators chosen during the seven years were John Ellis Williams, Blaenau Ffestiniog, Wilbert Lloyd Roberts, Bangor, E.J. Thomas, Pontrhydyfen and Olwen Mears. A President had to be chosen for each night from among leading personalities of the area, and it was also an opportunity to invite back some of its sons and daughters. Each Schoolroom in turn was responsible for refreshments at the end of the evening, and there was considerable competition! The nightly proceedings were presented by the chapel Ministers and the Parish Rector, namely, the Revd Robert Evans, the Revd J. Price Wynne, the Revd G.I. Dean and the Revd. Erasmus Jones.

"At the first Festival the ticket prices were: reserved front seats 3/6, or £1 for the week; middle row seats 3/-, or 17/6 for the week; rear seats 2/6 per night.

"The venture was a great success. Indeed, it was so popular that we began announcing the dates of the next Festival beforehand, and people came straightaway in their hordes to book. "The prizes were:1st: £40 and a cup for the Producer; 2nd: £25. The unsuccessful companies received £12 each.

"Every night a bus from Trefeglwys was organised to bring people from Staylittle, Pennant, Bont Dolgadfan and Llan down to the Hall. This was a very convenient arrangement and enabled many to come and enjoy the performances.

"Some years it was difficult finding enough companies to fill the whole week everybody wanting to come at the weekend instead of on a work night. Sometimes a company would withdraw at the last minute. I remember when the Aberangell company withdrew because of a bereavement affecting several of its members. I was on the phone for hours that evening. I began by phoning John Evans, Llanegryn's drama company. They couldn't come. Then I phoned scores of companies across the north and the south, when someone said, " Why don't you ask Bryncrug?" And that's what I did, and fair play to them, they came at very short notice. I didn't know that they existed at the time - and so near to Llanegryn!

"Another time Islwyn and I went round the country chasing up companies and trying to persuade them to come and compete. They were far more likely to come if we asked them personally. Some of the best companies we can remember are Beulah, and Newcastle Emlyn performing *Dan Nawdd y Nos*, Glan-y-môr, Pwllheli, performing *Fy Machgen Gwyn I* and Machynlleth performing *Yr Inspector*.

"For about two or three years during this period, we also resurrected the One Act Play Competition confined to the parish of Llanbrynmair. In all there were seven companies competing, four on the Friday evening and three on the Saturday, followed by the adjudication. There was a company from each of the following: Pandy, Tafolwern, Dôl-fach, Talerddig, Bont, Pennant, and the Wynnstay. Everybody took it seriously, but we had a lot of fun as well. It also meant that a great many people of all ages had the opportunity to take part and enjoy the experience."

THE BIG WHIST DRIVE
ELEANOR JONES, Garth, gives an account here of the Great Christmas Whist Drive, which has been an important institution in Llanbrynmair for many years. Her father, John P. Williams, Tŷ Pella, worked hard on its behalf from the beginning:

"Christmas Whist Drives were started in Llanbrynmair in the 1950s to ensure an annual source of money to fund the village Hall. Over the years, they became very popular, supported by people from far and near – as far as Glynceiriog and Fishguard, with several coaches coming from Cardiganshire. Poultry featured prominently among the whist and raffle prizes.

"The largest Whist Drive took place in 1975 when there were 119¼ tables, and it had to be held in three places, the Hall, Pen-ddôl School and the Rent Room at the Wynnstay. That evening took a considerable amount of organising, and some people arrived late in order to play near the bar – which became obvious later, when they arrived back at the Hall! It must be noted that the 1967 Whist Drive was small because there had been an outbreak of foot and mouth disease in Oswestry during the October of that year. They decided to go ahead so that the Big Raffle could be drawn, as the tickets had already been distributed.

"Over the period, there have been six M.C.s in charge: Richard Williams, Dolhafren, Dic Hughes, Llanidloes, Eric Andrews, Tregynon, Emrys Jones, Llanerfyl, Gwyn Morgan, Llanbister, and Tom Breeze,

Comins Coch. Fortunately, the Big Whist Drive has enjoyed the support of plenty of local volunteers over the years, thus ensuring that the evenings were very successful.

"While I was selling a raffle ticket recently to a person from Craven Arms, he said, 'Oh, I remember coming to the Whist Drive with my father when I was young, and seeing the row of fat turkeys on the table by the entrance...'

"The following figures give some idea of the number of tables over the years:

Date	Number of tables	
1966	93½	
1967	20	
1969	118	
1972	72	
1975	119¼	
1977	105	*new Centre*
1981	52	
1988	71	
1992	44	
1998	39	*profit £1,043.00*
2000	37	

There were over 70 tables consistently until 1988. By the end of the century the number had almost halved, but the event is still held regularly and is still very popular, especially as it is the last one before Christmas."

LLAN

BERNARD DAVIES is a native of Llan, born and bred in Siop y Llan, where he still lives. He went to Bont School and then Machynlleth before pursuing a career in the old Montgomeryshire County Council Offices from 1953 to 1974, and then for Powys Health Authority until his retirement in 1994. He is a benefactor of his area, taking an interest in its history, a deacon at Hen Gapel, and at Bont Schoolroom before that, and a member of the Community Council. He would like to take us on a tour of Llan village to see who used to live here.

"At the beginning of the century, Llan consisted only of a few houses around the church, but it grew a little, as we shall see. Starting at the Rectory, the first clergyman I can remember was the Revd George Idwal Dean. He moved here with his family, wife, son and daughter, from Llanberis where he had been a curate. He was a powerful preacher, very much in demand to preach at Thanksgiving services, for instance. He too was the Commanding Officer of the Home Guard during the War. He left Llanbrynmair in 1953. His daughter, Dulcie, was a nurse, and so did not spend much time here. His son, Billy, attended Bont School, Newtown Grammar School and Llandovery College before taking up a career in the Navy. The next occupants were the Revd and Mrs Erasmus Jones and their son, Gareth. They came from Anglesey, and returned there after a few years. Gareth is a teacher, and an excellent musician, as was his mother, and was for a while the conductor of Caernarfon Male Voice Choir.

"The last rector to live in the Rectory was the Revd Owen Morgan who came here from the Ffestiniog area. Neither he nor Mrs Morgan enjoyed good health, and about 1963 he moved to be Rector of Penisarwaun. Now, the Rectory is known as Hafod-y-Llan, and is the home of Mr Terence Lambert, a wildlife artist of international repute, his wife, Glenys, and their four daughters.

"There were three taverns here at one time, The Red Lion, Cross Foxes and Tŷ Mawr, the latter, standing at the top of Llan Hill remaining a tavern until the early 1920s. and scores of tales are still being told about tricks played by the landlord, Gwilym Williams, "Gwilym Llan"(father of Sister Doris Williams and Captain Gwilym Watkin Williams). There was a house in Bont, near where the sewerage works are today, close to the river, with a very low roof, and one evening the couple living there were boiling toffee in a pot over the fire. Gwilym let a cockerel down the chimney…There was a husband and wife digging a grave under a yew in the cemetery one dark night, she holding the candle. Gwilym climbed the tree and let drops of water on the candle to extinguish it. They fled in terror… But the first people I remember at Tŷ Mawr were Mr and Mrs Pugh, followed by Mr Joshua Wigley, who farmed Esgair

Ifan jointly with Tŷ Mawr, before moving to Pentre Mawr. Then came Mr and Mrs Davies and their son, Tommy, generally known as "Tomi Llan". They moved here from Cardiganshire, but they were originally from around Llanidloes. Owen Davies was a very clever and versatile man, and he was soon elected to be an elder, and a member of the parish and district councils. Tomi was a favourite with us children, and we would follow him around the fields, having rides on the horses and later on the tractor. Tomi himself became an elder, and a treasurer, at Bont C.M. chapel, and also a parish councillor.

"And we lived at Siop y Llan, opposite, having always kept a shop, and also bed and breakfast during the war years and for a while afterwards. The National Cycling Club's emblem hung outside to invite customers into the café. We kept two cows, and sold milk in Llan, Bont and Wern. My mother closed the shop down in 1981.

"Our neighbours at the Church schoolroom were Mrs Elizabeth Jones and her three sons, Ifor, Sidney and Islwyn. They came from Dylife in 1926 to be Church caretakers. Her husband, John Jones, had worked in the Aberfan coal mine, and had had to retire early because of pneumoconiosis and a leg injury. He died in 1948.

"Past the church going down hill we come to a small stone building we knew as Gwilym James's Shop. He was an elder in Bont chapel and a skilled taylor, his wife also being a seamstress. They made men's and women's suits, alterations and mending, and sold things like socks and materials, and, unexpectedly, paraffin. Supposedly, that would be much in demand in a taylor's shop at busy times. Once, when he had made a suit for the rector, a rather portly figure, his wife complained that the waistcoat buttons kept on popping off, and that she had to sew them back on time and again, to which he replied, "I only sewed them once!" Up behind "Taylor's Cottage" was Billy Lewis the shoe-maker's workshop, a wooden shed divided into two, the other end, with its colourful bottles, being the doctor's surgery where he attended twice a week. It had a tap outside, the village having secured water to some houses and a few outside taps in the 1920s from a sexton near Tawelan.

"Rock Terrace along the road comprised four houses. In the first lived Mr and Mrs Billy Lewis and their son, Jonathan, or Jack Lewis. Billy Lewis was the shoemaker, and an extremely busy one with a great demand for his work, and Jack was also a shoemaker after he recovered from a period of illness. In the next house, there was Johnny and Ruth Owen and their children, Arwyn, Myra, Ronwy, Eryl, Meirion (Jac Mei), Hefina and Heather. When the council houses, Tawelfan, were built they moved there. Johnny Owen was a lengthman, responsible for the road between Pennant and Llanbrynmair, and there was no one better at keeping the road in first-rate condition. He was a hard worker, cutting all the grass with a sickle and opening all the ditches with a shovel. Today, we miss those heroes who looked after the road drains so well, and who knew so intimately every culvert, bank and ditch.

"Mr and Mrs Trefor Lloyd lived at No.3, with their girls, Beryl, Betty, and Carol. Carol has lived in Switzerland for many years, with her French-speaking husband and children, but her Welsh sounds as if she had never left the district. Trefor worked in Plas Pennant with his brother, Evan Lloyd, moving later to Cilcwm, and ending up with the Forestry Commission. Trefor was a very kind and genial person. The last house in the terrace is the Red Lion, the home of Mrs Elizabeth Lewis – or Lisi Pugh, as she was called, especially by people from Pennant, where she was born. She was a widow, and had moved to Llan with her parents after retiring from farming at Pennant Isaf. She owned the terrace of houses as well as a little land. But she was a rather sad-looking woman, with never a smile on her face. One day, a passer-by greeted with the cheery word, Hwyl! "Hwyl?" she replied, "What hwyl is there?" Another time she invited a man living near her in to see her. When he asked playfully, "What if people begin to talk?" Lisi Pugh was beside herself with anger!

"We come now to Aelybryn, the Bont School headmaster's house, erected in J.E. Jones's time. I remember Mr and Mrs Glanffrwd Davies and their son, Glyn, living here, a family from Cardiganshire. Mr Davies was an able and versatile man, and despite being a severe disciplinarian, his chief concern was the good of the children, and he always tried his best for them. He was a highly regarded lay preacher and a member of the Gorsedd of Bards. The son, Glyn, read medicine at Guy's and St Mary's Hospitals in London, and also at the Prince of Wales Hospital, where he qualified as a bacteriologist. He worked afterwards in London and at Sully Hospital, South Wales. He died in 2001. When Glanffrwd

Davies retired, Mrs Dora Thomas was appointed headmistress. She came with her husband, Harri Thomas, from Llwyn Glas, and then retired to Tŷ Mawr, Bont. The last headmistress of Bont School was Mrs Nellie Roberts, a native of the area. She and her husband, John Roberts, came here from Caersws and were both exceptionally hard-working in the community. He was a native of Pwll Glas, Ruthin, and had been a headmaster in Manchester. He was also an excellent musician, and became both an elder and an organist at Hen Gapel.

"I remember the Revd and Mrs T.W. Thomas, the minister for Bont and Pennant, living at Llys Teg, the large house built to house the Calvinistic Methodist minister in 1902. We children, both Methodists and Independents, went to his Band of Hope meetings on Friday evenings. About 1946, he moved to Anglesey, and was replaced by the Revd Emrys Thomas and his wife, Menna. He was a very good preacher and took an interest in drama, whilst his wife was a lovely singer. Nowadays, they live in Caernarfon, having retired from looking after Bontnewydd Children's Home for many years. The next occupants were the Revd and Mrs John Price Wynne and their children, Eleri, Nia, Eurig and Mari, who moved later to Llanddeiniolen. Then came Glyn Jones, Emrys J. Morgan and E.J.Poolman, until June 1977. The Church Organisation sold Llys Teg, and the Daniels family have lived here ever since.

"We come next to the two houses of Esgair Cottage. In the first lived Mrs Pugh and her daughter, Gwladys – who still lives near Tywyn. They had a little land, on which they kept a few cows and sold milk in Llan and Bont. Next door to them lived Mrs Hamer, and her daughter and son-in-law, Maud and Gwynfryn Lewis, together with their sons, Geraint, Eilian and Peredur. Gwynfryn was a son of John Lewis, Diosg and was a popular lay preacher. He was also a very good musician, and gave piano lessons to children.

"Two council houses were built in Llan after the First World War, and I remember Mr Evan Richard James and his sister, Miss Sarah James, the headmistress of Pennant School, living there. He was a shoemaker in Bont, and every day he would take Miss James to school and fetch her in the afternoon, at first with a motorbike and sidecar and later by car. Next door, in Brynsiriol, lived their brother and sister-in-law, Mr and

Mrs Gwilym James, who kept the tailor's shop.

"When an improved water supply replaced the old one from the well near Tawelan, and new sewerage and electricity systems were installed in the 1950s, eight new council houses were built, and gradually some private ones. The late Islwyn Price, the builder, erected Haf Gân, where his wife, Edith, still lives. Similarly, the late Gwynant Roberts (Gwyn Rhiwgan to his friends) built Llys Gwynant when he and his wife, Valerie, retired from Rhiwgan. Valerie still lives there. Gomer and Dilys Lewis live in Awelon, a wooden bungalow built by Mr Ludeck before them. And on the road to Tawelan there is a large bungalow, called Bryn Hyfryd, built by John Roberts, who keeps a garage in Wynnstay village. There have also been some adaptations in Llan: Siop Gwilym James and the Red Lion cowshed opposite have been converted into holiday homes, and the barn at Tŷ Mawr has been made into a permanent home. The Church Schoolroom and the Schoolroom house have now been made into one dwelling, and the lady occupant, who is a teacher, travels to Welshpool every day, and example of people who travel quite long distances out of Llanbrynmair to work.

"Whilst the population of Llan was fairly stable until the 1950s, a lot of movement has taken place since then; yet, despite all this, at the start of the twenty first century most of Llan's inhabitants are Welsh-speaking. Future developments could easily change the scenario."

CWM PANDY

PANDY RHIWSAESON

It is difficult to know whether one should refer to the present-day Pandy as a village, because there are now only five separate houses, namely, Cwmgwyn, the two houses where the Post Office used to be, the Smithy house, and the Schoolroom, which has been converted into a house. But at one time it was certainly a lively little community, with the Factory cottages, the Mill house, Llwyngwern, Bodhyfryd, Pencaedu, Tŷ-newydd, and Glanllyn as satellites not very far away. In the 1940s, 33 children from this patch attended Pen-ddôl School. Today there are only the twins from the new bungalow, Gilwern (Clegyrddwr), namely Arwyn and Ifan, the children of Gwyndaf and Catherine Davies, and one from Clegyrnant, and only two go to the high school from the valley. Edwin Evans, a shoemaker and a local amateur historian, insisted that there was once a law court on the site of the Schoolroom, where some of the Red Brigands stood trial. And why not? The valley opened out past Blaentafolog to Dugoed Mawddwy, where they lived, and the parish of Llanbrynmair was sufficiently troubled by them for people to fix scythe-blades inside their chimneys, as at Blaentafolog and the Wynnstay Inn.

Since the road to Pandy continues on to Mawddwy, and a branch of it turns by Plas Riwsaeson bridge and links up with the cart track to Cwm Nant-yr-eira, no wonder the village of Pandy was a very busy little place, at least until the 1950s. It must have taken its name from the fulling-mill situated beside the brook – although there is no trace of it today. It served the woollen factory half a mile away. A mile down the road is Pendeintir reminding us of the need to put the wool out on the tenter for stretching and drying after having been through the fulling-mill. But even though that work had ended just before the start of the twentieth century, the village of Pandy was still a busy and self-sufficient community, serving both branches of the valley. There was an Independents' schoolroom, a shop and post-office, a shoemaker (the last in the parish to produce hand-made boots), a pig-slaughterer, a carpenter and undertaker, a corn mill, and two gamekeepers in Tŷ-newydd (one later at Factory cottage).

During the first years of the century, one of the common sights was Martha Hughes, Tan-y-ffordd (who died in 1927, aged 70) and her donkey and cart carrying the mail and anything else within a donkey's capabilities. Iorwerth Peate, as a young lad, borrowed this mode of transport to carry bricks from the station when his father was building an extension at Glanllyn, and hurt his leg when the cart overturned. Apparently the donkey could be quite vicious. He used to graze at the roadside, and anyone walking to Siop Pandy in the dark had to be very careful not to collide with this donkey which was quite likely to aim a nasty kick! They began sorting the mail for both valleys at Siop Pandy in 1900. Martha carried the post for many miles on her back; starting off at Pwllmelyn she went as far as Blaen-y-cwm, having left the mail for Cwmpen by Cwm Schoolroom; then she went as far as Nant-hir in the other valley. She raised 11 children in Tan-y-ffordd, a one-storey cottage in the village of Pandy. Her son, Morris, succeeded her as postman, and he and his wife, Ethel, raised eight children at Llwyngwern, one of two council houses built by the Mill in 1921. Harri, one of the sons, still lives in one of those houses and has modernised it beautifully.

Apart from the fact that Tan-y-ffordd cottage has been demolished, the nucleus of the village remains the same, without a single new building – which is very unusual for villages these days with this strange emphasis on "developing" everywhere. Cwmgwyn still stands on its knoll looking down, but the box-wood path at the front has gone, and the footpath past its gable end towards Caeau Gleision has long since closed due to lack of use. The brook still flows under the solid little stone bridge and down past the Smithy house, which was a ruin for some time but which has now been tastefully renovated. At the beginning of the century there used to be a terrace of houses between the Smithy and the Schoolroom, but there is no trace of them now, except in old photographs. The brook flows past the rear of the Schoolroom, which has been converted into a house, but the footpath that led to the Gro has disappeared, and has become part of the private land surrounding the house, so the Band of Hope children would stand no chance of going to play on the Gro now. Let us now turn back towards the road, and literally below it stands a row of buildings which used to comprise a shop, a shoemaker's workshop in the middle, and the home of Marged Jones and her brothers, Isaac Jones ("Sec Mawr"), the shoemaker, (there was also a "Sec Bech"), and John Jones, "Joni Pandy", the pig slaughterer. They are two houses today, but the steep slate steps and the flagstones you could eat off in Marged Jones's time still remain.

Two sisters who were born in Pandy village are GWYNETH DAVIES (born 1913), formerly farmwife at Coedcae, and the late GWLADYS BURTON (born 1916), formerly farmwife at Gerddi Gleision; they were the daughters of Tom and Maggie Hughes, and were born and raised in the Smithy. They will give us a glimpse of what life was like for children in a village during the early days of the century. The blacksmith work had disappeared before their time and the Smithy had become a smallholding that kept two cows. In Gwladys's words:

"We were three children, Gwyneth, Caradog and I. We walked the three miles to school in stout boots, with hobnails, fastened with laces and reaching above the ankles. The Schoolroom, which was near the Smithy, took up much of the children's time: Band of Hope, a prayer meeting on the first Monday in the month, a sermon once a month, and Sunday School, with Mrs George Peate as our teacher, who always asked what was the text of the sermon that morning at Hen Gapel. George Peate was an elder in both places, a carpenter and a woodwork teacher in Machynlleth School where he went on his motorbike and sidecar every Monday morning. His three children, Iorwerth, David, and Morfudd, all members of our Sunday school, went to college, so that their influence on the area was lost. We were prepared for the C'warfod Bech, the local competitive meeting, in the Band of Hope and the Sunday School, but we were not considered old enough to go down to the "Hall" in Wynnstay village for a play or a concert until we were about 13 years of age.

"During our leisure time there was always a job that needed doing, gathering firewood, collecting blackberries or nuts, fetching water from the water-spout – and from a farther one when that dried up. But when it was hot in the summer we were allowed to wear old shoes and go paddling in the Clegr as far as Gerddi Gleision, a little over a mile away. On Saturday mornings, we had to fetch butter from Plas and chicken food from the Mill, and, of course, clean the house ready for Sunday, so thoroughly that you could see your face in everything. We had to run to the shop quite often because that's where we bought pretty well everything. Miss Roberts never gave anything away, but being a regular at Soar chapel she never gave short measures either. She sold bread from Machynlleth before there was a bake-house at Talerddig. I seem to remember people making clothes from homespun cloth, although the stuff did not come from the Rhiwsaeson factory because that had closed down shortly before we were born. In our time farmers used to take their wool to the Abercegir factory to have it spun into blue-grey wool for knitting stockings, or have it made into multicoloured counterpanes (carthen) or white blankets. What I remember about Christmas are the social evenings that revolved around plucking the geese. Farms would have as many as 30 geese with all the work of "doing them up": plucking, removing the giblets, plucking the down, singeing, gutting and cleaning heads and feet, and removing any black stumps to give them a clean finish before they were put in a basket and taken to be sold at the Christmas market in Machynlleth. As for Christmas itself, there were very few luxuries – oranges and nuts – but there would be a lot of waiting for Martha Hughes or Morris Howells, Trip, who carried the post to Cwm Pandy.

"Huw Jones was the last blacksmith to work at the Smithy before my parents came to live here. Huw and Mary Jones had a son, David, who married a famous singer, Megan Telini, or Madam Megan Telini, as she was advertised. It was a great occasion in Pandy when she came to sing in a memorial service for her father-in-law. We two were in school at that time and she made a big impression on us. I shall never forget her singing Hiraeth in the elders' square at the little schoolroom

"Like many other girls, I, too, had to leave the protective wall of Pandy and move to England before World War Two, to work in a munitions factory in Warrington. Several girls from Llanbrynmair went to do this kind of work. When I returned, I married a young man from Cwm Pandy and stayed here to farm at Gerddi Gleision where I raised two boys, Derwydd and Meurig, both with farming in their blood. I later retired and went to live down in Wynnstay village."

(The Editor adds a very sad note here: In 2004, Derwydd, one of the "Gerddi boys", lost his life in a farming accident, bringing great sorrow to the whole community.)

MEGAN TELINI

David Jones, the Smithy, was the Chairman at the Concert held in Llanbrynmair on August 24th 1933 to celebrate the centenary of Mynyddog's birth. The singers were Megan Telini, Ioan, Gwenllian and Eleanor Dwyryd, R. Pugh Williams, Aberangell, tenor, and Miss Gwyneth Williams, Cilcwm (at that time) accompanist. William Hughes, Aberangell performed a recitation, and Iorwerth Peate gave an address on the life of Mynyddog. It must have been an excellent meeting.

Here is some more information about Megan Telini (1878-1940) obtained from the National Library through Rhidian Griffiths, librarian and musician, and one of the pillars of the Welsh Folk Song Society; this is from an article by John Davies in an issue of the periodical, Welsh Music/Cerddorddiaeth Cymru:

"The name, "Madam Telini", sounds very Italian, but her real name was Maggie Jane Parry, and she was born in Bethesda, Caernarvonshire.

Her family was connected with the slate industry for generations and her father had assumed the name, "Trebor Llechid". Maggie decided to call herself "Megan Llechid", and began singing publicly at 18 years of age. Her first teacher was a quarryman, J.S. Williams, Bethesda. She was also taught by Dr Rowland Rogers, the Organist at Bangor Cathedral, R.S Hughes, the composer, Mrs Marks, Llandudno and Jenny Foulkes. She had won 352 prizes before her twentieth birthday, reaching the pinnacle by winning the Soprano solo at the Blaenau Ffestiniog National Eisteddfod in 1898. In the same year she sang at the Royal Albert Hall in London. Throughout her life, she worked in support of good causes. Throughout the Great Strike of Penrhyn (1898-1902) she inspired the community with her glorious singing at innumerable concerts, both as a soloist and accompanying the local choir.

"In 1918 she went to Italy to study under Ernest Caronna, who told her she could be a bel canto soprano. She returned to Wales as "Megan Telini". In London she had further training from Arthur Fagge, and sang in opera. And this is where the connection with Llanbrynmair comes in: she now married David Hugh Jones, a businessman in London, the son of the Smithy, Pandy Rhiwsaeson. They had three sons and three daughters. Megan Telini went on to sing in the Steinway and Aeolian Halls and in many other urban venues, such as the Winter Gardens, Bournemouth. In December 1926 she established a benefit fund for coal miners and their families and gave many concerts for the cause". (She was obviously enthusiastic about philanthropic work, as further demonstrated by information provided by Mrs Blanche Evans, Corris: 'I enclose a copy of an invitation received by my great grandparents in Corris from Megan Telini and her husband to the wedding of her daughter, Kitty May. My great-aunt Liz had been working in London, and while still a little girl had had her leg amputated. Madam Telini came to sing in Capel Salem, Corris to raise money to pay for an artificial leg for her.')

"Megan Telini is remembered as a great singer who thrilled audiences for many years. She was also famous for her concerts of Welsh folk songs, and records are still available, but apparently her English records are much rarer. It was in Capel Carmel, Pembrey, in August 1939 that she made more or less her final appearance. She died in the London blitz on

January 25th 1940, and was buried in Maeshyfryd cemetery, Holyhead. Her husband offered to pay for a nine feet tall statue in her memory in Bethesda, but apparently in the end this was not done."

DÔL FAWR

The oldest person living in Cwm Pandy today is Miss Pegi Bebb, Dôl Fawr who was born in 1923, and she is the last person in the parish to bear the name, "Bebb", one that is as well-known in Ohio, America as it is in Wales. Edward Bebb, Tawelan was one of the small troop that emigrated with Ezeciel Hughes in 1798, and whose son, William Bebb, was to become the Governor of Ohio State. The Bebbs of Dôl Fawr are descendants of Edward Bebb's family.

At the beginning of the century, John Bebb was farming at Dôl Fawr and his brother, Robert Bebb, went to farm at Pwllmelyn. Richard Bebb was the next generation at Dôl Fawr, and he married the daughter of Caeau Gleision and had four children, Pegi (Margaret), Dorothy, John and Mary (who died while still a schoolgirl). Pegi spent her whole life farming at Dôl Fawr and the family welcomed many relations from America during this tme, as testified by the correspondence and family photos, but Pegi admits that she never took much interest in them at the time.

Her father's great passion was horses, and the horses he bred, or the ones he bought and sold, formed an important part of the farm's income. It was a magnificent sight, the horse's tail and mane plaited with red, yellow, green and blue ribbons, the fetlocks scrubbed white, its coat shining, and its new shoes clip-clopping on the Pandy road as the horse was led to the station to go to the fair at Newtown or to meet a customer who had bought it at home. He used to buy horses in Newtown, Wrexham, and Shrewsbury to break in, and his experienced eye ensured that he had a well turned out animal at the end. Nevertheless, during the next generation, despite starting off with horses, the tractor came into vogue in the early 1950s putting an end to the passion for horses and harness.

Dôl Fawr is a good four miles from Hen Gapel and almost two from Pandy Schoolroom. Thus, her grandparents' pony and trap were in regular use. She also had many a cart-ride as far as Wynnstay with Ned James, a servant at Plas, and having to get off before going under the railway bridge in case a passing train frightened the horse. When she started school she lodged at Pen-ddôl, but before she left she was given a bicycle to come and go every day, the Education Authority paying part of the cost. Bronwen Blaentafolog also got a bike because she lived even farther away.

Dôl Fawr bought one of the first motorcars sold by Dôlgoch garage, an Austin 10, but even though Pegi mastered the tractor, she never got anywhere with driving the car – her father not having supported the idea maybe! She has a very early memory of shearing day, of herself sitting on the settle holding on to a sugar-bowl - because it was her broth bowl! About a dozen men used to come to shear, and the food was set out in the front room with its highly polished oak and brass, the tablecloths white as snow, and stone floors that could withstand any treatment. She could name one farm where they had to eat outside because there were carpets in the front! She continued, "We sold milk here for ten years. At the beginning, we had to take the churns to the station; then a lorry started collecting them from the top of the lane and taking them all the way to Minsterley. It paid very well, with the money coming in regularly every month – a new experience for farmers. We grew a great deal of the feedstuff ourselves – there must have been better weather long ago. When the sheep subsidy started I used to help Dada fill in the forms, occasionally seeking help on a Wednesday from Wili Anwyl's Ministry office in Machynlleth. Then, later, grants were given for re-seeding, and we took advantage of these during the 1980s to improve large sections of our rough grazing land. We also received a grant at this time to build a road to the foot of the mountain, which came in very useful later for the quad bike. My brother, John, was very good at building dry stone walls, and there is a wall near Hen Gapel which he and Dewi Pentrecelyn built, both being keen on the chapel and very willing to do the work.

"Remember Siop Pandy? Of course, I do. We did much of our shopping there, and took our butter there to sell. Everything was weighed on a golden coloured set of scales, and put in blue paper bags and tied with a fine string. Yeast was sold by the ounce and Miss Roberts was sure to put a chaw in her mouth when weighing it! There was a large, flat weighing machine on the counter to weigh items for the post. The poor old soul, she was at it all day, but able pop through to the house when there were no customers. She had a brother who was a Wesleyan minister, and a sister, and they used to come and stay. Her sister died here; my mother remembers hearing her from the shop, groaning as she died of mouth cancer. The first telephone in Cwm Pandy was the kiosk outside the shop, and when Miss Roberts wanted to make a call she could be heard repeating the number over and over all the way to the kiosk. She also considered that shouting down the telephone helped! She had a pig or two killed and sold the bacon in the shop, where it hung from the beams. There was one woman living nearby who always waited until she came to the tastiest part of the shoulder or the ham before buying! Modlen, Miss Roberts's cat, was blamed for many things, and not always wrongly either. She was always in the shop and often on the counter. It was said that "Sec", the shoemaker next door, once trapped her underneath the cheese-cover! Well, this next story is definitely true… A woman from the village was a maid with us at Dôl Fawr when we were children, and one day she said, 'Do you know what, Mrs Bebb, there's a strange smell on this rice pudding'. Leaning closer to it, she exclaimed, 'And I'll tell you what it is too. Miss Roberts's cat has pissed on the rice sack! Whatever you do, don't give it to the children…'

"Dorothy and I hated pig-killing day, and on our return from school would go straight up to the best bedroom, never going anywhere near the kitchen until the carcass had been cut up. But we were all devils for a goose-blood tart at Christmas time, something that was very popular on many local farms. It was made from goose blood, boiled and boiled and then cooled until it congealed into a lump, which was then crumbled and mixed with sugar, spice, suet and currants until it looked like some kind of mincemeat, ready to use as a tart filling. No doubt, the fact that it was only available at Christmastime increased its appeal.

"Another thing we looked forward to was cutting the ham at the time of new potatoes. That was the best time of the year, and I can smell the ham frying in the pan and the sweet taste of new potatoes this very minute. There is nothing like it to be had today. We used to grow a lot of potatoes, and many from the cottages also planted at Dôl Fawr, including both gamekeepers and the policeman. Thus, we also had help to harvest the crop. Dada used to construct a potato clamp by first digging a hole and lining it with dry bracken, then putting the potatoes in and covering them with more bracken. Finally, he thatched the whole thing with rushes until it looked like a little house. It could accommodate a whole tumbrel-full of potatoes, enough for a year. We had to take potatoes from the side of the clamp, and take care not to damage the thatch.

"The rent payable to Sir Watkin's estate for Dôl Fawr in 1940 was £38, the rent being paid in the office on the estate's yard; long ago, there was a "rent dinner" for the tenants at the Wynnstay afterwards. I remember Dada going to a big dinner at Llangedwyn on the occasion of the heir's coming of age. That's how it used to be, the estate being all-important and everybody trying to keep in their good books. When a farm became available you could only get it by recommendation, and there was intense competition for them. You could shoot as many rabbits as you liked on estate land, but you dared not look at a pheasant or a grouse. Morris the Post, who had a large family of children, shot thousands of rabbits in Cwm Pandy, and I remember Dr Davies saying that there was nothing healthier to eat than a rabbit.

"Miss Roberts was very friendly with Mrs Davies, Plas, both being members at Soar. Dada sometimes gave them both a lift in the car to Soar chapel, Mrs Davies wearing a big fur over her shoulder. She had had some education, and hard work never appealed much to her. She had some pointed sayings, such as, 'Baking and washing and killing the goose, I'll sit a little while longer!' referring to someone disinclined to start a job, and 'I hope to Goodness that the woman who first drank tea is now in Heaven!' Her husband, Davies Plas, was a kind, witty man. A plum tree hung over into the road, but we children were in no danger of being scolded by him for picking them off as we passed on our bikes. I remember going upstairs on the day of the auction and opening a wardrobe, and what was inside but a fleece of black wool. That's the kind of person she was. We miss the old characters".

"GLADSTONE" (1833-1916)

Many of the present generation heard mention of someone called "Gladstone" who used to 'perform' at one time up in the Pandy area. But who on earth was he and why has his name lasted? Well, nothing very important, admittedly, but it goes to prove what a long-lasting thing folk memory is.

His name was Nathaniel Rowland and he was born in 1833 at Glandŵr. His father came from Comins Coch, but he was raiseded by a half-sister of Sam Tŷ Canol and her husband. He received a little education at Pandy and in S.R.'s school at the Hen Gapel. He must have been strongly influenced by that man because he was a member of the party that went with S.R. to America on the ship, Circassian. He must also have learned the blacksmith's trade at the Pandy smithy, because he was a blacksmith in Paddy's Run, Ohio. But the life in America did not appeal to him, and after two years he returned home and took up the work at Pandy once again – apparently, in the smithy where Hywel Harris had his horse shoed on his first journey to the north

He had quite a roving temperament; he was a blacksmith in Carno for two years and at Bryncoch smithy under David Parry, and other places too. But his favourite place was the bridge at Pandy Rhiwsaeson where he fancied himself as something of a preacher and orator, although he never preached in a chapel. That is how he got his nickname, after William Gladstone, the Prime Minister at the time. As one of S.R.'s pupils, it was natural for him to find injustice and violence abhorrent, and he preached ferociously against them from the bridge. He had one famous sermon, the Sermon of the Great Flood. First point – the Great Flood of Pandy (a harmless enough brook runs under the bridge). Second point – Gladstone up to his middle in the Water. Third point – Gladstone saving the city! And then, in August 1880 a big flood did come and Gladstone was seen carrying people on his back from the clutches of the water. No wonder his name stayed in people's memory after the prophecy and the valour!

He was the first to draw his pension in 1908, that is, up to a crown a week for people aged 70 or over, "Lloyd George's Pension", as it was called, and there are stories of him dancing and waving his stick outside the Post Office by the Wynnstay and shouting "Lloyd George, the nearest one to Jesus Christ!" He died in 1916, aged 83, with the Great War, no doubt, weighing heavily on his mind. He was buried in the cemetery at Llan, where he used to sing carols on Christmas morning. The Rector, the Revd Gwilym Rees, officiated, and he spoke of his originality, his honesty and his sincerity. Edwin Evans, the shoemaker, organised a collection to pay for a headstone, and Atha, the Pen-ddôl shoemaker, wrote two *englynion* in his memory.

EVAN MORRIS JONES, CWMPEN LLYDAN (died 1925)

One of the most prominent people of Cwm Pandy at the beginning of the century was Evan Jones, Cwmpen Llydan. He was one of the few farmers to have had secondary education. Nevertheless, he himself was not much of a farmer. There was a story about him mowing hay with a pair of horses while reading some pamphlet or other, and going straight towards a ravine! He became a parish and county councillor, and during World War One obtained a post under the Ministry of Agriculture supervising and recording farm production in relation to the quotas imposed on them to increase output. His area covered Foel and Llangadfan as well as Llanbrynmair. It appears that he sympathised with the farmers, believing that the quotas were far too heavy. This work involved a great deal of travelling about on his bike. He was also a journalist, always on the lookout for stories to send to the Express. It is said that late one night he was on his way home from Machynlleth when he heard in Cemmaes Road that Plas Dinas Mawddwy was on fire. So, he turned sharp left and made straight for Dinas to get the scoop.

An inquisitive man, therefore, with a lively mind. He taught himself shorthand while still young and used it throughout his life. A great many of his notebooks are still available, sermons and speeches that he had recorded. There is solid proof of this in a letter in the Express (17/3/1925) shortly after his death. This is someone using the pen name "Lledcroenyrych", regretting the death of a friend since childhood, namely "Alderman E.M. Jones, Cwmpen". He says, "He used to take down in shorthand every sermon he heard, and doing it for half a century. He showed me a pile of notebooks in beautiful Welsh shorthand. He had recorded the 'pulpit stars' of that era. When Dr Pan Jones was preparing a biography of the late Revd Michael D. Jones, Bala, he could not get hold of any of his sermons or his speeches because he always spoke without notes. Someone suggested that he went to see Evan Jones. No trouble at all! Even though 30 years had passed since the sermons were recorded he could read them easily, and they were included in the Biography."

(By the way, Michael D. Jones's mother was a daughter of Cwmcarnedd.) Many of Evan Jones shorthand books are in the possession of Mrs Ceri Evans (formerly of Cwmpen) because her parents came to live with him at Cwmpen Llydan. She also remembers how he gave the name "Damarus" to a daughter of Mr and Mrs John Jervis, Rhyd-y-meirch, after promising to find an 'unusual name' for her!

CAPEL CWM

Cwm Schoolroom is the smallest of the seven Hen Gapel schoolrooms erected in the mid-nineteenth century – after all, it served a very small community, a nucleus of six farms, but others were fond of looking in especially in the summer; a solid little building beside the Clegr and a foot-bridge leading to it, almost directly opposite Rhyd-y-meirch. They intended to build in a more convenient spot nearer to the road, but the estate refused to give any land. Accordingly, Evan Jones Cwmpen's offer of a strip of land that he owned on the other side of the river was accepted. Despite being small, it had a pulpit, an elders' seat, about three or four rows of seats right across the chapel and an aisle down one side. As in the other schoolrooms, it had once boasted a Sunday School, prayer meetings, and a sermon, but in the end only the sermon once a month. The Revd Robert Evans was the last minister to serve here, with Evan Evans, Blaencwm fetching him in the little brown Austin Eight… There was nowhere like Capel Cwm on a fine summer's afternoon, the gentle gurgling of the Clegr flowing by, the sweet scent of moor hay wafting in through the open door, and friends meeting in peace and tranquillity.

After being closed in 1958 it was let to a Local Education Authority in England for many years, but it is now empty and still belongs to Hen Gapel.

DIC RHYD-Y-MEIRCH

One cannot talk about Cwm Pandy without mentioning Richard Jervis, Dic Rhyd-y-meirch. A cheerful, small and slightly built bachelor with red-cheeks and a mop of black, curly hair – and a shepherd. He often spoke of holding a "shepherds' supper" – that never happened, but he had a strong urge to socialize. He was happy as a sand boy on sheep-gathering days on various farms in the valley. He was a faithful member of Capel Cwm where his father had been an elder, but Dic was considered to be lacking in gravitas for that role. But he was the precentor, equipped with a tuning fork. His feet were not always on the ground, but he was master of the quick riposte, and was a harmless, lovable and popular character. There are many stories about him. When the Revd Robert Evans led a hymn one particular Sunday afternoon, Dic failed to strike the right opening note. "Never mind, Richard, we'll try another hymn…." "No, Mr Evans, we'll try the second verse!" He was a terror for laughing in chapel as well: there he would be laughing to himself in the corner of the pew when no one else could see anything to laugh about.

His father, John Jervis, was something of a scholar, and there was nothing he preferred more than sitting in the corner by the fire with a book. One hard winter, Dic said to him, "Your head will be pretty full after this snow!" And when he heard that there was to be a collection for "Europe's children", Dic remarked disapprovingly, "Let Europe look after his own children!" After work he loved going down to Pandy on his bike and to engage in a little banter by the shop, or down to Wynnstay village, although then he never touched a drop. There was a story about him having a driving test for the tractor, presumably, and the tester asking him, "While driving a vehicle, what would you do, Mr Jervis, if you saw a friend on the street in Newtown?" Dick's reply, "I haven't got a friend in Newtown!".

EVAN FFATRI

Another of the valley's 'characters' was Evan Jones, the gamekeeper, who had married an Englishwoman from Newtown and lived in one of the Factory cottages kept especially for the gamekeeper. His antecedents hailed from Bryn-gwyn, Nant-yr-eira, but his father, John Jones had farmed at Borthlwyd – or Berthlwyd, as it was referred to sometimes. Evan was musical too– as witnessed by his bugle playing at the chairing of the bard at Eisteddfod Cwmllwyd, Carno. He was well versed in his Bible; and was something of a local poet, entering in local Competitive Meetings, and sometimes making his way to Seiat y Beirdd (a serious gathering of poets) in Talerddig in search of more elevated culture. He was a great talker, with colourful tales, capable of adding a bit on when necessary. He was a gamekeeper at the same time as Gregory Duncan, the priggish Scotsman, both often at odds with each other! One of his sayings was, "A bull is a bull, and a policeman is a policeman!" He could easily have added, "And a gamekeeper is a gamekeeper!" But Evan was less feared than Duncan. Sadly, he was killed on his motorbike in 1949.

PANDY SCHOOLROOM

Pandy Schoolroom was quite substantial in size, with its seats painted brown and angled to face the pulpit, and had two entrances. The men, for the most part, sat in the rear seats, and there were seats parallel to the pulpit. An evening sermon once a month was the pattern at Pandy, and of course Sunday School, a flourishing Band of Hope, prayer meetings and a Cyfarfod Bach, competitive meeting, once a year. Miss Ceridwen Lloyd would often come up to play the organ for a sermon meeting, but Mrs Sidney Foulkes, Cwmgwyn and Tommy Rowlands, Bodhyfryd were capable of playing too, from sol-fa. Robert Rowlands, Clegyrddwr was the precentor for many years. George Peate, Glanllyn was the teacher of the men's class, as you might guess. Some people complained that he had far too much authority, insisting as he did that the preacher always went to Glanllyn for tea while no one else had a chance to have the preacher's company.. (You would hardly get the same complaint today!) Another teacher was John Davies, Efail Bryncoch. Once, he was asked to take the Under-10 year-olds' class in the absence of their regular woman teacher, and to prove the depth of their knowledge he asked the question, "What is the soul?" Silence – until Mai Caeau Gleision had a flash of inspiration, "Bowels!!" said Mai. The class marvelled at her knowledge – and he was wise enough to say nothing!

The door was closed for the last time in 1970 and it was sad to think that there would be no more loitering on the bridge after the service before setting off home towards Caeau Gleision, Cwm Ffynnon and Pencaedu. The last deacons were R.R. Owen, Caeau Gleision and Dewi Rowlands, Pentre-Celyn. The building was sold first of all to another religious body, and English services were held there for a while, but it has been sold again and by now converted into a house.

THE FACTORY AND THE FAMILY

One who was born and bred in one of the Factory cottages is MARY (by now MRS DEWI ROWLANDS, and living in Pentrecelyn), born in

1934, the daughter of Sam and Elsie Davies (later of Tŷ Gwyn). Just before the turn of the century the woollen mill had been turned into three cottages. Mary's grandfather, William Thomas, had been the last to run the factory, assisted by his eldest son, and the only compensation he got from the estate for giving up his work was £9. The factory closed down because the Watkin estate wanted the premises to create accommodation for a gamekeeper, and kennels for the fox-hounds. Rhiwsaeson was the last woollen factory to close in Llanbrynmair, and the machinery was removed to the Abercegir factory. There was also a small terrace of very old cottages near the factory, where the garages and the kennels were later erected, and it was in one of these houses that Dafydd Roberts, Cwmpen, Elsi's cousin, was raised. She remembered her mother, Marged Thomas, talking about extremely poor people living in those houses in the old days, boiling their dumpling in a kettle and failing to get it out! Marged was a good one for rearing a pig – too good, because it used to follow her everywhere; even when she went to call on her friends in Pencaedu, it used to trot after her. There would be no need to put a cord around this pig's leg to take it to Llanbrynmair fair!

Elsie was born in 1900, and after leaving school became a maid-servant at Plas Rhiwsaeson when Davies was there. Pugh was there before that, and Mrs Pugh was so strong, apparently, that she once managed to stop the waterwheel by sheer force, (saving the life of someone who had fallen in perhaps?). Elsie's duties were housework and feeding the pigs. Washing floors was an endless task, and one morning when she had just finished, the lanky Iorwerth Peate (who was the same age as she) came to fetch the milk. He slipped, and crashed on to the floor, his legs, the cans and the lids flying in all directions… She also spoke of one Twm Smith, a cowman at Plas, who was sweet on Polly, daughter of the Mill. Polly was quite a girl and often got blind drunk. And he wasn't much better. When he went knocking on the Mill house door and Polly refused to answer, he would loudly threaten to "blow your bloody house down!" But poor Polly, she was found dead one morning, drowned in a puddle on the road-side. This was about 1919. On the way home after his frequent visits to the Wynnstay, Twm would recite:

> "O, lovely moon, thou art so bright,
> Thou art full every month, and I every night!"

Mary has many memories of Cwm Clegyrnant. She often went to Cwmpen, where she had relatives, and to Rhyd-y-meirch. Her cousin, Ceri, used to call by on her bike going home from Brynmeini, where she worked: "How would you like to come with me to Capel Cwm and then home to Cwmpen for tea?" Who could refuse? Mary's father, Sam Davies, would be cross because he knew that she would not be home in time to go to the sermon at Pandy at 6 pm, and he a deacon! At other times, it was quite a different experience having tea at Rhyd-y-meirch - tea and light cakes, usually, and Lena, Dic's sister, always full of welcome but taking things as they came, and not worrying over much about style. If she were short of milk, Lena would take a jug out into the yard there and then and milk the cow. But for all that, the tea and the light cakes were always delicious. Lena didn't have a bike, so she walked everywhere, and at all hours of the night by the light of a candle lantern up the Cwm road without a scrap of fear or apprehension. When walking out, she was fond of fashionable clothes and shoes and used to leave a pair of "size two", high-heeled shoes at Mary's home in the Factory where she as a young girl would then pass the time walking about in them – exactly like the "Jane" cartoon in the Daily Mirror!

When Mary's mother attended Pandy Sunday School after the turn of the century, her teacher was Edwin Evans, the shoemaker, and when things became a little boring, someone only had to mention "America" and they would end up in America for the rest of the time! Mary herself remembers standing on one leg in his workshop, while waiting for new studs to be put in her shoe, and reading the innumerable newspaper cuttings on the wall. She remembers several old tramps walking past during the war, one of them being Jew Bach, selling small stuff, and when her mother took fright once when a fire-bomb landed nearby, his emphatic words of comfort were, "Don't worry, Missus, the Germans will never come here!" She asked him on one occasion if he had a darning needle – things like that being in short supply during the war. Yes, he had one, but "Don't you give it to that one next door because she tells me she can get things cheaper in Woolworth, so let her go there!" Jew Bach used to get boots made for him by Sec the shoe-maker in Pandy, and he paid for them as well. He used to walk like many other tramps between the Caersws workhouse and Dolau in Llanfyllin. He pushed his worldly possessions in a pram, and he and his wife used to sleep in a barn at Nantycarfan – if they were on reasonably good terms, which wasn't always the case! She called another tramp "Pins and Needles", because as he approached the houses he would chant: "Pins and needles, Combs in cases, Laces tie pins!" When her mother was a child, gypsies often used to camp near Craig Fach at the top of Rhiwsaeson hill, and she used to play with them and often sang one of the gipsy children's songs. Something like this, said Mary, who also remembers the tune:

> *Coiminero, Cildicero, Coiminero, Coimi,*
> *Prim strim strama*
> *Didl a ra bw ma ring ting*
> *Aricna bwli dima coimi,*

That old, colourful fraternity has long since gone from these parts, like many other interesting things. But there is still life in Cwm Pandy, and families living in every house, even though you probably won't find Welsh-speaking native people any more except on farms. And the farms, of course, have become fewer in number as some have merged together. There are only eight farms today from the Wynnstay to Blaencwm, and to Blaentafolog, whereas half a century ago there were at least 18.

RURAL LIFE

To get a flavour of rural life from the 1920s onwards, one can do no better than listen to MRS CERI EVANS (formerly Roberts from Cwmpen Llydan) talking about her life there as a child. Cwmpen was an upland farm in Cwm Clegyrnant with two cart tracks leading to it, one crossing the river at Rhyd-y-meirch and following the brook to Cwmpen, and the other coming from the direction of Pandy, past Caeau Gleision and over Esgair Gelynnen and Cwmpen moorland. That cart track continued over the open mountain, past Llyn Gwyddior to Cannon in Cwm Nant-yr-eira. These roads were very wet and muddy for most of the year. To shorten the journey from Cwmpen, there was a footpath across three rough fields to Capel y Cwm where there was a footbridge over the Clegr to reach the firmness of the tarred road. The Cwm road itself is very narrow and winding, and was tarred from Plas bridge to Rhyd-y-meirch sometime between the two wars, but was not completed up to Blaencwm. When Evan Evans got an Austin Eight car in the early 1940s he used to leave it by Hendre Fach on the Rhyd-y-meirch boundary and walk the last mile to Blaencwm! Near Rhyd-y-meirch there was Cwmpen's bike shed, which was later converted into a corrugated zinc garage. There were three gates to be opened on the Cwm road, namely, at the boundaries of yr Allt, Rhyd-y-meirch and Clegyrnant. Between the second and the third gate there was the ruin of Hendre Fach which had been a small farm, but with nothing remaining except a few stones and a cluster of plum trees – an excellent place for picking a basketful of small plums. Up to the early 1950s there were neat little grazing fields, but the place has a wild aspect today.

Ceri said, "I was born in 1924, one of Dei and Bessi Roberts's seven children. Cwmpen was quite an imposing house with four bedrooms. A brook ran past the door, and a heather-covered mountain rose up at the back. One of my earliest memories is walking across the moors to Cwm Schoolroom, where the minister would come to give a sermon once a month, Sunday School having been discontinued previously. There was no quieter spot than this to hold a service, with only the gurgling of the river to be heard through the trees.

"There was nothing better in our minds as children than the summer holidays, being allowed to play on the mountain, but always with a warning not to go near Llyn Gwyddior. The lake belonged to the estate, and it had a boat that leaked! But we had the go-ahead to catch minnows in the brook – those that ensured that the river Clegr abounded in fish. I went up to Cwmpen a few years ago and saw the difference as I walked across the moorland fields: there was no wild life as before. In the summer the curlew's call would resound everywhere, and if we went near to its nest there would be such a commotion! It would squawk and flap its wings to attract our attention. We used to eat curlews' eggs, they were so plentiful, but their shells were as hard as flint. There were also plenty of little skylarks nesting in the banks by ditches, and badgers keen to eat wild ducks' eggs as they were being hatched, the devils shrewd enough to wait until the chicks filled the shells.

"I remember the kitchen in Cwmpen, the dresser facing the fireplace, which, uniquely, had its oven behind the fire, and the long table and benches under the window. The last thing Mam did every night was bank up the peat fire so that it stayed in all night. On the coldest days she would bank the fire right up the chimney so that it became red hot. We had to ensure that there was a shed full of peat and a stack on the mountain every year. We children loved going to the mountain in May during the peat-cutting season, with only the endless song of the skylark to be heard, and the food having a special taste, the bread and butter and homemade jam and currant cake or a fruit pie. We helped lay the peat out to dry after being cut into long slices with a peat-cutting iron. It was then carried down to the farmyard on a sled and we would help to store it neatly in the shed in order to get as much of it in as possible. There were two places on Cwmpen mountain where we cut the peat, the Waun Sarn pit and Tomi's pit. The peat stack would be built on the mountain and thatched with rushes. A horse would pull the sled, but in Blaencwm, where the mountain was steep, they used to just let it slide from the top right down to the bottom. You could still see the marks on the slope before the conifers were planted there.

"We used to help with the hay too, moor hay. Moor hay is wild and rather wispy in texture which means it dries in no time, which was just as well very often. On a hot day it was possible to mow the hay in the morning and carry it to the stack before nightfall, after shaking it a little during the day with a hand rake. We used a horse-rake to gather it into rows, and then hayforks to make haycocks, then cleaning up with a hand rake. We needed enough hay to feed five milking cows and their calves and a few bullocks throughout the winter. Another thing, I don't know what Dada would have made of this present age: we dared not drop a sweet-paper, one of Siop Pandy's three-cornered packets perhaps, on the path over the fields. There was a enormous respect in that age for the earth under our feet, much more than there is today.

"Even though Cwmpen was five miles from Wynnstay village, we did not consider it a long way. As long as the bikes were in good trim down in the shed by Cwm Schoolroom, we managed all right. The Cwm road has many twists and turns and the occasional unexpected hill to challenge the bike, but my mother was as fit as anyone, carrying eggs and butter on the bike's carrier to Siop Pandy and other customers, and returning with some provisions she had bought. I remember once a foxhound from Plas eating the butter from her carrier. It was too far for us to walk to school, of course, so during the week we used to stay with Nain and Taid at Dôl-lydan, a stone's throw from the Pen-ddôl school.

I loved it there, but relations between Taid and Ifor, my younger brother, were often strained as the old fellow, confined to his two sticks, tried to discipline him!

"Since Dôl-lydan was near the main road between Machynlleth and Newtown, many tramps called there. The word soon went around in that fraternity where there was a welcome to be had, or at least where a door wouldn't be slammed in their faces, or the dogs let loose. But there were definite conditions if they wanted to sleep in the barn: the place to be left tidy, and no smoking. Taid used to hold out his hand for the box of matches and returned it in the morning. And when morning came, "My goodness! This cow hasn't much milk this morning, Catherine…" Someone had been in the cowshed before him!

"Even Cwmpen, up in the mountains, was the haunt of tramps. There was one that we didn't care for very much; we used to call him "The old boy from Cann Office" as we saw him coming with his black box on his back selling sewing oddments mainly, light things to carry. He was a real misery and spoke only English, and his constant remark after a cup of tea was "I'm going to Canoffis". And then off he'd go over the mountain towards Cwm Nant. Another one was "Joci Bach"; he was a Welshman walking the roads, rather a gentlemanly type who did not sell anything, but he would split a pile of logs in exchange for a meal. I didn't like Bobi Burns – that wasn't his real name, as far as I know, but he was frequently around Llanbrynmair. He used to call at Brynmeini when I worked there. One night when we arrived back late from somewhere, there was a noise in the shed: Bobi Burns was there eating onions. Jo Baron and his wife used to come to Cwmpen to buy wool clippings, or docked wool, she with her basket of remnants and reels. He used to leave the horse and cart on the Cwm road and would then carry the sackful of dirty wool on his back. My father called him "The Red Boy", because he always had a red handkerchief around his neck. And as for the gipsies, well, we children were terrified of them, running past them if we happened to meet them on the road going from house to house with their baskets of pegs. My husband, Bob, said that when he was younger he had quite a bit to do with gipsies in and around Llanfair Caereinion, having more than once eaten a hedgehog and a moorhen baked in clay with them. He was sympathetic towards gipsies and their customs.

"I left school at 14 years of age and stayed at home for a while. My sister, Nans, was working in Machynlleth, and I insisted on going to work as a housemaid in Cannon. I knew the family well because Huw Tudor used to call quite often at Cwmpen on his way by pony to Llanbrynmair. And it was on a pony that I too went to Cannon. By this time Nans had moved to Northhampton, and when the novelty of Cannon and Cwm Nant began to fade, I asked her to find a place for me over there as well. And she did, in 1940, a place in a doctor's house. Nans and Nan Newell from Pennant were working in the Rectory. The doctor moved afterwards to become a Health Officer in the north of England, and the boy was sent to America to avoid the effects of the war. I returned to Llanbrynmair in 1942 to be a maid at Brynmeini, the home of Idris ap Harri, Mrs Laura Williams and their young son, Hedd Bleddyn. I was 18 years old then.

"Brynmeni is situated in the central village of Llanbrynmair, the Gwaelod, as it is called, or the Wynnstay, after the inn, but even though I was in the middle of things as it were, I was always glad to point the bicycle up the Pandy road as far as Plas bridge, and then turn up the Cwm road to Rhyd-y-meirch, over the foot-bridge, past the little schoolroom and across the fields to Cwmpen, as often as I could. And yet there were quite exciting things happening down in the village: the 'magic lantern' in the Hall showing films, a sewing class, and a choir. I never went inside the Wynnstay: country girls didn't go into pubs in those days, and most of the men from Llanbrynmair didn't darken its doors either. It was a special clique that frequented the Wynnstay. I remember dancing classes starting in the Hall when I was still in school, about 1937. Some smart-looking Englishwoman related to the Dôl-yr-onnen family, if I remember correctly, was the teacher. Well, you would think that the serpent from Eden had been let loose! Disgrace! For shame! That sort of thing wasn't right and proper! But Hughes, the schoolmaster, and his wife, very respectable people, went dancing, as well as those who didn't care a toss about the scowls! The billiard room at the back of the Hall, with John Duckett in charge, was a boon to those who did not go into the Wynnstay. The bridge in the middle of the village was also an important meeting place, with both parapets full in the evening with men putting the world to rights.

"I married Bob and we went to farm at Bryn Glas, Llanfair Caereinion and a had a son, Dafydd. He is farming there now and has two children. But they shall not have the pleasure of being on the mountain in May during the peat-cutting season, with the skylark trilling its song from the blue sky. But they will have had different pleasures, like driving quad bikes and TV and computers. As the poet said, "We don't all dote the same way". Today, a road suitable for certain vehicles has been improved from Caeau Gleision to Cwmpen, someone lives in the house, and the land is farmed in conjunction with Cwm Ffynnon."

The Editor wants to intervene here and say a word about gipsies. There are close links between the gipsies and Montgomeryshire; after all, didn't Telynores Maldwyn spend much of her youth in their company when she first began taking an interest in the harp? And what about John Roberts and his sons from Newtown who played before Queen Victoria when she visited Pale Hall, Llandderfel in 1889? They had an ensemble of nine harps, five classical and four *teires* (triple). It was a great occasion for them, and they were taken there with their harps from Llangollen by train. John Roberts was the grandson of a famous gipsy, Abraham Wood, and raised a family of 13 children, all musicians. On his death he bequeathed his favourite *teires* harp to Nicholas Bennett, Glanyrafon, Trefeglwys, the collector of folk tunes, in acknowledgment of his life-long support and friendship. John Roberts is buried in Newtown.

"THE TOFFS"

Another of the Cwmpen children, the youngest, is Ifor Roberts, who was born in 1934. He used to stay with his grandparents, John and Catherine Rees, in Dôl-lydan while at Pen-ddôl school – and found that quite a strain because they were "intensely old-fashioned". Oh yes, they were chapel people, all right, and they had a pony and tub; his grandfather had bought both from a gipsy who had called one day offering them for sale, but they had failed to strike the bargain. The shrewd gipsy then went and waited under the big tree at the roadside nearby. When Wil (Ifor's older brother and a good talker) came home from school, he was sent to negotiate further, and came back having bought the whole show for £3.

Now, here's Ifor to continue with a little of his own story in Cwm Pandy:

"One of my most vivid memories is standing by the Pwllmelyn gate on the way to school on a Monday or Tuesday morning, and seeing John Dôl-fawr as a very young lad coming down the road in breeches and brown leggings, leading one of their shire horses on his way to the station, turned out in its best livery ready for the fair. This is one of the finest sights I ever saw. Obviously, I took great delight in horses even at that time, and it has stayed with me to this day.

"Huw Tudor, Cannon, a well-known farmer and drover, often used to go past Cwmpen on his pony along the mountain road to Nant-yr-eira. One day, as I was crossing the fields on my way home from school, and I was only small, I saw two large horses coming up the cart track from the direction of Esgair Gelynnen, with a man on a pony behind them. And he called to me " How are you, Ifor?" When I reached the house, a large horse was tied to the door-latch of the peat house, and the farmhand from Cannon at the table having tea. I asked him who was the man on the pony. "Mr Huw Tudor," he said. "But he called me by my name!" I replied. He had clearly made a great impression on me, a stranger greeting me as if I were an adult. But that's the kind of person Huw Tudor was. Fond of children, and taking an interest in them wherever he went. He had a large family of his own at home. The two large horses had been hauling timber from Esgair Gelynnen, where the estate had been felling trees, and taking them to Cannon in order to carry out repairs to buildings. They hauled the logs by putting one end inside the body of the tumbrel. It would take a good hour to walk from Cwmpen to Cannon, with the track often becoming muddy towards the end. It would take much longer to haul the logs. Cannon has now been an organic farm for many years. In Cwmpen at that time we kept 400 sheep, counting all ewes and yearlings, and five or six cows. We never bought any extra food for them; they ate nothing but moorland hay.

"August 12th was a very important day, the start of the grouse-shooting season. Naturally, our family was heavily involved with this, because we lived cheek by jowl with the mountain. My father carried the food up from the Lodge to the mountain at lunchtime with two hampers on either side of the mare, and we boys were beaters, raising the grouse into flight. I was doing this at the end of the 1940s and during the 1950s. The two keepers were Mr Gregory Duncan who lived in Berthlas and Ifan Jones who lived in the Factory cottage, two with very different personalities, one very hot-tempered, and sparks would fly. This was the most important time of the year for them, when the fruits of their labours and plenty of birds were expected. Mr Brinton, a carpet factory owner from Kidderminster, had rented the shoot from the estate, and his family and friends came up to shoot, staying at the Lodge or the Wynnstay. I saw Sir Herbert Smith, a potato farmer from Bridgenorth and the owner of Smiths' crisps coming up to shoot, and also the owner of Palethorpes Sausages from Market Drayton — there would be plenty of sausages in the picnic at that time! Another family were Manders, the paint people; I remember the two sons as young men coming up with their parents… But we were the ones they relied on for the day's success, the beaters and the flankers. On the shoot there would be seven guns and seven butts. These were pulpit-shaped structures built with clods of earth. The shooter stood inside waiting for the birds, with his gun resting on the front wall. The flanker's job was to carry the guns and the cartridges — only the very best guns and cartridges would do for these people. Bryn, Emporium and 'Sec Bach' often acted as flankers. My brother Morris was once shot by Herbert Smith — he had followed a bird with his gun, something that should never be done, and he was extremely apologetic about this. The shoot extended from Cwm-ffynnon sheep-walk to Cae'r Lloi. We started off on the first day at the top of the Cwm-ffynnon sheep-walk, the beaters all in a line carrying a staff with a white flag attached. Then we walked on, still in line, through the heather making a swishing sound with our flags to raise the birds and drive them towards the butts. No one dared walk ahead of the others right in amongst the birds. There was one big, strong woman, called Mrs Clyst, Brinton's sister, who walked with the beaters, and was determined to stride ahead. Duncan was furious and yelled at her, regardless of who she was, 'Mrs Clyst! By Christ!' The Scot had definitely lost his temper. Sometimes we would walk all day and get nothing. I remember once, I was a flanker for Colonel Green who had come with Sir Herbert for the first time, and he didn't get one grouse in three days. We were walking home after the last drive with a beater in between each gun when a bird rose and Green shot and brought it down. That was the best tip I was ever given…! I remember the old Mrs Manders and her girls on the mountain walking in torrential rain. It was the second day, and the second drive near Rhaeadr Ddu on the boundary between Gesail Ddu and Cannon, when Duncan dampened their spirits even more by saying, 'We've got a very long walk now, Mrs Manders!'. He didn't believe in sparing anything or anybody.

"During the winter, Duncan and Ifan would burn heather, open up ditches and wells, feed grit to the grouse, and kill foxes and birds of prey. They took great care of the mountain. The last drive extended from Cae'r Lloi to Nant-y-Dugoed. There was no end to Duncan's walking, he would walk you to death. It was very tiring work waving the flag all day, and towards the end of the day, Ifan used to wrap the flag around its pole when he went out of Duncan's view. Mr Smith had a Trojan diesel shooting-brake to take us home from Cae'r Lloi, and between the diesel and the Labrador dogs sweating it was enough to turn your stomach – it was an awful journey.

"A few years later, poor Ifan Jones was killed in a motor-bike accident. Ducan moved from Berthlas to the Lodge in the 1950s and many cages were erected there to breed pheasants. Today there is nothing left but the mountain, and that too has changed a great deal."

PLAS RHIWSAESON

Strangely enough, very little has ever been said about the antiquity of Plas Rhiwsaeson, everyone assuming that it is simply no more than quite a grand farmhouse built in the eighteenth century. Nothing could be further from the truth. True, little of any significance happened there during the twentieth century, not much more than on any other farm on the Sir Watkin estate. Plas was the largest farm on the estate, the tenants at the beginning of the century being the Pugh family, followed in 1914 by the Davieses until 1937, and then William Rees (formerly of Gelli Dywyll) and his family until 1949, when the Watkins family from Llandinam took the tenancy for the remainder of the century.

LYN REES describes the farm as it was in 1948:

"Plas is a thousand-acre farm, comprising the usual features of the area – mountain, moorland, woods, boggy ground, hill pastures, and some flat meadow land between Gerddi and Pandy and around Pencaedu. On the left hand side as you went up Cwm Clegyrnant as far as the boundary with Rhyd-y-meirch, there are boggy fields and the woods of Yr Allt, where there was a solidly built barn for cattle to shelter in during summer grazing, and in which a barn owl used to nest. She stole my father's hat once when he peeped into the nest from the top of a ladder.

"At the roadside, opposite the farmhouse, there was a stable with stalls for five horses; at the back there was a shed, where my father did his carpentry, and at the gable end a bay to store bracken, and at the other end a barn where the foxhounds pack sometimes stayed. Up the lane from the stable there was Pencaedu barn with room to tie up 22, a bay for hay and sheaves of corn for feeding, and a hayloft at the other end. There were two mucking-out holes opening onto Cae Du. In the other direction, with a steep path leading to it from Graig Fach, there was another barn, Fronorffwys (or Froniffwys, as we called it). It is said that there was a resting-place (gorffwysfa) here in ancient times when a road was being made through Cwm-y-delyn and out through Tafolog to Mawddwy. In this barn, which again had room to tie up 22, there was a double and single cowshed, a bay and a hayloft. All the cowsheds would be full of cattle every winter, which meant a lot of work feeding and mucking out daily. Gwilym, my elder brother, was the cowman. On the farmyard at Plas there was a big "lock", or fold, which had a dipping tub, leading to a five-bay Dutch barn. There were two rows of stone buildings. In the first was the cowshed with room to tie up 12, with a fodder-alley in front of the cows, and a hayloft above, and a pen for small calves at the end. At the other end was the bull pen with a high wall around it. We used to keep a Hereford "Society" bull. I remember it escaping once up the Cwm road… In the other row of buildings there was a pen for bigger calves, a bay, a threshing floor (where the shearing was done), and a loose box and a small stable at the bottom end. Between the cowshed and the house there were stone pigsties, four in a row. There was also a stone henhouse nearby. There were steps leading down from the back door of Plas to the washhouse, where there was a large boiler and an oven with room for 15 large loaves. Behind the pigsties there was what we called the "wood house", a large building whose walls had a stone base, a wooden frame and open sides. I wondered if perhaps this had been the original house in the very olden days of the gentry?

"Between Plas and the village of Pandy there was a flour mill with a house attached. Rufus Owen, Tafolwern was the miller here during Davies's time, before we took over. I remember that repairing the millstones was very heavy and skilful work. First of all, the upper stone had to be lifted off and laid on its side – not a job for weaklings. The surface of the lower stone could be then smoothed – it had to be smooth in order to obtain a fine milling. To do this, red sheep-marking stuff was spread on a piece of wood called a "flatwood", which was then rotated like a clock's hand touching every bit of the lower stone's surface, so that any raised bits showed up red. These were then chipped off with a special double-headed steel chisel. When the stones were put back together, finely ground flour should then run along the grooves into the sacks. My father did the skilful work of smoothing the stones and we lads did the heavy lifting.

"Another essential part of the mill was the kiln, 500 yards away on the road to Caeau Gleision, where the grain was dried during wet summers. This building is still here, and in reasonable condition, if the roof were repaired. The kiln has two floors, the lower one for the fire, and the upper made of a flat piece of metal with tiny holes in on which to spread the corn. On the first day, a blazing fire would be lit underneath, but the corn couldn't be left or else it would burn; instead it was raked regularly into small rows with a flat wooden rake – an ideal job for burning one's boots! On the second day the fire was allowed to burn out so that the grain could finish drying off gradually. This way the corn took about two days to dry. It was then raked down through the hopper and into sacks. Corn that had turned mouldy sometimes arrived at the kiln and remained in a solid lump after taking it out of the sacks, but we had a go at drying this as well, and grinding it at the mill afterwards. It was darker flour but still useable. The kiln never cooled down during wet summers and it was no doubt a great boon. But when the millwheel stopped turning in 1947, its life also came to an end, because farms at that time were producing much less grain after the war. John and Katie Evans and their houseful of children carried on living for many years afterwards in the mill cottage. Today, the mill and the cottage are one house, renovated by newcomers to the area.

"The last miller at the Rhiwsaeson mill was my brother, Arfor. He had been released from the Navy in order to work in the mill during the war. The mill was very busy then with all the extra corn being grown under the instructions of the Government. Arfor was a very strong lad. He said that he once carried 300 pounds on his back from the kiln to the mill – presumably to avoid two journeys! He also fancied himself as a poet, and on one occasion won with a lyrical piece at the local Pandy competitive meeting.

"The mill was a good half-mile from Plas, and the water had even farther to travel before reaching the millrace. It started by a floodgate on the river near the Lodge that diverted the water into a stream that ran behind the Factory houses, crossed the river along a wooden trough above a whirlpool and then into the Plas's stable field. It then ran along the bottom of the field to the road, crossing it by means of a culvert and then on across the Plas yard where a pond was dammed up. This also had a floodgate, so that when water was needed it could be turned into the millrace that ran along the Gro to the mill.

"At the gable end of Plas there is a sun-drenched, walled garden and in the corner a little toilet, solidly built of stone, with a single hole in a wooden seat – I heard it described as "a place for the soul to have peace"! Under the large back-kitchen window there was a slate mounting-stone with steps. When Marian lived here as a child, she used to gather coloured stones from the riverbank and spend hours writing and drawing pictures on the flat slate.

"As the farm was larger than usual, the corn and potato quotas we were required to produce during the war were high, about 70 acres, if I remember correctly, and with only horses to do the work. But machines began to arrive, and we bought a Fordson tractor about 1943, which made quite a difference. But it wasn't exactly trouble-free! I remember once ploughing one-way with a double-shared plough on a steeply sloping field at Froniffrwys at the foot of the mountain. It wasn't easy on the slope, having to hold a piece of string for raising and lowering the plough at the turns on the descent, as well as controlling the tractor. It skidded on the dew on the grassy edge and plunged headlong into a hollow and were it not for an enormous ash tree-stump, it would have careered through to the next field. dragging the plough with it. It wouldn't budge now, so I had to go home to fetch an axe to smash the tree stump to pieces before I could drive the tractor forward. Two afternoons' work in one! Another time, I was driving the tractor home from Cae Pôl, which lies between Pencaedu and Caeau Gleision, fairly boggy ground, when the front wheels sank into a muddy ditch. Emrys went home to fetch Madam, the black mare, and after one "Come up!" the tractor soon changed its mind!

"I also remember one very cold winter I was ploughing Rhos Fawr, which is about 30 acres. My goodness,! it was cold with no cab, of course, and a freezing wind blowing up my sleeves. I decided to make a pair of gloves out of a sheepskin that was hanging in the threshing barn. I cut it into the shape of mittens, made holes with an awl, and stitched them with a sack needle. Then, I turned them inside out so that the wool was on the inside and no stitches visible! Superb gloves that reached up to my elbows, and I wore them for many seasons."

William Rees, and his sons, Emrys, Arfor and Lyn, were all craftsmen, and especially gifted at turning and carving wood, stick-making and hedging, and difficult to beat in local eisteddfodau at making axe handles, gambrels, stools, or candlesticks. But he admitted that there was one person in the area who could beat him every time at making feeding baskets, and that was Dei Williams, Pen-y-graig, who wove them so finely that they would hold water. The lathe used at Plas was worked by means of a hand-operated wheel, and it was very hard work turning the lathe while it was in use against a piece of wood. William Rees won at the National Eisteddfod with two identical walking sticks carved all over with an oak leaf and acorn motif and inscribed with the words in Welsh, "You carry me and I'll help you". (They are now in the possession of two of his grand daughters). He also made a unique pair of wooden candlesticks entirely out of dozens of lovers' knots (*cwlwm cnau*) the wooden pegs all intricately joined together (now in the possession of another grand-daughter). He and his sons were all champion hedgers too – which was just as well, because there was plenty of hedging work to do at Plas with the land extending almost two miles from Pandy to Gerddi on both sides of the road, and that was before fencing became fashionable and certainly before the current practice of trimming hedges by machine.

CHARACTERS
Characters that are still talked about and who farmed Plas from about

1913 to 1937 were Mr and Mrs Davies, or "Nhed" and "Mem", (Mother and Father) as they were called by the servants and near neighbours, but not to their faces, of course, because these were some kind of affectionate nicknames. Both hailed from around Llangedwyn, he a son of Banhadla and she an aunt of the Bronheulog Trio, the famous Plygain singers. The old couple possessed a natural dignity, and they strove to maintain certain standards expected of the tenants of the area's largest farm. But that did not mean that they were wasteful, as we shall discover, presently. They kept up the custom of eating separately from the servants, indeed, in another room. She was not one to label any animal that trod the farmyard as "too old", and if an old hen looked a little feeble, into the stew pot she went – which, according to the late Elsi Davies, who was a maid there, never got scoured! (These anecdotes were obtained from her daughter, Mary). On her birthday, Mrs Davies would whisper to her, "I've got something good for you," and all it turned out to be was a basin of bread and buttermilk. Sometimes on a Sunday morning, when Mrs Davies had gone to Soar, the manservant would come into the house with half a dozen eggs, "Be a good girl and boil these for me!"

Her husband, Davies Plas, was a kindly man, whose observation at the beginning of every comment was "Giami, lad!" His hobby was reading "novelettes", but he didn't do much of that one morning in the toilet at the far end of the garden where he used to go every morning like clockwork... on this occasion he came away in some haste, " Which one of you has been to the toilet?" Apparently, the dog had come up through the hole... She, Mrs Davies, was a diligent and able lady, who tried to keep up a style but was rather tight with the purse strings. Mary has another good story about her. As was stated earlier, her mother, Elsi, was a maid at Plas for many years before getting married. She was living at the Factory nearby and had by then left. But on the day Nhed and Mem Plas were leaving the place for the last time – in a big old Model T Ford – Elsi went across to say 'good-bye', taking the four year-old Mary with her, and as Mrs Davies saw them coming she said, "Well, here's the little one! Wait a moment, I haven't given her anything... and I haven't got anything in my purse..." As she rummaged in her bag, she seemed to get a flash of inspiration... she took a sweet out of her mouth and handed it to her, "Here you are, my little one, take this…" Mary could not look at a glacier mint ever again!

Like Miss Roberts, the owner of Siop Pandy, Mrs Davies was a Wesleyan, and it was quite amusing seeing the two of them walking down towards Soar, Miss Roberts hump-backed and in black, and Mrs Davies tall beside her in a fur coat and a decorated hat. She made the hats herself from the various poultry she kept – turkeys, guinea fowl, and all kinds of hens and cockerels. Another thing she did was cure skins with salt and alum; and if anything died on the farm, or a wild animal, and it had a good pelt she used to treat it. The oak floor of the big parlour was covered with these, calf skins, and cow, sheep and fox– although the latter went over her shoulder usually. Because she did the job properly they did not smell at all, and they looked smart and snug underfoot, inexpensive and fine mementoes of many a "Seren" or "Blackie", until they began to moult….. As expected, another of her talents was making lotions and potions, as well as dispensing advice – and maybe the urge to teach everyone was the reason for the nicknames. The close community of Pandy must have regarded the old couple, for all their faults, with considerable affection in their day, and they could always be turned to in a crisis. Before the coming of the Welfare State that era depended heavily on charity and a friendly neighbourhood. Despite having no children of their own, "Nhed and Mem" still had their responsibilities of care.

In 1949, the Watkins family took over the tenancy and stayed there until the end of the century, by which time they had bought the farm. The main feature of their occupancy, and their legacy, it could be said, from the point of view of conservation, was to let the land and the buildings remain more or less the same for half a century when other places around them were changing rapidly, so that the farm did not look very different in 2000 than it did in 1900. In the Editor's opinion it would have been wonderful if the house, the ancient outbuildings and the natural land had been kept as they were as an historical heritage for the region.

In the twenty-first century things changed again. The new owners sadly had to burn the sheep flock because of their possible connection with the Breconshire hills where the foot and mouth disease was rampant. This was the only burning that took place in this part of

Montgomeryshire. Quite unnecessarily, but under the rules in force during 2001, much of the buildings' antiquity was damaged when they had to be cleansed with chemicals and sprays. As on many other farms throughout Wales, this was done even where there was no infection whatsoever. These wasteful, heart-breaking and expensive methods of controlling the disease were hotly disputed at the time, and the Government was forced to admit, when it was too late, that many mistakes had been made, and to promise that these strategies would not be repeated should there ever be a foot and mouth outbreak in the future. Thankfully, the new owners are restoring the old features of the house.

It was a close thing that a wind farm of 17 turbines, 75 metres high, wasn't built on Plas Rhiwsaeson and Nantycarfan mountains in the year 2000. After a public inquiry the Inspector recommended that planning permission should be refused and the National Assembly accepted his decision. The main reason for refusal was that there were too many turbines in this part of Montgomeryshire already. As you go up Cwm Pandy nearly a dozen wind turbines on Cemaes Mountain are clearly visible on the left, and if the other plan had gone ahead the valley would be funnelled between them and highly visible over Llanbrynmair.

THE ANTIQUITY OF PLAS RHIWSAESON
But let us now turn our attention briefly to the antiquity of the Plas. As already stated, the farmhouse dates from the beginning of the eighteenth century, but as an establishment it is much older than that. There is a plaque on the wall with the inscription: "This house was walled around in 1710 by Athelstan Owen, Esq". That is when the building, as it is now, was erected. How, therefore, could the poet, Lewis Glyn Cothi, sing it praises in 1500? What was there here to extol, and whose praises was he singing at that time? Well, it was Owain Fychan ab Gruffudd ab Ieuan Llwyd from Rhiwsaeson who lived here, and his three sons, all harpists, poets and educated men, and, of course, patrons of poets. It was they who were being praised, because that was the function of wandering poets like Lewsyn, praising the gentry. That is why they were called Poets of the Gentry. After the demise of the Welsh Princes in the thirteenth century, lesser nobles rose to take their place as leaders of society. One of these noble families was the Owens of Rhiwsaeson,

whose lineage derived from Elystan Glodrudd, a king ruling over the Marches, who married an heiress from Cardiganshire. It was they who established the Owens as the "Fifth Royal Family of Wales". One of their descendants, called Ithel Aurgledde married Annes, daughter of Owain Cyfeiliog, thereby adding to the family's land, which expanded eventually to include the greater part of Llanbrynmair parish. The family, like most of its kind, were out-and-out royalists, often holding positions under the Crown, such as County Sheriffs. Throughout Cromwell's rule they maintained their loyalty to Charles II, and were rewarded with enhanced status.

The name Athelstan (Elustan) is often seen in the family's history, and one Athelstan Owen who lived at the Plas in the sixteenth century married a daughter of William Vaughan, Corsygedol, Meirionydd. They had a son, another Athelstan, who married Anne Vincent Corbet, the heiress of Ynys Maengwyn, near Tywyn. It was these two who in 1710 built the Plas as it is today, and Anne built the stable in 1745. They had two daughters, one of whom, Anne, according to her mother's will, was to inherit Ynysmaengwyn. Plas Rhiwsaeson was sold to Sir Watkin Williams Wynn in 1758. Within two years the mother, Mrs Anne Owen, died, aged 76 years. Her daughter, Anne, had married Pryce Morris from Lloran near Llansilyn, and they had a son, called Edward Maurice, but he had to change his name to Edward Corbet in order to inherit the Ynysmaengwyn estate on his mother's side. The family continued living at Ynysmaengwyn until about 1880 when Athelstan John Soden Corbet died without issue, and the estate was sold. Strangely enough, someone by the name of Corbett, the member of Parliament for Droitwich, bought it, but he had no connection with the old Corbet family of Ynysmaengwyn.

During World War Two, American Marines were billeted at Ynysmaengwyn, and much of the handsome mansion was damaged. Later, it had to be demolished, and now there is not even a vestige of it left – only a caravan park for ordinary folk, in the wake of two ancient families.

THE GHOST OF PLAS RHIWSAESON
The question has been asked a hundred times, "Is there a ghost at Plas?" Yes, says the late Mrs Glenys Bebb – Glenys Y Plas, as she was known.

She used to tell this story – especially to relations who used to come to stay and sleep in the "front bedroom"! This is her story:

"It was around the Christmas of 1936 and my parents had just recently rented the Plas. My eldest brother, Gwilym, and I were put in charge until the rest of the family could join us later on.

"Well, late one night I was there on my own knitting by the fire in the front room. Suddenly, I heard the door of the front bedroom above open, a large bedroom with oak panels and an oak floor, and then the sound of footsteps crossing the room to a curtained alcove in the far corner, the footsteps returning and the door closing. I had put down my knitting and was wondering what on earth could it be. I knew that no one should be in the house. Then, I heard crockery breaking to smithereens down in the back kitchen….Well, I had to investigate now, and so I lit a candle and went down the dark passage to the kitchen. Nothing! The place quiet as the grave, and the dishes intact in their basket. That's when I started considering what I had heard, because I was quite certain that I had heard the footsteps and the breaking crockery…

"Iorwerth Peate used to bring people to see the old house sometimes and would take them to the garret to see "the blood where someone killed somebody once…" But I could have told him that it was goose blood from the time of Mrs Davies the Plas when they used to do the plucking up there. But the old house is so full of stair-cases and dark corners, it's easy to believe anything. After all, there's only a short passage and stairs between the wool loft, with access from outside, where the men servants used to sleep in the old days, and the garret where the maids slept.

"Yes, there are many secrets between its walls, and someone trying to say something….sometimes….perhaps?"

TALERDDIG

If we went back far into history, we would see that Talerddig, like Tafolwern, has connections with Prince Owain Cyfeiliog. In his later years, the Prince had given land to the Cistercian monks to establish a monastery at Strata Marcella, not far from his main castle in Welshpool. Owain died in this monastery in 1197 and was buried next to the altar.

Before this, he had given a large tract of land on the eastern side of Llanbrynmair, which included Talerddig, to the monastery, and the area is still shown on maps today as "Tir Mynach".

The locality of Talerddig has always been prosperous and progressive. The fact that it is situated on the main road and that there was a railway station here was no doubt partly responsible for that. But which came first, the chicken or the egg? For, it was through their own efforts that they acquired the station in Talerddig. As we can see in the chapter on the Davies family of Dôlgoch, the presence of their progressive spirit had also contributed to Talerddig's prosperity, first of all with the woollen factory, and then the engineering work, the carpentry, the electrical work, and the garage. The opening of Tom Lewis's bake house in 1922 was also a great boost to the community; a post office was established here in 1939, and the telephone came to Dôlgoch in 1932, the number being Llanbrynmair 24. Prior to the Davies family, Mari Evans kept a shop at Dôlgoch and her husband worked at the station, a family with two incomes, and therefore affluent!

THE SCHOOLROOM
The Hen Gapel schoolrooms were built in the mid-nineteenth century and they were in use for over a century. Naturally, the schoolroom was the centre point of the whole social life of Talerddig, and it had a constant membership of about 80 during the first half of the twentieth century. It has also been the object of considerable generosity from people wishing to show their appreciation of it. In 1914, Tom Jones, of Newtown, one of the Llwyncelyn boys, donated the first organ; and in 1932, Mrs Nora Inglis, of Johannesburgh, South Africa, one of the Dôlgoch girls, gave a clock, which is now in the possession of her nephew, John Davies. Also in 1932, the children of John and Annie Davies, Dôlgoch donated electric lighting in memory of their parents. John Davies and T.R. Evans, Ystrad Fach had been deacons here from 1899 until their death in 1924 and 1927 respectively.

People still remember the wonderfully jolly socials and competitive meetings held in Talerddig, with D.C. Davies and his choir at the forefront of proceedings, and further entertainment from the likes of Emlyn Burton, Francis Roberts, Evan Jones, Herbert Benbow, Edfryn Breese and Francis Thomas. Another advantage was the proximity of the bake house, and its generous owners, Mrs Tom Lewis (later Jones) and her sons, Cynlas and Dyfrig, who were always ready to fill the tables with delicacies. "Cawodydd Geirwon", Talerddig's play in the 1955 Llanbrynmair drama competition, was produced here by Evan Jones, Llwyncelyn. "Seiat y Beirdd" was also held here before that, reflecting the deep interest people like D.C. Davies had in Welsh culture, but more about that later. He and Mrs Ceinwen Humphreys were organists from 1914 to 1930, when Gwenda Jones started helping them. After 1942 a crowd of young ones took turns at playing and there was never a shortage of people to "take to the instrument". That's how it was in Tafolwern too, where there was always a crop of musicians.

People also remember accidents suffered by loyal members: Richard Brown Evans's fatal accident with a kibbler at Clawddachoed in 1918, and 1960 Islwyn Phillips's motor-bike accident, and he a deacon and an enthusiastic supporter of all the Schoolroom's activities. At that time there were 60 members here, but by 1985, owing to our changing society, families getting smaller and smaller, and fewer people working on the land, the membership fell to 35 and three deacons. Fewer and fewer services were held, and in 1990 the door closed for the very last time. It was sad to see the solid little building empty for some years after that, until it was bought by Rhys Bleddyn and converted into a home for himself and his young family. By now it has been sold on.

THE STATION
As already mentioned, the station gave a boost to the local economy, and put Talerddig on the map. When David Davies was building a railway from Newtown to Aberystwyth in the middle of the nineteenth century a massive obstacle stood in his way, namely, Talerddig rock. He had to carve a way through. But nothing would stop those brave Victorian engineers. It was decided to make a cutting through the rock, rather than a tunnel, in order to obtain a supply of good quality stone to build bridges and stations along the line. Bell's Bridge, lower down, was named after one of David Davies's engineers. Countess Vane of Plas Machynlleth cut the first sod in October 1858. 300 labourers – mainly local – set to with pick and shovel and explosives to cut through the rock to a depth of 150 ft. It was said to be the deepest cutting through rock in the world at the time. The men were paid once a fortnight on site,

and nowhere near any tavern – remember that David Davies, the Nonconformist, owned the railway! The first load of coal came through to Wynnstay in December 1861, and a passenger service to Machynlleth was opened in 1862. There were great celebrations in the town for three days, the Countess officially opening the railway, and the Rector blessing it. 1500 passengers arrived in 22 carriages hauled by two engines, Talerddig and Countess Vane. On the return journey there were 33 coaches, and they only just managed to make it over Talerddig! At the opening ceremony, David Davies reminded everybody that they had completed the work during the wettest three years he could remember, and that the project had cost £10,000 extra because of that. For some years yet, travel between Machynlleth, Aberystwyth, Barmouth and Mallwyd was still by horse and carriage. It was possible to go from Llanbrynmair to London by train at this time in about six hours. In 1864 the train replaced the mail coach for carrying the mail, from Shrewsbury to Borth, reaching Machynlleth at 9am and leaving at 6 pm – "The Mail", as it was called, until it was supplanted by vans in 1977. The full history is given in Gwyn Briwnant Jones's excellent book, "Railway Through Talerddig".

In 1896, Talerddig station was opened at the request of the tenants of local farms on Sir Watkin's estate, including some from Cwm Nant-yr-eira, and it was they who paid for it. They had asked for a station in 1862, but it was refused because "the population was too sparse". They set about raising the necessary £80 and their dream was realised. It was a splendid acquisition for the inhabitants of Talerddig and district for nearly three quarters of a century, until Beeching's axe fell in 1965, with the closure of stations at Moat Lane, Pont-dol-goch, Carno, Talerddig, Llanbrynmair, Commins Coch, and Cemmaes Road and, of course, its knock-on effects. Then in 1967, diesel trains started running on the line instead of the old steam giants. But Talerddig station is not altogether redundant today, because it has a 'loop' where trains can wait and pass each other when necessary. (They could do worse than re-open the service there) The station was a great boon in 1947 when bread needed to be taken to other stations along the line.

ABER SCHOOLROOM

About three miles up from Talerddig on the road to Cwm Nant-yr-eira, stands Ysgoldy'r Aber (the Aber Schoolroom), erected, like the others, in the mid-nineteenth century. More so than the other schoolrooms, this one (like Ysgoldy Cwm Clegyrnant) was very remote, serving a scattered and mountainous community, and this long before a proper road had been built through the valley. We shall have a glimpse of that community in the chapter on Pentrelludw, and the names of some of the faithful who were responsible for upholding the little cause's success for over three quarters of a century, until it was closed in 1931. A service to close it officially was held in 1939. T.H. Evans, Pentrelludw and John Lewis were the last two deacons. John Jones, Berthlwyd, the father of Evan the Keeper who appears elsewhere in this book, was born at Bryn Gwyn in the catchment area of Aber. Here are some more names of now redundant small holdings scattered about the vicinity of the Aber Schoolroom: Ffridd Fach, Bryn Gwyn, Ty'n Rhos, Ty'nywaun, Pant-y-waun, Cwm-ffridd, Aber Uchaf, Aber Isaf, Aber Trinant, Rhosboeth, Penborfa, Prisgwyngyll, Pentrelludw.

AROUND THE VILLAGE

We shall now go on a tour of the village in the company of Nurse Pat Edwards (nee Williams) who was born in Glandŵr at the end of the 1930s and has spent her whole life here, and see what changes have taken place... Starting off by Pont Bell, we turn sharp left and follow the narrow road up the gorge to Ty'nddol, an attractive little place with a few acres of land. In 1936, a colourful and unusual individual, by the name of Major Gamwell, came to live here with his wife. He was disabled as a result of an aeroplane accident while serving as a pilot in the Flying Corps between the two world wars. He was a well-informed person, but also impatient and determined, and with connections in high places. He and Churchill corresponded on a weekly basis. Non and Lali Williams, Glandŵr looked after him for 19 years and found him to be a generous man, and they thought the world of him. But not everyone did: at one time he kept six servants, none of whom stayed long because he was for ever falling out with them about something or other. He owned a large car, an Alvis, his pride and joy, and used to dress up in a helmet, goggles and gloves to drive it – exactly as if he were in an aeroplane! When he went to Newtown, Non had to mind the car while he went shopping in Boots and Smiths: he never consulted a doctor, preferring to buy his own medicine, and he bought a stock of writing paper. While the car was parked on the street, the rotor arm had to be removed in case it was stolen… and on the return journey they had to stop by Penstrywod to top up the radiator. He was a hell of a man! Arthur and Bronwen Evans took over T'ynddol after him, but in recent years newcomers to the area have lived here. As we continue our journey, we climb continuously until we reach Hafod-y-Foel, surrounded by fields and fertile slopes that have evidently been improved. It is very pleasant on these hilltops, looking out on such magnificent views over Talerddig and the Aber valley. Edward and Sue Evans farm at Hafod-y-Foel today, and their house is very old.

We drive down again into the village, and starting at the bottom, the first house we come to is Dôlgoch and then Dôlafon. The two belonged to the Davies family, the Davies sisters living in Dôlgoch and Robert Davies and his wife in the other. Dôlgoch has since been sold and John, Robert's nephew, lives at Dôlafon today… Next door is Dôlgoch Garage, which is also now closed, but still in good condition, and hopefully another business will take it over one day, maybe. On the left there is a beautiful house, called Islwyn, built in 1927 for another son of Dôlgoch, D.C. Davies and his wife, Meirwen. Their son, John Davies, who lives at Dôlafon, was born and brought up here but his cousin, Huw, and Jean live here now. Opposite, on a knoll, stands Bryntirion, where Elwyn and Bertha Richards lived with their houseful of children through the middle years of the century, Elwyn working at the garage. The family of Robin Morris, Wern, moved down here afterwards and a family member lives here today. There used to be three cottages here many years ago.

To the left there's a narrow road turning towards Cwm Nant-yr-eira (more about that later), but if we follow it for a while we shall see another road turning to the right towards a new dwelling, Tŷ'r Cwm, built by a local family, Gwyn and Elisabeth Jones, to replace a derelict farmhouse of that name further on. Shortly, we come to the turning for Llwyncelyn, which is now farmed by Heulwen and Oswald Jones, who have six sons, one of whom has stayed at home to work on the farm.

This used to be the home of Evan Jones, Llwyncelyn, who in his day was a deacon, a cultural leader, and a producer of plays at the Talerddig Schoolroom. The house burned down a few years ago, but it was rebuilt exactly as it was. The next farm we come to is Pantglas, whose land has now been annexed to Hafod-y-Foel, whilst the house belongs to newcomers to the area who have converted the outbuildings into holiday accommodation for the disabled.

We now turn back towards the village, and opposite stands the schoolroom that was converted into a house. Then we see the rear of the present bake-house, and then Brynhyfryd, a tiny house, in its new guise. It used to be covered with corrugated zinc sheeting, but its new occupiers have transformed it. Alas, the hurly-burly of yesteryear has also gone, for this is where Mrs Margaret Lewis had her house, shop and post office – she was called "Mam Siop" by the children of the schoolroom, because she always carried a good supply of sweets in her pocket! Her husband, Tom Lewis, and later her second husband, David Jones, ran the bake-house at the back. On the corner, at the top of the hill, there's Tyrpeg (the name, of course, proclaiming that two centuries ago there were gates here stretching right across the road, the next set of gates being at Trip). Islwyn Phillips's family were the last Welsh people to live in Tyrpeg.

We now turn into the road to Cwm Cerhynt, which goes through to Bont Dolgadfan. Opposite us is a bungalow belonging to Graham Jones, who works in Carno. His father, Gwyn, who lived here before him, built the bungalow. A stone's throw away is a new house built by Evan Defi Jones after he moved here from Carno (but of Esgair Gelynnen, long ago). He and his wife kept the post office here until 1998. He died in 2004, aged 89. Newcomers have bought the house. On the other side of the road, the building near Tyrpeg is the old zinc bake-house, and then we come to the new one. This is still a very busy place, employing seven people full-time, and delivering bread, buns and cakes as far as Llangurig, Borth and Llwydiarth and calling in many villages, because they have a contract to supply schools throughout the greater part of Montgomeryshire. 3000 loaves are baked each week. The present owners are Alan and Jennifer (she being a daughter of Hans and Muriel Jacobs, who had bought it from the Lewis family). It must be a good place to work: Anna Jones, for instance, has been there for 21 years and Elfyn Jones even longer. (When the Editor called to buy a loaf, she had just finished putting chocolate on miles of éclairs –yes, a good place to work!) The next house we come to is Brynawel. It used to be two houses long ago, with Dan the Farrier living in Tŷ Pêt on the end. It has now been converted into a single house, occupied by Sian, the grand daughter of Glanfor Lewis, formerly one of the bake-house boys. Over in the hollow after crossing the railway cutting is Talerddig farm, where members of the same old family still live, including Iona Jones, a hearty octogenarian (and a sister of Evan Defi). Looking down from the slope at the back we see Fron farm and Frongau bungalow. Here too an old family has lived for generations - the late Richard Owen and his wife, Derwena now in her 80s living at Frongau, and farming today their son, Gareth and wife Beti and their son, Dylan. Dylan has had another interest too, namely, playing and singing in gigs with groups across the border in England (the musical talents of Talerddig determined to surface in every generation!) The Fron corn mill used to be on the Iaen nearly opposite Talerddig Farm stable.

We now take the road towards Carno, and after about 200 yards or so we turn to the right and go across the field to the station. The road continues to Ystrad Fawr, where the third generation, Pennant Jones farms with his parents, Tom and Margaret Jones; then on to Ystrad Fach where Meirion Jones still farms. But on the site of the station where there used to be several buildings, only one now remains, the Stationmaster's house built around 1920. When the station closed in 1965, there were two platforms both with a waiting room, the one on the Talerddig side having a ticket office. The station house was empty for years, but it has now been bought and extensively renovated by newcomers to the region. Back by the crossing is the site of the old signal box. Pat's grandfather, Ted Williams, was the signalman for many years, and because of this when the station closed, Pat's husband, Dafydd, dismantled the building and moved it to their home at Llawrcoed Uchaf. This is where it stands today with the signal by its side, and it makes no difference now whether it is up or down! The levers to change the points and move the signal are still inside it, but the little building has been given a new function – it is a very good place to make homemade wine

– not something that would have combined very well with the duties of a signalman! Over to the left on the clear patch was Western Villa, a wooden chalet where Pat's father was brought up after his parents moved out of the railway carriage where they lived when he was born. That was around 1906. When his youngest brother was born his mother died, the baby was sent at six weeks old all the way by train to Treorchy in the charge of the guard, a journey involving six train changes! Who said that men could not feed babies and change nappies in those days? Western Villa was uprooted and carried from there literally to be rebuilt far away from Llanbrynmair. There is talk that the strip of land around it was bought as part of a job lot when the railways were privatised in the 1980s and when thousands of pieces of land like this abutting the railway were sold to quite a sharp-eyed businessman from somewhere near London.

Having been on our little tour of Talerddig, we find that on the whole the district has not changed very much in terms of the families living here – less than in some parts of Llanbrynmair; but the population has diminished, of course, and there are far fewer children. Apart from the bake-house and the farms, the busyness has ceased, except the eternal busyness of the A470.

THE DÔLGOCH FAMILY

Much of this book's content derives from the tasty bits of information provided by JOHN DÔLGOCH, especially about the history of Talerddig and Hen Gapel. And no wonder, because John Davies's family has played a leading part in Llanbrynmair life for at least two centuries; and John continues the tradition by working for everything that promotes the parish or benefits the local community. He has been blessed with a prodigious memory, and he is always ready to share his knowledge. He was a deacon at Talerddig Schoolroom since 1961 and later at Hen Gapel, an organist in both places, a Sunday School teacher, and a prominent figure in the Literary Society. At present, he is a deacon at Hen Gapel, organist, occasional preacher, a parish councillor, a reporter for Blewyn Glas, a committee member of the Llanbrynmair Show, and committee chairman of the Llanbrynmair Local History Society, which is responsible for this book. Despite exceeding his three score years and ten, he remains one of the central pillars of the "cause" and a stalwart of his community. But let's go back two centuries to discover the fountain head.

The first John Davies we hear about is "Peiriannydd Gwynedd" (1783-1855). He moved from Hafod-y-Foel farm to Dôlgoch in 1820 and established a foundry, which became well known nationally. At this time the woollen industry was at its peak, and he invented a mechanical loom that could be used in small factories the length and breadth of Wales. (In the previous centuries spinning and weaving had been cottage industries in Llanbrynmair, as elsewhere.) The account books, which John still possesses, show that he had customers throughout Wales. One of his machines can still be seen at The National Folk Museum, St Fagan, and another in the museum at Felinfach, Felindre. Iorwerth Peate says in his book, North Cardiganshire Woollen Mills, that some of the machines cost £80 then, a considerable sum bearing in mind that repairing an umbrella cost three pence, and soldering a can two pence at Dôlgoch. Which reminds us that John Davies was also a smith, a carpenter, a clock-maker, a funeral director, a hardware merchant, and furthermore a musician – a precentor at Hen Gapel for 30 years – and a poet. He also had a brother, the Revd Evan Davies, "Eta Delta", who was prominent in the temperance movement. Thus, within one generation, the family had made a giant leap from the world of agriculture to that of industry and commerce on a considerable scale.

He had a son, Robert Davies (1813-1885) who followed him into the business, and another son, John, who went off to set up similar establishments in Dolgellau and Carmarthen. Before 1850 there were about 500 people working in the woollen industry in Llanbrynmair, and one can imagine the enormous demand for the services of the Dôlgoch workshops. The peak period came about 1840 when the firm had ten employees. At that time a blacksmith earned six shillings and sixpence per week, whilst a certain Rachel Breese earned £3 per annum – a junior housemaid perhaps? A carding machine was sold for £52 in 1837, and an engine cost £22 to repair, the payments being made over a period of time (like today!), and there is a mention of one final payment being made with a piece of meat.

John Davies, the current John Davies's grandfather, came next, born in 1856 and worked at Dôlgoch between 1871 and 1924. It was he, therefore, who took the business forward into the twentieth century, which was no mean feat. By now the nature of the work was changing rapidly as the woollen industry was transformed by the arrival of steam engines, and centralised in the North of England. Accordingly, that part of Dôlgoch's business deriving from the woollen industry deteriorated, inducing a shift of emphasis to wood products and carpentry. They installed a sawmill, which, like everything else in the workshop, was powered by a huge water wheel, which by the 1930s was also used to generate electricity. The metalwork part of the business was continued, along with funeral directing, but a brand new opportunity presented itself – selling bicycles, both standard ones and the "penny farthing" variety. John Davies himself owned one of those strange machines, and both he and Edwin Evans, the shoemaker, once cycled all the way to Aberystwyth and back. It was a good advertisement for a bike shop, and facing Talerddig hill at the end was no easy task. Entries in the accounts book for 1900 show that he repaired a "de luxe Stuart Heath penny-farthing" belonging to a relative of the Plas Esgair Ifan family; and also a motorcycle belonging to Dr Edwards, Glantwymyn. He himself acquired a motorcycle in 1906, 'EP 65', and that's how that line of the business began. Selling by example, what better way? A year before he retired, Mary Evans's grocer shop next door to the workshop closed down. He bought the building and erected the new Dôlgoch garage on the site.

Despite being immersed in the hurly burly world of business, he still found time to enjoy literature, and was one of the founders of the Llanbrynmair Literary Society in 1895, also acting at various times as its secretary and its chairman. In those days, Talerddig Schoolroom was very well patronised, and he was one of its loyal members, as he was of Hen Gapel.

John Davies had four sons, Robert, Daniel, Arthur and John Francis, each of whom had the opportunity now to develop their respective talents and the business at Dôlgoch, and that is what happened. Each one specialised in a different aspect of the work. Robert was the engineer and mechanic, and it was he who opened the garage in 1924, from which he soon began selling Austin motorcars. He too was a deacon at Hen Gapel from 1929 to1961 and a Sunday School teacher at Talerddig.

Arthur was the carpenter and gardener, and another methodical craftsman, in his white coat amidst the shavings of the snug workshop underneath the garage. He always had lengths of local timber stacked up to dry, ready for making farm gates, palisades (a kind of low fence of wooden palings, erected in front of houses and usually painted white), cart shafts, and all manner of useful things for the farm and the home. Alongside this workshop there was a small room where local people brought their 'wet' batteries to be charged for a shilling a time. (Before the arrival of mains electricity, a fully charged 'wet' battery, as well as a 120 volts 'dry' battery, were needed to power wireless sets.) One had to be very careful when carrying the battery – a kind of square glass bottle – because it was full of acid.

John Francis spent some time in South Africa, but he and his wife eventually returned to live at Garth, and after 1931 he took charge of all the paper work at Dôlgoch. He was also the secretary of the Talerddig Schoolroom from 1936 to 1956 and a governor of Pen-ddôl School.

Daniel C. Davies, John's father, was the electrician. He was the youngest of eight children, and he alone received secondary education, at Machynlleth, afterwards proceeding to Manchester to study Electrical Engineering. His first project on his return was to provide electricity for the hamlet of Talerddig. Electricity was first generated at Dôlgoch in 1920 by means of the waterwheel, but owing to the shortage of water in summer and the river's freezing over in the winter, a Lister engine was installed producing 110 volts. Starting on petrol, it then ran on T.V.O after warming up. Thus, from 1920 onwards there was electric light in the garage, in Dôlgoch, Dôlafon and Islwyn, and from 1931 in Talerddig Schoolroom. A generator was installed at Hen Gapel in 1935. The motor cycle, 'EP 1781', which Dan bought in 1918, came in useful for getting round all the work in such a scattered parish as Llanbrynmair - in addition to advertising the virtues of motor cycles. Both he and his brother, Arthur, were also enthusiastic shooters and fishermen.

And if electricity was his profession, there was electricity in Dan's personality too. Throughout his life he served his community. He was both a District and County councillor. During World War Two he belonged to the local unit of the Royal Observer Corps, based on Dafarn-newydd field, near the Wynnstay, their function being to keep a lookout for night-flying enemy aircraft. (Other members of this unit were his brother, John Francis, Richard Evans, the coal merchant, Evan Jones, the game-keeper, Emlyn Hughes, Arthur Peate, Sec Jones, the shoe-maker, Emrys Owen Tafolwern, Bryn Jones Emporium, John Ducket Winllan, all under the command of H.B. Williams, the road surveyor.) Furthermore, D.C. Davies was a natural musician: he played the organ at Talerddig Schoolroom from 1914 until he died in 1958, conducted the choir, and was one of the pillars of local eisteddfodau. He was also a bard and a founder member of Seiat y Beirdd under the pseudonym 'ap Sion'.

His sisters too worked hard for the community, especially Frances Ann Davies (1879-1964). She was a Sunday School teacher for over half a century, and a committee member both for the Village Hall and the Nursing Society. She was also heavily involved during both World Wars in organizing 'land girls', that army of women who were brought from the towns and cities to lend a hand with the national food-growing effort. It was she who arranged placements, sending the girls to farms in need of extra help. About ten in all came to Llanbrynmair.

As D.C. Davies's son, John is today a worthy descendant of this talented family. After leaving Pen-ddôl school he went to Newtown County School and then, of course, he had no need to look far for work, because there was plenty for him to do at Dôlgoch. He kept accounts in the office, drove taxis, and ferried children to and from school, a service that started in 1945. Like the rest of his family, John is highly committed to the chapel, and acknowledges that the activities and the characters at the Talerddig Schoolroom had a profound influence on him. When the Revd Robert Evans formed the Llanbrynmair branch of the Aelwyd in 1940, John was among the first to join. He became treasurer of both the branch and area committees. He also belonged to the Rechabites, a youth movement under the auspices of the Established Church, led in those days by T.R. Jones, a man who had graduated in the sol-fa, was a stone-mason, and later became an agent for the Watkin Wynn estate.

John retired from the garage in the year 2000. Hugh Davies, Robert Davies's son, had run the business from 1966 until 2001, when he too had to give up on health grounds. In years gone by, Dôlgoch's position right at the edge of the road on Talerddig hill was advantageous, with easy access for customers, but today with the heavy and swift traffic on the A470 it's a different story. When the garage closed, Dôlgoch's glory days were over. The end of an important chapter.

But we haven't quite finished with John yet, because the musical, literary and business inheritance on his mother's side was also strong, viz. the family from Siop-y-bryn, or the Emporium. Although this establishment has since closed down and been turned into flats, the Emporium with its veranda and its elegant steps was once the oldest large shop in Llanbrynmair, having been built in 1853. John Edwards from Penegoes took over the business in 1880 and ran it until 1905 when it was transferred to his brother-in-law, J. Huw Williams. Many years earlier, J.H.'s sister had been a housekeeper for John Edwards, and although he was considerably older than she, the two got married. Huw Williams himself died in 1927 and his widow, Jane (Hughes originally from Brynllwyd, Corris), kept the shop on until 1948, together with her son, Iori, and her daughter, Bronwen. Another sister, Meirwen had married D.C. Davies Dôlgoch, and they were John's parents.

As stated earlier, John Davies Dôlgoch founded the Llanbrynmair Literary Society in 1895, and J.H. Williams the Emporium became the Society's treasurer in 1925, when J.E. Jones, the penillion-singer and headmaster of Bont school, was its chairman, and R.W. Parry, headmaster of Pen-ddôl school, its secretary. So, both of John's grandfathers in their day had been leading lights of the Literary Society.

"Siop Williams" or the Emporium, was quite a large establishment selling a little of everything, as its name suggests, from flour and animal feeds to umbrellas, from balls of string to knitting wool and hats, as well as groceries and household goods. They also had a weekly delivery service by van to the remoter hamlets of Pennant, Cwm Pandy and Talerddig. The Emporium also provided sewing and millinery classes for girls. Bronwen married Gwilym Watkin Williams, a ship's captain and a son of "Gwilym Llan", a pub landlord and a leg pulling 'character' from Llan. Iori was a hale and hearty senior citizen, who had lived at Llandrillo-yn-Rhos since 1973 until 2004 when he sadly passed away. He too, like John, enjoyed playing the organ, and was the organist at Capel Bont for many years. In 1993 he donated an electric organ to the chapel. Despite living some distance away, he took a keen interest in all that happened in his old square mile.

That is an outline of one family's history. After all, what is history but a story about people?

PENTRELLUDW
One Sunday evening towards the end of that glorious summer of 2003 the Editor went for a drive in the car with BRONWEN JERVIS (née Evans) to see the valley in which she was brought up, Cwm Nant-yr-eira, and her old home, Pentrelludw. Bronwen was born in 1929, one of six children to Thomas Evans and his wife, Elizabeth Mary Evans. This is where she was born, and lived until she left school to go into service in the Dyfi Valley. But her memories of Pentrelludw and all it stood for were still very, very close to her heart. At this point we turn the car's nose to the left at the top of Talerddig, and Bronwen begins her story.

"The valley has changed enormously, and the population gone right down. I can think of at least fifteen smallholdings and farmsteads between here and Beulah chapel that have fallen down. The land that used to belong to them has been taken over by other farms some distance away. And so, there is now no farmhouse left between Pantglas and Cwmderwen. The Forestry — that's another thing which has alienated the valley. When we were children we could climb a little hillock near Penterlludw and see peat stacks as far away as Cwmpen, and as far as Cwmcarnedd in the other direction. Today from the same spot you'll see very little except trees.

"But one good thing that has happened, of course, is the road. When we were children, there was no tarred road beyond Aber chapel — only a cart track for six miles to Cwmderwen. In 1966 a proper road was built, and officially opened in the May of that year by Emlyn Hooson, M.P., but we had moved from the area by then. We had to walk along mountain paths to Aber schoolroom, and to the day school at Pen-ddôl.

"We're now approaching Nant-yr-esgair. A private road has been made from here to Pantypowsi over there. That was where Andrew James, the bobbin-maker, and his family used to live. He also used to make wooden clocks — yes, both the case and the mechanism made of wood! I wonder where they all went? (The Editor has heard that there used to be a wooden clock at Trannon long ago, and they used to boil it once a year to clean it and keep the mechanism pliant.) In 1933 a great tragedy occurred. Susannah, Andrew's daughter, an old lady by then, and not altogether responsible for her actions, was living on her own in Ty'nywaun, opposite Pantypowsi. That morning when Annie Griffiths, Pantywaun was going early to her work at Llwyncelyn, she saw smoke rising from the hollow and for a minute thought that Susannah had got up early, but soon realised that the house had burned to the ground. The police were called from Llanbrynmair and Machynlleth but there was nothing to be done. There was nothing left only ashes.

"By now, we've travelled about three miles from Talerddig, and over there on the hillock is Castell-y-gwynt. There are English people living here now as there are everywhere else." (Two little ponies come to the gate to take a look at us, and the honking of geese can be heard – often a sure sign that the occupants have come here in search of "country life"). "Can you see the sycamore trees? Old Price used to live here and he used to work on the railway at Cemaes Road; it was he who brought the shoots from Comins Coch, as there were very few trees here long ago. He planted them a little too near the house, forgetting that they would grow into large trees… Just here on the left, we have the turning for Pentrelludw, and Ty'nygors where John Lewis, Diosg was born, a man who knew his Bible, and was a brilliant Sunday School teacher at Aber schoolroom, and later at Hen Gapel. Over there, in the same direction, is Prisgwyngyll – known colloquially as Prysgenwir – in ruins; and behind it, Bryn Gwyn with nothing at all left of it."

We continue for another mile or so before reaching a sharp bend in the road. "This is Ffridd Fawr, the birthplace of the Revd Glyn Lewis, who was a minister at Llanwddyn for many years. He got his nickname "Glyn y Bardd" when he was working on farms in Llanbrynmair and beginning to try his hand at writing poetry. His bardic name was "Glyn o Faldwyn". He won several eisteddfod chairs and a volume of his work was published. His wife was a sister of the Gorsedd bard Gwilym Tilsey…" (Ted Jones, "Ned Maesgwion", tells a story about the time when they were farm hands together at Clegyrddwr – there were ten of them altogether, working the thrashing machine, and so on. Glyn, being a poet, was an obvious target for their pranks. When he started courting the Reverend's sister and going to the house at Comins Coch, they took his bicycle one night and left it high on a tree in Ffridd Fawr Woods.)

We notice that his old home, Ffridd Fawr looks spruced up and obviously lived in. Here now are Ffridd Fach and Bwlch-y- ffridd, two more homesteads nearby in ruins. Many have heard of the next place we come to, for Dôl-y-garreg-wen was immortalised by Iorwerth Peate in his poem, "Nant-yr- Eira", in which he recalls the old community that used to be here, and laments its passing and the dereliction where there is now only the hooting of owls.... Yes, today there are only ruins at the roadside, though there is something resembling a barn still standing, and some old, knotty plum trees trying to remind us of the welcome there used to be here.

Farther on, a farm with modern sheds comes into sight. This is Cwmderwen, another famous place, the home of the bard, Derwennog, where Iorwerth Peate and his father had such an unforgettable welcome. The same family lives here still, and the farm is prosperous. We see big machines harvesting silage, and the mountains of manure bear witness to some hearty feeding here during the winter. We turn the corner and reach the farthest point of our journey, Neint-hirion and Beulah chapel. A scream! "Rats!" Such as you've never seen! Scampering about as if they owned the place. We venture gingerly out of the car and see them leaping across the brook and playing among the hay swaths. But we had to stop, rats or no rats, and take a picture of the famous chapel and read "Adeiladwyd 1876", remembering that it was Iorwerth Peate's father and grandfather, from Glanllyn, Pandy Rhiwsaeson, who had built it, transporting all the materials over Bwlch Gwyn by cart. Although services are only held here in August these days, they are very well attended, and one of the most loyal preachers for many years is the Revd Dr. R. Alun Evans, formerly of Bron Iaen.

After pointing out Cannon, the first organic farm in the County, we turn round and retrace our tracks along Afon Gam, and notice how it twists and turns. "That's how it got its name," said Bronwen, "but there has been a change here too. Long ago it used to teem with trout. Caradog Peate, Winllan used to come up and catch a sackful at a time. But there are no fish in it today. The effects of over-cultivating the land and afforestation, I suppose... Pentrelludw is on the other side of those trees." We had arrived back. So, we venture downwards in the car along a cart track until we reach a sheltered dingle. I had a mental picture of Pentrelludw, a picture that Bronwen showed me before we set off, a picture of a house and neat buildings arranged in an L-shape, with excellent stone-masonry, especially on the house, a clean farmyard, a place hallmarked with love and care. And so, the shock was all the more. Where the house and the outbuildings had stood, there was now only a pile of rubble, with some brambles and foxgloves; and it looked as if the barn and the granary on the other side were only waiting their turn.

After a moment or two of reflection, I persuade Bronwen to talk about her early life at Pentrelludw. "It was a very happy place, a happy home on the mountain, and although it was far from everywhere, it never bothered us one jot. For us, children, and we were six, there was everything here, a snug home, good parents, and the freedom of the great outdoors. My father was the third generation to live here, and we would have stayed there too given the choice, but Sir Watkin refused to sell, and we had to move. Edward Hughes was my great grandfather, Evan Evans my grandfather, and Thomas Hughes Evans my Dad. Mam came from Talerddig, daughter of the station signalman, and a sister of Non Glandŵr, Nurse Pat's father. She was also a cousin of "Joni Pandy", the pig-sticker, and his sister, Marged, and Isaac Jones – "Big Sec", the shoe-maker – all three living in Pandy Rhiwsaeson. Some of us children used to go there for our holidays – one at a time! Pandy was like a town to us, and living next door to a shop, well! But not enjoying it very much, because we had to watch our feet and dared not bring any dirt into the house. Marged would have finished churning and making the butter before breakfast, so that she could have the remainder of the day to polish and dust!

"We had two floor-level hearths at Pentrelludw, one in the back and the other in the kitchen, and each with a grating over the ash pit. The fuel was, of course, peat, which was dug up from pits nearby, and we loved helping to carry the turves to the house for my father to build them into stacks and thatch with rushes. Nevertheless, I remember one very difficult time. In 1946 we had a very wet summer, and we harvested hardly anything at all. And, of course, the very hard winter followed. All too soon, there was no peat left, and there was too much snow to go and fetch coal. We had to have a fire to heat the house and to bake bread, and so, there was nothing for it but to cut down two enormous sycamore trees growing nearby, and you weren't allowed to fell trees on the estate unless absolutely necessary. It was very hard work in the snow, but we loved seeing the flames as the wood burned.

"In spring and summer we used to hear curlews, lapwings and skylarks calling all day long, and no one could approach the house without plenty of warning from the curlew as he took wing with much noise and bustle... The place was a paradise for wild life. Birds nested everywhere on the moor. They weren't afraid of us at all – they used to come to us and peck us. I remember once being frightened by an adder on the way to Sunday School. It lay coiled right in our path, and as we approached it lifted its head and hissed aggressively at us. We could see the V-mark clearly on its head. My sister, Doris, began to cry, but the snake moved out of our way of its own accord, and we had a good story to tell in Sunday School.

"The yard in front of the barn was kept very clean, because my grandfather had paved it all over with small stones – very skilful work. Opposite the house there was a garden where my father used to grow onions, lettuce and potatoes, and that's where the 'bucket' lavatory used to be also. The rick-yard, where the hay was stored, was on the other side of the road as you approached the house. We used to grow oats as well and put the straw through the chaffing machine for the horse. In Grandad's day the threshing was probably done with flails in the granary. You passed the pigsties as you approached the house, and Mam always had a large cask in which all the peelings and other kitchen waste were mixed with nettles and buttermilk and kept for the pig. The best way of cleaning a burnt saucepan was to leave it in the pigswill cask, and it came up as clean as a new shilling. Mam was a good one for herbal remedies too. One I remember particularly was an infusion of knapweed to cure boils. In the summer we used to gather cotton grass to make cushions: you needed piles of them to make even one cushion, and they had to be renewed quite often. She used to make our clothes as well. Once, a German landed by parachute on the mountain – no one ever saw him, but Mam had great pleasure making clothes for us out of the silky material left behind.

"My father was very musical. He could play old notation and sol-fa on the organ; he sent away for some books to teach himself. He was the organist for many years at Aber Schoolroom. He could change key by ear. He also had a singing group called 'Parti'r Bryniau', which competed at small eisteddfodau, and gave concerts at local venues. They also sang penillion. The Hafod-y-Foel girls were in the group, all excellent singers. Much has been said about 'the Pentrelludw children walking to school', but to us it was nothing. Setting off at eight o'clock and an hour's 'no nonsense' walk. Our path took us for half an hour across the mountain, then down to Cwmcarnedd Isaf, where we changed from our Wellingtons in wet weather, then along the tarred road past Hen Gapel and Dôl-fach. In summer, we could cut across from Cwmcarnedd and down past Dôl-lydan.

"Although Pentrelludw was situated far away on a mountain – or maybe because of that – we had plenty of visitors. John Dôlgoch used to come up to play almost every Saturday. Brought up in a garage, he used to bring his toy cars with him. Despite having, by our standards, all the comforts and luxuries at Dôlgoch, why did he prefer coming to Pentrelludw? The freedom, I suppose, and the company of a large family of children. And Mam's light cakes, perhaps? Hide-and-seek was a favourite game, and there were plenty of places to hide in the barn and behind the haystacks. Every summer, two male cousins from London used to come and stay with us as well. It was even more of a change for them.

"As I said earlier, eventually we were forced to leave Pentrelludw, and soon afterwards the house was demolished and the stones taken away. That was a great shame, because it was such a beautiful and comfortable little house, with first class stonework. It's possible that someone somewhere had his eye on the stones and was determined to get them. It's such a pity that it isn't still a snug little home for someone today, as it was for us…. But more than likely they wouldn't be able to sing as well as 'Parti'r Bryniau'!"

Over a cup of tea at Bronwen's home in Penegoes, we looked again at the painted picture of Pentrelludw as she remembered it. What struck me was the simple beauty of the place and its atmosphere, reflecting the pure gold of a bygone age that was only yesterday.

DÔL FACH

The most famous building in Dôl-fach is Hen Gapel, standing prominently, as described in Iorwerth Cyfeiliog Peate's poem: "Identical with its barren slope above the Iaen". But as this was the centre of Independence in the parish, and the village situated on the main road through Llanbrynmair, it played an important part in the history of the district, and produced some very strong individuals, who were also extremely loyal to Hen Gapel. For many years, looking after the railway crossing at Tŷ-lein was very responsible work, and the village counted stonemasons, roadmen and postmen among its inhabitants. At one time there were also three shops. But none of these are here today, and there are elaborate plans afoot to build a new road with a bridge over the railway, which would transform the appearance of the Hen Gapel area.

At one time the County Council were planning to enlarge the village, but nothing came of it, and as a result Dôl-fach has remained virtually the same since the middle of the twentieth century. The only 'new' houses are a pair of semi-detached properties built on the Chapel road in the 1980s and another one there recently, and two or three bungalows from a much earlier period along the main road. During the first quarter of the twentieth century some elegant houses were built by a local mason; these, together with two terraces of traditional houses on either side of the main road, give the village an interesting architectural character. Pen-graig, which used to be a tiny cottage above a deep pool in the Iaen, has been transformed but still blends tastefully with its surroundings.. The old milestone laid nearby in the days of the mail coach proclaimed that it is 12 miles to Machynlleth and 17 to Newtown; but some years ago it was struck by a lorry. The County Council say it is beyond repair, but has promised to replace it with a new one. Above Pen-graig, is Braichodnant, which used to be a farmhouse, and from the outside is largely unchanged; long ago it used to be the home of Asa Roberts, the coal merchant for Dôl-fach.

Here is JOHN DAVIES, DÔLGOCH, with some observations on village houses and the people who used to live in them:

"I'll begin at the top of the steep hill that leads to Hen Gapel, by Tŷ-lein, where Mrs Eleanor Pugh always kept a beautiful flower garden. It was the keeper of the railway crossing gate's cottage. More recently, Mr and Mrs Edward Davies lived there. Llwynderw, a little lower down, was the home of W.A. Peate and his wife – she was a sister of the shoemakers, Edwin and Evan Evans, whose workshop was on the Pandy road by the Wynnstay. Willie Peate was a stonemason, who built Llwynderw, Isfryn, Maesteg, and Brynmair. The headmaster, R.W. Parry, lived at Isfryn from 1906 to 1928, and Cynlas Lewis the baker and his wife, Ceinwen, lived at Llwynderw for many years.

Willie Peate was a precentor at Hen Gapel from 1907 to 1955, and a deacon and announcer from 1914 to 1955. Throughout his life he was one of the pillars of the village, as was Richard Morgan, Faenol, a local shoemaker, postman, and Sunday school teacher, who lived to the age of 96. The latter also won the Gee Medal together with Mrs Bronwen Evans, Tremafon.

"At the bottom of the chapel hill, there are two rows of houses on either side of the main road. Miss Rowlands, whose father was a sea captain – a very rare thing in Llanbrynmair – lived at Tegfan. The first house facing the main road is Gwynfa, where Phyllis (formerly Griffiths) lived with her parents. She won the Literary Medal at the Urdd Eisteddfod in 1979. Next door to Gwynfa is Bronhaul, where the late Miss Rosa Davies kept a shop in the front room. Next to her lived Eric Evans, the postman, with his parents. He was a deacon and an announcer at Hen Gapel from 1953 to 2003. Across the road is Brynderwen, the home of Nurse Martha Price, the first District Nurse in Llanbrynmair, from 1919 to 1939. She was Rosa Davies's sister; there was another sister, Mary Emma, who was an Infants teacher in Pen-ddôl School, who died in 1933, aged 56 years. After the death of her husband in Merthyr Tydfil Nurse Price had returned to Llanbrynmair, where she brought up her children, Alun, a French master and Deputy head at Machynlleth School, Hubert and Glyn, both bank managers, and Mona who concluded her career in education as a lecturer at Bangor Normal College. Until then, a tailor, called John Breeze, used to live there. Price Owen, formerly of Hafod Owen, lived in the house next door for many years, and after him Mr and Mrs Norman Owen and their daughter, Caroline, who still lives there. Ceinfan, opposite, was the home of Mr and Mrs Huw Ellis Francis, the chapel secretary from 1936 to 1957, a retired farmer. Nathan Evans kept a shop here until 1924. But the main shop was at Dôlalaw, kept by Mrs Sarah Jones and her husband, William, who was also a stone mason. Their daughter, Mrs Annie Pugh, kept the shop going until the mid-1980s. After that there was no retail outlet in Dôl-fach, except for Isfryn Garage, owned by Arthur Peate, who sold petrol, ran a taxi service and ferried children to and from school. After 1967, the garage was run by Idwal and Iris Davies, and thereafter by their son, Gareth. When the garage closed down in the year 2000, there was nowhere in Llanbrynamir to buy petrol, because the pumps at Llysun and the Smithy had closed many years before. The nearest petrol outlet now is 11 miles away, in Machynlleth.

"Farther along the road is Cartrefle, the home of "William Jones Machine", who acquired the name when he became one of the first to go around with a threshing machine. Maesteg is the home of Miss Annie Matilda Peate, who is a very spry 97 year-old; long ago, her parents and two brothers lived there with her – more of them later. Next door, in Brynmair, lived Hugh and Alice Williams and their son, David. Hugh was a road surveyor, and his wife hailed from Dolwyddelan. Both being musical, they were staunch supporters of the local choir and every other cultural activity in the locality. There was something unusually 'glamorous' about them too. Come to think of it, any woman who enjoyed a cigarette and wore lipstick was placed in the glamour category at the time of World War Two, and for some time afterwards! The couple was known as "Williams y Ffordd and Gwraig Williams y Ffordd" (Williams the Road and Wife of Williams the Road)! At Dôlerw lived Johnny and Elsie James, he a farm- and road-worker. His grandson, Melvyn James, lives there today – and his work? Well, make sure you have a TV licence! Next door to Siop Dôlalaw (mentioned above) lived Abraham Jones, the very last road stonebreaker in the Dôl-fach area before the introduction of "chippings", tar and the steamroller. He died in 1948 and his daughter, Sarah, carried on living there for may years after. Breaking stones was very arduous work. Stones – hauled by farmers from the rivers and fields – were left in piles at the roadside ready for the stonebreaker with his hammer. These finer grade stones were then used to re-surface the road. It was also very dusty work. Miss Tilly Peate remembers when she was in school about 1915 a stonebreaker developing tuberculosis, and a little house was built for him near

Glandŵr so that he could have plenty of fresh air. A little outside the village, alongside the railway is Caetwpa farm, the home of John Morgan, a descendant of the emigrant Ezeciel Hughes. John's father, Edward Morgan lived to be 91 years, a faithful chapel goer throughout his life as is his son, John who was Secretary for ten years.. A little further up the railway line at Ty'nrwtra was Miss Edith Hughes, a Sunday School teacher, who lived to be 96 years. Thus, we can see that the longevity record of the village is extremely good – under the magic influence of Hen Gapel perhaps?"

MISS MATILDA "TILLY" PEATE REMEMBERS

Let us now turn to MISS MATILDA (TILLY) PEATE'S reminiscences. She was born in 1908, and is now the oldest living inhabitant of the village. She was one of six children, her mother having been born in Pant-y-cwarel, Penffordd-las (Staylittle), one of 14 children. Margaret, one of her mother's sisters, went off to America with a local young man to get married, and her sister (Tilly's mother) said with tears in her eyes, as she waved her good-bye with her apron, "I'll never see you again, I might as well be burying you..." She never returned either, but wrote regularly from Gomer, Ohio, and her daughter still writes every Christmas to her cousin in Dôl-fach. In a letter, dated 1952, Margaret rejoices at getting a washing machine at last (certainly many years before the first one arrived in Llanbrynmair.) Tilly's father was a stonemason with his brothers at Winllan, and a brother of Willie Peate. These were lean times for ordinary people; her father earned 18/- a week... her mother cleaned the house and plucked chickens for Nurse Price. And now Tilly talks a little about her own life:

"Of course, I attended Pen-ddôl school, and I didn't have far to go, compared with many other children. Most of us wore clogs, and on our way home we used to run and look over the half door of Vaughan Evans, the Pen-ddôl shoemaker, and watch him making the wooden soles and fastening metal shields on to them and the leather uppers; sometimes he re-used the uppers from old boots. The river Iaen often used to freeze over in winter, and that's where we used to go skating in old boots. In Rosa Davies's shop there were plenty of sweets, bull's eyes, mints and gums, but not for us – we even gave our New Year's Day money to Mam, as much as four shillings sometimes. We used to set off at seven o'clock on New Year's morning, the four of us. Wet and dark or not, we had to go, our little bags ready the night before. Down to the Wynnstay and Tafolwern first, then rushing back and round Dôl-fach in order to finish before midday. Usually we got a ha'penny or a mince pie, but at the the Wynnstay Hotel we used to get pennies: "You'll never catch a cold walking in the rain," the man used to say. After arriving home, we used to put the money in small glasses and count it every night, hoping it would increase, I suppose! In the end Mam used to dip into them to buy food for us to go to school. Sarah Evans, the mother of Alice May Ducket, Winllan was the midwife for Dôl-fach when we children were being born. There was no nurse in the area. The midwife went home after the birth and they had to rely on a neighbour or a relative to help afterwards. I remember Mam calling from the bedroom when we came home hungry from school, ' I won't be long coming down to see to you'.

"Living as we did in Dôl-fach, you can imagine how important Hen Gapel was to us. We children went to chapel four times on a Sunday, the morning service at 10am, Sunday School at 2pm, Band of Hope at 5pm, when Willie Peate and Mr Parry, the headmaster, used to teach us the sol-fa modulator, and the evening service at 6pm. We used to have new hats for the Thanksgiving Service. Before getting married my mother worked as a maid at Dôlgoch, where she met my father. Miss Davies, Dôlgoch made winter hats for us, and they used to arrive in boxes, all trimmed and ready to wear to the Thanksgiving Service. Mrs Evans Tŷ-capel was the Infants Sunday School teacher, and as there wasn't enough room in the schoolroom, we used to go down to the chapel house. The Sunday School trip was a momentous event. Going to Aberystwyth on an extra-long 'special' train with two engines, which picked us up at Llanbrynmair, and then didn't stop until journey's end. Everybody went, parents and all. Getting sixpence each from Willie Peate on the platform. We took our own food with us. Buying something small, like a ball, perhaps, and going paddling in the sea, and then down to the Amusements beneath the King's Hall, but no one spending very much!

"Annie Mary was the eldest of us children. She went to Machynlleth

School and to Coleg Harlech, and was a teacher at Adfa, Staylittle and Llanbrynmair. She was given a small gold ring when she left Adfa, and I still have it. Jane was the second eldest daughter, and she looked after the smaller children in the family. She worked on a farm before moving to Manchester aged 16. She followed me, actually. I had intended becoming a seamstress, but I couldn't afford the train fare to go to Pryce Jones in Newtown, and at the time there were no vacancies at the Emporium. When I left school, aged 14, I got the highest marks for needlework and also good marks for writing a 'composition', but I was never any good at sums.

"Some people from Manchester used to come to stay in Ceinfan, and I used to carry water for them. I was persuaded to become a housemaid for them. Soon after I arrived in Manchester, the Mistress became ill, and I was sent out on an errand armed with a list of the street names I was to pass. I reached a major junction with roads leading in all directions, and for the first time in my life I experienced what traffic was really like! I stopped and gazed in wonderment at all the different kinds of vehicles weaving in and out of each other. Having spotted my dilemma, a policeman approached me, and asked, 'Where are you going, my pretty maid?' 'Shopping,' I replied. He took hold of my hand and led me across the street, and promised he would be waiting for me on my way back. I don't know how long he waited… because, with time getting on, the Mistress had got up from bed, put on her "grey squirrel" coat, and gone to Harley College, where her husband worked, to tell him that I had gone missing. Fortunately, I met them near the college gates; I had been away for three hours, most of that time watching the traffic!

"Three months later, my sister, Jane, came to Manchester. We both went to the English Sunday school for three months before finding a Welsh chapel. Although we were taught English at school we couldn't read it to start with, and had to rely on the other girls in the class to help us when it was our turn to read a verse.

"We had plenty of Welsh 'Missionary' books at home, and could read them quite easily. In the Welsh chapel there was an adults' Sunday school, and we went there by tramcar in the afternoon. The young minister said he had never heard anyone read a chapter as well as my sister did. In the Social Meetings the two of us used to write and perform sketches – often a conversation between two girls, one Welsh and one English – and take part in debates. Despite all this, we were both very homesick.

"We were paid a pittance, 7/6d a week, the price of a pair of shoes, then 9/-, and finally ten shillings. While we were there in the 1920s we sent ten shillings between us home to Mam every week, and she gave us 3/- back at Christmastime. The train fare home at that time was 13/-. I came home to Dôl-fach for a fortnight every summer when the family came to stay at Ceinfan. John Duckett, Winllan used to meet us at the station with a pony and trap. (Two others who went to Manchester from the village about the same time were Frances James, Dôlerw, who today lives in Machynlleth and has celebrated her 94th birthday, and Menna Lloyd (formerly Peate) of Llwynderw, who is 93 years old, and lives in Newtown.)

"When I was 25 years old, I returned to mid-Wales and went to work in Aberystwyth, and my sister, Jane, went as a nurse for Sir Ifan ap Owen Edwards's children, she and Winnie from Abergynolwyn, and the two remained great friends for the rest of their lives. They used to wear the uniform of the Urdd like twins and they were given plenty of free time to attend Sunday School. I worked at Deva, an old people's home. A pity there weren't places like that when I was leaving school, I would never have gone to Manchester. My youngest sister, Hannah Lewena, also came to Aberystwyth, to work in the Station Refreshments Room; and that's where all three of us would be on a Sunday, at the front of the gallery in Baker Street chapel. Lewena took a great interest in the work of the Red Cross, and after work she used to attend classes, gaining certificates and a medal.

"When war broke out, everybody had to do something useful for the country, and I worked on railway signal boxes from Oswestry to Llanbrynmair. My job was to clean equipment, climb ladders in the dark to inspect wires, and things like that. I had to carry heavy things like iron bars along the track as well, and when I was travelling on the trains there was no room to put heavy boxes down because there were so many soldiers filling the corridors. My brothers didn't have to go and fight because they were working on farms. Afterwards, they became postmen, and for 17 years had to get up early to be down at the station by 6am with the cart from Siop Daniels to fetch the mail and sort it. Delwyn then used to go on his bike to Talerddig where he met two other postmen, one going to Cwm Nant-yr-eira and the other to Cwm Cerhynt.

"My brothers, sisters, Mam (who died in 1956) and I were a very close family, and I still miss them terribly, as well as the hard, but happy, old times. It was delightful being in the company of the old folk."

Today, Tilly is a lively and fit 97 years old, and still lives in the old home. On Tuesdays she goes by bus to the Newtown fair, and three times a week to a Day Centre by minibus, enjoying every minute of it. "Especially, as it's all free", she says! She watches television – only Welsh programmes – and reads. "Old people are well looked after today," she says, " but they are far more lonely. And Dôl-fach has changed so much; you don't see many people walking about the village – but there is plenty of traffic!"

ARANWEN HUMPHREYS REMEMBERS HAPPY TIMES
"It was in 1944, during the war, that Maldwyn, my husband, and I moved to Cwmcarnedd Isaf. I was born in Creiglan, Melinbyrhedyn, and Maldwyn was a farm worker at Rhosywir in Tal-y-wern. I found it quite difficult, quiet and lonely at first, because I had been working at the Birmingham House shop in Machynlleth. Some people in Dôl-fach thought I would never stick it out in such a far-flung place "after being in Machynlleth among the crowds". But I did, experiencing far more happiness in life than sadness, and all memories being pleasant.

"We had to cross the railway to get to Cwmcarnedd. Even if you were in a hurry, you had to wait for Ted Davies, Tŷ Lein, to open the gates, and quite often it was a bit of a 'pain'. We were afraid of causing inconvenience at night, and when someone came up to see us or to have supper, we had to make sure that they went home early!

"We had good neighbours, the Caetwpa family on one side, and the Cwmcarnedd Uchaf family on the other. There was never any trouble – Caetwpa always with their fences in place; and then Tomi and Dan Jarman, Cwmcarnedd, exceptionally helpful neighbours. When we needed an extra pair of hands they sensed that, and came without being asked. Price Hafod Owen lived up on the sheep walk above us. I used to give him a cup of tea for turning the grindstone on his way to the shop. I wasn't very keen on turning the grindstone, and Price was glad of a cup of tea for doing me this favour.

"The children from Pentrelludw would pass on their way to school, always clean, tidy and quiet. The dogs never barked when they came. There would be quite a bit of snarling when Price Owen's wife went past, and the dogs ready to rush at her, but it was quite a different story with the Pentrelludw children – Bronwen, Eddie, Doris, Megan, and Emyr (Llinos wasn't yet born). They had a long journey to school, over the mountain to Cwmcarnedd Isaf and then down to Dôl-fach and on to Pen-ddôl. But later they were taken by car. They found this quite a change, I'm sure.

"Cwmcarnedd Isaf belonged to E.R. Hughes, Mathafarn. When we moved here in 1944 with Maldwyn working as a bailiff, the wage was £11 a month. We were allowed to keep two cows, pigs and hens, but we had losses here as well as gains. I remember four pigs on the yard waiting for the van to take them to the slaughterhouse. On that occasion one of them swallowed a nail and died there and then. Another time, a bitch tore a cow's teat, and no one is interested in a cow with three teats! We used to kill two pigs a year. About 1961 mains electricity arrived, which made a big difference. One of the great advantages was getting a fridge.

"Maldwyn was not used to repairing or laying hedges until we came to Cwmcarnedd, because he had been working with horses for about twenty years before that, but he had to learn. He wasn't much of a hedger to begin with, but he was fortunate in having Johnny James, Dôlerw, a road worker, to teach him, and he had a high opinion of Johnny ever afterwards. There was no tractor either, when we started, and the work was quite hard. Among other things, I used to help quite a bit outdoors, feeding the cattle, pigs and hens, milking, and of course, lending a hand at lambing time. I also helped gather in the bracken to put under the pigs. We didn't want to take advantage of the gaffer in any way; it was no use continually asking for things, but instead we made them ourselves. The old electric generator had seen better days, and the tank was full of holes, and instead of asking for a new one Maldwyn used to wrap old sacks around it. I remember Harri Hughes, an electrician from Abercegir coming up for some reason or other and asking Maldwyn, "My goodness! What's wrong here?" When Harry saw the condition of the old tank, he gave it good bang!

"We used to buy day-old chicks, 50 at a time, which came by train to Llanbrynmair station. I used to look forward to getting them, but I remember once a little chick becoming lame. I thought it had been hurt, but then the same thing happened to another one. They had been infected with some disease, which eventually killed every one of them.

"We used to plant about an acre of potatoes, compulsorily to begin with, but we carried on afterwards, and I helped to harvest them. Another of my jobs was to boil potatoes daily for the pigs. We also had a vegetable garden – peas, carrots, lettuce, onions, and so on; and black currants, gooseberries, blackberries, and many more, which I bottled or made jam with, as we did before the days of the fridge.

"I did the shopping in Dôl-fach. I made sure that I finished my work before lunch every Monday and Friday, so that I could go down to the village in the afternoon. The washing and the churning would all be done early, then lunch as always at eleven o'clock, and then back home to make tea at three o'clock. There were two shops in Dôl-fach, Siop Dolalaw and Siop Miss Davies. I did most of the shopping at Mrs Jones's. I used to sell butter and eggs around the village, although we sold most of them to Jos Howells, Comins Coch, who came round the farms with his lorry to collect them. Occasionally, so that I could buy some extra things in the basket, I would kill an old hen and sell her for 10/-, and there was always someone glad to buy her. Miss Rosa Davies, in the other shop, was an aunt of Alun Price, the French teacher at Machynlleth school, a sister to his mother, Nurse Price. She didn't keep much in the shop but was always pleased to see anyone popping in for a few things and a chat.

"In the evenings, Maldwyn used to like chipping away at some piece of wood at the end of a day's work, making a hammer or mattock handle or a pig's swingle–tree. There he would be by the fire surrounded by shavings. For my part I enjoyed sewing and knitting very much until my eyesight started deteriorating. We relished having friends over to supper, and very often we would be out to supper ourselves – at Hafod-y-Foel with Peggy and Meirion Morris, at Hendre with Arthur, Mary and Varina, at Coed with John and Meiriona, with Jini and Tomi Rowlands, Bodhyfryd, Jac and Bet in the Brook, or Mary and John Wigley at Tŷ Mawr. Then sometimes over to Dafydd and Morfudd in Tal-y-wern. Morfudd was my cousin and Dafydd was a brother to Maldwyn. We went to see them a lot. And there was also Esgair Hir, Llanwrin. I loved visiting the Esgair Hir folk. Sometimes, on a wet, miserable day, when little could be done on the farm, I would say to Maldwyn,

"What about inviting the Esgair Hir people up this evening?" Then, I'd go out and catch an old hen and kill her! There was no talk of "starters" in those days – but dinner and pudding, and a cup of tea with a piece of cake afterwards before going home, that's how it used to be long ago. Good friends and socialising was an important part of our lives. We derived much pleasure from attending plays and concerts at the Hall in Llanbrynmair. We walked a good deal, but our world changed radically when we got our first car about 1953, an Austin Seven.

"Maldwyn and I still attended the Baptist chapel at Tal-y-wern. That was the family home and it was natural for us to be drawn to the place. We went to the service and stayed for supper with Maldwyn's aunt and uncle, Rhosywir, Ifan and Maggie Humphreys, or with Morfudd and Defi in Rhiwgriafol. With hindsight, perhaps it was a mistake, for by then we were part of another community in Llanbrynmair.

"Mercifully, at the time of the heavy snowfall of 1947, we had just taken delivery of two tons of coal. That was the most important thing for us, to have enough fuel for the fire. We had no car, so that wasn't a problem. Tom Jarman rode to Talerddig on his mare to fetch bread. I remember the night when the thaw started. I had gone to fetch water from the well, and usually I could hear the train coming down from Talerddig, but that night the wind had changed direction and I could hear the train coming up from Llanbrynmair. We had a car by 1963, when we had another hard winter, but we couldn't take it out for nine weeks.

"When I worked in the shop in Machynlleth long ago, it was for Myra's mother, Myra from the Garage in Cemaes Road, who was a little girl then. We have been very close friends throughout the years, and they were important to me. Well, anyway, Myra was expecting Martin in 1963, and I wanted to knit little matinee coats. Alun Price fetched the wool for me from the town and Moira, his wife, brought the wool up to me at Cwmcarnedd. She loved walking through the snow.

"Glyn, the butcher, came up from Carno to sell meat. He was a good talker, and I was glad to see him. It was very nice having fresh meat. I used to buy half a shoulder, which cost 1/6d. I doubt it was worth the journey for Glyn!

"I really enjoyed going down to Dôl-fach. When we moved down there to live later on, I knew the people far better than Maldwyn. There were one or two 'characters' there and they were interesting and kind people. There was William Jones, Cartrefle and his housekeeper, Mary Jones, an aunt of Dan Peate. She gave me two apples every week – and that's how Maldwyn started eating an apple for breakfast. William Jones relished getting buttermilk from us. William Jones raised Idris, who married Mary Anna, Tegfan, and I remember her mother still mending, washing and ironing in her nineties, while her daughter was a cook at the school. I'm convinced that the old people of that era had far more "guts".

"We had great fun with Mrs Davies, a sister of Evan Morris, Hafod-y-Foel, who lived in the terrace house where Miss Davies had had her shop. She never complained about anything, but rumour had it that Mrs Francis, Ceinfan complained about everything. I didn't know her very well. One day Mrs Davies shouted across the stream, "How are you today, Mrs Francis?" She replied by giving a list of complaints, and then asking Mrs Davies how she was. "Oh, I'm all right, thank you," she replied. "Oh, the old shrew!" said Mrs Francis to Mona Price, "she's always on top of the world, that one!"

"And then there was Miss Jones, Abraham Jones's daughter, an old maid living with her father in Dôlalaw. She once said to Moira – "If I knew what I know now, I'd have had anybody rather than nobody!"

"Arthur Peate was also a bit of a 'character', and very fond of a joke or pulling someone's leg. He ran a taxi service and took children to school. One day he went to William Jones's house and said to Mary, "Morgans, Faenol has gone." Off went Mary to tell everyone that Morgans had died. It dawned on her before long that this wasn't true, and she went and told Arthur, "Why did you have to lie to me?" "I didn't," said Arthur, " I simply told you he had gone!" But the old wag knew exactly what he was doing.

"We lived at Cwmcarnedd Isaf for 28 years, and had a very happy life there. Then we moved down to Cartrefle in Dôl-fach, and found it very strange. We had no water in the house at Cwmcarnedd until we got a coldwater tap; so it was quite a change for us having hot water and a bathroom. We were there for another 22 years until Maldwyn died in 1992. After that I moved here to Craig Fach in Machynlleth.

The 50 years we lived in Llanbrynmair were happy ones. We made friends for life and had good neighbours."

WINLLAN AND PEN-DDÔL

WINLLAN
Between Wynnstay village and Dôl-fach there are two small clusters of houses. We come first to Winllan, a terrace of three houses originally, but two today. The houses had a little land attached to them, and John Duckett ran a pony and trap taxi service from here at one time and kept a variety of hens. In the middle house lived Mrs Duckett's mother – Sarah Evans, or "Meme Winllan" to many. She was a midwife in her day, and her granddaughters were very fond of going to stay with her, even though her house had only one bedroom. She died in 1953, aged 94. In the house farthest from the road lived Annie and Albert Peate, a mason and a brother of Willie Peate, Dôl fach. Their sons were Caradog, Dan and Iori, who were also builders.

Directly opposite, in a hollow by the river, is Dôl-yr-onnen, which used to be two houses. One of them had a few fields attached to it, and that was where Mrs Catherine Griffiths lived for a time – the grandmother of Dafydd Iwan, the ballad singer, and his brothers. She was quite a character. Apparently, she used to swallow an egg straight from the shell before setting off for chapel on a Sunday morning – good for the voice perhaps, because her voice used to penetrate into every corner of the chapel. It was not for nothing that she earned the nick-name, "Gracie Fields" – a name she could have been proud of, really. Caroline Owen, who used to live at Dôl-lydan, remembers her well: "Another of her habits was walking to chapel without looking where she was going. She walked with her head down reading the Bible or hymn book all the way, something she definitely couldn't do today on the A470." She died at Nantyfyda in 1951. It was a butcher that lived next door, Bob Hughes, and he had his slaughter-house here, and it was here that people went to buy fresh meat before Glyn Lewis started coming over from Carno. Bob was a well known chap going around the local farms buying fat lambs and sheep, in an age when farm animals weren't driven hundreds of miles to be slaughtered as they are today.

PEN-DDÔL

At Pen-ddôl there were two rows of houses, one behind the other, three in front and two at the back, the school and also Bron Iaen, the minister's house. Let's take the period from the 1930s onwards. In the house next to the school lived Jim Morris, a worker on the Sir Watkin estate, with his wife and daughter, Annie Mary and two sons, Gruffydd John and Bob, who was a lay preacher and died young. Mrs Morris, who died, aged 43, was the last person to be taken to the cemetery at Hen Gapel in the horse-drawn hearse (the one at St Fagan's) in the 1940s. The axle broke by Llwynderw, and the coffin had to be carried to the chapel. Annie Mary, very conveniently, was the school cleaner for many years. Gwilym Jones, born at Esgair Llafurun, Bont and trained as a carpenter at Dôlgoch, lived at the other end with his wife Dorothy ("Dos") and two daughters, Lili and Mair, both of whom have long since left the area. Mrs Foulkes from Soar came to live in the middle house, and there was never such talking as that which went on between Annie Mary, "Dos" and Mrs Foulkes in the mornings on the front at Pen-ddôl, better than any episode of the soap opera, Pobl y Cwm today! Living right by the school and on the edge of the road, they missed nothing. They were a lively threesome, and thoroughly enjoyed each other's company.

At the beginning of the century there were two shoemakers in Pen-ddôl, Vaughan Evans and Abraham Thomas, the latter being the younger by 25 years. They were both poets, Vaughan Evans's bardic name being "Atha". He died in 1936, aged 79. Abraham Thomas was a very promising poet, being the chaired bard in the Cyfeiliog Eisteddfod at Comins Coch in 1901 before he was 20 years of age, and again in the Ffestiniog eisteddfod in 1906. Very sadly, he died in a hospital in 1916 from the effects of the First World War. Tom Rowlands, Tylorstown presented both these chairs to Hen Gapel in 1958, where they can be seen today, one in the schoolroom and the other in the deacon's square.

In the row at the back there were two houses and a workshop. D.T.Jones and his wife, Gwen, lived here with their children Gwyndaf, Norah and Geraint – all three still living in Llanbrynmair. At the other end lived old Miss Hughes where children used to go to eat their mid-day snack from school.

By today, the inhabitants of Winllan and Pen-ddôl are recent newcomers to the area, but Bron Iaen is still where the minister of Hen Gapel lives, and two local people, Arwyn and Eleanor Jones, live at nearby Garth. Between Pen-ddôl and Dôl Fach there is Dôl-lydan farm, with a plaque on the house wall indicating that Mynyddog, the poet and entertainer, was born here. It is now a holiday home, its land having been annexed to another farm. Geraint Jones and his wife, Elisabeth, daughter of Thomas and Sarah Jarman, formerly of Cwmcarnedd Uchaf, have built a house with a fine view on a knoll nearby. Dafydd and Mair Williams's large family have long gone from Pen-y-graig, but their son, Iori, lived until recently on the Glan Clegr estate, and despite his 80-plus years still had a voice fit for the stage. Some of the pieces he used to recite, he said, were "Mab y Bwthyn", "Cwyn y Di-waith", "Y Crwydryn", "Ymweliad yr Ysbeiliwr", "Ellis Edwards", by Crwys, (which recounts how the Revd Ellis Edwards met a Jew on a train, and invited him to call and see him if he was ever in Bala. He came, but "in his grave these last three weeks, too late, brother, too late!" Also "Cadair Ddu Birkenhead", "Y Celwydd Gole", "Rhoi'r Meddwon ar Werth", "Y Pulpud ar Werth" ("The Pulpit for Sale")… "with its sacred planks for sale as firewood"), "Dei Penddôl" (an excruciating piece describing a scoundrel's conversion), "Wil Bryan a'r Cloc", and selections from "O Law I Law" ("The Tea-set" being a favourite). But Iori said he might as well not have tried competing with "Araith Danllyd Capelulo" ("The Firy Speech at Capelulo"), because Ifor Rowlands, Clatter was sure to win. He (Ifor Rowlands) had performed that piece ad nauseam, until Olwen Jenkins, the adjudicator from Machynlleth, turned on him, warning him never to bring that piece before her again!

Iori said, "There was nothing like being on the stage in the old Hall in Llanbrynmair and feeling the audience in the palm of you hand. There were no silver cups given as prizes in those days, and indeed a little bit of money was worth far more to us." He was quite successful at writing poetry too after attending W.E.A. classes to learn the techniques of *cynganedd*.

TAFOLWERN

If we turn down by the railway bridge and go past a park for static caravans established a few years ago, we come to the very interesting little village of Tafolwern. It is a very small, secluded village in a hollow near the river – a splendid, quiet, little place, away from the noise of the main road. Let us take a look around in the company of someone who was brought up here in the 1940s and 1950s, namely MONA JONES, daughter of Mr and Mrs Emrys Owen and the grand daughter of Rufus Owen, Demetrius Owen's brother, and see what changes have taken place. She has very warm memories of life in this quiet but lively little spot long ago.

She said: "Despite having only one new building – an attractive bungalow owned by a local man – the village looks very unfamiliar to me today compared with what it used to be when I was a child. This is probably due to the change in the use of buildings. And it is far quieter, although there is one family here with young children. We'll begin our little tour by the new bungalow, where the public footpath across Penybont fields to the Wynnstay starts. This was our footpath to school. At that time there were about six schoolchildren in the village and a large family at nearby Tŷ Canol farm. We now come to two cottages joined together, namely, Yr Erw and Glan Aber. Yr Erw was a little farm with two or three fields, where Ned James, a roadworker, lived with his wife, Gwladys, and their two sons, Len and John. Higher up than the houses there used to be a well: two wells supplied the village, and no one had a water tap, nor electricity, until the 1960s. On the other side of the road, stand Yr Erw's cowshed and barn, which have been converted into a furniture workshop, called 'The Old Barn Workshop' by a young man who came here from Liverpool about five years ago. That's one change that's typical of the age, isn't it.

"We come next to two more adjacent cottages, Minllyn and Hafod.

Llew and Bryn Jones were born in Minllyn; Llew drove a stock lorry in the area for many years ("Llew Bach's lorry") and Bryn worked in the Emporium. Ricky, Llew's son, and his family live here today, and his son and family are next door. At the beginning of the century and earlier there was a shop at Hafod. Opposite the houses there was a huge oak tree long ago – I remember it – and it is said that the early Nonconformists used to hold meetings underneath this tree before the chapels were built... Near this spot also stood Tafolwern mill, with the mill pond next to it, the water being taken from the river Iaen which flowed past below. Rufus Owen was the last miller. The mill was demolished in the early years of the century, and there is no sign of it left today, nor of the pond, and no one remembers it working.

"Here we are now by the Independents' schoolroom in the middle of the village, built half-way through the nineteenth century, with a further tiny additional room for the smaller children's Sunday School classes, and a small stable on the end.

The Schoolroom was the focus of life for the village and the surrounding farms, and the Choir, the Competitive Meetings and the Socials all flourished. It has been closed since 1988 and was bought by Ricky Jones some years ago, and turned into a garden furniture workshop. The hens scratching around give the place a homely and old-fashioned look – but very different from when it was a chapel, and an important gathering point for the community".

One of the characters who used to take part in the competitive meetings and the socials at Tafolwern was Evan Edwards, or "Ifan Clown", as he was called, originally from Aberangell, but raised in the Union Workhouse at Machynlleth. He was given a Bible as a present by John and Jane Jones, the Supervisors, and he always claimed that this was the most precious thing he had ever owned in his life. He was a big, muscular man, but a little simple perhaps, as his name suggests. But he was well-versed in his Bible, and took part in prayer meetings in the schoolrooms, and many recall with a smile one of his prayers: " Thank you, Lord, for the night, O! thank you for the night. Only for the night these bloody farmers would have killed us!" He was a labourer, wandering from farm to farm, wherever they needed someone to do pick and shovel work like clearing ditches, or driving stakes into the ground.

He slept in barns, which he preferred to a bed. He worked more or less for his food – and he could eat! "Eating like Ifan Clown" became a common expression for someone eating excessively. He would take his food for the day out with him in the morning. Once, he took a whole dumpling and hid it in a rabbit hole, but he had to go hungry that day because he never found it!

But back to Mona: "We turn the corner now at the bottom of Cilyn (Kiln) hill which leads up to the A470. Over there on the left, there is a traditional-looking house, a garden and a workshop. This is Glanyrafon, Demetrius's home, the carpenter historian, and there's his workshop at the back of the house. A little higher up on one side of the road there was a kiln belonging to the mill. I remember it well but it's no longer there. More or less opposite the kiln, in the hedge at the side of the road was the village's other well – the hole is clearly visible but it is now dried up. There was also a well in Glanyrafon's cellar.

"At the bottom of the hill near the Schoolroom there used to be a cottage once where Armstrong, the one-armed postman lived, and next to it Demetrius's little shed where he read and kept his papers. The shed burned to ashes, and there are only a few stones where the cottage used to be. Nearby, there was a massive stone at the roadside where Demetrius used to sit a lot. It isn't there now – moved by the County Council, perhaps?

"Back we go and across the bridge over the river Iaen and reach Llys Ywen – or the Mill House as it used to be called long ago. This was my old home, and Mam changed the name! Two of the yew trees are still here, but two have gone. It is a solid house and in good condition. Long ago, it was a small farm with a cowshed and a barn at the back. They have gone, but the walls of the pigsties by the house are still here – but the lavatory above the river has gone! We had three fields and one of those was "Domen Fawr", a man-made hillock rising steeply in front of the house. The "Domen", of course, is the most ancient and historic thing in the village, and there is a reference to it in every book on the history of the Welsh Princes. Owain Cyfeiliog, Prince of Powys, built it in the twelfth century with a wooden *caer* or castle on the top. This was only one of his castles, but it must have been important because his Court Bard, Cynddelw Brydydd Mawr, lived at Pentre Mawr, about a mile away. It is difficult for us to imagine the important comings and goings that were here nine centuries ago, and up to now no one has come to interfere with the present peacefulness of the old place. My father planted the hundreds of daffodils that grow all over it, and when there were sheep grazing here there were no brambles either. I remember when Iolo and I as children were playing and had wandered a bit far from the house, my father used to climb to the top of the Domen Fawr and blow his hunting horn! We weren't long coming to answer that call. The narrow lane that crosses afon Twymyn climbs towards Tŷ Ucha, Tŷ Canol and Tŷ Pella, local families still farming in the last two, and we remember their musical links, W.E. the soloist and choir master and David Cullen who won the Blue Riband in 1977.

"Tafolwern is the village of the rivers, with both the Iaen and the Twymyn looping around it, and then converging here before galloping onwards together below Ffridd Fawr Wood. A narrow, steep little road comes down from the A470 and goes through the village, up Brook Lane and out to the Llan road, with its hedgerows full of wild flowers. Tafolwern was, and probably still is, a lovely little place to live in."

BONT DOLGADFAN

The village of Bont grew on one of the old main roads of Llanbrynmair, and around the river Twymyn, the water creating an opportunity for developing a corn mill, a fulling-mill, and a woollen factory during the nineteenth century and before. In his day, the hymn-writer and poet, William Williams, "Gwilym Cyfeiliog" (1801–1876) owned the factory. He was a cousin of S.R. and had been educated at the school run by his uncle, Revd John Roberts, and at Welshpool. Born in Winllan and having lived in Wîg, he came to Bont in 1822 when he inherited the woollen factory and a few houses there. He died in Bont and is buried in Llan churchyard. The corn mill, "melin Gellidywyll", as it was called, was in Pandy Isaf, not far from the village, and, as the name implies, that is where the fulling-mill was also. The kiln that belonged to the corn mill can still be seen today by the side of the road, on the bend after passing Llwyn Owen. The mill and the kiln belonged to that estate, and the mill powered by its waterwheel was converted into a workshop for the estate's carpenter. That is where Harri Thomas worked, carpenter, deacon and the husband of Dora, who was the headmistress at Pennant and then at Bont. The village has retained its tranquillity, because it has no main road running through it, but instead the old narrow road from Talerddig to Dolgadfan through Cwm Cerhynt. Owing to the changes in house-ownership, the village looks considerably less rustic today than it used to do, but certainly it is still one of the prettiest in Wales.

ISLWYN LEWIS would like to take us round to remind us of the old community that used to be here in the 1920s:

"I was born in Bragdy, Bont in 1921, one of Morris and Mari Lewis's 13 children. At that time there was a Welsh family in every house and a houseful of children – there are only two Welsh families today and only two children. That's the big change that has come about. Indeed, only two things have stayed the same in Bont – the croaking of the crows and the bridge itself! The crows are as noisy and as numerous as ever in the tall trees by the graveyard, and the arch of the stone bridge remains rock solid over the river Twymyn as it twists gracefully through the village, with most of the houses looking down on it. It was a very lively little place in my day.

"We shall start off down the hill from Dolgadfan, and past a bungalow built 40 years ago by the craftsman, John Price, formerly of Brynunty. Then, down to the chapel on the left, and the school on the right, whose respective histories can be found in other chapters of this book. There used to be two houses at Tan-y-capel, in one of which lived Dafydd Evans, a great uncle of mine, who was born in Llwyn-glas and had run a clothes business in London. A widow and her daughter came to live to this part of the village, and the mother married a local farmer, a bachelor well known for his frugality. He soon learned that his world had changed. His constant lament was, 'They'll spend all my money!' One Sunday when he saw that the cockerel's leg was on the little girl's plate, he couldn't stop himself exclaiming, 'That was my cockerel!'

"We come now to the bottom of the hill, with Isfryn on the right where Mrs Evans kept a shop. The corrugated zinc shed opposite, where paraffin was kept, is still there. Next-door and attached is Tŷ Mawr. This is where Harri and Dora spent their retirement days. Beyond the gable end we can see a narrow lane leading towards Pandy Isaf, a mere dwelling house today, without a workshop, a carpenter or a mill. Opposite, is Pen-y-bont, at that time a little farm with a few fields, and its barn and cowshed across the river near Hen Efail. I remember Ted Griffiths, a road-worker, living here, and after him his son, Eddie, who was the last to farm here. Let us pause for a minute on the bridge, which is situated right in the middle of the village, a natural focus, to think of all the coming and going on foot over it in days gone by, the daily journeys to the shop, the chapel and the school, or calling on neighbours, and to think of the great truths and the leg-pulling that were heard between these parapets. It is quiet now, except for the occasional passing car, or a poodle being taken for a walk.

"To the right, we can see two houses at the water's edge, one brilliantly white. The farther of the two used to be farm buildings belonging to Pen-y-bont, which were bought for £40. Something similar today would be nearer to £80,000. The other is Hen Dafarn, and in the old days there was a tiny house on the end, Mary Jane Roli's house (Roli was her husband) and her son was called Trefor Roli. (Tagging a husband's or a wife's name on at the end was an old custom, for example, Sara Esra, Mari Edwin, Mari Morris.) Mary Jane Roli had a habit of doing the washing in the river at night, it being so near, and indeed it often came right into the house. A granddaughter of hers is now a priest in Birmingham, and a grandson a well-known local builder. Overlooking the two houses is Glan Twymyn, the home of Jane and Edward Edwards and their children, Clifford, Tom and Edward. Edward's son won fame and fortune by winning the jackpot in the television game, Who wants to be a millionaire? He has also won the Brain of Britain. He is a schoolmaster brought up in England, but busy learning Welsh, out of respect for his roots in Bont, perhaps. An easy task for someone with such a memory!

"In the hollow at the bottom of the hill, in front of the garages was the shoemaker's workshop, Evan Richard James, the brother of Miss James, the head teacher at Pennant; he had a motor-bike and side-car to take her to school. As its name suggests, Pen-clap is a house on a knoll overlooking the workshop. I remember John and Siân Fach living here, he a farm-worker at Cwmyrhin. Then Richie and Gwyneth Jones (a daughter of Lloyd Jones, Pen-filltir) came to live here, both now having moved to south Wales to be nearer the children. It's a pity there's no work for the children nearer home, isn't it…? We come next to a terrace of three houses on the right, first Tegfryn, where the parents of Evan Richard, the shoemaker, lived before they moved to a new house in Llan in the early 1930s, the nearest one to the council houses. Siân Watkin lived in the next one, Isfryn, and a watchmaker, a 'watch-doctor', from Carno called here once a week, in the front room, to collect the faulty ones whose ticking had stopped and to return those that had been restored to their time-keeping responsibility. We can imagine that he was pretty popular, because a man's most treasured possession in those days was his pocket watch, which he was proud to describe as "the sun's sister"! We realize that all the necessary services were available here in Bont, and that there was very little need to go anywhere else.

"The next house has a strange name, Wylecop. There used to be an old inn here, but not within living memory. I remember John Rolant and his wife, who was English, living here. A minister from Carno used to call on them from time to time to see the old man, and throughout his visit, she would fan her husband continuously with a newspaper to convince the minister that he was ill. The poor minister would fork out half a crown for her trouble! Dan Whiting came to live there after them, on his own, and he fancied himself as a bit of a singer, but he couldn't pronounce the letter "r". I seem to remember him singing "Y Nefoedd" at the Good Friday Eisteddfod here, with "Cawn och-ch-ch-ffwys yn y Nefoedd!" occurring several times! The next house in the terrace is Ivy Cottage, the home of Edward Jones, the stonebreaker. And last of all, Lisi Rolant's tiny house. She was a midwife, but also went around doing paper hanging and helping generally. Her daughter was married to Lloyd Jones, Penfilltir. In the hollow behind the houses the Wern brook gurgles, where we used to catch trout with our hands.

"The terrace of houses opposite, namely Tan-y-ffordd, has completely disappeared. This is where Tomi Lewis, the shoemaker, had his workshop, and, according to my mother, where once an old woman lived who used to take in tramps to sleep for a penny a night. Didn't she deserve more than that, perhaps, for killing the fleas the next day! Well, now, here on the left is Bragdy, my old home, a row of five two-bedroom houses. And, yes, there was a brewery here once (an account of that is given in another chapter); but during the twentieth century there were only houses here. We lived in the one at the top end, a two-bedroom house and a cellar for potatoes and coal, where 13 of us were raised, my mother keeping the house as clean as a whistle. I remember my sister, Jini, wiping up the Minister's footmarks as the poor fellow walked across the kitchen... My father, Morris Lewis, was a tailor, and small of stature, but my mother was a woman of heroic proportions" (Editor's note: my mother often talked about the sight on a Sunday morning in Bont, when Morris and Mari Lewis emerged in all their glory from the little cottage at the top of the hill, she a large bonneted lady in black, and he, a good deal smaller, tidy by her side, and the children following behind in a long orderly line down towards the chapel, boys and girls, each one neat as a new pin. Where could you see that sort of thing today?)

"In the next house down from us lived my grandparents on my father's side, and their son, Tom Lewis, a shoemaker and a composer of englynion; and next door to them the other grandmother, Harriet Evans. It was a privilege having two grandmothers so near at hand. Marjorie Foulkes and her father lived in the next house. She died comparatively recently, 100 years old. She used to work at Llwyn Owen. The very last house in the terrace was the home of George Thomas, the carpenter, his wife Elen and their children, Emrys and Dorothy. Emrys suffered serious burns while pulling a comrade out of their crashed plane during World War Two. They then accompanied their parents to Hen Dafarn, and afterwards to the Dôl-y-bont council houses in Wynnstay village. That was one feature of life long ago, people moving freely from house to house within their community. Today, it is so difficult getting a house at all, and they are so expensive.

"The next place on the right is Penfilltir: a small farm of about 12 acres, which is still farmed by Janet Hughes, formerly the daughter of Cawg, Pennant. Every summer, Janet has a wonderful display of flowers, which is well worth seeing. Janet and her husband, Peris, raised seven children, and the good news is that one of them, Linda, and her husband Glyn and their children, Bryn and Siân Elin, have decided that Bont is to be their home, and have bought part of Bragdy, renovated it and come there to live. Wouldn't it be wonderful if more of this happened in our rural villages? Alas, we are losing our old homes to people who see more value in them than we do. But Linda and Glyn have demonstrated their loyalty to Wales and the Welsh language before now: their children were born in South Africa, but when they returned to Wales a few years ago, the children spoke English, Swahili, Afrikans – and better Welsh than many who have lived here all their lives. Their Auntie Nesta and Nain having made sure that they had as good a Welsh library as the Powys County Library! They are the only children in Bont today.

"The road then leads on towards Cwm Cerhynt and Wern, but that is another story to be followed later. We go back to the bottom of the hill, and turn to the right where there is another cluster of houses. The first is Verdon Cottage. There used to be two houses here long ago. Oscar Jones and his wife, Mari Oscar, lived in the first, both employed at Llwyn Owen. An Englishman by the name of Soley lived in the other, his wife being a sister of "Shwc" of Hafodwen. (His proper name was Fransis, but he acquired the name "Shwc" at school, and it stuck.) Some came here to have their radio batteries charged. The next two houses have also been made into one, and named Gwernant. In the first lived Hannah and Frank Miller and their daughter Florie, a neat, pretty girl who worked at Pryce Jones, the large, splendid shop in Newtown. Frank was a tailor, and experimented a little with radios and telephones. "The Castle" was his workshop, not much bigger than a shed, on the other side of the road, and being fond of practical jokes, he ran a cable from the Castle to the corner of the kitchen and fastened a tin to it, with some kind of microphone on the other end. He then proceeded to cry out quietly, "Hannah! Hannah!" and she would be scared out of her wits hearing the voice coming from the corner of the kitchen and no one there! The Castle was probably a house originally. At one time John Rolant lived there, and he married an Englishwoman from York – a woman who was greatly disappointed when she discovered that he was neither wealthy nor lived in a castle! Evan Griffiths lived next door; he worked on the road, but on Sundays he distributed newspapers – which accounts for his name, "Ifan Papur".

"The next two houses, Tremafon and Brynawel, are entirely different from any other house in Bont, and have been listed as buildings of architectural interest. They were built mainly with red brick on a stone foundation and a lot of timber painted black in the external walls. They are houses built by the Llwyn Owen estate for the workers, on a similar pattern to Llwyn Owen Lodge. On the wall is the family's coat-of-arms with the four acorns clearly visible, and D.W.S. and the date MC MX 11. The family was fond of displaying their importance: up in Abercreigiau in Bwlch Dolgadfan trees of a special colour had been planted to form the letters D.W.S. (Daniel Wintringham Stable). Tom Bach and his wife lived in Tremafon and Mr and Mrs Grey, the gamekeeper and the cook at the Plas, lived in the other. They were English and had four children, one of them fat and clumsy – "Bwli Grey" to us schoolchildren; and I'm sorry to say that we shouted this rhyme many a time (roughly translated):

"Bwli ffata beli... jumped over the bed,
Mrs Grey calling... Bwli found dead!"

(A parody on the old Welsh rhyme (very roughly translated): "One, two three, Mam catching a fly, Fly found dead, Mam starts to cry"?)

"Several years ago, the two houses were made into one by a local builder (with the possibility of restoring it as two houses again), and it was for sale in 2004 at £375,000, which is a sure reflection of how the price of houses has rocketed since the turn of the millennium.

"The last building before coming to the Tŷ Gwyn road, where there are five newly built detached houses and a bungalow, is the Independents' Schoolroom, dating from the 1840s. The schoolroom closed in 1992.

"We shall now turn down to the left, into Williams Street, which runs along the river. This is where Gwilym Cyfeiliog's factory and terrace of houses used to be in the nineteenth century, and traces of the old factory are still visible at the bottom end. The first house in the terrace was a shop and post office, which was kept by Myfanwy James when I was young. The Anwyl family of Dolgadfan kept the shop for some time afterwards, and then Joseph and Rhiannon Williams (the daughter of Gelli), and they had two daughters, Miriam and Bethan. The last people to keep the post office in this village were Mrs Gwyneth Pitcher, followed by her daughter, Mary. It closed in 1985, when Mary moved to the post office in Wynnstay village. The house was used as a guest house for many years afterwards, under the name of 'Cyfeiliog', and it is now a private house.

"I remember Miss Bowen living in the next house down, a former headmistress of the school, who always went about the village in long skirts. In Number 3, there was an Englishman, Mr Payne, and his son; in Number 4, Mari Cadwaladr and her son, Tom Bach; and in the last house, Mr Plume, the head-gardener at Plas Llwyn Owen, Mrs Plume, and their children, Arthur and Margaret. Arthur spent his whole life in this house, and also bought next door to convert the two into one, naming it, "Y Bwthyn". He was a forester. His hobby was gardening, and growing better garden produce than he did in his plot down by the river would have taken some doing, and his workshop and the surroundings of his home were always a picture of neatness and tidiness. Behind the row of houses there is a little round meadow, embraced by the protective arm of the river and the woods. You would never see a prettier place. Let us hope it will be the same in another hundred years".

GWILYM CYFEILIOG AND HIS SON
We cannot leave Bont without a further mention of two of its most famous inhabitants, William Williams (Gwilym Cyfeiliog) (1801–1876) and his son, Richard Williams, (1835 –1906). We remember that John Roberts (S.R.'s father) succeeded Richard Tibbott as the minister of Hen Gapel. Well, John Roberts had a sister, Mary. She married Richard Williams, Wîg, and raised a houseful of children, the eldest being Gwilym Cyfeiliog. (There are descendants of his still living in the area, and are proud of the connection: his sister, Mary, married Richard Morris, Bronderwgoed, and Delyth Rees and Eryl Evans, Machynlleth, are great great grand daughters of theirs; another sister, Anne, married Revd Isaac Williams, the first minister of Bont and Pennant, and Ann Fychan and Donald Lewis are great great grandchildren of theirs; Gwilym Cyfeiliog's niece, Dorothy, married Gruffydd Williams, Tafarn y Llan, and "Gwilym Llan" was a son of theirs, and Captain Gwilym Williams, Gruffydd Alun and Doris were his children.)

Gwilym Cyfeiliog attended his uncle's school at Hen Gapel (The teacher at Llan was an old soldier, a good reason for not going there). He developed a deep interest in literature and used to write a good deal for magazines. His most well known work is the hymn, "Caed trefn I faddau pechod yn yr Iawn". A keen chapel-goer, he held positions with the Methodists in Bont, and he took a leading part in the work of renovating the chapel in 1820 and its re-building in 1879. He founded the Llanbrynmair Temperance Society, and was influential in the closing of the Bragdy (Brewery).

In 1823, he inherited the row of houses and the woollen factory in Williams Street from his wealthy uncle, John Williams, and, in all fairness. Gwilym continued producing flannel there for another 40 years, until 1863, by which time the woollen industry was losing ground. No one worked the factory after him.

His son, Richard Williams, became a great benefactor of his native county. He too was educated locally, and then at Newtown and Bala, and in solicitors' offices. An antiquary, historian and lawyer, he lived most of his life in Newtown, and researched deeply the history of his native district and his county, publishing two important volumes, "Montgomeryshire Worthies" and "A History of the Parish of Llanbrynmair" (1889), as well as many other articles and essays. As one of the founders of the Powysland Club, he collected a large private library, which was later bought by Lord Davies of Llandinam and handed over to the National Library under the title, Celynog Collection. He acted as agent for the Liberal candidate, Stewart Rendel, who was elected an M.P. in 1880, thereby breaking the long-lasting grip of the Wynnstay family on the seat. In Parliament, Rendel was a leading force in legislating for the establishment of secondary schools, and it was he who donated the land where the National Library stands today.

Through these men, the little village of Bont can claim its share of immortality.

BONT SCHOOLROOM
Early in the nineteenth century Edward Edwards came from Cardiganshire as a blacksmith to Dôlgoch, and having married the daughter, Jane, took her to live in Bont. Regretting not having an Independent cause there, they asked the Revd John Roberts, Hen Gapel for permission to hold meetings in their own home. It was they, therefore, together with the family of William Jones, Tawelan, who were the first six to hold religious meetings in private houses before the Schoolroom was built in 1840. The cause was very successful for a

century and a half. During the twentieth century the following were held: two sermons per month, holy communion occasionally, Harvest Thanksgiving, Sunday School, Band of Hope and prayer meetings, as well as a remarkable Cyfarfod Bach. Bont Schoolroom was also noted for its singing, the precentor for many years being Joseph Williams, Fronlwyd (formerly of Cleiriau, Aberhosan). And there was no shortage of organists – the Gelli girls, Tryphena, Claudia, and Rhiannon, and Enid Davies, Siop y Llan.

The second half of the twentieth century saw a fall in attendances: travelling to Hen Gapel became easier, there were fewer children, and the condition of the little chapel deteriorated – and much to the chagrin of the little congregation, it had to be closed. The Revd Ifan Wyn Evans took the last service on 13th September 1992. It has since been sold and converted into a house.

The deacons in office when it closed were W. Penry Williams, Lluast and Bernard Davies, Siop y Llan. The secretary and treasurer was Mrs Gwyneth Davies, Tŷ Gwyn. It is worth adding a word here about Penry Williams (Peni), who was certainly one of the most lovable and original characters in Bont, and the most naturally gifted and amusing impromptu speaker ever heard. Bernard Davies remembers him well:

"Penry Williams hailed from around Cwm Llwyd, in Carno, and after a spell working in the Tywyn area, he and his family came to live in Lluast, Bont sometime in the early 1940s. In addition to farming Lluast, he also worked on other farms and later for the Highways Department of the County Council. He was an exceptionally loyal and hard-working member of Hen Gapel, and especially Bont Schoolroom.

"He was a lively, jovial man, with his barbed comments and infectious wit – you couldn't stop laughing in his company. When it was Bont Schoolroom's turn to arrange the Cyfarfod Bach, Peni would always propose the vote of thanks. He could even make something as boring as that funny and interesting, and no one would dream of leaving without hearing Peni's peroration, which he always delivered off the cuff and without any preparation. His death in August 2001, aged 88, was a great loss to the area."

THE REMINISCENCES OF IOAN PRICE, OF CWMCALCH UCHAF
"My father hailed from Dolgellau, where I also was born, in 1924. I was

seven years old when we moved to Cwmcalch Ucha'. Among my first memories is going up to Trannon on a cart to fetch peat with Nain and Mona Lewis's father. As it was too boggy to take the cart right to the peat pit, we had to carry it in a barrow.

"I also remember my father and I going to Capel Bethel in Bont for a special service to consecrate the cemetery. The chapel was absolutely full, and at some point during the sermon, the minister called out, "Is there anyone here in need of saving? Let him stand up!" I thought surely one or two would be interested, because there were so many there, many of whom never attended except for a Thanksgiving Service. So there I was, agog and looking round, expecting to see someone getting to his feet, but to my great disappointment no one did!

"But I suppose the first thing I can remember is going to Bont School. I walked down with Alun Esgair Llafuryn, Dafydd, Brian and Maglona, Cwmcalch Isa' and the Waun children, Harri, Menna, Richard and Brenda. There was quite a big gang of us and it was quite a long journey. As we walked down, more children joined us, Eddie Lluast, then the Wern children at Llwynglas. Then past Penfilltir, then the big family of Lewises met us by Bragdy. On the first day, since I was new and everything strange to me, Emlyn Griffiths (later Emlyn the Milk) came a good way up to meet me. He was the oldest boy in the school at the time.

"Yes, it was quite a distance to walk to school, about three miles, and in all weathers, and quite a steep climb to get home. We dried our wet clothes in front of the open fire at the school. Since we lived so far away, we, the children from the upper regions, took our lunch with us, with everyone getting Horlicks for a halfpenny at lunchtime. When I was older I used to get to school by 8.30 in order to play football before the bell rang at nine o'clock.

"I have very pleasant memories of Bont School. The Infants teacher was Miss Annie Mary Peate, Dôl-fach. She was extremely kind to everyone. In fact, she was too kind to be a good teacher! Sometimes, the Headmaster, Mr Glanffrwd Davies would knock on the window with his fists if we were making a noise. He was an excellent teacher and did his best to get us to learn. He used two words quite often – Idiotic Duffers! He was a Cardi. One day he asked, "What do I call the little ones over there?" To which Myra Owen (Aberdyfi) replied, "Idiots!" He was speechless!

"English was the language of instruction in the school, although he also spoke Welsh with the children. There was always a timetable on the wall, but with no Welsh on it. This had a great influence on me, because throughout the years I always preferred to read English. My favourite subjects were Geography and History, especially History, but we were taught hardly anything about the history of Wales – that's how things were then. By today things have changed, thank goodness.

"One day an Inspector called at the school. I was the oldest at the time, and he asked me to name three of Wales's foremost leaders. So I named Ceiriog, Tom Ellis and Lloyd George, because those three happened to be on the wall! We used to get a lot of religious education, and Glanffrwd Davies had a gift for storytelling. Usually, we had to write an essay after listening to a story. I remember once being told the story of Samson. If someone had written something quite different from the others, or had made too many mistakes, the Headmaster would read the work aloud. I didn't like this because he used to make fun of us. But the idea was that we shouldn't make the same mistakes again. On one occasion, Olwen Lewis, Bragdy, had written, "Samson got hold of the lion and flung him to Halifax!" "There was no talk of Halifax in those days, you duffer!" said Davies Bach.

"The Stables family had a lot of people working for them at Llwyn Owen. I remember one of the children going home for lunch and getting hold of a story that we children found very amusing. One of the workmen had caught a mole and had kept it alive. Then he put something around its neck and tied seven dead moles to it, and there the old mole was on the lawn at Llwyn Owen pulling a string of moles behind him! We thought that it was the only animal strong enough to pull seven of its own kind behind him.

"But the children's hero was Eddie Griffiths, Penybont. He was held in high regard, full of mischief both in the school and everywhere else. We called him "Bunt", I don't know why, but Bunt used to give everybody a nickname, including himself. His father, Ted Griffiths, farmed Penybont and was also a roadman. Once, when he was working at Bwlch Cerhynt, between Talerddig and Bont, he had left his wheelbarrow at the top. So, he asked Bunt to go up and fetch it. Well, instead of walking like anyone else, he went up on his bike, tied the wheelbarrow behind the bike, and then down he came. It was an old wooden wheelbarrow with an iron band around the wheel. It was a rough road and there was a good deal of noise. Mrs Oscar Jones had gone up for a walk as far as the Brynunty turning, as she did quite often. She was frightened out of her wits when she heard the noise getting closer, thinking surely that someone's horse was out of control.

"Another time, they were busy haymaking at Penybont, rain threatening, and them trying to catch the horse so that the hay could be brought in quickly. But Bunt had put turps under its tail and there it was galloping madly round the field and no hopes of catching him. Mrs Davies, the headmaster's wife, would sometimes come down to Bont in the afternoon and would wait at the school until home time. She was sitting by the fire when she nodded to Mr Davies that someone was pulling faces behind him. "Who is he?" said the Headmaster as he turned on his heel. It could only be one person – Bunt. Off he went straightaway down to Bunt's mother at Penybont with the culprit in tow. After a while they returned, with the Headamaster looking a good deal more crest-fallen than Bunt. Mrs Griffiths was a very kind lady, but a mother is a mother, as the Headmaster discovered! Eddie was her only child and the apple of her eye. But even so, Bunt didn't always have it his own way at home, and when his father was after him, Bunt would sprint up to the garret, stick his head out of the window and shout that he had the 'appendix'! What a character!

"There were also some, I heard, who were very quick with their answers. The clergyman at the Parish Church in Llan was called William – the Revd William Kirkham. Many years ago it was customary for people to bow to the parson, the schoolmaster and to anyone of any status in society. But Wil Llwynglas didn't bow to the parson, and one day he asked him why he didn't bow. "You were christened 'William', just like me," retorted Will. Once, at a governors' meeting in Bont School, Thomas Davies, Dolgadfan and Morris Evans, Fronlwyd fell out. "Shut your mouth!" said Thomas to Morris. " I was born with it open!" was the reply, and that is how the quarrelling started.

"Gwilym Williams, Tafarn y Llan, was a rum 'character', up to all kinds of mischief and pranks. He would ring the church bell at night, and wearing a sheet would rise out of an open grave. Harriet Evans, the grandmother of the Bragdy children on their mother's side, had a garden full of potatoes by Tŷ Pero, a little hut below the Bragdy. Gwilym and a few others erected a very life-like scarecrow in the middle of the potato patch. At dusk Gwilym shouted to Harriet that there was a man digging up her potatoes! She went and yelled at him, but the man didn't move, which infuriated her – while Gwilym enjoyed the drama. Another time, Gwilym had gone to Tom Lewis's house, and was sitting there playing with a shotgun cartridge. "Don't fool about with that", said Tom, whereupon Gwilym threw it into the fire. Tom dashed out shouting, "Upon my life!" The cartridge, of course, was empty - but he was full of tricks like that. They were both great friends and went fishing together up to Tŷ Isa' lakes. There were fish in those days but you had to open the floodgate to let them through. "I'll go in first," said Gwilym to Tom, stripping down to his birthday suit, "and you can go in afterwards." Gwilym came out after a while, and then Tom went in, also stark naked. When he came out there was no sign of Gwilym. He had disappeared, taking Tom's clothes with him – everything except his underpants!

"Tom Lewis was a big hero of my uncle Stanley (who later emigrated to Canada). Tom was a shoemaker by trade, the best in the family, and Stanley would kick his boots in order to have an excuse for going into Tom's workshop. The workshop was a place of exceptional attraction. Tom like many other old workers was something of a psychologist. For example – Tom disliked anyone smoking in his workshop, and on one occasion he smelt smoke. But who happened to be there but Eddie Lewis, Tom's nephew. "Is it you that's smoking, Eddie?" he asked quite sharply. He could say that to Eddie, but John Jones was a customer! My uncle Stanley was intent on becoming a policeman, and Woodfine, the Llanbrynmair policeman came up to Cwmcalch to fetch him when he was setting off for Wrexham to join the police force. Tom's advice to him that day was "Keep yourself clean," and it was good advice in every way.

"Bili Penwern, Tom's cousin, had four horses and a carriage to carry people to and from the station. Once, the carriage broke down on Chapel Hill, and everyone had to walk farther than they had bargained for. There is talk of another 'character' from Wern who went to work down the coal mines and lived in Trealaw in the Rhondda; but one day he stole a wheelbarrow, and walked all the way home to Wern!

"One of the most influential people in Bont was Judge Stable, Llwyn Owen, the owner of the estate. Once, his mother broke her ankle hunting on the hill above Esgair Ifan. Gwilym Williams told a story about him taking Ifan Owen from Llan down to the station at that time, but who was there but Wintringham Stable, the Judge's father, and his wife who was injured. Ifan's command of English was not exactly fluent, but he asked old Stable, "How is Mrs Stable leg?" Stable said that she was better; but instead of leaving it at that, Ifan continued with further questions about how the accident had happened, but Stable had no idea what he was trying to say. He said to Gwilym Williams, "What is he saying?" Gwilym turned to Ifan and asked him what had he said. "I don't know what I said to the old devil!" said Ifan Owen.

"There were many craftsmen in the area – Tom and Bili Lewis, shoemakers, Morus Lewis, their brother, a tailor, who served his apprenticeship with the Jameses, who had a shop in Llan. I remember Mrs James saying to my mother about Gwilym James making clothes for the Revd Llewelyn Jerman, the parson, a giant of a man. Mrs Jerman complained that her husband was continually losing buttons from his waistcoat and that she had had to sew them back some half dozen times.

"I only sewed them once!" said Gwilym James. The parson's belly expanding too much, probably. The Revd and Mrs Jerman had a daughter called Vera, and she was exceptionally beautiful, or at least that's what I thought when I was in school. Many years later, Blodwen, Bragdy was on holiday in France, and she happened to hear someone speaking Welsh, and who was there but Vera. The two hadn't seen each other since their schooldays, and they were both drawing their pension by then.

"My grandmother could remember paying tithes, so many geese and so many sheaves of corn. At that time there were two tithe barns in Llan, and one cold winter there was a man from Bont working there. He was walking from one barn to the other, and the parson seeing him in his shirtsleeves said to someone, "Oh, I've got a good man there!" But the man had a coat in both barns and put one on once out of sight.

"My grandfather, John Evans, went to Wern School and had had the Welsh Not round his neck. A great, great uncle of mine, Edward Evans, was a schoolmaster at the Llan School. He was an old soldier like so many schoolmasters in those days, because they had a reasonable command of English, I suppose. The historian, Cyril Jones, used to hold classes in Llanbrynmair on local history, and described how this old master used to whip the children in between going back and fore to the pub at Tŷ Mawr nearby. When the children were unruly he used to put them on each other's backs and whip them.

"I spent a lot of time during my youth in the company of Evan Jones, Esgair Llafurun, Gwilym Pen-ddôl and Jack Esgair's father, a superb wheelwright and carpenter. He used to make wheels and went around farms repairing equipment. He was a specialist at repairing waterwheels, and many farms had those in days gone by. This was very cold work, because very often you had to go down into the water to do the work. I learnt much about life in Evan Jones's company, and he gave me many a good piece of advice. "Listen to everyone," he said, "you never know what you will learn even from the dullest fool". And another one, "Take people as you find them, and don't try making them what you would like them to be."

"Evan Jones loved telling ghost stories. He could keep going for hours, and sometimes he would make my flesh creep so that very often I would be afraid of going home. To this day, even if someone offered me a thousand pounds, I wouldn't enter Llan Parish Church at night! He himself believed every one of the stories – as most people did in those days. I remember my grandfather, John Evans, Cwmcalch describing what happened when he once called at Penfilltir with Bili Owen. When it was time to go home Bili accompanied him as usual quite far up the road, past the lane to Brynunty. As they both turned round, what did they see but a corpse candle coming along the Brynunty lane and going down in the direction of Bont. Very shortly, there was a funeral at Caemadog.

"My great grandfather, Owen Humphreys, was a Tory and lived at Fronlwyd. He used to work on the Dinas Mawddwy narrow-gauge railway, but rumour had it that he became a Tory when he started farming at Fronlwyd. He had to change, presumably; he would hardly have been given the tenancy otherwise. I remember my grandmother (Owen Humphreys's daughter) saying how the landlord's wife used to walk into Cwmcalch without even so much as a knock, and then go right through the house checking that it was kept clean. You'd be turned out neck and crop if it didn't reach the standard. The family were liberals in those days like everyone else. The houses in Wern were quite old, owned for the most part by the families themselves, even though they had nothing on paper. The agent from the estate would come round and see a missing slate, and then send one of the estate workmen to replace it. The following year the owners would have to pay a rent!

"Bont had a stronger attraction for me than Talerddig because that's where the school and my friends were. I used to attend two chapels, namely, Bethel, the Methodist chapel in Bont (my grandmother's chapel), and the Independents' Schoolroom in Talerddig (my parents' chapel). I went to Talerddig Sunday School and later to Wern Sunday School until it closed. We had great fun there. John Jarman, Brynolwern used to walk all the way up from Tafolwern to teach us. In the services at Bont Chapel, the elders' seat would be full of us children waiting to recite a verse. The Revd H. Evans Thomas was a very influential man, and one of the best preachers I ever heard. The Revd T.W. Thomas, followed him as minister, and he was very conscientious. Two preachers in particular made a great impression on me, namely, Dr Vernon Lewis, Machynlleth and W.D. Davies, Pont-ar-Ddyfi. At a later stage, in the 1960s, when Dr Vernon Lewis lived in Dôlguog with his son, Dr Cyril Lewis, I went down in the car to bring him up to preach at Hen Gapel. He called me into his house to see what he was doing – he was translating the Psalms from Hebrew into Welsh.

"I heard it said that there was far more commotion in Bont than in Talerddig at the time of the Religious Revival in 1904-5. In Talerddig it was not taken so seriously. Many strange things were said in prayers at that time. There were already three services on Sundays, a prayer meeting and a seiat, but endless extra meetings were held during the Revival. Dr Iorwerth Peate described the Revival as a balloon being blown up and then bursting with no further ado, and in my opinion he wasn't far wrong. I was a bit of a socialist when I was young, and in my teens had much sympathy with communist tenets. Not the Labour Party as it is today, but the old, old Labour. Glanffrwd Davies was a socialist and a lay preacher, and both he and the Revd Robert Evans, the minister at Hen Gapel, had a great influence on me. Another who left a deep impression on me was T.E. Nicholas. I remember the Revd Dewi Eurig Davies saying in a sermon that communism was "primitive Christianity", and for me that's what it was. My father came from the Dolgellau area which is associated with the Quakers, and as I grow older I somehow feel their influence, and am drawn to their way of worship.

"I left school at 14 years of age. My father was losing his sight then, so I stayed at home to work on the farm at Cwmcalch Ucha, where our family had lived for several hundred years. I had considered carrying on with my education, and possibly becoming a minister, but I had no great ambition. I took things as they came and enjoyed farming very much. My generation experienced enormous changes, as far as I know more than any other generation, especially in the world of farming. I have been a keen reader throughout the years, deriving much pleasure from it. The great author for me was George Eliot. I remember reading in some booklet of his, I think, "Nothing ever really matters". I saw this as quite a silly proposition when I was young, but now, as I get older, I think there is much truth in it, and it makes more sense somehow.

"Cwmcalch was far from everywhere, but I liked attending meetings of the various societies when the work on the farm permitted. Evan Jones's delightful company was always available, but I liked going down to Llan occasionally to the Young Farmers' meetings, under the leadership of W.G. Anwyl, Dolgadfan. I went down on my bike, having to lift it over three stiles – going down was fine, coming back was the problem! Prayer meetings for young people were held at Talerddig, and Aelwyd yr Urdd met down in Wynnstay village under the leadership of the Revd Robert Evans; going down there was quite a journey. Later on, I took part in plays. Gwyneira and Islwyn Lewis introduced a drama competition for the villages of Llanbrynmair. It was an excellent competition and lasted for some years, and we used to get first-rate adjudicators. I belonged to the Talerddig company. I also took part in plays with Mrs Emily Davies, the wife of the Revd Eurig Davies, when he was the minister at Hen Gapel.

"Although our family were Liberals, in keeping with the region's tradition, I have been a member of Plaid Cymru now for many years.

What bothers me most of all is seeing Welsh parents speaking English to their children – whilst the children of English people moving into the area are learning Welsh!"

DR. EDDIE LEWIS

Every school likes to boast of an outstanding pupil, and surely, Bont Primary School can be very proud of Dr W.E. Lewis ("Eddie", as he is known) a retired Medical Practitioner, who extended his interest into medical politics, becoming a life-member of the British Medical Association and a member of the Royal College of General Practitioners (former Provost of the North Wales Faculty), a member of the North Wales Medical Committee, a Rotarian, a school governor and a Trustee of St. David's Hospice, Llandudno. Truly, a person who has given great service to his chosen profession.

Eddie was born an only child of Thomas and Sarah Lewis Ty'nllwyn, a small farm near Bont. On his mother's side he was from farming stock, while tailors and cobblers dominated on his paternal side (Billy Lewis, the Llan shoemaker, was his grandfather. He was making hob-nailed boots at £5 a pair up to the Second World War, which was a lot of money to find in those days, but these boots could last their owners five or six years). The family moved to Lluast, another small-holding nearby when he was about two, and he vaguely remembers his grandmother at Ty'nllwyn, who died later at Siop y Llan, who were also related to the family.

He was already five years old when he started school, with Miss Peate, and later Miss Dilys Owen and Miss Beatrice Jones in the Infants' room, and the impressive Mr Glanffrwd Davies in the upper classes. We already know the geography of the school – its rooms with coal fires, its porches with cold-water taps and basins, and the outside bucket toilets and their adjacent play sheds for boys and for girls, and we know that the school boasted a piano, a billiard table, and, later, a radio. There were about 30 pupils on the school register at this time in the early 1930s. The school doctor visited annually, and the school nurse more frequently. The school dentist also came once a year, the pupils being encouraged in school to clean their teeth daily with Gibbs solid dentifrice, the tins and refills on sale at the school.

Dr. Eddie says: "Books of all description, even in school, were in short supply, with most of them being read many times over. My favourite book was The Modern Family Doctor, published in 1914, 3″ deep and in small print, which I read twice, some chapters many times over by candle or paraffin lamp, before I was eleven. Probably, this book had much to do with my chosen career.

"In spite of poor communications, at school, nevertheless, we were able to keep abreast of international and national events, mainly by word of mouth, and the information gleaned from weekly newspapers – The News of the world, The People, The County Times, and Y Cymro, passed around by families who could afford them. The radio was useful, but programmes for schools in Welsh were very infrequent.

"Notable events while I was at school were the Silver Jubilee of King George V and Queen Mary, the death of the king, the abdication of King Edward VIII and the coronation of King George VI, there being parties and commemorative mugs at the Jubilee and Coronation. No doubt, under the influence of a stimulating headmaster, we were interested in such topics as the breaking of the land speed records by Sir Malcolm Campbell, Captain Eyston, and John Cobb, in the maiden voyage of the Queen Mary, and the race across the Atlantic with the Normandie, a luxury French liner, for the Blue Riband; the solo flights of Amy Johnson, Amelia Erhart and Jean Batten, and the Grand National race and its winner, Golden Miller, and twice winner, Reynoldstown. We also followed the fortunes of the British boxers, Peter Kane, Benny Lynch, Len Harvey, Jack Peterson, Tommy Farr and, of course, the American Brown Bomber, Joe Louis; also the Arsenal football stars, Ted Drake, Clifford Bastin, and Eddie Hapgood. More serious topics of discussion were the international crises of 1938 and the annexation of Czechoslovakia by Germany in 1939. I remember arriving in school one morning and everybody was talking about the brightly coloured lights in the sky the previous night. They had seen the Aurora Borealis, the "Northern Lights", which are rarely seen in the U.K.

"Religion played an important part in people's lives, with two chapels in Bont, one in Wern and the church in Llan. Sundays were really a day of rest, everything stopped, and it was Sunday School in the afternoon and a sermon or prayer meeting in the evening; there was Band-of-Hope on Monday and *seiat* on Friday evenings. The playing of games on

Sunday was frowned upon, and the Bible and the Hymn Books were about the only ones we were allowed to read. We were encouraged to take part in singing and reciting in the competitive meetings held annually at the various chapels. One Sunday night at chapel I started reciting "Y Gath Ddu" (The Black Cat) instead of my verse, much to the amusement of the congregation and the embarrassment of my parents! In 1937, with great excitement, most of the children at school, including myself, sang in the Children's Choir at the National Eisteddfod in Machynlleth, and later we were all presented with inscribed silver cups awarded by the philanthropist, David James, Pantyfedwen, Cardiganshire.

"From September 1939 to July 1945, the war years, I attended Machynlleth County School, which was another excellent educational experience. Then, on leaving, I entered Liverpool Medical School, graduating in 1951. My first experience in general practice was as a locum for Dr Davies, Cemaes Road. Shortly afterwards, I was appointed House Physician at Clatterbridge Hospital, Wirral, where I remained in various posts for 2½ years. While there, I took one more examination and gained a Diploma in Obstetrics, as I was contemplating a career in Obstetrics and Gynaecology. At that time there were many well-qualified doctors waiting for a consultant post, and there were no training posts vacant in the Liverpool region, so I opted for general practice. Even to enter general practice was difficult, as each vacancy had scores of applicants. I placed an advert in the British Medical Journal stating my qualifications etc., and had one reply – from a partnership of three with an impending retirement vacancy, at Mold, a market town in Flintshire.

"During my period at Clatterbridge, my father died aged 50 from a brain tumour, at his home in Tŷ Cerrig, Comins Coch. Ten years later my mother died aged 60. Living through difficult years, no doubt they had made many sacrifices for my education, and I am very grateful, and revere their memory.

"I joined the partnership at Mold in 1954. The practice appealed to me – a large, busy, mixed rural-urban practice with a Cottage Hospital and a Maternity Home a few miles away. Mold had a population of about 6000, had a few light industries, and was surrounded by several villages and a farming community. One morning, soon after I arrived at Mold, our senior partner told me, "We had a B.M.A. meeting last night. I gave your apologies and we made you joint secretary of the Division with me." This was the beginning of another career – in Medical Politics. It was not long before I was elected a member of the Local Medical Committee, which represents general practitioners. I was secretary for 21 years, and represented my profession both locally and nationally. Many appointments followed, from being a lecturer and examiner of St. John's Ambulance to being a Member of the Area Health Authority.

"Over the years, the practice grew; we moved to a purpose-built surgery in 1966, and a new 40-bed Community Hospital was opened in 1984. By the time I retired after nearly 40 years, the number of partners had increased to five and we had a small army of secretaries, receptionists, nurses and health visitors. After retiring 14 years ago I continued in the medico-political field, sustaining a practical interest in most of my previous involvements.

"My wife, Betty, and I were married in 1956, and have three children, but because of my dual career I had very little time for my myself or my family! However, we have both enjoyed our retirement and have taken the opportunity to travel widely – from the North Cape to New Zealand! We also have a holiday home in the Dyfi valley and enjoy going there as often as we can. I am frequently asked would I pursue the same career again, and would I become so busily involved in medical politics. My simple answer to both is "Yes" – because both are stimulating, interesting and satisfying."

PLAS LLWYN OWEN

The only estate that still exists today in Llanbrynmair is that of Llwyn Owen, a very small estate, which never really was on a large scale, the main farms comprising originally Gellidywyll, Bronderwgoed, Caemadog and Cawg with shooting rights on Newydd Fynyddog, and was originally called the Gellidywyll Estate. Today only Bronderwgoed remains attached. The current owner is James Owen, having recently inherited from his late father, Philip Owen.

EARLY HISTORY

As the name suggests, the name of the original owners was Owen, the same Owen as of Plas Rhiwsaeson who had created the Gellidywyll estate for a particular branch of the family centuries ago. The two branches were reunited when Rondle Owen, son of Maurice Owen of Rhiwsaeson, married Elen Wen, the heiress of Humphrey Wynne of Gellidywyll, a descendant of Rhiwsaeson. Following this, the line of descent was through Andrew Owen (d.1670), Rondle Owen (d.1730), Andrew Owen (d.1764), Anne Owen (who lost part of the estate owing to a quarrel with her father), then her daughter, Anne Browne Crosse (b.1751), who died childless. The estate was bequeathed to Miss Anne Russell (b.1789), a daughter of her husband's first marriage. And so, the estate was no longer in the possession of the original family. She in turn bequeathed the estate to Elizabeth Katherine Loscombe, the eldest daughter of her sister and Major Wintringham Loscombe, who was connected with an Irish regiment. Katherine (or Catherine) Loscombe married Robert Scott Stable in 1850. They had a son, Daniel Wintringham Stable, who married Gertrude Mary in 1899, and it was this couple that built Plas Llwyn Owen in the year of their marriage as a main home in Wales.

The story goes that working in London as Managing Director of Prudential Insurance, he had always chided his landlord friends about their absenteeism, and the fact that they did not build homes on their estates in which they would reside. So, lo and behold, when he inherited the Gellidywyll estate on his brother's early death, he had no choice but to build. He built Llwyn Owen and set about laying out the beautiful grounds, gardens and orchards on a well watered, slightly undulating site. He created a little gem.

Sadly, their eldest son, Loscombe, was killed in action in 1914. Their second son, Wintringham Norton Stable, therefore, inherited the estate and in later years became a High Court Judge and was knighted, retiring in 1968 after 30 years of service. He and his wife, Lucy Haden Murphy (nee Freeman) had two sons, Philip and Owen. The eldest son, Philip, inherited in 1977, having previously changed his surname to Owen for personal reasons. Philip Owen died early in 2001, leaving the estate to James, the eldest of his five children.

ARTHUR PLUME'S STORY

Arthur Plume, a native of Bont Dolgadfan takes up the story, and who better? For he was brought up on the estate, his father being head gardener. Arthur, born in 1927 lived in Bont all his life and contributed a great deal to the life of the community, as Community Councillor and member of the Show Committee and Community Centre Committee especially. He was a founder member of the Llanbrynmair Local History Society whose idea it was to produce this book, but very sadly he died before the work was completed. He has left us with his memories of Plas Llwyn Owen:

"In its heyday, the Plas was the source of employment for many inhabitants of the vicinity; and at a time when labour was very cheap the grounds were kept in immaculate condition by a small army of gardeners and estate workers. The house itself employed a complement of domestic staff, ranging from nannies, cooks and housemaids to boot boys, and positions on the estate were eagerly sought after. It can be said that the Stable family played a significant part in the local economy, both in employment and the provision of good quality housing for many of its staff, and as a result was highly respected.

"Immediately inside the ornamental wrought iron gates supported on stone pillars capped with sculpted acorns (part of the family crest) lie two houses known respectively as the Lodge and the Cottage; a further cottage and farm buildings, known as Bryn Awel, are established a few hundred yards to the south west. In the early 1900s, several ancillary buildings were constructed close to the Plas; these included a dairy, gunroom, boot-room, and others used for storage purposes, while in 1925 a new wing was added to the house itself.

"In my time the heating arrangements consisted of two large coke-fired boilers housed immediately under the mansion and several open wood burning fireplaces. A water supply for human consumption came from a purpose-built reservoir, gravity fed, while for all other purposes a leat from the nearby nant Eli diverted water into a large galvanised tank and was pumped by a petrol motor into storage in the roof of the house. Electricity was produced by a water-powered turbine housed in a special building close to Pandy Isaf mill, the top storey of the turbine house containing banks of large capacity lead-acid accumulators which acted as storage when the turbine was not in operation. The site was chosen as an extension of the much older flourmill at Pandy, the river Twymyn having been dammed some distance away and a mill stream constructed to power the wooden wheel. Although flour milling had ceased by my time, the wheel was still utilised to power the saw bench for the estate carpenter's use. The head of water took on a new role being directed via cast iron pipes to the modern piece of machinery which in full flow produced the equivalent of five-horse power, converted by a substantial dynamo into electricity for the house.

"In our modern society, which has supermarkets within easy reach by virtue of the motorcar, self-sufficiency in food production is no longer a factor in our daily lives, but it was an essential feature in the early days of Plas Llwyn Owen. Accordingly, within the grounds, kitchen gardens, orchards, a fruit cage, and a greenhouse all made their contribution to a regular supply of fruit and vegetables. Surplus potatoes, beetroot and carrots were stored in separate bays in a purpose-built windowless potato house for the winter, and apples and pears were placed in straw lined drawers in a separate compartment in the same location. A bird-proof cage protected the soft fruit, much of which was to be preserved in large jars by the head-gardener's wife, it being considered part of their duties. The generously proportioned greenhouse was heated by means of a coke-fired boiler; its principal use was to house the more exotic plants, which would later adorn the drawing room of the mansion, though during the summer it doubled up to raise a crop of tomatoes. At that time, there were a few uncommon vegetables such as Jerusalem and Chinese artichokes, asparagus beds and various herbs; one section of the orchard was devoted to a short hedge of filbert nuts.

"Detached from the gardens were several small fields, which were the domain of a capable and hard-working couple that lived in the Lodge, the fields yielding sufficient summer grazing and winter hay to accommodate two cows. The animals were housed and milked in buildings adjoining the house of Bryn Awel, the milk then being carried down in buckets to the dairy a few hundred yards away, to give the house a regular supply of milk, cream and butter. This enterprising couple also kept a pig, which was fed partly on the vegetable waste emanating from the house together with any other surplus vegetable material.

"For some inexplicable reason, the head gardener was responsible for the chicken run and the collection of eggs, here again any surplus eggs were preserved in a large bucket containing Keepegg, a viscous liquid resembling wallpaper paste.

"The stable near Bryn Awel boasted two stalls and a saddle room. The horses, which were initially for recreational purposes, were drawn into rather more mundane duties during the war years when they provided a form of transport to and from the railway station at a time when petrol rationing restricted the use of a fairly thirsty old Rolls Royce. Bryn Awel also hosted in its surrounds the dog kennels, the main breed being English Springer Spaniel, their accommodation luxurious in doggy terms as indeed was the treatment they received.

"In the pre-Second World War years the amenity aspect of Llwyn Owen was of utmost importance; there were numerous flowerbeds, a rose pergola, a lily pond, and, of course, a tennis lawn, all kept in pristine condition, all the various paths and walks carefully weeded and maintained. The ornate sundial was regularly cleaned and all the buildings and sheds had to be tidy and ship-shape. Scattered about the grounds was a selection of flowering shrubs amongst a variety of conifers and broad leaf trees, while in spring-time hosts of daffodils and narcissi and clumps of lily of the valley all combined to present an idyllic atmosphere.

"Inevitably, the war had a deleterious effect on the day to day running of the estate; a combination of rising costs and a lack of availability of suitable labour resulted in a gradual lowering of the hitherto high standards, a situation which was to become worse when hostilities ceased.

"Thus, in 1946, a period of complete change occurred at Plas, the emphasis now diverted to a new channel. Agriculture became a priority, orchards were destroyed, sections of erstwhile productive garden ploughed up, treasured flower beds disappeared and in their place extended grassland to cater for a herd of pedigree Shorthorn cattle, complete with bull. The pigsty, previously inhabited by pigs of unknown ancestry was given over to a pedigree Large White sow and her offspring. The whole process was utilitarian rather than decorative – a new era had begun.

"The small labour force was supplemented by prisoners of war brought in from nearby internment camps; two Italians were accommodated in the estate cottages, and one German billeted in Glantwymyn in Bont village. The latter's stay in Wales coincided with the severe winter of 1947 with its heavy snowfall and blizzards, and as he was an accomplished skier, an old pair of skis owned by the Stable family was found and promptly put into use. He was able to negotiate with ease the way to Llanbrynmair station where foodstuffs like bread and meat, normally delivered by road, now snow blocked, was available for collection, traversing drifts and hidden hedges, much to the astonishment of the poor Council men busily engaged in manually clearing the road alongside. The same German prisoner was to return to Llanbrynmair in later years, by now a distinguished professor, internationally known in the veterinary world, invited to be President of the Day at the village Show.

"The first twenty five years after the war saw dramatic changes in the day to day life of rural communities; a labour force, ever more mobile was able to pick and choose more remunerative employment, many drifting to nearby towns. There was no longer a dependence on the local squire's benevolence for a livelihood; thus, there ceased to be the same degree of importance attached to the status of the mansion in the rural setting. Holding together an estate must have been extremely difficult for the owners not only on the financial front but also in the lack of control they were now able to exercise over events in the locality.

"Today, at the dawn of a new century, the old order has had to yield to the pressures of modern society, and it is sad in many ways to accept the demise of Plas Llwyn Owen from the splendour it once enjoyed; but whatever its future is to be, it can only be hoped that it will be fondly remembered and treated with the respect it so richly deserves."

PLAS LLWYN OWEN – THE HOUSE

We have already mentioned the family and the estate, but what about the house itself. Who ran that? Because here was a family that had been used to quite a bit of style, which they had transplanted from London to Bont, and their customs meant quite a lot of housework for someone. There are two still living, one in the Lodge, and the other in the Cottage on the land of the Plas, two who had worked there for many years, one since the early 1930s, namely, Mrs Mair Lewis, and Mrs Edna Hamer. We shall hear how both of them gave a lifetime of service to the family.

MAIR LEWIS'S STORY

"I was born in 1913 and brought up in Tŷ Capel, Pennant. I left school at fourteen, and went into service at Aberystwyth, with a relative of the owner of Howells' shop, who hailed from Pennant. I was there for four years, and then came home to look after my mother who had developed rheumatic fever, and undertook a little part-time work at Llwyn Owen when the family were there on holiday. Daniel Wintringham Stable and Gertrude Mary lived here when I first arrived, but I came here for three days a week after Judge Wintringham Norton Stable and Lady Stable had taken over, because she had no one to scrub the floors. Thus, I began my career in the scullery, and on my knees! The house staff comprised Mrs Grey, the cook, her husband, the gardener, and Marjorie Foulkes, the housekeeper. (She was from Bont, and she died a few years ago, aged over a hundred.) There was also a man who came to the outbuilding at the back every week to sharpen cutlery. Everybody had a duty to perform. When I first started, I wasn't allowed to poke my nose outside the back kitchen, but at the end of my career I was in charge of the kitchen and all the food, and I continued doing that until the 1980s.

"Apart from waxing the heavy oak furniture and the staircase, washing the floors and doing the laundry, fires had to be lit throughout the whole house, and also in the six bedrooms by the time the family were getting ready to come down for evening dinner. Furthermore, early morning tea had to be taken up to bed for everyone before they got up. There were two large bathrooms, one with a strange-looking bath half of which was covered by a canopy with jets of water shooting out of it and also from the sides – the original jacuzzi! It was still in use for many years after the war: William John Davies (W.J) took it out and installed a new one. I wonder what became of the old bath? It would be a real curiosity if it were still in existence today. One remarkable relic still there in the back kitchen is the paraffin fridge, but that too would have been thrown out if Edna and I hadn't persuaded them to leave it where it was. Over the years, the place wasn't modernised very much, and almost everything was left as it was in a previous age, the old sinks, the old utensils and the old furniture... Lady Stable lived there continuously, and Philip Owen also made it his permanent home.

"There was a lot of work preparing food, especially in the summer when the families and the shooters came to stay, and also at Christmastime. They had to have a full breakfast, lunch and an evening dinner. Large flasks of tea and coffee had to be prepared for the shooting parties, and saucepanfuls of Irish stew and mashed potatoes, all of which were put in the panniers on the horses' backs and transported to Newydd Fynyddog or Trannon. Everything was cooked on a large, old-fashioned coal-fired range. The electricity turbine only provided lighting, which went up and down depending on the quantity of water supply and the condition of the batteries.

"Nothing was bought in local shops, and apart from the garden produce the rest was bought in bulk. A lot of stuff came by train, large boxes of tea, for example, which was kept in a storehouse, but members of the kitchen staff were allowed to take some whenever they wished. In the same way, supplies of flour, currants and sugar came by train, and baskets of kippers, and fish heads and tails for the dogs from Scotland. There was a boiler in the kennels. Glyn, the butcher, also brought sheep's heads from Carno, and rabbits were boiled in their skins. After all, weren't there seven or eight spaniels and about 20 terriers and Labradors to feed? I carried on cooking at Plas until I was well over 70, and although I sleep at my son, Gomer's, house in Llan, I still go back every day to spend a few hours in the Cottage. That's where my memories are"

EDNA HAMER'S STORY
"I was born at Efail Fach, Pennant in 1923, and I started work at Llwyn Owen straight after leaving school, and, like Mair, rode down on my bike every morning. Most of my work at that time was outside, in the dairy and with the dogs. Daniel Wintringham felt strongly that everyone should join in the war effort, as his son did after him. The Judge wanted everybody "to do something for his country". And so, I too had to leave Llwyn Owen for a while to do some "useful" work. I worked on a milk round for Tŷ Uchaf, Llanwrin for some years, but Lady Stable asked me to come back as soon as the war was over in 1945.

And that's where I remained ever after – never moved – and I am still here, living in the Lodge.

"Lady Stable did not return to London after the war but made Llwyn Owen her permanent home, and carried out a lot of voluntary work in the area, especially with the Red Cross and the Nursing Association. She organised fairs and concerts and fêtes in the garden to raise money. Her husband spent most of his time in London or travelling about with his judicial work, but from time to time he would come down to Llwyn Owen in the old Rolls. On account of the Judge many famous people, like Anthony Eden and Lord Goddard, visited Llwyn Owen. To lighten the heavy appearance of the house with its dark oak furniture, it was decorated with flowers – that could have meant half a day's work for Mair, but of course the gardener provided plenty of flowers. Llwyn Owen always took care of the altar flowers at Llan Church.

"For many years, Mair and I worked for Philip Owen, who inherited the estate from his father, the Judge – I, until he died in 2001. There was more than enough to do when the children and their friends came to stay in the holidays, bearing in mind that very few modern conveniences had been adopted! There was no point mentioning a dishwasher or even a washing machine. To all intents and purposes, Llwyn Owen was, and still is, exactly the same as when it was built over a century ago. And why not? There's an enchanting atmosphere attached to the place, and I think the world of it. The present generation and their children come here now during the holidays, and I still go to the Plas to help get the place ready for them and clear up a little after them, and I enjoy their company very much, especially joining them for a meal and a chat in the evening – and I think they are glad that I am "still here" and still looking after the black Labrador and the white terrier! Llwyn Owen was never without dogs. One of the children who used to play here in days gone by, namely the daughter, Tia, who married John Athelstan Jones, Clegyrnant, Llanbrynmair, has brought her children up at Pwlliwrch farm, Darowen to be Welsh-speaking. Another feather in her cap, she wrote a recent successful Welsh television play, "*Llety Piod*".

WERN GERHYNT

If you were to ask people in Llanbrynmair today, "Where is Wern?" not many could answer correctly, mainly because it is such an out of the way place, and also because no local people have lived there since the 1960s. In fact, Wern is a string of houses and smallholdings extending about a mile from Llwynglas to Pen-y-wern, following the Nant y Wern gorge above the village of Bont Dolgadfan, and secluded from the world's gaze. A century ago it was quite populous, and before that everyone knew about it because it was situated on the "highway", that is, the old road leading from Talerddig through Bwlch Cerhynt to Pen-y-bwlch, down through Wern and Bont and on through Bwlch Glyn Mynydd towards Machynlleth. It was definitely on the map then. Indeed, at that time there were four approaches to Wern, namely, the road specified above from Pen-y-bwlch; another road from Pen-y-bwlch coming down below Lluast and out to Bryntirion; another from Fron-lwyd; and, of course, the road up from Bont. Long ago, the two upper roads were used to carry peat from Trannon and stones from the Foel and Pen-y-bwlch quarries. Today, only the road up from Bont remains, turning at Llwynglas, and this terminates near the house now called Pen-y-wern. From there on it is all choked up, but it still remains a right of way. A 'by-pass' was built for Wern, that is, the present road up to Bwlch, which was much easier for horse and cart traffic, although one would hardly see any of that today!

Up until the final quarter of the nineteenth century, the houses were occupied mainly by miners from Tŷ-Isaf, and home-based spinners and weavers, but the woollen industry had already started moving into factories, such as the Bont factory built in 1800. According to the 1841 Census, there were 40 houses in Wern, with about 20 people still working in the weaving industry. By this time the Methodists had erected a Sunday School building here, as a branch for Bont. And then in 1871 a day school was built, further evidence of Wern's importance. The two institutions were very successful, and the people thought the world of them. But during the years leading up to the twentieth century and thereafter, Wern fell on hard times: the demise of the woollen and mining industries forced men to leave for the South or for the towns to find work, the families died out, and the cottages collapsed.

Thus, throughout the twentieth century, and to some extent before that, with many of the houses being empty, they fell into disrepair, many disappearing altogether. By 1960, there were only three occupied houses left, namely, Llwynglas, Fronlwyd farm and Bangalô. Wern, more or less, had disappeared off the map. But by today it is a different story. Newcomers to the area appreciated the value of this little heaven on earth, and those houses still standing have all been renovated, with their owners either living in them permanently or using them as holiday homes.

FROM HOUSE TO HOUSE

Let us take a walk through Wern, starting at the bottom, to see what there is here today and whether anyone can remember any of the former Welsh inhabitants.

Llwynglas

There are two houses here, back to back. Harri Thomas, a carpenter, his wife, Dora, a teacher, and their son, Emyr, lived in the one facing the main road for many years, before moving down to Bont. Dora and Harri feature in other parts of the book. Both houses are still occupied today.

T'ynllwyn

This house is on the new road. At the beginning of the century an old lady called Marged was said to live here, and she used to wear two pairs of spectacles to read her hymnbook in chapel. At another time it was occupied by a certain Dico Evans, a servant at Cwm-yr-hin, who used to thin out swedes at daybreak before setting off for work – which gives us a glimpse of our forefathers' life of toil. Of course, it has had many occupants since, but it was also empty for a while. It has now been modernised, and has people living in it.

Fronlwyd

Beyond Llwynglas, there is a turning for Fronlwyd, where Joseff Williams farmed until 1990. His wife, Rhiannon, was a daughter of Gelli, and they had two daughters, Miriam and Bethan. The family kept the post office in Bont for many years. After 1990, Fronlwyd was sold together with a small parcel of land, the rest of the land being annexed to another farm nearby. A barn has been converted into a holiday home.

Gwaelod-y-Wern

According to the late Stanley Evans (Cwmcalch Uchaf and Canada), long ago there was a terrace of five houses just beyond the Fronwyd turning, but there is no trace of them today. In the early years of the century, he said, an old lady called Ann Jones lived in the bottom house, very fond of her clay pipe. One of the rhymes she used to recite to the children was, translated,"False old owl, laying only two eggs, and those with scab and lice, And the little wren laying thirteen, all clean and fair."

As the houses deteriorated, there is proof that some of the residents had moved away into better houses in Wern, for example, Jane Evans and Martha Hughes.

Brynffynnon

These are the next two houses, the home of Jane Evans, who carried the post for most of her life. Her daughter was called Hannah, and Hannah's daughter, Mrs Olga Evans, now lives in Oswestry. Siân carried the post around Bont, up through Wern and out to the Bwlch and as far as Waun Cwm Calch and Foel, until she was 70 years old, when failing health forced her to give it up. One of the houses was restored very neatly in the 1970s, but today both of them are showing signs of neglect. The last local family to live here until 1972 was Robin Morris, his wife, Myfanwy, from Foel, and their sons, Wil, Richard and Elwyn. The eldest, John, a well-known reciter, lived with his grandmother in Foel.

Bangalô

This is certainly the most famous house in Wern, and the last to be occupied by someone from the 'old days', namely, "Lina Bangalô". She was a daughter of Foel, her husband being a brother of Evan Jones the wheelwright from Esgair Llafurun. Her daughter, Mary, has contributed a chapter to this history. Lina used to wander about quite a lot, and became well known to many. Once someone frightened her by dressing up as a ghost, and there she was shouting, "To Bangalô I want to go!" Evidently, the ghosts of Wern's preferred language was English! One of her sayings was, "Man will surely go to the moon one day, you'll see!" And she only needed to have lived a few decades longer to see that happen. She left Wern in 1962.

Bangalô was the old Wern School, built under the auspices of the British and Foreign Society soon after the passing of the 1870 Education Act, which required children to attend school until the age of 12. When the new school was opened in Bont in 1912, Wern closed and 40 children were transferred, but in its heyday Wern School would have had double that number. Mr Stable, Llwyn Owen bought the building in 1914 and let it out as a house – there was a small house attached to the school. As already stated, Lina lived there for many years, and much to everyone's amusement she used to refer to the rooms by their numbers: the washroom was Standard One; the living room, Standard Two; Standard Five was also quite an important room for her; and she slept in the Classroom, that is, the Infants Room. With its high ceiling, we can imagine what a cold and draughty place it must have been. After she left, it was empty for a while, until Mrs Martin, a retired teacher from the Midlands, bought it, but she didn't alter the place much either, leaving the marks where the desks and benches had been fixed to the walls. In the 1970s, a couple from the Midlands came to live there. They developed a smallholding around it, created a pond, and improved the house. The next owners made further improvements, and it was put on the market again in 2002 at £155,000. By now there are new people here who are still carrying out renovations. In 1970, there were only two occupied houses in Wern, Fronlwyd and Bangalô.

Bryntirion
Long ago, there were two houses here. After the Great War, it was the home of John Hughes and his wife, Martha. John Hughes was her second husband, and John Stephen Owen (later of Pandy Isaf) was her son. Her daughter, Elisabeth Ann, married Edward Jones, Pantycrwyni (later of Cae Madog). "John Hughes y Wern" is referred to as a kindly old man who worked here and there on local farms, and carried sweets in his pocket for children. It appears that Martha was an exceptionally strong woman. She used to boast that she once carried 280 lbs up the stairs at Pantycrwyni... and would say, "Martha is strong!" as she threw a load of firewood over a stile as if it were a box of matches. Bryntirion was made into one house at a later period, and Annie (formerly Anwyl) of Dolgadfan once had it as a holiday home, which she named "Mynyddog". At present, there is someone living there permanently. It

had a garden across the road, and the remains of several old houses could be seen there. It was here too that the road from Lluast joined the Wern road.

Harefield
This is a new bungalow, the only new house in Wern. It was built after 1970 by Alan Cox, a college lecturer who lived here while carrying out repairs at T'ynllwyn and the Sunday School. Below the site, there used to be a row of old houses, but today their remains are hidden by boxwood.

The Schoolroom, or the Sunday School
This is another noteworthy little building, which once saw prosperous times. The Methodists built it in 1813 to accommodate the Sunday School when the chapel became too small. It was also used as a day school, and its building proved a blessing for the people of Wern, because it provided them with a chapel, a school and a small communal hall at the centre of the community. Various functions were held there, such as competitive meetings and concerts. It closed in the 1940s, and the last Sunday School teacher was John Jarman, Brynolwern, who used to walk up every Sunday from Tafolwern. The schoolroom was left exactly as it was for forty years after it was closed, with its pulpit and its clock on the wall, until it was sold in the 1980s to Alan Cox who converted it into a house. In 1997, it changed hands again, and was renovated further and extended. The name on its gate reads in English, "Sunday School".

Penucha
Near the schoolroom stood Penucha, the home of Morfydd Owen's father (her story follows later). Some people remember her coming up here with her mother to see the old house. There are no traces of it left today. Siôn Myrfyn from Bont adds to the story:

"I remember asking my mother when I was young what could she remember about Morfydd. She knew very little except the fact that she liked coming up to Pennant and Bont to visit members of the family and to see her ancestors' graves in Llan churchyard. My mother said, 'Why don't we ask Elisabeth Ann Owen, Bryntirion, in case her mother,

Martha Hughes, had said something?' When we asked her, this is what she said:

'I was a little girl with Mam in Bryntirion, and one afternoon there was a knock on the door. Mam went to answer it and I followed her; and standing on the doorstep was a mother and a young girl. I can see her now as clearly as if it were yesterday. She was exceptionally attractive and pretty, with raven-black hair and wearing a bright red coat. The lady asked my mother if she could direct her to the cottage called Penucha. Mam assumed she was looking for somewhere to live, and told her that it wasn't worth looking at, that the door and windows had gone and part of the roof had fallen in. The lady replied that she wasn't bothered about that, but that she and her daughter would like to see it as it was. The four of us walked about two hundred yards up the road to Penucha, and while we were talking outside the girl went in. After about two minutes she reappeared and said, 'There, I shall be happy now. All I wanted was to stand on the hearthstone on which my father had been raised.' The girl was Morfydd Llwyn Owen. Penucha was situated on the bend as you go down towards Tu-hwnt-i'r-nant."

Tu-hwnt-i'r-nant
Almost directly opposite the Sunday School stands Tu-hwnt-i'r-nant. Long ago, there were quite a number of houses here, and a road leading away past a smallholding called Perth-y-bi and joining the new road near the site of the new bungalow. What we have here today are two houses made into one with the dates 1721 and 1785 to be seen inside, and there is also a washhouse converted into a holiday home. In one of these houses long ago lived Johnny Toss, or Tose, but "Joni Bocs" in everyday speech, because he used to walk miles around the farms and houses selling things for the housewife from a black box he carried on his back. He was quite a respectable and cultured man, and some thought he was German, possibly having come here before the Great War. He used to say, "I pity the women of Waun and Tŷ Sais, living so far". They must have been glad to see him calling with his bits of news. Next door to him, in the lower of the two houses, lived Sidney Craig, with his wife, Martha, and their children, Walter, Peter, and Nellie. The children used to climb into the loft and peep down at Joni through the spaces between the planks, and Walter used to escape through the skylight when he

should have been in bed! Sidney Craig came from Scotland as a gamekeeper to Llwyn Owen. He was killed during the last few days of the 1914-18 War. The family had a hard time of it after that, and Walter often said how kind Johnnie Toss had been to them. With his few pennies he could afford a bit of roast meat on a Sunday, which they couldn't, and without fail he would invite one of the boys to share it with him. In turn, Martha was also very kind to him, tending on him when he was ill. With effort and financial help from local people, Nellie managed to go to college and qualified as a teacher, and strangely enough rounded off her career as headmistress of Bont School for a short while. After working locally for some time, Walter and Peter moved to England, Peter to Liverpool (having married a cousin of the Llwyncelyn family, Talerddig), and Walter to work on his Aunt Jemima's farm at Barnard Castle.

There is a story about Walter's chance meeting with Prince Charles. He had gone fox hunting, as was his wont, in the vicinity of Barnard Castle (without a red coat or a horse of his own, of course!) and was leaning on a gate looking at some 4X4 vehicle parked nearby. A man got out, walked towards him and greeted him. He realised who he was, of course, and the Prince understood straightaway that he was talking to a Welshman. They started chatting. It was a frosty morning and he offered Walter a drop of whisky from his flask. They met and chatted on three subsequent hunting occasions. One winter, Walter was struck down by an illness, and what should arrive at the hospital but a letter written by Prince Charles himself wishing him a speedy recovery and hoping to see him back at the hunt soon. That's the kind of person Walter was, creating an indelible impression on everyone he met.

But his heart was in Wern and Bont, and every year he and his wife, Nan, used to come down in his Morris Minor (the apple of his eye, and looked after like a baby!) to see his old district and to follow the foxhounds. He remained well known to many in Llanbrynmair, a great conversationalist with a wonderful memory, and his Welsh as pure as ever. His ashes were scattered above Wern, where else!

Wern Hall?
Somewhere in the upper reaches of Wern lived Mari Lewis and her son, Tomi or "Tymi Bach". (According to the late Stanley Evans, it was

called Wern Hall). Most likely it was one of the cottages that fell down, with its name sounding more like a nickname. It was hardly a correct description! Tymi had some peculiar preoccupations, such as how many loads of manure there might be in a dunghill, or how much hay was there in a barn in winter. And he had his own vocabulary, and the exclamation Desgyn!, when anything went wrong. He used to drag his feet clumsily in enormous hob-nailed boots because of some defect or other, and could easily be heard entering chapel. Some called him "Twm Cristion". Siôn Myrfyn quite recently kindly provided a gravestone for him in Bont, with "Tymi Bach" engraved on it.

Next door lived Mari's brother, Wil Breese, or "Wil Goch". The houses were so rickety by then that half of the house fell down on one occasion. Bili Owen, Penfilltir, used to tell a story about Wil once at an auction with his nephew, James. Wil wanted to buy a cow, and for every cow that came into the ring Wil said, "Eleven pound!" But he had no luck until an old cow was brought in, and again he said, "Eleven pound!" and she was knocked down to him. Wil then told James to go home for some money. "How much shall I bring down, William?" "Bring the bloody drawer down!" he replied.

Pen-y-Wern
This is the highest house on the Wern road today. From here on it is choked with undergrowth. The house has been renovated, and oh! what a view there is from here over to Bwlch Glyn Mynydd and the sides of Bronderwgoed! But being a holiday home, there is no one here very often to enjoy the magnificent view. At one time there were three houses here apparently, and the last local occupants were Matilda Davies, or "Tilda Pen-wern", as she was called, and her cousin, Thomas Morris Jones, or "Tomi Pen-wern", who lived with her. He had worked in the coalmines and later served in the Great War, when gas damaged his lungs, affecting his breathing. He returned to Wern, and like many other wounded ex-servicemen, became a postman. He had a vast postal round which included Waun Cwmcalch, very remote and with no road at that time, and the last mile across wet, boggy moorland. The Waun children (the Lewises), according to Siôn Myrfyn, used to gather nuts on the way home from Bont School, and send them off to some company or other to earn a few pennies. Well, Tomi the postman was partial to the word,

"bloody", but euphemised it to "bydi", and for some reason he always spoke English to Myfanwy, the postmistress. One morning, he picked up a postcard addressed to Waun, with the message, "Received nuts on so-and-so date. Payment for same will be forwarded soon". And Tomi said, "Bydi el! I've got to go to bydi Waun because of a few bydi nuts!" When Matilda moved down from Pen-y-Wern farm, the family home, to live here, she brought the name with her.

Pen-y-Wern Farm
The farm bearing this name was situated higher up in the wood, and is now a ruin. It stood on the "main road", of course, and it is thought that there was a smithy there long ago: after all, many horses would have passed along that road. It is almost impossible to get there today because it is a jungle. Mari Jones lived there early in the century, with her son, Bili, who tried his hand at everything to make a living, slaughtering pigs, farm labouring, a little blacksmith work, running a pony and trap taxi service, yes, from the very top of Wern! The horse would sometimes fag out and passengers had to walk up the chapel hill. Mari Jones had nephews, Tomi, Matilda, and Idris who were born in London, but often visited Wern. Bili was the last to live up here.

"Hen adwy'r gwynt"
The old road rose steeply to Pen-y-bwlch, the location of "hen adwy'r gwynt", according to Jac Newlands from Bont, when the east wind blew fiercely past Hafodwen. Around Pen-y-bwlch there are several small farms with footpaths or lanes leading to them from the road, for example:

Cilhaul
There used to be two houses here, in one of which during the early years of the century lived Abraham Jones and his wife with their two sons, Jac and Dico. Abraham moved to Llawrcoed to work on the road. In the other house lived Richard Owen and his family. He kept a donkey to work on the smallholding, and once when he was bringing quite a big load up Llan hill, Mr Rees, the Rector, came past and said, "Can I help by pushing a little?" Richard replied slowly, "Well, it was too much of a load for one donkey!" For many years, the building was used as a cowshed or barn, but there is someone living here today.

Bryn Bach

This was the home of Thomas and Jane Jones and their three children, Tomos, Mary Jane and Ifan. Between the two wars, Ifan went to work in the coalmines at Nant-y-moel, probably as a timber-man. Then after a few years he returned to his family, and all three remained at Bryn Bach for the rest of their days, until the 1960s. There never were two more dissimilar brothers than Tomos and Ifan, Tomos as slow as a snail, and Ifan fiery like a match. When Elwyn yr Hendre arrived there one morning on his tractor to do a job, greeting them with, "How are you all this morning?" Ifan replied, "It's a terrible morning here! I'm going to send Tomos to an asylum, put Mary Jane in a home, and I'm going to get married!" This never happened, but he did have a girlfriend down in the village. According to Siôn Myrfyn, he also had a cultured side to him and could quote reams of poetry from memory, for example, the ode, (awdl)"Iesu o Nasareth". He died in 1960, followed by Tomos in 1964, and Mary Jane in 1968. Erddig Richards, a member of the family, farms Bryn Bach today, the only Welsh family left up here now.

Esgair Llafurun

Here is Siôn Myrfyn again: "I heard it said when I was young that the name means 'Esgair-llafur-un', that is, a smallholding providing sufficient work and a living for one person. Originally, it was a *tŷ un-nos*, one of those houses that were built two centuries ago between twilight and dawn, out of stone and clay, and clods of earth for the roof; and if there was smoke coming out of the chimney at daybreak, then one could lay claim to the house and a little land around it. But, of course, it has been rebuilt since then. The family one remembers living here in the twentieth century was that of Evan Jones, the wheelwright, who specialised in making and repairing water wheels. He had a daughter, Sally, and four sons, one being Gwilym Pen-ddôl, the carpenter.

"Evan Jones was interesting company. I heard it said that he was very fond of going over to Trannon on his pony in the evening. All the mountains were open at that time, and only an old road led there. Evan would never think of leaving Trannon until two or three in the morning. It required a special gift to walk across those upland moors at night, but given a loose rein, the pony would take him home quite safely. He loved horses, especially ones that had developed nasty tricks, but he would be sure to bring them round, and always by fair means. He was a marvellous conversationalist and tease, and the first to know if someone had started courting! He also told ghost stories… One dark night, he said, he was returning home by Tawelan gate, near Llan, and, no matter what he did, the pony kept pulling towards the hedge. When he reached the Bragdy, Tom Lewis said, 'This pony's sweating terrible. You've come across a spectral funeral!'. Soon after, there was a funeral in Llan."

Waun Cwmcalch

Waun is a good two miles from the Cerhynt valley road, and a track leads from Waun to the old Cwm Mawr road. Long ago, you could only walk to Waun, but today you can drive there in a suitable vehicle. The late Stanley Evans used to talk about a certain Mrs Jones, who lived here long ago, a widow, with blue eyes, and white hair combed back in a bob. She hardly ever went anywhere. Her son, Bryan, lived with her, but he died of the flu during the time of the Great War, and we can imagine what a loss that would have been. The late John Jarman, Tŷ Isaf, had an anecdote about a character, called Robin y Waun, who had lived here. He had dedicated one field to growing carrots, and would then go round the villages with a donkey and cart selling them (perhaps the most organic carrots ever!) The last Welsh people to live in Waun were Penry and Eunice Jones. She had been born here, the daughter of Joe and Sue Lewis who lived here previously. Waun was left empty for nearly half a century but is inhabited again.

TODAY

Most of the houses, smallholdings and farms we have mentioned are still occupied, but not by people born locally. As we saw, almost all the houses in Wern were empty by the 1960s. Then, in the 1970s things began to change, when people from outside the area took an interest in the buildings, saw some value in them, bought them, and restored them. By now each one belongs to somebody, and the owners for the most part living here, and a few using them as holiday homes. Yet despite the change of hands, and styles, one thing stays the same – the road to Wern. It's as bad as it ever was!

HOUSE RENOVATOR

Someone who has left his mark on the properties of Wern and other parts of the parish in recent years is Eric Williamson, the owner of the mobile-model business in Llanbrynmair's old village hall. He said:

"My wife, Alison, and I came to Pantypowsi, Cwm Nant-yr-eira initially over forty years ago. The house was in a very poor condition, only a wall or two still standing, and no road to it. About half a dozen other similar smallholdings were built in the vicinity about 1890, a fairly prosperous time for farming. But they were very badly constructed, the builder having skimped on long stones – through stones – in the gable ends, as I saw at Pantypowsi. Instead of long stones, he often used two shorter ones, which, of course, is useless for locking a wall.

"Pantypowsi was the home of Andrew Jones, the bobbin-maker, and his daughter, Siwsana, who was slightly feeble-minded. From what I heard, the old man, her father, had died sitting on the stairs, and Sana had pushed past him for five days waiting for him to get up! I also heard about a mother and daughter who lived in one of the farms nearby walking with butter and eggs to Llanfair market past Carreg-y-bîg and Adfa, and staying overnight with relatives. These cottages around Pantypowsi were occupied by poor smallholders, getting the occasional orphan lamb to rear from surrounding farms, which helped them make ends meet. Having been raised like children, and unaccustomed to dogs, when these lambs were taken down the old road to Pont Bell to meet a dealer, they would take fright and escape into the woods. Then the smallholders, with the money safe in their pockets, returned home – followed very shortly by the lambs! And talking about the old road, it was so narrow and winding, it was customary to send a young lad ahead to warn other users in case two carts met at a very narrow place. But sometimes the temptation was too much and the lads would let the carts meet – just to hear the language!

"I also converted Aber Schoolroom into a house for a gentleman and his ailing wife, who wanted to move to a quiet place, but they didn't stay long.

"I had travelled many a time along the road from Talerddig to Bont, and had seen Tu-hwnt-i'r-nant from Pen-y-bwlch and fallen in love with the place. I had to buy it! But for many years it had been used by animals, and the first thing I had to do was muck it out. In order to have somewhere to live, I bought Brynffynnon down the road – but there was work to do there as well! (I bought Pantypowsi for £600, Brynffynnon for £1,500 and Tu-hwnt-i'r-nant for £4,000. Compare today's prices!) There were two houses here in Brynffynnon, which had been empty for a long time, and I set about renovating one of them, actually rebuilding it. The back kitchen with its gable-end built into the sloping ground was very dark, and its floor, ceiling and walls had been painted at one time with a mixture of whitewash and bull's blood, which dried in a hard, shiny layer. This 'paint' was quite common in the old days. Very amusingly, cardboard had been nailed to the ceiling with nails two and half inches long. Brynffynnon was an old house, a *tŷ un-nos* originally, built at the roadside from stone and clay, but extended into two houses at a later period. In one of the walls I discovered a piece of the old original chimney hood, that is, a flat piece of wood with holes in for pushing wooden rods into.(There would have been a similar flat piece at the other end). These rods plaited together and then daubed with clay would form the hood's bonnet. Opposite the house, going up alongside the brook, there were the remains of the old barracks used by the Tŷ Isaf miners.

"Underneath all the cow-muck, Tu-hwnt-i'r-nant had also been two houses, the lower one being the original, dating from the seventeenth century, and the other with its two floors built later. While restoring them as one house I tried to retain the original features as much as I could, and recreate its wood and plaster facing. Right beside it, there was another building, incorporating the pigsty, the washhouse and the bake-house – and that is how it was in Walter Craig's time, because he remembered scratching the pig's back. I converted this into a house as well, and when I was digging I came across a wall running towards Tu-hwnt-i'r-nant, and next to it the biggest ever pile of broken crockery. Thousands of pieces. I wonder what the explanation was. Don't tell me that the people of Wern used to get drunk and throw crockery at each other! Anyway, it shows that there was quite a prosperous community here once.

"Have you ever seen the book, *Welsh Workingmen's Houses*? It contains pictures of old weavers' cottages from Wern. There were several of these on the old road which leads through the wood above Tu-hwnt-i'r-nant in the direction of Lluast. Apparently, the Davies family of Dôlgoch had built them for their workers. There are still traces of them there.

"After some years at Tu-hwnt-i'r-nant, I was keen to expand the wooden mobile models business that I had started – I was employing 11, but I failed to get planning permission because some people thought the work would be noisy. And so, I had to sell Tu-hwnt-i'r-nant and move to Cae Madog, where there was a suitable barn for the work. Cae Madog is another interesting house. A part of it dates from the seventeenth century, but inside it there is another older house! A passage runs right through the house, with a door each end, that is the remains of an old central hall. It is a platform house, with the ground raised at one end to support it because the gable-end faces a slope. It had undergone a great deal of modification during the nineteenth century, and I have noticed, while restoring these old houses, how periods of financial prosperity are reflected in the changes made to houses. In about 1890, pointed windows were installed in the roof and a porch was erected in front of the door.

"Gellidywyll is another interesting house, comprising an old house inside a newer one built about 1900. The old one was black and white, its external walls made of timber and plaster, but the later house was built of stone and red brick. The old house can be seen clearly in one particular place inside, where quite a wide passage runs between the old wall and the new; the old internal woodwork in the walls and the roof is of a very high standard. A barn was built here in 1914 in the herringbone brick style, that is, red bricks arranged in a sloping pattern. The owner of Plas Llwyn Owen made an enormous amount of money in London at the turn of the century through his connections with a famous insurance company, and he approached the notable firm of architects, - Waterhouse, who designed the Old Bailey in London – to draw up plans for new houses on his estate. They chose a pattern using black-coloured wood and red bricks, as can be clearly seen in Tremafon and Brynawel in Bont village, and also in Llwyn Owen Lodge. Thus the architectural fashion of Surrey came to Llanbrynmair at the beginning of the twentieth century."

MORFYDD LLWYN OWEN (1891-1918)

Morfydd Owen was a young musician who took her professional name from Llanbrynmair. Who was she? Rhian Davies, a professional musician, originally from Newtown, has researched the life of this remarkable young woman, Morfydd Owen, and here is an opening quotation from her book, *Yr Eneth Ddisglair Annwyl*: "It was the unanimous verdict of her generation that Morfydd Owen was the most supremely gifted and diversely talented musician Wales had yet produced…"

Beautiful and young, a pianist, a singer, and composer – a favourite with famous Welsh people of her day in London, such as Lloyd George, she had the world at her feet… But what was her connection with Llanbrynmair? Her grandfather, Dafydd Owen, was a farmer at Gnipell, Pennant, a little holding at the top between Belan and Hendre. He exchanged a field with Hendre, which is still called "Cae Dafydd Owen" to this day. There's only the well left at Gnipell today. ("And it's a deep one too," said Alun Wigley, Belan, who defied his parents' warnings by dropping stones into it on his way to school.) It is obvious that Morfydd's grandfather moved from Gnipell, because her father was born at a little cottage called Penucha in Wern, and after that until he was eight years old he lived in one of the workers' cottages at Plas Llwyn Owen where his father worked before the family moved away from Bont to Treforest in Glamorganshire. While still quite young, William was fortunate enough to marry a girl from a well-to-do family of builders, and so their only child, Morfydd, had every advantage.

Both her parents were musical, he a choir conductor and a precentor at his chapel, and Morfydd was brought up in the traditions of the chapel and the eisteddfod. She started having music lessons at a young age, and at 17 had published her first hymn tune, "Morfydd". Having gained a Bachelor's degree in Music at the University College, Cardiff, she was accepted into the Royal Academy in 1912. She then began a brilliant career as a composer of orchestral works, chamber ensembles and piano music, as well as choral pieces and songs for solo artists: who hasn't heard of "Gweddi Pechadur"(The Sinner's Prayer)? She had a warm welcome at the homes of Sir Herbert Lewis, the M.P. for Flint and his musical wife, Lady Ruth Lewis, who was a great collector of folk songs. Dora Herbert Jones and Morfydd used to accompany her to her lectures in order to illustrate examples of folk songs.

Morfydd's awareness of herself as a Welshwoman grew stronger, and she was honoured with membership of the Gorsedd as "Morfydd Llwyn

Owen" at the Wrexham Eisteddfod of 1912. At about this time she went to live in Hampstead Heath among the bright and bohemian artists of the day, people like the writer D.H.Lawrence. And then, suddenly and unexpectedly, in 1917 she married a man much older than herself, called Ernest Jones, an eminent psychiatrist and a friend of Freud. Thus, aged 25 she experienced a great change in her way of life, and she lost her dynamism and creativity. She felt the oppression of "being a housewife", something vastly incompatible with her nature. She died the following year under an appendix operation, carried out by her husband in a lonely cottage on the Gower. The whole nation mourned as she was laid to rest in the Oystermouth cemetery near Swansea in September 1918.

But why connect her with Llanbrynmair? After all, she never lived here. No, but it was she herself who insisted on the link. We must remember that she was an artistic and sensitive person, and Bont and the surrounding area had made a deep impression on her, as a contrast, no doubt, to the mining district of Treforest in the Taff valley. She insisted on visiting her father's birthplace. Here is an extract from one of her letters written in 1914: "I had thought of going to Llanbrynmair today or tomorrow – it is a sweet little country place in Montgomeryshire, and has additional interest because my father was born there... for the sake of tradition, I spend some part of my holiday there every year." She used to attend Bethel chapel in Bont and joined in the singing. Edwin Evans says in a letter to the American *Drych* in March 1928, "...she joined in the singing with her sweet voice". According to Siôn Myrfyn in the 30/10/80 issue of Blewyn Glas, Morfydd went up to Wern to look for Penucha, where her father was born, and, of course, she named one of her hymn tunes Penucha, and furthermore adopted the name "Llwyn Owen".

Her father, William Owen, presented a portrait of his daughter to the inhabitants of Llanbrynmair 16 years after her death. It hung for years in the anteroom of the old Village Hall, and now graces the Community Centre, where it is hoped it will enjoy pride of place for many years to come because she truly loved and honoured the district of her forefathers. Her father also presented a portrait to Bont chapel, which still hangs in the vestry there.

MARY EVANS REMEMBERS WERN

"I was born in 1920. I lived in the old Wern School, which had been converted into a house and was called "Bangalô". A family by the name of Thomas lived there before us. We were five children, Dafydd Morgan, Owen, Gwladys, Sal and myself. My mother, Lina, or Mary Helena Roberts, was one of the Foel girls. My father, John Jones, was one of the Esgair Llafurun boys, and after the Great War worked in Manchester, making parts for aeroplanes. I remember about two dozen houses in Wern, and people living in nine of them, like Tomi Pen-wern and Matilda, Johnny Toss, Sidney Craig's family, and "Tymi Bach" or "Twm Cristion", who was a little bit simple, and lived on his own. You can read about them elsewhere in the book, so I won't say any more about that.

"I used to attend Band of Hope regularly. The minister, the Revd T.W. Thomas, was exceptionally good with children. Nain Foel, my grandmother, was always on our backs, making sure that we also attended the *seiat*. When I was the only child left in Wern, I was allowed to go to Bont Sunday School – that's where many of my school friends were, and they had a Sunday School trip, to Aberystwyth usually. But after a while Nain wanted me to go back to Wern Schoolroom, and that's what happened. I often think about Nain Foel. Foel was high up and about three miles from Bont, but she was keen on the chapel, Sunday School and the *seiat*. She used a lantern to light her way to the *seiat*, and she would hide it in the boxwood hedge of Ivy Cottage. On her way home one night we heard her shouting loudly – the lantern flame had gone out and she was lost! We went looking for her; she had almost reached home, but she couldn't move from the spot. There was only a zigzag footpath leading to Foel, which was also quite steep. She had a lively mind, and ruled the roost at Foel from her three-legged stool in front of the fire, with her thick petticoats all around her, and eager to know everything that was going on. Her son, Dafydd, was at home farming, and his neighbour, Gwilym Rees, Gellidywyll, sometimes went with him to shoot hares around Foel and Fronlwyd. On a harsh night, Dafydd would go out to the corner of Cae Tŷ Ffwrn to assess the weather. He would come back shaking his head and say, 'God is from the north tonight!' So, it would be a night in by the fire.

"My sister, Gwladys, was six years older than I, and when I was seven, my other sister, Sal, died, aged 11 years, from a burst appendix – only six months after my father had died. Sal was supposed to be singing in a concert or eisteddfod around Easter time, and the minister, H. Evans Thomas had said there would be no tea party for her unless she sang, but poor Sal died before that day. When I was five years old I too did a recitation in a concert at Wern. It was Christmastime, and the piece was about Santa Claus. As my father worked in Manchester, he failed to arrive back in time to get a seat, and there he was listening through the keyhole. We used to have an annual eisteddfod in Bont, the Good Friday Eisteddfod, held in the chapel. The place would be chock-full, with the boys sitting on the windowsills. But later on, the chapel was re-painted, and there was to be no more sitting on the windowsills after that. Soon afterwards, the eisteddfod was moved down to the village hall in Wynnstay village. Perhaps that was the reason! I remember once a cousin of Dr Eddie Lewis, Lluast coming to recite "The Black Chair of Birkenhead" – (the winning bard, Hedd Wyn, having been killed in France)– and the following day at school Islwyn Lewis was mimicking her. He was a good actor.

"I had a happy time at Bont School. It didn't take long to walk down from Wern, but it took a bit longer to climb back up home. My best friend was Dorothy Thomas, daughter of George Thomas, the carpenter, and Ellen Thomas, who lived in Hen Dafarn, and we remained friends all our lives. We used to pay for Horlicks, and fight over who was to prepare it. The children who came from afar brought their own lunch, but those from Wern went home. Very often my mother would give me a list to leave at the shop in the morning and the goods would then be ready for me to take home at lunchtime. But more often than not, they wouldn't be ready, and the Bont children would be on their way back to school when I was climbing Bragdy hill on my way home!

"Myfanwy James kept the shop. She had been adopted by John and Sarah Roberts, the latter being Gwilym Cyfeiliog's daughter, and her parents had kept the shop before her in Cyfeiliog Street by the river. My mother worked as a maid for them for a while. I remember her saying how they used to have ministers and theological students to stay there for the weekend. Once when a young student arrived, John Roberts called out, 'He's very thin! Give him plenty to eat!' That young student was the Revd Madryn Jones.

"The Revd W.M. Evans stayed there several times. He used to preach at the big religious meetings. I remember once as a child hearing him repeat himself over and over again, saying, 'The world is getting better, the world is getting better!'

"But to return to the school... Mr J.E. Jones, Maentwrog, was the headmaster of Bont School when I started there. His great interest was *canu penillion*, "singing verses" (to the harp) and he became famous throughout Wales in that field. Even we, the infants, had to learn sections of odes by heart, like 'The Blacksmith' and 'The Destruction of Jerusalem'! It was quite a job getting our tongues round the words. Miss Doris Williams, Llan and Miss Annie Williams, Cilcwm, taught the Infants classes. Later on, Mr Glanffrwd Davies became headmaster of the school. He loved composing words for action songs for us, and we would perform them at school concerts. One of them contained the words, in English:

'If I had a donkey and he wouldn't go,
Do you think I would beat him? No! No! No!
I'd give him some hay and say, Cheer up, Ned,
And if he was ill I'd put him to bed.
Cheer up Neddy! Cheer up Neddy!
Cheer up Neddy! Cheer up Ned!'

"Wil Tŷ Pella was allowed to lead the singing and conduct the children sometimes – Glanffrwd Davies must have seen the potential even then! Sometimes, when the headmaster was busy, we could hold our own little competitive meetings. We chose the "president" for the occasion, and once I had the honour of sitting in the president's chair. Emrys Thomas, Dorothy's brother, used to sing 'Mae gen i iâr a cheiliog', (I have a hen and chicken) and every time he came to the refrain 'Weli di, weli di. Mari fach'. He would turn and look at me!

"We learned many *penillion* and *englynion* (poems) at school, and I can remember some of them to this day.

"After leaving school, I went as a maid to Llwyn-y-gog farm in Staylittle. I was extremely happy there, and Ifan Richard Owen and his sister were such kind people. After that, I moved to Dôl Hafren in Caersws. I was only there for a year. The work was hard, but the hardest thing was speaking English. There were three children there, who were quite mischievous. I used to cycle to and fro between Wern and Dôl Hafren – a journey of more than fifteen miles. I was only allowed home once a month, from Friday night to Sunday night, with a half-day once a fortnight. On one occasion I started back in pouring rain. I called at my brother's in Cringoed, and he persuaded me to stay there overnight, promising to wake me so that I could set off very early in the morning. But in the event I overslept, and I was late leaving, and was in dire trouble when I eventually reached Dôl Hafren, because the mistress had already started doing the washing without me. At the end of the year, I went as a housekeeper to Morben Mawr, Derwen-las. That's how I met my husband and settled in Glaspwll".

CWM PENNANT

Three small rivers meet in the village of Pennant, the Twymyn, Afon Crugnant, and Afon Ceulan, gouging deep gorges for themselves as they cascade down from the hills. Ffrwd Fawr, where the Twymyn leaps 130 feet on leaving Dylife, is, of course, famous. Thousands have stood at the roadside above the Ffrwd looking down Cwm Pennant, as far as the bottom of the parish, an unforgettable view with Pennant cliffs providing an impassable wall on the left and the multicoloured Craig Slatie on the right. The river Twymyn divides the village of Pennant in two, namely Pentre Capel and Pentre Felin. The corn mill was situated on the river Ceulan which flows into the Twymyn by Pandy, and Evan Lloyd, as a the tenant of Plas Pennant, was the miller when it closed between the two World Wars. There's only the kiln left now, and a new wooden house has been built on the site of the mill.

During the eighteenth and nineteenth centuries, there had been a woollen factory a hundred yards away, using water from the Twymyn. The factory was converted into three little houses, and the last person to live in one of them was a 'character' called Hannah Morgan, or "Hanna'r Gro". The Gro was in Pentre Cilcwm, a mile up the river Twymyn, but she was born in Cilcwm Fach. Hannah had an obsession for collecting firewood, and she was often seen with a pile in tow filling the road. Her great sin was pulling stakes out of hedges. Hannah's wealth was a houseful of dry wood, and a fire alarm would not have been of much use if it had caught fire! It appears that Pentre Cilcwm grew during the eighteenth century as a cluster of cottages for miners and weavers, which were later converted into farm buildings. To proceed up the valley one had to ford the river. The first bridge was built in the mid-1920s, the Council providing the craftsmen whilst local farmers and smallholders did the heavy labouring work and carried stones for the supporting pillars. Alun, Belan says: "My father won a prize in a competitive meeting for verses about the old bridge, under the pen-name 'Dic Dyrtun'. Richard Bennett, the adjudicator, thought that Pont Dyrtun would have been a good name for it." But it became known mundanely as Pont yr Afon. A new bridge was built there in 1960 when the old one became inadequate for modern vehicles.

From here to the head of the valley there are three farms, Hendre, Pennant Isaf and Pennant Uchaf. Hendre was Richard Bennett's home, and we shall read more about him again. William and Mary Davies farmed here after him. Mrs Mary Davies had a strong personality, wide-ranging interests and a good memory. She was 96 years of age when she was laid to rest in Bont cemetery in 1989. It was no wonder that she came to the notice of St Fagan's Museum, and went there to demonstrate traditional methods with food, such as "drawing" toffee. She recorded a dozen or more tapes for them about old traditions and remedies. One who was well versed in those matters, she said, was Mari Huws who lived at the Gro when she was a little girl at Tŷ Mawr nearby. She remembered some of the recipes: boiling bramble leaves in milk for diarrhoea... washing sore eyes with water and Epsom salts... for cataracts, blowing fine blue slate dust into the eye through a quill, or sugar or the powder of old wood... She remembered her mother being bled by Mari with leeches bought from the chemist... a pound of salts for an animal with red water disease, and a pound of bicarbonate of soda for a cow that failed to chew the cud. Burning feathers in front of a cow suffering from *llyffantws* (apparent translation "lumpy jaw" or "frog". Pennant Isaf was a bad place for *llyffantws* at one time.) She also knew of a curative well somewhere near Crugnant. If a cow had an ejected womb, it had to be kept in warm milk until an experienced person came to put it back. A live snail put down the throat of an animal suffering from fluke. A turnip poultice and bran on the foot of a lame horse. Another way of curing an ailment was to visit the sorcerer at Llangurig… But Mary Davies's favourite journey was walking from Hendre through Dyrtun Wood to the chapel in Pennant, where she was a Sunday School teacher, and also a member of the school's board of governors.

BUDDUG THOMAS REMEMBERS

Let us stay around Hendre farm for a moment to hear some of Buddug's reminiscences. She was the eldest daughter of Hendre, born in 1919, and like her mother before her blessed with a retentive memory. She retired with her husband, Bill Thomas, to Llanfihangel Genau'r Glyn (Llandre) some years ago. She relates her experiences at school and college elsewhere in the book, but here she talks about Pennant:

"I never went much beyond Pennant until I was ten years old, when I went to Machynlleth school, but there was plenty to do – school and chapel, helping about the house – cleaning cutlery! We used to play hide and seek when friends or relatives came to stay, and bathe in the river, in the sheep-washing pool. When Richard Bennett came to stay with us in the summer, he would take a gaff and hook the white stones out of the river in order to keep its course deep and straight. Evidently, he had always done that when he farmed here. He used to come to us at Hendre when his sisters were on holiday. Mam kept a bedroom especially for him, the one above the kitchen, where his bed and his desk were – my nephew, Geoffrey, still has the desk, and my daughter, Haf, thinks the world of an old table from Hendre which was made by Bennett's uncle.

"After Pont yr Afon was built in the 1920s, Annie Vaughan, Llanidloes was able to bring her lorry full of merchandise up the valley. Until then, it was her son, Billy Vaughan, who came with his donkey and cart, and he used to sleep in the barn next to the donkey. The arrival of Annie Vaughan was as good as a day at the fair! She had a huge straw basket and sold everything, from woollen underpants to hairpins. She took everything out of the basket to tempt you. The Vaughans would buy anything that was available, from the contents of a ragbag to wool dockings. It was through them that my father bought the motorbike KC16 to take me to catch the train to go to school.

"Not far from Hendre was Pennant Uchaf, where Richard Hughes, another interesting character, farmed, but before my time He was very knowledgeable about folk remedies, or alternative medicines, as they are now called. Ordinary people relied so much on these kinds of remedies in an age when one had to pay for the doctor, who also had to travel a long way. He had a son and a daughter, Dafydd and Lizzie. When someone came to him suffering from shingles – or *'ryri*, as we call the disease locally – Lizzie was sent to find the cat, which would have made itself scarce as if it knew what was coming. Because the medicine was blood from a cat's ear! Richard Hughes grew his special herbs in the bottom field at Pennant Uchaf, and when Dafydd Hughes took over the farm he ploughed the field in order to put an end to the whole business.

"I remember Iorwerth, Lizzie's son, who was very clever, and a poet. A girl from Staylittle came there as a maid, and he fell in love with her, but it wasn't mutual. It broke his heart, and he was taken to the mental hospital at Talgarth – or the asylum, as such a place was called in those days. One Sunday, on his way back from chapel, he escaped and went to hide in a field of young corn. Who but someone knowledgeable about the land would have done that? They never found his body until harvest time.

"There's a story about the naming of two fields. One is 'Cae Dafydd Owen' at Hendre. Morfydd Llwyn Owen's grandfather, Dafydd Owen, lived in Gnipell, and he used to carry goods from the station by horse and cart. The field where he kept the horse was above Hendre's top field. Later, after he had left, Cilcwm bought the field, but the animals used to break through to graze on Hendre's land. One summer, a bargain was struck: Hendre to cut Cilcwm's corn in return for the field. It made far better sense for it to be part of Hendre, and ever since it has been called "Cae bach Dafydd Owen". The other field is "Cae Harri Lewis". This belongs to Wîg. When Richard Bennett went to school in Machynlleth (he was only there for one quarter) he stayed with the father of Harri Lewis, the baker, and paid for his lodgings with a sack of potatoes. Harri Lewis used to preach, and when he came to Pennant he kept his horse at Wîg – hence, "Cae Harri Lewis". Hendre owned a little field on the other side of the river as well, and according to the old rule, if you had land beyond the river you had a right to keep an extra dog."

We have already mentioned Richard Hughes, the alternative medico. There was a large population in Dylife at the time of the lead mines, and naturally these people relied very much on Richard Hughes, many of them suffering illnesses caused by the onerous work and living conditions. As a token of their appreciation, they presented him with a gold watch. There was a family relationship between Cilcwm Fawr and Richard Hughes, and the watch is now in the possession of one of the Cilcwm family's descendants, namely, Mrs Shirley Jones of Colwyn Bay (formerly of Llysun, Llanbrynmair). Siôn Myrfyn has taken a great interest in the life of Richard Hughes, and here he tells the most important story of all:

"FIVE GUINEAS FOR SHAKING HIS HEAD"
"A 21 year-old girl was seriously ill in Dylife, and every effort to cure her had failed. Dr. Edwards, Cemaes Road (son of Rhydygwiail), admitted that he had done everything he could for her, and there was nothing else he could offer. But he said there was a specialist in Shrewsbury who could come and see her – if the family felt they could pay for the visit. Of course, they were prepared to spend their last penny. The specialist arrived, and after examining her, he shook his head, took the five guineas and left. With the situation by now looking hopeless, someone said, looking anywhere for a glimmer of hope, 'What about asking Richard Hughes, Pennant Ucha to come and see her?' They sent for him. And every day afterwards for six months he walked up Llwybr Sgeirw with a daily dose of medication for the girl. And she recovered. Despite the family's entreaties, he refused payment. In the end, he accepted ten shillings.

"Richard Hughes is buried in Llan, with his gravestone easily visible from the road, facing you at the top of Llan hill. The inscription in translation reads as follows: 'In loving memory of Richard Hughes, Pennant Uchaf, Llanbrynmair, who passed away on May 9th 1906, aged 78.' Underneath there are two laudatory verses in Welsh by an anonymous poet."

Siôn Myrfyn has been painting the letters to make them legible again, and, hopefully, the future children of Llanbrynmair will continue to keep them unblemished.

BUSINESSES

Let us now return to the village of Pennant, to the Pandy, (the fulling mill), which ceased operating in the nineteenth century, and which became a shop in the twentieth century, kept by John and George Morris of Wîg, together with a few acres of land. After that, when John Jarman, Tŷ Isaf married Alice Evans, Tŷ Mawr, Annie, daughter of Tŷ Isaf, went to live with her father in Pandy. She fancied re-opening the shop. Her niece, Beryl (James), remembers it well: "She only had two bottles of sweets to start with, orange-coloured things in the shape of a half-moon!" She married her cousin, Richard Jarman, Ystradhynod, Van, and started expanding the shop, which later became a post office with a telephone, and Annie Jarman answering, "Rural double one attended!" She was also a skilful seamstress and sold sewing materials; but it was a very cold and damp shop, next to the river Ceulan, which went right through it more than once. But things improved with the arrival of Calor gas and getting a gas fire for the shop – but it was only lit when there was a customer in the shop! Richard Jarman was a jovial type, who would just as soon give you the toffees as sell them. He preferred being outside tending the two cows, with an old sack draped over his shoulders for comfort.

The next owners of the shop were Menna and Dafydd Jones, Menna being a daughter of Hendre and Dafydd from Brynaerau Isaf, and this is where their son, Goeffrey, was born. Menna was also very good at sewing and crafts, and carried on the tradition of the rural shop, selling a little of everything. They sold the shop and moved the business to Hafod, a new bungalow they had built nearby on Pandy land. There was no shop and post office in Pennant after 1994.

There was also a shop in the Smithy house too until the 1930s, and Buddug yr Hendre remembers going down there to Sybil (Davies, then) to make toffee before setting off very early the following morning on their bikes to attend the *Plygain* service (Christmas matins) at Llan. To reach this part of Pennant village, you have to cross the footbridge over the deep gorge made by the river Twymyn. Here, in Pentre Capel, there was the Methodist chapel, the school and the smithy, all close together in a cluster, their forecourt being part of the old road to Cefn and Gnipell. The school and the smithy faced each other across the road, a fact that Miss Sarah James, the teacher, put to good psychological use in her day by making intractable boys sit in the window wearing a cap marked with the letter D, for Dunce, in full view of the men at the smithy; or worse still, she would send them walking round Efail Fach and through the smithy yard carrying a rag doll filled with rice. Some were known to have let the rice out in order to have less of a doll on their hands… Asking for more trouble! But others said that being let out of school for a walk in the fresh air wasn't much of a punishment!

The blacksmith at Pennant was Dafydd Davies, or Dei'r Efail, brother of John Davies, Bryncoch Smithy. He got the nickname, "Bethma" (Thingamy), because of his constant use of that serviceable word! His wife was English speaking and she kept the shop, which was very convenient for schoolchildren to buy sweets and "tichinitia" (tincture of nitrate) for toothache. There was also a shop before this time at Sawmills, the joiner's house, with a workshop at one end full of coffins. Lisa Evans, Tŷ Capel also sold home made brewer's yeast at two pence a bottle. Many came to the smithy to have their hair cut, and on a winter's evening it was a natural meeting-place for a warm up by fanning the embers of the forge. The busyness of old having long faded, the smithy closed down towards the end of the 1950s, the very last job being shoeing Rhoswydol's donkey. The school closed in 1957. But the sawmill continued to operate for another ten years and more. This was situated at the bottom of Cefn road, and was driven by a water wheel, the water coming via a trough from Nant Crugnant. At the beginning of the century, the tenant of the sawmill was Tomi Jones, the joiner, who was succeeded by his son, Edward – Ned Capel – and his two sons, Glyn and Elfyn. The main function of the sawmill was to serve the Conroy estate, and this is where they prepared the timber from the estate for maintaining the estate's houses and buildings, and also for making farm equipment, the smithy being conveniently placed nearby to fix hoops on the cartwheels. Coffins were also made here. Mrs Evans, Plas Pennant (formerly of Tŷ Mawr) a substantial lady, ordered a coffin from Ned in advance, instructing him to fell an oak and put the planks to dry! ". The sawmill closed in the 1970s Today, only a wooden hut stands on the spot, bearing the ambiguous name, "Studio".

HOUSES

Bont Dolgadfan village has changed considerably in terms of the people living there and the number of Welsh speakers, but Pennant, in addition, has changed architecturally and visually. 18 new houses have been built in Pennant village, more than doubling the number of houses – there were 11 there formerly – and all this in the last 20 years, much of it in the last decade. There are six on Cefn road, seven in Pentre Capel and five in Pentre Felin. Many houses here have been modernised as well – the smithy house and the school were amalgamated, the vestry became part of the Chapel House, and there is one very conspicuous square gap, where the chapel used to be until 1998. The three Mill cottages (the old factory site) became one, and the Mill house looks modern, as if out of a magazine. Plas, Pandy, Sawmills and Efail Fach are the only houses that look the same as they did long ago. Today, Welsh is spoken in only seven of the homes. Plas is about 200 years old, but the original Plas Pennant is said to have stood behind the present one, and there are traces of it still there. Queen Victoria is supposed to have stayed at Plas Pennant sometime during her teens with her guardian, during the time when Sir John Conroy was an equerry for the royal family and took shooting parties to Trannon. A bedroom was set aside for him in Plas. The warming pan used to warm the young princess's feather bed is still in the possession of Mrs Gwyneira Lewis's family!

Furthermore, the old farm buildings at Plas are largely unchanged, in a row along one side of the farmyard, and they bring to mind a story which Lynfa relates of her young days here... Some time in the early 1950s, Lynfa had fallen out with Glynmor (her boyfriend at the time, but later her husband) because he was always late, so she and her sister, Eirian, had come home by motorbike with Iolo and "Ducks" (Idwal Brynaere). There was a Fox Hounds Committee meeting at Plas, so they couldn't go into the house. They went into one of the buildings... But when the committee members came out, they sensed that there was something afoot (having heard the noise of the bikes perhaps?) and they began a search of the cow-houses. Eirian, Iolo and Idwal escaped up into the bracken stack, pulling the ladder up after them, and leaving Lynfa in the feeding alley up to her ears in chaff and wearing her navy-blue coat... There would be quite a lot of brushing and explaining to do the following morning! Moreover, at this time, the custom of "knocking" was still alive and well in Pennant, young lads going late at night knocking on the window of a young girl they fancied, but by that time it was more in fun than anything else. As a rule, two would go together for company – only to be chased away sometimes by a man or a dog!

It was said that there was a spirit underneath Bont Sych on the road between Bronderwgoed and Minffordd, an old country belief that had survived for generations, apparently. Well, according to Janet Cawg, her father, John Hughes, had been to Bryn Bach to fetch a piglet, and was crossing the fields with a view to join the road somewhere near Bont Sych. The piglet was in a sack on his back. Then he heard the sound of someone approaching hurriedly along the road. He was fairly sure of the footfall, so he gave the little pig's snout a squeeze, and it let out an unearthly squawk, sending Magi Roberts, Rhiwgan scurrying home for dear life, believing that the spirit of Bont Sych was after her!

DYLIFE

Situated at the southern end of the parish, Pennant naturally had close links with Dylife, with three separate paths joining the two communities: Llwybr Sgeirw, which was used by the postman and the lead workers of Dylife, a path that rose steeply from the bottom fields of Pennant Uchaf; Llwybr Graig Slatie, rising almost directly from Pennant Uchaf's farmyard; and Ffordd y Gnipell from Pentref Pennant to Hirnant past Waun Fawr. There is fertile land in Pennant, and during the lead-mining era, when Dylife's population sometimes reached almost a thousand, there was heavy reliance on the farms in Pennant for food, for example, vegetables, milk, and butter milk, and there was much coming and going between the two places. This connection continued after the closure of the mines, and families carried on visiting each other purely for pleasure.

Anneura Davies, formerly of Pennant Isaf, says that one of the main delights of her childhood was accompanying her mother on visits to Sarah Ann and Richard Brynmoel, a typical, very welcoming old couple, living on their neatly kept little farm near the village, the house and everything around it whitewashed. The Dylife of the 1940s was a quiet place far away from outside influences, which led one old character to remark when a baby was adopted from away: "A pity he'll never speak Welsh!" Anneura has another amazing tale of her summer afternoon bike trips with her mother over Graig Slatie and down to Llawr-y-glyn! Pushing her mother's bike from Pennant Uchaf up along Llwybr Graig Slatie to Hirnant, they then got a bit of main road and pedalled to Staylittle, where there was another steep hill which meant pushing the bike most of the way as far as Jac-y-mawn, which at one time had been an inn. Tea and a welcome breather here, before putting the proverbial strain on the brakes afterwards on the steep descent to Llawr-y-glyn. They had to face that "up to the neck" hill again on the way home... but there it is, "going visiting" used to be one of the great delights of long ago, and when the custom died out much was lost, although it persisted for a while after the coming of the motorcar.

DELIVERING THE MAIL
When you talk about delivering the mail in Pennant long ago, you are talking about almost a day's journey on foot. Soon after 1918, a man by the name of Armstrong, from Tafolwern, started carrying the post to Pennant. Buddug remembers him calling at Hendre:

"Armstrong was the postman when I was at school in the 20s. He only had one arm. 'I'm lucky this happened in 1917, otherwise I would have been shot', he used to exclaim cheerfully. He had a bike to carry parcels, but he usually walked. After having been down to the station first of all to collect the mail and sorting it in Siop Daniels, he would carry the bag on his back up to Pennant, and then on to Dylife. Having done Pentre Cilcwm, he would call at Hendre, and Mam would give him some milk and an egg. Sometimes he would break the egg into the milk, at other times he would drink the egg straight out of the shell. He had the strength then to face Llwybr Sgeirw (Llwybr Esgair Arw, according to Richard Bennett, and not Llwybr y Ceirw). Before the Big Preaching Meetings at Staylittle, people would have ordered new clothes from the J.D. Williams and Oxendale catalogues, so that Armstrong would be draped in parcels like a walking Christmas tree! And if they weren't suitable, they had to be carried back. On his way back to Pandy post office in the afternoon, he would stop at Gro Cilcwm and whistle, and some would run to him with a letter or to order a stamp or postal order for the following day. He had a lot to remember but he never got things wrong. In winter, when there was deep snow, he would put upright sticks on the bends of Llwybr Sgeirw to mark the way. Lisa

Evans Tŷ Capel, and after her Olwen Jones, Felin, used to take a pack of post from him in Pandy to be delivered around the village and the nearest farms. Tegwen Richards was the last person to keep the post office open at Dylife."

The next to carry the post in Pennant was Edward Lewis, Plas Pennant, 'Ted Post', who did the job for 37 years. By his time the system had changed. The post van had arrived, eliminating the need to walk to Dylife and changing the postman's route. Although less steep, it was longer! Ted and Mrs Jarman used to sort the letters into packs at Pandy and put them into the big shoulder bag. The route would be as follows: Ceulan, Pentre Capel, Cefn, Tŷ Mawr, Cilcwm, Hendre, Pennant Isaf and Uchaf, Belan, Craig-yr-henffordd, Crugnant, Cwm Mawr, and Trannon; and then back to open the letter-box by the Gro. The post on Fridays and Saturdays (the day of the *County Times*) was usually heavier, and he would sometimes use the pony. Only on two occasions did he fail to reach Trannon, in 1947, the time of the great snow. One of the children, Tegryd, Iori or Lynfa, would carry the post when their father took his holidays, and Lynfa has a story about getting lost in the mist on Trannon, going round and round in circles always returning to Coeden Twlc, and arriving back home after three o'clock.

Today the post van goes to every house.

THE GUN HUNT
The "Gun Hunt" was something unique that took place on Creigiau Pennant, that is, hunting foxes by shouting and shooting... we shall let Alun Wigley explain:

"Pennant Cliffs are situated on the western side of Cwm Cilcwm, as the valley is called down which runs the river Twymyn. The cliffs form an unbroken wall from Cwm Ceulan to Ffrwd Fawr Pennant – or Ffrwd Fawr Dylife – depending on where you live! Craig-yr-hwch faces Cwm Ceulan, and then behind Cilcwm Fach and Cilcwm Fawr stands Craig Ddu. In the middle is Craig y Gath. At the very top of the valley is Craig Pennant Uchaf, with Llwybr y Maes running across it (the Maes is in Dylife). This, together with Craig y Gath, are dangerous places. Facing it is Craig Slatie containing loose slate, not so steep or as dangerous as the others. It's surprising that the area has not attracted more climbers, but no doubt for them Pennant Cliffs would be like sugar lumps!

"The Gun Hunt was held many years before there was talk of the Llanbrynmair fox hound pack. No one knows exactly when it started, but it was traditionally held without fail on Boxing Day. There was no committee or announcement, merely everyone bringing along one of two essential items, a loud voice or a gun. There were one or two rules: no one to talk on the job, and no smoking. No foxhounds, but one or two terriers were allowed, as long as they were kept under control. The Pennant and Bont guns gathered along the foot of the crag, whilst the Dylife and Aberhosan guns guarded the ridge. The Staylittle shooters weren't quite sure where they should be (and they're still like that today!) The hunt used to start on the ridge above Cilcwm Fach, beating towards Talywern, then returning and beating in the opposite direction. I nearly forgot to say that the most important people were the beaters, who walked through the crags, shouting as they went. Among the best for walking were Idris Gwernyffridd, Elwyn yr Hendre and Ted y Plas. My father used to walk too, but unlike the others he didn't venture into dangerous places. His great contribution was his voice, a few more decibels than anyone else, something between a yodel and a yell, and an echo in the rocks trebling the volume. This enormous din notwithstanding, the occasional old fox would stay put, and then sneak away when the danger had passed, whilst another would 'leg it' before the guns were in position. Many a fox was seen ambling up the yard at Pennant Isaf opposite, safe and sound, and you could swear that he had a smile on his face! The hunt ended half way up Llwybr Sgeirw, and if the odd brush had been bagged, everybody would be in good spirits, but if not, they had to have some kind of fun. I remember my father once arriving home with his cap in shreds, having thrown it in the air and no one missing the target. There's a good little story about Dic Lycett, Crugnant returning from the hunt, and as he went past Belan close – a steep slope below the house – he saw a fox at the base of the hedge, and fired at it. But it turned out to be a stuffed fox, one my grandfather, Joshua Wigley, had shot half a century earlier. Ever since, it had been in a glass case in the front bedroom, with its paw resting on a partridge. My mother never liked the set-up, and when it fell and broke into pieces she was delighted, and we children afterwards had a lot of fun playing with a real fox.

"There are many epic stories about fox hunting. This one is about Dyrtun Wood. Wili Cilcwm used to farm this wooded slope, and he was dying to get rid of the trees in order to plough it, and this he did by letting people go there to fell a tree. This was possible because it was out of Miss Hanmer's sight, the owner of the estate, who lived in the Crugnant valley. The 'War Ag.' then came there to plough with a "prairie buster". While this was happening, the hounds ran a fox to ground in Cae Gilbert wood about mid-afternoon on one of the shortest days of the winter. The driver of the "buster" joined forces with the gang of men digging, forgetting all about his machine, which was still running. The task of getting the fox out assumed gargantuan proportions, and several stable lamps had to be fetched. A substantial oak tree was uprooted as they dug, leaving a hole large enough to build a garage for a car. The engine of the crawler continued running for seven hours, but there you go, the Government was paying!

"Talking about Cae Gilbert, a delightful character by the name of Tomi Jones farmed there when I was a youngster. It was a rather limited small farm, and life had been tough, with little opportunity for diversifying. Only a dealer coming to buy ewes would be offered a cup of tea. I remember my father saying that the four Cae Gilbert children used to go to school without an overcoat between them; they used to put meal sacks over their shoulders and leave them at the joiner's workshop – and they were not the only ones like that. Tomi couldn't believe that the dealer had 'land in Anglesey which could put meat on the Wîg sheep'! He nearly broke his heart when his flock was reduced to 15 during the great snow of 1947. He only had one lamb that year, and that a tricolour "will-jill". He died the following year. I heard Anneura Davies, formerly of Pennant Isa, quoting one of Tomi's profound sayings: 'Man on the road, lamb on the tree!' That is to say, a wandering farmer is no good; when he comes home he finds a dead lamb, and nothing for it but to throw it on to a thorn bush. Siôn Myrfyn, Bont, has two good stories about this old family. One day Tomi was leaning on the farmyard gate, and who came up the road with a horse and cart but Wil Bryneglwys, Dylife. He stopped for a chat, and Tomi, noticing that the old mare was extremely thin, said, 'Well, Wil, you had better give this mare some more feed or she will surely walk through her collar!' And another one from the time of the Great War: Morris and Tomi were working at home at Cae Gilbert with their father, and of the two, Morris had to go and serve in the War, on the heavy guns. As there was no newspaper or radio anywhere near them, the old man would go down to Pennant to see if anyone could tell him anything about the war, how things were going. At last he meets someone who says, 'Good news! They say that the Germans have turned back'. The old man's face lit up: 'Trust our Morris!'

"Another one with fox hunting in the blood was John Pugh, Cwm Mawr, when he was in his prime. He was co-huntsman with my grandfather from Belan and a drinking-pal of Davies, Faedre Fach, my other grandfather from Llawryglyn. John Pugh came to Cwm Mawr from Llawryglyn in 1920 and married Sarah Roberts from Efail Fach. They had no children. He worked hard – he only had rough moorland – but he enjoyed his leisure time to the utmost. He insisted that listening to two sermons in the Baptists' Big Meetings in Staylittle was enough for the year. His day always finished with a left turn by Hirnant and a visit to the Star before going home.

"The fuel at Cwm Mawr was peat, and he made sure that he always had a year's supply in reserve. He adopted the same policy when they changed to coal. There was always an enormous fire burning, and nothing he liked more than seeing friends backing away from the heat of the fire. He used to get all excited when sitting by the fire if the subject turned to foxes. Hunting was in his blood. On the day old Richard Jones, Caegilbert was buried, the hounds happened to run a fox to ground in the little wood nearby. As soon as the Revd George Dean had given the blessing, John Pugh was seen turning on his heel, and with a wave of the hand, saying, 'Good-bye to you Dic, I'm off to the funeral of another redhead now.' Mrs Pugh's eyes would have been like saucers behind her spectacles when she saw the state of the pin-stripe suit".

THE CONROY ESTATE
Here's ALUN WIGLEY, formerly of Belan, to talk now about the Conroy Estate, on which generations of his antecedents were tenants:

"Almost all the farms in Pennant belonged to this estate, and every house and workshop too – the smithy, the corn mill, the saw mill and the shop. The exceptions were Hendre, which belonged to Richard

Bennett, Ceulan, which belonged to Williams Wynn, and Cawg, which belonged to the Llwyn Owen estate. The Trannon family owned Lluast, a smallholding between Belan and Crugnant, and Richard Jones owned Minffordd. Hendre, at the bottom of the parish, and Lluast, Bont also belonged to Conroy.

"We will remember that it was the estate's owner, Sir John Conroy, who built Pennant School in 1841. Sometime in the mid-1930s, the estate was inherited by Miss Frances Margarite Hanmer, a daughter of a friend of his, who then came to live in the area. She converted a hay-barn belonging to Gwern-y-fridd into a house, calling it Tŷ-hir, and indeed it still remains a whitewashed *tŷ hir* (long house), looking out over Cwm Crugnant. This must have been the first 'barn-conversion' in the parish — if not in the county, something we are very familiar with today, with so many barns being converted into homes or holiday houses. She erected a small windmill near the house to generate electricity, but that too produced more noise than energy, and it was said that Miss used to recite a line of a Welsh hymn, which loosely translated goes, 'O, Lord, send me a breeze, and that a lively one!'

"In 1951 the great dispersal began, when the estate was put on the market and the tenants were given the opportunity to buy their places. They were all invited to meet the agent at the Wynnstay at the same time. I understand that Richard Jarman, Pandy, had taken money with him and bought the place there and then! Most bought theirs during the next five years, but my father didn't want to buy Belan, or "Belan-y-maengwyn", as it was originally called. There was no proper road to it, the house and buildings were in a poor state, and the land overrun with rabbits. My grandfather, Josuah Wigley, came to Belan in 1893 from Gwern-y-ffridd, and his brother, Dafydd went to Esgair-goch. My grandfather's handwriting can still be seen on the carthouse wall in Belan: 'Delivering the sheep March 25th 1893'. My father, Dafydd Wigley, took the place over when my grandfather died, and I still have the contracts they signed in 1893 and 1936. Miss Hanmer had a new and more convenient house built on Esgair-goch field, and named it 'Bryn Conroy'. This and Wîg were the only new houses built in Pennant after Cwm-mawr was built in 1920. It is a very different story today, with 18 new houses built in and around Pennant village, some with four-bedrooms and two bathrooms like grand urban houses, which completely transforms its appearance.

"When tenants worked the farms, they changed hands quite often. I can count 14 farm sales that took place in Cwm Pennant between 1937 and 1959, but only four in Staylittle because the families there had been allowed to buy their farms much earlier. My very first memory is sitting on a wall in front of the house in Pennant Uchaf on the day of the auction in 1940, watching heavy horses being run to and fro to show off their qualities. Dafydd Huws was selling up. I went to Pennant Isaf auction in 1946 when Wmffre Evans retired, and to Wîg auction when John and George Morris retired. There was an auction at Cilcwm in 1937 when Huw Williams was selling up. There was another at Plas Pennant when Evan Lloyd gave up farming; two at Cawg in the 1950s, Elfed Evans's auction in Esgairgoch in 1959, three auctions in Gwern-y-ffridd between 1937 and 1958, when Morgan Jervis died; Cefn auction in 1959 when Morris Jones retired, and perhaps there was another one there when Thomas George Hughes left in the early 1940s. In 1940, there was an auction at Trannon before Edward Evans moved back to his old home there. Of course, I do not remember Cwm-mawr auction in 1920, when Dafydd Ifans, the grandfather of Falmai Pugh from Staylittle, was selling up, and prices were apparently very high, owing to a shortage of stock after the Great War.

"Farms changed hands as units in those days, and not divided up into bits, and it wasn't too difficult for a young couple to rent a farm. It is very different today, with young people having very little chance of starting up on their own, because there aren't many farms to rent and the price of land is prohibitive. Another big difference then was in the principle of sequence on farms, not necessarily within the same family, but a new tenant used to take on the farm and the sheep, and things carried on as before. Today, when a farm is sold, what happens all too often is that the land is annexed to another farm and the house sold off separately, often to in-comers.

"Joining field to field and a big change in population character, that's what has been happening, and increasingly since the 1980s. This is how it continues on the cusp of the two centuries. But having said that, the whole of Pennant is farmed by Welsh-speaking families, from

Maesmedrisiol to Bronderwgoed, and thanks to their special skills and tireless efforts they are all succeeding."

DYLIFE

Whenever the mines of Montgomeryshire are mentioned the first place that comes to mind is Dylife. This elevated, bare locality on the outskirts of Llanbrynmair has a long history of mining, and history, of course, leaves its mark. All that remains now are mineshafts, waste tips, scree, disused levels, water wheel pits, old footpaths and ruins. Today, much of these are hidden beneath heather and forest, and time too has done its best to obscure the evidence. Only those with intimate knowledge of the area now know of the various locations: local farmers, and historical specialists, like David Bick, who has made a detailed study of Dylife and other mines in the neighbourhood, and published books about them. He obtained a great deal of information from the late Wil Richards, who was born in Dylife and used to work here. Another historian, Cyril Jones, has published a more recent and very enjoyable book about Dylife and the district, *Calon Blwm*.

THE LEAD MINES
In broad terms, the area of the mines extended from Llyfnant Valley to Van, down to Tŷ Isaf and as far back as Rhoswydol, but the most important ones around Dylife were Dyfngwm, Llechwedd Ddu, Esgair-galed and Pen Dylife. To trace the origins of the industry one has to go back 2,000 years to the time of the Romans, who obtained silver and copper here too. Then we must leap forward to the eighteenth century, when activity here began to increase once again. But methods of transport were poor, the lead-ore having to be conveyed by horse and cart over the Grafie down to the port at Derwen-las. Nevertheless, by 1851 things were going well for the company working here, with 300 men, women and children working in Esgair-galed, Llechwedd Ddu, and Pen Dylife. One indication of the hard work carried out here was that some of the levels were large enough to take horses into them to haul the trams. "Martha Fawr", or the "Olwyn Goch", was erected, perhaps the biggest waterwheel ever built in Wales, with a diameter of

63 feet. Its function was to pump water out of the Llechwedd Ddu shaft, and lift the ore to the surface. During this period, several reservoirs were also built for the mines. The pit where "Martha" turned can still be seen quite clearly today, but unfortunately it is full of litter. This problem started during World War Two, when POWs were brought to work on the farms. They were given the task of collecting old, rusty fencing wire from all over the mountains – and it was thrown into the wheel pit, and by today a lot more rubbish has accrued. It would be good to have the pit cleared, out of respect for those brilliant engineers of old and the workers who excavated it.

While under the ownership of a proprietor called Cobden, Dylife became the best equipped mine in Britain, with ascending and descending cages in some of the important shafts. Before that, in some places as many as 30 ladders were needed to climb from the deepest levels to the surface! Think about having to do that after a heavy day's work in the dark, and in wet clothes more often than not. Some of the engineering feats were unbelievable: one of the Dylife shafts was worked by means of a cable and drum connected to the water wheel a mile away! Furthermore, at Dyfngwn, for instance, there was a shaft 100 fathom deep with a long level going through all the way, connecting Dyfngwm with the Dylife mine itself.

In terms of production, Dylife reached it peak in 1863, with an output of 2,571 tons of lead, yielding a profit of £1,000 a month for the owners, and 250 miners working underground. Soon afterwards, the railway came to Llanbrynmair and Machynlleth, making travelling and transporting the lead-ore much easier. Meanwhile, Dylife was growing into a large village, with several taverns, a church, chapels, a school, shops and a post office. The mines were sold again in 1871 for £73, 000, a very good price, despite the fact that the mines were in decline. The new company invested heavily, which included sinking the deepest shaft in Mid-Wales; but to no avail, and another company was tempted to spend again in 1879. However, mining at Dylife came to an end to all intents and purposes in 1884, and the only activity for some years afterwards was riddling the old waste tips to try and get something out of them.

At the end of the 1920s, a company was formed to re-open the mine at Dyfngwm. Once again there was heavy investment in pumps and machines for processing the lead-ore. But in 1935 they called it a day, having managed to work only one of the levels, and even reaching that, according to Wil Richards, required 22 ladders. Those were the last people to contend with such difficulties at Dylife, although their working conditions were nothing compared with what those who fill the graveyard had to endure, most of them under 50 years old.

TŶ ISAF AND LLANNERCH-YR-AUR

It was the same story here, but on a much smaller scale, old lead-ore mines dating from Roman times – a small piece of lead from that period was discovered when a smithy was being built at Tŷ Isaf mine. The family of Sir John Conroy, the landowner since 1829, owned both mines, which were quite profitable, producing 150 tons a year. The mines were at the height of their success in 1867 when they made a profit of £10,000. The ore was more accessible here than at Dylife, so that there was less need to invest heavily in labour and machinery. The Jarman family, who farm at Tŷ Isaf, are descendants of Captain William Owen who came here to run the mine for Conroy – the Captain's daughter was the grandmother of Beryl and Tom Jarman, and the great grandmother of Aled, who is farming here today.

In 1870, Conroy put both mines on the market, with an advertisement boasting two water wheels, the larger one being 50 feet in diameter, and situated down near Tŷ Isaf farm, between the brook and the main road after crossing Tŷ Isaf bridge from the direction of Pennant. According to Bick, this water wheel worked the pumps in the engine shaft up at Tŷ Isaf mine using 300 yards of rods, and later pumped water from Llannerch-yr-aur mine by means of ¾ of a mile of wire rope! Unbelievable! It is said that engineers today would not take a chance on such a scheme, and we can only admire the amazing inventiveness of those bygone engineers. The two mines were sold for £50,000, and an attempt was made to sell them on for more, but by then companies were realising that the site had long yielded the best it had to offer, and that it had no future. In 1881, mining ended at Llannerch-yr-aur, which in its day was considered one of the best lead mines in the country. But once again, in 1951 – which is typical of mining companies – an engineer came to try and recover lead from the waste tips. He used a 45 horsepower diesel engine, and the river flowed red again from Tŷ Isaf valley. But the work was not cost-effective, and that was the end.

Today, all we have are two lakes, some old pits and piles of stones doing battle with nature against becoming "hen bethau anghofiedig teulu dyn" ("old forgotten things of the family of man"), as Waldo puts it in his poem, "Cofio" ("Remembering"). And we cannot help but recall T.H. Parry Williams's words, when he said that Llyn y Gadair in Snowdonia held some strange fascination for him too, even though there was nothing there except "two crags and two quarries that had closed". And, indeed, during the twentieth century, there was plenty of romance in Llannerch-yr-aur too, when "taking a walk round Tŷ Isaf Lakes" was an attraction for many a romantic couple on a summer's evening.

"Remembering" can be an industry in itself today, hand in hand with the tourist industry and the revolution in teaching methods. Re-creating history is very popular, and who knows that these places will not take advantage of that in days to come? It would be exciting to see some "Sir Conroy" in his silk tophat stepping off the train at Llanbrynmair station once again to re-visit the glade (llannerch) of his fortune!

WIL RICHARDS
Someone who knows a great deal about the old Dylife mines, and about Wil Richards, who used to work there, is GWILYM WILSON, Blaentwymyn, Dylife. He was asked about some of the more recent history and about Wil Richards:

"Wil Richards was born and raised in Dylife, and he lived in various houses here until 1969 when he moved to Aberhosan. His father was a miner at the Nant Iago mine, which is now in Hafren Forest, and Wil was very young when he joined his father there. They walked to the barracks where they stayed, and came home for Sundays. Many remember his nickname, "Wil Stwmp". Walking home from Nant Iago one evening, a journey of several hours, his father asked Wil, "What would you like to eat when you get home, Wil?" "Stwmp, Dad!"(mashed potatoes). Obviously, he was sick and tired of the food at the barracks, and he was known as "Wil Stwmp" ever after.

"When the Dylife mines were re-opened about 1928, Wil Richards went back to work for the new company full of enthusiasm. At first, the plan was to try and re-open the level from Dyfngwm to Dylife, but it became impossible because rubble from the roof kept falling in. Accordingly, the machinery was moved to Dyfngwm and an attempt was made to pump the water out of the deep shaft there, and use ladders to go down. They started recycling lead-ore from the tips too. But the owner of the company died, and that was the end of the work, about 1935. Afterwards, Wil Richards went to work as a mason on the Sir Watkin Williams Wynn estate, travelling down to the Gwaelod (Wynnstay) every day on his motorbike. He worked for a while at the Tŷ Isaf mine too when that re-opened. He just could not keep away!

"Mining was in his blood, as were the old tales about Dylife, and that is what made him follow up the story of Siôn y Gof. It had been part of the oral folklore since the eighteenth century that a mineworker from Cardiganshire, a blacksmith at Dylife, had thrown his wife and two children down a disused shaft, apparently because he was having an affair with a local girl. He was caught, and hanged for his crime and then suspended by means of an iron frame (of his own making, some say) which was fastened to a pole erected on a nearby hill called Pen Dylife. This is called a gibbet. He was left there and no one ever went near him. Hence, some of his remains must have been there still! And so, one Saturday afternoon in April 1938, Wil Richards, armed with pick and shovel and accompanied by my uncle, Evan Gwilym Davies, my mother's brother, went up to Pen Dylife. It is above Llechwedd Ddu, and there is a very deep shaft from the top; if you throw a stone into it you can hear it bouncing about all the way down to the murky depths. Well, they only had to dig about 18 inches before coming across the skull in its iron frame with the teeth and everything intact. They both certainly had quite a shock, but they lifted it up carefully and today it is in St Fagan's Museum.

"I, too, was born here in Dylife, in 1928, and I have seen many changes, but, of course, the big change had happened before my time, when the last big mines closed, in about 1880. My work is farming the 160 acres here at Blaentwymyn, which my father bought during his time here; he also did some haulage work with horse and cart at the Dylife and Dyfngwm mines. There were several houses on our land, for example, Rhanc-y-mynydd, which is quite near here. There were 23 houses there originally, and I remember six local families living there when I was young, and many ruins. Afterwards they were allowed to deteriorate because my father wasn't agreeable to selling houses to English people! But in the 1970s there were many asking about them and I sold what was left. By now, one house has been restored and two new bungalows have been built. One of those occupies an area where once eight cottages stood. That gives you an idea of their size, doesn't it?

"There also used to be a cluster of houses where the Star's parking ground is today, but this was before my time. I remember their remains. About 20 years ago, a new bungalow was built nearby, and soon afterwards it was sold with five acres of land for £17,000! It would be a very different story today, wouldn't it, what with the old Vicarage just here recently on the market at over £300,000. There was also a cluster of houses on the Fflowrin (from the English, 'flouring' – this was a colloquial name for that part of the lead-mine above the ground where the ore was milled and washed to separate the lead from the rest), also a post office kept by Mr and Mrs Richard Jones. There was also an Independents' chapel there, a wooden one. When the chapel closed, all the wood was stolen overnight! Local people, my mother, a young girl living at home in Rhydwen, being one of them, had arranged between themselves to take the lot. She hid some of the planks underneath the hay in the barn. Wood was just as scarce in Dylife then as it is today. There was also a Methodist chapel, and a Baptist chapel, Capel Ucha and Capel Isa, as they were called,Capel Isaf (the lower one) closing ten years before the other. I also remember the church here."

Let us pause for a moment and hear what Mrs Mari Ellis, Aberystwyth has to say:

"My father, the Revd Richard Hedley, was a vicar here from 1904 to 1920, when he moved to Llanfrothen. I was the youngest of four children raised at the Dylife Vicarage. When my father's uncle was a vicar before him, it was a very prosperous time for the church, but in my father's time the worshippers were mainly women, many of them widows and many with husbands working away, for example, summer harvesting on farms. There was a vicar after my father, but Llan and Dylife were joined together in the 1920s."

Gwilym continues the chat about the church which was built in

1856: "I used to go to the Harvest Thanksgiving service in the church and Mr Dean came up from Llan to preach. The church isn't there today. The belfry was pulled down first, and the huge bell was put inside the church for safekeeping, but, indeed, someone stole it. And it must have been someone very strong! After a while, the BBC came to make a programme about Dylife, and the Bishop, or some other church dignitary, came down from Bangor and noticed that the wall of the church was bulging out dangerously. It was decided to demolish it, and lorries from Dafydd Williams, the Skin came to carry everything away, about 1962, I think. There was a school here until 1924. Gwen Williams, who now lives in Rhyl, I think, is the last person who remembers attending Dylife School. Staylittle School was opened in 1872 with nearly 100 children, and it was closed in 1972, the numbers having dropped to 13.

"There is only one tavern here today, the Star, which has provided shelter for many in bad weather in these upland regions, and it's a good place for a drop of something on the sly! It is popular with walkers today. But there were two other taverns that were much older than the Star, namely, the Dropins and the Camder Ffordd. Apparently, its correct name was the "Drop Inn". This one was at the roadside on the corner before coming down to the Rhyd-y-porthmyn turning. Camder Ffordd was on the old drovers' road a little farther than Bron Llys. Two very useful taverns for the old drovers and the early miners. Of course, I don't remember either of them.

"The Dylife post office closed in the sixties. It had moved from the Fflowrin to Rhanc-y-mynydd where it was kept by Mrs Sarah Jane Richards and later her daughter, Tegwen Richards, and it moved again to Gwynfryn, just beyond the Star, where it was when it finally closed. Who do I remember living in Dylife? Miss Owen in the Star, who had returned to her old district after a career as a Matron. Wil and Eirwen Williams at Bryneglwys, a smallholding; he also worked in the Dylife mine and as a postman. He used to meet the mail van by Hirnant and then went from house to house on his bike. Sarah Ann and her uncle, Richard Williams, "Dic Brynmoel", farmed in a small way at Brynmoel, and Bronwen (Wil Richards's sister) and her husband Evan John Owen (Miss Owen's brother), farmed at Rhydwen. Wil Richards moved from the Vicarage, where he last lived up here, to Aberhosan in 1969. There was only our family at Blaentwymyn left afterwards, and we are the only Welsh-speakers here today, but, thank goodness, our daughter, Marian, and her husband have built a new house nearby.

"The houses that have been bought and restored or improved by in-comers in recent years are: Bryneglwys, Brynmoel, Top-y-cae, Rhanc-y-mynydd (3), Bron Llys, Rhyd-y-porthmyn, the Vicarage (Esgair Galed), Rhydwen, Gwynfryn, the two chapels and Tŷ Newydd. Today, Dylife consists only of these houses dotted about here and there, very different from the old, vibrant community that used to be here. But in the world as it is today, there is something very gratifying about living in a quiet place. I am very glad that I stayed here."

CLYWEDOG RESERVOIR

The Clywedog reservoir, of course, has nothing to do with the lead mines. The work of drowning the Clywedog valley near Penffordd-las started in 1963. The cost of the two dams would be £3,500,000. The purpose of the reservoir was to control flooding in the Severn basin, but primarily to ensure a water supply for the extractors along the Welsh/English borders as the Severn makes its way to the sea. The reservoir would obliterate five farms and disrupt eighteen more, but Y Crowlwm, the farmhouse where it is thought the first Sunday School in Wales was held, would not be affected. There was considerable opposition to the drowning both locally and nationally. One family refused to move until the slates had literally been taken off the roof. One night, explosives were used to blow up the cables that carried concrete to the dams, causing considerable damage, but all that was found on site was a cap bearing the letters F.W.A (Free Wales Army). Flooding started in 1965, but there was no "official opening" when it was completed, probably because of the emotional scenes witnessed at Tryweryn previously on a similar occcasion. A fuller account can be found in Maldwyn Rees's interesting book, "Two Valleys". Today, with the new road leading to it, Clywedog reservoir is regarded as a beauty spot – albeit an artificial one!

THE DYLIFE SHEEP "SIED"
SIÔN MYRFYN in conversation with DAFYDD LLOYD, Y GRONWEN.

One evening, about the middle of the 1980s, two interesting characters met for a chat, one of whom had a tape-recorder. He was Siôn Myrfyn, born in Bont, the youngest son of Morris and Mari Lewis, Bragdy. When Siôn Myrfyn left school he went to work on local farms for a while until he was lured away by better wages at the Forestry Commission, where he remained until his retirement. He says he planted about a thousand trees in all, but there was growth of a different kind in, for little by little, he developed into a well-known local poet and a powerful adversary in eisteddfod competitions, and also a tenacious researcher into local history. And so, he was the very man to milk the inexhaustible memory of Dafydd Lloyd, Y Gronwen, Cwm Biga, who by then had retired and was living near Penffordd-las, and, according to him grew the earliest rhubarb in the area. Siôn went there to inquire about the Dylife "shed", but came away with much more.

To set the ball rolling, Siôn said: "Your family have lived here for years, Dei Lloyd. I read somewhere about a Dafydd Lloyd coming up from Cardiganshire to work in the Dylife lead mines and settling in Gronwen.

Dei Lloyd: "Quite likely, my boy. My uncle told me, when I took over Gronwen from him, not to lift the 'pitching', because that used to be the floor of the old house. When my father was a little boy, the thatched house caught fire and was burnt to ashes - and his boots too. Losing those was devastating – sturdy, hand-made to measure, leather boots, suitable for all kinds of weather. I remember my great-grandmother, Ann Lloyd. We were six brothers. My brother, Tom, died in the snow, on the mountain, on his way home from Dylife. He was found the following morning, frozen, but still alive, and he was taken to Dyfngwm Uchaf near the lead mine, but he died – they'd put him too near the fire, I believe."

S.M.: "How old are you, Dei Lloyd?"

D.L.: "I'll be eighty at the end of the year, my boy. I still look after a few sheep and lambs, and do some hedging. I killed seven pigs last winter, as well as one or two sheep suffering from the staggers or with broken legs."

S.M.: "What exactly was this 'shed' that was held in Dylife? Were they building something?"

D.L.: "Well, no, my boy, only hurdles put together to make sheep pens outside the Star Inn. The purpose of it all was to find the owners of wandering sheep, and the shepherds brought them to the "shed." There were four sessions a year, the first on the third Friday in June after the lambs had grown, then further ones on the third Tuesday in July, the second Friday in October, and the second Friday in November. I've no idea where the name 'shed' came from, unless from the English 'shepherds' court'. It saved a lot of walking over long distances to fetch sheep. And with the mountains completely unfenced, as they were in those days, sheep could wander from Bacheiddon in Aberhosan to Brecon. Captain Bennett Evans was the first to erect fences on Pumlumon, in the 1950s. In 1916, a sheep was found in Llwyn-y-gog that had come from the other side of Nannau Ffrwd in Rhayder, and they came to fetch her home in a pony and trap. I can only remember two sheep that went unclaimed. Those would be sold to help maintain the sheepfolds. Sometimes a collection would be made towards that. The shed had a Chairman; Edward Jervis, Fronhaul was the first I can remember and Owen Hughes, Bugeilyn after him. Were some dishonest? No, they were all pretty straight in those days. Charles Evans, Cwmcefnrhiw, Cwm Rhaeadr, the other side of Machynlleth was the keenest I ever saw, and he had a memory like steel. I remember taking a ram to the shed from Cwmbiga, and I was fairly sure that it had the Tŷ-isa Pennant earmark, but neither Jac y Gorn nor any one else could tell for certain whose earmark it was. Completely stumped! Charles was standing by the wicket-gate. 'Whose ram is that, Charles?' He looked at the ears...then 'Is there a place called T'ynymaes in Llangurig?' Jac y Glyn remembered straightaway seeing T'ynymaes selling the ram to Tŷ-isa! 'Do you know what,' said Charles, 'I haven't seen that flock for twenty-seven years, when my father and I were shepherding near Llangurig.' That's some memory for you! He then became a shepherd at Llwyngwyne, Glaspwll, before getting his own place, Cwmcefnrhiw. He once said to Dei Aberbiga and me, 'I've never been a miser, but I've been 'careful'. I started off with one sheep and a lamb, and I've got 1200 today.' Good business sense, enthusiasm and honesty had paid him back a hundredfold, hadn't they? There were as many as 26 different ear-marks in the Dylife shed".

S.M.: "Holding the shed next to the Star Inn was a popular move, I'm sure, and certainly brought the people in?"

D.L.: "Certainly, there was food and drink and a welcome there and a huge fire on a cold day. I remember an old lady keeping the pub, Jane Richards, Siân Star. Do you remember Wil Richards, who found Siôn y Go's skull? His father and Siân's husband were brothers, and she was an auntie to Matron Owen, one of the Ffrwdwen girls, who took over the pub after her. Tom Humphreys, the coal-merchant from Llanbrynmair, used to bring a barrel of beer up especially for the shed, but on one occasion he failed to come in time, and there wasn't a drop left in The Star. Siân brought a jug of water out for the thirsty shepherds. Well, that was something to set the tongues wagging! There was a well-known leg-puller called Dic Thomas, and he went and told Siân's brother, who had been a landlord here himself, and poor old Siân didn't half cop it from him. Well, at the next shed Siân laid into Dic, 'There was plenty of tea here!' 'Good God, Siân!' replied Dic, 'I had plenty of that at home!' Beer was a shilling a quart when I started coming to the shed. The biggest farmers, like the Captain, used to place half a crown on the table, and then Siân would bring the beer quart by quart until all the money had gone; then someone else would put money down, and so on. The Pennant farmers were very tight-fisted – Cilcwm, Plas and the two Pennants, Uchaf and Isaf – they wouldn't come near. I remember Edwin Efail Fach, who worked at Cilcwm, coming in to fetch the dog that had slunk under a bench. 'Well done, the dog!' said Siân, 'he came to see me, and that's more than you did.' But the Aberhosan boys were very good at showing their faces."

S.M.: (trying to make excuses for them) "I'm sure it was the influence of the chapel that kept them away from the pub." (Dei Lloyd didn't rise to the bait, and left it there.)

D.L.: "I started as a shepherd at Hafod Cadwgan in 1925 and finished at Gronwen in 1967. I was presented with a medal for long service to agriculture at the Royal Welsh Show in Builth… but it wasn't much of a thing. If it had been made of silver, then it would have been something. It's got on it, 'David Lloyd, 52 years, 1977'. I started shearing with hand shears in 1917, and ended up using a machine in 1977. I first entered service at Llwyn-y-gog in 1915, working from five o'clock in the morning until seven at night for £7.10s a year. It rose to £14.10s afterwards and to £35 before I left. In 1941 I learned to drive a tractor and a motorbike, and I had to try the test later on when I got a van. I always had an interest in guns as well, and I bought one in 1916, brand new, for £5.2s.6d. Tom Lewis (an uncle of yours, S.M.) was the postman then, and he brought it up for me from Llanbrynmair on his pushbike. This is the only gun I ever had, and I've still got it. It's a very good one, made by W.N.T. Davies, Birmingham, with a mahogany stock, made smaller to fit my shoulder."

S.M.: "You yourself are exceptionally neighbourly and honest. What do you dislike most in people?"

D.L.: "I've never tried to harm anyone, but I can't abide a sly man; I don't think he's a Christian."

S.M.: "What do you remember of the fairs?"

D.L.: "Fairs? I remember very poor ones indeed, especially in the 1930s. In 1931 I remember taking fat lambs from Cwmbiga to Llanidloes, being offered only a shilling a head, and bringing them home. On foot, of course, and one died on the way. Then taking them again to the Old Sheep Fair at Llanidloes on the first Saturday in October. Nothing. Tried them again three weeks later in the Llanidloes Autumn Fair. Had one offer of 7s 6d a head for good tup lambs. Another farm near us only got 4s 3d from a man from Penrhosmawr. Ewes went for ten shillings at the Devil's Bridge sale the same year. That's the worst year I can remember".

S.M.: "Everybody up here walked to the fairs in those days?"

D.L.: "Walked, yes, men and women. The old lady from Lluast was a sister of my mother, and on 1st May was to start work as a maid at the Glyn, Llanidloes – but wanted to see Devil's Bridge before going! She'd heard a lot about it, but had never been there. The two of them walked past Blaen Hafren, and over Pumlumon and Steddfa, and on to Devil's

Bridge, and back the same day. The following day it was the May fair at Machynlleth. She and my mother walked over Dylife and down Rhiwfawr to the town, and what did the pair of them do but buy crockery on the street for their mother. But then the problem was how to carry them home. So they bought a clothes basket with a handle at each end and carried everything home every step of the way in that. Their mother lived in Waunclydere, near Llyn Clywedog today, and that's where the basket of crockery ended up sometime before midnight. The following morning she had to get up and set off for the new place. No, walking was nothing to them long ago.

"I remember my uncle and I walking from Gronwen to Ponrhydfendigaid to go to 'Ffair Rhos'; that's what they called the fair at Bont. We lodged on the Friday night before the fair with an old lady in Bont. The following day we bought an eighteen month old mare and a pregnant heifer at a nearby farm and then set off for home. We reached Ysbyty Ystwyth at about 5pm. We got to Dyffryn Castell, the inn between Llangurig and Ponterwyd, and stopped off for a glass of stout and bread and cheese, and a bottle of something stronger to carry with us. We turned off at Steddfa and over the mountain we went past Nantygwrdy and down past Maesnant – that's hidden by the Forestry today, but at that time it was bare mountain, – and then onwards to Glyn-hafren. It was up and down and across streams all the way. We had no light but it wasn't terribly dark, 25th September and a Harvest moon, possibly.

"Well, we were now coming into sight of Maesnant and the river Severn, and the cow keeled over. We let her rest, and we both had a little sip of whisky and water from the stream and sat right there in the moonlight. Eventually, the heifer stood up, she was tired after climbing through rather boggy ground. The heifer was a Shorthorn, a white one. "Blow me!" said Richard Thomas, Nantmelin, "you've brought the moonlight back home with you!" He was a right case, was Richard Thomas. There's a good story about him. One day, he and his wife were coming from Llanidloes to Cefn-brwyn by pony and trap and on Pendeintir hill near Cwm Belan he was desperate to have a pee, having had a little drop in town, and so his wife took hold of the reins. But the pony was keen to carry on, and the trap's wheel went over him. 'Whoa!'

she yelled and pulled back, and the pony backed and the wheel went over him again… and then forward again! It went over him three times. But it was only a little spring-cart, and Richard was none the worse." (Dei Lloyd was doubled up telling this story.)

S.M.: "What did it feel like when Gronwen was being drowned?" (beneath Llyn Clywedog).

D.L.: "If it had been a hundred yards higher up, it wouldn't have been drowned."

S.M.: "And the "pitching" floor went under the water."

D.L.: "Yes, and everything else with it."

★ ★ ★ ★

A brief note from him about Dylife: Gwen Williams, Carneddau, Corris was the last person to be buried in Dylife, her family originating from the area. There were many from Merthyr Vale buried here; they were local people who had migrated down south to the coalmines. The oldest gravestone in Dylife cemetery is the one for Dafos Hughes, Penffordd-gerrig, very near to Rhyd-y-porthyn. You can get to the lead mine of Dyfngwm from Rhyd-y-porthyn, or by a shorter way, along the old road from Rhiwdyfeity.

2 - THE LAND

Farming was, and still is, the main industry of Llanbrynmair, and, for several reasons, long may it continue. Cultivating the land produces food and by producing it locally we know its quality. Working and living on the land is the best way to retain the area's traditions and customs, which are handed down from one generation to the next by following the same pattern of living and retaining the spoken language and the names of places, farms and fields. Working the land will always be valuable for what it gives back in terms of produce, pleasure and culture. And if too much emphasis was laid on the 'pleasure' and 'recreation' aspects at the end of the twentieth century, we must remember that for the past three centuries upland farming has often swung from one extreme to the other, sometimes successful, sometimes not. At the present time, at the start of the twenty-first century, the price of farm produce has improved after a lean period at the end of the century following the outbreaks of B.S.E. in 1996 and Foot and Mouth disease in 2001. With these two calamities safely behind us, the uncertainty now facing farmers is the effects of ten new countries joining the European Community. We can only hope that farming in the upland regions of Montgomeryshire can hold its own against the competition, because the heart of our nation lies in rural communities like Llanbrynmair.

THE ESTATES
The biggest difference between the structure of farming at the start of the twentieth century and now is the disappearance of the estates. Their demise began gradually in the 1920s and onwards until they had disappeared altogether by the 1960s. There were three estates, the largest by far being the Sir Watkin Williams Wynn estate with about 102 farms and small-holdings, most of which were situated around the Bottom (Wynnstay) and Talerddig and Rhiwsaeson. In Bont there was the Llwyn Owen estate with nine farms and the Dolgadfan estate with 11, and in Pennant, the Conroy estate with 24 farms. In total, there were about 171 farms in the parish at that time, only about 22 of which were privately owned. The rent for a reasonably sized family farm at the beginning of the twentieth century was about £22. The rent for Dôl Fawr, for

example, in 1940 was £38. (Please refer to the Appendix on page 213 for a list of farms at the beginning of the twentieth century and today.)

For the first half of the century the landowners had a tight hold on the area, but farmers around Talerddig, Aber and Dôl-fach were fortunately able to buy their farms in 1921, followed by Llwyncelyn, Talerddig Farm, and the two Cwmcalch farms in 1949. But it was a case of paying the rent and having very little left for most of them, as well as having large families. So rent day was a red letter day, a day for handing over all the year's savings for many, and for some, especially in the nineteenth century, who had been unable to make ends meet, to have to vacate their homes, often after slaving to improve the place. This, of course, was one of S.R.'s complaints, which he delineates in his story about 'Farmer Careful' from 'Cilhaul' farm (modelled on Diosg farm), who had to emigrate to America after being evicted for failing to pay an extortionate rent.

Sir Watkin had a Rent Room at the Wynnstay Inn, with food and drink laid on for the tenants on the big day. Demetrius relates something of the story: "…The steward, Lewis Evans, for once in a good humour, and the Rector, Kirkham, who couldn't speak a word of Welsh, for once out of his depth. Sam Tŷcanol sat in the corner singing "Sir Watkin's Tune" at the top of his voice, and praising him to the skies. He also sang a song composed by Mari Rhys, Pengeulan in the previous century, (it's not clear whether they are the same song). John Bill, the Keeper, stood in the corner with a gun for fear anyone should steal the rent money…" Nearer our time, they paid the rent in an office in the estate yard behind the Wynnstay, before going for the food, but the custom of the 'free lunch' had also disappeared before the end of tenancies.

Despite the shortage of money (a farm-worker earned £7.10s in 1915) it was a lively, kindly, warm and very neighbourly community, and many of those who remember the old days right up to the end of World War Two affirm that "living long ago was much nicer". It was an age when everything had to be done by hand, from spreading manure to roofing a hayrick, and people relied on each other for help, as for instance when eight or ten horses were needed to move the threshing machine and boiler to the next place. Gwilym Llan wrote on the lavatory door in Belan – a difficult place to reach if there ever was – "Through water and mud, through wind and flood, who the devil would come here to thresh?" But go they did, as did everyone everywhere unquestioningly wherever help was needed. In our day there is very little of this left.

It is significant that today only 49 farms are listed in the Appendix as working units because of the process of land annexation, but more of that later. Let us first of all hear what IOAN PRICE, formerly of Cwmcalch Uchaf, had to say about:

FARMING IN THE TALERDDIG AREA (1900-2000)

"The twentieth century saw the biggest changes in farming for centuries. The scythe and the sickle were thrown aside, and the Deering and Bentall came to make the job much easier, though many say that the aftercrop never grew as well after these machines! Before that, several of the young men went to work in Shropshire during harvest time – I have here an old sickle belonging to one of my ancestors, who used to go to Bridgenorth to harvest the corn. They threshed with flails and winnowed with a fan, which had two supports similar to those on a butter-making churn, and a piece of wood about five feet across with some half dozen sacks suspended on it. One person would be turning while the other poured the grain from the sieve, and the draught from the fan dispersed the chaff. Of course, John Pugh the Engine's big threshing machine had arrived by the beginning of the century, and after that Rowlands Clegyrddwr, Davies Hendre and Jones Caeauduon.

"Then the two world wars came with a demand for producing more food. During World War One the Government commandeered the best horses for the Army. By the time of World War Two, there was an even greater demand for producing more food, and large areas of hilly ground were ploughed and boggy land drained. In the words of Thomas Evans, Ystrad Fach, " O yes, one day Talerddig bog will be a Paradise". By the end of the1930s the petrol engine had arrived, first the Fordson tractor, then the Ferguson and others later. Many new kinds of seed emerged from the Gogerddan Plant Breeding Station, with wheat, barley, rye, linseed and oats being grown, from the "black supreme" to downy oat grass. Any reasonably sized farm planted acres of potatoes. Large tracts of land were re-seeded, so that far more animals could be kept. The estates fixed the number of sheep to be kept on a holding. At the beginning of the century, Dutch barns became very fashionable with a corresponding reduction in the number of hayricks, although I remember Thomas Jones, Bryn Bach making a haystack with a rush thatch out in a field, which was bone dry on threshing day.

"The old timers believed that hay lasted longer by using a hay hook instead of cutting it in slices from the bay. The weather often made harvesting difficult, and the arrival of silage pits was a blessing; some of the first being at Ystrad Fawr and Talerddig farm. Today there are spacious buildings in which cattle can be conveniently wintered, and sheep kept in for lambing. So very different from when we had to push past the cows to tie them up. Another old custom was for smaller farms to take the lead from the larger ones – if Ystrad started spreading manure or cutting the hay, the others had to follow! People were also very ready to help each other with harvesting the hay and the corn.

"For many years, the farrier was Morris Evans. He came to live in the old Talerddig Smithy from Carno, and raised a large family. He died in 1939. His son, Daniel, who lived in Tŷ Pêt, followed him in the business. He also died, in 1956. They were both famous for their physical strength, and there was no one like them for pulling a calf. Neither of them had a day's college, but they were highly respected in the area for their ability, knowledge and their way with animals. Dan's trademarks were the everlasting cigarette stump burning beneath his bright red nose, and his motorbike, which took him everywhere. He once had a nasty accident, when he broke his arm – no calf pulling then for some time! Cranowen Evans, who at one time looked after the old village Hall, was Morris Evans's daughter.

"If you were cutting peat on the mountain and the ground was too boggy to take a horse and cart to the pit, you carried the turves on a special peat-barrow, a frame with four shafts for two men. At Cwmcalch we had to go a long way up the mountain to reach the peat.

"The farmer's wife saw huge changes in milking, making butter, carrying milk for the calves and feeding the hens. It became customary to let the calves suckle the first milk, which was more like skimmed milk, and to milk the rest which was much richer. It also became commonplace to keep a large number of hens: the concept of the "deep litter" was born in the 1950s, that is, keeping hens indoors with plenty of straw or chaff beneath them; Townsend from Dolgellau and Jos Howells from Comins Coch used to call to buy the eggs at about 3/- a dozen.

"There were severe snow storms during the 1940s and 1950s when a great many sheep were lost. I remember Edward Owen, Fron saying that during some winters newborn lambs became frozen stiff before the mother could lick them. There were times when money was in very short supply, but the farmers' dream was realised when they themselves became the owners of their farms. That process was almost complete by 1960.

"Yes, Talerddig underwent enormous changes: the little station, built from public subscription, was closed; and likewise, the dear little schoolroom, which played such an important part in the life of the whole area. With each generation came new machines, from the "self delivery" to the binder, the bigbaler, the JCB and the "quad" bike, which is so useful on the farm today. I remember Francis Roberts, Hafodowen having great difficulty transporting equipment for the Home Guard by tractor and cart to the top of Newydd Fynyddog, but today there are about a dozen wide tracks leading up from all directions, and cattle can be seen grazing happily on the summit. Furthermore, the Forestry Commission came to the area and transformed the growth patterns of the hills and sheep walks.

"At the end of the twentieth century, now that the Government has changed course to producing less, and attaching more importance to the environment, we may see again the heron and the corncrake on the moor land, and the grouse croaking in the mist on the hilltops. I wonder if we'll ever see this again?"

Montgomeryshire is truly an agricultural county, and apart from Dylife and Van near Llanidloes, there is hardly any sign of industrial staining and scarring. It is only in the last 40 years that industrial estates developed in market towns such as Newtown, and one or two factories opened, such as Laura Ashley in Carno (this one nearly came to Llanbrynmair), providing a livelihood for young men and women, many of them for the very first time, because the old order was to work at home "for nothing" until you got married and set up on your own.

A GLANCE AT THE NINETEENTH CENTURY

The ambition had always been to make the most of one's farm, and the Montgomeryshire Agricultural Society was established as long ago as 1796, reflecting the interest in improving farming methods. By 1800, lime was being shipped to Derwenlas, and then transported to the farms by horse and cart, while others carted it from Borth. This was very laborious work with the roads being so poor, and some also requiring the payment of a toll. But, that was what was done, because of the great emphasis laid on growing corn during the first quarter of that century, until the repeal of the Corn Laws in 1846. Before then, those laws had kept the price of corn high by prohibiting corn imports into Britain. But now, with cheap corn coming in, mainly from America, they had to diversify and concentrate on stockbreeding, and experiment by crossing indigenous breeds with Shorthorns and Herefords. The emphasis on growing corn commercially did not return until the two world wars of the twentieth century, when "U boats" sank the grain ships on their way here.

The period 1857-77 was a prosperous one for farming, when stockbreeding and trading in the fairs brought substantial returns. A fair was held in Llanbrynmair on the first Monday of each month. The owners brought their animals to the Wynnstay to meet the buyers or cattle-dealers, and then sold them by bargaining and slapping the palm of the hand, and giving back a "lucky" discount. The animals were then loaded onto a train waiting in a convenient siding. The stock would be displayed on the road – the ones from Cwm Pandy on the Pandy road, and so on. The fair came to an end when they started holding markets at Cemaes Road, Newtown and Llanidloes, in the first quarter of the twentieth century, but with the disadvantage of having to walk the animals a good deal farther.

Of course, fairs had been held in those towns for centuries, for instance, the May Fair at Machynlleth on 15th May, was established by royal charter. It had also been a "hiring fair" for centuries, and farmhands were still offering their services at the Machynlleth fair until the 1930s. Their method was to turn out in breeches and leggings, kerchief, stable cap and a pair of strong boots, and stand at the side of the street looking as muscular and as enthusiastic as possible, until an employer came along looking for a man-servant – farm-bailiff, waggoner, shepherd, lad, or factotum, and if he was given a pledge of a shilling (later half a crown), the servant would start work at the new place within a week. It was a bit of a gamble sometimes, jumping from the frying pan into the fire – the food being substandard and the master bad-tempered! But there was no hope of changing then until the end of the season the following year. May time remained a hiring date long after this custom discontinued.

There is much talk today of "diversification", but it is not a new idea. The lead mining works at Dylife and Tŷ Isaf often augmented farm work, especially in the southern parts of the parish, and especially between 1857 and 1877. Work was available there when things were slack on the farm, such as plenty of haulage work for farm horses. Yes, one could make a penny or two at that time in Pennant and there was considerable traffic on Llwybr Sgeirw. Alas, it didn't last long. By 1900 the mines had closed, thanks to Queen Victoria's Empire, which secured cheap imports from all corners of the globe. Henceforth, Afon Twymyn was not required to turn the famous "Red Wheel", which was one of the largest in Wales and powerful enough to work numerous machines in the Dylife mines. Many emigrated to America or to the South. A whole region was impoverished, but in reality it was a very cruel and dirty industry, as the gravestones bear witness.

THE TWENTIETH CENTURY
By the beginning of the twentieth century, farming was experiencing difficult times once again. Cheap corn was being imported from America, as shown, and the wool from the merino sheep in Australia had conquered the world, bringing down the price of wool in this country. The only way to make ends meet was to improve the upland regions, to flay the moor, plough it, manure it, and drain it, in order to make it more productive. Farmers set to, usually with hand implements, pick and shovel and a flaying iron. And let us remember that, throughout all this, these were chapel loving, self-cultured, hospitable and kind people, full of humour and wit, and drawing strength from each other's struggles.

World War Two brought the next big change to the world of farming. This is when mechanisation began in earnest, and it has continued to this day, with ever more powerful and ingenious machines upstaging their predecessors. This is no more apparent than in tractors, from the 'little Fergie' to today's luxurious tractors equipped with heated cabs and music systems. In days gone by the main hand tools were scythes and sickles, crosscut saws, picks and shovels, peat-cutters, shears, and gelding clams, and ploughs and harrows to till the soil and fiddles to sow the seed, especially the very fine linseed. Success depended on the weather. Mr Stable erected a Dutch barn for drying corn at Gellidywyll, with cross wires to hold the sheaves so that the air could pass through them, and kilns were built near mills to dry damp grain. The bracken stack also played an important part; this was mown with a scythe in the autumn and brought home by sled, to put under the horses and calves. A midday nap on a shelf of bracken in the stack was relished: sweet slumber on a sweltering afternoon. Green bracken was cut in June to put under sheep while pitching them on the shearing floor. The horses, that worked so hard, always had the best hay and the oats – but it was essential not to give them too much, in case they became over-heated. One had to get up before six to muck out the stable, feed and harness the horses ready for an eight o'clock start. The last step of the harnessing process was tying the horse's tail back out of the way by plaiting it and fastening it neatly in a bob with a brightly coloured ribbon. When horses were ploughing and working on the land, they were rested from 11.30 to 2.30, then worked again until 5.30, and with luck the waggoner had his supper at seven. In the winter, the billhook and hedging mittens were brought out, and the most highly skilled in the craft of laying a hedge were severe critics of each other's work. It was unforgivable to "kill" a hedge by cutting the rods too deeply, or by hedging out of season.

The women's work was looking after the pigs, the hens, the geese and the milk – doing much of the milking – baking, washing, black-leading, clearing the grates, preparing food and raising children – endless work, and yet they made time to sit down and welcome a neighbouring farmer's wife and enjoy a cup of tea and light cakes or griddled bread. Mary Davies (formerly of Pwllmelyn) recounts how her mother, Mary Bebb, used to look forward so much to visits from her neighbour, Mrs Ann Jones, Berthlwyd, who used to come across the field, her conversation being always interesting, informative and full of useful tips. This was how the school of experience was shared, whereas young wives today read magazines for the same purpose. Paying visits and 'dropping in' on people was such an important part of everyday life. All this has disappeared, and nowadays it seems there has to be a very good reason for calling on someone. The telephone is a largely responsible for this loss, but a loss it is nevertheless.

On the farmyard long ago there were hens of every shape and colour, and amongst them the old breed, "low neck", easy to recognise with their bald necks. It was a wonderful bonus getting a hen that had "sat out" coming to the farmyard at the beginning of summer with a clutch of multicoloured chicks in her wake; and there would be much searching to find a suitable little hutch for her, who hitherto had lived out in the wild with her chicks underneath her and only a tiny head or two in sight. There must have been fewer foxes in those days – the effects of the estates' keepers – because it was possible to leave geese out on the moor or the heath until it was time to fatten them up, as Christmas approached. No chance today!

Salting the pig demanded care and attention, and it was only possible when there was an R in the month. The salt came in large blocks from the local shop. First, these had to be crumbled with a rolling pin and a bed of salt made on a stone table or floor. The hams, shoulders and flitches were then laid in it, and saltpetre rubbed thoroughly around the bones. Finally, everything was completely covered with salt. Flitches had to remain in the brine for a fortnight, shoulders for a month and hams for six weeks. The cheek had also been in the brine and was terribly salty when fried. The large pieces of cured meat were then wrapped carefully in white cloths made out of empty flour bags, and hung from the ceiling. Cutting the first slices of ham was considered a very important occasion – usually reserved for the visit of a rather special guest. Miss Peggy Bebb, Dôl Fawr talks with relish of that first cut of the ham coinciding with lifting the first new potatoes. What a meal that was! She could smell and savour it on her tongue as she spoke. The one thing no one wanted to see were maggots jumping onto the kitchen floor – the meat not having been salted properly, or a bluebottle having pushed its way under the cloth. Of course, the smaller pieces of meat, such as spare rib and fatty backbone chunks (*tsieimin*) would have been distributed to neighbours when the pig was killed, and what better way of ensuring a supply of fresh meat in the neighbourhood throughout the winter season? If you happened to be at Cwm Mawr, Pennant on a Sunday evening in winter, what you had for supper would be slices of *tsieimin*, with four inches of fat on them (they believed in fattening the pig!) and pickles blackened with age in their bottle, tea made with water from a well right by the door, and bread from J.R. Llanidloes, which had been brought up on Trannon's cart. You might get sent to the butter-churn to fetch some Welsh cakes, ignoring the odd earwig that was also fond of them… Eating fat was a way of life, and the hard physical work together with the healthy natural food had kept cholesterol at bay until the final years of the twentieth century.

Looking after the milk was women's work; they might get help with milking if there were more than half a dozen, and sometimes help with churning. In some places the churn was powered by the water wheel, which was much more agreeable than churning by hand for an hour. After the cream had turned into butter and gathered in coarse gobbets, the butter-milk was drained and cold water and salt was then added while beating the butter in a wooden bowl until the last vestige of buttermilk had disappeared. The buttermilk was kept in a crock ready for drinking, and some given to the pigs. After about a week or so it developed a sharp taste especially good for quenching a thirst. In summer, *glasdwr*, that is, water mixed with buttermilk, was taken out to the fields to drink. Porridge and buttermilk, or oatcakes and butter milk were commonly eaten throughout Wales, but bread and milk and broth were the favourite spoon-meals on farms in Llanbrynmair: a wether would be killed in winter and the meaty bones boiled together with swedes, leaks and lentils – a layer of which would cover the bread in the bowl. Oxo and Bovril came along to challenge them as easy-to-make spoon-meals, but broth held its ground, and both this and bread and milk were still in vogue as a breakfast or supper until at least the 1960s. By today we have unlimited choice of cereals in the shops, electric toasters to save time, bacon (of sorts) in the fridge, and eggs from unknown hens.

But let us return to the butter for a moment. After being made, it had to be sold before the following week by being taken to one or two local customers, or to the village shop, or to the town where there were shops and other regular customers. Many took their baskets on the train to Machynlleth. The Editor's grandmother, Mrs Anne Jane Rees, Gellidywyll, a slip of a woman but as tough as a lath, used to walk over the fields with two basketfuls on her arm, out onto the road at Minffordd and then a good three miles to the station. She then caught the 11 o'clock train. One of her customers was the "Little Tailor" who kept a clothes shop at the top of Penrallt Street, near to Ritchie Roberts, the shoeshop, both of whom she was very fond of because of their courteous ways. If she made enough money from the butter, she might buy a length of material at a shilling a yard to make a garment. A cotton frock cost 7/6, a linen frock 21/-, the latter certainly out of her reach with seven children at home. After finishing, she went on to Doll Street to have a cup of tea with her cousin, the mother of Iorwerth Rowlands, the garage. If she hadn't lost too much time there, she might get off at Cemaes Road to see her sister, Mary Parry, the stationmaster's wife. She also had a brother, Tom Evans, who kept a shop and a garage there, and two other brothers who were builders. There was enough to keep her there for hours, but she had to catch the six o'clock train. She used to talk about the woman from Dyrn who would throw a box or bag out of the train window when passing to save carrying it back from Llanbrynmair! By the time she reached Minffordd it would be getting dark, and she was pleased to see one of the boys coming to meet her to carry her basket – hoping there might be something good to chew. And that is how some farm wives looked forward to the occasional day out, not every week, but certainly often enough to contribute towards a contented life.

Although it's a hard thing to say, during the first half of the century, the prices of farm produce were at their best at the time of the two world wars, because importing food was difficult. It was also a good time to breed and sell horses because they were in great demand. In World War One heavy horses were needed to pull big guns, and for the cavalry. They were needed in the towns to haul goods wagons, such as beer and coal, and to service the shops and the trains, and underground where coal pits were stretched to the limit satisfying the needs of ships, trains and industry generally. They were also needed to drag logs for making props for coalmines, and they were needed on the land, of course, because farms had been given high production quotas which had to be met. The Officer for Llanbrynmair and Llangadfan during the Great War was Evan Jones, Cwmpen, who was responsible for guaranteeing that the quota was being met. Here is an example from his Farming Register Book 1917-1920, Llanerfyl and Llangadfan:

"Abernodwydd – 54.85 acres farm. Wheat 2 acres, oats 4 acres, barley 2 acres, rye 2 acres".

We can assume the situation was something similar in Llanbrynamir. Evan Jones complained that the quotas were too high, making life very difficult for those trying to meet them. But his complaints fell on deaf ears.

AFFORESTATION

When afforestation began in the 1920s, tree planters were paid a shilling a day, often on very steep slopes, and in all weathers, but they were better paid than farm workers, who earned £7.10s a year in 1915. The Forestry Commission was established in 1921 to plant evergreens after so many oak trees had been felled during the First World War. Liverpool Corporation had already planted 900 acres around Lake Vyrnwy before 1912, the first large expanse. Then, before 1930, much of the Dyfi Forest had been planted. Although many trees were felled during the Second World War, Montgomeryshire had a greater area covered in trees than any other county except Monmouthshire, most of it on the uplands. Between 1950 and 1960 over 4000 acres of Hafren and Dyfnant Forests were planted, using sheep walks and mountainous grazing land, the former natural woodlands being re-planted with dark, evergreen forests. At that time there were 300 working for the Forestry in Montgomeryshire with the results of their efforts to be seen on the outskirts of Llanbrynmair, such as Cwm Ceulan, and the land bordering on Cwm Nant-yr-eira and the upper reaches of the Severn. From the 1950s onwards, private companies came forward to compete for land on which to plant trees, but by the end of the century the wheel had turned once more, with the Government begging farmers to fence off any surviving ancient oak woodlands to preserve them for the future, and to plant more deciduous trees: another example of the Government's forever changing policies in land management.

LEISURE

Despite the hard work and long hours workers, farm labourers and farmers' sons had a little leisure time in the evening, and they must have had unusually high levels of energy to manage with so little sleep! Depending on the weather, they would gather on bridges or crossroads to chat and exchange gossip late into the night. Quoit pitching was one of their pastimes, and Plas Woods near Pen-ffordd-newydd in Pennant, for example, was a notable haunt, with the smithy being near at hand to provide the quoits or horseshoes for throwing. The ground was wet and clayey so that the quoits would stand on their ends, and as there were no houses close by, they could make as much noise as they liked (that is not how it is today, because a row of luxurious houses have been built there, and furthermore, Coed y Plas is a green field). Another contest was weight lifting. The ultimate test was to lift two 56lbs weights above your head and knock them together with a resounding blow. Farm work long ago produced very strong men. There was talk of Richard Roberts, Rhiwgan, a large, genial and muscular man, challenging his mother that he weighed more than she did but putting two smoothing irons in his pockets, just in case!

There is still talk today about the great depression in the world of farming between the two world wars, in the 1920s and the 1930s, and the poverty that followed. According to the *County Times*, these were the prices obtained in October 1932:

Eggs 1/- (a shilling) a dozen, butter 1/- a pound, rabbits 1/6 a brace, cattle £13, calves 30/-, wool 5¼d, (that is 50% down on what it was pre-World War One). Obviously, people had to live on far less than formerly, and the Editor has noticed that in old school photographs taken in the Edwardian age, before World War One, the children looked prosperous and tidy, and the grown-ups too, but children in later pictures look impoverished. Until the end of the 1940s, girls' and women's clothes were skimpy, but in the 1950s the "New Look" came in, with long, full skirts, a sign that more material was now available to lavish on clothes. The fashion ladder began to be climbed once more throughout the 1960s and 1970s, and still goes on, and indeed never will come to an end!

TŶ PELLA

Tŷ Pella, the home of W.E. Williams and his family, is an old farmstead. The house itself was very old indeed, and they had to build a new one in 1952. Good grants were available at that time, and the local carpenter, David Wigley, undertook the work. It was built on the same site as the old one, and a part of the old house became a garage, and some of its features can still be seen. A notable family lived here in the nineteenth century, running a self-sufficient business from the produce of the farm. In 1798 there was a certain David Jervis here, who was an elder with the Methodists in Bont, and someone wrote about him that, "that Dei Tŷ Pella is worse than the Devil… a month without communion" (that is, at the parish church in Llan). Probably, he was holding a Sunday School somewhere in Tafolwern or at Tŷ Pella. He had several talented sons who went on to develop a multi-faceted and self-supporting unit on the farm, involving spinning, blacksmith work, making hedging-mittens, carpentry and woodturning. The youngest of the brothers was James Jervis, a "black and white" smith, that is, he shoed horses and made wrought ironwork. He was a member of Llan Church, but went to Sunday School at Tafolwern. He wrote a verse for a boy at the Sunday School entitled "Inferno", (literally translated):

"The greatest fire with the least amount of wood
I ever saw anywhere..."

Apparently they had a large barn at Tŷ Pella then, comprising the smithy and a cow house on the ground floor and haylofts above. The house called Glanyrafon was built in the village for the other brother, Joseph Jervis, who made hedging-mittens from white leather, that is, the thick skin of the cow. Appropriately enough, the name of the house at that time was "Gloferdy", (Glover's house), reflecting the business. Joseph was killed when he was thrown from a wagon during the building of Tŷ Pella bridge in 1861. The family supported building the Tafolwern schoolroom.

We don't know how many musicians there were among the Jervises long ago, but we know about the musical family living at Tŷ Pella today. W.E. was born here in 1921, and although he was an able pupil at Bont School, he remained at home to work on the farm, together with his brother, John P. Williams. Like many other farm lads, at 16 years of age he was working a team of horses. In all, they kept five horses, and after 1939 more of the land had to be cultivated, with both pairs of horses out every day ploughing and sowing. The corn was taken to the mill at the Plas to be ground, because the Tafolwern mill had closed before he could remember. Corn was cut with a horse-drawn hay-mowing machine, and the sheaves bound by hand afterwards, which was very slow work. "Harvesting would be a dead loss with the weather we're getting now," he said. "But, remember, we used to get bad weather long ago too, when the hay and the corn were sometimes harvested together in September or October. I remember the wet Eisteddfod at Ystradgynlais, 1956, I think, the hay at Tŷ Pella lay out for a month. But despite everything we never worked on a Sunday. Neighbours used to help each other a lot during harvest time. No one would call it a day if there were a neighbour still working in the field, but instead a horse and cart would be taken across.

"Threshing was very different work from shearing – they used to say that threshing was a young man's job, and shearing was more for old-timers. This was when you saw how farms differed in character, reflecting their tenants or their owners. There was one farm I had great fun going to as a young lad, because the old lady there was such a character. And economical beyond belief, which we all knew perfectly well, of course! On threshing day, two rooms would be used for eating, the front and the back. She would stand by the door segregating us, "the sheep from the goats", you to the front, and you to the back. For some unknown reason, I was among the elite in the front room. I don't know if there was any difference in the food or merely in the knives and forks, but the milk jug at tea-time was no bigger! She tried a new method of dispensing morning 'bait' once, bringing it out and placing it on a bench in the middle of the yard, to save us wasting time by going into the house. The bench overturned and all the crockery was smashed!

"She was always complaining about income tax – her way of saying that she had plenty of means, perhaps! She once said to William Rees, Plas (one who happened to be in her good books, and could get away with saying some quite outrageous things to her) 'I had an enormous income tax bill this morning, William. A very big bill, and I haven't got any money to pay it'. 'Yes, that's what they say," he replied musingly, keeping a straight face. 'Who says so?" said she, as quick as lightning. On another occasion, the same leg-puller put one over Morris, the Brook. Brook was a smallholding, and Morris had no great desire to do much with the land, especially spreading manure. One day he was leaning on the gate, when William Rees came by, 'Morris, my dear boy, you couldn't possibly spare me a sitting of eggs?" he asked. 'Eggs, of course you can have some. What's the matter, have your hens stopped laying?' 'No, just seeing how brilliant yours are at spreading manure!'

"I was well used to rising early to do the milking and get fresh milk to go to school. I also missed a lot of schooling at busy times before modern machines came. But in the 1950s there was experimenting taking place on farms. There was an Englishman from Croydon, called Sheridan, living at Esgair, who was selling milk by the churn. He made the first silage pit in the area. The freshly cut hay was carried by buckrake to and fro, a very dirty job during a wet summer. I remember the first demonstration of a hydraulic tractor at Pentre Mawr, with a plough attached to the rear of a little Fergie, and many wanting to stand on the plough to experience the miracle of being elevated! And another demonstration at Goedol or Bryn Goronwy, Llanwrin of a drum mower, a new method of mowing hay. Off it went round the field cutting like a razor, but the second time there was an almighty bang! It had collided with a chain harrow that had been left there for a year, and out of sight in the grass. Everything was smashed to smithereens, and sparks flying everywhere! For years afterwards we continued using the old mowing machine, with a long pole to the tractor instead of shafts.

"For the past twenty years or more now we, like everyone else, have been using a rotary blade and putting the hay in big bales in black plastic – and finding time to go to the Eisteddfod is not such a big problem. Keeping the joints supple is what's difficult now!"

J.L. JOHN

The Government's campaign to raise the amount and standard of agricultural produce had reached Llanbrynmair early in the 1930s, when J.L. John became Agriculture Adviser for Montgomeryshire. He started holding night classes at Pennant school and in farmhouses – "fireside classes", as they were called. Tŷ Isaf was one of these, and Beryl, the daughter, (now BERYL JAMES, GELLIGOCH) remembers them well:

"One of the activities was the calf-rearing competition, and every farm wishing to compete chose a calf and fed it according to the directions on the chart. In Elwyn Hendre's book, *Newid Ddaeth*, there is a picture of the calves being judged. To support her side, the maid at Tŷ Isaf used to slip an egg into the occasional feed! An egg puts a shine on any animal's coat. Great emphasis was placed on improving the stock, and anyone keeping a bull was urged to go for a 'Society bull', such as a Hereford bull that had been passed by that particular Society. We had one of these at home and it had to be replaced every three years. I remember seeing one being walked to the station with two feet loosely fettered in case he had any ideas about jumping over the hedge. 'Guess his Weight' competitions were held *en route*, the money going to the Society. J.L. John laid emphasis on improving the crops as well, and he went round taking soil samples, and advising on seeds and fertilizers. He supported growing linseed and different kinds of potatoes, and experimenting with new seeds developed by Sir George Stapleton in the Plant Breeding Station at Aberystwyth – that was before they moved to Gogerddan, where it is today. J.L.J was in favour of experimenting with making silage in wire-netting hoops, covered over with soil. He was a scientist, and keen on bringing science to bear on agriculture in the most homely way. He had considerable influence in Pennant and Staylittle.

"Something one wouldn't expect farm girls to be in need of was instruction on how to treat milk, the "Dairy Classes", which began at the Hall in Wynnstay village before World War Two. Eight or nine of us would come down on bikes to meet Miss Williams from Newtown, who taught us how to make butter and cheese, what our mothers and grandmothers had done since before anyone could remember! But yet, there was something new to be learnt all the time. There we were, 'all in our white gowns', making butter, each with her little tabletop churn. The course lasted about six weeks. I went on afterwards to follow a more advanced course at the Milk College in Aberystwyth, where the emphasis was on making cheese. While I was there, the war broke out, and many maintained that the Crown Jewels had been brought to Aberystwyth for safekeeping, in a rock cave near the college on Llanbadarn Road. I wonder? It would have been just as safe to hide them in a large cheese!

"£2 an acre for ploughing and a great emphasis on producing food were the main themes during the war. 'Help' with lifting the heavy crop of potatoes was available from the residential camp at Ceinws for unmanageable boys from away, and I remember them pelting me with potatoes as I drove the tractor, the little devils. There was no cab then! I also remember my father giving the Pennant lads a good telling off when the prisoners came from Germany to the farms and one or two locals feeling a bit of animosity towards them. 'Treat them as you would like to be treated in the same situation,' he said. My father was a strong character whose opinion on things was highly respected. I received a present on my wedding day from the German who worked with us, a small sewing basket which he had woven from unravelled sacking, and lined with a piece of old curtain material. I still use it to keep cotton reels. Most of those boys were quite unaccustomed to farm work. What they liked most was gathering together outside Siop Pandy to enjoy a cigarette and a bottle of cider.

"I still farm today, and after the great emphasis in the 1980s on growing food, I see that now the wheel has turned again, with caring for frogs and worms being more important than food production. And speaking as someone who has always worked on the land, that's a foolish overemphasis in my opinion."

SELLING MILK
Selling milk commercially in Llanbrynmair had a short life. The land is certainly not good enough by today's standards. The business began in the 1930s, mainly on rich land in the east of the county. After the war it came to this area, to about twenty farms, those near the station to start with, because they had to catch the ten o'clock train. Coedcae and Dôl-lydan devised a small truck hitched to a bicycle – quite a pull up the station hill! Later on, a lorry used to come and collect the churns, and a milk-stand had to be built at the bottom of the lane. Some are still there to this day. The lorry went as far as Dôl Fawr and Maesmedrisiol. After the expense of installing bowls in front of the cows, concreting cow-house floors, and installing milk-coolers in dairies, selling milk mostly stopped at the end of the 1960s. But it was certainly a very profitable business while it lasted, even if a little troublesome, and a monthly cheque was a welcome novelty. And the old metal churns? Well, you can get £50 for an empty one today!

MECHANISATION
Everyone to his own thing, and it was only natural for machines to appeal more to some people, while others remained loyal to the team of horses. From the 1930s things began to change, but very slowly. Someone who was always very keen and capable with machines was Elwyn Hendre. He recounts enthusiastically in his book buying the little Fordson in 1934 to haul the threshing machine, the third tractor to arrive in Llanbrynmair after Rowlands Clegyrddwr and Rock Evans Pentre Mawr; and then with even greater pride he talks about the Field Marshall he got in 1953, "which could haul a threshing machine, a baler and a chaffing machine all together as one cargo up Rhiwgoch hill!" The Little Fordson became very popular in the 1940s – it could do the work of three horses without a fistful of oats!

By the early 1950s, and the fairly prosperous period which came with the post-war Labour Government, almost every farm in the parish had a tractor and a car, not powerful ones but useful enough to contribute towards a change in social life by making it much easier to get about. Gradually, the shafts were cut from the old machines, the mowing machine, the horse-rake, the hay-kicker and the carts; the horse tack was hung on the wall for the last time, and the horses themselves sold off cheaply. After 1955 one rarely saw a shire horse working in the area.

This was also the time when the Lister Startomatic machine, with its dynamo and battery, became popular for generating electricity on farms too far from villages where local producers were already supplying electricity. (Some are still in use). The end of the 1950s also saw the advent of shearing machines, and young men experimenting with the method of shearing on low benches before Godfrey Bowen's method was introduced in the 1960s. But another ten years went by before the machine completely supplanted the fun of the shearing floor, but it was less amusing when the two methods coexisted and the noise deafening the old shearers on the benches. By today, of course, young men have long since mastered the craft, shearing a sheep a minute, and able to make a living out of it by contracting – even as far as New Zealand.

The Agricultural Act was passed in 1947 to help with Britain's post-war recovery, to ensure a supply of food, and to support new technology and the effectiveness of farming. This is what started the half-century of endless change since then. Farm workers' wages had already been raised from 15/- to £3 a week by 1946. Grants were then available to renovate farmhouses or to build new ones, a very busy period for David Wigley the carpenter and any other builder. A new farmhouse was built at Wîg, Tŷ Pella, Belan (Talerddig), Hirnant, Rhosgoch, Blaencwm and Mwyars. Old grates were removed from kitchens and parlours and replaced with "modern" ones. It was fashionable to get a Triplex oven – or even an Aga, instead of the floor-level fireplace of old or the blacksmith-made basket grate; and to have a tiled grate in the parlour instead of the old, cast iron, Victorian fireplace, was many a farmer's wife's dream. Old wooden utensils, such as the potato masher, the mixing stick and the dough-making bowl became firewood. Many a butter-making trough dried out from lack of use and came loose from its bands and disintegrated, so that this too became fire-wood. The churn itself also lay idle, and from the 1960s these were beginning to be sold as ornaments for the garden or the patio. Today, at an auction, you cannot buy a doe or butter-making bowl for less than £100, many a sigh being heard on seeing them going under the hammer with someone sure to say, " I threw one just like that away!" Too late.

1960-1980 was no doubt the 'best' period ever experienced by hill farmers. The Government laid great stress on improving the land and increasing the stock, while college lecturers and agricultural specialists urged everyone to put more nitrogen into the soil. Grants were available for draining, ploughing, liming and seeding, burning, disking and spreading basic slag on hillsides and mountains. At this time about a dozen tracks were made to the top of Newydd Fynyddog, every farm receiving grants to make their own individual road. Farm produce increased threefold. Farming advanced without let or hindrance, unless you happened to live within the boundaries of some conservation system. In Llanbrynmair there were no designated conservation areas, even though it is among the most beautiful regions and contains a wide variety of wild animal and plant life. Much of this was lost during this period. At the beginning of the 1970s when there was talk of creating a Cambrian National Park in mid-Wales, more than likely it would have embraced a good part, if not the whole, of Llanbrynmair. But it never happened – and most local people said, "Thank goodness for that!" Between 1960 and 1985 the parish was transformed. Many of the upland slopes became rich grassland and many sheep runs and pieces of mountain disappeared. Although offered, very few farms, like Plas Pennant, adopted the E.S.A. (environmentally sensitive area) scheme of the 1980s, whereby payments were made for maintaining natural habitats. The Editor remembers bracken, black thorn and gorse on Pennant Isaf *ffridd*, as well as rabbits and innumerable birds; today it is a dull, green slope. Of course, the bright side of all this is that enthusiastic farmers have become more affluent, which is fair enough, because it was about time.

JOINING FARM TO FARM
One of the characteristics of the last 30 years of the century was merging farms together. It happened to some extent before that too. First of all, larger farms bought up small farms and smallholdings, often selling off the houses to incomers. Then family farms of 200 acres and more began to

go the same way. Initially, they bought land abutting on theirs, but by today, with powerful and fast vehicles, distance between units is of no consequence, and some farmers operate in more than one county. The result of this is that there are no small farms available for young farmers to make a start (even if they can afford it, with land today in areas like Llanbrynmair costing at least £2000 an acre, and not many farmhouses to be had for less than £200,000). Another development is that farms are being sold off in parcels rather than as complete units, because it is more profitable, of course. The overall effect of all this is that farms have become much bigger without increasing the number of people working on them, a factor which has helped to depopulate the countryside. But having said that, with stock prices being so fickle and farming costs having risen enormously, without extending, farmers would not have managed to survive and modernise. Thank goodness that they have been able to do this and that they are "still here", but it is interesting to compare the number of farms in the parish today with the number at the beginning of the century (see page ???).

Wîg farm is a perfect example of what has happened in the world of farming in the second half of the century, and John Jones and his nephew, Arwyn Jones, have been kind enough to give us an idea of how the change took place:

- 1947 Mr and Mrs Llew Jones rented Wîg farm, 190 acres, from the Conroy estate. Rent about £80. Three children working at home, John, Maldwyn and Mair.
- 1953 Bought the Wîg. Started improving the land – ploughed and re-seeded the sheepwalk etc.
- 1960 Bought Esgairgoch (a family farm nearby) – ploughed and re-seeded extensively.
- 1961 Bought Gwern-y-ffridd (a family farm nearby) – ploughed and re-seeded extensively here too.
- 1982 Made a road up the mountain; improved the mountain land.

"No corn has been grown here for about twenty years, mainly because of the weather and the difficulty of drying the sheaves. (It required a fortnight of fine weather to harvest a field of corn long ago, and for the sheaves to dry properly). By today, we have increased the stock, and the sheep have doubled in number since 1950. The new track that was made up the mountain is chiefly responsible for this improvement, because lime and manure can now be taken by lorry. The three mountains have been ploughed and re-seeded – it's like another level farm, but higher up! The condition of the sheep has improved too (we keep Welsh Mountain sheep and Welsh Speckled-faced sheep). We feed them with cake supplement, which increases the milk production, and through this and a good choice of rams, the stock is improving all the time. We get far more twin lambs now. We enjoy taking the sheep to one or two local shows and supporting the Welsh Speckled-face Sheep Society. The Bible talks about 'pulling down old barns and building new ones'; here, the old house was pulled down, and new sheds were built on to the old barns which now house loose cattle in the winter. Tractors can easily go in to clean out. We make about 400 big bales of silage, and gather hay as well if possible, and buy a little also. We manage to do all the work ourselves apart from a little neighbourly help during harvesting and shearing. The only contractors we use are for trimming the hedges and spreading lime".

Our thanks to John and Arwyn for this account. It reflects enthusiasm, hard work and a pride in success – something a farmer is naturally reluctant to yield to pure conservation. A balance, probably, is the perfect answer, but to achieve a balance between conservation and production, the market price has to allow it – perhaps in the twenty-first century?

3 - THE GREAT SNOW

Everyone is still talking about it, the Great Snow of 1947, the heaviest snowfall in Wales within living memory. And what made it so special was its duration, from January to May, and the icy snowdrifts. Llanbrynmair, with its long, narrow valleys, suffered as much as anywhere, and the stories people have to tell show what it was really like.

BERWYN LEWIS has one remarkable story to tell; and very fortunately Berwyn is one of those rare people who has kept a diary from early days, and of course kept it throughout the Great Snow. Berwyn was born one of four children to Tom and Margaret Lewis who ran a shop and bakery business at Talerddig. On leaving school at fourteen, he went to work on local farms and at seventeen was taken on by Miss Dora Morgan of Nantycarfan in Cwm Tafolog, beyond Pandy, and over four miles distant from the Wynnstay. There were two workmen looking after Miss Morgan's interests, namely Berwyn and Haydn Evans from Dafarn Newydd. And what a pair they were – young, and game for anything! Much to their delight, Miss Morgan owned a motorcar, one of the first in the area, an Austin Seven Ruby saloon. Her parents had been two lovely people, and rumour had it that old Morgans in fine weather would take a bulling cow to Plas in his wife's flowery straw hat. That wouldn't have been much good in January 1947, where we open Berwyn's diary at the start of the severe cold spell.

January 1: rain and snow.

January 2: burying Miss Roberts, Shop Pandy, aged 72. Sheep starting to wander back; sheep here from Caeau Gleision.

January 6: three inches of snow. Fetched sheep from Brynaere Isa and Wynnstay. Paid Miss Roberts's bill. Thawing; been tracking a fox.

January 13: fetched sheep from Gerddi and Plas. Felled a tree.

January 14: snowing. Lost a bullock in the lower cow-house.

January 16: a fine day. Went hedging

The Great Snow

January 17: another fine day. Went to Ffriddfawr woods to split fencing posts. Took the tree to Dolgôch to have it sawn. The estate had marked which tree to fell.

January 26-7: heavy snowfall.

January 28: Talyrnau farmhouse on fire.

January 29: heavy snowfall

January 30: Miss Jones of Nant-hir nearby dies.

January 31: heavy snowfall. Down to Stanley Jones Llysun to fetch flour.

February 3: snowing all day; almost couldn't get home after burying Miss Jones.

February 4: drifting terribly.

February 5: down to meet Llew Jones Trip to collect hay. The summer of 1946 was very poor indeed. We had to abandon shearing at Nant-hir because of the storm at the end of June. That was the end of summer. The only hay harvested was moor hay in October, mowing it in the morning after the hoarfrost had lifted, and carrying it home before nightfall. Llew had bought hay from Chirbury and the Clegyrddwr claytrack brought it up to Gerddi, within a little over a mile from our place. Then loading it on to a horse-drawn sled. Had a good night at the Wynnstay. Drifting throughout the night. The sow gave birth to 13 piglets.

February 11: Haydn and I go up the mountain to look for sheep. Not one to be seen, only a fox on the cliff. Buried R.O. Owen Caeau Gleision, "Taid," as everyone called him, with his long white beard. That's three of the old characters gone from the valley since Christmas.

February 14: the roads round here have been opened three times, but the drifting snow blocks them up straightaway. There was one enormous drift and we asked for the roadmen to come and clear it so that we could go to bury Luther. They never came, so the only thing for it was to hitch the horses to the little Austin and pull it over the drift, Haydn leading the horses, and I steering. We passed the roadmen near Clegyrddwr, staring open-mouthed.

The Great Snow

February 17: carrying hay again with the claytrack from Plas; the road now reasonably clear. Got a load of cake for the sheep – only the stronger ones are able to eat it. I scrambled up the ridge behind the house to see if there were any sheep. My stick slipped out of my hand and slid all the way to the bottom. The snow has frozen over. I cut through the ice to reach the top, and see two emaciated foxes. As I walk on towards Blaentafolog, I find myself standing on a drift which had curled over the edge forming a cornice. I edge backwards. There's another quite similar one above Nantycarfan.

March 4: Miss and I and Davies Blaen-tafolog go to the Machynlleth sale. Snowing after tea, drifting terribly. Managed to get home.

March 5: Haydn and I go down to the Wynnstay. Met a wall of snow by Gerddi on the way back. It took us two hours to walk the two miles home, as we sank out of sight, ice on our faces.

March 6: This was an appalling day. An avalanche! A gigantic snowdrift on top of Nantycarfan mountain had slid down and buried us all as we slept. The bake-house within a couple of yards of the back door gone to oblivion – all that remained were the stone flags of the floor; the churn gone down the valley. The pigsties and the piglets all gone and the tumbrel; both the barn next the house and the stable had had an almighty pounding.

All this happened at seven o'clock. Luckily, the gable end of the house faced the mountain, so that the snow had rolled over it and onwards downhill, destroying three big trees in its path. The bed jumped up beneath me with the blow and there was a roaring sound in my ears. I ran to Haydn. Three slates had come through the window, and were within inches of his face, Then Miss yelled, "What's happened?" "I don't know, but I can see the sow and one piglet outside." "Where's Blackie?" The dog was supposed to be in one of the pigsties. We'd both been out the night before fetching milk and bread, and had left them on the kitchen table, but that was now full of snow. We dig for the food. We go into the parlour, the three of us, and pray, truly believing the end had come. The moon appeared from behind the clouds; Haydn and I went out through the bedroom window and down to the stable. The wall had bellied inwards and the horses had backed away as far as their chains

The Great Snow

would let them. Outside there were colossal blocks of snow the size of a bungalow...

The following day I managed to go to Dôl-fawr to tell them what had happened, and no one barely able to believe such a thing. I fought my way down to Plas to borrow a pony to go down to Wynnstay and phone my mother in the bake house at Talerddig. My younger brother, Glanfor, carried bread all the way to Nantycarfan on foot, walking on top of the snowdrifts, not on the road itself. Even cart horses could have walked on them, so hard had the packed snow become by now. There was no sign of a stream or waterspout; we had to melt snow to get water for everything.

The three of us slept at Dôl-fawr for a week, in case of any more avalanches, and the two horses were stabled out, one at Gerddi and the other at Dôl-fawr. We returned home the following Sunday evening. It was now beginning to thaw, a very dangerous time, and more snow came tumbling down in the night, followed by a deafening noise. The sheep, the few that were left, had wandered everywhere, dying all over the place, with thousands trapped beneath the snowdrifts eating their own wool, and dying of thirst. More important it was to look after people, and get firewood, and food for the farmyard animals before going in search of sheep. There was little you could do for those poor things.

It was the beginning of May before the snow cleared, but some snowdrifts remained until July, even though it was a hot summer. The thaw brought huge floods to the streams and rivers, sweeping away both live and dead sheep. That's when a great number were lost, they went for the water, but were too weak to escape from the rushing torrent. Blackie survived. We dug him out of the snow quite a distance from the pigsty, and with a stone stuck in between two of his ribs. But he got better. The men from the estate came to assess the damage. New windows were fitted in the house and the stable wall was repaired. But no new pigsties. The mean lot!

We have lost 800 sheep. There were 1,200 on the books, far too many, really, for the farm to support. A subsidy was to be had on each sheep after the War. Haydn and I dug an enormous grave for many, their legs like knitting needles. The ewes fetched 26 shillings before the great snow: we had £1 for every sheep lost and no subsidy for that year. We managed to rear 100 lambs in 1947, but some big farms in Llanbrynmair, like Cwmcarnedd, produced hardly any. That was a winter that no one who experienced it will ever forget."

Thank you, Berwyn, for the diary, giving us the low-down on Cwm Pandy. Here's an entry in a log kept by Bont Dolgadfan chapel:

February 28: Huge snowdrifts the like of which not seen for years. No service in any of the parish's chapels this Sunday. The Rector held a brief service in Llan Parish Church, but only he himself was present. An exceptional Sunday throughout the land.

During the seven weeks from the middle of January half of the sheep flocks perished, three-quarters on some farms. American air force planes dropped hay. Cars were driven across Bala lake. A boy had his tongue frozen to the Severn bridge in Newtown and warm water used to release him...

Here's Arthur Plume of Bont now giving his version of the great snow:

"The great snow occurred not long after the end of World War Two, and people had only shovels at that time to clear the snow, nothing like the snow-ploughs and blowers available today. The road from Staylittle to the bottom of Llanbrynmair (Wynnstay) runs from south to north; and as the snow was blowing from the east (that is, from Talerddig), this road experienced terrible snowdrifts. You could open a path today and by tomorrow it would have filled up again, and this continuing every day for weeks. Everyone who worked for the Forestry Commission was seconded to road-clearing duties. We happened to have a German P.O.W. staying with us at Glantwymyn, Bont. And when a pair of skis were found at Plas Llwyn Owen, we gave them to him to see what he could do with them; and indeed he managed to get down to the station with a bag on his back and brought back some bread and meat. I owned a sled, large enough to carry me as well as four two-gallon drums; and off I went nicely down the hill from Llan to the Wynnstay. It was quite a job pulling it back up, loaded with paraffin and petrol, but the sled was in use for a good couple of months. The main bugbear was that it used to thaw during the day and then freeze over again at night. Plas Llwyn

Owen used to get electricity from a turbine near Pandy Isaf, the water coming a good half-mile via a millrace. But the water froze over, and so, no electricity. Dan Davies Dôlgoch (John's father) came and installed a large dynamo fastened to a pole. A tractor was then used to turn the dynamo for some hours during the day in order to charge up the battery, the tractor being stopped at half past seven. A crowd of sheep would gather nightly to enjoy the warmth from the tractor, and that's where they remained until morning, many of them, sadly, not making it through the night. When the big thaw came, so many dead sheep were swept away by the flood that the millstream became blocked, and I had to use a two-pronged manure fork to lift out dozens of dead sheep. It turned my stomach so much that I could never eat mutton or lamb again."

Lynfa Williams of Hendre also remembers the great snow well:

"I was aged fifteen at the time, living at home at Plas Pennant with my parents, Edward and Eirwen Lewis, and the other children, Tegryd, Iori, Eirian and John. We filled the hearth – but there was always room for more, which was just as well, because it became the headquarters for Dylife people who came to fetch bread and other essential provisions, that Tegryd, Iori, and cousin Elwyn from Hendre brought up fromWynnstay village. There is an account of the great snow in Elwyn's book, *Newid Ddaeth*, especially about his attempt to go to Dylife on his pony, but having to give up at Hirnant. Price's and J.R.'s of Llanidloes, the shops that normally sold groceries from vans in Pennant every week, sent them by train to Llanbrynmair station, and Talerddig bakery did the same. Plas Pennant is about halfway between Dylife and Wynnstay, and the men from Dylife used to walk down here three times a week, and had a good bellyful of stew at the Plas before setting off home. We had a large, floor-level hearth, and we had spread out a pile of sacks on the blue flagstones to collect the melting snow from their boots as they drew near to the fire. The sacks took three weeks afterwards to dry completely! When the thaw began, it was possible to take the pony as far as Hirnant, although only a very narrow path had been opened up, which often closed up again. But, with everybody helping each other and sharing what was available, we all managed somehow. The crisis induced a very special closeness within the community"

Farmers took great pains searching for sheep beneath the snow, and some had dogs especially good at this job. Anneura Davies (nee Jones), who lived at Pennant Isaf at the time, talks about her grandfather, Wmffre Evans, who had a dog called 'Help', the two a matchless pair at finding sheep under snowdrifts, and indefatigable in their attempts. And then her mother, Laura Jones, trudging over snowdrifts down to Pandy Pennant to fetch a sack of meal for the animals, and carrying it home on her back. But despite the stupendous effort to keep the sheep alive, the great pity of it was that so many of them in their weakened state were floored by the gigantic thaw when it came, and swept way by the flood.

The winter of 1946-7 was a very lonely time for Llew Jones, Wîg. The family from Bwlch-y-gle, beyond Staylittle, had taken over Wîg, farm, and although he himself was there over winter the rest of the family who should have joined him in March failed to come until May, and even then with roads still not cleared properly, it was extremely difficult moving everything by horse and cart. Just imagine moving house and home with that kind of transport, but that's how things were less than sixty years ago.

People also talk of a hard winter in 1937, and another in 1963, when it began snowing on December 26, and the wintry conditions persisting until February 3. That winter was characterised by severe frosts, with water pipes, lakes and the ground itself all frozen solid. Travelling about was very difficult. The Minister at Bont chapel had to preach for six consecutive Sundays at his own chapel – a rare occurrence for Methodists, and a novel experience for him having to prepare a new sermon every Sunday. A hard winter in more senses than one! There was also a very heavy snowfall in 1982.

4 - HEALTH CARE

THE NURSING ASSOCIATION
From the standpoint of community welfare, the Nursing Association was one of the most important voluntary bodies active in Llanbrynmair during the first half of the century. It was formed under the leadership of prominent local ladies, supported by the ministers of religion and the Parish Rector. Some of the names running through the Minutes Book down the years are Lady Stable, Llwyn Owen, Miss Jones, Dolgadfan, Miss Frances Davies, Dôlgoch, Mrs John Francis Davies, Garth, Mrs Stanley Jones, Llysun, Revd and Mrs Dean, the Rectory, Revd Robert Evans, Bron Iaen, Revd T.W. Thomas, Llysteg, Mrs Emrys Owen, Felin Tafolwern, Mrs Hughes, Llwynffynnon, Mrs R.R. Owen Caeau Gleision, Mrs Sarah Jarman, Cwmcarnedd, Mrs Moira Price, Brynderwen and others, of course, who gave unfailing service.

The purpose of the Association was to fill the gap that existed before the National Health Service was established in 1947, a time when the services of a doctor or nurse or hospital treatment had to be paid for personally. In 1935, the Corris and District Community Hospital was built in Machynlleth through public subscription by the rich and the poor in the area, but the treatment received there was not free of charge. Before 1947, losing one's health or having an accident was very costly, and wages were low: £3 a week in 1939 was a "good wage". It can be seen therefore that there was a real need for some organisation or other to assist with health costs and ensure that help was available for the very poorest. Since only the Minutes book from 1942 onward is to hand, information about what happened before then cannot be given, nor what year exactly the Association was formed. It was almost certainly in existence before the time Nurse Price came here in 1919.

The main work of the Association was raising money specifically towards the costs of maintaining a Nurse – purchasing a car for her, paying for her nurse's uniform, instruments, a telephone etc.– and of course supporting her in her work in any way possible. The committee met monthly and members were very loyal. It was obvious from the Minutes that they took their work very seriously, were conscientious in attendance, and often gave generously out of their own pockets. The first meeting recorded in the book was held on August 25th 1941 in Llan Schoolroom. Chair: Lady Stable. Present: Miss James, Bont, Miss Jones, Dolgadfan, Mrs Davies Garth, Mrs Stanley Jones, Llysun, and the Rector, Mr Dean. A letter was read from Mrs Richard Edwards, Liverpool regarding a sum of £600 left by the late Dr Edwards to form an endowment. It was also passed for Mrs Dean, the Secretary, and Mrs T.W. Thomas, the Treasurer, to represent the Association at a county meeting of the Nursing Associations.

At the Association's annual meetings a report was given of the Nurse's work during the year. According to the report of June 1942 the Nurse had treated 223 patients, which was synonymous with 2,057 visits, some to very remote places on foot. The Nurse at this time was Vera Jones. A car had been bought for the Nurse in 1939 at a cost of £128, an Austin 8 from Dôlgoch Garage, EP 7685. The Treasurer reported that there was £47.1s 1d in hand. Revd Robert Evans, who was an enthusiastic member of the committee, was thanked for arranging a sports meeting and a concert, which enhanced the coffers considerably. (According to the Minutes, he did this annually).

In the June meeting the committee passed for a £5 war bonus to be paid to the Nurse and an extre £5 towards her clothes. It was decided to ask the chapels at Staylittle and Dylife to make a special collection towards the running costs of the Nurse's car (after all, they were the farthest!). £11 was collected in Staylittle. The Minutes are all in English – that was the custom of the day, and also out of respect for Lady Stable, the only English person on the committee. In December 1943, a request from the Cemaes and District Nursing Association was put before the committee, to 'borrow' Nurse Jones for births and baby care until they obtained their own Nurse. This was agreed until the end of May, provided they served Llanbrynmair afterwards when Nurse Jones was on holiday – which shows that the committee was exceptionally careful in everything it did. There was nought to be had for nought. Every penny had to be counted.

Annual Meeting 1943. Cash in hand £103.18s.0d. Mrs Emrys Owen takes on the duties of Secretary (which she executed with all her energy until her sudden death in November 1966, having shown exceptional commitment to the cause.) Revd Robert Evans is thanked for arranging

Health Care

a concert and also Mrs Stanley Jones for providing accommodation for the artists. The Nurse is given an honorarium of £10 for her commendable service. The Aelwyd and the Young Farmers' Club are invited to arrange something towards the Association's fund. The Nurse moves from her centre at Brynmeini to Pengeulan, and so the phone has to be moved.

General Meeting June 1944. Number of patients seen during the year, 276, number of visits, 1,573, school visits, 63, home visits, 91. Cash in hand, £187.12s.10d. The Secretary was to write a letter to Dylife concerning the rules and the contributions to the Nursing Association; this was to be read out from the pulpits. (Probably, there were extra costs incurred by the implementation of the Rushcliffe Scale of Salaries). The letter implied that Dylife had been living off other people's generosity!

General Committee June 1944. Announcement about a change in the fees for the Nurse's services: half a crown for laying out a body; visits from the Nurse free for one month, but sixpence per visit thereafter; the Nurse not to transport patients to hospital in her car, except in urgent cases. The Secretary to ask the County Health Officer about the rules and fees for treating evacuees. (Implying there was a good deal of work involved with them – skin diseases, etc.)

Committee October 1944. A gift of an ink pen for Miss Frances Davies, Dôlgoch for her tireless work as Treasurer.

January 1945. Lady Stable is thanked for presenting a Christmas Concert at Llwyn Owen.

General Meeting 1945. The Rushcliffe Report states that the Nurse should be paid £300 per annum, and £15 extra towards clothing and laundry. This was agreed to.

General Meeting September 1945. A request from the W.V.S. to join them in holding a Christmas Fair towards the boys' Welcome Home fund. Accepted.

General Committee July 1946. Visits: births, 64, baby care, 105, medical 1,339, treatments, 260, health visits, 248, school visits, 48 (the Nurse visited all four schools under her care monthly), home visits, 87. Cash in hand, £245.6s.0d.

An invitation sent to Dr Ivor Jones, the County Health Officer, to give a talk on the New Health Measure – which before long would offer a free service to everyone, thereby obviating the need for the Nursing Association?

Committee October 1946. Obstinate! A request from the Machynlleth Dramatic Society to borrow scene 'flats' belonging to the Association refused. Also the Nurse's services to Machynlleth Hospital refused, as there wouldn't be any births from Llanbrynmair there before the end of the year!

Committee June 1947. (As confident as ever). The Rector proposing and Mrs Williams, Emporium seconding that the Association should build a house for the Nurse! There is no further mention in the Minutes of such an ambition. (Had someone been at the sherry?)

General Meeting 1947. 15 cases of tuberculosis recorded. Thanks to Mr Goldbourne (who had just taken over the Wynnstay) for letting the Nurse continue keeping her car in the garage, as Mr Lloyd had done before him, and inquiries about the rent. A letter received back stating, "You are welcome to use the garage free of charge". Mrs Goldbourne elected on to the committee forthwith.

Committee June 1948. Dr Ivor Jones invited to explain the system under the new Health Service. He said, "As from the 5th July, the Nursing Association would come under the supervision of the County Council. The Health Service would be glad if the Nursing Association continued to carry out welfare work locally, namely: 1. Looking after the nursing instruments. 2. Arranging a car transport service (6d a mile payable) 3. Arranging daily help (1/9 and 2/- an hour payable) 4. Running a Baby and Children's Welfare Centre".

The Village Hall. July 5th 1948 – the last meeting of the Nursing Association.

It was decided to form a Welfare Committee, namely, the same people who served on the Nursing Committee.

Transfer the money to the new committee.

Allocate £25 towards a garage for the Nurse's car (as she was finding it difficult to start it on cold mornings).

The car and the nursing instruments to be given to the Nurse to keep as a token of their appreciation of her services for nine years.

£600 (Dr Edwards) and the interest to be transferred to the Welfare Committee, if possible. Cash in hand, £194.7s.0d.

Health Care

A public meeting was held in the Hall in September 1948 with Revd Robert Evans in the chair. It was accepted that the old Nursing Committee was to change into the Welfare Committee and that £100 of their money was to go towards buying new chairs for the Hall. The Welfare Committee's officers would be: President, Lady Stable, Chair, Mrs Hughes, Llwynffynnon, Secretary, Mrs Emrys Owen, Treasurer, Mr J. Francis Davies.

Committee April. (The Minutes were written in Welsh for the first time). Nurse Jones, the Health Visitor, was present and she explained their responsibilities as the Baby Welfare Committee. A clinic to be held once a month from 1.30 pm to 4 pm. A pair of scales to weigh the babies would be required and a secure place to keep them, together with the supply of baby food.

The first clinic was held in May 1951 and was officially opened by Lady Stable. Tea for everyone (a licence was required to buy tea, sugar and butter because rationing was still in force). Many mothers and babies came to the opening, as well as Dr Ivor Jones, Dr Llewelyn Davies, Dr Vaughan Price, Miss Breeze, Miss Jones the Health Visitor, with Nurse Jones, who was now married and known as Sister Evans, weighing the babies.

13 June 1951. 20 babies there. Tea for the mothers – three pence for tea and a bun.

December. Christmas Party. A balloon and a handkerchief for the children…They continued giving a party and a gift of money and oranges to the children for many years. Furniture and table linen etc. were bought regularly to make the clinic attractive.

November 1957. Sympathy with Mrs Ada Evans on the loss of her husband, Revd Robert Evans, recorded. Both of them had worked tirelessly for the area's health welfare throughout the years.

Giving ten shillings at Christmastime to the sick and the disabled was introduced.

Great sadness at the passing away of the Secretary, Mrs Emrys Owen, in November 1966 was recorded, and likewise Mrs R.R. Owen in 1974. In the period between 1987 and 1990 Mrs Moira Price and Mrs Sarah Jarman also passed away. Arranging a Christmas party ceased, giving way to a cup of tea and a mince pie and an opportunity for the children to play. Making tea in the clinic also ceased – not many stayed anyway – another load off the shoulders of the committee.

Annual Meeting 1993. Committee members present: Mrs Ann Edwards, Mrs Lilian Williams, Miss Gwendora Davies, Mrs Glenys Lambert and Mrs Mary Johnson. It was decided that there was no longer any need for the Babies Welfare Committee for the purpose it was established in 1948. After discussions with a solicitor it was decided to transfer the funds to the committee of Clwb y Ddôl (the local Senior Citizens' Club) to buy Christmas gifts for the elderly and for those in hospital. The arrangement from then on was to give tins of fruit, biscuits and money to the sick and elderly, everything being carefully recorded in the Minutes book… In the year 2000 biscuits were given to 30, £5 to three, and a gift to six people from the area who were in hospital. This system still prevails, with Clwb y Ddôl being very popular and much appreciated by the older inhabitants.

Yes, the Committee's responsibilities have changed a good deal by today; buying a car for the Nurse and paying her wages are a bit different from distributing biscuits, acceptable though these are. There is room for gratitude that things have changed, but it is our privilege to remember with respect the effort and care invested in former years.

DOCTORS
Dr. David Edwards, son of Rhydygwiail, Cemaes, was the region's doctor at the beginning of the century. He came here in 1880 to serve a wide area extending from Llanwrin to Talerddig. He had a bicycle to start with, and in 1900 he got his first motorbike. Then he was taken ill…and received a gift: "The good people of Bro Cyfeiliog set about raising almost £600 and bought him a brand new Renault motor car. In April 1911, 800 people gathered in front of the Wynnstay to watch him being presented with the gift". A picture of Dr. Edwards and his car outside the Wynnstay, taken by George Peate, still exists.

It was Dr. Edwards who built Aber Twymyn house in Cemmaes Road, which continued to be a doctor's house for nearly three quarters of a century afterwards, part of it used as a surgery. Mair Lewis, Llwyn Owen Lodge, possesses a certificate dated 1905 that belonged to her mother, Leisa Evans, Tŷ Capel Pennant, which recognised her as an official midwife, since she had been practising before the Act of 1902.

Another midwife from the same era was Sarah Evans, Winllan. In 1922, Dr Llewelyn ap Ifan Davies from Llandrillo came as a young doctor to Cemaes Road and gave splendid service to his catchment area for 40 years. During his time he saw the changeover from when people paid for medical treatment to the Welfare State. It would have given him great satisfaction seeing ordinary folk getting fair play. Dr Davies held surgeries in a great many villages. He used a motorbike before getting a car, but he often walked or went on horseback to visit his patients in inaccessible homes, and after the arrival of the telephone in 1935, he would call at the Emporium or Dôlgoch in case there were any messages from Aber Twymyn – thus often sparing himself a wasted journey, for it was no small matter in those days going up to Dylife and back, or to the far end of Cwm Tafolog. He was steeped in Welsh literature, a good friend, and exceptionally kind-hearted.

Dr. Cadwaladr Jones from Llangadfan succeeded him in 1965, "Dr. Wali", gracious and brilliant both in his work and in his dealings with people. He died at a relatively young age much to the great sorrow of the whole district. Dr. Whitnall was here at the same time giving a remarkable service, and Dr Hywel Davies, Llewelyn ap Ifan's son, was also here for while (and has now returned to live near Aber Twymyn). The current doctors, Dr. Tedders and Dr. Morpeth, work from a modern and comfortable surgery in the village of Glan Twymyn nearby (the village previously called Cemaes Road)

NURSES

The area's district nurses were Nurse Martha Price, Brynderwen, 1919-1939, and Nurse Vera Jones (later Evans), 1939-63. Another local girl, Sister Pat Edwards, formerly of Glandŵr and later of Llawrcoed Uchaf, came next, combining with Nurse Peate to serve Carno and Llanbrynamair. About 1974 Llanbrynmair and Carno were merged with a wider area, Bro Ddyfi, and Nurse Enid Edwards, Nurse Harper, and Nurse Jane Jones (formerly of Clegyrnant) joined the team. By today, the arrangement has changed again. Llanbrynmair no longer has a District Nurse, with the result that patients see a different nurse almost every time.

"Nurse Pat" retired in 2004, after 40 years' service and received handsome tributes and a testimonial from the people of the area, and she was further honoured with the M.B.E. for her tireless work on behalf of the disabled and the nursing profession. Being an enthusiastic and energetic person, she continues to work for these causes, as well as for her community and chapel. She tells us here about her life and career, which says a good deal about the period as well:

"NURSE PAT"
"My father and mother were Non and Lali Williams, Glandŵr, Talerddig. My mother came from Carno, and my father from Talerddig. His father was a signalman there and when he married he didn't have a house. Accordingly, he was offered a railway carriage in the siding, and that's where my grandmother raised eight children. As you pass our house, Llawrcoed, you can see a signal-box that has been re-built in the garden, because when they closed the Talerddig station, I asked if I could buy it, and we did, for £250, together with a mountain of work! There were 5000 bricks, and Dafydd, my husband, was at it for ages removing the mortar, which was like superglue! Long ago people built things to last forever. Now, it's a cosy and useful room, and the homemade wine seems to like it there too.

"When my parents married they went to live in Glandŵr, where they remained for the rest of their lives. We were four children, John, me, Betty and Aileen, and we went to Pen-ddôl School, at that time an entirely Welsh school. But we had the opportunity to learn a smattering of English from Major Gamwell, Ty'nddôl nearby. He was a disabled pilot, following an aeroplane accident, a clever man, who read *The Times* every day and corresponded with Winston Churchill. My parents worked for him, and when we children went up there every night he would give us *The Times* to read! I was born in the year the War broke out, and because of the Major I heard a lot about it, and believed that the Germans were the other side of Talerddig because the Home Guard met at Ty'nddôl! My father was in the RAF during the war (in the catering division) and when he came on leave, sometimes arriving in the middle of the night, John and I would run downstairs and hand him the birch rod, which he put on the fire! We would accompany him back to the station at Talerddig, and on the way home Mam would cut another birch rod...

"There was no water or electricity in the house at this time. I think it was in 1962 that electricity was installed at Llawrcoed. On Saturday night everybody had to have a bath ready for Sunday. This meant carrying water to the boiler and lighting a fire under it. Before the bath Mam would check our hair with a toothcomb, and after the bath a dose of syrup of figs, and we were expected to attend all chapel services the following day. And look out if we complained at all. Mam took great delight in the chapel, the Talerddig Schoolroom and Hen Gapel alike, and she could pray on her knees fluently without any preparation. She always chatted to strangers and made them feel welcome. Unlike Mam, Dad didn't attend chapel, but he would go to the competitive meetings or the socials in the Schoolroom. I remember we had chips once after a social in the Schoolroom! Dad, Dan Davies, Dôlgoch and Elwyn Richards, Bryntirion, frying them outside and passing them in through the window, and that certainly was fun. On Sundays Dad would be busy making sure that food was ready on the table by the time we came home from chapel, dinner, tea and supper. I remember the little Schoolroom full and the competitions continuing into the small hours, and we children there until the end, because Auntie Maggie, or "Mam Siop" as we used to call her, (Mrs Jones, the Bakehouse) used to hand out cakes with icing on before we went home. She always brought sweets for us at Sunday School as well.

"After leaving Pen-ddôl School, I went to Machynlleth Secondary School where the lessons were all in English, and a bit of a civil war would break out occasionally between the country children and the town children because of the language difference. I left school at 15 and went to work at Plas Llysun with Iori and Bronwen Williams (formerly of the Emporium). While with them I learned how to deal with people and to work through the medium of English, and this was a great help to me when I went nursing in Shrewsbury at 18 years of age. I made friends with a girl from Llanrwst who had also left school at 15 and had worked since then. We found it difficult settling down into the classroom environment again. We also found it difficult coping with English, and always went to sit at the back, but the tutor, Miss Darwin, would move us to the front saying that we were Welsh scallywags, and that our problem was the Welsh language and that we had had too much freedom before starting nursing. But when we went to work on the wards she changed her tune and said to the others that the "Welsh scallywags" had no difficulty dealing with the patients because we were not schoolchildren and had been out in the big world. We were both very grateful to Miss Darwin, because without her we would never have passed any examination.

"After passing my exams within three years, I married Dafydd, a young man from Carno, and went to live in Llawrcoed. I got a job at the Chest Hospital in Machynlleth, working with the late Dr G.O. Thomas. I remember going to ask the Matron if there was any work there, to which she replied, "Can you start on Monday?" And that was the interview! I had only recently passed my SRN and I was very nervous on my first day. Then I met Sister Owen and Dr Thomas, and he said, "Sister Owen is leaving in a month to have a baby and I'm expecting you to take over as Sister. My legs were like jelly and I almost went home there and then! But this was the best school I ever had. Most of the patients suffered from TB – tuberculosis – and were there for months on end. I was there for three years. When Nurse Evans retired in Llanbrynmair I went there to replace her as district nurse. But I was part-time then because my son, John, born with *spina bifida*, needed a great deal of help and spent a lot of time at the hospital in Liverpool. My parents were an enormous help to me at this time, especially after Christine was born. I was fortunate that they lived at Glandŵr nearby, and thank goodness that I was able to repay something of the debt by looking after them in their old age.

"After a while I started working full-time from the Cemaes Road Health Centre and had the privilege of working with Dr Wali (Cadwaladr) Jones. His death as a young man was a great loss to the area – everybody felt better after only seeing Dr Wali! I have been working in the community for 40 years and have been extremely happy. I was a steward for the Royal College of Nursing in Wales for 30 years, and I received a medal for my work with the Royal College of Nursing – and attended a tea party at the "big house" in London! I am retired now, but I continue to help the disabled, especially those suffering from *spina bifida* and *hydrocephalus*. John lives at home and is cared for by Dafydd and me, but I can't say that his disability has overwhelmed him at all. He drives a car, is busy in the greenhouse and is very good at shopping and cooking, with the food always on the table when I get home from work. During his life he has spent many months in hospital, but he is always happy and easy to live with. I am also very glad that my daughter, Christine, has returned to Llanbrynmair after having nursed in Birmingham, Australia, America, and Saudi Arabia. She is now a nurse at Bronglais Hospital, Aberystwyth, and her American husband is in his element farming at Cringoed, Llanbrynmair."

5 - THE TWO WORLD WARS

WORLD WAR ONE
It is difficult for us now to comprehend the effect the First World War – the Great War – had on town and country life alike between 1914 and 1918 and for many years afterwards. 40,000 from Wales were killed, including 18 from Llanbrynmair, and many others were injured. The names on the monument near the Community Centre tell part of the story in an agonising way. They are as follows: Captain L.L. Stable, Lieutenant J. Peate, Lieutenant R.G. Stable; Private: A. Ll. Hughes, A. Thomas, J.R. Evans, R. Howell, W. Hughes, W. Tudor, M.T. Watkin, D. Hughes, J.R. Thomas, J.E. Evans, J.P. Jones, D.W. Evans, J.W. Daniels, I.B. Hughes, S. Craig – young men who answered the call to fight to save the country from foreign domination, because Lloyd George and the Revd John Williams, Brynsiencyn and their ilk said it was necessary. John Williams's zeal was so intense he would climb into the pulpit in his military livery, and his reverend was given the rank of honorary colonel in the Welsh Army. Welsh-speaking chaplains were provided for the army.

The war against the Germans broke out on August 4th 1914. Lloyd George was the Chancellor of the Exchequer and was supposed to be a pacifist and a radical in the Welsh Dissenting tradition, but when Germany invaded Belgium – a large nation oppressing a small one – he changed, and supported the war with all the power of his extraordinary eloquence, backed by the Government's propaganda machine.

But there were also leaders who were opposed to the war, especially among the Independents. Thomas Rees, the Principal of Bala-Bangor Independents' College, deplored in the pages of *Y Tyst* that religious leaders were being used to promote the war. But their influence was minimal compared with that of the propagandists. In 1916 there was fierce fighting in the trenches, and conscription in force even for married men. Some from Llanbrynmair were in the thick of it. 60,000 were killed in one day during the Battle of the Somme under General Haig, including 4,000 from the 38th Division of the Welsh Army. Another thousand men from the Royal Welsh Fusiliers were killed as the Welsh Army, under General Phillips from Picton Castle in Pembrokeshire, first entered the field of battle and managed to capture Mametz Wood on 12th July 1916. Lloyd George denounced Asquith's method of handling the war as a failure, and he himself became Prime Minister, the first time for a Welshman to attain the office. Thereafter, he took charge of directing the course of the war. At the Birkenhead National Eisteddfod in 1917, the "Black Chair" was covered over because the bard, Hedd Wyn, was not present to answer the herald's trumpet call: Elis Evans of Ysgwrn, Trawsfynydd was lying buried in French clay, killed a few days earlier while fighting with the Royal Welsh Fusiliers in the Battle of Pilken Ridge. When the Conscription Act had come into force on 7th May the previous year it was he, rather than his younger brother, who had answered the call-up. He saw over a year of the conflict, and it was there that he finished his winning ode entitled "Yr Arwr" (The Hero).

But some opposition to the war did exist in Wales, some even preferring imprisonment to conforming. That is what happened to the scholar-poet Gwenallt from the Tawe valley, George M.Ll. Davies, under-secretary of "Cymdeithas y Cymod" (The Fellowship of Reconciliation), and one of our own local sons, from Cwm Tafolog, Ithel Davies. Robert Evans, who became a minister at Hen Gapel, was a conscientious objector throughout both world wars.

Two from among the ordinary farming population in Llanbrynmair who did join up were Richard and Robert Bebb. Robert (who was Richard's uncle) was already married with two very young children and farmed at Pwllmelyn with his wife, Mary. He joined the cavalry, and managed to survive, but who knows how the war, and the gas, and the heavy guns affected him? He died relatively young, with the children still growing, and his only son, John, literally having to put his hand to the plough, after his mother had harnessed the horses, because he was not yet tall enough to put the collar on to their necks. That is how it was for many.

His nephew, Richard, of Dôl Fawr, had an effervescent personality, whose laughter, as many can still remember today, could be heard from afar. Always ready for a chat, and according to his daughter, Peggy, willing to talk about his war experiences, especially awkward incidents. When a gang of them were leaving Llanbrynmair Station for the very first time, he remembered someone shouting, "Berlin next stop!" fully believing that the life ahead would be an exciting adventure. Another time, he and one of the Maesmedrisiol boys were on the train somewhere in the vicinity of Wrexham, returning to barracks after being on leave. They both decided to call on some friends with Llanbrynmair connections who had invited them to tea and lived not far from one of the stations on their route. The tea was very enjoyable, but they missed their connection and were late arriving at the barracks, which was all closed up for the night. There were a lot of questions to answer, but somehow they managed to escape some pretty severe punishment – thanks to Bebb's gift of the gab. He also spoke a great deal about his time in Greece. They would see girls walking miles in the heat on an errand to one of the villages, or to work in the olive groves, whilst the men rode on donkeys. This did not go down very well with the Welsh boys, so they forced them to change over, but the minute they were out of sight the girls got off and the men rode the donkeys again. That was their way.

BETWEEN TWO WARS
Despite the Great War's slogan that its intention was to create "a land fit for heroes" – that is not how it turned out. In reality, things became worse, and during the 1920s and 1930s people endured great hardship. The main industry of the area was, of course, farming, which suffered a depression, and market prices became devilishly low. You would be lucky to get ten shillings for a good sheep. There was no technological development in the industry either, with horses still being used to cultivate the land, with all the work and the time that that implied, nothing having changed for centuries. There was no change in the social order either, with almost all the farms in the area belonging to one of three estates. Most of the area's needs were satisfied locally by farmers and craftsmen, like carpenters and blacksmiths. People were generally poorer between the two wars than they were at the beginning of the century. If you look carefully at pictures of schoolchildren and people's portraits, you can see from their appearance and their clothes that they were poorer after 1914 than before. And so it continued until the Second World War, when, ironically things began to improve.

One who lived a rural life throughout this period was the late Evan Defi Jones, Bronygraig, Talerddig, who was born in 1914. He was the last to keep the Post Office at Talerddig, until he retired in 1998.

Margaret Jones, Ystradfawr, a neighbour, who knew him well, went to have a chat with him, and this was the outcome:

EVAN DEFI JONES REMEMBERS
"I was born in Foel, Bont, and I lived there for some time with my grandmother. Then Nain moved to Ty'ntwll, Wern, next door to Joni Box. Joni lived alone; no one knew where he came from – he was some kind of hawker. He had an enormous growth behind one ear. He did enough to keep body and soul together by selling bits and bobs from door to door, women's things mainly like nets and hairpins, combs, buttons, and so on. He carried everything in a black box, about two-foot square, on his back. It was nothing for him to walk down to Wynnstay village and then back up again over Diosg Mountain (Newydd Fynyddog), after calling in dozens of houses on the way.

"I then moved to my parents at Cilhaul at the top of Bwlch Cerhynt. That is where my sister, Hilda, was born. I remember hearing her first cry from the big downstairs room and asking what it was, and the answer I got was that it was a rat inside the partition! My parents then moved to Esgair Gelynnen, a place with only two cart tracks leading to it, one through a ford not far from Rhiwsaeson Lodge and the other from Caeau Gleision. It was four miles to school, and so at six years old I moved back to Nain in Wern and attended Bont School. I used to run down all the way until my face was red like fire, and the children called me Ifan Goch.

"I'm afraid I used to be very fond of playing at school, one of my favourite games being the Cap Game, involving laying down a row of caps and taking it in turns to bounce a ball. If your ball went into your cap you had to run and hit someone with the ball. If you succeeded, a stone was put in your cap, and when you got three stones you were "out". The one without a single stone in his cap was the winner. Another game was Little Pins. You could buy 100 pins on a piece of pink paper for a penny from Mrs Roberts's shop in Bont. The purpose of the game was to collect as many pins as you could. You would see many children with rows and rows of pinheads in their coat lapels. You had to place a pin on the palm of your hand and hide it by placing a finger over it. Then another player would place another pin next to it. If both pins weren't facing the same way when you withdrew your finger, the first player kept the pin. You've heard the old rhyme "Ifan bach a finne yn mynd i werthu pinne, Un rhes, dwy res, tair rhes am ddime," (Little Evan and I off to sell pins, One row, two rows, three rows for a ha'penny), well, they were bought by the row when the gambling urge was about! Another game was Playing Marbles. You drew a circle about a foot in diameter on the ground, and placed five marbles inside it. Then the first player flicks his marble and tries to move them out of the circle without moving himself. If he succeeds then he keeps the marbles, but if not, then he loses his own marble. Catching the Fox was another popular game and it was still being played in Bont School until the 1940s. It meant leaving the school yard, and wandering off quite far, one of the boys being the fox and the rest the pack of hounds that went looking for him. There was a long culvert from the river up to the school. One "fox" went in at the bottom, and arrived back at school before everyone! The headmaster at this time was J.E. Jones, and he was very good at letting us play, as long as we were back in time.

"We could speak very little English – and we were terrified of meeting anybody speaking English in case we had to say something. There was strict discipline in the school, but I myself didn't do too badly on the whole. I remember getting the cane for breaking a ruler, and a clout for keeping time with my foot while singing. I must have been thumping pretty hard! Nothing more than that, but Alfie Grey often got clouted on both sides of the head, and one boy was sent up from Penddôl to try and put a bit of discipline into him. His trousers were taken down and he was given a good thrashing in the porch. He was a good boy afterwards while he was at Bont, but in many schools today the children are the masters, aren't they?

"My father was fined once for keeping me at home during the hay harvest, and most certainly getting the hay in was more important for us at home in those days than one or two days lost at school. From 1918 to 1939 I lived at Esgair Gelynnen, farming there with my parents and attending Capel Cwm. No one did any work on Sundays, but I remember Dei Roberts, Cwmpen and his son, John, going to chaff straw one Sunday afternoon, and the cogs in the machine severing John's little finger. He got little sympathy, because it happened on a Sunday! The minister, the Revd R.G. Owen, heard that Dei Roberts sometimes did the football pools – and whether true or not, the subject of the next sermon at the Cwm was gambling!

"We always kept a pony. When I got a bike I would take the pony down to the Duck Shed on the Cwm road, a corrugated zinc shed belonging to the estate (it is still there, but now on its last legs); and then on the bike down to the Wynnstay to play billiards, after booking beforehand, otherwise you would never get a turn. Many went to Hen Gapel by pony and trap. I remember a trap at Cwmffynnon and Rhyd-y-meirch and 'tubs' at Nantycarfan and Pwllmelyn. I used to walk to Hen Gapel on a Sunday morning over Bwlch Gwyn (Iorwerth Peate talked a lot about this place, because this was the path he and his father took to go to Capel Beulah in Cwm Nant-yr-eira), and then on over Cwmcarnedd. I used to go to Nain and Taid in Talerddig for dinner and then home after the evening service. As far as I can remember, there were only three cars in the parish, Dôlgoch, Plas Rhiwsaeson and the Rector at Llan, and I think Lewis Richards, Clegyrnant got one soon afterwards.

"We used to keep a breeding sow, and when she was giving birth, my father would keep an eye on her, and as soon as one piglet arrived he would give the sow a piece of bread and butter, and put the piglet to suckle. Some sows have a tendency to eat their piglets as they are born, but this one was getting enough bread and butter! We used to grow corn, and take it down to the Plas mill, and during a poor harvest had it dried in the kiln before being ground. The kiln is a solid little building and is still there on the road to Pencaedu. I remember threshing with flails for years, before Clegyrddwr got a threshing machine, which required eight horses to haul it up to Esgair Gelynnen. Shoeing the horses was an expensive item too, and eight shillings took some getting together to shoe the pony. Living in the country at this time was tough. There was many an unpaid bill in the smithy. And then there was churning. No one at our house liked the job, and the temptation was to pour hot water onto the cream in the churn so that the butter would come sooner, but I dared not do that because it gave the butter a bad taste. We took the butter to Miss Roberts's shop in Pandy, and settled as much as we could of what was on the "book" – tea, sugar, cigarettes, and Hermit tobacco. When we couldn't afford tobacco my father and I used to smoke tea leaves. Lewis Richards, Clegyrnant was considered to be a wealthy farmer. He smoked Woodbines non-stop. A packet of five cost tuppence ha'penny. He would slap two pence on the counter and say, 'You'll get the ha'penny next time'. The old rascal. She would never see it. Miss Roberts had a little field as well as the shop in which she kept a cow, and I remember seeing the poor old thing carrying hay on a sheet to the barn.

"I remember one of our cows swallowing a *llyffantws* on the farm. This is a kind of little water creature, like a thread, that can smother or otherwise kill a cow. It was only found in certain places, and today it is practically unheard of – killed off by pollution, probably. John Jervis, Rhyd-y-meirch was the one to rid a cow of *llyffantws* – he was a great reader and was considered something of an expert on everything, and always ready to give advice. His treatment was to burn feathers under the cow's nose, to make her cough; after all, there were always plenty of feathers about, with people sleeping in feather beds. I remember thinking as a little boy that they were going to roast the cow! But, of course, the important thing was the smoke. (Editor's note: I have heard from one with experience that the signs of swallowing *llyffantws* are yellow eye balls and a dry nose.)

"There was no need to take cattle and pigs farther than Llanbrynmair to sell. An animal fair was held in Wynnstay village on the first Monday of every month, with the owners standing on the roads to Pandy, Talerddig and Llan, depending on the direction of their farms, waiting for dealers to arrive. The pigs were sold where the parking ground is today, and farmers brought cartloads of pigs at a time. I remember an old lady from Pantypowsi, Cwm Nant-yr-eira buying a weaner from a cart in Wynnstay and carrying it a good five miles home on her back in a thin bran-sack. And I remember myself carrying two weaners home from Nantycarfan, and my back being rather wet by the time I got home! But it was all worth it by the time pig-killing day arrived. We always shared our pieces of pork with Cwm Ffynnon and Cwmpen, a piece of fatty backbone, or *tsieimin*, as some used to call it, and a piece of spare rib. There was nothing like the dripping left over after roasting them spread on a slice of bread. I was a devil for brawn too. You put the meat from the head and feet and some belly pork through the mincer after boiling, and then put it all in a crock with a plate on top, and two smoothing irons on top of that, and then left it to settle for a few days – wonderful with plenty of mustard. But the best smell were faggots roasting in the little oven beside the fire. These consisted of liver, onions, sage and breadcrumbs rolled into balls and wrapped in pieces of the "apron", or the "veil", namely the thin skin around the entrails.

"We had a floor-level fireplace in the old home and in front of it a flat iron grating covering the ash-pit, which only needed emptying once a week. If it wasn't emptied, the fire wouldn't draw properly. In the corner, by the fire there was a wall oven with an iron door, where we baked bread, cakes and puddings. It was kept full of clean, dry wood ready for baking day. The dough was left to rise on the fireside settle overnight in a dough-crock; the following morning a big fire was lit in the oven to heat it, then cleaned out ready for the loaf tins. My mother used to hold her hand just inside the oven and count to ten, and if she couldn't keep her hand there she had to wait for the oven to cool down a little.

"As I said earlier, I left Esgair Gelynnen in 1939, and our family were the very last to live there. It has long since been a ruin, the land first being farmed together with Caeau Gleision and later with Cwm-Ffynnon.

WORLD WAR TWO

On 3rd September 1939, the Prime Minister, Neville Chamberlain, announced that the United Kingdom was at war with Germany. This was the start of another five years' hostilities, but this time it would change the entire course of life in town and country alike. As a result of this war, new methods were introduced into the world of farming and foreign influences were brought to bear on society, bringing rapid changes to the way of life in the countryside.

SIGNS OF WAR

The Great War's legacy to Llanbrynmair was grief and poverty, with families having lost healthy, rosy-cheeked sons, and mature, married men in the prime of life, when the sight of the postman coming would send shivers down the spine. This war was followed by many years of poverty, with a craftsman's wage as low as a shilling a day. But, apart from this, it cannot be said that there were many outward signs of the war to be seen in the country. The war was being fought in distant lands. But World War Two had a more visible impact on the area. Tanks and lorries full of soldiers roared along the road coming into sight at the top of Talerddig and disappearing under Ffridd Fawr Wood on their way to Tonfannau, where the Americans had a large camp. Another thing that brought the military khaki right amongst the country folk was the Home Guard, made up of those who had not gone away to fight. A branch of the Royal Observer Corps was also formed, under the leadership of H.B. Williams, the roads' surveyor, to watch out for aircraft movement. Evacuees arrived from the big cities to shelter in our homes. Everybody was given a ration book to control and ensure a fair distribution of food, and strict rules were laid down regarding how much farm produce could be consumed at home and how much should be sent to feed people in the towns and cities. A compulsory blackout order was imposed at night, bringing total darkness, as every window was covered with black material, and black paper to cover half of a car's head lamps. Even hand flash lamps had to be masked with tissue paper folded inside the glass! The Home Guard or the police would certainly pounce on anyone displaying the tiniest chink of light. P.C. Woodfine reprimanded anyone he caught smoking cigarettes at night, and pipes had to be turned upside down! The fear was that you would be seen from the air, and Llanbrynmair was on the Jerries' flight path as they attacked Liverpool. Everyone was required to practise wearing gas masks, those long-nosed, stifling things. Everyone was given a mask, and there was talk of one farmer's wife in Llanbrynmair refusing hers, unless her cows were given them as well! (We'll take that story with a good pinch of salt!) Children were encouraged to gather wild rosehips from hedges to be sent away to make Vitamin C syrup. Yes, even in the farthermost corners signs of the war were very much in evidence.

THE HOME GUARD
The great fear here was that the Jerries would land, that is, parachute onto the mountain tops, and the other fear was that enemy spies were already in the country and operating without anybody's knowledge in the most unexpected places like Llanbrynmair. Thus, it was very easy to make a drama out of quite an ordinary situation. The Editor remembers

a rumour going round Cwm Pandy that the woman staying with her small daughter at Bodhyfryd, the home of Tommy and Jini Rowlands, was a spy. She was fond of going for a walk on her own up Mynydd Plas and other places, and that is how the story probably came into being. Local girls didn't go walking on their own without some purpose, so this one was odd – and possibly a spy? Imagination? Imagination certainly made the Home Guard's life more interesting!

It was mainly for the two above reasons that the Home Guard was formed – the parachuting and the fear of spies – and all healthy and fit young men were expected to join, many of them farm lads, because they were exempt from joining the army if they could prove that they were needed at home to grow the necessary food for the country. Their fathers could join too, especially if they had served in the Great War, which explains how that popular 1980s T.V. series, Dad's Army, got its name. There were two regiments of the Home Guard in Llanbrynmair, which met at two separate centres, Wynnstay village and Llan Schoolroom. The captain was the Revd George Dean, the parish rector, and his deputy was Evans the Post, a war veteran from Bont, who could be very stern when necessary. The Home Guard's uniform consisted of trousers, battledress and great coat, all made out of a thick, khaki material with brass buttons, They were stored in Llan Schoolroom under the eagle eye of Glanffrwd Davies and John Penclap. The guns and explosives were in safe keeping (!) in a shed in the Rectory garden. A Crossville bus came sometimes to take the battalion to Machynlleth golf course for shooting practice, and at other times the practice took place up near Tŷ-Isaf lakes, on the site of the old lead mines. Occasionally, mock battles were staged between Britain (or Wales?) and Germany, a chance for things to turn nasty, but there were no reports of any misadventures, although they had to carry out bayonet practice. The summits of some of the mountains surrounding the parish had been designated as 'watch' locations. One of these was Cawg mountain, one of the most inhospitable places on a stormy winter's night. With the fireside at Cawg being far more welcoming, many a "watch" was held there! Marching was another skill they had to practise, and the Staylittle regiment were specialists in the art!

Everybody knew the difference between the sound of British

aeroplanes and the uneven humming of the German planes passing over, which, according to Sybil from the Pennant Smithy, made the stairs vibrate. A Wellington bomber came down on Dôlbachog mountain (on the Llawr-y-glyn side), but none of the crew was lost. It was common practice for the enemy to drop spare bombs anywhere in the countryside on their return from a raid on Liverpool, to save carrying them back home. Several of these came down here. Mary Rowlands, Pentrecelyn, remembers her father, Sam Davies and William Rees, two who had served in the Great War, extinguishing one of these bombs on Ddôl Rugog by Plas bridge with clods of earth and soil. Another time, as a crowd of people was emerging from the village Hall, after some meeting or other, they could see one of the Caeau Gleision fields on fire, another bomb having dropped. Fortunately, the corn harvest had just been cleared otherwise the conflagration would have been a good deal more serious. It was a matter of urgency putting the fires out for fear of attracting further attentions from the enemy. William Rees had been called up in the First World War to serve in the Royal Artillery, because he worked for the Llwyn Owen estate, and had a son, Gwilym, who was about to leave school and therefore deemed capable of looking after the farm. His duty in the war was leading the horses that were used to haul heavy gun carriages on the battlefield. Although he did not say much about the war, one strange incident had stayed in his memory: once while being forced to retreat by the enemy, and the horses hauling the guns at a gallop through the villages, he saw a woman oblivious of everything feeding the pigs, as if to say, "We shall be here after all this…" His life was saved, possibly, when a piece of shrapnel penetrated his leg, forcing him to spend many months in hospital. The wounded were often more fortunate than the hale and hearty.

200,000 evacuees sought refuge in Wales during the first two years of the war – poor, pale-faced children, suffering from various ailments and malnutrition. Many of them improved in appearance after getting fresh air and nutritious food. Mothers often accompanied their youngest, and unlike Llanbrynmair women, often smoked like chimneys. The Editor remembers one of these women staying at Llwynaerau, and walking with her children to school, like the rest of us. She had two little boys, Georgie and Reggie, who often suffered from diarrhoea, poor things, and shared the Infants Room with the rest.... Miss Varina Williams went through countless pages of the *County Times*, trying to control the situation! When the re-union of Pen-ddôl school was held, one of these evacuees, Tony Rogers, who had stayed for years with Tom Humphreys, returned to celebrate. There was little understanding at the time between the newcomers and the schoolchildren, but in reality there were so few of them that they made no impression at all on the life of the school or the area. The Lodge, the summer residence for grouse-shooters on Sir Watkin's estate in Cwm Pandy, was adopted as a temporary home for several of them, supervised by Miss Ethel Breeze from Machynlleth. These had their lessons in the Lodge, and consequently did not mix at all with the local children.

Only about two or three Land Girls came to Llanbrynmair, and so the parish missed the fun of watching their blundering attempts at farm work, but apparently they did have their uses in other places as an extra pair of hands.

PRISONERS OF WAR

Many prisoners of war came to work on the farms, and must have been treated well, because many of them decided to stay here permanently. The Italians came first, dark, good-looking fellows, fond of laughing and singing, but quick-tempered, who did their utmost to attract the girls, thereby causing bad feeling between them and the local lads. Then fists would fly. There were several Italians in Cwm Pandy – in Blaencwm, Clegyrnant and Rhyd-y-meirch, and gaining favour with the girls by making rings decorated with heart shapes or with the owner's initials. They were made from sixpenny bits or silver three-penny bits or from the brass, angular coins, or even from a farthing. For a man, they used a two-shilling piece. They were not too fond of work, and above all they looked forward to meeting each other in the evening.

There were two at Nantycarfan, one brought from the barracks in a lorry and the other living in. Berwyn Lewis, a farm-worker there at that time, tells more:

"I remember potato harvest time. We, like everybody else, had had to plant more potatoes than usual, two acres of potatoes, and it was time to dig them up. A big job. The field was on quite a steep slope, and so, with a fork each and one for myself, we made a start from the bottom –

they were three that day. I was gaining ground on them while they were dragging behind, and I stuck my fork in a huge rotten potato and flung it, but it landed on Francisco Vilieri's head. Well, all three came for me. So I shouted "Stop!" and held them off with my fork, whereupon Francisco said, "I dona mind a joke a face, a joke a hand I dona like!" I remember another time when we were packing wool on a hot summer's day. And they weren't in the mood for work, and someone had to go inside the pack cloth to tread the wool. Francisco was quite a heavy fellow, much bigger than me, but he didn't offer to go. So, Griff and I got hold of him and threw him into the sack, and fastened it with pegs, and gave it a few provocative kicks, "Are you going to listen now, Frank?" You had to show him who was master, or else in no time he would take over. He was quite a bit older than us. He didn't receive a single letter while he was with us, and he learned very little English (perhaps he never got much of an opportunity with us speaking Welsh all the time), but he ate raw meat slice after slice of the ham hanging from the ceiling. That's how they ate it at home."

Anneura Davies (Jones at that time) has a very different story about Aldo Puzzorella, the Italian prisoner who came to live with them at Pennant Isaf in Cwm Pennant. She was six years old, and when she arrived home from school one day, there was this stranger in the house having tea, whilst her father, Richard Jones, her mother, Laura, and her grandfather, Wmffre Evans could make no sense of anything he said, because he couldn't speak a word of English. But when he saw the blue-eyed, blonde little doll coming in through the door, he ran to her, "Bambina! Bambina!" and the ice melted. He became one of the family. Anneura takes up the story:

"He was one of a dozen children from a rural village, and had just married a beautiful girl, Lina, and he carried her picture with him everywhere. He received frequent letters from home and he replied on fine, airmail notepaper. He himself was not very good-looking, with his receding hairline, prominent nose, and enormous Adam's apple; but he was a good singer, and you could hear him singing down in the fields. He was a shoemaker by trade. He made me a very comfortable pair of clogs; he carved out the soles from a piece of alder which he had put to dry in the little oven, and got red leather from the tan yard in Llanidloes for the uppers and then a strap and buckle over the foot. Repairing harness was also in his line of trade, and he made his own thread, making it supple with several coats of wax. He made me a little ring from a three-penny bit with the initials ABJ inscribed on it. He also made some to sell, and bangles, and brooches, and hair-bands with finely plaited, multi-coloured plastic. He used to sell these to get money for cigarettes. The plastic, soap, hair oil, toothbrushes, paste and socks, all came from the depot. The official dress for going out was a maroon jerkin and trousers, but he could wear anything he liked on the farm.

"Despite having no experience of farm work, he got used to working with the horses, although he did overturn the cart on one occasion, but fortunately it was empty. Apparently, Fox, the young gelding was to blame, striking the shaft by lifting his feet too high and then taking fright, leaving Aldo and the cart in the ditch. He always wanted to take the heavier end of a load. It was always, "Me, Boss, Me, Boss," whenever he and my grandfather were doing some job or other. He used to borrow Mam's bike sometimes to go shopping down in Wynnstay village, with me sitting on the carrier. No one was better than he for going round Tomi Jones to get a little something for me to chew on the way home! There was an Italian at Cefn too, Antonio, and sometimes on a Sunday morning, Morris would bring him up to Pennant Isaf to see Aldo, but Morris would warn him before setting off home before him, "Antonio, dinner twelve, compri?" It was highly amusing for us to hear Morris practising his Italian.

"Dad taught English to Aldo. My father suffered from a heart condition and was house-bound for a long time. Aldo was a companion and a great friend for him. Above the kitchen fireplace in Pennant Isaf there was large, black, shiny slate. Dad would write an English word on it and Aldo the Italian equivalent opposite. They both had tremendous fun performing this exercise. My grandfather always spoke Welsh to him and they both understood each other perfectly. He had a working knowledge of both languages by the time he left. There was another lad, Lorenzo, from the same village as Aldo working at Cyfanedd Fawr, Arthog, who married a daughter of that farm and stayed on in the area. We received one card from Aldo after he left to say that he had arrived home. Lorenzo wrote to ask about him, and the last thing we heard was that he was ill in hospital. There was also talk that the young, beautiful wife had turned her back on him before he arrived home, but we know nothing for certain. To us, he was a very sympathetic young man. and we missed him very much".

After the Italians, German POWs came to the area. Most of these too lived in, although some were ferried to and fro from the barracks in Newtown, but they understood more English than the Italians. Italians and Germans are essentially different in temperament, as are the Welsh and the English, and this became obvious in their behaviour. Germans were less ready to fraternise – and fight! – with the local population. They had an arrangement to meet up with each other, and in those meetings they would work diligently, and likewise in the various homes, whether by the fireside or out in the cart house or the threshing floor, busy making slippers. They would strip down hemp sacks into strings, colour these with dye, and plait them into ropes, the fine ones for the uppers and coarse ones for the soles, then mould the plaits to the shape of the slipper and sew them together securely. There was a great demand for these colourful and snug slippers, which sold for ten shillings a pair, providing very acceptable pocket money. They were also very much for keeping to their own habits. The Editor remembers Herbert, the German who worked for them on the farm, sleeping on a straw mattress under the featherbed instead of nestling in it as we Welsh did. He must have been very glad to find that the duvet had arrived in Wales many years ago, thanks to the geese! They were also very clean and tidy people. It was Herbert's custom to take his chamber pot out religiously every morning and wash it under the waterspout, and come back having had a wash and combed his hair. (A note in passing: the old name for Pennant Isaf was Pistyll Gwyn, after the powerful spout that leaps out like a cow's tail near the gable end of the house, stronger and colder in the summer than in the winter, and which rose some hundred yards higher up on the *ffridd*. The old name for Pennant Uchaf was Derwen Lwyd. I wonder why these two beautiful names were changed; was it to make life easier for the English estate stewards?)

Two German POWs from World War Two who stayed on in the area were Albert Schultz and Hans Jacobs. Albert came to work at Belan, Pennant, where there was a large family, seven in all and all under twelve years old, no road and plenty of mud. But this didn't worry Albert and he was there for several years and a great help with the children. He stayed on and later went to work at Pentre Mawr and then in Newgate with Mr Edwards the vet. He was a cheerful young man, with a lively sense of humour and a good grasp of Welsh. From time to time he visited his parents in Germany, who were farmers, and brought back greetings and gifts. As he was approaching retirement age he returned to Germany permanently. He was also a very good photographer, and several people have his prints of Ffrwd Fawr.

HANS JACOBS

Hans Jacobs's story is more romantic. He found himself a wife in Llanbrynmair, Muriel, one from the large family at Tŷ Canol. Let Muriel herself tell their story:

"I met Hans first of all at the Newtown Autumn Fair. He was staying in a camp near Newtown and working on local farms, including some in Llanbrynmair. Obviously, he and his pal had heard that Newtown Fair was a good place to find a girlfriend! My friend and I were enjoying ourselves on the merry-go-round, when he winked at me and wanted to know how I was getting home… Well, I didn't see him again for quite a while. He worked at Fron and Cwmcarnedd, and finally for us at Tŷ Canol. We got married and went to live in Pennal where Hans got a job working on a farm. But he was a baker by trade, and longed to get back to making bread. And indeed, through a stroke of luck, he got a job at Arvonia in Machynlleth, where he stayed for twelve very happy years. Then, in 1966, he moved to Talerddig Bakery to work for Cynlas Lewis, where again he was very happy, so much so that he decided to buy the business when Dyfrig, Cynlas's brother, was giving it up in 1973. We kept the same staff on, of course, namely, Elfyn Jones, Tomi Pitcher, Alwyn Jones, Gwenda Jones and Anna Jones. There's nothing like people who understand the work! Anna and Elfyn still work there.

"When we bought the place we knew that we would have to build a new bake-house in order to meet the necessary Health and Safety standards, but we continued to operate in the old one until December 1979. In the meantime, Hans had obtained plans for the new bake-house, and so we set about building it. By using local builders, Meic Evans, Darowen and Charles Jones, Llanbrynmair, the new bake-house was erected in six months, all the materials being local as well: Gwyn Talerddig preparing the site with his JCB; the iron work by Griffiths and Evans, Llanwnog; stones from H.B. Bowen, Cefn Coch; gas and electricity by local tradesmen, glass from Newtown; vans from Davies Brothers, Dôlgoch; and flour from Barry! During the weekend of 15th to 18th December, 1979 all the equipment from the old bake-house was moved across to the new one, and on the Monday morning the oven was hot and everything working. The new oven held 300 loaves, and we were now producing 3,700 large loaves and 1,500 small ones every week, and all of those "prime loaves". Cakes too, and buns, and the vans distributing as far as Newtown, Caersws, Llanidloes, Penffordd-las and Machynlleth. Hans started work every day at 3.30 am, and the last worker left the bake-house at 3 pm.

"Hans was a Welshman to the core, and thought the world of his family in Llanbrynmair. He spoke Welsh fluently. We only visited Germany once, and he never wanted to go again. His heart was here. He died far too young, aged 59 years, in 1984, and was buried in Bont, and, of course, the inscription on his gravestone is in Welsh. I am extremely proud that our daughter, Jennifer, and her husband, Alan, are carrying the business forward so successfully".

Jennifer said, "Apart from Alan and myself, we now employ two full-time bakers, Mrs Anna Jones and two part-time drivers. There are also four part-time people looking after our shop in Llanidloes. We make about 5,000 loaves, plus baguettes, and cakes every week. Our vans still call at houses as before, and we supply shops and schools in Montgomeryshire and Cardiganshire. Thus, we can still say that Talerddig bread continues to feed the five thousand!"

FOOD
Food rations were the big thing that bothered people during the war, especially housewives, who had to "make something out of nothing". With merchant ships unable to bring food into the country as before, it was imperative to economise and to produce as much as possible ourselves. In order to control how much you could eat, the Government gave everybody a ration book, a child's being a different colour from an adult's, and each page divided up into little squares, only so many squares to be cut out each week for sugar, tea, flour, butter, dried eggs, rice,

sweets, and such things. A tin of fruit, or jelly or any such luxury was out of the question. So many "points", represented by those little squares, were needed to buy each item of grocery, and if you had no points left, well, hard luck! The shopkeeper would add up all the points he had collected for the month, and with these he could make the next order. Every family had to register with a shop of their choice, and buy from there. Just as details of Value Added Tax have to be kept today, shopkeepers had to keep count of the points, and, of course, all without payment. Boring and laborious work.

As already mentioned, farmers were required to produce more than usual, especially of wheat and potatoes. The wheat had to be threshed and sold to the Government – not to be given to hens and pigs. Indeed, for a miller to grind the wheat in the mill was a crime. It had been the same during the First World War. Gwyneira Lewis has a story about her father, Evan Lloyd, Plas Pennant who was in charge of Pennant mill then: Evan and Annie Lloyd, in keeping with a lovely old custom in the area, had been invited to supper by Hugh and Jane Williams, Cilcwm. Also present was a man less well known to them who had come to live at Craigyrhenffordd. During the conversation, Evan Lloyd apparently mentioned that he had milled some wheat for someone… Before the end of the month he was in court at Machynlleth, and being fined. We have heard about *"Dixi'r Clustiau"* (Dixie with the Ears) and *"Ciosc Tal-y-Sarn"* (The Tal-y-Sarn Telephone Booth) in pop songs of a recent age, but there probably never was an age without "ears"!

A pig hanging from the ceiling, of course, was the main guarantee of food at every farm and smallholding, but during the war there was a reduction in the number of pigs that could be killed at home – to ensure that fattened pigs were taken to the market. As a rule, one pig only was allowed, two, if there was a big family. But the temptation to get more bacon was often too much to resist, and so, quite often two pigs were killed on the one permit. This was unpardonable if the Authorities found out, and they had their inspectors. "Old Blainey" from Machynlleth was the ferret that came round Llanbrynmair. In Plas Rhiwsaeson there was a family of nine, thus allowing two pigs to be killed. Three were killed. Blainey came. He found two in brine in the far dairy, but he didn't see the other one behind the curtains lying gruntless on the blue flags in the hallway that led from the parlour to the back of the house. It seems that he did not fancy searching the house with its eleven rooms, passages, landings, several staircases, garrets like continents, and a cellar – knowing that he would not be offered a cup of tea at the end!

The rules remained in force for three years after the war. Early in 1947, Berwyn Lewis talks about the "Nantycarfan dumpling" weighing thirty-four pounds! The rules stipulated that bread flour was not to be given to pigs and calves. Nantycarfan had bought a whole sackful of it, and when Blainey called there a few days later to weigh it, it was found to be wanting. His question was, where had the missing flour gone? "I made a dumpling!" said Miss Morgan. Miss Morgan's giant dumpling was the talk of Cwm Pandy – and in court at Machynlleth too, where she was fined £6. But the following day, Judge Stable of Llwyn Owen arrived to take charge of the court, and the £6 was commuted to one shilling, as it was for a number of other farms as well, namely, Penybont, Cwmcarnedd, Ystrad Fawr, Clergyrnant, and Brynaerau Uchaf. There was no prosecution for that offence afterwards.

Still on the subject of rural produce, children were expected to play their part by gathering wild rose hips at the end of the summer. They then took them to school – the paper bag often splitting on the way! – and received a reward. Sometimes one school would collect as much as fifty pounds. Lady Stable collected the hips from Pennant, Bont and the Wynnstay, and sent them off to be made into a syrup rich in vitamin C, which was given to sickly children. Then she would send a sack of apples from Llwyn Owen orchard as compensation for pricked fingers and torn clothing. Throughout Britain, 450 tons of rose hips were collected annually. It would be difficult finding such quantities today, with many of the old hedges where the dog rose grew having completely disappeared in Britain... Here is a recipe that can be used to make the syrup: 2lbs hips, 3 pts water. Crush the hips and put in boiling water. Leave for 15 minutes and then drain through layers of muslin. Put the juice in a saucepan and boil down to a half. Add a little over 1lb of sugar and boil for 15 minutes. Pour into bottles with screw tops. (Today, if it is made it can be frozen.)

THE LOSS
These are the young men from Llanbrynmair who went to the Second World War (but the list may be incomplete): Arthur Evans, Talerddig;

Edgar and Harold Evans; John Williams, Glandŵr; Emlyn Griffiths, Belan; Iori, Dan and Caradog Peate, Winllan; Stanley Reynolds, Llwynaerau; Douglas Jones, Minffordd; Alun lewis, Bont; Sidney Jones and Edgar Jones, Llan; Sec (Bach) Jones, Pandy; Arfor Rees, Plas Rhiwsaeson; William Roberts, Cwmpen; Alun Price, Dôl-fach; Emrys Thomas, Dôl-y-bont; John Hughes, Llwyn-ffynnon.

Two of them lost their lives, namely, Sergeant Edgar Evans, Cwmyrhin, shot down over Dortmund, Germany, and serving in the Royal Navy, John Hughes, Llwyn-ffynnon, whose ship, the "Fiji", was lost off the Greek coast in the Battle of Crete.

THE WAR MEMORIAL
A Welcome Home meeting, led by the Revd. Robert Evans, was held in the village hall, and further similar meetings were held in Talerddig, Bont and Pennant. A massive bonfire was lit on the summit of Alltgau, Talerddig, to celebrate the end of the war.

Following the First World War, a war memorial was commissioned from the stone mason, T.R.Jones, and was erected on the junction between the Emporium and Shop Daniels. It was unveiled by Mr Wintringham Stable on May 12th, 1921, with the names of the fallen. Two more names were added in 1945. The memorial was moved to a safer place near the Community Centre in the 1980s.

6 – EDUCATION

Today, Llanbrynmair has only one primary school, but this situation was arrived at via a long and complex route. Nowadays, we take education for granted. It is compulsory, free, and managed by a professional body of teachers and education officers, with everything financed by the National Assembly, which decides how much of the budgetary cake is given to the County Councils to be spent on education. This state of affairs came into being gradually, as a result of several Education Acts, two important ones during the twentieth century, 1902 and 1944. To understand the changes that have taken place let us look at how education evolved in the parish up to the present time.

Before 1870, everything was voluntary in Llanbrynmair, as in every other part of the country, and any school was dependent on private patrons or charities. For example, one school in Llanbrynmair received some of its support from the Dr Williams legacy (this legacy was used later to establish the Dr Williams School in Dolgellau), and this school moved into the Hen Gapel schoolroom, with the Revd John Roberts later becoming its headmaster. There were two Christian charitable societies establishing schools in England, namely, The British Schools Society (1808) and The National Schools Society (1811), and they started taking an interest in Wales. Furthermore, by the end of the eighteenth century the Revd. Gruffydd Jones, vicer of Llanddowror had established many "circulating schools" throughout Wales, Madam Bevan being his financial benefactor. His plan was to send a teacher to a place for three months to hold classes for children and adults, to teach them to read the Bible. These classes were very successful across Wales; it was in one of these that Mary Jones learned to read before walking all the way to Bala to purchase her own Bible from Thomas Charles. And it was out of these classes that the Sunday School movement evolved, since Thomas Charles encouraged his teachers to hold classes on Sunday as well as week days. It is said that the first Sunday School took place in the little farmstead of Crowlwm, near Penffordd-las, in 1808. Many of these circulating schools were adopted by the above mentioned charitable societies, who could influence the wealthy class to build schools. A good example of this was Pennant school which was built about 1840 by its patron, Sir John Conroy, the local landowner, and under the umbrella of the "National Society", with the proviso that services could be held there for local members of the anglican church. Beryl James (formerly Jarman of Tŷ Isaf) remembers her father talking about attending church services with his father on Sunday mornings at Ysgol Pennant. The communion vessels they used there are today in the possession of Mike and Mary Evans at their home in Glan Twymyn. The "National" also adopted the school at Llan Church, whilst the "British Society" adopted the schools at Hen Gapel and Wern. We can see, therefore, that education was on the march amongst ordinary folk in the nineteenth century, but unfortunately, the standard of teaching was abysmal in most of the charity and private schools of the time – and this being an education towards which the parents, poor things, struggled to contribute. The teachers, such as they were, were paid next to nothing, and were mostly untrained, and the buildings were often damp and dark. Robin y Sowldiwr's school in Daniel Owen's novel, *Rhys Lewis*, typified many of the schools of that era. This kind of school existed at Llan Church, with an old soldier in charge of 77 pupils piled into a dark corner where there was only room for 45 at best!

On account of these conditions the Government set up a Commission to investigate the standard of education in schools throughout Wales, and the Report, which appeared in 1848 was extremely critical of the standard of education, the buildings, and the children's, and often the teachers', ignorance of the English language. And perhaps the unkindest cut of all, it also condemned the standards of Welsh society in general. The Report was immediately given the sobriquet, "Brad y Llyfrau Gleision" (the Treachery of the Blue Books). It had blue covers, and was regarded by many as utterly unfair. When all is said and done, the authors of the Report had been educated in English public schools, and the only thing they found worthy of praise in Wales was the work of the Sunday Schools: "The Sunday Schools, as the main instrument of civilisation in North Wales, have determined the character of the language, literature and intelligence of the inhabitants."

The Report had an effect on the Government, because it made them realise that it was in the chapels that ordinary Welsh people were receiving their education, and this fact, they presumed, together with the influence of the Welsh press, was responsible for the growth of radicalism among them and their dissatisfaction with their living conditions. This did not please the landowning MPs, and steps were taken immediately to have a new education act. The 1870 Education Act was passed with the intention of providing a better and free education for the majority of children. It required every parish and town to review its educational needs, and thereafter establish local School Boards with responsibility for erecting purpose-built schools, the running costs of which would come from central government, based on the children's success in examinations. This was the famous "payment by results" that led to the "Welsh Not". Staylittle School was the first Board School built in Llanbrynmair, in 1873.

Although the Board schools were free for the poor, it was difficult getting children to attend because they lacked suitable clothing, or had to stay at home to work on the farm or look after children. Accordingly, another Act was passed in 1876 making it compulsory for children to attend school, and "attendance officers" were appointed to police the situation. George Peate, Glanllyn, carpenter and funeral director, performed these duties in Llanbrynmair. In 1877, another Act was passed prohibiting children younger than ten years from working, but no doubt many a child carried a baby about in a shawl for many years afterwards.

The Board schools were a success in Montgomeryshire – especially after the two subsequent Acts had been passed. Ysgol Pen-ddôl was one of them. A traveller on the Cambrian Railway through Montgomeryshire in 1874 remarked, on seeing so many schools being built, "buildings which, if he be a friend of education, would do his heart good to look upon". But the great weakness of these schools, of course, was their dependence on a Government grant to maintain them, and the only way of obtaining this was for the children to succeed in the 'three Rs', reading, writing and arithmetic, when the Inspector came to test them – through the medium of English. Being able to read the Welsh Bible and memorizing hundreds of verses counted for nothing with him. This was the era of the "Welsh Not" when children were punished for speaking Welsh in school by means of a piece of wood passed from one to the other for committing the "offence". The child wearing it at the end of afternoon school would be beaten, a punishment that was unavoidable for Welsh monoglots.

At the dawn of the twentieth century, the world of education was about to take another leap forward. The 1902 Act abolished the School Boards, creating in their place Local Education Authorities within the County Councils, to be responsible from now on for children's education. All schools, including church schools, would come under their jurisdiction and be financed by them. No more appointing teachers to such and such a school according to their religious suitability; nevertheless, church schools were allowed to continue holding classes and church services in the school after five o'clock in the afternoon, or on Saturdays or Sundays – Pennant School was one example of this.

The next step occurred in 1907 when a Welsh Education Board was established for Wales (within the Central Government's Education Department in London). This acknowledged for the first time that Wales had specific educational requirements, and O.M. Edwards was appointed Chief Inspector. There was a framed picture of him hanging in most primary schools after that, with everyone glorifying this genius of a man who came to deliver the Welsh language from its former shackles in the classroom. Welsh and knowledge about Wales were to be taught openly throughout Wales. Of course, now that the schools were the responsibility of the County Councils, it was easier to implement a bilingual policy, but the big problem was finding enough Welsh-speaking teachers to service the whole of Wales, a difficult problem because of previous educational policies. The standard of Welsh among the children was seen to be far better in schools where Biblical education was given priority – another example of Bishop Morgan's contribution to the prosperity of the language.

An empty stomach is not conducive to learning, more than it is to anything else worthwhile in life. Country children continued bringing their lunchbox to school up until the Second World War. The teachers would make them something hot to drink at lunchtime, milk or tea, the children bringing their own ingredients, and the milk having gone directly from the cow's udder into the bottle before they set off in the morning. The bread and butter would be soggy or dry according to the weather. But in 1940, things changed. The County Councils were made responsible for providing school dinners, and that truly was revolutionary, with all the children sitting down like one big family around the tables to enjoy a hot meal. Who could forget the smell of the new oilcloth, the stew, the cabbage and the paraffin, and the cooks doing their very best behind the little hatch in their white muslin turbans. A local committee and volunteers took on the work to start with, but by 1955, 66% of the county's children were taking school dinners, an admirable testimony to the cooks and their organisers at a time of food rationing. Despite all the stories about throwing lumps of tough meat under cupboards, and making a pink paste with semolina and jam, most children looked forward to dinnertime, and for many it was a blessing.

Poverty and large families resulted in a lot of illness amongst the children, causing a great deal of absence from school. They succumbed easily to flu, measles, mumps, chicken pox, colds, sores, aches and pains, scabs, brittle bones, head lice, to name but a few. All medicines and visits by the doctor had to be paid for at that time, and no one would send for him unless absolutely necessary. In 1906, an Act was passed making the Local Authority responsible for ensuring that every child was examined medically on starting school, and periodically afterwards. Children were to have free Ear, Nose and Throat treatment. Then, in 1912, a dental service was started, and pressure was put on parents to let their children have their teeth examined at school. The development had little support among the children, who often made every excuse including losing the forms on their way home from school, anything to avoid climbing into the chair and face the pincers and the treadle-operated drill. The Local Authority laid a heavy stress on looking after and improving children's health, and the County Health Officer submitted an annual report on the situation. The local nurse would pay a monthly visit to each school in her area. Nurse Price and Nurse Vera Jones (later Evans) performed these duties for over forty years between them in Llanbrynmair.

The next important milestone in the history of education is 1944, when one of the most important acts was passed, giving a new direction to the purpose or aim of education. The aim of education from now on was "to contribute to the spiritual, physical and intellectual welfare of the community". There was more to education, it was said, than learning to read and count, and a new emphasis was laid on games and social activities for children and young people. Clement Davies, the Liberal MP for Montgomeryshire, argued forcibly in Parliament for allocating more money to education in rural counties with their sparse population, if the ambitious aim of the 1944 Act was to be achieved. His arguments prevailed, and by 1967 the Education Authorities' financial situation had vastly improved.

T. Glyn Davies had been Director of Education since 1945, and even at that time he was faced with a situation that is just as controversial today, that is, closing small rural schools. In 1945, there was room for 9,752 children in primary schools, but the number of school-age children had dropped to 5,235. It was decided that retaining small schools for the benefit of the future would be best, and extending their use as community centres, but if closure was the only option in some cases, then children from a Welsh background were not to go to an English-medium school – that is what was passed at that time in Montgomeryshire.

Another consequence of the 1944 Education Act was to bring the Education Authority into closer contact with voluntary movements like the Urdd (Welsh League of Youth) and the Young Farmers' Clubs. Before then, the County Recreational Associations, set up by David Davies, the MP in 1919, were chiefly responsible for bringing general leisure activities within reach of communities like Llanbrynmair. For example, it was through that body that steps were taken to secure a village hall for Llanbrynmair, that is, the old Hall, and when that arrived, all kinds of activities such as billiards, drama, and sports followed in its wake. As a result of the 1944 Act, money was made available to appoint youth organisers and to give financial help to youth movements; for example, money to provide County Urdd organisers came through the County Councils.

Ever since 1944, the importance of village schools had been emphasised because they were deemed to be the essential nucleus of the rural society. Anyway, by 1968 it was observed that the rural population had dropped and the policy would have to be reviewed. In 1966, there were 75 primary schools in the county, 39 of them with fewer than 40 children. Bont Dolgadfan School was one of these. There were 11 one-teacher schools with fewer than 20 children. Pennant School was in this category. It was decided to close every one-teacher school, but to do it gradually bearing in mind the age of the teacher and whether the children could be assimilated into a comparable school nearby. In 1957, Pennant School was closed and the children were transferred to Bont. Furthermore, the idea of creating "area schools" was mooted, serving a fairly wide rural area. Such a school was built in Llanbrynmair in 1976, bringing together all the children of the parish, from Bont and from the old Pen-ddôl School to a new one erected in the Gwaelod near the Wynnstay, which also served as a community centre to replace of the old village Hall. Life would never be the same again.

HIGHER EDUCATION
Traditionally, children from Llanbrynmair went to Machynlleth for their secondary education, except for a handful living within reach of the railway, or favouring an English-medium education, that went by train to Newtown. Today, with easier transport, and parents having a greater right to choose a primary or secondary school for their children, some go to the secondary schools at Llanidloes, Newtown, Llanfair or even Aberystwyth, but Machynlleth is still the favourite, because it collects most of the Bro Ddyfi children. After all, the school is now called "Ysgol Bro Ddyfi".

Before the secondary school was built in Machynlleth in 1897, Stuart Rendel, the Liberal MP for Montgomeryshire had been pressing for years in Parliament in London to have a good standard of secondary education throughout the country. (Before then, the two private schools at Shrewsbury and Oswestry were the nearest).

His persistence paid off: he got a hearing and in 1889 The Welsh Intermediate Education Act was passed, urging communities to set about building secondary schools. As a result of a meeting at Machynlleth, a committee was set up to purchase a piece of land and raise money towards getting a school. They managed to find a building as a starting point, namely, the old Wesley Chapel in Graig Fach, which was now redundant after the building of the magnificent new Tabernacle, and the 'secondary school' opened its doors in 1897 with 12 pupils and Mr Harry Meyler from Milford Haven as the headmaster. From all reports, they could have had none better, and his praises were sung until he retired in 1935.

BUDDUG THOMAS REMEMBERS SCHOOL AND COLLEGE IN THE 1930s

Listening to BUDDUG YR HENDRE recounting her experiences through school and college, and afterwards as a teacher, is as good a way as any of finding out what the world of education was like in the 1930s.

Buddug Davies (later Thomas) was born at Hendre, Pennant in 1919, one of the four children of thrifty and careful parents, William and Mary Davies. Her earliest memory is being carried to school to have her photograph taken, before she actually started there, aged four. She was small and delicate, like a little doll, and the person who carried her on that special day was Laura, Pennant Isaf, a "big girl", who was already at the school. Thereafter, she had to walk like the others, through Dyrtun wood. The footpath no longer exists because the trees were felled in the 1960s, and the land was ploughed over and re-seeded to create a green slope, no doubt productive but far less interesting. In the old days, the shortest route to chapel and to school from the upper end of the valley was through "Coed Dyrtun".

To go to school, Buddug wore strong leather boots reaching above the ankles, and black woollen stockings above the knees, shop ones. She never had a pair of Wellingtons. A green petticoat crocheted by her mother, with an extra piece added every year as she grew, and underneath that, a kind of vest, called a "liberty bodice", with buttons around the bottom edge for fastening on to the knickers. Going to the toilet for a four year-old usually needed a little help from the bigger girls. Then, a gymslip, made by her mother, serviceable for either winter or summer, over a blouse or jumper according on the weather. Finally, an overcoat, plus a hat for Sunday School, chapel, or *seiat*, at which times a change of footwear was also required, the heavy boots being left at Tomi the carpenter's workshop.

At the age of ten, she left the primary school after passing the examination for Machynlleth County School. This meant having to lodge in the town from Mondays to Fridays, and catching the train at the station five miles down the valley…But how on earth could this be done? Her father had the answer. He bought a motorbike, KC16, on the back of which every Monday morning she would fasten her bundle containing bacon, butter and eggs, her rations for a week, and a few clothes and books, and a shilling or two in her pocket to buy the rest of her food, like tea and bread. The landlady would prepare the meals for the children under her roof.

We can imagine the scene, setting off for the first time on the motorbike. Richard Bennett never saw such a thing, he said, shaking his head. (The old scholar and farmer still came to stay with them at Hendre, his old home, from time to time, and that was when he saw Buddug on the motorbike. Despite being such a great scholar himself, he didn't believe in education for girls: "Dear me! I never heard anything like it, putting a girl on the back of a thing like that to go to Machynlleth School. I had to walk there through Cwm Ceulan with a sack of potatoes on my back to pay for my lodgings." Apparently, he used to stay with Harry Lewis the Bread's father.

Buddug lodged with Mrs Edwards, in Pentrerhedyn Street, together with four others, Myfyr from Diosg, Peredur Peate, Annie from Dolalaw, and Gruffydd John Morris. They would finish their homework quickly in order to play whist. There was no picture-house in the town at that time, and Buddug's recreation was the Band of Hope in Capel Maengwyn... She attended Machynlleth County School until she was 17, and then as a preparation for going to Bangor Normal College, she spent six months as a pupil-teacher at Llanbrynmair School under Mr Hughes, Ceridwen Lloyd and Varina Williams, where she learned more than she did at college, she says, and being there was pure enjoyment. A grant of £15 was available for the first year at college and £10 for the second year; but in order to qualify she had to sign that she would not get married for at least five years after leaving college, because married women were not allowed to be teachers. Well, of course, that was the very last thing on her mind?!

She filled application forms for everywhere under the sun, and was eventually informed that her first destination would be Newton Heath, Manchester, to teach a class of eight year-olds. It was 1939, and having been at home throughout the summer enjoying the freedom, the sun and the fresh air of Cwm Pennant after throwing off the shackles of college, and taking heed of neither daily paper nor the radio, it was a shock on arriving in Manchester to discover that war was about to break out. After all, there had been no mention of it in the *County Times*! She was then evacuated, together with the children and the pregnant mothers, to a seaside town in North Lancashire. Buddug was billeted separately, where the woman of the house was not exactly pleased with the situation. Her first greeting, in an accent Buddug mimics perfectly, was, "I don't want no 'vacuees!" as she directed Buddug to a bedroom with a bed as hard as a brick and a chair with a hole in it. "And don't come down 'ere. I'm not making no food for nobody!" So, she went out and bought a packet of Ryvita, some butter and a tin of peaches. It wasn't long before she bumped into a girl from Merthyr Tydfil, a college acquaintance, who offered her better lodgings if she was willing to share a bed. It was not a difficult choice.

The children, some accompanied by their mothers, had been dispersed to different houses. Buddug was required to hold classes for her flock in a room at a Club, where the seats were too high and arranged around circular tables still wet with the previous evening's beer. She sometimes took the children to bathe in the sea, having borrowed some kind of swimsuit from the landlady. This arrangement lasted about six months. After that, many of the mothers, realising how dull holidays by the seaside in winter actually were, had returned home, to be followed by the children and the teachers. She spent two more years at that school before being moved, or, rather, being selected to teach in a school for "difficult" boys, ones that never passed any kind of exam in their life and would rather have been anywhere other than school. But she won them over. "I had no problem at all with discipline", said the slender slip of a thing with a quick mind and a tongue to match. "They were in many senses older than their years because of the circumstances of their everyday life. For example, one would be late getting to school because he had been looking for pasture for the horse. He was trying to keep his father's rag-and-bone business going while he was away in the war." There were 25 in the class to start with, but with the male teachers being called up, she found herself with 57 thirteen-year-old boys. It was no use grumbling or groaning, it never did any good, you just had to stick at it and hope for a better time to come. And of course, it happened. She met Bill, from Pembrokeshire, in the Welsh Society, and they were married at Capel Pennant in 1944, with the wedding breakfast at the school. After a period of teaching in Cardiff and looking forward each year to the long summer holidays at Hendre – she and Bill, and Gwenno and

Haf (Bill being fond of fishing in Llyn Nantddeiliog) – the deserving couple have long since retired and live very happily in Llanfihangel-genau'r-Glyn.

THE SCHOOL BUS – ACCORDING TO THE EDITOR!

"In the 1950s, there were four buses taking children to the school, from Abercegir, Aberllefenni, Aberangell and Llanbrynmair, with a conductor and a driver on each bus. The children had their favourites among these: they were delighted if Jac Talybont was driving because he used to put his foot down, which meant getting home sooner. But if it was Ifan, oh dear! Creeping along like a snail. He had a peculiar habit of jerking his foot up and down on the accelerator so that the bus progressed in fits and starts. It was a wonder it did not make us all sick, but no doubt we were too engrossed in our own things.

"Similarly, we also had our favourites (and otherwise) among the conductors. Poor old Richie Holt with his red hair and short fuse was tested to breaking point many a time. But then there was Edgar; no matter what you did, you could never wipe the playful smile off his face; he joined in our fun, and his observation when I went over the top was, "Why can't you be more queenly like your sister, Freda!" The conductors used to travel on the step of the bus, for a little peace more than anything. It is difficult to understand how Alun Price, the French teacher, continued travelling on the bus for many years, because the noise must have been deafening. If there was discipline in the school – and there was – there was none on the bus. Not that there was any fighting or vandalism, just general fun and games, and there was no point trying to think about doing homework. We also sat three to a seat with the pleats of our gymslips suffering in consequence.

"All of us country children had a deep-seated fear of missing the bus. How would we get home? The tops of Pennant, Tafolog, Aberangell, and Darowen were miles away from any train. Some teachers were worse than others for droning on after the bell, with us desperate to get away. Then a mad dash to the parking ground, the schoolbag half open and one hand on the head trying to keep the beret in place. In those days, and I am talking about the 1940s and 1950s, wearing the full school uniform was obligatory at all times with the school motto, *Lumen nobis sit scientia* emblazoned on our caps and coats, the tie round the neck, and the girdle round the waist, even while running for the bus. Wasn't Miss Mati Phillips watching us like a hawk from Room Two? I remember once feeling the lash of her tongue for daring to wear a pair of maroon Clarks Klippers to school. What on earth came over me to do such a thing I can't imagine, except that they were new, but afterwards their use was very effectively limited to hoofing it to Capel Pennant, and the occasional trip to Llanidloes on a Saturday!

"Yes, missing the bus was a constant dread, and never worse than when the afternoon ended with a double lesson of cookery up at the old school. Then, one had to run while balancing a bowl of macaroni cheese and hold on to one's hat at the same time. The contents of the Pyrex would look pretty unappetising by the time it reached Pennant Isaf, eighteen miles away at the foot of Ffrwd Fawr, after the bike's carrier had given it a final shake, and a shower of rain had further rendered it into a sloppy mess. Interesting days! But do you know what, I wouldn't want to change them for the world. There is some "macaroni cheese" in everyone's fabric, isn't there? They say we are what we eat; we also carry the past with us."

LLANBRYNMAIR SCHOOL

The present primary school of Llanbrynmair forms part of the new Community Centre, which was built in 1976. This is the only school left after the successive closures of Wern, Penffordd-las, Pennant and Bont Schools. 43 children from all corners of the parish attend it today, although a few go outside the area to receive their education. This is a sign of the times, now that parents have a right to choose a school for their children, and also bearing in mind that many non-Welsh-speaking people have moved into the area. However, many of these send their children to Llanbrynmair School, where they are taught through the medium of Welsh. The proportion of children from Welsh-speaking homes in 2004 was 56%, and hopefully this will increase, because the proportion among the school's younger age group is very heartening at the moment.

THE SCHOOL OF "J.R."

The school had its origins in the Hen Gapel School. This was held during part of the eighteenth and nineteenth centuries at the Independents' chapel, with the Revd John Roberts as the teacher from 1795 to 1834. It was a voluntary school, with those children who could afford a penny or two probably contributing a little towards it. It also drew on an old legacy left to provide education for poor children. It was in this school that S.R. received his first education before going to Shrewsbury to advance his studies, and afterwards returning to help his father, and take complete charge from 1834 until he emigrated to America in 1857. By then, the British Schools Society had adopted the school and was assisting it financially.

PEN-DDÔL SCHOOL

In 1870, a law was passed to create School Boards that would be responsible for raising money to build new purpose-made schools, instead of children being taught in unsuitable rooms, such as vestries. They got on with it in Llanbrynmair, and a Board school was built in Pen-ddôl village on land donated by Sir Watkin, a beautiful, solid building, using local stone, incorporating everything modern, as was perceived at the time, including a water tap! It had two rooms, one for infants, with the word "Infants" above its main door, and the other divided into two by means of a glass and wood partition with the words "Boys" and "Girls" above their respective porches. There were railings to separate the yard into two, one for the boys and the other for the infants and girls, and the two sides were to have nothing to do with each other. The two sides had their own separate playing sheds and (bucket) toilets. The whole project cost £499.10.0, the stones being carried by farmers. The local Board received a grant of £187.10.0 from the County Council, and the remainder was raised locally and beyond.

The official opening was held on 26th October 1874 in the old school, that is, at Hen Gapel Schoolroom, although today's children would not have thought much of the arrangements – because an examination was held in the afternoon on spelling, arithmetic, geography and grammar. Tea and cake was then given to 200 children and about the same number of adults before moving on to a Grand Concert in the evening in the company of Richard Davies (Mynyddog) and his wife, with entertainment by the "Glee Singers"(!) from Bont, Llanbrynmair Choir, conducted by Evan Jones, Llwyncelyn, and Llanbrynmair Brass Band. The headmaster at the time was Evan Davies (grandfather of Alun Price, Brynderwen), 1874-78. He was succeeded by John Williams 1878-82, Thomas Thomas 1882-89, Silvan Evans 1889-98, John Rees 1898-1906, R.W. Parry 1906-28, H.A. Hughes 1928-52, Elwyn Davies 1952-61, Harri Roberts 1961-66, J. Meirion Jones 1966-90, Edwin Hughes 1990-95 and Jen Evans who became teacher-in-charge and later the head teacher from 1995 to 2001. The present head teacher is Bethan Bleddyn, Brynmeini, native of Llanbrynmair.

The school moved from Pen-ddôl to the new site on Wynnstay meadow in 1976, and was officially opened by County Councillor J.H. Humpreys J.P. on 2nd February. The Chairman of the County Council at the time was S.G. Pritchard, J.P, and the builders were John Evans & Sons, Glantwymyn. The old school was sold to the Isle of Wight Council for use as an Outdoor Education Centre.

REUNION
On 26th July 1997, a Reunion of former Pen-ddôl pupils was held at the Community Centre. The committee comprised: John Davies, chairman, Mary Johnson and Eleanor Jones, secretaries, Eleri Evans, treasurer, together with Gaynor Breese, Gwyneth Pitcher, Margaret Jones, Cerys Rees, Heddwyn Williams, Edward V. Jones, and the Revd Wynn Evans. 220 people sat down to an excellent meal and they had a good time discussing the old days. Some had travelled long distances, including Tony Rogers, one of the wartime evacuees. Mrs Maglona Evans, Bow Street, at 97 the oldest old pupil, gave a short address, and the other speakers were former head teachers, Elwyn Davies and J. Meirion Jones, and former pupils County Councillor Hedd Bleddyn and the chairman, John Davies. There was an exhibition of old photographs, and a commemorative plate and mug were produced as well as a booklet based on the school log book and old photographs. There was also an opportunity to visit the old school, which looked exactly the same from the outside, but had been adapted inside to meet its new function.

LOG BOOK

Let us select a few of the school log entries from the beginning of the century.

1905

October: No coal. Appeal to the parents for money.
November: Take the children for a walk to warm up!
December: Things improving. Attendance medals for many pupils.

1906

R.W. Parry becomes head teacher. David Davies, Llandinam has offered an annual prize of 5/- to every school for an essay on "The British Empire".

1907

January: The ink is frozen.
June: A girl from the school dies of diphtheria and is buried the same day. 19/- collected to put a glass wreath on her grave. Ceridwen Lloyd is praised for passing the scholarship examination to go to Machynlleth. Demetrius visits the school to advise on the contents of the Christmas concert.
December 2nd: O.M. Edwards visits the school, very genial. Tests the senior class (in Welsh) on geography and the literature of Wales. He recommends that we form a library. (Is this a reflection of the answers he received?!)

1908

March 1st: March to the Wynnstay and back with a banner. (O.M.'s influence, perhaps?) Singing afterwards for the governors and their chairman, George Peate and his guests. The curate's wife comes to share out sweets. The cleaning lady's pay is raised from £7 to £9 (a year). "And a higher standard of work is expected", says the head teacher.

1912

May: The head teacher complains that chewed tobacco has been left in the inkwells after a meeting held at the school the previous evening.

1914

March 12th: Very few pupils in school. A sale at Plas Rhiwsaeson, (very likely, the departure of the Pugh family and the arrival of the Davies family).

28th: A wheelbarrow arrives for the gardening class. The school is proud of the fact that it is the first to be supplied with one by the Local Education Authority.

29th: A brand new piano arrives – after requesting a second-hand one. This is a very important day in the history of the school.

The period of the Great War follows now, and references to its effects feature quite prominently in the Log book. For example, there is mention of receiving a pile of photographic literature about the war from a former pupil, and saluting the Union Flag on the yard on Empire Day under the supervision of one of the enthusiastic school governors, J.W. Daniels. It is noted later on, in October 1918, that he died of pneumonia in France, on the same day that the soldier Isaac B. Hughes was killed.

1916

September: There are three sad references, namely, that A.Ll.Hughes, Dafarn Newydd had been missing for two months, that Lt. J. Peate, Dôl-fach had been killed – a boy who had been a pupil-teacher here and one of the best scholars ever to pass through the school. Also, Abraham Thomas, a shoemaker from Pen-ddôl had died in a hospital in Newport, his health destroyed by the effects of the war.

1917

J.E. Evans, Tŷ Uchaf dies in a hospital at Chester. Daniel Peate, Glanllyn brings a gas helmet to the school and explains how it works. Local boys on leave from the armed forces would come to the school and talk to the children. Cpl. I. Edwards brought a gift for the school museum – bullets from Turkey, France and Britain, and a piece of shrapnel.

A leaflet arrived at the school outlining lessons on how to avoid the spread of T.B.

Mr T.R. Jones, Fronheulog, a stonemason, brought apples for the children, who appreciated them very much. He had also given a variety of rock samples to the school museum.

1918

June: The children bring 81 eggs to school for the Red Cross hospital at Machynlleth.

The death in action of John P. Jones, Llwyncelyn on August 23rd is noted with sadness. It happened "during a push when the Welsh bore the brunt of the fighting".

1919
March 5th: Tea in the Rent room at the Wynnstay to welcome the men home from the war; the children are let out of school early.

There were 89 pupils on the register at this time. In September, Nurse Price visits the school for the first time.

One of the most difficult entries in the book is when Mr Parry, the head teacher, records the death of his own little daughter, Gwyneth, aged 10, in the Infirmary at Newtown.

1921
January 19th: The children walk up to Talerddig to see the train engine lying on its side in the cutting.

January 26th: News arrives about the terrible accident that befell the Express train, which passes the school at 11.30 a.m., when it crashed into another train between Newtown and Abermule.

February: A picture of O.M. Edwards arrives together with a copy of the magazine, *Cymru*.

1922
November: Hot tea is distributed.

1924
Arrangements to provide a midday meal for children coming from afar.

1927
Mr Parry is presented with an "Aladdin" lamp as a leaving present after 23 years.

1931
Miss Ceridwen Lloyd arrives as a teacher. The school is closed because of whooping cough and chicken pox.

1933
Miss Varina Williams arrives as an Infants teacher.

1938

There are 61 children at the school. The H.M.I. Report notes that the school is equipped with central heating, and that hot soup is prepared in winter by senior girls and the staff.

1943

The first meal from the new kitchen.

1944

Gwynant Williams, Pengraig is the first boy from the area to go on to Newtown Technical School.

December: A breakout of typhoid fever; three taken to hospital at Aberystwyth. School closes for a fortnight.

1945

January: Taxi service begins for children living in Talerddig (Dôlgoch) and in Cwm Pandy (Idris ap Harri).

May 2nd: School closes for two days to celebrate V.E. Day. (Victory in Europe. There isn't very much about the Second World War in the Log book).

1946

From now on, all children over 11 years old to go to secondary school without sitting an examination. (Mary Davies, Factory and Freda Rees, Plas were among the first to go. They brought a new game back to Pandy – hockey! When the two were practising on Plas bridge – with homemade sticks – Mary's two front teeth were sacrificed!)

1951

December: A tea party to bid Mr Hughes farewell after 24 years.

1952

First prize for the Action Song at the Urdd Eisteddfod, under the direction of the new head teacher, Elwyn Davies.

1954

Water closets are installed at last. Miss Lloyd leaves after 27 years.

1959

A new canteen.

1960
Harri Roberts succeeds Elwyn Davies as head teacher.

1963
41 pupils at the school.

1965
March 4th: Only the head teacher and the cook managed to get to school today. Heavy snowfall.
September: Bont School unites with Pen-ddôl. Desks are transported down.

1966
January: New head teacher, John Meirion Jones.
October: Miss Ann Lloyd Lewis arrives as a teacher. 67 pupils.

1967
Christmas Concert – children and governors only, because of foot and mouth disease.

1968
Success (and for many years) in drama, singing and recitation at the Urdd Eisteddfod.

1969
July: Miss Varina Williams retires after 36 years. Children's concert in the village Hall and presentation of gifts to her.
September 3rd: The sudden death of Miss Varina Williams before she could enjoy her holiday or her retirement.

1971
The Education Authority has agreed to build a new school here.

1973
The senior pupils go to the new swimming pool at Tywyn. (Quite a journey!)
June: The children from Cradeley Heath (who bought Cwm Schoolroom) perform a pageant.
June 26th: The senior pupils perform the play " Llanbrynmair 100 years Ago" in the Newtown Drama Festival.

1975/6
The children take part in competitive programmes at the BBC studios in Cardiff (Taro Mlaen and Cant a Mil), and win.

1976
December: "The old school was closed for the last time, and we look forward to moving to the new building next term." J.M.J.

ELWYN DAVIES, HEADMASTER recalls happy days:

"I came as a young head teacher to Llanbrynmair in January 1952, and it was quite a wrench moving from Banw School, especially having acquired a wife there as well. Fortunately, The Education Committee had bought Llwynffynnon, the home of the former head teacher, Mr Hughes, as a schoolmaster's house, but as it wouldn't be ready for me for about a month, I lodged with Mrs Peate, Winllan. And what a superb start that was, within sight of the late and dear Revd Robert Evans and his wife, amidst all the jollity of the Pen-ddôl girls, Mrs Nansi Morris, Mrs Gwen Jones, Mrs O. Jones, not forgetting Mrs Ducket, Winllan and others, and Dan Peate and I having a lot of fun. Then afterwards, Llwynffynnon became a wonderfully happy home for us, plenty of room for gardening and keeping hens! That was where the three children were born, and Hugh, my brother-in-law came to live with us too.

"Llanbrynmair School was ideal for a young, inexperienced head teacher – a solid foundation for a Welsh education already established by Mr Hughes, and two experienced, wise and kind teachers, namely, Miss Ceridwen Lloyd and Miss Varina Williams, both of whom gave me tremendous support. Miss Williams's musical talents and Miss Lloyd's remarkable knowledge of local traditions contributed much to the life of the school. Miss Lloyd retired in March 1957 after teaching at the school since 1930. I was fortunate in obtaining a Welsh person from Cardiganshire to replace her, Miss Nansi James, who not long after became Mrs Davies of Brynuchel, Cwmlline.

"The building and the yard were not ideal by today's standards, but the school dinners in the charge of Miss A.M. Hughes and Gwenda Jones to begin with, were always excellent, and the school building warm and snug under the supervision of Sid and Nansi Morris. We requested a new dining room, but that wasn't built until 1959, on Dôl-lydan's field, and the old canteen was adapted as a teachers' room. It was also arranged for one of Coedcae's fields to be used for outdoor games and athletics, in which the Tŷ-canol children always shone.

"I only have very happy memories of the school. The hardly mentionable 11+ was in force at the time, of course, and causing some headaches. But there was room for all kinds of activities, such as a concert in the village hall every Christmas. We competed vigorously in the Urdd Eisteddfodau and usually managed to get to the final every year. This was a real experience for the children. I remember one year when it was held in south Wales, going to visit a colliery, and standing watching the colliers with their black faces emerging from the mine, and noticing that two little boys had moved very close to me – Arthur Pengraig and Hywel Bryntirion. This was a big change from Llanbrynmair. I have very happy memories of others too – of Ricky Trip, David Dukett and Emyr Berthlas having been out gathering nuts, and praising their booty – a boxful with Ricky, a sackful with David and a bellyful with Emyr! I remember too, John Clegyrnant putting the new head-master in his place during an art lesson - and my weakness as a teacher was art. John was drawing a picture of a farm when he suddenly asked me to draw him a sheep, of all things. I did my best, but fair play to John, he showed no scorn but gave me a kindly look and said, "Mr Hughes, the headmaster before you, Sir, was a good one for drawing!"

"One severe winter's morning, with the snow several feet deep in places, and only ten children having managed to get to school, I received a message from the Director of Education to close the school unless there were more than ten pupils. But then, outside the door, there was the sound of snow being kicked off heavy boots, and the three Clegyrnant boys with broad smiles proclaiming victoriously, 'We've walked all the way, Sir." No wonder two of them in years to come ventured to far away countries. I also have happy memories of the parents' warmth and friendliness – and of Mrs Foulkes, Cwmgwyn's skilfulness in making costumes for the action songs. I also remember the good-humoured cooperation of the school taxi drivers, Arthur Peate and Elwyn Richards. Indeed, on looking back, the nine years at Llanbrynmair School were full of fun and happiness. This is not romanticizing, but those years were easy and problem-free. Three non-Welsh speaking children joined the school,

Mary Ness, Anne and Harry Marchington. Within three months the three were speaking Welsh, not because of the teachers' skill but because Llanbrynmair children at that time couldn't play in English – they could do arithmetic in English, perhaps, but they could not play in it! In this way, little English children learned Welsh almost unconsciously. Truly, a golden age! And perhaps the happiest years of my life! It was also a delight from time to time to welcome old pupils, like Meira Jones and Alun Phillips, back for teaching practice while at college, and others, like Peggy Morris, as temporary teachers, or others as helpers, like Gaynor Breeze and Tegwen, and all of us one happy family.

"It must have been a golden age for teachers. Yes, inspectors did visit from time to time, and without warning too; yes, there were forms and logbooks to fill, but nothing that made life a burden. And thank goodness for that, because Llanbrynmair at that particular time was such a busy place.

"Many activities were held under the auspices of Hen Gapel, and who could forget the little Competitive Meetings, and each Schoolroom with its choir – Arthur Peate conducting the Hen Gapel Schoolroom choir, Defi Tomi maintaining the bass firmly, and also conducting the children's choir, and Tomos Davies, Coedcae with the tenors. And then, the Schoolrooms' one-act plays! Who can forget them? Much more interesting than S4C! And then, the Drama Festival Week in the village Hall, with the best companies in Wales competing. There were also a mixed choir and a male voice choir directed by Wil Tŷ-Pella, and accompanied by Mrs Gwyneth Jones, Llysun. Competing here and there – Montgomeryshire, Merionethshire, Cardiganshire, and even Radnorshire. Frequently winning, sometimes losing, but always having fun, often arriving back at daybreak with the cocks already crowing! But everyone in his pew at Hen Gapel the following morning. I still treasure the enjoyment I derived from the choir, both in rehearsal and competition.

"And then the Aelwyd. That period was, surely, the golden age of the Aelwyd groups in Montgomeryshire, and the one at Llanbrynmair was as hardworking as any. I must say that my wife, Nest, and I had a great deal of pleasure and success from the activities of the Aelwyd, where there was so much talent.

"There was the occasional black cloud of course, especially when the Revd Robert Evans died on a communion Sunday morning in September 1957. I missed him terribly. But we had to carry on, and providentially he was succeeded by the enormously enthusiastic Revd Eurig Davies, and Mrs Emily Davies, who gave a bit of polish to Llanbrynmair's amateur actors, without sacrificing any of the fun!

"As I think back, picture after picture rushes through my mind: my daughter, Sioned, and I going to Hen Gapel on a Sunday morning, sitting in the same pew as Ned and Margaret, calling on the way back at Coedcae for an interesting chat. In the afternoon, Defi Tomi and his four children calling for Sioned and me, and then all of us walking together to Sunday School. And at Christmas time, a huge tree every year from James Morris or Sid. And on Christmas morning, with my true friend, Cynlas. He used to roast turkeys and geese in the bakehouse for many of his neighbours, and when collecting our Llwynffynnon goose I would help him deliver them from house to house. After partaking of some "Christmas Cheer!" on every doorstep we were no longer sure if the right goose got to the right house. If ever there was a mistake, here's a late apology from Cynlas and me!

My thanks to the whole parish for such a wonderful time, and on December 16th 1960 my happy days at Llanbrynmair School came to an end".

A HEAD TEACHER'S OBSERVATIONS

The head teacher at the close of the twentieth century was MRS JEN EVANS. She then moved out of teaching and became an adviser on the Early Years. She still lives in Llanbrynmair, and here are some of her observations and memories:

"I joined the school staff, part-time to begin with, in the mid-1980s. From then onwards, significant changes took place in the social and linguistic character of the area – no doubt reflecting the general trends in Wales, that is, the increase in the number of in-comers, and the continuation in the number of young people leaving the area.

"Of course, the character of the school changed significantly. By 1998, only 17% of the children came from Welsh-speaking homes, and there was a higher percentage than usual of pupils on the books who qualified for free meals, and a high percentage of pupils with special educational needs.

"Before the end of the 1980s, the Education Department of Powys County Council designated the school as Welsh-medium. This means teaching the children entirely through the medium of Welsh up to the age of seven, and aiming at full bilingualism by the time they leave school at the age of eleven. Although not everyone welcomed this change to begin with, the decision was not only a way of ensuring that all the children were very soon developing multilingually, but also a means of strengthening educational standards generally. The children became fluent naturally, but it was more difficult to get all of the the local community to speak Welsh to their children. The greatest thrill for me was to hear immigrant children becoming bilingual very quickly, and some of them choosing secondary Welsh-medium education at Ysgol Bro Ddyfi and Ysgol Caereinion.

"From the mid-1990s onwards was a very successful period, with the number of pupils increasing from 42 to 63 by the year 2000, and an exceptional team of teachers working together. We had a lot of fun preparing not only the usual learning programmes but also a variety of projects connected with business, and strengthening links with the community – including a café run by the children, the infants class publishing a *Story Book* (with the support of the author, Angharad Tomos), producing Christmas cards, and celebrating the new millennium by publishing a Hymn Book comprising the favourite hymns of the children and members of the community. Many a Christmas concert will live on in the memory, ranging from "Sioe Sam Tân" and "Sioe Rala Rwdins" to the Nativity Story on the threshold of the twenty-first century: "http: www.mab.a.aned".

"The six years of my headship were an exceptionally busy period, teaching the 4-7 years age range, coping with the increasing whirlwind of paper-work and the continual endless changes in the world of education. But thanks to the devoted and very talented team of teachers, the school was acknowledged as a very happy one. I shall always treasure the experience."

2004

Today Llanbrynmair School has two teachers, supported by two classroom assistants. The current head teacher, Bethan Bleddyn, who was appointed in 2002, says that she is heartened by the backing the community gives the school. The number on the roll has fallen recently to under 40, but it is very encouraging that the number of children whose first language is Welsh has increased to 56%. This increase can be seen mainly among the younger age groups, which augurs well for the future.

WERN AND BONT SCHOOLS

WERN
Ysgol y Wern was set up under the auspices of the British and Foreign Society, and located among a cluster of houses called Wern Gerhynt, barely a mile above Bont. Initially, a school was opened there in the Methodist schoolroom, but soon a new school was built there which opened in 1871. Money had been left to maintain Wern School, and it was considered a success from the beginning although it is difficult to comprehend that from the logbook, which specifies plenty of difficulties that were typical of the times. There were over 50 children, the children of workmen living in the terraced houses and the myriad smallholdings and farms on the steep slopes around. Miss Annie Humphreys came there from Pennant (which had been temporarily closed) extolling the fact that she was getting more success in Wern School.

The logbook we have covers only six months, namely, after January 1912, because the school moved down to Bont in the autumn. Miss Bowen (from Llangamarch) had been the headmistress for some time, and here are some selections from the logbook, written in English, of course.

1912 January
Very wet start to the year; wet feet, colds, many absent, so no marking of the register (this was allowed on special occasions to avoid bringing the monthly average down).

February
Received a supply of materials for the school:

> "1doz. Brush drawing books; 3doz. Blank drawing books; 3doz. Writing blocks; 8 doz. Exercise books; 4doz. Lead pencils; 6doz. Copy books; 1 box Round chalk; 1 box Coloured chalk; 1doz. English dictionaries; 100 Sheets drawing paper; 200 Examination papers; 1gall. Dry ink; 4doz. Notebooks; 6 Packets paper mats; 6 Packets embroidery cards; 1doz. Skeins embroidery cotton; 1½doz. Paper prickers; 6yds. Calico; 4doz. Knitting pins; 3doz. Thimbles; 3doz. Loose pins; 1 Book drawing of objects; 3 Registers".

(We can see from this that there was quite a wide range of work in the school, and, of course, a wide age-range, from five to 14).

19th
Miss Humphreys, the assistant teacher, is ill, and Standard One joins the "top class" in the big room, and some of the older children sent to look after the youngest ones.

23rd
The progress in the children's work was "Very Fair" (that is, quite poor!) St. David's Day: Celebrated by "writing on suitable subjects", singing Welsh songs and reciting. Presentation of prizes for two years' perfect attendance. (That was an enormous achievement in those days). Home early.

March 5th
Schools Inspector, Mrs Johnson, here. 44 children in the school, some of the older ones absent.

22nd
Absence high. Wind and rain.

29th
Attendance Officer here again… girls at home working, and missing school.

April 3rd
He is here again, many absent. Close for Easter.

19th
Sunday Schools Festival in Bont, school closed.

May 5th
Many children gone to the fair (The May Fair in Llanbrynmair, probably, because it was too early for the May Fair at Machynlleth, which was on the 15th.) Punished one of the boys severely for "rude and mischievous behaviour". (What had he done, one wonders? The same boy was disciplined frequently!)

May 24th
Empire Day. Must celebrate it. The day's programme sent in advance to the Education Office for checking. Free afternoon. Standard One's reading not good.

June 6th
No school. Hymn Singing Festival at Machynlleth. Complaints about these short holidays, "delays progress"!

June 20th
Complaints about children's absence "due to negligence" (suggesting that parents are to blame). Miss Humphreys misses quite a bit of school… several have measles.

July 21st
Invitation from Sir Watkin Williams Wynn for the children to have tea and other celebrations in the Wynnstay at 3pm to mark his son's 21st birthday.

19th
Visit from the medical officer; examining two of the youngest ones and nine of those over 12 years old. Children at home helping with the hay.

20th
School closes for five weeks.

Sept 4th
Furniture for the new school arrives:

> "1 Sewing table; 3 Chairs; 1 Cupboard for papers; 1 Desk for the assistant teacher; 1 Notice board; 1 Attendance board; 6 Wooden pointers".

Miss Bowen here on her own. Miss Humphreys ill again.

20th
Children absent because of the corn harvest. (And to crown everything!) the Schools Inspector, the Clerk to the Education Committee, the Attendance Officer, and one of the school governors all visit together.

27th
The last day of Wern School. After closing, the headmistress and some of the older children packed the books ready to be moved (by horse and cart).

(There was a house attached to the school, and both were later made into one house bought by Mr Stable.)

BONT COUNCIL SCHOOL
We must remember that the Government devolved responsibility for primary education to the County Councils in 1902, and one of the first schools that Montgomeryshire County Council built was Bont School in 1912, replacing Wern School. Bont School would be nearer to the centre of things since by then that was where the bulk of the population lived.

We shall, therefore, continue with the logbook which Miss brought down with her from the Wern… and we shall find that things were not very different here either, new school or not, because at first it was very little more than four bare walls.

Sept. 30th
A large crowd of children arrived at the new school this morning – 57 in the morning and 53 in the afternoon. Since six of the new desks were broken we had to use three of the old ones and two benches. As there is only room for four in a desk it's a crush here. Since no pegs or hooks have been installed to hang the maps and the notice boards they have to be kept in the corner, making it difficult to get at them. It makes the work at school difficult.

Oct. 11th
Skin diseases, colds, and children at home harvesting potatoes. One of the boys badly behaved again, punished him for disobedience and cruelty towards little boys. Four drinking cups and towel rollers for the lobbies arrived.

Nov. 1st
Desks at last.

22nd
School attendance prizes for three pupils.

Dec.13th
Children missing school because they follow the thresher to the farms. Annie Lewis leaving to go into service.

1913 Jan. 10th
The school officially opened today by Mrs Wintringham Stable. Despite a long wait for them, members of the Education Committee failed to arrive. Chairman of the governors unveiled a picture of Mr Daniel Howell who had been the correspondent and chief governor at Wern School. Tea and pulling crackers. Singing and reciting in English and Welsh while waiting for the Councillors (who failed to turn up). Finally, singing of the anthem. (Which one?)

Jan. 31st
The same boy getting it again for "mischievous conduct and dirty habits".

March 31st
Miss Humphreys left on the 19th. and has not been replaced. (Miss Bowen had to cope on her own with 50 children until May 26th when Miss Susie Owen came to teach the Infants.) In the meantime everybody was in the same room, "very difficult". Catherine Watkin ran away from school after refusing to hold her hand out for a "stroke of the cane" (for what, one wonders?)

April 22nd
The children sing in the Llan Church choir at Miss Stable's wedding. Tea for the public at Plas Llwyn Owen.

May 5th
A family leaves for the South. The year's syllabus arrives from the Education Office. Children suffering from colds and facial skin rashes. Some with ringworm. Fewer and fewer in school every day. Advised some of the parents to call the doctor… The school is closed for a month.

Oct. 31st
Part of the school under water from an overflowing ditch from the field above. Punished some children severely for going after the foxhounds at dinner time, making them half an hour late arriving back.

Nov. 14th
A medal and a book from Mr Stable for those with two years' perfect attendance (a big achievement in those days) A lamp is erected at the school ready for evening classes.

Dec. 2nd
Testing the children on written arithmetic. Poor.

Jan. 5th
David Watkins and Jaci Lewis punished for smoking "in the offices".

1914 Feb.6th
Reading tests. Welsh better than English in Standard One. (The influence of the Sunday School?)

May 1st
Attendance Officer takes the names of all the boys at home planting potatoes.

June 5th
One of the children's father comes to school to complain; is told that his 12 year-old son is worse than a nine years old. ("Stupid and lazy", said Miss Bowen, but one wonders what became of him years later?)

July 14th
Three new girls in the school, Rona, Grace and Winnifred Hannion, children from a gipsy caravan camping nearby. They attended Carno School for a few months. All three backward in their work

July 17th
School closing until Sept. 1st.

Sept. 30th
New school materials arrive, e.g. *Clawdd Terfyn* as a reading textbook.

Oct. 18th
The new school has a smoking chimney, a wet yard, and swollen doors. The nurse checks the suitability of the children's clothing and their cleanliness.

1915 March 8th
Mr Rhodes, the dentist, here. 16 treated in the morning. The younger children's lessons, therefore, in the girls' lobby, where there is a fire.

March 12th
Several absent as a result of the dentist.

April 29th
The "stupid" boy's mother comes to school and shouts "impertinencies" at the teachers (because he had been punished).

Nov. 28th
Coal at last so that we can make hot drinks at dinnertime. Only 24 in school today.

1920. Aug. 31st
"I, Margaret Bowen, Certificated Teacher, resign charge of this school today". (Her life here had been quite a battle, even though she probably didn't deserve it. It is said that she once kept a boy in after school. His pals came to "rescue" him, taking hold of his coat-tail, while she hung on tightly to the other end. Then, the boys were seen pulling, one behind the other, and Miss Bowen being dragged down the slope and out through the school gate. When there were big, intractable boys in the school, sometimes up to 15 years old, it was extremely difficult for a woman to keep order).

Sept. 1st
J.E. Jones comes here as headmaster from Oakley Park, and that *was* a revolution – or a transposition, perhaps, bearing in mind his musical gifts! He stayed for eight years. Whilst Miss Bowen was very conscientious regarding the logbook, J.E. wrote very little during his period in charge.

Sept. 24th
(in English, as before). Attendance, 93%. (After this it is very consistent, at over 90%).

1921. May 12th
The school closed for the afternoon for the unveiling ceremony of the memorial for the men who fell in the Great War.

1926. Jan 13th
The Schools Inspector's Report on the Infants Department following his visit in December: "This relatively new building has been renovated quite recently so that working conditions are very satisfactory. Apart from the fact that there is not much provision for teaching practical subjects, this is a good example of a small rural school being run effectively. A satisfactory standard has been reached by the upper class in the ordinary subjects. Through going out for walks on a weekly basis the children are being taught local botany. Drawing was particularly good. The singing was satisfactory, but it is hoped to acquire a piano soon to promote *penillion singing* – something on which the headmaster is a specialist. The children in the lowest class have not made much progress with reading".

Feb. 26th
The Headmaster away in a meeting of the Commission on Welsh (in education) at Aberystwyth.

June 23rd
The headmaster has permission to be absent in the afternoon to take part in a Proclamation Ceremony for the Powys Eisteddfod in Llanfair Caereinion.

1927. April 1st
A concert was held at the school in the evening in support of the piano fund. £5.1.6d was taken at the door, as well as another 4/-.

April 8th
£8.2.6d was made in a concert in Llanbrynmair. £1 charge for the Hall.

1928. July 29th
"I, J.E. Jones, resign my post as Headteacher of this school today."

Oct 1st
D. Glanffrwd Davies, the County Emergency Teacher, came to take charge.

23rd
A telescope and microscope presented to former headmaster at evening meeting.

1929. Feb 29th
Worst weather in 30 years. Families in bed with flu

March 19th
The whole school walks up the hill to sympathise with Mrs Stable, Llwyn-Owen. She had been a governor for many years. Mr Stable being buried this morning in Llan.

March 29th
At 3.30 the staff, governors and children go to Dolgadfan for tea and sports; prizes given by Mr and Mrs Davies and Miss Jones.

May 21st
School attendance still only 91.9%, because of the flu, pharyngitis, and pneumonia.

Sept. 9th
Woodworking tools arrived today. This subject will be taught for the first time next term.

1930 Feb 13th
School dentist here. 17 children having teeth out.

March
Cold weather and a lot of illness. Half the children not here very often.

July 18th
Dentist here again. 10 children having teeth out.

Sept. 8th
The headmaster suffering from phlebitis and has to rest for a month. His wife helps the unlicensed female teacher to run the school. A pupil-teacher acquired from Llanbrynmair to help out.

1931 March 6th
All the woodwork prizes at the Llanbrynmair Young People's Eisteddfod were won by this school, as well as prizes for singing, reciting and sewing.

April 29th
A boy from Waun Cwmcalch, almost 6 years old, started school.

August 25th
The headmaster attends a month's course in Bookbinding at the summer school in Aberystwyth

1932 April 14th
12 attendance certificates distributed. Some did not miss one day in three years.

June 16th
Glyn Lloyd has won the David Davies scholarship, which is open to every pupil in the county and is second from top out of all those who passed to go to Machynlleth School.

June 23rd
A visit from the Director of Education.

Oct. 20th
Glyn Lloyd comes second, out of 140, in an essay competition connected with Ceiriog's centenary.

1933 Feb. 10th
A lot of chicken pox about.

May 8th
Decided to put Standard Two in the charge of the Infants teacher for the first time for four years. This will improve the balance, as the headmaster has 38 and she only 15.

Oct 18th
Registering three dozen children in the "Crusaders of the Ivory Castle League" (a campaign for clean teeth – but a little late in view of the pulling that had gone on!)

1934 Jan. 12th
The children went to Dolgadfan crossroads to show their sympathy for the Llwyn Owen family. Mrs Stable, who is being buried today, had been a governor of the school for many years.

Education

1935 April 3rd
21 children having teeth out (despite the promises of the "Ivory Towers")

April 8th
The school closed for a week. Whole families in bed with the flu.

May 6th
Jubilee of King George V. Tea for the school and the public in Dolgadfan, and sports.

May 23rd
School closed. The children taking part in the chapel's bicentenary celebrations.

June 22nd
Ten children gone to Manchester for the centenary of the Rechabites.

Aug. 1st
Major and Mrs Jervoise distribute beautiful Jubilee mugs and sweets to the children.

Nov. 20th
Took delivery of new games for the school: billiards for the boys and table tennis for the girls. Money raised through school concerts.

1937 June 9th
Another of the school's children, Owen Lloyd Evans, has won the David Davies scholarship, and come first in the Machynlleth area in the entrance examination for secondary education.

Aug. 3rd
15 children from the school in the Machynlleth National Eisteddfod Children's Choir (750 in all).

Oct 7th
Mary Evans, who is over 14 years old, will be attending a cooking class at Pen-ddôl School every Thursday.

Dec. 22nd
Closing tonight until January 4th. Christmas holidays.

Education

This is the last record in the logbook that came into the Editor's hands. There is reason to believe that there was quite a bit of neglect surrounding the closing down of Bont School, because when one of the former pupils called by after some considerable time, he found the building open and papers scattered everywhere, including such things as registers. This is how history is lost. And as for the logbook, this was preserved thanks to Mrs Edna Hamer, who saw it on top of a skip outside Ael-y-bryn (the headteacher's house) when they were clearing it out some years after the school was closed. Realising what it was, she took it home and it has now been safely deposited in the National Library.

TEACHERS

J.E.Jones had been well known as a teacher because of his interest in Welsh culture and his special ability in Welsh traditional music, something the schoolchildren had had the opportunity to benefit from. The one who followed him, Mr Glanffrwd Davies, was completely different, a stern disciplinarian, intent on ramming education into the children's heads, come what may, and for their own good, and he had a great deal of success. Many people speaking through this book have said how indebted they were to him.

W.E. WILLIAMS REMEMBERS BONT SCHOOL

"I have always been interested in music, ever since I was a pupil at Bont School, where singing and learning the sol-fa was given a prominent place by the headmaster, Glanffrwd Davies. It was part of the exam at the end of term. He would write a piece of sol-fa on the blackboard and we had to sing it. And talk about exams! G. Davies took the examination day as seriously as if we were trying to get into Oxford! Separate desks for everybody and not a sound.

"I remember one special examination day on April 1st. There was one lad in the class, Islwyn Tŷ Sgoldy, who wasn't very clever in some subjects, and when he had made a mistake was in the habit of saying, 'I've missed, Sir!' which infuriated Davies. (He was very short-tempered). Well, on the morning of the exam, we boys challenged Islwyn to put his hand up and say, 'I've missed, Sir!' and then say, 'April Fool!' He wasn't keen on accepting the challenge, but, indeed, in the middle of the exam up went the hand, 'I've missed, Sir!' Glanffrwd then went for him, 'What have you done, boy?' And before Islwyn could say anything, he received a most resounding clout. But when he recovered, he said, 'April F-Fool!'

"Another thing that drove him mad was discovering that we had been messing about with the clock. When he went home to Llan at lunchtime we used to get up to all kinds of mischief, and one prank was to wind the pendulum of the clock right up to the top to make it go faster, and thus gain a quarter of an hour in an afternoon. Then, home early – perhaps!

"But Glanffrwd Davies was an excellent teacher, who came from Caerwedros, Cardiganshire. There were 50 in the school when I was there, and he would have as many as five classes in his care, and yet succeeded wonderfully in getting round to see us all, though he had little patience with those who didn't try. Wanting us to learn and make progress, and make the most of our talents was his hallmark. He hated seeing someone wasting educational opportunities. For example, the Cwmcalch lads lived more than three miles from the school, and therefore were under no obligation to do homework, but Davies was cross because they took advantage of this. He wanted to extend horizons. He obtained a billiard table for the school and a table tennis set. He even taught us the craft of bookbinding and had a sewing machine for that purpose, and everything done very professionally; we would put a sheet of paper to float on water to create a water colour for the inside cover, and use cloth on the outside. We were allowed to take an old book to school to be repaired, and I remember finding an old hymnbook for the job.

"I also learned more about the Bible in Bont School than I ever learned afterwards. He allocated half an hour every morning to this. He had a gift for telling stories, and we had a new story every day. You couldn't help but listen. Some denounced him, saying he was too ready with the stick, but I felt blessed to have been under his care."

This is what BERNARD DAVIES, Llan says:

"I started school in 1939, when there were 39 children. We spent a lot of time learning to write skilfully from the outset. At seven years old

I moved up to Glanffrwd Davies. We used to stand in a row for ages to go through the tables, in English, and he devoted a lot of time to mathematics. On Tuesday mornings there was English "Composition" and we had to write correctly, and every weekend we had 20 Welsh and English words to learn. There was a religious service every morning, and everybody was expected to say a verse on a Monday morning. He could make history and Bible stories very interesting, because he had a great gift for storytelling. Things as distant as the Crusades and the Armada became very much alive! We had to learn the names of all the rivers in Scotland, England and Wales. He also taught us woodwork, drawing and pattern making, but his wife used to come down to the school to play the piano and teach us songs, often some English ones like "Heart of Oak". He gave me a sound educational foundation before I proceeded to the secondary school, aged 14 years."

Mrs Dora Thomas followed Mr Glanffrwd Davies as the headteacher. She had been the Infants teacher there for many years. When Pennant School closed in 1957, about half a dozen were added to the number. Miss Mary Pugh was the Cook at Bont School for many years, and soon after the two schools were combined she was replaced by Mrs L.C. Jones, the Cook at Pennant, and according to those who were pupils there, the canteen, thereafter, was always a refuge for any children in need of solace! Mrs Dora Thomas retired in 1964 after a teaching career spanning over 40 years. She was one of the Pennant Mill children. She never had secondary or college education, but through instinct and natural ability she became a highly respected teacher, having started off as a pupil-teacher with Miss Sarah James in Pennant. Mrs Nellie Roberts (formerly Craig, and raised in Wern) followed Dora, but, owing to ill health, she was only there for a year or so. But with her departure and the fact that the number on the register had fallen to 12, the school was closed in 1965, with the children then being ferried to Pen-ddôl School, which by then was the only school in the area. The last exciting event for Bont children was to be part of the Children's Choir at the 1965 National Eisteddfod in Newtown, having been trained by John Roberts, Nellie's husband, who was a good musician. The Eisteddfod was especially memorable for two former pupils, the twins Sidney and Maldwyn Hughes, Penfilltir, the two young attendants in the Gorsedd, who found it very difficult agreeing to wearing short trousers!

The new name for the old Bont School, which has now been converted into a house, is Plas Cae-newydd. Its two current occupiers, a couple from Warwickshire continue the story:

"When the school was closed in 1965, it was used as a social centre for a while, but after the reorganisation of Local Government in 1974, it was bought by a man from Aberdyfi, who set about converting it into a house. There was a large caravan parked outside and the fence at the front was removed. The front was used as a village parking ground for a while. He called the house "Plas Cae-newydd". In 1988 he sold it to us, who had just retired from business in the Midlands, and our son and daughter-in-law were already living at Cae Gibert, higher up the valley".

PENNANT SCHOOL

This is the oldest school building in Llanbrynmair. It dates from 1841, when it was built by Sir John Conroy, a local landowner, under the scheme of the "National Schools", which, as we have seen, encouraged the wealthy to promote the education of ordinary people. It was a simple building, consisting of one room facing the blacksmith's yard and the Methodist chapel. Conroy paid for everything, including the school equipment, the schoolmaster's house and garden, and the schoolmaster's salary. The ambitious curriculum comprised reading, writing, arithmetic, scripture, geography, and history. Farmers' children were to pay between half a crown and four shillings and sixpence per annum, but free for "workers'" children (even though lead miners in the area were likely to earn more than an ordinary farmer at that time).

When the Government's Commissioners reported on the school in 1847, there were 47 boys and 16 girls. "Exceedingly ignorant... Scarcely understood a word of English..." was the severe verdict. The master was some kind of shopkeeper, who was unable to keep the children in order let alone teach them. He scarcely spoke English himself, and he kept no register. When Sir John died a few years later, the school lost its sponsor and closed. It re-opened in 1859 and was adopted in 1873 by the ecclesiastical movement of the National Schools. It closed again in 1889, but there were only 25 in the school by then. The Log Book, which is still available, begins thus in January 1873:

Education

"The children have returned in good numbers after the vacation. Expected a visit by the Reverend J.W. Kirkham to inspect the school for the prizes but was disappointed..." (The vicar had better things to do that day, no doubt...) But he came within the week and presented 11 prizes among the children, donated by Sir John, who had also presented a map of Europe as a gift. The children paid a penny a day for their schooling at this time.

There are some quite good reports from now on, e.g. " This little school is in excellent order and is taught with very great spirit and success. Singing unusually good. Needlework deserves praise". The new schoolmistress, Miss Humphreys was finding it difficult teaching the set subjects to the youngest children (such as "Tea", "Oranges", "Elephants", "Trees") because they did not understand English at all. In 1887, the Education Office sent an Englishwoman here, a Margaret Marriott. Her stay was brief, poor thing, and Miss Jane Williams from Van took over from her. The children learnt Welsh songs with her. The school received high praise in 1889, with a grant of £36 to prove it. (We must remember that schools were financed according to results at that time).

There were many changes of teachers after 1891. In 1905, the results were not good and there was a threat of losing the grant. The children were "very Welshy". They were expected to learn English grammar when they did not know, in writing, the grammatical elements of their own language. 20 on the register.

Another Englishwoman arrives in 1899, but only for a short while. She found that Standard Two had forgotten everything! They couldn't add up or take away, and spoke Welsh "deliberately because she did not understand"!

1900
Schools Inspector Report: "A new schoolmistress here, Frances A. Hughes. The school had three different teachers during the year and suffered owing to being closed in between times. Under the circumstances the educational situation is all right, and the same grant as last year's is recommended. The new teacher is working very hard, "vigorously and intelligently". It would be good to have a Monitor to help her. A larger stove would be very acceptable. There are 36 on the register".

Education

Miss Sarah James came to be Headmistress here in 1906 (having previously taught at Dylife School) and she remained for 43 years, but there is a gap in the notes until:

1919
A tea was arranged in the school to welcome the soldiers back from the war... Nurse Price treating "scabies"... 16 having teeth out in the summer... and the school photograph being taken in the autumn.

1920
Two days of holidays to celebrate the centenary of the chapel.

1921
A concert to get a piano. (There is a colourful reference to Miss James and the piano in Elwyn yr Hendre's book, *Newid Ddaeth*, and her command as she thumped the instrument and stamped her foot, "Shout it out!" Presumably, plenty of noise meant good singing).

1923
A picnic near Ffrwd Fawr (dangerous in today's terms!)

1924
A concert to get a gramophone – the musical ambition continuing.

1926
The school closed – a teachers' conference on the Welsh language in Aberystwyth (showing the new trend in education).

March 31
The headmistress and the children give Miss Dora Jones, a support teacher, a silver teapot and a fruit bowl as a wedding present.
Miss James goes to a conference on sewing (the age of sewing samples and samplers had ended, also the time when Miss James would give her brother's underpants to the older ones to repair! Laura Jones, Pennant Isaf remembered doing that, but praised Miss James for teaching her how to renew stocking feet, a very useful skill when everybody wore knitted stockings.)
 Annie Williams, Cilcwm is made a pupil-teacher. Her mother had been a teacher here before.

1927
School trip to Barmouth in a char-à-banc through Corris, Talyllyn and Dolgellau, and back through Dinas Mawddwy. That was some day out for the children of Pennant. It would have been the first time for many of them to see the sea, almost certainly. The children had made 22 items of clothing for the Hospital Fair, and the boys had made "rustic pots".

1928
One of the school's boys to receive one pint of milk a day from the "Guardians of the Machynlleth District" because he suffered from malnutrition.
    A concert to get a radio set.
    Miss Williams goes to the Bangor Normal College. Receives a silver fruit bowl.
    A supply of Horlicks arrives.

1930
A.A. Conroy, Chairman of the Governors, dies in London. Buddug yr Hendre, Sybil yr Efail and Douglas Minffordd go to the Secondary school; Buddug only ten years old but came second from top in the whole county in the entrance exams.

1933 February
The school closes. The worst snow-storm in Miss James's 28 years' career. The school full of snow.
Mr E. Stable donates a book on wild flowers after a visit.

1934
The Revd and Mrs T.W. Thomas donate a stuffed seal, which had come from Captain Williams, Liverpool.

1935 May
A day's holiday. Silver Jubilee of the royal family. Tea provided by Mrs A.C. Williams, Cilcwm, medals and pencils from the governors, fruit from the staff.
    Celebrating the bicentenary of Methodism in Bont. School closes early.

October

A very nasty accident in the school. A spike from the railings went through the thigh of 11 year-old Lyn Rees, Gellidywyll. Nurse Price and Dr Davies summoned. Taken home by pony. Off school for nine weeks. It appears that the accident had happened when the boys leaned a plank up against the railings with the object of running to the top and jumping over! Fun and games ending in tears. It seems that the situation was too grave for punishment to be considered. But punishment was something the boys knew well about. One thing miscreants hated was being made to stand in the corner for ages with their faces to the wall; another was to be sent out into the pitch dark porch for a while and get the cane quite severely at the same time. Miss James, apparently, was especially harsh in her earlier years, extremely heavy-handed with badly behaved boys, and she had quite a temper – the large blue eyes and the long, swishing hair capable of arousing considerable fear. There was often talk of her throwing the fire-tongs from one end of the room to the other, often landing on its point between the planks. Another punishment – but quite agreeable, according to those who can still remember it – was to be made to sit on the window sill with a "D" cap, signifying Dunce, on your head. Contrary to the intention, it was pleasant sitting and watching the interesting activities taking place in the blacksmith's yard! Yet another punishment for boys was to be sent walking over the Cwm footbridge to Pentre Felin, past Efail Fach and back to the school carrying a rag doll. Many a doll was said to return in an enfeebled condition, having lost the peas or rice from its belly along the road… But, according to others, Miss James had a heart of gold despite everything, ensuring that children did not have to sit in wet clothes, and showing great concern for children who were experiencing any difficulty or loss.

December 8

Christmas concert. Cups donated by David James, Pontrhydfendigaid and London given to the children who sang in the choir in the Machynlleth National Eisteddfod, namely Mary and MyfanwyEvans, Trannon, Janet Hughes, Cawg, Eluned and Huw Tudor, Efail Fach, Hilda Newell, Mill Cottage, Emyr Thomas Llwynglas, Elwyn Davies, Hendre and Tegryd Lewis, Tŷ Mawr. "Santa Claus" distributed the cups. (This is the first mention of Father Christmas in the school notes).

1938

The Revd T.W. Thomas's Report on behalf of the governors: "I visited the school today and found the children attentive and alert and most happy. The atmosphere of school life is simply delightful". Miss James was a big chapel woman and allocated a prominent place in the school to studying the Bible and *Rhodd Mam*. Could this have had something to do with Mr Thomas's feelings? But then, what follows speaks volumes: Pennant School is equal first for the year's attendance.

October
Miss Hanmer sends a bagatelle table and a box of games. (Could this have been the start of Miss James's love affair with the game of ludo? She was a fanatic and played with the children at every opportunity, always on the yellow.)

1939
A visit to a book exhibition at the secondary school in Machynlleth. A guided tour of the new building by the headmaster, Haddon Roberts. Very enjoyable.

May 4
The school attends a garden fete at Llwyn Owen. Given a souvenir and tea. Singing and games in the hall.

July 25
Nurse Price's last visit. She has visited every month for many years. (probably since 1919)

October
Home early. Anti-gas class for teachers in the Village Hall (war).

1940 October 24
Celebrating the centenary of Sankey's birth (Moody's collaborator). Concert in the school and an address by the headmistress. A collection for missionaries oversees.

December
The start of National Savings cards in the school. Miss Hanmer donates ten shillings and Miss James four shillings, to provide sixpenny stamps on the children's cards.

1941

The children enjoy Myfanwy Howell's lessons on the radio (which had been provided by the Education Authority). 10 pairs of gloves knitted for the soldiers. Three prizes for Pennant in the under-10 section in the Sunday Schools Festival (Miss James's long drawn out first lesson of the day bearing fruit, even though it was not on the official curriculum!) Tegryd y Plas and Elwyn yr Hendre leave school, aged 14.

1942

12 on the register.

May

More success at the Sunday Schools Festival.

October

Sent 20 pounds of rose hips to Llwyn Owen. Received a boxful of apples in return.

December 14

The Revd T.W. Thomas in his seventh heaven in Miss James's company: " I called at the school this morning as usual and enjoyed every minute of my visit, The children were so happy and sweet and respond so quickly to whatever approach I try to their little heads. They really and truly love their Headmistress and admire her". Of course, he was Miss James's minister, at Bont and Pennant, and knew about the priority given to Scripture at the school.)

December 1

There are 14 on the books. This is the Report of the famous Inspector, Miss Cassie Davies, as she wrote it:

"Pleasantly situated, low numbers, good impression of teacher influence. This present group not capable of producing the interesting work as in the past. Effort is made to give them understanding of cultural heritage and encouraged to carry school interests home. Teacher tries to foster individual talent, e.g. poetry writing. She writes herself. More up-to-date reading books needed and more Welsh books. No provision for mid-day meal except hot drink in winter. Bring own milk. Very old one room school built 1842. There are 2 open fireplaces. Floorboards worn. Playground part shale and grass. Offices are of the pail type and in satisfactory condition."

1943 September
Over 30 pounds of rose hips collected.

October 5
The 'Collect Books and Paper' campaign (war time). 975 books and an enormous sack of paper collected by: Lynfa, Awena, Jean, Donald, May, Eirian, Goronwy, Alun and Anneura. (One asks where on earth did so many books come from?)

October 19
Certificate of Honour for the school for its effort towards War Savings.

October 26
9 pairs of Wellingtons received from Red Cross America for those having to walk more than two miles to school. Parents send £2.5d to the Red Cross.

1944
Toys for the school from Red Cross America.

1945 May 8
V.E. Day. A service and holidays.

May 14
Work on the canteen starts. Dust! Close for the day… lessons in the vestry afterwards.

May 18
A party by Miss Hanmer to celebrate Peace.

July 18
The canteen finished. Miss Eirlys Jones, Sawmills to start as the cook

September 17
Opening of the canteen celebrated with a special dinner of beef, vegetables, jam tart and custard.

October 2
Weighing the children. Found that they had increased by about two or three pounds since the opening of the canteen. Christmas party by Miss Hanmer. 2 gifts for everyone and sweets. Savings stamps from Miss James.

Education

1946
There are 17 on the register.
Christmas party by Miss Hanmer, who is High Sheriff of the County this year.

1947
Miss James's retirement this year. Has been here since 1906. She was asked to stay until the summer. There are 11 children on the register.

May 24
A great sadness is recorded at the terribly sudden death of the young cook, Eirlys Jones, at Machynlleth Hospital. She was there for one day. "She always had a smile".

July 17
Representative of the Education Director comes to see about closing the school at the end of the term. The caretaker and the cook given notice of the termination of their contracts.

July 25
Farewell tea party for Miss James – and the school – by Mrs G. Lloyd Lewis and Mrs L.C. Jones. Present: Miss James, parents, Lady Hanmer, Miss Hanmer, Lady Stable. Very wet day. Singing in the school. Evening meeting – presenting a posy of sweet peas to Miss James (no mention of any other gift). Oranges for the children from Mrs Dora Thomas who was a pupil and teacher here.

September 9
Miss Ceridwen Lloyd opens the school! In charge temporarily.

September 22
Mrs L. Williams begins as headmistress. 99% attendance throughout the month.

1948 March 5
The Log Book written in Welsh for the first time: "The school celebrated St David's Day by singing Welsh tunes, reciting, telling stories and giving the history of our nation's famous people, and writing about them."

July
School trip to see the old lead mines and the church in Dylife. Picnic and oranges.

September 3
Miss James dies, aged 65. She was at the school for 43 years. Written on the permanent wreath from the school was an *englyn* by the headmistress, Mrs L.A. Williams.

The schoolchildren recited the 23rd psalm together at her funeral in Bont

October 8
50 lbs of rose hips were collected – it must have been a good year for the flowers.

December
"Scabies" in the school.

1949 July
Report on the building: "Premises built in 1842. The building has served its term and has been placed in Category C in the Authority's Development Plan. The roof leaks, the interior walls are discoloured and the floorboards badly worn. Ventilation poor, general atmosphere thoroughly depressing. The playground is rough and the offices are of the primitive type". (But probably the children there at the time would not have noticed.)

September 1950
10 children on the register.

1951 June
Wilfred Waters receives two slaps on the hand for escaping into the hay field (to Elwyn at Hendre!) instead of coming to school.

1953 September
Experimenting with Horlicks tablets instead of milk.

1955 Christmas
Tenants and friends present Miss Hanmer with a shooting stick on her departure from the area – the oldest tenant doing the presentation.

Education

1956 September 4
The term begins with 8 children.

October 31
Arwyn Jones absent for a while because of the state of Ceulan road (the Forestry Commission carrying felled trees).

October 30
"A General Meeting was held at the school on Wednesday evening in the presence of Mr T. Glynne Davies, M.A., Director of Education, Sir George Hamer, and the Revd David James, Newtown, with a view to closing the school as there were only 8 pupils here. The parents, the governors and the parishioners were unanimous in favour of trying to keep the school open. A large crowd came to the meeting."

1957 February 1 – June 12
The headmistress absent through illness. Mrs R. Lloyd Jones takes over temporarily.

September 3
"In accordance with the Office's directive, I, L.A. Williams, am to meet the children at Pennant School and bring them down to Bont School, because Pennant School is to be closed. The parents were with the children, and refused to come. I have informed the Office."

Between September 5 and October 8, the children gradually and little by little went down to Bont School.

To quote the Log Book again: "I, L.A. Williams, communicated with the Office on October 8, and following the Director of Education's directive, Stanley Jones went to move the papers, books, desks, cupboards etc to Bont on the 10th. Pennant School will be treated as a unit until further instructions."

October 29
Ysgol Pennant was officially closed by the Ministry of Education (Wales). The document was signed by M. Cohen.

USE MADE OF THE SCHOOL
The school was used in the evenings for many activities. The costs of hiring were: 1931 5/-, 1949 6/6, 1951 10/-; and here are some examples

Education

of some of the meetings: 1942 Annual Social, Red Cross Committee, Fox hounds Whist Drive; 1944 Wedding; 1945 Welcome Home from the War Social. 1947 Tories' meeting – Owen Stable, Choir supper; 1957 Meeting for tenants of the estate.

The school building has long since been converted into a house, combined with the Smithy house next door.

PUPILS' REUNION
In 1992, Eldrydd, Eirian and John Plas Pennant hatched the idea of holding a reunion of past pupils of Pennant School, and a committee was formed chaired by Elwyn yr Hendre. Following research into old registers and among the general populace, over a hundred with friends came together to the event which was held in August in the Community Centre. They were there to reminisce, to renew old friendships and to appreciate the contribution the school had made to the Pennant community for over a century. The two oldest pupils present, both well in their nineties, were Mrs Alice John (formerly of Tŷ Isaf) and Mrs Marjorie Foulkes (formerly of Tŷ Capel). A dishcloth depicting the school was produced and a group photograph taken.

7 - CHURCH AND CHAPEL

ST. MARY'S CHURCH, LLAN

Quite a large part of Llanbrynmair parish is visible from the knoll on which Llan Church stands. It was this church on its elevated site that gave the parish its name, Bryn Mair; and in days gone by all paths led to it. It was the focal point; indeed, it is said that long before there were proper roads, there was a paved road all the way from Plas Rhiwsaeson to Llan Church, so that the gentry could come to worship unhindered. This may very well be true because long ago there were strong links between the landowners and the church, with their dedicated enclosed pews, and the vicar cowtowing in his eagerness to please them – and to be fair, at that time his livelihood depended on their support, and, of course, on parish tithe payments. The ordinary folk used to run off to play ballgames in the churchyard after the service – at least, that is what is said. But be that as it may, churches have always had a special dignity, and that is how it was in Llanbrynmair, with a warm place for Llan Church in the people's hearts. It is likely that its name was changed from St Cadfan to St Mary sometime after the Normans came to Wales in the thirteenth century. Yes, the old church lived through all the changes, and today things are again very different from what they were at the beginning of the twentieth century. Today there are only about ten regular worshippers, and most of them are English in both language and culture, but they fight hard to keep the church going.

The church can trace its roots back to the sixth century, to 560 A.D., when St Cadfan, a Celtic missionary, came over from Normandy and established a Christian cell here. The story goes that he started building that original church near Dolgadfan, but a voice warned him, "Gad y fan!" (Leave the place), and what was built during the day was demolished in the night. The building work then moved to the piece of raised ground where the present church stands... but eight centuries went by before the church we see today was built, and during those centuries, there would almost certainly have been a succession of different buildings, but always on the same site. The present church was erected in the fourteenth century, and elements of the original nave are still here; it stands in the middle of its oval churchyard embellished with yew trees. This churchyard was the only burial place in the parish until the Nonconformist chapels succeeded in getting their own cemeteries. Among the famous people of the area buried here are Richard Tibbott, John Roberts (J.R.), Gwilym Cyfeiliog, Richard Hughes, Iorwerth Hughes, "Gladstone", Nathaniel Rowland, Gwilym Williams ("Gwilym Llan").

In 1962, the church was registered as a Listed Building Grade 2, because of its age and because there were original features to be seen, such as oak beams and pillars: the four pillars that support the tower are made from one great oak; and one central pillar, over a meter wide, evidently supports much of the church's structure. The chancel and the nave with the vestry and the storehouse at one end are all in one; the porch and the transept chapel (or the "north transept" as it is officially described) were added later, at the beginning of the seventeenth century. It was in this part that the day school was held in the old days. This was a Charity School funded by a legacy left by Morgan Lloyd in 1702, and which paid £12.17s a year for a schoolmaster to teach the 'three Rs' to the children of the poor. In 1856 a schoolroom was built opposite the church, and by 1882 the Catherine Jones (of Llandinam) Charity was paying a further sum of £44.10s towards the master's wages in that school, which by then was called the "National School". The bell-tower was built at about the same time as the transept, a wooden bell-tower containing three bells with the date 1665 on one of them and the inscription "Prosperity to this parish".

In the mid-nineteenth century some restoration work was carried out inside the church: the partition separating the transept from the nave was removed, as there was now no call for a school room; the choir gallery at the back of the church was also removed, and some new windows and a new door were fitted. A piece of glass dating from the Middle Ages still survives in one of the windows in the transept. There is also some very old furniture in the church: the altar table with its stretchers close to the ground dates from sixteenth century, and the font even earlier, possibly from the thirteenth century, and brought from the older church at Dolgadfan. Outside, there is a sundial with a brass plate inscribed with "Samuel Roberts of Llanvair 1754", its distinctiveness being that it

Church and Chapel

denotes the geographical latitude of the spot where it stands.

Llan Church, the parish church, has been a strong and influential institution throughout the centuries. It belonged to the diocese of St Asaph until about 1850, when it was transferred to the diocese of Bangor. It has seen enormous change, especially during the twentieth century. Whereas in 1756, 60 of the area's farms had their own pews in the church, by the end of the twentieth century there were only 23 members, with only about 10 actually attending. The rector who bridged the nineteenth and the twentieth centuries was the Revd D.O. Morgan. In 1916 the Revd Gwilym Rees was here; in 1929-1938 Revd. Llewelyn Jerman, and then, the Revd George Dean during the Second World War and until 1954; the Revd Erasmus Jones until 1958, and the Revd Owen Morgan until 1963. The Rectory was sold soon after that. In 1986 Gwynn ap Gwilym, of Machynlleth, and Rector of Mallwyd and Darowen, was given care of the parish, and during his time here he won the chair at the 1986 Fishguard National Eisteddfod, on the subject, "Cwmwl" (A Cloud). The *Western Mail* disclosed the secret beforehand – an unforgivable act – but that did not detract anything from the poet's achievement. He left in 2002.

Towards the end of the 1920s, the Sunday School had restarted in the schoolroom opposite the church, with over 20 children aged between four and 15 attending regularly. Then, in the winter of 1981/82, a storm with terrible snowdrifts did enormous damage to the schoolroom, more than the church could afford to repair. For some time afterwards, the Sunday School was held in the old rectory, Hafod y Llan, which by then had become a private house, the home of Terence and Glenys Lambert. Glenys and Mrs Marlis Jones ran the Sunday School for a while. It then moved to the north transept of the church, which was closed off once again from the nave to create a separate room. From the middle of the 1980s, Marlis did the work on her own, but during the early 1990s the number of children dwindled as they grew older or moved away, and the Sunday School, which at that time was entirely in Welsh, came to an end.

The members today do a lot of voluntary work to raise money towards the church's running costs; for example, Tom Allday sells £1000's worth of firewood every year and also delivers it to people's homes. In 1993, the building firm, Evans and Owen, Caersws, carried out a substantial amount of restoration work on the tower at a cost of £26,000. Grants were received towards this from CADW, and from several Charities, and money was raised locally: £2000 on one single day, which had been designated as a Gift Day. In 1995, a new floor costing £9,306 was laid around the altar, the money again being a Charitable Donation. While carrying out this work, an earthenware pot containing several bones was discovered, and these were re-buried under the altar.

In the year 2000:
Rector: The Revd Gwynn ap Gwilym
Lay Readers: Mr Tom Allday and Mrs Marlis Jones
Membership: 23. Attendance: About 10

Present Services: Bilingual Morning Service every Sunday. Communion on the fourth Sunday of the month. Thanksgiving and Christmas Eve Services are also held, both of which are very popular and attract a congregation from the chapels. The Revd. Roland Barnes, Mawddwy officiates.

The Church bell is always rung at midnight on New Year's Eve to welcome the New Year.

LLAN CHURCH SCHOOLROOM
The Schoolroom, with a house attached for the master, was built in 1856 at a cost of £400, for the purpose of teaching adults, workers' children, and the children of any other poor people in Llanbrynmair. Its days as a school came to an end in 1892, and thereafter the Schoolroom was used to hold parish meetings and functions. A John Lewis was living in the house in 1902 at a rent of £13.10s a year, and in 1926 Mr and Mrs John Jones and their sons – Ifor lived there on his own afterwards. We shall let JUDY ALLDAY, one of Llan Church's most loyal members, continue the story:

"During the century the Schoolroom was extensively used. There was an upper ward and a lower ward within the Parish Council, and accordingly the Council met in the Schoolroom and in the Gwaelod (Wynnstay village) alternately. The Order of St John held First Aid classes here during the 1940s and 1950s and Dr Llewelyn ap Ifan Davies used to come and test the members' knowledge. During the Second World War and afterwards, the Mothers' Union used to meet here, and also the Young Farmers' Club. This was the Headquarters of the Home Guard under their captain, the Revd George Dean. On one occasion, the platoon ran out for their lives on hearing an enormous bang, believing that a bomb had landed – but a piece of the ceiling had fallen down! This is also where the local chorus used to rehearse for the County Musical Festival. The Vestry Minutes for 1938 state that 1/6d was insufficient to pay for the heating and lighting paraffin, and it would have to be raised to 2/- from then on. Immediately after the War, the Government's Central Office of Information took films around the country, not to share out the romance of cowboys but issue constructive information. There was no electricity here, but they used to park a van equipped with a generator on the road and run a cable through the window to the projectionist.

"New Year's Eve (Watch Night) was surely the highpoint of the year, when a concert with refreshments was held, and then everyone would go across the road to the old church on the hill, lit up ready for holding a *plygain* service at midnight. It was customary in many homes to make treacle toffee before going to the *plygain*. From their elevated position at the heart of the parish, the church's bells resounded throughout the area to welcome the New Year. During very cold weather, church services were held in the Schoolroom, as well as church vestry meetings and the Sunday school. This is also where funeral teas were held, prepared by Siop y Llan, and meetings connected with the organisation of the church. Once, there was also a branch of Urdd Gobaith Cymru here.

"The Basket Whist Drive was very popular in Llan, each table being responsible for its own food, and competing with each other for the best basket of delicacies! It is said that local lads used to sneak into the porch where the food tins were kept, and took great delight in changing the contents of the tins around, a joke that the hungry players would not have appreciated, but there's no doubt about it that they always succeeded in feeding 'the five thousand'. One suspects that it was something of a Babel's Tower there too, because the Master of Ceremonies used a bell as well as calling "All change".

In the 1960s the doctor's surgery moved here at a rent of 5/- a week. Bernard Davies who lived nearby at Siop y Llan says: "Before then, the surgery was held in a wooden shed divided into two, the other part being Bili Lewis, the shoemaker's, workshop. There were two rows of large bottles in the shed containing different coloured medicines – a different colour for every ailment, perhaps! You had to stand by the gable end of Rock Terrace in all weathers and catch your death of cold, while waiting your turn to see the doctor! Dr Davies came up on Tuesday and Friday afternoons. There was a tap outside and a jug. The doctor would pour some of the coloured liquid into a small bottle and fill it with water – and he did this as he saw you coming if he knew you pretty well. After he retired and Dr Jones succeeded him, the surgery moved to the Schoolroom where you could keep warm by the fire, which was a bit better than shivering by Rock Terrace".

Here's Judy again: "The Sunday School restarted at the end of the 1970s and was held in the Schoolroom, but following a big snow storm in 1982, it became obvious that repairing and modernising the place could not be delayed any longer. An official inspection concluded that £10,000 needed to be spent on the building to bring it up to an acceptable standard and another £10,000 on the house, which by then was empty. With great sadness, it was decided in a meeting of the Parochial Church Council in September 1982 to get rid of the building and to concentrate the scarce resources on improving the facilities in the church, something that would cost considerably less. It was sold as a dwelling house to the current owners who have merged the house and the Schoolroom together as one home".

ST. JOHN'S CHURCH

As is generally known, the population of Llanbrynmair grew substantially during the nineteenth century, a factor that combined with an upsurge of Methodism and Independence in the area to create a general thirst for the Word of God. This religious fervour was reflected in the Anglican Church as well, and by 1850 the capacity of the Parish Church at Llan was felt to be inadequate. A new church was built at Dylife because of the expansion of lead mining in that area; and down in the bottom of the

Church and Chapel

parish, there were other exciting developments afoot: the railway station was being built, which attracted more people to the area and centralised business interests around the Wynnstay. Accordingly, there was a need for a new church here too.

Sir Watkin donated a plot of land near Siop-y-bryn (The Emporium). The main structure was built from dressed Talerddig stone, as used in the new station buildings and the railway bridges, and stone for the window lintels was quarried from near Cefn. With a seating capacity of 230, the new church, dedicated to St John the Baptist, opened officially on 15 September 1868, the whole project having cost £1000, £200 of which was donated by Sir Watkin and the remainder raised by public appeal organised by the parish Rector, the Revd J.W. Kirkham.

Membership remained fairly constant until the early 1930s, although by then attendance at services had weakened considerably. A brief glance at Alun Owen's book, *A Montgomeryshire Youth*, (pp.101-106) shows the love and respect felt by the congregation for their "plain but handsome" little church, and their loyalty to it, even though their numbers rarely reached double figures, except at special services such as Thanksgiving and Easter. Painting an affectionate picture of the time he attended St John's in the 1940s-50s, Mr Owen pays special tribute to Mrs Duckett Winllan, the Verger, Mr Rowland Evans (coal-merchant), the organist, and the Rector, the Revd. George Dean, who Sunday after Sunday preached to his "two or three" as if to two or three hundred. On Sunday 13 July 1952, his exceptional gifts were given a wider audience, when the B.B.C. broadcast *Oedfa'r Bore* from St Mary's Parish Church, Llan. Soon afterwards, he moved to become the Rector of Penrhyndeudraeth.

By 1968, not even "two or three" were gathering together at St John's, and the building had to be closed. After a further ten years of neglect and vandalism, the structure became unsafe, and owing to the exorbitant costs of repairs, in 1979 it was decided to demolish it and sell the site to a private contractor to build a bungalow – symbolic of the age we live in, perhaps? Be that as it may, Wynnstay village lost an architectural gem.

YR HEN GAPEL

It is difficult to consider Hen Gapel exclusively in terms of the twentieth century, because its history extends back two centuries before that. It was one of the first Independent churches to be established in Wales. A congregation of Independents already existed in Llanbrynmair before 1739, when Hen Gapel was built. It became famous throughout Wales after that, mainly because of the remarkable and brilliant ministers attracted to serve here, and for the orderliness and zeal of the congregation drawn here from all corners of the large parish.

The cause began in a barn at Tŷ Mawr farm, in 1675, although the Revd Walter Cradoc had a small congregation in Llanbrynmair about the year 1635. The faithful band of worshippers met at Tŷ Mawr for 64 years. In 1734, a South Walian by the name of Lewis Rees came here straight from college to lead them, and it was he who inspired the congregation to set about building a chapel. He was also responsible for starting the Methodist cause in the area, by inviting his friend, Hywel Harris, to preach in Llanbrynmair – but more about that in another chapter.

Richard Tibbott, who was born in Llanbrynmair in 1719, followed Lewis Rees as minister. In the early years, there was considerable cooperation here between the various nonconformist denominations, and Richard Tibbott had been a Methodist minister for 25 years before being ordained minister at Hen Gapel, where he stayed until his death in 1798. He was born one of 14 children on a poor enough small holding called Hafod-y-bant above Hendre on the slopes of Newydd Fynyddog. Not a single stone of the old cottage remains today, but it was a beautiful spot on which to erect a summer dwelling. Tibbott was an inveterate walker, which was just as well, because his services as a preacher were always in great demand throughout Wales.

Surely, everyone will have heard about the family of the Revd John Roberts, who had the distinction of serving Hen Gapel next, he and his three sons, George, Samuel and John. The most illustrious was Samuel Roberts, "S.R.". Their home was Diosg farm, at the foot of Newydd Fynyddog, directly opposite Hen Gapel, and like most other farms in the parish, rented from the Sir Watkin Williams Wynn estate. One of the main reasons this family became famous, apart from the church's

Church and Chapel

expansion during their ministries, was their severe condemnation of the unprincipled and ruthless manner in which the landlords of the period treated their tenants, raising the rents and threatening to evict anyone who did not comply with their terms, terms which required returning them to Parliament as well as filling their pockets.

One of the most eloquent on the matter was "S.R.", as he was known in Wales and America. Born in 1800 and steeped in Independence through his father's church, the two great themes of his mission on earth were freedom of the individual and international peace. He followed his father as a minister and schoolteacher at Hen Gapel, and these were his words, "Perhaps the greatest benefit a man can bring to his country and to the world – the greatest service he can render to his own generation, and to future generations, would be to consecrate his talent and influence to support the principles of peace". The message of the "three brothers" from the pulpit at Hen Gapel was that war was barbaric. Through his preaching and his writing, "S.R." infuriated many swaggering leaders of the Victorian age. "S.R." left Hen Gapel in 1857, and went to the United States in search of territory that would offer greater opportunity in life and freedom for the individual. He sailed from Liverpool on the *Francesca* together with 150 other emigrants, many of them from Llanbrynmair and the vicinity (John Davies Dôlgoch has a written record of the voyage in his possession). According to George Peate (1869-1938), an elder who was prominent in the activities of the chapel and the community, "S.R. left behind in Llanbrynmair a peasantry that was gentle yet strong, uneducated yet cultured – an adornment for Christ's church".

In 1861, David Rowlands, B.A. (Dewi Môn) arrived as minister, and in readiness for his induction the pulpit and the gallery were renovated and ornate iron railings were erected around the chapel, at the cost of £300. A graveyard had already been established in front of the chapel. Mainly through the efforts of the famous member, Richard Davies, "Mynyddog", a harmonium was bought. Then, all the seating was renovated under the ministry of Dr Owen Evans who was here from 1867 to 1881. The Revd Stanley Davies followed him from 1881 to 1896, who, by all reports, belied his weak constitution with seductive and powerful sermons. On the white marble memorial to him in

Newport there is mention of his close links with Llanbrynmair. During his ministry here, the manse, Bron Iaen, was built at the cost of £550 on land – yes, indeed – given by Sir Watkin! The minister himself raised £110 from outside sources, and the members contributed the remainder. So, here was a prosperous chapel and an attractive minister's house in place ready to face the twentieth century with confidence. That was the endowment handed over to the new century, as well as the schoolrooms, of course. During the 1840s, because of the scattered nature of the population, six schoolrooms were erected, in Pandy Rhiwsaeson, Bont, Tafolwern, Aber, Talerddig, and farthest of all, Cwm Clegyrnant. There was one already in Dôl-fach, above the Chapel House. The minister preached once or twice a month in each schoolroom, while the Sunday School, the prayer meetings and the hymn singing meetings were the responsibility of each local community, whose loyalty to its schoolroom was proverbial. Indeed, they were so successful that some Hen Gapel ministers complained that the schoolrooms robbed them of their congregation.

This could hardly have been the case, however, because one of the great traditions of Hen Gapel was the ten o'clock sermon on Sunday morning. The institution has lasted without a break right up to the present day, albeit in a weak state–scarcely 20 today on an ordinary Sunday compared with the glory days when families flooded in from all directions on a Sunday morning, most of them on foot, others in a pony and trap or 'tub', the harness gleaming, and the ladies' bonnets by degrees becoming hats, and the shawls fox furs, as the fashion changed! There is a stable for about ten ponies there still (which housed the electric generator later). There was also a stable for two at Brynderwen at the bottom of the hill to cater for the Talerddig families, namely, Clawddachoed, Ystrad Fawr, and 'Rallt. There was – and still is – one difficulty, the need to cross the railway to get to the chapel (the railway was opened in 1865), but even until 1956 the tenant at Tŷ Lein was responsible for opening and closing the gate. Today, watchmen in booths do the work, ever since the fatal accident on the level crossing at the old Llanbrynmair station in the year 2000, when a train collided with a car carrying a couple from Ohio on a visit to the area in search of their family roots, when Mrs Kathleen Yetman was tragically killed. The railway company have plans for a new road and a bridge over the track that would transform the surroundings of Hen Gapel; it is a complicated scheme, which has provoked local controversy. Time will tell whether it will improve or exacerbate matters – if it ever happens. But be that as it may, the road will carry on, as always, past the chapel, beneath the oak trees and past Cwmcarnedd Isaf up to Cwmcarnedd Uchaf. From there on, a path may be struck over the mountain towards Cwm Nant-yr-eira. That was the path the Pentrelludw children took to go to school – their story is told in another chapter.

Though considerable romance was lost, things improved, no doubt, when family cars began appearing in Llanbrynmair from the 1930s onwards, bought at Dôlgoch Garage or Llysun. The road leading up to Hen Gapel involves a steep climb, which can tax many a pair of lungs just as much as an old Austin, but an asset if the battery is a little flat before the homeward journey. It certainly taxed the dire rheumatism of the old and loyal elder, John Rees, Dôl-lydan, who unfailingly wended his way there, though utterly dependent on his two sticks. Today, he would have an electric wheelchair to carry him. The members' loyalty to being present inside the stone and mortar walls of Hen Gapel was an important part of their worship, uniting them, and a way of saying "Here we stand. When the ten o'clock sermon ceases to be, the Iaen will cease to flow!". The *te c'ligeth*, the funeral tea, is still prepared in the schoolroom above the Chapel House, reached by means of a flight of external stone steps. A crowd always stays for the tea, because the right and proper custom of paying one's last respects still persists strongly in this area. The same benches and tables have been here from time immemorial, but kitchen equipment has now been installed to ease the chapel ladies' work, who are always willing with their service, one of them being responsible for ordering the food – in latter years, Mrs Freda Morgan, Caetwpa. £50,000 was spent during the 1990s on the floor and the roof of the schoolroom and on renovating the Chapel House.

Hen Gapel used to have a wooden, two-wheeled, horse-drawn hearse, with shafts. It was bought in Pontypool in Gwent. John Davies, an elder and the area's blacksmith, went to see it and bought it, said a former elder, Eric Evans, who died, aged 94, in 2002. This took place when he was in Pen-ddôl School. This is what he said: "Originally, it was designed for two horses, but it was later adapted for one horse. Since Hen Gapel was situated on a slope with quite a steep climb from the main road, the hearse had to be handled with extreme care. It was essential for two men to be behind it at all times, because the horse stopped frequently on the hill and the wheels had to be scotched. Dr Iorwerth Peate was the Curator of St. Fagan's when it came to the end of its life, and he had been eyeing it for many years. He came to bargain with the Secretary, Hugh Ellis Francis, Ceinfan, with a view to having it as a relic for the museum.

'How much will you give for it?' he was asked.

"Well, I wasn't going to offer anything…"

The seller wasn't in the mood to give in easily, but after some bargaining it was procured finally for two pounds, and today it is in St. Fagan's.

Eric gave some of the chapel's history. He had been born in 1909 in the house called Dôl-fach in the village of that name where he lived throughout his life. The happiest times, he said, were those years after he had left school and started taking an interest in the life of the chapel along with a crowd of young people. That speaks volumes for the enthusiasm that was here in the 1920s which drew the young people in droves. You would get 250 in the congregation on a Sunday then, more in the evening service, a more convenient time for farmers. The minister took a holiday in August and would be away for another three or four Sundays in the year, when preachers from away would occupy the pulpit – and it's like that today. August services were therefore even more attractive, and the chapel would often be filled to overflowing. Willie Peate, a local stone mason and deacon, was precenter and announcer, apparently having as clear a diction and presentation as anyone in the BBC. Demetrius had been the precenter and J.E Daniels (shop keeper) the organist at the start of the century. It took some persuading for Eric to take over the duties of announcing after such a perfectionist as Willie Peate, but he then kept at it until he went into Cartref Dyfi home for the elderly at the end of the century. He talked of John Lewis, Diosg farm, an elder who had excelled in knowledge of the Bible and a brilliant teacher in the young men's class for many years. He came to Diosg from Ty'ngors, Nant-yr-eira where he had frequented Aber schoolroom. The precentors at Hen Gapel during the second half of the century were Defi Tomi (D.T. Jones), W.E., and Gwyndaf Jones (D.T.'s son).

Hen Gapel's annual Preaching Festival had been an important event

Church and Chapel

in the area's calendar since the early years of the century. A canvas marquee holding over 400 was erected on Dôl Wen, Coedcae for two days in mid-June. Some walked long distances there, others came by train, and the big names of the Independents came to preach. If the weather was poor the sides were kept down, and the flapping canvas threatened to drown the message from the pulpit; or, if it was warm, the sides would be opened and then the sermon could be heard on the Smithy yard, a quarter of a mile away. The preaching was joyful, and the rousing Biblical rhetoric lifted the congregation to the heights of the firmament. "There's a man shouting like hell under the canvas!" said a stranger living at nearby Cefnllys, but little did she know...

At the turn of the century, the church had been without a minister for five years, after the Revd Stanley Davies's departure in 1896, but there was plenty of activity. The schoolrooms were renovated, and a piece of land belonging to Cwmcarnedd Isaf was acquired and arranged as a new graveyard at a cost of £200. The first burial took place in 1899. It is situated on a sunny, south-facing slope, with an avenue leading to it between protective screens of evergreen trees – many of which have been cut down recently. The graveyard is now fairly full, the last resting place of some of the best who trod the paths of the old parish during the century, the mischievous and the godly, the observant, the industrious and the dexterous, all united in their love of their district and its traditions, those things that had shaped and guided them along life's highway.

In 1902, the second Samuel Roberts arrived from Penarth, in the parish of Llanfair Caereinion, to serve as minister until 1920. He was here, therefore, throughout the agonising period of the Great War. During his ministry, the chapel's appearance was modified considerably; the windows were raised, the roof was redesigned, and two new porches were erected over the doors, at a total cost of £300. Iorwerth Peate expressed his loathing of the design! That was no surprise, considering his position as guardian of our nation's folk heritage. This was also the time of the Revival and it did not pass Llanbrynmair by without leaving its mark. In a service on the first Sunday in February 1905, the membership of the church increased by 50. We can only imagine the rejoicing that went on within these walls, walls that today look over too many empty seats, and the repeats of the hymns then over and over, and no one wanting to go home. It was a strange time, the like of which were never seen again, when strong men fell to their knees on the mountain overcome by the urge to pray.

It is rather unusual to see pictorial, stained glass windows in a nonconformist chapel, but who hasn't noticed the two beautiful windows, one on either side of the pulpit, at Hen Gapel? One portrays the Good Shepherd and the other the Light of the World, donated by E.D. Williams of Australia, a native of Talerddig, and by J. Francis, Wallog, Cardiganshire, in 1906 and 1907. But according to Iorwerth Peate in the October 1952 issue of *Y Dysgedydd*, "two hideous windows". About the same time, a gift of photographs of former Hen Gapel ministers and one of Tŷ Mawr were received and hung in the vestry; and that is where they were until recently, when they were re-framed and moved into the chapel – hopefully, to inspire the present and future generations. New communion vessels cost £20 in 1920.

In 1925, the Revd Richard Gruffydd Owen, B.A., a native from Llanuwchlyn, was invited to serve as minister. Being young, energetic and naturally sociable, he delighted in people's company; but he left in 1931, making room for someone who would fill the position for 26 years, namely, the Revd Robert Evans, B.A., a native of Ganllwyd. The Great War interrupted his plans to follow a university degree course, and being a conscientious objector, he joined the Medical Corps, where he became more and more convinced that every kind of military action contravened the spirit of the Gospel. After the war, he went from Bala-Bangor College to be a minister at Capel Newydd, in Hendy, Pontarddulais where he served for nine years before coming to Llanbrynmair. He was a great believer in education and of holding Guild classes for adults, and many remember him for the emphasis he placed on training the young. Whilst his sweet-natured wife, Mrs Ada Evans, threw herself into the work of the Sunday School, he was the wandering prophet of the Band of Hope, visiting the various schoolrooms on his bike in all weathers, because, as the Editor wrote in her crown-winning essay at the 1958 Urdd Eisteddfod, "He dared not disappoint the children, who half worshipped him". In 1953, he had four successful Band of Hope groups, and during his last year, 1957, it is reported that he held classes in four different schoolrooms to discuss "The World's Problems". That year he died, in harness, and was laid to rest in

Llanelltyd cemetery.

Robert Evans was the minister during World War Two, a very difficult period that followed the hard times of the 1920s and 1930s, and when young men and women from the countryside were once again called upon to throw themselves into an utterly alien world and one that was incompatible with their nature. The national feeling once again as always was to conform and generally to support the war because people were urged to do so from all directions. Llanbrynmair was no different from anywhere else, and many joined the armed forces, and Home Guard regiments were formed. Robert Evans continued to preach pacifism, often rowing against the tide, and he appeared as a witness 30 times in tribunal cases, arguing the conscientious objectors' corner. His stand infuriated some people in the community, and within his church, but a few unkind words did not affect his amiable spirit, or his devotion to work. "He rebuked with graciousness," said one of his biographers. After all, he was only following what was known as the "Llanbrynmair tradition", namely, that religion had to do with political and social problems, that independence of spirit is important to the individual, and that international peace is a steadfast aim. During Robert Evans's term of office, Hen Gapel produced three candidates for the ministry, two of them his own sons, Ifan Wynn and Robert Alun. The other was D.Glyn Lewis, "Glyn o Faldwyn", the farm-labourer poet from Cwm Nant-yr-eira, who was minister at Llanwddyn for many years afterwards. R. Alun Evans became a national figure, bringing credit to his native district, and always ready to lend it his support.

Alun was ordained in Seion, Llandysul in 1961. He joined the B.B.C. as a Television Producer in 1964, then, after a long career in radio and television he was appointed Head of the BBC in Bangor, and retired in 1995. He was awarded a Doctorate of the University of Wales, Bangor in 1999 for researching the history of "The beginnings and development of broadcasting in North Wales". He published a number of worthy volumes: *Stand By!* (biography of Sam Jones, BBC, Bangor); *Y Rhuban Glas* (portraits of the winners of one of the chief competitions of the National Eisteddfod); *Bro a Bywyd: Iorwerth Cyfeiliog Peate*; (a study of Dr. Iorwerth Peate and his background); he edited volumes *Rhwng Gŵyl a Gwaith* (BBC Talks)1-8 and *Sglein* 1-4. He is President of the National Eisteddfod Court as well as being one of its platform presenters, and has been a long-serving presenter at the Llangollen International Eisteddfod. In addition to all this, Alun has returned to the ministry, serving the Caerphilly area.

A new era began at Hen Gapel in 1959 with the arrival of Dr Dewi Eurig Davies, M.A., B.D., M.Th., who came here with his talented wife, Emily, from London, where she was making a name for herself on the stage. We know, of course, that her career blossomed even more later on in her life with her appointment as Head of Drama Studies at the University College of Wales, Aberystwyth. But here in Llanbrynmair, while also raising two lively young sons, she invested her creative energy in promoting the successful theatrical efforts of the Aelwyd and the chapel. But if her efforts were crowned with success, her husband too could boast a congregation of 125 at the Sunday morning services, and in the chapel's Report for 1960, he pointed out that 100 attended the Cultural Society meetings in the village Hall. An attempt was also made to move the Band of Hope to the Hall on Saturday mornings, but this experiment failed, supposedly because the Band of Hope was something more suited to be held in the small, home-based community, somewhere to meet friends after school and enjoy the magical mixture of learning and playing, somewhere to come to on foot or on a bike, and not to be ferried there by car on a Saturday morning.

One by one, the schoolrooms closed, first, Aber in 1931, then Cwm, Pandy, Tafolwern, Talerddig, and finally Bont in the early 1990s. The Revd Llewelyn Lloyd, B.A. the minister here from 1966 to 1970 admitted that it was very difficult keeping the schoolrooms going in a time of decline. The end of the 1960s saw an accelerated shrinking of rural congregations throughout Wales. At the end of 1966 Hen Gapel had about 340 members, with less than a third of them regular worshippers, according to the minister's report that year. Between 1971 and 1978, the young Revd Caradog Evans brought fresh energy, especially to the younger members of the church. He received 32 new members in 1972, and 21 young people became full members. He took a keen interest in eisteddfodau, himself specialising in reciting, and naturally during his term the Hen Gapel Eisteddfod flourished. The eisteddfod had celebrated its 30th anniversary in 1959, and it is still held annually in May at the Community Centre. Furthermore, every January a *C'warfod Bach* (a mini eisteddfod) is held, with each of the old schoolroom areas in turn being responsible for arranging it.

Competitions like reading an unpunctuated passage, miming, whistling choirs, solo hymn singing and chapel choirs, all produced locally, ensure that this meeting is very different from the other eisteddfod.

In 1984, another young man, the Revd Dyfrig Rees, B.A., B.D. was appointed minister here straight from college, and was ordained here. He worked tirelessly, in a quiet but brilliant manner, before leaving in 1988; and then in 1989, the Revd Ifan Wynn Evans, Robert Evans's elder son, returned to take up his father's pulpit, bringing cheer to the region with his presence, to sing tenor in the Cyfeiliog and the Hen Gapel choirs, and expand the Fishing Club (we can read more about him in that chapter). His wife, Vera, was also remarkably loyal to the choirs and devoted to the Sunday School. After passing the age of retirement and with a strong attraction for South Wales, where he had ministered before for many years, Wynn exchanged Llanbrynmair for Llangenech. In 1991 Llanerfyl joined the pastorate, and in 2003 Capel Creigfryn, Carno seperated. The present minister at Hen Gapel is the Revd Marc Morgan, who moved here with his wife, Margaret and son Owain in 2001 from near Denbigh where he had served several rural churches.

OFFICERS FOR THE YEAR 2000
Minister: The Revd Ifan Wynn Evans
Elders: Eric Evans, Penri Williams, W.E. Williams, J.M.Davies, Bernard Davies, Dewi Rowlands, Ifor Owen, Hywel Evans, Tom Jones, Margaret Jones.
Secretary: John Morgan
Treasurer: Eleanor Jones
Precentors: W.E. Williams and Gwyndaf Jones
Organists: Eleanor Jones, Nia Williams, Pat Edwards, and John Davies.

MEMBERSHIP DURING THE CENTURY
1900 (357)   1966 (340)
1907 (438)   2000 (240)

Average attendance at Sunday morning service at the end of the century, approximately 20

DYSGEDYDD Y PLANT

What did the Independents' children read during the first half of the century (apart from *Cymru'r Plant*, if they could afford it)? Well, *Dysgedydd y Plant* had a wide circulation, a monthly magazine, which was started in the 1880s, and reached its peak of popularity under the editorship of The Revd E. Curig Davies. About 100 copies were distributed in the area each month (as well as copies of *Y Dysgedydd Mawr* and *Y Tyst* for adults*)*. Its contents were varied, appealing both to children and adults. The Editor was lent a volume of the 1932 numbers, which had been bound together for Mrs Mary Davies (formerly Mary Bebb, Pwllmelyn). She had kept the volume respectfully because it recorded her winning a Crossword that year. There was no prize awarded, but getting one's name in print meant a lot to a child and brought special status!

There was a little of everything in the magazine, but of course with a bias towards topics connected with the chapel. For example, short sermons on a theme, such as, "The water sings as it passes over the roughest stones!" Poetry too, and questions by Siôn Holwr (John, the Questioner), such as, "Does the hen know that the eggs she is sitting on contain chicks?" (Answer: No, she sits by instinct.) "Is Mam right when she says that her ear-rings are good for her eyes?" (Answer: No, this is an old country belief.) It also includes short pieces on nature, and simple science. The Revd G. Humphreys's article, "The Heroes of the Colliery", gives an account of an underground explosion at Gilfach Goch, when men dug their way with picks through 35 yards of hard coal to reach the men. There is also an appeal to the children of Wales to help the children of the Welsh colony in Patagonia, when floods devastated the Chubut Valley. The Missionary Field is mentioned – especially Madagascar – as children from the Band of Hope were very enthusiastic about going round with their cards collecting towards it. The "Literary Classes" are advertised, two hours per week, at half a crown a term.

SOAR

MARGARET JONES of Ystrad Fawr, formerly of Clegyrnant, gives some of the history of Capel Soar where her family used to be members:

Church and Chapel

"Capel Soar, that is, the Wesleyan chapel, was built in 1872 near the railway bridge on the Pandy road. It was an attractive little chapel built of red brick with seating accommodation for about eighty in the pews, and had a little chapel house in the same red brick along side. At the same time, a grand Wesleyan chapel, called The Tabernacle, now an arts centre, was being built at Machynlleth; and what a difference between two buildings! But Soar was completely functional and fulfilled its purpose very well. There never were many Wesleyans in Llanbrynmair, between ten and eighteen members at the most in my time; but several from other congregations used to turn up for the sermon, which was not surprising as this was the only chapel in Wynnstay village, and very conveniently situated. Soar belonged to the same pastoral charge as Cwmlline, Abercegir and Comins Coch, the minister living in the Chapel House, Comins Coch.

"Among members I can recall were the Cullen family from Tŷ Canol, Miss Roberts, the Post Office, Pandy, the Athelstan Jones family, Clegyrnant, Mrs Roberts, Glanllyn, Mr and Mrs Griff. Pugh, Chapel House, Mr W.J.Davies and his family, Dôl-y-bont, Mr and Mrs Gruffydd Alun Williams and their daughter Llinos and Mr and Mrs Goronwy Tudor, the Factory, Tom Humphreys and family, Dolybont, Betty and Stanley Reynolds, Llwynaerau and the Williams family from Esgair, two brothers and a sister. William Williams would preach occasionally, and my father used to tell the story how, one Sunday in the pulpit William gave out an unusually long hymn, saying, 'If I'm not back in time, sing it again, I've taken a dose of opening medicine...', and disappeared! I also remember Mrs Roberts, Glanllyn very well; she lived next door to Mrs George Peate. Mrs Roberts had farmed at Tŷ Pella for many years where she tragically lost her husband (a son of Rhiwgan) as a young man, on shearing day, when a pair of shears flew from a shearer's hand, having been kicked by a sheep, and plunged into his neck. She had been born in remote Tŷ Sais, and on her mother's death had been wet-nursed by a neighbour. I used to enjoy tea at Glanllyn, often in the company of the preacher and others, and being given a little white apron with a frill.

"The chaired bard, the Revd Gwilym R. Tilsley, a native of Llanidloes, was one of the ministers I remember here, and the Revd

Lloyd Turner of Newtown. We also have fond memories of the Revd Albert Wynn Jones and the Revd Dennis Griffiths. Other notables who occupied the pulpit were Niclas y Glais and W.D.Davies, Dyfi Bridge, as well as many other devoted preachers such as the Rev. J.H Griffiths, Machynlleth. The little chapel was very fortunate in having Miss Ceridwen Lloyd, Glynteg as an organist for many years, and her brother and sister, Idwal and Olwen, albeit members of Hen Gapel, were also loyal to Soar. Idris ap Harri and his wife, Lowri, together with their son, Hedd Bleddyn, also attended from time to time. The Soar congregation was, therefore, of a very welcoming and varied nature.

"The chapel was closed in 1970 and sold. Soon afterwards, it was merged with the house to make a single residence, which is now occupied by a young Welsh-speaking family."

CAPEL BETHEL, BONT

The birth of Calvinistic Methodism in Llanbrynmair was very dramatic, and also very important, because it affected the whole of North Wales. A foot-hold was established here which allowed the expansion of Methodism northwards. Bont chapel is, therefore, of much historical importance.

Let us go back to 1738 when Hywel Harris, one of three great pioneers of the Methodist Revival, (Daniel Rowland and William Williams being the other two) was looking to travel north to preach for the first time. During this time of persecution, Harris knew that he would not be welcome in many places, but he had a friend in Llanbrynmair, namely the Revd Lewis Rees, a native of the vale of Neath who had just been appointed minister for the Nonconformists at Hen Gapel. Thus, through his friend's invitation, he came as far as Llanbrynmair to dip his toe in the water, as it were. He preached for three hours in the vicinity of Bont, and stayed with Abraham Wood in Dolgadfan.

He returned in 1739, and this time the seeds of his mission fell on very fertile ground. In the days before newspapers, communication relied heavily on word of mouth, and no doubt the news had gone out that Harris would be preaching in Llanbrynmair soon. And when he arrived, he chose the area behind the Cock Inn (the Wynnstay today) as his venue this time. A crowd gathered to hear him, no doubt a noisy one, because it comprised a wide variety of people – some there just out of curiosity, others to create a disturbance, and others to have more of what they had heard from him on the previous visit. But in the crowd there were three young men, three brothers, Richard, Edward and William Howell from Bont, and a friend of theirs, Richard Humphreys, Gellidywyll. They were on their way to an evening of fun and merrymaking up near Plas Rhiwsaeson, the brothers being specially invited because of their skill with the cards and the fiddle. And the cockfighting tournament there, on Rhos Fawr near Pencaedu, was not exactly unrenowned... Anyway, in order to get a better view, and to hear more clearly what this fellow had to say, the three climbed onto a barn roof. And not in vain. Hywel Harris made such an impression on them and they found his preaching so appealing that they decided that *he* would be their leader from now on. And they stuck to that, and their families after them remained giants of the cause in Bont and Pennant right through into the twentieth century.

It is worth mentioning the family connections here. Huw and Elisabeth Howell, Tawelan were the parents of the three brothers, Richard, Edward and William. Richard lived at Pendeintir, and was the glazier at Llan church, in care of the windows; he could write and he kept the vestry book. His wife, Mary Jervis of Cwmffynnon, worked tirelessly for the cause in Bont, and an elegy was composed for her on her death. Edward was a farmer who married Mary Wood, daughter of Abraham Wood, Dolgadfan. They kept an inn down in Bont (there were two others, Wyle Cop and Pen-y-bont). Mrs Roberts, Tŷ-gwyn was a descendant of his. William Howell had a woollen factory in Pennant and was an elder at Bont. He used to lodge Methodist pilgrims on their journeys between north and south. There was a boisterous play area in front of his house. John Jarman, Brynolwern was descended from him. Their friend, Richard Humphreys was a taylor. He married Anne, another daughter of Abraham Wood. Mrs Jarman, Brynolwern was a descendant.

As a result of their conversion, the four established a *Seiat* at Pendeintir, a smallholding near Bont, where Richard Howell lived. This was Harris's method, after winning support – to organise a *Seiat*, a meeting place where his followers could then get together and hold prayer meetings, and later on help each other "keep to the straight and narrow path" according to the given guidelines. These *Seiadau* soon became an important element in the Methodists' organisation. Each group had a Counsellor, and a Superintendent went round the various groups and gave a progress report at the Quarterly Meeting, a pattern that eventually spread throughout the whole of Wales. Richard Tibbott, who was also present at that meeting near the inn, and 14 years old at the time, eventually joined the *Seiat*, and before ending his career as an Independent minister at Hen Gapel, became a Methodist Superintendent for the whole of Wales. We shall hear more about him elsewhere in the book.

Although Hywel Harris had still a long way to go before reaching his prosperous period, in his efforts to penetrate northwards he had reached an important milestone at Bont, and established a base where his followers would be welcome. However, despite the warm welcome he received in Llanbrynmair, Llangurig, Trefeglwys and Clatter, things were very different at Machynlleth, Newtown and Llanidloes. He also noted that Dinas Mawddwy was an "awful place", "where clods and worse were thrown at him", and that "dancing, playing tennis and swearing" went on there on Sundays. Llanymawddwy was little better. In Machynlleth he was attacked and trodden on by a mob when he tried to preach, and was fortunate to make his escape on horseback through a shower of stones and clods. He was put up for the night and had his wounds attended to at Rhiwgrafol, the home of William Bebb, a native of Llanbrynmair. It is said he preached the next day in Pennant, near Belan. (Apparently, he preached more than once in Belan, through a bedroom window!)

Although Harris said that Montgomeryshire was "under the curse of the gentry", supporters of the Established Church which had so much influence over the lives of ordinary, uneducated people, he returned again and again to the county and on the fourth visit went to see Hen Gapel, which had recently been erected in 1739. He preached at Cwmcarnedd that time and stayed at Tŷ Mawr. Before his fortieth birthday Harris had spent 17 years as a travelling preacher, and covered, it is said, 80,000 miles, (the life of a modern motor car!). He had also established a co-operative community of people drawn from all over

Wales to work and live together on Trefecca farm in Breconshire. In 1753, there were 100 residents, several of them from Montgomeryshire. Sarah and Hannah Bowen of Montgomeryshire bore half the costs of building the house at Trefecca, and Edward Oliver from Bont was the head carpenter.

In 1767, they went ahead with building a chapel in Bont. Their biggest problem was finding stones because the parson at Llan Church was fiercely opposed to the project, and he had great influence over local landowners who owned almost every stone and every yard of land in the area. The first chapel was erected on Pen-y-bont land – the very first in Montgomeryshire – and they called it Capel y Bont; but before long a better site was acquired in the village on land belonging to Mrs Seymour Davies, Plas Dolgadfan, where the present chapel stands. (As the wall plaque states, it was rebuilt in 1820, and renovated in 1894). Richard Howell, Pendeintir planted a holly tree in the chapel boundary as a sign of hope for future growth. The chapel was officially registered in 1795, and the first to sign the application was Richard Tibbott, the minister at Hen Gapel, which shows that cooperation and sharing responsibility had characterised the work of Hen Gapel and Capel y Bont from the beginning.

Clearly, by 1799, the *Seiat* at the new chapel in Bont was quite well organised, because they were able to send £1.6.2 to Thomas Charles, for the London Missionary Society; and Bont was also strong enough to host the Methodists' Quarterly Association in April 1784, when £24 was raised in the "halfpenny collection", which was often used to reduce the debts incurred when chapels were being erected by the denomination.

THE SUNDAY SCHOOL
It is generally known that the Revd Thomas Charles founded the Sunday School in Wales, and it is said that the first one was set up at Crowlwm, near Staylittle, which today lies in the shadow of the Clywedog reservoir. Bont Sunday school was among the first to be registered, in 1795, though it may well have existed before that. It was held in Abraham Wood's threshing floor at Dolgadfan, not in the chapel, because in the eyes of the elders learning to read was an un-Sabbath-like activity, and therefore not worthy of a place in the chapel! Very soon the barn became too small – and when it was seen that the scholars – the old,

the young, and the children – were all morally very respectable, they were then permitted to use the chapel. Some of the first leaders were Abraham Wood, Dolgadfan, David Jervis, Tŷ Pella, William Bebb, Tawelan, Evan Roberts, Felin Dolgadfan (the father of the Revd J.R., Diosg) and John Evans, one of Thomas Charles's schoolmasters, whose mother was a daughter of Evan Roberts. He was also one of the main supporters of the Pennant Sunday School, but he died, together with his three children, on a voyage to America. Richard Howell, son of Edward Howell (one of the three Pendeintir brothers) was the precentor – and no wonder, bearing in mind that his three uncles had been *noson lawen* singers! Twenty years after being established, the Sunday School had 200 members, a situation that was sustained until 1875, when there was a big fall in population, caused by emigration and a depression in the lead mining and weaving industries. By 1896, the members were 126, and similar figures prevailed at the beginning of the twentieth century.

WERN SUNDAY SCHOOL
Bont chapel became too small for all the classes when things got into full swing and a branch was started in Wern, a group of workers' cottages about half a mile above Bont. This was a great success and a true blessing for the poor of the area who couldn't afford to pay for any kind of education. This Sunday School started in one of the terraced houses, called Tu-hwnt-i'r-nant, and the children were kept in order by an old man, called John Evans, wielding a long shepherd's crook! In 1813 a schoolroom was built, which retained a solid membership of about 140 for many years. There were 68 at the start of the twentieth century.

The Sunday school was the only medium of education for a great many people before 1870, when the Board day schools were established to provide free education for everyone – but inferior on many counts to that received in the Sunday School. The chief characteristics of the Sunday School of that era were learning sound morals, and learning to read through the medium of the Bible. Members of the Methodist Sunday School had to observe about 30 written rules, some of which present-day Sunday School members would find onerous, let alone anyone else. For example, "to be publicly expelled for staying too long at a fair", and that without the accused being given an opportunity to defend himself; and "learning good morals, respecting humanity, and calling everyone by their proper names, not their nicknames". Learning chapters from the Bible and the *Hyfforddwr* was an essential part of the preparation for the Sunday School Examination, and Wern, Bont and Pennant prided themselves on being top of the competition at this sort of thing within the Methodist Union. One that was noted for learning by heart was William Howell, the eldest of William and Elinor Howell's twelve children, (he died in 1826, aged 22 years). He could read fluently at the age of six, and before he was fifteen had learned the whole of the New Testament, the Psalms and some chapters from the Old Testament. He left school at the age of ten and went to work for his father in the wool factory, but he was a scholar by disposition, and studied shorthand so that he could take notes at other *seiadau* and give reports of the proceedings to the Bont congregation. He also studied arithmetic and English grammar before going to work for a printer in Wrexham; but his health deteriorated and he returned to Bont. His friend, Richard Williams, from Wîg, recited an elegy he had written for him at his funeral.

One of the pillars of Capel y Bont was William Williams (Gwilym Cyfeiliog), the author of the hymn "Caed trefn I faddau pechod yn yr Iawn". He was a Sunday Schools examiner for many years, as was the Revd Isaac Williams, the very first minister at Bont and Pennant and a specialist on the Hyfforddwr examination.

Goodness gracious!! Sunday Schools throughout Wales were imbued with such an incredible diligence, and through them a whole nation became enlightened. Their chief resources were the Bible and people with a commitment to work. All credit to those who acted as leaders and instructors according to the needs of the day, without regard to cost or time. And that, possibly, is what is lacking in our society today – people willing to lead.

THE TWENTIETH CENTURY
Having seen what a famous and praiseworthy beginning Methodism enjoyed in Llanbrynmair, let us now look at how it fared in the twentieth century.

A good picture of the chapel and the congregation at the turn of the century is given in a report to a Monthly Meeting held in Bont on 18th and 19th October 1904. The minister at this time (1902 – 1914) was the

Revd. J.T.Jones. In that year there were 124 members, four of whom were on trial (!), 36 children, making a total of 164, but the congregation numbered 220. The total for the Sunday School, including the Wern, was 154. The money collections for 1904 showed a significant increase in the monthly contributions towards the ministry, with every member contributing – not specified sums as we have today, but everybody contributing according to ability and inclination. Since many members lived over two miles away, there were larger congregations for evening services than in the morning. A weekday prayer meeting was held every week, in which women outnumbered the men, and the young people were shy of taking part. The Church was eager to start special meetings for them in order to "exercise their talent". The minister was present at all weekly *seiadau* and rejoiced in the fact that "no member had been expelled that year", adding that it was "comforting to say that the church is not afflicted with too many sins..." The minister was mainly responsible for Bible classes and for children's meetings during the winter. Examinations were important: 18 and 16 candidates had sat the Area and County examinations respectively, and had scored very high marks. Sacred music was attended to by practising the hymns for the Singing Festival, and steps had been taken to acquire an organ "to support this excellent part of public worship". The buildings were in good condition, debt-free and insured. The report concludes, "The churches at Bont and Pennant are very happy under the pastoral care of the Revd J.T. Jones, B.A., B.D. who has been here for three years".

As there were not many houses in the area suitable for a minister, it was necessary to set about building one. Llys Teg was built in the village of Llan in 1902. The land cost £50 and the house £550 to build, and that very shortly after spending £1000 on renovating the chapel and building a schoolroom. No wonder, therefore, that there was still a debt of £500 on the house, but "we shall not be able to persuade any minister of standing to come to us unless we can provide him with a good house as a home... Through the faithful and vigorous labour of the membership in Llanbrynmair, this will be a significant addition to the property of the Methodist Union". (It is sad to think what has happened to much of that property by today.)

There are people today who think the world of their chapel, and indeed these are often criticised for placing so much emphasis on bricks and mortar. But think of the people of the past, how much more loyalty they felt towards their place of worship. To give one example: on Sunday morning, 21st February, 1932 Mrs Roberts, Coedprifydau (the daughter of the late Revd Isaac Williams) asked the minister, the Revd T.W. Thomas to call to see her during the week. Sensing that she had something important to say, he was only too happy to do so. And what he heard was that the condition of the chapel was an eyesore to her, and that she intended to do something about it immediately. He left Coed that morning with a cheque for £100 in his pocket to paint the chapel inside and out. He went to the officers to announce the good news, and to ask them were they agreeable to giving chapel members the opportunity to contribute, so that additional work could be carried out, such as improving the lighting and tidying up the entrance, where there was an old house on the point of collapsing. It was passed to ask Richard Jones, Minffordd, a member of the church, and a builder with the Cemaes Road firm, Evans Bros, to meet the officers after the Fellowship meeting on Friday evening. The cost of the work was estimated at £302.10s. The church agreed, and the officers went around asking for promises of donations before the autumn. We must remember that this was the 1930s, times of great poverty in the countryside. For all that, they had a warm reception, and the work went ahead. The old gates at Plas Llwyn Owen happened to be lying unused in the gardens, and were far better than any seen in catalogues, and to everyone's delight Lady Stable said that she would be pleased to let the chapel have them for nothing

By the end of August the work was almost completed, with £109 having come from the members themselves, £50 from the chapel Women's Guild, and £35 profit from the Good Friday eisteddfod. Was anything else needed? Yes, tarmac. Another £30 cheque from Mrs Roberts to pay for that, as well as a handsome cover for the table in the square, and an ornamental cloth underneath the Bible on the pulpit to complete the picture! Many people put several days' work in to get everything together: Thomas Humphreys, an elder, Caleb Jones, Maesgwion, Evan Evans, Fronlwyd, the farm workers from Tŷ Gwyn, and J. Stephen Owen, all with horses and tumbrels carried sand and gravel to make a bed for the tarmac and a path to the graveyard, whilst Emrys Rees and Eddie Lewis tidied round the chapel grounds, and John Jones, Tŷ Mawr and Edward Jones, Caemadog worked in the graveyard. The minister could not praise the carpenter and elder, George Thomas, enough for planning it all, and marking out the burial places in the new graveyard. He gave special thanks to Richard Jones, Minffordd, "for his thoughtfulness, loyalty and service, and for his untiring investigations and hard work, for which there was no remuneration." Dan Davies, Dôlgoch, whose late wife Meirwen (Williams) was a member here, toiled to bring electricity to the chapel. The minister and John Stephen Owen planted 500 daffodil bulbs in the graveyard, and an anonymous donor gave six yew trees. And that concluded a masterpiece of working together to get the job done.

The chapel re-opened on 19th October 1932, on Thanksgiving Day, with the place chock-full to listen to the Revd Dr W. Wynn Davies, Rhosllannerchrugog preaching – and what singing there would have been, no doubt! But there was more to come... When Ifan Jones, Brynbach returned from the South, he asked the minister quite directly whether in his vast experience he had ever seen vessels at a communion service allowing the bread and wine to be presented to the congregation all at the same time before the sacrament, obviating the need for disruption afterwards. He was prepared to donate such to the chapel – unless they were too expensive! They sent away to find out the cost. It *was* high, and so that was it, they did not expect him to pay. In less than a fortnight, and quite independently, Mrs Roberts, Foel mentioned the same thing to the minister. She had seen these special communion vessels in Cwm Parc, in the Rhondda, and taken quite a fancy to them, thinking it would be wonderful to have them in Capel y Bont... Ifan Jones was invited to Foel for a chat, and they decided to give £30.7s.10d between them, the price quoted by Townsends of Birmingham. William Rees, Gellidywyll, a highly skilled craftsman, made a unique wooden device for cutting the communion bread into equal squares, and the carpenter, George Thomas, made two stands to hold the new vessels, all of them gifts. All this is an example of how people in the old days used to give voluntarily of their possessions, time, and skill, to support the cause in their area.

THE MACHPELAH CEMETERY

Land to establish a chapel cemetery was acquired in 1931 from Mrs Jervis, of the Dolgadfan estate, and it was officially named "The Machpelah Cemetery, belonging to Bethel Bont and Pennant". Why "Machpelah"? Well, the Editor had to consult Charles's Dictionary to find the answer: It apparently refers to a piece of land in Ephron where there was a cave carved into a number of chambers, where several could be buried. It was near to Hebron, in Palestine, where Abraham and Sarah and members of their family were buried....After obtaining the land, the following was passed: the officers at Pennant to pay half the costs of the cemetery; the two churches to have the same terms regarding the use of the schoolroom for making teas; when a hearse was acquired Pennant would not be expected to pay for its garaging at Bont (!); the management of the cemetery to be in the hands of a committee made up of members from both churches, the officers and two non-member trustees. The charge for the plot and digging the grave to be £1 for members and the congregation, and no one to take a gravestone into the graveyard and erect it without the presence of the gravedigger, who was to be paid five shillings a day. George Thomas was to peg out the cemetery and number the pegs in accordance with his prepared plan, and he was to be paid for this work. The first funeral was that of Miss Jane Rowland, Penclap, aged 54 years.

TEA PARTY AND SPORTS

As has been said many times, the 20s and 30s of the twentieth century were hard times, with children suffering more than most (though perhaps they would not have noticed it at the time); no new clothes, no toys, no shop luxuries, but instead home-made things or recycled stuff (for example, the Editor heard a lot about a toy her grandfather used to make for the children, namely, a wooden monkey jumping on umbrella ribs). Very few unusual things could be bought in a shop at that time. Bananas and oranges were like gold, the latter growing only in Santa Claus's garden!

To relieve the hardship a little, some better-off members of the congregation would arrange tea parties for children from the chapel or the school when they felt the need to do so. Mr and Mrs Jarman, Brynolwern were very generous in this way, as was Mrs Davies,

Dolgadfan. Here is an example: a tea party with sports was held for the Band of Hope children on Good Friday afternoon, 1934 on Pandy field under the patronage of Brynolwern. 56 children and 40 adults enjoyed the tea and the cakes. Later, a concert was given by the children, led by the minister and Mr Jarman, who was in charge of singing at the Sunday school and the Band of Hope; at the end Mr Jarman gave each child an orange and shared out the remainder afterwards (there were 86 in a box). We can imagine how much the children enjoyed meeting their friends outside chapel and school hours to have delicacies and fun. Maintaining the children's loyalty to the chapel was very important, and great efforts were made in this direction by putting jam on the bread, literally, as it were.

The day schools at Bont and Pennant worked very closely with the chapels to imbue the children with Biblical knowledge and help them to prepare for the Sunday School examination. The pinnacle was to be awarded certificates of success at the Sunday Schools Festival. The circuit to which Bont and Pennant belonged held the Festival at the following chapels in turn: M.C. Cemaes, Aberangell, Dinas Mawddwy, and Bont. The day of the Festival would also be a fun day, with the children being free, after singing from the Anthology and receiving their certificates (hopefully), to enjoy a magnificent tea (there was considerable rivalry in its preparation), and then go out with new friends to explore the mysteries of what was to them new territory – not the quietest of villages that afternoon! Of course, everybody would have had something new to wear, and the clothes had to be looked after as much as it was possible. (The Editor remembers going to the Sunday Schools Festival in Dinas Mawddwy about 1949 in a little pink bowler hat. It came back without a dent because in between the two meetings it had been left neatly on a seat in the chapel – the best place for it. If Robin Penrhiwcul had got hold of it, its last sighting would probably have been the high tide of the Dyfi, somewhere near Derwenlas!)

CELEBRATING THE BICENTENARY
At the beginning of the winter of 1934, the minister sent a letter to all members urging them to attend the *seiat*, because a series of *seiadau* were to be held from October to March "to prepare people spiritually" for the celebration of the chapel's bicentenary. Until Christmas there were

attendances of about 40. The programme for those *seiadau* was a substantial one, showing the degree of conscientiousness among the elders and leading members. Here is a sample of the contents:

"Pantycelyn, the Greatest Welsh Hymn Writer", George Thomas.

"The history of Wales before the Methodist Revival," Edward Jones,Caemadog.

"Reminiscences of the Cause in Bont", Thomas Humphreys.

"The Contribution of the Four Dissenting Denominations to Welsh Life", William Lewis.

"Gwilym Cyfeiliog", Miss Myfanwy James.

"The Methodist Union and the Young", Harri Thomas (with loud applause at the end from the children who had come to listen. He was a very popular Sunday School teacher). As we can imagine, much hard work and midnight oil had gone into preparing these lectures. What a pity that no copy of them survives, each one being the work of ordinary people who had had no higher education, but were nevertheless steeped in culture.

In December, Dr Martin Lloyd Jones (a Harley Street specialist and a great evangelical preacher) preached on the text, "The truth shall liberate you." Yes, there was a long period of preparation for the celebration, and when it arrived a full report appeared in the *County Times*, 25th May 1935 under the heading, "Calvinistic Methodism in North Wales. Interesting Meeting in Llanbrynmair". No one was disappointed with the celebration; the meetings attracted large congregations and there was passion in the singing and the preaching. The main speaker was Professor Hywel Harris Hughes, Aberystwyth, who said that Hywel Harris, Daniel Rowland and William Williams had left the Established Church in order to gain the freedom to preach directly to the people. This was followed by a procession from the chapel to Pendeintir, the site of the first *seiat* (1738-67). The minister, the Revd T.W. Thomas, reminded the congregation that the three great Revivalists had preached at Pendeintir in the early days. And the historian, Richard Bennett, in his address, while giving thanks for the good men with whom the area had been blessed as a result of the cause being established in Bont, said that the church in Bont had been the back bone of the movement in north Wales, and that no one should forget the area's contribution to Methodism. After the procession there was tea, followed by further sermons by the Revd Llewelyn Lloyd, Amlwch and the Professor.

In his closing remarks, the minister said, "The pioneers' spirit was never lost at Bont and Pennant... Capel Bethel has been renovated, electric light has been installed, and all debts have been cleared..." In his sixth year there, he was a "happy man". He remained until 1947.

AN AWKWARD INCIDENT

An amusing incident – though not amusing at the time – occurred on 24th January 1935. It was more of an embarrassment really... Hen Gapel was holding a concert to help defray the cost of recent work done on the chapel. The president was to be J.M. Howell, Aberdyfi, who was a descendant of the Howells' of Bont and Pennant. Well, Mr Howell was very late arriving at the concert because he had mistakenly gone up to Capel Bethel in Bont, with unfortunate results...! This is how the Revd T.W. Thomas tells the story in the chapel's Log Book:

"On Thursday evening, the Independents held a concert to defray the cost of work carried out on the chapel. Mr Howell was the president. He was late arriving. He explained that he had been to the chapel in Bont, but that everything there had been in darkness. It is obvious from these words that he believed he was supposed to be presiding at a young people's meeting at the C.M. church in Bont.

"After he had made this assertion, no one took the trouble to correct him. Then, they carried on with the programme. Then it was time for the President's Address. He read an excellent speech about the beginnings of the C.M. church in Bont, and went on to show how he was descended from one of the originators of the cause, and that no one was more deserving of being president for that night. The privilege was his.

"He went on to rejoice that the chapel had been decorated. It was obvious to everyone that he was under a misapprehension. Before finishing his address he said he would give £100 towards reducing the debt. The applause was deafening.

"As soon as he had sat down, the Revd Robert Evans, B.A., the minister at Hen Gapel, approached him to enlighten him on the matter. They both retired to another room. The secretary of the meeting called on me to join them. The three of us had a discussion about the misunderstanding. Mr Howell asked me, 'What shall I do?' I replied,

'You and no one else should decide.' Then he thought for a moment, 'What would you advise me to do?' I replied, 'In my opinion, you should take two days to consider the matter.' 'That's what I'll do,' he said. The Revd Robert Evans asked whether he should refer to it in his vote of thanks. "No, not tonight,' replied Mr Howell 'that is, leave everything without mentioning the matter.' Mr Howell asked me whether Capel y Bont was lit by electricity. 'Yes,' I replied, 'since about two years ago.' 'And did I give you anything?' he inquired again. 'Yes, if I remember correctly, you gave £10'. (I made a mistake here. I see from the notes in this book that he gave two guineas). I left the two at this point, and I was never asked to say a word on the matter again after the meeting.

"Mr Howell slipped out quickly from the meeting, as it was drawing to a end. On Monday in the *Daily Post* there was a reference to Mr Howell's address and the story of the holly tree etc. and that he had been to Llanbrynmair, and that he was giving £50 to the C.M. Chapel in Bont and £50 to Hen Gapel. Nobody around here knew who had sent this to the paper, but everyone had a pretty good idea". A cheque for £50 arrived with the words "a bit of a Solomon's judgement" attached, and T.W. Thomas sent a letter expressing due thanks to Mr Howell. The account ends with: "This is a true account of how this gift came to the C.M. Chapel in Bont. It has generated quite a bit of talk in the area especially among the Independents. I understand that the Revd Robert Evans B.A explained what took place between himself and Mr Howell from the pulpit in Hen Gapel on Sunday morning, February 3rd, declaring that no one from the C.M. Chapel in Bont had interfered in the matter. On Monday, 4th February another letter was received from Mr Howell refusing to attend our bicentenary celebration in May..."

THE EASTER EISTEDDFOD
The annual Capel Bont Good Friday Eisteddfod was an important and dignified cultural event. It is obvious from the programmes still in existence that great care and effort went into staging it. It provided local talent with the opportunity of hearing constructive criticism from adjudicators of standing.

It is worth looking, for example, at the programme for March 25th 1932. Doubtless, staging it would have entailed considerable cost, and without sponsors it would have been difficult offering prizes that would attract good competitors. There were sponsors from Cardiff, London, Bournemouth, Liverpool, Llandinam, Gregynog, Machynlleth, and Aberdyfi, from well-off people with Bont connections. The cost of entry also indicates the high standard of the eisteddfod: afternoon 2/6, evening 3/6 for the best seats (it had moved to the village Hall), children 6d, and the price of a programme through the post 2½d. When we consider that about eighteen shillings a week was the wage in the early 1930s, the prizes were bigger than those on offer at local eisteddfodau today. E.g. Mixed Choir £12, and £1 each for the conductor of all the unsuccessful choirs. Solo £1 (Ynys y Plant, Cymru Fach, Blodwen, Brad Dynrafon). There were opportunities for novices too, 10/- for singing "Cymru Annwyl". Prizes of 4/- under 16 years old, 2/6 under 12 years old. It would have been interesting to watch the "Action Song" competition, in the days before the influence of television, and with a little less "action", possibly, than we get today at the Urdd Eisteddfod! Making suitable costumes in that era would have been quite a strain as well, but there was one advantage – nearly all the girls would have been able to sew. It is interesting to note that the prize for the main recitation deserved a shilling more than the solo, namely, one guinea. Four of the set recitations have been printed on the programme, including "Brad y Llanw", J.J. Williams, for those under 25 years old. In the Literature section, the main competition was an imaginary conversation between Joseph Thomas, Carno and S.R. on the subject, "Wales Today", a timely subject bearing in mind S.R.'s pacifism and that the period was between the two World Wars. One wonders how much work the Revd T.W. Thomas, Bont had adjudicating the poetry section? The subject was "Molawd Llanbrynmair" ("In Praise of Llanbrynmair") for those who had not won before. It would have been interesting reading some of the entries. Would there have been a jocular approach or were they all dead serious? There was 3/- to be had for the trouble. How does that compare with the winnings of the Bro Ddyfi *Talwrn y Beirdd* team for a poem on the radio in the year 2000?! And how much humour was there in Demetrius Owen? He was the adjudicator for the limerick. In the Arts and Crafts section, you got a guinea for making a rush candle-stick from a piece of oak ("Siôn segur", Idle John, as it was called), the winning entry becoming the property of the donor of the prize (a good example of giving with one hand...!) It would have taken considerably less time polishing a piece of recitation for a guinea – oak is very hard! You were invited, in English, to create a "Handkerchief sachet, nightdress case, a knitted cap and scarf", prize 3/6.

EXTRACTS FROM THE LOG BOOK
Here is a selection of items from the Log Book from that time onward:

1937
A new organ, costing £56.10.0, was bought for the chapel, the money having been raised mainly through the efforts of D. Iori Williams, Emporium, who held 'test concerts'. The Minister organized W.E.A. classes, to be taken by the Revd W.D.Davies, M.A., B.D., Aberystwyth, (later of Pont-ar-Ddyfi). He chose as his subject 'Plato and Idealism'. People in this area did not take advantage of them, as they should have done! (The interjection is the Editor's, and I add 'Is it surprising?') Mr and Mrs Jarman give their third tea party to all the children of the district and many of their parents.

1939
Bought a hearse and harness for £6 in Llanidloes, after a committee of both churches met in Pennant to decide. Mr E. Evan Lloyd to fetch it from Gwartew, and Evan Jones, Esgair to paint it.

May 29th
The Young People's trip to Southport, 'bus all the way'. A wonderful day. The finale of an excellent season with the young people.

October 9th
Thanksgiving collection, £23.8.5. A decrease. Mrs Ann Roberts, Coedprifydau, the generous benefactress, dies, aged 86.

March 19th-20th
Monthly Meeting in Bont, and the young people bearing the whole cost. We had three powerful sermons, but the minister complained that the one by J.W. Jones, Cricieth contained too much politics. Two of his headings were 'Justice and Peace' and "Voluntariness'. (Was he preaching pacifism and supporting conscientious objection? That would not have gained popular support, with World War Two on the horizon)

1944
A note asserts that the War had little effect on the work of the church. The Thanksgiving collection larger than ever, £41.15.0. (Could this be due to farmers enjoying slightly more prosperity?)

May 8th 1945
V.E. Day, the fall of Germany. Three prayer meetings of thanksgiving. Large congregations in all three, but two elders stayed away all day.

August 15th
The fall of Japan. The Minister received two pieces of Japanese paper money in the post from Islwyn Lewis from the Far East. Afternoon and evening prayer meetings; community singing until 9 pm led by George Thomas.

The Ladies' Circle prospering, 40 members, having lectures and lessons on cooking and making slippers.

The War, and what it meant for some of the young men of the church: Sergeant Gwilym R. Evans, Cwmyrhin was killed in a bomber above Dortmund, Germany and was buried there.
Sergeant Emrys Wyn Thomas (George and Ellen Thomas' son) suffered severe burns to his face and hands, mainly through rescuing his pilot from the plane after coming down somewhere in the Balkans. "A brave lad" was his Squadron Leader's tribute.
A.B. Edward Edwards and Gwilym Watkin Williams (later a Captain) were both torpedoed, but not injured. Douglas F. Jones, Minffordd was a teleprinter operator with the R.A.F. in Cairo for three years, and Arfor Rees, formerly of Gellidywyll, served in the Navy for over two years. Glyn Lloyd and Gruffydd Alun Williams were injured in France. Goronwy Lewis came through the Dunkirk campaign uninjured.

1946
On the first Sunday in June T.W. Thomas informed the church that he had received a call from Llangristiolus in Anglesey, and that he was accepting it. The officials had pressed him several times before not to move, but he was definitely going this time after 17 years at Bont and Pennant. He thanked the officers for being on the whole united in their support, and the members of both churches for their invariable

cheerfulness: he had no enemies in the district, as far as he knew, and there was no home where he was not welcome. They had been very peaceful years. Among the books he presented to the officers was the Chapel Log Book 1835-1908 (somewhere gathering dust?) The texts for his farewell sermons were, 'Keep yourselves in the love of God', 'A glorious church', 'Do not neglect your task, the work that you began'.

A SUCCESSION OF MINISTERS
The minister who came next to look after Bont and Pennant was the Revd Emrys Thomas, and his wife, Menna. A young, attractive couple who made many friends. They were here from 1948 –51. This was when Gwilym James (a tailor by profession) retired after being Secretary for 17 years. At this time, the Band of Hope had 22 members in Bont and 17 in Pennant.

The Revd John Price Wynne came next, and was inducted on April 12th 1950 with the support of two busloads from Wauncaergurwen and Glanaman. What did they think of the Llanbrynmair accent, and vice versa, before the mass media came to make postage stamps of everybody?

In September 1950 Gwyneira Lewis was given permission to use the vestry to teach drama to the older children. The Drama Society afterwards presented a cheque of £50 to the chapel, whose coffers by now were getting dangerously low, and costs increasing. The price of digging a double grave rose to £3.5s.

May 6th 1957, at a meeting of the officers, with only three present, the Revd Price Wynne drew attention to some of the church meetings at Bethel, especially the Sunday School, the missionary prayer meeting and the *seiat*. He complained about the officers' poor attendance (excepting one) at these meetings, and he appealed for greater cooperation from them to give spiritual leadership to the church; for example, having two classes from among the young and middle-aged at Sunday School. It was passed that a strongly worded exhortation to this effect should be delivered on the following Sunday evening…

Surely, the situation in Bont was only reflecting what was happening in similar rural areas the length and breadth of the country. People becoming more mobile, cars more commonplace, the young with their motorbikes, and people able to travel wherever and whenever they wanted. And yet, the community remained thoroughly Welsh in character, and its language Welsh. Three of the Revd and Mrs J. Price Wynne's four children were born during the eight years here and they often talk about the happy time they had. The family moved to Deiniolen. One of the children born here was Eirug Wyn who developed into one of the best writers of the century, winning the Prose medal and the Daniel Owen prize at the National Eisteddfod twice, and publishing at least 15 books, which are of an excellent standard and very readable. He was also a producer for the company, Ffilmiau'r Bont, one of whose directors, Angharad Anwyl, has very close family links with Bont. Eirug died young in 2004, an enormous loss. He always extolled his happy days at Bont School.

The next minister was the Revd Glyn Jones, who came here from Abergynolwyn and stayed until 1961. Of course, the story had preceded him, that his daughter, Janet Jones, was the first "Miss Wales" who worked with the Wales Tourist Board to promote Wales. An unusual feather in a minister's hat.

October 1962. The Revd Llewelyn Lloyd arrives from Nercwys to be inducted, with "a good number from his previous flock" present – but not two busloads! Before this, there had been some renovations at Llys Teg and outside the chapel, carried out by Harri Thomas and John Price, both good craftsmen who did much of the work very cheaply, if not for nothing. John Hughes, formerly of Cawg, was given the two wheels from the old hearse and an old wooden gate, and in return paid for new railings in front of the chapel. The members, both men and women, worked very hard during his ministry, the women re-carpeting the square and the pulpit from the profit of their winter classes, which had prospered for many years with Mrs Edna Hamer as Secretary. What was noteworthy about this period was that the minister would not receive anyone as a new member unless he or she attended chapel. Thus, when he retired from the ministry, and from Bont, in 1966, it was no wonder that his successor, the Revd Emrys J. Morgan, received 13 new members during his first year. The membership fee at this time was £3, that is to say, the annual contribution towards the ministry (today it is £100.)

1972

The year the old Celtic god rose from the water, literally, to promote the cause in Bont! Harri and Dora Thomas had moved down from

Church and Chapel

Llwynglas into the village, to Gwelafon beside the river Twymyn. While staring into the water one day Harri saw a strangely shaped stone. He lifted it up, and saw that it had been moulded into its shape at some time or other by human hand. After further investigation, it turned out to be a Celtic sculpture of "the old water god", and Harri got £100 for it from the National Museum. And it was a place of worship that came into Harri's mind as well, as he put it towards the bill of £800 that had just come in for repairs to the chapel...

In 1973, the Revd E.J. Poolman from Port Talbot arrived as minister, and to his credit, after being given a new Rayburn at Llys Teg, he said that he would be decorating the inside of the house himself. He did an excellent job. By then, Peniel church in Carno had agreed to share a minister with Bont, Pennant and Graig. After Mr Poolman's departure, Llys Teg was empty for three years until 1980, when it was decided to let it. Peniel and Graig had left by this time with no sign of a minister. Letting Llys Teg was a failure, and it was decided to sell it. It fetched £24,000 (in the year 2000 it would probably have been worth £100,000 and by 2004 more than double that, with house prices having risen so much at the beginning of the twenty first century). All the land was not sold, enough being retained to build a new manse... At least, there was still a belief in better days to come, and plenty of good will and devotion too, because in 1982 £1,496 was spent on painting the inside of the chapel and £350 on new carpets.

1986, and here we are again with a labour of love. John Price, Maesawel (formerly of Brynunty), the skilful craftsman, and the Secretary Trebor Davies and his sons, Clegyrddwr tackled the problem of damp in the vestry. Half the floor was lifted up, a pipe was laid to dry it out, and a sheet of plastic and stones put underneath the new concrete; new kitchen units were installed, a water supply, and an electric water boiler, all at a cost of £550, without counting the sweat. And this was the year the Revd J.H. Walters came as minister to Bont and Pennant only. He was already the minister for Cemaes. At the welcoming meeting a walking-stick was presented to Thomas Davies, Tŷ Mawr, Llan who had been Treasurer for 25 years, and flowers to Mrs Olwen Jervis for her work in overseeing the catering arrangements in the vestry, and looking after the communion vessels.

In 1994, *Dechrau Canu, Dechrau Canmol* was recorded, the first television broadcast from Bont, and the conductor? Who else, but Elwyn yr Hendre, and the organist being a niece of Mair, his wife, namely Delyth Lloyd Jones, Wîg (now of Dolau, Cwm Nant-yr-eira). A letter arrived soon from Iori Williams, Rhos-on-sea praising the broadcast and offering his electric organ to the church, because he felt the old one, towards which he had raised money many years ago, was now showing its age. The Secretary went to fetch the organ, and both were used for many years (but with no hope of playing a duet!) By now a new electric organ has arrived

In 1992, major work was carried out on the foundation of the gable end wall, again by volunteers; but the chapel had to face the expense of adapting the toilets, installing washbasins, painting the vestry, renovating the chapel and painting the outside. Over £1500 in all, and that was the last payment recorded for the century. How will the buildings erected today look when they are 250 years old, is the question. One thing is certain, chapels in the future will be very different from the "Blychau" (Boxes) that T. Rowland Hughes wrote so respectfully about, - if they ever get built.

MOVING ON

1997, Sunday morning, 2nd March. An important morning. A vote was taken to see if the two churches, Bont and Pennant, were in favour of joining together. Everyone was unanimous on the matter, that the Pennant congregation would come to worship in Bont. And that is what happened on May 11th.

The church had been without a minister ever since Mr Walters left in 1991; furthermore, with the new century having dawned, the church was determined to do something positive about it. Accordingly, in October 2000 there was a vote in favour of asking the Revd John Pinion Jones, the minister of China Street chapel, Llanidloes, and Llangurig, Graig and Llawryglyn, if he would be agreeable to adding Bont to his ministry. He accepted gladly; and he was inducted at a successful meeting and supper on June 20th 2001, the meeting having been delayed a little because the foot and mouth epidemic was still about.

Today, Capel y Bont meets the requirements of the health and safety regulations according to the law, which have been such a burden on many a struggling cause. Fortunately, very little had to be done at Bont, because many improvements had been carried out over the years, and constant care given to the chapel. Fixing a brass rail around the gallery and putting a new roof on the vestry were the only requirements.

OFFICERS FOR THE YEAR 2000

Minister: Revd John Pinion Jones.
Elders: Trebor Davies, Mary Johnson, John Anwyl.
Secretary: Trebor Davies.
Treasurer: John Anwyl.
Organists: Edna Hamer, Ceinwen Jones, Hywel Anwyl.

MEMBERSHIP

1900 (262)   1950 (111)   2000 (50) (several living away)
Average attendance at a Sunday sermon: 10

A service is held every Sunday, usually a sermon, otherwise a prayer meeting. The monthly combined Pastorate Service in one of the member churches is very popular. The children attend the United Sunday School at Hen Gapel.

What can we say in conclusion? The "glorious past" is obvious enough. Let us hope it is strong enough to play a part in inspiring the next generation.

CAPEL PENNANT

EARLY HISTORY

If the Methodist cause in Bont began as a *seiat* (A Society meeting of the Methodists), in Pennant it began as a Sunday School. Thomas Charles would send out teachers to establish night schools and Sunday Schools, and he sent one John Evans to start a school in the threshing floor at Pandy, the home of Daniel Howell, and to Hendre in 1796. Of course, the ground had been prepared before then. Howel Harris had preached here - it was said that he preached at Belan, through the bedroom window, and William Howell, of the woollen mill, had been one of the four who underwent a conversion near the Cock Inn (Wynnstay). Bronderwgoed farm had become an established resting place for Methodist pilgrims travelling between the north and the south to hold meetings and to preach. Williams Pantycelyn sang songs in praise of the welcome that Richard Wood and his mother gave at Bronderwgoed. Apparently, a white cloth was put out somewhere near Dylife or Gnipell to show that there were pilgrims on the way, and as a sign for them to put the porridge pot on to boil!

Richard Humphreys, another of those early converts, had lived at Gellidywyll. These early Methodists were grieved by the gambling and superstition which to some extent characterised rural life during that period. We often hear the accusation today that it was Methodism that killed off much of the old folk culture in Wales, and of course there are grounds for believing some of this. There was a piece of rough ground where young people gathered to play right under poor William Howell the Mill's nose, and his son used to go out amongst them reading his Bible. They also played on Tŷ Isaf meadow, near Efail Fach. But gradually, as the opposition grew, the play moved away to a less public place, to Llanerch-yr-aur in Cwm Tŷ Isaf, before stopping altogether. There was a man living at Cawg farm who was well known for raising spirits, and the head servant-woman threatened to leave in order to get "the company of flesh and blood"! There was talk of a ghost of a man on a grey horse who came to disturb and insisted on saying where he had left his billhook and hedging mittens before setting off for Llanidloes (what happened in the fair so that he never came back alive?). The dark ravine between Gellidywyll and Rhiwgan is still called Cwm Bwgan Jac to this day. Does "*bwgan*" (bogey), come from the same source as "wgan" in the farm name, "Rhiw-wgan"? Be that as it may, it is deep enough a ravine to claim a *bwgan* even today!

That is how things were when Pennant Sunday School was formed. It moved from Pandy to the Mill Factory, where John, William Howell's son, worked hard on its behalf until his death, aged 20. The school moved afterwards to Efail Fach and remained there until the chapel was built. Another Sunday School had been started at Hendre under the leadership of Lewis Howell. This God-fearing man built a new house at

Church and Chapel

Hendre at about this time with higher than usual ceilings to accommodate preaching meetings. Someone had knocked a flitch of bacon off its hook during a meeting in the old house... The school moved to Crugnant Isaf in 1811 and remained there until the chapel was built, attracting pupils from as far as Cwm-mawr and Pennant Uchaf.

BUILDING A CHAPEL AND A CHAPEL HOUSE
One of the zealous frequenters of the school at Efail Fach was Richard Williams, Wîg, who died in 1819 leaving the farm to his wife, Mary, but also bequeathing a piece of land at Gwernffridd Fach on which "to build a chapel and any other buildings for the comfort of the users". In executing the will, she also gave the land on a lease of 999 years "for those persons of the Methodist Society who hold doctrinal articles of the Church of England as Calvinistically explained". She added that a chapel should be erected as soon as possible. The chapel opened in 1820.

It was a wide, square-shaped chapel, without a gallery, but with generous seating accommodation for 200 and a high ceiling with patterns in plaster mouldings. There had been a dignified meeting to lay the foundation stone and, of course, a special meeting was held to mark the official opening. We are talking about a period when the lead mines at Dylife and Llannerch-yr-aur were reaching their peak, and the proximity of both sites to Pennant brought an increase in population to an area already boasting a strong farming industry and supporting a woollen mill. The chapel was built with rights to keep a school on Sundays or any other day (remember the trouble at Bont). The two Sunday Schools at Efail Fach and Crugnant were transferred to the chapel, but according to reports they were " like two separate hatches of chicks" for a long while, finding it hard coming to terms with the new regime under one roof. (This can be compared to the difficulties of combining two chapels today) They missed the cosiness and intimacy of their old, familiar gatherings, where they had been "like families to each other" for 25 years. But they had to move on. By 1825 the Sunday School had 235 members.

The first minister of Capel Pennant was the Revd. Isaac Williams, died 1886 (a great, great grandfather of Ann Fychan; we can read more about her and her family in another chapter). Initially, the minister lived in the house next door to the chapel, which in the twentieth century became the home of the family that ran the sawmill nearby. On the smithy side, backing on to the other side of the chapel, snuggled two or three small cottages, one of which later became a chapel house. (Mrs Mair Lewis, Bwthyn Llwyn Owen still has in her possession a baking crock that belonged to an old lady who used to live in one of the houses).

In 1900 they set about building a more useful chapel house, with an integral vestry. The contract was given to W. Jones Meredydd, Hafren Builders, Llanidloes and he was paid £269.11.3. Included in the letting terms for the house in 1913 were the following words: "The tenant is expected to keep the house so that there will be nothing in it disadvantageous to the weekly and Sunday meetings. The good and the honour of the cause should be borne in mind in the house. Three pounds and ten pence are given for cleaning and lighting; this includes all required cleaning and lighting (and lighting a fire in the vestry when necessary) so that there will be no extras. The Committee allows ten shillings a year towards the fire in the vestry". Signed, R. Morris, Trustee.

Richard and Leisa Evans, Efail Fach were the first to have the responsibility of living in the new Pennant chapel house, at a rent of £5 per annum; they moved in with their daughter, Mair, in 1913. Above the vestry there was a beautiful sitting room leading from the top floor of the house, for the use of preachers. The tenant was paid a shilling a meal for providing lodgings for a preacher. Mair can remember the time, and this is her account: "The first to lodge with us at the chapel house was the Revd John Williams, Llanwrin. He came on the train on a Saturday evening, and he was brought from the station by pony and trap. Of course, I was only a child, but I have a clear memory of him wearing muffetees on his wrists to protect his sleeves, and being very fussy about dampness. Anyway, my mother managed to convince him that there was no need to worry about the bed being damp because during the week the Cwm Du tree-fellers slept in it!" The trees in Cwm Du, Belan were being felled at that time as part of the preparations for war, and as we can imagine there would have been quite a bit of work, between everybody, for the mangle at the chapel house in those days.

SUNDAY SCHOOL

The older generation were good at keeping detailed records, such as the ones found in the Sunday School secretary's log book, in which he kept careful count of the number of verses recited by every individual, and then published the total figures at the end of each month. Thus, we know that there were 12 classes in the year 1900, and 98 members, who in all recited as many as 2,158 verses in a month (The reduction in membership mirrors the decline of lead mining and the woollen factories, and the migration there had been to the South and other places). By 1939, there were only seven classes there and 54 members – and nobody counting the verses. Up to the mid-1950s, the Sunday School was still quite successful having at least five classes, with Evan Lloyd, Emporium (by now), in charge of the adults; Mrs Mary Davies, the young girls; John Hughes, Cawg, the young men; Mrs Laura Jones, Tŷ Capel, the little children, and Idris Jones, Gwernyffridd, the slightly older children. The children's classes were held in the vestry and the others in the chapel, and the children went through at the end and lined up in front of the elders' seat to answer questions on a chapter of *Rhodd Mam*. The answers were on the tips of their fingers from long practice, the little yellow books being available in Alfred Jones's shop in Machynlleth, when they had fallen to bits. The children used to walk two miles from Pennant Isaf and Belan, without any complaints. On the contrary, most looked forward to Sunday School, and the sweets at the end of the lesson certainly helped. It was a very light chapel, with the sun pouring in through the long windows and the two open doors creating a kind of peaceful atmosphere in the summer. The chapel's spaciousness meant that the different classes didn't disturb each other, and the clack of the superintendent closing his Bible was the signal for the school to finish. Only then would the children be called from the vestry to walk under the watchful eye of Idris Jones to the rear seats and wait there to be called to the front to answer questions from *Rhodd Mam*. By 1963, things had changed again, for the worse. A Sunday Schools joint meeting was held in Pennant to try and generate enthusiasm for resurrecting the classes, but the attendance was disappointing, with only four from Pennant attending, which in itself sent out a clear message. The days of the Sunday School were at an end. The day school in Pennant had already been closed since 1957.

THE LIBRARY

Long ago, the chapel was regarded as a religious, social and educational centre, with those attending the Sunday School and the *seiat* displaying an obvious zest for learning. In 1905 it was decided to establish a library in the chapel, and a committee of 16 was formed under the leadership of the minister. To raise money, a 'variety' get-together was held in 1906, which was very well supported. They took advantage of the fact that "Mr Davies Buckley, who lived locally, owned a gramophone, and excellent selections were heard..." Some books were bought, and others were donated: 2/6 for *Cannwyll y Cymru*, 1/8 for *Clawdd Terfyn*, 1/9 for *Perorydd yr Ysgol Sul*, as well as volumes of sermons and commentaries. The library contained a full set of *Y Gwyddionadur Cymraeg*, *Yr Iaith Gymraeg* (D. Tecwyn Lloyd), *Anfarwoldeb yr Enaid* (D. Moelwyn Hughes), *How to Read Music*, *Gweithiau Ceiriog*, *Gweithiau Morgan Llwyd*, *Pregethau Henry Rees*, *The Pickwick Papers* (Dickens), *Egwyddorion Gwrteithio*, *Lampau'r Gair I'r Ieuanc*, *Cofiant Thomas Gee*, *John Elias a'i Oes*, and many more.

The variety shows an effort to cater for different needs, even agricultural ones. Imagine what a priceless thing it was in that age to have a library at hand when preparing for meetings. The rule was that you could change the books weekly after the service, one book only at a time. It could be kept for a month for free, but a penny a week afterwards. If you lost a book you had to pay for it. Changing books among each other was not permissible. The annual membership was 1/- per annum. John Jarman, Tŷ Isaf was made treasurer in 1916, but by then the coffers were empty. There are no records of the library after 1916, but quite likely it was still in operation. When the chapel closed, there was a handsome cupboard full of books There had also been a very attractive clock on the wall next to it. Someone broke the window and stole the clock, after the congregation during the latter years had given in to using the vestry instead of the chapel. Someone knew that good prices were to be had for chapel clocks.

FROM THE LOG BOOK

At one time, the "Whit Monday Concert" used to be an important annual event. We shall take a brief look at the one held in June 1919, with its beautifully designed printed programme:

Tickets: 2/-, to be sold by individuals. Sponsors for the event had to be secured: A sum of £15 was obtained from 15 sponsors.

Receipts	£49.14.8
Payments	£17.16.8
Profit from Tea	£ 6. 3.6
Profit	£38. 1.6

The following took part: Mrs Lewis, piano; Dennis Rowlands (Eos Lais); E.Humphreys, song; Deiniol, recitation; J.E. Jones, *penillion* singing; Madame E. Dakin, song. W. Watkins received the highest payment of 4 guineas, the others receiving about £2.

"God Save the King" was sung at the end, but looking at the programme, it seems that there would only have been one or two songs sung in English.

The available Log Book goes back to 1924, to the beginning of the Revd. H. Evans Thomas's ministry in Bont and Pennant. A social was held to welcome him, and there was a good attendance at his first *seiat*, including 20 children, who gave a good account of themselves. The membership was about 60, a small church judging by the standards of the period, but everybody contributed a shilling a month, some giving more. There was a sermon every Sunday afternoon, two on ten Sundays of the year, a Sunday School in the morning in winter, and in the evening in summer. There was a prayer meeting every Sunday, and a *seiat* of a high standard every Tuesday evening. The young people were loyal to the Sunday School, the *seiat* and the Band of Hope, and always attained high honours in the County Examination. The day school had something to do with this, because Miss James had become headmistress in 1906 and what she had most success with was steeping the children in the Scriptures. She used to spend about an hour every morning on the Sunday School curriculum to make sure that Pennant children came out top. In today's educational world with the Education Authority's iron grip on the curriculum, the poor old dame would have broken her heart – or would have thrown the tongs and the poker at someone for daring to interfere, because she had a talent in that direction too! The chapel, the smithy and the school were very close together, sharing the same forecourt, and who knows if that didn't contribute towards that atmosphere of unity that existed in Pennant. Mrs Tom Jones, Aberystwyth donated a set of individual communion vessels, in memory of some of her ancestors, which goes to prove that "the children of Pennant felt a deep and warm attachment towards their old home".

Peripatetic Monthly Meetings for delegates, lasting two days, were held by the Methodists, and in 1926 it was Pennant's turn, when the following preachers were heard: Philip Jones, Pontypridd, R.J. Owen, Manledd, Morris Thomas, Trefeglwys and W.R. Owen, Newtown. In reporting on Pennant chapel it was declared that, although small, the church faced the future with quiet confidence. During the two days, the wife of Joshua Wigley, Belan, died suddenly, one of the main pillars of the cause in Pennant, and a special *seiat* was held in her memory. The *seiat* was used in this way sometimes to draw attention to a special circumstance. Another example of this was the *seiat* held in October 1927 to greet the young member, Iorwerth Hughes, Pennant Uchaf, after winning the chair at the Eisteddfod Cymreigeiddion in Denbigh for a long poem in free metre entitled, "Ar y Trothwy" (On the Threshold). At the meeting, the poet was ceremonially chaired under the leadership of J.E. Jones, the headmaster of Bont School "in accordance with the bardic rite of the Isle of Britain".

An "expensive clock" was presented to the Revd. H.E. Thomas on his retirement, and the Revd. T.W. Thomas from Cefncanol, Oswestry took over in 1929. It was a very successful period, the chapel being full at the Thanksgiving service, and the minister testifying that there was "a delightful feeling in every meeting I have had in Pennant". T.W. was fond of literature and he took a lively interest in people and their circumstances. Iorwerth Hughes soon attracted his notice, and he said, "We have been astounded by this young man from the heart of Cwm Pennant. He has won the chair at the Denbigh Eisteddfod before his twenty-first birthday. He is a good musician and a good singer. He can speak on almost any subject. I must make every effort to get close to him, in the hope that I can encourage him". Later on, at a meeting of the Young People's Society, we find Iorwerth Hughes arguing in favour of the town in a debate on "Which is the more favourable for character-building, the town or the country way of life?" We can only try to comprehend the feelings of the minister and the whole community six years later when he had to record, "Iorwerth Hughes was buried. Our promising brother has died. No one knows exactly when he died. The body was discovered. He had been missing from the mental hospital at Talgarth for many weeks". One wonders if the young poet had escaped from Talgarth with the intention of walking home to Pennant Uchaf. He was found dead in mountainous terrain and buried along side his grandfather at Llan.

THE YOUNG PEOPLE'S SOCIETY

The Literary Society, run under the auspices of The Young People's Society, was very strong at this time, attracting a lot of talented and committed people of all ages to its activities. They had a printed programme for the winter, and it was the young people's committee that organised whist drives and socials to raise money for the Society. In 1930 the minister records that "Miss Sarah Jones, Ceulan had given an exceptionally good address on John Elias, speaking for half an hour in elegant language and without repeating herself". And soon afterwards, a debate, "Can smoking be justified?" The elder, E. Evan Lloyd, Plas, excellent and funny, in favour, and Joshua Wigley, Belan, against. The smoke won, 18-11. In March 1933, a social and concert in honour of the young doctor, Ifan Llewelyn Davies, who had been holding very popular classes throughout the winter on the subject, "Ambulance work and the Body". He was presented with a small clock and treated to several varied poetic tributes (which pleased the doctor very much as he too was quite a poet himself). A very jolly evening, according to the note. In October 1934, the season opened with a lecture by J. Breeze Davies, Dinas Mawddwy on singing to the harp. He brought Telynor Mawddwy, the blind harpist, and Dewi Mai with him. Could you ever get better examples of the art?

Here are some further examples from The Literary Society's programme, 1930-36:

Debate: Are armaments necessary? Debate: Is it advantageous to teach the children of Pennant through the medium of Welsh? Debate: Is it an advantage for Wales to be linked to England? Debate: Is the world improving or deteriorating? Debate: Is it an advantage or a disadvantage to be a bachelor? A paper by Thomas George Hughes, Cefn, on "Why

I am Protestant". Instruction by Iorwerth Hughes, Pennant Uchaf for those wishing to study Welsh poetry. Lectures on Henry Richard, Helen Keller and John Penri.

Drama enjoyed an important place in the young people's calendar of activities, and to prove the point, in a drama competition held in 1935 at the Institute at Machynlleth, the Pennant group came first out of five and Miss Gwyneiria Lloyd (later Mrs Gwyneira Lewis) received the highest acclaim for being the best actor in the competition. A Mock Trial was always one of the most entertaining meetings of the winter. There is a record of one about breaking the terms of marriage, with John Jarman, Tŷ Isaf as the judge and Miss Sarah Jones, Ceulan (and Felin later) as a witness. The judge asked her for a definition of "loving". To which she replied, "Kissing and cuddling and other things to follow!" (Sarah Jones never married. She was a serving-maid at Rhydaderyn for many years afterwards, and used to come back to Felin at weekends and make her way loyally over the Cwm footbridge to the chapel.) In August 1937, the death is recorded of, possibly, Capel Pennant's most famous son, namely, Richard Bennett, author and historian of the Methodists. He was a bachelor, and was buried beside his parents at Llawryglyn. (see also pages 401 ??)

THE PENNANT LITERARY SOCIETY
MRS GWYNEIRA LLOYD LEWIS has many happy memories of the Society:

"When I was young in Pennant long ago (I was born in 1910) young people's lives revolved around the Literary Society, which was based in the chapel. It was a vigorous Society, and we used to arrange all kinds of activities, making sure there was enough variety to maintain interest. The young people themselves ran it, with a little help from time to time from older members.

"During the winter we had a miscellaneous programme including debates and lectures. We had enormous fun arranging " Mock Trials". On one occasion, I remember Tom Wigley, Belan in "court" for breaking a marriage promise. The prosecution tried to prove that he had been having an affair with another girl after promising to marry me! Everyone had worked hard preparing for the imaginary case. The day before the meeting, I went to visit my grandmother at Esgair Ifan, together with Ann Roberts from Melinbyrhedyn, who worked with us as a maid at Plas Pennant. As we were walking home, Tom, Belan appeared from somewhere and accompanied us to the gate of the Plas where we met John Roberts, Rhiwgan, and stayed chatting together for some time before going in.

"In court the following evening I used the previous night's occurrence by saying that Tom had approached me with a view to being reconciled. I was asked if I had a witness, to which I replied in the affirmative, namely John, Rhiwgan. Ann was quaking in her boots in case she wouldn't know what to say. Sara, Ceulan was also a witness and she was questioned about a night when I had been to Ceulan and she had escorted me home. We met some boy from Melinbyrhedyn and Sara was teased quite a bit at the meeting, she being quite a 'character'. She was asked how far she had gone along the road. "Well," said Sara, with a heavy stress on the "Well", "I didn't go so far that I couldn't turn back!" She was then asked what was her definition of love, to which she replied, "Kissing and hugging and other things to follow!" We had tremendous fun that evening.

"Every New Year's Night, the Pennant Social was held in the school, a custom that was upheld until the school closed in the 1957. There was a feast for everyone and an opportunity to develop local talents. On Whit Monday there was always a Grand Concert, with artists from all over Wales. Until about 1948, the Pennant Eisteddfod was held regularly on the last Friday in February, or else when a full moon enabled people from Aberhosan, Melinbyrhedyn and Dylife and other places nearby to walk home. I remember Howard and Joseph Williams, Cleirie Isa', George Pugh, Rhiwgam and Idwal Vaughan, Abercegir coming to compete there, with J.E. Jones and Gwilym Williams, Llan as presenters. We, too, in turn would attend the eisteddfodau at Aberhosan and Melinbyrhedyn. A large crowd of young people would walk through Cwm Ceulan and out to Rhoswydol. It was quite a journey, but the time soon passed without our realising it, because we were having so much fun. We also went down to the Bont Eisteddfod held in the chapel on Good Friday, and to the Cyfarfod Bach (small competitive meeting) at the Independents' schoolroom there.

"There was a drama group in Pennant, which usually performed one-act plays. Sometimes we would go down to Llanbrynmair to compete against the other villages – usually every village would be represented. I remember performing *Y Gwanwyn* and *Meistr y Tŷ*. Eddie Lewis (my future husband) used to come up from Bont to produce plays in the 1920s an 1930s, and we won more often than not. He produced long plays afterwards such as *Y Fasged Frwyn* and *Maes y Meillion*. He was quite successful at it.

"We went down to Wynnstay village quite a lot for various activities – plays, concerts or fairs. I remember a travelling English company coming around; they stayed for three weeks and put on a different production every night and a pantomime on Saturday afternoons. I can't remember any of them except Babes in the Wood. Laura, Pennant Isa', Maggie, Rhiwgan and I used to hurry up and finish our work in order to walk down every night if we could!

"I remember well when our Literary Society arranged for a company from the north to perform a Cantata down at the Llanbrynmair village Hall – this was about 1945 and I was the Secretary. They were presenting *Hywel a Blodwen*, with Richie Thomas, Penmachno taking the part of Hywel. I can't remember their fee, but it was a big sum at that time, and it was suggested we charged 5/- for entrance! The committee had a heated discussion, fearing that the evening would never pay for itself, and everyone afraid of taking the risk. I was desperate to have the performance, and volunteered to shoulder the responsibility myself and take a chance! But in the end they agreed.

"I spent a lot of time getting in touch with people who had left the district, asking for financial support for the venture. Mair Lewis, Tŷ Capel, (later my sister-in-law from Llwyn Owen) and I went down to the Wynnstay to sell tickets from door to door. Many thought they were expensive, and Rowlands, Bryncoch, who was regarded as something of a musician, maintained he wouldn't go anywhere near the place. But on the night there he was, sitting in the front row! The place was full to overflowing, and the event an outstanding success. I was so glad after putting pressure on the committee to venture!"

EISTEDDFOD
In 1940 they set about repairing the chapel at the cost of £62, with sufficient money in the coffers not to have to go asking the members.

Church and Chapel

In 1945, after a barren period during the war due to the blackout, it was decided to re-start holding the Chapel Eisteddfod. The custom was always to hold it on a February evening on a full moon, so that people from Melinbyrhedyn and Aberhosan could get home via Bwlch Ceulan without getting lost or falling into a disused lead mine. Many of the competitors came from that vicinity: Howard and Joseph Williams, Cleiriau, and George Pugh, Rhiwgam, singers; Dei Martin, Melinbyrhedyn and Idwal Vaughan, *penillion* singers; Joni Rhoswydol the reciter. There was Aneurin Hughes and his trio from Dinas Mawddwy. Richie Thomas from Cefnau, W.E. and M.L.J. used to compete here before raising their sights, which denotes acceptable standards of organisation and adjudication. The chapel would be full to overflowing, with condensation streaming from the high ceilings down the cold walls. There was a spacious elders' seating area at the front of the chapel, and stout planks specially prepared at the nearby sawmill were laid within it to form a neat platform. These were stored in the corn mill kiln, and a muscular gang of men were needed to carry them the quarter of a mile over the Cwm footbridge. In 1939, they were felling trees in Tŷ Isaf wood, and the lads working there formed an octet to compete at the chapel eisteddfod. (Mobile gangs today would be more likely to complain that they were missing their favourite television programmes).

By 1949 the eisteddfod had become more of a competitive meeting than a proper eisteddfod, being less ambitious and with more of a local scope, which was reflected in the prizes: solo under seven years, two shillings to be shared, four shillings for an open solo, six shillings for the octet and five shillings for a group of singers. (Mair Lewis remembers as a child in 1920 getting two shillings for a recitation – quite a difference.) The title of the humorous piece for poetry composition was "An Old Maid" (that would not be politically correct today, possibly, apart from the fact that they have become an extremely rare species in this age of "partners".) The programme switched to English to specify the competitions for "jumper, cushion cover, Welsh cakes and chocolate sponge", and back to Welsh to invite competitors to make an axe handle, a hammer handle and a book rack. (Today, you can buy such items on the street in Machynlleth on Wednesdays, and so nobody goes to the trouble of making them any longer). William Ashton, Llawryglyn adjudicated the music, Evan Jones, Llwyncelyn, the recitation, Ted Jones, Saw Mill, the woodwork, and Mrs Annie Jarman, Pandy and Mrs Wynne, the minister's wife, the handicraft.

Whist drives were very popular in Pennant, to raise money for various good causes like the Red Cross. They were held at the school. A form that had special appeal was the basket whist, where a table of four was arranged beforehand, and those players coming together during the interval to eat from the same basket. The feasting was just as important as the game, and longer than usual was spent socialising and enjoying the food. You could re-name the occasion a card tea party, and with fires burning in both black grates at either side of the school, the good companionship, the laughter and the leg pulling, they had an evening to remember. As with feeding the five thousand, the full baskets overflowed to fill the gap if a basket had emptied quickly on the next table. Quite often, Stanley Jones, Llysun Garage, was the M.C. He had close connections with Pennant, his wife, Gwyneth, being the daughter of Cilcwm, who never forgot the fact. He had an old trick up his sleeve – looking over Gwyneth's shoulder, and calling trumps, ensuring it was the suit she had least of, and seeing her getting more and more frustrated when she found herself unable to move up on the call, "Ladies move up, gents move down!" It called for quite a sound relationship for a husband and wife to survive such a trick and still live under the same roof! Yes, there was enormous fun to be had, homespun fun without any ill feeling.

In 1954, the Revd John Price Wynne produced the play, *Rhwng Te a Swper*, for the Llanbrynmair villages' one act drama competition. The cast was Elwyn Davies, John Price Wynne, Meurig James, Alun Wigley, Marian Waters, Eirian Lewis, Anneura Jones and Marian Rees. Instead of a prize they had the most wonderful fun practising in the school (walking through the snow) and performing on a proper stage in the old Hall in Wynnstay village.

NEW YEAR'S DAY SOCIAL
The highpoint of the fun without any doubt was the New Year's Day Social, famous throughout the parish and always held on the first night of the New Year. The Young People's Society was in charge of the arrangements, with everyone else being drawn in to help. The event continued certainly for fifty years, from the time of the First War to the

Church and Chapel

end of the 1950s, that is, from the time when boys and girls came on push-bikes from Llawryglyn until when boys from Wynnstay village came up to show off the power – and the noise – of their motor-bikes. It followed quite a simple pattern of supper followed by items of entertainment, and both sides of the coin had to shine. There were no half-measures about the Pennant Social. It had to be prepared properly.

It was held in the school, and as a third of the building had become a canteen in the late1940s it was quite a squeeze afterwards to say the least, with every windowsill containing the equivalent of a small choir! The Social's motto was plenty of food for everyone, and during the tough times between the two wars, this would probably be the nearest thing to a tea party for many people during the whole year. Iori Williams used to send currant cake from the Emporium and meat paste for making sandwiches, and there was also bread and butter and cheese and a Madeira cake. The paste pots were useful for holding ink in the vestry during the Sunday School examinations – but very easy to tip over! In a slightly different age, Cynlas from the Talerddig bake-house became responsible for the cake and the mince pies, and they were second to none. At first, desks from the vestry were borrowed and converted into tables, then trestle tables were made out of old desks no longer used in the school, covered with white table-cloths, with benches on either side, all arranged in two rows the length of the room. The children ate first at six o'clock; price of entry, one shilling (in the 1950s), and adults two shillings. Then the grown-ups sat down and were instructed to eat instead of talking. They needed no coaxing. Food never disappeared more quickly, and then the serving ladies ate last of all, with plenty left over. They aimed at clearing up by 9 pm, dismantling all the tables and re-arranging the benches and chairs. It was a good deal easier after the canteen was built, even if there was less room, because before they used to boil the water on an open fire outside, sometimes in the snow. Edwin Jervis, Efail Fach, was in charge of boiling the water. He would erect a tripod and crane and hang a large iron "drudge" above a fire in the schoolyard.

The entertainment began with the children more or less repeating items from the School or the Sunday School Christmas concert. This was followed by the young people's and adults' items, depending on what talent had turned up, singers mainly, and these would be interspersed with literary items. In between the solos, duets, quartets, and recitations there would be a competition for putting the tail on the pig on the blackboard while blindfolded, reading a passage without punctuation, rhyming lines, and answering questions on the spot, the competitors withdrawing into the pitch blackness of the porch. One difficult to beat at rhyming lines was Dafydd Wigley, Belan, unless he was the task-setter. You had to provide a rhyming line without any delay if you were to remain in the competition, not much time to think and the more humorous the better. "Where did the hare go?" was one of the lines set by the Revd T.W. Thomas on one occasion; "Headlong into the bracken!" replied Eddie Cilcwm Fach. A silly response worthy of the poor line! The "answering questions" competition was a kind of general knowledge test. The Editor remembers trying this competition when about 13 years old – having been dared by a friend to give stupid answers! And that's what happened, much to the audience's great mirth. Question: Who is the Minister of Food? Apart from the fact that I hadn't a clue, seeing a local shopkeeper in the audience, who was a bit of 'character' and whose belly suggested he was fond of his food, gave me a flash of inspiration… The answer came like a bullet: "Jarmon Pandy!" Uproar. Question: Who is the author of the hymn, "Cofia'n gwlad Ben-llywydd tirion"? I knew the answer was Elfed, but as Mex was the nickname of a local farmer called Elfed, who was not much given to hymn singing, and who was also in the audience, I proclaimed, "Mex!" The roof came off. Fortunately, one was forgiven for kicking over the traces at the Pennant Social.

    The same people, more or less, came from Aberhosan as came to sing at the eisteddfod, whilst Defi Tomi (D.T. Jones) and Thomas (Davies) Coedcae came from the 'Gwaelod' (Wynnstay) to sing duets: "I Fyny Blant y Cedyrn", "Bryniau Aur fy Ngwlad", "Lle Treigla'r Caferi", "Y Ddau Forwr", "We'll Run Them In", (complete with helmet and baton), and if there was a Blodwen about, "Hywel a Blodwen" into the bargain – that was the musical diet, more or less. J.E. Jones used to play the fiddle and sing *penillion*. Gwyneira Lewis remembers dressing up in gipsy clothes and telling fortunes during the meal to raise money for the Young People's Society. John y Foel gave his rendering of "Araith

Danllyd Capeluo" many a time, as well as "Widw Fach Lân I Was See In The Train". That countryman, John Morris, who alas died far too young, had an exceptional talent for reciting, and was a regular winner at eisteddfodau. There was also plenty of talent among Pennant people themselves, young and old, Elwyn and Menna being good singers, and also Tegryd and Lynfa and their father, Ted Lewis, before, and sometimes teaming up in a quartet with the Revd Emrys Thomas and his wife, Menna.

The last Social was held in 1957. It was a sign that the Young People's Society and all the other social activities were beginning to go downhill, and the population decreasing to such an extent that arranging events was becoming more of a burden. Cars and motorbikes had become commonplace, which made it possible to travel farther afield to look for entertainment. Losing any family made a difference, but losing a large and cultured family like the Wigleys of Belan, who moved to Llawryglyn in 1955, had a telling effect on a tiny community like Pennant, and left a gap that couldn't be filled. The Waters family, with their large brood of children, had left the area too. Young girls were also getting married and leaving, or going off to college.

UNITING PENNANT WITH BONT
The church had been meeting in the vestry during the winter for many years, where a beautiful fire burned in the grate and everyone was like a family in a parlour. On a Sunday afternoon, with his back to a blazing fire it was more of an effort for the minister to keep awake than it was for the congregation. Eventually, owing to lack of use and the effects of the weather, the condition of the chapel deteriorated to such an extent that the roof and the ceiling with its plaster mouldings were no longer safe, and the congregation had to face up to the situation and make a decision that would be distressful to many. Membership had dropped to 22. There was only one practical option, namely, uniting with Bont, three miles down the valley, where there was a warm and comfortable building, and a small congregation in need of reinforcement. And that is what was done, albeit with a heavy heart after all those years of trudging here in all weathers and on all manner of occasions, serious and light-hearted, through Dyrtun Wood, over Gnipell, from Cwm Crugnant, Cwm Ceulan and from the direction of Wîg and Rhiwgan. It was hard

turning the doorknob for the last time, knowing that there would be no more Sunday footprints on the blue slate doorstep. The last service was held on April 27th 1997. The chapel was pulled down in 1998.

This is the note written in the Log Book of Bont, on May 11th 1997 by the Secretary, Mr Trebor Davies: "Pennant church uniting with Bont church. 16 members present from the two churches. Uniting on behalf of the Presbytery, the Revd. J. Pinion Jones, Llanidloes, Tom Griffiths, Y Graig and Alun Wigley, Llawryglyn. The chapel was closed because the building was in a poor and dangerous condition. The unification was a very happy one, and it was seen as beneficial. Elwyn Davies was already an elder at Pennant (since 1967), and he was persuaded to continue at Bont. This was very well received, and appreciated".

13 members of Pennant chapel became members of the United Presbyterian Church of Bont. Pennant's funds were transferred, together with the profit from the sale of furniture from the chapel and the vestry. Some of the vestry benches (several of which had backs that converted into tables) were sold to members, and some wanted to keep their pews. In 1999, Elwyn Davies agreed to become treasurer (on the departure of Mrs Mary Johnson after long service) and the books were transferred to him… On March 19th Elwyn returned the books to the secretary, because of his deteriorating health and having to go into hospital to undergo treatment, but he never returned home. He died on July 25th, aged 71 years, having given his talents and his whole life to the best things in Pennant and the parish of Llanbrynmair.

8 - OLD CUSTOMS AND SUPERSTITIONS

It was the expansion of the chapels and education that was the deathblow of superstition. Before that, it was rampant through the land, a way of life, and a means of interpreting life and events. In this book considerable space is devoted to the influence of the chapels, but to understand fully the background to our community we should also consider how society was before. It is very easy to lose sight of how different the world of yesteryear used to be, especially so for the younger generation, who have been born into a very different world. Let us, therefore, take a look at some of the old customs and beliefs of this area.

SPECTRAL FUNERALS AND SORCERERS
There's the corpse candle and the spectral funeral – people's spirits following the bier along the road – signs of death in the neighbourhood. Mary Davies, Hendre Pennant said she saw a spectral funeral passing through Weirglodd Wen near her home. She did not give many details, except that the bier and the 'people' were clearly visible. The village sorcerer also played an important role in a superstitious society, with powers of bewitching, cursing and exorcizing, as required, and in Montgomeryshire there were plenty of them working their magic – and making money. One of these was Siôn Gyfarwydd, or to give him his proper name, John Roberts. He was descended from a family of millers in Ganllwyd, but he came to live in Llanbrynmair in 1793. It appears that he had had some education in Welsh, English, Latin and Music, and he learned the craft of bookbinding. He also played the flute, and was the leader of the first band in the parish. He became well known both as a musician and a sorcerer, and the old devil soon realised that there was more money to be made from the latter vocation. He lived opposite the Wynnstay, and so it wasn't difficult to get hold of him. His famous trick was putting an evil spirit inside a bottle.

Well, there was an evil spirit troubling one of the bedrooms at the inn. Siôn Gyfarwydd was called; and after a bellyful of beer, up he went into the bedroom, shutting the door after him. There followed the most unholy crashing sound anyone had ever heard. There never was such thumping and thrashing and furniture being thrown about... Then, the bedroom door opened slightly, and Siôn called for a bottle and a cork. Silence. Everyone held his breath. Siôn then emerged with the bottle firmly corked and a folded piece of paper inside. This was the abacadabra, the written proof of witchcraft. More beer, then the bottle (and the spirit), so the story goes, was taken and placed inside the wall of a bridge being built at that time about half a mile away. One of the railway bridges, perhaps? Demetrius claimed he had in his possession two of old Siôn's 'recipes', written in perfect copperplate.

COCK FIGHTING
This was a form of gambling for which Llanbrynmair was quite famous. Ambrose Bebb uses a scene from this sport in the opening chapter of his historical novel, *Dial y Tir*. The custom disappeared only gradually because no specific state law was ever passed to ban this special practice, although from 1800 onwards the matter was widely debated. In 1849 a law against cruelty to animals was passed, which came nearest to banning the custom. Cock fighting is still practised in some parts of the world – and, according to some, in Britain too, secretly. But not on farms, because by the end of the twentieth century keeping any kind of poultry on farmyards had almost entirely disappeared! How the world has changed! But in the eighteenth century, especially, the parish of Llanbrynmair was famous for its cockfighting. Wasn't the main inn, 'The Cock', so named for this reason, and wasn't the cockfighting tournament of Pandy Rhiwsaeson famous throughout much of the country?The custom was so popular in mid-Wales that a "family cockfight" was held somewhere in the parishes every week, a village one every month, and then the annual tournament on the local Patron Saint's day. In Montgomeryshire the county contests were held at Easter, and lasted a whole week. Hosting these annual events was hotly contested, and in 1795 the honour fell to Llanbrynmair. The event began on Easter Monday and ended when only the champion cockerel remained. Preliminary rounds were held to ensure that only the very best were entered for the big contest. The actual cockpit was located on Rhos Fawr, Plas Rhiwsaeson. The Pencaedu family were put in charge of the arrangements: they had to clean the 'pit' – a level ring eight yards in diameter, and eight inches deep – fill the barrels with Shrewsbury ale, and clear the house in order to provide benches for the spectators'

drinking sessions. A blacksmith would have been busy making iron spurs, literally to add extra edge to the fighting, and some cocks had a sorcerer's promise fixed under their spurs, though this did not prevent one or two favourites from getting killed at the first blow after the masks had been removed and the two were at each other's throats amid the supporters' shouts. Many a fool lost his last penny. If 'doing the pools' had existed in those days, the name of 'Llanbrynmair' would have been splashed all over them.

SUMMER CAROL-SINGERS
This was a truly delightful custom. Throughout the eighteenth century, and before that, and on into part of the nineteenth century, Summer Carol-singing was quite commonplace in this locality, "summer singing" or "singing under the wall", as it was called. Its purpose was to celebrate the arrival of summer, reflecting a period of anticipated joy, and no doubt get a little money and something to eat at the same time. About the 1st of May, groups of singers and musicians would go around greeting people in their houses, usually choosing the better off in the hope of being given food and money. The custom followed a similar pattern to that of Wassail Singing, or the Mari Lwyd, in the South.

During the eighteenth century, three famous summer carol-singers in Llanbrynmair, namely, Dafydd, Tomos and Mari Rhys, Pengeulan, used to go around as a group. They were probably the very last wandering singers of their kind at this end of the county, if not in the whole of North Wales. Demetrius said that they died 30 years before he was born (1859), but he remembered them being talked about. They were the children of Tomos and Barbara Rhys. Their father was a carpenter and a wheelwright, working on water wheels. Dafydd, who was born in 1742, was also a carpenter, and a good musician. He was the conductor of the Llan Church choir and composed songs and carols, which he also sang. He died at Pengeulan in 1842, aged 82. Tomos, born in 1750, was also a carpenter, and apparently a very skilful one, because he built a harp and a fiddle for himself, and he made a "box flute" to get the correct note for leading the singing in church. This interesting gadget was still in the church in Demetrius's time. One wonders where it went.

An important and interesting part of the trio was Mari, their sister. She was their leader, a real 'character', with a strong constitution; she could plough and do any man's work, fish and make baskets. She also wrote poetry, but her main contribution was singing and dancing, which she did with zest and energy especially at fairs, particularly the May Fairs, and she was of great renown at Patron Saint Festivals, Llanbrynmair's being in mid-August. The trio sang to both harp and fiddle accompaniment. Mari died in December 1842, aged 94 years. Demetrius said, "Some of the trio's work is still extant – either memorised or in print," and he quotes in an article one of Dafydd's songs when he had been given money by a friend to buy a new suit.

BALLAD SINGING
Long ago, before the days of newspapers, we know that ballad singing was a means of broadcasting both good news and bad, and also a source of income for a popular ballad-monger. He would sell ballads at a penny each in the eighteenth century, and at a fair they would have all gone in no time, especially if they were about some dreadful or extraordinary event. They were then sung again on the road or in a stable loft, and so on.

A ballad-monger from Bala, called Owen Gruffydd, or " Owain Meirion", or again " Yswain Meirion" came to live at Glanrhyd, Llanbrynmair from 1859 to 1868. He sang a lot at Machynlleth fairs, and made a profit of eight shillings on every hundred ballads he sold. On the strength of his ballads, his attractive personality and his ready wit he made a lot of money, but he lost everything, apparently, through a trick someone played on him. After all the popularity and attention, he came to a sad end, selling small trinkets from door to door, and living on the parish. He used to deny that he was once the famous ballad-monger. He died aged 65 at the Brook in the care of one Sarah Davies. Mynyddog thought highly of the *Yswain* (Squire), and was one of the bearers at his funeral. He collected money to pay for a gravestone for him, and wrote an inscription for it in the form of an *englyn*.

There is also talk of one Jack Newlins (or Newlands?), who was born in Comins Coch in 1808, but who spent his life in Llanbrynmair, and died at Bragdy, Bont, aged 76. Labourer, poet and ballad-monger. He used to attend chapel, but never sat down there. It is said that he kept a day school for some time in the "Little Chapel" at Bont. Which one was that, the Methodists' schoolroom in Wern, or the Independents' Schoolroom?.

The custom of ballad-singing persisted in Llanbrynmair – some local poet writing a string of verses about some unfortunate incident, and local lads meeting up, as they did, on some bridge or road junction to sing them, if possible within earshot of the person under consideration! A quite recent example of this is the song that Dafydd y Belan wrote when a cockerel was lost at Efail Fach. This one used to be sung in the 1940s at the top of Efail Fach hill

THE PATRON SAINT'S FESTIVAL
The Patron Saint's Festival for Llanbrynmair was on August 15th, the Feast of Mary, Mother of Jesus, when there would be church services, a fair and games of all kinds. Probably, one has to go back to the eighteenth century to find this festival being celebrated properly. It was also called "The Pudding Festival", because farmers used to give milk to the poor to make a pudding on the last Sunday in August.

THE WHITE STICK
A custom that lasted until the 1940s was sending a "white stick". This was a hazel twig stripped of its bark until it was white. The white stick would be sent to a man on the morning his former girlfriend was getting married, as she went to the altar with someone else. A sort of rubbing salt in the wound! Why a white stick? That's an interesting topic for discussion. A stick without its bark is not worth much?!

HOLDING A "CWINTEN"
Holding a *cwinten* is another custom, which still takes place from time to time near places of worship on wedding days. This is a children's custom, a good way of filling one's pockets! Two children, or groups of children, stand on either side of the road holding a rope decorated with horseshoes, ribbons, flowers – a rag doll, or anything else thought to be a symbol of good luck and adding to the fun. The idea is to hinder the bride and the groom on their way from church and oblige them to throw money out of the carriage window– and amidst all the scrambling that follows they are allowed to proceed! The Welsh word *cwinten* derives from "quintain". Long ago, especially among wealthy families, the bridegroom and his escort would fetch the bride on horseback. A quintain would be erected at the roadside, that is, weights hanging from

a wooden pole, which could be swung around suddenly. If they succeeded in knocking a member of the escort off his horse in this way, they would have to pay a forfeit. Another part of the fun was for the bride to try and escape being caught that morning - as portrayed in the well-known story, "*Meinir Nant Gwytheyrn*". There appears to be a similar sad story set in this area too, about an heiress of Plas Rhiwsaeson at some time or other, entitled "*Y Sbrigyn Uchelwydd*" (The Mistletoe Bough).

NEW YEAR'S GIFT SINGING

One tradition still alive at the end of the twentieth century, but only by the skin of its teeth, was collecting New Year's gifts on New Year's morning. The custom of going from house to house on the first day of the new year wishing people "Happy New Year" in exchange for a New Year's gift of money – *calennig* - was common to the whole of Wales, of course, and is still kept up in some districts. The practice was very strong in Llanbrynmair until about the middle of the twentieth century. Since ready money was scarce in the first half of the century, no one would get rich by collecting New Year's gifts – a penny or two was all that could be expected, or in many places a piece of home-made toffee or some fruit-cake. But nevertheless a penny was a penny, and returning home with a purseful was a help for many a mother. The larger the farm or the house, the greater the expectation – although that didn't always follow. Some places were better known for their generosity than others, and *vice versa*. The greeting on the doorstep would be either a carol – *Away in the manger* (translated) being a favourite – or the chant (literally translated):

> "A full New Year's gift on New Year's Morn,
>   Once, twice, thrice.
>   The man of the house and his good family,
>   Please can I have a New Year's gift?"

followed by the loud exclamation,

> "Happy New Year!"

In Bont before the Second World War, Llwyn Owen was a good place for a New Year's gift, especially for those who called early in the morning after the Watch Night service in Llan. The tradition that the early risers would have the heaviest purses at noon continued, after which time you had to make for home, because there would be no welcome after that, and the pennies would long since have become halfpennies and all the mince pies gone! Basically, New Year's gifts were a method of sharing with the needy, and a way in which relatives and friends could patronize children: "Here you are, there's your New Year's gift!" "Thank you very much. Happy New year!" It was also a way of receiving a blessing for the coming year, and the frequent expression of "Happy New Year!" some kind of earnest for better days. But there was also a stigma attached to singing for New Year's gifts – it was something the "poor" did, and one or two families absolutely refused to let their children go out "begging for charity". But that was not how the children saw it. It was wonderful fun, getting up early, starting off in the twilight or when it was pitch-dark, having planned the route carefully according to the time available and the expectations, and for once in the year being allowed to venture into unfamiliar farmyards… The Editor remembers going to collect New Year's gifts for some years, between the ages of seven and nine, with Ann Lloyd (now Jones) from the Rhiwsaeson Lodge. As something of a songstress and a chatterbox, having me as part of the duo was quite useful! I used to sleep at Ann's the night before, and Mrs Lloyd, the kind soul that she was, got us going at the crack of dawn, well, at about eight o'clock, after a bellyful of porridge, and a warning to "finish off at Newgate" and to remember to be there before noon.

The route started at the Factory, the nearest houses – three at that time – then on to Plas Rhiwsaeson, the Mill, Llwyngwern, Bodhyfryd, Cwmgwyn, Tan-y-ffordd, the Smithy, Marged Jones's house, the two Glanllyn houses, Pendeintir, Soar and the Wynnstay Hotel, kept at that time by Mr Lloyd, Ann's grandfather. Then we had to call on Miss Ceridwen Lloyd at Glynteg, and sing our very best. Half the journey was over. Then we would turn to the right, and over the bridge to Siop Tomi, then Brynmeini and Llysun and then on to Brynolwern, where there were more of Ann's relatives – which always helped! We must have called on about 20 houses before we had finished, and the purse getting heavier, with many a bronze three-penny bit and one or two silver ones among the pennies. Then a climb up to Esgair (just for the adventure) and down again to Newgate, with our voices by now getting hoarse. Ann had two great-aunts living here, the sweet and gentle Bodo Rachel, and the volatile Bodo Betsi, and also great Uncle Tom (Jarman). They looked forward very much to our coming, and we were invited in to sit on the settle, but there wasn't much time for a chat because there was so much bustling going on. Making faggots, perhaps? An inviting smell wafted from the little oven. Soon, "The two of you had better have something to eat. The meat isn't ready yet..." Lifting the thee-legged cauldron off the fire. "Come to the table". A large empty table covered with an oilcloth. A tureen of steaming potatoes was brought to the table, a plate each and a knife and fork... and a dish of marmalade! "Eat up, children." Potatoes and marmalade! We had a laugh together once Bodo Rachel's back was turned, but soon we were pitching in with gusto because we were so hungry. And fair play too, for who would give spare rib to eight year olds? Jam was much easier to digest – and, anyway, they had already been given six pence each! (Talking of the combination of potatoes and jam, was this common practice years ago when meat was scarce? Marmalade was rather unusual fare in Llanbrynmair in those days too.)

People still will say today for a bit of fun, "Where's my *calennig?*"but in reality that unpalatable age has arrived when it is deemed to be "too dangerous" for little children to wander about the countryside on their own. Today's children have lost out enormously, missing the early, frosty New Year's morning, so full of promise, with the journey and the people being as much of a reward as the purse's contents at the end of the day.

(P.S. On 1st January 2004, Linda Jones and the children of Bragdy and their chums went round their friends' houses singing for *calennig*– by car! And had a warm welcome. Perhaps they have started a new fashion...)

9 - CRAFTS

ROBERT MORGAN, CAETWPA, THE CARPENTER

From the middle of the twentieth century onwards, village craftsmen as we knew them have all but disappeared. Today there is no blacksmith, and no shoemaker – not enough work to keep them going. But there is still a carpenter here, one who can be described as a true craftsman, equally at home with both modern and traditional styles. His name is ROBERT MORGAN, the son of Freda and John Morgan of Caetwpa Farm. It was he who made the bardic chair for the National Eisteddfod at Meifod, 2003 and for the Powys Eisteddfod at Machynlleth 2004.

After leaving Machynlleth Secondary School, he attended Shrewsbury Technical College for two years, studying Furniture Design and Production. He gained the City and Guilds Certificate and emerged as the best student of his year, out of a group of 23 (three of whom were from Wales). He then returned home to Caetwpa to take up carpentry professionally accepting all commissions, large or small. He did not need to advertise: the orders flooded in, the first large one being an oak dresser for Mr and Mrs Edwards, the Post Office. After further development of his skills and experience, he invested in the very best machinery. Today he can turn his hand to any aspect of carpentry, his favourite medium being oak. From where does he get the wood? "Well I try to get it locally, Montgomeryshire oak, if possible, because there is more character in the grain. When I buy from a company, I go along personally to choose a piece of wood to suit the order." Yes, he is a most meticulous craftsman, putting quality before everything.

Perhaps some readers saw Bobby shooting clay pigeons with Gerallt Lloyd Owen in the TV programme, *Shot Olau*, and winning, of course. Further evidence of his character – everything must be 'spot on'! Llanbrynmair can be truly proud of this young, talented craftsman, who has remained in his native parish, and enriched it by perfecting his craft. And do you know what? He is as good a farmer as he is a carpenter, the tidiness of the place and the condition of his Welsh speckled-face sheep giving ample proof of this. Recently, he has shown his dedication to Llanbrynmair by being elected its representative on the Powys County Council.

TIMBERKITS

Another craftsman, albeit an Englishman this time, who has lived in Llanbrynmair for over 35 years, is ERIC WILLIAMSON, Cae Madog. He makes working models, which he sells in pack form. He and his wife, Alison, fell in love with mid-Wales when they were students, and looked round for an old ruin to 'do up', so that they could come and live here. They eventually came across Pantypowsi, not far from Aber Schoolroom, three walls and half a roof, and no road leading to it. They spent ten years travelling to and fro from the Midlands, where they were both teachers, to renovate it bit by bit, until it was habitable. Having got a taste for this, they then undertook three other similar projects, including converting Aber Schoolroom into a house. They later bought the farmhouse, Cae Madog, because it had a barn large enough to convert into a workshop, where Eric further developed the model-making business, Timberkits.

By now, he has been making wooden models for over twenty years, some electrically operated and others manually, that is, by turning a handle or by touch. The Editor seems to remember an ingeniously designed model 'woodwork shop', with all kinds of activities in motion, being displayed by Eric at the Machynlleth and District National Eisteddfod in 1981. It was priced at £50, a bargain if ever there was one, but it wasn't sold.

By 1999, he needed to expand, and bought the old village Hall at Wynnstay, and by 2002 he had opened a workshop there, a showroom and a café, employing about a dozen local young people. Many come to see the exhibition, "Machinations", where they can activate the barking dogs, the drummer, the guitarist, the piper, the ship on the sea, the snapping crocodile, the flying birds and many more; and buy the packs to build the models themselves. Many are sold by mail order. At the gate beside the A470 inviting everyone to come in, stands a red dragon flapping its wings in a Perspex cave. (It wouldn't be a bad idea to have a free-ranging red dragon in the area as well!)

The next chapter of this account is rather sad, but, alas, characteristic of the age. Like many other companies, they are turning their sights overseas where production costs are much lower than even in mid-Wales. "In this kind of work," they say, "it is difficult competing with the Far East, and so from 2004 onwards, although we shall be doing the designing, the wood will be bought, worked and packed in China. We shall then import them together with other items from that part of the world, marketing and distributing them from here. Thus, this will become a design and marketing centre, together with the showroom and café, of course. We would like to expand into tourism and craft courses…"

What will become of these plans? Success, and work for local people, it is hoped.

TERENCE LAMBERT

One doesn't use the word "genius" lightly, but there is no other word that can adequately describe the illustrator and artist, Terence Lambert. He is regarded worldwide as a master of wildlife painting, especially birds, and he has been described as "a key player in the development of wildlife art in the twentieth century". He has chosen to live in Llanbrynmair, which is a great privilege for the area and his tribute to it. For the last 21 years he has lived in Hafod-y-Llan, the old Rectory, enjoying the panoramic diversity of Cwm Esgair Ifan, with the red kite hovering above. He is married to Glenys and they have four daughters.

Originally from Hampshire, he went to Slade School of Art, and after some years working in industry as an illustrator he turned to wildlife painting. From his stable loft studio he is very productive. A bookshelf totters under the weight of 40 books containing his works, three heavyweights exclusively his own work: Lambert's *Birds of Garden and Woodland* (translated into six languages), Lambert's *Birds of Shore and Estuary* and *Collins British Birds* which has over 300 pictures. There have been over 40 exhibitions of his work, mainly in London, but he says that he would like to show more of his work in Mid Wales: "This is the source of my inspiration, this magnificent landscape which is home to so much wildlife. It's a national treasure which deserves great care."

Terence Lambert's connections are worldwide and in prestigious places. Commissions come in from many directions, from individuals, companies, corporations and publishers, and predictably he will be painting until the last brush is bald. In his words, "Each day is pure pleasure!"

VILLAGE WORKSHOPS

The local council took a very useful step forward in 1981 when some half dozen workshops were developed in the old estate yard on Pandy road. Old buildings were adapted first of all, and new ones were added in 1987. Gradually, they became occupied and have been in full use for several years now.

The largest business today occupies more than one of the units, and its fame and products have spread beyond Wales and Europe. This is the very successful company known as ANDERSON APPAREL LTD., whose Managing Director is CHRISTINE ANDERSON, a graduate in Clothing and Textiles, having specialised in pattern and design making. She started here on her own in 1993 and has since registered as a company and has a workforce of six. They do very specialised work in the fashion industry, work that is highly skilled and exacting: they make the original samples of designer garments, which are then used in exhibitions and on catwalks in fashion shows. A designer's success will depend to a large degree on top quality work and prompt delivery from workshops such as this one. Here, they work with a wide range of fabrics from fine cotton and wool to the most delicate silks and satins, laces, hand-made braids and beaded panels. The workshop is festooned with fabrics of all colours of the rainbow, and garments hang around – dresses, separates, swimwear, sportswear, and some men's wear too, made up from the most unusual combinations of materials destined for London, Paris and other high profile showcases, where orders will be taken from private clients and from the specialist retail trade and mail order companies. Orders for garments, in various sizes, will then flow back to the workshop, and this cycle will keep them very busy for eight months of the year. The rest of the time they indulge in some original creative work of their own, wedding apparel being a speciality.

This is an extremely busy small workshop doing specialised work and employing highly skilled people; its success is reflected in the awards that Christine has received for enterprise and innovation, the most recent being HTV Welsh Business Woman of the Year. Llanbrynmair can be proud of its Scottish acquisition!

In total contrast, in one of the old adapted buildings is "Spiked Anvil", a coke-fired forge run by a female blacksmith, SPIKE BLACKHURST, who makes individual forged items on commission –

gates, balcony rails, antique latches, sculptures – and has a stall on Machynlleth market as well as doing some part-time teaching in her subject. Other units are occupied by makers of puppets, holograms, and speakers and desks for the recording industry. All in all, highly individual work.

It can be said, therefore, that these workshops show how Llanbrynmair is successfully meeting the demands of modern manufacturing at the end of the twentieth century.

ELECTRICITY

There were many attempts to bring electricity to Llanbrynmair before Manweb connected it up to the national grid in the 1960s. There was a period of experimentation during the 1920s and 1930s. Bainbridge, a Yorkshire man, installed small windmills. For £45 you could get a (motorcar) dynamo and a six-foot blade mounted on a pole, and a tailpiece attached to ensure that the device always faced the wind. A cable ran from the dynamo to a six-volt battery located in the house. It only provided lighting, but it was better than an oil lamp, though not as reliable. This lasted six years, and about half a dozen units were erected. It should be remembered that these early efforts to generate electricity only provided a weak and variable light, until the advent of more powerful diesel engines, and then grid electricity..

Stanley Jones, Llysun, was the first to provide electric lighting in Wynnstay village, by means of an oil engine in his garage, and that was in the early 1930s. It was connected to the village hall in 1935, and Iori Rowlands remembers the period for a particular reason. The Women's Association used to hold an annual Fancy Dress competition in the Hall, and his mother, Mrs Rowlands, Bryncoch, being a leading light in the organization, always dressed some of the children ready for the show. That year, she dressed Heulwen, who was about eight years old, in a costume with lit up flash-lamps all round it, to celebrate the arrival of electric light in the Hall! As one might expect, the lighting in the Hall was at best pretty feeble, and on more than one occasion it failed altogether, leaving everyone in the dark – and not always because of a fault in the generator, but rather because someone had been playing tricks with the switch! Oil lamps were still being used to light houses in the village for many years after that. 'Tilley' type vaporizing paraffin lamps, with mantles like those on gas lamps, had been in use at the station since around the 1920s. They became popular in homes as well from the late 40s

Up in Talerddig, the Davies family had been producing electricity at the Dôlgoch workshop, where there was a water wheel which, in 1924, provided lighting for the new garage, Dôlgoch house and Dôlafon, and then in 1928 for Islwyn, and in 1931 for the Schoolroom. Within a few years they had to get an oil engine for use when the water in the leat froze in winter! Before the end of the 1930s water turbines came into vogue, and from then on D.C. Davies was very busy wiring, and helping to set up turbines and install diesel engines at various places from Llanbrynmair to Llanwrin. Many farms bought "Startomatic" diesel engines in the 1950s and 1960s because, despite Manweb's arrival in the area early in the 1960s, it was a long time reaching everybody.

WIND FARMS
During the 1980s, Montgomeryshire became a target for large companies with an eye to generating electricity from wind-power. This came about because the Government was offering generous grants for producing renewable, non-fossil energy, especially from wind-power. Central Wales was favoured by these generating companies because it comprised elevated, windy terrain free from stringent conservation orders –even though its natural beauty and its abundance of wildlife was second to none, and at their best, equal to anywhere in Wales. Accordingly, in the absence of conservation regulations, these companies targeted central Wales in particular, since it was an area in which planning permission was quite easy to obtain. After a brief public inquiry in 1991, Wind Energy Group was given permission to build 24 wind turbines on the ridge of Mynydd Cemaes, bordering Llanbrynmair. This was the first wind farm on a mountain in Wales. In 1996, the company submitted an application for six more, and taller, turbines, 41.5m. After a public inquiry, permission was granted for four, then over-ruled to six by the courts, but they weren't built. In 2002, a new company replaced them with 24 turbines 66m.high, which are more visible from Llanbrynmair. Again, following a public inquiry, in 1997 Trannon wind farm was opened on the open mountain land between Pennant and Carno. Here there are 56 turbines of 53.5m. to be seen in a cluster, especially from

the Dylife road. A little farther on, over 100 turbines of the Llandinam wind farm can be seen.

As was the case in this industry throughout the length and breadth of Wales, these turbines were not built without protest, but there were also many people in favour of them. However, by the end of the 1990s, the companies were finding it increasingly difficult to obtain planning permission, and the application for a wind farm of 17 turbines on Mynydd Nantycarfan/Plas Rhiwsaeson was refused following a public inquiry in 2001. The reason given for the refusal was that there were "too many already in the area, which was in danger of becoming overburdened". Two applications were refused in that inquiry, namely, Nantycarfan, Llanbrynmair and Cwm Llwyd, Carno. The Welsh Assembly supported the decision and the turbines were not built. It must be added that local councils are glad of the money they receive annually from the wind-power companies within their catchment, a very small amount compared with the companies' profits, of course, but enough to buy goodwill. Others might call it a sugar-coated pill. Everyone has his standpoint and a right to his opinion. Naturally, landowners gain from the presence of wind turbines.

The companies' fight for planning permission will continue for years to come because the Government gives a lot of credence to wind-powered energy, in order to reach their target of 10% of electricity from renewable sources by 2010, with that percentage likely to rise. Certainly, mountainous places like Llanbrynmair are targets, but many campaigners in the field hope that the industry will be located out at sea in the future. Another worry is that there is too much emphasis on wind-power at the expense of other renewable sources, such as water-power, bio-mass and solar, with the result that wind-powered energy will continue to endanger the countryside's main natural resources, beauty and tranquillity. From the point of view of reducing pollution, the emphasis on mountain wind farms can't be very useful, because their ability to fulfil the increasing demand for electricity in Britain is very limited. The initial practical answer would be for everybody to be more mindful of the earth's resources and to save energy. But in this selfish age, that is a distant dream and the arguing is very likely to continue.

10 - CELEBRITIES AND BENEFACTORS

EZECIEL HUGHES

At one time, Cincinnati was known as the "second Llanbrynmair", a fact acknowledged at Hen Gapel in 1995 during the bicentenary celebrations of Ezeciel Hughes's departure for America in 1795 together with his party of emigrants. This was the start of a process, which, according to some, eventually led to more people leaving Llanbrynmair between 1795 and 1865 than any other district. They went in search of a better life, but more than anything, the freedom to live according to their beliefs. This is why there are so many Americans today looking for their roots in Llanbrynmair.

John Morgan, Caetwpa is a descendant of the party's leader – Ezeciel Hughes who was a great great great great uncle of his, and he is very proud of the connection. This is his account of the celebration:

"A meeting was held to celebrate the event at Hen Gapel on Sunday, July 9th 1995. The Revd Ifan Wynn Evans presided, and Dr Ann Knowles gave a lecture on the emigration and the life of the leader, Ezeciel Hughes. A plaque was unveiled in the chapel, followed by a pilgrimage to Cwmcarnedd Uchaf and tea in the schoolroom. It was a beautiful, warm afternoon, and everyone had an enjoyable and memorable time in worthy commemoration of that brave company that ventured to leave their homeland to face the future in a very different environment so long ago.

"Ezeciel was the second son of Richard and Mary Hughes, Cwmcarnedd Uchaf. Apparently, the family had been there for 200 years, and were by no means poor. Ezeciel was educated at Shrewsbury and apprenticed to the clock maker, John Tibbott in Newtown when he was 18 years old. He established his own business in Machynlleth at the age of 22, and I have one of his clocks here at Caetwpa; apparently, there are five in Wales and one in America. At the age of 28 he was leading a group to America. Those that accompanied him were Edward Bebb, Richard Thomas, Owen Davies and his wife, John Roberts, David Francis, Ann Rowlands, Mary Rowlands, Ann Evans and the Revd. George Roberts (brother of J.R. the minister of Hen Gapel). Many adventures befell them on the journey. Having walked to Carmarthen to catch a boat, they narrowly avoided being caught by the Pess Gang before having to walk on to Bristol in search of another suitable boat. That took ages to arrive so the women, in desperation, set out for Bristol to look for the men! Missing each other... but at last setting sail on a cargo ship, *Maria*, (carrying a load of wool, grindstones, pottery, glass, smoking pipes, nails, felt hats and books). The voyage lasted 13 weeks. After landing in Philadelphia at the end of September, they decided to stay put for the winter. George Roberts remained in Philadelphia, but when the spring arrived the rest of them went westwards down the river Ohio as far as where the huge city of Cincinnati stands today, but which was at that time wild country. It was hard work fallowing the land, but they were young and full of energy, and they succeeded eventually in creating quite a prosperous community for themselves, and a reasonably comfortable way of life. But, more than anything, of course, they appreciated the freedom to live their lives as they pleased.

"Ezeciel Hughes returned to Llanbrynmair in 1801, and spread the message that there was plenty of excellent land in America. He married Margaret Bebb, Brynaerau Uchaf who had waited patiently for him for seven years. But imagine the grief at Cwmcarnedd and Brynaerau when the sad news came the following year that Margaret had died... But how many times were such reports heard during that period of mass emigration? But the story about Edward Bebb during this time is quite romantic. About 1801, he was staying with friends in Philadelphia on his way back to visit Llanbrynmair, and, who did he see but an old sweetheart, Margaret Roberts Owen! She had just come over and was staying with her brother, the Revd George Roberts. Edward understood that her husband had died on the voyage... The following year, the two got married and settled in Paddy's Run, near Cincinnati. That was where their son, William Bebb, was born, and he grew up to be a schoolmaster, a lawyer, and for a time the Governor of Ohio.

"During the next few years, many people emigrated from Llanbrynmair, and towns like Ebensburg and Cincinnati expanded, the latter today being a city of more than two million people. The letters of the Revd George Roberts, a minister and a judge at that time, have been kept at our National Library . He died in 1853, four years before the next large cohort arrived from Wales under the leadership of S.R. Ezeciel

Hughes, himself, re-married and fathered nine children. He was a successful man, but took great care of those arriving from Wales. He would buy land and let it out to them at a reasonable rent. He was a practical man, laying greater emphasis on freedom and being good neighbourly rather than on maintaining his fellow-Welshmen's language and religion. These gradually became weaker. In his day, he became a Justice of the Peace, and he was known as the friend of the poor. He built a chapel on his land in Cincinnati. Before that, he had also worked hard towards building a chapel at Paddy's Run, and that, now renovated, of course, is the chapel known today as "Shandon Congregational Church". That church still regards Hen Gapel as its "mother church", and the congregation sent greetings and a cheque towards the celebration in Llanbrynmair in 1995".

There were great celebrations in Shandon too, recently, for their bicentenary, when a representation from Hen Gapel was invited. It is a pity that John Morgan and his family, Ezeciel Hughes's descendants, were not able to go. The present minister, the Revd Marc Morgan, and his family represented Hen Gapel.

DR ABRAHAM REES (1743 -1825)

At this point, it is worth mentioning Abraham Rees, or the Revd Abraham Rees, D.D., F.R.S., for he is the only native of Llanbrynmair whose painted portrait hangs alongside the most illustrious Britons in the National Portrait Gallery in London. He was born in 1743 at the Chapel House, Hen Gapel, son of the chapel's first minister, Lewis Rees. He began his education with his father at the Hen Gapel School, and afterwards at Carmarthen Academy. Soon, he was a mathematics tutor in London. He was ordained minister with the Methodists in 1766, and was in charge of the Welsh chapel at Southwark for fifteen years. By then, his congregation had grown so much that a new, purpose-built chapel was erected for him, Capel Jewin.

In 1777, he was invited to become Editor of *Chambers's Encyclopaedia*, an enormous and detailed undertaking, on which he worked until 1786, researching and writing up much of the material himself. But as if not sufficiently taxed by this project, in 1802 he published work under his own name, the *Rees Encyclopaedia*, which was even larger than the first. Apparently, he became a friend of the Royal family – well, with his vast fund of knowledge he would have been a very useful friend, wouldn't he? He died in 1825, aged 82 years. Apart from being an outstanding scholar, he was very generous with his advice and his service, steering charities and lending a helping hand to many people. It would be no exaggeration to say that he was the greatest scholar ever raised in Llanbrynmair, and it is good to know that he was honoured in his own time, and that a portrait of him still exists.

GEORGE PEATE (1869-1938)

George Peate's fame stems from being the father of Dr Iorwerth Peate, the founder of the St Fagan's Museum, but he is surely worthy of admiration in his own right. His famous son said about him: "I learned much about woodwork and about building in his workshop, and for me that education was much more valuable than any academic education when I was given the delightful task of developing our Folk Museum". One could not pay a higher tribute than that. But he was far more than a carpenter.

He was born in Glanllyn, Cwm Pandy, above the gurgle of the river Clegr, and that is where he lived throughout his life. The house looks very different today from what it was then; Glanllyn is still two houses but it has been extended and raised. The palisade of short white palings, that separated the two houses and their brightly flowered gardens from the road, has disappeared. The Peate family, George and Elisabeth and their children Dafydd, Iorwerth and Morfudd, lived in the house nearest to Clegyrddwr. The carpenter's workshop was at the other end.

He descended from a line of carpenters and builders: his father, David Peate (1831-1896) built Beulah chapel in Cwm Nant-yr-eira, which opened in 1877. No wonder, therefore, that George and his son took so much delight in the place, walking there to services over Bwlch Gwyn, and enjoying the welcome and the talent of some of the inhabitants, such as the poet, Derwennog (James Roberts), Cwmderwen. After serving his apprenticeship with his father, George went to London to develop his craft, and take courses in woodwork and architecture at the Polytechnic, where he gained a diploma. After three years, he returned home because of his father's illness, and became a carpenter and builder in his native district. He accumulated a great many skills by immersing himself in knowledge from cradle to grave. He studied shorthand – a very useful technique for someone like him with a keen interest in sermons and journalism. He was also a talented photographer as demonstrated by his pictures most of which are in the National Library. He took pictures of local people and events – such as the building the bridge at Rhiwsaeson. He was also an enthusiastic beekeeper. (Sadly, there is not one beekeeper in the parish today, at great loss to man and the environment.)

George Peate was also the Schools' Attendance Officer, responsible for bringing truanting children to the notice of the authorities, in accordance with the compulsory education law of 1876. A bicycle, and later a motorbike, were great assets for all his comings and goings. He was conscientious in his work, perhaps over keen at times, as when, for example, Annie Thomas from the Factory cottage went to stay with relations in Liverpool for a short time, Peate contacted the Education Authority there and Annie had to attend school in Liverpool for three weeks not understanding a word of English!

He gave tireless service to his chapel. He was an Independent to the core. He glorified freedom, that is, the freedom of the individual and his right to his opinion in the "Llanbrynmair tradition", and he hated any form of oppression. He was an elder at Hen Gapel for over 42 years, and a graveyard secretary. Pandy Schoolroom was the nearest place of worship to Glanllyn, and he was a Sunday School teacher there. He also found time to produce the Hen Gapel's magazine, *Yr Ymwelydd Misol*. Mrs Peate, formerly Elisabeth Thomas, hailed from Cwm Clywedog; born in Clatter and raised in Cwm Clywedog, her father being a miner at the Van lead works. Apparently, she spoke a different Welsh, with a Llanidloes accent, and she was referred to in Cwm Pandy as "Mama Pêt". Why, one wonders? Was it because her husband and Iorwerth referred to her as "Mama" when talking about her, or because she possessed some special motherly virtues? She was a quiet, virtuous and kind woman, and also necessarily hospitable, because many of the preachers and lecturers who visited the area stayed at Glanllyn. When Iorwerth was attending Pen-ddôl school Mrs Peate would stand by the garden gate waiting for the first children to come up Pandy road and her daily question would be, "Has little Iorwerth been crying today?" (Apparently not because anyone was unkind to him but that he had a habit of woefully sniffling.) There was an excellent apple tree in Glanllyn and one year when it was weighed own with apples, Mary from the Ffactory cottage and Mary, Dôl Fawr yielded to temptation and ventured to ask for an apple. The answer they got in her unmutated Welsh was, "You had better ask someone who has more apples than I have!" In retaliation afterwards for a while the two would knock on her front door in passing and run away as fast as they could. Children!

DR. IORWERTH CYFEILIOG PEATE (1901-1982)

Although Llanbrynmair is a rural parish in the depths of Montgomeryshire, it is one of those places that a great many Welsh people know about. The fact that it is situated on the A470 helps, of course! But that is nothing compared with the two signposts that point this way: S.R. and Iorwerth Peate! S.R. had proclaimed the virtues of standing up for peace and the freedom of the individual from the pulpit in Hen Gapel. Iorwerth Peate adopted the same principles in the twentieth century, and then by virtue of his scholarship, persistence and vision, created an institution in Wales second to none in the world. He created the Welsh Folk Museum. He adopted this definition of a folk museum, which comes from Sweden: "It is a deep well of living water that nourishes the soul of the nation". He believed in recording and keeping those things that shaped and defined our nation.

Born at the start of the century, he started attending Pen-ddôl School at five years of age, walking almost two miles in the company of a large crowd of children from Cwm Pandy. The headmaster at that time was Richard Williams Parry, a native of Rhostryfan, Caernarvonshire. Welsh was the language children spoke to each other, but the ethos of the school was English, with the emphasis on passing the Entrance Scholarship to gain access to Machynlleth Intermediate School, which had been opened in 1897. Here, he said, he had a brilliant headmaster in Hugh Harris Meyler, whom he described as "the best teacher in the world". Here, he also met Nansi from Glandyfi, the girl who was to be a fellow-student of his at Aberystwyth, and later his wife.

At the University in Aberystwyth, he graduated in Colonial Studies, Geography and Anthropology. He studied under Professor H.J. Fleure who laid great stress in his subject on "the place of language in society", and of course, Iorwerth Peate was in his element with this. His Welsh professor was T. Gwynn Jones; and he started writing Welsh poetry and won the chair in the first Inter-College Eisteddfod. In 1924 he gained the M.A. degree for his study into the inhabitants of Bro Ddyfi, their anthropological types, their dialects, their folk literature, and their inter-relationships. He had a motorbike for travelling about during his research, and he carried a pair of callipers devised by Fleure to measure people's heads, that is, those who could trace their ancestors back as far as their great grandparents or beyond. One who remembers getting her head measured with an iron ring when she was in Pennant School is Mrs Mair Lewis, Bwthyn Llwyn Owen.

The National Eisteddfod at Machynlleth in 1937 proved to be a significant event in his life. He had been invited to adjudicate "A critical study of the life and work of S.R." but resigned from the task "in protest against the sort of men chosen to be Presidents of the National Eisteddfod …Englishmen who care not a jot for the Eisteddfod nor the Welsh language….especially Lord Londonderry…." Not given to compromise, he would willingly challenge the establishment on a matter of principle. Five other adjudicators supported him, and it is claimed that it was this protest in 1937 that prepared the way for establishing Welsh as the sole language of the Eisteddfod. In addition to having a hand in safeguarding the language, he enriched it as well. He made the study of its dialects, vocabulary, literature and folk singing an important part of St Fagan's responsibility, sending staff into the field to make tape recordings. He was also a poet who immortalised places of importance to him in sonnets and ever-memorable poems, which are national treasures, such as, "Nant yr Eira", "Cegin yr Amgueddfa Genedlaethol" and "Ronsevalles". One could go on, but volumes have been written about Iorwerth Cyfeiliog Peate, the most recent being by another of Llanbrynmair's illustrious sons, the Revd. Dr. R. Alun Evans. But this multi-faceted genius will surely be a subject of study for many years to come.

MYNYDDOG (1833-1877)

Whilst considering the entertainers of bygone ages, we have to mention Richard Davies, Mynyddog. He could easily have survived into the twentieth century, but he died young, aged 45, at Bron-y-gân, Cemaes. He was born at Dôl-lydan, a cousin of Demetrius, the two mothers being sisters. He became a national idol, and was in constant demand as a presenter at all kinds of eisteddfodau and concerts. He would keep the most intractable crowd in order with his ready wit, until they were eating out of his hands – like Pat o'Bryan from Llanfyllin in the twentieth century. He was like some kind of Max Boyce of the nineteenth century, his light songs reflecting contemporary events and feelings: "Dowch i'r Merica!" "Gwnewch bopeth yn Gymraeg", and wasn't it one of his songs that gave a start to "Sosban Fach" that travelled afterwards through the popular holiday spa town, Llanwrtyd, to Llanelli where it has set root for ever.

In 1933, whilst celebrating the centenary of his birth, a plate was fixed on the wall at Dôl-lydan, and a wreath of green leaves was placed on his grave at Hen Gapel by Mrs Ann Rowlands, an elderly lady who remembered him full of mirth and zest. Iorwerth Peate gave a lecture and there was a grand concert.

DEMETRIUS OWEN (1859 - 1948)
It's highly unlikely that there's anyone from the Llanbrynmair area, except children, who hasn't heard of Demetrius Owen, or *Dymetris* as he was called, carpenter, poet, historian, genealogist, and something of an eccentric recluse in his latter years. But then, clever people often are 'difficult' (excellence often goes hand in hand with perverseness), and there was certainly a stamp of excellence on Demetrius's work and life, an extraordinary ordinary man, who seized every opportunity he had to educate himself, and thereby enrich the cultural life of his parish.

Let IOLO OWEN, Demetrius's great nephew, and a native of Llanbrynmair now living in Penegoes, tell us something about him:

"Demetrius was born in December 1859, the youngest of eight children to John and Ann Owen, of Tŷ'r Felin, Tafolwern. He attended the day school held in Hen Gapel schoolroom under the guidance of Evan Davies. At twelve years of age he spent a week's holiday in London with his brother, Thomas, who kept a grocer's shop on Blackfriar's Road. He had an uncle living there as well, and it was with him that Demetrius stayed thereafter on his many visits to the capital.

"After leaving school he worked at the mill in Tafolwern, and came under the influence of a cultured miller called Randall Jones. A few years later, he visited London again, this time staying with another brother, Richard, who also ran a grocery business, and who was also a poet of considerable ability, and in particular a splendid writer of *englynion*. It was here that he became steeped in the arts of *cynganeddion,* and acquired a taste for literature.

"Owing to family circumstances, he had to return home at 16 years of age, and work for a building firm in Machynlleth, and it was here he began to take an interest in wood-carving. Despite all attempts by the Revd Josiah Jones, the minister at the Graig chapel, to persuade him to enter the church's ministry, his mind was set on carpentry. After a six-year apprenticeship, he came back to Tafolwern, and so great were his talents that orders flooded in from everywhere for all kinds of furniture.

"In 1884 he made a bardic chair for the first time, the one for the National Eisteddfod at Machynlleth, and subsequently made others for the London Welsh Society and even for eisteddfodau in Australia, not to mention the ones in every corner of Wales. People came from afar to watch him at work, and he was commissioned to carve oak panels for Messrs T.H. Kendle in Warwick. While there, he attended technical schools and passed several craft examinations. He also carved oak panels in a mansion in Denbigh, and was invited to teach woodwork to pupils in the schools there. But back he came to Llanbrynmair, where, in addition to making coffins, he was also in great demand for making special cupboards for parents to give as wedding presents to their children, and many of these remain to this day as priceless heirlooms at local farms.

"For many years he served variously as precentor, organist and deacon in Hen Gapel, and also at the Tafolwern schoolroom, where he was a Sunday School teacher of the men's class. Despite writing many essays and composing much poetry, as far as we know none of his work has survived, except in editions of *Y Cronicl Bach* and *Y Dysgedydd*. He himself won the bardic chair at the Llangynog eisteddfod in 1904, and today my daughter, Sioned Pugh, has this chair at Tŷ Mawr, Penegoes."

Demetrius died in 1948, and is buried in the Hen Gapel cemetery. One who remembers Demetrius in his latter years is W.E. Williams, Tŷ Pella. He remembers him erecting a Dutch barn there and making coffins and cupboards. He especially remembers his shed, Demetrius's cabin, a short distance away from his workshop.

The shed stood at the foot of the Kiln hill, across the road from

Glanyrafon, where he lived – it was near to Armstrong the postman's house which was next door to the schoolroom. As a young lad, W.E. used to prop his bike up against the wall of the shed and go inside for a chat, and what attracted him especially was exchanging cigarette cards. Demetrius smoked like a chimney – and W.E. too, as many as he could afford – and the two collected many sets. There were 50 in a full set, pictures of dogs, aeroplanes, hens, ships, trains, whist cards, and so on, and W.E. still has many of these arranged neatly in books. Demetrius used to send the whist card set away and in return receive a handsome pack of playing cards.

"As an amateur historian, Demetrius was obviously a collector, but what he collected mostly was the genealogy of local families, or "lineage lists", as he called them. The walls of his shed were covered in pieces of paper, some of them very long like wallpapering, and on them were details of Llanbrynmair families going back three centuries. He had started this work early and so had been able to talk to old people who remembered back to the end of the eighteenth century, and since people then had very long memories this gave him a marvellous start to his life of research. He wrote a lot and there were bits of his poetry all over the place. He was fond of a little tipple, and in his latter years could be seen with his dark coat high over his ears, returning from his midday pint at the Wynnstay. He used to walk very slowly down the hill to Tafolwern in the middle of the road, and when he heard a bicycle bell, he would stand stock-still, so that you could pass him on either side!"

Carpenter, musician, poet and scholar, no doubt he was a talented man, although Dr Iorwerth Peate didn't think much of him: "Another one who meddled with the craft (of writing poetry) was Demetrius Owen from Tafolwern, but without much success. He was a carpenter by trade, but even in that department he was only second-rate." Ouch! We remember that Iorwerth Peate's father also was a carpenter, but no one ever heard of him carving bardic chairs or making matrimonial cupboards…!

The great pity was that the shed and the papers were burnt to ashes, and no doubt it was a cigarette butt that started the conflagration. Mercifully, he himself was not inside at the time, but all his work was lost. " Just think," said W.E., "how valuable that material would have

Celebrities and Benefactors

been today, with all these people coming to Llanbrynmair, especially from America, to search for their roots. Demetrius had everything at his fingertips, and written down."

There's one file of Demetrius's papers in the National Library of Wales, and the Editor went there to have a look at it. The genealogy was disappointing because it was so disorganized, and with too much information crammed on to one small piece of paper! But no doubt it was as clear as daylight to its author, and after all, these were notes meant purely for his own use, and not something to be sent to anyone else, although he did intend having his research published in the *Montgomeryshire Collections*.

He had made a special study of the Bebb family right back to 1600, and had discovered, in his opinion, that the name is the same as "Bebba" in a Swiss dialect, that is, a form of the name "Eliza" from the Hebrew, meaning "God's Oath". Well, who are we to argue? There is a letter, dated 1926, from Richard Bennett, who had by then moved from Hendre, Pennant to live in Caersws, asking what was the family connection between Rhoswydol, Rhiwgriafol and Cefnbyrhedyn... thus showing that he was on the trail of the Clegyrddwr and the Esgair families, as well as the Morris Jones family of Dôl Fawr. Here we have two researchers of distinction drawing on each other's talents.

His file at the National Library contains newspaper cuttings from the U.S.A., showing his deep interest in that country and its connections with Llanbrynmair. For instance, in a copy of *The Druid*, from Pittsburgh, Pennsylvania, dated 1st April 1935, there is an account of the founding of Columbus, the capital city of Ohio, which also shows how several Welsh people were connected with the venture, in particular Edward Bebb from Llanbrynmair, the first settler of Paddy's Run near Cincinnati, and his famous son, William Bebb who became Governor of Ohio 1846-48, the first white child to be born in those parts. By all accounts he was a tall, dark gentleman, a skilful lawyer and a brilliant orator. He persuaded many Welsh people to settle in Scott County, Tennessee, but alas the community was shattered by the Civil War.

Demetrius has marked one paragraph in the paper, which says that Bob Owen Croesor, another superb genealogist, was keen to pay a visit to America. Another fascinating piece is from S.R.'s periodical, *Y Cronicl*

(Autumn 1856), which describes the visit of one Gruffydd Rhisiart to the Welsh community in Paddy's Run, Ohio. Rhisiart says, " It's one of the oldest and the most flourishing communities", and then he makes a point that rings a bell with us today relating to buying property: "The high interest rates here reflect people's craving – foreigners mainly – to come and live in a warm neighbourhood, where there are schools and chapels and mills and shops, people who prefer living in a comfortable environment to earning high interest on their money." He goes on, "No one can buy land here with a view to making a living because the cost has escalated out of all proportion to the price of the produce." Well! Well! He could be describing the situation in Llanbrynmair today at the start of the twenty-first century!

An Independents chapel had been built in Paddy's Run in 1825 and the graveyard was full of white marble memorial stones, with "Born in Montgomeryshire" inscribed on most of them. A new chapel was erected here in 1854 at the cost of £1000, and according to S.R., "The pulpit was not a tiny box like a rabbit hutch, but a platform with comfortable chairs." Is there a hint for the future there for us in Wales? And what about this next comment by S.R. about life in America: "The value of a farm rises if there is a good chapel nearby. Farms in Paddy's Run rose by 10% following the building of the beautiful chapel here. Llanbrynmair farmers should not be too surprised if they saw10% depreciation in their farms if Hen Gapel were to close... Those who are prepared to pay extra for land near a chapel are better people."

That's an example of S.R.'s speaking his mind without mincing words, as he always did; and in that particular issue of the *Cronicl*, which Demetrius had kept, there's also "The Story of Three Farms in Llanbrynmair", which shows the diabolical nature of Sir Watkin's estate management in that area at that time. He relates the experience of the Owen family from Gelli and what happened to them.

"Richard Owen was a conscientious and tidy farmer, his family having farmed Gelli for generations. He and his wife had several children, and as there was not enough work for them all on the farm, about 1800 he built a brewery in the village of Bont Dolgadfan to provide employment for one of his sons, John Owen. Anyway, John Owen became a minister of religion, and since his brother, Athelstan, decided that brewing strong drink was not a good thing – "that malting grain for the purpose of producing alcoholic drink was harmful to society", his father converted the Brewery into houses for his workmen.

"In 1838, another son, Richard Owen, took over Gelli farm at a time when the estate was raising rents mercilessly, especially if a tenant had improved the farm. Although Richard had a good wife who, together with his mother, strove to make ends meet, after fifteen years of slaving he defaulted on the rent and had to move to England to farm." Thus Gelli lost an old established family, and the area a keystone from its culture. "A man can only do what he can", as the old saying goes. That's how the landowners' heel crushed their tenants, something S.R. experienced for himself at Diosg, and was bold enough to condemn it.

Demetrius kept that issue of *Y Cronicl*, and that surely says much about Demetrius's own viewpoint..

Another interesting story from the file… Coincidentally "S.R." were also the initials of the minister at Hen Gapel at the beginning of the twentieth century, the Revd Samuel Roberts, who later moved to Denbigh after twenty years in Llanbrynmair. While living at Bron Iaen he received a letter, which S.R. had posted from Diosg in 1855! The letter gave directions to someone how to get to Diosg. The letter said that he, S.R. "was very busy with meetings…" and that he lived "in an out of the way place, and the only link with the world was the Mail Coach…" The letter had been lost in the post, but as "S.R." was still minister of Hen Gapel, the letter had been re-addressed back to Llanbrynmair, having gone from there in the Mail Coach over half a century earlier!

Another interesting source of knowledge about the parish is the series of articles he wrote to the *Express* in 1935-36. We can only thank Demetrius for his contribution, and regret the loss of so much of his life's work.

RICHARD BENNETT M.A. (1860 - 1937)

"Today we are burying one of the most talented men ever raised in Montgomeryshire during the last century," said someone who knew Richard Bennett well on the day of his funeral in 1937. Richard Bennett was a historian of the Methodists who was born and who lived for most of his life at Hendre Pennant… In the volume published in his memory someone added the sub-title: "Historian, man of letters, saint". The

University of Wales awarded him the M.A. degree for his research into Methodism. He rose from ordinary farming stock to be a benefactor, through his work, to the whole of Wales, and there are many alive today who remember him with respect and love.

His father came from Llawryglyn, and the son enjoyed tracing his family lineage back to a fifteenth century Benedictine monk. His mother came from the Dolcorslwyn family in Mallwyd, "a woman of quick understanding and lively wit". Her husband came to live with her at Hendre Pennant, and from that union sprang the exceptionally talented Richard Bennett. He was born in 1860 at the foot of Pennant rocks, and since environment, it is said, influences character, who knows but that he too imbibed the strength and solidity of that dignified wall of rock facing him every morning when he opened his door.

His formal schooling was brief, three months in the secondary school at Machynlleth, and something similar at Llanidloes to learn English. He was a Christian of unfailing faith from early days when he had an experience of Christ as a Redeemer during a Preaching Festival at Dylife. Throughout his life, he took great delight in the Sunday School; it was this that gave him the first opportunity to educate himself in an age when day schools were pretty sorry affairs. But let no one think that he was a killjoy 'holy Joe'. He was full of boyish pranks, and though he never married he was very fond of children. He wrote verses too – he was a contemporary of Mynyddog and Derwennog. His hobby was tracing family histories, and requests for his help came from far and wide. But he was a farmer by profession, and as in everything else, he was tidy and thorough. When, therefore, did his leanings towards the world of literature and learning begin? Well, he took his first step in a Monthly Meeting at Llawryglyn in 1899. The guest preacher was the Revd. Evan Jones from Caernarfon, who was also the Editor of *Y Traethodydd*. It was he who pressed him to write an article for the periodical, despite Richard Bennett's belief that he was unworthy of such an honour and too shy to venture… Anyway, he did agree, and that's the reason he went to Trefecca the first time, to carry out some research. His article made a deep impression on the readers and after this he was in great demand as a speaker on the history of Methodism in Montgomeryshire. By this time he was already past his fortieth birthday.

It was his address to the Monthly Meeting at Bont in 1904, "The labour of the Fathers as a stimulus to labouring for the Kingdom", that induced the Presbytery to urge him to go to Trefecca for a period of time to gather material in preparation for writing "The History of Methodism in Upper Montgomeryshire"; and that's how the great work of his life began. He was there throughout the winter of 1904-5, and every winter after that for limited periods, copying manuscripts containing thousands of Howell Harris's letters, and organizing their contents. He already had the patience, and made the time by employing a man to do the farm work at Hendre. In 1909, the first volume of *The First Years of Methodism* was published to great acclaim, followed in 1929 by *Methodism in Upper Montgomeryshire, Vol.1*. He carried on working on the second volume, but his health began to fail; and when he realised that he would never be able to finish it, he published selected parts of it. He was still in great demand to address meetings, and 1935, the bi-centenary of Methodism, was an especially busy year for him, and he was made President of the Presbytery.

Being a very generous man by nature, he was also generous with his knowledge, and no less a historian than R.T. Jenkins acknowledged his great debt to Richard Bennett for the knowledge he gleaned from him, especially about the eighteenth century. Despite retiring from Hendre in 1914 and going to live with his sister in Bangor, he used to return to his old home each summer, and no wonder! His housekeeper and her family still lived there. Mary Evans, as she was then, daughter of Tŷ Mawr, a small farm nearby, came to Hendre as a housekeeper after his parents died. She spent years in his company. Then, she married William Davies from Melibyrhedyn and had four children, Hywel, Buddug, Menna, and Elwyn, and carried on farming at Hendre after Bennett. The late Mrs Mary Davies said many a time that to be in Richard Bennett's company was a hundred thousand times better than any college. Who better, therefore, to tell us more about him. Here is an essay she wrote about the man she had the honour of knowing so well.

RICHARD BENNETT, by MARY DAVIES, HENDRE, PENNANT
"The late Richard Bennett M.A. was a very special person and I cannot hope to do him justice in this portrait. A great deal was spoken and written about him at the time of his death and afterwards in newspapers

and chronicles, about his prowess as a historian, man of letters and lecturer. "Yes, truly a man of God", one said of him. "The greatest man I ever saw", said another. "Historian, Writer and Saint" is inscribed beneath his portrait in a biography.

"He didn't have much in the way of schooling, only what was available in the village school, followed by three months in Llanidloes learning English and another three months in the grammar school at Machynlleth. But he made the most of his schooling and throughout his life regretted not receiving more of it. He hungered after books and learning from early childhood. The Bible was the only book he had at home at that time and he had read it through several times. As a child he used to pray to have books, and many a time walked home from school at Machynlleth, about 12 miles, after buying a book with the train fare money. He had a special gift for declaiming prayers, both in public and at home, and he thought he obtained guidance, sometimes, as a result. For example, when he was about eighteen years old, Sir John Conroy, a professor at an Oxford college and owner of the local estate, heard about Richard Bennett and his scholarship and his quest for education, and offered to "take him under his wing" at Oxford. Richard Bennett wrote back immediately accepting this exceptional offer; but on his way to posting the letter some "influence" came over him saying, "Don't, that is not the path for you." He turned on his heel abruptly and burnt the letter, and remained at home, farming, until he was about 55 years old.

"He used to work very quickly and capably on the farm in order to finish the tasks, so that he could get on with his reading and studying. He always read during mealtimes and often asked for a second helping of bread and milk purely to have a few more minutes to finish a chapter. And his greatest pleasure on a wet day was to escape into a hayloft with a book – and move a little slate in the roof to let some light in.

"His mother had not much patience with him and his books, because there was so much work to do on the farm to make ends meet. The farmhouse at Hendre was old, narrow and without many conveniences; there was no room for Richard Bennett and his papers in the kitchen, and I know for a fact that he wrote the manuscript of his first book, *The First Years of Methodism*, sitting on the top step of the staircase, and resting his papers on the window sill by his side. As a young man and right through into middle age he was in great demand as a speaker at Sunday School Circuit meetings, and Societies and he thought nothing of walking ten miles or more to fulfil these engagements. He used to compose the talks while working with his horses or tending the sheep. "The top of a mountain is a good place for thought", he used to say.

"When he was about twenty five years of age, after he had written articles for Y Drysorfa Fawr and other periodicals he was asked to undertake research into the beginnings of Methodism in Wales, and having engaged a man to look after his home and the farm, he went to Trefecca college to read and record the letters and essays of Hywel Harris and others, and the fact that he succeeded so well points to his extreme and unremitting diligence in his work, his patience and his ability. "Whatever you turn your hand to, do it with all your might", would be a fitting motto for him.

"It demanded great courage for a farmer from the hinterland, dressed in tweeds and hob-nailed boots, to attend a college full of mischievous young students, and no doubt some of them thought they'd have some fun at his expense, but they soon discovered that Richard was no ordinary 'country cousin', and they became firm friends for the rest of his life, and some of them life-long correspondents. He spent two winters in Trefecca, and then returned home to write his books and attend to his farm.

"I believe that the salient feature of his character was his genuine piety, and more than likely this was the foundation of his other virtues too. He was a powerfully built man but with an amiable and gentle nature, and he was never heard to utter a rude word. He had many friends and he was an excellent correspondent. He wrote a great many letters many of which are still owned and treasured by people today; in some of them he poured out his heart, and in others he wrote in a playful and amusing style, often in verse. He never claimed to be a poet, but several of his writings are in print, proof of his ability to compose verse. On no account was he a religious bore; his quick answers, ready wit and sense of humour were remarkable, and no wonder so many people sought his company. Preachers and college lecturers used to call to have a chat, and everybody who communicated with him felt they had gained something. He had the knack of making himself extremely interesting company to anyone, from the best scholars to playing dominoes with a five-year old. His hobby was researching and discussing family history, and constructing genealogical trees. People from all manner of places – even from America – wrote to him for advice on tracing their ancestors, and he walked hundreds of miles to consult old church registers and gravestones in order to obtain accurate dates, and he took great delight in compiling his lists.

"He liked to regard himself a Welsh monoglot, and perhaps his English was a little clumsy; but during his later years he wrote columns for English newspapers under the pseudonym "Septimus Green" in a most competent and fluent style. If he were alive today, no doubt some of our young people would find him narrow-minded and puritanical, but in fact he was flexible in his thinking, and tried to see the best in everyone.

"His favourite newspaper was the *British Weekly*, and I remember one line that stuck in his mind. "It would be wonderful," he said "to be in tune with the Infinite". He strove to achieve this, and if *he* failed, what hope have the rest of us?"

A personal note from the Editor
Mrs Mary Davies, "Auntie Mary", was one of my Sunday School teachers in Pennant, and being neighbours, I spent many hours at Hendre. Hendre Sundays were like a little taste of Paradise, the tea, the fruit pie, marrow jam on large slices of bread and farm butter, after arriving back from Sunday School or the afternoon service... Then going for a leisurely walk with Elwyn to Cae'r Efail to collect eggs – Auntie Mary having already gone to do the milking – then back to the house to have a go on the organ, sol-fa of course, and singing until it was time to go to the back room to wash our hands and get ready for the evening service. Auntie Mary often wrote essays – I remember her helping me to write one on the "The Three Marys" for the Sunday School Festival. I love the way she has written the Welsh essay on Richard Bennett; in my opinion it is a model of how someone with natural ability should put thoughts on paper. Let us remember, she too only had a few years' education at Pennant school – and she had little positive to say about those!! No, it was the chapel, the Bible, and many

years at the feet of the "Gamaliel", Richard Bennett, that sharpened her steel and enabled her to live a full and cultured life.

"W.J."

One of Llanbrynmair's current best known personalities is "W.J." or William John Davies, because of his hard work with the Community Council, the Show, the Community Centre committee and everything else going on – and he is not exactly unknown for his *bara brith*, his pickles and his jam, not to mention his two well-stocked flower and vegetable gardens. He is also well known nationally as the Pavilion Stage Manager at the National Eisteddfod. This is why the Gorsedd's white robe was conferred on him in 2003, with a ready-made bardic name – 'W.J.', of course.

Despite having lived in Llanbrynmair for more than half a century, he was not born here, but on the Waun, Cemaes, at Catel Haearn farm. But let him tell his own story:

"I started working first of all for John Jones, Frongoch, a farmer with a genius for inventing purpose-made equipment for the farm, and something of a pioneer. But in the evenings I was drawn to Llanbrynmair because of its friendly atmosphere and because there was a bunch of lads there the same age as me. When World War Two broke out young people who had not joined the armed forces were obliged to join some local society. And that is how the Aelwyd began here, with meetings in the village Hall, under the leadership of the Revd Robert Evans. Young lads in Llanbrynmair did not go to the pub in those days; only those from the older generation frequented the Wynnstay. On the first Tuesday evening of the month there would be a prayer meeting at the Aelwyd, and young people were very willing to take part. We thought the world of Robert Evans, and he was always ready to join in our fun. We used to take part in Urdd drama competitions at the town hall in Machynlleth. I remember two of them: *The Cab*, with W.E., Tŷ Pella, Mary (Rowlands), Tŷ Mawr and me. (The cab was a wheelbarrow transporting an old uncle with a wooden leg). And the other play was *The Price of Coal*, with Dorothy (Bebb) Dôl Fawr, Haydn, Penygeulan, Gwen (Morris), Gwern-y-bwlch and others from the Aelwyd.

"I married Margaret, a girl from Llangrannog, and then worked at Gwern-y-bwlch and Ffridd Fawr, which I left in 1950, at the same time as the horses. Throughout all the years up to that time, I had loved working with horses. Well, I changed careers. I went to work for a builder, William Evans, in Cemaes Road; and in 1953 Margaret and I moved to Dôlybont, where I still live today. At this point I began to take a real interest in the life of the district. One of the first things was to reintroduce the annual Show. Before the war the Sports day, which included sheepdog trials and pony races, had been a very popular event. Well, four of us, Arthur Plume, John, Tŷ Pella, Hedd Bleddyn, and myself, took a chance, and approached the Hall committee with the idea of reviving the Show. 'Fine,' they said, 'but don't dip into the funds without our permission!'

THE SHOW

"One of the ideas we had for the day was a clay-pigeon shooting competition. The cartridges and the clay pigeons would cost £35 from Ness, the gamekeeper – an enormous sum in those days. What were we going to do? We were pretty certain that the committee's answer would be 'No'... So we risked it and ordered the lot without saying a word. Fortunately, it was an excellent Show. In the sheep section 60 rams were entered for competition in three classes, with Sam Davies, Banhadla, Llangedwyn adjudicating. In addition, there were garden produce, ponies, and clay pigeons. And then, of course, there had to be a concert in the evening, so we took another chance and invited Llandegai Skiffle Group to perform for a fee of ten guineas. The place was chock-full. But the skiffle group did not please everyone, as our chairman, Arthur Plume, heard from no less a person than the Llanbrynmair queen of music herself, Mrs Gwyneth Jones, Llysun, who said to him, 'Remember, you have dragged Llanbrynmair's musical standard down tonight!' And we trod on the toes of the Women's Association as well, in trying to do them a good turn by inviting professional caterers in, so that they would be free to enjoy the Show. But, 'Is our food not good enough for you?' was what Arthur got from Mrs Rowlands, Bryncoch and her colleagues. But wasn't it easy to offend?

"The Show paid for itself handsomely, but the four of us admitted to each other afterwards that we lost many a night's sleep on account of the £35. What if...? It has been held continuously ever since, and the sheep section has recovered well after the Foot and Mouth outbreak, whilst the ponies' section goes from strength to strength.

"The ponies' competitions had always been vigorous, *viz*. two classes of ponies being judged, and then the races, culminating with the big Open race around the perimeter of Wynnstay meadow, as it was then. Norman, a farm worker at Canon, was always a popular winner. He was sure to have prepared a good pony for the event every time, one that had had enough practice on Canon moor…he used to bring his ponies over the mountain the night before and then stable them at the Wynnstay. It would be 'stop tap' at nine o'clock, but he would be in no hurry to set off for home after the Show, because the ponies knew every step of the way and had a slack rein on their necks. Other frequent competitors were Watkins from Pant-y-dŵr, John Aberbiga, John Hughes, Comins Coch on Trixie, Gwyn Corfield, Coed-y-rhyd on Ysguborau's pony, from Tywyn, and Bryn Corfield, Grofftydd, Carno.

THE PLOUGHING MATCH
"There was no section for heavy horses in the Sports. Their big day was the Ploughing Match at Pen-y-bont, Pentre Mawr or Coed Prifydau. This required quite a large field for ploughing and a hedge grown tall enough for laying. The ploughing match was re-introduced after the Second World War. You can have two types of competition, ploughing with a pair of horses, and the "turn out", that is, the best turned out horse in the traditional style with brightly coloured ribbons in the platted tail and mane, pom-poms on the nape and brass medals hanging from leather tongues on the harness, a shiny coat and hooves, and best of all if the fetlocks are white as snow. A regular winner of the turn out was Evan Leonard, Ceilwyn, one of the Brynaere Uchaf sons, who had always had a name for high quality horses. Some used to travel long distances to compete in the ploughing matches – from Trefeglwys and Tregynon – sometimes borrowing a local team, from Pen-y-bont perhaps. Local regulars were Tomi (Jones) Brynaere, Evan Leonard (Jones) Ceilwyn, John (Williams) Coed, Evan Defi (Jones) Talerddig, Tomi (Jarman) Cwmcarnedd, Defi Edwin (Davies) Catel Haearn, Tomos (Jones) Caegilbert, with the winner proceeding to the Open competition.

"At the other end of the field, the billhook and the hedging mittens would be busy 'bending' blackthorn, hazel, holly, ash and sycamore rods in the hedging competition, each competitor with his 'rood' (approx 8 yards of hedge) and chosen class, with the best work at the end being as evenly interwoven as a newly-knitted sock. Montgomeryshire used to be, and still is, noted for the craft, but by now unfortunately, most farms trim their hedges by machine. It is an ancient craft that demands time, and that has become a very scarce commodity.

"There were no ploughing matches after 1950. By then the Fordson tractor drawing two-furrowed ploughs had become very popular. There have never been ploughing matches for tractors here, but they continue to be held here and there.

"Our family used to go to the Soar Wesleyan Chapel. Although the congregation was small, it had a good Sunday School and a sermon once a month, but it was finally closed in 1970, but already some had gone to Pandy and others to Tafolwern. That's where I soon learned from W.E. 'If you can't sing in tune, don't sing at all!' And I don't blame him! I have now been a member at Hen Gapel for many years.

THE COMMUNITY COUNCIL
I have had much pleasure from being a member of the Community Council for 30 years. I remember well, the four of us, Arthur Plume, Hedd Bleddyn, John Tŷ Pella and myself turning up at the annual meeting, and those who had been members for ages and ages having a blue fit when they saw us – and fair play to them, they had given the greater part of their lives to the community with hardly anyone bothering them – people like Bebb Dôl Fawr, Jones Ystrad, Wigley the carpenter, Jones Llwyncelyn, Defi Baker the secretary, and so on, and they had never thought of giving up. But Arthur Plume and Hedd Bleddyn decided to stand in the next election… and won, and the next time round a gang of us submitted our names, and that was when John and I were elected.

"One of the most important developments during my time as a member was extending the parish boundaries. It now includes Dylife (which used to be with Penegoes), across to Ty'nycoed (but not Dyrn), up Cwm Tafolog as far as Collfryn and Talglannau, and all the farms on the left hand side of the Carfan brook. The Council have more money as a result to do the work it had formerly done for nothing in certain parts of the region. I retired from the Parish Council in 2004, and all I do now is look over the fence, but history has repeated itself because another group of young people had put their names forward. They have my very best wishes.

THE NATIONAL EISTEDDFOD

"As I said at the beginning, my name is often associated with the National Eisteddfod, a connection that began in 1965. I had volunteered to be a door steward at the Newtown Eisteddfod in 1965 and again at Bala in 1967, an experience that I enjoyed immensely. I had got to know Jonnah Morris who was the Stage Manager – another voluntary job, of course – and we got on very well, becoming good friends. He did that work from year to year without any regular person to help him. Well, at the Barry Eisteddfod, he asked me if I would work with him on the stage for a week – and that's what I did until 2003!

"The stage team is responsible for moving the furniture and equipment and ensuring that everything is in place for the ceremonies, the competitions and the concerts, and then clearing everything away at the end of each day – which can sometimes take until the small hours. There was far more work long ago: moving chairs endlessly, and dismantling the planks and wooden supports from the platform to create a space at a lower level for the orchestra at night. That was a killer of a job. And we were often in a bit of a sweat as well. I remember in 1969, the year of the Investiture, and the Prince of Wales visiting the Eisteddfod at Flint. He was coming on the Wednesday to listen to the Oratorio Solo, *Cerdd Dant* and Folk Dance Group competitions. We were instructed to arrange two rows of chairs next to the stage with a red carpet leading to them. But the chairs were now where the piano was supposed to be for the soloists and the instrument had been pushed to the other side. I.B. Gruffydd was the presenter that afternoon, and he called Margaret Lewis Jones, 'M.L.J.', to the stage (she won, incidentally). Colin Jones, Rhos, was the accompanist for the competition, and when he came to the side of the stage and found there was no piano, he exploded. 'If I am the accompanist for a solo competition, I want the piano on the competitors' right. Move it back or else I'm not playing!' Well, Jonnah, Morris Lane and I had no choice. There was no time to argue or discuss the matter with the Director! Right boys, we said, let's move it, and across the platform it went and ended up right in front of the Prince, who would have seen nothing but the accompanist's back throughout the competition…. There must have been an army of them waiting for us when we came off the stage.

"It seems that the piano caused more trouble for us than anything else over the years. In Caernarfon the front leg went through a weak spot on the platform when it was moved for the Madrigal choir. In Newport, in 1988, the first time the current pavilion was used, the BBC did not want the piano to be visible during the ceremonies on the platform. This meant we had to lift one of the legs of the piano, which weighed about fifteen hundred pounds, over an empty space at the side of the platform, and as we did so, a piece of wood, about 4" x 4" x 8" fell out of it. We took no notice of it. The thing was forgotten about, and the piano was pushed back and forward for the rest of the day, and the following day. On the Thursday it was extremely hot, and as we pushed the piano out of the way, the vinolay ruckled in front of the castor. I said to Les, 'You take the weight off the castor, and I'll give it a shove'. But Les failed to lift it and when I pushed the leg came loose at the base and the piano took a nosedive. And all this took place in full sight of the audience, who, of course, saw it as a big joke. As luck would have it, the interval came, and the curtains were drawn, and we rushed off to find Robin Siop Eifionydd and a drill and some new screws. And his first question was, 'Where's the block, boys?' Fortunately, we had kept it carefully, and it was fixed back in position at the base of the leg – we were unlikely to forget that such a small, insignificant bit was quite an important part of a grand piano.

"To get everything in place on the platform in time for the curtains to open at the start of a ceremony is part of our work as stage hands – or "the back boys" as we were called in a recent TV programme. We take everything very seriously, risking life and limb to get things right. But fate isn't always on our side – as once happened with the Malaya Medal. This is a gift to the Eisteddfod, a silver trophy kept in a glass case, which is placed on the stage for the duration of the Opening Ceremony and the Ceremony of Wales and the World, which welcomes Welsh people from overseas. It is kept in the Organiser's office at the back of the stage. Well, we were getting ready for the Wales and the World, and went to fetch the Malaya Medal from the office. It was there, but locked up in its glass case, and the Organiser, Idris Davies, who was out somewhere, had the key in his pocket! We got hold of a screwdriver, unscrewed the box and took the trophy out, but by then the ceremony had begun, being broadcast live on TV with a table in the middle of the platform and nothing on it… Siôr, Beti (Coleman) Tŷ-nant's son, was standing next to the platform, and Siôr always made sure he wore a neat blazer and a tie during the ceremonies. Thus, he was the only one of us respectable enough to go onto the platform. We said to him, 'You must take the Malaya onto the platform when they're singing the Patriotic Hymn.' And off he went, placed the trophy respectfully on the table and bowed gracefully before leaving. Well, everyone thought this was part of the ceremony, and many congratulated us on the new development. No one believed what a narrow shave we'd had in getting it onto the platform.

"I started at the Newtown Eisteddfod and finished at Meifod in Montgomeryshire, shedding a good many tears, I can tell you. It felt strange going to the Newport Eisteddfod in 2004 as a spectator, and not having to worry about the leg of the piano!"

W.E. WILLIAMS "W.E."

W.E. Williams, or "W.E." as he is known on the nation's platforms, on which he has sung or conducted choirs for over 50 years, was born and bred at Tŷ Pella farm, not far from Tafolwern. Here he is to say a little about his musical career:

"As you can read in another chapter about Bont School, that is where my interest in music began, under the headmaster, J.E. Jones, but especially under Glanffrwd Davies. Singing was important in the school; we learned sol-fa by means of cards, and timing, and his wife used to come to the school to help with the lessons and provide musical accompaniment. I can say that I have been interested in music ever since my days as a pupil at Bont School.

"I started competing in local competitive meetings as a child. Every chapel schoolroom held these meetings at that time. I remember competing in Pandy after my voice broke, Glyn Evans, Tafolwern and I challenging each other, the accompanist being Varina Williams, Hendre, and the adjudicators, Ted Richards and Stephen Richards, T'wnt-i'r-afon, Carno. The two failed to agree, the one saying that I would be a baritone and the other saying I would be a tenor! The area's competitive season concluded with Eisteddfod Llanbrynmair, organised by the

Aelwyd. I remember Gwyn Erfyl, a poet, a minister, and by now a well-known broadcaster, winning the Chair there once, while he was away in the Army. His brother, Gwilym Gwalchmai came there to be chaired in his place.

"There was a strong branch of Aelwyd yr Urdd in Llanbrynmair when I was still young enough to compete, with the Revd. Robert Evans as its leader. Llewellyn Jenkins, the headmaster of the primary school in Machynlleth, used to come up on the train to hold a series of singing and music classes for us young people. And I also went down to him in Machynlleth to be trained as a soloist. Then, I went to a voice specialist in Aberystwyth for a while, paying ten shillings per lesson. After that, I taught myself, also spending a lot of time with Mrs Gwyneth Jones, Llysun, who was such a great support to the young people of the area. She was always very ready to help.

"The first eisteddfod I competed in outside my local area was Eisteddfod Llanafan in 1946. It was difficult enough finding these places at that time with it being immediately after the War, and therefore without any road signs! My brother, Dewi, was the driver and I tried to follow the map. Anyway, we got there safely, and so off I went to the 'prelim' in the afternoon. There were 13 of us competing in the under-25 years section that day, and I was fortunate enough to win. Another thing that made travelling difficult at that time, of course, was the petrol 'rations'. Sometimes, I was offered coupons to make sure I attended. I remember well going to Eisteddfod Bronant, again in Cardiganshire, and the secretary saying, 'Call in the garage after you arrive, there will be two gallons of petrol waiting for you!' However, when we arrived, there was no petrol because they had had a fire the night before!

"In those days, there were village policemen, and many of them would be involved with local activities and helped out at the eisteddfodau. I have seen a policeman before now advising me to 'keep the car out of sight' somewhere or other, for fear someone began asking questions, and should get into trouble for not doing his duty.

"In that era, we would hire a taxi from David Hugh, Machynlleth, and during the petrol rationing it was a long way for him to come here to start with. Tom Maesgwion ran a taxi as well, and I remember him taking a carload of us, Ned, Margaret, Deborah and I, to Lewis's

Eisteddfod in Liverpool. The adjudicator there was always Sir Hugh Robertson, a Scotsman, in conjunction with two Welshmen.

"In the last Eisteddfod held there, in 1952, I was competing in the Main Solo, one piece in English and one in Welsh. The 'prelims' continued throughout Thursday afternoon, and I was placed fifth, with six going on the platform on the Saturday morning. I jumped up to second place on the platform winning the Silver Medal. I was learning a lot, and generally the adjudicators were very constructive.

"Before long, I ventured to compete in the National for the first time. That year, 1949 I think, the Eisteddfod was in Dolgellau. Unfortunately, I lost my voice and failed to compete in the Baritone solo, but I had a go at the duet competition with Erfyl Evans, Llanidloes, but we were not in luck that time. We were luckier at Rhyl in 1953, managing to win the first prize in the duet. I also won the second prize in the Baritone Solo, singing the set piece 'Caledfwlch', by Dr. Vaughan Thomas. The 'prelim' for the solo was in the afternoon and three of us were selected for the platform. A woman approached me after the 'prelim', saying, 'Congratulations! But I'm afraid you won't win tomorrow – he (referring to one of the other competitors) has been having lessons from one of the adjudicators!' And in the event, she was right!

"Once I was competing in Abergynolwyn, and having learned the set piece for that year's National Eisteddfod, I thought I would give it a go – it was a very unfamiliar piece. The accompanist was Eluned Douglas Williams from Dolgellau, and as she too was unfamiliar with the piece, she had looked over it before the competition. The adjudicator wasn't familiar with the piece either, and was concentrating very hard as I sang the opening parts. In the middle, there was quite a long section of accompaniment alone, and that's when the adjudicator began writing. As the time approached for me to come in, I suddenly realised I hadn't a clue what the words were, so I failed to come in. Eluned dexterously played another bar to give me another chance. I remembered the words now but not soon enough for me to come in. The adjudicator was still writing, so Eluned played the bar again and this time I sang as if nothing had happened. The adjudicator never noticed anything, nor did anyone else, and I won the first prize out of nine contestants! Eluned and I had much fun recalling that incident!

"I achieved considerable success at the National: reaching the stage on about a dozen occasions and coming second or third several times. But at the 1976 Cardigan Eisteddfod I won the first prize singing 'The Wanderer' by Schubert, and the old favourite, 'Aros Mae'r Mynyddau Mawr'. I competed for the last time at the Llangefni Eisteddfod. Although I never won at the Blackpool Music Festival, I loved going there to compete. They used to get professional singers to judge, and their observations were always very constructive. And then there was the Butlins Eisteddfod. I remember David Glover, a Cambridge University lecturer, adjudicating there on one occasion. I was singing 'Prince Igor's Aria', a Russian song. I got third prize that day, but it was very heartening to hear the adjudicators saying, 'It has been a privilege to listen to your artistry'.

"My other great interest in the world of singing was conducting choirs. I started doing it in the Aelwyd, aged 23, and competed with both the Ladies and the Mixed Choirs. I remember both going to compete at the Llangefni Eisteddfod in the early 1950s. Then as the Llanbrynmair Eisteddfod was approaching after the season of the *Cyfarfodydd Bach*, Dei Price, Brynaere Isa says to me 'Why don't you form a group in Tafolwern?' So, I say, 'You choose them, and I'll train them', and the next thing I heard was that a practice had been arranged on such and such a night. We were singing W. Sterndale Bennett's anthem, 'Duw sydd Ysbryd'', and indeed, we won, beating all the other schoolrooms.

"Test Concerts were very popular at that time, and the inhabitants of Comins Coch organised one and held it in Llanbrynmair. So, we decided to compete with 'Disgwyl rwyf ar hyd yr hirnos', by Dan Jones. The adjudicator was Mathews Williams from Colwyn Bay, and there were five other choirs competing, namely, Trefeglwys, Caersws, Y Foel (a busload of them – about 60 members), Robert Rowlands Clegyrddwr's Choir, and us. We won, and from then on began competing seriously.

"We competed quite a bit at various eisteddfodau. Once in Llanrhaeadr-ym-Mochnant we had a Male Voice Choir and a Mixed Choir, and I had also entered for the baritone solo, 'Sant Gofan'. We had hired a bus, and by the time we arrived the solo 'prelims' had been conducted in the afternoon, and I had learned the solo specially because it was the set piece. Since it was their fault, the chairman said that they would bring the adjudicators to the Literature Tent to listen to me, and I gained the stage. There were ten Mixed Choirs, followed by the Baritone Solo and then ten Male Voice Choirs, and we had a very successful evening: first prize in the Mixed Choir, first in the Solo, and second in the Male Voice.

"In a Test Concert at Penybontfawr we had begun with the Male Voice Choir, with Dr. Oliver Edwards adjudicating. As we arrived there, there were two other buses arriving – two busloads of students, 'The Cestrian Singers', I think, all turned out like stamps! On seeing them, Ned, Cwmffynnon said, "What the hell are we doing in this place?" Up they go on to the platform like soldiers to sing, each with his hard-backed copy in his hand; but we won, and the adjudicator said to them, 'I reckon this was a good rehearsal!'

"And I remember going to Hoole, near Chester, towards the end of the 1950s to sing 'Crossing the Plain'. Froncysyllte Choir were just starting out at that time, but we were successful on that occasion too. Several members of the choir weren't keen on travelling far to compete, many of them not used to going very far from their local patch, but they became more willing when they tasted victory!

"I remember once Dr. Henry Wood, Blackpool, adjudicating at Llandrindod, when we were singing 'Clodforwn', by Caradog Roberts. There was one enormous choir there all in uniform, and we all different, 'in our own clothes'. Dr. Wood adjudicated quietly, and praised our voices highly. He then added, 'I only wish my old friend, Caradog Roberts, were here to hear this performance – perhaps he did'.

"We competed many times at National Eisteddfodau, often winning second and third, but in Newtown in 1965 we won the first prize. We derived much pleasure from competing for many years, and I was fortunate in having so many singers with excellent voices to sing in the choir".

MARGARET LEWIS JONES "M.L.J."

Many years ago, it used to be common practice in eisteddfod circles to refer to competitors by their initials. Throughout the 1950s and until half way through the 1970s, how many times was "M.L.J." called to the platform for the soprano solo, the Welsh solo, the challenge solo, and the operatic solo? On countless occasions. And winning? Just glance at the glass cupboard full of cups from all the big eisteddfodau – Pantyfedwen, Butlins, Powys, and, of course, the National Eisteddfod where she won the Blue Riband. at Llandudno in 1963.

As a result of all this, she was conferred with the order of Musician Ovate of the Gorsedd under the name "Marged Cledan", and she is a member of the Powys Gorsedd under the same name. In The Swansea Eisteddfod she was promoted to the white gown. Why Cledan? Well, by birth Margaret is a Carno girl, and her home was Ty'reithin in Cwm Cledan, which was an exceptionally musical household, her grandfather a conductor of three choirs, and her mother a talented soprano. "I heard nothing but music at home," she said, about her upbringing.

She began competing seriously at 18 years old, and being able to play the piano was a great asset in learning great classical pieces. And for her, *learning* meant a good deal more than mere competence: she was a perfectionist who agonized over the meaning of every syllable and the significance of every note, researching the background of the songs. Music was everything to her. Ifan Maldwyn from Machynlleth was her first tutor, followed by Redvers Llewelyn, Head of Music at U.C.W. Aberystwyth, and she pays the highest tribute to Mrs Gwyneth Jones, formerly of Llysun, for her willingness at all times to accompany her when she was practising, and to the late Mrs Eluned Douglas Williams who accompanied many times in eisteddfodau and concerts, and always with perfect empathy.

In 1947, Margaret came to live in Llanbrynmair, when she married Edward Jones, or "Ned Maesgwion", as he is locally known. He took an enormous interest in his wife's musical career, accompanying her to every eisteddfod and concert, "two soul-mates". They both sang in Llanbrynmair choir when that was at its best, under 'W.E.', and Ned still sings with Côr Meibion Dyfi under the baton of Gwilym Bryniog.

On account of her highly acclaimed soprano voice, 'M.L.J.' had all kinds of interesting experiences in the world of singing. When she sang in the Y.M.C.A. "Test Concert" at Aberystwyth in 1953, winning three first prizes, the adjudicators, Maurice Jacobson and Topliss Green, recommended her to Parry Jones, the famous tenor and Administrator of Covent Garden Opera House. Margaret was invited to go to London for an audition. She went, and a letter soon followed offering her the big opportunity, an invitation to sing in the chorus of the Opera House to start with, and possibly as a soloist later. But owing to her circumstances at the time, she refused, and who knows where her career would have led her if she had accepted.

In 1955, she failed to win the Blue Riband in the National at Pwllheli, with D. Llifon Hughes delivering the adjudication, and having to "split hairs" between her and Richard Rees. The musical experiences piled up, and she sang in a variety of places, such as, for example, in a Grand Concert in Shepherd's Bush for Wilfred Pickles, the presenter of the popular radio show, *Have a Go*, and Eddie Calvert was also there playing his 'golden trumpet'. She sang to the accompaniment of the Eric Robinson Orchestra too. She performed in countless St David's Day concerts in English cities, of course; the concert to mark the opening of New Jewin Chapel London, together with Richard Rees, Richie Thomas and Eleanor Dwyryd; a television concert in Manchester, with the famous Joe Loss Orchestra; radio concerts in Bangor for Sam Jones (after a hearing!) with Ffrancon Thomas at the piano; and together with Eurfyl Coslett (tenor) she was on Emrys Cleaver's first programme from the Cory Hall, Cardiff in the series "Cenwch im yr Hen Ganiadau". Her singing took her to several countries overseas – the Netherlands, Canada, Italy, and Nigeria twice – the second invitation speaking volumes.

It was the greatest of tragedies when Margaret had an accident in her home in the 1960s, which resulted in her spending seven months in the St Lawrence Hospital, Chepstow. But even a bigger blow was to come when the two lost their only son, Wynne, a young man in the flower of life.

But Margaret returned to singing, winning the Operatic Solo at the 1969 National Eisteddfod in Flint, and again at the Cardigan National Eisteddfod in 1976. Margaret and Ned have now lived for some years in the village of Glantwymyn, and are delighted to have recently released a CD containing Welsh songs she recorded many years ago, when her voice was at its richest. Yes, 'M.L.J.' contributed generously towards putting Llanbrynmair on the musical map.

ALED DAVIES
We have already mentioned Pentre Mawr in this book as being the presumed home of the court bard of Prince Owain Cyfeiliog. Well, talent still abounds here today in the person of the young tenor Aled

Davies. Born in Pentre Mawr in 1974, Aled is a farmer, his father's family hailing from Aberbiga, Penffordd-las, his aunts, Ann and Martha (Davies then) having been very successful soloists on eisteddfod platforms in the 1950s and 60s.

Aled's career started through the Young Farmers Club where he came top in stage competitions and in public speaking – and also in sheep shearing. 1998 saw him come first out of 56 young shearers in the Royal Welsh Show at Llanelwedd, and he became part of the Welsh team in 1999, winning overall in the Five Nations competition. Play pool? Yes, and in football terms is a Liverpool supporter! But singing is the big thing in his life.

He worked his apprenticeship, as it were, in the 1990s, in eisteddfodau, but it can be said that his career has blossomed since the year 2000. During this time he won the solo Folk Song at the Llangollen International Musical Eisteddfod as well as in the National Eisteddfod, where he also won the Young Soloist of the Year award in 2001. The year 2004 saw him win the Welsh Solo in the Cardigan (Aberteifi) Festival, where he also gained the stage in the Open Challenge Solo. Indeed, 2004 was a very exciting year for him: he married Katrina in the summer, and within five days won the Tenor Solo at the National Eisteddfod in Newport, thus obtaining the chance to win the Blue Riband – the pinnacle of ambition for all Welsh soloists.

Aled is a key member of Cwmni Theatre Maldwyn, which commissioned and performed the famous Welsh musicals, "Y Mab Darogan" (Owain Glyndŵr), and "Pum Diwrnod o Ryddid" (the story of the Chartists) and in 2003 "Ann", based on the life of the eighteenth century hymn writer Ann Griffiths, Aled in the leading role of John Hughes.

Admitted to the Gorsedd of Bards in the St David's Eisteddfod in 2002, Aled is in demand as a concert soloist far and near, for example, the St. David's Day concert of the Welsh Chapel, Los Angeles, and accompanying soloist with Côr Godre'r Aran on a tour of Australia and New Zealand. He has the voice, the enthusiasm and the energy to succeed, and the Llanbrynmair community follow his career with interest and pride.

MRS GWYNETH JONES – QUEEN OF MUSIC (1907 – 1987)

An area that boasts a first-class piano accompanist is very fortunate, especially if that musician and accompanist is willing to give of her talent regardless of cost and time, simply to see music flourishing in the community. To be able to depend on such a person's service and support is invaluable, and can direct the activity and interest of a whole community. Mrs Gwyneth Jones had this kind of influence on the district of Llanbrynmair – for over 60 years, which is why we can name her "The Music Queen of Llanbrynmair". With her gentle smile, her black hair tied back neatly in a bun, and the fur shawl over her shoulder, she was a prominent figure in the old Hall at Llanbrynmair and on many other musical platforms.

Her daughter, Mrs Shirley Jones, now living in Old Colwyn, adds a few details about her life and her contribution to music:

"My mother was a daughter of Huw and Ann Williams, Cilcwm Fawr, Pennant, where she was born in 1907. Her mother became headmistress of Pennant School at the turn of the century. She used to cycle all the way from Van every Monday morning, staying during the week with her cousin, Mr Ifan Lloyd and Mrs Lloyd in Plas Pennant. Apparently, she met my grandfather, Huw Williams, Cilcwm sometime during her leisure hours, and they got married in September 1904. I still have the silver kettle the schoolchildren gave her as a wedding gift.

"One of their daughters, Annie Lloyd Williams, went to the Normal College in Bangor, and came back to teach in Pennant School in 1926, remaining there for some considerable time. My mother, Gwyneth, was taught to play the piano by no less a musician than Morgan Nicholas. He lived in Oswestry at the time, and every Saturday she travelled all the way by train from Moat Lane (near Caersws) – a whole day of travelling for one lesson! She passed all her grades, and during this period was the accompanist for the County Youth Orchestra. Obviously, she was also competing at local eisteddfodau, because of the large number of cups we have here, all donated by the company, Rushworth and Draper of Liverpool.

"She married a local lad, Stanley Jones, Brynllys, and they built Llysun, moving in on my second birthday in 1937.

"During her life, my mother played on all manner of occasions and in all kinds of situations. She had begun accompanying in Capel Bont at

11 years old, and continued to do so until 1985, in all nearly 70 years. She played at weddings and funerals in every chapel and church in the parish; and accompanied for the Male Voice and Mixed Choirs from the 1940s onwards. Every year, she particularly loved taking the Montgomeryshire Music Festival's practice sessions, and was given the honour of becoming one of the Festival's vice-presidents.

"She accompanied on the piano regularly at Urdd Eisteddfodau, both local and County, and accompanied at the Urdd National Eisteddfod in Machynlleth in 1952, and Dolgellau in 1960. She also gave piano lessons.

"Another important part of her life was training singers, and the parlour door at Llysun was always open for them to come and practise, people like W.E., M.L.J. and David Cullen, local singers, the second two going on to win the Blue Riband. There were many others who wanted to practise pieces – Dai Jones, Richard Rees, Richie Thomas – I remember them coming to Llysun many a time.

"It says a great deal about my mother that one of her favourite occasions was accompanying at the Cemaes Annual M.C. Church Festival, that is, the Circuit Festival, in Cwmlline, an eisteddfod highpoint for the chapels and their friends. Thus, she worked at every level, irrespective of the size of the platform. Her constant aim was to boost performers' confidence and spread the enjoyment of music, and she gave generously of her talent encouraging both children and adults musically. Her life's pinnacle was being made a member of *Gorsedd y Beirdd* at the Swansea Eisteddfod in 1982 – and the name she chose without hesitation or doubt – was 'Gwyneth Pennant'.

"In 1952, she was appointed a Justice of the Peace, and in 1954 a governor of Llanbrynmair Primary School. Thus, there was plenty of variety in her life, and plenty of fun too (my father being something of a leg-puller!), but her main pleasure, of course, was music."

ELWYN JONES DAVIES "ELWYN YR HENDRE" (1927-1999)
Without a doubt, one of the most versatile and talented sons of Llanbrynmair during the twentieth century was Elwyn Davies, Hendre, Pennant, or "Elwyn yr Hendre", as he was known locally and as a member of Gorsedd y Beirdd. No, he had no Ph.D., and he never went any further than Pennant School, but his contribution to his locality and to his country was enormous, and this through ability and effort. He was

born in Hendre, Pennant, where his parents, William and Mary Davies, were farming (having succeeded Richard Bennett, the historian, Elwyn came to know him through his many visits to Hendre). Elwyn left school, aged 14, and that would have been the end of the story for many – but not for Elwyn. His talents flourished in many directions, and what brought him success, apart from his natural abilities, were his commitment, his inexhaustible energy and his perseverance, and above everything, he was one who could get on with everyone and gain their ready cooperation.

He was essentially a son of the soil. He said: "I never get the urge to visit a town of any kind; there is something enchanting to be felt from a mountain-top". He set about improving his land and bought more locally. He raised the standard of his Welsh speckled-face sheep by helping to form the Welsh Mountain Speckled-face Sheep Society, which holds its annual ram sale in Llanidloes. He won many prizes with the sheep and he was given the honour of judging in the Royal Welsh Show in Builth Wells. What helped him a lot in the world of agriculture was his great interest in machines – there was little he didn't know about the inside of a motorcar, tractor or threshing machine, with which, like his father, he had worked for many years. He was in his element working on the hilltops with his tractors and claytracks, and he became a contractor for the work. The first car he had after passing the driving test, aged 17, was an Austin 10 CMA 594 (which succeeded the Singer that came there in 1933 at the cost of £16!). Many different kinds of vehicles followed, ending up with a Nissan 4x4, which transported him, in his "retirement", to those solitary spots on Pumlumon, to the far-flung places where he used to go sheep-shearing. And that was another of his talents, shearing by machine; he was one of the first in the area to become a contractor for the work, and often worked late into the night sharpening electric clippers for customers. And what about his building work and carpentry? He was talented in this direction too. He built an extension to Hendre – even making the concrete blocks himself. He built henhouses that would last forever; and there are many proud owners of benches or stools that he had made.

He had a lovely baritone voice, and after mastering the sol-fa very quickly, he started playing it on the organ at home. His mastery of sol-fa also came in very useful for him later. He sang bass in W.E.'s choir, and was precentor at Pennant chapel. But it was an occurrence in the mid-1950s that transformed his musical life, and turned the key to unlock a golden vein of new talent in him. Ted Richards, Carno visited Pennant (at the behest of the Revd John Price Wynne) to hold W.E.A. classes in *canu penillion*, something rather unfamiliar to Llanbrynmair. Elwyn admitted afterwards that this event, when he was 30 years of age, had "changed the direction of his life". Ted Richards saw and heard his natural talent, his soft, sensitive voice, his musical ear, his ability to learn words and tunes easily, his enthusiasm for the work, and he also took to him as a person. He knew that he had found a promising talent for *cerdd dant*, and began training him, and over the next few years Elwyn competed in dozens of eisteddfodau, gaining experience and "fruit spoons" and "pastry forks" and a cupboardful of silver cups. He was also victorious on major platforms: Eisteddfod Powys, 1962, Pontrhydfendigaid, 1965 and 1968, Gŵyl Gerdd Dant, 1965 and 1968, the National at Aberafan in 1966, on crutches and with his leg in plaster, and the headline in the *Western Mail* the following day read, "Farmer Sings on Crutches and Wins". The most precious of all the prizes was the Caerwys Silver Harp, a 9" harp made of pure silver, that he won in 1968 at a special eisteddfod held at Caerwys to celebrate the 400th anniversary of the Bardic Eisteddfod of 1568. This prize gave him special pleasure, because the adjudicators were Dafydd Roberts, Tom Jones and Haf Morris. At the National in 1970 he won the competition which involved the impromptu arranging and singing of a piece of *cerdd dant*, a feat demanding a great deal of ability and experience. Then, after achieving an identical feat in the National at Ruthin, winning The Llew Dwyryd Memorial Prize, he decided, at the age of 43, to give up competing… But he made a comeback, by invitation, to compete in the *canu cylch* which is a very difficult form to execute, because the singer has to quickly select verses to suit whatever tune is being played on the harp. To be able to do this demands a terrific bank of remembered poetry and extensive experience. After this, he devoted himself to training young people from a wide area around Llanbrynmair in the art of *cerdd dant* in preparation for eisteddfodau of the Urdd, and he gave a start to some who became national winners, beginning with his own two nieces, Delyth and Nia, Wîg.

The Powys Eisteddfod was an old field of competition of his, and he took a great interest in the work of its Gorsedd. He was invited to be its Herald Bard (in charge of the processions) and then its Administrative Druid, that is, the chief person in the Gorsedd, who organises all the ceremonies. This was at the start of the 1990s, but before that, as long ago as 1969, he had sat the examination of the Gorsedd of Bards for singers, when he received the green robe; then when he sat the examination for the blue robe he passed "with honours", in the words of the adjudicator, Aled Lloyd Davies. He was conferred with the honour at Cricieth in 1975, a very special occasion, because Buddug, his sister, was also being conferred with the blue robe for literature. That was a "double" for Hendre! But the high point came in 1998 when he received a letter from the Recorder Jâms Niclas, inviting him to "accept the honour of the order of Derwydd" (the white robe) at the Bro Ogwr Eisteddfod of that year. He accepted with pride.

1993 was also a special year, when the Powys Eisteddfod came to Llanbrynmair. Both W.E. and Elwyn raised a choir each to compete. W.E.'s choir won, but Elwyn's choir continued practising under the name, Côr Bro Cyfeiliog, because they enjoyed the company and the experience, and had enthusiasm and high hopes. During the next few years they competed in 22 eisteddfodau and won on 11 occasions. The choir used to learn two new pieces for the Powys Eisteddfod, and other pieces for concerts. They took part in one of Lord Geraint's concerts in Ponterwyd chapel – he and Elwyn both sheep men and shearers! A big chasm opened up in Llanbrynmair when Elwyn had to give up the choir because of ill health, and the members missed him terribly. Among his other musical successes was forming "Triawd DEG", with Derwyn Maesllwyni and Gwyndaf (a bass like his father, Defi Tomi) and making a cassette whose songs can be heard from time to time on the B.B.C.'s request programmes. Elwyn also won a competition for composing a hymn in the Sunday Schools Area Festival – an institution very close to his heart – and it was included in the Methodist Anthology in 1992-3 under the title "Carol y Bugeiliad" (The Shepherd's Carol).

The list of committees of which he had been a member – and chairman of many of them – speaks volumes about his ability and support: Fellowship of the Powys Eisteddfod, Powys Gorsedd Committee, Executive Committee Cerdd Dant Society, Community

Centre Committee, Llanbrynmair Show Committee, Hymn Singing Festival Committees and the Area Methodist Festival. And all this while still running a farm and doing contracting work and competing... But he had one great advantage – a good wife, Mair! His ready wit and many talents are recorded in his highly readable autobiography, "Newid Ddaeth".

Elwyn was a keen chapel-goer throughout his life, and he was the secretary and the only elder in Pennant when the chapel closed in 1997 due to the state of the roof and the fact that membership had gone down to 22. It was a great personal hurt for him to see the door closing; but in keeping with the broadmindedness and the generosity inherent in his personality, he then threw himself into the work exactly as he had before, as elder, treasurer and precentor at Bont Chapel. But unfortunately, not for long, barely two years. Following the indisposition that had been gradually overpowering him for some years, he was laid to rest in Bont cemetery in July 1999, a witness to the fact that some of the best people of the century were still to be found at its close.

JOHN BEBB DAVIES, THE SMITHY (1890 – 1965)
HELEN HUGHES remembers her grandfather:

"My grandfather, John Bebb Davies, was a third generation blacksmith, his grandfather, John Davies, having been a blacksmith at Foel; his father, Richard Davies, married Hannah Bebb from Lluast, Bont and settled at Efail Pandy Rhiwsaeson, where he started his first business. Sadly, Hannah died, aged 33, leaving three very young boys, the eldest, John, my grandfather, being only five years old.

"The family moved to Bryncoch Smithy, where the children were looked after by their Aunt Polly, while their father worked hard to build a successful business. As soon as he was old enough John joined his father, and very soon was showing a great talent for shoeing; he worked hard, and sometimes there would be as many as ten horses waiting their turn. When working with horses on the farms began to decline, John Davies turned his hand to shoeing competitions at agricultural shows throughout Britain. He and another blacksmith were the only Welshmen to win the National Championship and the Championship of the British Isles, a success that resulted in his meeting Her Majesty,

Queen Elizabeth II, something he was very proud of, especially as she shook hands with him despite the fact that his hands were as black as soot at the time! After winning these titles in Blackpool in 1953 and returning with 14 trophies, he decided to give up competing at shows.

"When I was a child, I wasn't allowed anywhere near the smithy when there were horses there, but I could watch from a safe distance when Taid was working on a piece of wrought-iron, another of his skills, and it was he who designed and made the gates that lead to the cemetery at Hen Gapel. I was fascinated with the large bellows which made the sparks fly as Taid made the fire hot enough so that the iron was sufficiently flexible to be worked, and I remember once when he turned his back, poor thing, for a only a few minutes, I climbed onto the toolbox to reach the big bellows in order to make a few sparks of my own, and believe you me, I did – in more senses than one! I can assure you that I didn't do that a second time. My brother, Hugh, has very different memories of the smithy: he remembers Emlyn James coming down from Llan on Saturday mornings to do hair cuts, and the place bubbling with fun and laughter.

"John Bebb Davies had two sons, John Edward and Richard Alun (father and son were known as "Jac Mawr" – Big Jack and "Jac Bach" – Little Jack) and both sons followed the family tradition by learning the blacksmith's craft and winning prizes at shows. John adapted to modern technology, and came second in the Oxy-acetylene Welding Championship of Great Britain at the Blackpool Show. At the Royal Lancashire Show he was the Oxy-acetylene Champion for three consecutive years.

"I think the tinkle of the anvil is the most beautiful sound I ever heard, and it was sad to lose it when John Bebb Davies died in 1965, aged 75.

"Thirty years later, when our youngest daughter, Karen, who is a textile designer, was looking through Taid's account books, she was so charmed by the superb handwriting that she made a photocopy and integrated it into one of her patterns, which was used afterwards on bedding linen and sold all over the world."

John Bebb Davies was a deacon and a Sunday School teacher at Pandy Rhiwsaeson Schoolroom.

DAVID WIGLEY (1907-1979)

One of the busiest men in the parish, especially from the 1930s to the 1960s was "Wigle'r Saer", that is, David Wigley, a craftsman and a diligent and cultured businessman, one who certainly made an impression on the area's building work, and who gave generously of his talent and time on many a committee for the benefit of the community. He was a carpenter and a builder in the area until he retired in 1966, but continued as a funeral director to the end. This is what his youngest daughter, ELERI EVANS, had to say about him:

"He was born at Llwynbedw, Comins Coch, but moved when very young to Pikings, Carno. His father, Richard Pugh Wigley, was a son of Fron, Talerddig, and his mother, Mary Jane (née Davies), daughter of Gallteinion, Comins Coch. He attended Carno School, and then the Boys' School at Newtown. After leaving school he became an apprentice wheelwright at Edward Owen, Tŷ-Coch, Pontdolgoch, and for a short while worked for J. Evans, Buarthau, Llanwnog, before starting his own business on land belonging to Penybont in Wynnstay village.

"In 1934, he bought a piece of land from John Evans, Post Office, to build a new house for himself and his wife, Eluned, namely, Y Glyn, with a workshop and a yard nearby. The business grew and by the 1960s he had about 25 men working for him. As well as being a carpenter, he was also a funeral director. He also built several new farmhouses, such as, Tŷ-Pella, Mwyars, Blaencwm, Belan-dêg, Y Wîg, Hirnant, and a house for the local policeman. He built another new home for himself, his wife, and three daughters, Gaynor, Adleis, and Eleri, in a beautiful position above the village, with its name, Llys Awel, reflecting that.

"During his leisure time he was a member of the Community Council (formerly the Parish Council), the District Council in Machynlleth and the County Council. He was on many committees in the village and for many years a member of W.E.'s choir. He could read sol-fa very easily. He also acted in local plays. When there was a play or a concert on in the Hall, he and Arthur Williams, Hendre, were sure to be in charge of the ticket booth. His favourite place of worship was Tafolwern Schoolroom, where he was a fervent member of both the Sunday School and the congregation. For many years, he was also the graveyard secretary at Hen Gapel.

"After retiring, he derived much pleasure from holding classes in making models of various kinds of old farm wagons, and wood-turning, and he also gave lessons at New Road School in Newtown. He also built several eight-day clocks, corner cupboards and spinning wheels. His favourite wood was oak.

"He always laid great stress on punctuality although he never wore a watch. He must have had some inner sense of time! He had no time for watching anyone playing ballgames – "kicking wind", he called it – nor for any other games, for that matter. And woe betide anyone who smoked near him... he was ahead of his time in that aspect..

"Llys Awel was one of the first houses in the area to have television, and for that reason became a gathering-place in the evenings, not only for children but also for adults, mesmerised by this new and wonderful thing. No one could get near the fire in those days!"

IDRIS AP HARRI (1900-1973)
MONUMENTAL WORKS

For many years a white, winged angel stood on a pedestal opposite the railway station in Llanbrynmair. Her function was not to proclaim that one had arrived in heaven (there was no need!), but rather she was a marble angel advertising to the world that rather skilful stonework was being carried out there. This is where the monumental masonry workshop owned by the company, I. Baldwin Williams and Son, Brynmeini, used to be, and still is.

Thomas Robert Jones, who hailed from Pennal, started this kind of work on this site in 1918. He worked for a gravestone company in Tywyn, but he married Isobel Watson, Berthlas, daughter of the Llanbrynmair gamekeeper, and he came here to establish a business, at first on the station yard, but later he was able to buy a piece of land from Penybont farm, and moved across the road. He also opened a garage next door to his workshop. (He sold this later to the brothers Stanley and Vaughan Jones, Brynllys). T.R. Jones was multitalented, a musician, and eventually became a Steward on the Sir Watkin Williams Wynn estate in the area. He lived in Brynheulog, a house that had been built for his father-in-law.

In 1938 he sold the gravestones business to Idris Baldwin Williams, another Meirionnydd man, who had years of experience working at the Bryneglwys slate quarry in Abergynolwyn. He had the house,

Brynmeini, built nearby in 1940 (at a cost of £1,100, employing William Evans Builders, Cemaes Road, with Willie Peate, Dôl-fach as the chief mason). During the war it was difficult getting enough stones to work on, because of the difficulty of importing from foreign countries, and also a shortage of workmen in Welsh quarries; accordingly, in 1944 he began to diversify by ferrying children to school in the Austin 12 EJ 4557.

THE POET
He said he used to amuse "the kids" during the journeys by composing verses to sing on the way. One of the songs involved naming the houses and farms in the neighbourhood to the tune, *Llwyn Onn*. But he was much more of a poet than that. He belonged to Seiat y Beirdd, which is mentioned in another chapter, where local poets could practise *cynganeddion*. (metrical consonance peculiar to Welsh). He used to compete at eisteddfodau, large and small, winning over three dozen chairs, most of which have been distributed to halls and chapels in Meirionnydd, pairs from the same eisteddfod often going to a chapel. Hedd, his son, kept two, and his grand-children, Rhys and Nia, have one each, with one or two being in the hands of reciters whom he had trained. He came near to winning the crown at the Pwllheli Eisteddfod in 1955, when W.J. Gruffydd won with a poem entitled, *Ffenestri*. He published a volume of his poetry, *Cerddi Idris ap Harri, 1960*. The poetry and the literature of the Celts meant a lot to him, and he became a member of Gorsedd y Beirdd in 1937, under the name Idris ap Harri, was Herald Bard of the Powys Gorsedd, and received an honour in Gorsedd Llydaw (The Breton Gorsedd).

THE FAMILY
He did not plough a lone furrow. He had a talented partner, a teacher fond of literature, and Welsh to the core: Laura, or Lowri, Williams who also hailed from Meirionnydd, and hence her bardic name, Meinir Meirion. She taught at Staylittle and Pennant schools, and ended her career at Bont.

"She made patriots of us", said one of her ex-pupils, "by ensuring that we read about King Arthur and Caradog and Owain Glyndŵr and the Mabinogi. I remember one story she read to us on a Friday afternoon, namely, the novel, *Beryl*, and all the school children (all 12 of us!) acting out the story for weeks, chapter by chapter, in our imaginary "house" on the school yard, utterly enraptured by the melodramatic story... In Pennant she had the enormous task of teaching children ranging from four years to 11 without any help at all. Beyond the partition, and hearing everything, was the canteen. That's where the teacher escaped to, to another "Lowri", Mrs L.C. Jones, the Cook in her white turban and overall. That's where she could roll about laughing about something that had happened in class, or get tea and sympathy when she had a headache from the host of worries... The smells of lunch would have been wafting through to the classroom for some time, and the eyes watching the hand of the clock at midday, waiting for the big moment when the hatch opened and the knives and forks were brought to the table... Not one, or even two helpings of pudding would be enough for Ifan Cilcwm! And no wonder – nothing second-rate was put in front of us. Food was still rationed in the shops in 1949, but the school dinners at Pennant were miraculous through it all, thanks to the inventiveness and the generosity of the cook".

Idris ap Harri and Lowri had one son, Hedd Bleddyn, yes, that's the one, the "limerick king" of Bro Ddyfi's Talwrn y Beirdd team. He promises to publish a volume of his work in due course. He has also (believe it or not!) represented Llanbrynmair on the County Council from 1979 to 2004, and on the Parish Council since 1968. Luckily, Hedd had an interest in the same craft as his father. He went to a technical college, and joined the gravestones business in 1954, and the first job he had was making a grindstone for Tŷ Isaf. With the passing of the years he modernised the work by adopting computer-generated lettering on the stones; the business was also expanded to include printing signs on plastic. By today, his son, Rhys Bleddyn, has taken charge, and the Limited Company employs about five people. Stone is imported from all over the world, and the engraving work has become digital, all of which gives more choice to the customer – and not merely local customers any more, but from all over Wales.

W.G. ANWYL (1891-1953)

A veritable mine of information found its way into the Editor's hands via George Anwyl, in the form of a file belonging to his father, William George Anwyl, or "Wili George" as he was known to many. It is a very thick file, and very varied, because he had such a wide range of interests, encompassing the world of agriculture, poetry, pride in his family, and a love of his locality. It also reflects the service and support given by a cultured man of the people, who was sensitive to the community that he respected deeply.

W.G. Anwyl was born at Mwyars in 1891, the son of Sarah and Edward Anwyl. His father too had been born at Mwyars but his mother was from Rhiwdyfeity, and after burying her husband at a relatively young age, she and the children returned to her brother at Rhiwdyfeity. William Anwyl received his elementary education, therefore, at Penffordd-las school (Staylittle, as it was known) and later at Llanidloes County School, walking there on a Monday morning carrying his food for the week, and back home on a Friday evening. He married Dorothy Mary Wigley, Rhosgoch and moved to Hirnant in 1918 where he brought up 14 children, which was unusual even then. As he said himself, the family was dying out – his only brother having died young – so he went into "mass production"! To make full use of his assets, he bought Tŷ Gwyn, Aberhosan in 1935 to farm jointly with Hirnant, and the eldest children, Gwyn and Mary, went there to live, joined eventually by Myfanwy, Gwen and John. In 1942, the parents and the youngest children moved down to Bont, to the house which today is called Cyfeiliog, where their daughter, Annie, kept the village Post Office. In 1946, he moved to Dolgadfan.

William Anwyl was a born communicator, and had also shown an interest in pioneering techniques of farming. Accordingly, at the start of the war in 1939 he was appointed an Area Officer for the Ministry of Agricultural, with an office in Plas Machynlleth. He held that position until 1953, advising farmers on production quotas and payments, filling thousands of forms, and advising on agricultural matters as required by the local rural community. His service to agriculture was officially acknowledged in 1951 when he was made an M.B.E. Giving service must have been second nature to him. In the 1930s he became a Parish Councillor, and then a County Councillor from 1942-53. One of his contributions during that period was to persuade Sir Watkin to sell Wynnstay meadow to the community, so that later on houses and a school could be built on it, and a water supply brought to the Gwaelod

(Wynnstay village) from Clegyrnant Mountain – because no water, no houses! He was an elder at Capel y Graig for 30 years. He was a prominent figure in establishing the Montgomeryshire Mountain Sheep Society, which held special sales in Machynlleth, and was its secretary for many years. He was chairman of the National Farmers' Union, and a leader of the local Young Farmers' Club. With his knowledge about the needs of the land, he was a member of the tribunals panel during the War, fighting on behalf of boys preferring to remain on the land rather than go to war. He was also in demand to help people write their wills.

That was one side of his interests. On the other hand, as a poet and witty *raconteur*, he was often invited to act as presenter or as an adjudicator at eisteddfodau, such as, Van, Caersws, Bont, Pennant, and the Powys Eisteddfod. A good job he had a secretary in his office at Machynlleth! In the file we get an account of how "Seiat y Beirdd" (The Local Poets'Society) , an informal gathering of like minds, was formed.

SEIAT Y BEIRDD
It was established in 1949, with the purpose of "promoting Llanbrynmair's poetic tradition". It involved some local poets meeting regularly to study classical poetry, to write some of their own, and to listen to each other's efforts. They were proud of the fact that Llanbrynmair's poetic tradition stretched back to the twelfth century, to the days of Prince Owain Cyfeiliog, who had his castle in Tafolwern and his family poet, Cynddelw Brydydd Mawr, living in Pentre Mawr. This pride in one's locality and one's Welshness was a strong feature of William Anwyl's make-up, and even over 60 years ago, he was very conscious of the fact that "Llanbrynmair was the last rampart preventing the Englishness of the Severn Valley from spreading ever westwards". (What would he say today?). In a letter to the Revd David Jones, M.A. of Newtown in 1951 asking for his support to build a new school here, he says, "Llanbrynmair with its noble traditions is keeping the Welsh spirit and language bright and awake, and stands on the boundary between the Welsh and English cultures; the new school would be a powerful bulwark to prevent the foreigner's influence from penetrating farther up the Severn valley. We need determination if we are to keep our national ideals gleaming; and if we lose our language what hope have we got?"

Celebrities and Benefactors

But to return to the "Seiat". By 1951 it had 35 members: farmers and craftsmen mainly, some travelling as much as 20 miles. Here are some of the bardic names of some of the "Seiat's" members: ap Siafins (Harri Thomas), ap Sialc (H.A.Hughes), ap Plaen (George Thomas), ap Sion (D.C. Davies), ap Ifan (Sylfanus Richards). H.A. Hughes, the local headmaster, was the first Secretary, and Griffith Thomas, the headmaster of Carno School, the Chairman. As we can imagine, keeping control of a bunch of effervescent country poets was no easy matter, and to assist the Chairman, George Thomas made a wooden stand with a gavel and a bell, about which Ap Sion wrote a little verse:

> The bell is most compelling,
> Wily bards must bow to its ruling,
> The Chairman, who though charming
> Takes no sauce because he's king.

(Editor's note: Many years after the "Seiat" had folded up, the minutes and the stand were in the hands of the last Chairman, Sylvanus Richards, Clawddachoed, and he was keen to hand them on to someone who would take good care of them. They were given to Siôn Myrfyn, a well-known local poet. They are now in the possession of his niece, Ann Fychan, and there is talk of their being sent to the National Library. (It is a great pity that there isn't a museum in Llanbrynmair to accommodate such items.)

The Seiat met once a month in the winter, and they felt that this was the first of its kind in Wales. They studied *cynganeddion* and Welsh classical poetry. The file contains works by Dafydd ap Gwilym, William Llŷn and Sion Cent, a transcript of a lecture on the *cywydd* form of poetry, and an eighteen foolscap side discourse on *cerdd dant* (setting poetry to harp accompaniment). They studied the winning entries at the National Eisteddfod, and conducted their own internal competitions as well as being keen competitors outside. An interesting story is recorded about Abraham Thomas, which was delivered in a lecture by one of their own members, Edwin Evans, the shoe-maker. Abraham Thomas was also a shoe-maker living in Pen-ddôl and a competent young poet. He won the chair at the Ffestiniog Eisteddfod in 1906 for his long ode in *cynghanedd* to *"Dechrau Haf"* (The Beginning of Summer) (of which there is a copy on the file) with Dyfnallt adjudicating. Well! when Dyfnallt came to preach later at Hen Gapel, Edwin Evans didn't miss the chance to question him about the competition, and this is what he heard: "Abraham's ode was the best out of fourteen, but another ode arrived late and I placed them equal first. But the Committee did not agree since the other one was a late entry. That other poet was none other than R.Williams Parry, who in 1910 won the chair at the National Esiteddfod with his ode to "The Summer" (*Awdl, Yr Haf*)." Edwin Evans maintained that Dyfnallt had suggested that it was the very same ode, slightly revised. Be that as it may, it required a poet of some class to come equal first with "Bardd yr Haf". Sadly, Abraham Thomas died in the Great War from a chest infection caught on the battlefield.

The file contains many poems of local or personal interest written on "War Ag." notepaper, which speaks volumes about the priorities of the Office! There are some verses containing almost all the names of dwellings in the parish, and W.G.A.'S translation, at someone's request, of *My Little Welsh Home*. There is also a list of jokes, with single lines only, probably to jog his memory when presenting at a "Noson Lawen" or local eisteddfod meeting. Humour and leg pulling was part and parcel of Wili Anwyl's character, and indeed those who have shared a platform with his youngest son, Hywel Anwyl, in Hymn Singing competitions know full well of the family's reputation as leg-pullers. Keeping a straight face isn't easy when he has cracked one of his jokes just before you go on stage.

On file one finds everyday things reflecting the times, such as, for instance, the bill for installing electricity at Hirnant in 1934: "110 volt generator 3kw dynamo, 20 light bulbs, 3 plugs and wiring", £39 for John Davies, Dôlgoch, Motor and Electrical Engineers. (George said there had been plenty of trouble with it!)

OTHER INTERESTS

One of Wili Anwyl's other great interests was his family's history, and no wonder, with having the honour of tracing his ancestry back to Owain Gwynedd. His mother's family, he believed, came from Cornwall originally, and they had lived at Rhiwdyfeity for four hundred years. He obtained help with the research from family descendants from America. He made careful lists of those members of the family who were buried in Staylittle and Llawryglyn. There is a copy of a "Dirge" written by his father, who was also a poet, namely, Edward Anwyl of Mwyars, for Richard Jones, Rhiwdyfeity who drowned in Dylife in February 1888, aged 49 years, his wife dying of a broken heart the following autumn... There's a letter, dated 1952, from Australia, sent by some Welsh emigrants who refer to the cost of shearing - £1.10s for shearing 100 sheep. Letters from Captain Bennett Evans and others thanking for hospitality, and another from Iorwerth Peate asking after a clock-maker who lived at Cawg, and one from J.A.Evans, Morben Isaf thanking him for being "a leader and friend to farmers throughout the difficult years".

Another revealing document is the auction list for Thomas Davies, Dolgadfan on 17th April 1946, by the auctioneers Morris, Marshall and Poole. The following were sold: 33 Hereford cattle, 4 horses, 2 pigs, (262 sheep were sold for £524 in September). The number of farm implements they had there is quite amazing, 40 items, and worth listing: "quantity farm tools in lots, cross-cut saw, carpenter's bench and vice, sundry ropes, 50-gallon paraffin drum, toitres, 3 feeding tubs, 3 meal tubs, iron pig trough, circular ditto, 3 galvanized top sheep racks, root pulper, 3 iron harrows, chain harrow, 2 single ploughs, Ransome's plough, Ransome's one-way plough, Corbett's plough and potato digger, turnip scuffle, wood roller, spring-time cultivator, Deering binder, Osborne self deliverer, narrow wheel gambo (hay-cart) on wood arms, N.W. tumbril on iron arms, light N.W. cart, ground cart on wheels, Bentall's kibbler, winnowing machine, threshing drum, rack saw bench and saw, 12 ft shafting and 4 pulleys, 4 driving belts." And this is the horse tackle: "set chain gears, set scotch gears, 2 cart saddles, 2 collars, 1 head collar, 2 pairs brass harness, 3 bridles, odd gears, odd harness".

In the house: an old oak dresser, 8 old oak chairs, 2 grandfather clocks, a Welsh oak wardrobe, oak settles, china and lustre crockery. (It would be interesting to know the prices, because the Editor heard her mother saying many a time that she saw a dresser going for ten shillings at an auction in Barmouth in 1960. Today, a dresser in good condition is worth anything from £6,000 to £20,000). Siop y Llan prepared the food on the day of the auction at Dolgadfan.

Yes, both the serious and the amusing can be seen here, respectfully recorded by this sensitive and talented man of the people. One of the most interesting things in the file is the script for a radio programme made in 1951. It was an English programme called, *Country Magazine*, produced for the B.B.C. by Nan Davies. There is a letter from her stating that the rehearsal would take place in the Wynnstay at half past five on a Saturday evening, and that the script would be in his hands before then. The programme was broadcast on the Sunday afternoon. Although it took the form of a discussion, the way they did things in those days was to prepare a script beforehand in case someone went 'over the top', and of course to help keep to the time schedule.

What makes the material of the programme especially valuable is the collection of personalities brought together for the occasion: Wili Anwyl, Edwin Ifans, John (Jac y Siop) Evans, Wil Richards, Dylife, Miss Owen of the Star Inn and Evan Jones, the game-keeper. The proceedings were entirely in English, but if these people had been given their head to tell it in their own way, they would have been unstoppable, and the programme would have made history. As it was, Mr Aspen, the Chairman, had to keep a tight rein to stop things getting out of hand. For instance, Evan, the keeper, was determined to get his knife into the farmers (deliberately stirring them up in order to have some fun afterwards?) Talking about breeding grouse, he said, "The biggest pest on the mountain is dogs. Farmers keep too many of them, because they get a supply of Indian meal towards each one, but they give it to other creatures on the farm, leaving the dogs to scrounge for their own food... and they should thank me too for killing weasels and polecats when they're getting half a crown each for rabbits!" We also get a glimpse of his work, "We have to burn 15,000 acres of heather between Christmas and the beginning of April... scatter grit in June, because these mountains are mainly peat bogs... repair the butts in July ready for the 'gentry' in August... And it's very hard getting keepers and beaters nowadays."

John Evans compared Llanbrynmair at that time with what he remembered of it as a boy. He had been away for thirty years and had just returned to keep a shop. He had seen enormous changes. There was no one around today to compare with the old 'characters': "I remember Richard Bennett Hendre well. My sister was his housekeeper. He wrote *Hanes Methodistiaeth* (History of Methodism) on the backs of tea packets – I know, because I read them. He used to eat with a spoon instead of knife and fork in order to read at the table."

And then there was Edwin Ifans, 80 years old, who, according to Wili Anwyl, knew more about the history of Llanbrynmair than anyone. Talking about craftsmen, he said, "No, there is no boot-making here today, only cobbling. But I remember Thomas Jones's family, all excellent craftsmen, living in Pantpowsi. The father specialised in making wooden bobbins for the woollen factories, and the sons were carpenters, repairing carts, umbrellas, clocks, and making hand rakes. Their hobby was making musical instruments – fiddles, flutes, clarinets, drums – and on a summer's evening in Cwm Nant-yr-eira they could be heard from a distance playing the instruments in front of the house… I remember neighbours of mine selling ewes at 4/6, but things were much worse than that in the previous century under the landlords, being squeezed by the rents and the tithes. That's why so many migrated to America. I write to someone in America every week. I remember seeing S.R., the campaigner for justice. He was a great pioneer with his ideas – a voting age of 21 years, abolition of hanging, abolition of slavery, the Penny Post – it was he who gave the idea to Rowland Hill, who then took all the credit." Mr Aspen's response to these men's contributions was, "There was a harshness here (in these hills) that bred an independence of spirit, and a gentleness, sympathy and kindness of heart as manifested in S.R. himself."

The two remaining ones are from Staylittle, Miss Owen and Wil Richards. She said she used to come to the family home in Dylife for a holiday every summer, and after 25 years as a Hospital Matron in the South, she returned and took over an obscure little inn in Dylife, called "The Star", eight miles into the mountains from the bottom of the parish. For her there was no experience like standing above the 130 feet drop of Ffrwd Fawr waterfall and seeing the whole parish opening out between two crags. She didn't expand on the extent of the shepherds' thirst during the Dylife sheep "Shed", merely mentioning how much she enjoyed providing tea for them on the big day.

Wil Richards was the last contributor. He told of a time when 700 men and 100 women worked in the Dylife lead mines, and he had no doubt that there was plenty of ore left and that the mines would be re-opened (an attempt was made between 1933-39). He sent samples regularly to a company in Chester and they were happy with the levels of zinc and copper. He admitted, however, that there were few men over forty in Dylife cemetery. Of course, he had to tell the story of Siôn y Gof, a blacksmith, who came from Cardiganshire to work in Dylife mines leaving his wife and two children at home. Not having heard from him for a long time she and the children came looking for him.....On their way home he threw them down an old shaft. When their bodies were discovered some time later he stood trial in Shrewsbury and was found guilty, and the blacksmith was forced to make an iron head frame for himself so that his body could be hung on a nearby hill as a warning to all....Knowing the 200 year old story, Wil Richards and a friend, Evan Gwilym Davies, went to excavate the spot in 1938. They dug and dug until they got down to clay and there was the scull in its iron frame. It's in Saint Fagans Museum today enjoying immortality!

A touch, typical of Nan Davies, to end the programme, W.E. singing the folk song *Blewyn glas ar Afon Ddyfi*.

George Anwyl, a chip off the old block, and in tune with his father's thoughts, had kept the file safely. Born at Hirnant he went to the school at Stae, leaving when he was fourteen to farm at home. Ploughing was his delight and he used to contract out. Then came the Second World War and the emphasis on crop production and he had the job of supervising the ploughing on farms that had been taken over by the Ministry because they were under producing for their size. – Cringoed, Esgair Ifan and Bacheiddon, to name three. Ministry workmen with tractors were sent there to work, and enough potatoes were grown at Bacheiddon to feed Tonfannau camp.

By 1953 these schemes were coming to an end, and George had yet another opportunity to carry out experimental work: he became in his own words "a craftsman impregnator", an A.I. man, or the 'bull in the bottle', the first in the district. He covered a wide area, from Machynlleth almost to Shrewsbury, the whole of Meirionnydd, and right down to Brecon, with the headquarters at Welshpool. But at the beginning, very few farmers had faith in such a thing. They paid a shilling for membership, and then £1 for each service, but this rose later, the price depending on the quality of the stuff in the bottle. He travelled extensively, some days seeing to as many as 30 requests. He did the work until he retired in 1981. In the meantime he and his wife, Glenys, had moved to Efail Bryncoch, in 1965, not to shoe horses, but to sell petrol and keep a shop. He said, "When we first started, we sold 5,000 gallons a year, at the 'buy-in' price of 4/6d a gallon. I think that would be equivalent to 5p a litre today. This soon grew to 28,000 gallons, and by 1988 we were selling 75,000. Traffic had increased enormously, and the new road past Llyn Clywedog was a great attraction for visitors from near and far.

"Everyone was welcome at our home, both at Hirnant and Dolgadfan, which was only natural, perhaps, with such a large family. It was the same at Yr Efail. Wigley, the carpenter, came here every evening without fail, and others like Davies Pentre Mawr and Bebb Dôl Fawr and Albert the German. I remember some staying until three in the morning, and the old saying is very true, "After nine comes ten, we might as well stay 'til twelve!" I have in my possession something that links Dolgadfan with Yr Efail. A horseshoe. A horseshoe made in two parts, joined in the middle with a pin that turns so that the shoe expands and contracts as required. I wonder if there is another like it anywhere in Wales – or in the world? It was made by a very experienced craftsman, Dic y Gof, that is, Richard Davies, the father of John Davies, the famous blacksmith and the last to work here. It was made for a mare at Dolgadfan when Thomas Davies farmed there. It was impossible to get the mare to keep a shoe on one of her front feet; she would pull the new shoe off immediately. At last they realised that she suffered from arthritis, which was particularly painful when the foot swelled up and the shoe tightened. Dic y Gof made a shoe with a hinge which opened and shut, and she never pulled the shoe off again."

Surely, that would be another item for a local museum.

THE LLOYDS OF LLANBRYNMAIR AND AMERICA

HYWEL CLEVENGER LLOYD, OXFORD, OHIO, gives the story of an enduring and romantic Llanbrynmair-America connection. Important as a family history, it also underlines the strength of that inner ingredient, the "sense of belonging":

"In the "new section" of the Hen Gapel cemetery there is quite a recent gravestone, which is quite unusual if not unique. It records the names of the complete Lloyd family, parents and all four adult children and lists two domiciles in Llanbrynmair, Glyndŵr and Glynteg. This is the twentieth century chronicle of a family with long and deep roots in the district and vital tentacles in America.

"At the turn of the last century, John and Fanny Evans Lloyd and their four young children resided at Glyndŵr in Wynnstay village. John Lloyd was the head carpenter for the Williams Wynn estate in Llanbrynmair; Glyndŵr was then the location of the lumber mill with a millrace, water wheel and the outbuildings necessary for such an endeavour. John Lloyd originated from the Cemaes/Cwmllinau area of the Dyfi Valley. Fanny Evans was born of a Llanbrynmair family which traces its origins to Siôn Dafydd, Hafod-y-Foel in the mid 17th century. In this family's lineage are notable personages including the Reverend Richard Tibbott, minister of Yr Hen Gapel from 1762 to 1798, a significant contributor to the prominence of non-conformism long associated with Llanbrynmair. Also the 19th century poet Richard Davies ("Mynyddog") holds a revered place in the family annals. Therefore, the descendants have had impressed upon them the values and traditions ascribed to their forefathers.

"Tragically in 1905 John Lloyd died suddenly and prematurely of kidney failure, at a time when medical knowledge was primitive by our present standards and access to care was not available. Fanny Evans Lloyd was left a widow with the four children, aged 12, 10, 8 and 5. No longer could the Lloyds reside at Glyndŵr, and the Wynn estate provided them with the small end cottage at Glynteg. For some years, therefore, Mrs Lloyd was dependent on a widow's pension and undoubtedly support from the extended family. Frugality was a necessity and this characteristic together with a value of education and Welsh culture shaped the lives of the children. The advent of World War 1 would next impact the family as, indeed, it did on so many in Llanbrynmair. The eldest son, Idwal, joined the Royal Welsh Fusiliers and served in the Middle East campaign. Among the horrors he witnessed was a trek across the Sinai Desert by camel without sufficient fresh water, the battles of Gaza and the liberation of Jerusalem. Fortunately he survived to return home, but was scarred in that the deprivations he endured affected his digestive system and his outlook on life. Idwal was very reluctant to speak of or describe his wartime experiences for the remainder of his life. The youngest child, Ithel Peris, came of military age in the final year of the

Great War and was in military service, but the war ended before he was sent to the front.

"Olwen and Ceridwen Lloyd, the middle children, pursued quite different paths, but remained close to their roots. Olwen became the principal homemaker at Glynteg as their mother aged, but also utilized her skills as a dressmaker and milliner in the village. Apparently, her products were made directly for the customers and sold in Siop Wynnstay and the Emporium. Ceridwen, unquestionably, was the sibling with the greatest ambition and determination. She became a primary school teacher, having attended Coleg Harlech and initiated a teaching career of over 40 years with a post in Clatter. Shortly afterwards she was appointed to a position at Llanerfyl primary school, where she served until 1929. Miss Ceridwen Lloyd was to become, commencing in the 1930s, a true pillar of the Llanbrynmair community.

"While teaching in Llanerfyl, Ceridwen roomed at Dôlerfyl, Llanerfyl with the postmistress there, Mrs Sidney Roberts, a distant relative. In 1925, Dôlerfyl welcomed two Welsh-American visitors, nieces of Mrs Roberts. Gwendolen and Rena Clevenger were the daughters of Anna Roberts Clevenger (née Davies) who was born at Ty'n-y-gors, Llanbrynmair and raised at Dolau, Cwm-nant-yr-eira. Anna, the eldest of ten children, had emigrated alone to America in 1875 at the age of 16. She ultimately settled in the Welsh immigrant farming community of Gomer, Ohio and met and married Richard Clevenger, M.D., the doctor son of a local Gomer farmer. Thus, exactly 50 years after Anna had departed Wales, two of her daughters returned to meet for the first time their aunts, uncles and cousins. A trans-Atlantic link was forged which lasts today unbroken and even strengthened. As Gwendolen Clevenger was also a primary school teacher, she and Ceridwen Lloyd quickly became friends. On one summer Sunday of that year Ceridwen invited the Americans to Llanbrynmair, and the stalwart American women walked "over the top" from Cwmderwen to Cwmcarnedd and on to Wynnstay village. The legacy of that day resulted in the assurance that the Lloyd family line would be continued! Gwendolen met Ceridwen Lloyd's younger brother, Ithel Peris, and for the next decade, seemingly, correspondence between Llanbrynmair and Ohio was frequent. In 1929, Ceridwen took a leave from her teaching and sailed to the United States, to stay for the better part of a year. (In addition to an understandable desire for an American adventure and experience, was she "scouting the territory" for her brother?)

"Upon her return from America in 1930, Ceridwen Lloyd assumed the position of teacher in Llanbrynmair School, which she would continue until her retirement in 1957. Peris Lloyd finally succumbed to persuasion and sailed to the USA with a visitor's visa in 1936. He would return to his beloved Llanbrynmair in 1937 with a wife, Gwendolen, and a child on the way. The return journey was necessary in order to complete the paperwork to re-enter the United States as a legal immigrant. Ithel Peris Lloyd became the last of many Llanbrynmair natives to come to western Ohio over the course of the previous century and a half. Back at Glynteg it was common knowledge that Mrs Fanny Lloyd was not too keen to see her youngest (and probably somewhat pampered!) son depart permanently. The dark clouds that were gathering over Europe in the late 1930s certainly coloured the emotions. However, the arrival of a grandson and, in 1940, a granddaughter, even if 4000 miles away, softened the blow considerably. The stage was set for the remaining half of the 20th century. Regular as clockwork, the weekly Sunday letters were written, in Welsh of course, between Ohio and Llanbrynmair throughout the tension-filled war years and beyond.

"Following the war, and after more than two years of assiduous attempts, the American Lloyds were able to secure a passage from New York to Southampton, on a ship not fully reconverted from its troop carrying duties. The next generation of Lloyds, young Hywel and Rebecca Lloyd, were to meet their sole living grandparent, "Nain Glynteg", the aunts and uncle in Llanbrynmair and extended families in Nant-yr-eira and beyond. That summer of 1948 remains vivid and detailed in the memory of this writer. It was to influence significantly the course of my life in particular. So many local landmarks, places and people were already seemingly familiar through the stories told by my father. Now they came to life.

"In 1954 Fanny Evans Lloyd passed away, home in Glynteg at the age of 91, having been cared for with great reverence and love by her children. Upon Ceridwen's retirement from teaching in 1957, she and Olwen sailed from Liverpool on the maiden voyage of the Cunard liner

Sylvania for a lengthy visit to Ohio. Meeting them at Montreal was Hywel in the family car. Their summer together included an automobile holiday to the American "West", where Olwen and Ceridwen were duly impressed with the grandeur of the Rocky Mountains of Colorado and the Black Hills of South Dakota. This visit further cemented the valued family ties. In retirement Ceridwen would continue to contribute to Llanbrynmair, including as an organist at Hen Gapel and not infrequently at the little Soar chapel as well. Later she would serve for more than a decade on the Court of Governors of the University College of Wales, Aberystwyth, representing Machynlleth and district.

"Having harboured a desire to return to Wales since the first visit in 1948, nephew Hywel Lloyd, in the early 1960s a doctoral student in geography, devised a means to fulfil that desire. He concocted a dissertation research topic that focused upon Montgomeryshire, and descended upon Llanbrynmair in 1962, white Volkswagen "beetle" and all. The next ten months living at Glynteg courtesy of his Lloyd family conducting research, commuting to the National Library in Aberystwyth during that record snow-bound winter of 1962-63, and navigating all the by-ways of the county, proved academically successful. However the year also culminated in the departure of Idwal, Olwen and Ceridwen from their birthplace village to Machynlleth. As the Lloyds of Glynteg were facing the realities of ageing, they recognised the wisdom of relocating to a home that provided running water, indoor plumbing, electricity, and shops and chapel within easy walking distance. The move was made in December 1963. Nevertheless this move did not diminish whatsoever their love for and loyalty to Llanbrynmair and its people. They quickly accommodated to life in Machynlleth, established new friends and close neighbours, but always looked forward to and welcomed visitors from Llanbrynmair.

"Idwal Lloyd passed away in 1968, at the age of 75, followed by Olwen Lloyd in the early 1980s. Meanwhile Hywel had married, and he and his Dutch wife, Melani, welcomed a daughter, Gwendolen, in 1979. From 1963 to the present, the younger American Lloyds have returned with great frequency to Wales, and Llanbrynmair is always a much-anticipated stopover. Indeed I must candidly admit that every time I crest "top Talerddig" and begin the descent, whether by rail or road, the adrenaline flows, the lump in the throat appears, and I feel I am "coming home". Miss Ceridwen Lloyd, during the final decade of her life, became a very beloved grandmother figure for her great-niece, Gwendolen. This relationship was felt mutually and was nurtured through several visits including a celebration in December 1986 of Ceridwen's 90th birthday. Ceridwen Lloyd's life ended peacefully some six weeks shy of her 94th birthday in October 1990. I was privileged to be by her side. Following her burial, by her express wishes, brief and simple, Hen Gapel was filled for a memorial service. Several friends, including former pupils, contributed to the occasion by relating stories and anecdotes – inserting humour, of which Ceridwen would have approved absolutely.

"The stone in Hen Gapel cemetery thus brings to a close the story of the Llanbrynmair Lloyds of Glyndŵr and Glynteg. The inscription is also unusual in that the youngest child listed, Peris, actually rests among many other Llanbrynmair natives in the *Tawelfan* cemetery in Gomer, Ohio. An important part of his heart never left Llanbrynmair, and thus it is appropriate that he should be honoured in this small way. As we enter the twenty first century the sentimental attachment for this very special corner of Sir Drefaldwyn will be maintained and treasured by the current generation of Lloyds in America."

11 - CLUBS AND SOCIETIES

THE AELWYD

Aelwyd yr Urdd (The Welsh League of Youth) was started in Llanbrynmair by the Revd Robert Evans in about 1941. It was wartime, with restrictions on everything, but they managed to go on many a trip, which broadened their horizons. But we must remember that only children who lived in the Gwaelod (Wynnstay village) and thereabout, in actual fact, could belong to the Aelwyd, because transport was difficult for children from the valleys. JOHN DAVIES, Dôlgoch adds some of his memories of the early days:

"One of the benefits of the Urdd was to allow children from a very homely background to see a little of their country. We went on several trips, including walking to the summit of Snowdon, after travelling to Llanberis in several cars, and also to Devil's Bridge and Clarach. In 1948, the Aelwyd choir went to Llangefni to compete under the leadership of W.E. Williams, Typella, who at that time was still 'serving his apprenticeship'. The next journey was to Maesteg in 1953, when the recitation group, trained by Idris ap Harri, came third. There was a lot of activity at the time of the Eisteddfod in Machynlleth in 1952, the year Elwyn Davies came here as headmaster. A dynamo, if ever there was one! Both he and his talented wife, Nest, put all their energy into the Aelwyd, by building on the foundations already in place, together with Islwyn and Gwyneira Lewis who had worked hard for many years with drama. The pinnacle was winning the Noson Lawen at Dolgellau Eisteddfod in 1960. We took the Noson Lawen to London on the invitation of the Independents Chapel at Charing Cross, and that was what I call a trip – especially when you see who was in the party: Tom Breese, Ffriddfawr (by now a nationally known comedian, and one who is always ready to help locally as a platform presenter), Tecwyn Morris, one mass of humour from head to toe, (who later became a funeral director), Hedd Bleddyn (a leg-puller and the well-known writer of limericks on *Talwrn y Beirdd*, (who became a monumental mason), Margaret Jones (a capable reciter – and later a chapel deacon and farmwife), Dic Pugh, Tŷ Capel, a tenor who could move you to tears, and Gaynor Wigley (Breese afterwards), the accompanist. The Aelwyd went around the village halls providing evenings of entertainment. I remember going to Penrhyncoch and the Donald Lewis, John Glandŵr and Alun Bron Iaen trio 'taking it away'."

The golden age of the Aelwyd branches in Montgomeryshire began in the early 1950s, and in Elwyn Davies's words, "That's how it was in Llanbrynmair, thanks to people like Idris ap Harri, Wil Tŷ Pella, the Revd Robert Evans, and especially Islwyn and Gwyneira Lewis. There was no end of fun! The plays were particularly successful, trained by Islwyn and with boys like Alun Bron Iaen outstanding. There was success also with *cerdd dant,* that special Welsh way of setting verses to music, under the tuition of Ted Richards, Carno, when interest was stirred in the likes of Elwyn yr Hendre. We won also with a Musical, of the lovely, tragic story of "Y Ferch o Gefnydfa", and "Ann of Dolwar Fach" (about the mystic hymn writer) with Ann Lewis (later Fychan) playing the main parts, and Dic Pugh, Tŷ Capel as Wil Hopkyn, breaking hearts with the solo pledging eternal love,"Bugeilio'r Gwenith Gwyn" on the last night of the competition! "Noson Lawen" was a new competition, so they had to give it a go, and as John Dôlgoch, the Aelwyd's Treasurer for many years, said, they took the prize, and performed it again in London. Yes, the old village Hall witnessed some extraordinary things over the years during rehearsals, things that made Mynyddog's picture on the wall smile! Sweet and beautiful memories – even those concerning the football team!"

When Elwyn Davies left after nine successful years, Harri Roberts took over and carried on the good work. Then, from 1984 to 1994 the Aelwyd's leaders were Ceris Rees and Eleri Morris, during which time there was still considerable activity, but the numbers fell to about 25. The strengths of this particular period were the team games and folk dancing. The Aelwyd's netball team came first in the Urdd National Games in 1993 and 1994, the football team came second in the National Games in 1993, and the pool team, which practised in the Wynnstay before opening hours, won a first and a second prize. The folk dance party came third at the Dolgellau Eisteddfod in 1994. In another field, the Arts and Crafts Medal was won in 1990, and in 1994 and 1995 a team comprising Mair Jones, Llywela Rees, Carwyn Jones and Mererid Wigley won the Urdd National Quiz Competition.

The Aelwyd came to an end in 1995.

CATCHING FISH

The world of fish is a fascinating one, and there has always been a great interest in trout and salmon in Llanbrynmair. The area has three fast-flowing brooks, which throughout the centuries used to be wholesome and well stocked with fish. These are, the Iaen, which springs on Newydd Fynyddog, the Carfan, which springs in Cwm Tafolog and at Plas Rhiwsaeson joins the Clegr, which itself springs on Clegyrnant mountain. They are all very lively rivers, full of rocks, torrents and pools. However, the fourth river of the parish, the Twymyn, which springs above Dylife and runs down through Pennant and Bont, is unsuitable for fish because of lead in the water.

When the estates owned the land, up until the early 1960s, no one had the right to fish, and the keepers kept a close eye on the rivers, especially during spawning time in the autumn. Today we have keepers from the Environment Agency.

Keeper or no keeper, poaching was second nature to most local boys. The Editor of this volume can tell a story or two about that… "I was born and raised in Plas Rhiwsaeson, near the confluence of the Clegr and the Carfan, a poaching centre if ever there was one, and the headquarters for friends and relatives who had poaching in the blood, including one in particular, Wil Cwmpen. Plas at that time belonged to the Watkin Wynn estate. Sir Watkin employed a beady-eyed agent in the area, and two keepers, one of them called Evan Jones, who lived in the Factory cottages, a stone's-throw from Plas. Little wonder that my grandfather was on tenterhooks during the autumn season when his sons and their friends were using the place like a Billingsgate market! There was a permanent row of large salmon, tails trailing on the floor, hanging by a hook of a tooth in the big dairy. I can't remember eating any of them – everybody preferred bacon, I think. Ironically, it was the pigs or the poultry that got them mixed with corn meal. Just think what we pay today for salmon on the street in Machynlleth – and that reared in cages!

"Poaching the river was regarded as a challenge, a midnight adventure, to see who might win, the courageous salmon or the cruel gaff. But there was no challenge, really, with the salmons' backs protruding from the shallow waters. I've heard it said that you could cross the river by stepping on them without getting your feet wet. The instinct to hunt fish had been planted in the genes of country lads for generations. One of these was Wil Cwmpen, and the last thing he did before leaving for Wrexham to join the Army was to poach for salmon in the river Clegr, as he had done a hundred times before, from the Plas bridge to Rhyd-y-meirch and back down again. He came to the house about midnight and emptied a sackful of salmon on to the tiled floor of the main kitchen to my mother's great annoyance. The floor was one huge morass of fish eggs and blood, all of which had to be cleaned up before Ifan Ffactri came for his pint of milk in the morning, because he always came into the house, sat down on the settle and had a chat with my grandfather (with me often sitting on Ifan's knee). Well, even that did not satisfy Will. After a cup of tea and saying his farewells he set off towards Cwmpen, poaching every yard of the river once again. No doubt he took the little valley with him overseas, his mother sending him tobacco wrapped in a ball of knitting wool to make sure he received it. He returned safely, married a Scottish girl and had a houseful of children. He now lives in Cardigan, having exchanged the murmur of the Clegr for the sound of the sea."

THE FISHING CLUB

Let us turn now to more legal matters! To an account of Llanbrynmair Fishing Club by EMYR LEWIS, who was born in Aberllefenni. He married a local girl, Dyfi Jones, daughter of Siop Tomi. They built a house on the banks of the river Clegr on the site of the old shop. Emyr was asked, "What is your link with these rivers?"

"Well, for many years I was a water bailiff with Welsh Water, responsible for the River Dyfi catchment-area since 1967. Looking out for poachers was one of my duties then, and making sure that only those with a licence were allowed to fish, and no fishing out of season. I chased many a one showing a light after nightfall.

"By now, it's the Environment Agency that takes care of the rivers, and I was transferred to that body as Enforcement Officer. Now I cover an area stretching across the whole of north Wales, from Chester to Anglesey, and south as far as Montgomeryshire. I monitor the quality of the water, checking for any contamination, and if I find any, look for its source. So, in addition to being a river bailiff, I operate as an environmental policeman now, keeping an eye on what is being emptied as waste into the rivers. I often turn a blind eye to a little contamination from farms, such as slurry draining into the river on occasion. But there has been very little trouble really in this area, quite likely because I happen to live right on their doorstep and would soon hear of any mishap. To be honest, everybody behaves quite responsibly around here.

"There are six enforcement officers working in this northern region, all reporting to me what's happening in their catchment-areas. Rather different from the old days when 78 water bailiffs worked for the Rivers Authority in the 1970s. They were cut down to 36, and now there are only seven of us. There has been a lot of cutting back. It's the Environment, and not the rivers as such, that receives the big money from the Welsh Assembly now, but they shouldn't forget that the rivers attract tourists, which is good for the economy. The Dyfi is the third best river in Wales for sewin and the money spent on fishing is quite significant. Nevertheless, the Government expects the fishing clubs to look after the rivers, even though the licence money goes to the Environment Agency!

"Does the Agency stock the rivers with young fish? Alas, no. The various Water Boards, when they existed, used to do that. They had their hatcheries, but no one does it now. The experts now say that it's better for wild fish to breed naturally in the rivers. Of course, for that to happen, the water has to be very clean. Something that has impaired the quality of the water today is its high acid level. There are several reasons for this: contamination in the air causing acid rain, which is made worse by blanket afforestation, which covers much of our highland areas, and also the lack of lime in the ground. Farmers traditionally used to spread a lot of lime on their land to increase the yield, but when the grants for that ceased over twenty years ago, the land saw very little lime afterwards.

"Let's now look at Llanbrynmair Fishing Club. At present, there are about twenty members, each paying £25 a year for membership. We have the fishing rights on the river Twymyn from Tafolwern down to Glan Twymyn, except a stretch below Ffridd Fawr, which has been let to someone from away. We pay the farmers £800 a year for the river, so you can see we've been in danger of running at a loss. When we started off in the 1960s and throughout the 1970s, the Club managed to keep its head above water by holding raffles and so on. But in the 1980s things went downhill and we had to seek alternative solutions or else the Club would have been swept away.

"Well, for some years we had been trying to get hold of two local hill-top lakes, Llyn Gwyddior and Llyn Coch-hwyad, above Clegyrnant. They belong to the Sir Watkin Wynn estate, a part of the little bit of property they still have in Llanbrynmair. The Club had written several times to the Agent asking for a discussion on the matter. No reply. But it's odd how luck can sometimes change things. One day in 1986, I happened to be standing on the bank of the river Dyfi near Dinas Mawddwy where there was a man fishing. With my water bailiff's hat on, I approached him and asked to see his licence. And he turned out to be none other than the Right Honourable Neville Hill Trevor, a brother of Lord Trevor from Chirk. We started talking about Sir Watkin and the two lakes. 'Well, well!' said he, 'I've fished those lakes many a time in the past, and I'm still good friends with the present Sir Watkin.' And I remarked what a small world we lived in, in that my uncle, Dr Lewis, Dôlguog, had been a prisoner of war for four years with the old Sir Watkin, working on the Burma Road together. They'd shared a tent, and after the war when Sir Watkin visited the area, the doctor always went to see him. They kept in touch till the very end.

"'Well! Well!' said the man again, 'I'll have to tell his son'. And then I grabbed the opportunity to tell him about the two lakes and how keen the Club was to make use of them, but had hitherto failed to get any reply. 'Shame they are empty and not managed,' I added. 'What day are you free next week?' he asked. 'Come over to Llangadfan and meet Sir Watkin himself'. And that's what happened. I told him that we had been writing letters to his Agent for about 15 years, without any luck. 'I never heard a word about the matter. Write to me with an outline of your plans and we'll come to some agreement'. And so it came about. That was in 1986. By today, it's those two lakes that keep the Club going. The money we take for day licences pay the rent for the river.

"Llyn Gwyddior and Llyn Coch-hwyad are both about 25 acres in area and about two miles apart. Both are accessible by means of a good, firm road – a much-improved old bridle path. There are two rowing boats on each lake, and fishermen are allowed to keep four fish from their catch daily. The fishing consists mainly of brown trout with a pinkish flesh deriving from their diet of fresh water prawns. Coch-hwyad is not very deep – you could walk across it in places, though that would be dangerous unless you knew the lake well. There's boggy ground all around. Gwyddior, however, is very different with its clear banks and much deeper waters, between 30 and 40 feet. Sometimes people ask me if the lake has any pike, that enormous coarse fish with its rapacious appetite. Well, it's a fair enough question, for there used to be some. At one time the Severn-Trent Water Board managed the lake, and the Countryside Council managed Coch-hwyad. Hafren-Trent had an idea for hitting the jack-pot by breeding thousands of baby salmon in Llyn Gwyddior, but unfortunately this lake had always been reserved for coarse fishing by the Watkin Wynn estate, and accordingly still contained a number of pike, which, of course, made short shrift of any small fish, and so, had to be got rid of. Poison was put in the water to destroy them. The lake, they reckoned, was now ready to be stocked with salmon. Little ones, between two and three inches long, were put in, and the theory was that as soon as they grew a little they would find their way to the streams, and eventually out to the sea. But it was not to be. They had grown too attached to their home in Llyn Gwyddior – they wouldn't budge from the place – or perhaps they believed they were already in the sea! They grew to be two-pounders but no more. They call such fish 'land-locked salmon', and the reason given for their reluctance to move away was a lack of current in the lake to draw them out and start them on their journey. The fish all died within a few years, and in any case there was no shingle for them to bury their eggs, even if they were big enough to produce them. The lake was quiet for many years afterwards until the Fishing Club acquired the fishing rights and stocked it with trout.

"The Twymyn fishermen also fish for trout mainly, though the occasional sewin wanders up from the Dyfi during the summer months when the river is in spate. We have a fair idea of how many fish there are in the river Dyfi because there is a counting system in place at Derwenlas, a little higher up than the high-tide mark, which consists of a beam transmitted across the river and an under-water video camera. About 40 salmon make their way up-river in April, and then in June about another 400, followed by a further 250 or so in August. Those intending to lay eggs appear sometime in August and September, first of all staying in the 'holding pools' to fatten up nicely ready for the autumn. At that time they continue their journey up-river to the farthest streams, in search of gravel to cover the eggs. Their physical condition plummets after laying their eggs, with 95% of them dying. After hatching out, the baby salmon remain in the streams and the river for two years, until they are about six inches long. After one year in the sea, they will grow to six pounds in weight, after two years up to ten pounds, and after three years about 15 pounds or more. Some salmon never return to the Dyfi or Twymyn, but sewin will return year after year to the same spot. One was recorded returning here eight times to bury her eggs. They are easier to catch because thy keep closer to the bank than salmon.

"We can be very proud of the success gained by Llanbrynmair Fishing Club in competitions. There are 400 clubs throughout Wales, and we have competed against many of them and often won. A team comprises four or eight members, and competitions are held on Brenig, Llysyfran or Llandegfedd reservoirs. We have come first in the all-Wales competition four times, and won third and fourth places in the all-Britain. Usually, the team members have been Richard Evans from Penegoes, John Garside from Brigands' Inn, Mallwyd, Shane Jones from Aberangell, and Robert Plume and myself from Llanbrynmair, all of us, of course, members of this Club. I don't wish to sound conceited, but I've been in the Welsh team 15 times, and captain once or twice. The British Championships are held on Rutland Water, or occasionally somewhere in Scotland or Ireland. 'Lambremêr'! Where's Lambremêr?' comes over the public address system, and a wave of pride washes all over you. It involved two full days' fishing, and between 350 and 400 competing from the shore in the final. Yes, the Club has brought much success to Llanbrynmair, but the team has now 'gone into retirement', and it's time for the youngsters to take over. It's a pity it's so difficult to get them interested, especially with the area having such excellent facilities. I have held classes in the Community Centre, but for some reason no one has 'taken the bait' yet. Mei y Gerddi said he was 'too busy'. I reminded him of priorities…. ! Gwilym Brynllys says, 'I'll come this year', but this year never comes!

"The Club has lost an old friend and loyal member, namely, our former Minister the Revd Ifan Wyn Evans, who has retired and gone south. For what reason, I cannot guess, when he always said that Llyn Gwyddior was the nearest place to Heaven! And that's where we were, on the lake, with his little dog, Cymro, sitting between us, I catching, but Wyn not. And I said, 'You know Who is watching us; you must have done something you shouldn't have.' 'No, no, just showing you that *I* can enjoy myself without catching anything!' Another time, when we were both catching, the little dog sprang on top of Wyn's fish every time, but took no notice of mine. His whole attention was on Wyn's rod. The true loyalty and adoration of a dog,

"We'll continue with the Club; we have the stretch of river and the lakes. We are highly privileged. It's simply wonderful up on those hilltops. Perhaps reading this will inspire one or two to join us. The permits and the keys to the gate leading to the lakes are kept in our house in the middle of the village, and so we know how many are fishing, eight and no more at any one time, in order to preserve the tranquillity of the place, and ensure peace for the wild life. There was once a threat of building a wind farm of 17 pylons 75 metres high within view of the lakes, but fortunately the idea was killed stone dead by the findings of a public inquiry, or else the turbines would have destroyed, in Wyn's words, 'the nearest place to Heaven'.

THE SHOOT
Here's EMYR LEWIS again:

"There's also a pheasant-shooting club in Llanbrynmair, 'The Wynnstay Shooting Club', and I a kind of captain, to ensure rules are kept – no low shooting, and so on – and to keep general order. As you can imagine this is essential, especially with a shooting club. It was set up in 1986 and at present it has about 16 members. And a 'rum lot' they are too, with plenty of fun, with fellows such as John Pwlliwrch (born in Clegyrnant), and, of course, everyone with dogs, for retrieving. We usually go shooting around Brynaerau, Gro'r Pandy and Cwm Carnedd, letting out about 1200 pheasants annually. We retrieve about a half of them, the remainder scattering everywhere, and no doubt ending up in someone's oven.

"We start shooting in October, meeting every other Saturday until Christmas, and then every Saturday after Christmas. We split into two teams, one beating, the other shooting, and then we change over, and share the birds out evenly at the end. By now I get more pleasure from breeding them than shooting them, and indeed the fun we have together is more important than the bag at the end of the day. We have special breeding pens on Cwmcarnedd lane, where we take delivery of the chicks at six weeks old. Pheasant chicks are very small, delicate creatures, and take a lot of rearing. They are released into the wild at four months old, but we continue to put wheat out for them until the end of January.

"In the 1960s and 1970s and before that, the shooting rights on these hills were in the hands of the estates, although they had sold the farms to the tenants. Until the 1970s Sir Watkin had a gamekeeper living at Rhiwsaeson Lodge who bred pheasants and released them into the Allt woods in Cwm Clegyrnant. By then, grouse shooting by the 'gentry' had come to an end owing to a lack of birds. Nowadays, you will only see the occasional black grouse around the lakes, and you may see a red one on Cwmpen mountain. When Sir Watkin owned the estate, there were thousands, and he employed two keepers to burn heather, scatter grit, and kill foxes and predatory birds. To make matters worse the curse of the Forestry Commission arrived in the district from the 1950s onwards, offering a fortune (in those days) for first-rate mountains – and many were sold.

"By today the trees have ruined the views and the habitat of wild life. From Llyn Gwyddior long ago, you could see all the way to Pumlumon Fawr. Not today. The camera's lens has stuck and all you get is blackness. In my opinion, the Forestry Commission has done great harm to Wales, although they have now modified their policy slightly, thank goodness. There's a plan afoot to fell all the black trees above Llyn Coch-hwyad and re-establish the heather. Let's hope it actually happens. Another mountain that has been ruined for wild life is Newydd Fynyddog, not by afforestation but by being ploughed over to improve the grazing. Almost a dozen tracks were created in order to make the ploughing and re-seeding possible. All there is today is grass for the sheep, whereas long ago the place was alive with wild life. You could see a hundred grouse rising together. Judge Stable owned the shooting rights, and he used to come with his friends two or three times a year, and bag sixty brace a day. There's no point in having shooting rights any more – you would only get the odd crow. Another consequence of ploughing the hills is that the water runs off them far more quickly, causing floods… Yes, that's how it is, but remember that I'm speaking from the point of view of someone who gets paid for looking after the environment as well as one who loves nature. Those who make their living from the land would tell a different story. But seriously… my goodness… if only these old hills had been left in their natural state and had been looked after with that in mind, they would be priceless today in terms of rural recreation."

THE FOX HOUNDS
Here is an outline of the Llanbrynmair Fox Hounds, prepared by the Secretary, IOLO OWEN formerly of Mwyars farm. He has been looking over the minutes of the Committee.

"The pack of about 30 hounds is still going strong today. This is an old institution, dating back to 1939, that enjoys a warm and honourable place in the minds of local inhabitants. Maintaining the pack has been an effort widely supported by the community, because it is of benefit to the livelihood of local people, most of whom depend on the land. There never were more loyal committee members than those of the Fox Hounds Committee. To let the fox become master leads to great losses, because his favourite spoil during the rearing season is small lambs, and he is death to every hen. No one begrudges him as many rabbits as he wants, but there are not many of those left. Another misfortune is that he is disastrous to wild life, especially ground-nesting birds, which are usually the most rare – no doubt, for that very reason.

"It is customary to engage a huntsman for six months, then disperse the pack, the hounds returning to the various farms, often to the farms where they were reared. During the winter months when the dogs are together, they are kept in a purpose-built kennel in Cwm Clegyrnant, where they can make as much noise as they like without harming anybody! Costs are met through donations "towards the dogs" and by holding special whist drives, some being very successful with as many as 119 tables.

The huntsman's wages at the end of the century were £150 a week, and the annual food bill for the dogs comes to about £2,600. There are also other costs, such as vet bills and insurance. There has to be money in the coffers at all times. No subsidy is available, even though fox hunting, in our opinion, is a blessing to the countryside and entirely necessary. The Central Government in London has for many years threatened to pass a law to ban fox hunting, and at last have succeeded in doing so, but we still hope that their efforts will not change the way we hunt around here very much, that is with dogs and guns. No one around here ever saw anyone hunting in a red coat and on horseback, but four-wheel drive vehicles are very useful for keeping up with the pack as they follow the scent from valley to valley. The Llanbrynmair hounds hunt over a wide expanse of land, from Ceinws to Carno. In the year 2000, 145 foxes were caught.

THE FIRST COMMITTEE:
It was held in Llan on Saturday evening, July 22nd 1939. Chairman, the Revd G.I. Dean; Treasurer, J. Jarman, Cwmcarnedd; Secretary, Emrys Owen, Tafolwern. Sir Wintringham Stable to be Master of the Pack. The huntsman's wages to be £1 per week, and also 10/- for every adult fox and 2/6d for every cub. Lord Davies of Llandinam donated eleven dogs to start with. William R. Jones, Dinas Mawddwy was engaged as huntsman, and the first kennel was at Llwyn Owen.

November 1st: at 8 o'clock, the dogs went out hunting for the first time, to Cwm Cringoed and Esgair Ifan.

Paid W.D. Lewis, saddler, Machynlleth, 12/- for the coupling, and 3/- for the whip.

1940 April 5th: the dogs today in Sarn forest, Kerry, for the first time and received £3 a week for their service.

A whist drive was held towards the dogs, the profit being £19. Hunting ends on May 18th.

Payments for the first year: Huntsman's wages, £18.1.8; for killing foxes £11.10.0

Receipts £111.11.2. Payments £82.7.5.

Acquired dogs from Plas Machynlleth and Ruabon.

1943: New huntsman, Idwal Edwards

1945 October: Charles Burd appointed huntsman. Committee October **1945:** Passed unanimously that Arthur Williams, Hendre shall be committee treasurer until he gets a wife!

Clubs and Societies

1946 October: William Jones appointed huntsman once more.

1947 January: Mrs Evans, Efail Fach presents a horn and a whip.

1947: The great snow arrived and the dogs were incarcerated at Felin Pennant for months, and it was as much as William, the huntsman, could do to keep them alive by boiling sheep that had died during the severe cold spell. He lodged at Plas Pennant, where seven year-old John was a willing helper. (What would the Authorities say today with their regulations?!) It was passed to disperse the pack on March 17th because so many sheep had died on the mountains.

1947 October: Donald Williams, Pengraig appointed huntsman.

1949 February: R.J. Davies (Dic) Coedcae appointed huntsman, followed by Ifor Evans. There were difficulties getting the dogs together at the start of the season because of a shortage of vehicles to transport them.

1951 January: The Llanwrin area joins the Llanbrynmair Fox Hounds.

1952 October: Joint Master of Hounds, G. Stanley Hughes, Comins Coch and P.A. Marchington, Wynnstay Arms.

1958 March 28th: Ifor Evans, the huntsman's last hunt after nine seasons of service, and after catching 1,021 adult foxes and 241 cubs.

Iori Rowlands, Bryncoch appointed huntsman until the end of the season. £8 a week.

1959 October: Emrys Owen gives up being secretary after 20 years. He was there from the outset, and fully committed throughout the years. Hugh Jones, Brynmelyn takes over as secretary. Erecting the first kennel on Bryncoch land mentioned.

1960: Dei Price, Cemaes, appointed huntsman; Tom Breeze, secretary, followed by Aled Jones in 1964, and then his brother, Emrys.

1964 September: M.E. Davies, Tywyn appointed huntsman.

1965: Full Committee. John Owen, Llan, willing to keep a bitch and pups over the summer, the committee to pay for their food.

1965 October: David Lloyd Jones appointed huntsman, wages £10 per week.

1966: John Willimas, Tŷ Pella becomes secretary.

1970 February: A fair to raise money towards the dogs, officially opened by Dan Butler, and Wyn Davies, Brynclygo, the auctioneer. Profit of £228.2.9 made.

1971 October: Acquired a van for the first time to transport the dogs, with Ken Cwmlline as 'whipper-in'.

1976 October 7th: Hunting postponed because of foot and mouth disease.

1977 January 30th: Start hunting in Llanwrin after a prohibition of two months.

1977 September: Iolo Owen made secretary, son of Emrys Owen, the very first secretary.

1980 September: Acquired another van for £200 from Penrhos, Cemaes.

1985: Bought a bleeper to fasten on to the terriers.

1988: A new site for the kennels on Westward Woodlands land off the Lodge in Cwm Clegyrnant.

1989 March 3rd: it was passed to give £50 towards the Scanner Appeal in memory of Ken Humphreys, Cwmlline, who had been so loyal to the hunt.

1990 March 19: A donation of £100 to David Isaac towards the costs of running a car, with Dei always so willing to run here, there and everywhere.

Sept 9th: Presented a cheque of £100 and a watch to Dei, the huntsman, for 25 years' service with the dogs.

1992 March 16th: Donated £100 to Kidney Research

1994 March 14th: Changes when digging for a fox: to be shot in the hole and buried.

1998 March 9th: Joined the Welsh Federation of Fox Hounds. Pay £5 for a licence for those with terriers. (The owners of good terriers are essential to the pack, provided, of course, they are willing to bring them out to hunt.)

1999 March 15th: David Lloyd Jones finishes as huntsman after almost 30 years.

He was presented with a gift of £500, that is, £125 from each area that shared the pack: Llanwrin, Ffriddfawr, Cwmcarnedd and Pennant.

June 21st: Appointed a new huntsman, Edward Edwards, Bryn Celyn, Dinas Mawddwy.

September 6th: After almost 20 years in the chair, Ifor Owen, Cwmffynnon retires. The vice-chairman, Arfon Jones, persuaded the secretary and treasurer to continue in their respective posts after over 20 years' service.

These were the Secretary, Iolo Owen's words in 2001: "At present we are looking forward to re-starting hunting after the outbreak of Foot and Mouth disease. I feel that we have to continue hunting despite all the opposition, mainly from the towns, and from many urban MPs and organizations. It is important to keep the old custom alive in the countryside because it works as a system for controlling the fox population. We have been hunting for over 60 years as Llanbrynmair Fox Hounds and have destroyed about 8,000 adult foxes – but Nature still looks after them."

Despite many protests, from country folk throughout Britain, in 2004 the Government passed a law to ban traditional fox hunting with dogs. Nevertheless, there may be grounds for believing that this is not the end of the story.

THE YOUNG FARMERS' CLUB

An account of the movement's early days is given by a former member, namely, BERYL JARMAN, Tŷ Isaf – now Mrs Beryl James, Gelli Goch:

"J.L. John set up the Llanbrynmair branch of the Young Farmers. He was a native of Cardiganshire, and after graduating in science at Aberystwyth, he had been a schoolmaster, last of all in Newtown, before being appointed Agricultural Adviser for Montgomeryshire. We started meeting in Llan Schoolroom in 1942; we met regularly and the meetings were well organised, and soon there were over 100 members, with W.E. Williams, Tŷ-Pella as Chairman, Mair Jones, Glanrhyd, Treasurer, and I, Beryl, Tŷ Isaf, Secretary, one of my duties being to send a note to everyone reminding them of the meetings! We had lectures in English, although Welsh was the language of the Club, but there was no argument about language in those days, and an examiner would come to test us. Concerts and whist drives were also held to raise funds for the Club and the movement. The aim was to raise the standard of agricultural production, and to improve the quality of life in the countryside. You did not have to work on the land to be a member, but you had to be under 25 years old, and observe the organization's rules. There were ten in all; here are some of them:

A good farmer should rise early.
Try to grow two blades where only one grew before.
Be able to judge stock.
Be a good neighbour.
Maintain good fences.
(And the last on the list!)
Get a good wife.

"The Club's days came to an end shortly after the War, but another one was formed in Clywedog. Interest was resurrected with the arrival of a new County Organiser in 1963".

CHARLES ARCH – MY DAYS WITH THE CLUBS

"For a 'Cardi', moving in September 1963 from the Welsh heartland of Strata Florida to live in Newtown was to say the least a shock to the system. I discovered that despite still being in Wales the majority of people spoke English, and in order to maintain Welshness, one had to form "Welsh Societies". Three years or less later, through hard work, a Welsh department was set up at Penygloddfa primary school, which by today has grown into a complete Welsh School. Despite all this, I can testify to "Mwynder Maldwyn" ("Benign Montgomeryshire") right across the county, and I have memories of happy years here.

"When I obtained the post of Young Farmers' Organiser, I was told that if I could keep the language factions together, I would succeed. Even today, I call the county the county of three parts. First, the Welsh language regions, stretching from Penybontfawr down to Llanfihangel as far as Adfa, across to Carno and Clywedog and down to the river Dyfi. Secondly, the part that is naturally Welsh but has lost the language, from the bottom of Llanfair Caereinion through Tregynon across to Kerry and Dolfor, and back through Llanidloes and Llangurig. These were people living in the Welsh way, but without the language, where expressions like "up with we" are in use. And, thirdly, the area where people have not only lost the language, but live like the English, from Cegidfa to Llanymynech, back through the valley to Welshpool and across Forden to Montgomery and Sarn, and back to Churchstoke.

"Thus, administering the movement across these divisions proved quite perplexing at times. I believe absolutely by today that it is essential to have a Welshman or Welshwoman in the post. Looking back over the years, appointing an English-only speaking officer would lose the Welsh clubs every time, with the young people joining the Urdd movement. That was the situation when I arrived in Montgomeryshire in 1963. It was essential therefore to examine the Welsh-speaking areas in order to improve the situation. At about the same time, Dei Thomas became County Urdd Organiser for Montgomeryshire, a period when the two of us became good friends and decided to work together, each telling the other what was in the pipeline and thereby promoting both movements, with many of the Welsh-speaking young people belonging to both.

"At the time, there was a strong Aelwyd in Llanbrynmair and in Penllys; accordingly, I decided not to form a club there, but instead resurrect the clubs at Cemaes, Carno and Clywedog, ensuring that none of them met on the same night as Llanbrynmair Aelwyd. That's how it was at Penybontfawr and Llanfihangel too – meeting on a different evening from the Urdd. At one time there were Y.F.clubs in towns like Machynlleth, Newtown and Welshpool, but all these moved out to the villages, while still drawing a few members from the towns. Through two organisers cooperating in this way, many Welsh-speaking people were able to belong to both movements, thus gaining even more opportunities to develop their talents.

"It is strange how things change over a period of time: the Cemaes club disappeared and was re-established in Glantwymyn, which is now a very strong club. The Aelwyd in Llanbrynmair weakened, and a strong club was established by uniting with Carno. Owing to the weak agricultural situation in the Clywedog area, their club disappeared, and the members moved to Carno. The Llanfihangel-yng-Ngwynfa club also disappeared, its members joining either Penybontfawr or Llanfyllin, according to their language preference.

"I wonder if the movement will ever be seen again in villages like Adfa, Cefncoch, Clatter and others where immigration and the retreat from farms continues to impoverish the countryside so much."

THE CLUB TODAY, MENNA JONES, YSTRAD FAWR
"The Llanbrynmair Young Farmers' Club re-started in 1977, and merged with Carno in 1988, under the name of Llanbrynmair and Carno

Young Farmers' Club. By today, despite being one of the smallest clubs in the county, with barely more than 25 members, it manages to take part in all county activities, and often coming out on top, as seen in Rally, Eisteddfod, Field Day and the county entertainment competitions.

"Over the years, the movement has changed; nowadays, most of the clubs' members are no longer farmers' sons and daughters, but young people from towns and villages having no connection with the world of farming. Our club is no different. Furthermore, as seen in many other clubs in the county, the members' ages have lowered – largely due to older members leaving to pursue their careers.

"The club always tries to give everyone an opportunity, an equal opportunity, to take part: for example, every year new officers are elected to run the club, and to plan and organise the year's events. Consequently, several members have been fortunate enough to be chosen to represent the movement at county level, nationally, and internationally. It gives the young people of Llanbrynmair the opportunity to develop their talents and skills in many directions.

"A debt of gratitude is owed to all the leaders over the years for maintaining members' loyalty and enthusiasm. Good leadership is the key to success."

NATIONAL FARMERS' UNION

The National Farmers' Union for Britain was established in Lincolnshire in 1904. Then, in a meeting at Shrewsbury in 1918 it was decided to form a Welsh division, with the Montgomeryshire office to be based at Newtown, and the Executive Committee to meet monthly either at Welshpool or Newtown. The Llanbrynmair branch was among the first to be formed, together with Montgomery, Newtown and Llanidloes.

According to the records, Huw Ellis Francis, Coedprifydau was the first secretary of the branch. Dyfrig Jones, Dôldwymyn, Cemaes Road, was appointed secretary for Llanbrynmair and the district of Machynlleth in the 1940s. Stephen Tudor of Llwyn, Cemaes followed him, and the current secretary is Aled Griffiths, Tynywern, Cemaes.

There were about 100 members in 1923, the membership fee being one penny per acre, or a minimum of five shillings.

Here are the Chairmen since 1940: W.G. Anwyl, Dolgadfan; Caleb Jones, Maesgwion; Joshua Jones, Cringoed; Thomas Jones, Ystrad Fawr;

Gwilym Anwyl, Hirnant; John Morgan, Caetwpa; Aled Anwyl, Hirnant; Richard Owen, Y Fron; Bill Sheridan, Yr Esgair; John Anwyl, Maesmedrisiol, who was also the County Chairman in 1990.

During the Depression of the 1920s and 1930s and throughout the period of World War Two, the Union worked hard supporting farmers locally and influencing national policy. The first subsidy made to farmers was in 1939, namely, £2 a head for grazing cattle on hilly land and £1 an acre for growing wheat. There was a shortage of human and animal food because the German navy was sinking the cargo ships. Accordingly, all efforts were made to increase home food production.

The summer of 1946 was one of the wettest of the century; the abysmal harvest led to a shortage of animal feed during the severe winter of 1947 when most of the country was snow-bound for three months. Nationwide, farmers lost 85% of their sheep flocks, and the Union ensured that they were compensated from a special Government fund. The end-result was that many of them diversified into milk-production.

About 1948, with food-rationing still in operation, a number of farmers from Llanbrynmair were prosecuted for giving flour to pigs, but thanks to the Union and to Judge Stable, who was in court, they received a fine of one shilling a head!

The trend of annexing parcels of land has reduced the total number of farms in the parish by 50% since 1923; but, interestingly, the membership book shows that 14 of the farms have been in the same family since that date, and some, of course, for even longer. These are: Bebb, Dôl Fawr; Jones, Maesgwion; Owen, Fron; Roberts, Rhiwgan; Cullen, Tŷ Canol; Williams, Tŷ Pella; Owen, Penybont; Breeze, Ffriddfawr; Williams, Hendre; Jones, Bryneirau Uchaf; Jarman, Tŷ Isaf; Anwyl, Hirnant; Davies, Siop Llan; Evans, Trannon.

FARMERS' UNION OF WALES

The Farmers' Union of Wales held its first meeting in Llanbrynmair on the evening of the 7th November 1957. The meeting took place in the village Hall, and present at the meeting were Edfryn Breeze, Yr Allt, Montgomeryshire FUW Vice Chairman; W.I Jones, Cilcwm; T.E. Morris, Gwernybwlch; Elfed Evans, Esgairgoch; Alfred Meddings, Pennant Isaf, and J.W. Rowlands, Tŷ Mawr. Also present were D.R. Jones, Montgomeryshire FUW County Chairman, and Emrys Bennett

Owen, acting County Secretary for the Union. W. I. Jones was elected Chairman for the branch and T.E. Morris, Vice Chairman.

Owing to the dedication and hard work of those founder members, the Union grew in strength, not only in Llanbrynmair and Montgomeryshire but also throughout Wales, the Union being recognised by the Government in 1978. Many of the family members of those mentioned above play an active and prominent role in the branch and at county level today. In 1993 the Llanbrynmair branch presented the bardic Chair of the Powys Eisteddfod being held here. It was made by a local farmer and craftsman, Robert Morgan, Caetwpa.

THE WOMEN'S ASSOCIATION
Cymdeithas y Merched (The Women's Association) was an important institution for women of the locality for over 40 years of the century, from 1930 to 1976. Some saw the need for a Welsh-medium club of some kind for local women at this time. The Women's Institute was already in existence, but the feeling was that it was more formal and more English in its framework. Accordingly, Cymdeithas y Merched was set up to run parallel with it – with the same members to some extent belonging to both organisations.

Cymdeithas y Merched began in 1930, according to John Dôlgoch (who is a mine of information about pretty well everything, through his industrious family). Mrs S. Hughes, Llwynffynnon started the Cymdeithas, and very soon there were 17 members: Miss Katie Davies, Islwyn, Miss Mary and Miss Varina Williams, Hendre, Mrs Meiriona Williams, Coedprifydau, Mrs Rowlands, Bryncoch, Mrs Davies, Siop Llan, Mrs Jones, Tŷ'r Ysgoldy, Mrs Jane Williams, Emporium, Mrs Bronwen Williams, Emporium, Miss Emily and Miss Frances Davies, Dôlgoch, Mrs Ann Davies, Garth, Miss Ceridwen Lloyd, Mrs Emrys Owen, Mrs Duckett, Winllan, Mrs M.E. Jones, Talerddig, Mrs E. Williams, Glandŵr, Mrs Breeze, Llawrcoed, Mrs Gwladys James, Tafolwern, Mrs Gwyneth Pitcher, Mrs Doss Jones, Pen-ddôl.

Over the years, more people joined, whilst others left. Cymdeithas y Merched grew to be an important institution in the area, but it catered mainly for those living in Talerddig, Tafolwern and Wynnstay villages and surroundings, because the other hamlets were a little too far when bicycles were the only mode of transport. John says, "The men used to make the Christmas Supper every four years, and we thoroughly enjoyed the preparation. I was the supper treasurer for some years. There was also an annual trip, and I remember going with them to Liverpool and many other places." Unfortunately, the Cymdeithas minutes, which Mrs Bet Jones, Pendeintir had kept in 'copper-plate' handwriting over the years, were lost; as has happened to so many such documents, they were burnt in a bonfire, when the house was cleared after she died.

Mrs Lilian Williams, Tŷ Pella remembers her mother, Mrs Meiriona Williams, a loyal member of the Cymdeithas, as she herself was later, attending afternoon sewing classes very regularly in the village Hall. It was an entirely practical club for all women without exception to learn skills, socialise and have plenty of fun – for instance, fancy dress competitions – and to help the community generally. It came to an end when a branch of Merched y Wawr was established in the 1970s, with most of its members then joining that new organisation. The difference then was that women from all parts of the parish were able join, because the age of the motorcar had arrived.

MERCHED Y WAWR, BRO CYFEILIOG

MARGARET JONES, YSTRAD FAWR, one of the founder members, tells us how it all began:

"Merched y Wawr is a social organisation for the women of Wales. The language is Welsh, and the language is central to all the branches' activities. "By joining Merched y Wawr we demonstrate our support for Wales. We see ourselves as guardians of our traditions, and we stand for the status and dignity of our language," says the citation in the manifesto. It's good that such an organization exists in contemporary Wales, and Llanbrynmair is proud of the fact that its branch was among the first to be formed.

"In 1967, a group of women from Parc, near Bala, had the vision to start such a movement for women in Wales. It then snowballed under the influence of its first National Secretary, the hard-working Zonia Bowen and her team of women from Parc. By 1968, branches had been set up throughout the length and breadth of Wales, and Llanbrynmair was not far behind, because in that year a branch was formed in Penffordd-las, for the district. Once a month, Mrs Laura Williams, Brynmeini, Mrs Sarah Jarman, Cwmcarnedd Uchaf, Mrs Dora Thomas,

Bont Dolgadfan, Mrs Megan Jones, Cringoed, and Mrs Margaret Jones, Ystrad Fawr travelled up to Penffordd-las school to meet their fellow members from that area and the town of Llanidloes. At the beginning, there were about 18 members under the presidency of Mrs Ezra Jones, Llanidloes, with Mrs Ella Morgan as Secretary and Mrs Laura Williams as Treasurer.

By 1973 membership was increasing, and it was decided to meet at Bont School, with Llanidloes members forming their own branch. In 1976 they moved to the new Community Centre in Wynnstay village. The branch celebrated its twenty-first anniversary on 25th May 1989 with an excellent meal at the Buckley Hotel, Dinas Mawddwy, in the company of the Revd. Dr and Mrs R. Alun Evans (Alun Bron Iaen). Mrs Jarman, Cwmcarnedd cut the cake, and on that evening she was made Honorary President. The branch's twenty-fifth anniversary was celebrated on the 3rd March 1993 in the Eagles Hotel Llanuwchlyn, when Mrs Mair Lewis, Llwyn Owen Lodge, who was also Honorary President, cut the cake. The main guest on that occasion was Mrs Mererid James. Hedd Bleddyn, Brynmeini wrote some verses to mark the event.

We are proud to say that the Bro Cyfeiliog branch goes from strength to strength, with a current loyal membership of about 30 dedicated individuals who meet on the third Thursday of every month at 7.15 pm. In the year 2000-2001 the officials were: Honorary President, Mrs Mair Lewis, Llwyn Owen Lodge; President, Mrs Heulwen Jones, Adwy Deg; Vice President, Mrs Jen Evans, Dolau; Secretary, Mrs Moira Davies, Gerddi Gleision; Assistant Secretaries, Mrs Ceinwen Jones, Y Wîg; Mrs Beryl Anwyl, Brynheulog, Mrs Catherine Davies, Gilwern; Treasurer, Mrs Eleanor Jones, Garth; Literature Officer, Mrs Margaret Davies, Pentre Mawr; Press officer, Mrs Gwyneth Davies, Tŷ Gwyn.

"A varied programme is printed and we hold a charity Christmas Service. A trophy is presented annually for the highest marks in our monthly competitions. A commemorative trophy is also presented in memory of a dear departed member, Mrs Eunice Williams, Brynllys who died at 44 years of age, the trophy to be kept for a year by the member most deemed worthy of being honoured."

THE MYNYDDOG WOMEN'S INSTITUTE

The first meeting to set up the Women's Institute in Llanbrynmair was held in Llan Schoolroom on the afternoon of the 3rd of January, 1919. This was soon after the end of the First World War while the country was still beleaguered by its effects.

Officers for the year were elected: President, Mrs D.W.Stable, Llwyn Owen; Vice-president, Mrs Jones, Brynllys; Treasurer, Mrs R.W Parry; Secretary, Mrs Ynyr Hughes, Llysteg. Members of the committee were: Mrs Lewis, Brynolwern, Miss Williams, Esgair, Mrs Howells, Newgate, Mrs Hughes, Llwynffynnon, Mrs Samuel Roberts, Bron Iaen, Mrs Roberts, Post Office, Mrs Humphreys, Gellidywyll Mills, Mrs Owen, Llwyn Owen, Miss Davies, Dôlgoch, Mrs Williams, Cilcwm Fawr, Mrs Lloyd, Plas Pennant. Others present were: Miss Buckley Williams, Mrs Lloyd, Llanwrin, Miss Lewis, Brynolwern, Mrs Gray, Bont, Miss Rees, Rectory.

We see, therefore, that there was representation from the Established Church and the Nonconformists, and apart from Mrs Stable, it is highly likely that they were Welsh speaking. It was passed that they would meet monthly, on the Wednesday before the last Thursday of each month, that is, "on the day before the animal sale in Llanbrynmair". Tea would be served at the end of each meeting. A year's membership would be two shillings, the first shilling to be paid on joining and two pence for tea thereafter.

Three meetings were planned, for February, March and April, and it was passed for Dr Morris to give the first lecture, and if he could not come, then Richard Bennett, Hendre to talk about local place-names; then in March, a lecture on Horticulture, and in April, Old Folk Songs by Dr Lloyd Williams (a science lecturer at Bangor University, who also went around the country collecting folk tunes).

In 1923-24 there were 62 members on the books, but it looks as if the organization ran out of steam after its first flush of success. Eventually, it was replaced by Cymdeithas y Merched (which in turn was replaced by Merched y Wawr). It was felt that there was a need to resurrect the W.I. and this took effect in 1976, with 24 members joining. It has continued without a break ever since enjoying many years of success.

Today in the "Mynyddog" branch there are about 20 members. Most of these are newcomers whose first language is English, but many are trying to learn Welsh. The officers for the year 2000 were: President, Mrs Dorothy Bruchez, Plas Newydd; Vice-President, Nurse Pat Edwards; Secretary, Mrs Ann Jones, Drws-y-cwm; Treasurer, Mrs Carol Brookfield, Penygraig; Minutes Secretary, Mrs Sheila Ray, Tanycapel, Bont.

Pat, a loyal member like her mother, Mrs Lali Williams, Glandŵr, before her, says there isn't much "Jam and Jerusalem" attached to the branch, but instead, the main activities comprise preparing evenings of entertainment (sketches and so on), and holding stalls in support of fund-raising efforts for good causes. For five years during the 1980s, a Weekend for the Disabled was held in the Community Centre, when about 20 disabled people came with their carers to stay for two nights, sleeping in beds on the floor of the Community Centre, the W.I. responsible for the food. Many disabled people derived pleasure from this provision and from the socialising, and it was a new and exciting experience for many of them. It's amusing to recall that long ago the women of Llanbrynmair referred to the organization as the "Women's Stew"! Fortunately, the stew still simmers!

CLWB Y DDÔL

Clwb y Ddôl is an institution that benefits many people in Llanbrynmair. It brings the elderly, and some not so elderly, together once a month to socialise.

The club started in 1977, after the opening of the new Community Centre, which provided a convenient venue for their activities. There were 26 members initially, but by now it has expanded to 60, with the activities being bilingual. The club is run by a committee of younger, committed people, who prepare a sumptuous afternoon tea, organise a speaker or entertainment, and arrange transport for all those who need it. One of the members chairs every meeting. Clwb y Ddôl certainly plays an important part in the lives of many members of the community, something to look forward to every month. A great debt of gratitude is owed to those in charge.

BADMINTON

A Badminton Club of about twenty members was formed in the late 60's based in the old Village Hall. It moved to the new Community Centre when that was built in 1976 and continued to flourish, competing in the North Powys Badminton League. Sadly, both junior and senior sections have ceased, mainly because no-one was willing to take responsibility for running the evenings and, undoubtedly, the opening of the new and attractive leisure centres at Machynlleth, Newtown and Llanidloes had its effect.

ST JOHN'S AMBULANCE

The story of the Llanbrynmair branch as told by the late ARTHUR PLUME:

"The first classes in First Aid after the last war were held in Llan Church Schoolroom, with the local primary school head teacher, Mr Glanffrwd Davies, in charge. Mr Davies had a keen interest in medical matters, frequently giving us children information about illnesses and remedies, and warnings such as the possible link between cigarette smoking and lung cancer. He was therefore the ideal person to teach us about human anatomy, with particular reference to giving first aid to the injured. He was able to encourage us as young men to take an active part in this kind of work, and his enthusiasm led to the formation of a First Aid group in Llanbrynmair. This was soon recognised by the St John's organisation in Machynlleth, who made us part of their Division. They had as their superintendent Mr Bill Neale, a train driver based in the town, while many of the officers and members were also railwaymen, several voluntarily travelling up to Llan to give us basic First Aid instruction. The names that spring to mind are Len Edwards, Griff Evans, Evan Lewis, Bill, of course, and others too.

"Throughout this period Mr Glanffrwd Davies was a leading light assisting in fund-raising events which would enable us to purchase uniforms to be worn on parades and other events where a St John's presence was required. Following military fashion, N.C.O.s were appointed, the sergeant being Elgar Rowlands, Bryncoch, and myself as corporal. In the autumn of 1949, I left to follow a two-year course in Forestry at a north Wales college, but when I returned I found that activity in our area had diminished to the point where we no longer had meetings and were effectively disbanded. Nevertheless, the training we had received was invaluable, and I shall always be grateful to my old headmaster and the St John's organisation in Machynlleth for their enthusiasm so many years ago.

"Then, in 1966 Mr Oswald Davies revived the Llanbrynmair St John's group as a branch of Bro Ddyfi, meeting at the primary school in Pen-ddôl. Nurse Myra James came to assist him. Every Friday night Oswald would cycle up from Glantwymyn, and once a month Dr Davies would give us a lecture on First Aid. There were about 50 young people in the group at this time – Idris ap Harri even composed a special hymn for them – and there was generally much support in the community. My own two daughters were inspired by the classes, and the elder one became a dedicated nursing sister assigned to the cardiac ward at the hospital in Telford.

"There has not been a branch of the St John's Ambulance in Llanbrynmair for many years now, which is a great loss".

THANKS

Special thanks to Communities First Trust Fund (Bro Ddyfi area) for their generous financial contribution towards publishing the book.

The National Library of Wales for access to documents.

Powys County Council Planning and Archives Departments for their assistance.

Alun D.W.Owen for the translation.

David Perrott, Perro Graphics, Glantwymyn, for the map.

Llanbrynmair residents for free use of the photographs, and Eleri Evans for the cover photo.

Gwasg y Lolfa for their careful work and very kind co-operation throughout.

BIBLIOGRAPHY

Hen Gapel Llanbrynmair 1739-1989. Gol./*Ed.* I.C.Peate & D.Eirug Davies.

Hen Gapel Llanbrynmair. I goffadwriaeth/ *In memory of* George H.Peate.

Iorwerth C.Peate (Cyfres Bro a Bywyd) R.Alun Evans.

Rhwng Dau Fyd. Iorwerth Cyfeiliog Peate.

Blynyddoedd Cyntaf Methodistiaeth. Richard Bennett.

Methodistiaeth Trefaldwyn Uchaf 1. Richard Bennett.

Newid Ddaeth. Elwyn Yr Hendre.

Yr Eneth Ddisglair Annwyl. Rhian Davies.

Calon Blwm. Cyril Jones.

Maldwyn. Urdd Gobaith Cymru.

Cerddi Idris ap Harri. I. Baldwyn Williams.

Cerddi Glyn o Faldwyn. D.Glyn Lewis.

Dial y Tir. Ambrose Bebb.

The History of Llanbrynmair. Richard Williams.

Dylife, a Famous Welsh Lead Mine. David Bick.

The Old Metal Mines of Mid Wales. David Bick.

Two Valleys. Maldwyn Rees.

Railway Through Talerddig. G. Briwnant Jones.

A Montgomeryshire Youth. Alun D.W.Owen.

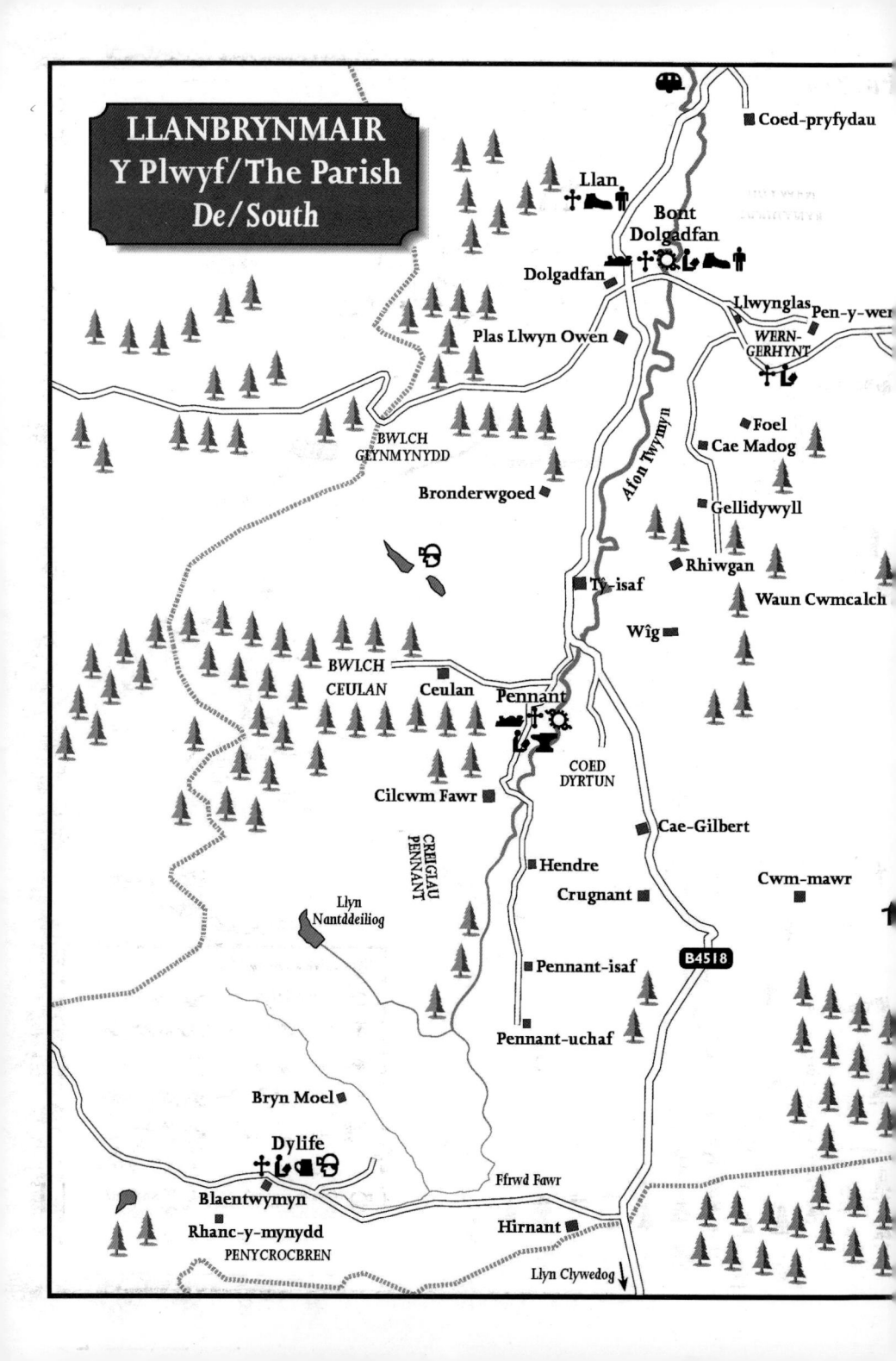

LLANBRYNMAIR
Y Plwyf/The Parish
De/South

- Coed-pryfydau
- Llan
- Bont Dolgadfan
- Dolgadfan
- Llwynglas
- Pen-y-wer
- WERN-GERHYNT
- Plas Llwyn Owen
- Foel
- Cae Madog
- BWLCH GLYNMYNYDD
- Bronderwgoed
- Gellidywyll
- Rhiwgan
- Waun Cwmcalch
- Ty-isaf
- Wîg
- Afon Twymyn
- BWLCH CEULAN
- Ceulan
- Pennant
- COED DYRTUN
- Cilcwm Fawr
- Cae-Gilbert
- Cwm-mawr
- CREIGIAU PENNANT
- Hendre
- Crugnant
- Llyn Nantddeiliog
- Pennant-isaf
- B4518
- Pennant-uchaf
- Bryn Moel
- Dylife
- Ffrwd Fawr
- Blaentwymyn
- Rhanc-y-mynydd
- PENYCROCBREN
- Hirnant
- Llyn Clywedog